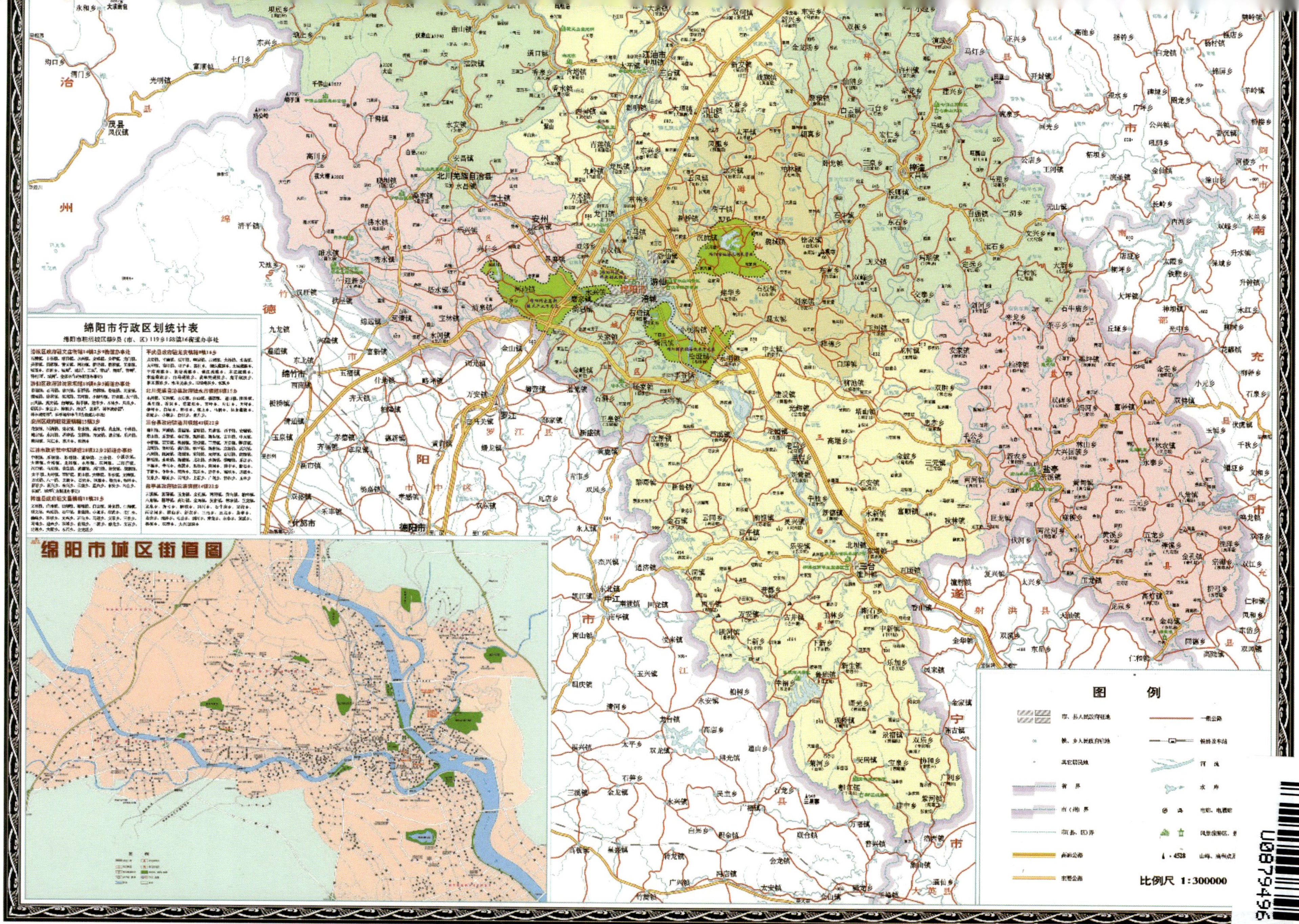

绵阳市民政局编制 二〇一六年六月

綿陽年鑒

MIANYANG YEARBOOK 2017

绵阳市人民政府　主办
绵阳市地方志办公室　编

方志出版社
Publishing House of Local Records

图书在版编目（CIP）数据

绵阳年鉴. 2017 / 绵阳市地方志办公室编. —北京：方志出版社，2017.12

ISBN 978-7-5144-2840-7

Ⅰ. ①绵…　Ⅱ. ①绵…　Ⅲ. ①绵阳-2017-年鉴　Ⅳ. ①Z527.13

中国版本图书馆 CIP 数据核字（2017）第 315113 号

绵阳年鉴（2017）

编　　者：绵阳市地方志办公室
责任编辑：罗　滔

出 版 人：冀祥德
出 版 者：方志出版社
地址　北京市朝阳区潘家园东里 9 号（国家方志馆 4 号）
邮编　100021
网址　http://www. fzph.org
发　　行：方志出版社发行部
电话　（010）67110500
经　　销：各地新华书店
印　　刷：成都勤德印务有限公司

开　　本：889×1194　1/16
印　　张：36
字　　数：1274 千
版　　次：2017 年 12 月第 1 版　2017 年 12 月第 1 次印刷
印　　数：0001~2000 册

ISBN 978-7-5144-2840-7　定价：200. 00 元

城市荣誉

CHENG SHI RONG YU

★中国科技城

★全国文明城市

★全国科技进步先进市

★全国首批“三网融合”试点市

★全国首批“促进科技和金融结合”试点地区

★国家新型工业化产业示范基地

★国家智慧城市试点市

★国家信息消费试点市

★国家新型城镇化综合试点市

★国家卫生城市

★国家森林城市

★国家园林城市

★国家环保模范城市

★中国优秀旅游城市

★全国双拥模范城

★全国创业先进城市

★中国幸福城市

★国家知识产权示范市

★执行中关村政策和国家自主创新示范先行先试城市

★全国全面创新改革试点城市

★全国首批“民生改善十佳典范城市”

★全国新型节水型城市

★国家电子商务示范城市

★国家产城融合示范区

★全国人民防空先进城市

★联合国“杰出绿色生态城市

★联合国“改善居住环境最佳范例城市”

数字绵阳 2016

SHU ZI MIAN YANG

行政区划面积：20248.48 平方千米

建成区面积：139.1 平方千米

县市区：5 县 3 区 1 市

总人口：5451833 人

城区人口：1747550 人

年平均气温：17.9℃

空气优良天数：279 天

年平均降水量：823.3 毫米

地区生产总值：1830.42 亿元

规模以上工业增加值增长：9.9%

高新技术产业占工业总产值比重：53.5%

战略性新兴产业占工业总产值比重：36%

科技城地区生产总值：1288.95 亿元

军民融合企业产值：1370 亿元

首批军民融合认定企业：238 家

国家级科研院所：18 所

国家级工程技术中心：5 家

国家级企业技术中心：8 家

国家重点实验室：25 个

“两院”院士：26 人

科技进步综合指数：68.5 %

科技进步贡献率：55%

科技研发经费占地区生产总值比重：7%

高新技术产业化水平指数：78.9 %

新增科技型中小企业：2406 家，累计 9282 家

科技企业孵化器：50 个

上市挂牌企业：30 家

专利申请量：10168 件

专利授权量：4890 件

发明专利申请量：3914 件

高等院校：14 所，毕业生 4.29 万人

全社会固定资产投资：1269.97 亿元

社会消费品零售额：988.48 亿元

财政总收入：204.18 亿元

地方公共财政收入：107.62 亿元

年末本外币存款余额：3181.69 亿元

年末贷款余额：1667.43 亿元

外贸进出口总额：17.68 亿美元

旅游总收入：421.95 亿元

公路总里程：19919 千米

城镇居民可支配收入：29407 元

农村居民可支配收入：13504 元

公共图书馆藏书量：1985 千册

9 月 21 日，省委书记王东明（右三）参观考察第四届中国（绵阳）科技城国际科技博览会展馆

2 月 3 日，省委副书记、省长尹力（左三）率省委、省政府慰问团，在北川羌族自治县残疾人康复中心开展春节慰问送温暖活动

9 月 8 日，市委书记彭宇行（中）在北川县陈家坝乡李家湾堰塞湖检查指导抢险救灾工作

3 月 15 日，市政府市长刘超（右二）在安县调研县域经济发展情况

11 月 11 日，市人大常委会主任马华（左二）调研武引二期灌区工程建设

6 月 3 日，市政协主席张锦明（右三）率政协委员视察南郊机场撤迁建设工作

2月26日，市政府与四川发展（控股）有限责任公司举行战略合作框架协议签约仪式

3月8日，绵阳市人民政府与中国互联网协会举行战略合作签约仪式

4 月 14 日，法国代表团—中国（绵阳）科技城投资合作恳谈会在绵阳举行

4 月 25 日，中国（绵阳）科技城投资推广会在全联科技装备业商会会长会议期间举行

4 月 26 日，由四川九洲集团领衔、中航工业成飞公司等 58 家共同组建的四川军民融合高技术产业联盟成立大会在成都举行

6 月 15 日，四川省首届军民融合银企对接会签约仪式在绵阳举行

6 月 19 日，中国科学院与绵阳市项目合作签约仪式在绵阳举行

8 月 11 日，绵阳市人民政府与国网四川省电力公司战略合作框架协议签约仪式举行

8 月 17 日，中国（绵阳）科技城建设新闻发布会在北京梅地亚中心举行

9 月 9 日，绵阳市与贵阳市签署大数据战略重点实验室中国（绵阳）科技城研究基地共建协议

9 月 13 日，第八届四川省博士专家论坛军民融合与创新创业大会在绵阳举行

9 月 13 日，第五届中国创新创业大赛军转民大赛颁奖仪式及项目签约活动

9月20日，由商务部和省政府主办的中美省州经贸合作座谈会在绵阳举行

9月21日，第四届中国（绵阳）科技城国际科技博览会开幕式

9 月 26 日，北川羌族自治县首届沙朗节现场

9 月 26 日，2016 绵阳旅游发展大会在北川举行

9 月 28 日，全国农资科技博览会开幕式在绵阳举行

10 月 28 日，京东方绵阳第 6 代 AMOLED（柔性）生产线项目签约仪式在绵阳举行

11 月 16 日，四川省国资委—绵阳科技城项目对接洽谈会暨签约仪式在绵阳举行

11 月 17 日，成德绵创新改革试验区第二届高技能人才交流赛在绵阳开幕

8 月 18 日，2016 年“创青春”全国大学生创业大赛 MBA 专项赛和电子商务专项赛闭幕式暨颁奖典礼在绵阳举行

6 月 30 日，绵阳跨境电商通关平台在高新区正式启动

1 月 18 日，四川省军民融合研究院揭牌仪式在西南科技大学国家大学科技园广场举行

5 月 26 日，中国（绵阳）科技城国家军民两用技术交易中心揭牌仪式现场

5 月 26 日，四川省中医药科技创新暨中医药健康产业发展研讨培训会在绵阳举行

6 月 21 日，绵阳市建设国家知识产权示范城市推进会召开

6 月 22 日，四川省军民深度融合发展专题研讨班在绵阳开班

7 月 25 日，绵阳市系统推进全面创新改革试验工作动员大会召开

8月2日，全省现代水产业发展现场会在绵阳召开

8月19日，野马汽车年产20万台发动机总成项目暨绵阳市2016年三季度81个重点项目集中开工仪式现场

11 月 22 日，2016 年度全国公路交通军地联合应急演练在平武县南坝镇举行

11 月 28 日，第 17 批博士服务团成员行前培训班在绵阳开班

①科技城创新中心（二期）航拍图
②国家大学科技园
③国家绝缘材料工程技术研究中心
④四川军民融合大型仪器共享平台
⑤国家高新技术成果发布中心
⑥国家军民两用技术交易中心

科技城国际企业孵

国家高新技术成果发布中心

国家军民两用技术交易中心

华晨汽车南方基地（绵阳）汽车厂区

四川野马汽车自动化生产线

中国重汽绵阳总装车间

中国（绵阳）科技城软件产业园

长虹集团大屏电视质控线

四川省军转民技术转移基地

绵阳留学生人员创业园

王朗自然保护区

北川药王谷

绵阳三江汇合鸟瞰

安州姊妹桥

三江大坝

三江风景

江油窦圌山

安州白水湖

高新区银花湖

绵阳三江河堤人与红嘴鸥和谐共处

四川省百强名村——安州幸福七里村航拍图

社区太极拳运动

三台永新镇米枣标准生产基地

绵阳市 2016 年春节综艺晚会

白马藏族婚礼

编辑说明

一、《绵阳年鉴》是由绵阳市人民政府主办，绵阳市地方志办公室编纂的资料性文献。1996年创刊，每年一卷，国内公开出版发行。《绵阳年鉴（2017）》为第22卷，上下限为2016年1月1日至12月31日，特载与首次刊载的部分资料时间有下延上溯。

二、《绵阳年鉴（2017）》全面记述中共绵阳市委、绵阳市人民政府带领全市人民加快建设国家科技城和幸福美丽绵阳的新部署、新举措、新成果，充分展现2016年全市经济社会事业发展新貌，为科学发展、加快发展提供决策依据和借鉴，为广大读者了解和研究绵阳提供资料和信息。

三、本卷年鉴采用分类编辑，主体由类目、分目、条目三级组成，部分内容增设子分目。设“图片专辑、特载、大事记、自然环境、经济环境、中国（绵阳）科技城建设、中国共产党绵阳市委员会、绵阳市人民代表大会、绵阳市人民政府、中国人民政治协商会议绵阳市委员会、纪律检查与行政监察、民主党派、人民团体、法治、军事、农业、工业、贸易、交通运输·邮政、金融、财政·税收、科学技术、信息化建设、文化、教育·体育、卫生与人口计划生育、旅游·园林、综合监管、应急管理、城市建设与管理、社会民生、县市区·科学城办事处、人物、统计资料、附录35个类目。

四、全书条目标题统一用黑体字加【】表示，正文为小五号书宋字体。全书有中英文目录、索引，具有比较完善的检索系统。在排版上，双页书眉为书名，单页书眉为类目标题。部分“简略语”随条目注释，部分条目附有资料背景链接；文中部分单位机构名称用简称，请参照“绵阳市部分机关企事业单位全称简称对照表”。

五、本卷年鉴框架结构保持稳定。2017年卷变动之处是：本卷为全彩四色印刷，减少图片专辑彩页内容，相关图片插入正文内容，做到图文并茂；在中国共产党绵阳市委员会类目中增添“巡察工作”。压缩中国科技城建设的部分内容等；压缩部分子分目，园区、学校和银行等内容调整为条目。选取绵阳建市起至今的重大历史事件资料为补白，丰富本书的资料性。

六、本卷年鉴所载信息由全市各机关、企事业单位提供，经绵阳年鉴编辑部整理编辑，经编委会审查，出版社审核而成，具有权威性与资料性。所用统计资料由绵阳市统计局提供，正文中数据由各部门提供。因统计口径等原因，有关部门所用个别数据与“统计资料”中的数据不尽一致，引用时以统计资料为准。

七、本卷年鉴的编纂出版工作得到全市各级机关、企事业单位、各县市区、园区的大力支持，广大撰稿及编辑人员付出艰辛劳动，借此表示衷心感谢。由于成书仓促，水平有限，多有疏漏或者不足之处，敬请广大读者批评指正。

《绵阳年鉴》编辑部

2017年10月

《绵阳年鉴》编纂委员会

《绵阳年鉴》编辑部

绵阳年鉴编辑部　地址：四川省绵阳市桃园路 192 号 301 室

电话：0816-2317693　传真：0816-2315319

E-mail:mysfzbzhang@163.com　邮编：621000

绵阳市部分机关企事单位全称简称对照表

全　称	简　称
中国共产党绵阳市委员会	市委
绵阳市人民代表大会常务委员会	市人大常委会
绵阳市人民政府	市政府
中国人民政治协商会议绵阳市委员会	市政协
中共绵阳市纪律检查委员会	市纪委
中共绵阳市委办公室	市委办
中共绵阳市委政策研究室	市政研室
中共绵阳市委组织部	市委组织部
中共绵阳市委宣传部	市委宣传部
中共绵阳市委统战部	市委统战部
中共绵阳市委市直机关工作委员会	市直机关工委
中共绵阳市委政法委员会	市政法委
中共绵阳市委农村工作领导小组办公室	市委农办
中共绵阳市委台湾工作领导小组办公室（市政府台湾事务办公室）	市委台办
中共绵阳市委精神文明建设办公室	市文明办
中共绵阳市委党史研究办公室	市党研室
中共绵阳市机构编制委员会办公室	市委编办
中共绵阳市委、市人民政府目标督查办公室（民生办）	市目标督查办
中共绵阳市委、市人民政府接待办公室	市接待办
绵阳市妇女联合会	市妇联
绵阳市科学技术协会	市科协
绵阳市文学艺术界联合会	市文联
绵阳市工商业联合会	市工商联
绵阳市社会科学界联合会	市社科联
共青团绵阳市委员会	市团委
中国国际贸易促进委员会绵阳支会	市贸促会
绵阳市残疾人联合会	市残联
中国国民革命委员会绵阳市委员会	民革绵阳市委
中国民主同盟绵阳市委员会	民盟绵阳市委
中国民主促进会绵阳市委员会	民进绵阳市委
中国民主建国会绵阳市委员会	民建绵阳市委
中国致公党绵阳工作委员会	致公党绵阳工委
九三学社绵阳市委员会	九三学社绵阳市委
绵阳市人民政府办公室	市府办
绵阳市旅游发展委员会	市旅发委
绵阳市人民政府法制办公室	市法制办
绵阳市民族宗教事务局	市民宗局

全　称	简　称
绵阳市外事侨务办公室	市外侨办
绵阳市卫生和计划生育委员会	市卫计委
绵阳市文化广播新闻出版局	市文广新局
绵阳市发展改革委员会	市发改委
绵阳市人民政府国有资产监督管理委员会	市国资委
绵阳市经济和信息化委员会	市经信委
绵阳市住房和城乡建设局	市住建局
绵阳市教育体育局	市教体局
绵阳市人力资源和社会保障局	市人社局
绵阳市交通运输局	市交通局
绵阳市国家税务局	市国税局
绵阳市地方税务局	市地税局
绵阳市工商行政管理局	市工商局
绵阳市质量技术监督局	市质监局
绵阳市食品药品监督管理局	市食药监局
绵阳市武都引水工程管理局	市武引局
绵阳市供销合作社社联合社	市供销社
中国工程物理研究院	中物院
绵阳市扶贫移民工作局	市扶贫移民局
绵阳市军队转业干部安置工作领导小组办公室	市军转办
绵阳市大学中专招生委员会办公室	市招生办
绵阳市人民防空办公室	市人防办
绵阳市安全生产监督局	市安监局
绵阳市住房公积金管理中心	市住房公积金中心
绵阳市社会保障事业管理中心	市社保中心
绵阳市科学技术和知识产权局	市科知局
绵阳市人民政府金融办公室	市金融办
绵阳国家高新技术开发区	高新区
绵阳经济技术开发区	经开区
绵阳科技城科教创业园区	科创区
绵阳科技城仙海水利风景区	仙海区
中国人民银行绵阳市中心支行	市人行
中共工商银行绵阳分行	市工商
中国农业银行绵阳分行	市农行
中国银行绵阳分行	市中行
中国建设银行绵阳分行	市建行
中国农业发展银行绵阳分行	市农发行
四川长虹电子集团股份有限公司	长虹集团
四川九洲电器集团有限责任公司	九洲集团
四川电信公司绵阳分公司	绵阳电信
四川移动通信公司绵阳分公司	绵阳移动
中国联合通信有限公司绵阳分公司	绵阳联通

总目

目录

图片专辑

特　载

大事记

自然环境

经济环境

中国(绵阳)科技城建设

中国共产党绵阳市委员会

绵阳市人民代表大会

绵阳市人民政府

中国人民政治协商会议绵阳市委员会

纪律检查与行政监察

民主党派

人民团体

法 治

军　事

农　业

工　业

交通运输·邮政

贸 易

金 融

财政·税收

科学技术

信息化建设

文 化

教育·体育

旅游·园林

应急管理

城市建设与管理

社会民生

县市区·科学城办事处

人　物

统计资料

附 录

索 引

Pictures Album

Special Publication

Memorabilia

Nature and Ecological Environment

Economic Environment

Construction of Mianyang Technological City, China

Mianyang Municipal Committee of the Chinese Communist Party

Mianyang Municipal People's Congress

Mianyang Municipal People's Government

Mianyang Municipal Committee of the Chinese People's Political Consultative Conference

Discipline Inspection and Administrative Supervision

Democratic Parties

Mass Organizations

Law Government

Military

Agriculture

Health and population family planning

Tourism and Parks

Comprehensive Supervision

Emergency Management

Urban Construction and Administration

Social Livelihood of the People

Districts, County and Technological City Office

Characters

Statistical Material

Appendix

Index

在市委经济工作会议上的讲话

市委书记　彭宇行

(2017 年 1 月 4 日)

这次市委经济工作会议的主要任务是，全面落实中央、省委经济工作会议和市第七次党代会精神，总结 2016 年经济工作，分析当前经济形势，安排部署 2017 年经济工作，推动全市经济社会持续健康发展，加快建设国家科技城和幸福美丽绵阳。

第一，2016年全市科学发展、加快发展成效明显

过去一年，我们认真落实中央和省委、省政府决策部署，始终保持专注发展战略定力，全市经济总体平稳、稳中向好，夺取了国家科技城和幸福美丽绵阳建设新胜利。

一年来，我们坚持稳定增势、提质增效，实现了总量扩张、质量提升的优化发展。预计去年全市主要经济指标均可圆满或超额完成年度目标任务，部分指标增速在全省排名较去年同期有望明显提升。预计全年 GDP 将突破 1800 亿元，规上工业增加值增长 10%以上，全社会固定资产投资增长 10%，社会消费品零售总额增长 12.5%，地方一般公共预算收入同口径增长 8%。规上工业利润突破 100 亿元、增长 37%；产业结构由 15.3∶50.5∶34.2 优化为 15.2∶49∶35.8，服务业对经济增长的贡献率由 34.4%提高到 40%，消费对经济增长的贡献率由 52.4%提高到 53.5%。

一年来，我们坚持创新驱动、军民融合，实现了军地互促、协同共进的融合发展。扎实推进全创试验“头等大事”，加快构建军民融合“五大体系”，全创试验呈现出面上推进、点上突破的良好态势，国防军工优势加速转变为经济发展强势，预计全年实现军民融合产值 1370 亿元，占工业总产值比重达到 50%、稳居全国前列。探索形成“在绵国防科研设施资源共享”和“应收账款融资服务”2 条经验，分别得到习近平总书记和李克强总理的充分肯定。“绵阳市军民融合整体推进”入选“2016 四川十大经济影响力事件”。科技城集中发展区 5 平方公里启动区具备产业承载能力，30 平方公里核心区主体框架加快建设。十大军民融合产业园完成布局，国家核医学基地完成选址，首批认定军民融合企业 238 家。挂牌运营全国唯一国家军民两用技术交易中心，成交额突破 8 亿元。挂牌运营英国剑桥科创孵化园·中国绵阳科技城中心，科技企业孵化器面积突破 100 万平方米，科技型中小企业突破 9000 家，其中 70 家进入规上行列。人才发展专项资金首设军民融合专项，资助项目和团队 33 个、1560 万元。成功举办美国担任主宾国的第四届科博会，中美省州经贸合作经验被商务部推向全国。率先设立 3 个军民融合金融服务中心和全国首家军民融合保险支公司，设立全国唯一、规模 20 亿元的军民融合成果转化基金。坚定不移推进供给侧结构性改革，大力实施“三去一降一补”。扎实推进 272 项改革事项、98 项国省改革试点，审议出台专项改革方案 99 个，2 项改革、2 名个人分别入选“2016 四川十大改革转型发展案例”和“2016 四川十大科技创新改革人物”。

一年来，我们坚持产业支撑、协调推进，实现了两轮驱动、三产联动的突破发展。深入实施“两个一号工程”，六大“两新”产业加快壮大，新引进京东方6代线、兵港科技、华强科技园等一批重大产业项目，投资465亿元的京东方6代线项目是绵阳历史上最大的单体工业项目，已破土动工。新增50亿元以上企业2家、总数达到9家，新增挂牌上市公司6家、总数达到30家。长虹产值达到998亿元，全面扭亏为盈，名列“中国电子百强品牌”第6位；九洲产值达到205亿元；汽车整车年产量突破10万辆。预计全年“两新”产业产值分别突破1500亿元、1000亿元，占工业总产值比重分别达到53.5%、35.4%，继续保持全省领跑优势。电子商务和“互联网+”加快发展，成功举办2016中国（四川）电商峰会，电商企业突破3600家，网络交易额突破2400亿元，获批国家电子商务示范城市。会展业实现总收入52.3亿元，预计旅游业实现总收入420亿元、文化产业实现总收入700亿元、全年服务业增加值增长9.5%。以发展现代特色效益农业为重点，推进农业产业化，新建幸福美丽新村961个、总数达到1546个，市级以上新型农业经营主体突破1.5万个，预计带动农村居民人均可支配收入增长9.5%。

一年来，我们坚持投资拉动、项目牵引，实现了利于当前、惠及长远的蓄势发展。扎实开展“项目年”，集中开工4批313个重点项目、总投资613亿元，208个省市重点项目完成投资271.9亿元。交通攻坚取得初步成效，绵西高速加快建设、九绵高速开工建设，交通投资达125亿元、是2015年的1.8倍；绵阳机场年旅客吞吐量提前14年突破200万人次，正式跨入我国中型民用机场行列，入选“2016四川十大区域经济影响力事件”。把招商引资作为扩大开放合作的重要抓手，启动建设中德（绵阳）创新产业合作平台，引进5亿元以上省外重大项目50个，储备项目投资额达1652亿元，预计全年到位国内省外资金546.9亿元、增长20.8%，总量在全省排名由2015年的第7位跃居前3位。在“引进来”的同时加快“走出去”，积极融入“一带一路”，全市境外投资企业达到46家，全年新增境外投资1.1亿美元，全市预计实现进出口总额17亿美元，境外投资总额居全省第二。

一年来，我们坚持全域美丽、全民幸福，实现了美丽抬头可见、幸福触手可及的有感发展。坚持绿色发展理念，以“绿化、亮化、美化同步”为路径，推动城市变景区，“美丽绵阳”一期工程顺利完工，二期工程即将收官，“推窗见绿、出门见景、小行见园”逐步变成现实，获评国家森林城市。“美丽绵阳”城市夜景项目荣获国内照明行业最高奖—中照照明奖。安县成功撤县设立安州区。脱贫攻坚首战告捷，全年3.64万人脱贫、73个贫困村“摘帽”。“十项民生工程”和19件民生大事全面完成，建成全省最大居家养老服务信息平台，在全省率先实现农村义务教育学校学生免费午餐全覆盖。全年完成民生投资140亿元、增长5.7%，获评全国首批民生改善十佳典范城市。扎实推进依法治市，科技城法治示范区加快建设，社会大局保持和谐稳定。

以上成绩，是在宏观经济下行压力加大、各种问题挑战不断涌现的情况下取得的，是全市上下团结一心、奋勇拼搏的结果，成绩来之不易。这些成绩的取得，凝聚着大家的心血，借此机会，我代表市委、市政府，向大家表示衷心的感谢！实践证明，我们去年确立的一系列战略部署，契合中央和省委、省政府要求，符合绵阳实际，经受住了实践检验。在工作推进中我们感到：做好绵阳的事业，最根本的是要坚持实事求是，把中央和省委、省政府的决策部署与绵阳实际相结合，创造性地加以落实，使各项工作谋到点子上、抓到关键处。最核心的是要坚持科学发展、加快发展工作取向，各项工作按照好于、快于全省平均水平的要求来谋划和推进。最关键的是要坚持以项目为中心组织经济工作，引导各级干部围着项目转、盯着项目干，在全市形成以项目“看实干、论英雄”的浓厚氛围。这些经验弥足珍贵，我们要倍加珍惜、坚持用好。

第二，科学确定今年经济工作的总体要求和奋斗目标

今年是党的十九大和省第十一次党代会的召开之年，是推进供给侧结构性改革的深化之年，也是落实市第七次党代会部署的开局之年，做好全市经济工作意义重大。

做好今年经济工作，科学研判形势是前提。要准确判断未来走势，辩证看待经济发展环境中的利弊。从宏观发展大势看，我们既要看到宏观经济下行压力依然较大的现实状况，更要看到缓中趋稳、稳中向好的基本面没有改变。当前，经济发展新常态的特征更加明显，产能过剩和需求结构升级的矛盾突出，地区、行业经济走势分化带来较大挑战，一些领域金融风险显现。同时，全国、全省经济稳的态势已形成，进的力度在加大，好的因素在积累，经济平稳较快发展的势头可望长期保持。对此，我们要保持战略定力，把绵阳的发展置于全国、全省发展的大格局中来谋划和推进，不断开辟发展新境界。从绵阳发展态势看，我们既要看到发展不足、总量不大、发展不平衡的基本市情没有改变，更要看到我市多年来蓄积的发展动能正在加速释放，未来发展的后劲还比较强。一年多来，全市各项工作持续向好，虽然改变基本市情还有个过程，但随着全创试验引领军民深度融合发展逐步破题，“两新”产业领跑全省的优势更加凸显，京东方等一批重大产业项目、九绵高速等重点基础设施开工建设，以及幸福美丽绵阳建设带给全市人民的自豪感、幸福感，都在不断增强绵阳的“内功”、提升绵阳的“气场”。加之，国家实施创新驱动、军民融合、“一带一路”、长江经济带、新一轮西部大开发等重大战略，将成德绵作为全国系统推进全面创新改革试验8个区域之一，一系列难得机遇在我市交汇叠加，只要我们抢抓机遇埋头苦干，开创绵阳更加美好的未来，就一定能够变成现实。

做好今年经济工作，准确把握全局是根本。党的十八大以来，以习近平同志为核心的党中央着眼新的发展实践，做出了经济发展进入新常态的重大判断，形成了以新发展理念为指导、以供给侧结构性改革为主线的经济政策框架，把稳中求进工作总基调作为治国理政的重要原则，从多个方面丰富和发展了中国特色社会主义经济理论，为我们在新的历史条件下做好经济工作提供了行动指南。中央经济工作会议提出了今年经济工作的总体要求和战略重点，强调要深化供给侧结构性改革，深入推进“三去一降一补”，深入推进农业供给侧结构性改革，着力振兴实体经济，促进房地产市场平稳健康发展；要深化国企国资、产权保护、财税金融等关键性改革，有重点地推动对外开放，为我们把握大势、推动发展提供了根本遵循。省委经济工作会议阐明了今年全省经济的工作思路和预期目标，要求“五个牢牢把握”、“十个扎实抓好”，让我们抓发展、谋跨越的思路更加明确。我们要认真学习、深刻领会，坚定不移推动中央大政方针和省委、省政府决策部署在绵落地落实，在新起点上续写科学发展、加快发展新篇章。

在综合研判形势、全面把握中央和省上要求的基础上，市委确定今年全市经济工作的总体要求是：认真落实以习近平同志为核心的党中央治国理政新理念新思想新战略，全面贯彻省委治蜀兴川宏伟方略，始终保持专注发展战略定力，适应把握引领经济发展新常态，坚持稳中求进工作总基调，坚持以提高发展质量和效益为中心，坚持以推进供给侧结构性改革为主线，突出科学发展、加快发展工作取向，着力抓好全创试验，扎实推进“两个一号工程”，深入实施“项目年”，决战决胜脱贫攻坚，全面做好稳增长、促改革、调结构、惠民生、防风险各项工作，促进经济平稳健康发展和社会和谐稳定，奋力开创国家科技城和幸福美丽绵阳建设新局面，以优异成绩迎接党的十九大和省第十一次党代会胜利召开。

市委综合考虑，今年全市经济发展主要预期目标为：地区生产总值增长8%以上，规上工业增加值增长10.5%以上，全社会固定资产投资增长10%以上，社会消费品零售总额增长11.5%以上，地方一般公共预算收入同口径增长8%以上，城乡居民人均可支配收入分别增长8.1%、8.5%以上。主要预期目标的确定，既体现了对新常态下发展形势的科学把握，又结合了绵阳发展的阶段特征；既体现了科学发展、加快发展的工作取向，起到引导预期、提振信心的效果，又审视了有利于发展的支撑条件，确保能落实、能兑现。概括来说，主要基于以下三个方面的考虑。一是与中央、省上的部署要求相衔接。中央提出今年全国经济增长预期目标为6.5%左右，省上提出今年全省经济增长预期目标为7.5%左右，根据这些年来我市经济增速一般高于全国、全省1~1.5个百分点的情况，因此，我们提出8%以上的经济增长目标。二是与市第七次党代会提出的奋斗目标相匹配。推动我市经济总量在全省地级市中率先迈上两千亿台阶，率先全面建成小康社会，是未来五年的奋斗目标，在落实党代会部署开局之年确定以上预期目标，既是“两个率先”倒逼使然，也可为后四年的发展留有余地。三是与我市经济社会发展的现实潜力相吻合。经过一年多的加速跑、奋力赶，我市支撑加快发展的产业、项目基础更加坚实，只要我们把握得当、发挥充分，这些目标就能够顺利实现。

第三，全力抓好今年经济社会发展的重点工作

做好今年经济工作，必须抓住事关全局的八件大事，找准切入点和突破口，破解发展难题，增强发展动能，以各项工作的新突破，开创国家科技城和幸福美丽绵阳建设新局面。

一要奋力推进全面创新改革试验取得新突破，加快建设国家科技城。按照“三年基本完成改革试验任务”总体部署，抓好9张清单落实，加速构建军民融合“五大体系”，建设创新驱动先行市和军民融合示范市。要加快军民融合创新转化。以“三大创新城+三类创新转化平台”为核心，建立军民两用技术再研发平台，运营好军民两用技术交易中心，打造具有技术、市场和资本融合功能的创新服务链，争创“国家十大科技成果转移转化试验示范区”，力争全国首批国家军民科技协同创新平台布局绵阳。深入实施创新创业绵阳行动，推进孵化器专业化、市场化建设，力争科技型中小企业突破并稳定在1万家以上。支持西南自动化研究所开展军工科研院所分类改革和发展混合所有制经济试点。要推进军民融合产业集聚。加快建设科技城集中发展区，推进基础设施建设大会战和高端产业培育大突破，5平方公里启动区全面建成，30平方公里核心区主体框架基本形成。加快建设十大军民融合产业园，集中承接央属军工集团和国省重点国防科研院所重大项目，加快推动国家核医学基地、北斗卫星导航产业区域综合示范项目等开工建设。配套制定军民融合企业认定的相关政策，为企业参与军民融合发展提供有力的资质和政策支撑。要强化军民融合人才支撑。积极实施创新人才发展政策，争取并用好人才发展专项资金，建好中国国际人才市场绵阳科技城分市场，办好西科大国防科技学院、四川军民融合产业高技术人才培训基地，开展“绵阳人才计划”论坛、“人才之夜”等活动，加快军民融合人才引进、培养。要做实军民融合合作平台。办好第五届科博会，运营好欧盟项目创新中心·科技城分中心、英国剑桥科创孵化园·中国绵阳科技城中心。加强成德绵协同创新，加快组建四川省军民融合仪器共享平台，推进平台共建、资源共享。要打通军民融合投入通道。用好成果转化、产业发展等5只基金，争取国家投贷联动试点，组建军民融合专营支行，运营好各类军民融合金融专营机构。建好新三板学院，加强企业上市培育，争取川藏股权交易中心在绵设立军民融合分中心，支持更多符合条件的军民融合企业上市融资。在推进重点改革事项的同时，做好经验的总结、提炼、推广，争取更多“绵阳实践”上升为全省、全国的做法和经验。

二要奋力推进“两个一号工程”取得新突破，进一步做强产业支撑。坚持以提高质量和核心竞争力为中心，以“两新”产业和现代服务业为重点，发展壮大高端产业，扩大高质量产品和服务供给。要大力发展以“两新”产业为重点的工业经济。强力推进工业大企业大集团培育“领航计划”和“两新”产业企业倍增计划，加快推进京东方、天津力神等重大产业项目建设，抓好15个特色产业园区建设，推动更多企业跨上10亿、50亿、100亿台阶，力争“两新”产业占工业总产值比重分别达到54%、36.5%。要大力发展以电子商务和“互联网+”为重点的现代服务业。运营好跨境电商通关平台，做大做强本土电商企业和电商平台，积极开展电子商务示范创建，促进“互联网+”与三次产业融合。统筹推进全域旅游、现代金融、科技服务、会展服务、养老健康等现代服务业发展。要以供给侧结构性改革为重点加快发展现代农业。优化农业产业体系、生产体系、经营体系，推进重点特色产业做大规模、做优品质、做响品牌。实施“沃野绵州”现代生态循环农业工程，全力提高绿色优质农产品供给水平；建好国家农业科技园，积极培育休闲农业、康养农业等新兴业态，提高农业全产业链收益，加快由满足“量”的需求向满足“质”的需求转变。

三要奋力推进项目投资工作取得新突破，更好地发挥投资稳增长的关键作用。坚持以项目为中心组织经济工作，继续实施“项目年”，巩固大抓项目、抓大项目的良好态势，进一步增强投资强度、优化投资结构，力争完成全社会固定资产投资1425亿元。要更好地发挥重点领域投资的带动作用。积极对接国家、省上产业政策和重点投向，围绕产业发展、城市建设、交通攻坚、科技城集中发展区建设等，扎实做好项目挖掘、包装、储备和对上争取，推动重点领域投资保持快速增长。要更好地发挥民间投资的主力作用。落实支持民营经济发展、鼓励社会资本投资等政策措施，营造公平竞争的法治化、市场化环境，增强政府和社会资本合作项目吸引力，支持各类市场主体以多种形式参与项目实施并获取收益，力争民间投资突破800亿元。要更好地发挥政府投资的引导作用。中央将继续实施积极有效的财政政策，适度提高财政赤字率，适当扩大地方政府专项债券规模。要加强对中央宏观政策的理解把握，抓住机遇、做好对接，用好专项建设基金、地方融资平台、债券市场等工具，发挥政府投资“四两拨千斤”的作用。

四要奋力推进重点领域改革和供给侧结构性改革取得新突破，为发展提供强大动力引擎。全面深化改革，完善市场在资源配置中起决定作用的体制机制，提高供给体系的质量。

要抓好全面深化改革。抓好已出台改革方案实施和国、省改革试点，再推出一批含金量高、操作性强的改革方案，形成更多改革亮点。深化行政体制改革，重点是抓住简政放权、建设服务型政府这个关键，抓好“放管服”改革，减少政府对微观经济活动的干预。深化国资国企改革，重点是抓住提高核心竞争力和资源配置这个关键，科学推进国企负责人薪酬制度改革，抓好董事会选人用人职权改革落实，推动重点行业混合所有制改革取得突破。深化农业农村改革，重点是抓住放活土地经营权这个关键，推进农村土地集体所有权、农户承包权、土地经营权“三权分置”，加快新型经营主体培育，促进农村生产力解放和农民持续增收。深化投融资改革，重点是抓住政银企联动这个关键，引入社会资本组建产业投资基金，更好地支持实体经济发展。同时，统筹推进生态文明体制、文化教育卫生、社会体制等领域改革。

要抓好供给侧结构性改革。完善落实“1+5”工作方案，推动供给侧结构性改革取得实质性进展。“三去一降一补”方面，去产能的重点是继续压减钢铁、水泥等行业过剩产能，加快处置“僵尸企业”；去库存的重点是加大危旧房、棚户区改造和农村集体土地征地拆迁货币化安置力度，大力发展康养、旅游等跨界地产和住房租赁市场，继续实施鼓励农村居民进城购房政策；去杠杆的重点是大力实施债务重组，切实降低企业债务负担和杠杆水平，强化市县平台公司融资功能，扩大直接融资比重；降成本的重点是围绕营造公平的税负环境，落实好减税降费政策，降低企业税费负担，推动企业降本增效；补短板的重点是加快发展县域经济，推进全市发展行稳致远。“一提一创一培”方面，提质量的重点是促进企业内外销产品“同标同线同质”，提高产品附加值；创品牌的重点是着力培育出一批有特色、有规模的绵阳品牌，把更多的“绵阳造”产品推向全国；培育新动能新动力的重点是积极培育新型经济形态，深入推进“互联网+”行动计划，发展分享经济。

五要奋力推进对外开放合作取得新突破，不断提升开放型经济水平。主动融入“一带一路”、长江经济带等国家战略，不断拓展对外开放合作的深度和广度。要建好开放合作平台。持续办好科博会、电商峰会等重大会展活动，让科博会、电商峰会成为我市对外开放合作的两张靓丽名片。建好中德（绵阳）产业合作平台、国际企业孵化器、跨境电商产业园等一批开放合作平台，加快申建综合保税区，打造对外开放桥头堡。要构建开放合作大通道。积极推进西成客专、成兰铁路建设，加快建设九绵、绵西高速，抓紧做好成绵广高速扩容和绵苍、茂盐高速前期工作，同步推进绵阳机场扩建、新机场规划选址和城市轨道交通规划建设，加快建设西部区域性综合交通枢纽。要提高开放合作实效。推进精准专业化招商，突出招新引优、招大引强、招才引智，紧盯大企业、大集团和知名院所高校，着力引进更多的龙头企业、重大项目，确保今年到位国内省外资金达到全省第二。

六要奋力推进县域经济发展取得新突破，着力夯实全市发展的底部基础。绵阳发展的短板在县域经济，潜力也在县域经济。要认真落实县域经济“振兴计划”，进一步壮大县域经济实力。要培育壮大优势特色产业。各县市区要坚持三产联动发展，按照市上确定的产业布局规划，走差异化、特色化发展之路，培育壮大主导产业，做强县域经济核心支撑。要把园区作为产业发展的主阵地，着力提高综合承载能力，推动产业集中集群集约发展。要把项目引进与发展县域主导产业结合起来，注重引进大项目好项目，推动产业做大做强。要以实现农民增收致富为核心目标，发展现代农业，提升农业产业化经营水平。特别是要大力发展农村电商，把更多的特色农产品销售出去。要大力发展民营经济。把民营经济作为县域经济发展的战略重点，落实好支持民营经济发展的政策措施，进一步提振民营企业家的发展信心，培育更多的规上企业，着力壮大实体经济。要抓好新型城镇化建设。把宜居放在首位，统筹规划路网、地下管网设施、生态绿地系统等，适度超前规划建设市政设施，提高县城建设水平，形成浓厚的商业氛围和生活气息。支持江油、三台建设50平方公里、50万人口的中等城市，支持梓潼、盐亭、平武立足各自优势建设特色精品县城。加大城乡统筹力度，加快建设重点小城镇和特色小镇，支持经济实力较强的乡镇向小城市发展。

七要奋力推进城乡品质提升取得新突破，加快建设美丽绵阳。尊重城乡发展规律，统筹规划、建设、管理三大环节，推动现代形态、高端业态、特色文态、优美生态有机融合，加快形成绿意盎然、水韵悠长的城乡风貌。要推进以中心城区为重点的全域美丽建设。以创建国家生态园林城市为抓手，谋划启动美丽绵阳三期工程，持续推进城市门户通道改造提升，加强主城区背街小巷整治，不断拓展市民亲水空间和休闲空间。同时推动美丽绵阳建设由主城区向县、乡次第展开，打造一批特色小镇、美丽乡村，推动城市变景区、乡村更美丽。要提升以市政设施为重点的城镇承载能力。深入实施国家新型城镇化综合试点和智慧城市、海绵城市建设试点，以市场化的手段，统筹推进新区发展和旧城改造，统筹利用地上地下空间，不断完善城镇功能，进一步提升宜居宜业水平。要塑造以生态环境为重点的城乡特色风貌。以改善环境质量为目标，打好大气、水、土壤污染防治“三大战役”，抓好中央、省上环保督察整改工作，保护好三江六岸的独特生态。做好“山”“水”“桥”“楼”文章，加快推进越王楼、跃进路等历史文化街区建设，丰富城市文化内涵，形成绵阳城市独特的“性格”和“气质”，积极创建国家历史文化名城。

八要奋力推进脱贫攻坚和改善民生取得新突破，加快建设幸福绵阳。顺应群众对美好生活的向往，集中更多资源用于保障和改善民生，进一步增强群众获得感。要扎实抓好脱贫攻坚。聚焦“两不愁、三保障、四个好”目标，聚焦交通为重点的基础设施建设、特色产业发展、公共服务三大领域，组织打好脱贫攻坚战，确保高质量、高水平退出1个贫困县、176个贫困村和脱贫3.2万贫困人口。要扎实抓好社会事业发展。继续实施好民生工程，办好民生实事，健全覆盖城乡的社会保险制度，深入细致做好社会保障、民生托底工作，不断织密民生安全网。支持文化事业和文化产业快速发展，多层次满足人民群众的文化需求。要扎实抓好法治绵阳建设。统筹推进科学立法、严格执法、公正司法、全民守法，深化“法律七进”，加快国家科技城法治示范区和基层法治示范创建，守住社会稳定、安全生产、食品药品安全“三条底线”，全力维护社会和谐稳定。

第四，切实加强和改善党对经济工作的领导

抓好新常态下的经济工作，是对各级领导班子的重大考验。特别是我市刚刚完成换届，新班子抓发展要有新气象，抓经济要有新作为，就必须提高领导经济工作的能力和水平。

一要注重把关定向，确保改革发展正确方向。强化“四个意识”，认真落实十八大以来党中央治国理政新理念新思想新战略，坚决维护以习近平同志为核心的党中央权威，不折不扣推动中央、省委、市委决策部署落地落实。要加强党领导经济工作的制度化建设，健全定期分析、专题调研、专项督导工作机制，从实际出发想问题、作决策、创造性开展工作，使政策更加符合实际、符合群众意愿。要牢固树立全市“一盘棋”的思想，善于在全市发展大局中谋划自身发展，使自身的发展规划与全市布局相协调、相配合。

二要学会弹好钢琴，统筹推进各项工作任务。抓好今年工作，既要统筹兼顾，把握好当前和长远、加法和减法、力度和节奏的关系，又要突出重点，抓住主要矛盾和矛盾的主要方面，以重点突破带动整体提升，还要分类施策，分地域、分行业进行研究部署，逐一制定工作方案。同时，要坚持底线思维，处理好改革、发展与稳定之间的关系，突出把握好“稳”这个大局，自觉运用法治思维、法治方式推动发展、维护稳定，进一步巩固风清气正、崇廉尚实、干事创业、遵纪守法的良好政治生态。

三要列出任务清单，挂图作战推动部署落实。坚持把清单制、责任制作为推动落实的重要方法，围绕这次会议部署的重点工作，各地各单位要逐一编制任务清单，明确牵头单位、期量进度，使每项工作都有明确的人去抓、去管、去促、去落实。要坚持问题导向和目标导向，对着问题开药方，对标先进立目标，倒排工期、挂图作战，实行登记销号、动态管理。要强化督促检查，定期“回头看”查漏补缺，对进展迟缓的，要分析原因、强化举措，对落实不力的，要严肃问责追责、督促整改，确保各项工作落到实处。

四要坚持领导带头，以上率下推动各项事业进步。各级领导干部要带头加强学习，熟练掌握和运用经济社会发展规律，努力成为领导发展的行家里手。要带头担当担责，落实好领导联系指导基层工作、联系重点产业和重大项目、联系帮扶贫困村贫困户等工作制度，把全部心思和精力都集中到抓发展上来。市委将坚持严管与厚爱相结合，坚持优秀干部人才资源向经济发展主战场集聚的导向，健全完善鼓励激励、容错纠错、能上能下机制，为敢于担当者担当，为敢于负责者负责，为改革创新者撑腰鼓劲。

最后需要强调的是，当前正值岁末年初，各项工作千头万绪，任务也较重。各级各部门要按照今天会议的部署，抓紧谋划和推进本地本单位今年的工作，眼下重点是做好项目筹备和要素保障，组织好一季度经济工作，确保实现“开门红”。要扎实做好春节期间市场秩序维护，保障群众生活必需品市场供应，加强公共安全隐患排查，强化社会治安综合治理，确保社会和谐稳定、群众安乐祥和过节。要全面落实从严管党治党政治责任，坚决贯彻《准则》《条例》，严防“四风”反弹回潮，坚决杜绝节日腐败，确保廉洁过节、勤俭过节。

同志们，推动绵阳科学发展、加快发展，其时已至、其势已成，正是我们鼓足干劲、乘势突破的大好时机。我们要紧密团结在以习近平同志为核心的党中央周围，在省委、省政府的坚强领导下，保持战略定力、坚定必胜信心，以全年经济工作的优秀答卷，奋力开创国家科技城和幸福美丽绵阳建设新局面，以优异成绩迎接党的十九大和省第十一次党代会胜利召开！

1985 年 5 月 27 日，绵阳市第一届人民代表大会第一次会议召开

1985 年

2 月 8 日，国务院以国函〔1985〕20 号文件批准撤销绵阳地区，成立绵阳、广元、遂宁三个省辖市，实行市管县体制。

5 月 15 日，中共绵阳市委成立并开始行使职权。

5 月 26~29 日，中国人民政治协商会议绵阳市第一届委员会召开第一次全委会议。

5 月 27~30 日，绵阳市第一届人民代表大会第一次会议举行。到会代表 465 人，选举产生绵阳市第一届人大常委会和“一府两院”领导成员。

5 月 31 日，绵阳市人民政府成立。

6 月 20 日，核工业部第九研究院（中国工程物理研究院前身）绵阳科研基地（即科学城）开工建设。1983 年 9 月 14 日，国务院、中央军委批准，对核工业部第九研究院建设布局进行调整，相对集中到绵阳，在绵阳建设新的科研基地，工程代号为“839 工程”。

人大常委会工作报告

在绵阳市第七届人民代表大会第二次会议上

市人大常委会主任 马 华

（2017年3月15日）

关于市七届人大一次会议以来的工作

去年10月以来，在中共绵阳市委坚强领导下，市人大常委会深入学习贯彻党的十八大、十八届三中、四中、五中、六中全会和习近平总书记系列重要讲话以及市第七次党代会、市委七届二次全会精神，自觉践行新发展理念，依法履行立法、监督、重大事项决定、选举任免职权，共召开常委会会议3次，公布实施地方性法规1件，听取和审议市“一府两院”工作报告17项，提出审议意见22条，作出决议决定5个，依法任免国家机关工作人员58人次，组织宪法宣誓49人次，为全市经济社会发展和民主法制建设做出了新的贡献！

一、围绕中心服务大局，推动科学发展加快发展

常委会紧扣全市中心工作依法履职，服务改革发展大局，推动了中央、省委和市委重大决策部署的贯彻落实。

（一）力促国家科技城建设

组织市人大代表集中视察了科技城创新中心，常委会组成人员多次深入科技城集中发展区、产业园区和部分在绵科研院所、重点企业、重大项目建设工地，围绕实施“两个一号工程”、系统推进全面创新改革试验、促进科技成果转化等开展专题调研。常委会听取和审议了市政府贯彻实施《中华人民共和国科技进步法》的情况报告，要求切实抓好全面创新改革试验，完善政策体系，健全军民融合科技成果转化机制，促进军民深度融合。

（二）助推幸福美丽绵阳建设

多次组织开展美丽绵阳建设视察调研，常委会听取了市政府关于美丽绵阳建设情况的报告，要求着眼长远，加强整体规划布局；严格规范项目管理，提升工程品质；建立长效管理机制，强化市县联动，统筹推进。对绵阳城区交通拥堵状况、城市公交营运管理情况和人行天桥功能发挥情况进行了专题调研，要求加强城市交通基础设施建设，推动绿色出行。

（三）全力奋战脱贫攻坚

广泛动员形成攻坚合力。深入开展“脱贫攻坚——人大代表再行动”，组织全市1.6万余名各级人大代表结合岗位特点参与精准扶贫，全面落实每名代表至少联系1户贫困户制度，开展春节前向贫困群众送温暖活动；组织部分在绵全国人大代表和省人大代表围绕脱贫攻坚开展集中视察，推动社会力量广泛参与。

真帮实扶解决实际问题。常委会领导同志多次深入江油市马角坝镇印坪村等7个贫困村，扎实开展调研督导，指导制定基础设施建设和产业发展规划，积极协调争取政策、项目、资金，并牵头对江油市17个贫困村退出工作进行了检查验收；常委会机关干部切实履行结对帮扶责任，走村入户为困难群众办实事、做好事、解难事。累计帮助争取项目30多个，协调落实资金2740余万元，推动当地如期完成阶段性脱贫目标任务。

多措并举助农增收致富。围绕贯彻中央一号文件和促进县域经济发展，常委会领导同志深入三台，就全市农村综合改革试验区建设情况进行视察调研，要求以改革激发内生动力，以示范区建设为依托，统筹推进产业发展、基础设施、新村建设、公共服务、社会治理各项工作，努力形成“以点带面、成片成带、梯次推进、整体提升”的发展格局，走出县域经济发展和脱贫攻坚新路子。为加强农村水利基础设施建设，常委会组成人员深入武引二期灌区工程建设工地，就市政府贯彻执行市人大常委会《关于加快武引二期灌区工程建设的决议》情况进行视察。常委会听取和审议了市政府专项工作报告，要求进一步加强组织领导，强化工程建设管理和渠系安全管理，加大渠系沿线污染防治力度。对我市执行《四川省农作物种子管理条例》情况和农业综合开发情况进行专题调研，要求加强宣传，严格执法，推进种子产业健康发展，促进农业增效农民增收农村发展。

（四）加强财经审查监督

加强计划和预算监督。为增强计划预算监督实效，常委会严格按照有关法律规定，对计划和预算草案进行研究初审，对市级部门预算进行专题审查，提高了预算编制的

科学性和准确性。严格按预算法规定的内容和程序加强对预算调整的审查监督，强化预算约束，提高了财政资金使用效益。

强化审计查出问题整改工作的监督。常委会听取和审议了市政府关于2015年市级预算执行和其他财政收支审计查出问题整改情况报告，要求建立审计整改销号制度，限期逐项整改；建立健全审计整改长效机制，将审计整改纳入绩效考核和问责，定期向市人大常委会报告，并对“二环路三期项目欠缴失地农民社保资金”“闲置国开行专贷资金”等审计查出问题进行了专题调研，督促相关部门完善管理制度，加强源头治理。相关部门和单位认真开展审计查出问题整改，累计整改违纪资金10.79亿元，依法依纪处理24人。

二、围绕解决社会热点问题，保障和改善民生

常委会坚持问题导向、民生取向，紧紧围绕人民群众普遍关注的社会热点难点问题依法开展监督，积极回应社会关切。

（一）落实市委绿色发展决定，加大环境保护力度

狠抓限期整治城区污水排放突出问题。常委会一直高度重视解决绵阳城区污水排放突出问题，为此做出了限期整治的决定，并在专题询问的基础上明确了最后完成时限。为持续抓好工作落实，常委会从去年11月以来先后开展了7次督查、调研，及时发现问题并要求市政府研究解决；同时在市级新闻媒体组织了两期专题报道，推动了城区污水排放突出问题整治。

重视大气污染防治。为深化文明城市建设、顺应民意，建设绿色绵阳、生态绵阳、平安绵阳，常委会依法做出了《在绵阳城区范围内禁止燃放烟花爆竹的决议》。为确保决议顺利执行，常委会督促市政府采取有效措施，加强宣传引导和督导检查。从今年元旦、春节的情况来看，该决议执行情况良好。为准确掌握我市大气污染防治情况、垃圾发电厂建设情况，常委会两次深入乡镇、企业和城市居民小区开展视察调研，要求各级各部门齐心协力抓好大气污染防治各项工作落实，切实推动全市空气质量明显提升。同时，全力配合省环境保护督察组来绵开展环保督查工作。

加强城市饮用水源保护。常委会对绵阳城市备用水源（燕儿河水库）建设情况进行了专题视察调研，听取了市政府专项工作报告，针对建设资金投入不足、工程进展缓慢、周边环境整治不到位、库区水质逐年恶化等问题，要求加强组织领导，加大财政投入，确保建设进度和工程质量；杜绝水源污染，确保绵阳城市饮用水源安全。

（二）促进社会事业发展

加强学前教育工作监督。常委会十分重视我市学前教育工作，积极开展视察调研，听取和审议了市政府关于我市学前教育工作情况的报告，要求坚持学前教育的公益性和普惠性，履行好政府主体责任；坚持按照“广覆盖、保基本、有质量”的要求，统筹布局全市学前教育网点，合理配置资源，规范管理；创新办园模式，鼓励更多的社会力量参与举办幼儿园，缓解入园难、入园贵等问题。

加强社会养老保险工作监督。常委会视察了全市养老保险工作，听取和审议了市政府关于我市养老基金使用和管理情况的报告，要求进一步完善社会养老保险体系，加强政策宣传，强化机构队伍建设，提升服务水平；进一步做好社会养老基金的征缴、支付、使用和监管，不断提高保障能力。

支持开展民宗外侨工作。常委会领导同志积极参与海峡两岸经贸文化交流活动，深入台资企业调研，要求发挥好文昌文化、嫘祖文化等平台作用，扩大两岸交流合作，增进文化认同和情感认同。深入北川、平武等地调研民族政策法规落实情况，增进民族团结，维护社会和谐。

（三）做好人大信访工作

坚持把信访工作作为人大及其常委会保持同人民群众密切联系的桥梁和纽带，严格落实常委会领导接访制度，加强对信访反映问题的调查了解和催办、督办，认真做好网络理政服务保障工作。市七届人大一次会议以来，共受理人民群众来信来访398件次1949人次，其中涉法涉诉信访12件次；网络理政32件，已办结30件，推动了群众合理诉求的解决。

三、围绕建设法治绵阳，全面推进依法治市

常委会坚持科学立法、民主立法，同时紧紧围绕依法行政、公正司法加强监督，为幸福美丽绵阳建设提供法治保障。

（一）扎实开展地方立法工作

推动地方性法规实施。《绵阳市城市市容和环境卫生管理条例》，是我市获得地方立法权以来制定的首部实体性法规。省十二届人大常委会第29次会议批准该条例后，常委会督促市政府及相关部门认真做好条例实施前的学习、培训、宣传工作，推动城市建成区及实行城市化管理区域的划定工作，确保该条例贯彻实施。去年12月20日，常委会通过绵阳日报和市人大网站公布了条例文本；今年3月1日，该条例正式施行。作为我市首部地方性实体法规，该条例的颁布实施，将进一步规范城市管理服务，为建设全国文明城市和幸福美丽绵阳发挥重要作用。

编制立法工作计划。市七届人大一次会议后，常委会及时启动了2017年立法计划编制工作。去年11月下旬发布公告向社会各界和全市人民征集立法选题，组织召开立法工作座谈会和立法项目研究会。经主任会议审议，确定了2017年立法计划。

配合上级人大开展立法工作。

先后配合全国人大和省人大完成了《中华人民共和国核安全法（草案）》《中华人民共和国水污染防治法修正案（草案）》《四川省水利工程管理条例（修订草案）》《四川省多元化解纠纷促进条例（草案）》《四川省非物质文化遗产保护条例（草案）》等多部法律法规的立法调研和征求修改意见工作。

（二）积极推进法治宣传教育

法治宣传教育是一项长期性、基础性的工作，常委会对此高度重视。为贯彻全国人大常委会和省人大常委会有关决议精神，落实市委依法治市决策部署，常委会做出了《关于开展第七个五年法治宣传教育的决议》；组织开展“12.4”国家宪法日暨法治绵阳建设宣传周系列活动；对拟任命人员进行任前法律知识考试，为被任命人员颁发任命书并组织向宪法宣誓，增强了被任命人员的宪法法律意识和人大意识。通过深入的法治宣传教育，为科技城法治示范区建设和幸福美丽绵阳建设提供了法治保障。

（三）加强执法监督和司法监督

常委会对全市社区戒毒社区康复工作情况进行了视察调研，听取和审议了市政府专项工作报告，要求加强组织领导，完善治理体系；落实工作职责，加大考核力度；加强宣传引导，鼓励社会参与禁毒和社区戒毒社区康复工作。听取了高新区、科学城人民法院和人民检察院以及小枧地区人民检察院2016年工作情况报告。组织代表旁听法庭审判，参加检察院开放日活动。圆满承办全省人大内务司法工作会，促进工作交流，提升了司法监督工作水平。

（四）做好规范性文件备案审查工作

市七届人大一次会议以来，共对市政府及县级人大常委会报送的2个规范性文件进行了备案审查，同时将市人代会和常委会做出的7个决议决定等规范性文件及时报送省人大常委会备案，维护了法制统一。

四、围绕发挥代表主体作用，认真做好代表工作

常委会贯彻落实代表法，尊重代表主体地位，不断加强和改进代表履职服务保障工作，充分发挥代表作用。

（一）创新代表工作机制

及时召开全市人大代表工作推进会，现场学习了游仙区新桥镇代表活动阵地建设和安州区塔水镇代表履职机制建设的做法，全面总结交流了近年来全市人大代表工作取得的成绩和经验，深刻分析了代表工作存在的主要问题、面临的形势任务和要求，安排部署了下一步全市人大代表工作。各地认真贯彻会议精神，结合实际出台了一系列加强和改进代表工作的新办法、新举措。同时强化代表履职学习，为代表征订和发送有关学习资料，开展履职培训，坚持邀请代表参加常委会视察调研和列席常委会会议；着眼于充分发挥各行业代表的优势，将442名市人大代表分编成36个代表小组，制定了相关活动制度，代表小组活动有序开展，全市人大代表工作呈现出新的活力。

（二）以“双联”活动为抓手开展代表活动

为进一步增强代表意识，充分发挥人大密切联系群众的优势，行使好人民赋予的权力，常委会决定在市人大常委会组成人员和市人大代表中开展“双联”（组成人员联系代表、代表联系群众）活动，该项工作正有序推进。组织在绵全国人大代表和省、市人大代表开展视察调研，撰写“加快绵阳中医药产业发展”“加强绵阳城区建材五金市场经营管理”等调研报告8篇，为市委、市政府决策提供了重要参考。

（三）督办代表建议

切实加强人代会期间代表建议的组织指导，把好代表建议质量关；认真做好建议交办督办工作，切实提高建议办理质量。市七届人大一次会议上，代表共提出建议99件，常委会认真进行了归纳、整理、分类,并及时转交办理。截至目前，代表建议已全部办结，一批群众关心的热点难点问题得到解决。

五、围绕提升履职水平，切实加强自身建设

常委会坚持把加强自身建设放在突出位置，高度重视抓班子带队伍，切实开展学习培训，不断强素质、转作风、增活力。

（一）着力加强思想政治建设和能力建设

常委会坚决维护以习近平同志为核心的党中央权威，牢固树立政治意识、大局意识、核心意识、看齐意识，始终把理论学习放在首位，把政治纪律和政治规矩挺在前面。坚持常委会党组学习制度和常委会机关集中学习制度，深入开展“两学一做”学习教育。落实中央八项规定精神，持续深入反“四风”。深入学习贯彻中央和省、市纪委全会精神，认真落实党风廉政建设主体责任，强化正风肃纪、反腐倡廉。认真贯彻落实中央、省委和市委关于进一步加强人大工作和建设的意见，市人大常委会党组确定将坚持“六讲”（讲政治、讲学习、讲发展、讲法治、讲为民、讲廉洁）作为本届常委会工作的总体思路和要求。围绕加强新一届常委会能力建设，组织召开组成人员学习会，听取全市经济发展形势专题报告、十八届六中全会精神学习辅导；举办了宪法、监督法、立法法等法制专题讲座，常委会组成人员依法履职的能力和水平不断提高。

（二）着力加强制度建设

围绕推进人大制度和人大工作与时俱进、创新发展，制定完善了一系列制度规范。制定出台财经咨询专家管理办法，首批聘请了37名专家，增强市人大财经监督力量，提高审查水平；完善司法监督机制，加强司法监督专家咨询和联系单位考核，促进司法监督工作全面落实；认真贯彻党政机关厉行节约反对浪费条例，修订完善机关公务接待、物资采购和用车管理等制度，提高

了人大工作科学化、制度化、规范化水平。

（三）着力加强作风建设

切实开展联系指导县乡人大和服务基层工作。常委会领导同志和机关各委（室）多次深入县（市、区）、县级人大常委会和乡镇基层开展调查研究，督促落实中央、省委和市委关于进一步加强人大工作和建设的决策部署，以及市人大常委会有关决议决定精神；组织县乡人大干部开展学习培训和工作研讨，及时总结推广县乡人大工作经验，帮助解决实际问题，形成了全市各级人大上下联动的良好工作格局，提升了全市人大工作整体水平。

各位代表：

市七届人大一次会议以来，常委会工作取得的新进展，是在中共绵阳市委坚强领导下，全体市人大代表、常委会组成人员、各专门委员会组成人员和常委会机关工作人员履职尽责、扎实工作的结果；是市政府、市法院、市检察院、全市各级人大及其常委会密切配合、团结协作的结果，是全市各族人民和社会各界充分信任、大力支持的结果。在此，我代表市人大常委会向大家表示衷心的感谢！

回顾换届以来的工作，我们也深切感到，立法工作需要进一步加强，监督的针对性和实效性需要进一步提高，代表履职机制需要进一步探索完善。对此，我们将坚持发展导向、问题导向，认真研究并着力解决。

关于2017年工作安排意见

今年是实施“十三五”规划的重要一年，也是全面创新改革试验的深化之年。市人大常委会工作的总体要求是：全面贯彻党的十八大和十八届三中、四中、五中、六中全会战略部署，深入学习贯彻习近平总书记系列重要讲话精神，认真落实市第七次党代会、市委七届二次全会的各项决策部署，牢固树立和贯彻落实新发展理念，坚持党的领导、人民当家做主和依法治国有机统一，充分发挥地方国家权力机关作用，为加快建设国家科技城和幸福美丽绵阳做出新贡献。

一、稳步推进地方立法

认真实施《绵阳市人民代表大会及其常务委员会立法条例》，扎实开展《绵阳市城镇水污染防治条例》立法工作和历史文化保护、物业管理等方面的立法调研。加强对北川羌族自治县立法工作的指导。

二、依法做好讨论决定重大事项和选举任免工作

按照市委对全市工作的总体安排部署，紧紧围绕国家科技城建设、创新驱动军民融合、“两化”互动城乡统筹、改革引领开放合作进行视察调研，履行法定职责，适时作出决议决定并加强跟踪督查，推动市委重大决策部署落实。坚持党管干部与人大依法任免干部相统一，依法行使任免权；改进拟任命人员任前法律知识考试方式，继续组织好向宪法宣誓活动；做好省十三届人大代表选举工作。

三、扎实开展监督工作

加强对经济运行和财政预决算的审查监督，强化预算执行监督。加大对全面创新改革试验、科技城集中发展区建设、交通攻坚、县域经济发展、生态环境保护等重大事项和脱贫攻坚、民办教育、医疗卫生体制改革、公共文化服务、城市棚户区改造以及食品药品安全、社区公共安全等民生问题的监督力度，综合运用专题询问、执法检查、工作评议等多种监督方式，提高监督实效。进一步加强社区戒毒社区康复、刑事执行、司法改革工作监督，组织市政府组成部门主要负责人向常委会述职，并进行满意度测评。依法开展规范性文件备案审查。

四、切实加强代表工作

搞好代表履职学习，组织全市乡镇人大主席开展集中培训；抓好代表活动阵地建设和代表履职机制试点，积极开展视察调研，不断提升履职能力。在市人大常委会组成人员和市人大代表中开展好“双联”活动，继续在各级人大代表中开展好“脱贫攻坚——人大代表再行动”活动。深化代表建议办理和督办工作，推动代表建议办理由答复型向落实型转变、由重满意率向重办成率转变。

五、不断完善自身建设

深入学习贯彻党的十八届六中全会精神，持续开展好“两学一做”学习教育，按照全面从严治党要求，抓好常委会、常委会机关党的建设和干部队伍建设，永葆清正廉洁。进一步完善常委会运行机制、议事程序和工作制度，办好常委会专题讲座。做好常委会领导联系指导基层和机关定点帮扶工作。密切与县乡人大的联系，加强工作指导，对各地落实中央和省委、市委以及市人大常委会关于进一步加强人大工作和建设系列决策部署情况进行督查。进一步加强调查研究、人大宣传和信息化建设，加大对宪法法律、人大制度、人大工作和代表履职的宣传力度。

各位代表，时代潮流奔腾向前，民主法治事业重任在肩。让我们紧密团结在以习近平同志为核心的党中央周围，在中共绵阳市委的坚强领导下，高举中国特色社会主义伟大旗帜，牢记使命，依法履职，开拓进取，创新实干，不断开创人大工作新局面，以优异成绩迎接党的十九大和省十一次党代会胜利召开！

政府工作报告

在绵阳市第七届人民代表大会第二次会议上

市人民政府市长　刘　超

（2017年3月14日）

2016年工作回顾

过去一年，面对错综复杂的国内外经济形势，在党中央国务院、省委省政府和市委坚强领导下，在市人大、市政协监督支持下，我们牢牢把握稳中求进工作总基调，坚持科学发展、加快发展工作取向，攻坚克难、拼搏实干，较好完成市六届人大八次会议确定的目标任务，实现了“十三五”良好开局。实现地区生产总值1830.42亿元、增长8.3%，地方一般公共预算收入107.62亿元、同口径增长8.03%，城乡居民人均可支配收入29407元、13504元，分别增长8.2%、9.3%。成功创建国家森林城市、国家知识产权示范城市、国家电子商务示范城市、国家产城融合示范区，获评全国人民防空先进城市，蝉联全国双拥模范城市。

一、经济运行稳中向好

三次产业协调发展。实现第一产业增加值280.29亿元、增长3.9%。新建成现代农业产业基地17个、高标准农田37.45万亩。新申报“三品一标”农产品174个。培育新型农业经营主体3152户。获批建设国家农业科技园区。规上工业增加值增长9.9%，高于全省平均水平2个百分点，增速在全省排名由第8位上升到第6位。规上工业企业新增92户，总数达到842户。《工业大企业大集团培育“领航计划”》启动实施，进入全省大企业大集团100强培育名单企业达到7户，进入全省制造业100强企业达到10户。长虹控股公司蝉联川企百强榜首。实现服务业增加值654.09亿元、增长9.5%，增速在全省排名由第13位上升到第4位。11个重点项目、13户重点企业和6个重点品牌入围全省服务业“三百工程”。实现电子商务交易额2549.66亿元、增长31%，其中本地电商平台交易额1580亿元、增长14.2%。实现旅游总收入421.95亿元、增长22.8%。新增社会融资规模278.5亿元，实现金融业增加值64.09亿元、增长13.9%。

发展质效稳步提升。产业结构由15.3：50.5：34.2优化为15.3：49：35.7，第三产业比重同比提高1.5个百分点。消费拉动作用持续提升，最终消费对经济增长贡献率达到53%。“两新”产业产值占规上工业产值比重分别达到53.5%、36%，分别提升1.5和2个百分点。工业八大重点产业产值增长9.5%，占规上工业产值比重达到74.8%。规上工业企业产销率达到98.6%，高于全省1.7个百分点，比2015年提升1.1个百分点；盈亏相抵后利润总额122.97亿元、增长26.6%，高于全省21.2个百分点，比2015年提升21.8个百分点。单位国内生产总值能耗下降8.42%，清洁能源消费比重提高10个百分点，煤炭消费比重下降5个百分点。

投资消费稳定增长。完成全社会固定资产投资1269.97亿元、增长10%，5年来首次实现两位数增长。完成工业投资389.72亿元、增长10%，技改投资358.62亿元、增长9.5%，基础设施投资394.5亿元、增长33.7%，民间投资742.82亿元、增长4.9%。208个省市重点项目投资完成率达到123%。积极参与全省市场拓展“三大活动”，组织企业开展促销活动1000余场次。“万村千乡市场工程”加快建设。实现社会消费品零售总额988.48亿元、增长12.4%。居民消费价格指数上涨1.6%。

二、改革开放纵深推进

全创试验取得积极进展。全面创新改革试验114项主要任务、49件重点事项扎实推进。全国唯一的军民两用技术交易中心建成运营。四川军民融合研究院、四川军民融合高技术产业联盟挂牌成立。军民两用技术再研发平台加快建设。全国首家军民融合科技支行和军民融合保险支公司获批成立。应收账款融资服务试点获得李克强总理批示肯定。军民融合重大人才团队资助专项成功设立。中国工程物理研究院化工新材料产业园等军民融合特色园区全面建成。探索制定军民融合企业认定标准，首批认定238户，实现军民融合企业产值1370亿元。九洲集团被党中央、国务院、中央军委授予重大贡献奖，成为全国唯一获此殊荣的地方军工企业。

科技城建设取得新成绩。大众创业、万众创新广泛开展，新登记市场主体3.62万户、增长8.58%，总量达到25.75万户。科技企业孵化器总数达到50个、面积突破100万平方米。新增科技型中小企业2406户、累计认定9282户。新申请专利10168

件，新增专利实施项目1502个，实现技术合同成交总额8.31亿元。长虹数字电视“DTMB项目”获得国家科技进步一等奖。研究与试验发展经费支出占地区生产总值比重达到7%，高新技术产业化指数达到78.9%。完成科技城集中发展区核心区城市设计。科技城大道河边段等基础设施项目建成投用。中国航发四川燃气涡轮研究院成为国家两机重大专项多个项目总设计师单位和型号研制参与单位，中国空气动力研究与发展中心被习近平主席批准作为“攻坚克难融通军民的排头兵”列入全国重大典型宣传，中国兵装集团智能制造技术创新发展平台落户绵阳，中国工程物理研究院某重大专项选址绵阳取得重大突破，绵阳国防军工重镇地位进一步巩固。

重点领域改革扎实推进。272件改革事项、98项国省改革试点有序开展。“三去一降一补”取得阶段性成效。压减水泥产量373万吨，淘汰钢铁过剩产能8.72万吨。商品住房库存化解157.73万平方米，去化周期9.1个月，同比缩短6.1个月。规上工业企业资产负债率下降2%。办理企业应急转贷资金8.14亿元，降低企业融资成本5000万元。落实电价调整和优惠政策，降低企业用电成本2.04亿元。新增上市挂牌公司7家，总数达到30家。总规模54.5亿元的5支发展基金成功设立。完成271个乡镇、626.38万亩农村土地承包经营权确权登记。建成农村产权交易中心6个，流转土地113.43万亩。2项改革入选2016年四川十大改革转型发展案例，2人入选2016年四川十大科技创新改革人物。

开放合作水平持续提升。成功举办第四届科博会、中国（四川）电商发展峰会等大型展会。举办中美省州经贸促进活动、川商绵阳行等重大投资促进活动27场。新签约重点招商引资项目410个、增长24.2%，投资总额1737.56亿元、增长11.7%。国内省外到位资金420.7亿元、增长12%，总量由2015年的全省第7位跃居第2位。总投资465亿元的京东方第6代AMOLED（柔性）面板生产线等一批重大产业项目成功签约并开工建设。实现外贸进出口总额17.68亿美元，总量由全省第3位上升为第2位。新增对外投资项目11个、投资总额1.1亿美元。新增国际友好合作城市1个，总数达到21个。

三、城乡建设成效显著

中心城区功能品质切实提升。安县成功撤县设区，安州区加快融入主城区。城市建成区面积达到139.1平方公里，常住人口132.8万。城市总体规划修编论证启动实施。地下综合管廊和海绵城市规划编制完成。城建攻坚行动推进有力，115个市政重点工程完成投资43.12亿元。二环路三期、涪江二桥和三汇高架桥维修加固等项目竣工投用。一环路北段东延线、剑南路综合改造二期、剑门雨水泵站等项目加快推进。三江湖码头、小枧生态湿地公园建成开放。城市绿地率达到36.2%。城区空气达标率76.2%，空气质量优良天数279天。国家生态文明先行示范区加快建设。成功申建省级海绵城市建设试点城市。

新型城镇化建设深入推进。国家新型城镇化综合试点工作扎实开展。常住人口城镇化率提高1.5个百分点，达到49.5%。江油、三台中等城市建设初具规模，梓潼、盐亭、平武精品县城加快建设，北川新县城人气商气不断提升。梓潼、北川、平武《县域新村建设总体规划》完成修编。三台县西平镇、涪城区龙门镇等国家、省重点小城镇加快建设。乡镇场镇生活垃圾收运基本实现全覆盖，58个乡镇建成生活污水处理设施。新建成961个幸福美丽新村。平武县虎牙乡上游村等10个村列入第四批中国传统村落名录。大规模绿化绵州十大工程启动实施，生态环境持续改善，森林覆盖率提高1.22个百分点，达到53.62%。

基础设施建设全面提速。交通攻坚大会战深入推进，完成交通投资125亿元、增长80%。九绵高速开工建设。成兰铁路安州段、西成客专江油段、绵西高速、S205线绕城改线、S101线三台段大中修等项目加快建设。建成县乡公路893公里、通村公路973公里、通组道路2460公里。完成81座国省干线公路病危桥整治、11个汽车客运站改造提升。南郊机场新增通航城市4个、总数达到30个，旅客年吞吐量217万人次、增长40.4%。农田水利建设加快推进，完成水利建设投资20.15亿元。草溪河水库全面开工。武引二期灌区工程、开茂水库、沉水水库加快建设。农村饮水安全工程受益群众达到21.8万人。完成城乡电网建设改造投资11.75亿元，9个35千伏及以上输变电项目建成投用。“宽带绵阳”建设加快推进，新改建通信基站2462个，全市无线宽带覆盖率达到91%。

四、社会民生持续改善

脱贫攻坚首战首胜。全面完成73个贫困村退出、3.64万人脱贫的年度目标任务。投入产业扶贫资金9219.25万元，引导贫困户发展各类经济作物2.54万亩，实现就业创业4700人。76个易地扶贫搬迁项目完成搬迁319户、934人。2050户农村危房改造全面完成。在北川羌族自治县全面落实民族地区15年免费教育计划。贫困户在校本科生每年4000元补助落实到位。投入资金3322万元，将3.74万名贫困群众纳入低保。农村最低生活保障标准提高到每人每月260元，提前实现“两线合一”。建档立卡贫困人口新农合参合率达到100%，县域内住院费用个人支付比例基本控制在5%以内。109个村被命名为省级“四好村”。北川羌族自治县、平武县被评为全省农民增收工作先进县。

民生实事推进有力。十项民生工程深入实施，19件民生实事顺利推进，投入民生工程资金157.8亿元、完成目标任务的113.3%。全市各项民生支出207.48亿元、增长9.57%，占全市一般公共预算支出62.14%。危旧房棚户区改造10114套，竣工

6422套，棚改货币化安置率达到84.7%。新增城镇就业5.51万人，城镇登记失业率3.83%。发放低保资金6.4亿元，实现城乡低保应保尽保。率先在全省实现农村义务教育学校免费午餐全覆盖。机关事业单位养老保险改革有序推进。对口帮扶阿坝州红原县、壤塘县，凉山州昭觉县、布拖县工作扎实开展。

社会事业全面进步。高考本科硬上线率和硬上线万人比连续16年全省“双第一”。全市所有县市区通过义务教育均衡县国家认定。薄弱学校改造计划覆盖学校89所。成功举办海峡两岸文昌文化交流活动、海峡两岸嫘祖文化交流活动、市第六届运动会等大型文化体育活动。原创舞蹈《滚灯》获第十届中国舞蹈“荷花奖”。绵阳市博物馆新馆建成开放。19家城市公立医院改革稳步推进。新增社会办医疗机构103家。国家精神卫生综合管理试点工作有序开展。新建成国家卫生县城1个、国家卫生乡镇3个。全市新农合参合率达到99.98%。落实全面两孩政策，人口自然增长率为2.44‰。获评全国无偿献血先进市、全国防震减灾业务工作考核先进单位。

社会治理水平不断提升。法治绵阳建设深入推进，获评全国法治宣传教育先进城市。扎实推进违法建设整治，拆除违建5931宗、面积45.37万平方米。社会治安满意度测评位居全省第2。矛盾纠纷多元化解工作进一步加强，化解率达到97%。安全生产监管更加有力，生产安全事故起数、死亡人数、受伤人数分别下降25.5%、25.1%、20.2%。食品安全总体状况满意度连续4年居全省第1。社会诚信体系建设扎实推进。应急管理体系更加健全，有效处置“9·5”北川李家湾堰塞湖等地质灾害，成功承办全国公路交通军地联合应急演练。

国防动员、民族宗教、统计调查、保密、档案、气象、水文、口岸、海关、邮政、检验检疫、慈善、红十字、残疾人、妇女儿童、老龄、地方志、住房公积金等工作都取得了新的成绩。

一年来，我们切实加强政府自身建设。大力推进依法行政，全面落实重大行政决策法定程序，深化政务信息公开，政府决策更加科学透明。落实市政府与市人大常委会、市政协工作联系机制，定期向市人大及其常委会报告、向市政协通报重大事项，自觉接受市人大及其常委会的法律监督和工作监督，主动接受市政协的民主监督，161件人大代表建议、235件政协委员提案全部办结。深入推进“放管服”改革，扎实开展相对集中行政许可权试点，取消市级部门行政许可事项13项、市级行政审批项目前置条件276项。公务用车改革全面完成。84个市级部门预算全部公开，“三公”经费下降7.1%。扎实开展“两学一做”学习教育，认真落实中央、省市转变作风规定，切实加大审计监督和监察问责力度，始终保持惩治腐败高压态势，政府系统政纪处分99人。

各位代表，过去一年政府工作所取得的成绩，是党中央国务院、省委省政府和市委坚强领导的结果，是市人大、市政协和人大代表、政协委员监督支持的结果，是全市广大干部群众拼搏实干的结果。在此，我代表市人民政府，向全市各族人民，向人大代表、政协委员，向各民主党派、工商联、无党派人士和各人民团体，向驻绵解放军指战员、武警官兵、政法干警和民兵预备役人员，向港澳台同胞、广大侨胞和海内外华人华侨，向所有关心支持绵阳改革发展的朋友们及各界人士，表示诚挚的感谢并致以崇高的敬意！

在看到成绩的同时，我们也清醒地认识到，发展不足、发展不快、发展不平衡、发展质量不高仍然是绵阳最大市情，工业下行压力较大、区域发展分化明显、制约军民深度融合发展的体制机制障碍尚未有效破除、财政金融风险不容忽视等经济社会发展中的问题比较突出，政府办事效率、社会治理水平与群众的期望还有差距。对这些问题，我们高度重视，正采取有力举措，努力加以解决。

2017年工作安排

今年政府工作的总体要求是：全面贯彻党的十八大和十八届三中、四中、五中、六中全会以及中央经济工作会议精神，深入学习贯彻习近平总书记系列重要讲话精神和治国理政新理念新思想新战略，认真落实省委十届八次、九次全会和市第七次党代会、市委经济工作会议决策部署，保持专注发展、转型发展战略定力，坚持科学发展、加快发展工作取向，主动适应把握引领经济发展新常态，坚持稳中求进工作总基调，以提高发展质量效益为中心，以推进供给侧结构性改革为主线，全面做好稳增长、促改革、调结构、惠民生、防风险各项工作，促进全市经济平稳健康发展、社会和谐稳定，奋力开创国家科技城和幸福美丽绵阳建设新局面。

今年经济社会发展的主要预期目标是：地区生产总值增长8%，规上工业增加值增长10.5%，全社会固定资产投资增长10%，社会消费品零售总额增长11.5%，地方一般公共预算收入同口径增长8%，城乡居民人均可支配收入分别增长8.1%、8.5%，城镇登记失业率控制在4%以内，居民消费价格指数涨幅控制在3%以内，完成省政府下达的节能减排和环保目标任务。

为实现上述目标，我们将重点抓好以下工作：

一、着力稳定经济增长

坚持以项目为中心组织经济工作，努力扩大投资消费，夯实经济稳定增长的基础。

继续开展“项目年”行动。认真落实《绵阳市2017年项目计划》，实施各类项目1848个，突出抓好40个省重点项目、175个市重点项目。按照“四个一批”要求，推动华丰连接器产业基地、长虹空调智能制造等485个项目开工建设；推动京东方第6代AMOLED（柔性）面板生产线、李白文化产业园等970个项目加快建设；确保东材科技树脂产业化、西南科技大学城市学院主校区等554个项目竣工投产投用。持续策划包装储备一批项目，扎实做好绵遂铁路、绵苍高速等393个项目前期工作。

持续用力抓好投资工作。继续保持投资强度，力争完成全社会固定资产投资1400亿元。持续优化投资结构，确保工业投资和技改投资增速高于全社会固定资产投资增速。新开工工业和技改项目100个以上，实现工业投资445亿元以上、技改投资405亿元以上。持续扩大市政、交通、水利、能源、信息等基础设施建设投资，完成投资450亿元以上。大力实施《鼓励社会资本投资重大项目计划》，拓宽民间投资渠道，尽快开工荷花大桥等一批PPP项目，力争民间投资达到800亿元以上。

推动消费加快升级。大力实施改善消费供给专项行动，推动衣食住行等传统消费向个性化、品质化转变。新增限额以上批零住餐企业30家以上。积极培育新消费热点，进一步扩大旅游、文化、体育、健康、养老、教育培训等领域消费。有效扩大信息消费，催生跨区跨境、线上线下、体验分享等多种消费业态兴起。增加高品质产品消费，促进企业内外销产品“同线同标同质”，更好满足消费升级需求。完善城乡现代流通网络，健全农村商业网点，活跃农村消费市场。加强消费者权益保护，严厉查处假冒伪劣、价格欺诈等行为，让群众花钱消费少烦心、多舒心。组织企业参与全省市场拓展“三大活动”，成交额达到700亿元以上。力争实现社会消费品零售总额1105亿元。

二、着力加快科技城建设

以系统推进全面创新改革试验为引领，大力实施创新驱动、军民融合发展战略，推动国家科技城创新型、开放式、突破性发展。

务实推进全面创新改革试验。狠抓“9张清单”落地落实。争取国家军民科技协同创新平台首批项目布点绵阳，建好用好四川军民融合仪器设备共享服务平台，更好发挥国家军民两用技术交易中心作用。积极支持兵装集团自动化研究所开展军工企业混合所有制改革试点。用好军民融合成果转化基金和产业发展基金。启动实施“梧桐计划”，加快打造中电科磁性材料产业园、中国工程物理研究院核技术应用产业园等军民融合特色园区。建立军民融合企业大数据库，持续开展军民融合企业认定，军民融合企业总数超过290家，力争军民融合企业产值增长11%以上。

加快推进集中发展区建设攻坚。编制完成科技城集中发展区核心区控制性详细规划。加快推进集中发展区核心区“四横四纵”骨架道路和地下综合管廊建设，同步推进次支路网体系和相关配套设施建设。加快推进安昌河、草溪河2条河道综合整治和生态景观工程建设。全面建成科技城集中发展区5平方公里启动区，基本形成30平方公里核心区主体框架，加快建设生态至美、科技至伟、产城相融、宜居宜业的绵阳城市新中心。

积极支持重大国防科技专项建设。强化要素保障，继续推进“三新城”建设。支持中国空气动力研究与发展中心大型低速风洞加快建设、空气动力数值模拟军民融合工程选址绵阳。支持中国航发四川燃气涡轮研究院全面实施国家“航空发动机及燃气轮机重大专项”，完成航空发动机型号研制任务，持续开展多型发动机试飞，全面承接全行业航空发动机高空台试验任务。支持中国工程物理研究院重大科技项目推进实施。

大力推进大众创业万众创新。积极申建国家“两创”达标城市。加快创新中心三期建设。不断提升科技企业孵化服务水平，科技企业孵化器达到55家以上，入孵企业达到3500家以上。新建省级重点实验室1家。全面推进国家知识产权示范城市建设，新增申请专利10000件以上、专利实施项目1600个以上，实现技术合同成交总额8.8亿元以上。深入实施“千英百团”聚才计划、军民融合重大人才团队资助计划，做好“大国工匠”培育工作。大力开展创业绵阳行动，办好第六届中国创新创业大赛军转民大赛等活动。继续实施“涌泉计划”和科技型中小企业提质增效工程，科技型中小企业突破并稳定在1万家以上，力争新增升规入统60家以上。

三、着力构建现代产业体系

深入实施“两个一号工程”，努力优化产业结构，促进三次产业融合发展。

推进工业转型升级。认真落实《工业重点产业及布局方案》，突出抓好工业八大重点产业，力争“两新”产业产值占规上工业产值比重分别达到54%、37%。深入实施《工业大企业大集团培育“领航计划”》，新增4亿元以上企业10户。支持中小微企业特色发展，培育“小巨人”企业10户。力争新增规上工业企业100户。大力实施园区千百亿工程，加快建设光电、汽车、通航、生物医药等产业园区，推动工业园区特色化、高端化、专业化发展。力争园区工业经济占全市工业经济比重达到80%以上，产业集中度达到82%以上。开展质量对标提升行动，加快建设国家电器安全质量监督检验中心，积极创建全国质量强市示范城市。支持长虹、九洲等企业打造“百年老店”、建设智能工厂。争创国家驰名商标1个、省著名商标5个。

促进服务业加快发展。认真落实《现代服务业重点产业及空间布局方案》，大力发展服务业八大重点产业。推动更多项目、企业和品牌进入全省服务业“三百工程”名录。培育年交易额超亿元电商企业30户，电子商务交易额突破2600亿元。改造提升景区景点，积极发展乡村旅游，加快建设九环东线旅游产业带，推进旅游与各产业融合发展，力争实现旅游总收入510亿元。加快建设藏羌彝文化产业走廊辐射区、国家级文化和科技融合示范基地，实现文化产业增加值165亿元。力争金融业增加值增长15%。支持健康养老产业发展，加快推进60个养老项目建设。力争服务业增加值增长9%以上。

推动农业提质增效。认真落实《现代农业重点产业、主导产品及空间布局方案》，以推进农业供给侧结构性改革为主线，以增加农民收入、保障有效供给为目标，以提高农业供给质量为主攻方向，不断提升农业综合效益和竞争力。积极推进“沃野绵州”现代生态循环农业工程，增加绿色优质农产品供给。加快创建省级农产品质量安全监管示范市，支持平武县创建省级有机产品认证示范县。推动“涪城麦冬”进入国家中药材大品种，打造梓潼天宝蜜柚、平武天麻、安州魔芋等一批优势知名品牌，申报“三品一标”农产品76个以上，努力把地方土特产和小品种做成带动农民增收的大产业。积极培育新型农业经营主体和服务主体，新增市级龙头企业20家、农民合作社200家、家庭农场300家，新建现代农业产业基地15个，新增高标准农田21万亩。完成基本农田划定工作，推动藏粮于地、藏粮于技战略加快落地。继续做好第三次全国农业普查工作。

四、着力构建现代基础设施体系

深入实施建设领域“三大攻坚行动”，协同推进市政、交通、水利、能源、信息等基础设施建设，加快构建安全高效、智能绿色、互联互通的城乡现代基础设施体系。

深入开展城建攻坚行动。加快城市总体规划修编工作。深入推进国家智慧城市和省级海绵城市试点市建设。大力推进二环路四期、南北第二干道、剑南路、创业大道南延线、滨河北路等城市道路新改建工程，完善中心城区路网体系。加快剑门路西段片区排水综合改造工程等城区排污管网、排水防涝基础设施建设，建成石桥铺闸坝工程和平政雨水提升站等项目。新改建1000个停车泊位。打造跃进路、越王楼等历史文化街区，完成高水北街等6条背街小巷整治。加快建设现代化区域性中心城市，力争完成城建投资120亿元以上。

强力推进交通攻坚大会战。推动西成客专江油段实现通车、成兰铁路安州段路基全线打通，全面开工建设皂角铺铁路货场物流基地。加快建设九绵高速、绵西高速，牵头推进成绵高速扩容、绵苍高速和苍巴高速打捆招商，配合推进广平高速、中遂高速前期工作，推动茂盐高速纳入省上规划。大力实施G108线绵阳城区过境段改线、S205线绕城改线等18个国省干线新改建项目，加快建设S302线等8个国省干线大中修工程。完成涪江三桥维修加固。推进南郊机场停机坪扩建，力争通航城市达到31个，旅客年吞吐量突破230万人次。加快推进北川通航机场建设。加快打造西部区域性综合交通枢纽，力争完成交通投资140亿元以上。

加快建设水利能源信息设施。加大水利设施建设力度，力争完成投资20亿元以上。加快建设武引二期灌区、开茂水库、沉水水库、草溪河水库等大中型水利工程，积极推进祠堂湾水库、新华水库、建兴水库等中型水库和“引通济安”引水工程前期工作，加快小型农田水利基础设施建设。加快骨干电网与智能配网协调建设，完善天然气管网，构建清洁低碳、安全高效的现代能源体系。加快推进通信基础设施建设，固定宽带接入用户数达到115万户。开展“百兆城市、千兆小区”建设，光纤千兆接入超过200个住宅小区。全面完成“宽带乡村”建设，乡镇有线光纤宽带覆盖率达到100%。

五、着力振兴县域经济

以富民强县为目标，大力实施县域经济发展“振兴计划”，积极推进“五大行动”，力争各县市区经济总量在全省类区县排名不同程度上升。

大力实施产业培育提速行动。编制全市产业园区发展规划，推动产业发展、土地利用、城乡建设等规划有机衔接。设立50亿元的县域产业发展基金。支持涪城区、游仙区、安州区、江油市等重点开发地区，发展先进制造业和现代服务业。支持三台县、梓潼县、盐亭县等农产品主产区，发展现代农业，因地制宜发展工业和服务业。支持平武县、北川羌族自治县等重点生态功能区加强资源保护利用，积极推进全域旅游工程。推动做大县域经济总量，力争县域地区生产总值突破1550亿元。

大力实施城乡建设攻坚行动。设立县域基础设施建设投资基金，加大县域基础设施建设支持力度。改造提升县乡道260公里、村道890公里，实施渡改桥10座。完成北川楼房坪溜索改桥工程。推进盐亭、梓潼、江油之间快速通道建设。完善中小水利设施，强化防洪减灾设施建设。积极实施农村电网改造升级，有序实施农村居民天然气入户工程。继续支持江油、三台建设中等城市，梓潼、盐亭、平武、北川建设特色精品县城。支持芦溪镇、青莲镇等近郊镇乡建设绵阳卫星城镇。安排专项资金支持重点小（城）镇和特色小镇建设，加快建设21个重点镇，启动建设8个特色小镇。推动建筑设计下乡，开展田园建筑示范，大力推行《农村居民建房技术导则》和《农村居民建房设计图集》，新建400个幸福美丽新村。

大力实施民营经济提振行动。认真落实中央、省市相关政策措施，出台加快民营经济发展的意见。加强非公经济产权保护，稳定民营企业家信心。进一步放宽民营经济市场准入，消除各种隐性壁垒，营造良好发展环境。积极化解企业反映的历史遗留问题，帮助企业解决生产经营困难。开展包容性监管，实施中小民营企业重点扶持工程，引导民营企业自主创新和转型升级。鼓励民营企业参与国有企业改革，鼓励国有企业投资项目引入非国有资本。千方百计激活民间投资，确保县域民间投资增速高于全省平均水平，总量占县域投资70%以上。力争县域民营经济增加值达到1150亿元、增长9%。

大力实施改革开放突破行动。细化和落实农村土地“三权分置”办法。深入推进农村承包地确权登记颁证，全面开展农村集体资产清产核资，深化农村集体产权制度改革，努力增加农民财产性收入。建成市、县、乡（镇）、村四级农村产权流转交易体系，加快建设市级和游仙、平武、北川农村产权交易中心。开展农村产权抵押融资试点。深化农村小型农田水利设施管理体制改革。支持金融机构增加县域网点，适当下放县域分支机构业务审批权限。鼓励和支持市县两级平台公司相互担保增信，增强融资能力。制定激励政策，鼓励和支持绵阳籍成功人士回乡创业，吸引优势企业到县域建立生产加工基地。力争县域招商引资国内省外到位资金达到450亿元。

大力实施社会民生促进行动。扎实推进民生工程，持续加大民生投入力度。支持平武免除高中阶段学杂费。巩固县级公立医院改革，加强县域医疗机构能力建设。落实分级诊疗制度，县域内就诊率提高到90%以上。大力发展具有地方特色和民族特色的县域文化。深化“量体裁衣”式残疾人服务。更加关心关爱农村留守儿童、留守妇女和空巢老人。

六、着力深化改革开放

加快推进重要领域和关键环节改革，积极构建全方位开放新格局，不断增强经济社会发展动力活力。

扎实推进“三去一降一补”。压减水泥产量300万吨。加大棚改货币化安置力度，有效减少商品住房库存，促进房地产市场平稳健康发展。加大股权融资力度，支持企业市场化、法治化债转股。加大信贷投放，力争新增银行表内贷款150亿元以上，有效提高存贷比，进一步加大金融支持和服务实体经济力度。落实好减税降费政策，降低各类交易成本特别是制度性交易成本。拓宽直购电、富余电量消纳等电价优惠政策覆盖面，降低天然气等要素成本。

深入推进重点领域改革。分类实施国有企业改革，建立完善现代企业制度，稳步推进长虹控股公司、九洲集团及其下属公司等企业混合所有制改革，支持国有企业做强做优做大。以管资本为主，推进国有资产监管机构职能转变，不断提高监管效能，确保国有资产保值增值。深入推进城市执法体制改革，改进城市管理工作。深化社会保障制度改革，探索建立城乡统一的社保、医保体系。抓好财税金融体制改革，完善财政金融互动政策体系。加快农村信用社、城市商业银行改革。加强政府债务风险管控。深入实施国家产融合作试点、国家科技和金融结合试点。推动应收账款融资服务试点提速扩面，融资规模达到40亿元以上。深化投融资改革，引入社会资本设立科技城城市发展建设投资基金和科技城城市转型升级建设投资基金。全面深化供销合作社改革。完成4个国有林场改革。

积极推进对外开放合作。全力抓好投资促进工作，重点围绕产业项目特别是工业项目开展精准专业招商，促成华晨年产25万辆整车、京东方模组等重大产业项目正式签约。引进10亿元以上项目20个、30亿元以上项目5个。力争实现国内省外到位资金500亿元以上，继续保持全省第2。高水平办好第五届科博会等重大展会。加快会展中心三期建设。积极申建综合保税区。加强跨境电商通关平台功能建设。建好中德（绵阳）创新产业合作平台、绵阳经开区–昆山经开区合作平台。加强与成都平原经济区城市合作，实现成都–绵阳城际列车公交化开行。

七、着力推进绿色发展

加强生态文明建设和环境保护，深入推进绿色发展，加快建设美丽绵阳。

加大环境治理力度。强力推进“环境质量提升年”各项工作，大力推进大气、水、土壤污染防治“三大战役”。编制《绵阳市大气环境质量限期达标规划》，抓好大气主要污染物总量减排、工业企业污染及扬尘防治，持续推进秸秆禁烧和综合利用，力争PM2.5年均浓度下降3%，城区空气质量优良天数达到280天以上，努力解决人民群众“心肺之患”。制定《城镇水污染防治条例》，建立市县乡三级“河长制”和河流污染跨区域防控机制，确保涪江流域7个国控省控断面水质持续改善。持续推进芙蓉溪、木龙河等小流域整治，加快乡镇生活污水处理设施建设。加强水源地保护，确保县以上城市饮用水源水质全面达标。出台《土壤污染防治行动计划绵阳市工作方案》，建立土壤环境质量监测网络，强化土壤重金属污染、毒性农药污染防控整治，加大农村面源污染防治力度，实施安州区土壤污染治理修复示范试点工程，保障土壤环境安全。切实强化环保督察问题整改，深入开展党政主要领导干部自然资源资产和环境责任审计，严格执行问责制度，促进环境质量进一步提升。

切实加强生态保护。全面推进大规模绿化绵州行动，完成国土绿化50万亩。实施天然林资源保护和森林质量提升工程，森林覆盖率提高到53.7%，城市绿地率达到36.5%，加快创建国家生态园林城市。加强涪江、安昌江、仙海湖等重点湿地保护，加快推进三江湖、让水河国家湿地公园建设，力争湿地保有量达到43万亩以上。深入实施涪江流域水环境生态补偿和水质超标资金扣缴制度。切实增强公众生态保护意识，加强生物多样性保护，积极推进王朗、雪宝顶、千佛山、小寨子沟等国家级自然保护区建设。实施野生动植物抢救性保护工程，用好绵阳大熊猫碳汇专项基金，实施碳汇林相关工程。

促进资源高效利用。支持节能环保、清洁能源等产业发展，加强风电、生物质发电等新能源研发和应用。实施循环发展引领行动，推进工业“三废”回收综合利用，支持中科绵投循环经济产业园、保和富山“城市矿产”示范基地做大做强。开展效能“领跑者”行动、节约型公共机构示范创建活动。加快推进以电代煤、以电代油、以电代柴等电能替代项目。实施燃煤锅炉节能环保综合提升工程。力争万元工业增加值用水量下降5%，单位GDP碳排放下降4%。

八、着力增进民生福祉

坚持民生投入只增不减，为老百姓办实事只增不减，全面发展社会事业，持续改善民生，加快建设幸福绵阳。

大力推进脱贫攻坚。以平武、北川两个片区贫困县为重点，聚焦贫困村和建档立卡贫困人口，扎扎实实推进精准扶贫、精准脱贫。锁定“两不愁三保障”和“四个好”目标，制定实施23个扶贫专项方案，把“六个精准”“四个一批”要求落实到村、到户、到人头。突出抓好产业扶贫，加大涉农资金整合力度，推广龙头带动、股权量化分红等新模式，发展壮大新型集体经济，促进农民持续增收。切实抓好基础设施建设、教育和医疗卫生、住房安全、低保兜底和社会救济等工作。强化宣传引导，激发贫困群众脱贫致富内生动力。确保完成北川片区贫困县摘帽、176个贫困村退出、32971人脱贫的年度任务。

深入实施民生工程。继续实施十大民生工程，办好20件民生实事，确保一般公共预算支出中民生支出比重稳定在60%以上。实施更加积极的就业政策，抓好高校毕业生、农村转移劳动力、失业人员等重点人群就业和再就业，新增城镇就业4.4万人以上。开工危旧房棚户区改造4769套，竣工3635套。完善“五险合一”征收模式，积极推行社会保障一卡通。实施全民参保计划，城乡居民基本养老保险参保覆盖面达到91%以上。加大社会救助力度，逐步提高城乡低保水平。

加快发展社会事业。坚持立德树人，全面实施素质教育。扩大普惠性学前教育资源总量。巩固义务教育均衡发展成果，继续保持基础教育全省领先地位。围绕全市重点产业，加快发展现代职业教育，培养学历专业人才4.2万人。支持西南科技大学国家一流学科建设。推动学校体育、竞技体育和社会体育协调发展。国家级校园足球特色学校创建总数达到60所。新建全民健身路径、农民体育健身工程30处以上。繁荣发展哲学社会科学。积极创建国家版权示范城市。加大文物古迹保护力度，大力弘扬地方优秀传统文化。办好李白诗歌奖和中国科技城合唱邀请赛，继续深化海峡两岸文昌文化、嫘祖文化交流。扩大“绵州大舞台”惠民演出品牌影响力。加快绵阳市文化艺术中心项目前期工作。坚持预防为主，抓好健康促进，启动省级健康城市试点工作。初步建成医疗卫生健康大数据平台，居民健康卡普及应用实现全覆盖。提升基层医疗卫生水平，家庭医生签约服务覆盖率达到60%。促进社会办医加快发展、规范运行。优化生育全程服务，提升妇幼健康水平。积极发展妇女儿童、残疾人、老龄事业，继续做好外事侨务、新闻出版、广播影视、统计调查、档案、地方志等工作。

全面提高社会治理水平。健全基层群众自治制度，加强城乡社区治理。进一步完善社会组织管理制度，依法推进公益和慈善事业健康发展。推进“七五”普法，深化“法律七进”，加强法治宣传教育，助推依法治市。严格执行社会稳定风险评估，完善社会矛盾纠纷多元化解机制，妥善化解信访积案。健全社会治安防控体系，严厉打击各类违法犯罪行为。实施《社会信用体系建设工作实施方案》，推动社会信用环境持续改善。依法打击非法集资，规范发展互联网金融，积极防范金融风险。推进安全生产领域改革发展，建立安全风险分级管控和隐患排查治理双重机制，开展“打非治违”和安全生产专项整治，预防遏制各类事故发生。着力加强市场监管，稳定市场物价水平。完善食品药品安全防控“五大体系”，积极创建国家食品安全示范城市。疏解旧城功能，完善基础设施，提升管理水平，切实治理城区拥堵。健全突发公共事件应急管理体系，抓好地震、气象、水文监测预报和地质灾害防治，积极防范和应对重大自然灾害。坚持党的民族宗教工作基本方针，依法加强民族宗教事务管理，促进民族团结、宗教和顺。巩固文明城市创建成果。加强国防动员和后备力量建设，支持军队改革，做好双拥共建、人民防空工作。

九、着力加强政府自身建设

新形势新任务对政府工作提出了新要求，要扎实推进法治政府、服务型政府和廉洁政府建设，进一步转变工作作风，提升服务效能。

深化法治政府建设。认真落实《法治政府建设实施纲要》，推进依法科学民主决策，健全完善重大行政决策法定程序、“三重一大”事项决策机制和政府法律顾问制度。坚持严格规范公正文明执法，让行政执法更加规范有序。自觉接受市人大及其常委会的法律监督、工作监督和市政协的民主监督，进一步做好人大代表建议和政协委员提案办理工作。主动接受民主党派监督，自觉接受人民群众和社会舆论监督。

深化服务型政府建设。切实转变政府职能，不断深化“放管服”改革，在县市区全面推行相对集中行政许可权改革，进一步完善权力清单、责任清单，继续清理规范行政审批和公共服务事项，简化审批程序，优化工作流程。深化商事登记制度改革，积极推进“五证合一、一照一码”。推行“双随机、一公开”监管，健全失信联合惩戒制度。大力实施“互联网+政务服务”，推动网上政务大厅和实体政务大厅融合发展，加快实现“一号申请、一窗受理、一网通办、限时办结”，努力提高服务效率，让企业和群众少跑腿、好办事、不添堵。

深化廉洁政府建设。严格落实“一岗双责”，把中央、省委、市委全面从严治党、从严治政各项规定贯彻到政府工作各环节。瞄准重点领域，深化廉政风险防控，进一步扎紧制度笼子。加大行政监察力度，严厉查处各类违法违纪案件，对腐败零容忍。持续深入改进作风，巩固“三严三实”“两学一做”学习教育成果，坚决整肃庸政懒政怠政行为，建立容错纠错机制，推动形成风清气正、崇廉尚实、干事创业、遵纪守法的良好政治生态。

各位代表！蓝图已经绘就，实干成就梦想。让我们紧密团结在以习近平同志为核心的党中央周围，在省委省政府和市委坚强领导下，紧紧依靠全市各族人民，开拓创新、拼搏实干，加快建设国家科技城和幸福美丽绵阳，以优异的成绩迎接党的十九大和省第十一次党代会胜利召开！

名词解释和说明

1. 报告2016年工作回顾中提出的“161件人大代表建议、235件政协委员提案”，是指市六届人大八次会议代表建议和市政协六届六次会议委员提案。市七届人大一次会议91件人大代表建议已于2017年2月25日前全部办结，市政协七届一次会议313件政协委员提案正在办理之中。

2. 全省服务业“三百工程”：建设100个重大项目，培育100个重点企业，培育100个重点品牌。

3. “两新”产业：高新技术产业和战略性新兴产业。

4. 全省市场拓展“三大活动”：“惠民购物全川行动”“川货全国行”“万企出国门”三大活动，帮助企业开拓省内、国内、国外三个市场。

5. “三去一降一补”：供给侧结构性改革的五大任务，指去产能、去库存、去杠杆、降成本、补短板。

6. 去化周期：商品住房的销售周期，一般由目前商品住房存量除以此前12个月月均成交量。

7. 5支发展基金：包括1支成果转化基金，即20亿元的绵阳科技城军民融合成果转化基金；2支产业基金，即5亿元的绵阳科技城军民融合产业发展基金、5亿元的绵阳科技城两新产业发展基金；2支建设基金，即12亿元的绵阳科技城城市基础设施建设基金、12.5亿元的绵阳科技城集中发展区基础设施建设基金。

8. 海绵城市：城市雨洪管理概念，指城市在适应环境变化和应对雨水带来灾害等方面具有良好“弹性”。

9. 涪江二桥：科学城大桥。

10. 大规模绿化绵州十大工程：城区绿化提升工程、环城森林带建设工程、城乡道路绿化美化建设工程、水岸生态林网建设工程、森林乡镇美丽新村建设工程、荒山荒地绿化工程、森林质量精准提升工程、湿地保护与恢复工程、森林资源综合利用工程和绿化模范创建工程。

11. “两线合一”：扶贫标准线和低保标准线两线合一。

12. “荷花奖”：由中国文联、中国舞协主办，1996年经中宣部立项、中办国办批准的全国性专业舞蹈评奖活动，每两年或三年举办一次，与戏剧梅花奖、电影金鸡奖、百花奖同一级别。

13. “9张清单”：全面创新改革试验的9张清单，包括综合改革内容清单、军民融合发展改革试点内容清单、技术攻关清单、成果转化清单、重大项目清单、科技创新平台建设清单、开发区储备清单、金融对接清单、可复制推广经验清单。

14. “梧桐计划”：集中力量推进光电产业园等十大军民融合产业园建设，实施一批军民融合重大产业化项目，培育一批军民融合科技协同创新平台，打造一批军民融合产业集群。

15. “三新城”：科学新城、空气动力新城、航空新城。

16. “千英百团”聚才计划：引进、培育符合绵阳优势主导产业、战略性新兴产业、重点社会事业领域发展需要、能推动重大项目攻关和技术革新的高层次人才1000名、创新创业团队100个。

17. “涌泉计划”：坚持政策引导、环境创造，形成“科技型中小企业铺天盖地、创新型大企业顶天立地”的良好发展态势。根据企业不同阶段特点，分为“金苗工程、拔萃工程、卓越工程”三类扶持政策。

18. “两个一号工程”：引进培育高新技术和战略性新兴产业这个产业发展的“一号工程”，大力发展电子商务和“互联网+”这个现代服务业发展的“一号工程”。

19. 建设领域“三大攻坚行动”：城建攻坚行动、交通攻坚大会战、科技城集中发展区基础设施建设攻坚行动。

20. 涪江三桥：富乐大桥。

21. “三权分置”：农村的土地集体所有权、农户的承包权、土地的经营权“三权”分置并行。

22. 分级诊疗制度：按照疾病的轻、重、缓、急及治疗的难易程度进行分级，不同级别的医疗机构承担不同疾病的治疗，实现基层首诊和双向转诊。

23. 存贷比：银行贷款余额与存款余额的比率。

24.“两不愁三保障”：到2020年稳定实现农村贫困人口不愁吃、不愁穿，农村贫困人口义务教育、基本医疗、住房安全有保障。

25.“四个好”：住上好房子、过上好日子、养成好习惯、形成好风气。

26.“六个精准”：扶贫对象精准、项目安排精准、资金使用精准、措施到户精准、因村派人精准、脱贫成效精准。

27.“四个一批”：扶持生产和就业发展一批、移民搬迁安置一批、低保政策兜底一批、医疗救助扶持一批。

28.“五险合一”：城镇职工基本养老、医疗、失业、工伤和生育五项社会保险实行统一登记、统一基数、统一征缴和统一稽核。

29.“法律七进”：推动法律进机关、进学校、进乡村、进社区、进寺庙、进企业、进单位。

30.食品药品安全防控“五大体系”：责任体系、制度体系、技术体系、风险防控体系、追溯体系。

31.“五证合一、一照一码”：在全面实施工商营业执照、组织机构代码证、税务登记证“三证合一”登记制度的基础上，再整合社会保险登记证和统计登记证。“一照一码”，就是将由工商、质监、税务分别核发不同证照，改为由一个部门核发加载法人和其他组织统一社会信用代码的营业执照。

32.“双随机、一公开”:随机抽取检查对象、随机选派执法检查人员，公开抽查情况及查处结果

江油太白广场

1988 年

2月24日，国务院国函〔1988〕29号文批复，撤销江油县，设立江油市，以江油县境域为江油市境域。江油市为县级市，由绵阳市代管，一切关系不变。同年6月30日，庆祝江油市成立大会在江油市中坝镇举行。

3月17日，中共绵阳市委作出《关于在全市干部中开展以生产力为标准的大讨论的决定》。大讨论历时7个月，统一并深化全市各级干部对生产力标准的认识，首次提出“科技兴绵”发展战略。

8月17日，中共绵阳市委作出《关于实施“科技兴绵”战略的决定》，提出：按照发展生产力的要求，以经济建设为中心，充分发挥绵阳的科技、军工优势，立足绵阳，面向全国，放眼世界，加速科技进步，振兴绵阳经济。实施“科技兴绵”战略，着重从加快与深化科技体制改革、建立高新技术产业开发区、加强科研机构建设、抓好教育事业发展、重视社会科学研究、加强同科研、军工单位协作等方面展开。

11月24日，四川省人民政府批复，北川县从1988年1月起，享受少数民族县待遇。

市政协工作报告

在政协绵阳市第七届委员会第二次会议上

市政协主席　张锦明

（2017年3月13日）

2016年工作回顾

2016年是“十三五”开局之年。一年来，市政协深入学习贯彻中共十八大、十八届三中、四中、五中、六中全会精神和习近平总书记系列重要讲话精神，在中共绵阳市委的坚强领导下，高举爱国主义和社会主义伟大旗帜，坚持团结和民主两大主题，切实贯彻“创新、协调、绿色、开放、共享”发展理念，助推“四个全面”战略布局的绵阳实践，积极履行政协各项职能，充分发挥协调关系、汇聚力量、建言献策、服务大局的作用，为加快建设国家科技城和幸福美丽绵阳做出新贡献。

一年来，常委会坚持在继承中发展、在发展中创新、在创新中突破，开展工作有重点、履行职能有成效，突出表现在四个方面：

一是共同思想政治基础更加牢固。及时传达学习中共十八届六中全会精神，重点学习习近平总书记系列重要讲话、中共四川省委十届九次全会、中共绵阳市第七次代表大会等会议精神，首次召开全市政协工作会议，分批次组织政协委员、机关干部赴全国政协培训基地、省市委党校及浙江大学等开展培训，支持民主党派、工商联等举办党外人士暑期理想信念学习班，进一步增进了各党派团体、各族各界人士的政治共识，更加自觉地在思想上政治上行动上同以习近平同志为核心的中共中央保持高度一致，更加坚定地落实中共绵阳市委决策部署，保持了政协工作正确的政治方向。

二是制度体系更加健全。修订党组会议、主席会议、常委会议等议事规则，完善调研、视察、提案办理、信息宣传、委员管理等工作制度，规范机关人事、财务等工作制度，涵盖会议组织、经常性工作、自身建设等政协工作全过程，形成了较为完善的制度体系，推进履行职能制度化、规范化、程序化。

三是政协工作更加开放。促进各民主党派、工商联、市政协专门委员会、县市区政协开展联合调研视察。充分吸收大专院校、科研院所专家、学者参与调研，探索集体调研与分组调研平行展开的模式，进一步提升建言献策的战略性、前瞻性、精准性。首次公开征集公民旁听政协常委会，探索引导公民有序参与政协协商。及时开通“绵阳政协”官方微信公众号，打造“指尖上的委员之家”。

四是政协协商定位更加准确。准确把握人民政协的性质定位，自觉接受市委领导，积极争取市人大、市政府支持，主动融入大局、服务大局。配合市委在全省率先出台了《中共绵阳市委关于进一步加强人民政协协商民主工作的意见》，坚持与市政府的工作联席会议制度，强化与市人大的沟通联系。市政协党组坚持定期召开党组会议，讨论和研究市政协重要事项，加强作风建设，保证了市委决策部署在政协系统的贯彻落实。

一年来，常委会主要开展了五个方面的工作。

一、坚持围绕中心，在服务大局上做出新贡献

聚焦脱贫攻坚议政建言。围绕平武和北川两个秦巴山区贫困县摘帽、丘陵旱山区脱贫攻坚等开展专题调研，召开“推进实施精准扶贫精准脱贫，决胜全面小康”专题议政性常委会议，就创新扶贫理念、扶贫项目落地、老弱病残户“兜底”等问题积极协商，提出的增强贫困人口脱贫致富信心、创建专业扶贫行业扶贫社会扶贫“三位一体”扶贫开发大格局、落实财政“兜底”政策等建议得到市委主要领导高度肯定。全市政协组织充分发挥职能优势和委员作用，坚持建言与出力结合、协商与监督结合，将脱贫攻坚帮扶工作落实到项目、到村到组到户到人，据统计，全市政协系统联系帮扶贫困村378个、贫困户3314户，做好事实事1.63万件，委员和政协干部个人捐款3000余万元，帮助协调各类资金2.4亿元。

聚焦全创工作献计出力。积极参与绵阳全创改革试验方案修改完善，组织引导住绵省政协委员和民主党派、工商联等积极争取国家、省级层面对绵阳全创改革试验工作的支持。开展绵阳发展核医学产业重点课题研究，在省政协常委会上作“推动核医学产业基地建设”大会发言，助推绵阳国家核医学中心建设。围绕全创改革试验工作开展重点视察调研和评议监督，组织引导市政协各参加单位、县市区政协、政协委员积极融入全创改革试验工作，各级委员参与全创相关工作达3700多人次，协助游仙搭建军民融合发展交流平台，支持参与北川通航产业园项目论证和筹备，推动中国科技城国际企业孵化器和九绵科技合作创新试验基地建设，帮助6家企业及产品入编《军民两用高新技术民营企业及产品推荐目录》。

聚焦幸福美丽绵阳建设集思广益。围绕城市地下管网建设和管理与省政协开展联合调研，提出了5个方面9条建议，得到省委王东明书记签批。把城市轨道交通规划建设作为重点调研课题，组织力量赴有关省市进行学习考察，提出的科学论证建设时机、扎实开展前期工作、实事求是选择制式等建议，得到市委主要领导肯定性批示，助推我市轨道交通规划编制前期工作纳入全省五大经济区2016年重点工作。组织委员、邀请专家学者就跃进路历史文化街区保护与利用等开展界别协商，围绕三江码头区域交通组织、日常管护、配套设施建设等开展提案办理协商，围绕文化艺术中心规划建设、机场建设和发展等开展调研视察，为幸福美丽绵阳建设奉献政协智慧、展现政协力量。

二、坚持求真务实，在建言献策上展现新作为

调研献策助力转型升级。组织委员就战略性新兴产业、电子商务、循环农业等开展专题调研视察，积极建言，许多议政成果得到有效转化。围绕核医学基地建设、幸福美丽新村建设等进行重点调研，形成《促进军技民用推动核医学产业基地建设的调研报告》《视察幸福美丽新村建设的情况报告》等成果，得到市委市政府主要领导肯定性批示。协调举办“营改增”“新常态下的税收风险防范与应对”等专题培训，组织20家企业开展《制造业民营企业发展状况调研》，梳理汇总富临、天泰等民营企业存在的困难和问题20余条，及时上报市委市政府研究解决。

跟踪问效助跑项目推进。专题调研城建、交通、集中发展区三大攻坚行动推进情况，组织视察金融服务地方经济、市博物馆建设等重点工作。视察京东方6代（柔性）面板生产线等重大招商引资项目落地情况，助推英国剑桥科创孵化园·中国绵阳科技城中心成功落地，积极争取欧美同学会绵阳基地落户高新区。认真开展调研视察建议落实情况回头看，助推湿地公园、元通公园等加快建设。组织委员对江油平通河防洪堤工程改造、平武环境基础设施建设等12个民生重点工程项目建设情况进行专题督查。

主动融入助推绿色发展。落实市委《关于推进绿色发展建设美丽绵阳的决定》，助推绿色发展与“美丽绵阳”建设有机结合。重点调研涪江中上游水资源环境保护，提出加强水资源环境保护教育、加强水环境综合整治、完善环保基础设施等6条建议，引起市政府高度重视。积极参与小流域水环境综合整治推进情况督查评估，参与平政河、龙溪沟等地下管网建设、三江汇合处水环境整治专项督查和秸秆禁烧等行动。

三、坚持履职为民，在民主监督上取得新成效

畅通民意渠道听民声。充分发挥社情民意直通车作用，收集各类社情民意300多条，编报主城区交通路口加设行人闯红灯自动抓拍系统、修建三江湖游船码头应确保涪江泄洪畅通等社情民意信息21期。九绵高速公路优先于平广高速公路建成通车、关于执行儿童票优惠标准等建议被省级有关部门采用。成都铁路局积极采纳优化成绵乐城际铁路运行的建议，促进成绵之间动车公交化运行。

落实提案办理重民意。组织委员围绕市委市政府重点工作和全社会普遍关注的热点、难点问题，深入调研、积极撰写提案，市政协六届六次会议立案235件、办结235件，办结率100%，七届一次会议立案313件，正在加紧办理。总体来看，这些提案内容丰富，针对性强，通过提案办理，许多意见和建议被采纳，促进了决策的科学化、民主化，为推动经济社会发展发挥了积极作用，展现了政协委员的履职能力和水平。

聚焦社会治理顺民心。组织政协委员围绕我市首部地方立法《绵阳市城市市容和环境卫生管理条例（草案）》深入开展协商，提出39条立法建议得到市人大常委会充分肯定。参与全市依法治市年度考核，参与国有建设用地使用权拍卖、违法建设专项清理整治、残疾人教育就业权益保障等行动督查。健全委员法律服务工作机制，组织开展免费法律咨询服务，推动部分涉法涉访案件妥善解决。

四、坚持团结民主，在汇聚合力上迈出新步伐

深化合作共事。积极组织全市各党派团体和各族各界人士围绕市委重大决策部署开展协商议政，努力营造畅所欲言、宽松活跃的民主氛围。加强与市政协各参加单位的联系，定期听取对政协工作的意见建议，邀请党派团体参加政协组织的调研视察、提案督办、民主监督等活动，把合作共事精神贯穿到政协工作各个环节。尊重和保障各民主党派、工商联、人民团体和无党派人士的民主权利，鼓励和支持其积极参与政协履职活动。一年来，党派团体以集体名义在各类会议上发言160多次，提交集体提案84件，较好地体现了参政有舞台、建言有机会、协商有渠道。民革市委《关于军民融合深度发展的建议》得到全国政协副主席、民革中央常务副主席齐续春充分肯定。民盟市委以互联网思维推动科技城建设形成的《建设全国著名的信息“云中心”》课题得到民盟中央、民盟省委的充分肯定和大力支持。民建市委继续在项目引进、助力脱贫攻坚等方面

深化“建江合作”。民进市委引入四川农发集团投资6亿元建设花岛农博园，还推动孵化一批科技型、双创型企业在绵落地。农工党市委《推进协商民主共襄法治中国》被农工党中央评为好文章奖。九三学社市委推动九绵合作纵深发展，创新试验基地已入驻科技企业63家。致公党市工委《基于西部大开发政策背景下推动高新技术企业发展的建议》被致公党中央采纳。市工商联促成全国工商联科技装备业商会会长会议暨军民融合民营企业座谈会在绵成功举行，推动绵阳筹建全国第一个地级市科技装备业商会。

加强团结联谊。推动川港企业金融服务交流、哪吒民俗文化交流、海峡两岸文昌文化交流、嫘祖故里祭祖大典等活动成功举办。举办市政协各界人士新年茶话会，协调民主党派、工商联开展科技扶贫、爱心助学、光彩事业等活动。发挥委员企业家作用，关心绵商在外发展情况，引导绵商返乡再创业，为招商引资、招才引智牵线搭桥。以各民族“共同团结奋斗、共同繁荣发展”为主题，深入开展民族团结进步创建活动，助推北川禹羌文化田园之旅、平武少数民族特色小镇等项目的申报工作。组织视察调研全市宗教场所依法治理工作，协助开展和谐寺观教堂创建。编辑出版《绵阳抗战纪念专辑》《杜甫—绵阳的诗今译》等文史资料，真实生动地再现相关重要历史事件和人物。

增进协同互动。积极配合全国政协“华侨权益保护法立法”和省政协“破除体制机制障碍，系统推进全面创新改革试验”“核废渣处置情况”等课题开展联合调研视察，争取各方力量支持绵阳建设发展。增进与兄弟省市的交流与合作，坚持参与同全国10省26城市的政协横向联系和协作。加大政协工作交流，积极宣传推介绵阳，扩大绵阳社会影响。加强对县市区政协工作的指导，开展联合调研视察，努力形成全市政协工作合力。

五、坚持探索创新，在自身建设上实现新提升

加强政协组织建设。优化界别设置，按界别组建委员活动小组，建立专委会联系界别制度，引导委员发挥界别优势，充分反映联系界别群众的意见建议。加强专委会建设，按照“精简、效能、统一”的原则，规范专委会设置，科学界定职责，整合办公室和研究室内设机构，在未增加编制的情况下，增设4个服务专委会的工作处。出台《市政协专门委员会联系市级部门和界别方案》，进一步畅通对外协调联系渠道。在县市区政协健全“政协委员工作委员会”，稳步推进“乡镇（街道）政协工作委员会”试点工作，在全省政协理论与实践研讨会上交流试点工作经验。

加强委员队伍建设。修订《绵阳市政协委员管理办法》，完善委员服务管理考核机制，健全覆盖省市县三级政协委员的联系网络，为委员开展“五个一”活动搭建好服务平台。加强政协换届人事协商，强化委员动态管理，对履职不充分的六届市政协委员进行研判，做出不再提名继任人选的建议，撤销、劝辞委员10名。建设市政协委员之家，促进委员之间加强沟通、加深友谊、相互促进、共同提高。

加强机关自身建设。扎实推进制度建设和队伍建设，全力打造“纪律严明、作风务实、创先争优、团结友爱”政协机关。推动设立机关党组，不断强化政协机关党建工作。建立完善作风建设长效机制，严格执行财务管理制度、公务接待制度、车辆管理制度。积极争取市委的支持，培养、使用、交流一批政协机关干部，推进干部轮岗交流、挂职锻炼，政协机关干部干事创业的精气神进一步提振。创新形式，突出宣传政协委员在推进协商民主发展中的新作为、新成效，市政协被省政协评为信息宣传先进单位。激活机关工会组织，开展“我们的传统、我们的节日”民俗体验、观看红色经典剧目等文化活动，机关的活力、向心力和凝聚力进一步增强。

圆满完成政协换届工作。在市委领导下，圆满完成政协换届工作。在充分酝酿、认真讨论的基础上，协商七届市政协委员人选，协商产生政协委员440名，委员推荐途径更加广泛、考察标准更加严格、产生程序更加规范、结构比例更加合理。高质量、高水平召开新一届市政协委员集中培训会，为七届市政协履行职能奠定了坚实基础。

各位委员，同志们，过去一年市政协工作取得的成绩，是中共绵阳市委坚强领导的结果，是市人大、市政府和社会各界大力支持的结果，也是全市各级政协组织、政协各参加单位和广大委员共同努力的结果。在此，我代表市政协常委会表示衷心的感谢！

在总结成绩的同时，我们也清醒地看到，政协工作还存在一些不足，视察调研和协商建言的质效需要进一步提升，民主监督、成果转化等制度机制的落实有待进一步加强，服务委员履职的工作质量和水平需要进一步提高等。对此，我们要高度重视、认真研究改进。

2017年主要任务

2017年，是实施“十三五”规划的重要一年，也是推进供给侧结构性改革的深化之年。市政协工作总体要求是：全面贯彻落实中共十八大和十八届三中、四中、五中、六中全会精神，深入学习贯彻习近平总书记系列重要讲话精神和治国理政新理念新思想新战略，坚持团结民主主题，围绕绵阳科学发展、加快发展工作取向，认真履行政治协商、民主监督、参政议政职能，为助推国家科技城和幸福美丽绵阳建设做出更大贡献，喜迎中共十九大和省第十一次党代会的胜利召开。

一、强化核心意识，毫不动摇地坚持党的领导

中共十八届六中全会以全面从严治党为主题，进一步完善了“四个全面”战略布局，明确习近平总书记为全党核心，是事业所需、众望所归。全市各级政协组织、各参加单位和广大政协委员，要把学习贯彻中共十八届六中全会作为当前和今后一个时期的重要政治任务，进一步强化核心意识，始终保持清醒政治头脑和政治本色，自觉向以习近平同志为核心的中共中央看齐，向党的理论和路线方针政策看齐，更加坚定地维护以习近平同志为核心的党中央权威，更加自觉地在思想上政治上行动上同以习近平同志为核心的党中央保持高度一致。要充分发挥党组在政协组织中的领导核心作用，严明政治纪律和政治规矩，把党的领导贯穿于政协履行职能的全过程，推动党的路线方针政策在政协工作中得到全面贯彻落实，确保人民政协事业的正确政治方向。要把学习贯彻六中全会精神与学习贯彻习近平总书记关于人民政协工作的重要论述精神结合起来，与学习贯彻省市党代会精神结合起来，深刻认识人民政协肩负的光荣使命，更好发挥政协作为协商民主重要渠道和专门协商机构作用，更好地服务绵阳科学发展、加快发展大局。

二、强化全局观念，紧紧围绕全市改革发展议政建言

人民政协工作是党委政府工作全局的重要组成部分。全市各级政协组织、政协各参加单位和广大市政协委员要拓宽视野，强化全局观念，紧扣市委市政府中心工作履职尽责，充分发挥优势，找准着力方向，明确履职重点，通过协商议政、调研视察、提出提案、反映社情民意信息等形式，协助市委、市政府坚决打赢加快建设国家科技城和幸福美丽绵阳主攻仗，全力做好稳增长、促改革、调结构、惠民生、优生态、防风险各项工作，助推绵阳在全省率先次级突破、率先全面建成小康社会迈出坚实步伐。要认真组织实施年度协商计划，围绕“一府两院”工作报告、建设军民融合协同创新平台、促进民营经济健康发展、积极推进农村集体产权制度改革、三线建设遗址保护与规划、推进社会保障公共服务体系信息化建设、推进市文化艺术中心建设等，开展专题协商、对口协商、界别协商和提案办理协商。加强咨政建言、献计出力，重点就全创改革试验、军民融合、供给侧结构性改革、“两个一号工程”、县域经济发展等关乎全市长远发展的重大课题，深入开展调研活动。围绕全创改革试验、脱贫攻坚、美丽绵阳等重点工作，组织委员进行视察、开展民主评议，助推党委、政府决策落地见效。

三、强化工作主题，凝聚经济发展社会和谐的强大合力

坚持团结和民主两大主题，努力寻求全社会意愿和要求的最大公约数，画出民心民愿的最大同心圆，是人民政协的基本职能和工作主题。要发挥政协组织的独特优势，不断强化团结一切可以团结的力量，调动一切可以调动的积极因素，广泛凝聚推动绵阳科学发展加快发展的正能量。要密切与各民主党派、工商联、无党派人士、各人民团体的联系合作，创新搭建协商议政平台，努力营造团结民主、和谐活跃的议政氛围。全面贯彻党的民族政策和宗教政策，扩大与港澳同胞、台湾同胞和海外侨胞的联系交往。适应经济社会发展新变化，有针对性地做好新经济组织和新社会组织从业人员、自由职业者、新媒体从业人员等方面人士的团结工作，积极探索新的社会阶层参加政协活动的途径和办法。充分发挥人民政协优势，广泛宣传政策，悉心反映社情民意，主动协助党委和政府做好理顺情绪、化解矛盾、凝聚人心的工作，全力维护发展稳定大局。组织委员深入基层，察民情、听民声、汇民智，及时反映群众利益诉求。深入开展“我为扶贫攻坚做件事”活动，积极倡导委员开展捐资助学、扶贫济困等各种公益慈善活动，自觉承担社会责任，彰显委员新风采。

四、强化机制创新，切实增强民主监督实效

深入学习领会习近平总书记关于人民政协民主监督的重要论述，认真贯彻落实中央《关于加强和改进人民政协民主监督工作的意见》，把监督融入履行职能的全过程，做到民主监督有计划、有题目、有载体、有成效。要围绕“十三五”规划实施、民营经济发展、干部队伍作风建设等人民群众普遍关注的热点问题，综合运用提案、建议案、调研视察、协商会议、大会发言、社情民意信息等形式，认真查找问题、如实反映情况，提出改进建议，促进相关工作开展，确保监督监在关键处。要健全知情明政、协调沟通、办理反馈、权益保障等工作机制，推进民主监督制度化、规范化、程序化。要引导委员进一步增强民主监督意识，正确履行监督职能，把敢于监督和善于监督统一起来，做到依法监督、依章监督、理性监督。要积极探索民主监督新形式新举措，对市级领导签批的政协调研视察报告的落实情况开展问效监督，与媒体深度合作，积极开展“提案去哪儿了”活动，深化提案办理过程监督，增强办理实效。

五、强化责任担当，推动人民政协事业不断创新前行

按照“懂政协、会协商、善议政”要求，进一步认清使命、把握定位、增强自觉，不断提高政治把握能力、调查研究能力、联系群众能力、合作共事能力，建真言、谋良策、出实招，努力开创政协工作新局面。要充分发挥党组在政协组织中的核心领导作用，落实全面从严治党要求，切实加强思想政治建设，巩固深化“两学一做”学习教育成果，严肃党内政治生活，加强党风廉政建设，认真落实管党治党主体责任和监督责任。要不断巩固完善政协协商工作机制，全面推进政协制度建设和工作机制创新，扎实推进各项经常性工作，努力形成履行职能的整体优势。切实发挥好专委会的基础作用，探索工作新方法，增强工作新活力。加强政协委员队伍建设，保障委员权益，健全委员履职激励机制，科学安排委员履职活动，努力让每位委员在政协干事有舞台、建言有渠道、工作有作为。加强市政协机关建设，重视干部队伍素质提升和纪律建设，大力开展丰富多彩的机关文化活动，努力建设一支政治坚定、素质过硬、作风优良、奋发有为的政协干部队伍。

各位委员，同志们，高水平全面建成小康社会是我们的共同使命，让全市人民过上更加幸福美好的生活是我们的共同追求。让我们更加紧密地团结在以习近平同志为核心的中共中央周围，在中共绵阳市委坚强领导下，不忘初心、继续前进，以优异成绩迎接中共十九大和省第十一次党代会胜利召开！

绵阳国家高新技术产业开发区授牌仪式现场

1992 年

2 月 19 日，中共绵阳市委、绵阳市人民政府作出《关于大力推进军转民科技兴市的决定》，将“军转民科技兴市”作为振兴绵阳经济的基本方针。

4 月 30 日，四川省人民政府批准建立绵阳高新技术产业开发区（以下简称“绵阳高新区”）。绵阳高新区地处绵阳市区西部，批准面积 6.1 平方千米，其中启动区 3.7 平方千米。同年 11 月 9 日，绵阳高新区被国务院批准为国家级高新技术产业开发区。1993 年 3 月 17 日，国家科委代表国务院向国家级绵阳高新技术产业开发区授牌。

4~7 月，四川省人民政府先后批准建立三台工业经济开发区、江油市工业开发区和绵阳永兴工业开发区 3 个省级开发区。1993 年 8 月，四川省计委批准建立省级绵阳市游仙经济试验区。

10 月 30 日，经国务院批准，撤销绵阳市市中区，其辖区以涪江主航道中心线为界，涪江以东设立绵阳市游仙区，涪江以西设立绵阳市涪城区。

2016年绵阳十大新闻

【中国共产党绵阳市第七次代表大会召开】 2016年10月10日至12日，中国共产党绵阳市第七次代表大会召开，大会选举出新一届市委和市纪委，通过了关于第六届市委工作报告的决议和市纪委工作报告的决议。

大会全面总结了过去五年绵阳的发展成就和基本经验，客观分析当前形势，科学提出今后五年全市工作的总体要求、奋斗目标和主要任务，是指导未来五年国家科技城和幸福美丽绵阳建设的行动指南和纲领。大会指出，今后五年是绵阳发展最为关键的时期。其主要目标是：经济发展水平迈上新台阶，创新驱动军民融合实现新突破，改革开放取得新进展，城乡建设展现新面貌，人民生活水平得到新提高，党的建设开创新局面。通过全市上下的共同努力，加快把绵阳打造成一座创新之城、活力之城、希望之城，让美丽抬头可见、幸福触手可及。

【绵阳市第七届人民代表大会第一次会议召开】 2016年10月25日至28日，绵阳市第七届人民代表大会第一次会议召开。大会选举产生新一届市人大常委会主任、副主任、秘书长、委员以及各专门委员会组成人员；选举产生市人民政府市长、副市长；选举产生市人民法院院长、市人民检察院检察长；通过关于绵阳市人民政府工作报告的决议；通过《关于绵阳市第六届人大常委会工作报告的决议》；通过·《关于绵阳市中级人民法院工作报告的决议》；通过《关于绵阳市人民检察院工作报告的决议》。

新当选的绵阳市第七届人民代表大会常务委员会主任、副主任，绵阳市人民政府市长、副市长，绵阳市中级人民法院院长，绵阳市第七届人民代表大会常务委员会秘书长、委员以及各专门委员会组成人员在会上进行宪法宣誓。

【第四届中国（绵阳）科技城国际科技博览会举行】 2016年9月21日至24日，第四届中国（绵阳）科技城国际科技博览会在绵阳举行。本届科博会首次设立军民融合馆，首次设立轮值主题市州开放日活动，联合国工业发展组织首次成为支持单位，美国首次成为主宾国，进一步体现了展会的专业化市场化国际化。科博会为期四天，室内设5个展馆、室外设2个展区，展览总面积7万平方米，开展各类活动46项。是名副其实的军地互动大融合、科技成果大展示、高端人才大荟萃、创新特色大体现的科技盛宴。

【京东方第6代AMOLED（柔性）生产线开工】 2016年12月28日，京东方集团投资465亿元的京东方第6代线项目在绵阳开工，这是全球第三条AMOLED（柔性）生产线项目，也是绵阳乃至四川史上最大单体工业项目。近年省委、省政府高度重视电子信息产业发展，将其列入七大优势产业和七大创业型新兴产业重点推动，电子信息产业成为全省经济发展的核心增长极。该项目的开工建设，标志着绵阳建设“西部面板之都”迈出坚实步伐。

【“2016四川十大改革转型发展案例”和“2016四川十大科技创新改革人物”】 2016年，绵阳市《向创新改革要动力探索产业扶贫新路——梓潼县“1+5”生态循环产业扶贫模式》和《国家军民两用技术交易中心铺就军民融合科技成果快速转化通道》获评“2016四川十大改革转型发展案例”。四川九洲电器集团有限责任公司副总经理程旗和利尔化学股份有限公司副总经理兼国家认定企业技术中心主任范谦获评“2016四川十大科技创新改革人物”。

【绵阳获中国百强优秀电子商务城市】 2016年4月12日，2016中国国际电子商务博览会在浙江义乌举行。会上，绵阳被评为2015年百强优秀电子商务城市，成为四川唯一上榜的地市级城市。同时，大会还发布2015年百强优秀电子商务园区，四川有3个园区入围，其中绵阳独占2席，绵阳高新区和科创园区榜上有名。作为中国（四川）电子商务发展峰会的永久会址，绵阳连续举办多届电子商务发展大会，电子商务和“互联网+”的蓬勃发展，为绵阳经济社会发展插上腾飞的翅膀，让绵阳这座铸造“两弹一星”国之利器的“三线建设”军工城市，在治蜀兴川宏伟方略中谱写出更加绚丽多彩的奋进篇章。

绵阳大龙网贸科技有限公司申报出口至美国的服装，成为四川省“第一票”跨境电商通关商品。此次绵阳跨境电商率先实现四川跨境电商出口通关直销的第一票业务，加快开拓跨境电商业务，为绵阳经济、四川经济进一步融入国际化发展做出贡献。

【绵阳市成功入选国家首批产城融合示范区】 2016年11月18日，国家发展改革委发布全国首批58个产城融合示范区名单，四川省仅绵阳市、南充市两地产城融合示范区申报方案获批准，成功入选国家产城融合示范区，具体承担“推进军民深度融合发展，探索科技兴产、科技兴城、产城融合发展新路径，努力探索形成可推广、可复制的经验做法”的试点任务。

建设绵阳产城融合示范区，是探索“科技兴产、科技兴城、产城融合”发展新路径的重大举措。绵阳产城融合示范区具备良好的产业发展基础和综合竞争能力，规划边界清晰、功能划分准确，与主城区互享交通等设施，既能实现产业发展、城市建设和人口集聚目标，又能解决示范区内城镇化水平滞后于产业化发展和提升产业就业吸纳能力等问题。

【绵阳市交通攻坚计划进展成效显著】 2016年，绵阳市本着解决群众出行、促进产业发展的原则，围绕交通大会战，把农村公路建设作为脱贫攻坚最紧迫的任务。全市年内完成农村公路投资42.19亿元，超年度计划目标19%，农村交通运输状况得以持续改善，一条条村组道路正在变成村民们的增收致富之路，标志着幸福美丽绵阳建设取得的新进展，全市农村群众的幸福生活触手可及。

2月24日，省重点交通工程九（寨沟）绵（阳）高速建设正式拉开帷幕。九（寨沟）绵（阳）高速公路是国家高速公路网规划中第11条纵线银川—昆明（G85）联络线平凉—绵阳的重要组成部分，也是四川省高速公路网布局规划中第16条成都放射线成都—九寨沟—甘肃的重要路段，并纳入国家《长江经济带综合立体交通走廊规划》。九（寨沟）绵（阳）高速全长260千米，预计总投资430亿元，建成后成为“一带一路”北上出川的一个新通道，与甘肃、陕西等省连成一片，带动九（寨沟）绵（阳）高速沿线少数民族地区经济发展和脱贫奔小康。

【绵阳市获2016特色魅力城市】 2016年12月13日，在2016年中国特色魅力城市200强名单上，四川有10座城市入选榜单，绵阳位列其中。作为中西部地市级城市，绵阳能在全国300多个城市中脱颖而出，除了中国科技城的知名度和丰富的科技资源外，与这两年进行的幸福美丽绵阳建设密不可分。特别是“美丽绵阳”城市亮化项目，荣获中国照明学会第11届中照照明奖城市照明建设一等奖和照明工程设计一等奖，采用国内最为新颖的媒体立面照明手法，采用LED点阵成像和GPS音视频同步两项关键技术，构建起规模宏大、精彩纷呈的灯光表演。让绵阳成为唯一同时荣获中照照明奖城市照明建设一等奖和照明工程设计一等奖的城市。

【国务院批复同意安县撤县设区 绵阳市安州区举行挂牌仪式】 2016年5月20日，绵阳市安州区举行成立大会，标志着安县从此结束1600多年县治历史。2015年3月，国务院批准同意撤销安县，设立绵阳市安州区，以原安县的行政区域为绵阳市安州区的行政区域。安州区成立后，我市行政区划管辖将由原先的六县两区一市，变为五县三区一市，将打破绵阳一市两区的区划格局，有效解决区划设置不合理导致跨区域的环境污染、重复建设、规划不统一等问题，并为科技城集中发展区提供足够的地域空间，为实现科技城组团式分区发展，推动科技城建设在新起点上实现新突破。

2016年大事记

1月

6~9日　国际消费电子产品展（CES）在美国拉斯维加斯举行，长虹以“智慧社区下的智慧家庭”为载体，首次向海外公众展示中国第一个面向物联网的IPP运营平台成果，获得“最佳智能解决方案”奖，成为唯一获得此类奖项的企业。

7日　绵阳市委经济工作暨城市工作会议召开。

9日　中国（绵阳）科技城管理委员会、中国（绵阳）工业技术研究院举行科技成果发布会，发布复合材料桥塞、核磁共振绝缘骨架和森林灭火发射器用发射管。

△ 西部首家出租汽车职业驾驶员定点医院在绵阳市四川中医药高等专科学校附属医院挂牌成立。

10日　“2015中华旅游小姐环球大赛四川赛区暨首届绵阳城市形象大使选拔赛”总决赛在绵阳涪城万达广场举行，来自黑龙江的32号选手林昊夺得冠军。

11日　四川省环境科学学会环境信用建设工作委员会成立大会暨环境信用建设专家论坛在绵阳举行。

△ 绵阳扶摇飞行器公司成为四川省首个成功申请到轻小型民用无人机对地、对空飞行区域的公司。

△ 四川省首个出入境证件社区受理点——绵阳市涪城区公安分局城北派出所安昌路社区警务室出入境证件受理点开通运行。

12日　绵阳市民主党派企业家首届迎春联谊会在绵阳海上海水晶酒店举行。

△ 绵阳市三台县芦溪镇入选全

国第三批“美丽宜居小镇”名单。

15日　中国科技城·绵阳创新创业大会在科技城创新中心二期学术报告厅召开。

△绵阳市人民政府与中国科学技术发展战略研究院签订战略合作框架协议。

15~16日　全国小麦锈病和白粉病研究协作组会议在绵阳召开。

16日　李白文化产业园·青莲国际诗歌小镇获得第五届中国旅游投资艾蒂亚奖最佳历史文化旅游项目奖。

17日　绵阳市传统文化保护协会成立，位于三台县永明镇紫玉上院的绵阳市传统文化产业基地启动。

18日　四川省军民融合研究院在绵阳揭牌成立。

22日　绵阳市“三大球”运动管理中心在绵阳奥林匹克学校挂牌成立。

24日　绵阳市光速车队以积分1236分获得2015年首届四川省自行车联赛年度总冠军。

25日　第三十三届全国青少年信息学奥林匹克冬令营在南山中学开营。

△绵阳市成为首批10个“中国研学旅游目的地”之一，是四川省唯一入选的城市。

26日　四川省网格化监管现场会暨2016年价格检查工作推进会在绵阳召开。

27日　绵阳市首个电商孵化中心——安州区兴仁乡电商孵化中心暨电商产业展示厅投入运营。

△成都高新区—绵阳科技城战略合作签约仪式暨第一次联席会议在成都举行，成都高新区管委会、中国（绵阳）科技城管委会签订战略合作框架协议。

1月27~2月3日　2016年四川省中学生排球锦标赛在绵阳东辰国际学校举办。

28日　刑法修正案（九）出台后的四川省首例客车严重超员受到刑事处罚的案件在绵阳市中级人民法院公开审理。

29日　15:00左右，绵（阳）广（元）高速绵阳科学城路段发生重大车祸，一辆轿车被两辆大货车夹住，造成轿车内4人死亡，追尾货车上两人受伤的重大交通事故。

2月

1日　北川羌族自治县保通职业培训学校羌绣教师、省级非物质文化遗产传承人陈云珍获得“全国优秀农民工”称号。

2日　中国工商银行绵阳分行军民融合金融服务中心成立。

3日　19：00，“美丽绵阳”亮化工程核心景区灯光秀启动。

△省委副书记、省长尹力率省委、省政府慰问团，到北川羌族自治县开展春节慰问送温暖活动。

16日　绵阳市科创区管委会与成都欧盟项目创新中心在绵阳市科技城创新中心就合作成立“欧盟项目创新中心·科技城分中心”签约，绵阳科技城与成都欧盟项目创新中心的全面合作拉开序幕。

16~18日　中国人民政治协商会议绵阳市第六届委员会第六次会议在绵阳市召开，会议选举张锦明为政协绵阳市第六届委员会主席。

16~19日　绵阳市第六届人民代表大会第八次会议在绵阳市召开，会议选举董晓彬为绵阳市第六届人大常委会副主任，马泽波为绵阳市中级人民法院院长，王昭洪为绵阳市第六届人大常委会秘书长。

18日　省委书记王东明到绵阳市调研，检查贯彻落实中央部署要求和省委重大决策情况，研究推动全面创新改革试验有关工作。

18日　北川羌族自治县被批准成为“首批国家全域旅游示范区”。

21日　绵阳市中小学全面开学，三台县将先期未纳入“免费午餐计划”的150所农村义务教育学校纳入其中，至此，绵阳市所有农村义务教育学校全面实施“免费午餐计划”，惠及19万余名学生，比原定计划提前一年实现全市全覆盖。

23日　绵阳市举行省道205线游仙区段暨全市2016年一季度68个重点项目集中开工仪式。

△平武县白马藏族乡亚者造祖村色纳路九（寨沟）绵（阳）高速控制性工程——黄土梁隧道正式开工建设。

25日　2016年川商绵阳行活动暨绵商返乡发展大会在绵阳举行。

26日　绵阳市人民政府与四川发展（控股）有限责任公司签订战略合作框架协议。

29日　绵阳市召开“美丽绵阳”二期工程建设专题会，总结“美丽绵阳”一期工程建设情况，对二期工程建设进行安排部署。

△绵阳市首个胸痛中心在绵阳市第三人民医院挂牌成立。

△绵阳市境内首次发现翼龙化石。

3月

1日　德阳市委书记蒲波，德阳市委副书记、市长赵辉率队的德阳市党政代表团到绵阳市考察军民融合、创新驱动和城市建设工作。

△绵阳市医学文献信息共享服务中心在四川中医药高等专科学校挂牌成立。

3日　四川省消防部队2016年度军事训练开训暨部队管理“条令条例学习月”誓师动员大会在绵阳召开。

△绵阳市智慧城市产业发展股份有限公司挂牌成立。

5~9日　绵阳市首届“花朝节”推荐会暨2016“幸福绵阳美丽之花”主题摄影大赛在绵阳举办。

8日　中国互联网协会与绵阳市人民政府签订战略合作协议。

△全国五省区（四川、西藏、青海、云南、甘肃）汉藏文化交流项目研讨会在北川羌族自治县召开。

9日　市委书记彭宇行率队到香港特别行政区考察凤凰卫视。

△中国（绵阳）科技城管理委员会、中国（绵阳）工业技术研究院举行科技成果发布会，发布高精度核测井产品——可控中子发生器、DC08型微热量热仪、颅压

(ICP) 计。

10日　市委、市政府在香港特别行政区举行中国（绵阳）科技城投资推广会。

11日　绵阳台商产业园在梓潼县经济技术开发区挂牌成立。

11~12日　第二届海峡两岸文昌文化交流活动在梓潼县举行。

△ 2016年四川省旱地熟制改革及关键技术培训会在三台县梓州国际酒店召开。

16日　市委书记彭宇行率领党政代表团到西安市考察学习军民融合工作。

16~18日　2016（丙申）年华夏母亲嫘祖故里祭祖大典暨盐亭嫘祖文化旅游活动周在盐亭县举办。

17日　绵阳市委书记彭宇行率市党政代表团到重庆市考察学习。

18日　市委、市政府在重庆市举行中国（绵阳）科技城投资恳谈会，推介绵阳投资环境、重点产业和优惠政策。

18~20日　绵阳中学机器人代表队获得2016年FIRST科技挑战赛全国总冠军。

19~20日　2016年四川省中职学生技能大赛幼儿园教育活动设计比赛在四川幼儿师范高等专科学校举行。

21日　2016中国首届西部牡丹产业高峰论坛在游仙经济开发区国康牡丹园举行。

23日　俄罗斯基洛夫州州长别雷赫·尼基塔·尤里耶维奇一行到绵阳考察访问。

△ 省委副书记、省长尹力在成都市主持召开省建设绵阳科技城领导小组第十七次会议。

24日　绵阳市工业暨“两新”产业推进大会召开。

△ 市委书记彭宇行，市委副书记、市长刘超率绵阳市党政代表团到德阳市，学习考察德阳市在产业体系创新、推进全面创新改革试验等工作。

25日　绵阳民航、交通、旅游咨询服务中心在火车站站前广场投入营运。

△ 四川省川联农业产业化龙头企业绵阳办事处成立。

△ 绵阳市首例劳动人事争议仲裁异地开庭案件在江油市人民法院开庭审理。

26日　川西北地区友好协作医院双向数字病区在绵阳市中心医院成立。

26~27日　2016年首届西部地区MBA培养院校案例师资培训会在西南科技大学MBA报告厅举办。

28日　绵阳—宁波航班开通。

△ 绵阳餐饮行业首张“营改增”税务登记证在平武县国家税务局纳税服务厅核发。

△ 深圳龙华四川绵阳技术技能人才校企对接交流会在绵阳举行。

30日　长虹正式发布全球首个开放的物联运营支撑平台（United-Platforms，简称UP平台），长虹从制造型企业跨界、转型为集智能硬件生产企业+智能服务平台为一体综合性企业。

△ 绵阳市四川善嘉律师事务所主任律师邓勇获“全国优秀律师”称号，是绵阳人第一次获得该称号。

△ 智·造2016中国（绵阳）科技城机器人高端峰会在绵阳市游仙区举行。

△ 绵阳市首家农村产权流转交易中心——绵阳市涪城区农村产权流转交易中心挂牌成立。

△ 绵阳市首届创业培训师授课、在校大学生创业计划书大赛决赛在西南财经大学天府学院报告厅举行。

4月

1日　长虹旗下合肥美菱股份有限公司长美科技有限公司在绵阳科创园区正式成立。

1~3日　“大爱北川”全国职教校园文化公益论坛在北川羌族自治县七一职业中学举行。

6日　绵阳市邮政管理局、绵阳市快递协会及西南科技大学签署绵阳市邮政业人才培养合作协议，这是绵阳市签订的首份邮政业人才培养三方合作协议。

7日　绵阳首个风电场——中广核马鸣风电场投产发电。

8日　中国（绵阳）科技城管理委员会、中国（绵阳）工业技术研究院举行科技成果发布会，发布高速扫描振镜式激光打标设备。

11日　绵阳市高新区国际创意联邦电子商务产业园入选全国“十佳电子商务园区”榜单。

11~16日　绵阳市艺术学校男子群舞《滚灯》获得全国第五届中小学生艺术展演活动一等奖。

13日　法国代表团——中国（绵阳）科技城投资合作恳谈会在绵阳举行。

△ 2016中外知名企业四川行法国代表团赴绵投资项目对接会在绵阳举行。

△ 绵阳市印发施行《绵阳市医疗保险定点医药机构管理办法》（绵人社发〔2016〕5号）。

14日　科技城集中发展区建设攻坚大会召开。

16日　“大众创业万众创新绵阳市首届‘农信杯’创业大赛”决赛在铁牛广场举行。

19日　中国科学院与绵阳市项目合作签约仪式在绵阳举行，签约项目15个，签约金额24.01亿元。

△ 市委、市政府决策咨询委员会挂牌成立，林新任市决咨委主任。

19~20日　中央电视台新闻栏目采访组到绵阳市国税部门和部分企业，采访绵阳市“营改增”实施情况。

△ “首届西南地区高中教育改革与发展论坛”在绵阳举办。

20日　绵阳市游仙职业教育中心与京东金融集团公司校企合作基地在游仙职教中心揭牌成立。

△ 绵阳交警直属五大队成立。该大队主要负责经开区以及绕城高速的交通管理任务。大队地址：经开区二环路133号（雪宝乳业对面），联系电话：0816—2748122。

△ “绵阳政协”微信公众平台

订阅号启用。

△ 四川省首个军民融合创客空间——中国（绵阳）科技城军民融合创客空间在科学城海天大厦三楼启动运营。

△ 绵阳海外进出口商品（欧咖）综合体验馆及绵阳出口展示体验馆（网贸馆）项目合作协议签订，绵阳跨境电子商务进出口交易展示平台项目正式落地于绵阳高新·国际创意联邦电子商务产业园。

21日　绵阳市中心医院医疗联合体成立。

△ 九洲光电杯“绵州夜色”摄影大赛颁奖仪式举行。

21~22日　遂宁市委书记杨洪波，市委副书记、市长赵世勇率遂宁市党政代表团到绵阳考察创新驱动和城市建设、新农村建设等工作。

22日　四川省党外知识分子工作暨新媒体从业人员工作试点经验交流会在绵阳召开。

△ 绵阳市境外旅游购物离境退税工作启动。

△ 绵阳市城乡规划协会专家委员会成立。

△ 绵阳市创领企业商会成立。

△ 绵阳市脱贫奔康藤椒产业促进会成立。

△ 绵阳市首家“京东·绵阳特色馆”及“天泰自由购进口商品直销中心”在天泰·剑南国际食品城开馆运营。

22~23日　2016年四川省高校“西南科大杯”羽毛球赛在西南科技大学体育馆举行。

23~24日　全国第二届电梯维修工职业技能竞赛四川区决赛在绵阳举行。

24日　一座完全以秸秆、稻草等植物纤维粉为主要原料的植物纤维桥在绵阳市三台县三元镇落成，这是中国首座秸秆植物纤维桥，也是全世界首座植物纤维桥。

25日　中国（绵阳）科技城科技成果发布与金融对接会在绵阳举行。

26日　四川军民融合高技术产业联盟成立。

26~27日　四川省法律援助质量管理经验交流现场会在梓潼县举行。

29日　内江市党政代表团到绵阳市考察军民融合、创新驱动发展和城市建设有关情况。

△ 绵阳市首份增值税电子发票在高新区国税局开出，绵阳市正式步入“发票无纸化”时代。

5月

1日　长虹欧洲研发中心在中捷克州宁布尔克市的生产基地揭牌成立。

3日　《李白故里风景名胜区总体规划（2014~2030）》顺利通过四川省人民政府审核批准（川府函〔2016〕82号）。

4日　四川省青年律师志愿者服务队绵阳分队在铁牛广场成立，绵阳市成为四川省首个拥有青年律师志愿者服务队的地级市。

5日　四川省西南片区创建省级文明城市工作推进会在盐亭县召开。

△“民营企业刑事法律风险防范”研讨会在西南科技大学法学院举行。

6日　绵阳市首届老年人健身与健康公益大讲堂在绵阳市老年活动中心举行。

△《绵阳市城市规划管理技术规定（2016版）》印发实施。

7日　00:00整，绵阳水费缴费功能在微信生活缴费平台下上线运行。

7~8日　四川省乒乓球联赛川北赛区比赛在安州区花荄体育馆举办。

△ 全国红色场馆社会教育理论与实践座谈会在绵阳召开。

8日　中国（绵阳）科技城管理委员会、中国（绵阳）工业技术研究院举行科技成果发布会，发布360度幻影成像系统。

9日　《绵阳市住房公积金管理委员会关于进一步完善住房公积金相关政策的通知》正式实施。

9~10日　绵阳市委书记彭宇行率市党政代表团到贵阳市考察学习大数据产业发展和生态文明建设工作。

10日　绵阳市首批《中华人民共和国不动产权证书》在江油市发放。

12日　四川省水稻集中育秧暨优质稻生产技术培训会在绵阳安州区召开。

13日　绵阳市获“全国人民防空先进城市”称号。

△ 全国首个地级市森林康养协会——绵阳市森林康养协会成立。

14~15日　四川省认知科学学会2016年学术年会暨中欧“脑认知与临床诊疗新技术”国际高峰论坛在绵阳市第三人民医院举行。

15日　绵阳市轮滑协会在游仙区剑南路七一小学校揭牌成立。

△ 绵阳市盐亭县王晓红家庭、江油市崔荫森家庭获2016全国“最美家庭”称号。

△ 由南山中学任喻帆、黄毅、姚潇潇、罗宇腾、姚力月等10名学生组成的极光队获得FTC机器人科技挑战赛全国冠军。

△ 江油市获“2016四川省旅游强县”称号。

17日　绵阳市委、市政府举行省道416线涪城区段暨绵阳市2016年二季度62个重点项目集中开工仪式。

△ 绵阳市肛肠专科医疗联合体理事会成立。

△“中国科技城·绵阳文化云”成果鉴定暨项目推介会在创新中心一期举行，“中国科技城·绵阳文化云”项目上线。

18日　绵阳市首个自然艺术馆——“翰雅自然艺术馆”在江油市青莲国际诗歌小镇陕西会馆开馆。“绵阳市非物质文化遗产传习基地”“江油市自然科学普及基地”同时挂牌成立。

△ 绵阳市招生办微信公众号“绵阳考试招生”（mykszs）上线运行。

△ 2016“太阳神鸟杯”天府·宝岛工业设计大赛绵阳分赛颁奖典礼暨绵阳工业设计论坛在中国（绵阳）科技城软件产业园举行，长虹智能冰箱系统获得特等奖。

△ 绵阳市南山中学获得“世界

名中学联盟（WLSA）精英遴选中心”称号，成为全省唯一入选“世界名中学联盟（WLSA）”，并获得该奖学金项目选拔资格的学校。

△ 绵阳市首座投入使用的双层警银亭——位于绵阳火车站路口的双层警银亭正式投入使用。

19~20日　全国第2届飞行器结冰与防除冰技术交流会在中国空气动力研究与发展中心低速空气动力研究所举办。

20日　绵阳市安州区成立。

23日　绵阳市安洲实业集团董事长、安洲驾校校长李代全获得“中国交通运输十大风范人物”称号，成为四川省唯一一位获奖者，同时也是全国驾校培训行业中唯一的获奖者。

23~24日　省委副书记、省长尹力率调研督导组到绵阳专题督导检查脱贫攻坚、稳定经济增长和防汛减灾等工作。

24日　淘宝特色中国·绵阳馆开馆。

△ 全国首家沃尔玛志愿服务基地落户北川羌族自治县邓家小学。

25日　绵阳市交警查获首起制式校车严重超员行为。

26日　建设麦冬国家中药材大品种专家咨询会在绵阳召开。

25~29日　北川民族艺术团的舞蹈节目《绣花花》获得2016年世界大舞台全国中老年文艺走进港澳暨香港国际文化艺术交流大赛金奖。

26日　中国（绵阳）科技城国家军民两用技术交易中心在绵阳科技城创新中心二期正式揭牌投入使用。

△ 韩国庆尚南道昌原市第一副市长朴在贤一行到绵阳市考察访问，绵阳市与昌原市签署《建立友好合作关系意向书》。

△ 四川省中医药科技创新暨中医药健康产业发展研讨培训会在绵阳举行。

26~27日　中国科技论坛·军民融合与创新创业大会在绵阳举行。

27日　四川省社区戒毒社区康复现场会暨“8·31”工程推进会在绵阳市召开。

△ 绵阳市出台《绵阳市工业项目招商引资奖励办法》。

5月28~6月4日　市委书记彭宇行率绵阳市代表团到捷克、俄罗斯，开展友好访问、投资促进活动。

30日　来自美国、加拿大、德国等国家和中国香港等地区的80多位侨领、侨商、专家学者和专业人士社团负责人到绵阳参观考察，并参加2016海协理事走进中国（绵阳）科技城推介会。

△ 中国（绵阳）科技城经济技术合作洽谈会在捷克首都布拉格举行。

6月

1日　中国（绵阳）科技城投资恳谈会在俄罗斯莫斯科举行。

2日　长虹美菱在合肥举行“智慧空间掌控未来——美菱智汇家生态圈计划”暨CHiQ2代新品发布会，发布智汇家生态圈计划，并推出全球首款温区自由订制的物联网冰箱——CHiQ2代“空间智变”冰箱以及全球首个用户自由订制的智慧空气管家——CHiQ智慧空气管家。

3日　绵阳市与俄罗斯新西伯利亚市举行经济技术合作座谈会。

△ 马来西亚雪兰莪州高级行政议员拿督邓章钦一行到绵阳市推介招商项目。

6日　中国（绵阳）工业技术研究院举行科技成果发布会，发布虚拟现实体验馆、工业机械设备拆装产品展示及教学虚拟现实实验室、VR电竞游戏《D战队生化狂潮》。

15日　四川省首届军民融合银企对接会在绵阳召开。

16日　中国（绵阳）科技城综合保税区投资恳谈会在成都举行。

△ 绵阳市入选《中国“互联网+”指数（2016）》报告“互联网+”百强城市榜单。

17日　“农村淘宝首届音乐节”在安州区沸水镇枫香村举办。

△ 绵阳市首届企业家《品牌故事》演讲比赛总决赛举行，绵阳市何氏推拿中心总经理何志绪、绵阳市文昌祖庭文化传播有限公司总经理王钦甲获一等奖。

△ 绵阳市印发《绵阳市“十三五”医疗机构设置规划》（绵府办发〔2016〕34号）。

19日　科技城妇产科论坛在绵阳举行。

21日　国家知识产权局向绵阳市授“国家知识产权示范城市”牌匾，绵阳市成为国家知识产权示范城市。

△ 2016中国城市分类优势排行榜新闻发布会公布2016中国十佳宜居城市榜单，绵阳市首次进入中国宜居城市十佳排行榜，是四川唯一进入榜单的城市。

21~24日　四川省军民深度融合发展专题研讨班在绵阳举办。

22日　《绵阳市“互联网+”行动计划（2016~2020年）》印发实施。

△ 长虹品牌入选“2016年（第十三届）中国500最具价值品牌”排行榜，位居前列，品牌价值达1208.96亿元。

23日　平安银行绵阳分行开始试营业。

24日　四川北斗卫星导航产业联盟2016年年会暨发展论坛在九洲集团举行。

25日　“镜中世界——中国艺术摄影学会摄影作品展”在四川文化艺术学院王蒙文学艺术馆开展。

25~26日　“绵阳味道寻找绵阳十大江湖菜第二季”活动现场决赛在九洲·跃进路1958城市中心特色风情商业街举行。

26日　绵阳本土品牌野马汽车的全国首家工厂店开门营业。

27日　中国小康建设研究会与绵阳市人民政府签署战略合作协议。

29日　绵阳市城建监察支队在桃花岛虹云桥在建工地举行汛期防汛应急演练，这是绵阳市首次举行在建工程大型防汛应急演练。

30日　绵阳跨境电商通关平台暨全球精品生态馆启动仪式在绵阳市高新区举行，四川省跨境电子商务协会揭牌成立。

7月

1日　绵阳市正式实行基本医保基金统收统支，全市范围内两定点医药机构互认，定点医药机构将由原来对多个医保经办机构变为只与一个医保经办机构进行结算。

△ 绵阳市公安部门开始受理天津、江苏、浙江、安徽、江西、河南、湖北、湖南、重庆、吉林、山东11个省市户籍人员居民身份证换领、补领业务。

4~5日　市委书记彭宇行率绵阳市党政代表团到广元市，考察学习广元市在电子商务、生态文化旅游、城市建设等方面的好做法好经验。

5日　川澳学生交流联谊活动在南山中学举行。

△ 绵阳市境内首次拍摄到国家一级濒危保护鸟类斑尾榛鸡和国家二级保护鸟类松雀鹰。

8日　全国乡村学校少年宫项目建设工作推进会在绵阳召开。

△ 绵阳市与分享通信集团项目签约仪式在成都市举行，该集团西南产业园项目落户绵阳。

△ 中国（绵阳）科技城管理委员会、中国（绵阳）工业技术研究院举行科技成果发布会，发布低功耗多通道无线采发仪、广播式安全监测预警平台。

9日　全国公益广告工作推进会在绵阳召开。

12日　企巢“新三板”学院绵阳分院在绵阳电商谷揭牌成立，这是四川省第一家分院。

△ 绵阳直飞郑州首航成功。

15日　绵阳—广西南宁航线开通。

△ 绵阳市首个知识产权审判巡回法庭在绵阳农资批发市场挂牌成立。

△ 四川军民融合高技术产业联盟专家委员会首次会议在绵阳召开。

20~22日　2016年全国体育传统项目学校田径联赛（南方赛区）在普明中学举办。

20~27日　2016年四川省青少年网球锦标赛在南山中学双语学校进行。

20~30日　绵阳中学高2015级学生李政文（28班）、谢一可（34班）、曾鹏霄（35班）为主力成员的绵阳代表队获得ACBL（美国定约桥牌联合会）YouthNABC比赛团体赛冠军。

21日　意大利青年民主党人书记处协调员斯特法诺·阿尔巴诺率领的意大利民主党青年干部考察团到绵阳考察访问。

△ 四川省人民政府举行成（都）德（阳）绵（阳）全面创新改革试验新闻发布会。成都市、德阳市和绵阳市主要负责人介绍三地在推动全面创新改革、协同发展方面取得的成效和做法。

△ 2016年中国智能家居西南峰会暨绵阳数字家庭产业对接会在绵阳举行。

23日　中国（西部）轮胎资源循环利用发展论坛暨投资洽谈会在盐亭县举行。

23~27日　第33届全国青少年信息学奥林匹克竞赛在绵阳南山中学举办。

24~26日　第五届全国消化系统危重疑难少见病学术大会在绵阳长虹国际酒店举办。

24~28日　绵阳市青少年活动中心机器人班的7名学生组成的少年团获得2016全国青少年电子信息与智能控制大赛面包板趣味电路实验、智能寻轨器、智能控制设计与制作项目一等奖。

25日　绵阳市系统推进全面创新改革试验工作动员大会召开。

27日　绵阳市禁毒协会成立大会暨第一届会员代表大会召开，陈友学当选绵阳市禁毒协会会长。

28日　四川长虹CHiQ人工智能电视问世，这是全球首款人工智能电视，全球电视业步入人工智能新时代。

△ 江油市新安农业公园、江油市百年好合爱情谷、涪城区国际香草园、安州区花城果乡农业公园、安州区七里农业示范园、游仙区富乐花乡生态园被认定为四川省省级示范农业主题公园。

29日　绵阳市首场就业扶贫专场招聘会在北川羌族自治县曲山镇举办。

△ 首款由绵阳本土企业推出的智慧生活多功能平台“绵州通慧生活平台”上线发布会举行。

30~31日　中华口腔医学会“西部行”公益活动之四川根管治疗技术培训班在绵阳举行。

8月

1日　中国（绵阳）科技城综合保税区投资恳谈会在深圳举行。

△ 四川省2016年普通高校招生本科各批次和艺术体育类各批次的录取工作结束，绵阳市高考本科录取人数首次突破3万大关，达到31816人。

2日　四川省现代水产业发展现场会在绵阳举行。

△ 绵阳市涪城区2016年男兵征兵体检开始，绵阳市征兵体检工作首次采用“全国征兵体检信息化管理系统”。

3日　中国（绵阳）科技城综合保税区投资恳谈会在上海举行。

△ 绵阳全域被纳入国家发展改革委《川陕革命老区振兴发展规划》范围。

3~8日　绵阳民间的花样年华足球俱乐部获得“明宇·蒙牛未来星杯”第二届全国少儿足球邀请赛U9队赛事冠军，这是绵阳市以民间力量组队参赛获得的首个足球大赛冠军。

5日　广西防城港——越南下龙湾海上航线旅游产品推介会在绵阳举办。

6~7日　首届四川根管治疗系列沙龙在绵阳市中医医院举办。

9日　第七届“加油！乡村夏令营”全国总决赛在绵阳落幕，绵阳师范学院的破晓团队获得总冠军。

△ 中国（绵阳）科技城管理委员会、中国（绵阳）工业技术研究院举行科技成果发布会，发布2,5呋喃二甲酸、2,5呋喃二甲酸二甲酯。

10日　中国共产党绵阳市第六届委员会第十二次全体会议在绵阳举行，全会审议通过《中共绵阳市委关于推进绿色发展建设美丽绵阳的决定》。

11日　绵阳市肢残人协会成立，韩玉平当选为第一任肢残人协会主席。

△ 绵阳市“美丽绵阳”城市亮化项目获得第十一届中照照明奖城市照明建设一等奖和照明工程设计一等奖，绵阳成为中照照明奖设立以来首个同时获得建设奖和设计奖两个奖项一等奖的城市。

△ 绵阳市人民政府与国网四川省电力公司签署智能电网战略合作框架协议。

13日　2016中韩科技创新·创业合作研讨会在绵阳举行。

13~17日　2016年中国西部数学邀请赛在绵阳中学举行。

15~17日　省委副书记、省长尹力率督导组到绵阳市调研省委十届八次全会精神贯彻落实情况，蹲点督导北川羌族自治县脱贫攻坚工作。

△ 中英“面向寒冷环境的风力机多学科问题综合研究”研讨会在绵阳举行。

16日　绵阳电网用电负荷达到162.3万千瓦、日供电量首次突破3102万千瓦时。

△“长虹—ABB战略合作签约暨机器人应用联合实验室揭牌仪式”在中国科技城绵阳举行，长虹进军工业机器人领域。

17日　由科技部、四川省人民政府主办的中国（绵阳）科技城建设新闻发布会在北京市举行，89家中央、省级媒体的98名记者到会采访报道。

17~21日　绵阳艺术剧院的蒋婷凭借在《挂画》中扮演“耶律含嫣”一角获得四川省第三届青年川剧演员比赛一等奖。

18~19日　第32届全国直升机年会在绵阳举行。

19日　绵阳市委、市政府举行野马汽车年产20万台发动机总成项目暨绵阳市2016年三季度81个重点项目集中开工仪式。

△ 四川省工商系统非公有制经济组织党（团）建工作现场会在绵阳召开。

20~22日　2016年中国中学生健美操锦标赛在绵阳南山中学举办。

21~25日　第25届全国中学生生物学奥林匹克竞赛在绵阳中学举办。

25日　绵阳市科技装备业商会、四川省川联科技装备业商会绵阳分会成立。

26日　绵阳电子商务公共服务平台上线运行，这是绵阳市首个电子商务公共服务平台。

26~27日　第三届海峡两岸心血管疾病诊治新进展暨致死性胸痛的规范化诊断与治疗研讨会在绵阳四〇四医院召开。

28~31日　2016年“创青春”全国大学生创业大赛MBA专项赛和电子商务专项赛终审决赛在绵阳举行。

30日　绵阳—郑州—哈尔滨航线开通。

31日　绵阳市人民政府与中国中铁股份有限公司签订战略合作框架协议。

9月

1日　四川省生态环境资源检察工作座谈会在北川羌族自治县召开。

△ 贵州省委常委、副省长慕德贵率队到绵阳市，考察创新驱动发展工作。

1~2日　长虹公司“创新突破、追求卓越，系统提升平板电视产品可靠性”项目获得首届全国质量创新大赛一等奖，成为全国家电业唯一获此殊荣的企业。

2日　泰国驻成都总领事馆总领事潘媞葩一行到绵阳考察交流。

5日　02:00左右，北川羌族自治县陈家坝太洪村和金鼓村交界处（李家湾）因降雨发生塌方，垮塌体长150余米，宽80余米，塌方总量50余万立方米，阻断都贯河，形成宽20余米、深10余米的堰塞湖。

6日　四川千佛山国家级自然保护区建立以来首次拍摄到大熊猫。

8日　真味在梓潼·史派川菜全国论坛在梓潼县七曲山举行。

9日　绵阳市人民政府与贵阳市人民政府在绵阳市签署大数据战略重点实验室中国（绵阳）科技城研究基地共建协议。

9~10日　国家级继续教育项目——《普通外科微创技术与理论新进展学习班》在绵阳举办。

12日　第五届中国创新创业大赛军转民大赛总决赛在创新中心二期举办，上海航天控制技术研究所的“大推力高频响的伺服电动缸”项目获得一等奖。

△ 北斗导航系统发展及应用专家报告会在绵阳举行。

12~14日　绵（阳）德（阳）两地党员教育骨干联合培训班举办，这是绵德两地首次联合组班培训，开创四川省党员教育骨干培训新模式。

13日　四川省“十三五”交通枢纽设施建设劳动竞赛在三台县忠孝乡绵（阳）西（充）高速公路施工现场启动。

△ 西南联合产权交易所绵阳分所开业运行。

△ 第八届四川省博士专家论坛在绵阳举行。

14日　“海科会”中国（绵阳）科技城推介会在成都举行。

15日　绵阳市首届社区爱心文化艺术节在铁牛广场举行。

19日　四川省举行高速公路项目集中开工动员大会，绵阳分会场会议在游仙区东林乡张家坪举行，绵阳市“十三五”高速公路建设大幕全面拉开。

△ 绵阳市被命名为“国家森林城市”。

19~22日　“万名专家服务基层行动计划”和“海外赤子为国服务

行动计划”——走进中国（绵阳）科技城活动举办。

20日　中美省州经贸合作座谈会在绵阳举行。

20~21日　2016侨智精英科博行暨四川省侨联特聘专家委员会年会在科技城会展中心举行。

△“军民融合金融服务体系创新改革”专题培训班在绵阳市委党校多功能会议厅举办。

20~22日　2016大国工匠走进中国（绵阳）科技城暨钳工电工专业技能大师工作室带头人交流活动在绵阳举行。

21日　省人民政府与中国科学院在绵阳签署全面科技合作协议。

△十一届全国政协副主席白立忱，四川省委书记王东明，省委副书记、省长尹力及国内外嘉宾参观考察第四届中国（绵阳）科技城国际科技博览会科技部展区、主宾国展区以及军民融合、国际及港澳台、高新技术产业、区域合作与人才等展馆。

△第四届中国（绵阳）科技城国际科技博览会美国馆开馆。

△第四届中国（绵阳）科技城国际科技博览会——国际军民融合创新发展论坛在绵阳举行。

△中国·绵阳“印象涪江美丽岛—双鱼巨蛋科幻世界”项目启动新闻发布会在绵阳举行。

△巴基斯坦驻成都总领事阿姆娜·博鲁什一行到绵阳参加第四届科博会。

△长虹控股公司和硅谷天堂联合设立首支军民融合成果转化基金。

△外国专家组织引智项目洽谈活动在第四届科博会人才馆举行。

△四川省“创梦科技城”创孵对接活动在绵阳举行。

△第四届科博会美国主宾国活动——中美省州高科技合作研讨会在绵阳举行。

△中国科学院院长、中国科学院院士白春礼到九洲集团等地，调研绵阳科技城建设和军民融合发展工作。

21~24日　第四届中国（绵阳）科技城国际科技博览会在绵阳举行。

22日　第四届中国（绵阳）科技城国际科技博览会——“中国制造2025”高峰论坛在绵阳举行。

△第四届中国（绵阳）科技城国际科技博览会举行投资推介会暨集中签约仪式，签约项目182个，签约金额706.5亿元。

△第四届中国（绵阳）科技城国际科技博览会主宾国系列活动——促进中美省州合作-投资美国论坛举行。

△绵阳首家移动孵化器——绵阳科源移动孵化器在科技城创新中心成功上线。

△四川省2016年9月重大产业项目集中开工仪式（绵阳分会场）在涪城区高端装备制造产业园举行，23个重大产业项目集中开工。

△安州区人民政府和四川省能源投资集团有限公司生物质气化发电项目签约仪式举行，四川省能源投资集团有限公司首个生物质气化发电项目落户安州区。

23日　四川九洲技师学院和四川省军民融合产业高技术人才培训基地成立。

△第四届科博会北斗卫星导航产业创新发展论坛在绵阳举行。

△第四届科博会产业创新设计论坛举办。

△第四届科博会大数据·人工智能论坛在科技城创新中心二期举行。

24~25日　“弘扬长征魂，同筑中国梦”四川省首届青少年集邮展览暨绵阳市第22届集邮展览在绵阳越王楼举行。

26日　为期4个月的首届羌族沙朗节在北川羌族自治县开幕。

△绵阳市2016年重点旅游项目集中开工仪式在仙海区举行，24个重点旅游项目开工建设。

△2016“无人机+旅游”新型旅游模式论坛在北川羌族自治县举行。

△四川省大禹研究会第五届理事会年会在北川羌族自治县召开。

△四川省台办批准的首个“四川省海峡两岸交流基地”在北川羌族自治县挂牌设立。

26~27日　“禹羌文化与旅游融合发展论坛”在北川羌族自治县举办。

27日　全国供销合作社农资企业创新经营服务现场推进会在绵阳举行。

△2016绵阳市旅游投资促进大会在北川羌族自治县举行。

△北川羌族自治县西苑中学的任芳芳获得中央电视台2016“众里寻你——寻找最美孝心少年”大型公益活动“最美孝心少年”殊荣。

28日　绵阳市首届森林康养推介会暨游仙区“全域旅游”景点推介仪式在游仙区朝真乡止语草堂举行。

△绵阳市中心医院“晓燕志愿者服务队”队长、综合部护士长王晓燕获首届“健康四川——大美医者”。

28~29日　2016全国农资科技博览会暨第四届农民合作社与农资供应商、农产品采购商对接会在绵阳市举行。

29日　绵阳市首期《阳光问廉》全媒体直播节目在绵阳广播电视台演播厅开播。

△中国农业生产资料流通协会在绵阳市发布《2015/2016中国农资流通行业发展报告》《2015年中国农资行业知名品牌（服务类、产品类）》《2015年中国农资流通企业综合竞争力排名（前100名）》。

29~30日　四川省现代蚕桑产业发展工作会在绵阳召开。

30日　新华文轩出版传媒股份有限公司回归A股（绵阳）恳谈会在绵阳召开，新华文轩于8月8日登录上海证券交易所，成为全国首家“A+H”两地上市的出版传媒企业。

10月

4日　12：36左右，京昆高速绵阳段成都往广元方向龙门1670千米+400米处发生一起交通事故，造成22人伤亡，其中4人当场死亡。

5日　2016四川省乒乓球业余教练员培训班在绵阳市警钟街小学开班。

6日　四川省景区第一家新能源汽车充电装置在北川羌城旅游区安装完毕，并投入使用。

9日　中国（绵阳）科技城管理委员会、中国（绵阳）科技城工业技术研究院发布机载激光雷达系统、机载激光雷达数据产品。

△ 绵阳市印发《绵阳市养老与健康服务业发展规划（2016~2020年）》（绵府办发〔2016〕59号）。

△ 绵阳市印发《绵阳市档案事业发展“十三五”规划》（绵档发〔2016〕7号）。

10日　贵阳—绵阳航线开通。

△ 绵阳市举办第一届预防接种“家长课堂”宣讲比赛。

10~12日　中国共产党绵阳市第七次代表大会召开，彭宇行当选为中国共产党绵阳市第七届委员会书记，马骏当选为中国共产党绵阳市第七届纪律检查委员会书记。

11~18日　2016年全国桥牌俱乐部锦标赛在北川羌族自治县举办。

12日　省委副书记、省长尹力等在绵阳市会见到绵阳出席2016中国（四川）电子商务发展峰会的联想控股董事长柳传志、当当网创始人兼CEO李国庆、小米科技董事长兼CEO雷军等企业代表。四川省政府与当当网签署战略合作框架协议。

△ 长虹与华为签署战略合作协议，双方在“智慧城市”领域展开合作。

13日　2016中国（四川）电子商务发展峰会——电子商务创新论坛在九洲体育馆举行。

△ 2016中国（四川）电子商务发展峰会——互联网川籍精英圆桌会议在桃花岛酒店召开。

△ 2016中国（四川）电子商务发展峰会——“网贸会·跨境电商采购接洽会”在科技城会展中心举行。

△ 四川首支军民融合发展指数——游仙区军民融合指数在2016中国（四川）电子商务发展峰会上发布。

13~15日　2016中国（四川）电子商务发展峰会在绵阳科技城会展中心举行。

14日　2016中国（四川）电子商务发展峰会举行全省电子商务项目集中签约仪式，21个项目集中现场签约，签约金额159亿元。

△ “银联荟生活”2016四川电子商务青年创业大赛决赛暨颁奖典礼在绵阳市举行，“阿坝州原产递”以85.5分获得一等奖。

△ 2016中国（四川）电子商务发展峰会）——跨境电商竞争与机遇论坛在九洲体育馆举行。

△ 2016中国（四川）跨境电商出口平台招商活动暨四川省首届跨境电商出口创业大赛启动仪式在会展中心A馆举行。

△ 2016中国（四川）电子商务发展峰会电子竞技重磅项目——《星际争霸1》和《街头霸王5》组队赛和个人淘汰赛在科技城会展中心举办。

14~17日　全国爱卫与卫生城市创建培训班在绵阳长虹大酒店举行。

15日　首届中国—老挝传染性疾病防控论坛在绵阳四〇四医院召开。

△ 2016（丙申）年华夏母亲嫘祖故里酬蚕节祭祖仪式在盐亭嫘祖陵祭祀广场举行。

16日　2016中国（盐亭）国际女性微电影年度大展在盐亭县举行。

△ 2016中国微电影艺术创作高峰论坛在盐亭县举行。

△ 绵阳市川剧团首次被邀请走进乌镇，参加第四届乌镇戏剧节，进行为期6天的表演。

17日　绵阳市安州区与德阳市罗江县签署《凯江河流域上游水环境污染联防联控备忘录》，这是新《环保法》实施后，基层在跨市级行政区环境治理机制上的首次探索。

18日　西南科技大学被认定为第六批“四川省社会科学普及基地”。

18~19日　全国高等中医药院校党建和思想政治工作研究会七届三次理事会暨第二十五次年会在四川中医药高等专科学校举行。

20日　恢复重建的王右木纪念馆开馆仪式在江油市武都镇举行。

21日　全国首家军民融合保险支公司开业暨全省首届军民融合保险业务对接会在绵阳举行。

△ “绵阳防治老年痴呆健康之家”成立。

△ 四川省2016年度村镇银行发展座谈会在北川羌族自治县召开。

24~27日　中国人民政治协商会议绵阳市第七届委员会第一次会议召开，张锦明当选为政协绵阳市第七届委员会主席。

△ “中国历史文化名楼风采”摄影大赛64幅作品在桃花岛酒店展出。

25~27日　“中国科技城盛世越王楼”中国历史文化名楼第十一届年会暨第十三届名楼高峰论坛在绵阳召开。

25~28日　绵阳市第七届人民代表大会第一次会议召开，马华当选为绵阳市第七届人民代表大会常务委员会主任。会议选举刘超为绵阳市人民政府市长；选举颜超等7人为副市长。选举马泽波为绵阳市中级人民法院院长；吴长福为绵阳市人民检察院检察长。选举王昭洪为绵阳市七届人大常委会秘书长。

26日　中国历史文化名楼第十一届年会在桃花岛酒店召开。

△ 北川图书馆获“2016年最美基层图书馆”，是四川省唯一获得殊荣的基层图书馆。

26~29日　四川中医药高等专科学校药学与检验系王立立老师在《白细胞计数和分类及应用项目》中获得首届全国卫生职业院校检验专业教师检验技能竞赛高职高专组一等奖。

28日　环境信用建设四川万里行大型公益活动启动仪式在绵阳金家林软件产业园举行。

△ 绵阳-深圳泛珠区域校企合作人才对接交流会在绵阳举行。

29日　绵阳首届中外友人国际象棋赛开赛，赛事持续时间为两个月。

△ 泛珠区域合作校园招聘会在

绵阳职业技术学院举行。

30日　在成都参加首届全面创新改革试验高峰会议的北京、天津、河北、上海、广东、安徽、四川、武汉、西安、沈阳8个试验区省市代表到绵阳考察全面创新改革试验工作，商讨全面创新改革发展大计。

△ 全国薯类主食化暨四川省薯类产业发展研讨会在绵阳市长虹技术中心举行。

△ 绵阳市新增汕头、南昌和大理3个通航城市。

△ 绵阳—大理航线开通。

31日　四川省第四季度重大项目集中开工仪式绵阳分会场在安州区举行，天雄药业年产1.5万吨中药配方颗粒项目暨102个重点项目集中开工，总投资287.68亿元。

11月

1日　揭阳潮汕（汕头）—南昌—绵阳航线开通。

△ 西安—绵阳—贵阳航线开通。

△ “绵阳道路运输安全”微信公众服务平台开通启用。

3日　绵阳市印发《绵阳市基本公共服务体系“十三五”规划》（绵府发〔2016〕30号）。

△ 绵阳市印发《绵阳市国民经济和社会发展第十三个五年规划纲要》（绵府发〔2016〕26号）。

4日　中国（绵阳）科技城中德经济技术合作洽谈会在成都举行。

△ 中国（绵阳）科技城通用航空产业推广会在成都举行。

△ 九三学社川东北片区第四次工作联席会在绵阳召开。

△ 2016年全省青少年校园足球工作现场推进会在三台县召开。

4~7日　绵阳市江油川剧团创新川剧小戏《骂鸡新编》获“中华颂”第七届全国小戏小品曲艺大展戏剧类金奖。

5日　九地市（绵阳、德阳、广汉、什邡、双流、青白江、新都、金堂、龙泉）兰草巡回展首展在绵阳人民公园举行。

5~8日　梓潼县天宝柑橘专业合作社的“文昌添宝”蜜柚获得第十四届中国国际农产品交易会参展产品“金奖”。

7日　绵阳市北川航空飞行营地入选国家级航空飞行营地示范工程，是四川省唯一入选该示范的工程。

7~8日　马来西亚—中国总商会第一副会长卢国祥带领的马来西亚企业家代表团到绵阳江油市李白故居、李白纪念馆、长虹集团、北川吉娜羌寨、新北川县城参观考察。

8日　中国（绵阳）科技城法治示范区创建工作动员会召开。

△ 游仙区妇幼健康医联体成立大会暨“一院三中心”（游仙区妇女儿童医院、游仙区危重孕产妇救治中心、游仙区新生儿救治中心、游仙区产后康复中心）挂牌仪式在区妇幼保健计划生育服务中心举行，绵阳市首家妇幼健康医联体成立。

9日　乐山市商业银行绵阳分行在绵阳开业。

△ 四川大学“滚滚长江，致敬长征！——‘重走范长江之路’大型新闻教育实践活动”走进平武县。

△ 绵阳市、德阳市分别与凉山州在成都市签订城乡建设用地增减挂钩和耕地占补平衡指标流转战略合作协议。

△ 中国（绵阳）科技城管理委员会、中国（绵阳）科技城工业技术研究院发布智能文化创意系列产品——智能艺术画。

9~13日　第六届绵阳国际汽车展暨绵阳首届车主文化节在会展中心举办。

11日　绵阳市经开区创业项目四川宝天智控系统有限公司的特种智能无人机项目以1469万虚拟投资额夺得“2016阳澄湖黑马大赛”全国总决赛冠军。

11~13日　全国市县三国文化研究机构第三届学术会议在绵阳召开。

12~13日　绵阳市首届“环保小天使”选拔大赛在长虹新天地举行，来自高新区菩提睿智幼儿园的周芯丞获得第一名。

15日　江油市红色文化传播人之一、王右木纪念馆原馆长、江油市关工委“五老”志愿者、81岁的霞新民老人入选第四届四川关爱明天十佳“五老”。

16日　省国资委——绵阳科技城项目对接洽谈会暨签约仪式在成都举行。

△ 2016年全国中医药职业教育年会在四川中医药高等专科学校举行。

17日　省委副书记、省长尹力到北川羌族自治县宣讲党的十八届六中全会精神和省委十届九次全会精神，调研督导经济社会发展和脱贫攻坚工作，开展“走基层、送温暖”活动。

△ 教育部中小学名校长领航班名校长工作室——“唐江林校长工作室”在南山中学授牌成立。

17~18日　成（都）德（阳）绵（阳）全面创新改革试验区第二届高技能人才交流赛在绵阳市中国工程物理研究院培训中心举办。

18日　绵阳市长虹CHiQ激光电视柜和绵阳新能源汽车产业研究院的A级SUV国民智能电动车荣获2016“太阳神鸟杯”天府·宝岛工业设计大赛颁奖典礼暨作品展示交易会金奖。

△ 绵阳市富乐山九洲国际酒店“绵阳米粉”获“首届中国金牌旅游小吃”。

△ 绵阳市在涪城区凤凰山森林公园举行“大规模绿化绵州行动”启动仪式。

18~20日　“绵商银行”全市首届厨艺大赛在CBD万达广场举行。

19日　“纤科杯”2016四川省大学生工业工程创新应用案例大赛决赛在西南科技大学学术报告厅举行。

21日　绵阳市计量测试所承担的四川省计量技术法规编制项目《医用磁共振成像（MRI）系统检定规程》在成都市通过审定，填补四川省在医用磁共振成像（MRI）系统计量检定要求上的空白。

△ 首批238家通过军民融合企

业通过认定并上网公示。

22日　2016年度全国公路交通军地联合应急演练在平武县南坝镇举行。

△ 四川省巾帼家政标准化示范点——"天府妹子"家政服务示范（绵阳）店建设项目正式启动。

23日　四川省乡村旅游与旅游扶贫工作推进大会在平武县召开。

24~26日　第二十三届中国西部国际装备制造业博览会暨中国欧亚国际工业博览会在绵阳举行。

25日　绵阳市委书记彭宇行，市委副书记、市长刘超带领绵阳市党政代表团到成都市学习考察全创改革试验、城市建设等工作。

△ 白马藏族文化研究与产业开发国际论坛在绵阳举行。

25~27日　2016年眼科论坛暨四川省继教项目青光眼诊疗进展学术会、绵阳市眼科医疗联合体成立大会在绵阳万江眼科医院举行。

26~27日　绵阳市首届青少年机器人创新大赛在东辰国际学校拉开帷幕。

29~30日　四川省创新事业单位监管培训班暨事业单位法人治理结构建设试点经验交流会在北川羌族自治县举办。

29~12月1日　"慈善万里行2016——香港慈善机构联合访川团"一行90余人到绵阳考察交流。

12月

1日　"绵阳市高校艾滋病防治联盟"在四川中医药高等专科学校成立。

△ 11：40，随着上海至绵阳上航FM9411航班着陆，绵阳机场2016年旅客吞吐量突破200万人次，绵阳机场跨入全国中型机场行列。

△ 四川省污染防治"三大战役"重大项目集中开工仪式绵阳分会场会议在游仙区举行。

1~3日　2016年四川卫生信息技术交流大会在绵阳召开。

2日　长江经济带东、西部国家级经开区交流活动代表团到绵阳考察。

3~4日　河南省人大常委会副主任、省总工会主席王保存率领考察组到绵阳市，考察河南灾后援建地发展情况。

4日　四川省首次药品安全突发事件应急处置桌面演练——2016年药品安全突发事件（Ⅲ级）应急处置桌面演练在安州区举行。

6日　全国首个原药材现代物流分仓在北川羌族自治县擂鼓镇建成。

7日　四川省首支市级军民融合基金——绵阳科技城军民融合产业发展基金在游仙区注册落户。

△ 绵阳市首届歌曲主题创作音乐沙龙举行。

9日　中国（绵阳）科技城管理委员会、中国（绵阳）科技城工业技术研究院发布民族网络游戏——幻世封神。

11日　2016年国家登山健身步道联赛总决赛在江油市李白故居青莲镇太白国家登山健身步道举行。

△ 绵阳首届学科脑力锦标赛在绵阳华人之子全脑教育学校举行颁奖典礼，来自绵阳外国语学校五年级学生蒋耀竹夺得比赛总冠军。

△ 在卡塔尔首都多哈举行的2016年国际乒联巡回赛总决赛女子单打决赛中，中国绵阳籍选手朱雨玲以4：0战胜德国选手韩莹，夺得冠军，这是朱雨玲第一次夺得总决赛的女单冠军。

13日　中国（绵阳）科技城重点工程劳动竞赛启动仪式举行。

16日　国家发展改革委、商务部等7个部门联合下发通知，同意绵阳市等17个城市创建国家电子商务示范城市。

△ 绵阳市发明协会成立。

△ 绵阳市被授予2016"宽带中国"城市发展市长论坛暨"宽带中国"示范城市建设成果展"宽带中国"示范城市最佳实践奖。

△ 绵阳市首届白酒年会暨产品品鉴会举行。

19日　绵阳市博物馆新馆开馆。

△ 英国剑桥科创孵化园·中国绵阳科技城中心正式揭牌运营，绵阳与英国剑桥大学的合作迈出实质性步伐。

△ 绵阳市幼教联盟在四川幼儿师范高等专科学校成立。

20日　绵阳市人民政府新闻办召开新闻发布会，颁布绵阳市首部实体性地方法规《绵阳市城市市容和环境卫生管理条例》，该《条例》从2017年3月1日起实施。

20日　绵阳市全面创新改革试验暨军民融合发展工作推进会召开。

21日　长虹在北京"超剧场"发布拥有全球首创超高效远心激光光机和柔性菲涅尔光学屏幕的CHiQ激光影院。

22日　总投资近100亿元、占地66.67公顷的"绵阳华夏历史文化科技产业园"项目在江油市太平镇合江村启动。

△ 绵阳整车年产量首次突破10万辆。

22~23日　四川民盟川东北片区盟务工作研讨会在三台县召开。

23日　猪八戒绵阳线上园区开通。

24日　"首届中国创新挑战赛"现场挑战赛（绵阳高新区赛区）在绵阳师范学院举办。

△ 北京大学四川校友会绵阳分会成立。

27日　全国手机行业出口工作会及出口基地工作会在绵阳召开。

28日　总投资465亿元的绵阳京东方第6代AMOLED（柔性）生产线项目在绵阳市开工建设，这是全球第三条AMOLED（柔性）生产线项目，也是绵阳乃至四川省历史上最大单体工业项目。

△ 中国（绵阳）科技城智能终端和手机出口制造基地投资推广会在绵阳举行。

△ 西南地区市州党校教学联盟第三届会议暨青年教师教学竞赛在绵阳市委党校举行。

△ 绵阳市安州区桑枣镇入选全国第四批"美丽宜居小镇"名单，绵阳市游仙区白蝉镇王家寨子村、街子镇岳家村、新桥镇玉泉村入选

全国第四批“美丽宜居村庄”名单。

△“绵阳军民融合整体推进”入选“2016四川十大经济影响力事件”，“绵阳机场旅客吞吐量突破200万人次”入选“2016四川十大区域经济影响力事件”。

29日 绵阳市富乐东原桑林实验学校开工仪式在游仙区东原城举行。

△绵阳市印发《绵阳市基本公共服务体系“十三五”规划》（绵府发〔2016〕30号）。

30日 绵阳国际兰花主题公园开园。

△京东游仙特色馆开馆运营。

（张永兴 刘 刚）

1996 年 12 月，绵阳海关成立

1995 年

5 月 12 日，国务院批准设立“中华人民共和国绵阳海关”。1996 年 12 月 28 日，绵阳海关正式挂牌成立。

7 月 20 日，中共绵阳市委、绵阳市人民政府作出《关于实施“3115 科技工程”的决定》。“3115 科技工程”是指：应用 30 项以上高新技术，改造和支撑 100 个以上具有推动力的项目，逐步形成 10 大类规模化经营的产品及相应的企业集团，到 2000 年新增销售收入 500 亿元。

11 月 27 日~12 月 1 日，中共绵阳市委在三台县团结水库召开全委扩大会议，讨论通过《中共绵阳市委关于制定绵阳市国民经济和社会发展“九五”计划和 2010 年远景目标的建议》和《中共绵阳市委关于加速科技进步，把“科技兴绵”推向新阶段的决定》。

自然环境

Natural Environment

概　述

【位置面积】　绵阳市位于四川盆地西北部，涪江中上游地带。东邻广元市的青川县、剑阁县和南充市的南部县、西充县；南接遂宁市的射洪县；西接德阳市的罗江县、中江县、绵竹市；西北与阿坝藏族羌族自治州和甘肃省的文县接壤。地理坐标为：北纬30°42′~33°03′、东经103°45′~105°43′。全市呈北西南东条带状展布，东西宽约144千米，南北长约296千米，辖区面积20248.4平方千米。按地貌主要类型分：山区占61.0%，丘陵区占20.4%，平坝区占18.6%。

【地形地貌】　绵阳市地势为西北部高，东南部低，地形起伏很大。西北部面对四川盆地的首列山脉，为北东南西向的龙门山脉，海拔1000~3000余米；其西面的岷山山脉和北面的摩天岭山脉，海拔多在3000米以上。最高点为平武县与松潘县接壤的岷山山脉第二峰雪宝顶，海拔为5440米。东南部属四川盆地盆中丘陵，一般海拔400~600米，最低点位于三台县建中乡郪江河谷短沟口，海拔307.2米。最高点与最低点高差达5092.8米。

全市地貌明显受控于地质构造。西北部因分别受龙门山北东向褶皱断裂与岷山南北向构造、摩天岭东西向构造的影响，山脉走向呈北东南西向、与南北向和东西向；山地的形态亦与地质构造和岩性有关。东南部处在扬子准地台川北台陷、川西台陷和川中台拱的接合部位，由于地台基底坚硬，地质历史时期地壳以升降运动为主，地层受各时期水平运动的影响较轻，有一些舒缓宽阔的褶皱，地层一般倾角不大，形成岗岭起伏的丘陵、台地、方山地貌。　（蒋建波）

【山脉名山】　绵阳境内主要有岷山山脉、摩天岭山脉、龙门山脉3大山脉。岷山山脉南北走向，长200余千米，北接川甘两省边境的西倾山，南至茂县城北与龙门山脉相关，是岷山山脉北段。摩天岭山脉东西走向，为四川和甘肃两省界山。龙门山脉属四川盆地西北部的盆周山地，南北走向，在绵阳境内又分后龙门山、龙门山、茶坪山（详见《绵阳市志》）。

绵阳境内主要有雪宝顶、九龙山、千佛山、观雾山、云罗山、窦圌山、七曲山、西山、富乐山、牛头山、凤凰山、三台山、天台山、高山等名山，城区最高山为边堆山，边堆山也是绵阳和四川境内重要古文化遗址。

【河流水系】　绵阳境内有涪江水系、白龙江水系、西河水系。有涪江、虎牙河、夺补河、平通河、通口河、芙蓉溪、安昌河、凯江、梓江、魏城河、弥江、青江、西河等

图1　雪宝顶

图2　涪江绵阳城区段

大小河流、溪沟3000余条，河网密度每平方千米1.48千米。

涪江为绵阳母亲河，发源于四川松潘县境内岷山雪宝顶北麓。涪江从西北向东南由川西北高山区进入盆地丘陵区，流经平武、江油、绵阳、三台、射洪、蓬溪、遂宁、潼南至重庆市合川区钓鱼城下汇入嘉陵江，全长697千米。　（张永兴）

【人口】　2016年，全市总人口为5451833人，总户数2096642户。其中男性人口2799288人，女性人口2652545人，非农业人口1786658人，农业人口3665175人，暂住人口656832人，出生人口53270人。

（王建昌）

【民族】　2016年，绵阳市有47个民族，少数民族人口17.8万人（城市少数民族人口2万余人），占全市人口的3.3%。全市民族地区面积9082平方千米，占全市面积的45.4%。47个民族是汉族、蒙古族、回族、藏族、维吾尔族、苗族、彝族、壮族、布依族、朝鲜族、满族、侗族、族瑶族、白族、土家族、哈尼族、哈萨克族、傣族、黎族、傈僳族、佤族、畲族、高山族、拉祜族、水族、东乡族、纳西族、景颇族、土族、达斡尔族、仫佬族、羌族、布朗族、撒拉族、毛南族、仡佬族、锡伯族、阿昌族、普米族、怒族、乌孜别克族、俄罗斯族、鄂温克族、德昂族、裕固族、京族、赫哲族。北川是全国唯一羌族自治县，平武按照民族县待遇。全市有15个少数民族自治乡，其中：藏族乡9个，羌族乡5个，回族乡1个。分布在平武县、北川羌族自治县、盐亭县。平武有水田羌族自治乡、旧堡羌族自治乡、锁江羌族自治乡、平南羌族自治乡、徐塘羌族自治乡、黄羊藏族自治乡、虎牙藏族自治乡、土城藏族自治乡、木皮藏族自治乡、木座藏族自治乡、泗耳藏族自治乡、白马藏族自治乡、阔达藏族自治乡13个民族乡；北川有桃龙藏族自治乡；盐亭有大兴回族自治乡。全市有“9+3”学校6所（绵阳财经学校、绵阳农业学校、绵阳水利电力学校、四川幼儿师范高等专科学校、绵阳职业技术学院、盐亭职业技术学校）；民族中学2所（绵阳紫荆民族中学、北川羌族自治县民族中学），普明中学开设富民安康工程甘孜班。　（马　旭）

【市徽市树市花】　1989年7月15日，绵阳市第一届人民代表大会常务委员会第二十七次会议，听取市政府秘书长高显齐受市政府委托所做的《关于绵阳市徽图案征集情况的汇报》《市政府初步确定的一号市徽

图3　市徽

图4　市花“月季花”

图5　市树“香樟树”

图案的说明》。经过审议，决定用“绵阳”二字拼音字头“MY”，环抱原子核的二条电子运转轨迹、象征科技兴绵所组成的红底、黄字、金边圆形图案为绵阳市徽图案。

1989年11月19日，绵阳市第一届人大常委会第二十九次会议审议通过市政府《关于市树为香樟树、市花为月季花的建议》。之日起，绵阳市市树为香樟树，市花为月季花。

【方言】 绵阳境内分为两种方言：无入声方言，以绵阳城区方言为代表，包括涪城区、游仙区、科学城、高新技术产业开发区、安县、江油市、平武县、北川羌族自治县、梓潼县、三台县等地的城关话，有20个声母、36个韵母、阴阳上去4个调类、1033个音节，与四川方言的代表语音成都话基本相同。入声方言，以盐亭县城关话为代表，包括盐亭各乡镇，及三台县的石安、富顺、塔山等乡镇的方言，有20个声母、38个韵母、阴阳上去入5个调类。

（张永兴）

行政区划与历史沿革

【行政区划】 绵阳市全市辖5县3区1市。5县为三台县、盐亭县、梓潼县、平武县、北川羌族自治县，3区为涪城区、游仙区、安州区，1市为江油市。2016年底，全市有270个乡镇（106个乡、164个镇），22个街道办事处。

涪城区：13个镇、1个乡、11个街道办事处；

游仙区：20个镇、3个乡、6个街道办事处；

安州区：15个镇、3个乡；

江油市：29个镇、10个乡、3个街道办事处；

三台县：41个镇、22个乡；

盐亭县：14个镇、19个乡（1个民族乡）、2个街道办事处；

梓潼县：13个镇、19个乡；

平武县：9个镇、16个乡（13个民族乡）；

北川羌族自治县：10个镇、13个乡（1个民族乡）。

2016年，国务院批复安县撤县设区。省人民政府批复涪城区撤销城郊乡、石塘镇设立城郊街道办事处和石塘街道办事处；游仙区撤销游仙镇设立游仙街道办事处，东林乡、梓棉乡、东宣乡撤乡设镇；江油市撤销中坝镇设立中坝街道办事处，义新乡、东兴乡撤乡设镇；盐亭县撤销麻秧乡、两岔河乡、新农乡，设立麻秧街道办事处、凤灵街道办事处，调整云溪镇、巨龙镇管辖范围；梓潼县撤销双板乡、金龙场乡设立双板镇、金龙镇；北川县小坝乡、陈家坝乡撤乡设镇。

【历史沿革】 绵阳建城有2217年的历史，是四川省历史文化名城。绵阳市境历史上最早的县以上政区为汉高祖六年（前201年）建置的广汉郡。广汉郡领有13县，郡治乘乡，乘乡在汉代建置的雒县境内（雒县治今广汉市区）。广汉郡在今市境内建置涪县（后改为巴中县、巴西县、绵州本州、绵阳县、涪城区、游仙区）、梓潼县、郪县（今三台县）、刚氐道（今平武县）。汉武帝元封五年（前106年），广汉郡由乘乡（今广汉市境内）迁到梓潼县，是为今市境内设有州郡建置的开始。汉安帝元初二年（115年），为镇压少数民族反抗，益州刺史部和广汉郡均迁至涪县（今市区），3年后州、郡皆迁出市境。东汉末年，刘备据蜀，建安二十二年（217年）分广汉郡北部地区设梓潼郡（治梓潼县），建兴三年（225年）分广汉郡东部地区设东广汉郡（治雒县，今三台县境）。自此后，市境相沿各代均有州、郡、府等县以上政区建置。两晋和南北朝300余年间，由于战争频繁，政区建置变化较大，市境内先后设置过潼州、新州、龙州等3州；梓潼、巴西、巴西梓潼、潼川（又称潼州、东川）、北阴平、阴平、新巴、江油、新城（后改为昌城）、始平（先名始平僚，后改为涪城、安城）、西宕渠、北宕渠（后改为盐亭）、高渠等13个郡，以及40余个县。从隋代后，政区建置逐渐稳定，形成市境中部以今市区为治地的绵州，东南部以三台县城为治地的梓州——潼川府，西北部以江油、平武两县为中心的龙州——龙安府等3个政权建置中心。民国24年（1935年）川政统一，市境内只有今市区成为四川省第十三行政督察区治地，1948年领有绵阳、安县、绵竹、德阳、梓潼、罗江、广汉、什邡、金堂、彰明10个县。新中国成立后，1950年1月20日，以绵阳县为治地建绵阳专区，仍辖民国时期10个县；1953年3月10日，撤广元专区，划入广元、昭化、剑阁、青川、平武、北川、江油、旺苍8个县，辖18个县；1953年7月4日，广汉、什邡、金堂3个县划出，专区辖15个县；1958年10月18日，并入原遂宁专区遂宁、蓬溪、潼南、中江、三台、射洪、盐亭7个县，辖21个县（此前江油、彰明2个县于1958年9月5日合并）；1959年3月22日，昭化、罗江2个县撤销，分别并入广元县和德阳县，专区辖19个县；1968年7月8日，改专区设地区；1976年2月4日，因分绵阳县筹建绵阳县级市，地区辖19个县1个市；1977年9月24日，潼南县划出，地区辖18个县1个市；1978年4月25日，绵阳县并入绵阳市，地区辖17个县1个市；1983年8月18日，分绵阳地区建德阳市，德阳、绵竹、中江3个县划出，绵阳地区辖14个县1个市；1985年2月8日，绵阳地区撤销，分别建立绵阳、广元、遂宁3个市。绵阳市辖7个县1个区（原县级绵阳市改置为市中区）；1988年2月24日江油市建立，绵阳市辖6县1市1区；1992年10月，撤销绵阳市市中区，分设涪城、游仙两区。2002年绵阳市辖涪城、游仙2个区，三台、安县、梓潼、盐亭、北川、平武6个县；2016年5月20日，安县撤县改区，绵阳辖涪城、游仙、安州3个区，三台、梓潼、盐亭、北川、平武5个县，代管江油市和省政府科学城办事处，直辖绵阳高新技术产业开发区、科教创业园区、经济技术开发区（现代农业科技示范区）。绵阳一名因城市地处绵山之南，1913年按“山南水北”为“阳”的古义，取名绵阳。（张永兴　陈振宇）

资　源

【概况】　绵阳生态资源丰富，辖区面积20248.48平方千米，各类矿产56种。有脊椎动物5纲32目109科791种，有无脊椎动物2门6纲33目241科1257种，其中有国家一级重点保护野生动物18种；有各类植物4469种，其中有国家一级重点保护野生植物珙桐、红豆杉等12种。境内水利资源充沛，有各类河流3000余条。

【国土资源】　2016年，绵阳市辖区面积202484平方千米，占全省的3.54%。全市农用地为1797661.4公顷，其中耕地441420.83公顷、园地52261.51公顷、林地1135319.61公顷、牧草地47010公顷，其他农用地121649.45公顷；建设用地121125.49公顷，其中居民点工矿用地103466.29公顷、交通运输用地9371.43公顷、水利设施用地8287.77公顷；未利用地106053.11公顷，其中未利用土地70855.61公顷、其他土地35197.5公顷。（蒋建波）

【农村农业资源】　2016年，全市农村农业资源丰富，有乡村户数1379044户，乡村人口数4165468人，其中男性2164523人、女性2000945人；乡村劳动力资源数2653751人，其中男性1419293人、女性1234458人；乡村从业人员2434880人，其中男性1320923人、女性1113957人。有耕地面积28.25万公顷，园地4.74万公顷，林地108.09万公顷，草地475公顷，设施农业地5335公顷。农村用电量116275千瓦小时。农用化肥施用量（折纯）219678吨。其中氮肥103257吨、磷肥57359吨、钾肥11160吨、复合肥47902吨。农用塑料薄膜使用量9531吨。其中地膜使用量6145吨，地膜覆盖面积6.42万公顷；农用柴油使用量29849吨，农药使用量4886吨。

全市农作物总播面积66.46万公顷，全年粮食播面42.04万公顷，粮食总产量223.74万吨，其中小春粮食播面14.04万公顷、产量52.03万吨；大春粮食播面28万公顷、产量171.71万吨。经济作物种植面积24.42万公顷，其中油料作物面积14.1万公顷、产量36.38万吨；棉花面积255.8公顷、产量235吨；生麻299公顷、产量467吨；糖料面积264公顷、产量11229吨；烟叶（未加工）11公顷、产量19吨；中药材面积8400公顷、产量30081吨；蔬菜及食用菌面积7.51万公顷、产量207万吨；瓜果类面积5287公顷、产量17万吨。

（谢光国）

【矿产资源与分布】　绵阳已发现矿种有铁、锰、铅锌、钨、金、银、磷、硫、水晶、方解石、石灰石、白云石、膨润土、玻璃用石英砂岩、天然气等56种，矿产地400余处，其中黑色金属73处，有色金属25处，贵金属70处，非金属矿产200余处。已探明储量的有26个矿种，具工业矿床规模的74处。2016年末，全市有32个矿种得到开发利用。

全市矿种储量在全省占有重要地位的矿种有：平武的锰矿、三台、盐亭的膨润土、江油的铸型用砂、水泥配料用页岩储量居全省第一，江油的玻璃用石英砂岩、冶金用白云岩、全市的天然气总量居第三。以县市区分布情况看，平武的矿产资源以金属矿产为主，主要有金、铁、锰、铅锌矿；其他县市区以非金属矿为主：如江油市的石灰石、硫铁矿，安州区的石灰石、磷块岩，北川的石灰石、硅石、饰面用板岩，三台、盐亭的膨润土，涪城、游仙的砖瓦用页岩、砂石等。天然气在全市有广泛分布，除平武、北川、安州外，均有产出。2016年，全市完成10个矿种48个矿区的矿产资源利用现状调查工作。

2016年，全市探矿权数达154个，勘查矿种12种。开发利用矿产22种，矿山总数460个，其中大中型矿山60个，水泥用灰岩、玻璃用砂岩、砖用页岩和饰面石材等主要矿产的开采量，均有大幅度增长，原矿总产量1200万吨，原矿产值10亿元。全年延续变更登记29宗，收取采矿权延续（含延续变更）价款446万元；报省国土资源厅“招拍挂”出让探矿权2宗；注销登记2宗。

（蒋建波）

【水资源】　绵阳位于四川盆地西北边缘，全市水资源相对丰富，境内有大小河流52条，连同溪、沟共计3000余条，均属嘉陵江水系。2016年，年降水量为162.7亿立方米，地表水资源量为82.4亿立方米，常年水资源总量为121.9亿立方米，人年均总量1514立方米。

2016年，全市降雨总体强度不大。5~9月，梓潼县较常年同期偏多15%，其他地区偏少8%~38%；与2015年同期相比，平武县、江油市、梓潼县、北川羌族自治县偏多10%~38%，安州区与2015年同期相当，绵阳城区、三台县、盐亭县偏少27%~32%，造成部分地区、时段缺水和季节性缺水。（王二来）

【野生动物资源】　2016年，根据调查统计，绵阳市境内已知有脊椎动物5纲32目109科791种，有无脊椎动

国家一、二级保护动物种类

表1

等级	数量	动物名称
国家一级保护动物	18	大熊猫、川金丝猴、羚牛、豹、云豹、藏羚、林麝、马麝、斑尾榛鸡、中华秋沙鸭、金雕、玉带海雕、白尾海雕、胡兀鹫、雉鹑、绿尾虹雉、黑颈鹤、蟒。
国家二级保护动物	60	小熊猫、亚洲黑熊、马熊、藏原羚、岩羊、鬣羚、水獭、大灵猫、兔狲、猞猁、金猫、黑鸢、雀鹰、松雀鹰、苍鹰、鹰鹏、秃鹫、高山兀鹫、燕隼、灰背隼、黄爪隼、血雉、红腹角雉、蓝马鸡、勺鸡、灰鹤、红腹锦鸡、鸳鸯、大鲵、虎纹蛙、中华缺翅虫、中华虎凤蝶、三尾褐凤蝶等60种。省重点保护的野生动物有赤狐、豹猫、毛冠鹿、沟牙鼯鼠、普通鸬鹚、中白鹭、中国林蛙等。

物2门6纲33目241科1257种。其中，有国家一级重点保护野生动物18种。国家二级重点保护野生动物小熊猫等60种。绵阳是长江上游重要生态屏障区，是全国乃至全球生物多样性保护的重点地区、全国野外大熊猫主要栖息地之一，大熊猫及其栖息地保护管理在四川占有重要地位。绵阳市在野生大熊猫种群数量、大熊猫栖息地面积、大熊猫自然保护区数量和面积均位居全省前列。平武县是“国宝”大熊猫分布最多的县，约占全国野生大熊猫的五分之一，有天下大熊猫第一县之称。

【野生植物资源】 2016年，调查统计，全市已知的低等植物有菌类植物亚门和地衣植物亚门的真菌纲、子囊菌纲中的13目、60科、149属、497种，高等植物有苔藓植物门、蕨类植物门、裸子植物门和被子植物门4门中的9纲、66目、260科、1366属、3972种。按照国务院1999年8月4日批准《国家重点保护野生植物名录（第一批）》。有国家一级重点保护野生植物珙桐、红豆杉等12种。有国家二级重点保护野生植物水蕨、中国蕨等38种。（罗　舒）

国家一、二级重点保护野生植物种类

表2

等级	数量	动物名称
国家一级保护植物	11	珙桐、光叶珙桐、红豆杉、喜马拉雅红豆杉、南方红豆杉、水杉、银杏、独叶草、苏铁、四川苏铁、攀枝花苏铁。
国家二级保护植物	38	水蕨、中国蕨、篦子三尖杉、岷江柏木、油麦吊云杉、四川红杉、大果青扦、梓叶槭、连香树、箭叶大油芒、短芒披碱草、香樟、楠木、野大豆、花榈木、红豆树、峨眉含笑、水青树、喜树、红椿、香果树、崖白菜、紫椴、虫草、松茸等。

水　文

【概况】 2016年，绵阳水文水资源勘测局完成142站年降水，7站年蒸发，28站年水位的观测、资料收集；20站年流量、6年站输沙、4年站单沙、15站绵阳城区地下水、7站江油城区地下水的测验资料整编工作和水文资料的数据储存录入，测验、资料整编。开展建设项目水资源论证、行洪论证和水资源调查评价工作。负责涪江干流川渝交界上段、嘉陵江广元境内以上至川陕交界段的干、支流上的20个水文站（其中，国家级重要站8个，省级重要站7个，一般站5个）和9个水位站，144个雨量站（委托）、绵阳地下水13站、江油地下水12站的管理。承担水位、流量、降水、水面蒸发、单位含沙量、断面输沙率、泥沙颗粒分析、水质监测、水化学分析、水质评价及地下水观测、水质监测、洪水情报预报等项目。完成绵阳、广元、遂宁境内水样监测557个。完成了绵阳市、遂宁市、广元市共32个水功能区、28个大中型水库、省界河流断面姚渡站、国华站等水质断面的水质监测、评价、报送工作。共发布绵阳市、遂宁市、广元市《水环境状况公报》28期。

【水系、水文特征】 涪江发源于松潘县雪宝顶，贯穿于绵阳市、遂宁市至重庆市合川注入嘉陵江，全长670千米，流域面积36400平方千米，在绵阳市境内长约380千米，流域面积约20230平方千米，市内主要支流有涪江、平通河、通口河、安昌河、凯江、梓江。流域地形西北部高、东南较低，南北地势高差达5092.8米。上游地处高山峡谷，植被较好、暴雨洪水汇流时间短，具有典型的山溪性河流暴涨暴落的特点。2016年5~9月涪江流域平均降水量680毫米，与多年5~9月同期均值比较：绵阳境内降水平均偏少10.7%。由于流域降水时空分布不均，绵阳所辖范围内降水较大的过程主要发生在7月，分别为：7月7~10日，7月17日晚~19日，7月21~23日，7月24~26日。5~9月最大1小时降水量80.5毫米（安州区花街站），最大日降水265.0毫米（江油市杨家河边站7月22日），最大月降水793.5毫米（安州区平桥站7月）。汛期单站降水总量最大降水1592毫米（安州区平桥站），单站总量最小降水308.5毫米（大英县胡家坝站）。

2016年，涪江流域各江河最大洪水主要发生在7月。超警戒水位有3站：平通河太白站7月22日7:55洪峰水位520.9毫米，超警戒0.4米；凯江罗江站7月8日10:10洪峰水位384.19米，超警戒0.19米；雎水河雎水关站7月8日6:40洪峰水位659.68毫米，超警戒0.18米；其余站点均未发生超警戒超保证洪水。

（呼　吁）

气　候

【概况】 2016年，全市气候较为异常，年内平均气温历史第二高、极端天气频发、汛期降水量不足、干旱和洪涝灾害总体偏轻。年初极端低温给小春作物及经济林果等造成较严重冻害，但年内干旱、洪涝总体偏轻，“秋绵雨”持续时间短，光热充足，对农业及其他行业生产总体较为有利。全市平均气温17.1℃，平均降水量823.3毫米，平

2016年绵阳气象站主要气象资料

表3

平均气温（℃）	降水量（毫米）	日照时数（小时）	极端最高气温（℃）	极端最低气温（℃）
17.9	545.5	1294.2	37.7	−3.0

均日照时数1263.3小时。

2016年，全市天气气候条件有弊有利，年初1月下旬极端低温给小春作物及经济林果等造成较严重冻害，盛夏7月局地强降雨造成较重洪涝损失，8月高温酷热造成部分地区大春作物高温逼熟，但年内干旱、洪涝总体偏轻，光热充足，对农业生产及其他各行各业生产经营总体较为有利。

【温度状况】 2016年，全市平均气温17.1℃，较常年（下同）偏高0.9℃。冬季（1~2月）平均气温6.7℃，正常；春季（3~5月）平均气温17.5℃，偏高0.9℃；夏季（6~8月）平均气温26.4℃，偏高1.5℃；秋季（9~11月）平均气温17.2℃，偏高0.6℃；初冬（12月）平均气温8.2℃，偏高1.4℃。年极端最高气温38.5℃，8月20日出现在三台；年极端最低气温-6.9℃，1月25日出现在安州。年内入春时间2月26日~3月15日，入夏时间5月29日~6月5日，入秋时间平武8月28日、其余地区10月5日，入冬时间11月22~23日。年炎热日数60~71天，其中盐亭少5天，其他地区多1~26天；年酷热日数4~28天，多3~20天。

【降水分布】 2016年，全市平均降水量823.3毫米，偏少14%；其中安州、绵阳偏少4成，北川、三台偏少2成，江油偏少1成，平武、盐亭与常年相当，梓潼偏多1成。冬季平均降水量11.2毫米，偏少47%；春季平均降水量214.2毫米，偏多39%；夏季平均降水量440.0毫米，偏少23%；秋季平均降水量155.8毫米，偏少27%；初冬平均降水量2.1毫米，偏少62%。年降水日数104~149天，江油多1天，北川与常年持平，其他地区少6~36天；年暴雨日数0~5天，其中绵阳无暴雨日，安州少2天，平武少1天，梓潼多1天，北川、江油、三台、盐亭与常年持平。

【暴雨过程】 2016年，全市有6次区域性暴雨天气过程，分别出现在5月6日、5月22日、7月5~10日、7月18日、7月22~26日和9月14日。6次暴雨过程总体降雨强度不大、雨势较为和缓。但7月22~26日暴雨过程，平武、江油局地降雨强度大，造成较严重的洪涝灾害。

【日照时数】 2016年，全市平均日照时数1263.3小时，偏多13%。冬季平均日照时数182.4小时，偏多50%；春季平均日照时数318.8小时，偏少4%；夏季平均日照时数505.4小时，偏多31%；秋季平均日照时数199.6小时，偏少8%；初冬平均日照时数57.2小时，偏少8%。

（蔡元刚　夏雪林）

环境质量

【概况】 2016年，绵阳市贯彻落实中央、省委绿色发展重大决策部署，牢固树立生态打底，绿色发展，加快发展理念，坚持“三个确保”“六个新突破”的思路，以落实环保主体责任为抓手，强化党政同责、一岗双责要求；以环境质量改善为核心，狠抓污染防治“三大战役”；以突出环境问题的整改落实为重点，实现在保护中发展、在发展中保护。全市环境空气质量综合指数在全省8个环保重点城市中保持前3位，全市空气优良天数279天，达标率76.2%；水环境质量总体保持稳定，主要河流水环境质量达到功能区标准，出境断面和城市饮用水水源地水质达标率100%；生态环境质量稳中趋好，城区区域环境、道路交通噪声质量整体较好；垃圾、污水处理率稳中有进；农村环境质量进一步改善。环境安全稳定，全年未发生重特大环境污染事件和因环境污染引发的群体性事件。环境管理注重源头严控、过程严管、后果严惩。完善环境网格化监管体系，监管手段逐步向数字化、信息化方向转变。规范企业污染物信息公开，强化环境应急预案管理。落实纵横贯通的应急联动机制，环境应急监测能力明显提升。环境执法以“零容忍”的态度保持对各类环境违法行为的高压态势，核与辐射工作有序有效，环境安全可控，群众对环境的满意度进一步提升。

【环境空气质量】 2016年，绵阳市环境空气的监测采用24小时自动监测的形式，城区设4个国控环境空气自动监测站点，分别位于富乐山、市人大、高新区和三水厂，城区日均浓度为4个测点平均值，监测项目为二氧化硫（SO2）、二氧化氮（NO2）、可吸入颗粒物（PM10）、细颗粒物（PM2.5）、一氧化碳（CO）、臭氧（O3）。

2016年，绵阳市环境空气中SO2平均浓度为11微克/立方米，NO2平均浓度36微克/立方米，CO日均值的第95百分位数为1.6毫克/立方米，O3日最大8小时滑动平均值的第90百分位数为136微克/立方米，PM10平均浓度78微克/立方米，PM2.5平均浓度49微克/立方米。参照《环境空气质量标准》（GB3095—2012），绵阳城区2016年环境空气有效监测366天，达标天数为279天，达标比例为76.2%，较2015年下降7.0%。

【地表水环境】 2016年，全市境内地表水水质总体较好，涪江、梓江、安昌江、通口河、芙蓉溪年均水质均能达到或优于划定的水域类别要求。凯江水质呈轻度污染，超标污染物为总磷，超标主要是受上游来水水质较差及境内沿途污染物累积所致。

2016年，全市市区降水pH均值为6.38，酸雨发生的频率仅为1.2%，属于非酸雨区。

【城市集中饮用水水源地水环境质量】 2016年，绵阳市城区4处市级集中饮用水源地水质状况良好，符合《地表水环境质量标准》（GB3838—2002）和《地下水质量标准》（GB/T14848—1993）相关要求，达标率100%。

【湖库水环境质量】 2016年，鲁班水库年均水质类别为Ⅲ类，但仍不能达到划定的Ⅱ类水域水质类别要求，年均水质呈中营养状态，未能达到Ⅱ类的项目为总磷。

【功能区环境噪声】 2016年，全市功能区声环境质量监测点位有10个，主要包括有4类，分别是：住宅行政办公区、商业混杂区、工业集中区、主要交通干线两侧。监测结果显示：除4A类交通干线两侧声环境质量超标以外，其他各类功能区的昼间、夜间均能达到相应标准要求。

【区域环境噪声】 2016年，绵阳市城区区域噪声有238个监测点位，平均等效声级为54.6分贝，质量状况等级为二级（较好），符合四川省区域环境噪声控制指标要求［55.0dB（A）］。

【道路交通噪声】 2016年，绵阳城区道路交通噪声布设监测点64个，全年监测一次，测定时段为昼间。监测结果表明：道路交通噪声昼间平均等效声级为69.8分贝，质量状况等级为二级（较好）。

【核与辐射安全】 2016年，全市做好核与辐射安全监管工作，着力提高监管和服务效能，提升核技术利用本质安全。全年出动执法人员800余人次、车辆100余辆次，对300余家核技术利用单位辐射工作场进行安全检查，落实各项辐射安全与防护措施，彻查安全隐患。规范《辐射安全许可证》管理，全年核发辐射安全许可证17个、延续65个、变更48个，全市核技术利用单位持证率100%。开展《四川省辐射污染防治条例》宣贯活动，增强各核技术利用单位守法意识，推进依法开展核技术利用活动；开展野外（室外）使用放射源与射线装置单位辐射安全专项检查和放射源安全检查专项活动，构建辐射安全文明；推进“宽带绵阳”智慧城市建设，加快审批速度，优化审批流程，按照《四川省人民政府办公厅关于印发四川省清理整顿环保违法违规建设项目工作方案的通知》（川办发〔2015〕90号）和《关于以改善环境质量为核心加强环境影响评价管理的通知》（环环评〔2016〕150号）要求对不规范建设项目进行清理整顿和依法处理。

2016年地表水环境质量评价结果统计

表4

河流名称	断面名称	控制级别	所在地	规定类别	上年度年均水质类别	本年度年均水质类别	污染指标及超标倍数
涪江	平武水文站	国控	平武县	Ⅰ	Ⅰ	Ⅰ	—
	江油凉水井	国控	江油市	Ⅱ	Ⅱ	Ⅱ	—
	江油福田坝	国控	江油市	Ⅲ	Ⅲ	Ⅱ	—
	李家渡	国控	涪城区	Ⅲ	Ⅱ	Ⅱ	—
	丰谷渡口	国控	三台县	Ⅲ	Ⅲ	Ⅲ	—
	百顷	国控	三台县	Ⅲ	Ⅱ	Ⅲ	—
凯江	老南桥	科研趋势	三台县	Ⅲ	Ⅲ	Ⅳ	总磷（0.20）
梓江	大佛寺渡口	省控	盐亭县	Ⅲ	Ⅱ	Ⅱ	—
	垢家渡	市控	梓潼县	Ⅲ	Ⅱ	Ⅲ	—
通口河	北川通口	国控	北川县	Ⅱ	Ⅰ	Ⅱ	—
安昌河	界牌	市控	安　县	Ⅲ	Ⅱ	Ⅱ	—
	饮马桥	市控	涪城区	Ⅲ	Ⅱ	Ⅱ	—
芙蓉溪	仙鱼桥	市控	涪城区	Ⅲ	Ⅳ	Ⅲ	—

2016年绵阳市功能区声环境质量达标情况

表5

功能区类别	1类		2类		3类		4类	
	昼	夜	昼	夜	昼	夜	昼	夜
达标点次	4	4	20	20	4	4	3	0
监测点次	4	4	20	20	4	4	8	8
达标率（%）	100	100	100	100	100	100	37.5	0

注：1. 声环境质量评价采用《声环境质量标准》（GB3096-2008）及《环境噪声监测技术规范/城市声环境常规监测》（HJ640-2012）。

2. 城市声环境功能区分为4类。1类区：指以居民住宅、医疗卫生、文化教育、科研设计、行政办公为主要功能，需要保持安静的区域。2类区：指以商业金融、集市贸易为主要功能，或者居住、商业、工业混杂，需要维护住宅安静的区域。3类区：指以工业生产、仓储物流为主要功能，需要防止工业噪声对周围环境产生严重影响的区域。4类区：指交通干线两侧一定距离之内，需要防止交通噪声对周围环境产生严重影响的区域。

2016 年绵阳市城区环境空气质量监测结果

表 6　　单位：ug/m³，CO 单位为 mg/m³

点位	SO_2（年均值）	NO_2（年均值）	PM_{10}（年均值）	$PM_{2.5}$（年均值）	CO（日均值第95百分位数）	O_3（日最大8小时值的第90百分位数）	环境空气质量综合指数	监测天数	达标天数	达标率（%）
富乐山	11	28	65	44	2.0	150	4.51	360	288	80.0
市人大	11	44	80	50	1.6	128	5.05	361	270	74.8
高新区	12	35	81	52	1.4	146	4.98	364	265	72.8
三水厂	11	36	87	51	1.5	130	4.97	362	266	73.5
城区 *	11	36	78	49	1.6	136	4.85	366	279	76.2

注：1. 城市环境空气评价执行《环境空气质量标准》（GB3095-2012）。
2. 城区大气污染物日均浓度为 4 个测点平均值，城区环境空气质量综合指数、达标率按城区大气污染物日均浓度值计算。
3. 环境空气质量综合指数是描述城市环境空气质量综合状况的无量纲指数，综合考虑了六项污染物的污染程度。环境空气质量综合指数越大，表明综合污染程度越重。

环境保护

【概况】　2016年，绵阳市环保工作围绕环境质量“只能向好，不能变坏”工作目标，着力构建长江上游重要生态屏障，持续推进大气、水、土壤污染治理“三大战役”，切实解决影响群众健康和社会稳定的突出环境问题，为加快建设国家科技城和幸福美丽绵阳提供优良的环境质量保障。推进乡镇生活污水处理设施建设的有效落实，与市监察局联合制定印发《绵阳市推进乡镇生活污水处理设施建设问责暂行办法》（绵监发〔2016〕1号）。推进涪江流域生态补偿和水质断面超标扣缴制度，组织开展生态补偿监测考核工作。全年涪江流域生态补偿专项资金3875万元，补偿上游地区2560万元，入库项目21个，完成年度乡镇污水处理设施建设目标。

【自然生态保护】　绵阳市境内自然资源丰富，分布有丰富的野生动植物资源和宝贵的古生物遗迹资源。绵阳不仅是川西北地区水源主要涵养地，也是全球生物多样性25个热点地区之一，全市建立森林和野生动物类型、湿地类型、古生物遗迹类型自然保护区13个，其中：国家级自然保护区4个，省级自然保护区5个，县级自然保护区4个。保护区总面积达3334平方千米，占国土面积的16.4%。全市加大对自然保护区建设的投入，不断增添野生动植物及其栖息地和古生物遗迹保护管理措施，自然保护区建设管理得到持续、稳定、健康发展。制订《绵阳市生态保护红线划定工作方案》。督促各县市区对于区域内的国家生态红线的调整上报和技术保障，完成绵阳市生态保护红线国家级调整建议方案的上报工作。

图6　10月28日“环境信用建设四川万里行”大型公益活动启动仪式在绵阳举行

【城市环境治理】　2016年，全市加强建筑施工工地和道路扬尘污染管理，严格建设施工工地扬尘环境监管，对违反扬尘治理规定的企业进行严厉查处；实施绿化带“提档降土”改造工程和裸土覆盖工程；对抛洒滴漏、带泥行驶、道路乱开乱挖以及擅自清运工程渣土等行为实施整治。强化部门联动共同监管，严格执法，严查餐饮业环保违法行为，对问题集中区域实行专项治理，确保油烟净化设施安装到位、正常运转，达到净化效果。

【生态建设】　2016年，全市继续围绕生态市和幸福美丽绵阳建设总体目标，强化生态创建组织领导，严格量化目标考核，各级生态创建机构、人员、机制进一步落实。涪城区、游仙区完成省级生态区创建问题整改工作，为生态县市区建设探索经验，全市新增33个乡镇达到省级生态乡镇要求，新命名191个市级生态村、58126户生态家园，生态创建氛围日趋浓厚，创建的步伐不断加快。通过广泛开展生态创建工作，促进地方生活污水、垃圾等环保基础设施建设，不断加强资源无害化处置和循环再利用，促进生态产业发展，客观上解决环境压力对经济发展的影响，改善人与自然的关系。

【环保投资】 2016年，全市争取到中央、省、市环境保护专项资金29001万元，其中国家重点生态功能区转移支付资金14086万元；中央土壤污染防治专项资金8500万元；省级农村饮水安全项目补助资金450万元；省级重点区域（流域）污染防治项目补助资金1500万元；省控环境监测网络例行监测经费404万元；省级省管农村环境空气自动监测系统运行维护经费10万元；省级省控水质自动监测系统运行维护经费10万元；省级大气污染防治激烈约束资金731万元；省级水污染防治激励约束资金476万元；省级节能环保装备产业项目资金619万元；市级排污费资金500万元；市级涪江流域水环境生态补偿专项资金1615万元；市级秸秆禁烧专项资金100万元。

【排污费征收】 2016年，全面使用新收费系统开展排污费的征收工作，落实新的收费标准，拓展新建项目、“三产业”项目排污收费源面，科学分离申报、核定、征收环节，使之制度化、程序化。全市征收261家企业排污费2273.25万元，其中市本级征收73家企业排污费670.69万元。稽查江油市排污费47.69万元。通过稽查，增强污染源单位自觉加强环境管理的意识，有力促进环境执法和污染减排工作。

【环境影响评价】 2016年，全市执行《建设项目环境保护管理条例》和《环境影响评价法》等有关法律法规，强化建设项目环评审批工作，继续严把项目审批关，特别是在重金属重点防控区、饮用水源保护区等环境容量不足或环境敏感的地区实施更严格的准入门槛。对重点项目及民生项目继续开辟“绿色通道”，提前介入，提高审批效率；对高污染、高耗能以及国家宏观调控的产能过剩、重复建设行业的项目从严把关；严格实行主要污染物总量前置审批。全年市本级审批建设项目231个，总投资439.20亿元，环保投资6.75亿元；完成建设项目竣工验收126个；行政服务中心环保窗口受理行政审批办件737件，提前办件737件，提前办结率达到100%。

【大气污染防治】 2016年，全市完成减排项目13个，6家工业企业14台燃煤锅炉的整治任务，重点工业企业实施煤改气、煤改电，推进清洁生产，开展城区建筑工地和道路扬尘综合治理，推进机动车污染治理，淘汰黄标车、老旧车11745辆，超额完成目标任务量的27.66%。

【水污染防治】 2016年，全市按照国家和省的要求，市政府印发《水污染防治行动计划绵阳市工作方案》，并与省环保厅签订目标责任书。根据目标任务，分解落实各项工作任务，市级相关部门和各县市区各自制订水污染防治实施方案，并按实施方案的相关工作安排落实各项工作任务。加快推进小流域水环境治理和乡镇污水处理设施建设，加大饮用水源和良好水体保护，加强重点流域污染治理，落实涪江流域断面水质超标扣缴资金，全力推进水污染防治工作。全市纳入考核的地表水水质优良（达到或优于Ⅲ类）比例，考核目标为85.71%，实际完成率为100%，超额完成年度目标任务。劣V类水体断面比例考核目标和实际完成率均为0。在开展小流域治理基础上，整治木龙河的污水管道项目部分已经开工，两岸垃圾收集点已基本建成，水务部门组织对木龙河河道内的垃圾、漂浮物等进行清理，木龙河吴家镇段的河堤建成，农业部门对水体周围的养殖业进行全面清查，列出重点监管对象，制订关停或搬迁计划，完成消除30%黑臭水体的目标。市级、县级集中式饮用水水源地水质达标率100%。

【土壤污染防治】 2016年，全市开展土壤环境调查、风险评估、治理修复试点等工作，排查土壤污染风险源156家，在重金属防控区长期布设监测点位，强化源头治理和监测。加强建设用地土壤环境管理，在工业企业场地搬迁再开发过程中，严格执行环境状况调查评估，对污染土地进行治理修复。争取中央土壤污染防治专项资金8500万元，用于安州区开展污染场地修复试点示范工程。同时，按照要求全力推进《土壤污染防治行动计划绵阳市工作方案》编制前期工作。

【秸秆禁烧】 2016年，全市转变禁烧工作方式，由重点查“火点”变为重点查责任、查工作落实情况。坚持“疏堵结合”的方针，以禁烧为抓手，以综合利用为目标，采取有力措施扎实开展禁烧工作，禁烧工作总体态势良好。根据《绵阳市秸秆禁烧和综合利用问责办法》的相关规定，对出现秸秆焚烧现象的乡镇分别“黄旗”警告。全市产生秸秆220.33万吨，综合利用秸秆204.75万吨，综合利用率92.93%。秸秆资源综合利用企业快速发展，有各类秸秆综合利用企业28家。

【环保产业】 2016年，市环保局转发省环保厅《关于开展企业环境信用评价工作通知》《环保部门关于开展诚信缺失问题专项整治行动的通知》文件，推进社会信用体系建设。组织24家企业纳入信用评价，组织县、市、区环保系统和企业人员开展培训会4次，其中2次邀请省厅专家来绵授课。把节能环保（装备）制造产业纳入“两新”产业六大主攻方向之一，全力推动相关产业纵向延伸、横向配套、集群发展。全市环保产业聚集保和富山、美能科技等一批在国内外有影响力的企业集团和技术研发实体，形成一定的产业规模。协调四川省能源投资集团在安州区建设21兆瓦生物质气化联合循环发电项目，推进该项目的落地。全市节能环保（装备）类企业共计90余家，其中规模以上企业26家，在相关领域具备一定的规模和市场竞争力。2016年实现产值176.7亿元、增长22.2%，约占全省1/5。

【四川省环境科学学会环境信用建设工作委员会成立大会暨环境信用建设专家论坛】 2016年1月11日，四川省环境科学学会环境信用建设工作委员会成立大会暨环境信用建设专家论坛在绵阳会议中心举行。来自北京、重庆以及全省各地市州的嘉宾150余人，参加会议。四川省环境科学学会环境信用建设工作委员会正式成立并在全省开展以下工作：承办全省企事业单位的环境信用评价相关工作；为企事业单位提供环境信用预警服务；为环境信用较差的企业提供解决方案和技术支持；承担企业环境信用评价人员的上岗培训；组织开展企事业单位的环境信用学术研讨，定期召开全省环境信用建设专家论坛。

【中国首座秸秆植物纤维桥落成】 2016年4月24日，一座完全以秸秆、稻草等植物纤维粉为主要原料的植物纤维桥在绵阳市三台县三元镇落成，这是中国首座秸秆植物纤维桥，也是全世界首座植物纤维桥。该桥由四川星河集团捐赠。桥体各部件为模具一次成型，直接运抵工地，以拼接的方式进行建造，建造时长为45分钟，经过后续黏结保养后，于5月8日通车。该桥跨度17.6米，宽7.6米，自重52.5吨，承重100吨，极限承重500吨，主要采用SGC七无、七防绿色复合新型材料修建，这种材料以秸秆、稻草、锯末、植物纤维粉为主要原料，再加上核心母液，完全不用钢筋、水泥、河沙、石材。

节能减排

【概况】 2016年，绵阳市单位GDP能耗为0.532吨标准煤/万元，单耗降幅为8.42%，超额完成省下达的下降3.5%节能目标。其中，单位工业增加值能耗为1.115吨标准煤，单耗降幅为16.56%，超额完成省下达的下降4%工业节能目标。绵阳市全社会能耗为979.38万吨标准煤，较2015年减少7.91万吨标准煤，同比降低0.8%。绵阳市第三产业增加值（现价）占地区生产总值比重为35.73%，占比较2015年上升1.54个百分点。“两新”产业产值占规上工业产值比重分别达53.5%、36%，分别提升1.5和2个百分点。节能环保产业增长22.7%，清洁能源消费比重提高10个百分点。

【工业节能】 2016年，全市加大对重点用能、用水企业日常节能监察和跟踪预警，督促重点企业建立健全能源管理体系和制度，实施能源消费、水资源利用全过程监控并按季度对全市节能情况进行通报。鼓励企业重点用能用水企业实施一批工业节能节水项目，完成东材科技余热利用工程等技改项目的对上争取工作，完成落后产能企业设备拆除处理和人员安置。

【建筑节能】 2016年，全市规划区范围内新建绿色节能建筑56万平方米，新建建筑国家强制性节能标准执行率达到100%，新墙材使用率达到82%，完成公共建筑节能目标任务。制订促进建筑产业现代化发展的政策措施和实施方案，推广钢结构、木结构、混凝土结构和混合结构的装配式建筑。加快典型建筑能耗统计、地源热泵和可再生能源应用研究，推进以浅层地能应用为代表的可再生能源建筑规模化应用。

【交通节能】 2016年，全市贯彻落实推进低碳交通运输体系建设的指导意见和实施办法，加强交通运输行业节能减排监管能力建设，推进智能信息系统在道路运输中的开发和应用。引导和鼓励运输企业选用技术先进、经济安全、节能环保车型。截至年底，全市营运客车总数3879辆，其中，使用CNG客车1602辆，占客车总数的41%。全市1299辆公交车和2509辆出租车全部使用电力、CNG等清洁环保动力。新增7辆电气混合公交车、16辆CNG公交车，报废老旧公交车79辆，淘汰黄标车216辆。

【商业和民用节能】 2016年，市发改委修订完善《2016年商贸流通领域节能减排工作方案》，开展零售业、餐饮业节能行动，建立健全全市流通服务业能耗统计监测制度。引导城区大型商场超市节约用电，鼓励大型零售商业企业进行节能技改，指导新引进的中沅广场购物中心等大型商业企业在装修过程中使用节能环保型设施设备。鼓励引导消费者购买使用有节能产品认证标识或入选能效“领跑者”的空调、冰箱、洗衣机等家用电器，支持购买使用高效节能灯和节水器具等节能产品、太阳能热水器等可再生能源产品、以及节能环保型小排量汽车。

【公共机构节能】 2016年，全市推进公共机构能源资源消费统计工作，能源资源消耗工作覆盖到全市公共机构。指导单位参与国家级节约型公共机构示范单位创建，推进崇尚节约节能、合理消费与低碳环保的社会新风尚。探索机关集中办公区合同能源管理试点，完成既有办公建筑节能改造面积4.6万平方米，实施空调通风系统节能改造0.3万平方米，各项节能工作均达到省机关事务管理局下达的目标任务。

【农业节能】 2016年，全市农村清洁能源发展迅速，全市户用沼气建设规模已达59万户，年产沼气1.98亿立方米。“三沼”综合利用推广应用5.67万公顷，建成应用“三沼”综合利用生产优质特色农产品示范基地9个。通过三级联创，成功创建28个畜禽养殖标准化示范场，建成90个标准化养殖小区，全市规模化畜禽养殖废弃物处理率达90%，有效治理养殖废弃物污染。强力推进秸秆"五化"利用（肥料化、饲料化、能源化、基料化、原料化），全市完成秸秆利用量达281.65万吨，秸秆综合利用率达95.53%。

【重点项目和推广应用】 2016年，全市贯彻落实国家产业政策，推进淘汰落后产能各项政策措施，省上下达绵阳市2家企业淘汰（关闭）落后产能任务，根据省淘汰落后产能验收组验收结果，5家企业全部按期完成淘汰（关闭）任务。完成2016年淘汰燃煤锅炉192台，累计淘汰597台小锅炉，占建成区燃煤锅炉总量76%，超额完成淘汰城区75%燃煤小锅炉任务。全市全年规模以上工业6大高耗能行业能耗合计230.07万吨标准煤，占规模以上工业综合能耗的82.26%，同比下降1.78个百分点。引进和培育高新技术和战略性新兴产业，减少对传统高耗能高排放行业的依赖，"两新"产业产值占规模以上工业产值比重分别达53.5%、36%。推动节能低碳、循环产业和可再生能源发展，中科环保产业园、再生资源分拣中心、玉皇垃圾发电厂和12万辆新能源乘用车基地等项目进展顺利。火电企业累计发电24.71亿千瓦时，同比下降21.39%。2016年累计发电57.99亿千瓦时，同比增长1.09%，占全部发电量的69.68%。其中梓潼县马鸣风电场正式并网发电0.52亿千瓦时。

【环保投资】 2016年，神华天明电厂新建工程完成年度投资12亿元；三台县冬瓜山电航等水电工程建设有序推进，完成年度投资3.84亿元。对上争取绵阳市餐厨废弃物资源利用和无害化处理试点项目、城镇生活污水处理工程和循环经济产业建设项目等资源节约与环境保护项目资金1.288亿元，争取安州区、江油市、三台县和梓潼县污水处理及管网配套项目建设专项基金0.95亿元。全市大力支持节能技术产业化示范和推广应用工作，全年在中小企业技术创新基金和中小企业发展资金中分别安排10%的资金用于支持开展节能技术产业化示范和推广应用等节能减排项目。安排节能降碳方面资金8852万元，比2015年增加1202万元。其中安排新能源汽车运行补贴81万元，公交车购置专项资金4500万元，秸秆禁烧资金100万元，老旧汽车报废补贴资金16万元，空气环境质量改善激励奖金731万元。（耿化国）

生态审计

【概况】 2016年，市审计机关贯彻落实市委、市政府出台《绵阳市市管领导干部经济责任审计五年规划（2016~2020年）》，注重生态审计方式创新，推行对党政主要领导干部自然资源资产和环境责任审计中，采取"1+N"的审计模式，确定以经济责任审计为牵头，结合领导干部自然资源资产和环境责任审计及财政预算执行情况审计的方式进行。通过多个项目同步实施，多维度、多视角的了解当地自然资源资产管理方面的保护力度，以及坚持绿色发展方面的投入力度，从而更加客观的评价领导干部的自然资源资产和环境责任，实现由单一审计向整合审计转变，派出一个综合审计组，满足多项审计要求，提升审计效率。

2016年，四川省审计厅办公室印发《关于2015年授权实施20个县市区党政主要领导干部经济责任审计项目实施情况的通报》（川审办〔2016〕9号），通报表扬绵阳市审计局关于梓潼县党政主要领导干部自然资源资产和环境责任审计试点工作。同年10月，梓潼县委书记、县长自然资源资产和环境责任试点审计项目在全省优秀审计项目评选中，被四川省审计厅《关于表彰2016年优秀审计项目的决定》（川审发〔2016〕65号）评选为表彰项目。绵阳市审计局康运金撰写的《组织开展书记县长自然资源资产责任审计试点工作的做法与体会》在《现代审计》2016年第五期采用发表。

【生态审计评估】 2016年，市审计机关对仙海水利风景区党政主要负责人自然资源资产和环境责任审计，考虑到仙海区与建制县不同的县级行政管理权和市级经济管理权（不具有国土、规划等行政管理权），涉及的国土、农业、林业、水利等园区内没有具体考核指标的特点，对仙海区的审计确定以土地、水、森林资源为重点。对安州区睢水镇党委书记和镇长的经济责任审计中，结合乡镇的资源特点以及事权状况，确定耕地保有量、农业面源污染治理率、秸秆综合利用率、农村乡镇饮用水水源地规范化建设、城镇生活垃圾无害化处理提升率等12项内容。（杨馨晧）

经济环境
Economic Environment

概　述

【概况】　2016年，全市贯彻省委、省政府决策部署，把握稳中求进工作总基调，坚持科学发展、加快发展工作取向，以提高发展质量和效益为中心，全市经济发展态势良好，实现“十三五”良好开局。全年实现地区生产总值1830.42亿元、同比增长8.3%，增速高于全省0.6个百分点，居全省第5位，比2015年提升3位，三次产业结构由2015年的15.3∶50.5∶34.2调整为15.3∶49∶35.7。全市规模以上工业产销率98.6%，高于2015年1.6个百分点。完成工业投资389.72亿元，同比增长10%，技改投资358.62亿元，同比增长9.5%。

实现地方一般公共预算收入107.62亿元、同口径增长8.03%。其中：税收收入63.84亿元，同比下降4.9%，非税收入43.78亿元，同比增长18.2%。一般公共财政预算支出332.26亿元，同比增长9.2%。全市城镇居民人均可支配收入29407元，同比增长8.2%，农村居民人均可支配收入13504元，同比增长9.3%。市城镇新增就业5.51万人，比2015年增加1100人。城镇登记失业率3.83%，低于省控目标0.17个百分点。失业人员再就业1.29万人，比2015年增加2054人。年末金融机构人民币各项存款余额3181.69亿元、增长10.36%，贷款余额1667.43亿元、增长8.78%。实现金融业增加值64.09亿元，同比增长13.9%。单位GDP能耗下降8.42%，超省下达目标4.92个百分点。单位工业增加值能耗下降16.56%，超省下达目标12.56个百分点。全市居民消费价格指数上涨1.6%，涨幅较2015年扩大0.1个百分点，比全省平均水平低0.3个百分点。

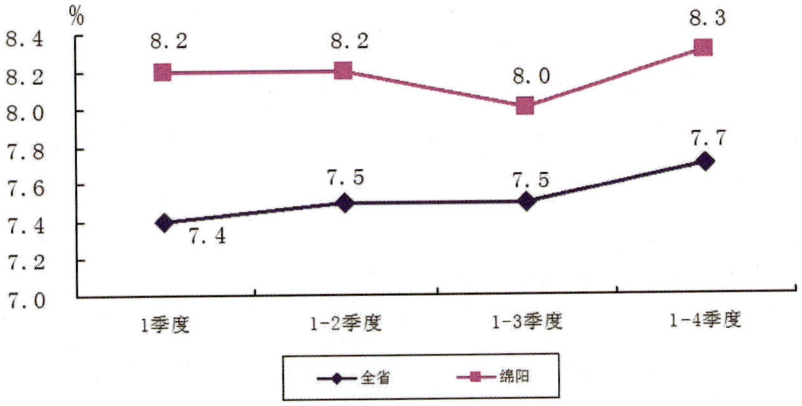

图7　2016年各季度四川、绵阳GDP增长速度

【农业生产】　2016年，全市实现第一产业增加值280.29亿元，同比增长3.9%。新建成现代农业产业基地17个、总数达155个。建设高标准农田2.5万公顷、“千斤粮万元钱”粮经复合型现代农业产业基地4.73万公顷，全年粮食总产量223.75万吨，同比增长1.3%。畜牧生产略有下降，全年肉类总产量41.02万吨，同比下降1.3%，其中：猪肉产量25.95万吨，同比下降3.3%。全年生猪出栏361.54万头，同比下降4.1%；年底生猪存栏235.25万头，同比下降2.4%。新增市级农业龙头企业24家、总数达445家，新申报“三品一标”农产品174个、总数达502个。

▲“三品一标”：指无公害农产品、绿色食品、有机农产品和农产品地理标志。

【工业运行】　2016年，全市规模以上工业增加值增长9.9%，比全省平均水平高2个百分点，居全省第6位，比2015年提升2位。从重点产业看，八大重点行业总产值占全市规模以上工业的比重达到74.8%，同比增长9.5%，比全市规模以上工业平均增速高0.3个百分点，节能环保、汽车、高端装备制造、生物、化工、食品、电子信息、新材料产业分别增长22.2%、18.9%、26.1%、14.3%、7.8%、4.4%、6.9%、11.8%。“两新”产业产值占规模以上工业产值比重分别达到53.5%、36%，分别提升1.5和2个百分点，高新技术产业化指数达78.9%。98家4亿元以上重点企业产值增长8.8%。新增规模以上工业企业92家、总数达842家。新增“新三板”挂牌上市企业6家、总数达18家，居全省第2位。

【服务业发展】 2016年，全市实现服务业增加值654.09亿元，同比增长9.5%，高于全省0.4个百分点。30个重点项目、企业和品牌入围全省服务业“三百工程”，建成4个省级现代服务业集聚区。服务业完成投资819.53亿元，同比增长10.4%，占全市投资的64.5%。电子商务快速发展，获批国家电子商务示范城市，成功举办2016中国（四川）电商发展峰会。建立跨境电商产业园和跨境电商通关平台，电商企业突破3600家，实现电子商务交易额2549.66亿元，同比增长31%，网络零售额76.78亿元，同比增长32.06%。

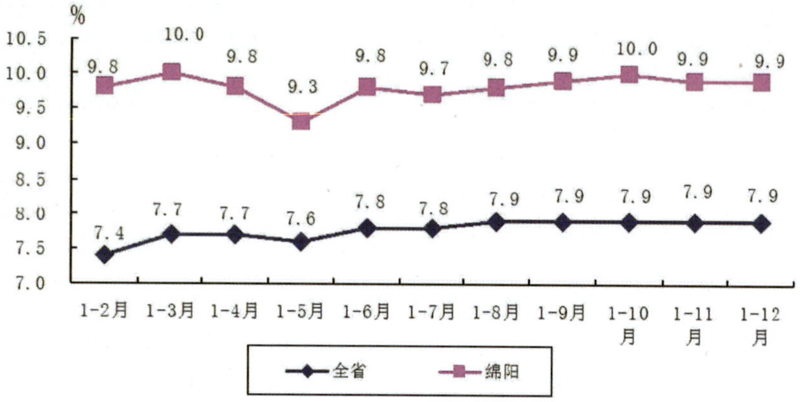

图 8 2016 年各月四川、绵阳规模以上工业增加值增长速度

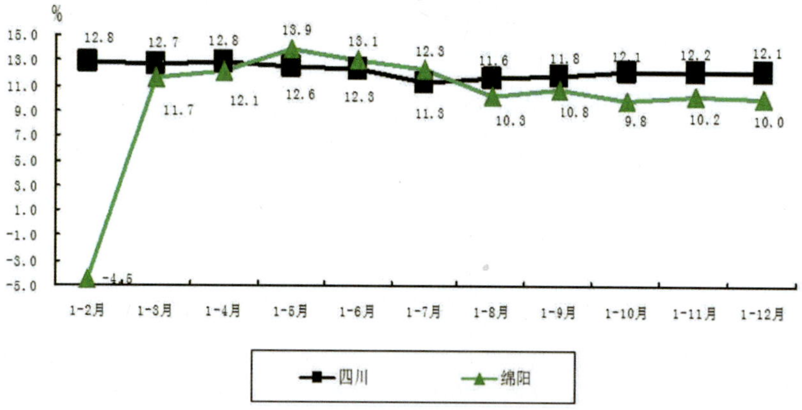

图 9 2016 年各月度四川、绵阳投资增速比较

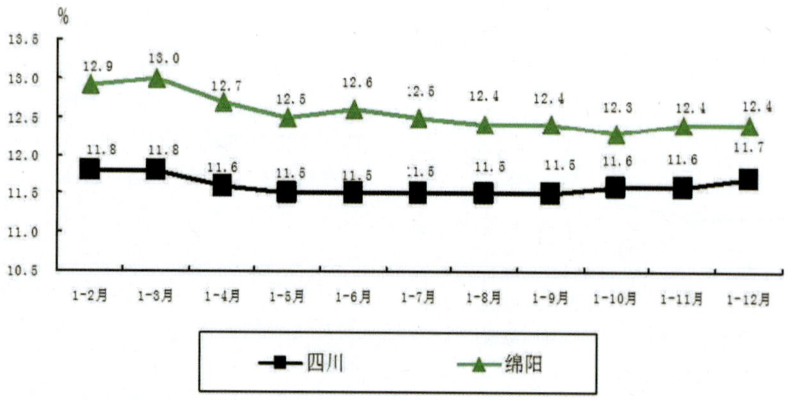

图 10 2016 年各月四川、绵阳社销零增速比较

入选首批中国研学旅游目的地，成功举办四川省首届生态旅游博览会，实现旅游总收入421.95亿元、增长22.8%。

【全社会固定资产投资】 2016年，全市完成全社会固定资产投资1269.97亿元，同比增长10%，增速比2015年提高3.2个百分点。举行重点项目集中开工仪式4次，开工项目313个，总投资613亿元。208个省市重点项目完成投资271.85亿元，完成“项目年”目标的123%。全市基础设施投资完成394.5亿元，同比增长33.7%，增速比2015年提高18.1个百分点，高于全社会投资增速23.7个百分点，占全社会投资比重达到31.1%。房地产开发投资完成205.58亿元，同比增长3.6%，扭转2015年负增长局面。商品房销售面积394.15万平方米，同比增长16.2%，增速比2015年提高4.2个百分点。完成民间投资742.82亿元，同比增长4.9%，较2015年回落4.1个百分点。编制2016~2020年项目计划，储备1000万元以上投资项目1883个，总投资6224亿元。

【社会消费水平】 2016年，全市实现社会消费品零售总额988.48亿元，同比增长12.4%，高于全省0.7个百分点。其中：批发、零售、住宿、餐饮业零售总额分别增长14.3%、11.4%、15.5%、14.6%。组织万家企业开展“惠民购物全川行动”各类促销活动，实现销售金额600亿元。组织30余家生产企业参加“川货全国行”博览会，实现现场、意向、协议成交额1.1亿元。

【供给侧结构性改革】 2016年，全市钢材、水泥产量分别下降1.0%、0.3%；商品房销售面积增长16.2%，增速比上年提高4.2个百分点；规模以上工业资产负债率61.7%、比2015年下降2.0个百分点；全年电力燃气及水的生产和供应业、水利环境和公共设施管理业、交通运输仓储和邮政业投资分别增长63.8%、32.3%、25.0%，分别高于全社会投资53.8、22.3、15.0个百分点。

【外贸形势】 2016年，全市实现外贸进出口17.68亿美元，同比下降32.8%，但总量升至全省第2位。全市新增进出口获权企业92家，新增外商投资企业6家，总投资4847.32万美元。全市外商投资实际到位1.23亿美元，居全省第2位。新增对外投资项目11个，投资总额1.1亿美元。截至年底，全市境外投资企业46家，累计投资总额13.58亿美元，位列全省第2位。

【城镇单位就业人员平均工资】 2016年，全市城镇单位就业人员平均工资为53222元，比2015年增加3405元，同比增长6.8%，扣除物价因素，实际增长5.2%。城镇非私营单位就业人员平均工资为62247元，比2015年增加4317元，同比增长7.5%；其中：城镇非私营单位在岗职工平均工资为63618元，比2015年增加4525元，同比增长7.7%。

分经济类型看，国有单位就业人员平均工资为74071元，同比增长7.3%；城镇集体单位就业人员平均工资为69384元，同比增长6.8%；内资外资和港澳台投资单位就业人员平均工资为54513元，同比增长8.3%；城镇私营单位就业人员平均工资为33713元，同比增长3.3%。

（黄　洋）

工业生产者出厂价格指数（一）

（以上年为100）

表7

	2015年	2016年
工业品出厂价格指数	95.3	95.3
按轻重工业分	—	—
轻工业	93.4	92.1
以农产品为原料	97.7	102.4
以非农产品为原料	90.6	87.7
重工业	97.3	98.9
采掘工业	100.1	102.4
原料工业	98.4	98.5
加工工业	97.0	99.1
按用途分	—	—
生产资料	97.1	99.3
采　掘	100.1	102.4
原　料	98.4	99.3
加　工	96.7	99.3
生活资料	93.1	91.5
食　品	98.6	104.0
衣　着	97.7	96.3
一般日用品	99.0	94.5
耐用消费品	89.7	87.3

工业生产者出厂价格指数（二）

（以上年为100）

表8

	2015年	2016年
按行业分类	—	—
煤炭开采和洗选业	—	—
石油和天然气开采业	—	—
黑色金属矿采选业	—	—
有色金属矿采选业	100.0	99.4
非金属矿采选业	97.6	104.6
其他采矿业	—	—
农副食品加工业	99.3	104.0
食品制造业	103.4	102.4
饮料制造业	87.4	101.8
烟草制品业	—	—
纺织业	98.1	101.7
纺织服装、鞋、帽制造业	96.8	96.3
皮革、毛皮、羽毛（绒）及其制品业	100.0	—
木材加工及木、竹、藤、棕、草制品业	93.9	97.3
家具制造业	104.6	101.3
造纸及纸制品业	97.4	100.0
印刷业和记录媒介的复制	99.5	100.2
文教体育用品制造业	—	—
石油加工、炼焦及核燃料加工业	100.0	100.0
化学原料及化学制品制造业	98.8	98.3

工业品出厂价格指数（三）

（以上年为100）

表9

	2015年	2016年
按行业分类	—	—
医药制造业	100.5	94.1
化学纤维制造业	—	—
橡胶和塑料制品业	99.3	98.5
非金属矿物制品业	101.6	98.6
黑色金属冶炼及压延加工业	92.3	96.9

续表

	2015年	2016年
有色金属冶炼及压延加工业	91.3	92.6
金属制品业	96.8	100.5
通用设备制造业	96.9	100.2
专用设备制造业	102.1	102.3
汽车制造业	98.4	100.6
铁路、船舶、航空航天和其他运输设备制造业	100.0	99.9
电气机械及器材制造业	94.5	91.7
计算机、通信和其他电子设备制造业	90.7	88.0
仪器仪表及文化、办公用机械制造业	90.5	100.0
工艺品及其他制造业	—	—
废弃资源和废旧材料回收加工业	100.0	98.9
电力、热力的生产和供应业	101.4	101.2
燃气生产和供应业	105.6	92.0
水的生产和供应业	100.7	99.4

原材料燃料动力购进价格指数
（以上年为100）

表10

	2015年	2016年
原材料购进价格指数	96.6	97.1
燃料动力类	99.1	99.4
黑色金属材料类	92.5	95.6
#钢　材	93.1	97.1
有色金属材料和电线类	91.3	90.1
化工原料类	93.0	95.9
木材及纸浆类	98.3	100.8
建筑材料及非金属矿类	104.8	98.1
其他工业原材料及半成品类	97.5	97.1
农副产品类	99.5	100.6
纺织原料类	93.6	99.1

（吴　莉）

居民消费价格指数

表 11

项　目	1-12 月（以上年为 100）	
	指数	涨跌幅度（%）
居民消费价格指数	101.6	1.6
#非食品价格指数	100.3	0.3
#服务项目价格指数	101.0	1.0
#消费品价格指数	101.9	1.9
一、食品烟酒	102.2	2.2
粮食	100.3	0.3
豆类	100.0	—
食用油	104.0	4.0
菜	100.8	0.8
畜肉类	106.8	6.8
禽肉类	105.3	5.3
水产品	102.0	2.0
蛋类	93.3	-6.7
奶类	105.4	5.4
干鲜瓜果类	97.2	-2.8
二、衣着	109.3	9.3
三、居住	98.0	-2.0
四、生活用品及服务	102.6	2.6
五、交通和通信	101.2	1.2
六、教育文化和娱乐	102.8	2.8
七、医疗保健	105.0	5.0
八、其他用品和服务	103.9	3.9

全省及十一城市居民消费价格指数

表 12

全省及部分城市	1-12 月（以上年为 100）	
	指数	上涨（%）
全　省	101.9	1.9
绵　阳	101.6	1.6
成　都	102.2	2.2
自　贡	102.4	2.4
攀枝花	101.7	1.7
泸　州	102.1	2.1
德　阳	101.9	1.9
广　元	101.9	1.9
内　江	101.6	1.6
乐　山	101.8	1.8
南　充	102.0	2.0
西　昌	101.9	1.9

【居民消费价格总水平（CPI）比上年同期上涨1.6%】　2016年，绵阳居民消费价格总水平（CPI）与上年同比呈现稳中略涨态势，CPI同比上涨1.6%，全国同比上涨2.0%，全省同比上涨1.9%，涨幅低于全国0.4个百分点，低于全省0.3个百分点。

【八大类商品和服务价格七升一降】　2016年，全市八大类商品价格呈“七升一降”态势，“七升”分别是：食品烟酒类价格上涨4.5%，居住类价格上涨0.2%，衣着类价格上涨1.9%，生活用品及服务类价格上涨1.7%，其他用品和服务类价格上涨3.2%，医疗保健类价格上涨1.4%，教育文化和娱乐类价格上涨0.1%；“一降”是：交通和通信类价格下降3.0%。

【食品价格上涨6.1%】　2016年，全市食品价格上涨6.1%，推动总指数上涨1.24个百分点。在食品类的14个小分类中，有10个小类价格呈上涨趋势，其中畜肉类价格上涨14.4%，菜类价格上涨8.2%。

【猪肉价格同比上涨18.0%】　2015年，绵阳猪肉价格与上年同比上涨18.0%，影响CPI上涨0.62个百分点。猪肉价格上涨原因，主要由于生猪养殖信心不足，规模缩减。2013~2015年一季度，生猪价格持续下跌，生猪养殖行业严重亏损。导致规模养殖户大幅减少存栏数量，散养户逐渐退出养殖行业，生猪和能繁母猪存栏持续减少，导致国内生猪产能持续下滑。另一方面，不断提高的养殖门槛也让许多养殖户望而却步，许多养殖户尤其是散养户在市场和环保的双重压力下退出市场，致使今年能繁母猪和生猪存栏量下降。加之年初寒流影响仔猪成活率，生猪存栏减少供应偏紧，市场供需矛盾加剧，使得上半年猪肉价格大幅上涨。

2016年1~5月，绵阳猪肉价格持续上涨，5月下旬部分市场猪肉价格涨至32.00元/千克，创历史新高。6月下旬猪肉价格环比呈现下跌态势，6月平均价格31.28元/千克，7月29.72元/千克，8月29.67元/千克，9月29.61元/千克，10月28.06元/千克，11月27.11元/千克，呈现稳中略跌态势。12月以来，受腌制腊肉、香肠，市场需求增加影响，猪肉价格略有回升。

【鸡蛋价格下降6.8%】　2016年，全市鸡蛋价格与上年同比下降6.8%，影响CPI下降0.04个百分点。由于2014年的蛋鸡养殖利润丰厚，刺激了养殖户补栏，蛋鸡存栏持续增加，市场供大于求，导致2014年10月以来鸡蛋价格呈现持续下跌态势。2015年与2014年同比下降8.2%，2016年与2015年同比下降6.8%。

【鲜菜价格同比上涨8.5%】　2016年，全市鲜菜价格与上年同比上涨8.5%，影响CPI上涨0.25个百分点。受人工、运输、仓储成本等因素上涨影响，2016年鲜菜价格总体呈现上涨态势，仅6、7、8、12月与2015年同比下降，8个月价格均呈上涨态势。

【工业消费品价格涨跌原因】　2016年，根据调查显示，工业消费品价格涨跌原因是：一是部分原材料价格上涨及人工成本增加双重因素叠加，影响衣着类价格同比上涨1.9%；二是烟酒类价格同比上涨1.6%。其

中，烟草价格同比上涨1.9%，酒类价格同比上涨1.2%；三是国际油价变动影响，汽油价格同比下降4.4%。（陈 俐）

规划管理与宏观调控

【概况】 2016年，全市完成《绵阳科技城“十三五”发展规划》的上报工作；编制出台《绵阳市国民经济和社会发展第十三个五个规划纲要》（简称《规划纲要》），《规划纲要》为绵阳“十三五”期间总体规划，为全市经济和社会发展制定出宏伟蓝图，也为其他子规划提供依据。全年相继出台《绵阳市养老与健康服务业发展规划（2016~2020年）》《绵阳市地方志事业“十三五”发展规划》《绵阳市“十三五”医疗机构设置规划》《绵阳市档案事业“十三五”规划》等子规划。

【《绵阳市国民经济和社会发展第十三个五年规划纲要》】 2016年2月19日，绵阳市第六届人民代表大会第八次会议举行第三次全体会议是审议通过关于绵阳市国民经济和社会发展第十三个五年规划纲要的决议。11月3日，《绵阳市人民政府关于印发〈绵阳市国民经济和社会发展第十三个五年规划纲要〉的通知》（绵府发〔2016〕26号），标志着《规划纲要》正式出台。《规划纲要》分为9篇30章。9篇是：科学谋划、决胜全面建成小康社会，创新驱动、推动国家科技城突破性发展，转型升级、促进产业发展迈向中高端，改革开放、增强经济社会发展动力活力，互联互通、推进现代基础设施建设，优化布局、统筹城乡区域发展，以人为本、共享经济社会发展成果，绿色发展、打造生态文明新家园，凝心聚力、强化规划实施保障机制。

【《绵阳市养老与健康服务业发展规划（2016~2020年）》】 2016年9月1日，市政府召开第99次常务会议，审议通过《绵阳市养老与健康服务业发展规划（2016~2020年）》（简称《规划》）。《规划》是市卫生计生委会同市民政局根据国家、省养老与健康服务业的相关要求，结合绵阳市实际制定。《规划》阐述了背景，确定了我市总体要求、保障措施，从空间布局、加快发展养老服务、构建多元办医格局、促进医养融合发展、大力推进中医药和民族医药发展、切实加强健康管理与促进、发展壮大支撑产业七个方面提出未来五年全市养老与健康服务业的发展规划。《规划》根据绵阳市地域特点，在“空间布局”中提出“一核、两带”的概念，即核心发展区、北部特色发展示范带、南部融合发展示范带。明确了全市养老与健康服务业（2016~2020年）重点项目42个，总投资达170亿元，其中省重点项目9个，覆盖养老、卫生、医养结合、康养旅游等范围。并提出促进医养深度融合，在“促进养老机构和医疗机构双向合作”增加“支持有条件的社区卫生服务机构开办日间照料中心，有效开发、整合、利用辖区内养老服务资源，提供居家养老服务”，促进医养深度融合。

【《绵阳市地方志事业“十三五”发展规划》】 2016年7月5日，市政府召开95次政府常务会议，审议通过《绵阳市地方志事业“十三五”发展规划》。7月22日，绵阳市人民政府办公室《关于印发〈绵阳市地方志事业“十三五”发展规划〉的通知》（绵府办发〔2016〕49号）。《规划》的总体目标是：到2020年全面完成汶川特大地震抗震救灾志和第二轮三级志书编修任务，实现市、县市区（园区）综合年鉴全覆盖。加强方志馆建设、地方志资料建设、信息化建设、人才队伍建设，基本形成地方志编修体系、资源开发利用体系、信息化工作体系、质量保障体系、工作保障体系“五位一体”的地方志事业发展综合体系。

【《绵阳市“十三五”医疗机构设置规划》】 2016年5月23日，市政府召开91次政府常务会议，审议通过《绵阳市“十三五”医疗机构设置规划》。6月17日，绵阳市人民政府办公室《关于印发〈绵阳市“十三五”医疗机构设置规划〉的通知》（绵府办发〔2016〕34号）。《规划》明确“十三五”期间全市医疗机构的设置原则，对未来五年全市医疗机构设置、医疗技术发展、区域医疗中心建设、学科建设、医学科研、人力资源、设备配置、医疗联合体建设、远程医疗服务、分级诊疗制度建设、推进医养融合等方面提出了较为科学性、前瞻性、可行性的发展要求。（李文华 张永兴）

国有经济

【概况】 2016年，绵阳市继续推进国有企业改革，完成17项国企改革任务，组织修订、实施《国资监管办法》。3月30日，长虹集团在中国科技城正式发布全球首个开放的物联运营支撑平台（United Platforms，简称UP平台），标志着长虹智能服务新兴产业的核心基础支撑能力成功构建。年内，国资系统培育发展科技型中小企业25家，帮助创办（领办）科技型中小企业4家，培育发展产业配套企业50余家，出资企业新增有效专利1035件。长虹集团、九洲集团等企业打造成为“省级法治教育示范基地”，绵投集团、交发集团、公交公司、机场集团4家企业被省国资委评为“诚信守法示范企业”。

2016年，全市国资委监管统计（县市区）一级出资企业50家，企业资产总额1982.72亿元，同比增长12.01%；负债总额1349.50亿元，同比增长13.75%；归属母公司的所有者权益418.49亿元，同比增长7.36%。实现营业收入997.76亿元，同比增长5.29%；利润总额26.80亿元，同比增长335.19%；劳动生产总值298.83亿元，同比增长14.86%；工业总产值1243.55亿元，同比增长6.34%。其中市国资委履行出资人职责的一级出资企业9家。

图 11　3 月 30 日，长虹在中国科技城正式发布全球首个开放的物联运营支撑平台（United Platforms，简称 UP 平台）

截至12月底，市级企业资产总额1669.42亿元，同比增长7.58%；负债总额1152.83亿元，同比增长8.74%；归属于母公司的所有者权益311.59亿元，同比增长1.12%。实现营业收入977.99亿元，同比增长5.97%；利润总额27.78亿元，同比增长335.97%；劳动生产总值292.06亿元，同比增长16.42%；工业总产值1229.98亿元，同比增长6.96%。

【国资国企改革】　2016年，全市在"1+15"改革制度体系基础上，出台《绵阳市市属企业负责人履职待遇业务支出管理办法》《市出资企业监事会工作规则》《市出资企业专职外部董事管理办法》，完成17项国企改革任务。推动国资监管部门职能向以管资本为主转变，研究起草《关于改革和完善我市国有资产管理机构职能的意见》。分类开展企业改革问题调查研究，重点对燃气集团公司改造、机场集团等企事合一单位改革、公交集团公益性企业改革、绵投集团平台类企业改革以及重要子公司管理等重、难点改革问题，与企业进行深入研讨，确保企业改革方案务实有效。抓好长虹集团、九洲集团改革试点工作。长虹集团改组为四川长虹电子控股集团有限公司，通过工商变更登记；长虹控股公司法人治理结构进一步完善，董事会形成"外大于内"的格局，全球招聘总经理工作完成，党委、纪委组建；公司三项制度改革不断深入，总部平台人数大幅缩减；在子公司层面探索开展中长期激励，在智易家等公司探索实施员工持股；从高管开始推行"经营业绩末尾淘汰制"，与高管签订绩效合同并与其薪酬分配挂钩。九洲集团改革试点工作正有序推进，公司重新修订章程，注册资本转增至20亿元，开展企业总法律顾问试点工作，在内部推行绩效增量改革。在全市启动国资系统"三供一业"剥离工作。

▲"三供一业"：指供水、供电、供暖和物业管理。

【国有资产监管】　2016年，市国资委组织修订《国资监管办法》，呈报市政府审定后实施。对出资企业实施分类管理，以资产总额和营业收入两个核心指标为依据，对15家出资企业及其下属子公司，按照功能性商业类、竞争性商业类、公益类等完成分类备案，为分类推进企业改革、业绩考核、薪酬管理奠定良好基础。切实加强企业国有产权监管，年内依法完成出资企业重大产权转让审批事项4宗。推动西南联交所与绵投合作成立西南联交所绵阳分所，促进企业国有产权转让交易依法公开、透明规范操作。做好出资企业统计评价，完成2015年国有资产统计和决算相关工作；对出资企业及相关子企业2016年工资总额方案进行备案管理；在部分出资企业中试行财务预算管理；加强企业经营运行情况季度分析。推进国资系统依法治理，国资委建立办理涉法事项必须征求法律顾问意见的规范程序，凡是审议涉法事项必须进行合法性审查并出具意见，凡是受理企业重大请示事项必要求其出具法律意见书。长虹集团、九洲集团等企业打造成为"省级法治教育示范基地"，绵投集团、交发集团、公交公司、机场集团4家企业被省国资委评为"诚信守法示范企业"。完成2015年国有资本收益收缴8134.94万元；会同市财政局联合编制市出资企业2016年支出项目预算方案，市政府审定实施。推进建立企业监事会制度，5家出资企业"外派内设"监事会主席到任履职；出台《绵阳市出资企业监事会工作规则》，促进企业监事会规范运行。

【国有骨干企业发展】　2016年，长虹集团工业总产值突破1000亿元，实现利润17.98亿元，品牌价值突破1200亿元，行业综合排名稳步提升。九洲集团实现营业收入210亿元、销售回款246.6亿元、利润总额7亿元，实现稳步发展。攀长钢大力开展降本增效，实现产值95亿元，利润同比减亏3.07亿元。绵阳烟厂生产卷烟31.9万箱，实现产值75.4亿元、入库税金11.4亿元。新华公司全年累计产销发动机25万台，整车7.2万辆，实现营业收入71.8亿元。商业银行资产总额达到648.4亿元，存款余额377.9亿元，贷款余额247.1亿元，实现净利润5.5亿元。机场集团拓展通航城市达30个，年旅客吞吐量达217万人次，居四川第二大机场，逐步跻身中型机场行列。

【国企“两新”产业与电子商务】 2016年，绵阳市“两新”产业加快发展，长虹集团、九洲集团等出资企业聚焦核心业务，依托长虹军民融合智慧制造产业园、九洲军民融合产业园等支撑项目，布局和发展“两新”产业。全年出资企业“两新”产业营业收入突破600亿元。出资企业电子商务实现多点布局，“互联网+”多领域实施，出资企业“触网”率达到100%，电子商务应用率达44%，本土电商平台企业发展迅速，长虹“智易家”平台年内销售收入约34亿元，九洲“觅来”商城销售额突破4.7亿元，高农司“菜鸽子”农产品电商销售交易额达0.5亿元。

▲“两新”产业：指高新技术产业和战略性新兴产业。

【国企对外开放合作】 2016年，绵阳市举办省国资委与绵阳市项目对接洽谈会暨签约仪式，现场推介项目252个，总投资额3208.9亿元，签署合作项目12个，总金额1246.7亿元。长虹集团、九洲集团等有实力的企业设立境外分（子）公司、代表处等机构26个，布局“一带一路”投资项目19个，涉及投资金额3.67亿美元和860万欧元。长虹集团捷克项目、九洲集团柬埔寨项目被确定为绵阳市“一带一路”战略首批重点项目。

【国有企业上市与融资】 2016年，全市国资系统有5家上市公司（四川长虹、美菱电器、华意压缩、四川九洲、长虹佳华），有4家（九洲光电、中科美菱、长虹新能源、长虹民生物流）在“新三板”挂牌。实施股权投资，完成长虹股份在香港投资设立长虹国际等企业股权投资项目审批8项，涉及投资金额16.6亿元；拓宽融资渠道，审批出资企业融资担保事项12项，涉及融资金额约182.8亿元。绵投集团非公开发行不超过3亿美元境外债券获市政府批准。实施供给侧结构性改革，各企业开展“降本节支”，严控成本费用过快增长，企业财务费用总体下降22.7%，成本费用有所下降。

【企业“瘦身健体”专项清理】 2016年，全市开展“僵尸企业”、长期亏损企业和低质无效资产清理处置工作，长虹集团涉及清理处置下属企业28家，完成万道网络科技公司清理工作；九洲集团清理处置夏新科技和山东粤海惠鲁房地产公司两家“僵尸企业”，盘活资产约1.23亿元，年节约支出600余万元；绵投、燃气、汇泽等企业通过“关、停、并、转”等方式清理“僵尸企业”8家。

【国资系统重大基础设施项目建设】 2016年，国资系统企业承担30个省市重点项目、13个民生工程及“美丽绵阳”建设项目，全年完成投资43.7亿元，占投资计划的105%。绵投集团负责的绵阳港三江湖码头项目、小枧生态湿地公园、二环路西半环绿化工程等一批市政重点项目如期完工；科发集团负责的科技城会展中心三期一标段工程完成约40%，科技城创新中心二期项目全面完工投运；交发集团负责的省道205线项目进展顺利，金家林、磨家收费站改造提升项目竣工投用。通过重大项目建设，绵阳的城市形象，社会效益显著提升。 （范静容）

民营经济

【概况】 2016年，全市各县市区明确产业发展规划和布局，在基础设施、公共服务、信息、物流等方面的建设日趋完善，民营企业不断向规划区内集中，形成一定规模的特色产业和产业集群。涪城辖区内的民营中小企业依托绵阳城区的区位优势，重点围绕长虹、九洲、新华等重大企业产业链相关产业发展，为长虹配套的民营企业近百家，形成以长虹、九洲为核心的电子信息产业集群。华晨瑞安、三力公司、富临精工等企业发展汽车零部件等机械制造产业，采用先进加工设备、发展数控加工、精密机械加工，企业规模、水平、档次提升。江油发展特种冶炼特色工业，形成规模化的冶金机械产业集群。

2016年，全市民营经济（非公有制经济）增加值达1115.75亿元，比2015年增加93.18亿元；总量继续排名全省第二位。其中，第一产业增加值达到80.89亿元，增加5.83亿元；第二产业达到612.70亿元，增加43.51亿元；第三产业达到422.15亿元，增加43.84亿元。2016年，绵阳市民营经济增加值总量达1064.19亿元，同比增长8.9%，占2016年全市地区生产总值（GDP）比重58.1%，总量在全省排位第二，增速在全省市州中排位第4位。其中，第一产业增长3.8%，第二产业和第三产业分别增长8.8%和9.3%。四川富临实业集团有限公司、四川铁骑力士实业有限公司被列入四川省大企业大集团培育名单；四川富临实业集团有限公司、四川铁骑力士实业有限公司、好医生药业集团、绵阳铜鑫铜业有限公司、绵阳双汇食品有限责任公司、四川绵阳好圣汽车零部件制造有限公司6家民营企业进入全省制造业100强。

【四川富临实业集团有限公司】 公司位于涪城区境内，创立于1995年，拥有全资、控股公司73家，2家国家级高新技术企业（野马汽车、富临精工），2家上市公司（富临运业、富临精工）。富临集团是四川省重点培育大企业大集团，位列2016年四川省大企业大集团培育名单第66位、“2016年度制造业100强”第37位，“2016年度成都民营企业百强”第11位；2016年，富临集团与富临精工双双上榜“四川省优秀民营企业”。2016年集团公司全年营收首次过百亿，达到103亿元，同比增长11%。上缴税金9.5亿元，同比增长70%，其中绵阳地区上缴税金6.5亿元，同比增长187%。

【四川铁骑力士实业有限公司】 公司位于绵阳高新技术开发区，由创业初期的6个人，3.5万元资金，发展到现有资产36.15亿元、员工6000余人，是一家以畜禽繁育与养殖、饲料加工、肉蛋食品加工为一体的高科技民营农牧企业集团，在全国建有51家分（子）公司，为农业产业化国家重点龙头企业、国家级高新技术企业、中国民营企业制造业500强、四川省大企业大集团，是中国饲料工业协会、中国畜牧业协会、中国蛋品行业协会等五个国家级行业协会的副会长单位。“铁骑力士”和“圣迪乐”商标均为中国驰名商标。2016年，公司产值65.88亿元，同比上涨6.67%，利税总额3.66亿元，同比上涨19.6%。

【四川好医生药业集团】 公司位于安州区境内，是中国医药工业百强和中国制药企业百强企业。公司以中药材种植、养殖、中药饮片开发和生产、中成药及化学药的研发、生产和销售、医药商贸流通等业务为主。集团拥有1个国家级企业技术中心，2家国家级高新技术企业，2个省级企业技术中心，1个省级重点实验室，1个国家级博士后创新实践基地，1个院士（专家）工作站，1个省级工程技术研究中心，5个产学研联合共建实验室。2016年，集团实现经营收入42.19亿元，缴纳税金4.7亿元。

图 12　四川好医生药业集团

【四川兴事发集团】 公司位于游仙区境内，是集门窗、新能源应用、环保建材生产销售，房地产开发、工程建设、装饰装修、农业开发、智能设备、物业服务、资产投资为一体的综合性企业集团。拥有四川兴事发门窗有限责任公司、郑州兴事发门业有限责任公司、四川兴事发能源科技有限公司、四川兴事发新型建材有限公司等10个全资子公司，参股绵阳市水岸假日房地产开发有限责任公司、四川立宇投资有限公司（红星美凯龙项目）等股份企业。2016年，集团实现产值达35亿元，上缴各项税金8000余万元。

【四川长林肉类食品集团有限公司】 公司位于梓潼县境内，成立于2000年，是一家集生猪养殖、肉类产品生产加工、熟食品深加工和销售、冷链物流配送为一体的产业链集团化企业。现已形成四川、东北、福建三大工业生产园区，是四川省农业产业化经营重点龙头企业。公司以肉类加工出口为主，是国家商务部指定的国家储备肉定点加工厂，并通过国家出入境检验检疫局对俄罗斯、乌克兰的出口卫生备案。2003年8月经四川省外经贸厅批准，获生产企业的自营进出口经营权，公司产品远销俄罗斯、乌克兰、朝鲜、韩国等国家和中国香港等地区。2006年成为四川省农业产业化经营龙头企业，发展成为绵阳20强企业之一，公司的自营出口销售位居四川同行首列。2016年，公司实现主营业务收入14.9亿元，实现净利润3572万元，缴纳各种税金791万元。

【四川经纬达科技有限公司】 公司位于高新技术开发区，成立于2002年1月，注册资本6000万元，是一家集研发、生产制造、销售为一体的磁电专业现代科技型企业，公司主要生产网络滤波器、网络变压器、直流转换器网络接口（RJ45）、功率变压器、功率电感、一体成型电感、塑胶件等，公司通信磁性元件涉足PC电脑、网络通信设备交换机、路由器、网络服务器、安防器材、机顶盒、网络播放器、智慧型汽车等

图 13　四川经纬达科技有限公司

高科技领域，直接供货德国总部宝马汽车公司、保时捷汽车公司等，是现今国内首个与日本、美国品牌在汽车应用上竞争并取得成功的企业。2016年，公司产值40310.33万元，销售收入33915.79万元，缴纳税金308.85万元。

【绵阳佳联（佳禧）印染有限责任公司】 公司2003年5月落户三台，2012年12月全部搬迁进入三台县潼川镇南寺坝工业集中区内与2007年4月成立的佳禧印染公司建成佳联（佳禧）印染工业园，是中国西部重点染整生产企业、四川省市纺织产业发展的重点龙头企业。公司总资产达5.5亿元，有员工700余人。2016年，公司实现产值10.0152亿元，同比增加1.2673万元、同比增长14.49%；税金7391万元、同比增加1334万元、同比增长22.02%。

【绵阳开元磁性材料有限公司】 公司位于游仙区，是一家专业研发、生产MnZn软磁铁氧体的高新技术企业、中国电子元件百强企业，国家"高新技术产业发展示范企业""四川省建设创新型企业"，公司"子云"牌商标被认定为中国驰名商标。公司通过ISO9001:2000质量管理体系、ISO14001环境管理体系和ISO/TS 16949:2009汽车质量管理体系认证。公司建有四川省省级技术中心，并与电子科技大学共同建立绵阳开元——电子科技大学信息材料研发中心。公司总资产2.2亿元，年产各类软磁铁氧体15000余吨，工厂及附属设施占地45000多平方米，科研、生产设备齐全。 （李文华）

个体经济

【概况】 2016年，全市个体工商户达19.7万户，注册资金124.1亿元。全年新登记个体工商户2.4万户，注册资金24.6亿元。全年注吊销个体工商户1.9万户（注销主要原因是转企升级等）。随着个体经营者业务不断扩大和资金积累的增多，大批个体经营者实力增强并转向企业化经营。

2016年，全市个体工商户登记注册资金总额为124.1亿元，户均资金数额6.3万元。2016年新增个体工商户资金数额总额为24.6亿元，比2015年同期增长0.56%，户均资金数额10.21万元。

【个体行业产业结构】 2016年，全市新登记个体工商户中行业增长率前三名分别是：交通运输、仓储和邮政业，增长199%；建筑业，增长62%；信息传输、软件和信息技术服务业，增长38%。2016年，全市实有从事第一产业的个体工商户3855户，注册资金14.19亿元；从事第二产业的个体工商户5599户，注册资金3.89亿元；从事第三产业的个体工商户18.76万户，注册资金106.02亿元，占主导地位。 （申 丽）

投资引资

投资体制

【概况】 2016年，全市结合国家和省《关于2016年深化经济体制改革重点工作的意见》等相关要求，贯彻落实中央、省关于全面深化改革的系列工作部署，深化投资体制改革和行政审批制度改革，加大简政放权力度，切实转变政府投资管理职能、规范政府投资行为。市政府制定出台《绵阳市固定资产投资项目信息管理办法》，建立完善重点项目领导联系制度、重点项目推进例会和流动现场会等推进机制，强化"投资进度下限约束"，按季度开展项目集中开工仪式，倒逼项目包装、储备、落地。创新并联审批运行机制，推进三级联审、两级联动，开展投资项目在线审批平台试运行。

【投资项目立项审批】 2016年，全市落实"五个一律"，凡清理的前置条件，不再作为投资项目立项审批的要件，企业投资项目核准前置条件由28项清理减少为3项，其余条件均调整为报建阶段、竣工验收阶段实施。企业投资项目备案无须任何前置条件。按照产业发展政策要求，沼气发电项目、光伏发电站项目、允许类外商投资项目、鼓励类外商投资项目中无中方控股要求的项目、10亿美元以下不涉及敏感国家和地区、敏感行业的境外投资项目等6个项目许可方式由核准调整为备案。

【审批流程优化】 2016年，全市执行《纳入"一窗制"受理办理的行政权力事项清单目录》（绵政管发〔2015〕8号）、《关于调整纳入"一窗制"受理办理的并联审批事项的通知》（绵联审发〔2016〕1号），企业投资项目许可及相关事项全部纳入"一窗制"受理办理，并联审批窗口全程代办投资项目涉及许可事项，相关前置条件或要件，市级审批部门之间能用横向征求意见的一律横向征求意见或出具批文函件等，无须项目业主办理，重大项目直接走"绿色通道"。企业投资项目"一窗进出"，项目审批时限由20个工作日压缩到承诺的6个（核准制）或3个（备案制）工作日，平均提速70%以上。

市发改委实现"三集中、三到位"，即：部门行政审批职能向一个科室即行政审批科集中、承担审批职能的科室向行政审批服务中心（市政务服务和公共资源交易服务中心）集中、行政审批事项向电子政务平台（四川省行政审批通用软件系统）集中，推行行政审批"一窗制"模式。市发改委全部"6+1"行政许可和内部审批事项全部入驻窗口，行政审批事项平均承诺时限提速75.4%。

【《绵阳市固定资产投资项目信息管理办法》出台】 2016年3月16日，市长刘超主持召开市政府第87次常务会议，会议审议并原则通过《绵阳市固定资产投资项目信息管理办法》（简称《办法》）。《办法》提出，加强平台管理，建立全市统一的项目信息管理平台，全市基本建设项目均要进入该平台；加强建设管理，对项目实行分级推进管理，明确市级相关部门负责本行业的建设管理，各县市区（园区）负责本辖区的建设管理；加强考核管理，认真落实目标考核和工作问责制度，按照“四个一批”要求，实行项目推进一月一通报、一季一考核，强化项目进展督查、落实执行目标考核，确保重点项目有力有序有效推进。

（何　君）

招商引资

【概况】　2016年，全市累计获取项目信息836条，认定有效项目信息518条、完成全年奋斗目标的103.6%；全市推动在谈重点产业项目516个，完成全年奋斗目标的103.2%；新签约项目410个、拟投资额1737.56亿元，分别同比增长24.24%、11.66%，其中“两新”产业项目226个、拟投资额1084.23亿元，占比分别达到55.1%、62.4%；按照市统计口径，全年国内省外履约项目589个、同比增长34.17%，国内省外到位资金546.93亿元、同比增长20.86%，完成全年奋斗目标的109.4%；全年经省投促局认定的引进到位国内省外资金420.7亿元、居全省第2、上升位次居全省第1，全省排名连续六个季度持续攀升，成功实现从2015年上半年第10到2016年底第2的跨越升位。

【重大项目招商】　2016年，全市1亿元以上履约项目297个，5亿元以上新签约项目54个、拟投资额1033.12亿元、同比增长47.81%，其中10亿元以上新签约省外重大项目25个、拟投资额873.97亿元。特别是四川省最大单体工业投资项目、总投资456亿元的京东方第6代AMOLED（柔性）生产线和投资29亿元的华强华夏历史文明传承主题园正式签约并开工建设，投资30亿元的兵港科技硅谷数据化产业园等重大项目相继签约，全市招大引强实现历史性突破。

【重大投资区域招商】　2016年，绵阳结合市情实际和产业基础，优化调整7个驻外招商分局的驻点和招商区域，注重围绕产业输出地和类别产业、类别企业聚集区招商。海外分局在瞄准海外北美、欧洲等重点区域的同时，依托驻外分局，拓展在沿海地区国别产业园招商；北京分局在重点突出央企、国企招商的同时，紧盯京津冀协同发展时期制造业外迁潮，突出对中关村下属18个产业园区外迁企业招商；上海分局重点突出金融、资本、装备制造产业和上海、苏州区域招商；深圳分局重点突出电子信息产业和深、港、澳等区域招商；重庆分局重点突出重庆汽车配套、西安军民融合，强化省局和成都项目信息获取、促进；厦门分局重点突出台湾、武汉区域招商；沈阳分局重点突出东北汽车项目促进，以及其他分局未覆盖区域的重点项目流动招商。

【招商机制创新】　2016年，全市举办以招商引资对策、产业发展、法律实务等为主题的“视界大讲堂”10期、参加学习1000余人次，各科室、驻外分局开展集体学习200余次；研究并推动出台《关于推动招商引资实现新突破的意见》《工业项目招商引资奖励办法》，编制《八大工业重点产业企业投资趋势分析报告》，制订《重点项目促进方案》《重点项目投资报告》《重大招商引资项目投资方诉求解决方案》等8份项目促进标准化成果；研究出台并全面运行以“一库一表两台账七机制”为核心内容的《投资促进工作管理办法》以及《市投资促进局工作规则》，整理编印《投资促进工作年度资料汇编》；健全完善《财务管理规定》《差旅费报销规定》系列后勤管理制度。

【招商宣传推介】　2016年，全市按照专业化招商思路，策划包装全市投资环境，制作全市招商引资视频宣传片，分产业制作11套专业推介PPT、11套专业投资指南，建立并优化完善全市投资促进工作政务网络平台、微信公众号、全球招商热线、统一格式的二维码工作名片等推广宣传媒介。

【招商平台活动】　2016年，全市坚持把投资推广活动作为宣传推介绵阳的重要窗口和对接促进项目的重要方式，精心策划举办各类特色鲜明、形式多样的招商引资活动27场，参加全省重大活动6场，全方位、立体化吸引各类投资合作元素。2月25日，赴成都参加四川省举办的“全球川商返乡发展大会”。其间绵阳举办“川商绵阳行活动暨绵商返乡发展大会”；3月10日，在香港举办“中国（绵阳）科技城投资推广会”；3月18日，在重庆举办“中国（绵阳）科技城投资恳谈会”；4月11日，赴成都参加四川省举办的“中外知名企业四川行”活动；4月13日，绵阳举办“法国代表团——中国（绵阳）科技城投资合作恳谈会”；4月19日，绵阳举行“中国科学院与绵阳市项目合作签约仪式”；4月25日，绵阳举行“全联科技装备业商会——中国（绵阳）科技城投资推广会”；4月26日，绵阳举行“中科院绿色城市产业联盟——中国（绵阳）科技城投资恳谈会”；5月18日，赴成都参加“中国汽车创业投资峰会暨中国（四川）汽车产业投资合作大会”；5月20日，绵阳举办“北大光华管理学院校友团走进中国（绵阳）科技城投资推广会”；5月30日，绵阳参加“2016海协理事走进中国（绵阳）科技城推介会”，在捷克举办“中国（绵阳）科技城经济技术合作洽谈会”；6月1日，在俄罗斯举办“中国（绵阳）科技城投资恳谈会”；6月15日，赴成都参加“2016中国（四川）电子信息产业合作推介会”；6月16日，在成都举办“中国（绵阳）科技城综合保税区投资恳谈会”；6月27日，在成都举办“绵阳京东方项目第六代柔性AMOLED项目签约仪式”；7月8日，在成都举办“绵阳华夏历史文明传承主题园项目签约仪式”；8月1日，在深圳举办“中国（绵阳）科技城综合保税区投资恳谈会”；8月3日，在上海举办“中国（绵阳）科技城综合保税区投资恳谈会”；9月14日，赴成都参加“海科会--中国（绵阳）科技城专场活动”；9月22日，绵阳举办“第四届中国（绵阳）科技城国际科技博览会投资推介会暨集中签约仪式”；10月14日，绵阳举办“2016中国（四川）电子商务发展峰会项目集中签约仪式”；10月18日，赴成都参加“欧美同学会（中国留学人员联谊会）第五届年会暨海归创新创业（成都）峰会”；10月20日，绵阳举办“欧美同学会（中国留学人员联谊会）走进绵阳系列活动”；10月28日，绵阳举办“京东方绵阳第6代AMOLED（柔性）生产线项目对外公开签约仪式”；11月3日，赴成都参加“第九届中国西部投资说明会暨经济合作项目签约仪式”；11月4日，在成都举办“中国科技城·绵阳（北川）通用航空产业投资推广会”、“中国（绵阳）科技城中德经济技术合作洽谈会”；11月16日，在成都举行“省国资委与绵阳市项目对接洽谈会暨签约仪式”；12月28日，绵阳举办“中国（绵阳）科技城智能终端和手机出口制造基地投资推广会”。

【2016年川商绵阳行活动暨绵商返乡发展大会举行】 2016年2月25日，四川省投资促进局、绵阳市政府共同主办的2016年川商绵阳行活动暨绵商返乡发展大会在绵阳市举行。来自海内外的200余位川籍、绵阳籍企业家代表应邀出席大会。大会举行川商、绵商返乡投资合作项目签约仪式，64个项目集中签约，签约金额188.14亿元。其中，正式项目40个、签约金额71.64亿元，意向项目24个、签约金额116.5亿元。

（齐剑峰）

固定资产投资

【概况】 2016年，全市贯彻落实党中央、国务院和省委、省政府促投资、稳增长各项决策部署，开展“项目年”活动。精准对接国家、省重点投资方向，加强项目策划、包装、储备和前期，完善投资推进机制，加大项目调度力度，多措并举创新投资工作。全市投资完成全社会固定资产投资1269.97亿元、同比增长10%，增速自灾后重建结束以来首次达到两位数。总量居全省第7，增速居全省第14位，较2015年提升1位。全年投资完成超省政府下达目标29.97亿元。

2016年，全市208个省、市重点项目（总投资2007亿元，年度计划投资235.56亿元）完成投资271.85亿元，超额完成年度投资目标任务。100个续建重点项目完成投资192.56亿元，投资完成率116.08%。其中，高强超薄显示用盖板玻璃项目、中广核集团风电项目、西部冷都冷链物流（一期）等26个项目建成。77个新开工重点项目开工率100%，京东方第6代柔性面板生产线、华夏科技文化产业园、江油市六合锻造技改工程等重大项目开工建设。部分项目取得重大进展，九（寨沟）绵（阳）高速可行性研究报告获国家发改委批复，项目控制性工程（黄土梁隧道）开工建设。31个加快前期重点项目取得新进展，永贵光电连接器项目已完成可研、环评等手续，华丰连接器产业基地建设项目即将开工建设。

【基础设施投资】 2016年，全市基础设施投资在三大攻坚行动的带动下始终保持平稳较快增长态势，完成投资394.51亿元，同比增长33.7%，同比高18.1个百分点，比全市投资增速高23.7个百分点，占全市投资比重的31.1%，占比较去年提升5.5个百分点。从其他重点领域投资看，产业发展投资完成391.77亿元，同比增长4.9%，占全市投资比重的30.8%；民生及社会事业投资完成238.53亿元，同比下降7.4%，占全市投资比重的18.8%；房地产开发投资完成205.58亿元，同比增长3.6%，占全市投资比重的16.2%。

【行业投资结构优化】 2016年，全市固定资产投资项目涉及的19个主要国民经济行业投资中，10个行业投资呈现增长，8个行业投资下降，1个行业（建筑业）投资持平。全市行业投资增长较快的行业：金融业1.36亿元、增长7.8倍，租赁和商务服务业完成24.1亿元、增长78.8%，居民服务、修理和其他服务业13.14亿元、增长67.3%，电力、燃气及水的生产和供应业82.28亿元、增长63.8%，水利、环境和公共设施管理业166.98亿元、增长32.3%，交通运输、仓储和邮政业160.11亿元、增长25%，信息传输、软件和信息技术服务业23.82亿元、增长17.6%，农林牧渔业67.24亿元、增长11.3%，制造业300.49亿元、增长2.9%，教育23亿元、增长0.3%。

产能过剩和传统行业投资明显回落。在全年投资下行的8个行业中，高耗能行业投资增速大幅回落，全市采矿业下降45.7%。除此以外，因公共服务条件的不断改善和提高，使公共管理、社会保障和社会组织的投资增速下降29.9%，卫生和社会工作下降17.4%，住宿和餐饮业下降17.1%，批发和零售业下降14.3%，文化、体育和娱乐业下降10.7%，科学研究和技术服务业下降6.9%，房地产业下降0.6%。

【县市区（园区）投资】 2016年，全市14个纳入统计区域中除平武（-14.5%）和科学城（-46.5%）外均实现较快增长。9个县市区（园区）投资增速超过10%，其中游仙区15.2%、安州区13.2%、高新区13.2%、梓潼县12.8%、江油市12.6%、三台县11.4%、盐亭县11.4%、北川羌族自治县10.7%、经开区10.4%等地投资增长较快。9个县市区（园区）投资增速高于2015年同期，其中涪城区、经开区、科创区投资增速高于2015年同期7个百分点以上，江油市、安州区等投资占比较高的县市区也分别较2015年同期高4.3、4.7个百分点。

【新开工项目投资】 2016年，全市新开工项目1429个，同比增加299个，同比增长26.5%（其中1亿元及以上新开工项目156个，同比增加15个，同比增长10.6%）；累计竣工项目1280个，同比增加157个，同比增长14%；全市施工项目达到2038个，同比增加359个，同比增长21.4%（其中1亿元及以上施工项目344个，同比增加26个，同比增长8.2%）。库内项目扣除累计完成投资1024.39亿元，结转项目剩余工作量（净规模）1003.73亿元，较2015年同期扩大467.11亿元，同比增长87.05%。新开工项目的持续高速增长，使全市投资持续增长的后续动力不断增强。

【房地产投资】 2016年，全市完成房地产开发投资205.58亿元，同比增长3.6%，比2015年同期回升9.5个百分点。全市商品房销售面积394.15万平方米，同比增长16.2%。其中，住宅销售面积365.96万平方米，同比增长18.6%。商品房施工面积1983.76万平方米，同比增长0.9%。商品房竣工面积379.22万平方米，同比增长68.7%。

（何　君）

绵阳市2016年1~12月投资主要数据

表13　　单位：万元

指标名称	本年累计	2015年同期	同比速度（%）
一、全社会固定资产投资合计	12699722	11540858	10.0
其中：民间投资	7428188	7079513	4.9
固定资产项目投资	10243947	9157383	11.9
其中：技改投资	3586231	3274309	9.5
“2+4”产业投资	2866659	2769936	3.5
房地产开发投资	2055775	1983475	3.6
按构成分：1. 建筑工程	8304081	7939780	4.6
2. 安装工程	1242099	1056759	17.5
3. 设备工器具购置	2022732	1637431	23.5
4. 其他费用	1130810	906888	24.7
按产业分：1. 第一产业	583241	549670	6.1
2. 第二产业	3921152	3566363	9.9
其中：工业投资	3897152	3542363	10.0
3. 第三产业	8195329	7424825	10.4
其中：交通运输	1499809	1174541	27.7
二、本年资金来源小计	12214871	11805100	3.5
其中：国家预算资金	1440456	947287	52.1
国内贷款	895254	1001625	-10.6
债券	100	—	—
利用外资	44714	73733	-39.4
自筹资金	8268855	8094625	2.2
其他资金	1565492	1687830	-7.2
三、商品房施工面积（万平方米）	1983.76	1965.64	0.9
商品房竣工面积（万平方米）	379.22	224.86	68.7
商品房销售面积（万平方米）	394.15	339.33	16.2

各县市区（园区）2016 年 1~12 月投资情况

表 14　　单位：万元

	全社会固定资产投资	工业投资	技改投资	房地产	民间投资	去年同期	同比速度（%）
全市总计	12699722	3897152	3586231	2055775	7428188	11540858	10.0
# 科技城	10031845	3478999	3231969	1864030	6047520	8828711	13.6
涪城辖区	4697837	1481774	1477469	1289653	2898221	4249304	10.6
# 涪城区	2268532	475978	491308	361275	1207184	2065668	9.8
高新区	1109256	530006	477716	314909	691928	979702	13.2
经开区	941944	438876	429619	374409	858727	853231	10.4
科创区	395033	36914	78826	239060	148302	391193	1.0
游仙辖区	1730101	537416	432024	166540	1034098	1600146	8.1
# 游仙区	1437145	527238	432024	152661	962919	1247729	15.2
仙海区	231477	10065	—	13879	63259	228597	1.3
科学城	44551	113	—	—	—	83330	-46.5
安州区	1143166	474229	368975	33910	708792	1010282	13.2
三台县	1023890	162049	160290	176786	636327	919304	11.4
盐亭县	673019	150100	127420	57174	281362	604352	11.4
梓潼县	797646	173617	134317	15200	308712	707061	12.8
北川县	430023	170000	177450	30502	283272	388369	10.7
平武县	373032	82085	71605	13058	267084	436151	-14.5
江油市	1831008	665882	636681	272952	1010320	1625889	12.6

经济体制改革

【概况】 2016年，全市经济体制改革围绕贯彻中央、省、市各项决策部署，开展加强供给侧结构性改革、深化财税金融体制改革、加快政府职能转变等重点改革。加快“五证合一”“一码一照”“先照后证”等登记制度改革，放宽企业住所（经营场所）登记条件，有效激发全社会创业热情。全市新登记市场主体3.62万户，同比增长8.58%，累计达25.8万户。向社会公开发布鼓励社会资本投资重大项目计划，推出70个、总投资676.87亿元的鼓励社会资本参与建设营运的示范项目。推广实施PPP项目模式，成立绵阳市PPP中心，建立全市PPP项目库，完善项目库管理制度，动态管理已实施和计划实施项目。印发《绵阳市社会信用体系建设规划（2015~2020年）》《绵阳市社会信用体系建设工作实施方案》。扎实推进小微企业信用体系试验区建设，库网平台线上银企对接金额达93.3亿元，发放“科创税e贷”系列产品贷款22.8亿元，贷款利率7.5%以下。有效解决小微企业融资难、融资贵问题。经验做法在中央电视台《新闻联播》《四川日报》等主流媒体进行宣传报道。

2016年，全市深入实施两个“一号工程”，把引进培育高新技术产业和战略性新兴产业作为产业发展的“一号工程”，全市“两新”产业产值占规模以上工业产值比重分别达到53.5%、36%，分别提升1.5、2个百分点。把电子商务和“互联网+”作为现代服务业发展的“一号工程”，全市电商企业突破3600家，实现电子商务交易额2549.66亿元、增长31%，稳居全省第二。高新区获评“全国十佳电子商务园区”，绵阳市获“国家电子商务示范城市”。继续推进国家新型城镇化综合试点、创新投资促进、用地制度改革、价格改革、人民防空改革等专项改革。

【政府职能转变】 2016年，市政府印发《绵阳市深化行政管理体制改革工作实施方案（2016~2018年）》。推行行政权力清单制度，编制完成市级部门责任清单。清理规范行政许可办事指南和办理流程（权力运行图）。加强“互联网+政务服务”平台建设，构建网上办事大厅、手机终端、微信关注、服务窗口“四位一体”申办模式，变群众“跑腿”为信息“跑路”。制订实施《绵阳市全面推进公务用车制度改革总体方案》《绵阳市市级机关公务用车制度改革实施方案》，全市公务用车年节约支出3800余万元，有效降低行政运行成本，有力推进节约型机关建设。市本级政府购买社会服务纳入财政预算管理。

【供给侧结构性改革】 2016年，市政府制订实施绵阳市推进供给侧结构性改革“1+5”方案。压减水泥产量373万吨，淘汰钢铁过剩产能8.72万吨；闲置过剩房产改造为科技孵化器和康养地产，加大棚改货币化安置力度，减少商品住房库存157.73万平方米，去化周期9.1个月，同比缩短6.1个月；全市规模工业产成品库存同比下降11%，实现产销率98.6%、同比提高1.1个百分点；规模以上工业企业资产负债率下降2%。全年累计为企业减少税收、用能、人力等成本超过30亿元；交通、城建、科技城集中发展区基础设施建设成效明显，完成基础设施投资394.51亿元、增长33.7%，占全市投资比重31.1%。

【投资体制改革深化】 2016年，市政府制定出台《绵阳市固定资产投资项目信息管理办法》，升级项目管理信息平台，对2260个项目实行动态管理，建立完善重点项目领导联系制度、重点项目推进例会和流动现场会等推进机制，强化“投资进度下限约束”，按季度开展项目集中开工仪式，倒逼项目储备、包装、落地。创新并联审批运行机制，推进三级联审、两级联动，开展投资项目在线审批平台试运行。全市全社会固定资产投资增长10%，灾后重建以来首次实现两位数增长。

【财税金融体制改革】 2016年，全市“营改增”试点范围扩大到建筑业、房地产业、金融业和生活服务业，按规定将所有企业新增不动产所含增值税纳入抵扣范围。全市“营改增”试点工作在中央电视台《新闻联播》《焦点访谈》等栏目报道。推动农村信用社改革，化解不良贷款4.52亿元。涪城、游仙联社组建绵阳农商银行。绵阳市商业银行实现跨区域发展，南充分行开业。新增社会融资规模278.5亿元，实现金融业增加值64.09亿元、增长13.9%。新增上市挂牌企业7家，总数达到30家。创新风险分担机制，设立规模3亿元的市级企业应急转贷资金，为企业提供8.14亿元转贷资金支持，降低企业融资成本5000万元，建立1亿元的高新技术中小企业贷款风险补偿基金。 （胥 挺）

工业产业结构

【概况】 2016年，绵阳市形成电子信息、汽车、新材料、节能环保、高端装备制造、生物、食品、化工八大重点产业为支撑的较为完备现代工业体系，全年八大产业累计实现产值2074亿元，同比增长9.5%，占全市工业比重达到74.8%。八大重点产业产值增长9.5%，其中电子信息产业增长6.9%、汽车产业增长18.9%、新材料产业增长11.8%、节能环保产业增长22.2%、高端装备制造产业增长26.1%、生物产业增长14.3%、食品产业增长4.4%、化工产业增长7.8%。全市纳入统计的战略性新兴产业企业总数达到202家，战略性新兴产业实现产值1002亿元，同比增长14.8%，占全市工业比重达到36%。

2016年，全市规模工业主营业务收入实现2540.73亿元，同比增长8.6%；工业净利润达122.97亿元，同比增长26.6%，比2015年同期提升21.8个百分点。

2016年，全市完成工业投资389.72亿元、增长10%，技改投资358.62亿元，增长9.5%。全年实现重点项目新开工建设152个、竣工投产102个，四川最大单体工业项目、总投资465亿元的京东方第6代柔性面板生产线项目成功签约并开工建设。全市单位工业增加值能耗下降16.56%，完成工业节能约束性指标。

【军民融合产业】 2016年，全市坚持以全面创新改革试验引领国家科技城建设，着力构建创新转化、产业培育、人才开发、开放合作、金融保障“五大体系”，加快建设国家创新驱动先行市、军民融合示范市。挂牌运营全国唯一的国家军民两用技术交易中心，军民两用合同成交额已达6.8亿元。九州集团牵头，北京航空航天大学、中航工业成飞公司、中国核动力研究设计院等73家单位联合组建四川首个军民融合高技术产业联盟。率先在全国开展军民融合企业认定试点，首批238家军民融合企业获认定。九洲、攀长钢等9家企业被列入四川省军民融合大企业大集团培育名单，灵通电讯、长虹电子等9家企业被列入四川省军民融合创新成长型企业培育名单，军民融合企业加速发展壮大。全年军民融合企业实现产值1370亿元，增长10.5%，占全市工业比重近50%，位居全省前列。

【产业园区建设】 2016年，全市按照《绵阳市工业重点产业及布局方案》和科技城“一核三区多园”规划布局等要求，加强特色产业园区建设，支持在绵阳的国防科研院所和产业龙头企业建设特色产业园，着力打造光电产业园、长虹智慧制造产业园、九洲空管二次雷达产业园等十大军民融合产业园，全市特色产业园达15个。产业园区规模以上工业总产值增长11.5%；园区规模以上企业达644家，占全市规模企业总数的76.5%；产业集中度达81%，较2015年提高1个百分点。

（李文华）

市场体系

商品市场

【概况】 2016年，全市商品市场建设以“互联网+市场”模式，推动传统市场信息化改造，开展线上线下融合发展的销售模式。实施特色商业街区示范工程，引导商业街区利用互联网技术升级。推进农产品公益性市场体系建设，完善跨区域农产品流通骨干网络，支持农产品冷链物流标准化体系建设。全市争取到2个农产品冷链物流发展项目，申请专项资金790万元，绵阳市获批国家农产品冷链流通标准化试点城市。持续推进国家级的三台县、北川羌族自治县、江油市和省级的平武县电子商务进农村，长虹美菱电子商务进社区项目。

全市整合拓展“万村千乡市场工程”、农村商贸综合服务中心、重点商贸镇、乡镇商贸中心等农村市场流通网络，建设商贸镇项目3个，改造乡镇商业街3条、购物中心3个、乡镇农贸市场2个，乡村消费能力同比提高15%以上。

全市有农产品批发市场12个，年交易量696万吨，年交易额130亿元，同比增长84%。有农贸市场324个，年交易额95亿元，同比增长35.7%。其中农产品交易额71亿元，同比增长42%。1亿元以上消费品批发市场16个，年交易额128亿元，同比增长8.5%。（林　楠）

劳动力市场

【概况】 2016年，全市各级组织就业援助月、春风行动、民营企业招聘周、高校毕业生网络招聘周等专项招聘活动，为用工单位和求职者搭建供需平台，疏通求职渠道，为企业发展提供人力资源服务。市本级登记备案、联系企业超过3000余家，累计发布岗位信息9.1万余个。“绵阳公共招聘网”浏览量超过376余万次，日均在线人数保持在2000人以上。推动农村劳动力转移就业，全市农村劳动力转移就业155万人。

【就业援助】 2016年，全市按照“精细化、长效化”的要求，把促进就业困难人员、被征地农民等就业作为工作重点，着力帮助就业困难人员实现就业再就业，动态消除零就业家庭。全市年末实有入库就业援助对象70196人，就业援助对象实现就业55366人（“4050”人员39603人、残疾人417人、低收入人员1415人、被征地农民5083人、长期失业者2877人），其中个体经营1254人、单位就业4744人、公益性岗位安置就业3750人、实现灵活就业44388人。

（赵梓宇　何丽莎）

人才市场

【概况】 2016年，绵阳市实施“千英百团”聚才计划和军民融合高层次人才（团队）资助计划，拨付人才发展专项资金1360万，资助高端创新创业团队（人才）19个，其中电子信息技术6个、汽车装配1个、新材料4个、高端装备制造5个、生物制药1个、现代农业1个、电子商务1个。全市实施各类引智项目18项，其中国家重点外国专家项目3项，国家级外国专家组织项目4项，省级“天府高端引智计划”项目2项，省级外国专家组织项目9项，涉及信息技术、新材料、新能源、高端装备、医疗卫生、农业现代化等领域；获得国家外专局和省外专局资助的引智经费197万元，聘请高层次外国专家56人次。召开第四届中国（绵阳）科技城国际科技博览会外国专家组织引智项目洽谈活动，邀请法国、意大利、以色列、白俄罗斯、德国五国6个高级专家组织代表与省内企业、高校和科研院所进行技术需求洽谈对接，达成意向性专家需求项目42个，绵阳市25个。中国国际人才市场国家科技城（绵阳）分市场分别与德国高级专家组织（SES）和白俄罗斯国立技术大学科技园（Polytechnic）签订引进国外智力项目合作协议，标志着科技城分市场成为省内首家直接与境外高级专家组织建立长期稳定友好合作关系的人才中介机构，为科技城乃至全省引进交流高层次外籍专业技术人才提供了一条高效便捷的平台。截至年底，全市具有聘请外国专家资格单位72家，以电子信息、装备制造、新材料、医疗卫生、现代农业、食品加工等产业为主的企业41家（电子信息7家、汽车及其零部件3家、装备制造3家、新材料4家、生物环保4家、医疗卫生4家、通用航空1家、现代农业7家、工程设计1家、人才服务2家、金融1家、餐饮2家、国际贸易1家、房地产1家），西南科技大学、绵阳师范学院、四川文化艺术学院等高校、中小学校和社会培训机构31家；外国专家共计220人，其中具有博士学位15人、硕士学位45人、学士学位160人，从事工艺技术指导18人、合作研究5人、经营管理10人、专业知识教学40人、语言教学147人。全市接收高校毕业生12270人，其中博士17人，硕士生522人，实现就业8764人。

【专家工作】 2016年，全市组织开展享受政府特殊津贴人员推荐工作，推荐上报18人；推荐13个项目申报省学术和技术带头人培养支持经费资助。组织第二批省级博士后创新实践基地和第九批绵阳市有突出贡献的中青年拔尖人才进行绩效评估，召开绵阳市中医院博士后创新实践基地博士后出站报告会；协助中物院举办含能材料前言研究全国博士后学术交流活动。“海外赤子为国服务行动计划”和“万名专家服务基层行动计划”落地绵阳并在第四届科博会期间组织实施。全年来自清华、北大等国内知名院校和科研院所25名专家到绵阳开展交流活动，对接25个单位的27个重点项目，涉及医疗卫生、农业环保、电子信息、能源应用等领域，举办专题讲座和学术交流活动27场，解决技术难题41个，8名专家与8家企业达成长期合作意向。（赵梓宇　何丽莎）

金融市场

【概况】　2016年，全市金融市场平稳健康发展，风险抵补能力提升，交易规模持续扩大，银企对接活跃，服务地方经济作用凸显。切实加强民间资本市场的引导和监测，优化资本市场生态环境，维护经济秩序向好发展，防控民间资本市场面临的风险。至12月末，有17家科技型中小企业进入发债后备企业库，支持全市企业在银行间市场发行各类直接债务融资工具72亿元，占全省总量的6.2%。

【货币市场监管】　2016年，全市货币市场管理按照《中国人民银行货币政策司关于分支机构常备借贷便利利率的通知》文件要求，督促市场成员拆借和回购利率不得超过常备借贷便利利率走廊上限，不得从货币市场高价拆借资金。组织辖内货币市场成员继续贯彻落实《绵阳市货币市场成员自律机制合作协议》，加强债券市场自律管理，规范市场成员交易行为。按照《中国人民银行办公厅关于加强银行业金融机构黄金市场业务管理有关事项的通知》（银办发〔2012〕238号）有关规定，对绵阳市商业银行开办黄金市场业务备案情况进行现场核查，并完成初审，监测绵阳市商业银行黄金业务的开展情况，密切关注其业务风险。

【企业融资培育与扶持】　2016年，中心支行组织岗位人员对游仙联社开展债券市场业务情况进行现场检查。开展企业融资辅导培育。4月，以银企对接会为切入点，对安州区政府、相关部门、金融机构和51家企业负责人开展银行间市场直接债务融资政策宣传、讲解。5月，邀请交通银行四川省分行投行业务部、交行绵阳分行等业务专家，对安州区政府平台公司、6家有意愿发债重点中小企业和相关部门就企业在银行间债务融资操作层面的疑问，开展直接融资专题培训。结合《四川省科技型中小企业债务融资集合成长计划工作方案》，推动科技型中小企业通过银行间市场直接融资，对全市科技型中小企业直接融资需求开展摸底调查，建立起包括安州区在内的17家科技型中小企业发债后备企业库。推动重点企业直接债务融资增长计划，并完成对2015年承销企业直接债务融资工具金融机构的财政奖补。2016年，累计支持全市企业在银行间市场发行各类直接债务融资工具72亿元，占全省总量的6.2%。此外，支持符合条件的企业利用主板、创业板、“新三板”等实现IPO上市融资及上市企业增发、配股获得再融资。

【民间资本市场】　2016年，全市金融业以创建平安金融环境，维护经济金融和社会稳定，促进民间资本市场健康发展为工作重点，加强金融法制宣传，协助地方政府依法治理非法集资、高息揽储行为，有效管控民间资本市场风险。坚持按月度和季度收集系统内小额贷款公司贷款数据，监测通过小额贷款公司渠道融资的资金成本；加强对民间借贷的利率监测，通过金融机构等方式加强对民间借贷行为的利率数据监测。（彭　川）

土地市场

【概况】　2016年，全市国有建设用地供应309宗、面积862.43公顷，实现成交金额475209.9万元，当年财政入库503499.7万元。按类型划分，其中拍卖国有建设用地使用权66宗、面积66.91公顷，成交金额152422.25万元；挂牌国有建设用地使用权125宗、面积486.05公顷，成交金额213905.32万元；划拨土地89宗258.01公顷，划拨成本31637.05万元。按行政区域划分，市本级48宗218.68公顷，成交金额194160.52万元，当年财政入库167920.32万元；江油市70宗273.63公顷，成交金额94059.46万元，当年财政入库162501.15万元；三台县82宗95.54公顷，成交金额62913.65万元，当年财政入库53500万元；安州区46宗194.01公顷，成交金额81832.9万元，当年财政入库37543.31万元；盐亭县15宗20.5公顷，成交金额27729.23万元，当年财政入库59946万元；梓潼县13宗33.93公顷，成交金额7418.4852万元，当年财政入库20280.6万元；北川县23宗25.11公顷，成交金额6761.9295万元，当年财政入库1235.19万元；平武县12宗1.05公顷，成交金额333.7万元，当年财政入库573.1632万元。（蒋建波）

房产市场

【概况】　2016年，全市商品房价格总体平稳。商品房销售均价为4369元/平方米，同比下降3.42%；商品住房销售均价为4009元/平方米，同比增长1.01%。绵阳城区商品房销售均价为4985元/平方米，同比下降3.01%；商品住房销售均价为4683元/平方米，同比增长2.4%。

【三江国际丽城·阅世集】　三江国际丽城·阅世集项目位于经开区红塔街，吉盛房产历经14年投资开发，总体规划住宅3180套，容积率小于2.73，建筑密度小于22.6%，绿地率大于33.6%。截至年底，一期阅世度实景交房，二期阅世集揽江大宅、C区澜岸开始销售。

【九洲·跃进1958二期】　九洲·跃进路1958位于绵阳市跃进路中段，项目总建筑面积58万平方米，九洲千城置业投资开发。项目容积率低于4.0。项目超宽楼间距、公园式小区绿化景观，楼下有沃尔玛、少年宫等配置。项目以红砖墙建筑形成独特的风情商业街。

【兴发·龙溪谷A区】　兴发龙溪谷项目位于游仙区欧家坝青龙山下，占地17.33公顷，总建筑面积30万平方米，容积率1.53，绿化率达30%。项目分为三期开发，分高层、多层、别墅三种建筑形态，面积区间81平方米~470平方米。周边有渔父村森林公园和湿地公园，是绵阳首个以汉唐建筑风格为主题的大型住宅项目。近万平方米的人工湖景观区，龙溪谷项目周边配套完善，属于游仙区中心商业辐射圈。

【九洲·又一城一期】 九洲·又一城是九洲千城置业投资开发，项目总占地面积约11.33公顷，总建筑面积约43万平方米，分三期开发。项目位于高新区绵兴东路南侧，毗邻繁华的双碑中街生活圈，拥有便捷的交通和完善的生活配套设施。项目整体采用大围合式布局，营造出上万平方米中庭阔景园林和超200米以上的开阔楼间距。项目一期约60~120平方米户型创新空间布局。

【紫金城二期】 紫金城项目位于绵阳市游仙区芙蓉金城旁，是绵阳城东最重要的商业发展核心区。项目分4期开发，总占地为14公顷，总建筑面积38万平方米，商业配套达7万平方米。中国科技城绵阳电商谷落户紫金城，京东、多丽、新新超市等商家巨头入驻。紫金城住宅是标准的低密、低容、超大楼间距的楼盘，最大楼间距达350米。建筑风格中西合璧，既有欧式建筑，又有中国古代皇家建筑。

【东辰·永兴国际】 东辰·永兴国际地处绵阳市高新区永兴片区、高新区工商转型潜质开发地段，位于绵阳西二环普明立交桥旁绵兴中路与弘光路交汇处。占地面积约8.27公顷，总建筑面积约36万平方米，容积率2.59，绿化率39%。东辰集团斥资15亿元，项目集居然之家一站式家居购物卖场、时尚百货、洲际集团智选假日酒店、金逸影院、联华超市、星级KTV、电玩、特色商业街区、幼儿园及高档住宅为一体的城市综合体。

【樊华似锦4期·绽放】 樊华似锦项目位于绵阳石桥新城核心区域，项目有1041户，以80~300平方米房源为主；车位状况地面396个、地下2032个。容积率3.25，绿化率30%。项目周围有花园批发市场，东辰宜家美装饰城，丽景花城商业圈，黑家山森林公园、安昌河滨河绿化带，占地面积173905.33平方米。该项目由绵阳樊华房地产开发有限责任公司开发，成都海外贝林景观设计有限公司进行景观设计，由深圳建筑设计研究总院进行建筑设计。

【立宇国际家居建材综合体一期】 四川立宇投资有限公司系上海红星美凯龙实业有限公司和四川聚福物流有限公司合资成立的红星美凯龙绵阳项目开发公司。红星美凯龙绵阳项目被绵阳市人民政府列为2013年重点招商引资项目。项目占地14.2公顷，总投资金额约为25亿元，总建筑面积约46万平方米，共分三期建设，开发周期为四年。其中自持物业（红星美凯龙世博家居生活MALL）约8万平方米，建材专业市场约7万平方米，配套商业约4万平方米，酒店约1.5万平方米，公寓1.5万平方米，住宅约14万平方米，地下建筑面积约10万平方米。项目包含商务中心、专业家居建材市场、精品住宅等功能的标杆性大型城市综合体。

【神州·南都二期】 神州·南都项目位于经开区绵州大道中段1号，总占地16.47公顷，总建筑面积70万平方米。二期总建筑面积约18万平方米，住宅建筑面积约15.3万平方米，商业建筑面积近2.4万平方米，容积率3.45，绿地率30%。总户数1284户，有地下停车位860个。南都二期主要分为两梯四户、两梯六户、三梯八户三种类型，80~130平方米19种舒适户型组成。

中国（绵阳）科技城建设

China (Mianyang) Sci-tech City Construction

概　述

【概况】　2016年，科技城建设以全面创新改革试验为契机，以军民融合为核心，加快构建军民融合创新转化、产业培育、人才集聚、开放合作、金融服务等5大体系，推动科技城创新型、开放式、突破性发展。中国空气动力研究和发展中心被总书记习近平批准作为"攻坚克难融通军民的排头兵"，列入国家重大典型宣传；长虹集团应收账款融资服务试点工作获得国务院总理李克强的肯定性批示；九洲集团被党中央、国务院、中央军委授予重大贡献奖，是全国唯一获此殊荣的地方军工企业。推进全面创新改革试验114项任务，出台《军民融合企业认定管理暂行办法》，首批认定军民融合企业238家；全国首家军民融合两用技术交易中心在绵阳建成运营。科技城范围内实现地区生产总值1288.95亿元，增长9.2%；工业增加值730亿元，增长9.4%；固定资产投资1003.18亿元，增长13.6%；R&D经费占地区生产总值比重7%，高新技术产业化指数78.9%，科技进步综合水平指数68.3%，科技进步贡献率55%。

【四川省建设绵阳科技城领导小组第17次会议】　2016年3月23日，省委副书记、省长尹力在成都主持召开四川省建设绵阳科技城领导小组第17次会议。会议贯彻落实全国"两会"、科技城建设部际协调小组第12次会议和国务院副总理刘延东在四川视察调研指示精神，总结绵阳科技城建设工作，安排部署2016年重点工作。会议审议《2016年中国（绵阳）科技城建设重点工作安排》《中国（绵阳）科技城发展规划（2016~2020年）》和《第四届中国（绵阳）科技城国际科技博览会总体方案》。

【中国（绵阳）科技城国家军民两用技术交易中心揭牌】　2016年5月26日，中国（绵阳）科技城国家军民两用技术交易中心揭牌仪式在绵阳举行。市委书记、科技城党工委书记彭宇行致辞并与中国科学技术发展战略研究院院长胡志坚一道为中心揭牌。中国（绵阳）科技城国家军民两用技术交易中心以线上线下相结合的形式，涵盖集成成果展示、成果评估、定向对接、拍卖交易、交易担保、民企参军培训辅导等体系化服务。线上平台主要包括军民两用技术信息对接、在线交易服务、大数据分析等功能；线下物理平台以创新中心4号楼和中物院海天大楼进行布局，形成军民融合创客、军民融合公共服务、军民融合金融服务、军民融合知识产权服务、军民技术展示交易服务、国际军民融合服务等6个服务平台。国家军民两用技术交易中心是科技部授予的全国唯一的军民融合技术交易平台，对绵阳深入实施军民融合战略、推进全面创新改革试验、加快建设国家科技城具有重大意义。

【第四届中国（绵阳）科技城国际科技博览会】　2016年9月21至24日，第四届中国（绵阳）科技城国际科技博览会（简称"科博会"）在绵阳国际会展中心举行。科博会由科技部、四川省人民政府主办，科技部火炬中心、四川省科技厅、绵阳市人民政府等15个单位承办，得到全国工商联、中国侨联、中央军委装备发展部、中央军委科技委、国防大学、联合国工业发展组织（U-NIDO）等单位支持。科博会以"科技创新、军民融合、开放合作"为主题，展览面积7万平方米，设军民融合馆、国际及港澳台馆、高新技术产业馆、区域合作与人才馆、智能生活体验等5个室内场馆，以及大型装备设备、新能源车产业生态等2个室外展区。科博会期间，举办国际军民融合创新发展论坛、中国制造2025高峰论坛、中美省州高科技合作研讨会、科技成果发布与交易、科技人才交流与成果展示、科博会投资推介暨集中签约仪式、主题日活动、采购商大会、中国创新创业大赛军转民大赛等46项活动。本届科博会主宾国为美国。俄罗斯、马来西亚、泰国、阿联酋、以色列等国家知名企业和政府代表参会参展；

图 14　科博会期间举行的投资推介会暨集中签约仪式

全国重点科研院所、高等院校、重点企业887家单位参展。科博会展陈项目2067项、展品9141件，参会嘉宾近万人，观众超过60万人次。其中，专业观众近9万人次，增长13%。签约产业投资、成果交易、产品采购、投融资、四大经济区等各类项目702个、金额1082亿元；促成各方签订科技成果交易及合作意向协议444项，签约金额73亿元，增长5%；首设的轮值市州（凉山彝族自治州）主题日活动现场签约项目8个，投资额57.9亿元。科博会充分展示国家深入实施创新驱动、军民融合发展战略的巨大成就，全面展示国家科技城建设和全面创新改革试验丰硕成果。

【中国（四川）电子商务发展峰会】 2016年10月13至15日，中国（四川）电子商务发展峰会在绵阳国际会展中心举行。峰会由四川省商务厅、绵阳市人民政府主办，四川省电子商务协会、四川省川商联合促进会、四川省跨境电子商务协会协办，四川省直部门和21个市州派团参会，国内电商业界知名嘉宾、知名企业家、投资机构负责人和专家学者、新闻媒体等4000余人出席。峰会以“创新、融合、共赢”为主题，举行2016中国（四川）电子商务发展峰会、互联网川籍精英圆桌会、电子商务招商对接洽谈会、电子商务高峰论坛、电子商务创新论坛、跨境电商竞争与机遇论坛、2016四川电子商务青年创业大赛决赛暨颁奖盛典、电子商务博览会等活动。电子商务招商对接洽谈会签约项目64个，签约资金117亿元；峰会签约仪式现场签约21个项目，签约金额159亿元；电子商务博览会吸引国内外300多家知名电商平台、1000余家生产、商贸流通企业、万类商品参展对接，参展观展人数15余万人次。

【绵阳入选国家首批产城融合示范区】 2016年11月，国家发展改革委发布全国首批58个产城融合示范区名单，四川省绵阳市产城融合示范区申报方案获得批准，入选国家首批产城融合示范区，承担“推进军民深度融合发展，探索科技兴产、科技兴城、产城融合发展新路径，努力探索形成可推广、可复制的经验做法”的试点任务。绵阳市产城融合示范区依托国家级高技术产业开发区、国家经济技术开发区和省级工业园区、市重点规划开发区，发挥绵阳科技城建设的有利条件和资源优势，通过深入实施“两个一号工程”，培育壮大优势产业和军民融合产业，提升城市基础配套设施水平，实现产、城、人协调的新型“生产、生活、生态”空间发展目标，探索产业园区从“单一的生产型园区经济”向“综合型城市经济”转型，推进城乡一体化建设，推动产业发展与城镇建设融合发展。

【京东方绵阳第6代AMOLED（柔性）生产线开工】 2016年12月28日，京东方绵阳第6代AMOLED（柔性）生产线开工仪式在绵阳市高新区举行。作为全球第三条第6代AMOLED生产线项目和四川省最大的单体工业投资项目，该项目计划总投资465亿元，主要生产尺寸1500毫米×1850毫米的玻璃基板，计划每月生产4.8万片玻璃基板。该产品主要应用在智能手机、可穿戴设备、车载显示、AR/VR等领域。

【《绵阳科技城发展规划（2016~2020）》通过专家评审】 2016年6月，科技部高新司组织专家在北京召开《中国（绵阳）科技城发展规划（2016~2020年）》（简称《发展规划》）专家评审会。专家组听取《发展规划》编制情况的说明，根据绵阳科技城发展现状、发展思路和发展目标，审核《发展规划》。专家组对课题组的工作给予充分肯定，认为《发展规划》思路清晰新颖、内容翔实丰富，充分结合科技城发展实际，深刻体现了科技城战略地位和使命，对推进绵阳科技城“十三五”期间发展具有重要指导作用，同意通过评审。

2016 年绵阳市军民融合企业认定

表 15

序号	企业名称	法人代表	所在区域	所属行业	主要产品
1	绵阳流能粉体设备有限公司	张巧绵	科创区	制造	材料、零部件、整机产品
2	绵阳市康特斯电子有限公司	周　锐	科创区	电子	电子设备
3	四川海鹏里科技有限公司	曾本伍	科创区	制造	材料、零部件、整机产品

续表

序号	企业名称	法人代表	所在区域	所属行业	主要产品
4	四川鸿森达铝业科技有限公司	邓才松	科创区	机械	机械设备、核电设备
5	四川永贵科技有限公司	范正军	科创区	制造	武器设备、武器装备
6	四川九洲光电科技股份有限责任公司	谢拥军	科创区	电子	
7	四川九洲空管科技有限责任公司	程　旗	科创区	电子	雷达、通宵设备、设计、制造
8	四川邦辰信息科技有限公司	霍　强	科创区	电子	TP 数据采集与分析
9	四川奇石缘科技有限股份有限公司	汤世友	科创区	制造	零部件、整机产品、军需物资
10	四川光发科技有限公司	邓政光	科创区	电子	电子产品、通信设备
11	四川科瑞达电子技术有限公司	刘　艳	科创区	电子	零部件、整机产品、军需物资
12	四川中盾金卫光电科技有限公司	宋凤军	科创区	电子	零部件、整机产品、军需物资
13	绵阳铭宇电子有限公司	叶　伟	科创区	电子	压力传感器等
14	绵阳西创信息技术有限公司	张松涛	科创区	电子	物联信息技术
15	四川九九瑞迪数字成像检测有限责任公司	宋影松	科创区	电子	工业射线 CT/DR/RT 检测服务
16	四川迪派锐科技有限公司	刘　铃	科创区	电子	X 射线数字化成像系统
17	绵阳天眼激光科技有限公司	刘学涌	科创区	电子	激光雷达、电子产品研发
18	四川天健科技有限公司	唐毅宏	科创区	电子	三维电子沙盘
19	绵阳北星通信科技有限公司	文　丽	科创区	电子	北斗二代可变隔离度抗干扰天线
20	绵阳科创园区精机电子有限公司	邓　玄	科创区	电子	激光电源、激光倍频器
21	四川德拉普环保科技有限公司	李　宏	科创区	环保	无轴螺旋清洁装置
22	四川博明图科技有限公司	陈世川	科创区	制造	自动化设备
23	四川国力科创科技有限公司	谢　力	科创区	制造	非接触式角位转传感器
24	四川卓众科技有限公司	罗亦鸣	科创区	机械	光学、激光、机电一体化设备
25	四川昊伶节能科技有限公司	彭　飞	科创区	制造	节能环保设备、电子技术、机械部件
26	四川省科学城帝威电气有限公司	陈茂斌	科创区	电子	智能站用电源系统、通信电源系统、电气自动化控制系统等
27	四川天佑归谷科技有限公司	孟　刚	科创区	环保	室内空气环境控制系统、室内空气改善系统及其配套产品
28	四川九九天目医疗器械有限公司	蒋全松	科创区	制造	牙科 CT、术中 CT 等高端医用器械的研发、生产和服务
29	四川奥斯廷科技有限公司	李照廷	科创区	制造	工业机器人通用精密减速器、军用精密减速器等
30	四川迈实通科技有限责任公司	邓少帅	科创区	材料	零部件、整机产品、军需物资
31	四川帝威能源技术有限公司	李　云	科创区	电子	新能源电动汽车智能储能充电系统及软硬件配套产品
32	四川九洲电器集团有限责任公司	杜力平	科创区	电子	识别系统机载应答机、机载询问应答机等

续表

序号	企业名称	法人代表	所在区域	所属行业	主要产品
33	四川知觉科技有限公司	乐 莉	科创区	电子	红热磨锻件测量
34	四川伍贰捌自动化设备有限公司	王洪郁	科创区	制造	特种机器人、机器人配件、机械加工等
35	四川西达科技有限公司	聂诗良	科创区	电子	电子产品、电气产品、安防产品、计算机软硬件研发等
36	四川唯新电子科技有限公司	张廷蓉	科创区	电子	智能视频图像清晰化处理软件、安全浏览器软件
37	四川思安特科技有限公司	黄晓芳	科创区	电子	计算机软硬件研发、计算机及外设、网络产品等
38	绵阳才智软件有限公司	张秋梅	科创区	电子	计算机软硬件研发、技术服务、技术转让、电子产品等
39	绵阳盛莉科技有限公司	赵 莉	科创区	电子	计算机信息技术服务、自救逃生设备研发、生产、销售等
40	绵阳市金华洋电器制造有限公司	王 斌	经开区	材料	连接器、传感器、点火器件
41	四川昊吉科技有限公司	邓 玄	经开区	材料	金、银材料
42	四川昊音丰科电子有限公司	赵清国	经开区	电子	电子产品和通信设备研发
43	四川瑞可达连接系统有限公司	吴世均	经开区	电子	电子元件组件、光电连接器
44	绵阳柏瑞电子有限公司	杨晓晖	经开区	制造	插针、插孔、电连接器
45	四川省豆萁科技股份有限公司	张 霞	经开区	电子	储存器芯片设计
46	四川梓冠光电科技有限公司	唐 娟	经开区	电子	通信设备、光电器材耗材研究
47	绵阳市正阳科技有限公司	魏海涛	经开区	机械	电子机械加工、新材料研发
48	利尔化学股份有限公司	高 文	经开区	化工	氯化代吡啶、有机磷
49	四川汇邦环保科技有限公司	蒲晓斌	经开区	环保	有机废水解决方案及相关设备
50	四川蜀旺新能源股份有限公司	陈青	经开区	制造	太阳能热水器、发电系统
51	四川长虹电源有限责任公司	吴学峰	经开区	电子	电池、电源
52	绵阳蜀邦实业有限公司	张峻	经开区	材料	复合材料
53	绵阳市凌峰机械制造有限责任公司	王平	经开区	材料	金、银等电解覆盖
54	四川小康时代互联网信息服务有限公司	李晓培	经开区	其他	一站式互联网金融
55	禾大西普化学（四川）有限公司	朱进	经开区	化工	生产油脂化学品
56	四川东材科技集团股份有限公司	于少波	经开区	材料	绝缘材料、功能高分子材料
57	四川华拓光通信股份有限公司	范巍	涪城区	电子	光纤通信技术及产品
58	中视迪威激光显示有限公司	季刚	涪城区	电子	激光工程投影机
59	四川力程测控技术有限公司	徐程松	涪城区	电子	核物质处理系统
60	四川九强通信科技有限公司	李文晗	涪城区	电子	直升机通信系统
61	绵阳日盛科技公司	李庆卫	涪城区	制造	风力机、沼气发生器
62	绵阳德菱机电科技有限公司	李泽春	涪城区	制造	雷达隐形材料数控喷涂设备

续表

序号	企业名称	法人代表	所在区域	所属行业	主要产品
63	四川中川智能设备有限公司	余晨飞	涪城区	制造	智能枪械等军用物资箱柜
64	四川凯拓电器有限公司	梁斌	涪城区	制造	军品箱柜、航空配套零件
65	绵阳富林岚科技有限责任公司	李军	涪城区	制造	冲压发动机模型、飞行器试验模型
66	绵阳天和机械制造有限公司	吴祖财	涪城区	机械	壳体类连接器、轨道类连接器
67	绵阳昱丰电子科技有限公司	董明新	涪城区	电子	印制电路连接器及组件
68	四川迅吉科技有限责任公司	姜　琳	涪城区	电子	军用雷达控制器
69	绵阳市耐特电子实业有限责任公司	全胜	涪城区	电子	微波器件设计、开发与生产
70	四川华丰企业集团有限公司	吴学锋	涪城区	电子	TY 系列特种圆形连接器
71	绵阳市晋益科技有限公司	王星远	涪城区	电子	机载航载电源系统接插件产品
72	绵阳天羽航科技有限公司	谢福林	涪城区	制造	多旋翼飞行器
73	绵阳菲纳理科技有限责任公司	张国良	涪城区	电子	颅压监护仪、阵列测温仪
74	四川通恒中科信息技术有限公司	余晨飞	涪城区	电子	数据分析与响应平台
75	绵阳历泰机械制造有限公司	赵富春	涪城区	机械	机械配件
76	四川长虹电子科技有限公司	陈炼	涪城区	电子	光电雷达
77	绵阳神州新材料有限责任公司	余辉	涪城区	制造	缓冲结构试验装置
78	四川嘉瑞丰科技有限公司	陈邻	涪城区	制造	检测系统、风洞应变天平
79	绵阳环阳科技有限公司	舒焕森	涪城区	制造	建材、冶金、电力重型设备
80	绵阳北星电子科技有限公司	王天芬	涪城区	电子	北斗二代陈列单元、天线、天线陈面
81	绵阳华通磁件技术有限公司	许天奇	涪城区	制造	滤波器、微带环行器、微带隔离环行组件
82	四川蓝色港湾科技有限公司	邱宇	涪城区	电子	安全防护工程、计算机网络系统等
83	绵阳逢研科技有限公司	廖晓波	涪城区	电子	智能缝制控制系统成套设备
84	际华三五三六职业装有限公司	陈兰玲	高新区	服装	服装、鞋帽等军需产品
85	四川九洲线缆有限责任公司	孙仲	高新区	电子	航空航天线缆、光缆等
86	四川灵通电讯有限公司	刘永	高新区	电子	通信车系统集成、通信设备及信息技术
87	绵阳西磁磁电有限公司	陈浩	高新区	制造	航船电机、电真空器件
88	绵阳西磁磁业有限公司	周永川	高新区	材料	磁体等
89	中国重气集团绵阳专用汽车有限公司	颜家智	高新区	汽车及零部件	专用汽车及汽车零部件制造
90	绵阳高新区天意电子科技有限公司	陈立波	高新区	电子	电子变压器、供电电源灯
91	四川零点自动化系统有限公司	王永贵	高新区	电子	控制系统、工业通讯等
92	四川三阳永年增材制造技术有限公司	顾德阳	高新区	制造	航空航天武器装备零部件等

续表

序号	企业名称	法人代表	所在区域	所属行业	主要产品
93	四川天塬增材制造材料有限公司	林素中	高新区	材料	航空航天武器装备及零部件等
94	四川浩康科技有限公司	李波涛	高新区	制造	安全技术装备、专用设备、特种设备等
95	四川迈迪测控技术有限公司	张明千	高新区	电子	工业自动化、智能测试测量
96	四川汇能能源投资管理有限公司	陈波	高新区	制造	节能设备生产
97	四川圣光科技有限公司的	刘明	高新区	制造	计数系统、隔爆工位等
98	绵阳美科电子设备有限责任公司	赵文军	高新区	电子	B 型声诊断仪、膀胱扫描仪等
99	绵阳市京果电子科技有限公司	陈美华	高新区	电子	电子元器件、电路芯片等
100	绵阳市同成智能装备股份有限公司	张亮	高新区	机械	仪器仪表设计、机电产品等
101	四川极速动力超微粉体设备制造有限公司	袁祖江	高新区	制造	超微粉体设备制造、超微粉体末加工
102	绵阳旭朗科技服务有限公司	郑雪珠	高新区	其他	电子信息技术及产品、生物医学及医疗器械技术及产品等
103	绵阳高新区恒奥电子科技有限公司	何俊	高新区	电子	通信基站设备及零部件等
104	四川长虹佳华数字技术有限公司	赵勇	高新区	电子	位置服务产品、计算机终端和网络产品
105	四川虹信软件股份有限公司	莫文伟	高新区	电子	信息化解决方案提供商
106	四川长虹电器股份有限公司	赵勇	高新区	电子	武器整机、配套装备等
107	绵阳同辉科技有限公司	唐成义	高新区	电子	新端高分子材料、光通信产品研发等
108	四川绵阳鼎鑫智能装备有限公司	郭钢	高新区	材料	新能源电池装配、新型材料生产
109	四川微松新材料有限公司	张松涛	高新区	材料	新材料研发、生产及自动化生产装备
110	四川西创科技有限公司	张松涛	高新区	电子	冷链环境物联网涉及温湿传感技术等
111	绵阳高新区天力机械有限责任公司	陈美华	高新区	汽车及零部件	汽车零部件
112	四川绵阳华元航升环保科技有限公司	胡长青	高新区	环保	石油天然气净化
113	四川田奥环保科技有限公司	王翔卫	高新区	制造	高压喷油嘴
114	四川巨子超微科技有限公司	曹志国	高新区	材料	超微粉体材料及生产设备的研制开发
115	四川长虹智能制造技术有限公司	潘晓勇	高新区	电子	智能制造系统集成、精密加工等
116	四川省安道速博科技有限公司	刘志勇	高新区	制造	北斗 GPS 无人机发射组件等
117	四川长虹空调有限公司	李伟	高新区	电子	新型空调系统
118	四川长虹技佳精工有限公司	郑光清	高新区	机械	工业设计、模具设计与制造、电镀、精密加工等
119	绵阳市恒义机械制造有限公司	梁发义	高新区	机械	机械制造、零部件制造
120	中国电子科技集团公司第九研究所	许天奇	高新区	材料	军用磁性材料及元器件

续表

序号	企业名称	法人代表	所在区域	所属行业	主要产品
121	绵阳市赛亚磁业有限责任公司	赵淳	高新区	材料	磁性材料及器件、电子材料及器件、机械电子产品等
122	绵阳西磁科技有限公司	许天奇	高新区	材料	磁性材料、器件及相关设备的研发与生产
123	绵阳北斗电子有限公司	童书盟	高新区	材料	多系列 NFC 磁片、铁氧体粉料、铁氧体磁芯
124	绵阳思创磁业有限公司	赵淳	高新区	材料	黏结稀土钕铁硼永磁、黏结稀土钐钴永磁等
125	绵阳九天磁材有限公司	赵七一	高新区	材料	各类锰锌软磁铁氧体磁芯
126	绵阳赛茂科技有限公司	许天奇	高新区	材料	软磁铁氧体材料及器件
127	绵阳西磁新材料有限公司	王永强	高新区	材料	稀土永磁材料研发、生产和销售
128	绵阳雷磁电子科技有限公司	赵七一	高新区	电子	高频、工频变压器、电感器、微波器件等
129	四川绵阳西南自动化研究所	刘勇	游仙区	制造	缝制设备控制系统，核电检测设备
130	绵阳市维博电子有限责任公司	刘勇	游仙区	电子	变压器、整流器和电感制造等
131	绵阳龙兴科技有限公司	高瑗珑	游仙区	机械	光电系统集成技术的研发、精密机械加工等
132	四川海格恒通专网科技有限公司	杨海洲	游仙区	电子	PDT 数字集群车载系统等
133	四川中物裕邦科技有限公司	韩红军	游仙区	电子	安全应急产品、电子信息产品、工信电气设备
134	四川嘉泰工业产品设计有限公司	胡贵超	游仙区	其他	工业产业的设计、咨询、生产、销售
135	雅化集团绵阳实业有限公司	高欣	游仙区	化工	民用爆破器材的生产、销售等
136	绵阳开元磁性材料有限公司	汪伟	游仙区	材料	磁性材料及元器件生产、制造、销售等
137	绵阳金鼎机电技术有限公司	冯异	游仙区	机械	机电产品设计、生产、销售等
138	四川瑞立安光学精密机械有限公司	贾晓川	游仙区	机械	压电压力传感器、RDE 开窗玻璃等
139	绵阳伦奇机器人有限公司	王勇	游仙区	电子	机器人零部件及控制系统研发
140	绵阳丰源科技有限公司	李泽春	游仙区	电子	DDB 亚毫米粒子探测系统纹影仪系统等
141	绵阳市胜源合金制造有限公司	饶昕	游仙区	材料	稀土耐磨合金系列产品
142	四川久润环保科技有限公司	汪英海	游仙区	制造	工艺纯水、超纯水设备
143	四川特瑞祥科技股份有限公司	崔玉琼	游仙区	电子	贴片卧式陶瓷电容器等
144	绵阳堂宏家纺有限公司	王 东	游仙区	纺织	蚕丝被、床上系列等
145	四川中物环保科技有限公司	张海	游仙区	环保	烟气在线、重金属等自动检测产品等
146	绵阳万众汽配有限责任公司	黄朝永	游仙区	汽车及零部件	轻、微车后桥冲压件品种轿车悬架冲压件等
147	绵阳特航科技有限公司	温德高	游仙区	制造	无人机研发、设计及技术推广

续表

序号	企业名称	法人代表	所在区域	所属行业	主要产品
148	绵阳万欣测控技术有限公司	王运生	游仙区	电子	传感器、仪器仪表、汽车零部件
149	四川物科光学精密机械有限公司	龙本兰	游仙区	电子	光学精密机械、电子产品的设计研发销售
150	绵阳锐洋新材料技术开发有限公司	王多孝	游仙区	材料	精细胶粉、轮胎改性胶粉等
151	绵阳德华磁材有限公司	罗晓红	游仙区	材料	磁性材料及其元器件的研发、生产、销售等
152	四川科莱电梯股份有限公司	余海跃	游仙区	制造	电梯、自动扶梯、自动人行梯等
153	四川湖山电器有限责任公司	廖建明	游仙区	电子	军队文化装备系统、数字电影院系统等
154	四川蓝狮科技有限公司	李学平	游仙区	化工	炸药及火工品德研发、技术咨询等
155	绵阳恒持金属设备有限公司	黄名清	游仙区	电子	GA2000电磁屏蔽柜、保护探测器等
156	四川荣丰电子有限公司	唐子琴	游仙区	电子	电子产品配件、五金配件的生产销售等
157	四川高达科技有限公司	李凌	游仙区	电子	大型军用项目的配套控制系统等
158	四川瑞永双机电科技有限公司	高俊彬	游仙区	电子	信号转换器、多丝正比计数器等
159	四川杰邦科技有限公司	韩玉平	游仙区	材料	空调彩晶装饰面板、玻璃面板等
160	四川科莱信息技术有限公司	余海跃	游仙区	电子	电梯信息管理系统
161	绵阳市天从科技有限公司	赖鸿姝	游仙区	材料	抗菌涂料技术、光增透涂料技术等
162	绵阳鸿琪新材料科技有限公司	曾学良	游仙区	材料	塑料改性、聚氨酯、特种工程材料、塑压模具等
163	绵阳鑫亮机电科技有限公司	梁发义	游仙区	机械	机电产品的研发、生产机械加工等
164	绵阳市新兴机械有限责任公司	高于翔	游仙区	机械	机油泵、链轮室等汽车发动机零部件
165	四川省积水科技有限公司	冯琼	游仙区	材料	电火花油、清洗剂、防锈剂等
166	四川特飞科技股份有限公司	谢立东	北川县	制造	军、民用无人机、复合材料
167	北川泰和新材料责任有限公司	包忠平	北川县	材料	聚氨酯固化剂
168	绵阳市东辰磁性材料有限公司	嘉衡	北川县	材料	永磁铁氧体为基础的稀土、新材料、新能源
169	绵阳虹瑞科技有限公司	吴永刚	北川县	电子	军民两用显示器、光学部件及材料
170	北川天讯新材料有限公司	朱焰焰	北川县	材料	电磁屏蔽材料
171	北川羌族自治县六合汽轮机材料有限公司	熊建新	北川县	汽车及零部件	汽轮机配件及材料、专用锻材、锻件、铸件产品
172	绵阳市启林实业有限公司	胥蓉	安县	机械	模具设计制造、精密零部件加工、工装制造
173	绵阳麦思威尔科技有限公司	闫辉	安县	材料	水性特种涂料

续表

序号	企业名称	法人代表	所在区域	所属行业	主要产品
174	四川省科学城久信科技有限公司	陈秀敏	安县	制造	金属化膜电容器、电能质量产品
175	四川安县银河机械制造有限责任公司	陈宁	安县	机械	大中型轴流风机、反应釜、环保设备、运输机械
176	四川自胜机电设备有限责任公司	李晓川	安县	材料	玄纤维、细纤维、粗纤维、超细纤维、细微鳞片
177	四川省绵阳市吉星消防药剂有限公司	钟迪炯	安县	化工	ABC 干粉灭火剂、简易式水基型及粉剂型灭火器
178	绵阳知觉科技股份有限公司	刘先勇	安县	电子	三维动态测量技术及产品
179	四川省银河化学股份有限公司	周中田	安县	化工	铬化学及相关产品
180	绵阳启明星磷化工有限公司	陈大强	安县	化工	黄磷、磷酸、甲酸等
181	安县中联水泥有限公司	唐勇	安县	建材	水泥、特种水泥
182	绵阳秦川恒远汽车电器有限公司	徐金平	安县	汽车及零部件	整车线束、灯具、消声器、尾气净化装置、保险杠、仪表台
183	四川圣凯利电气设备有限公司	罗红梅	安县	制造	高压电器、变压器、电气柜、控制柜
184	绵阳启明星电力设备有限公司	蒋际富	安县	制造	电力变压器、铁附件、高压线路器材、配电屏、开关柜
185	安县长城机械制造有限公司	程东波	安县	机械	汽车零部件、机械加工、套丝机零部件
186	四川安泰消防工程有限责任公司	杨斌	安县	制造	消防产品、防火门、防盗安全门、船用阻燃材料
187	四川绵阳瑞晨汽车零部件有限公司	陈美华	安县	汽车及零部件	机动车配件、机动车尾气催化净化器和消声器
188	绵阳市鑫祥环保科技有限责任公司	嘉云强	安县	汽车及零部件	汽车及发动机零部件 200 多个品种
189	绵阳诗兰姆汽车零部件有限公司	毛明	安县	汽车及零部件	线路保护、油气管路、机械电子、连接系统
190	四川恒远机电科技有限公司	李清泉	安县	机械	金属及复合材料机械加工
191	四川易德机械有限公司	赵德勇	安县	机械	机电产品、节能环保
192	四川博威能源技术有限公司	陈 超	安县	电子	一体化充换电及储能电站系统
193	绵阳市达诺电子科技有限公司	张立明	安县	电子	锌合金压铸、精密加工、精密模具、特种显示屏加工
194	攀钢集团江油长城特殊钢有限公司	江宾	江油市	冶金	高温合金、耐蚀合金、膨胀合金、不锈钢、合金结构钢等
195	四川六合锻造股份有限公司	熊建新	江油市	冶金	航空燃机、核电、汽轮机专用特种合金及锻材、零部件
196	四川聚能核技术工程有限公司	高鸿伟	江油市	机械	核子仪器、核退役设备、非标设备、中子吸收材料等
197	四川远方高新装备零部件股份有限公司	张超杰	江油市	冶金	特殊钢零部件锻件、模块类锻件、轴类锻件等
198	江油市丰威新材料有限责任公司	周栋承	江油市	冶金	冷轧硅钢片、金属材料、新材料
199	绵阳二四机械有限公司	韩晓艳	江油市	机械	机械配件、工业陶瓷、机械设备、绝缘、超硬材料等

续表

序号	企业名称	法人代表	所在区域	所属行业	主要产品
200	江油中化炉窑工程有限公司	徐庆涛	江油市	冶金	耐火纤维、耐火材料、金属配件、精细化工
201	四川天利科技有限责任公司	黄明镜	江油市	电子	测控技术产品
202	江油联福特种锻造有限公司	蒲红	江油市	冶金	碳素钢、合金钢、不锈钢、高温合金钢等
203	江油市重鑫特冶制品有限公司	范飞翔	江油市	冶金	特种冶金制品
204	四川省江油市新华泰实业有限责任公司	邢春	江油市	冶金	耐腐蚀特种不锈钢
205	四川鑫鼎新材料有限公司	韩大京	江油市	冶金	高端复合材料、磁悬浮列车导电轨、安装轨、高端合金等
206	四川中物材料股份有限公司	李绍锡	平武县	材料	高新技术材料、化工材料、有色金属材料
207	绵阳昊天信息技术有限公司	羊敏	平武县	电子	音、视频及语言扩声设备、激光电视、特种电源等
208	华核电气股份有限公司	韩文兵	平武县	机械	高低压成套开关设备、直流设备、箱式变电站等
209	四川豪特实业集团有限公司	辜俊杰	平武县	机械	高端装备制造、新能源电动汽车及充电设备、工业机器人等
210	绵阳佳联印染有限公司	胡志强	三台县	纺织	中高档工装面料
211	绵阳佳禧印染有限公司	胡志强	三台县	纺织	中高档服装面料、军用迷彩面料
212	绵阳恒昌制衣有限公司	卢克凡	三台县	服装	军用服装、工装、职业装等
213	雅化集团三台化工有限公司	谭勇	三台县	化工	胶状乳化炸药、现场混装乳化炸药等
214	四川省三台水晶电子有限公司	何仁莉	三台县	材料	人工晶体材料、压电类传感晶片、无籽晶声表晶片等
215	四川三台力达泵业有限公司	何良贵	三台县	机械	泵类产品及配件
216	太极集团。四川天城制药有限公司	黄珠成	三台县	医药	凝胶剂、颗粒剂、糖浆剂等
217	绵阳宁瑞电子有限公司	王强	梓潼县	电子	网络滤波器、网络变压器功率变压器、一体成型电感等
218	四川省科学城海天实业有限公司	习彦	科学城	制造	环境智能调控集成装备、智能展柜、智能储存装置等
219	四川省科学城九九瑞迪数字成像技术有限公司	李红波	科学城	电子	辐射数字成像仪器和设备、医用 CT、显微 CT 等
220	四川久安芯电子科技有限公司	高欣	科学城	电子	数码电子雷管、军用起爆器材
221	四川睿光科技有限责任公司	许乔	科学城	电子	激光器、科学仪器
222	四川中物技术股份有限公司	吴兵	科学城	其他	利用中物院科技资源开展创业孵化服务等
223	四川久远投资控股有限公司	高文	科学城	其他	投资经营核技术应用、精细化工、环保产业等专业领域
224	四川神光石英科技有限公司	吴兵	科学城	材料	高端熔石英玻璃材料
225	四川久远科技股份有限公司	梁益忠	科学城	材料	高分子材料辐射加工

续表

序号	企业名称	法人代表	所在区域	所属行业	主要产品
226	四川久远特种高分子材料技术有限公司	刘波	科学城	材料	高端线缆及附件产品
227	四川久远银海畅辉软件有限公司	韩志华	科学城	电子	金保系统、区域卫生平台、大数据平台等
228	四川中物科技孵化管理有限公司	赵莉	科学城	其他	军转民项目孵化、军民两用技术项目产业化
229	四川科成机电设备有限公司	余海跃	科学城	机械	电子设备、电子机械产品、工业自动控制设备等
230	四川科莱立泊停车设备有限公司	余海跃	科学城	机械	智能立体停车设备
231	四川神工精密机械科技有限公司	肖永华	科学城	机械	精密超精密产品设计与制造、特种加工与服务等
232	四川艺精科技集团有限公司	王新	科学城	电子	光机电一体化、民用核技术、军转民成果推广、转化、孵化
233	绵阳艺精防辐射科技有限公司	邓幼宁	科学城	电子	核设施退役、放射性废物治理等
234	中物院激光聚变研究中心	陈晓东	科学城	电子	激光聚变理论、实验、设计、生产等
235	四川省科学城中心科技有限公司	李晓记	科学城	环保	环境工程、环保设备
236	四川省水处理及资源化工程技术研究中心	张海	科学城	环保	水污染治理、中水回用与节水、水资源和环境技术
237	绵阳市科学城红杉科技有限责任公司	韩长生	科学城	环保	污水处理、中水回用等
238	四川融圆聚能科技有限公司	唐永建	科学城	其他	技术转移、直接投资、基金管理等

科技城集中发展区

【概况】 2016年，市委、市政府加大科技城集中发展区建设，编制出台《绵阳科技城集中发展区核心区（安昌河以北片区）控制性详细规划》《绵阳科技城集中发展区核心区城市设计》等规划。启动区内科技城大道连接线段、奓口庙至金家林段的互通立交及道路，八家堰大桥、河边场镇风貌打造等项目完工；科技城大道河边段、塔九路道路建设工程建成通车，河边镇集中安置点、启动区1、2、4号路建设整体推进，启动区骨干路网基本成形，初步具备产业承载能力。全年集中发展区基础设施项目建设全年完成投资10.58亿元。

2016年，集中发展区推动实施重点产业项目67个，全年实际完成投资33.1亿元。其中，电子九所军民融合磁性材料产业园前期工作基本就绪；京东方第六代AMOLED（柔性）生产线项目建设开工；久信科技军民两用特种电容器产业化、川汽野马二期项目基建完成；永贵新能源电动汽车连接器、三阳3D打印技术产业化项目建成投产。

【科技城集中发展区建设领导小组会议】 2016年1月19日，科技城集中发展区建设领导小组第一次会议在市政府常务会议室召开。会议由市委副书记、市长、科技城集中发展区建设领导小组组长刘超主持。会议对2016年集中发展区建设任务、规划、土地、设计和科管委职能机构等方面的问题进行研究部署。8月26日，科技城集中发展区建设领导小组第二次会议在科发酒店召开。会议由市委副书记、市长、科技城集中发展区建设领导小组组长刘超主持。会议对集中发展区建设中的项目推进、综合管廊、规划设计、绵安第二快速通道线性调整、拆迁安置、项目用地等方面的问题进行研究部署。

【科技城集中发展区建设攻坚大会】 2016年4月14日，科技城集中发展区建设攻坚大会召开，绵阳市委副书记、市长、科技城集中发展区建设领导小组组长刘超出席会议并讲话。市委常委、副市长、科技城集中发展区建设领导小组副组长付康主持大会，市委常委、科技城党工委副书记、管委会常务副主任、市国资委党委书记、科技城集中发展区建设领导小组副组长颜超通报集中发展区建设推进情况，安排部署2016年建设任务；市委常委、副市长、科技城集中发展区建设领导小组副组长刘少敏代表集中发展区建设领导小组与相关单位签订目标责任书；高新区、涪城区、安县、市规划局、市国土资源局、科发集团做交流发言。

【科技城集中发展区地下综合管廊建设专题会议】 2016年6月8日，科技城集中发展区地下综合管廊建设专题会议在市政府第九会议室召开。会议由市委副书记、市长、科技城集中发展区建设领导小组组长刘超主持，市委常委、副市长、科技城集中发展区建设领导小组副组长付康，市委常委、科技城党工委副书记、管委会常务副主任、市国资委党委书记、科技城集中发展区建设领导小组副组长颜超，市委常委、副市长、科技城集中发展区建设领导小组副组长刘少敏，市政府秘书长谭岗出席会议。会议明确集中发展区地下综合管廊PPP项目的实施机构为科技城管委会；科发集团按照《关于在公共服务领域推广政府和社会资本合作模式的实施意见》（川府发〔2015〕45号）文件规定，代表政府出资，依法参股集中发展区地下综合管廊PPP项目公司。

9月3日，经过调整后的科技城集中发展区核心区综合管廊项目正式获得科管委立项批复（科技城管委函〔2016〕82号）。批复明确项目建设地点及占地面积、建设内容及规模、估算总投资及资金来源、建设工期等内容。（陈金宁）

图15　中国（绵阳）科技城军民融合股权交易中心

军民融合发展

【概况】 2016年，绵阳市按照《党中央、国务院、中央军委关于经济建设和国防建设军民融合发展意见》（中发〔2016〕12号）部署要求，构建“创新转化、产业培育、人才聚集、开放合作、金融服务”军民融合五大体系。在创新转化平台建设方面，全国唯一的国家军民两用技术交易中心挂牌运行，成立四川省军民融合研究院，组建四川军民融合高技术产业联盟，率先启动军民融合企业认定试点。在产业承载平台建设方面，加快建设规划面积281平方千米、建设用地面积110平方千米的科技城集中发展区，科技城大道等基础设施建成投用，中物院等军民融合产业园初具规模，国家核医学基地建设前期工作有序推进。在金融服务平台建设方面，组建3个军民融合金融服务中心，设立规模20亿元的全国唯一的军民融合成果转化基金，规模5亿元的军民融合产业发展基金。全年认定首批军民融合企业238家，实现军民融合企业总产值1370亿元，占工业总产值比重达到50%。

【军民融合创新转化】 2016年，全市依托在绵院所承担和参与的国家重大科技专项，着力打造世界一流科技创新基地，中物院某重大科研装置选址落户绵阳；中国空气动力研究与发展中心科研试验新区27座风洞全部建成，大型低速风洞、国家空气动力数值模拟军民融合重大工程纳入国家经济建设和国防建设融合发展“十三五”规划，中国燃气涡轮研究院建成亚洲唯一的高空模拟试车台，新承接国家“两机”（航空发动机、燃气轮机）重大专项。建成国家“863”计划强激光技术、冲击波与爆轰物理等国省重点实验室25个，核应用、空管交通等国省工程技术研究中心19个，国省市企业技术中心146个，国家及国际组织认证的实验室达到24个，产学研技术创新联盟15个。建成国内唯一的国家军民两用技术交易中心，2016年成交额突破8亿元。军民融合创客空间、各类孵化器、加速器近50个、总面积超过100万平方米。成立四川省军民融合研究院，推动军地、院地共同开展军民融合人才培养、协同创新和战略研究。牵头组建了四川军民融合高技术产业联盟，成员单位91家，联盟专家委员会专家40人（“两院”院士2人）。

【军民融合产业培育】 2016年，全市引导民营企业进入武器装备科研生产和维修领域，推动军工技术加速向经济领域转移转化，以军民融合为特色的现代高端产业体系初具规模。全力推进30平方千米的科技城集中发展区核心区建设，5平方千米启动区框架全面建成，基本具备产业承载能力，有50多个入区产业项目完成投资31亿元。规划建设十大军民融合产园，长虹智慧制造产业园、九洲空管二次雷达产业园、中航发航空与燃机产业园、中物院化工新材料产业园初具规模。率先开展军民融合企业认定，2016年认定首批军民融合企业238家，实现军民融合企业总产值1370亿元，占工业总产值比重达到50%。重大产业化项目建设加快推进，四川九洲二次雷达系统二期建设、绵阳永贵电器公司军工连接器、天津力神锂电池装配生产线等项目已建成投产，华丰连接器、长虹空调智能制造等项目加快推进。

【军民融合人才开发】 2016年，绵阳市创新人才工作机制，用好利益分配杠杆，激发各类人才创新活力，初步形成了人才有序流动、合理配置的良好格局。建立国际人才市场科技城分市场，成功对接42个引智项目。建立“国家外专局—绵阳市”人才项目直通车机制，实施4个国家重点引智项目计划、居全省第一。争取到6个国家级人才服务专项。建立年6000万元的人才发展专项资金，资助人才项目和团队520个、1.75亿元。设立军民融合重大人才团队资助项目，专项支持军民融合高层次人才团队、军民两用技术转化人才团队及军工单位民品研发团队建设，累计资助123个军民融合类项目共4560万元。建设国家科技城大学创新中心，7所高校在绵设立分支机构，开展成果转化、技术服务和人才培养。全市40所大中专院校开设军民融合相关专业186个，每年培养军民融合人才3.8万人。

【军民融合开放合作】 2016年，全市搭建务实高效的开放合作平台，与国内外军民融合先进地区的交流合作日益频繁。成功举办第四届中国（绵阳）科技城博览会，签约各类项目702个、金额1082亿元，并继续被评为“中国十佳品牌展会项目”。建设创新合作载体，欧盟项目创新中心·科技城分中心、英国剑桥科创孵化园入驻国际企业孵化器，建设中德（绵阳）高新技术产业园，与贵阳共建大数据战略重点实验室科技城研究基地，并以四川军民融合高技术产业联盟为纽带推动成德绵协同创新。积极融入“一带一路”，2016年新增境外投资1.1亿美元，全市实现进出口总额12.8亿美元，境外投资和进出口总额均居全省第二。

【军民融合金融服务】 2016年，全市促进科技与金融紧密结合，为军民融合发展提供专营化、特色化、市场化的金融服务，金融对军民融合发展的服务保障作用显著增强。设立全国首家军民融合科技支行、军民融合保险支公司和3家军民融合金融服务中心、7家科技型中小企业信贷服务中心。推出“研发贷”“项目贷”“专利权质押贷”等20多款特色金融服务产品、“央行科票通”等六大类近40种科技金融产品和“产品研发责任保险”等11个保险创新产品，军民融合贷款超200亿元。设立全国唯一规模20亿元的军民融合成果转化基金以及总规模34.5亿元的产业发展和基础设施建设等5支基金。成立川内首家“新三板”学院，建立绵阳科技金融信息服务网、绵阳中小微企业融资服务网2个信息服务平台和创新中心科技金融大厅、军民两用技术交易中心2个物理平台，川藏股权交易中心在绵设立军民融合分中心。

【四川省军民融合研究院成立】 2016年1月18日，四川省军民融合研究院在绵阳举行挂牌仪式。研究院由绵阳市与西南科技大学共建，双方共同把研究院建成全省军民深度融合发展的战略库、思想库和人才培养、技术转移、协同创新的“特区”。双方在研究院进行系统性、整体性、协同性改革先行先试，使其成为四川省高校、国防科研院所、军工企业、驻军部队在落实军民融合战略中的人才培养、协同创新、技术转移“特区”和战略研究智库。计划用3~5年的时间建设，建成绵阳科技城军民融合全面创新改革的试验田和示范地，推出一批可面向全省、全国范围复制推广的创新改革经验与成果。

【中国（绵阳）科技城军民融合创客空间启动运营】 2016年4月20日，四川省首个军民融合创客空间——中国（绵阳）科技城军民融合创客空间（简称“9号院”）在科学城海天大厦三楼正式启动运营。首批11个团队和15个项目入驻。9号院位于绵阳市绵山路64号中物院海天大厦三楼，集制造加工、交流培训、办公设计、成果展示于一体，办公及交流场地面积800平方米，采取“拎包入驻、创意实现、创新分享、开放合作、共同创业”的思想进行建设和运营。主要服务中物院等国防军工事业单位的科研人员，离退休人员及军转干部等。服务内容主要包含创业辅导：拥有技术、市场、管理、财务、投资等30人的资深创业导师团队；创业沙龙：提供管理咨询、企业诊断、培训沙龙；创业政策：提供国家、省、市、区各类政府扶持资金政策；项目对接：提供成果展示、技术交流、产品对接、信息咨询；投融资服务：对接银行及投融资服务机构,组织融资咨询；创业服务：提供人才引进、法律、财税及工商登记等。

【四川军民融合高技术产业联盟成立】 2016年4月26日，四川九洲集团领衔，中航工业成飞公司、中国第二重型机械集团、中电科第十研究所、四川长虹集团、中国核动力研究院等58家单位共同组建的四川军民融合高技术产业联盟在成都市举行成立大会。省市相关部门领导、联盟专家委员会专家以及联盟单位代表近200人参加大会。这是四川首个军民融合高技术产业联盟，联盟涉及核、航空、航天、军工电子、兵器装备、船舶、化工材料、民爆等相关领域，力争到2020年，全省军民融合产业主营业务收入突破6000亿元，联盟成员单位达到200家以上，构筑覆盖全面、体系完善、创新驱动、高效增长的军民融合发展新格局。四川九洲电器集团有限责任公司任联盟首届理事长单位。联盟致力于推动国家重大项目在川落地实施，确保在川重大武器装备科研、生产顺利完成，带动产业链配套企业及民参军企业发展，推动地方经济，并为国家军民融合发展战略提供可推广、可复制的经验。

（谢　慧）

高新技术产业

【概况】 2016年，绵阳市继续将引进培育高新技术和战略性新兴产业作为全市产业发展的“一号工程”，坚持以突出创新驱动、狠抓项目建设、优化产业布局、强化企业培育、抓好要素保障为着力点，全力推进“两新”产业加快发展。成功争取到国家级电子商务示范城市试点示范；信息惠民国家试点城市、国家中小城市网络基础设施完善试点工程、四川省电子商务示范城市、四川省宽带乡村试点工程等试点示范、北斗卫星导航产业区域综合示范、绵阳科技城军转民高技术产业链（第二批）项目等国家、省级试点均有序推进。推进“互联网+”与各领域深度融合，编制印发《绵阳市“互联网+”行动计划（2016~2020年）》《绵阳市2016年“互联网+”重点工作方案》《绵阳市推进“互联网+政务服务”开展信息惠民试点实施方案》。全市在建国家高技术产业发展项目26个，总投资243558万元，国家补助资金37180万元。在建国家、省高技术产业发展项目涉及全市电子信息、生物育种、北斗卫星导航、新材料等行业。

2016年，推动以九州集团牵头，北京航空航天大学、中航工业成飞公司、中国核动力研究设计院等73家单位联合组建起四川首个军民融合高技术产业联盟；军民融合航空发动机产业基地、绵阳科技城创新驱动核心示范基地入围四川省军民融合产业基地建设；推进创新平台能力建设，基于北斗的多模式智能信息技术研究与应用国家地方联合工程试验室项目，获国家发展改革委批复，四川湖山电器有限责任公司四川省数字音频工程实验室、四川省平板电视智能制造工程实验室等4个省级工程实验室获省发展改革委批复，全市省级以上工程实验室14家（其中国家地方联合工程实验室1家），位居全省前列。全市产业联盟15个，企业技术中心达146个。

【四川长虹电子集团有限公司】 四川长虹电子集团有限公司（简称“长虹”）创始于1958年，公司前身国营长虹机器厂是我国“一五”期间的156项重点工程之一，是当时国内唯一的机载火控雷达生产基地。从军工立业、彩电兴业，到信息电子的多元拓展，已成为集军工、消费电子、核心器件研发与制造为一体的综合型跨国企业集团，并正向具有全球竞争力的信息家电内容与服务提供商挺进。

长虹推进创新平台和能力建设，成功争取到国家工信部2016年首批中德智能制造合作试点示范项目、国家发改委企业技术中心成就奖、中国质检总局4项“中国标准创新贡献奖”等国家级试点示范和奖励，长虹公司“创新突破、追求卓越，系统提升平板电视产品可靠性”项目荣获中国质量协会2016年度质量一等奖，是全国家电业唯一获奖项目。全年共申请专利1059件，授权422件，其中“DTMB系统国际化和产业化的关键技术及应用”项目获得国家科技进步一等奖、两件专利获得第十八届中国专利奖优秀奖、五项专利获得工业设计大奖、一项专利获得四川省科技进步一等奖、一件专利获得四川省优秀专利一等奖；四川省平板电视智能制造工程实验室项目申报2016年四川省省级工程实验室，获得省发展改革委批复。

2016年，长虹排名中国电子百强企业第7位，中国制造业第64位，四川百强企业第1位，工业总产值1000亿元，产品销售总值707亿元，企业上缴税金26亿元，企业利润18亿元。

【四川九洲电器集团有限责任公司】 四川九洲电器集团有限责任公司（简称“九洲”）是国家保留军工科研生产核心能力的军工电子骨干企业，是军民融合式发展的大型高科技企业集团。公司前身——国营涪江机器厂（国营第七八三厂）始建于1958年，是国家“一五”期间156项重点工程之一。经过59年的建设，九洲发展成为军民融合式发展的大型高科技企业集团，是国家军民用二次雷达系统研制领军企业、国家空管系统科研生产基地、国家军转民示范基地、国家空管监视与通信系统工程技术研究中心、国家认定企业技术中心、博士后科研工作站、有线电视宽带网络系统和数字电视设备龙头企业、西部半导体照明器件和产品大型研发生产基地，是四川军民融合高技术产业联盟、四川省空管系统产业联盟、北斗卫星导航产业联盟的理事长单位，实现了军事电子与空管、北斗卫星导航、三网融合、物联网、电子商务与软件、LED、光电线缆等多个产业经营板块的协同发展。至2016年底，九洲总资产213.70亿元、净资产77.31亿元，占地面积约135万平方米，员工14500余人。

2016年，九洲主动适应经济发展“新常态”，聚力加快“军事电子”和“智慧城市”主业发展，主要经济指标继续保持适度增长：实现营业收入210.0亿元，同比增长2.42%；工业总产值205.0亿元，同比增长2.46%；销售回款246.61亿元，同比增长4.85%；国际化经营业务6.37亿美元，同比增长2.69%；利润总额7.0亿元；上缴税金3.93亿元，其中绵阳本地上缴税金2.61亿元。公司第二次荣获党中央、国务院、中央军委联合颁发的“某工程重大贡献奖”，是国防军工的最高荣誉，九洲是唯一获此殊荣的地方军工企业。此外，九洲承研的“××空域监视与控制系统”项目获国家科技进步奖二等奖，九洲公司党委荣获“全国先进基层党组织”，荣获“四川省模范劳动关系和谐企业”，连续三次荣获“全国军工能力建设先进单位”。

【中国工程物理研究院】 中国工程物理研究院（简称“中物院”）创建于1958年，在国家计划中单列户头，是以发展国防尖端科学技术为主的理论、实验、设计、生产的综合体，在北京、上海、深圳、成都等地设有科研分支机构或办事机构。主要从事冲击波与爆轰物理，核物理、等离子体与激光技术，工程与材料科学，电子学与光电子学，化学与化工，计算机与计算数学等学科领域的研究及应用，已形成专业门类齐全、先进设备与技术保障能力相配套的科研生产基地。中国工程物理研究院拥有职工约24000人，其中专业技术人员近1万人，技能人员7000余人，“两院”院士24名。中物院深入贯彻国家创新驱动发展战略，投身国民经济建设主战场，在确保完成国防科研生产任务的同时，发挥军品科研所积累起来的科学技术、人才、仪器设备等资源优势，促进《国家科技成果转化法》在中物院的落实，鼓励各创新主体和科技人员积极转化科技成果，推进实施科技成果转化实施管理办法。2016年全院军转民系统营业收入实现55亿元，利润4.3亿元，工业增加值6.1亿元。同比增长35.7%。

（彭　敏）

2016 年绵阳市在建国家高技术产业发展项目情况

表 16　　　　单位：万元

序号	项目名称	项目主管部门	项目总投资	国家补助资金	批准文号
			243558	37180	
1	四川农大高科农业有限责任公司优质“抗逆型”杂交水稻新品种选育及其产业化示范工程	四川省发改委	4610	600	发改办高技〔2012〕1961 号
2	四川国豪种业股份有限公司杂交水稻、小麦突破性新品种选育及配套制种技术创新和产业化示	四川省发改委	4326	600	发改办高技〔2012〕1961 号
3	四川长虹电器股份有限公司智能电视产业链建设	四川省发改委	4869	1500	发改办高技〔2013〕56 号
4	四川九洲空管技术有限责任公司基于北斗的水上防险救生保障信息化系统项目	四川省发改委	4800	840	发改办高技〔2013〕2140 号
5	四川好医生药集团有限公司大规模小分子活性化合物库及服务平台建设	四川省发改委	6350	1000	发改办高技〔2013〕2557 号
6	四川凯路威电子有限责任公司面向军工电子装备全寿命溯源管理的关键标识技术和平台技术的研发与产业化项目	四川省发改委	3000	600	发改办高技〔2013〕666 号
7	四川九洲空管科技有限责任公司新一代民用航空机载无线局域网系统研发及产业化项目	四川省发改委	3200	600	发改办高技〔2014〕2328 号
8	四川九洲电器集团有限责任公司、四川九洲北斗导航与位置服务有限公司四川省绵阳市北斗导航产业区域综合示范	四川省发改委	20701	1680	发改办高技〔2014〕2526 号
9	四川铁骑力士牧业科技有限公司“天府肉猪”生物育种能力建设及配套系培育与繁育体系构建项目	四川省发改委	7902	920	发改办高技〔2014〕2573 号
10	绵阳科技城军转民高技术产业链（第二批）项目（含子项目 14 个）	四川省发改委	118100	19665	发改办高技〔2014〕2892 号
11	四川虹云新一代信息技术创业投资基金（有限合伙）	四川省发改委	25000	5000	川发改高技〔2015〕28 号
12	四川省旭虹光电科技有限公司平板显示器专用盖板玻璃研发与产业化项目	四川省发改委	19000	2175	川发改投资〔2015〕539 号
13	中西部地区中小城市基础网络完善工程	四川省发改委	21700	2000	川发改高技〔2015〕486 号

科技型中小企业

【概况】 2016年，绵阳市继续实施“涌泉计划”，根据企业发展的不同规模和不同阶段需求，给予差异化的政策扶持和重点培育，推进企业上档升级。全市新增科技型中小企业2406家,累计达到9282家；新增规模以上企业77家；“新三板”挂牌企业达到18家，上市挂牌企业总数达30家。实施“绵阳人才计划”，用好用活每年6000万元人才发展专项资金，通过“千英百团”“涌泉计划”等项目，资助人才和团队270余批次，发放人才资助资金4555万元，强化绵阳对各类人才的吸引力，增强全市创新创业软实力。全市引进17631名大学毕业生到绵阳创新创业，其中高端领军人才137人、博士134名、硕士1464名；扶持641名大学生、2480余名草根能人创业。

【创新创业平台建设】 2016年，全市按照“专业化、市场化、国际化”的发展理念，围绕“众创空间（星创天地）+专业孵化器+特色孵化器+特色园区”产业发展链，结合各地发展特色和主要产业推进创新创业平台建设。全市新增孵化器7家，在科技部火炬中心备案的众创空间7家，科技部农村中心备案的星创天地10家。全市有众创空间18家，加速器3家，孵化器50家，孵化总面积超过100万平方米，入驻孵化企业和服务机构3200余家。欧盟项目创新中心·科技城分中心、剑桥大学科创孵化园项目等一批项目陆续签约。依托在绵院所、高校、企业，不断加强创新平台申报建设工作。

【科技型中小企业服务保障】 2016年，市级各部门及各县市区、园区继续抓好创新创业服务工作，优化企业发展市场环境。整合科技成果转化资金、技术研究与开发资金、专利资助与奖励专项资金、人才发展专项资金、科技型中小企业创新基金等专项资金，用于支持企业及创业创新公共服务体系发展和建设。财政还会同主管部门，争取国家、省各项资金，各级财政落实创新创业扶持资金近8亿元，其中市、县两级财政创新创业扶持资金约4亿元。放宽企业住所登记条件，推进“三证整合”“先照后证”等工作，为企业开办和成长提供便利化服务。做好“三证合一、一照一码”新旧执照换发工作的同时，实施“五证合一、一照一码”，全市发放“五证合一”执照4310份。全市落实创业就业、高新技术、小微企业等相关税收优惠政策减免税款8.56亿元。其中国税5.86亿元、地税2.7亿元。

【科技服务平台优化】 2016年5月，国家军民两用技术交易中心正式挂牌运营，中心完5000余项科技成果、300余名专家、6000余家科技型中小企业、200余项企业技术需求、500余件成果展品入库，入主服务机构80余家，交易金额突破8亿元。健全科技资源开放共享体系，提高科技资源利用率，市大型科学仪器共享服务平台仪器设备达1200余台套，全年服务企业500余家。

【科技金融服务】 2016年，全市新组建1家科技金融专营机构和3家军民融合金融服务中心，科技金融专营机构累计已达12家。截至年底，全市金融机构累计科技贷款余额218亿元，科技企业贷款户数1593家，其中新建信贷关系科技型中小企业165家。全市金融机构累计发放知识产权质押融资2.36亿元，放贷金额及单户单笔金额均居全省前列。

（何 波）

科技城人才工作

【概况】 2016年，科技城人才工作坚持“抓人才就是抓发展抓创新”理念，围绕实施创新驱动、军民融合发展战略，深入推进体制机制改革，在政策创新、引育方式、工作影响力上实现格局性变化。全市加速构建全创试验人才开发体系，制定“四项工作机制”“三大试验方案”和“‘十三五’人才规划”，完成45项改革，发布全省首个军民融合人才培育方案，成立四川军民融合产业高技能人才培训基地；开展海外人才到绵阳创新创业简化服务3项试点。首次启动“军民融合专项团队”“涌泉团队”电商企业专项和“人才服务脱贫攻坚”3大项目，开展“千英百团”“涌泉计划”“柔性引才”等十大人才项目资助工作，实施创新型企业家培育计划，推进国家科技城大学创新中心建设，引进7家高校设立分支机构。加快中国国际人才市场国家科技城（绵阳）分市场建设，与51家国内知名人力资源机构开展合作。全年吸引137名高端领军人才、134名博士、1464名硕士到绵阳创新创业。

【全面创新试验人才开发体系】 2016年，市委组织部牵头制定“四项工作机制”“三大试验方案”和“‘十三五’人才规划”，完成45项改革，形成14条特色经验纳入市全创经验库，3条拟向国家申报推广。发布全省首个军民融合人才培育方案，成立四川军民融合产业高技能人才培训基地。绵阳人才工作保障全面创新改革试验，得到省委常委、组织部部长范锐平肯定性批示。设立招商引资与招才引资联动专项，给予创业类团队最高2000万元资助、投资类企业最高200万元团队建设资助。完善事业单位人员离岗创业政策，出台激励科技人员双向流动试点方案，绵阳正成为创新创业的热土。建立“一带一路”国际医疗人才合作机制，开展海外人才到绵阳创新创业简化服务3项试点，为海外人才到绵阳发展建立绿色通道。

【实施重大人才工作项目】 2016年，全市申报国省重大人才项目，1人入选国家“万人计划”，1人入选省“杰出创新人才奖”，10人入选省“千人计划”，23人入选省创新型企业家培养计划，数量均居全省第二。开展“千英百团”“涌泉计划”“柔性引才”等十大人才项目资助工作，首次启动“军民融合专项团队”“涌泉团队”电商企业专项和“人才服务脱贫攻坚”3大项目，资助147个人才（团队）、4555万元。实施创新型企业家培育计划，在清华大学开设3个专题班，258名企业负责人参加2周系统培训。联合市商务局实施“绵阳市优秀电商创业青年、电商干部人才奖励项目”，支持电商企业进军农村，支持贫困村干部带动当地发展电商项目，表扬奖励20名优秀电商创业青年和30名优秀干部。

【拓展人才交流工作平台】 2016年，全市强化校地合作，组织开展第13批25名清华大学博士研究生在绵社会实践活动，与武汉大学、北京大学就研究生社会实践、企业家培训建立合作关系；推进国家科技城大学创新中心建设，引进7家高校设立分支机构。扩大引才渠道，举办第四届科博会人才交流大会，引进25名专家，达成6000万元大学生创业项目投资；举办海外高新科技人才走进科技城推介会，与6家海外华侨华人协会签署人才合作协议；加快中国国际人才市场国家科技城（绵阳）分市场建设，与51家国内知名人力资源机构开展合作。组织召开并邀请中央赴川博士服务团参加“创新驱动·绿色发展博士高峰论坛”。完成美国前副国务卿、哈佛大学教授查理·库珀考察团和中组部、新华社内参联合采访组到绵阳考察。

【人才服务保障机制】 2016年，绵阳市委托省科协在全省率先启动人才专项资金第三方评价，为继续争取省上支持打下坚实基础。新增投促、商务、旅游、金融、物流、博览等6个市级部门为人才项目责任部门，为京东方等重大项目提供“一对一”服务，人才工作服务招商引资、企业发展等更加有力。组织走访优秀人才3480人次，发放慰问金近300万元。促成市委主要领导在中央第17批博士团行前培训班上作主旨发言，在首都机场发布绵阳人才创新创业广告，在《人民日报》《中国组织人事报》和《四川日报》广泛宣传绵阳人才政策，吸引137名高端领军人才、134名博士、1464名硕士到绵阳创新创业。

图 16　国际人才市场国家科技城（绵阳）分市场与外国高级专家组织签署引智协议

【国际人才市场国家科技城（绵阳）分市场与外国高级专家组织签署引智协议】 2016年9月22日下午，在第四届科博会投资推介会暨集中签约仪式上，国际人才市场国家科技城（绵阳）分市场分别与德国高级专家组织（SES）、白俄罗斯国立技术大学科技园（POLYTECHNIC）签订引进国外智力项目合作协议。该协议是经四川省外国专家局授权，科技城（绵阳）分市场取得与外国专家组织合作，为省内用户派遣专家、管理项目的职责权限。标志着科技城（绵阳）分市场成为省内首家直接与境外高级专家组织建立长期稳定友好合作关系的人才中介机构，为科技城乃至全省引进交流高层次外籍专业技术人才搭建一个高效便捷的平台。

SES组织是与国家外国专家局签订协议的一个德国公益性机构，主要为德国高级专家安排对外无偿的知识传授和技术指导。SES与绵阳市常年保持良好的合作关系，2016年来为绵阳市引进5名专家，为绵阳市医疗、医药、农业、管理等领域提供帮助和支持。在9月21日举行的引智项目洽谈会上，绵阳市4家企事业单位7个项目向SES申请。白俄罗斯国立技术大学科技园（POLYTECHNIC）是中白两国政府间科技合作项目的白方牵头单位之一，与绵阳市属首次合作。该组织与白俄罗斯科技委员会、白俄罗斯科学院等白俄罗斯知名机构建立有合作关系，在光学、电子、激光技术、材料、能源、生物、重型机械、医疗器械、农业等领域拥有较丰富的专家资源。

【中国知名人力资源机构技术与服务洽谈活动】 2016年9月21~24日，绵阳市人力资源和社会保障局主办、绵阳市人才服务中心、中国国际人

图 17　中国知名人力资源机构技术与服务洽谈活动

才国家科技城（绵阳）分市场承办的人力资源机构技术与服务洽谈活动在绵阳成功举办。此次活动是第四届科博会人才交流与成果展示活动的一项重要活动，来自中国南方人才市场、广东省人才交流协会、中国成都人才市场和任仕达、诺姆四达、前程无忧等51家国内知名人才资源机构参展参会，展示九大类43项人力资源服务产品，与绵阳市67家企业进行对接洽谈，就人才引进、人才培训、人才测评等方面达成初步合作意向。会上发布近3000条高层次人才需求。活动旨在为全市企业与国内知名人力资源机构搭建交流沟通的平台，让企业了解最新的人力资源服务产品项目，实现国内外先进人力资源服务技术与绵阳企业的有效对接，吸引更多中高端人才。

【外国人来华工作许可制度试点】 2016年，绵阳市按照省人社厅统一部署，11月1日起正式启用《外国人工作许可通知》和《外国人工作许可证》，开展外国人来华工作许可制度试点工作，原发放的有效期内的外国专家来华工作许可、外国人就业许可、外国专家证、外国人就业证继续有效。根据国务院审改办决定，“外国人入境就业许可”和“外国专家来华工作许可”整合为“外国人来华工作许可”（简称“两证整合”），“两证整合”工作实现外国人来华工作许可审批流程更加简化优化，分类标准更为科学合理。为提高行政效率，国家外国专家局开发全国统一的“外国人来华工作管理服务系统”，实现“一码”（机构代码）申请、“一窗”受理、“一网”办理、“一号”管理，信息资源与外事、公安等部门共享互通，做到“数据网上行，信息多跑路，企业少跑路”。“两证整合”为绵阳科技城建设构建具有国际竞争力的引才用才机制，提高外国人才管理服务水平，促进外国人才引进数量、质量和结构，为科技城发展需要提供更多人才支撑。

【深圳龙华四川绵阳技术技能人才校企对接交流会】 2016年3月28日，深圳龙华四川绵阳技术技能人才校企对接交流会在绵阳举行，来自深圳市龙华新区的30家企业与绵阳市16家大中专职业院校的代表就人才需求、员工薪酬、人才培养等内容进行洽谈研讨，并就对接事项签订框架性合作协议。本次活动由市人社局、深圳市龙华新区社会建设局主办，以“校企对话，绵阳深圳加强合作”为主题，分为校企合作交流会、校园招聘会和院校考察三个部分，针对现在普遍存在的就业难和招工难“两难”问题展开深入交流与探讨，探索长效合作机制，拓宽就业渠道，促进创业就业。对接交流会上，30家企业代表分别对企业概况、用工需求及合作意向专业等进行详细介绍，参会学校代表也对学校办学规模、专业分布、校企合作方式等进行介绍。对接交流会后，企业代表实地走访九洲高级技校和职业技术学院两所重点院校，并就定向培养、工学结合和定向输送等校企合作的具体模式进行交流。作为深圳重要的电子信息产业和优势传统产业聚集基地，龙华新区产业基础扎实，工业化程度较高。辖区有各类工业企业9000余家，其中规模以上工业企业800多家，生产领域涉及电子信息、医药制造、汽车、机械铸造、服装、卷烟等。

（袁　鸿）

第四届中国（绵阳）科技城国际科技博览会

【概况】 2016年9月21至24日，第四届中国（绵阳）科技城国际科技博览会（简称“科博会”）在绵阳国际会展中心举行。科博会由科技部、四川省人民政府主办，科技部火炬中心、四川省科技厅、绵阳市人民政府等15个单位承办，得到全国工商联、中国侨联、中央军委装备发展部、中央军委科技委、国防大学、联合国工业发展组织（UNIDO）等单位支持。科博会以“科技创新　军民融合　开放合作”为主题，展览面积7万平方米，设军民融合馆、国际及港澳台馆、高新技术产业馆、区域合作与人才馆、智能生活体验等5个室内场馆，以及大型装备设备、新能源车产业生态等2个室外展区。科博会期间，举办国际军民融合创新发展论坛、中国制造2025高峰论坛、中美省州高科技合作研讨会、科技成果发布与交易、科技人才交流与成果展示、科博会投资推介暨集中签约仪式、主题日活动、采购商大会、中国创新创业大赛军转民大赛等46项活动。本届科博会主宾国为美国。俄罗斯、马来西亚、泰国、阿联酋、以色列等国家知名企业和政府代表参会参展；全国重点科研院所、高等院校、重点企业887家单位参展。科博会展陈项目2067项、展品9141件，参会嘉宾近万人，观众超过60万人次。其中，专业观众近9万人次，增长13%。签约产业投资、成果交易、产品采购、投融资、四大经济区等各类项目702个、金额1082亿元；促成各方签订科技成果交易及合作意向协议444项，签约金额73亿元，增长5%；首设的轮值市州（凉山彝族自治州）主题日活动现场签约项目8个，投资额57.9亿元。

【科技成果交易】 科博会期间，四川四大经济区参展推出科技项目325个、展品1442件。集中发布科技成果需求103项、军民融合科技成果和专利技术205项，促成各方签订科技成果交易及合作意向协议444项，签约金额73亿元，比上届增长5%。组织投资推介暨集中签约等产业投资推介活动7场次，积极推动200余家国内外采购商、近300家供应商到会对接，全力促进102家投融资机构与300多家企业对接。本届科博会，累计签约招商引资项目182个、投资额706.5亿元；四大经济区签订项目协议52个、投资额157.5亿元，其中今年首设轮值市州（凉山州）主题日活动，现场签约项目8个、投资额

57.9亿元；国内外知名采购商到会采购132亿元；促成投融资机构与企业签订16个投融资意向协议，签约金额7.8亿元。第五届中国创新创业大赛军转民大赛上，国内外100余家风投企业现场路演投资，36个获奖项目获得意向投资5.6亿元。

【人才与交流合作】 科博会期间，组织开展万名专家服务基层行动计划、海外赤子为国服务行动计划等高端人才交流对接等活动8场，其中国家级活动3场。举办大型专题讲座和学术交流活动27场。120名国家级技能大师工作室带头人进行经验交流；外国专家组织成功对接42个引智项目。展会期间，任仕达、诺姆四达等51家知名人力资源机构与67家企业签订人力资源合作协议，4家投资机构与5个创业项目达成投资协议，20个创新创业项目及高技能人才成果与39个商家达成合作协议。举办国际军民融合创新发展论坛、中国制造2025高峰论坛等11场论坛活动。商务部国际贸易谈判副代表张向晨，国防大学副校长毕京京，美国驻成都总领事谷立言等4500余名嘉宾出席论坛活动，80余位专家学者发表主旨演讲，从军民融合深度发展、产业转型升级和全面创新改革试验等重点领域，为科技城建设出谋划策、建言助力，形成50余项理论成果。

科博会期间，省政府与商务部共办中美省州经贸合作会、中美省州高科技合作研讨会等系列活动，30余家美国高科技企业以及21个美国市州代表出席相关活动。四川省联合中美各方共同发布《加强四川省与美国各州及城市经贸合作中国（绵阳）科技城行动计划》。

【国际军民融合创新发展论坛】 2016年9月21日，以“全面创新改革，军民深度融合”为主题的第四届中国（绵阳）科技城国际科技博览会国际军民融合创新发展论坛在绵阳市举行，中外嘉宾围绕军民融合发展的核心和问题展开探讨。中国人民解放军国防大学副校长毕京京，国家发改委经济与国防协调发展司司长王树年，市委书记、科技城党工委书记彭宇行，中国科学技术发展战略研究院党委书记林新，国家国防科工局党组成员、直属机关党委书记王承文，亚太空间合作组织副秘书长门诺·阿平马，巴基斯坦驻成都副总领事博哈利，匈牙利驻重庆总领事馆商务领事史俊辉作主题演讲。主题演讲结束后，举办以“凝心聚力，融合发展”为主题的风云对话，从理论界、工商界探讨军民融合体制机制创新，并就如何发挥军工技术优势，服务区域经济发展，如何加快军民协同创新、助推军民融合深度发展，如何营造民营企业参与国防建设的生态环境等话题展开对话交流。

【外国专家组织引智项目洽谈活动】 2016年9月21日，四川省外国专家局主办，绵阳市人力资源和社会保障局、中国国际人才市场国家科技城（绵阳）分会场承办的外国专家组织引智项目洽谈活动在第四届科博会人才馆举行。来自四川省林业科学研究院、绵阳市中心医院等企事业单位申报的涉及工业、农业、医疗等领域引智需求项目，与法国志愿专家协会（AGIRabcd）、法国专家义务咨询协会（ECTI）、意大利高级专家服务组织（ISES）、以色列高级专家组织（MATAT）、白俄罗斯国立技术大学科技园（POLYTECHNIC）、德国高级专家组织（SES）进行项目对接，达成专家引智项目42项。外专引智活动是历届科博会人才交流与成果展示的重要活动内容，是面向全省21个市州企事业单位，柔性引进外籍高层次人才和项目，服务地方经济社会建设的重要专业技术与人才交流合作平台。

【第四届科博会美国主宾国活动】 2016年9月21日，美国馆开馆，本届科博会邀请美国担任主宾国，设置3500平方米的美国馆，分设高新企业参展区、选择美国专区、中美省州合作中方秘书处展三大区块。活动期间，举行中美省州高科技合作研讨会。会议宣读《加强四川省与美国各州及城市经贸合作中国（绵阳）科技城行动计划》，明确四川省在中美商贸联委会机制下，按照中美省州贸易投资合作联合工作组部署，建立与美国各州及城市商务部门合作机制，搭建双向贸易投资促进平台，持续推动四川省及省内城市与美国各州及城市开展宽领域、多层次的双向经贸促进活动，努力提升川美经贸合作水平，实现对美经贸合作走在中西部前列。研讨会上，微软、艾默生、戴尔、谷歌、长虹、九洲等中美企业以“携手创新合作、共享发展机遇”为主题进行演讲。

【“中国制造2025”高峰论坛】 2016年9月22日，以“创新制造，绿色发展”为主题的第四届中国（绵阳）科技城国际科技博览会“中国制造2025”高峰论坛在绵阳市举行。来自国内外的院士、专家、500强企业、知名制造企业围绕论坛主题和供给侧结构性改革、美国国家制造业创新、欧洲未来工厂研究、制造业材料创新等热点问题进行讨论，为制造业深化改革建言献策，为企业转型把脉问诊。同济大学校长、中国工程院院士钟志华，中国机械工业联合会专家委名誉主任、国家制造强国建设战略咨询委员会委员、原机械工业部党组成员、总工程师朱森第，美国国家自然科学基金执行总监布鲁斯·克拉默，美国辛辛那提大学讲座教授、美国国家科学基金会智能维护系统产学合作中心主任李杰，法国阿尔斯通公司海外事务副总裁丹尼尔·卡德特，新加坡国立大学教授、英国皇家工程院外籍院士、新加坡工程院院士、印度国家工程院院士、东盟工程技术院院士、新加坡工程师学会未来制造技术委员会制造业集群主席司朗姆·拉莫克瑞士纳作题为《中国制造2025与汽车产业发展》《供给侧改革与〈中国制造2025〉》《美国国家层面制造业创新与网络制造发展规划与进展》《欧洲发展未来工厂的规划与进展》《实时材料信息化技术助力未来制造发展》的主旨演讲。主旨演讲结束后，围绕“论新技术、新模式与创新力培育，如何促进绵阳产业职能转型”开展高峰对话，就当前国际化新形势和未来发展方向进行探讨，对国内企业总结制造强国建设的思路和经验，提出相关政策措施建议，为推动制造业由大变强提供智力支持。

【投资推介会暨集中签约仪式】 2016年9月24日，第四届中国（绵阳）科技城国际科技博览会举行投资推介会暨集中签约仪式。世界500强、国内500强企业、行业100强、央企、国企、知名民企、商（协）会、科研院所、大专院校、投资机构、金融机构和高新技术企业等390多家企业机构的560多位客商嘉宾出席投资推介会暨集中签约仪式。签约仪式累计签约项目182个、签约金额706.5亿元，现场签约项目62个、签约金额358.7亿元，内容涉及旅游、健康养老、新材料、节能环保、机械制造、农业精加工、人才等领域。其中绵阳签约项目138个、签约金额606.86亿元，投资方为国、境外项目7个、签约金额38.29亿元。

（杨　玲　刘　刚）

产业园区

【绵阳高新技术产业开发区】 位于绵阳城市规划区西侧，辖永兴、磨家、河边三镇和普明街道办事处，面积105平方千米，人口30余万人。高新区是科技城核心园区之一，形成了电子信息、汽车及零部件、新材料以及军民融合等主要产业集群发展态势，是全省重点培育的2000亿园区、国家知识产权试点园区、全国科技服务体系试点园区、全国“十佳电子商务园区”。

2016年，高新区实现地区生产总值269.65亿元，增长9.1%；区属规模以上企业工业增加值为增速达到10.2%；全区85家规模以上工业企业实现总产值1092亿元；社销零总额为123.4亿元、增长16%；一般公共预算收入10.15亿元、增长7.1%；军民融合企业45家，实现军民融合产业产值778亿元、增长7.4%；实现电子商务网络交易额470亿元、网络零售额40亿元。全区全社会固定资产投资完成110.9亿元，增长13.2%。京东方绵阳第6代AMOLED（柔性）生产线等重点项目开工建设，国内省外到位资金67.55亿元，增长62%。野马汽车二期、永年3D打印等15个省市重点项目完成投资38.4亿元。14家被认定为高新技术企业，同比增长27.3%；新增科技型中小企业488家、增长19.6%，累计总数达到1610家，位居全市第1；以创业服务中心、生物医药专业孵化器2个国家级科技企业孵化器为基础，引入社会资本，通过政企联建、企业自建方式建设首战、网赢、融鑫等民营孵化载体，全年新增孵化面积4.5万平方米，全区孵化总面积达26.9万平方米，其中民营孵化面积达14.7万平方米；全年专利申请1890件，同比增长22.3%；赛卓药业、众工机械、福德机器人、长虹新能源等公司在“新三板”挂牌。全年投入资金6839万元，完成省市民生项目85个；投资1.35亿元，完成“美丽绵阳二期”17个项目建设工作；推进茅针寺村统建房、防灾减灾园统建房分房工作，河边统建房等项目正顺利推进；实现新增就业4008人，城镇登记失业率为3.95%。

（张海艳）

【绵阳经济技术开发区】 是中国（绵阳）科技城“一城三区”发展战略的核心区、四川省优秀工业园区、四川省新型工业示范基地。辖区面积70余平方千米，实有人口15万人。2016年，经开区辖区实现地区生产

图 18　绵阳高新技术产业开发区二环路普明立交桥

图 19 长江经济带东、西部国家级经济技术开发区签署"结对子"合作共建协议

总值（GDP）211.2亿元，同比增长9%；工业总产值658.6亿元，增长10.1%；区本级实现地区生产总值62.05亿元，同比增长9.2%；规模以上企业实现利润7.43亿元；服务业增加值增速12.8%，社消零总额增长率12.7%，外贸进出口总额1.4亿美元；区本级公共财政收入4.53亿元；全社会固定资产投资实现94.19亿元，同比增长10.4%。完成国内省外到位内资59.17亿元，到位外资3008万美元，新引进项目62个，协议引资67.7亿元。

2016年，经开区重点推进46个项目建设，利尔化学2500吨化学品生产线技术改造项目等7个项目实现开工，华晨瑞安、旭虹光电等36个工业投资（技改）项目完成入库。预算产业发展专项资金8918万元扶持重点企业，组织蜀邦实业等7家企业通过"园保贷"融资3470万元。引入日昇基金与四川长虹教育科技有限责任公司形成6000万股权投资。全年新增规模以上工业企业8家，总数达到96家。新认定省级企业技术中心1家，市级企业技术中心3家，总数达到25家。新建孵化器、加速器2.65万平方米，总数达到6个，面积达15.65万平方米。新增科技型中小企业303家，累计达到990家，其中规模以上科技型中小企业8家，总数达到48家。实现战略性新兴产业产值38.3亿元，实现高新技术产业产值55亿元。完成专利申请量1362件，发明专利申请量316件，专利授权量918件，专利技术项目实施转化产值整长12.5%。设立电商产业园，入驻企业100余家，电商交易规模达到4.5亿元，网络零售额3亿元。

11月11日，在"2016阳澄湖黑马大赛"全国总决赛中，经开区四川宝天智控系统有限公司特种智能无人机创业项目经过激烈角逐，以1469万虚拟投资额夺得全国总决赛冠军。12月1日，在"长江经济带东、西部国家级经开区交流合作活动"会议上，绵阳经济技术开发区和昆山经济技术开发区签订合作框架协议，缔结为友好合作开发园区。同月，绵阳华晨瑞安年产600万支凸轮轴一期项目开工建设。（马敬明）

【科教创业园区】 位于绵阳城区以北的园艺山片区，是绵阳科技城建设核心区，四川省省级开发区。园区面积13平方千米，辖1个街道办事处，有9个社区，人口2.2万人，常住人口10万余人。园区以电子信息、节能环保为支柱产业，电子商务、云计算、大数据、高端装备制造等相关产业为主。2016年评为全国创业孵化示范基地。

2016年，全区生产总值56.69亿元，比2015年增长1.0%，完成目标任务104.8%；单位地区生产总值（GDP）产出达到4.39亿元/平方千米，现实固定资产投资39.5亿元，比2015增长1.0%。

园区有2个省重点工业技改项目（四川九州电子科技股份有限公司的"宽带家庭接入系统项目"和"基于'北斗'卫星通信技术的船舶通设备研发及产业化项目"）。园区电子信息和高端装备制造两大主导产业实现规上工业总产值27.91亿元，占全区规模以上工业总产值的98.2%。其中电子信息产业实现规上工业总产值19.94亿元，同比增长26.1%；高端装备制造产业实现规上工业总产值7.97亿元，同比增长68.1%。引进10余家互联网+企业，培育高新技术企业18家；培育规模以上企业9家，4家区内企业在"新三板"挂牌上市。全年实现专利申请量1567件，专利授权实现560件，实现技术交易额14028.16万元。新增科技型中小企业363家，24家科技型中小企业通过国家高新技术企业认定，12家科技型企业通过市级认定为规模以上企业。完成规模以上服务业企业入库7家，完成服务业固定资产投资35.84亿元，服务业增加值增长10.6%；投入电商基地使用面积5万平方米，220余家电商企业入驻，全年实现电子商务交易规模415亿元。科技服务平台"微服驿站"完成用家注册1487家，开设店铺560余家，入驻投融资机构14家。

2016年，园区有思迈创投孵化器、科创孵化器、五通孵化器、绵阳师院校地合作处、长虹虹云孵化器、蜂创加速工场、同心孵化器、网谷孵化器10余家"孵化+创投"新型孵化器，孵化面积5000余平方米。推动四川九州电子科技股份有限公司"年产100万线实现网络数据和个人信息保护的宽带家庭接入网解决方案"等10个科技城集中发展区建设项目，投资5.86亿元，完成投资2.71亿元，竣工4个项目。

【西南科技大学国家大学科技园】 2001年8月经科技部、教育部批准在绵筹建的全国首批国家大学科技园，2003年通过科技部、教育部验收正式成立。科技园是科技成果转化、高新企业孵化、创新创业人才培养、服务地方经济的重要平台，被批准成为“国家技术转移示范机构”“国家级科技企业孵化器”“国家级高校学生科技创业实习基地”、首批“四川省大学生创新创业示范俱乐部”“省级大学生创新创业园区(孵化基地)”、“省级小企业创业示范基地”等，入选全国首批“军民融合科技服务机构”名录，成为国家科技城区域创新服务体系的重要组成部分。大学科技园可自主使用的场地面积达到2.32万平方米，孵化场地面积约1.97万平方米，入园孵化企业拥有各类知识产权176项。

2016年，大学科技园参与组建“中国大学科技园联盟”“西南地区大学科技园联盟”和“中国高校技术转移联盟”。促成脉冲激光清洗技术、电脑花样机控制系统、MYJK-106冻土环境效应自动监测系统等43项科技成果入园转化。新增入孵企业32家，现有在孵企业106家，新增孵化毕业企业7家。入孵企业新增知识产权44项。协助企业融资2555.33万元。入孵企业获得各类纵横向项目立项16项，立项经费1758.8万元。通过科技部组织的“国家级科技企业孵化器”考核。科技园成功转化全天候单色谱成像仪、嫌疑人人脸识别报警系统、一种球柱结合型地震逃生舱等16项国防科技成果；睿光科技、铭宇电子、中盾金卫等15家入孵企业被绵阳市认定为军民融合企业。牵头组建成立“四川省军民融合研究院”。与军事科学院军民融合研究中心签订战略合作协议。依托“军民融合”四川省社会科学高水平研究团队，获科技部、省军民融合推进办、省全面创新改革办、省政府办公厅、省发改委、省科技厅、省社科联等部门7个重大项目或重点课题立项支持。 (张丁杰)

【绵阳仙海水利风景区】 2003年6月成立，面积75平方千米，人口2.3万人，辖15个村和2个居委会。2016年，创新开展“健康仙海”全域管理服务工作，完善卫生“三级网络”建设，推进区人民医院七曲分院建设;全民免费体检，居民电子档案建档率超过95%。出台“总部经济招引优惠政策”“现代服务业企业招引优惠政策”等6项招商引资政策，签约韩国橘子功成和奥特莱斯、杭州绿城旅游康养产业园项目，引进四川仁信能源有限公司、浙江仁智有限公司绵阳分公司等企业到区内注册经营。“科技游乐场”“帐篷自驾车营地”“景区环境整体提升”等项目稳步推进。

2016年，全区实现地区生产总值7.3亿元、同比增长6.1%，完成全社会固定资产投资23.1亿元、同比增长0.6%，实现公共财政收入8495万元、同比增长6.18%，到位内资11.66亿元，社会消费品零售总额4.58亿元、同比增长12.7%，服务业增加值4.62亿元、同比增长7.4%，城镇居民人均可支配收入29370元、同比增长11.7%，农民人均纯收入实现16058元、同比增长14.5%，接待游客214.6万人次、同比增长42.1%，实现旅游收入2.67亿元、同比增长35.3%。

2016年，仙海区被水利部纳入“典型国家级水利风景区”建设重点指导单位，被省旅发委纳入“十三五”期间国家级旅游度假区创建重点指导单位，被水利厅纳入国家公园“河湖公园”精品景区支持名录，被省发改委纳入“十三五”文化创意型特色小镇发展规划，获2016全国水利风景区博览会最美景区奖。

(车 静)

【金家林总部经济试验区】 园区规划范围北至新永安北路、南至安昌江、西至安县界碑、东至二环路，规划面积33.7平方千米，其中涪城区25平方千米，安州区8平方千米。园区以总部城、新型工业集中区、新城镇、基础设施等项目为载体，建成面积4平方千米，完成投资135亿元，累计开工面积100万平方米，先后被授牌为“国家级科技企业孵化器”“省级科技孵化器”“省级大学生创新创业园区”“省级信息安全产业基地”。2016年，试验区完成固定资产投资29亿元，实现地方公共财政收入1800万元；工业产值25亿元，其中规模工业产值15亿元。

2016年，试验区完成投资4.4亿元。累计完成投资15亿元，建成道路16.8千米，铺设雨污水管网30千米。完成滨河北路等7条道路、3条管廊拆迁摸底，涉及拆迁农户370户、拆迁企业42家。完成首期PPP建设工作方案，包装首期PPP基础设施项目19.6亿元。试验区金融中心全长

图20 位于石桥铺的跨境电子商务产业园

1千米，有建筑11栋，建筑面积16万平方米。截至年末，签约入驻基金小镇、大地保险、中科招商、邮储银行绵阳市分行、涪城信用联社、金嘉担保公司、鼎力担保公司、鋆升小额贷款公司等金融项目。引入50亿元的四川长虹岚裕智慧基金、100亿元的四川申万宏源长虹并购基金两家。启动军民融合产业园续建项目，标准厂房建成面积总计1.3万平方米。军民融合工业企业5家，软件企业18家，新增认定高新技术企业2家。

2016年，绵阳软件产业园新增入驻软件企业80家，入驻软件企业总数达到170家，新增集聚专业人才200人，申请专利240余件。建成微软国信安“互联网+”众创空间、甲骨文高级创新人才培训认证中心、长虹中地能新能源孵化器、绵阳市创兴孵化器等孵化平台建设，引入企业19家，累计孵化器引入培育项目50余个。全年包装和推出高新技术产业和战略性新兴产业项目10个，引进国内省外高新技术产业和战略性新兴产业项目15个，其中1亿元以上投资工业项目3个，到位资金13.5亿元。绵阳软件产业园加大与高等院校合作，与绵阳职业技术学院昶信孵化器联合共建软件学院。9月，软件学院正式开班，有学员32人。截至年末，参与软件学院办学企业达到7家。11月，软件产业园被认定为国家级孵化器。孵化器入驻企业143家，毕业及出孵企业累计20余家，聚集软件人才1800余人。

【四川游仙经济开发区】 是省级经济开发区，由东南北3个特色园区和本部组成。2016年,园区完成招商引资到位资金（小枧沟镇）27.85亿元，占区上下达工作目标任务的100.2%；园区主营收入完成430亿元（含南、北、东区），实现规模工业总产值140亿元，完成固定资产投资53.1亿元，完成工业投资目标任务30亿，完成技改投资28亿元，限上企业社销零总额800万元，外贸进出口总额4510万美元，；旅游收入1.3亿元，完成规模以上服务业企业入库数2个净增规模企业3家，发展科技型中小企业44家

2016年,开发区实际竣工项目8个，兴事发现代科技产业园一期、思迈陶瓷插芯技改扩能、海祥电子陶瓷材料及芯片生产、普兰特锂电池生产、移峰能源电动汽车充换站建设、信合磁性材料生产线、南宇科技汽车液体辅料生产线建设、创而意高温热泵除湿和热水供给系统建设全面完成。成功申报认证军民融合企业37家（不含科学城21家），数量居全市各区市县第一。在《绵阳市十大军民融合产业园培育“梧桐计划”》中，开发区的智能制造及信息安全产业园、中航发航空与燃机产业园、中物院核技术应用产业园（A）区成功入围。军民融合规模以上企业达23家，实现产值128亿元，占全区工业总产值38%，同比增长15%。全年争取国家、省、市项目专项资金到位1.06亿元，占目标任务的354%。完成招商引资到位资金27.85亿元，占全年工作目标任务的100.2%，其中国内省外到位资金24亿元，占下达目标任务的100%。

【四川绵阳安州工业园区】 是省级工业开发区，全省“51025”重点产业园区、知识产权试点园区，纳入绵阳国家科技城集中发展区规划建设，2015年12月绵阳市政府批复成立四川绵阳汽车产业园。

园区拥有汽车产业园、电子信息产业园、生物医药产业园、军民融合产业园等多个专业园区。同时，凯江工业集中发展区、物流产业园、建材产业园加快建设，汽车及零部件、精细化工两大主导产业和生物医药、电子信息、建材三大传统优势产业集约集聚集群。2016年5月，安县撤县设区，四川安县工业园区更名为四川绵阳安州工业园区。

2016年，工业园区102家规模以上企业工业总产值实现219.66亿元，同比增长12%；规模企业利润实现10.39亿元，同比增长20%。其中核心区49家规模以上企业工业总产值实现108.43亿元，同比增长16%；规模企业利润实现6.01亿元，同比增长26%；核心区实现国税8243万元，地税4634万元；新增规模企业6家，新注册科技型中小企业26家。

2016年，园区委托中国汽车技术研究中心编制《四川绵阳汽车产业园发展战略规划》，6月通过了四川绵阳汽车产业园发展战略规划评审会。完成创业路延长段450米市政道路建设；组织平台公司积极包装项目，成功申报国家专项建设基金5500万元。聘请6名国内知名高校、企业、协会、研究机构的专家学者，组建四川绵阳汽车产业园发展专家顾问团，为汽车产业发展提供智力支撑。用好用活“园保贷”“助保贷”融资新模式，通过“助保贷”模式帮助中小企业贷款2150万元，缓解企业融资难困境。

2016年，创业服务中心入驻企业135家，其中科技型企业53家、大学生创业17家、中介服务机构5家。聚集各类企业、创业人才865人，取得专利7件，新型实用技术60件，知识产权25件。截至2016年底，中心入驻企业总投入达2.31亿元，实现销售收入1.74亿元，缴纳税收1029万元。

2016年，汽车产业园累计生产汽车105619辆，产值683693万元，销售102351辆，销售收入651168.9万元。其中安州区汽车产业实现规上企业工业总产值30亿元，整车生产2.87万辆，实现整车产值16.8亿元。

【四川江油工业园区】 是省级工业开发区。位于江油市区以南，以涪江为界分为东、西两区。2001年3月被省政府确定为省级重点开发区。面积28.02平方千米。是四川省“1525工程”成长型重点培育园区、新型工业化重点培育基地、“51025”重点培育产业园区、新型工业化产业示范基地、知识产权试点园区、“园保贷”试点园区。2016年，园区规划区域规模工业总产值实现387.5亿元，比2015年增长11.3%；实现营业收入351.4亿元，增长10.8%；园区营业收入占全市规模

工业营业收入的71.3%；实现税收收入14.9亿元，同比增长9.8%。全年完成固定资产投资30.07亿元，入库项目12个，总投资35.96亿元；新增规模企业2家，规模以上工业企业达到146家，其中：高新技术企业26家，高新技术产业工业总产值233.4亿元，占规模以上工业总产值的51.1%。全年招商引资共签约协议24个，其中直接协议投资项目22个，协议总投资156.328亿元，到位资金30.57亿元（其中“两新”产业项目到位资金28.33亿元），同比增长20.8%。

江油工业园区拥有院士（专家）工作站2个，博士、硕士工作站2个；国家级检验检测中心1个、省级工程技术研究中心1个，省级企业技术中心5个、市级企业技术中心10个，建有科技创新孵化平台3个，总面积达1.42万平方米；历年累计申请1317件，获授权944件，拥有中国驰名商标1个，四川省著名商标6个，绵阳市知名商标5个，中国地理标志保护产品1个，名牌产品13个。

全年签约协议24个，其中企业投资项目22个（协议总投资156.328亿元），委托招商协议2个。业园区在建工程项目37个，东二期棚户区改造四标段、卓璟光电产业园项目一期等20个项目竣工验收。争取农发行20亿元整体城镇化建设项目融资贷款，利用该项资金对江油工业园区环境进行改造。（李　钊）

【四川省三台工业园区】 是经国家发改委批准命名的省级开发区，是“省级中小企业创业园区”。园区规划面积44平方千米，建成12.2平方千米，规划定位为城市拓展区、产业聚集区和经济增长区。2016年12月，三台县委、县政府对三台工业园区实行综合改革，出台《关于开展三台工业园区综合改革试点的实施意见》，从创新优化园区空间布局、创新优化园区运行管理体制、创新优化园区项目推进机制、创新优化财政管理体制、创新优化园区市场运营、创新园区公共服务保障机制、创新优化园区考核激励机制7个方面对园区进行综合改革。对原两江工业集中区和芦溪工业集中区实行统一管理，明确园区梓州产城新区（两江工业集中区和五里梁片区）、原芦溪工业集中区两大板块组成。五里梁片区重点布局城市业态及现代商贸项目，建设集“水韵、绿都、康城”于一体的环境宜人、配套完善、宜居宜业、充满活力的高品质复合型山水活力新城；原两江工业集中区重点布局现代工装产业链上的生产、设计、研发、孵化、物流、电子商务、培训等产业项目，建设以服装加工、展示、交易为一体、产城相融的“绵阳高端纺织服装产业园”；原芦溪工业集中区依托麦冬等特色农业资源优势，重点布局发展农副产品精深加工和生物医药产业，建设“绵阳健康食品产业园”。

2016年，三台工业园区全年规模以上工业企业实现总产值55.7亿元，增长13.2%。主营业务收入55.76亿元，增长11.15%，产销率达96.88%。实现利税总额6.2亿元，增长25.22%。实现园区营业收入增速13.55%，产业集中度72。高新技术和战略性新兴产业产值分别增长20.73%、24.12%。完成技改投资10.25亿元，工业投资13.17亿元。新增科技型中小企业60家，其中规模以上科技型中小企业5家，新增国家高新技术企业2家，高新技术企业产值达11亿元。专利申请量250件、授权量100件。专利技术项目实施转化产值增幅达9.5%。（李国强）

【四川北川经济开发区】 北川通用航空产业园、山东产业园和香泉石材产业园组成。属省级开发区，规划面积12.87平方千米，主要发展新材料、电子信息、机械制造、食品药品加工等产业。

2016年，全区投产企业29家，规模以上企业18家，完成工业总产值12.93亿元，比2015年增长11%,完成销售收入11.04亿元,比2015年增长11%；实现税收2756万元，比2015年增长59%。园区重点项目18个，完成重点项目投资9.2亿元，带动就业2713人。年内签约“大美羌城”—泛美航空科技城等项目9个，投资总额60.3亿元，到位资金10.9亿元。

通航产业园位于新县城西南，是绵阳市十大军民融合产业园之一，科技城“一核三区多园”的重要组成部分。园区规划面积15平方千米，是集制造、研发、运营、培训、维修、旅游服务于一体的具有通航全产业链的高端特色园区，建设有长1000、宽30米的跑道、相应的联络道和停机坪以及通信导航、机库、供油、航管综合楼等配套设施齐全的一类通用机场。2016年，园区基础设施建设投资10亿元（征地拆迁），完成机场区域（北川境内）和无人机产业园场平工程，建成2.66千米龙翔大道，430米和1000米长临时起降点各一条。2016年，园区被国家发改委等四部委列为全国首批国家级航空飞行营地示范工程。

山东产业园位于新县城东南，是北川经开区起步区，面积1.2平方千米，园区基础设施由山东援建，总投资7.7亿元，主要发展电子信息、新材料和食品药品加工等产业。2016年，蓝星玻璃年产10万平方米彩釉生产线进入试产，特飞公司新研发的两款机型进入试验应用阶段。新增企业10家，累计入驻43家。投产企业实现工业总产值8.93亿元，销售收入7.83亿元，上缴税金2147万元，带动就业1063人。

北川石材产业园位于香泉乡境内，面积1.58平方千米，是以石材产业为支柱，集物流仓储、科研、开发、生产、展示、服务为一体的现代石材产业园。园区有“中国米黄大理石之乡”区域品牌和“北川米黄大理石”国家地理保护标志产品。2016年，园区年产“羌山米黄”大理石板材200万平方米，各类碳酸钙粉体100万吨。2016年，产业园实现产值4亿元，销售收入3.21亿元，上缴税金609万元，解决就业1650人。

【四川梓潼经济开发区】 位于县城以南，控制面积10.5平方千米，规划

图 21　梓潼飞鸣发电场

控制面积4.17平方千米。辖南桥村、幸福村和南桥社区，人口14226人。园区有集聚各类工业企业79家，其中规模企业36家。2016年，经开区规模企业实现产值102.76亿元，同比增长15.34%；实现营业收入100.13亿元，同比增长23.16%；实现利润2.15亿元，同比增长16.94%。其中食品产业实现产值63.65亿元，同比增长17.2%；轻纺产业实现产值15.14亿元，同比增长10.9%；电子机械产业实现产值1.76亿元，同比增长8.1%，主导产业集中度达到78%以上。

2016年，园区固定资产投资4.92亿元，完成竣工工业项目6个（福欣食品、林江苎麻、山峰混凝土、天磁项目、科家机械、超兰扩建），工业投资3.31亿元。累计投入基础设施建设资金6.5亿元。截至12月，金辉生物、均益科技、合力植化、华西动药、惠泉生物5家医药企业实现总产值6.41亿元，占经开区规模企业总产值6.4%，较同期增长15.1%。

【四川盐亭经济开发区】　是省级开发区，绵阳（盐亭）生物技术特色产业园。经开区毗邻盐亭县城新区，规划面积14.4平方千米，建成区面积10平方千米，辖7个社区，人口1.5万人。2016年，园区实现工业总产值14.42亿元，其中规模以上工业总产值10.69亿元，同比增长22%；营业收入实现16亿元，其中工业企业营业收入13亿元（规模以上工业企业营业收入9.29亿元），同比增长20%；完成税收总额4352万元，增速为24%；入驻工业企业总数达到42家（规模以上企业16家），从业人员总数4859人，产业集中度达到80%。

2016年，引进天鸿生物科技等9家企业，实际到位资金4.85亿元，新增就业岗位1000个。机电制造产业方面，耀达工业园锻造项目完成调整，更名为威斯卡特盐亭工厂，并与国际知名的博格华纳汽车零部件有限公司合作，推动汽车零部件制造转型升级。梓江机电产业园厂房主体建设完成，中宇橡塑新材料科技、闽锋环保科技等轮胎资源循环利用企业入驻并投产，2016年机电制造产业实现产值约1.2亿元。新型建材产业方面，依托金和集团，完成装配式建材产业园的规划和设计方案。建丰林业、兴隆科技、晋深科技等投产企业满负荷生产，2016年新型建材产业实现产值约2.8亿元。生物医药产业方面，引进天鸿生物科技、润祥生物科技2家企业，美迪康、新华康2家投产企业保持高效运转，迪澳制药项目厂房及基础设施建设全面完成，2016年生物医药产业实现产值约1亿元。

2016年，园区累计向省上争取地方债券资金2.59亿元，向县财政争取资金8000万元。新华康生物科技有限公司植物药用成分研发团队获得绵阳市“涌泉计划”支持资金100万元。梓江河堤建设争取到农发行专项资金1000万元。1月，绵阳天鸿生物科技有限公司落户盐亭经开区。6月，盐亭经开区非公企业党建活动中心正式建成并投入使用。7月，盐亭县梓江左岸月园段堤防建设工程项目正式开工，项目总投资1.96亿元。

【河北·平武工业园区】　位于科技城集中发展区，高新区的磨家镇和河边镇境内，是一块不在平武县境内的“飞地”。是中国（绵阳）科技城新能源汽车产业园。2016年，园区累计完成固定资产投资2.3亿元，实现工业总产值5.56亿元，综合性税收2073.39万元；全年签订投资协议项目6个，协议引资6.5亿元，实现省外到位资金5.57亿元；成功争取省、市各类专项资金567万元；引进企业总数达到39家（入驻标准化厂房11家），其中落地建设企业达到26家，建成投产企业27家（入驻标准化厂房11家）。园区营业收入增长54.4%，完成市上下达营业收入增长12%目标的453%；产业集中度为78.2%。高新技术产业总值2.03亿元，培育高新技术企业1家，重点产业增速（新能源汽车装置及配件制造）26%；包装推出项目10个。实现融资1亿元。

2016年，园区纳入科技城集中发展区的项目建设顺利推进。由高新区打捆进行EPC招标建设，开工建设“二号道路”，主体工程计划完成70%计划投资2170万元，实际投资额达到2200万元；开工建设“四号道路”，主体工程计划完成20%，计划投资2088万元，实际投资达到2500万元。天津力神锂离子动力电池西南生产基地一期PACK生产线项目建设全面完成。完成省、市战略新兴产业、技改等各类专项资金项目申报18个，争取到位补助资金567万元。园区内的中物、华核、豪特、昊天4家企业被认定为绵阳市军民融合企业，四川清川科技有限公司为国家级高新技术企业。　（顾　林）

【绵阳出口加工区】　2005年6月3日经国务院批准设立，规划面积0.56平方千米。绵阳出口加工区基本形成以电子信息和电子商务为支柱的产业格局。一期封关区内入驻美国普思电子有限公司、四川虹锐公司和台湾连康公司等5家工业企业，中外运和华泰2家物流企业，其中外资项目2个，实际利用外资656万美元，完成工业总产值7.67亿元，进出口总额4.43亿美元，其中出口额2.4亿美元。二期待封关区累计引进四川安和、九州数码和台湾利庆等18家工业企业，佳里大通、民航快递等6家物流企业，美捷达、恒隆32家等中小微科技企业，其中中外项目2个，完成工业总产值4.84亿元。

出口加工区累计投入5亿多元，建成道路5千米，隔离围网4千米，建成3000平方米检验检疫平台、海关监控系统“全域通”系统和海关报关辅助管理平台、永久性关卡等通关设施，建成标准厂房11幢12.1万平方米，监管仓库2座1860平方米，职工宿舍2万平方米，大型餐饮中心2340平方米，便民服务中心4000平方米，综合办公大楼3546平方米等配套设施。

绵阳跨境电商产业园投资5亿元，规划建筑面积20万平方米，建成11.3万平方米。具备电子商务、跨境电子商务、O2O线上线下体验中心、商务办公、研发、孵化、金融、电商人才培训中心、综合配套服务等功能于一体。跨境电商产业园实现网络交易额392亿元，网络零售额40亿元，在线交易税收6000万元，新增电商品牌20个，新增光彩国际、谷歌、慧聪网、优传、易田等电商企业116家。截至2016年12月30日，累计引进电商企业280家。4月，被中国国际电子商务中心评为“中国十佳电子商务园区”。（邓晓丽）

沉抗水库航拍图

1997 年

3 月 18 日，武都引水工程骨干囤蓄水库——沉抗水库在游仙区沉抗镇开工建设。该水库投资 1.97 亿元，是以灌溉为主，兼顾城市供水、发电、旅游等综合利用的大型水利枢纽工程，1999 年 4 月竣工。

4 月 19 日，绵阳城区第一条宽 50 米的南北干道——长虹大道全线竣工。该工程北起绵江路口涪江铁路桥，南至南山亚太啤酒厂，全长 8.4 千米，总投资 1.46 亿，1993 年 12 月 20 日动工兴建。

4 月，四川长虹电子集团公司“长虹”彩电商标被国家工商局认定为“中国驰名商标”，这是绵阳市首个“中国驰名商标”。

7 月 3 日，绵阳机场建设工程正式开工。该机场 1989 年列入绵阳市筹建计划，1994 年 7 月国务院批准立项，按民用 4D 级规划，民用 4C 级建设。机场选址于绵阳城区南郊 7 千米的松包梁，故又名绵阳南郊机场。

12 月 20 日，亚洲最大的 2.4 米跨声速风洞在中国空气动力研究与发展中心通气试车成功，标志中国跨声速空气研究试验能力跻身世界先进行列。

中国共产党绵阳市委员会

Mianyang City Committee of the Communist Party of China

概 述

【概况】 2016年，中共绵阳市委学习贯彻习近平总书记系列重要讲话精神，按照“四个全面”战略布局，践行“五大发展理念”，落实省委治蜀兴川方略，牢牢把握科学发展、加快发展工作取向，坚持创新驱动军民融合、坚持“两化”互动城乡统筹、坚持深化改革全面开放，统筹推进“五位一体”建设和党的建设，努力在全省率先次级突破、率先全面建成小康社会，加快建设国家科技城和幸福美丽绵阳。全年，全市地区生产总值（GDP）实现1830.4亿元，同比增长8.3%，规模以上工业增加值增长9.9%，固定资产投资增长10%，社会消费品零售总额增长12.4%，地方一般公共预算收入同口径增长8%，实现“十三五”良好开局。

【国家科技城建设】 2016年，市委坚持全面创新改革试验引领中国（绵阳）科技城建设，聚焦军民融合主攻方向，加快构建军民融合创新转化、产业培育、人才开发、开放合作、金融服务“五大体系”，国家层面拟推广的17条经验中，绵阳“在绵国防科研设施资源共享”和“应收账款融资服务”2条入选。“绵阳市军民融合整体推进”入选“2016四川十大经济影响力事件”。出台《军民融合企业认定管理暂行办法》，首批认定军民融合企业238家；全国首家军民融合两用技术交易中心在绵阳建成运营。科技城范围内实现地区生产总值1288.95亿元，增长9.2%；工业增加值730亿元，同比增长9.4%；固定资产投资1003.18亿元，同比增长13.6%；R&D经费占地区生产总值比重7%，高新技术产业化指数78.9%，科技进步综合水平指数68.3%，科技进步贡献率55%。

【高端产业发展】 2016年，全市围绕两个“一号工程”深入推进，坚持以引进培育高新技术产业和战略性新兴产业为重点加快发展现代工业，全市“两新”产业产值占工业总产值比重分别达到53.5%、36%，保持全省领跑优势。以大力发展电子商务和“互联网+”为重点加快发展现代服务业，电商企业实现交易额2550亿元，同比增长31%，获批国家级电子商务示范城市。

【全面深化改革】 2016年，全市扎实推进全面深化改革、供给侧结构性改革，2项改革入选“2016四川十大改革转型发展案例”。6月7日，市委全面深化改革领导小组召开第十一次会议，会议审议《绵阳市推进供给侧结构性改革总体方案》和“去产能、去库存、去杠杆、降成本、补短板”5个专项工作方案。7月25日，全市系统推进全面创新改革试验工作动员大会召开，贯彻落实全国科技创新大会和全省科技创新、科技奖励大会暨系统推进全面创新改革试验工作会议精神，研究部署绵阳市系统推进全面创新改革试验工作。9月22日，市委办、市政府办印发《绵阳市系统推进全面创新改革试验2016年工作计划》（绵委办〔2016〕57号）。强化责任、细化任务，列出清单、挂图作战，切实抓好各项工作任务的落地落细落实。9月8日，市委印发《关于进一步加强改革落实工作的意见》（绵委发〔2016〕18号）。12月30日，市委、市政府印发《绵阳市生态文明体制改革实施方案》（绵委发〔2016〕21号）。举办第五届中国（绵阳）科技城国际科技博览会等重大活动，引进投资465亿元的京东方项目成为绵阳史上最大的单体工业项目。全年到位国内省外资金420.7亿元，在全省排名跃居至第2位，绵阳经济发展动力活力持续增强。

【民生工程建设】 2016年，全市实施“幸福绵阳”工程，十项民生工程和19件民生大事全面完成，率先在全省实现农村义务教育学校学生免费午餐全覆盖，建成全省最大的居家养老服务信息平台，法治绵阳、平安绵阳建设扎实推进，获全国首批民生改善十佳典范城市。大力实施“美丽绵阳”工程，打好大气、水、土壤污染防治“三大战役”，全市森林覆盖率、城市绿地率分别达到53%、36%，获国家森林城市。全市把北川、平武和全市丘陵地区脱贫攻坚示范区作为主阵地，真抓实干，精准扶贫，全年脱贫3.64万人、退出贫困村73个。社会组织扶贫和产业扶贫做法，分别得到国务院副总理汪洋、省委书记王东明肯定性批示。

【全面从严治党】 2016年，全市各级党组织扎实开展“两学一做”学习教育，完成市县乡换届。7月29日，市委常委会议审议通过《中共绵阳市委工作规则》（绵委发〔2016〕14号），《中共绵阳市委常委会议事决策规则》（绵委发〔2016〕15号）。11月23日，中共绵阳市委七届二次全会专题研究部署加强和规范党内政治生活、严格党内监督、进一步推进全面从严治党，审议通过《关于加强和规范党内政治生活严格党内监督进一步全面从严治党的决定》，通过聚精会神抓党建，一心一意谋发展，推动全市党的建设工作全面进步。 （李坤阳）

中国共产党绵阳市第七次代表大会

【概况】 2016年10月10~12日，中国共产党绵阳市第七次代表大会召开。大会听取和审查中国共产党绵阳市第六届委员会工作报告；听取和审查中国共产党绵阳市第六届纪律检查委员会工作报告；选举中国共产党绵阳市第七届委员会；选举中国共产党绵阳市第七届纪律检查委员会。参加本次代表大会的代表名额为499名。全市基层党组织参与率达99.1%，党员参与率达93.7%。全市基层党组织推荐代表候选人推荐人选2390名，经党委（党工委）集体研究确定候选人初步人选673名。涵盖经济、科技、政法、教育、文化、卫生、国防等各条战线，兼顾了县市区、市级部门、乡镇（街道）、村（社区）、“两新”组织等各个层面。有优秀共产党员、劳动模范、先进工作者等先进模范人物301名，占代表总数的60.3%。其中，受省（部）级以上表彰的119名，市委、市政府表扬的107名，县市区党委、政府表扬的75名；具有大专以上文化程度的473名，占代表总数的94.8%；具有中级以上专业技术职称的93名，占代表总数的18.6%。代表大会编设12个代表团。其中，9个县市区各编为1个代表团，分别以县市区命名；科技城党工委、市直机关、园区、科学城办事处、军分区与武警、消防部队的代表，合编为2个代表团，分别以市直一团、市直二团命名；市国资、交通、住建、教体、司法、卫计系统，西南科技大学、绵阳师范学院、绵阳职业技术学院、四川中医药高等专科学校、四川幼儿师范高等专科学校、电子九所的代表合编为1个代表团，以企事业代表团命名。

【第七次代表大会代表团第一次会议】 2016年10月9日，中国共产党绵阳市第七次代表大会召开各代表团第一次会议。传达代表团召集人会议精神，通报市第七次党代会筹备情况；推选各代表团团长、副团长；酝酿大会主席团、秘书长、代表资格审查委员会建议名单；酝酿大会议程（草案）。会上，各代表团召集人强调会议纪律，要求与会代表认真遵守各项规定，严格执行纪律，以饱满的热情、负责的态度，聚精会神、全力以赴开好市第七次党代会，圆满完成大会各项任务。

【第七次代表大会主席团第一次会议】 2016年10月9日，第七次代表大会主席团第一次会议召开。会议由中共绵阳市第七次代表大会秘书长付康主持。会议通过大会主席团常务委员会名单，推举彭宇行为大会主席团常务委员会召集人。在主席团常务委员会召集人彭宇行主持下，会议通过马骏、张学民、岳勇、邹若力为大会副秘书长。通过代表资格审查委员会关于代表资格的审查报告；通过列席人员和邀请来宾事项；通过大会日程；通过大会秘书处工作机构设置及工作任务；审查全市党费收缴、使用和管理情况报告。

【中共绵阳市第七次代表大会预备会议】 2016年10月9日，中国共产党绵阳市第七次代表大会在市委党校知行堂主会议厅举行预备会议。会议由彭宇行主持。会议应出席代表499人，实到480人，符合法定人数。会议通过大会主席团名单、大会秘书长名单、代表资格审查委员会名单和大会议程，宣读成立大会临时党组织有关事宜。会上，与会人员还集中观看警示教育片《镜鉴》。

【中国共产党绵阳市第七次代表大会】 2016年10月10日上午，中国共产党绵阳市第七次代表大会召开。会议由刘超主持。市第七次党代会代表499名，出席开幕大会的代表

图22 10月12日，中共绵阳市第七届一次全体会议新当选常委媒体见面会

488名，符合规定人数。大会主席团常务委员是彭宇行、刘超、蒋仁富、马华、张锦明、陈兴春、付康、李亚莲、马骏、颜超、张学民、唐炼、岳勇、夏凤俭。会议上，彭宇行代表中国共产党绵阳市第六届委员会向大会作题为《科学发展加快发展为开创国家科技城和幸福美丽绵阳建设新局面而努力奋斗》的报告。省委党建办副主任程文茂，省纪委、省委组织部有关负责人到会现场指导。应邀参加大会的有：中国工程物理研究院等中央和省在绵阳单位党组织主要负责人，驻绵阳部队主要负责人，担任过副厅级以上领导职务的离休老干部，市人大常委会党外副主任，市政府党外副市长，市政协党外副主席，市级各民主党派主委，以及部分在绵阳挂职干部。列席大会的有：不是代表的六届市委委员、候补委员和市纪委委员，不是代表的七届市委委员、候补委员和市纪委委员候选人预备人选，不是代表的市直部门党员主要负责人，不是代表党的关系在绵阳的部分大型国有企业党员主要负责人，不是代表的中央和省直属机构在绵阳单位党组织主要负责人。

【中国共产党绵阳市第七次代表大会闭幕大会】 2016年10月12日，中国共产党绵阳市第七次代表大会闭幕大会召开。会前召开代表大会第二次会议，到会的490名代表以无记名投票方式，选举出58名市委委员、11名市委候补委员，选举出35名市纪委委员。彭宇行主持闭幕大会并讲话。大会宣布第二次大会选举出的市委委员、市委候补委员、市纪委委员名单。大会通过关于中国共产党绵阳市第六届委员会工作报告的决议，通过中国共产党绵阳市第六届纪律检查委员会工作报告的决议。应邀参加大会闭幕式的有：中国工程物理研究院等中央和省在绵单位党组织主要负责人，驻绵阳部队主要负责人，担任过副厅级以上领导职务的离休老干部，市人大常委会党外副主任，市政府党外副市长，市政协党外副主席、市级各民主党派主委，以及部分在绵阳挂职干部。列席大会闭幕式的有：不是代表的六届市委委员、候补委员和市纪委委员，不是代表的市直部门党员主要负责人，不是代表党的关系在绵阳的部分大型国有企业党员主要负责人，以及不是代表的中央和省直属机构在绵阳单位党员主要负责人。

【中共绵阳市委七届委员会第一次全体会议】 2016年10月12日下午，中国共产党绵阳市第七届委员会第一次全体会议召开。会议由彭宇行主持。出席会议的市委委员58人，候补委员11人。市纪委委员列席会议。全会讨论通过《中国共产党绵阳市第七届委员会第一次全体会议选举办法》。全会选举彭宇行、刘超、付康、李亚莲、马骏、颜超、张学民、岳勇、元方、夏凤俭为中国共产党绵阳市第七届委员会常务委员会委员，选举彭宇行为中共绵阳市委书记，刘超、付康为中共绵阳市委副书记。全会听取并通过中国共产党绵阳市第七届纪律检查委员会第一次全体会议选举结果的报告。马骏任市纪委书记，任斌、王友富、魏坤任市纪委副书记。

【中共绵阳市委七届二次全体会议】 2016年11月23日，中共绵阳市委七届二次全体会议召开。全会由市委常委会主持。市委书记彭宇行做讲话。全会深入学习贯彻党的十八届六中全会和省委十届九次全会精神，审议通过《关于加强和规范党内政治生活严格党内监督进一步推进全面从严治党的决定》，对深入推进全面从严治党做出全面部署。

（李坤阳　张永兴）

重要决策与部署

【市委经济工作暨城市工作会议】 2016年1月7日召开。市委书记彭宇行主持会议。会议贯彻党的十八届五中全会、中央经济工作会议、中央城市工作会议和省委十届七次全会、省委经济工作暨城市工作会议精神，落实市委六届十次全会部署，总结2015年经济工作，研究部署2016年经济和城市工作，推动全市经济持续健康发展，实现“十三五”良好开局。市委副书记、市长刘超对2016年经济工作和城市工作做具体部署。市人大常委会主任蒋仁富、市政协主席张世虎、市委副书记张锦明出席会议。市委、市人大常委会、市政府、市政协主要负责人，各县市区、园区和科学城办事处党政主要负责人，分管城市工作的负责人，市级各部门主要负责人，部分在绵阳科研院所、高校和国有企业负责人，全市10亿元以上规模工业企业负责人参加会议。

【农村工作会议】 2016年2月29日召开。会议由市政府副市长经大忠主持。会议传达中央、省委农村工作会议，中央、省委1号文件和市委六届九次、十次全会，市委经济工作暨城市工作会议精神，回顾总结“十二五”农业农村工作，安排部署2016年及“十三五”农业农村工作。会前，市委书记彭宇行，市委副书记、市长刘超对做好全市“三农”工作做出批示。会议宣读先进单位表彰名单，江油、游仙被表彰为2015年度全省“三农”工作先进县，北川、平武被表彰为2015年度全省农民增收工作先进县。会上，三台、梓潼、盐亭、涪城被表彰为2015年度全市“三农”工作先进县市区，会议表扬全市新农村建设、农村改革、脱贫攻坚、农民增收、农业产业化经营等先进单位。

【绵阳市“两学一做”学习教育工作会议】 2016年4月19日，绵阳市“两学一做”学习教育工作会议召开。会议由市委副书记、市长刘超主持。会议贯彻落实中央、省委“两学一做”学习教育工作座谈会精神，对在全市党员中开展“两学一做”学习教育进行动员部署。市委书记彭宇行出席并讲话，市人大常委会主任蒋仁富出席。市委常委、组织部部长岳勇对全市“两学一做”

图23　11月7日，绵阳市文明城市建设工作会议召开

学习教育作工作安排。市委、市人大常委会、市政府、市政协负责人，各县市区党委负责人、组织部部长，各园区党工委书记、党群部部长，市直各部门党组（党委）主要负责人，党的关系在市委的企事业单位党委主要负责人，部分在绵阳国有企业主要负责人参加会议。

【文明城市建设工作会】　2016年11月7日召开，市委副书记、市长、市文明委主任刘超主持会议。会议通报2016年文明城市建设情况，安排部署下一阶段文明城市建设各项工作。绵阳市委书记、市文明委第一主任彭宇行出席会议并讲话。会上，市委常委、宣传部部长、市文明委副主任张学民通报绵阳市文明城市建设工作情况。涪城区、高新区普明街道办事处、游仙区李杜祠社区、市公安局、市城管执法局、市政务服务管理局分别进行发言。与会人员一同观看绵阳城区不文明现象曝光短片。市级有关部门负责人参加会议。　（李坤阳）

市委办工作

【概况】　2016年，市委办严格按照全省党委秘书长办公厅（室）主任会议要求，牢牢把握科学发展、加快发展工作取向，大力实施“能力提升”“干部成长”“干部关爱”“廉洁修身”四大工程，真抓实干、开拓创新，群力群策、尽职尽责，各项工作取得显著成绩。《中办通讯》《秘书工作》征订分别获全省一等奖和特等奖。

【办文服务】　2016年，市委办落实改进文风有关要求，起草第七次党代会报告等文稿718篇，编发市委《工作通报》27期，速录领导讲话稿400余篇，协助审改新闻稿件近700篇。严格执行“一个口子进出”办文制度，制定《市委党内规范性文件合法性审查办法（试行）》等文件，汇编印发《绵阳市党委办公室工作手册》，全年制发文件571件，办理请批性文件4300余件次；整理编报各类信息3.2万余篇，编发《绵阳信息》《绵阳信息专报》等刊物近800期，超额完成中办信息直报质量系数，被省委办采用信息总分数、总条数、要目数均位居第二位，两人荣获全省党委信息工作先进个人。推行跟班培训制度，针对县市区党委办公室与部门办公室人员开展业务轮训，全年20人次到省委办、市委办顶岗锻炼、跟班培训，人均培训2个月。

【办会服务】　2016年，市委办严格控制会议数量，注重提高会议质量，制定《市委会议活动质量内控清单》和《责任单位会议活动质量检查清单》，推行“沟通协调—渠道申报—审核审批—统筹实施”四步工作法。主办、承办市第七次代表大会、第四届科博会等大型会议活动99次，筹办市委经济工作暨城市工作会议等各类会议156次，整理编发市委议事纪要6期。制定《常委会议议事规则》，对标省委有关会议标准，做好市委常委会会议方案编制、议题收集、材料审核等工作，承办市委常委（扩大）会议49次、书记专题会17次、市四套班子秘书长及军分区政治部主任联席会议2次。

【办事服务】　2016年，市委办科学编排市委主要领导日程计划、市领导《每周日程安排》，制订活动方案，科学组织现场活动，联络协调国家、部省领导34人次参加第四届科博会、2016电商峰会等重大活动，联系协调省领导到绵阳调研活动60多次，组织协调市委主要领导调研、外出学习考察等活动260多次。加大市委主要领导批示和会议议定事项督办力度，全年处理市委领导批示件2800余件，实现件件有着落、事事有回音。创新“互联网+”督查督办方式，全面升级政务督查督办综合信息平台，公开选聘农林、国土等方面50名督查专家，开展全创试验、两个“一号工程”等专项督查174次。制订《法治绵阳建设2016年工作要点》《中国（绵阳）科技城法治示范区创建实施方案》，推进民主法制领域31项重点改革，依法执政等五项重点工作取得明显成效，判决执行难等五个难点问题加速破解。　（李坤阳）

组织与党建工作

【概况】　2016年，全市组织系统深入学习贯彻习近平总书记系列重要讲话精神，切实增强“四个意识”，贯彻落实中央、省委、市委决策部署，开展“两学一做”学习教育，把“两学一做”学习教育作为全年党建工作的首要任务；开展“千名好党员”示范群体评选活动，市级评选命名200个党员示范岗、100个示范团队、100个示范单位、9个示范行业和4个示范城。完成市本级及9个县市区、277个乡镇领导班子换届。全年全市调整干部1024人，其中到龄免职或退休189人。完成长虹、九洲、商业银行换届及领导班子调整，指导长虹控股公司开展副总经理市场化选聘。面向“985”“211”重点高校选调急需紧缺专业毕业生39名，推动干部队伍源头建设和专业结构优化。完成4批次主要面向县市区和乡镇基层公务员招录工作。

2016年，全市扎实推进党员组织关系排查、党代表和党员违纪违法处理、党费收缴等11项基层基础工作落地落实。举办庆祝建党95周年系列活动，推荐评选1个全国、29个全省、300个全市“七一”表彰(表扬)先进典型。在全省建立党员教育培训师资库，开展绵德两地党员教育骨干培训。推进村（社区）换届，在游仙区徐家镇、涪江街道全域开展换届试点，列出46项任务清单和不宜作为候选人负面清单，“跨区域统筹选人经验”纳入省委换届工作部署。

【市县乡换届完成】 2016年，市委成立市委书记任组长，相关市级负责人任副组长的换届工作领导小组，下设6个工作组，加强对换届工作的组织领导和统筹协调。加强对县乡班子换届指导，先后召开换届风气监督专题会议30余次，梳理细化40余个方面216项任务，进一步扣紧、压实各级党委责任。坚持“好干部”标准和省委“三个六”用人原则，注重从全面创新改革试验、两个“一号工程”、招商引资、项目推进、脱贫攻坚等重大工作一线培养、识别、选拔干部。换届中，县乡两级党政班子新补充干部848名，提拔乡镇党委书记10名，县市区党政班子配备40岁左右干部59名、80后干部12名，重用援藏干部4名，提拔或重用受市委市政府及以上表扬表彰42名，选拔284名“四类人员”进入乡镇班子深受基层好评。严格执行“九严禁”纪律要求和“九个一律”处理规定，警示教育、谈心谈话贯穿换届全过程和各方面。全市组织观看“一片一书”9万余人次，开展谈心谈话6万余人次。开展专项督查、巡回督查、现场督导，成立换届信访举报查核工作协调组，严肃处理三台县柳池镇“四类人员”加分材料造假案相关责任人并通报全市。开展1421名干部个人有关事项查核工作，根据查核的情况，函询118人，诫勉6人，取消提拔和同职重用资格9人，调整至非重要岗位1人，暂缓任职3人。

【干部选任机制优化】 2016年，全市开展干部能上能下改革试点，构建差异化考核机制，强化动态分析研判，做实干部日常监督，明确细化“下”的标准，为推进能上能下提供刚性标尺。全年全市调整干部1024人，其中到龄免职或退休189人。完成长虹、九洲、商业银行换届及领导班子调整，指导长虹控股公司开展副总经理市场化选聘。面向“985”“211”重点高校选调急需紧缺专业毕业生39名，推动干部队伍源头建设和专业结构优化。完成4批次主要面向县市区和乡镇基层公务员招录工作。加强理论武装和党性教育，党校主体班次中马克思主义理论教育和党性教育达总课时的72%。举办县级党政主要领导干部读书班，开展全市第四批优秀干部人才递进培养计划班256名学员集中培训，统筹县市区（园区）165名村（社区）后备干部开展递进培养高校培训。打造北川“5·12”地震纪念馆、梓潼“两弹城”等党性教育基地，筹建“兰辉学院”，搭建党员干部IPTV教育平台，形成线上线下相融互动的培训模式。开展全市第四批“百人计划”选派工作，从市级部门、企事业单位和县乡选派210名年轻干部互派挂职锻炼，其中76人挂任贫困村第一书记。按照省委安排部署，选派114名援助藏族、彝族地区，接收阿坝藏族自治州壤塘县、红原县15名干部到绵阳挂职或顶岗锻炼，与藏区双向交流4名干部任职。市委组织部被评为“全省援藏工作先进集体”。

【干部档案信息化数字化建设】 2016年，市委组织部优化领导干部信息管理系统，实现干部工作业务办理线上线下一体化。启动干部档案数字化建设工作，坚持市县统筹，高标准采购“软硬件”，高效率推进绵阳市和江油市、梓潼县3个“全省档案数字化工作示范点”单位档案数字化建设工作。组建档案专项审核工作督查组，对市管干部档案进行专项审核，全市档案专项审核工作完成。

【基层党建责任制落实】 2016年，全市树立“落实到基层、落实靠基层”的理念，推进《绵阳市落实全面从严治党责任制实施办法》在基层落地落实，分类制定《2016年度县市区委、园区党工委、市委派出党（工）委、市级部门党组的党建工作责任清单》，层层签订党建目标责任书，并整合纪检、组织等14个部门力量，形成市县乡村四级联动的“大党建”格局。出台《绵阳市党建工作全程纪实办法（试行）》，实现党委（党组）年终党建工作述职评议有依据、可量化。坚持以“大党建”引领“大扶贫”，成立以市委副书记为组长的“五个一”帮扶力量协调小组。用好管好第一书记，建立“困难求助、技术支持、导师服务、沟通交流、能力提升”五项“110”制度。出台《绵阳市党员精准脱贫示范工程九条操作规程》，发动贫困党员领办520个示范项目，吸引社会投入0.76亿元，带动1.5万人脱贫。出台《绵阳市贫困乡镇党政正职、村党组织书记、第一书记调整操作办法》，从制度上保证了贫困地区基层干部队伍稳定。实施“百企帮百村”行动，与市工商联等部门动员452家非公有制企业、商会帮助425个贫困村，计划有制通过3年帮扶1.4亿元，到位0.55亿元，捐款捐物941万元。

【创新新型基层治理体系】 2016年，全市坚持重点领域互动，着眼健全以党组织为核心的新型基层治理体系，根据村、社区、园区、国有企业、机关、学校、经济组织和社会组织等7个重点领域的工作实际，分别建立基层党组织规范化建设指标，促进重点领域基层党建工作上档升级。召开全市贫困村党组织书记、第一书记代表座谈会，开展第一书记十佳案例评选活动，基层党组织带头人的“带头”作用进一步发挥。指导制定《游仙区城镇商（居）住小区建立党组织工作保障办法（试行）》，在涪城区等5个区县试点开展“双报到+小区党建”，实现机关党建、社区党建有机相融互动。制定《关于加强产业园区党的建设推动产业园区科学发展加快发展的实施意见（试行）》，召开全市现场会，创新园区管理运行机制、领导班子和干部队伍配置、要素保障和人才支撑，高新区简政放权探索经验得到省委组织部肯定。制定《关于加强社会组织党的建设工作的实施意见（试行）》，构建全市上下贯通管理体系。

【人才体系建设】 2016年，全市加速构建全创试验人才开发体系，制定“四项工作机制”“三大试验方案”和“‘十三五’人才规划”，完成45项改革，形成14条特色经验纳入市全创经验库，发布全省首个军民融合人才培育方案，成立四川军民融合产业高技能人才培训基地；设立招商引资与招才引资联动专项，完善事业单位人员离岗创业政策，出台激励科技人员双向流动试点方案；建立“一带一路”国际医疗人才合作机制，开展海外人才到绵阳创新创业简化服务3项试点。申报国省重大人才项目，1人入选国家“万人计划”，1人入选省“杰出创新人才奖”，10人入选省“千人计划”，23人入选省创新型企业家培养计划；开展“千英百团”“涌泉计划”“柔性引才”等十大人才项目资助工作，首次启动“军民融合专项团队”“涌泉团队”电商企业专项和“人才服务脱贫攻坚”3大项目，资助147个人才（团队）、4555万元；实施创新型企业家培育计划，在清华大学开设3个专题班，258名企业负责人参加2周系统培训。联合市商务局实施“绵阳市优秀电商创业青年、电商干部人才奖励项目”，支持电商企业进军农村，支持贫困村干部带动当地发展电商项目，表扬奖励20名优秀电商创业青年和30名优秀干部；开展第13批25名清华大学博士研究生在绵阳社会实践活动，与武汉大学、北京大学就研究生社会实践、企业家培训建立合作关系；推进国家科技城大学创新中心建设，引进7家高校设立分支机构。扩大引才渠道，举办第四届科博会人才交流大会，引进25名专家，达成6000万元大学生创业项目投资；举办“海科会”科技城推介会，与6家海外华侨华人协会签署人才合作协议；加快中国国际人才市场国家科技城（绵阳）分市场建设，与51家国内知名人力资源机构开展合作；组织召开并邀请中央赴川博士服务团参加“创新驱动·绿色发展博士高峰论坛”。完成美国前副国务卿、哈佛大学教授查理·库珀考察团和中组部、新华社内参联合采访组到绵阳考察。委托省科协在全省率先启动人才专项资金第三方评价，为继续争取省上支持打下坚实基础；新增投促、商务、旅游、金融、物流、博览等6个市级部门为人才项目责任部门，为京东方等重大项目提供“一对一”服务。在首都机场发布绵阳人才创新创业广告，在《人民日报》《中国组织人事报》和《四川日报》宣传绵阳人才政策，吸引137名高端领军人才、134名博士、1464名硕士到绵阳创新创业。

【“两学一做”学习教育】 2016年，全市根据中央、省委关于在全体党员中开展“两学一做”学习教育工作部署，市委成立“两学一做”学习教育领导小组，制发全市学习教育“1+N”工作方案，细化党委（党组）23项、党支部14项任务清单。学习教育中抓住领导干部这个“关键少数”，领导干部参加双重组织生活会纳入年度考核和个人述职内容，市级党员领导干部以普通党员身份参加支部活动和专题学习讨论，形成上行下效、整体联动的带动效应。成立13个督查小组，每季度开展全覆盖督导，通报问题72个。组织开展“守初心、葆本色”“学习贯彻党的十八届六中全会精神，讲规矩、守纪律、敢担当”等主题党日活动和“四堂主题党课”，各级领导干部和党支部书记联系实际讲党课1.2万余场次，推动“三会一课”等党内生活制度落地落实。开展三次专题学习讨论，党员人人发言，既谈认识体会，也谈问题不足，相互启发、形成共识。坚持把“做”落脚到解决问题和岗位奉献上，做实“党员过政治生日”“百业联动、万人争先”行动等活动载体，强化学习教育的仪式感和实践性，引导各行各业党员争做“四讲四有”合格党员。

【“万名专家服务基层行动计划”和“海外赤子为国服务行动计划”——走进中国（绵阳）科技城活动启动】 2016年9月19日，人社部留学人员和专家服务中心、四川省人社厅、绵阳市政府联合主办的“万名专家服务基层行动计划”和“海外赤子为国服务行动计划”——走进中国（绵阳）科技城活动启动仪式在绵举行。市委书记彭宇行、人力资源和社会保障部专业技术人员管理司副司长李金生、省人社厅巡视员徐毅出席并讲话。启动仪式上，“万名专家服务基层行动计划”专家服务团代表清华大学教授林峰、“海外赤子为国服务行动计划”专家服务团代表成都理工大学教授蒲生彦、绵阳市项目对接单位代表西南科技大学副校长罗学刚分别发言。启动仪式由市委常委、组织部部长岳勇主持。“万名专家服务基层行动计划”和“海外赤子为国服务行动计划”专家服务团成员，市委常委、副市长付康，市委秘书长罗蒙，绵阳市项目对接单位负责人出席启动仪式。此次活动涵盖医疗卫生、

图 24　11 月，绵德两地党员教育骨干联合培训班在绵阳举行

农业旅游、电子信息、能源应用等领域，涉及全市25家单位的27个重点项目。

【绵德两地党员教育骨干联合培训班】　2016年11月12–14日，绵阳市委组织部、德阳市委组织部主办，绵阳市委党校承办的绵德两地党员教育骨干联合培训班在绵阳举行。培训班是绵阳和德阳两市学习贯彻党的十八大和习近平总书记系列重要讲话精神，全面推进从严治党的大背景下举办的一次重要培训，也是两市落实省委《2014~2018年全国党员教育培训工作规划》实施意见的具体举措。培训期间，有专家的课堂讲授，又有校外的现场教学，同时还有学员的讨论交流。组织学员到绵阳党员干部现代远程教育市级示范点安州区“花城果乡”、市级党性教育基地梓潼“两弹城”和德阳中江“黄继光纪念馆”进行现场教学，重温入党誓词，开展专题讨论等活动。来自绵阳和德阳的部分乡镇党委书记、副书记、组织员，部分村、社区党组织书记和远程站点操作员110余个党员教育工作的骨干人员参加培训。　（袁　鸿）

宣传工作

【概况】　2016年，全市宣传思想文化围绕市委、市政府中心工作，以服务大局，弘扬主旋律，传播正能量为载体，扎实开展习近平总书记系列重要讲话和中央、省委、市委全会精神的宣讲活动，落实党委（党组）意识形态工作责任制，策划系列对外宣传报道，推进社会主义核心价值观宣传教育，加强网络宣传与管理，扶持文化产业发展，构建社会公共文化服务体系，致力于为国家科技城和幸福美丽绵阳建设提供有力的理论指导和精神动力，创造良好的舆论环境和文化支撑。

2016年，绵阳市举办全国乡村学校少年宫项目建设工作、全国公益广告工作推进会，绵阳市顺利通过全国文明城市年度测评，江油市被列为全国文明城市提名城市。加强公民道德建设，开展先进典型宣传，评选2016年度“感动绵阳十大人物、十大最美绵阳人”，广泛开展学雷锋志愿服务活动，加强未成年人思想道德建设，营造良好的社会风尚。

【市委中心组理论学习】　2016年，市委宣传部印发《市委中心组2016年度理论学习安排意见》，把学习习近平总书记系列重要讲话精神作为强化理论武装的教科书，全年组织中心组理论学习25次。邀请中国工程院院士邬贺铨、全国工商联副主席林毅夫等国内知名专家做辅导。向全市各级党委（党组）推荐征订《习近平总书记系列重要讲话读本》12万册。开展习近平总书记系列重要讲话和中央、省委、市委全会精神的宣讲活动200余场，受众达10万余人次。

【意识形态建设】　2016年，市委宣传部制定《绵阳市贯彻落实党委（党组）意识形态工作责任制实施办法》，建立并落实党委（党组）的主体责任、党委（党组）书记的第一责任、分管领导的直接责任和班子成员的“一岗双责”的意识形态工作机制。市委召开2次常委会，专题分析、研判、通报全市意识形态情况，加大对意识形态领域重大议题的设置能力，针对错误思潮和观点，坚持网上与网下引导齐动，传统与新型媒体互补，强化管理手段，维护全市意识形态领域安全。

【对外宣传】　2016年，全市对外宣传紧扣中央、省委和市委重大决策部署，围绕国家科技城和幸福美丽绵阳建设、脱贫攻坚、两个“一号工程”、法治绵阳建设等主题，策划推出36期系列重大新闻报道；依托科博会、电商峰会、中国历史文化名楼论坛等全市重大活动，先后推出15项外宣活动；策划制作城市形象专题片《美丽绵阳》并在中央电视台《新闻30分》、四川卫视《天气预报》时段以及重大展会中开展形象宣传，持续提升“李白出生地·中国科技城”品牌的知名度、美誉度。

【社会宣传】　2016年，全市宣传系统持续推进社会主义核心价值观宣传教育，制定《社会主义核心价值观测评体系》，召开全市社会主义核心价值观现场推进会，树立具有带动作用的核心价值观建设示范点23个，组织全市公益广告宣传培训会，围绕中国共产党成立95周年、纪念长征胜利80周年、“5·12”汶川特大地震8周年等重要时间节点开展宣传教育，推动社会主义核心价值观融入社会生活。

【网络宣传与管理】　2016年，全市加强网络宣传创新，在今日头条客户端正式开通“网信绵阳”政务号，累计发文76篇，总阅读量为16074次。围绕市委市政府中心工作、重要会议和重大活动，组织全市各类网络媒体，精心设置宣传主题，推出网民喜闻乐见的宣传稿件12万多篇，刊（转）发涉及绵阳的新闻稿件200多万篇次。完善网络理政平台，全年书记、市长信箱点击率达41万余次，共计收到各类来信9891件，办结率达99.2%。组织力量对全市的基础设施网络安全进行全面检查，先后开展打击网上暴恐音视频、清理涉恐有害信息等6个专项行动。组建一支200人的核心网络评论员队伍，撰写网络评论（理论）文章10000余篇，向中宣部和省委宣传部报送信息3600余条。

【文化产业扶持】 2016年，市委宣传部门组织开展中央、省级、市级文化产业发展专项资金申报工作，全市成功申报2016年度中央文化产业发展专项资金重大项目和四川省文化产业发展专项资金5项，设立每年500万元文化产业扶持发展专项资金。制定《文化产业重点项目库管理办法》，制定扶持小微文化企业发展的政策文件，落实加快扶持小微文化企业发展的经济政策，推动文化企业加快建立具有文化特色的现代企业制度，利用现代科技手段，加快推动“文化云”建设，实现乡镇与市、县文化资源的互通共享。

【文化事业发展】 2016年，全市着力构建公共文化服务体系，大力实施文化领军人才和文艺创作扶持计划，开展“深入生活、扎根人民”和“结对子、种文化”主题实践活动，选派100余名市县优秀文艺工作者到基层挂职锻炼，协助完成拍摄本土电影《换个活法》，舞蹈《滚灯》获中国舞蹈“荷花奖”。落实文化惠民扶贫计划，推动北川、平武中心书屋建设和电子阅报栏建设。先后开展迎春诗会、文昌文化交流活动、嫘祖旅游文化活动周等专题文化活动100多场，群众性广场文化活动480余场次，群众的精神文化生活更加丰富。

【科技城军民融合宣传】 2016年，市委宣传部以军民融合主题，以国家军民融合两用技术交易中心绵阳揭牌运营和省首届军民融合银企对接会在绵阳举行等重大活动为契机，谋划军民融合对外宣传。据统计，5月26日揭牌当日和6月15日省首届军民融合银企对接会到绵阳采访报道的主流媒体达31家，到绵阳采访记者达76人次，各级媒体先后刊（播）宣传绵阳军民融合工作稿件53篇。在此期间，中央、省级主流媒体在重要版面、重要时段予以报道，刊播宣传绵阳稿件28篇。其中《四川日报》5月27日在一版版眼刊发报道《国家》，5月30日在3版刊发《从军民两用技术交易中心在绵阳挂牌营运看绵阳如何探路军民融合改革》。《人民日报》在6版刊发消息《四川绵阳国家军民两用技术交易中心挂牌营运》；新华社四川分社对绵阳对绵阳军民融合创新改革的做法和经验进行为期3天的采访，播发通稿《国家军民两用技术交易中心在绵阳挂牌》。

【全国乡村学校少年宫项目建设工作推进会】 2016年7月8日，中央文明办、财政部、教育部主办的全国乡村学校少年宫项目建设工作推进会在绵阳召开。各省（自治区、直辖市）和新疆生产建设兵团文明办、教育厅（局、教委）相关负责人，以及四川省各市（州）文明办负责人参加会议。会议总结“十二五”时期中央专项彩票公益金支持乡村学校少年宫项目实施情况，交流工作经验，研究规划“十三五”时期乡村学校少年宫项目建设工作，部署2016年度项目建设任务。四川省绵阳市文明委、陕西省文明办、安徽省合肥市文明办、江苏省常州市文明办、吉林省永吉县文明委、山东省淄博市教育局以及贵州省黔东南苗族侗族自治州文明委分别介绍各地的做法和经验。与会人员实地考察中央专项彩票公益金支持建设的绵阳市仙海区沉抗镇学校乡村学校少年宫和绵阳市游仙区游仙镇第一小学乡村学校少年宫项目建设情况，参观绵阳市第五届乡村学校少年宫建设成果展。此次会议标志着“十三五”时期乡村学校少年宫项目建设工作正式启动。（文泽浩）

巡察工作

【概况】 2016年，绵阳市按照中央、省委关于建立市县两级党委巡察工作的统一部署，成立中共绵阳市委巡察工作领导小组、绵阳市委巡察工作领导小组办公室，设立中共绵阳市委巡察组，确定机构、人员和职责、任务。9月29日，召开全市市县两级党委巡察工作动员部署会议，安排部署全市巡察工作。为做好全市巡察工作，10月18日，市委巡察办组织召开为期2天的全市巡察工作人员培训会议。10月24日，从纪检、组织、审计、财政、司法等专业领域抽调32名业务骨干组建市委首轮巡察队伍，进驻市旅游局、仙海水利风景区、科技城科教创业园区、市水务局4个单位，采取“一对一”的方式开展首轮常规巡察。通过首轮巡察，发现问题，形成震慑，推动被巡察单位的工作开展。12月16日，市委召开巡察工作领导小组会议，专题听取市委首轮巡察情况汇报。

【巡察组织机构成立】 2016年6月22日，市委编委会印发《关于成立中共绵阳市委巡察工作领导小组办公室的批复》（绵编发〔2016〕50号），批准成立市委巡察办，核定行政编制5名，领导职数设主任1名（正县级），副主任1名（副县级），科级领导职数1名，并设综合科1个内设机构。

7月19日，市委编委会印发《关于设立中共绵阳市委巡察组的批复》（绵编发〔2016〕68号）文件批准设立4个市委巡察组，设组长4名（正县级），副组长4名（副县级），工作人员4名。

8月29日，市委印发《关于成立绵阳市委巡察工作领导小组的通知》

市委巡察工作领导小组

表17

成员名单	姓名	职务
组　长	彭宇行	市委书记
副组长	马　骏	市委常委、市纪委书记
	岳　勇	市委常委、市委组织部部长
成　员	任　斌	市纪委副书记、监察局局长
	文　刚	市委组织部常务副部长
	廖华雄	市委巡察办主任

(绵委〔2016〕215号）文件，明确市委巡察工作领导小组组长由市委书记担任，副组长由市委常委、市纪委书记，市委常委、市委组织部部长担任；成员为市纪委、市委组织部分管巡察工作的负责人和巡察工作领导小组办公室主任。领导小组下设办公室，办公室为市委工作部门，设在市纪委。市委常委、市纪委书记为巡察工作领导小组第一副组长，为组织实施巡察工作的直接责任人。

六届绵阳市委首轮巡察工作机构组成人员

表18

机构名称	主任	副主任	工作人员
市委巡察办（综合科）	廖华雄		李波、钟文东、段雯、侯焱馨、李昭、宋洋、张鑫、赖衡东
	组　长	副组长	工作人员
市委第一巡察组	彭　凯	胡小莉	申继瑰、何延军、岳进、马珊珊、王森（联络员）、杨乐（联络员）
市委第二巡察组	邹德刚	王　宏	李勇、任启昌、蔡骄、曾建国、袁垚（联络员）、蒙静（联络员）
市委第三巡察组	赵　肄	赵跃淋	潘娇、赵伟、吕竹、张文金、黄发明、冯少权
市委第四巡察组	万学模	曹玉琦	罗媛、张辉、范胡、王筱雁、唐辉、王波、何建平

【绵阳市县两级巡察工作动员会召开】　2016年9月29日，经市委巡察工作领导小组同意，组织市级相关部门主要负责人、各县市区（园区）相关负责人、市委巡察办（组）全体人员 等共计170余人召开了全市市县两级党委巡察工作动员部署会议。会上，市委书记、市委巡察工作领导小组组长彭宇行作重要讲话，市委常委、市纪委书记、市委巡察工作领导小组副组长马骏对全市市县巡察工作做全面细致安排部署。

【首期巡察人员业务培训会】　2016年10月18日，市委巡察办组织召开为期2天的全市巡察工作人员培训会议。市委常委、市纪委书记、市委巡察工作领导小组副组长马骏出席会议并讲话，市纪委副书记任斌，市委巡察办主任廖华雄，市纪委常委、秘书长韩忠明，市纪委常委姜坤出席会议，市委巡察办、巡察组全体人员，县市区巡察机构工作人员94人参加培训。通过培训，提高全市巡察工作人员对巡察工作的认识，准确理解巡察工作的本质和内涵，牢牢把握政治定位，坚持把政治巡察放在首位，切实增强巡察工作的责任感和自觉性，推动各级党委履行好全面从严治党主体责任。

【六届市委首轮巡察】　2016年10月24日至11月24日，中共绵阳市委决定开展六届市委首轮巡察工作。市委巡察办从全市纪检、组织、审计、财政、司法等专业领域抽调32名业务骨干组建市委首轮巡察队伍。市委第一巡察组进驻市旅游局，市委第二巡察组进驻仙海水利风景区管委会，市委第三巡察组进驻科技城科教创业园区管委会，市委第四巡察组进驻市水务局（市水利规划设计研究院、市城区河道管理局）6个单位和部门，采取“一对一”的方式开展六届市委首轮巡察。巡察中，发放调查问卷243份，开展个别谈话457人次，调阅相关工作资料2200余卷（份），受理信访举报88件（次），发现6个被巡察单位领导班子及成员在落实“两个责任”、执行“六项纪律”等方面存在的问题58个，反馈意见建议70余条，移交问题线索128条。

【县市区巡察工作】　2016年6月22日，市委编委会印发《关于设置县（市、区）党委巡察工作机构有关事项的通知》（绵编发〔2016〕49号），截至12月底，全市9个县市区均及时建立巡察工作领导小组，全部由县市区委书记担任组长;巡察机构全面组建到位，设立9个县市区委巡察办，均为党委工作部门；设立30个县市区委巡察组。全市有7个县市区开展首轮巡察,县级首轮巡察进驻单位和地区84个。

（廖华雄）

统一战线工作

【概况】　2016年2月24日，全市统战部长会议召开，会议传达学习全国全省统战部长会议精神，总结

2015年工作，安排部署2016年统战工作。围绕传承长征精神，深入开展纪念红军长征胜利80周年系列活动，开展纪念孙中山诞辰150周年活动。出台绵阳市《加强政党协商的实施意见》和《2016年度中共绵阳市委同各民主党派市（工）委政党协商会议计划》。8月5日，市委召开党外人士座谈会，听取各民主党派市委、市工商联负责人和无党派人士对《中共绵阳市委关于推进绿色发展建设美丽绵阳的决定（征求意见稿)》的意见建议。引导各民主党派、无党派人士，围绕市委市政府重点工作，建言献策，推动国家科技城和幸福美丽绵阳建设。实施“凝心聚力‘十三五’行动”，在全创改革、“两个一号工程”、交通大会战、城市绿化亮化美化及供给侧结构性改革、防范金融领域风险等重点难点问题上开展调研，提交集体提案、个人提案、人大建议240余件。

【“党外人士齐牵手、同心共建科技城”活动】 2016年，市委统战部结合中国绵阳科技城和幸福美丽绵阳建设，开展“党外人士齐牵手、同心共建科技城”活动，推动中国科技城国际企业孵化器和九绵科技合作创新试验基地建设。全年招引企业94家，入驻落地73家。组织100余家“民参军”企业参观第二届军民融合发展高技术成果展，支持绵阳本土企业三阳永年公司携“绵阳造”金属3D打印项目亮相第二届军民融合发展高技术成果展，绵阳军民融合企业登上国家级展示平台。开展“百企帮百村”精准扶贫行动。发动448家民企与430个贫困村建立对接帮扶关系，签订帮扶协议405份，产业帮扶意向投入3.5亿元，到位资金7987.6万元，商贸扶贫采购额达955.8万元，捐赠扶贫折合为1172万元，吸纳困难群众1925人就近就业，投入124万元对6693名贫困人口进行技能培训。

【非公有制经济统战工作服务】 2016年，全市加强非公有制经济人士的思想教育和政治引导，举办“营改增”、第四届“国学智慧与现代管理”特训营、“新常态下的税收风险防范与应对”等10余次专题培训和讲座；12月15日，川港企业金融服务交流会在绵阳举行，50余名绵阳企业家出席会议。开展调查研究，全年完成综合调研4次，专题调研7次，形成8篇调研报告。帮助解决非公有制企业困难，与市检察院、市工商联联合，建立完善定期联系协调机制，梳理汇总富临、美乐、万向、天泰等民营企业存在的困难和问题20余条，并及时上报市委、市政府研究解决。

【新的社会阶层人士统战工作】 2016年，市委统战部制定出台《关于加强新的社会阶层人士统战工作实施意见》《新的社会阶层人士统战工作联席会议制度》，全面掌握新的社会阶层人士的基本情况，用好用活“同心”税务师、律师、会计师、注册税务师服务团，组织开展税法培训、“法律七进”、“对口援助九寨沟县”等40余次。推进新媒体从业人员统战工作试点，建立绵阳市新媒体从业人员统战工作联席会议制度，在全省率先成立新媒体从业人员联谊会。4月22日，全省党外知识分子工作会议暨新媒体从业人员统战工作试点经验交流会在绵阳召开。探索留学归国人员统战工作试点，欧美同学会·中国留学人员联谊会留学报国绵阳基地于10月授牌。

【民族宗教工作】 2016年，全市把握“两个共同”主题，贯彻落实支持少数民族和民族地区发展的系列政策，引导和鼓励统一战线成员参与北川、平武等偏远民族地区扶贫开发。突出民族地区民生工程帮扶，向上争取对民族地区帮扶的项目资金，全年争取到民族项目资金985万元，完善民族地区基础设施建设，改善少数民族群众生产生活条件，拓宽群众增收渠道。开展民族团结进步创建活动进机关、企业、社区、乡镇、学校、寺庙、“民族团结进步宣传月”活动认真抓好少数民族干部培养教育，会同市民宗局、市委党校共同举办全市第11期少数民族干部进修班，对40名少数民族干部进行培训。开展和谐寺观教堂创建，推荐江油市罗汉寺、游仙区柏林王家湾天主教堂为“全国和谐寺观教堂创建”先进集体，饶建华牧师为“全国和谐寺观教堂创建”先进个人，为圣水寺等20个和谐寺观教堂授牌。

【党外代表人士队伍建设】 2016年，全市贯彻落实中央关于加强和改进人大代表、政协委员有关工作的要求，完成党外市政协委员、常委的提名和党外人大代表的推荐工作，协调争取做好党外代表人士在各级人大、政府、政协领导班子中的安排工作。加强党外干部教育培训，5月30日至6月5日，在井冈山举办第二十七期党外人士暑期理想信念学习班。选派39名党外代表人士参加省委统战部、省社院调训。举办党外干部遴选班1期，培训党外县级后备干部31人；举办第11期党外中青班，培训党外干部40名。推荐16名党外县级干部进行交流或提拔。

【“百企帮百村”精准扶贫行动启动】 2016年4月28日，全市“百企联百村”总结表彰暨“百企帮百村”精准扶贫行动动员部署会召开。会议总结第三轮“百企联百村”活动，表扬44个“百企联百村”活动先进单位，安排部署全市“百企帮百村”精准扶贫行动。市委常委、市委组织部部长岳勇，市人大常委会副主任、市工商联主席黄正良，市政协副主席、市委统战部部长苗平出席会议。会议指出，“百企联百村”活动中，全市各参与民营企业通过“产业推动、合作开发、商贸带动、招商引资、发展指导、公益捐赠”等形式，累计投入帮扶资金11.59亿元，帮扶项目263个，1.5万余人农村群众直接受益。2016年的“百企帮百村”精准扶贫行动中，以全市民营企业、商（协）会和其他非公有制经济组织为帮扶方，以全市520个建档立卡贫困村为帮扶对象，以签约结对、村企共建为主要形式，动员广大民营企业响应党和国家号召，履行社会责任，投身精准扶贫，实现民营企业与全市贫困村结对帮扶全覆盖，帮助贫困村、贫困户加快脱贫进程。各县市区组织部、统战部、工商联、扶贫局（办）主要负责人及市工商联第六届执委和受表彰企业负责人参加会议。

【“慈善万里行2016”香港新界慈善机构联合访川团到绵阳考察】 2016年11月29日，香港中联办组织“慈善万里行2016”香港新界慈善机构联合访川团到绵阳考察交流。代表团先后前往老北川地震遗址、北川县残疾人康复中心参观，并在市中心医院紫荆楼举行捐助仪式。代表团旨在加强香港慈善机构对内地经济社会发展，尤其是慈善事业的了解，促进川港慈善界交流合作。此次所捐赠善款分别为绵阳市2名极重度贫困家庭听障儿童植入人工耳蜗所需设备和术后10个月听觉言语康复训练项目给予经济救助；捐赠善款还将为梓潼县残疾人康复服务中心建设残疾人康复体育、健身体育公共服务项目。来自圆玄学院、博爱医院、仁爱堂、蓬瀛仙馆、仁济医院、香港宝莲禅寺、青松观的88名成员参加考察交流活动。

目标督查

【概况】 2016年，市目标督查办围绕省委、省政府决策部署和全市中心工作，创新督查方式，强化督查落实，发挥“工作推进器”作用，确保政令畅通、政策落地，率先在全省成立由50名专家组成的督查专家库，组织实施“互联网+政务”计划，上线试运行市级政务督查督办信息工作平台。全年开展督查121次，牵头派出87批次专项督查组239人次深入项目现场，完成各类督查专报161期，公开通报30期。承接上级交办督查专项任务10件；接受国务院、省政府到绵阳专项督查14批次。

注重明察与暗访相结合，开展评议、回访、暗访和现场督查，掌握各级各部门工作情况。针对省委、省政府安排的“项目年”行动、全面创新改革试验、县域经济发展等工作明察暗访；注重全面督查与重点督查相结合，围绕年度任务台账，对照工作清单，实施定向、定点、定时督查。针对十大民生工程等重点督查任务，采取市县联动、部门协同和交叉督查、人员混编督查等方式，确保“督”到点子上、“查”到关键处；注重经常性督查与突击性督查相结合，实施督查台账管理制度，对县市区、园区和市级部门抓落实情况开展经常性督查，全年督查立项36件。针对淘汰落后产能、地质灾害隐患整治、重污染天气环保应急措施执行等工作开展突击性督查17次。

【目标管理】 2016年，全市目标管理坚持科学引领，优化目标绩效考评体系。实行“5+2”目标体系架构，即：经济发展、民生改善、生态文明、社会治理、党务政务五大类和重点工作、重点项目。实现省市目标无缝对接，突出经济发展主题，经济发展指标考核权重达60%以上。完善分类差异化考评。两个“一号工程”“美丽绵阳”建设、脱贫攻坚、全国文明城市建设、基础设施建设“三大攻坚”、全面创新改革试验等7项重点工作单独进行考核，实行特别加分。9个县市区分为近郊区、丘陵区、山区三类设置考核指标和权重，实行差异化考核指标25项。各市属园区参照县市区考评体系，结合各区发展定位、主导产业、特色工作一对一制定考评体系，分类设置考评权重。按季度对省、市主要经济指标和省、市重点项目推进情况开展专项督查，发现、总结各地各部门在目标推进过程中存在的问题，并及时形成专报、通报。在目标任务攻坚期，将主要经济指标推进情况由半年报、季度报变为每月报、半月报，并及时对滞后目标进行梳理、分析，“点球督办”，构建发现问题、解决问题同步实施的监控机制，为领导决策和部门参考提供依据。

【重大专项督查】 2016年，全市落实国务院第三次大督查、省委省政府稳增长督查要求，开展4次稳增长专项督查，发现经济运行中存在的问题，提出相关对策建议。开展脱贫攻坚专项督导，38名市部门负责人带队，327名机关干部参与，到一线检查“两不愁三保障”和“四个好”要求落实情况，推动全年73个贫困村退出、3.64万人脱贫。全年针

图25　11月29日，“慈善万里行2016”香港新界慈善机构联合访川团成员

对发现的问题，及时向55个责任单位发出督查通知，推动限期解决问题96个。对全市历史遗留问题进行系统梳理，分类建立整改台账，明确责任主体、整改措施和时限要求，强化跟踪问效，推动一批时间跨度长、成因复杂、矛盾尖锐的历史遗留问题得到有效解决。加大人大代表建议、政协委员提案办理情况督查力度，对软拖不办、办而不力的公开通报，做到事事有着落、件件有回音。全年办理人大代表建议161件、政协委员提案243件，办复率和满意率均为100%。（陈胤科）

精神文明建设

【概况】 2016年，全市精神文明建设以全国文明城市建设为契机，结合幸福美丽绵阳建设，做好文明城市创建工作。评选2016年“感动绵阳十大人物”“十大最美绵阳人”等典型。出台《绵阳市社会信用体系建设工作实施方案》，开展诚信制度建设。承办全国乡村学校少年宫项目建设工作推进会，促进全市未成年人思想首先建设。开展“讲文明树新风”活动；开展文明行业、文明家庭创建等活动。全年，北川羌族自治县获全国农村精神文明示范县创建单位；崔荫森家庭获第一届全国文明家庭、2户家庭获全国最美家庭、2户家庭获四川省最美家庭、50户家庭获市级文明家庭；涪城迎宾路社区获全国志愿服务优秀社区，宋汶祥获全国优秀志愿者。三台县通过四川省文明建设示范城市复查，江油、平武、梓潼、北川通过第四届四川省文明城市复查，盐亭通过第四届四川省文明城市测评。全年建成省级文明村镇8个，市级文明村镇18个。省级最佳文明单位6个、省级文明单位8个，3个市级文明行业、26个市级最佳文明单位、30个文明单位。

【文明城市建设】 2016年，全市按照2016年版两个文明城市《测评体系》指标要求，做好文明城市建设工作。市委、市文明城市建设指挥部分别召开会议，研究部署文明城市建设工作。市委、市人大、市政府、市政协分别对全市文明城市建设工作进行督查；市委成立文明城市建设督导组，对各县市区、各级部门开展文明城市建设工作开展常态化督查；委托第三方机构对文明城市建设工作进行3次模拟测评；并把文明城市建设工作作为全市七大重点工作纳入到2016年年度目标考核。

【诚信制度建设】 2016年，全市贯彻中央、省诚信建设有关意见，把教育和实践、激励与惩戒相结合，打造有利于不敢失信、不能失信、不愿失信的社会环境。完善失信人“黑名单”制度，拓展失信惩戒范围，推进社会信用体系、信用信息共享平台、企业信用信息公示系统、信用记录和信用档案建设。出台《绵阳市社会信用体系建设工作实施方案》，开展“诚信服务、诚信经营”等创评活动，打造5个诚信建设示范点。

【志愿服务】 2016年，全市志愿服务工作坚持以培育和践行社会主义核心价值观为主线，以街道（村镇）、社区为阵地，以关爱他人、关爱社会、关爱自然为主要内容，以建设志愿之城为目标，广泛开展志愿服务活动。4月，中央文明办、中国志愿服务联合会分别到绵阳调研志愿服务工作，对绵阳志愿服务工作成绩给予肯定。10月，在中央宣传部、中央文明办等11个部门联合组织开展的2016年宣传推选学雷锋志愿服务“四个100”（全国最美志愿者、最佳志愿服务组织、最佳志愿服务项目和最美志愿服务社区）先进典型评选活动中，涪城区迎宾路社区、涪城区一凡公益宋汶祥分别获全国志愿服务优秀社区和优秀志愿者。

【未成年人思想道德建设】 2016年，全市在中小学校开展以“祭英烈”“学雷锋、争当美德少年”“童心向党”“向国旗敬礼”等主题的系列教育实践活动。承办四川省“全国抗震救灾英雄少年”座谈会，举办首期团体心理辅导务实与操作培训班，开展心理健康教育进学校活动，举办绵阳第五届乡村（城市）少年宫成果展。7月，全国乡村学校少年宫项目建设工作推进会在绵阳召开，市委书记彭宇行在会上作经验交流发言。

【文明旅游建设】 2016年，全市贯彻落实中央文明委《关于进一步加强文明旅游工作的意见》，发挥市文明旅游联席会议作用，对全市文明旅游情况进行调研、检查督导。对全市国家AAA级及以上景区发现的问题进行通报并限期整改。开展“文明旅游好故事”影视作品征集、“文明旅游”创建活动。至年底，全市有3个单位评为四川省旅游行业文明旅游先进集体，6个景区评为市级文明景区。

【讲文明树新风活动】 2016年，全市开展讲文明树新风公益广告作品创作大赛，评选出优秀作品60件，征集到具有绵阳本土文化特色的公益广告作品100余件。7月，全国公益广告宣传工作推进会在绵阳召开，市委常委、宣传部部长张学民在会上作经验交流。继续开展“文明交通”“文明餐桌”行动，修订村规民约、居民公约，规定市民言行。在春节、端午、中秋等传统节日期间开展文化体育活动，弘扬中华传统文化。

【文明单位和家庭创建】 2016年，全市在银行、税务、气象、电力等系统开展文明行业创建。开展新一轮全国、省、市级文明单位与贫困村、乡村学校少年宫结对共建活动。全年新建成省级最佳文明单位6个、省级文明单位8个，3个市级文明行业、26个市级最佳文明单位、30个文明单位。开展“文明家庭”创建和“最美家庭”“好家风好家训”评选展示活动。至年底，崔荫森家庭获第一届全国文明家庭、2户家庭获全国最美家庭、2户家庭获四川省最美家庭、50户家庭获市级文明家庭。

【全国公益广告宣传工作推进会】 2016年7月9日，中宣部、中央文明办主办的公益广告工作推进会在绵阳召开。中央文明办专职副主任夏伟东、中宣部宣教局局长陈瑞峰出席会议并讲话，中央文明办二局局长吴向东主持会议，市委副书记、市长、市文明委主任刘超出席会议并致辞。会上交流和总结当前推进公益广告的做法和经验，并对接下来推进公益广告工作作部署。来自中央部委、中央媒体和各省（区、市）的200余位代表参会。会上，市委常委、宣传部部长、市文明委副主任张学民做题为《让公益广告成为文明城市的靓丽名片》发言。

（李　伟）

政策研究

【概况】 2016年，市委政研室围绕深化改革发展大计，强化责任意识，坚持主动服务，紧扣社会和群众关注热点开展调研，为市委、市政府决策提供参考。全年形成各类文稿230余篇，约合90余万字。其中，代市委、市政府和市委全面深化改革领导小组起草文件17个，参与起草和修改文件38个，撰写领导讲话和署名文章25篇，起草汇报发言、综合材料42个，完成调研报告22篇，编印《情况参考》9期、《改革动态》64期，编辑出版市委机关刊物《绵阳改革与发展》12期。

【政策研究服务】 2016年，市委政研室牵头完成起草市委六届十二次全会《关于推进绿色发展建设美丽绵阳的决定》、市委七届二次全会《关于加强和规范党内政治生活严格党内监督进一步推进全面从严治党的决定》和《决议》、《关于推动招商引资实现新突破的意见》（绵委发〔2016〕16号）、《关于加强产业园区党的建设推动产业园区科学发展加快发展的实施意见（试行）》（绵委发〔2016〕12号）、《关于加强调查研究工作的意见》（绵委发〔2016〕24号）和《关于加强绵阳新型智库建设的意见》（绵委办发〔2016〕24号）；参与市第七次党代会报告和决议的研究、起草、讨论和修改完善工作，负责编印大会简报，完成对代表意见反馈和转办工作；会同市政府研究室，组织起草《绵阳市推进供给侧结构性改革总体方案》（绵委发〔2016〕10号）及《关于印发绵阳市推进供给侧结构性改革5个专项工作方案的通知》（绵府办发〔2016〕35号）；会同市人防办起草《关于深入推进人民防空改革发展的实施意见》（绵委发〔2016〕20号）。组织协调30多个文件在市委深改组会议、市政府常务会议、市委常委会议审议通过并印发实施。完成省委多个重要文件征求意见回复，参与其他部门牵头起草的多个重要文件讨论修改、意见反馈等工作。

【开展全面深化改革研究】 2016年，市委政研室编制《2016年改革工作要点》《改革工作台账》《重大改革任务清单》和《专项改革方案上会审议计划》。全年筹备并召开深改领导小组会议5次，审议改革方案31个、改革工作性文件8个，出台各类改革方案和文件99个。出台《关于进一步加强改革落实工作的意见》（绵委发〔2016〕18号），为推动全市改革举措落地落实提供重要遵循和工作指南。建立精准督察机制，会同市目督办对改革台账完成情况进行督察，印发《督查通报》3期。全年向6位市委、市政府负责人和29个市级部门发出督办函54份。推行定期评估机制，先后2次对63个专项改革方案进行专项评估，对98项国家、省改革试点进行系统梳理和评估。探索分类考核机制，优化《2016年绵阳市全面深化改革工作考核细则》，增强考核的针对性和实效性。建立分级督察体系，出台《全面深化改革督察办法（试行）》（绵委办发〔2016〕30号），构建起横向到边、纵向到底的督察体系，确保改革工作有效推进和改革举措落地落实。全年编辑《绵阳改革动态》64期、《改革专报》41期；上报省委改革办信息40余条，被采用11条，居全省第二位。出台《改革宣传工作方案》，在市级主要新闻媒体开辟“改革新成就、发展新亮点”等专栏。组织推荐参与“2016四川十大改革转型发展案例和十大科技创新改革人物”评选，入选案例2个、人物2个，人物提名2个，数量位列全省第二。

【开展重大问题研究】 2016年，市委政研室围绕稳增长，形成《关于绵阳当前经济运行情况的调查与分析》等2个研究报告，并在全省“5+3”经济运行分析会上发言；围绕绿色发展，形成《关于我市生态文明建设的调研报告》，部分成果转化为市委六届十二次全会《关于推进绿色发展建设美丽绵阳的决定》内容；围绕创新创业，形成《绵阳市创新发展驱动机制研究》课题报告，被评选为2016年度优秀课题。

【开展深化改革专题调研】 2016年，市委政研室围绕供给侧结构性改革，完成《关于降低实体经济企业运行成本情况报告》《关于我市房地产去库存的调查与建议》调研报告，部分建议被市委、市政府文件采纳；围绕农业农村改革，开展全市农村产权流转交易市场体系建设专题调研，形成《关于加快和完善农村产权流转交易市场体系建设调研报告》；围绕体制机制改革，对盐亭县政府购买公共服务经验做法进行总结，形成《深入推进政府购买公共服务改革的盐亭实践》调查报告，在省委政研室《调查与决策》第1期刊发。对三台县创新数字化管理成功做法进行调研，形成《三台县创新数字化城市管理工作的做法成效与启示》，在省委政研室《调查与决策》第3期刊发。

【市级领导牵头重点课题调研】 2016年，市委政研室起草《关于开展2016年市级领导牵头重点课题调研的通知》（绵委办字〔2016〕19号），对市委、市政府主要负责人牵头重点课题调研工作进行安排部署。加大对课题牵头部门督促力度，密切跟踪课题研究进展，确保课题研究工作有序进行。22个市级负责人牵头重点课题全部结题，形成调研报告22篇，研究成果转化为市委、市政府文件或决策性意见。参与课题研究，完成市委主要负责人牵头重点调研课题《坚持创新驱动军民融合，加快建设创新创业生态区研究》政策体系研究部分撰写任务。

（市委政研室）

市直机关党建

【概况】 2016年，市直机关工委印发《市直机关“主题党日活动”实施办法》《市直机关党建工作考核评价办法（试行）》《关于认真落实市直机关党纪处分批准权限规定的通知》等系列文件，推动机关党日、考核办法、奖惩等工作的落实。市直机关32个党组织按期换届改选，调整基层党组织隶属关系2个，新设立机关党委1个。扎实开展“三分类三升级”活动，完成党内统计和党员信息库的日常维护工作。培训党员发展对象113名，按标准和程序发展党员63名。组织慰问特殊困难党员、重病党员、老党员254名，发放慰问金16.11万元。对市直机关基层党建“三会一课”制度、领导干部双重组织生活制度等11项重点工作落实情况进行督查。持续深化“机关党建品牌建设”，通过座谈访谈、实地察看、集中测评、专题研究等方式，解决项目建设中遇到的问题。

【开展系列思想建设活动】 2016年，市直机关工委常态化开展“市直机关党员学习大讲堂”，邀请省、市专家学者围绕习近平总书记系列重要讲话精神、科技城建设、践行社会主义核心价值观等专题举办讲座6场，机关党员3000余人次参加学习。围绕“理论引领党建创新”主题开展理论研讨活动，评选出32篇优秀理论文章。完成省直机关党建理论研究会关于干部队伍建设的课题研究任务，并在全省的“机关党建论坛”上作主题发言。继续发挥“一网一报一刊两群”的作用，《绵阳机关党建报》出刊19期，在各级各类媒体宣传特色亮点工作400余条次。

【作风和反腐倡廉建设】 2016年，市直机关工委组织开展党性党风党纪教育、警示教育和遵纪守法教育，开展《中国共产党廉洁自律准则》、《中国共产党纪律处分条例》专题学习辅导和“弘扬传统文化，树立良好家风民风”活动。通过开展会前学法学规，组织观看警示片、参观廉政教育基地等，引导党员将纪律和规矩挺在前面，筑牢机关党员拒腐防变的思想防线。进一步规范机关纪检组织设置，新设立11个机关纪委。落实协调联系党组织关系在工委的中央、省7个驻绵单位纪检机构的统筹联动工作，发挥培训资源共享、信息沟通交流、廉政教育合作、案件查办协作“四个平台”的作用。举办专题培训班，以专家讲课和小型测试相结合的方式，对80余名市直机关纪检干部进行培训。定期分析评估市直部门及其直属单位作风建设情况，推动作风建设常态化、长效化。组织机关党员积极参与扶贫攻坚、进社区、结对子等活动，引导党员在联系服务群众工作中转变作风。

执行“三会一课”、民主生活会、双重组织生活、党性定期分析、民主评议党员等制度，严肃党内政治生活。评选表扬10个市级机关落实党建工作责任制先进单位。与73个直属机关党组织书记签订党建目标责任书，落实年度述职评议考核和公开承诺制度。各部门（单位）党组（党委）切实履行主体责任，机关党组织履行直接责任。

【服务脱贫攻坚工作】 2016年，市直机关工委明确联系指导贫困村精准扶贫工作重点，印发《关于进一步加强干部驻村帮扶管理工作的通知》。组织召开机关联系指导贫困村精准扶贫工作推进会，教方法、压担子，确保工作有力推进。引导各级机关充分发挥党员领导干部和基层党组织“两个带头”作用，围绕协调发展项目、基础设施建设、帮助发展产业、指导基层党建等开展帮扶工作。市县乡换届结束后，及时调整市级领导及市级部门联系点，全年市级领导203次、市级部门主要负责人427次到联系点指导工作。开展“三联三促”活动（部门联村、促贫困村摘帽，党员联户、促贫困户脱贫，组织联建、促战斗力增强），强化基层党组织服务脱贫攻坚的政治引领和战斗堡垒作用，提升贫困村党组织宣传群众、组织群众、引领群众参与脱贫攻坚的意识和能力。启动“机关党组织精准脱贫示范工程”创建活动和争当“机关合格党员·脱贫攻坚先锋”评选活动。

（常　扬）

群众工作与信访

【概况】 2016年，全市群众工作与信访部门落实中央、省、市关于信访工作的重大决策部署，围绕全市工作大局，以深化信访制度改革为主线，以信访“三无”创建为抓手，以“信访基础业务提升年”活动为载体，以规范信访秩序为目标，打造“阳光信访、责任信访、法治信访”。全年受理群众来访2147批9826人次，同比下降9.3%，办理群众来信1977件次，同比增加7.2%；受理网上信访15216件次，同比增加10.3%。全年未发生信访恶性事件、未出现因工作不到位引发的信访群体性事件。先后完成全国全省“两会”、G20杭州峰会和成都系列会议、市第七次党代会、第四届科博会、电商峰会等重点时段信访工作任务。绵阳市信访工作荣获全省2016年度信访绩效管理考核一等奖，综合排名位列全省第三名。

【信访信息化建设】 2016年，市群工局探索网上信访新模式，通过与市联通公司协作，在全省市（州）中率先推出“绵阳信访”微信访平台并正式上线运营。通过打造“信访咨询”“网上信访”“便民服务”等板块，将网上信访由电脑扩展到手机客户端。群众通过微信即可提交投诉、提出建议，跟踪办理进度并进行满意度评价。规范网上信访受理、交办、办理、督查和考评制度，推进“五个面对面”工作法。全年受理人民网给省委书记、省长留言213件，按期办结率达100%。全市构建起“网上网下”全方位、立体化、广覆盖的“阳光信访”综合服务管理体系，有954个单位（部门）接入信访信息系统，省市县乡四级信访业务办理和网上流转实现“一网通”。视频接访系统覆盖市级部门、县市区和乡镇。全市网上信访量占全市信访总量的82.6%，成为信访诉求主渠道。

【联合接访方式创新】 2016年初，市群工局通过市委组织部在全市开展年轻干部双向交流挂职“百人计划”的方式，安排13名优秀中青年干部到市联合接访大厅上挂锻炼，保证人员相对固定。制订《创新联合接访工作意见》，明确联合接访规章制度，强化日常管理。优化市联合接访大厅功能布局，添置金属探测仪，开辟安检通道；设置人群分流隔离栏，提升应对突发事件的安全防范水平；全面实行双屏接访，群众了解信访事项登记办理更加便捷。通过推行“一站式受理、一条龙服务、一揽子解决”的接访模式，以提高信访工作实效，降低群众信访成本。

【不满意信访第三方评价机制】 2016年，在全市进一步推广不满意信访第三方评价工作机制。通过构建评价人才资源库，推荐“两代表、一委员”、法律工作者、专业技术人员等优秀人士和群众代表500人入库，供评价组织单位和信访群众选择。对需要市政府出具结论的信访复查（复核）案件，由第三方评估中心组织团队对案件处理情况进行评查，形成综合意见，供市政府信访事项复查复核委员会决策参考。1月，省信访局刊发简报《绵阳市全面推行不满意信访事项第三方评价》，在全省推广绵阳经验。7月29日的《四川日报》专版刊载《一石数鸟”的第三方评议》，宣传绵阳经验做法。德阳、内江等地信访部门先后到绵考察学习。全市全年评议信访疑难案件35件。

【信访积案化解】 2016年，市委、市政府把化解信访积案工作列入重要议事日程，坚持市级领导包案化解信访积案制度，六届市委第223次常委会、六届市政府第101次常务会专题听取信访积案化解工作。市委书记彭宇行，市委副书记、市长刘超做出专题指示并带头包案。9月确定为“信访积案化解攻坚月”，11月开展信访积案“回头看”，组建3个指导组赴基层开展“蹲点督导”，专题听取案情汇报，约谈重点信访人，指导基层信访干部，推动信访问题依法及时就地解决。绵阳市纳入省政府年度考核的312件信访积案全部结案入库，结案率100%，化解率92.5%。25件涉及使用疑难信访专项资金的案件办结入库。省委副书记、省长尹力联系指导绵阳的5件信访积案已经结案。

【法治信访建设】 2016年，市群工局加大信访法治宣传力度，在火炬广场建立以信访法治为主要内容的“法治长廊”，打造依法治访宣传阵地。利用主流媒体开展信访法治宣传，印发各类信访法规资料12万份。结合“七五”普法“法律七进”，联合绵阳市依法治市办在6~7月集中开展“全市信访法治宣传月”活动。依法办理群众信访事项，引入律师参与领导接访和群体性信访案件处理，推动依法化解信访突出问题。加快推进法定途径分类处理信访投诉请求工作，全市有环保、国土等部门出台信访问题分类处理清单。狠抓诉访分离，在市联合接访大厅设立涉法涉诉和法律服务窗口，协调法院、公安等单位入驻受理涉法涉诉信访问题，引导信访群众通过法律渠道解决问题。

【中物院中央巡视期间信访工作】 2016年，市群工局配合做好中央第八巡视组对中国物理工程院开展专项巡视期间信访工作。由市信访联席办牵头，成立信访工作小组，落实群众接待点，抽调27名信访干部做好巡视期间集访群众的接待、劝返、分流工作。开展工作期间，累计召开信访专题会议6次，编发《信访工作简报》24期，劝返信访人员187人次，有效维护巡视期间被巡视单位正常的科研生产秩序。

（胥春道）

保　密

【概况】 2016年，市保密局学习贯彻中共中央《关于加强和改进保密工作的意见》和省委《实施意见》，制定印发《2016年保密工作要点》（绵密〔2016〕2号）。全市保密系统学习贯彻《四川省党政领导干部保密工作责任制实施办法》，加大保密法制宣传力度，依法对涉密单位进行保密安全检查和涉密资质认证，开展定密管理工作指导。落实《关于进一步加强干部保密教育培训工作的通知》要求，充分利用党校这个教育平台，开展面向各级领导干部的保密教育培训。抓好《保密工作》《保密科学技术》等保密杂志刊物和《红色往事》等系列宣传丛书征订工作。年底，市保密局被国家保密局金城出版社评为2016年“通联工作先进单位”。

【保密管理】 2016年，市保密局按照《国家秘密定密管理暂行规定》和《四川省定密管理实施细则（暂行）》，继续落实定密授权制度和定密责任人制度，更新完善定密授权和定密责任人备案管理数据库。加强对重点机关、单位定密管理，规范定密程序和国家秘密密级标志，开展定密管理工作指导。贯彻落实四川省国家保密局等八部门印发的《关于进一步加强涉密人员保密管理工作的实施意见》，举办全市涉密人员保密管理培训班，就涉密人员分类确定、在岗保密管理、离岗离职保密管理等方面的业务知识进行系统培训。各地各单位按照工作部署，完成涉密人员分类确定工作，涉密人员保密管理步入规范管理、科学管理轨道。执行党政机关和涉密单位网络保密管理规定，指导机关、单位在建和新建涉密网络实施分级保护建设，对市委组织部、市纪委、市委机要局涉密信息网络系统建设、分级保护相关工作予以现场指导，市委组织部、市纪委顺利通过国家保密科技测评中心（四川省）分中心的现场测评。

【全市涉密网络安全保密管理人员培训班】 2016年9月28日，市保密局结合全市机关、单位涉密网络安全保密管理工作举办全市涉密网络安全保密管理人员培训班。建有涉密网络的机关单位的系统管理员、安全保密管理员和安全审计员（即“三员”）以及各县市区国家保密局技术人员200余人参加培训。培训会邀请了省国家保密局检测中心主任邓小晶和工程师刘培授课。通过培训，参训人员进一步掌握涉密网络保密管理相关规定和管理标准，提高涉密网络安全保密防护设施、设备操作使用及管理能力，有效提升涉密网络风险管控能力。

【保密安全督查】 2016年，市保密局完成行政权力责任清单编制。对市公安局、检察院、纪委、组织部等多个单位有关涉密项目、涉密设备采购事项依法进行审核确认。开展保密自查自评、涉密工程保密管理、互联网门户网站保密管理“三项督查”；会同军分区司令部、市公安局等部门对中国空气动力研究和发展中心、77123部队等重要军事设施周边环境安全保密情况进行专项督查；组织开展涉密资质单位随机抽查，会同市测绘地理信息局共同完成涉密测绘成果保密检查。做好国家教育考试安全保密工作，与考试主管部门通力合作，加强考前、考中保密检查和巡查，全程参与试卷押运、交接、保管等环节工作。同时，派员对全国自考、英语四六级考试、成人考试、司法考试和卫生资格考试保密工作进行监督指导。加强对机关、单位互联网门户网站保密检查和技术监管，及时发现问题隐患，及时处置整改，有效遏制网上违规行为发生。

【《保密法》进企业活动】 2016年，市保密局根据《法治绵阳建设2016年工作要点》部署安排，为深化“法律七进”工作，加强《保密法》普及教育，持续深入推进保密法律法规进企业工作。9月29日，在四川华丰集团有限公司开展2016年《保密法》进企业系列宣教活动。在活动启动仪式上，市国家保密局向华丰集团公司赠送保密宣教书籍、挂图、多媒体光盘等物品。公司全体涉密人员、新进的大学生在印有“保守国家秘密再铸军工辉煌”的横幅上签名。组织全体员工观看《全国窃密泄密案例警示教育展》《密战警示录》教育片，参观《保密法》及《保密法实施条例》宣传展板和失泄密案例展。举行保密知识答题竞赛活动，公司全体涉密人员参加竞赛。此次保密法进企业活动，强化员工保密法制观念，增强人员保密常识，提升保密防范能力，防止失泄密事件发生。

【涉密资质认证】 2016年，市保密局按照科技城军民融合、创新发展战略部署，与省国家保密局，省、市国防工办展开工作对接，完成“全面创新改革实验、创新转化体系”牵头负责工作任务。做好保密服务保障工作，深入各军工科研生产单位开展保密资质审查认证工作，规范各项保密管理，开展涉密人员培训等。全年接受15家新申请单位和6家重新申请单位的涉密资质审查认证，同比增长6倍。完成11家新申请单位和5家重新申请单位的现场指导和前期审核。11月18日，绵阳市军工单位保密协作组成立。

（郭红琼）

机构编制管理

【概况】 2016年，市委编办牵头或配合完成责任清单编制、行业协会商会与行政机关脱钩工作等8项政府职能转变任务。完成市级部门公布责任清单6261项；采取实地检查督导、函请县市区长督办、专题会议督促、强化专项督查等方式，推进各县市区责任清单编制工作。12月28日，各县市区公布责任清单52923项，总体完成进度均达到100%。

设立盐亭县扶贫发展中心、平武县扶贫发展中心、北川羌族自治县扶贫发展中心等事业机构。为江油、三台、盐亭、安州、梓潼农口部门增加事业编制15名，为平武、北川各增加5名县级行政编制，用于加强扶贫攻坚工作力量。设立市人大常委会法制工作委员会，并下设地方法规处、备案审查处，为绵阳市申报地方立法权提供必备的机构支撑；为市依法治市办增加3名行政编制，充实依法治市工作力量；对市法制办相应职能职责及机构进行调整强化。

【市县巡察机构设立】 2016年6月22日，市委成立中共绵阳市委巡察工作领导小组办公室，为市委同级工作部门，设在市纪委，核定行政编制5名。7月19日，市委编委批复设立中共绵阳市委巡察组4个。9月22日，确定江油市、三台县、盐亭县设置巡察组5个，涪城区、游仙区、安州区、平武县、北川县设置巡察组4个，梓潼县设置巡察组3个。

【创新改革试验区机构】 2016年3月23日，市委重新制定科技城党工委管委会的“三定”规定，对科管委的主要职责进行调整，为科管委内设机构军民融合促进办公室加挂科技城集中发展区建设领导小组办公室牌子，并为科管委增加行政编制4名，确保创新改革工作力量，进一步创新完善科技城建设管理体制。

【事业单位机构管理】 2016年，市委编办完成市本级全年办理事业单位法人年度报告公示325家、变更登记82家、设立登记4家、注销登记7家、证书补领6家，颁发统一代码并更换证书321家，新版证书换证率100%。推进机关、群团及事业单位统一社会信用代码赋码与证书颁（换）发工作。为722家机关、群团赋码并颁发《统一社会信用代码证书》，为3356家事业单位换发新版《事业单位法人证书》。抽查事业单位6批次62家，超额完成省委编办下达市州级全年抽查数量不少于10家的抽查任务，将抽查结果通报公检法、财政、人社、税务等绵阳市事业单位监督管理工作联席会议成员单位，形成联合监督机制，有效规范事业单位的行为，保护事业单位合法权益。

【综合行政执法改革试点】 2016年4月1日，绵阳市上报《绵阳市人民政府关于审批绵阳市人民政府综合行政执法体制改革试点工作实施方案的请示》。9月14日，省政府正式批复包括绵阳市在内6个试点市州的试点方案。试点区域和领域确定为在市本级、市辖区（不含新成立的安州区）开展安全生产、公共卫生、文化、城市管理综合执法改革试点工作。

【行政许可权改革试点】 2016年，全市根据川办发〔2016〕76号和绵府办发〔2016〕67号文件精神，在总结江油市相对集中行政许可权试点成功经验的基础上，改革试点扩大到全市所辖所有县（区）。截至12月20日，各县（区）试点工作实施方案全部报市委编办、市政府法制办审查，市委编办、市政府法制办从职能角度进行两次审查把关，按程序报请市政府审定。

【事业单位改革分类】 2016年，全市市本级事业单位通过撤并，减少市本级事业单位39家，核减事业编制236名；通过控编减编，核减117家事业单位编制750名；通过事业单位分类改革，撤销1家生产经营类事业单位，收回事业编制10名，收回3家行政类事业单位空余编制51名。三项合计市本级减少事业单位40家，核减事业编制1047名，占市本级事业编制总量的6.7%。通过资源整合工作，对部门所属事业单位进行合理优化配置，消除职责不清、任务不明、履职不顺、监管不严的现象，提高事业单位运行效能和服务水平。5月、7月和9月，中央编办监督检查组、省委编办督查组、国务院第三督查组分别到绵阳就控编减编和机构编制管理工作进行专项督查指导。11月1日，市委出台《市本级（园区）新设事业机构和新增事业编制管理办法（试行）》，强化新设事业机构和新增事业编制管理的科学化、规范化，巩固分类推进事业单位改革工作成效，管住、管好、用活机构编制。

【机构编制重点工作督查】 2016年，市委加强对全市机构编制工作的管理和检查，成立机构编制专项检查组，对控编减编、机构编制重点工作、政府职能转变、编制目标考核情况进行专项检查。6月，对全市控编减编工作暨核减“吃空饷”单位编制专项督查；7月，对机构编制重点工作推进情况专项督查；10月，对县市区责任清单编制工作推进情况专项督查；11月，对政府职能转变工作推进情况专项督查；12月，对县市区机构编制工作目标考核进行专项督查。 （伊绵东）

党史研究

【概况】 2016年，绵阳党史工作围绕市委工作大局，把握“以史鉴今、资政育人”根本任务，加强党史资料征研工作，完成《中国共产党绵阳执政实录（2015）》编辑出版任务。开展党史宣传教育，举办纪念中国共产党成立95周年活动，组织参观中共绵阳历史展览馆，受教育党员10000余人次。在四川省第十七次党史学科优秀成果评奖中，全市党史系统获特等奖3项、二等奖7项、三等奖2项；在绵阳市第十五次哲学社会科学评奖中，党史系统获得一等奖1项、二等奖1项、三等奖3项、优秀奖5项。2016年，市委党史办完成《中共绵阳历史大事记》（2016年）的编写，按月在市委机关刊物《绵阳改革与发展》刊发征求意见；新征集党史资料800余万字，图片3000余幅；对资料室图书全部实现数字化管理，建成标准化党史资料室。

【党史基本著作编写】 2016年，市委党史研究室编纂出版《中国共产党绵阳执政实录（2015）》，全书分要闻特载、执政方略、执政实践、执政论坛、附录五个部分，120万字；编纂出版《四川三线建设·绵阳卷》，全书65万字，图片42幅；完成《“两学一做”学习读本》《绵阳革命烈士诗文选》《新中国成立以来绵阳重要文献资料选编（1999~2012）》《袁诗荛》《张秀熟》等党史著作的编纂、出版工作，共计60余万字。

【党史资政研究】 2016年，市委党史工作部门撰写资政建议《在改造中保护跃进路上的红色记忆》得到市委重视，拉开跃进路历史文化街区保护序幕；配合跃进路历史文化街区保护利用，征集跃进路发展变迁图片（实物）资料2000余幅（件）；完成党史资料专报《加强红色资源保护利用助推幸福美丽绵阳建设》《关于争取川陕革命老区政策落实情况的报告》等2期。7月，国务院批复《川陕苏区振兴发展规划》，绵阳9个县市区全域纳入；完成中央党史研究室《改革开放实录》第三批课题《绵阳军转民科技兴市与地区经济发展》。

【开展纪念中国共产党成立95周年活动】 2016年6月，全市举办“学党史，知党情”党史知识竞赛，各县市区和80余个市级部门参与，采取纸质答题的方式，收回答题卡近4万份，评选出优秀个人和先进单位20名。4~7月，开展“传承红色文化，建设幸福美丽绵阳”征文活动，征

图26　纪念红军长征胜利80周年学术研讨会

集论文230余篇，其中入选第三届全国党史文化论坛12篇，入选数量居全省各市州首位。6~7月，组织200余批、10000余人次参观中共绵阳历史展览馆。

【开展红军长征胜利80周年纪念系列活动】　2016年4月，市委党史办配合中央电视台完成《永远的长征》在绵阳拍摄任务；9~10月，承办纪念红军长征胜利80周年大型图片展、纪念长征胜利80周年研讨会。其中，图片展在绵阳城区和各县市区同时展出，有20余万人参观图片展，市委常委、宣传部长张学民出席图片展启动仪式和研讨会。研讨会共收到文章90余篇，出席会议代表60余人，优秀论文汇编收入《绵阳市纪念红军长征胜利80周年学术研讨会论文集》。

【党史宣传教育】　2016年，全市党史工作部门着力扩大党史教育基地影响力，切实加强党史基地建设。4月，中共绵阳历史展览馆被授予绵阳市社会主义核心价值体系示范基地；11月，中共绵阳历史展览馆、梓潼“两弹城”被授予四川省中共党史教育基地；12月，江油红军文物陈列馆被授予绵阳市中共党史教育基地。开展党史“七进”活动，党史研究人员到市委党校等单位作党史报告15场次，受教育人员达1600余人，为各级基层党组织免费赠送党史书籍2万余册。在《四川党史》等刊物刊载理论宣传文章30余篇，编写《绵阳党史工作简讯》12期，中国共产党历史网采用信息18条，四川党史文献网采用信息58条；办好绵阳政务网绵阳党史工作网页，全年更新500余篇。　（吴　锋）

老干部管理

【概况】　2016年，全市各级老干部工作部门围绕目标开展离退休干部为党的事业增添正能量的学教活动，全面落实老干部各项待遇，切实加强自身建设，进一步提升老干部的幸福指数。全年走访慰问老干部人数达515人，送慰问金47.12万元。邀请绵阳师院博士周全、西科大博士张勇、四川中医药高等专科学校教授汪欣和中物院研究员胡义铭为近百名离退休老干部作健康讲座。

【老干部活动】　2016年，全市各级老干部工作部门坚持深入开展以“展示阳光心态、体验美好生活、畅谈发展变化”为主要内容的正能量学教活动。5月，市委老干部局编制印发《绵阳市离退休干部为党的事业增添正能量学习资料汇编》。建立落实老干部重要意见建议和合理诉求季报责任制。全年收集重要意见建议130余条，经整理形成3期专报，供主要领导和分管领导掌握和决策参考。7月、8月，分别开展市“红色基因传千秋　长征精神耀四川”演讲比赛和“长征精神耀四川全面小康做贡献”演讲比赛绵阳片区赛。建立“聚智、聚乐、聚情和护康”的四季正能量活动长效工作机制。3月，市委常委、组织部部长岳勇出席离退休干部庆三八和纪念建党95周年书画展等多种主题文化活动。4月，“绵阳老干部之家”微信公众号正式运行。11月，绵阳正能量工作经验在全省正能量活动推进会上作交流发言。12月，市委老干部局编印500册《朝夕璀璨映绵州》，该书广泛收集老干部投身革命、建设和改革开放的感人故事。

图27　5月9~13日，全市各地各部门的67名老干部工作者在北京大学参加了“北京大学——绵阳市‘推进老干部工作转型发展科学发展’综合能力提高班”学习培训

【老干部关爱活动】 2016年2月1日，市委书记彭宇行，市委副书记、市长刘超先后看望慰问周裕德、赵文定、廖世孔、杨步润、左代富等离退休老干部，向他们致以新春问候和美好祝福，感谢老干部们一年来对全市工作的支持和帮助。春节前夕，市委老干部局代表市委、市政府对市直机关事业单位离休干部、地厅级退休干部及离休干部无工作遗孀进行走访慰问，慰问人数达515人，送去慰问金47.12万元。2月、7月，市委书记彭宇行、市政府市长刘超分别向离退休干部代表通报全市经济社会发展情况。4月，组织市级机关单位地厅级离退休干部到江油市参观考察。5~6月，陆续走访慰问易地安置在北京、上海等地的离休老干部。落实离休干部相关政策。贯彻落实省委组织部文件精神，全市20名离休干部工资医疗待遇得到提高。7~8月，组织全市离退休党支部参加“党章党规铭我心”知识竞赛活动，确保离退休党员干部思想常新、理想永存。9月，分两批组织离退休干部近100人前往峨眉山市、安州区健康休养。10月，市委组织部、老干局、市财政局联合发文提高厅级退休干部活动经费。落实赵广田等24名离休干部提高享受副省级医疗待遇问题。

【老干部队伍建设】 2016年，全市老干部工作部门不断加强队伍自身建设，努力提升为老干部服务的水平。5月，市委老干部局与北大合作举办老干部工作者提高型培训班，邀请中组部老干部局、全国老龄办领导作专题辅导，全市67名老干部工作者参与学习培训。6月30日，市委老干部局系统隆重庆祝中国共产党成立95周年，局班子和全体在职和离退休党员50余人欢聚一堂，在涪城区铁牛社区举行丰富多彩的庆祝活动，深情地演唱《没有共产党就没有新中国》《团结就是力量》等红色经典歌曲，向党的95岁生日祝福献礼。全体党员在局长周茂龙的带领下重温入党誓词，并要求加强自我管理教育，不断以党员标准严格要求自己，通过让自己成为一名合格党员的一言一行，带动和引导群众理解党、支持党。年内，老干局领导班子成员带头开展“三走遍一深入”活动，累计走访3个下属单位或分管单位、2个联系村（社区）、1个联系乡村少年宫、老干部30人次、联系户8户，累计发放帮扶资金和帮扶物品价值7万余元。为联系帮扶黎明村争取村道建设资金7万元。

（市老干局）

干部培训

【概况】 2016年，中共绵阳市委党校贯彻落实《中国共产党党校工作条例》《干部教育培训工作条例》《2010~2020年干部教育培训改革纲要》和全市党校工作会议精神，结合新时期干部培训特点和经济社会发展形势，聚焦主业主课，提升培训质量，全年举办各类干部培训班次15期，培训干部1985人次。其中包括春季主体班、秋季主体班、县级党政主要领导干部读书班、党的十八届五中全会专题研讨班、全市遴选优秀干部和人才县级培养对象党校理论培训班、“2+8”重点专题培训班、党校系统师资培训班、部门培训班等。创新培训内容，针对不同层次、不同类别干部特点，充实完善教学布局和课程体系，在原有教学模块基础上，加大主课设置分量，党的理论教育和党性教育占总课时的70%以上，其中党性教育达到总课时的20%以上。突出党的十八大和十八届五中全会、习近平总书记重要讲话精神、省委市委重大决策部署，重点围绕“四个全面”“两学一做”、国家科技城和幸福美丽绵阳建设等方面安排学习内容。创新教学方式方法，异地培训渠道进一步拓宽，围绕红军长征在四川的历史，新开辟阿坝州马尔康红色教育路线。2016年承接各类外来培训班11批次3460人受训。承接教育影片观看和绵阳地方党史展览教育100余场次，参与活动人数1万余人次。组织并参与市级部门、县市区、乡镇（街道、社区）、企业进行十八届五中全会、十八届六中全会精神等各类宣讲40余场次，听课人数达到7000余人次。

【县级领导干部进修班】 2016年4月18日~5月20日，春季第42期培训班开班，学制1个月。培训对象为副县级领导干部，培训人数共计40人。培训内容重点突出经济发展、作风建设、从严治党战略专题，强化县级领导干部党性修养和素质能力。

【中青年干部培训班】 2016年4月18日~6月17日，春季第40期培训班开班；9月4日~10月28日，秋季第41

图28 5月17日，全市党校工作会议召开

期培训班开班。学制均为2个月。培训对象为县市区（园区）、市级部门副县级后备干部，培训人数共计80人。培训内容重点突出思想建党、党性锻炼专题，着重强化中青年领导干部的理想信念、责任担当和为民情怀。

【科级领导干部进修班】 2016年9月4日~9月30日，秋季第45期培训班开班，学制1个月。培训对象为县市区（园区）、市级部门正科级领导干部，培训人数共计40人。培训内容重点突出经济发展新常态、作风建设新常态、从严治党新常态战略专题，强化党性修养和素质能力培养。

【乡镇（街道）领导干部进修班】 2016年4月18日~5月20日，春季第45期培训班开班；9月4日~9月30日，秋季第46期培训班开班。学制均为1个月。培训对象为乡镇（街道）党（工）委书记或乡镇长（办事处主任），培训人数共计80人。培训内容重点突出基层治理专题，强化乡镇（街道）领导干部理论素养和依法行政能力。

【党外中青年领导干部培训班】 2016年4月18日~5月20日，春季第11期培训班开班，学制1个月。培训对象为党外优秀青年后备干部，培训人数共计40人。培训内容重点突出“四个能力”提升专题，强化党外中青年干部政治把握、参政议政、组织协调和合作共事能力。

【少数民族干部进修班】 2016年9月4日~9月30日，秋季第12期培训班开班，学制1个月。培训对象为少数民族干部，培训人数共计40人。培训内容重点突出深化对我市民族地区经济社会发展中重大理论和现实问题的研究，提高民族地区科学发展和促进本单位工作的能力。

【四川省军民融合发展研讨班】 2016年6月21日~24日在绵阳市委党校举行。研讨班由省委组织部、省国防科工办、省国资委联合主办，绵阳市委党校承办。研讨班以“军民互动、深度融合”为主题，邀请国家相关部委负责人和知名专家学者、企业家授课，深入研讨军民融合产业发展趋势、产业合作及转型升级模式，搭建军政校企沟通交流和合作对接平台，引导和促进各行业重点单位拓宽发展思路、扩大产业合作，推动全省军民融合高新技术产业加快创新驱动、转型升级、提质增效。副省长杨兴平、绵阳市委书记彭宇行出席开班仪式并讲话。省重点企事业单位、相关产业基金公司及产业园区、省内高校主要负责人，省内军工集聚地区军民融合工作分管负责人或相关部门负责人，省委组织部、省国防科工办、省国资委相关负责人，省发展改革委、省经济和信息化委、科技厅、财政厅、国土资源厅、环境保护厅、交通运输厅、省投资促进局负责人等130人参会。

【西南地区市州党校教学联盟第三届会议暨青年教师教学竞赛活动】 2016年12月24日，西南地区市州党校教学联盟举办第三届会议暨青年教师教学竞赛活动，由中共绵阳市委党校承办。活动以探讨深化党校系统主业主课为主题，深入探索党校教育教学改革，并开展精品课教学交流研讨。来自湖南、江西、广东、甘肃等地以及西南地区部分市州30余所党校的负责人、青年教师168人参会。活动期间，开展教学竞赛。

【科研资政成果】 2016年，市委党校完成各类科研资政成果173项，其中公开发表论文52篇（省级以上期刊21篇，市级刊物31篇）；参会论文31篇（省级理论研讨会3篇，市级理论研讨会28篇）；撰写并出版专著《五大发展理念引领绵阳发展新突破》，参编著作3部，资料汇编7册，汇编论文集2本；立项各类调研课题46项，完成市委、市政府调研课题6个。完成资政调研成果18项。

（蒋元科）

绵阳市人民代表大会

Mianyang city people's congress

概 述

【概况】 2016年，市人大常委会坚持围绕中心、服务大局，依法履行立法、监督、重大事项决定和选举任免职权，召开常委会会议9次，听取和审议市"一府两院"工作报告38项，提出审议意见39条。组织筹备召开市六届人大八次会议、市七届人大一次会议，选举产生市绵阳市第七届人民代表大会常务委员会。

2016年，市人大常委会增设立市人大财经委员会、市人大常委会法制工作委员会，撤销市人大常委会研究室。市人民代表大会设有专门委员会3个：内务司法委员会、法制委员会、财经委员会。市人大常委会设工作办事机构7个，其中，1个办事机构：办公室，6个工作委员会：农业工作委员会、城乡建设环境资源保护工作委员会、教科文卫工作委员会、人事代表工作委员会、民族宗教外事侨务工作委员会、法制工作委员会。设市人大常委会党组、机关党组、机关党委、机关纪检。

【批准"十三五"规划】 2016年2月16~19日，市六届人大八次会议审查市人民政府提出的《绵阳市国民经济和社会发展第十三个五年规划纲要（草案）》，2月19日，市六届人大八次会议第三次全体会议通过关于国民经济和社会发展第十三个五年规划纲要的决议。会议同意大会计划预算审查委员会的审查结果报告，决定批准此规划纲要。会议认为，绵阳市"十三五"规划纲要全面贯彻了党的十八届五中全会精神，遵循市委六届十次全会关于"十三五"规划的建议，提出的"十三五"时期经济和社会发展目标、任务和措施符合绵阳市实际，是未来五年全市经济和社会发展的纲领性文件。会议要求，认真实施"十三五"规划纲要，落实"五位一体"总体布局，践行"五大发展理念"，突出"创新驱动、军民融合、改革开放、城乡统筹"，加快建设国家科技城和幸福美丽绵阳，努力在全省率先实现次级突破，率先全面建成小康社会。

【立法工作】 2016年，市人大常委会依法行使地方立法权。2月26日，市六届人大常委会主任会议第65次会议审议通过《绵阳市人大常委会2016~2020年立法规划》和《绵阳市人大常委会2016年立法计划》。3月29日，绵阳市首部地方性法规——《绵阳市人民代表大会及其常务委员会立法条例》获省十二届人大常委会第二十四次会议批准；11月30日，《绵阳市城市市容和环境卫生管理条例》获省十二届人大常委会第二十九次会议批准。

【制度建设】 2016年，市人大常委会继续加强制度建设，提升依法履职科学化水平。1月14日，市六届人大常委会第二十七次会议通过《绵阳市宪法宣誓制度实施办法》，从1月起，由市人大常委会任命的干部到会进行向宪法宣誓仪式，激励和教育国家工作人员忠于宪法、遵守宪法、维护宪法。5月5日，市六届人大常委会主任会议第67次会议通过立法联系点工作试行规定，建立8个立法联系点（分别是：涪城区人大常委会、江油市人大常委会、安县人大常委会、涪城区城北街道办事处、游仙区涪江街道办事处、三台县芦溪镇、绵阳市律师协会、西南科技大学法学院），健全社会各方有序参与立法的途径和方式。修订完善机关公务接待、物资采购和用车管理等制度，加强机关规范化管理。（刘朝文）

重要会议

【市六届人民代表大会第八次会议】 2016年2月16~19日举行。2月16日上午，大会在八一影剧院开幕，应到代表438人，实到代表377人；大会主席团常务主席、执行主席蒋仁富主持会议；刘超作市人民政府工作报告。2月18日上午，大会召开第二次全体会议，应到代表438人，实到代表345人；大会主席团常务主席、执行主席彭宇行主持会议；蒋仁富作市人大常委会工作报告，马泽波作市中级人民法院工作报告，吴长福作市人民检察院工作报告。2月19日上午，大会召开第三次全体（闭幕）会议，应到代表438人，实到会代表383人；大会主席团常务主席、执行主席彭宇行主持会议；会议依法补选市六届人大常委会副主任1名，补选市中级人民法院院长、市六届人大常委会秘书长；通过关于市人民政府工作报告的决议、关于市国民经济和社会发展第十三个五年规划纲要的决议、关于市2015年国民经济和社会发展计划执行情况及2016年计划的决议、关于市2015年财政预算执行情况和2016年财政预算的决议、关于市人大常委会工作报告的决议、关于市中级人民法院工作报告的决议、关于市人民检察院工作报告的决议、《绵阳市人民代表大会及其常务委员会立法条例》。

【市七届人民代表大会第一次会议】

2016年10月25~28日举行。10月25日上午，大会在八一影剧院开幕，应到代表441人，实到代表422人；大会主席团常务主席、执行主席彭宇行主持开幕大会；刘超作市人民政府工作报告。10月26日下午，大会召开第二次全体会议，应到代表441人，实到代表395人；大会主席团常务主席、执行主席马华主持会议；蒋仁富作市人大常委会工作报告，马泽波作市中级人民法院工作报告，吴长福作市人民检察院工作报告。10月28日上午，大会召开第三次全体（闭幕）会议，应到代表441人，实到代表429人；大会主席团常务主席、执行主席彭宇行主持开幕大会；会议依法选举市第七届人民代表大会常务委员会主任、副主任、秘书长、委员，市人民政府市长、副市长，市中级人民法院院长，市人民检察院检察长；通过市七届人大专门委员会设置的决定及主任委员、副主任委员、委员名单；通过关于市人民政府工作报告的决议，关于市第六届人大常委会工作报告的决议，关于市中级人民法院工作报告的决议，关于市人民检察院工作报告的决议。

绵阳市第七届人大常委会组成人员名单（41人）

主　任：马　华
副主任：陈兴春　黄正良　董晓彬
　　　　代顺兴　李川萍　李作虎
秘书长：王昭洪
委　员：（按姓氏笔画排序）
　　　　王　涛　白荣其　冯　钢
　　　　朱　林　刘　伟　刘加勇
　　　　刘体斌　刘春涛　安忠瑶
　　　　杜林平　李　晖　杨增辉
　　　　肖清华　时义清　吴　蕾
　　　　何　力　何　充　何光明
　　　　何国洪　张　彬　张周凯
　　　　季代双　敖　荧　袁玉国
　　　　高　峰　高维志　郭　平
　　　　凌　云　黄　梅　黄亚春
　　　　梁　建　蒋淑梅　章天国

【市六届人大常委会第37次会议】

2016年1月14日召开。会议由市人大常委会主任蒋仁富主持。市人大常委会副主任黄正良、雷百灵、刘文榜、王黎、江陵及委员32人出席。市人民政府副市长郑蕾、市中级人民法院副院长骆军、市人民检察院检察长吴长福、4名市人大代表列席，3名公民旁听。会议补选3名省人大代表；接受车朝宁、韩永伟辞去市第六届人大常委会委员职务；审议关于调整市人大常委会部分工作机构的决定，设立市人大常委会法制工作委员会，撤销市人大常委会研究室；听取和审议《绵阳市人民代表大会及其常务委员会立法条例（草案）》、市人民政府关于提请审议批准2015年地方政府债务限额的议案并作决议；听取市人民政府关于2014年度市级预算执行和其他财政收支审计查出问题整改情况的报告，高新区人民法院、人民检察院，科学城人民法院、人民检察院和小枧地区人民检察院2015年工作情况的报告；听取和审议市六届人大常委会代表资格审查委员会关于个别代表的代表资格的报告；审议并通过《绵阳市宪法宣誓制度实施办法》，通过人事任免事项，首次举行宪法宣誓仪式。会议决定，市六届人大八次会议于2016年2月16日至19日召开。

【市六届人大常委会第38次会议】

2016年2月2日召开。会议由市人大常委会主任蒋仁富主持。市人大常委会副主任黄正良、雷百灵、刘文榜、江陵，代理秘书长王昭洪及委员31人出席。市人民政府副市长元方、市中级人民法院副院长马春梅、市人民检察院副检察长王佼列席。会议审议并通过关于市六届人大八次会议方案、市六届人大常委会代表资格审查委员会关于个别代表的代表资格的报告；审议并通过《绵阳市人民代表大会及其常务委员会立法条例（草案）》修改稿、市人大常委会工作报告（草案），决定提请市六届人大八次会议审查；通过人事任免事项。

【市六届人大常委会第39次会议】

2016年3月18日召开。会议由市人大常委会主任蒋仁富主持。市人大常委会副主任黄正良、雷百灵、刘文榜、王黎、江陵，秘书长王昭洪及委员29人出席。市人民政府副市长刘少敏、任建民，市中级人民法院院长马泽波、市人民检察院副检察长李正勇，3名市人大代表列席；3名公民旁听。会议审议通过关于贯彻落实市委人大工作会议精神的决定；听取和审议市人民政府关于将绵阳市城区危旧房棚户区改造项目（三期）委托代建资金和代建管理费列入市财政年度预算的议案、关于社会治安分类防控体系建设审议意见办理情况的报告并进行满意度测评；听取和审议市六届人大常委会代表资格审查委员会关于个别代表的代表资格的报告；听取市人民政府关于2015年城乡规划执行情况的报告、关于加强供电服务推进经济社会事业发展情况的报告；审议修改市人大常委会人事任免办法；通过人事任免事项。

【市六届人大常委会第40次会议】 2016年4月7日召开。会议由市人大常委会主任蒋仁富主持。市人大常委会副主任黄正良、雷百灵、刘文榜、江陵，秘书长王昭洪及委员33人出席。市人民政府副市长经大忠、市中级人民法院院长马泽波、市人民检察院检察长吴长福列席。通过人事任免事项。

【市六届人大常委会第41次会议】 2016年5月26日召开。会议由市人大常委会主任蒋仁富主持。市人大常委会副主任黄正良、雷百灵、刘文榜、王黎、江陵、董晓彬，秘书长王昭洪及委员31人出席。市人民政府副市长郑蕾，市中级人民法院院长马泽波，市人民检察院检察长吴长福，2名市人大代表列席。会议听取和审议市人民政府关于全市农村公路建设情况的报告，市中级人民法院关于全市法院行政审判工作情况的报告；审议通过关于市县乡三级人民代表大会换届选举时间的决定、关于市第七届人民代表大会代表名额分配办法；听取市人民政府关于市本级医疗保险工作情况的报告，关于经营性国有资产监督管理工作情况的报告，关于农村确权登记和流转情况的报告；通过人事任免事项。

【市六届人大常委会第42次会议】 2016年7月27日召开。会议由市人大常委会主任蒋仁富主持。市人大常委会副主任黄正良、雷百灵、刘文榜、王黎、江陵、董晓彬，秘书长王昭洪及委员32人出席。市人民政府副市长付康、王明华，市中级人民法院院长马泽波、市人民检察院副检察长王佼列席。会议审议市人民政府关于在绵阳城区范围内禁止燃放烟花爆竹的议案并作出决议；审议通过市人民政府关于《绵阳市城市市容和环境卫生管理条例（草案）》的议案、市六届人大常委会代表资格审查委员会关于个别代表的代表资格的报告、关于接受王黎同志辞去市六届人大常委会副主任职务的决定；听取和审议市人民政府关于上半年国民经济和社会发展计划执行情况的报告、关于上半年预算执行情况的报告；审查批准市人民政府关于2016年财政预算调整方案的报告；听取市人民政府关于资源性国有资产监督管理情况的报告；通过人事任免事项。

【市六届人大常委会第43次会议】 2016年9月29日召开。会议由市人大常委会主任蒋仁富主持。市人大常委会副主任黄正良、雷百灵、刘文榜、江陵、董晓彬，秘书长王昭洪及委员31人出席。市人民政府副市长元方、市中级人民法院副院长骆军、市人民检察院副检察长王佼列席。会议对市人民政府执行《市人大常委会关于限期整治绵阳城区污水排放突出问题决定》的情况进行专题询问；听取市人大法制委员会关于《绵阳市城市市容和环境卫生管理条例（草案）》审议结果的报告，审议《绵阳市城市市容和环境卫生管理条例（草案）》修改稿；听取和审议市人民政府关于市六届人大八次会议代表建议批评意见办理情况的报告，市人民政府关于2015年市级财政决算的报告关于2015年市级预算执行和其他财政收支审计工作的报告，审查批准2015年市级财政决算；听取了关于全市检察机关推进“两法衔接”信息平台建设和应用工作情况的报告；通过人事任免事项。会议决定，市七届人大一次会议于2016年10月24日至28日召开。

【市六届人大常委会第44次会议】 2016年10月19日召开。会议由市人大常委会主任蒋仁富主持。市人大常委会副主任雷百灵、刘文榜、江陵、董晓彬，秘书长王昭洪及委员27人出席。市人民政府副市长韩圣健、市中级人民法院院长马泽波、市人民检察院副检察长王佼列席。会议讨论修改市人大常委会工作报告（草案），并决定提请市七届人大一次会议审查；审议并通过市六届人大常委会代表资格审查委员会关于市第七届人民代表大会代表资格的审查报告；听取和审议关于市七届人大一次会议建议方案，表决通过了市七届人大一次会议有关建议名单；听取和审议设置市七届人大专门委员会的议案、设置的决定（草案）和人选通过办法（草案），并决定提请市七届人大一次会议审议；听取和审议市人民政府关于贯彻执行市人大常委会关于限期整治城区污水排放突出问题专题询问意见的情况报告；通过人事任免事项。

【市七届人大常委会第1次会议】 2016年11月18日召开。会议由市人大常委会主任马华主持。市人民政府市长刘超，副市长王明华、蒋丽英，市中级人民法院院长马泽波、市人民检察院副检察长王佼列席。会议审议通过市七届人大常委会代表资格审查委员会主任委员、副主任委员、委员名单（董晓彬为主任委员，王昭洪为副主任委员，王涛、刘伟、刘春涛、李晖、袁玉国为委员）；听取和审议市人民政府关于2015年度市级预算执行和其他财政收支审计查出问题整改情况的报告、关于全市学前教育工作情况的报告、关于贯彻执行《关于加快武引二期灌区工程建设的决议》情况的报告；审查和批准市人民政府关于绵阳市市级2016年财政预算调整方案的报告；听取市人民政府关于“美丽绵阳”建设工作情况的报告；做出关于开展第七个五年法治宣传教育的决议；通过人事任免事项。

（刘朝文）

监督工作

【概况】 2016年，市人大常委会坚持把“一府两院”执行市委决策部署、依法全面履行职能、依法执法和公正司法等情况作为监督工作的重点，综合运用视察调研、会议审议、专题询问等监督措施，加大重大项目建设、部门预算、城市建设管理、环境保护、脱贫攻坚、学前教育、养老保险等方面工作的监督力度，推动市委重大决策部署落实和群众普遍关心的热点、难点问题的解决。

【财经监督】 2016年，市人大常委会加强预算监督和经济运行监督。1月27日至29日，邀请部分市人大代表、预算审查专业人员和联络员对计划、预算报告进行初审，对80个市级部门2016年预算草案进行集中审查；2月17日，市六届人大八次会议期间，对市国土资源局、市文广新局、市司法局的部门预算进行专题审查。11月18日，市七届人大常委会第一次会议听取和审议审计查出问题整改情况的报告，审查批准2016年市级财政预算调整方案。7月14日，市人大常委会党组书记马华带队视察1至6月全市国民经济和社会发展计划执行情况，7月27日，市六届人大常委会第四十二次会议听取和审议专项工作报告；围绕“十三五”规划执行，市人大常委会主任蒋仁富多次带领常委会组成人员和市人大代表深入产业园区、重点企业，就实施两个“一号工程”、推进全面创新改革试验、促进科技成果转化进行视察调研，对“十三五”开好头、起好步提出建议和要求。

【脱贫攻坚】 2016年，市人大常委会围绕脱贫攻坚推进“三农”工作。继续开展“脱贫攻坚——人大代表再行动”活动，动员全市1.6万名人大代表参与脱贫帮困，落实每名代表至少联系1户贫困户制度，向贫困地区、贫困群众送温暖。常委会领导同志多次深入江油市马角坝镇印坪村等7个贫困村，调研并指导制定基础设施建设和产业发展规划，协调争取项目和资金。11月4日、12月6日，市人大常委会副主任李作虎先后带队开展种子管理条例执法检查、调研农业综合开发情况，对保护农业生产和农民利益、提高农产品品质量和市场竞争力提出要求。

【环境保护】 2016年，市人大常委会着力推动环境保护工作。针对市人民政府提出的禁止燃放烟花爆竹的议案，6月2~13日，组织调查组深入街道、社区进行广泛调研，向市民发放调查问卷、开展网络投票，召集利益相关方和职能部门座谈听取意见。7月27日，市六届人大常委会第四十二次会议做出《关于在绵阳城区范围内禁止燃放烟花爆竹的决议》。开展“环保世纪行”活动。8月25日，深入乡镇、企业和城市居民小区调研大气污染防治情况、垃圾发电厂建设情况，敦促各地合力抓好工作落实。加强城市备用水源地环境保护，6月14日，调研绵阳城市备用水源（燕儿河水库）河道整治和周边环境治理情况，推进城市饮用水源地保护。

【城市管理】 2016年，市人大常委会持续推动城区污水排放突出问题限期整治工作。9月19日，视察整治工程项目实施情况；9月29日，市六届人大常委会第四十三次会议专题询问整治工作推进情况，做出审议意见；10月19日，听取市人民政府贯彻执行审议意见的情况报告，督促整治落实。助推“美丽绵阳”建设。11月18日，市七届人大常委会第一次会议听取市人民政府关于“美丽绵阳”建设工作情况的报告，11月22日、24日，市人大常委会主任马华、副主任董晓彬先后带队检查文明城市建设工作，要求文明城市建设要向更高水平迈进。

【社会事业】 2016年3月18日，市六届人大常委会第三十九次会议听取关于加强供电服务推进经济社会事业发展情况的报告。4月12日，市人大常委会主任蒋仁富带队调研人力资源和社会保障工作，要求做好人才引进工作、推进就业服务、以问题为导向做好医保工作、加强科学化系统化管理。5月30日至31日，市人大常委会副主任王黎带队调研健康养老服务业发展情况。11月11日，市人大常委会副主任黄正良带队视察学前教育工作情况。11月18日，市七届人大常委会第一次会议听取和审议专项工作报告，要求统筹布局学前教育网点、合理配置资源、规范管理，鼓励社会力量参与举办幼儿园，缓解入园难、入园贵等问题。

（刘朝文）

代表工作

【概况】 2016年，市人大常委会组织指导完成市县乡三级人大代表选举工作，邀请代表参加常委会视察、调研和列席常委会会议，扩大代表对常委会活动的参与，为代表做好履职服务。

【代表选举】 2016年，市人大常委会依法担负人大代表选举工作的组织责任。市人大常委会党组书记马华、副主任董晓彬多次带队赴县乡调研和督查指导选举工作。5月27日，市人大常委会组织召开全市市县乡人大换届选举工作会议，党组书记马华要求坚持党的领导、坚持充分发扬民主、坚持严格依法办事，扎实做好选举各个环节的工作，确保换届选举依法有序进行；截至9月30日，全市9个县市区和中国人民解放军驻绵部队分别召开新一届县市区人民代表大会第一次会议和军人（代表）大会，以无记名投票、差额选举方式，依法选出市七届人大代表；10月19日，市六届人大常委会第四十四次会议审议通过代表资格审查报告，确认441名代表资格有效。

【代表履职服务】 2016年，市人大常委会发挥各行业代表的优势，将市七届人大代表编成36个代表小组，划拨代表活动经费，保证代表履职所需。为代表征订学习资料，开展履职培训，促进代表履职学习。11月29日，组织部分在绵全国人大代表和省人大代表开展会前集中视察，了解经济社会发展情况，为出席全国和省人民代表大会做好准备。市七届人大代表通过视察、专题调研和代表小组活动，撰写调研报告8篇。

【督办代表建议】 2016年，市六届人大八次会议期间市人大代表提出建议、批评和意见171件，市七届人大一次会议期间市人大代表提出建议、批评和意见99件，市人大常委会及时进行归纳、整理、分类并转交市人民政府有关部门办理。坚持代表建议重点件督办制度，市人大常委会领导牵头加强督办，督促代表和群众普遍关心问题的解决。

（刘朝文）

选举任免

【概况】 2016年，市六届人大八次会议依法补选董晓彬为市六届人大常委会副主任、马泽波为市中级人民法院院长、王昭洪为市六届人大常委会秘书长。市七届人大一次会议依法选举马华为市七届人大常委会主任，陈兴春、黄正良、董晓彬、代顺兴、李川萍、李作虎为副主任；刘超为市人民政府市长，颜超、王明华、经大忠、蒋丽英、罗宗志、赵迎春、罗蒙为副市长；马泽波为市中级人民法院院长，吴长福为市人民检察院检察长，王昭洪为市七届人大常委会秘书长。选举33名市第七届人民代表大会常务委员会委员。通过市七届人大专门委员会名单：刘伟为市七届人大内务司法委员会主任委员，敖茨为副主任委员，卢海兵、刘春涛、彭时荣为委员（兼）；高维志为市七届人大法制委员会主任委员，卢海兵为副主任委员，安忠瑶、何国洪、张勇为委员（兼）；刘加勇为市七届人大财政经济委员会主任委员，张彬、岳大永为委员（兼）。2016年市人民代表大会选举51名国家机关工作人员；市人大常委会任免国家机关工作人员154人次；补选3名省人大代表，接受4名市人大代表辞职。

【市人民政府人员任免】 2016年1月14日市六届人大常委会第三十七次会议任命谭岗为市人民政府秘书长，王刚为市审计局局长；免去夏明市人民政府秘书长职务，陈敏市审计局局长职务。2月2日市六届人大常委会第三十八次会议任命韩圣健为市人民政府副市长，免去谢晓东市人民政府副市长职务。4月7日市六届人大常委会第四十次会议任命兰劲为市发展和改革委员会主任，周钰为市科学技术和知识产权局局长，寇子胜为市交通运输局局长，敬永杰为市水务局局长；免去蒋丽英市科学技术和知识产权局局长职务，董泓市发展和改革委员会主任职务，兰劲市交通运输局局长职务，向地平市水务局局长职务。5月26日市六届人大常委会第四十一次会议任命王明华为市人民政府副市长、市公安局局长，蒋玉平为市政务服务管理局局长；免去任建民市人民政府副市长、市公安局局长职务，魏勇市政务服务管理局局长职务，吴明禹市教育和体育局局长职务。7月27日市六届人大常委会第四十二次会议任命胡东为市教育和体育局局长，银登春为市安全生产监督管理局局长；免去雷建新市安全生产监督管理局局长职务。9月29日市六届人大常委会第四十三次会议任命罗宗志为市人民政府副市长、市国有资产监督管理委员会主任，胡科为市文化广电新闻出版局局长，张洪宇为市城乡规划局局长；免去刘少敏市人民政府副市长职务，赵飚市城乡规划局局长职务，马宗舜市文化广电新闻出版局局长职务，谢国繁市国有资产监督管理委员会主任职务。11月18日市七届人大常委会第一次会议任命谭岗为市人民政府秘书长，兰劲为市发展和改革委员会主任，韩晓清为市经济和信息化委员会主任，胡东为市教育和体育局局长，刘青川为市科学技术和知识产权局局长，王久华为市民族宗教事务局局长，王明华为市公安局局长，任斌为市监察局局长，周福兰为市民政局局长，苏杰为市司法局局长，侍玉蓉为市财政局局长，张斯恩为市人力资源和社会保障局局长，钟思亮为市环境保护局局长，张洪宇为市城乡规划局局长，申泽为市住房和城乡建设局局长，寇子胜为市交通运输局局长，敬永杰为市水务局局长，贾友忠为市农业局局长，王理效为市林业局局长，潘大钦为市商务局局长，胡科为市文化广电新闻出版局局长，何承平为市卫生和计划生育委员会主任，王刚为市审计局局长，罗宗志为市国有资产监督管理委员会主任，杨纯忠为市工商行政管理局局长，任晓平为市质量技术监督局局长，李勇为市食品药品监督管理局局长，银登春为市安全生产监督管理局局长，张贵刚为市统计局局长，谭莉为市旅游局局长，蒋玉平为市政务服务管理局局长，杨涛为市城市管理行政执法局局长。

【市人大常委会人员任免】 2016年1月14日市六届人大常委会第三十七次会议决定王昭洪为市六届人大常委会代理秘书长；任命王昭洪为市人大常委会办公室主任，高维志为市人大常委会法制工作委员会主任，蒲玉春为市人大常委会办公室副主任，胡璐为市人大常委会法制工作委员会副主任；免去倪波市人大常委会办公室主任职务，王毅市人大常委会研究室主任职务，高维志市人大常委会办公室副主任职务，蒲玉春市人大常委会研究室副主任职务，陈明福市人大常委会城乡建设环境资源保护工作委员会副主任职务。2月2日市六届人大常委会第三十八次会议任命王朴为市人大常委会城乡建设环境资源保护工作委员会副主任。9月29日市六届人大常委会第四十三次会议任命朱林为市人大常委会副秘书长、办公室主任，胡蓉、季代双为市人大常委会副秘书长，郭平为市人大常委会教科文卫工作委员会主任，肖清华为市人大常委会农业工作委员会主任，何力为市人大常委会民族宗教外事侨务工作委员会主任，谢东为市人大常委会财政经济工作委员会副主任，杨兰华为市人大常委会城乡建设环境资源保护工作委员会副主任，王朴为市人大常委会农业工作委员会副主任，杨义勇为市人大常委会民族宗教外事侨务工作委员会副主任，任勇、王强为市人大常委会办公室副主任；免去王昭洪市人大常委会办公室主任职务，王毅、李激、肖先强、倪波市人大常委会副秘书长职务，黄兴华市人大常委会财政经济工作委员会主任职务，王春市人大常委会农业工作委员会主任职务，胡蓉市人大常委会民族宗教外事侨务工作委员会主任职务，李守余市人大常委会财政经济工作委员会副主任职务，尹玉峰、王朴市人大常委会城乡建设环境资源保护工作委员会副主任职务，胡璐市人大常委会法制工作委员会副主任职务，谢东市人大常委会农业工作委员会副主任职务，杨兰华市人大常委会办公室副主任职务。10月19日市六届人大常委会第四十四次会议任命何国洪为市人大常委会法制工作委员会主任；免去何国洪市人大常委会副秘书长职务，高维志市人大常委会法制工作委员会主任职务。11月18日市七届人大常委会第一次会议免去谢东市人大常委会财政经济工作委员会副主任职务。

【市“两院”人员任免】 2016年2月2日市六届人大常委会第三十八次会议任命马泽波为市中级人民法院副院长、审判委员会委员、审判员，决定马泽波为市中级人民法院代理院长。3月18日市六届人大常委会第三十九次会议任命杨伟为高新技术产业开发区人民法院审判委员会委员，高旭为高新技术产业开发区人民法院立案庭副庭长，范晋为高新技术产业开发区人民法院审判员；免去赵勇市中级人民法院副院长、审判委员会委员、审判员职务，吴仕华市中级人民法院审判委员会委员、审判员职务，高旭高新技术产业开发区人民法院民事审判庭副庭长职务，陈瑜高新技术产业开发区人民法院立案庭副庭长职务；任命兰岚为市人民检察院检察员，陈卓为市人民检察院检察员。5月26日市六届人大常委会第四十一次会议免去向文仲市小枧地区人民检察院检察员职务。7月27日市六届人大常委会第四十二次会议任命康银先为高新技术产业开发区人民法院审判员，曹丽为高新技术产业开发区人民法院审判员，胡剑兵为科学城人民法院刑事审判庭庭长，谢海明为科学城人民法院执行庭庭长；免去高敏市中级人民法院审判委员会委员、立案庭庭长职务，胡剑兵科学城人民法院立案庭庭长职务，谢海明科学城人民法院刑事审判庭庭长职务，姜靖科学城人民法院执行庭庭长、审判员职务。9月29日市六届人大常委会第四十三次会议任命罗险峰、李卓蔓、梁超东为高新技术产业开发区人民检察院检察委员会委员；免去任洪昌市人民检察院检察员职务，杨丽萍高新技术产业开发区人民检察院检察委员会委员职务。10月19日市六届人大常委会第四十四次会议任命田稼旺为市中级人民法院副院长、审判委员会委员、审判员，刘光明为市中级人民法院审判委员会委员、审判员，李松海为市中级人民法院审判委员会委员、审判员；免去印智强市中级人民法院审判委员会委员、刑事审判第二庭庭长、审判员职务，任尚远市中级人民法院审判委员会委员、民事审判第二庭庭长、审判员职务，杨小平市中级人民法院审判委员会委员、执行庭庭长、审判员职务，罗毅市中级人民法院审判员职务；批准任命王智君为涪城区人民检察院检察长，张涛为游仙区人民检察院检察长，景中强为安州区人民检察院检察长，吴波为三台县人民检察院检察长，赵伟为梓潼县人民检察院检察长，廖小舟为平武县人民检察院检察长，勾支洋为江油市人民检察院检察长，薛真勇为盐亭县人民检察院检察长，黄菊蓉为北川羌族自治县人民检察院检察长；任命陈安为市人民检察院副检察长、检察委员会委员、检察员，王建平为市人民检察院检察委员会委员、检察员，申勇为市人民检察院检察委员会委员、检察员；免去王智君市人民检察院检察委员会委员、检察员职务，廖小舟市人民检察院检察员职务，丁里市人民检察院检察委员会委员、检察员职务，赵田市人民检察院检察委员会委员、检察员职务，文云峰市人民检察院检察员职务，王新福市人民检察院检察员职务。

（刘朝文）

概　述

【概况】　2016年，全市坚持科学发展、加快发展工作，取向实施“两个一号”工程；以精准扶贫切入点，打好扶贫攻坚战；以全面新创改革实验为契机，加快国家科技城建设和幸福美丽绵阳建设。全年全市实现地区生产总值1830.42亿元，同比增长8.3%，地方一般公共预算收入107.62亿元，同比增长8.03%，城乡居民人均可支配收入29407元、13504元，分别增长8.2%、9.3%。成功创建国家森林城市、国家知识产权示范城市、国家电子商务示范城市、国家产城融合示范区，获全国人民防空先进城市，蝉联全国双拥模范城市。

【经济运行情况】　2016年，全市实现第一产业增加值280.29亿元、增长3.9%。新建成现代农业产业基地17个、高标准农田2.5万公顷。新申报“三品一标”农产品174个。培育新型农业经营主体3152家。获批建设国家农业科技园区。规模以上工业增加值增长9.9%，高于全省平均水平2个百分点，增速在全省排名由第8位上升到第6位。规模以上工业企业新增92家，总数达到842家。《工业大企业大集团培育“领航计划”》启动实施，进入全省大企业大集团100强培育名单企业达到7家，进入全省制造业100强企业达到10家。长虹控股公司蝉联川企百强榜首。实现服务业增加值654.09亿元，同比增长9.5%，增速在全省排名由第13位上升到第4位。11个重点项目、13家重点企业和6个重点品牌入围全省服务业“三百工程”。实现电子商务交易额2549.66亿元，同比增长31%，其中本地电商平台交易额1580亿元，同比增长14.2%。实现旅游总收入421.95亿元，同比增长22.8%。新增社会融资规模278.5亿元，实现金融业增加值64.09亿元、增长13.9%。

产业结构由15.3∶50.5∶34.2优化为15.3∶49∶35.7，第三产业比重同比提高1.5个百分点。消费拉动作用持续提升，最终消费对经济增长贡献率达到53%。“两新”产业产值占规模以上工业产值比重分别达到53.5%、36%，分别提升1.5和2个百分点。工业八大重点产业产值增长9.5%，占规模以上工业产值比重达到74.8%。规模以上工业企业产销率达到98.6%，高于全省1.7个百分点，比2015年提升1.1个百分点；盈亏相抵后利润总额122.97亿元，同比增长26.6%，高于全省21.2个百分点，比2015年提升21.8个百分点。单位国内生产总值能耗下降8.42%，清洁能源消费比重提高10个百分点，煤炭消费比重下降5个百分点。

完成全社会固定资产投资1269.97亿元、增长10%，5年来首次实现两位数增长。完成工业投资389.72亿元，同比增长10%，技改投资358.62亿元，同比增长9.5%，基础设施投资394.5亿元，同比增长33.7%，民间投资742.82亿元，同比增长4.9%。208个省市重点项目投资完成率达到123%。参与全省市场拓展“三大活动”，组织企业开展促销活动1000余场次。“万村千乡市场工程”加快建设。实现社会消费品零售总额988.48亿元、增长12.4%。居民消费价格指数上涨1.6%。

【全面创新改革试验】　2016年，全市全面创新改革试验114项主要任务、49件重点事项扎实推进。全国唯一的军民两用技术交易中心建成运营。四川军民融合研究院、四川军民融合高技术产业联盟挂牌成立。军民两用技术再研发平台加快建设。全国首家军民融合科技支行和军民融合保险支公司获批成立。应收账款融资服务试点获得李克强总理批示肯定。军民融合重大人才团队资助专项成功设立。中国工程物理研究院化工新材料产业园等军民融合特色园区全面建成。探索制定军民融合企业认定标准，首批认定238家，实现军民融合企业产值1370亿元。九洲集团被党中央、国务院、中央军委授予重大贡献奖，成为全国唯一获此殊荣的地方军工企业。

【科技城建设】　2016年，科技城建设广泛开展大众创业、万众创新，新登记市场主体3.62万家、增长8.58%，总量达到25.75万家。科技企业孵化器总数达到50个、面积突破100万平方米。新增科技型中小企业2406家、累计认定9282家。新申请专利10168件，新增专利实施项目1502个，实现技术合同成交总额8.31亿元。长虹数字电视“DTMB项目”获国家科技进步一等奖。研究与试验发展经费支出占地区生产总值比重达到7%，高新技术产业化指数达到78.9%。完成科技城集中发展区核心区城市设计。科技城大道河边段等基础设施项目建成投用。中国航发四川燃气涡轮研究院成为国家两机重大专项多个项目总设计师单位和型号研制参与单位，中国空气动力研究与发展中心被习近平总书记批准作为“攻坚克难融通军民的排头兵”列入全国重大典型宣传，中国兵装集团智能制造技术创新发展平台落户绵阳，中国工程物理研究院某重大专项选址绵阳取得重大突破，绵阳国防军工重镇地位进一步巩固。

【重点领域改革】 2016年，全市272件改革事项、98项国省改革试点有序开展。“三去一降一补”取得阶段性成效。压减水泥产量373万吨，淘汰钢铁过剩产能8.72万吨。商品住房库存化解157.73万平方米，去库存化周期9.1个月，同比缩短6.1个月。规模以上工业企业资产负债率下降2%。办理企业应急转贷资金8.14亿元，降低企业融资成本5000万元。落实电价调整和优惠政策，降低企业用电成本2.04亿元。新增上市挂牌公司7家，总数达到30家。总规模54.5亿元的5支发展基金成功设立。完成271个乡镇、41.76万公顷农村土地承包经营权确权登记。建成农村产权交易中心6个，流转土地7.56万公顷。2项改革入选2016年四川十大改革转型发展案例，2人入选2016年四川十大科技创新改革人物。

【开放合作水平提升】 2016年，绵阳市举办第四届科博会、中国（四川）电商发展峰会等大型展会和举办中美省州经贸促进活动、川商绵阳行等重大投资促进活动27场。新签约重点招商引资项目410个、增长24.2%，投资总额1737.56亿元、增长11.7%。国内、省外到位资金420.7亿元、增长12%，总量由2015年的全省第7位跃居第2位。总投资465亿元的京东方第6代AMOLED（柔性）面板生产线等一批重大产业项目成功签约并开工建设。实现外贸进出口总额17.68亿美元，总量由全省第3位上升为第2位。新增对外投资项目11个、投资总额1.1亿美元。新增国际友好合作城市1个，总数达到21个。

【城乡建设】 2016年，安县撤县设区，安州区加快融入主城区。城市建成区面积达到139.1平方千米，常住人口132.8万人。115个市政重点工程完成投资43.12亿元。二环路三期、涪江二桥和三汇高架桥维修加固等项目竣工投用。一环路北段东延线、剑南路综合改造二期、剑门雨水泵站等项目加快推进。三江湖码头、小枧生态湿地公园建成开放。城市绿地率达到36.2%。城区空气达标率76.2%，空气质量优良天数279天。常住人口城镇化率提高1.5个百分点，达到49.5%。乡镇场镇生活垃圾收运基本实现全覆盖，58个乡镇建成生活污水处理设施。新建成961个幸福美丽新村。平武县虎牙乡上游村等10个村列入第四批中国传统村落名录。大规模绿化绵州十大工程启动实施，森林覆盖率提高1.22个百分点，达到53.62%。完成交通投资125亿元、增长80%。九（寨沟）绵（阳）高速开工建设。成（都）兰（州）铁路安州段、西（安）成（都）客专江油段、绵（阳）西（充）高速、省道205线绕城改线、省道101线三台段大中修等项目加快建设。建成县乡公路893千米、通村公路973千米、通组道路2460千米。南郊机场新增通航城市4个、总数达到30个，旅客年吞吐量217万人次、增长40.4%。农村饮水安全工程受益群众达到21.8万人。完成城乡电网建设改造投资11.75亿元，9个35千伏及以上输变电项目建成投用。新改建通信基站2462个，全市无线宽带覆盖率达到91%。

【社会民生改善】 2016年，全市全面完成73个贫困村退出、3.64万人脱贫的年度目标任务。投入产业扶贫资金9219.25万元，引导贫困家庭发展各类经济作物1693.3公顷，实现就业创业4700人。76个易地扶贫搬迁项目完成搬迁319家、934人。2050家农村危房改造全面完成。在北川羌族自治县全面落实民族地区15年免费教育计划。贫困家庭在校本科生每年4000元补助落实到位。投入资金3322万元，3.74万名贫困群众纳入低保。农村最低生活保障标准提高到每人每月260元，提前实现“两线合一”。建档立卡贫困人口新农合参合率达到100%，县域内住院费用个人支付比例基本控制在5%以内。109个村被命名为省级“四好村”。北川羌族自治县、平武县被评为全省农民增收工作先进县。

【十项民生工程建设】 2016年，全市实施十项民生工程，推进19件民生实事，投入民生工程资金157.8亿元、完成目标任务的113.3%。全市各项民生支出207.48亿元、增长9.57%，占全市一般公共预算支出62.14%。危旧房棚户区改造10114套，竣工6422套，棚改货币化安置率达到84.7%。新增城镇就业5.51万人，城镇登记失业率3.83%。发放低保资金6.4亿元，实现城乡低保应保尽保。在全省率先实现农村义务教育学校免费午餐全覆盖。推进机关事业单位养老保险改革。

【社会事业发展】 2016年，全市高考本科硬上线率和硬上线万人比连续16年全省“双第一”。县市区通过义务教育均衡县国家认定，薄弱学校改造计划覆盖学校89所。举办海峡两岸文昌文化交流活动、海峡两岸嫘祖文化交流活动、市第六届运动会等大型文化体育活动。原创舞蹈《滚灯》获第十届中国舞蹈“荷花奖”。绵阳市博物馆新馆建成开放。19家城市公立医院改革稳步推进，新增社会办医疗机构103家，开展国家精神卫生综合管理试点工作，新建成国家卫生县城1个、国家卫生乡镇3个，全市新农合参合率达到99.98%。落实全面两孩政策，人口自然增长率为2.44‰。获全国无偿献血先进市、全国防震减灾业务工作考核先进单位。

【法治绵阳建设】 2016年，全市继续推进法治绵阳建设和社会诚信体系建设。开展违法建设整治，拆除违建5931宗、面积45.37万平方米。化解处理矛盾纠纷，化解率达到97%。生产安全事故起数、死亡人数、受伤人数分别下降25.5%、25.1%、20.2%。至年底，绵阳市获全国法治宣传教育先进城市，食品安全总体状况满意度连续4年居全省第1，社会治安满意度测评位居全省第2。

【绵阳市与中国科学技术发展战略研究院签订战略合作框架协议】 2016年1月15日，绵阳市人民政府与中国科学技术发展战略研究院举行战略合作框架协议签约仪式。按照协议约定，双方将围绕国家和绵阳市重大战略需求，紧扣国家科技城建设和全面创新改革试验的总体任务，依托科技城工业技术研究院和西南科技大学，共建中国科学技术发展战略研究院绵阳研究中心、国际科技战略与政策研究绵阳分中心，开展前瞻性、全局性和战略性问题研究，全面提升战略研究、资源整合和决策咨询支撑服务能力，推动科技智库的稳步建设与高效运行，为国家科技城建设及军民融合发展提供智力支撑。 （邓 涛）

全体会议及常务会议

【概况】 2016年，市政府分别召开市政府六届八次、九次全体会议，讨论修改《政府工作报告》等相关事项，安排部署全年主要工作。全年，召开市政府常务会议27次（六届政府第83次至102次常务会议，七届政府第1次至7次常务会议）。会议通过《绵阳科技城军民融合成果转化基金设立方案》《2016年全市实施省级十项民生工程及19件民生大事方案》等相关事项；会议研究绵阳城区二环路范围内禁止燃放烟花爆竹等事项；会议审议有关人事事项。

【市政府六届8次全体会议】 2016年2月2日召开，市长刘超主持。副市长付康、刘少敏、王瑜、任建民、经大忠、元方、郑蕾、孙福全、韩圣健等出席会议；市政府秘书长、副秘书长和所属部门负责人参加会议。会议贯彻落实中央、省委、市委相关会议精神；总结回顾2015年政府工作，安排部署2016年政府工作；讨论修改《政府工作报告》《绵阳市国民经济和社会发展第十三个五年规划纲要》《绵阳市2015年国民经济和社会发展计划执行情况及2016年计划草案的报告》《绵阳市2015年财政预算执行情况和2016年财政预算草案的报告》。

【市政府六届9次全体会议】 2016年8月15日召开，市长刘超主持。副市长付康、王瑜、王明华、经大忠、元方、孙福全、韩圣健等出席会议，市政府秘书长、副秘书长和所属部门负责人参加会议。会议总结上半年工作，安排部署下半年工作。

【市政府第83次常务会议】 2016年1月5日召开，市长刘超主持。副市长付康、刘少敏、王瑜、任建民、谢晓东、郑蕾、孙福全等出席会议。会议传达贯彻省委经济工作暨城市工作会议、全省脱贫攻坚大会精神；会议学习《法治政府建设实施纲要（2015~2020年）》；会议通过《2016年全市经济社会发展主要预期目标初步安排的建议意见》、绵投集团为安县投资控股有限公司贷款提供担保事宜、《绵阳市国资委国有企业负责人2014年度薪酬建议方案》《绵阳科技城军民融合成果转化基金设立方案》《涪江二桥封闭施工交通疏解方案》《绵阳市城市户外广告设置规划（2015~2020）》《关于加快构建现代公共文化服务体系的实施意见》，审议2015年教育附加安排事宜、向中国工程物理研究院电子工程研究所划拨一宗国有建设用地使用权事宜、2015年第七批预算项目资金安排事宜、通安巷旧城改造历史遗留问题事宜。

【市政府第84次常务会议】 2016年1月12日召开，市长刘超主持。副市长付康、王瑜、经大忠、郑蕾、孙福全等出席会议。会议学习《中华人民共和国大气污染防治法》；会议通过《绵阳市现代服务业重点产业方向及空间布局方案》、15家企业（个人）申报工业用地改变用途事宜、绵阳市第二批技能大师工作室有关事宜、红星街61号（市委机关原址）部分资产转让事宜、《绵阳市历史遗留工矿废弃地复垦利用专项规划（2015~2019年）》《关于支持绵阳烟草产业发展的实施意见》《绵阳市城市规划管理技术规定》（2013版修订版），审议有关人事事项。

【市政府第85次常务会议】 2016年2月1日召开，市长刘超主持。副市长付康、刘少敏、王瑜、经大忠、元方、郑蕾、孙福全等出席会议。会议传达贯彻省十二届人大四次会议、省政协十一届四次会议精神，中央、省领导有关安全生产重要指示批示和全国全省安全生产电视电话会议精神，十八届中央纪委六次全会、省纪委十届五次全会精神；会议通过《政府工作报告（送审稿）》《绵阳市国民经济和社会发展第十三个五年规划纲要（送审稿）》《关于2016年财政收支预算的情况报告（送审稿）》《关于绵阳市2015年财政预算执行情况及2016年财政预算草案的报告（送审稿）》，审议有关人事事项。

【市政府第86次常务会议】 2016年2月23日召开，市长刘超主持。副市长付康、刘少敏、经大忠、郑蕾、孙福全、韩圣健等出席会议。会议传达贯彻省委副书记、省长尹力来绵阳调研指示精神；会议通过《关于推动招商引资实现新突破的决定》《绵阳市工业项目招商引资奖励办法》《关于加快智慧城市建设的实施意见》《〈水污染防治行动计划〉

绵阳市工作方案》、绵阳市国家生态保护红线调整意见，绵阳城区拟命名道路、桥梁、隧道名称，《绵阳市城市规划管理技术规定（2016版）》《关于加快推进“沃野绵州”现代生态循环农业工程建设的意见》、2015年度绵阳市科学技术进步奖拟奖项目事宜、长虹集团申请注册发行不超过24亿元中期票据和30亿元永续债事宜、绵阳市第13批市级企业技术中心名单事宜、科技城创新中心三期项目申报国家专项建设基金事宜，县市区、园区乡镇工作补贴标准事宜，调整企业死亡职工供养直系亲属生活困难补助金标准事宜，审议有关人事事项。

【市政府第87次常务会议】 2016年3月16日召开，市长刘超主持。副市长付康、刘少敏、王瑜、任建民、经大忠、韩圣健等出席会议参加。会议通过《绵阳市人民政府办公室关于落实〈政府工作报告〉重点工作责任分工的通知（送审稿）》《绵阳市“项目年”工作方案（送审稿）》《绵阳市固定资产投资项目管理办法（送审稿）》、工商部门管理体制调整后城区部分国有资产划转事宜、向中国工程物理研究院化工材料研究所划拨一宗国有建设用地使用权事宜、江油工业学校申请拨付学校资产处置收入用于偿还银行贷款事宜、绵阳交通发展集团有限责任公司为绵阳宏达资产投资经营（集团）有限公司及其子公司提供担保事宜。

【市政府第88次常务会议】 2016年4月5日召开，市长刘超主持会议。副市长付康、刘少敏、王瑜、经大忠、郑蕾、韩圣健等出席会议。会议学习《中华人民共和国合同法》；会议传达贯彻省建设绵阳科技城领导小组第十七次会议精神、国务院第四次廉政工作电视电话会议精神；会议通过《中共绵阳市委绵阳市人民政府关于加强新形势下民族工作的实施意见》《绵阳城区城建攻坚行动项目计划（2016~2020年）》《绵阳市市级政府和社会资本合作项目推进实施办法（送审稿）》《2016年全市实施省级十项民生工程及19件民生大事方案》《绵阳市知识产权战略行动计划（2016~2020年）》，审议有关人事事项。

【市政府第89次常务会议】 2016年4月18日召开，市长刘超主持。副市长付康、刘少敏、王瑜、任建民、经大忠、郑蕾、孙福全、韩圣健等出席会议。会议学习《健全落实社会治安综合治理领导责任制规定》；会议通过《2016年争取国家和省支持我市重大政策和项目工作方案》，华瑞汽车生产基地搬迁、改造扩能并形成年产25万辆整车生产能力项目投资协议书及相关债权债务事宜，涪城区、游仙区、江油市、盐亭县、北川县、梓潼县六个县市区部分乡镇行政区划调整事宜，人才发展专项资金资助项目的扩充项目、《关于进一步完善城乡义务教育经费保障机制的实施意见》《2016年市级及非扩权地区置换债券分配额度和市级置换债务项目方案》《2016年民生工程市级项目》。

【市政府第90次常务会议】 2016年5月6日召开，市长刘超主持。副市长付康、刘少敏、王瑜、任建民、经大忠、元方、郑蕾、孙福全、韩圣健等出席会议。会议学习《四川省党政领导干部生态环境损害责任追究实施细则（试行）》；会议通过《关于促进全市工业稳增长调结构增效益的若干措施》《绵阳市大企业大集团培育方案》《绵阳市开展科技保险工作实施意见》、向中国工程物理研究院化工材料研究所等九家单位划拨国有建设用地使用权事宜、整合协议出让游仙区小枧沟镇一宗国有土地建设用地使用权给绵投集团事宜、《绵阳市人民政府关于进一步加强全市土地管理工作的通知》、2016年第一批预算项目资金安排事宜，审议有关人事事项。

【市政府第91次常务会议】 2016年5月23日召开，市长刘超主持。副市长付康、刘少敏、王瑜、王明华、经大忠、元方、郑蕾、韩圣健等出席会议。会议传达贯彻省政府地质灾害防治工作专题会议精神、全省互联网金融风险专项整治工作动员会议精神；会议通过《绵阳市“互联网+”行动计划（2016~2020年）》《绵阳市“十三五”医疗机构设置规划（2016~2020年）》《绵阳市全面推进公务用车制度改革总体方案》《绵阳市市级机关公务用车制度改革实施方案》，科发集团启动2016年度短期融资券注册发行工作、科发集团启动可续期中期票据注册发行工作、科发集团启动“双创孵化”项目收益债申报发行工作事宜，科技城集中发展区核心区综合管廊项目申请国家专项建设基金投资、朝阳厂片区国有工矿棚户区改造项目申请国家专项建设基金投资事宜，《绵阳市人民政府、绵阳师范学院市校战略合作协议（草案）》、在平武县实施15年免费教育事宜、《2016年市本级社保基金财政专户部分存款转存定期的方案（送审稿）》，审议有关人事事项。

【市政府第92次常务会议】 2016年6月8日召开，市长刘超主持。副市长付康、刘少敏、王明华、元方、郑蕾等出席会议。会议传达贯彻尹力省长在绵调研指示精神、全省汛期安全生产工作紧急电视电话会议精神；会议通过长虹控股公司为绵投集团10亿元流动资金贷款提供担保有关事宜、《绵阳市对上争取资金考核管理办法》《绵阳市对上争取项目考核管理暂行办法》《绵阳市整合公共资源交易平台层级方案》《绵阳市邮政业“十三五”及中长期发展规划》《小学、幼儿园、菜市场、体育设施公共服务设施专项规划近期建设计划》《鼓励社会资本投资重大项目计划》《绵阳市防汛总体预案》《绵阳城市防洪应急预案》、审议智能会务系统建设有关事宜、《绵阳市人民政府宪法宣誓制度实施细则》、2016年第二批预算项目资金安排事宜；会议听取江油市行政集中审批试点工作情况汇报。

【市政府第93次常务会议】 2016年6月16日召开，受市长刘超委托，常务副市长付康主持。副市长刘少敏、经大忠、元方、郑蕾、孙福全、韩圣健等出席会议。会议通过《绵阳市建设国家知识产权示范城市工作方案》、华意压缩机股份有限公司配股融资不超过8亿元有关事宜、《关于实施财政金融互动和支持企业直接融资财政政策的通知》《关于进一步加强新时期爱国卫生工作的实施意见》、《绵阳市推进供给侧结构性改革总体方案》及去产能、去库存、去杠杆、降成本、补短板等5个专项工作方案，审议有关人事事项。

【市政府第94次常务会议】 2016年6月24日召开，受市长刘超委托，常务副市长付康主持。副市长王瑜、王明华、经大忠、郑蕾、韩圣健等出席会议。会议通过绵阳市投资控股（集团）有限公司事宜。

【市政府第95次常务会议】 2016年7月5日召开，市长刘超主持。副市长付康、刘少敏、王明华、经大忠、郑蕾、孙福全、韩圣健等出席会议。会议传达学习全省推进简政放权放管结合优化服务改革电视电话会议精神；会议通过《绵阳市人民政府关于进一步加快学前教育发展的实施意见》、2015年度涪江流域水环境生态补偿专项资金第二批资金安排使用事宜、《绵阳市既有住宅增设电梯实施意见》中涉及财政补贴事宜、绵阳市人民政府与分享通信集团战略合作事宜、《绵阳市地方志事业“十三五”发展规划》《绵阳市水利发展“十三五”规划》《军队移交政府管理的无军籍退休退职职工年终慰问金发放方案》。

【市政府第96次常务会议】 2016年7月15日召开，市长刘超主持。副市长付康、王明华、元方、韩圣健等出席会议。会议学习《国务院办公厅关于加强和改进行政应诉工作的意见》；会议传达贯彻四川省先进制造强省建设推进会议精神；会议通过《绵阳市城市市容和环境卫生管理条例》、绵阳城区二环路范围内禁止燃放烟花爆竹事项、2016年第三批项目资金安排事宜、《绵阳市人民政府关于提请审查和批准绵阳市2016年财政预算调整方案的议案》。

【市政府第97次常务会议】 2016年7月25日召开，市长刘超主持。副市长付康、王明华、经大忠、元方、孙福全等出席会议。会议传达贯彻全国、全省安全生产电视电话会议精神，四川省贯彻落实《法治政府建设实施纲要》电视电话会议精神；会议通过《绵阳市关于落实“先照后证”改革决定加强事中事后监管工作实施意见》、市中心医院出资成立四川康健医疗管理有限公司事宜、绵阳市人民政府与西部战区空军参谋部签订绵阳机场站坪扩建产权协议事宜，审议有关人事事项。

【市政府第98次常务会议】 2016年8月16日召开，市长刘超主持。副市长王明华、经大忠、韩圣健等出席会议。会议学习《中华人民共和国城镇国有土地使用权出让和转让暂行条例》；会议通过《绵阳市“十三五”综合交通发展规划》、向绵阳交通发展集团有限责任公司划拨一宗国有建设用地使用权事宜、《绵阳市市辖区征地拆迁补偿安置办法》、实施绵阳城市道路智能交通管理系统二期项目事宜、2016年第四批项目资金安排事宜。

【市政府第99次常务会议】 2016年9月1日召开，市长刘超主持。副市长付康、王瑜、王明华、经大忠、孙福全、罗宗志等出席会议。会议通过《绵阳市城市规划编制管理暂行办法》《调整全市住房公积金管理机构管理体制实施方案》《绵阳市乡村教师支持计划实施细则（2016~2020）》《绵阳市应急物资储备规划》《绵阳市“十三五”科技创新发展规划》《绵阳市城市公立医院综合改革试点工作实施方案》、在四川梓潼经济开发区设立绵阳生物医药产业园事宜、《安州区过渡期部分管理事权划分的实施方案》《绵阳市养老与健康服务业发展规划（2016~2020）》、调整城乡最低生活保障标准事宜、《关于促进绵阳影视业繁荣发展的实施意见》《绵阳市对上争取项目考核管理暂行办法》和《绵阳市对上争取资金考核管理暂行办法》，审议有关人事事项。

【市政府第100次常务会议】 2016年9月23日召开，市长刘超主持。副市长王瑜、王明华、经大忠、元方、孙福全等出席会议。会议审议有关人事事项。

【市政府第101次常务会议】 2016年10月8日召开，市长刘超主持。副市长付康、王瑜、王明华、经大忠、元方、韩圣健、罗宗志、罗蒙、赵迎春等出席会议。会议传达贯彻全省产业扶贫会议精神、全省信访维稳工作会议暨省信访工作联席会议全体会议精神；会议学习《四川省重大行政决策责任追究暂行办法》；会议通过《政府工作报告（送审稿）》《绵阳市“十三五”文化旅游产业发展规划》《绵阳市重点招商项目“服务绿卡”管理办法》、成立绵阳城市综合管廊建设营运有限公司事宜、长虹控股集团下属四川长虹新能源科技股份有限公司并购浙江飞狮电器工业有限公司80%股权事宜、《绵阳市加快发展生活性服务业促进消费结构升级实施方案》、市公安局交警支队招聘机动车驾驶人员考试社会辅助考试员事宜、2016年第一批国家重点生态功能区转移支付资金项目事宜、《市本级机关事业单位养老保险制度改革财政保障实施方案》，审议有关人事事项。

【市政府第102次常务会议】 2016年10月18日召开，市长刘超主持。副市长付康、王瑜、王明华、经大忠、罗宗志、罗蒙、赵迎春等出席会议。会议学习贯彻市第七次党代会精神；会议传达贯彻四川省大规模绿化全川电视电话会议精神；会议通过《关于促进区域协调发展工作机制的指导意见》《绵阳市旅游业“十三五”发展规划》《绵阳市加快推进生态文明建设实施方案》《绵阳市2016~2020年项目计划》《绵阳市创新企事业单位民主管理制度改革方案》、长虹控股下属长虹股份投资设立长虹国际公司事宜、绵投集团与长虹股份和长虹创投组建合资公司事宜、绵投集团拟出资参与设立四川省创新创业股权投资基金合伙企业（有限合伙）事宜、2015年市级排污费专项资金和2016年省级大气污染防治专项资金安排使用事宜、绵阳至西充高速公路建设特许经营权事宜、向绵阳市公安局涪城区分局划拨一宗国有建设用地使用权事宜、向绵阳市涪城区司法局划拨一宗国有建设用地使用权事宜、向绵阳市水务集团划拨两宗国有建设用地使用权事宜、2016年第五批预算项目资金安排事宜。

【市政府第七届1次常务会议】

2016年11月1日召开，市长刘超主持。副市长颜超、经大忠、孙福全、韩圣健、蒋丽英、罗宗志、赵迎春、罗蒙等参加。会议学习贯彻十八届六中全会精神、市“两会”精神，传达贯彻全国首届全面创新改革试验高峰会议精神；会议学习《中共四川省纪委机关对省管党员领导干部进行谈话函询的工作办法（试行）》和《中共绵阳市纪委机关对市管党员领导干部进行谈话函询的工作办法（试行）》；会议通过《政府工作报告》重点工作责任分工、推广使用绵阳市农村居民建房通用设计图集和技术导则事宜、下达2016年绵阳市工业发展专项资金事宜、科发集团成立基金管理公司事宜、科发集团非公开发行2016年公司债券事宜、长虹控股拟为长虹股份贷款提供担保事宜、绵投集团注册发行不超过20亿元长期限含权中期票据事宜、按照PPP投融资模式建设中国（绵阳）科技城核医学中心事宜、建立国际友好城市关系协议书、《创建“四好村”活动工作方案》《关于贯彻〈深化农村改革综合性实施方案〉的意见》，2016年调整基本公共卫生服务标准后市级、两区及园区承担比例事宜，使用二级公路锁定债务上级补助资金事宜，审议有关人事事项。

【市政府第七届2次常务会议】

2016年11月9日召开，市长刘超主持。副市长颜超、王明华、孙福全、赵迎春、罗蒙等参加。会议传达贯彻全省就业扶贫推进会议精神；会议通过议事协调机构清理情况事宜、《绵阳市2017年省重点项目建议名单》、绵阳市军民融合企业认定并授牌事宜、《关于深化多种形式消防队伍建设发展的实施意见》、做好《居住证暂行条例》贯彻实施工作事宜、《绵阳市推进农民工融入城市（镇）工作实施方案（2016~2018年）》等6个专项方案、2016年保障性安居工程补助资金分配事宜，审议有关人事事项。

【市政府第七届3次常务会议】

2016年11月24日召开，市长刘超主持。副市长孙福全、韩圣健、蒋丽英、罗宗志、罗蒙等参加。会议传达贯彻尹力省长来绵调研指示精神、省委十届九次全会和市委七届二次全会精神、全省脱贫攻坚退出验收考核工作电视电话会精神、全省烟草产业运行发展工作专题会议精神；会议通过农村公路网建设融资事宜、城市地下综合管廊污水管线入廊事宜、改革调整户籍管理制度事宜、《绵阳市人民政府与农行四川省分行银政全面战略合作协议》、绵投集团部分政府委托项目签订回购协议事宜、上报清理偿还政府欠款专项工作情况事宜，英才学校、五八所土地出让收入注资事宜，《绵阳科技城城市基础设施建设基金和绵阳科技城集中发展区基础设施建设基金计划投资项目》、2016年第六批项目资金安排事宜、2016年第一批教育费附加和地方教育附加安排方案，审议有关人事事项。

【市政府第七届4次常务会议】

2016年12月7日召开，市长刘超主持。副市长王明华、经大忠、孙福全、韩圣健、赵迎春、罗蒙等参加。会议传达贯彻习近平总书记、李克强总理关于安全生产工作重要指示批示及全国全省安全生产电视电话会议精神，省脱贫攻坚领导小组第五次会议、全省2016年脱贫攻坚省级退出验收考核暨第三方评估工作动员部署电视电话会议精神，加快推进全省民营经济发展大会精神；会议通过议事协调机构清理情况事宜、《绵阳市交通运输“十三五”发展规划》《绵阳市社会信用体系建设工作实施方案》《绵阳市全面深化公安改革实施方案》《绵阳市基本公共服务体系“十三五”规划》《绵阳市法治政府建设实施方案（2016~2020年）》、绵阳科发天达投资开发有限责任公司一宗国有建设用地使用权改变用途事宜、向绵阳科创园投资控股有限公司划拨一宗国有建设用地使用权事宜、《关于深入推进人民防空改革发展的实施意见》，绵投集团、交发集团投资入股绵阳农商银行股份有限公司事宜，解决专利申请和专利授权资助资金事宜。

【市政府第七届5次常务会议】

2016年12月16日，市长刘超主持召开，副市长颜超、王明华、蒋丽英、罗宗志、赵迎春、罗蒙等参加。会议安排化解处置历史遗留问题有关工作；会议通过《关于实施“振兴计划”推动县域经济加快发展的意见》和调整县域经济发展工作领导小组事宜、兑付2016绵阳房地产交易会购房惠民政策财政补贴事宜、《关于构建和谐劳动关系的实施意见》《绵阳市安全生产举报奖励办法》《关于促进加工贸易创新发展的实施意见》《关于深化供销合作社综合改革的实施意见》《绵阳市属国有重要骨干企业董事会专职外部董事选任管理实施办法》《绵阳市生态文明体制改革实施方案》《绵阳市环境保护督察方案（试行）》《绵阳市国有林场改革实施方案》《绵阳市深化国税地税征管体制改革实施方案》、向绵阳市儿童医院划拨一宗国有建设用地使用权事宜、2016年市级小城镇发展专项资金事宜、《绵阳市整合城乡居民基本医疗保险工作方案》《2016年市级国有资本经营支出方案》，审议有关人事事项。

【市政府第七届6次常务会议】 2016年12月27日，市长刘超主持召开，副市长颜超、王明华、孙福全、韩圣健、蒋丽英、罗宗志、罗蒙等参加。会议传达学习省委经济工作会议精神；会议听取2016年全市脱贫攻坚省级验收考核情况汇报；会议通过《2017年全市经济发展主要预期目标初步安排建议意见》《绵阳市行业协会商会与行政机关脱钩实施方案》、2016年第七批项目资金安排事宜、执行2016年度绵阳市科技创新创业资金计划事宜、2016年绵阳市优秀文艺作品和文艺创作扶持项目事宜，审议有关人事事项。

【市政府第七届7次常务会议】 2016年12月29日召开，市长刘超主持。副市长颜超、孙福全、韩圣健、赵迎春、罗蒙等参加。会议宣布违纪干部处分决定。 （邓　涛）

人　事

【概况】 2016年，全市人事工作继续深化人事制度改革，做好公务员（参公人员）管理工作，公开考录公务员（参公人员）753人；完成教育、农业、卫生等事业单位岗位设置。全年全市接收军队转业干部178名并完成安置，做好退役金发放、医疗保障等工作，完成全市623名自主择业军转干部年度登记工作。审核机关一次性年终奖、晋级晋档和事业单位晋薪级、退休人员等工资福利。推荐国家、省级表彰先进集体49个，先进个人156人，记三等功86人。

【公务员管理】 公开考录公务员（参公人员）753人。完成公务员初任培训476人、公务员全员培训20500人。承办市政府任免事项22次233人，提请市人大11次147人；审核、办理市级机关、参公单位396名科级及以下干部职务任免备案。审核办理全市公务员（参公）登记121批602人。为市级行政机关参公单位调配公务员、参公人员67名。做好向国家审核推荐12个先进集体、27名先进个人表彰对象；向省审核推荐37个先进集体、129名先进个人表彰对象。审批37个单位86人连续三年考核为优秀记三等功。

【事业单位人事管理】 2016年，全市按照中小学教师职称制度改革总体要求，为575所中小学重新核定3万余个岗位，中高级专业技术岗位数量大幅度增加。指导和核准卫生、农业等系统538个事业单位岗位设置方案。完成130个市属事业单位1875名工作人员岗位聘用备案；完成63名机关（参公单位）工勤人员的聘用审批工作；办理5名专业技术人员聘用到三级岗位。全年公开招聘事业单位工作人员874人，直接考核招聘546人。办理市本级58名事业单位工作人员调动手续，18名领办创办科技型企业人员返回原单位工作。

【军队转业干部安置】 2016年，全市接收军队转业干部178名，其中：计划分配97名（团职32名、营职41名、连排职9名、技术干部15名）；自主择业81名（团职16名、营职20名、连排职1名、技术干部44名）；随调家属2名。深化军转安置改革，推进“阳光安置”和向基层倾斜，军转安置“四项具体举措”在全省推广。四项举措是：一是不折不扣落实“四个放宽”政策，在边艰地区和特殊岗位服役满10年的全部纳入绵阳主城区安置。二是适当提高市级单位和政法部门安置比例，市级单位安置比例从40%提高到50%，市级机关、政法系统、事业单位安置比例由3：4：3调整为3：5：2。三是坚持政策延续性。对担任正团实职5年以上的仍然安排副县级领导职务，接收单位、地区拿出空缺科级领导职务安排副团职转业干部。四是对全市有关规定进行清理规范。对绵阳城区挂靠户，或虽在绵阳城区有户口但配偶在县市有正式工作的，一律回原县市安置。对自主择业军转干部管理服务，按照“个人自愿、按需培训、依托社会、政府协助”的原则开展教育培训，落实各项就业创业培训扶持政策。做好退役金发放、医疗保障等工作，完成全市623名自主择业军转干部年度登记。完成3517名退休人员、650余名在岗（公益性岗位再就业）和失业人员生活困难补贴的调整兑现。同时，落实全市部分企业军转干部个案救助政策调整方案，加大住院医疗（死亡）救助、特殊困难救助等地方个案救助力度。

【工资福利审核】 2016年，市人社局审核300余个单位1.5万人机关一次性年终奖、晋级晋档和事业单位晋薪级。办理人员调入210人，人员调出289人，新进人员工资审核300余人，岗位职务变动调整工资2700余人，核定死亡待遇近200人、核定退休待遇600余人。审核300余个市级单位1.4万人住房补贴，审批提高退休费比例90余人。完成200余个单位600余人的工龄认定工作。集中时间优先办理近2000名警察因警衔调整增加待遇，为80名科级以下困难退休人员发放慰问费9.9万元。完成市本级310个机关事业单位2.4万在职和退休人员以及1000余名改革撤销单位人员参保数据审核工作。完成160余个单位600余人“中人”退休待遇暂时核算。 （赵梓宇　何丽莎）

民　政

【概况】 2016年，全市民政系统贯彻落实市委、市政府和省民政厅决策部署，以服务民生扶贫济困为工作重点，推进民政民生工程。推进区划调整，安县成功撤县设区（安州区），全市9个乡设镇、6个镇改街道办事处。第二次全国地名普查工作成为全省示范，工作经验受到省民政厅好评并在全省民政工作会上书面交流。界线管理、殡葬改革、婚姻收养登记等工作取得新进展。全市26万名城乡低保对象累计月人均补助分别达到288元和173元。实施医疗救助12.3万人次，新增民办养老机构床位2200张，筹集善款220余万元，实施慈善项目10个，为全市

5.73万名重点优抚对象及时足额发放抚恤补助2.67亿元，社区建设取得突破性进展，社区干部报酬普遍达到每人每月2500~2900元。绵阳市成功蝉联全国双拥模范城。市民政局被市委、市政府评为全市目标绩效管理先进单位、全市脱贫攻坚工作先进单位。

【农村低保扶持与救助】 2016年，全市农村低保标准提高到每人每月260元（3120元每年），超过2016年国家扶贫线（3100元每年）20元，实现“两线合一”同步增长。向8.4万人年收入低于国定扶贫标准的农村低保对象发放特殊生活补贴600余万元。对全市3.74万人纳入农村低保的建档立卡贫困人口，全部做到按标施保、应兜尽兜。全面落实困难残疾人生活补贴、农村特困人员政府供养制度，引导社会组织、公益慈善机构、专业社会工作者参与扶贫开发。全市293个乡镇和街道办事处全部设立救助服务窗口，“一门受理、协同办理”实现全覆盖。争取上级支持下拨冬春生活救助资金2000余万元，保障21.4万人温暖过冬。全市26万元城乡低保对象累计月人均补助分别达到288元和173元。2.1万名农村特困供养人员分散和集中供养标准分别达到300元和405元。累计实施医疗救助12.3万人次，累计临时救助困难群众1.9万人次。

【基层组织与阵地建设】 2016年，市委市政府高度重视社区工作，社区的阵地、人员和经费问题取得突破性进展。全市549个社区的办公用房平均面积超过300平方米，600平方米以上的有25个。全市大部分地区社区工作经费达到8万元至10万元，主城区城市社区办公经费全部达到10万元。社区干部报酬达到每人每月2500~2900元。城市社区专职干部数量平均达到6名，基本能够满足社区工作需要。第一批38个“三治协同、共创和谐”社区治理新模式试点成效明显，该模式进入全面推行阶段。创建国家级民主法治示范村5个、省级2个、市级89个。10月，绵阳市社会组织孵化中心建成（农业社会组织服务中心），占地面积100平方米，入驻孵化中心的社会组织和各类农业组织38家。全市第一批117家行业协会商会与行政机关脱钩试点。全面摸清全市2.4万名社工底数，启动社工机构孵化中心项目。组织全市486人参加社工资格考试；举办初级社工师、中级社工师培训班，累计培训210人次。

【社会福利慈善事业】 2016年，全市民政系统以供给侧结构性改革为牵引，发挥民政支撑作用，社会服务能力增强，社会福利和慈善事业惠及更多群众。全市拥有养老床位约3.8万张，每千名老人拥有养老床位数32张，满足全市机构养老服务需求。引进社会资本1000万元，建成全省最大居家养老服务信息平台，吸引民间资本投资养老事业，全年新增民办养老机构床位2200张，加快推进60个养老项目建设。执行高龄津贴制度，为全市13万余名80周岁以上老人发放高龄津贴5000余万元。市级财政支出66万元为市辖区内2.3万名60岁以上低保老人、特困供养老人、重点优抚对象购买老年人意外伤害保险。建好用活绵阳市老年大学（老年活动中心），每年开设教学班200个，惠及1万余名老人。落实困难残疾人生活补贴、农村特困人员政府供养制度和孤儿保障政策，全市656名孤儿全部纳入保障。全市销售福利彩票5.25亿元，筹集福彩公益金1.47亿元。市慈善总会筹集善款220余万元，实施慈善项目10个，直接受益2万余人。摸清4.8万余名全市农村留守儿童底数，推进留守儿童关爱保护示范点建设。为全市近2000名困境儿童开展“流浪孩子回校园”专项行动。

【优抚双拥工作】 2016年，全市优抚双拥工作结合“关爱奉献者”推进“双拥在基层”活动，投入426万元帮扶850名困难退役士兵。举行退役军人创业座谈会，引导和带动60余名退役军人加入“大众创业、万众创新”活动。全年接收退役士兵2035名，为128名转业士官安置工作岗位，发放安置补助费6220万元。全市投入370万元为1440余退役士兵人开展技能培训，为全市5.73万名重点优抚对象及时足额发放抚恤补助2.67亿元，发放医疗补助1553万元。全年为军休干部和无军籍职工及时足额发放各类资金1.28亿元。

（陈振宇）

外事活动

【概况】 2016年，全市迎接来俄罗斯、以色列、德国、泰国、新西兰、巴基斯坦、匈牙利、澳大利亚、美国、马来西亚、意大利等20余个国家的政要、学者、企业负责人到绵阳考察交流和参加第四届中国（绵阳）科技城国际科技博览会和四川电子商务发展峰会等活动。5月26日，绵阳市与韩国昌原市签署《建立友好合作关系意向书》。市委书记彭宇行分别率领市委、市政府代表团到俄罗斯、德国、新西兰、澳大利亚等国家开展招商引资和推介活动。

绵阳市对外友好交往城市一览

表 19

序号	国名与城市名		时间
友好城市（经过外交部和全国友协审批）			
1	日本国庄原市		1990 年 9 月 22 日
友好合作城市			
2	俄罗斯新西伯利亚市		1992 年 8 月
3	美国明尼苏达州阿诺卡市		1994 年 8 月
4	俄罗斯普斯科夫市		1994 年 12 月 23 日
5	美国罗斯威尔市		1995 年 9 月 18 日
6	以色列约克兰市		1996 年 6 月 13 日
7	法国亚眠市		1997 年 9 月
8	匈牙利克奇克梅特市		1998 年 8 月
9	刚果（布）恩卡伊市		1998 年 9 月 30 日
10	澳大利亚阿得雷德市		1999 年 7 月 20 日
11	美国奥克兰市		1999 年 10 月 18 日
12	南非艾古鲁籁尼市		2001 年 4 月 29 日
13	俄罗斯奥布宁斯克市		2001 年 9 月 13 日
14	澳大利亚悉尼宝活市		2003 年 8 月 16 日
15	南非高顿省瑟迪邦市		2005 年 4 月 11 日
16	美国华盛顿州塔科马市		2006 年 4 月 2 日
17	捷克宁布尔克市		2007 年 9 月 18 日
18	新西兰内皮尔市		2008 年 7 月 22 日
19	新西兰黑斯廷市		2008 年 7 月 22 日
20	美国蒙罗维亚市		2014 年 9 月 26 日
21	韩国昌原市		2016 年 5 月 26 日
绵阳所辖县市区国际友好合作城市			
	县市区	国别与市名	结好日期
22	江油市	美国华盛顿州塔科马市大学城	2006 年 12 月
23	北川羌族自治县	南非纳塔尔省乌伦迪市	2013 年 5 月 21 日

【外国政要来访】 2016年3月4日，市委副书记、市长刘超会见新西兰驻成都总领事馆总领事孔思达一行，双方就进一步扩大在科技、经贸、教育、文化等领域合作进行交流。

3月17日，副市长韩圣健在绵阳会见参加“对接‘一带一路’战略走进中国科技城核心区”高峰会的巴基斯坦驻成都总领事馆总领事阿姆娜·博鲁什，韩国驻成都总领事馆副总领事韩相国一行。

5月9~10日，匈牙利驻重庆总领事罗澜一行访问绵阳。10日，市长刘超会见罗澜一行。

5月20日，市政府党组成员、市公安局党委书记王明华会见到绵阳考察的澳大利亚驻成都总领事郭南希、驻华大使馆参赞司马轩一行。

6月22日，市长刘超会见到绵阳考察访问的美国前副国务卿、哈佛大学经济系教授理查德·库珀，在绵阳期间，直播绵阳记者对理查德·库珀进行专访。

8月26~28日，马来西亚驻昆明总领事萧进平一行6人到绵阳参加掌握东盟商机，投资马来西亚的项目发布会。

10月13日，以“创新、融合、共赢”为主题的2016中国（四川）电子商务发展峰会在绵阳开幕。意大利驻重庆总领事马非同到绵阳参会。

【友好城市交往】 2016年3月23日，市长刘超在绵阳会见俄罗斯基洛夫州州长别雷赫·尼基塔·尤里耶维奇一行，双方就深化合作、加强交流进行深入探讨。

4月12日，四川省人民对外友好协会和以色列驻成都总领事馆联合举办、西南科技大学承办的“中国人眼中的以色列”摄影展在西南科技大学举行。省对外友协秘书长向琼花，以色列驻成都总领事馆副总领事科比·雅各布，副校长罗学刚，绵阳市人民政府市长刘超、副市长韩圣健和省、市对外友协等学校负责人、师生代表参加摄影展开幕式并开展交流活动。

5月26日，市长刘超会见到绵阳考察访问的韩国庆尚南道昌原市第一副市长朴在贤一行。会见结束后，绵阳市与昌原市签署《建立友好合作关系意向书》。

6月3日，副市长经大忠会见到绵阳推介招商项目的马来西亚雪兰莪州高级行政议员拿督邓章钦一行。4日，南山中学与马来西亚莱佛士亚国际教育集团签订合作备忘录。

7月21~8月4日，在中联部第八局处长朱琼的陪同下，由意大利青年民主党人书记处协调员斯特法诺·阿尔巴诺率领的意大利民主党青年干部考察团到绵阳进行考察访问。21日，市委常委、市总工会主席李亚莲与考察团一行进行会谈交流。

8月9~10日，斯里兰卡中国社会文化合作协会主席阿贝塞格拉率领的友好代表团一行2人访问绵阳。

9月2日，泰国驻成都总领事馆总领事潘媞葩一行到绵阳考察交流。市委常委、宣传部部长张学民与潘媞葩一行会谈，双方就友好城市往来、科技教育合作等事项进行交流。

9月28日，市长刘超与到绵阳考察的德国Weber公司执行总裁韦博、宝马集团高级顾问怀特一行会谈。双方就推动王子发动机项目早日投产，期待进一步深化合作、互利共赢进行交流。

11月7~8日，省友协会组织的“外企看四川—马来西亚企业家走进绵阳”活动嘉宾到绵阳考察访问。7日，市委书记彭宇行在绵阳会见“外企看四川—马来西亚企业家走进绵阳”活动嘉宾一行，并进行友好的交谈，就进一步加强交流合作深入交换意见。

11月5日，市长刘超与到绵阳考察的德国Weber公司创始人、董事局主席阿尔伯特·韦伯一行会谈，双方表示将加强沟通对接、落实合作共识，努力推动项目早日落地。

12月2日，副市长赵迎春会见到绵阳考察的彼得格勒副州长农业顾问，俄中商务中心顾问谢尔盖·阿列克谢维奇一行。在绵阳访问期间，代表团一行与市外侨办、市投促局、市商务局、市经信委以及长虹集团等部分绵阳企业进行座谈，并参观考察长虹公司展馆。 （谢 铭）

涉台事务

【概况】 2016年，市委、市政府绵台交流领域、提高交流实效，挖掘绵阳传统和特色文化资源优势，搭建绵台交流活动平台，增强两岸民众文化认同，服务两岸关系和平发展。3月1日，国务院台湾事务办公室对绵阳市申报的“第二届海峡两岸文昌文化交流活动”和“2016（丙申）年华夏母亲嫘祖故里祭祖大典”活动正式批复立项，列入国台办2016年度对台交流重点项目，两个活动分别在3月11日和3月18日举行；11月3日，中央台办在两岸和平发展论坛上发布2017年41个两岸重点交流合作项目，绵阳市“第三届海峡两岸文昌文化交流活动”位列其中，成为全川唯一一个在该论坛发布的项目。全年组织文化、卫生、教育等考察团赴台进行交流学习；接待台南市考察团、台湾导报社、台湾东森电视台等团体和学者、民间代表到绵阳交流考察。为到绵阳投资的台湾企业做好相关服务和咨询工作。

【第二届海峡两岸文昌文化交流活动】 2016年3月11日，四川省台办和绵阳市人民政府主办，绵阳市台办和梓潼县人民政府承办第二届海峡两岸文昌文化交流活动在梓潼举行，四川省台办主任周敏谦，绵阳市委常委、常务副市长付康，台湾新党主席郁慕明出席开幕式并致辞。绵阳市副市长韩圣健主持开幕式，四川省政府副秘书长李家国宣布开幕。来自海峡两岸的480余名嘉宾及5万多名信众、游客前往现场，共襄盛举。本次交流活动是2016年四川省首个大规模川台交流盛会。活动期间，举行了海峡两岸文昌文化研讨会等活动。

【2016（丙申）年华夏母亲嫘祖故里祭祖大典活动】 2016年3月18日，四川省人民政府台办、绵阳市人民政府、四川嫘祖文化促进会主办的国台办2016年度重点对台交流项目——2016（丙申）年华夏母亲嫘祖故里祭祖大典活动在盐亭嫘祖陵祭祀广场举行。来自世界各地的3000余名华夏儿女参加祭祖大典。期间，举行华夏杰出女性（盐亭）峰会、海峡两岸书画家采风笔会、海峡两岸专家学者嫘祖文化研讨会、盐亭嫘祖文化旅游活动周等活动，有专家、学者400余人参加；举行大型音乐情景歌舞史诗《嫘祖颂》演出，有万余名观念观看。

【张锦明率团赴台交流】 2016年3月20–26日，经省委和市委批准，绵阳市政协主席张锦明率绵阳市文化创意产业参访团一行8人，赴台湾进行为期7天的参访交流。参访团一行先后参访台北市松山文化创意园区、汉声杂志社，南投县车笼埔断层保存园区、桃米社区，高雄市大东文化艺术中心、台湾导报社、花莲县国际观光医疗协会、秀林乡景美村、台北市华山文化创意园区和新北市莺歌小镇，参观“母亲的艺术”民俗展览。学习借鉴台湾主题文化产业园的建设、经营经验。

【第三届两岸哪吒民俗文化交流活动】 2016年6月25~26日，四川省人民政府台办、绵阳市人民政府、四川嫘祖文化促进会主办，绵阳市台办和江油人民政府承办，国台办批准的2016年重点对台交流项目——第三届两岸哪吒民俗文化交流活动在江油举行。来自新加坡、马来西亚、印尼等国家和中国台湾、香港、澳门的教界人士、哪吒信众等共计300余人参加本次交流活动。

【“东林牧歌·世界月季博览园”营业】 2016年10月1日，台湾翔和投资股份集团有限公司与四川懋语生态农业有限公司合资成立的四川童话农业科技有限公司——“东林牧歌·世界月季博览园”在游仙区东林乡正式营业。东林牧歌·世界月季博览园项目预算投入8.3亿元，建设周期5年，规划建成集科研、种植、观赏、销售于一体的现代月季产业园和度假、休闲、康养等为核心的乡村农庄。“东林牧歌·世界月季博览园”为“东林牧歌”项目的一期工程，预算投入3.8亿元，建设周期3年，完成投资8900万元，形成39万余株（其中盆栽17万株、树状13万株、藤状5万株、球状3万株、柱状1万株）的月季种植规模。 （王应明）

政务服务

【概况】 2016年，市政务服务管理局深入贯彻落实中央、省、市关于“放管服”改革、“互联网+政务服务”、公共资源交易平台整合、相对集中行政许可权改革的决策部署，围绕党委、政府中心工作，持续提升政务服务质量和水平。全年，市政务服务和公共资源交易中心受理行政审批事项238853件，办结238698件（上年结转件），按时办结率100%，提前办结率99.25%，群众满意率100%。

【“放管服”改革试点启动】 2016年，市政务服务管理局贯彻落实省政府印发《关于深化相对集中行政许可权改革试点工作的通知》（川办发〔2016〕76号）文件精神，在全市所有县市区推广相对集中行政许可权改革试点工作；在全省率先实施公共法律服务（O2O）进驻市政务服务大厅；全面实施市辖区范围内不动产统一登记。完善综合窗口委托办理，10个部门25个政务服务事项纳入综合窗口委托办理，实际办件时限比法定时限提速88%；取消6个部门12项行政许可事项，市本级保留行政许可事项217项；取消市级行政审批项目前置条件276项，调整为受理后由行政机关组织实施的市级行政审批项目前置条件2项、由申请人自行编制（提供）的市级行政审批项目前置条件56项。市本级和9个县市区，287个乡镇（街道）、3714个村（社区）全部按要求成立政务（便民）服务中心（室）。

【并联审批服务】 2016年，市政务服务管理局制定重大项目“绿卡”服务制度，建立“绿卡”服务室和服务队伍，对招商引资重大项目和重点项目办理行政审批事项提供全过程的帮办协调服务。全面实行“绿色通道”服务制度，在承诺时限基础上再提升50%以上。探索开展联合踏勘、联合评审、联合图审、联合验收“四联合”工作；推行“一窗进出，市区联动”，实行“前置后补，同步审批”，执行“缺席默认，超时默认”，涉及的18个部门63项行政权力事项纳入并联审批窗口统一

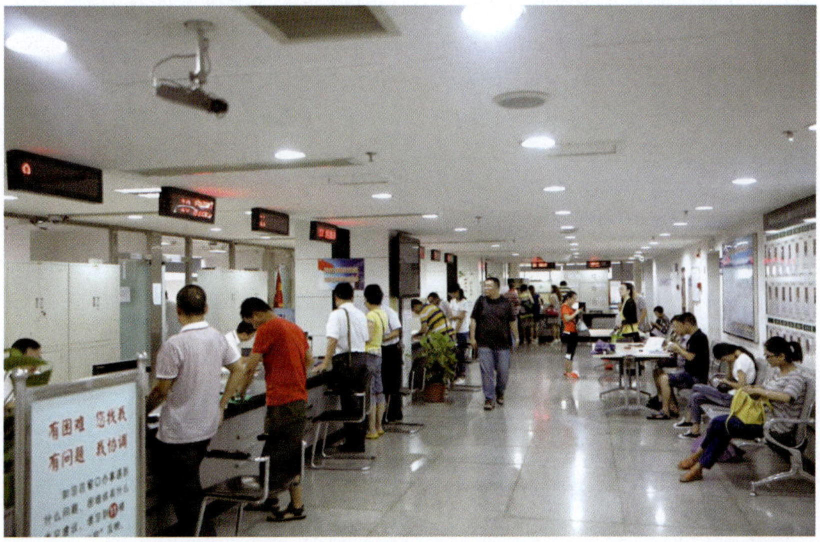

图29 市政务服务大厅

受理。制定《投资建设项目并联审批事项办事指南》《建设项目竣工联合验收事项办事指南》《施工前准备阶段并联审批流程图》《绵阳市中心城区一般工程建设项目联合验收流程图》。全年，开展施工前并联审批343个项目，开展竣工联合验收189个项目，为长虹集团等30个项目提供绿色通道服务30次，实际办件在承诺时间基础上再提速54.6%；

【网上行权监督】 2016年，全市加强网上服务平台建设，对行权部门网上录入数据进行监测和预警报警巡查。采取不定时方法对各部门工作情况进行抽查，每季度对当季工作进展和动态进行综合分析、总结并通报。年底，派出3个督查组，对办件量较少的部门进行重点督促检查。全年，市本级上网运行量5512件，全市上网运行数量143724件，按时办结率99.96%，报警数787件，报警率0.43%；联合市监察局印发《关于进一步加强行政权力依法规范公开运行工作的通知》（绵政管函〔2016〕27号）使行权服务工作置于纪律监督。（盖　丹）

机关事务管理

【概况】 2016年，全市机关事务管理工作以建设节约型机关为主线，遵循保障公务、厉行节约、务实高效、公开透明原则，全面履行管理、保障和服务职能，不断优化管理方式、创新服务模式，扎实推进队伍建设、国资管理、公务用车制度改革、安全保卫、后勤服务等工作。4月20日，组织召开全市机关事务管理工作会议，传达贯彻全省机关事务管理工作会精神，游仙、梓潼、平武、北川在会上作交流发言。制定印发《绵阳市县市区、园区机关事务管理工作考核暂行办法》，对县市区、园区机关事务管理工作进行全面考核。6月，市编委会审议通过市机关事务管理局《关于组建市级机关公务用车服务中心的请示》，车辆管理科更名公务用车服务中心。9月30日，园艺新区1号楼（原地震环保组团）交付使用，12月市防震减灾局正式搬迁入驻。全年承办日常会议1768批次，承办一类会议67批次，满意度达到98%年底，绵阳市机关事务管理工作被四川省机关事务管理局考核评定为“优秀等次”。

【国有资产管理】 2016年，市机关事务管理局推进市级机关“公物仓”建设，提高办公物资使用效率。全面清查行政事业单位国有资产工作，统计汇总梳理228家市级行政事业单位资产状况，核实40余家单位资产盘盈、资产损失和资金挂账等情况。查实国有资产处置涉及资产调拨、置换、转让等方面事项，涉及资产账面价值7000余万元。调剂办公用房使用工作，收回15家单位清退办公用房面积约5000平方米，移交富达公司管理面积约2400平方米。

【机关公务用车体制改革】 2016年，绵阳市按照全省车改工作总体部署，推进市本级公务用车制度改革。市委办、市政府办出台《市级机关公务用车制度改革实施方案》《市级党政机关公务出行保障试行办法》等车改配套文件。市编委会批准市机关事务管理局《关于组建市级机关公务用车服务中心的请示》，车辆管理科更名公务用车服务中心，增加事业编制6名，中层副职领导职数1名。6月29日，市级机关涉改的851辆公车，除保留的163辆外，其余688辆全部封存完毕。截至年底，拍卖取消车辆256辆。协调交通部门，开通市委、市政府机关和市人大、市政协机关往返主城区的定制公交，优化公交线路，实现出行方式多样化。江油、盐亭、梓潼等地建立公务用车信息化管理平台，实行动态管控，提升公务出行保障综合能力。

【机关公共机构节能】 2016年，市机关事务管理局通过效益分享型合同能源管理模式，在市委、市政府机关进行中央空调、照明系统、采暖控制系统节能改造，并建立能耗数字化监测及分项计量系统。安州区采用合同能源管理试点方式，在行政办公区进行照明设施节能改造。全国节能宣传周期间，市委、市政府机关推广使用再生纸，组织节能企业开展节能主题广场展，发送节能短信21万余条，发放节能宣传画册1万余张，播放节能视频4.5万余次，绵阳电视台新闻直播6次，报纸、手机APP新闻报道15篇，国家公共机构节能网采用信息7条、省公共机构节能网采用17条。盐亭、北川等县开展“能源紧缺体验”活动。绵阳市通过四川省“十二五”公共机构节约能源资源工作考核，综合得分97.2分，居全省前列。被评为“四川省公共机构‘十二五’节约能源资源工作先进集体”“四川省‘十二五’节能减排降碳工作先进集体”。

【机关安全保卫】 2016年，市机关事务管理局着力健全和完善市委、市政府机关非正常上访应急处置联动机制，联合高新区消防大队、高新公安分局开展市委、市政府机关及周边隐患排查和整改，定期进行安保人员业务技能培训和专题思想政治教育，提升应急处置综合能力。协调解决市委、市政府机关办公区停车难问题，配合相关单位实施火炬广场市民公园提升改造工程。按照“安全第一、预防为主、综合治理”的原则，开展县市区、园区非正常上访处置工作绩效考核，定期通报非正常上访典型案例。全年有效接处非正常上访437批5800余人。

【机关后勤服务】 2016年，市机关事务管理局创新机关后勤服务模式，推进市委市政府机关食堂服务社会化改革，通过提升就餐环境，引入全国知名餐饮服务团队，组建机关食堂监管委员会等方式，就餐人数大幅提升，早餐人数较改革前增长260%，午餐人数增长153%，综合满意度测评达到92%。开展市委、市政府机关办公区脏、乱、差等不良现象综合整治，加强文明楼院建设。投资460余万进行机关食堂、会见室、空调和消防系统改造，办公区软硬件环境得到切实改善。督促提升物管服务和保洁水平，交流下派干部周转房配租入住管理有序。

（李云霞）

地方志

【概况】 2016年，绵阳市地方志系统围绕加快建设国家科技城和幸福美丽绵阳，继续发扬方志人“直笔著信史，彰善引风气”的精神。编制出台《绵阳市地方志事业“十三五”发展规划》，印发《贯彻落实〈绵阳市地方志事业“十三五”发展规划〉责任分工》；完成《汶川特大地震绵阳市抗震救灾志》征求意见和修改工作，《汶川特大地震北川抗震救灾志》于5月11日正式出版发行；第二轮修志中的《江油市志（1988~2005）》出版发行，《北川羌族自治县志》《盐亭县志》通过市政府审查进入出版程序，《平武县志》进入总纂阶段。启动《中国（绵阳）科技城年鉴》《绵阳经济技术开发区年鉴》，全市除平武县以外，其他县市区、经开区年鉴实现公开出版，一年一鉴。创刊《绵阳市情（2016）》，完成省、市重点课题研究。绵阳市地方志办公室被四川省地方志工作办公室评为“志鉴编修成效突出单位”和“地情资源开发利用成效突出单位”；《江油年鉴（2013）》获全国地方志系统优秀成果一等奖；《汶川特大地震安县抗震救灾志》《绵阳年鉴（2015）》等10项成果获四川省第十七次地方志优秀成果奖，《梓潼史话》等4项成果获绵阳市第十五次社科优秀成果奖。

【《绵阳市地方志事业“十三五”发展规划》编制出台】 2016年，市方志办以《四川省地方志事业第十三个五年发展规划》为指导，结合绵阳实际，起草编制《绵阳市地方志事业“十三”五发展规划》（简称《规划》），明确提出“为方志四川建设贡献绵阳力量”。7月5日，市政府第95次常务会议审议通过；7月22日，市政府办公室以绵府办〔2016〕49号正式印发，《规划》是全市印发的第一个地方志工作专项规划。《规划》出台后，市方志办召开全市地方志办公室主任专题学习会，学习省、市《规划》，研究贯彻落实的具体措施，印发《贯彻落实〈绵阳市地方志事业十三五发展规划〉责任分工》，提出确保实现总体目标、强化组织保障、依法履行主体责任、加强地方志宣传工作等要求，明确每一项目标任务的责任科室、责任单位及完成时间。同时，围绕规划提出的“两全”目标（即：到2020年，全面完成汶川特大地震抗震救灾志和第二轮三级志书编修任务，实现市、县市区（园区）综合年鉴全覆盖），市方志办与各县市区地方志办公室签订目标责任书，落实责任，力争全面实现《规划》提出的各项工作目标。

【市县两级抗震救灾志编纂】 2016年，绵阳市方志办完成《汶川特大地震绵阳市抗震救灾志》征求意见和修改工作，征集、筛选拟用图片300余幅，报市政府终审。《汶川特大地震安县抗震救灾志》获四川省第十七次地方志优秀成果奖志书类一等奖。北川、江油、盐亭、平武、三台完成县级抗震救灾志出版发行工作。《汶川特大地震北川抗震救灾志》于5月11日正式出版发行。该志共6篇、62章，140余万字，图片1500余幅，客观记述北川的千年一遇的地震灾情、抗震救灾、灾后重建等情况。

【第二轮修志工作】 2016年，《江油市志（1988~2005）》出版发行。该志是江油建市后的第一部市志，共191.6万字，34页插图，全面、客观地记载江油建市后从1988年至2005年的自然、政治、经济、文化和社会的历史与现状，展现江油市作为四川省历史文化名城、中国优秀旅游城市深厚的历史积淀和文化底蕴。《北川羌族自治县志》通过市政府审查获准出版，获中指组“西部贫困地区志书出版专项支助”20万元，进入出版阶段。《盐亭县志》通过市政府终审并进入出版阶段，《平武县志》进入总纂攻坚阶段。

【综合年鉴编纂】 2016年，市方志办围绕加快建设国家科技城，申请创办《中国（绵阳）科技城年鉴》。经市政府审批同意，该年鉴2017年正式创刊。《绵阳年鉴（2016）》进行全彩改版，提升编纂出版质量。制定《绵阳市综合年鉴编纂出版规范》，开展县市区精品年鉴试点。推动市属工业园区开展综合年鉴编纂出版工作，组织高新区、经开区、科创区、仙海区赴成都高新区年鉴编辑部学习交流，指导绵阳经开区率先启动《绵阳经济技术开发区年鉴（2016）》编纂出版工作。

【地方志信息宣传】 2016年，市方志办印发《关于开展地方志集中宣传活动的通知》，结合《汶川特大地震北川抗震救灾志》出版发行、《绵阳市地方志事业“十三五”发展规划》出台、《绵阳市情（2016）》出版发行等，通过《绵阳日报》《绵阳晚报》、绵阳新闻网、绵阳政务网、绵阳社科在线等开展集中宣传。江油市志办、三台县志办开通方志微信公众号，创新地方志工作宣传模式。开展地方志“五进”活动，利用市党代会、人代会、政协会召开的时机，向部分党代会代表、人大代表、政协委员赠送《绵阳市情》，与涪城区石塘镇红星社区新村共建社区书吧，捐赠一批地方志成果，设立绵阳市地方志专柜。为在绵高校、联系社区、精准扶贫联系村赠送地方志书籍。

【地方志服务】 2016年，市方志办围绕市委、市政府重大决策部署，创办市情信息年刊《绵阳市情》，并出版2016年版。该书共5.2万字，32幅图片，全彩印刷，设大事概览、绵阳概览、县市区概览、科技绵阳、人文绵阳、便民指南六个篇目，从自然地理、经济社会、历史人文等诸方面记述绵阳市情，做到“基本市情全覆盖，特色市情有选择”，受到广泛好评。立足资料性、借鉴性、参考性，编纂完成《绵阳建市三十周年大事记》。参与《巴山皓月，蜀水清风》一书资料征集，收集整理绵阳历代先贤名人家风家训资料。筹划绵阳市方志馆建设，学习考察广东省方志馆、深圳市方志馆及成都市、南充市方志馆，开展方案论证工作。参与绵阳历史文化街区保护利用工作，参加市政协组织的专题调研和界别协商，撰写《绵阳历史文化街区保护利用应准确定位注重特色》一文作交流发言，撰写《对跃进路历史文化街区保护与利用的建议》一文，收入《市政协七届一次会议大会发言材料汇编》，印发全体政协委员。为迎接中国名楼高峰论坛在绵阳召开，主导完成越王楼历史文化展陈内容调整、修改和审定，内容包括越王李贞生平馆、绵阳市情馆、绵阳历史名人馆、图说老绵州馆和诗魂越王楼馆。

【地方志理论学术研究】 2016年，市方志办完成《绵阳市特色乡镇及乡镇志编纂研究》《县市区综合年鉴精品化策略研究》2项省地方志学会立项课题，完成1项绵阳市社科资助课题并结题，成果被收入《绵阳智库文集》。参与完成省地方志学会重点课题《方志馆建设及规范化管理》。牵头完成绵阳市社科奖文史类成果评审工作。以绵阳市地方志协会为基础，将地方史纳入地方志机构管辖的要求，筹建绵阳市地方史志学会。编辑出版《史志天地》两期。与市委宣传部、市委党史研究室、市社科联等联合召开纪念蚕业巨子陈宛溪暨绵阳对接“一带一路”发展座谈会、纪念朱德同志诞生130周年座谈会。对全市乡镇志编纂情况进行调查摸底，确定《绵阳市乡镇简志》《绵阳市名镇志》编纂方案，三台县西平镇、安州区睢水镇率先启动名镇志编纂工作。配合蜀道申遗调查及“5·12”汶川特大地震纪念馆征集文物，提供相关资料。围绕弘扬传统文化、地域文化、方志文化，全市出版《绵阳简史新编》《绵阳记忆》《绵阳历史文化连环画丛书》《羌地北川》《江油方言》等一批地方史志读物。（郭 徽）

档案管理

【概况】 2016年，《绵阳市档案事业发展“十三五”规划（2016—2020年）》出台，实现“十三五”良好开局。持续深化法治机关建设，举办法治讲堂、法治专题培训会以及“6·9”国际档案日法治宣教等活动。全市档案管理部门开展执法检查786个单位，执法检查50个重点部门单位，发出执法检查意见书10份，整改通知1份，并跟踪复检。开展档案安全专项检查、执法巡查，《档案数字化外包安全管理规范》等得到有效落实。市县全部开展重要档案异质异地备份工作，组织上报6个国家重点档案保护与开发储备项目。开展民生档案异地查档跨馆服务，构建一站式利用服务体系。市馆鉴定并新增开放档案1041卷。市县国家档案馆接收档案30211卷、141920件，接待利用51773人次、64230卷（件）次。

全年，市县两级档案部门开发档案文化产品6部，约170万字。其中市局编撰出版35万字的《绵阳市档案馆指南》。申报省级档案文献遗产4件和优秀编研成果4项。与绵阳日报社合办《走进档案—穿越历史》专栏17期。全市档案馆举办爱国主义教育展览26期次，接待参观2.5万余人次。

截至年底，市档案局获全市创建国家森林城市、全省档案工作目标管理、档案法治、精准扶贫档案工作、档案文化建设先进单位。全市90%国家档案馆达到国家二级管理水平。

【《绵阳市档案事业发展“十三五”规划》出台】 2016年10月，市档案局印发《绵阳市档案事业发展“十三五”规划》（简称《规划》）。《规划》以邓小平理论、“三个代表”重要思想、科学发展观为指导，围绕国家科技城幸福美丽绵阳建设，以协调推进“四个全面”战略布局和“创新、协调、绿色、开放、共享”五大发展理念为指引，落实中央和省市委加强和改进新形势下档案工作的意见要求，统筹推进全市档案事业改革创新、转型升级、提质增效，通过开展“法治档案、智慧档案、民生档案、平安档案”建设，实现档案法治化水平显著增强，档案工作基础显著增强，信息化水平显著增强，安全保障能力显著提升，服务能力和水平显著提升，档案工作活力显著提升，并实现“机关企事业单位及其他组织档案管理大幅度规范提升，电子档案和民生档案应收尽收，到2020年，馆藏档案总量比2010年翻一番，传统载体档案数字化数量比2015年翻一番，初步实现以信息化为核心的档案管理现代化。《规划》确定未来五年绵阳档案事业发展五大任务：一是加强档案法治建设，不断强化档案法治在档案事业发展中的引领和保障作用。二是深化档案基础业务建设，全面提升国家档案馆、机关、国有企事业单位档案工作规范化管理水平，三台、北川县国家档案馆力争达到国家一级档案馆标准，50%以上国家机关、国有企事业单位档案工作规范化管理达到省二级标准。三是加快档案信息化建设，加强电子档案（文件）备份中心建设，开展电子档案归档接收工作，力争完成馆藏纸质非涉密档案数字化，努力建成1~2个国家级数字档案馆示范馆和2~3个国家和省级数字档案室示范室。四是完善档案安全体系建设，建立健全“人防、物防、技防”三位一体的档案安全防范体系。五是开展多元化档案利用服务，努力提升档案服务能力水平。

【经济科技档案管理】 2016年，市档案局开展“项目档案工作提升”行动，加大对经济科技项目档案工作的指导检查力度。组织专业人员指导绵阳绕城高速等38个国家、省级重点建设项目，验收平武泗耳三级水电站等5个项目，其项目档案指导、检查、验收率达100%。培训指导60余家企事业单位规范开展档案工作，联合制发《绵阳市中小学校档案管理办法》。

【民生档案管理】　2016年，市档案局参与国家档案局《农村土地承包经营权确权登记颁证档案工作指南》编写；开展国家、省“农村土地承包经营权确权登记颁证图纸档案的整理与保存”项目试点研究，指导整理近4万张土地确权图纸档案，成果通过国家档案局验收。推进扶贫开发档案工作示范试点建设。全市社保档案工作验收面达100%。

【数字档案馆室建设】　2016年，市档案馆接收电子文件目录数据190余万条，形成数字化成果2000余万页幅。全市国家档案馆馆藏档案数字化成果超过5000万画幅。全市全面启动数字档案室建设，稳步推进市委办、市政府办、市国土局、长虹集团、九洲集团等数字档案室建设试点工作。　（黄　彦　黎　明）

公共资源交易

【概况】　2016年，市公共资源交易中心（简称“交易中心”）以开展省级服务业标准化社会管理和公共服务类试点工作为契机，完成覆盖公共资源交易服务各方面的3个子体系共189项标准的具有绵阳公共资源交易服务特色的标准体系。12月14日，交易中心以95分的高分，通过省级服务业标准化试点评估，成为全市政府部门首家标准化试点单位，也是全省21个市州公共资源交易系统首家通过省级服务标准化验收的单位。

全年，交易中心工程建设类成交项目501个，成交控制价约86.85亿元，中标价约82.76亿元，节约资金约4.08亿元，节资率4.69%；政府采购类成交项目406个，成交项目采购预算4.49亿元，中标金额4.04亿元，节约4523.02万元，节资率10.07%；土地矿权出让成交总额为28.85亿元（其中，市本级土地矿权出让成交30宗，成交金额11.7亿元；县市区土地出让公告30个，涉及土地101宗，成交金额17.15亿元）。国有产权出让交易成交2宗，起始价1.79万元，成交金额3.6万元，溢价率101.51%。

【服务体系标准化试点建设】　2016年，交易中心作为全省21个市州公共资源交易中心首家试点单位，推进服务体系标准化建设，中心按照“有标采标，无标制标、缺标补标”的原则，制订内部标准150项，采用国家、行业、地方标准39项，形成覆盖公共资源交易服务各方面的3个子体系共189项标准的绵阳公共资源交易服务特色标准体系。中心获95分的高分通过省级验收，成为绵阳市首家市级部门全省标准化建设的单位。

【交易电子网络化和制度建设】　2016年，交易中心整理完成工程建设电子化系统办事指南、操作流程和运行规范，出台首批市级工程建设电子化地方标准3项（《工程建设网上招标规范》《工程建设网上投标规范》《工程建设计算机辅助评标规范》），完成“互联网+工程招投标”系统升级。“互联网+政府采购”系统完成政府采购程序。

2016年，交易中心在全省率先制定和出台《公共资源交易流程管理办法》《公共资源交易现场管理办法》，实行项目流程制，重新梳理各科室廉政风险点39个，建立流程管理台账，制定预防措施。清理规范全市公共资源交易相关规定，建立公共资源交易情况定期报送制度，完成全市公共资源交易平台的整合。

（盖　丹）

接　待

【概况】　2016年，全市接待工作贯彻落实“安全、周到、细致、节俭、规范、廉洁”的要求，严格执行中央八项规定和省委、省政府十项规定和市委、市政府七项规定。全年完成各类接待任务596批25724人次。市接待办被省人民政府评为“第三届中国（绵阳）科技城国际科技博览会先进集体”、被市委、市人民政府评为“第三届中国（绵阳）科技城国际科技博览会先进集体”，被省委、省政府接待办评为“全省政务接待工作先进集体”，被绵阳市人民政府评为“投资促进优质服务先进单位”。

【党和国家领导人接待】　2016年，完成党和国家领导人接待任务1批次：10月13日，中共中央原副主席，中央党校原校长，中共中央政治局原常委、中央书记处原书记曾庆红一行到绵阳考察。

【国家部委及其他省部级领导接待】2016年，全市完成国家部委及其他省部级领导来绵接待任务23批次。其中，5月15日，国土资源部部长姜大明一行到绵阳调研；9月20–21日，全国政协原副主席白立忱一行到绵阳考察；11月18–19日，文化部党组成员、故宫博物院院长单霁翔一行到绵阳调研等。

【四川省主要领导接待】　2016年，全市完成四川省主要领导到绵阳接待任务30批次：2月17~18日，省委书记王东明一行到绵阳调研；2月3日、5月17~18日、5月23~24日、8月15~17日，省委副书记、省长尹力到绵阳调研；6月21日、10月9日，省政府副省长杨兴平一行到绵阳调研；7月16日，省政府副省长朱鹤新一行人到绵阳调研；11月21~22日，省政府副省长杨洪波一行到绵阳调研；8月1~2日，省委常委黄新初一行到绵阳调研等。

【大型活动接待】　2016年，完成大型活动接待任务26批次：3月12日，第二届海峡两岸文昌文化交流活动；3月18日，2016（丙申）华夏母亲嫘祖故里祭祖大典；5月30~31日，2016“海协理事走进中国（绵阳）科技城”活动；7月25~26日，省委十届八次全会第一现场（绵阳）参观考察；8月29~31日，2016年“创青春”全国大学生创业大赛MBA专项赛和电子商务专项赛终审决赛；9月12~13日，第八届四川省博士专家论坛会议；9月12~13日，第五届中国创新创业大赛军转民大赛决赛暨颁奖仪式；9月12~14日，海科会之中国（绵阳）科技城专场活动；9月21~24日，第四届中国（绵阳）科技城国际科技博览会；9月26~29日，2016全国农资科技博览会暨第四届全国农民合作社与农资供应商、农产品采购商对接会，全国供销合作社农资企业创新经营服务工作推进会；10月11~12日，四川省全面创新改革试验工作交流会；10月12~13日，召开2016中国（四川）电子商务发展峰会；10月27日，第十三届历史文化名楼论坛会；10月30~31日，全国薯类主食化暨四川省薯类产业发展研讨会；11月2~4日，参加第十六届中国西部国际博览会；11月7~8日，“外企看四川-马来西亚企业家走进绵阳”活动；11月16~17日，成德绵创新改革试验区第二届高技能人才交流赛；11月21日，2016年度全国公路交通军地联合应急演练活动等。（勾　畅）

1999年4月21日，中共中央总书记、国家主席、中央军委主席江泽民在四川长虹视察企业生产情况

1999年

1月29日，绵阳市人民政府作出《关于“两江”水污染整治的决定》，对整治“两江”（涪江、安昌江）水污染作出明确规定，并拨款1000万元用于“两江”综合整治。至年底，完成治理项目18个，有效改善“两江”水环境质量。

3月1日，经四川省人民政府批准，平武县享受少数民族县待遇。

4月21日，中共中央总书记、国家主席、中央军委主席江泽民视察长虹电子集团公司和中国工程物理研究院，接见驻绵部队、绵阳军分区领导干部及绵阳市党政领导，并作重要讲话。中共中央政治局委员、国务院副总理吴邦国，中央政治局候补委员、书记处书记、中央组织部部长曾庆红等陪同视察。

中国人民政治协商会议绵阳市委员会

The Chinese People's Political Coordination Meetings Mianyang City Committee

概　述

【概况】　2016年，市政协学习贯彻中共十八大、十八届三中、四中、五中、六中全会精神和习近平总书记系列重要讲话精神，坚持团结和民主两大主题，贯彻“创新、协调、绿色、开放、共享”发展理念，助推“四个全面”战略布局的绵阳实践，履行政协各项职能，为加快建设国家科技城和幸福美丽绵阳汇聚力量、建言献策。修订党组会议、主席会议、常委会议等议事规则，完善调研、视察、提案办理、信息宣传、委员管理等工作制度。配合市委在全省率先出台《中共绵阳市委关于进一步加强人民政协协商民主工作的意见》，坚持与市政府的工作联席会议制度，强化与市人大的沟通联系。完成市县两级政协换届工作。促进各民主党派、工商联、市政协专门委员会、县市区政协开展联合调研视察。专题调研城建、交通、集中发展区三大攻坚行动推进情况，组织视察金融服务地方经济、市博物馆建设等重点工作。发挥社情民意直通车作用，收集各类社情民意300多条，编报主城区交通路口加设行人闯红灯自动抓拍系统、修建三江湖游船码头应确保涪江泄洪畅通等社情民意信息21期。

【市委出台《关于进一步加强人民政协协商民主工作的意见》】　2016年5月15日，中共绵阳市委印发《关于进一步加强人民政协协商民主工作的意见》（绵委发〔2016〕9号文件，全文共6个部分30条，就进一步加强人民政协协商民主建设的重要意义、指导思想和重要原则，明确协商内容、规范政协协商形式、加强政协协商与党委、人大和政府工作的有效衔接、加强人民政协自身建设、加强和改善党对人民政协协商民主工作的领导等方面进行规范，是中共绵阳市委落实十八大以来党中央、中共四川省委关于人民政协协商民主建设系列精神的具体化，是指导绵阳市人民政协协商民主工作有序推进的纲领性文件，对加强人民政协协商民主建设具有重要的指导意义。

【推动绵阳全面创新改革试验】　2016年，市政协把助推全面创新改革试验作为重要任务，将“助推全面创新改革，促进经济转型升级”纳入市政协2016年工作要点；成立“促进军技民用，推动绵阳核医学产业基地建设”重点课题调研组，赴省内外科研院所实地考察形成专题报告；市政协主席张锦明以国家核医学基地建设为主题在省政协常委会上作专题发言；协调争取全联科技装备业商会二届十六次会长会议暨军民融合民营企业座谈会在绵阳召开；开展科技城集中发展区建设情况视察调研。各级委员参与全创相关工作达3705人次。其中，驻绵省政协委员于少波推动东材科技牵头成立绵阳战略装备商会，市政协常委王永高牵头或参与厦门优传、IBM大数据中心等项目的引进落地，杜力平委员推动九洲集团公司领衔58家涉及核、航空、航天、军工电子、兵器装备相关领域企业成立四川省军民融合产业联盟，蒋代明委员全力支持军民融合企业发展、科技金融平台搭建及科技城创新中心、科技城会展中心、科技城集中发展区建设，郑光清委员推动开发智能安防系统、民用电源系统、应急救援系统等军民两用技术和产品，游仙区政协主席姜曦、副主席冯忠卫推动出台《游仙区加快推进军民融合产业发展六条意见（试行）》。

【开展“我为扶贫攻坚做件事”活动】　2016年，市政协深化“我为扶贫攻坚做件事”活动。全年各级政协组织走访座谈256次，形成调研报告20余篇。市政协累计收到与脱贫攻坚相关提案404件、社情民意121件；市、县两级政协累计收到与脱贫攻坚相关提案1960件、社情民意1212件。全市政协系统3390人次联系帮扶贫困村888个次、结对帮扶贫困户11464户（其中插花贫困户4574户），市县两级政协委员参与率达95%。

【《绵阳抗战纪念专辑》刊印】 2016年6月，在纪念中国人民抗日战争胜利70周年之际，市政协学习文史委编辑出版绵阳文史资料第36辑《绵阳制抗战纪念专辑》。全书收录106篇文章，记录绵阳儿女奔赴抗日战场、浴血奋战的可歌可泣故事。

【《杜甫在绵阳的诗今译》刊印】 2016年6月，为纪念杜甫在绵阳客居岁月，市政协学习文史委根据魏岳中注释，钟利戡译文的《杜甫在绵阳的诗》，重新编辑出版绵阳文史资料第37辑《杜甫在绵阳的诗今译》。全书收录杜甫于宝应元年（762年）秋到广德二年（764年）春，因避“安史之乱”留寓梓州1年零9个月写下的诗歌144首。

【《绵阳政协》停刊】 2016年3月，市政协为适应信息化发展要求，决定停刊。《绵阳政协》总计出刊117期，同全国200多个地市州政协保持经常性交换。1985年11月22日，市政协一届第十一次主席会议决定，建立市政协内部刊物《绵阳政协》编辑小组，季刊，一届政协共出刊16期；1990年9月21日，中共绵阳市政协党组决定，《绵阳政协》编辑小组改设编委会，改为双月刊，二届政协共出刊34期；1995年7月14日。中共绵阳市政协党组决定，《绵阳政协》编委会同编辑部分设，由双月刊改为季刊。

【“绵阳政协”微信公众号上线】 2016年4月20日，“绵阳政协”微信公众号上线运行。通过图文、视频等形式推送全市政协系统的重要会议、活动以及政协委员履职情况等新闻信息，设置委员活动、公民互动、政协之窗等功能板块。其中，委员活动板块针对全市广大政协委员开放，为全市各级政协委员参政议政打造互动平台；公民互动板块面向全社会公众开放，为公民搭建沟通桥梁；政协之窗板块及时、便捷和有效地传播政协知识，反映工作动态，展现委员风采，扩大政协影响力，为政协系统提供宣传窗口；通过小小“微信号”，沟通“新渠道”，集合“政协人”，架起“连心桥”。

【中共绵阳市政协机关党组成立】 2016年9月，根据《中国共产党党组工作条例（试行）》有关规定，经中共绵阳市委常委会研究决定，同意设立市政协机关党组。党组书记由赵黎同志担任，党组成员为元承军、黄宗甫、孙圣军、王丽。

【市政协工作部门机构改革】 2016年8月12日，中共绵阳市委六届第214次常委会议审议，市政协六届第二十七次常委会议通过，同意市政协9个专门委员会优化调整和更名为7个专门委员会：提案委员会、经济委员会（原农业委员会并入）、城乡建设和资源环境委员会、教科体卫委员会、文化和文史资料委员会、社会法制和台侨民宗委员会（原联谊委员会并入）、委员工作和地方政协联络委员会。

同日，经市委机关编制委员会同意（绵编发〔2016〕72号），对市政协专委会和办公室、研究室下设的办事机构进行优化调整。新增服务专委会的4个正科级办事机构：专委会一处、专委会二处、专委会三处、专委会四处，接受专委会和办公室的双重管理；办公室下设离退休工作处（副县级机构），以及4个正科级机构：秘书处、信息宣传处、人事处（与机关党委办公室合署办公）、行政处；研究室下设正科级机构：理论调研处，接受研究室和办公室的双重管理。市政协机关新增行政编制2名。

2016年9月8日，市委组织部批复同意市政协机关设置科级非领导职务职数6名（新设）。

【市政协工作部门及机关工作机构】 2016年，市政协下设9个工作机构：办公室、研究室和7个专门委员会，共9个正县级工作机构，比上年减少2个（农业委、联谊委）。

7个专门委员会为：提案委员会、经济委员会、城乡建设和资源环境委员会、教科体卫委员会、文化和文史资料委员会、社会法制和台侨民宗委员会、委员工作和地方政协联络委员会。

专委会下设4个正科级办事机构：专委会一处、专委会二处、专委会三处、专委会四处，接受专委会和办公室的双重管理。

办公室下设离退休工作处（副县级机构），以及4个正科级机构：秘书处、信息宣传处、人事处（与机关党委办公室合署办公）、行政处。

研究室下设正科级机构：理论调研处，接受研究室和办公室的双重管理。

【全市政协工作会议】 2016年4月20~21日召开，市政协主席张锦明出席会议并讲话，副主席丁山、沈其霖、李京平、宋明、苗平、陈敏，市政协秘书长刘联山出席会议。邀

图30　全市政协工作会议

请民革中央孙中山研究会秘书长吴先宁作“关于推进社会主义协商民主建设”辅导报告，传达市县乡换届工作暨组织部长会议精神，开展“绵阳政协”微信公众平台使用培训。与会人员围绕“如何在新形势下进一步做好人民政协工作”进行分组讨论，提出加强党对政协工作的领导、提升参政议政实效、增强履职自信、发挥政协委员主体作用、强化市县两级政协工作联动、加强政协提案办理等意见建议。

【市政府与市政协第二次工作联系会议】 2016年8月18日召开，市委副书记、市长刘超主持会议，市政协主席张锦明出席会议。市领导王明华、经大忠、丁山、艾尚林、李京平、宋明、蒋丽英、苗平、陈敏，市政府秘书长谭岗，市政协秘书长刘联山出席会议。会上，市委常委、副市长付康通报上半年全市经济运行、“三大攻坚行动”推进和市政协六届六次会议提案办理情况。市政协与会同志立足调研成果，紧扣市委、市政府中心工作，提出“加大古村落、古民居等历史文化遗迹保护力度”“大力推进农村道路等基础设施建设”等意见建议。

【市政协举办七届委员初任培训会议】 2016年10月17–18日，七届市政协委员初任培训会议在市委党校召开，442名委员和全体市政协机关干部参加培训。这是市政协在新一届任期开始前举办时间最长、内容最丰富、人员最集中的一次培训会议。主要内容包括：中共十八大、十八届三中、四中、五中全会和习近平总书记系列重要讲话精神，人民政协和统一战线基本理论，绵阳市情和当前全市工作重点，政协委员履职的经常性工作，如何当好一名政协委员，绵阳市政协微信公众号、提案管理系统的使用等相关知识。特别邀请全国政协理论研究会理事原冬平、中共绵阳市委副书记、市长刘超，省政协地联委专职副主任覃勇以及继任市政协委员孟祥柱、市政协提案委主任贺继勇等专题授课。

【协商绵阳城区历史文化街区保护与利用】 2016年8月26日，市政协副主席艾尚林主持召开“绵阳市历史文化街区保护与利用界别协商会议”，部分市政协委员、专家学者、县市区政协、市级有关部门负责同志等40余人参加会议。听取市城乡规划局、市文广新局相关工作情况汇报，经协商提出明确文化内涵、找准功能定位、加强统筹协调、着力机制创新、坚持以人为本、营造舆论氛围等六条建议。

【协商《绵阳市城市市容和环境卫生管理条例（草案）》】 2016年7月13日，市政协召开首次立法协商会议，就《绵阳市城市市容和环境卫生管理条例（草案）》开展立法协商。市政协主席张锦明出席会议并讲话，副主席李京平、秘书长刘联山出席会议。市城管执法局作《绵阳市城市市容和环境卫生管理条例（草案）》起草说明。参会的市政协委员、专家、市民代表围绕《绵阳市城市市容和环境卫生管理条例（草案）》新设的行政处罚、行政审批、行政强制以及保障和监督管理内容的必要性、可行性发表意见和建议。会议指出，市政协召开立法协商会议，充分发挥政协委员、各民主党派、社会各界在立法过程中的参政议政作用，拓宽公民有序参与立法途径，对推动科学立法和民主立法，促进立法的开放性和透明度，广泛凝聚社会共识等具有重要意义。

【市政协2017年各界人士新年茶话会】 2016年12月29日，在长虹技术中心召开，市政协主席张锦明出席并致辞，中共绵阳市委副书记付康讲话，副主席李敦双主持茶话会。致公党绵阳市工委副主委、市政务服务和公共资源交易服务中心主任杨邦琼，绵阳九三企业家联谊会会长、四川九绵科技孵化器管理有限公司董事长吴守澍，市台胞台属联谊会会长、绵阳长信电线电缆公司总经理任云代表各界人士作大会发言。市领导李亚莲、颜超、陈兴春、沈其霖、李京平、钟正军、胡安虎、郭兴林、田荣华，市检察院检察长吴长福，市老领导杨步润、王瑜、丁山、宋明以及中物院党委副书记张光军，驻绵63820部队副政委黄勇，绵阳军分区政委唐炼，原西科大党委书记、驻绵省政协委员王俊波，四川九洲电器集团有限责任公司党委书记王国春，各民主党派、市工商联、无党派、人民团体、科研院所、大专院校、企事业单位、港澳台侨属等各族各界代表出席茶话会。（汤　鹏）

图31　绵阳市城市市容和环境卫生管理条例（草案）立法协商会议

政协绵阳市第七届委员会会议

【概况】 2016年10月23–27日，政协绵阳市第七届委员会第一次会议召开。会议赞同市人民政府市长刘超同志所做的政府工作报告，赞同市中级人民法院工作报告、市人民检察院工作报告。会议审议批准张锦明同志代表市政协第六届常务委员会所做的工作报告，审议批准沈其霖同志代表市政协第六届常务委员会所做的提案工作情况的报告。选举产生政协绵阳市第七届委员会主席、副主席、秘书长和常务委员。中共绵阳市委书记彭宇行作重要讲话。

【政协绵阳市第七届委员会第一次会议第一次全体会议】 2016年10月24日召开，应到委员440人，实到委员433人，符合法定人数，李敦双主持。会议审议通过政协绵阳市第七届委员会第一次会议议程；审议通过政协绵阳市第七届委员会第一次会议主席团成员、秘书长、副秘书长建议名单；听取张锦明作政协绵阳市第六届委员会常务委员会工作报告；听取沈其霖作政协绵阳市第六届委员会常务委员会提案工作情况的报告；刘伟、易显云、赵奎、李筱华、范宗荣、杨朝晖、曾德军等7名委员代表相关界别作大会发言（本次会议收到发言材料38篇），就推进全市工业转型升级、优化发展环境增强民营企业获得感、加快推进绵安融合发展、加强绵阳市日间照料中心建设管理、促进全市旅游产业大发展、进一步推动绵阳市全面创新改革试验、推动绵阳市科技企业孵化器加快发展等问题建言献策。

【政协绵阳市第七届委员会第一次会议第二次全体会议】 2016年10月26日召开，李京平主持。会议听取马泽波作市中级人民法院工作报告、吴长福作市人民检察院工作报告。

【政协绵阳市第七届委员会第一次会议第三次全体会议】 2016年10月27日召开，应到委员440人，实到委员420人，符合法定人数。通过选举办法；通过总监票员、副总监票员、监票员名单；选举政协绵阳市第七届委员会主席、副主席、秘书长、常务委员。张锦明当选为政协绵阳市第七届委员会主席并讲话，李敦双、沈其霖、李京平、尚丽平、钟正军、胡安虎、郭兴林、田荣华当选为副主席，赵黎当选为秘书长，马培松等69人当选为七届市政协常务委员（附名单）；通过《中国人民政治协商会议绵阳市第七届委员会第一次会议决议》《中国人民政治协商会议绵阳市第七届委员会第一次会议提案审查情况报告》；中共绵阳市委书记彭宇行讲话。

图32 10月23日，政协绵阳市第七届委员会第一次会议召开

政协绵阳市第七届委员会主席会议成员名单

主　席：张锦明（女）
副主席（8名）：李敦双　沈其霖
李京平（土家族）
尚丽平（女）
钟正军　胡安虎
郭兴林　田荣华
秘书长：赵　黎（女）

七届市政协常委名单
（按姓氏笔画排序）

马培松　王　东　王　伟　王　评
王小平　王小勇　王久华（女，羌族）
王永高　王国春　文　实　邓建忠
邓裕炜　冯小涓（女）　任小军
刘平安　刘绍英（女）　刘树清
汤云春　阮期平　李　平　李　军
杨邦琼（女）　杨朝晖　肖永富
肖兴亮　吴　坤　何中先　何显兵
余金龙　张有贵　张晓丰
张恩阳（回族）　陈　刚　陈廷方
陈清太　欧阳普卿（女）
尚传英（女）　易显云　罗太平
郑金贵　郑学锋　孟祥柱　赵　奎
尚金玲（女）　姜　曦　贺　勋
贺强华（女）　袁　蓉（女）
聂　丹（女）　夏　愉（女）
徐汝金　卿官亮　高艳辉（女）
唐建华　黄加伦　黄国平　黄晓林
曹约翰　龚珍旭　康　宁　敬友忠
蒋正强　释常明　谢从玉　雷文勇
詹勇为　嘎拉茶（女，藏族）
廖玉平　樊　军

（汤　鹏）

政协常委和主席会议

【概况】 2016年，市政协六届常委会召开2次，七届常委会召开1次；市政协七届主席会议召开6次，七届主席会议召开3次。听取市政相关部门专题工作报告，审议通过《市政协专门委员会优化调整和更名建议（草案）》等事项，协商讨论《政府工作报告（征求意见稿）》等内容，

研究有关人事事项。

【市政协六届27次常委会】 2016年8月12日召开，围绕“推进实施精准扶贫精准脱贫，决胜全面小康”展开专题协商。市政协主席张锦明出席会议并讲话，副主席丁山、艾尚林、沈其霖、李京平、宋明、蒋丽英、苗平、陈敏，秘书长刘联山出席会议，市委常委、政法委书记陈兴春到会听取委员意见建议。市政府副秘书长、市扶贫移民局局长冯中兵受市政府委托通报情况，在专题发言和小组讨论时，常委们围绕精准脱贫、全面小康展开专题协商，提出大量有针对性的意见建议。会议审议通过《市政协专门委员会优化调整和更名建议（草案）》及有关人事事项。

【市政协六届28次常委会】 2016年9月27日召开，市政协主席张锦明主持会议并讲话，副主席丁山、艾尚林、李京平、宋明、蒋丽英、苗平、陈敏，市政协党组成员李敦双，市政协秘书长刘联山，市政协党组成员、机关党组书记赵黎等出席会议。副市长孙福全作关于《政府工作报告》的起草说明。会议协商讨论《政府工作报告（征求意见稿）》；审议通过《关于召开政协绵阳市第七届委员会第一次会议决定及政协绵阳市七届一次会议议程（草案）》《政协绵阳市第六届委员会常务委员会工作报告（审议稿）》及建议报告人，《政协绵阳市第六届委员会常务委员会提案工作报告（审议稿）》及建议报告人、政协绵阳市第七届委员会界别设置、委员名额和人选建议名单，以及相关人事事项等。会议决定，市政协七届一次会议于10月23日至27日召开。

【市政协七届1次常委会】 2016年10月27日召开，市政协主席张锦明主持会议并讲话，副主席李敦双、沈其霖、李京平、尚丽平、钟正军、胡安虎、郭兴林、田荣华，市政协秘书长赵黎出席会议。应到常委会组成人员79人，实到77人。审议通过《市政协七届一次常委会议议程（草案）》《绵阳市政协委员管理办法》《政协绵阳市委员会常务委员会工作规则》《政协绵阳市委员会专门委员会通则（审议稿）》；审议通过七届市政协专门委员会设置方案及主任、副主任建议名单；审议通过七届市政协副秘书长建议名单。

【市政协六届第80次主席会】 2016年6月13日召开，市政协主席张锦明主持会议并讲话。副主席丁山、艾尚林、沈其霖、李京平、宋明、蒋丽英、苗平、陈敏，秘书长刘联山出席会议。会议审议公民旁听市政协专题议政常委会议方案、市政协主席会议制度、市政协机关财务管理制度、市政协机关人事管理暂行办法，讨论《政协第七届绵阳市委员会人事安排建议方案》。市政协建立公民旁听市政协专题议政常委会议制度，合乎条件的公民通过相关申请后可参与体验政协协商民主制度的政治实践，并在会议期间召开的旁听公民专题座谈会上发言。

【市政协六届第82次主席会】 2016年7月18日召开，市政协主席张锦明主持会议并讲话。副主席丁山、艾尚林、沈其霖、李京平、宋明、蒋丽英、苗平、陈敏，秘书长刘联山出席会议。会议学习了习近平总书记在庆祝中国共产党成立95周年大会上的重要讲话精神，审议市政府与市政协2016年第一次工作联系会议筹备事宜。

【市政协六届第84次主席会】 2016年9月12日召开，市政协主席张锦明主持会议并讲话。副主席丁山、艾尚林、李京平、蒋丽英、苗平，党组成员李敦双，市政协秘书长刘联山出席会议。会议研究确定召开市政协六届28次常委会议，以及市政协七届一次会议大会发言选题等有关事宜。会议决定，市政协六届第二十八次常委会议于9月27日召开。

【市政协六届第85次主席会】 2016年9月20日召开，市政协主席张锦明主持会议并讲话。副主席丁山、艾尚林、沈其霖、蒋丽英、苗平、陈敏，市政协党组成员李敦双，市政协秘书长刘联山出席会议。会议传达中共四川省纪委《关于开展违规收送礼金问题专项整治的通知》《关于紧盯节点加强监督执纪问责推动中央八项规定精神落地生根的通知》精神；重点审议讨论《政协绵阳市第六届委员会常务委员会工作报告（征求意见稿）》《政协绵阳市第六届委员会常务委员会提案工作报告（征求意见稿）》，政协绵阳市第七届委员会界别设置、委员名额和人选建议名单，《政协绵阳市第七届委员会第一次会议议程（草案）》《绵阳市政协委员管理办法（征求意见稿）》等。

【市政协六届第86次主席会】 2016年10月20日召开，市政协主席张锦明主持会议并讲话。副主席丁山、艾尚林、李京平、宋明、蒋丽英、苗平、陈敏，市政协党组成员李敦双，市政协秘书长刘联山出席会议。召开严肃换届纪律专题民主生活会，学习中共中央办公厅《关于湖北省委严肃处理恩施州委、利川市委中心组学习突出问题的通报》《关于部分中管干部违反中央八项规定精神问题及其教训警示的通报》精神，传达省政协“我为扶贫攻坚做件事”工作推进现场会精神，讨论《政协绵阳市委员会常务委员会工作规则》《政协绵阳市委员会专门委员会通则（征求意见稿）》，审议市政协七届一次会议有关事宜等。

【市政协七届第1次主席会】 2016年10月27日召开，市政协主席张锦明主持会议并讲话，副主席李敦双、沈其霖、李京平、尚丽平、钟正军、胡安虎、郭兴林、田荣华，市政协秘书长赵黎出席会议。审议《市政协七届一次常委会议议程（草案）》《绵阳市政协委员管理办法》《政协绵阳市委员会常务委员会工作规则》《政协绵阳市委员会专门委员会通则（审议稿）》；审议七届市政协专门委员会设置方案及主任、副主任建议名单；审议七届市政协副秘书长建议名单。

【市政协七届第3次主席会】 2016年11月28日召开，市政协主席张锦明主持会议并讲话，副主席李敦双、李京平、尚丽平、钟正军、胡安虎、郭兴林、田荣华，市政协秘书长赵黎出席会议。传达全省地方政协联络工作座谈会、全省政协秘书长座谈会、2016年全省政协信息宣传工作会议、全省人民政协理论与实践研究会工作会议和省政协“助推全面创新改革试验”工作座谈会精神；听取市政协研究室、各专门委员会2017年工作要点汇报；审议《市政协专门委员会组成人员建议名单》及《市政协专门委员会联系市级部门（单位）和界别建议方案》。

（汤　鹏）

提案工作

【概况】 市政协六届六次会议期间和会后收到提案275件，经市政协提案审查委员会立案审查、初审和定审，在撤案、并案的基础上，最后确定提交的提案共259件。其中立案提案235件，立案率90.73%，作为意见处理24件，占9.27%。涉及承办单位57个。立案提案中，各民主党派市委等集体提案47件，委员个人或联名提案188件，提交提案的委员493人次，办复率为100%。经筛选确定10件重点提案。

市政协七届一次会议期间和会后收到提案381件，经审查确定，立案313件，立案率82.15%，作为意见处理68件，占17.85%，涉及承办单位70个。其中，集体提案37件，委员个人或联名提案344件，提交提案的委员692人次，办复率为100%，经筛选确定10件重点提案。

【《关于加强我市项目投资提质增量的建议》】 （简称《建议》），《建议》是市政协六届六次会议第2号提案，民进绵阳市委提出。建议：锁定项目投资目标，落实工作责任；突出重点项目，加快建设进度；在用地指标特别是光电、军民融合等专业园区的用地指标多倾斜，足额下拨拆迁安置资金，依法加大对拆迁阻工行为的打击力度，支持工业经济持续快速发展；尽快对城市规划范围内的产业项目用地规划进行调整完整，支持已签约项目及时落地；建立健全投融资制度机制，拓宽投融资渠道；精心策划包装，储备一批项目；扩大对外开放，做大投资增量；加大督查考核，逗硬兑现奖惩，加大项目督查力度；加强组织领导，完善制度机制。

【《关于整合打造“九贯东线藏羌风情走廊”休闲旅游的建议》】 《建议》是市政协六届六次会议第4号提案，民革绵阳市委提出。建议：整合东线旅游资源，整体打造“九贯东线藏羌风情走廊”（暂名）休闲旅游及其大品牌；着力建设平武、北川两个藏羌民族风情走廊；重点建设打造一批藏羌、羌族聚居区内的特色村落，发展“一村一品“产业；重视品牌包装、设计统一的形象标识、吉祥物、纪念品，提升服务水平，维护品牌形象，促进旅游产品和民族文化产品开发升级。

【《关于加强城市违法建设整治建设幸福美丽绵阳的建议》】 《建议》是市政协六届六次会议第190号提案，民建绵阳市委提出。提案指出：违法建设整治是全国的热点难点问题。全市违法整治过程中存在防违控违机制不健全、违建调查取证难、强制拆除执行难、强制拆除善后难等主要问题。建议：完善防违控违联动机制，形成齐抓共管格局；完善法律法规和规范性文件；落实责任，建立长效管理机制；建立违法建设联合执法机制。

【《关于加快我市“众创示范区”建设的建议》】 《建议》是市政协七届一次会议第4号提案，民进绵阳市委提出。提案指出，为夯实创新创业基础、打通创新创业通道，搭建创新创业平台，营造创新创业氛围，到2020年建成全域覆盖、功能完善、特色突出的众创示范区，建议：明确总体思路；实施创新平台升级专项工程，增强大众创业创新的平台承载能力；实施科技成果转化服务体系；实施创新主体培育专项工程，发挥大众创业创新的企业主体作用；实施“两个一号”专项工程，突出大众创新的产业主攻方向；实施人才培育引进专项工程，聚集大众创业创新的优秀人才队伍；实施科技金融结合专项工程，强化创业创新的金融支持助推作用；实施体制机制改革和政策创新专项工程，营造大众创业创新的良好制度环境；实施众创示范区规划统筹专项工程，构建大众创业创新的协调推进、梯队发展格局。

【《关于实施“交通建设攻坚大会战”的几点建议》】 《建议》是市政协七届一次会议第59号提案，由民革绵阳市委提出。针对全市交通建设攻坚大会战面临的形势和环境发生了显著变化，建议：在加快绵遂铁路规划建设的同时，要不遗余力地推动绵遂铁路延伸连接成兰铁路的项目建设；早日规划茂盐高速公路，力争茂盐高速进入国家“十四五”规划；将城市停车设施建设纳入“交通大会战”目标任务，规划建设一批高效利用地上地下空间的停车项目；在幸福美丽绵阳建设工程中，要标本兼治解决绵阳主城区交通拥堵问题，把治理几个重要堵点作为一项民生工程来抓；结合国家、省市扶贫规划，积极实施异地搬迁扶贫，调整部分交通建设目标。

【《关于竭力发挥第一书记在脱贫攻坚工作中作用的建议》】 《建议》是市政协七届一次会议第210号提案，致公党绵阳市工委提出。针对目前“第一书记”工作中存在的驻村难、保障难、工作推动难等问题，建议：严格第一书记驻村工作时间；坚决按政策执行“第一书记”经费保障制度；选好第一书记人选；抓好村委班子建设工作；加强互相学习交流，形成比学赶超浓厚氛围；进一步加强管理，完善考核。

（汤　鹏）

社情民意信息工作

【概况】 2016年，市政协发挥社情民意直通车作用，收集各类社情民意300多条，编报主城区交通路口加设行人闯红灯自动抓拍系统、修建三江湖游船码头应确保涪江泄洪畅通等社情民意信息21期。九绵高速公路优先于平广高速公路建成通车、关于执行儿童票优惠标准等建议被省级有关部门采用。成都铁路局采纳优化成绵乐城际铁路运行的建议，促进成绵之间动车公交化运行。组织委员围绕市委、市政府重点工作和全社会普遍关注的热点、难点问题，深入调研、撰写提案，市政协六届六次会议立案235件、办结235件，办结率100%，七届一次会议立案313件。组织政协委员围绕全市首部地方立法《绵阳市城市市容和环境卫生管理条例（草案）》开展协商，提出39条立法建议得到市人大常委会充分肯定。参与全市依法治市年度考核，参与国有建设用地使用权拍卖、违法建设专项清理整治、残疾人教育就业权益保障等行动督查。健全委员法律服务工作机制，组织开展免费法律咨询服务，推动部分涉法涉访案件妥善解决。

【《“全面两孩”应对措施建议》】 《建议》由农工党绵阳市委李珣提出，为确保“全面两孩”生得下、生得好、养得起，全面提高“两孩”出生率和出生质量。建议：完善数据统计和分析，确定后续地方政策的制定；进一步优化生育审批制度，为有需要的家庭提供方便；对妇产医疗资源进行合理配置，引入社会资本办产科医院，满足生殖健康、妇幼健康、托儿所、幼儿园等公共服务的供给；在基层成立“再生育指导和保健”门诊，免费进行优生优育咨询指导、再生育风险评估，提高再生育质量；确保女职工的孕期权益保护、男女双方的生育假保证，建议35岁以上高龄产妇的产假延长到6个月，以助其恢复；开辟“再生育服务全程绿色通道”，提供孕前、孕期、产时、产后、避孕节育、妇幼保健一条龙服务；减轻经济负担，取消社会抚养费，把幼儿园纳入公立教育，建立与完善0~3岁婴幼儿公益性托管机构。

【《关于尽快迁移绵阳二水厂取水口的建议》】 《建议》由市政协人口环境资源委员会提出，按照《饮用水水源保护区污染防治管理规定》，二水厂取水口已不再适合作为饮用水源地。建议：尽快启动二水厂取水口迁移相关工作，编制二水厂取水口迁移方案；尽快完善涪江河堤亲水栈道工程项目的相关手续，同步开展立项、环评、泄洪论证、报批等相关工作，确保工程建设依法合规；严格工程施工监督管理，确保饮用水源保护区水质安全；加强做好舆论的宣传引导工作，赢得广大市民的理解支持；切实做好汛期工程施工保障预案工作，保证工程项目建设顺利实施。

【《宇虹北街西二巷环境综合治理亟待加强的建议》】 《建议》由市政协委员黄新全提出，认为宇虹北街西二巷“脏、乱、堵”情况日趋严重，环境综合治理亟待加强。建议：加强综合治理，对于违规占道的加大执法力度，对车辆乱停乱放的严格惩处，对“野的”聚集的，严格依法打击；加强宣传疏导，强化公共环境、公共安全知识宣传，提高居民的环保意识和综合素质；完善周围配套设施，建设市场或者临时市场，规范商贩到合规场所经营；建立长效管理机制，以城管执法为主体，整合街道、社区、巷内机关和相关部门，建立“多管齐下、齐抓共管”长效机制。

【《关于重度残疾人脱贫解困的建议》】 《建议》由江油市太平镇红庙村三组龚德永提出，认为贫困人口中有相当部分是残疾人，生活极度困难，建议：对年满男60、女50的重度残疾者，按照本人自愿参保，发挥、挖掘自身血缘关系者、亲戚朋友者、社会关心支助者，竭力筹措资金参保缴费，对仍有资金缺口的，再引导本人向金融机构争取信贷支持，政府在缴费标准、资金利率上给予优惠，让重残者补齐社保缴费这个短板。对既无资金筹措渠道，又无血缘子女支持者，建议由金融机构信贷解决；对已达到法定缴存退休年龄且手续齐全的，由贷款金融机构在社保账户按月扣除资金和利率，直至贷款扣完为止。若重度残疾者自身不具备履行相关手续的能力，可授权委托其配偶、子女或其他亲属完成相关法律手续。在信贷扣除社保资金期间的，仍然享受国家有关扶持政策。足额领取社保资金的，应劝导本人在居住地社区、村委会签约扶贫责任书，退出贫困，告别政府低保(国家重残补贴除外)，共同过小康生活。 （汤　鹏）

重点课题调研与视察

【概况】 2016年，市政协组织委员就战略性新兴产业、电子商务、循环农业等开展专题调研视察，建言谏策。围绕核医学基地建设、幸福美丽新村建设等进行重点调研，形成《促进军技民用推动核医学产业基地建设的调研报告》《视察幸福美丽新村建设的情况报告》等成果。协调举办“营改增”“新常态下的税收风险防范与应对”等专题培训，组织20家企业开展《制造业民营企业发展状况调研》，梳理汇总富临、天泰等民营企业存在的困难和问题20余条，上报市委、市政府研究解决。专题调研城建、交通、集中发展区三大攻坚行动推进情况，组织视察金融服务地方经济、市博物馆建设等重点工作。

【关于全市乡镇试点委工委情况的调查研究】 2016年4月，市政协研究室就全市乡镇试点委工委工作开展集中调研，形成8000余字的专项调研报告，分析该项改革试点推进的具体情况，剖析存在的问题及原因，指出推进该项改革试点的重要性，提出下一步工作推进建议。11月，在四川省政协理论与实践研究年会上，该项成果被评为优秀调研报告；市政协副主席钟正军代表绵阳市在大会交流发言。

【绵阳发展核医学产业研究】 2016年，绵阳发展核医学产业研究是市政协主席张锦明牵头的市委年度重点调研课题，市政协研究室主研，市政协经济委、教科文卫体委，市科管委军民结合办、市卫计委、中国工程物理研究院军民融合发展部等相关单位参加调研，历时半年完成。调研组通过实地调研、查阅学习相关资料、召开座谈会等方式，形成2万字的《绵阳发展核医学产业研究报告》。报告分析核医学产业发展的广阔市场前景，挖掘绵阳具备发展核医学产业的独特条件，分析绵阳发展核医学产业的制约因素及原因，提出绵阳发展核医学产业的战略定位、目标、路径及对策建议，为市委、市政府发展绵阳核医学产业提供重要的决策参考。

【国家核医学基地建设调研】 2016年3月，市政协副主席苗平组织经济委牵头，会同科教文卫体委、研究室，组织部分市政协委员和市级相关部门及专家，就绵阳建设国家核医学基地进行为期半年的调研。调研组先后到四川泸州西南医科大学及附属医院、川北医学院及附属医院、甘肃兰州中科院近代物理研究所和甘肃武威重离子医院、中物院一所、二所、成都欣科医药有限公司实地考察，并多次组织市内相关部门座谈，听取工作推进情况，征求相关意见和建议，形成《促进军技民用推动核医学产业基地建设的调研报告》。

【全市精准扶贫精准脱贫调研】 2016年4月，市政协副主席宋明组织农业委牵头成立6个调研组，历时2个月，分别围绕平武和北川两个秦巴山区贫困县摘帽、丘陵旱山区区域性整体脱贫攻坚、龙门山脉高山区区域性整体脱贫攻坚，涪城、游仙主城区精准扶贫、全市脱贫攻坚现状问卷调查等主题开展调研，召开5次专题座谈会；并于市政协六届27次常委会议上进行专题协商，形成《绵阳市农村脱贫攻坚工作推进情况调查报告》，就全市脱贫攻坚工作中存在的突出问题、财政涉农资金、医疗救助、社会保障、行业专项扶贫资金安排、国贫县脱贫脱帽等方面提出意见建议。

【涪江中上游水资源环境保护调研】 2016年4~9月，市政协主席张锦明和副主席宋明带队，市政协人资环委、市环保局、市水务局、绵阳师范学院资源环境工程学院及相关县市区政协共同参与，组成联合调研工作组，到涪城、游仙、江油、北川、平武、经开区、教育园区，阿坝州茂县、松潘县，沿涪江干流和支流的51个乡镇、园区、企业开展实地调研，形成《涪江中上游水资源环境保护的调研报告》，就加强涪江中上游水资源环境保护，提出深化认识、加强统筹协调等意见建议。

【全市分级诊疗制度推进情况调研】 2016年12月，市政协副主席尚丽萍带领教科体卫委部分委员到安州区秀水镇中心卫生院、安州区人民医院、安州区中医院等地对全市分级诊疗实施情况进行专题调研；召集医卫界别委员、市卫计委、部分县市区卫计局及乡镇卫生院、社区服务中心代表召开座谈会议，围绕完善全市分级诊疗制度、推进分级诊疗全面实施积极建言献策。形成的调研成果被转化为市政协七届二次会议大会发言材料。

【全市交通攻坚战推进情况视察】 2016年7月20日，市政协副主席苗平带领经济委部分委员到盐亭县毛公乡、三台县观鹿山、游仙区苏家湾、涪城区杨家镇高山寺村和磨家镇视察绵西高速梓江大桥、绵西高速观鹿山隧道、省道205线苏家湾、芙蓉溪桥以及成绵高速磨家南站视察交通建设情况，听取市交通运输局、交发集团、绵南公司以及绵西高速公路经理部负责人的情况汇报。委员们对推进绵阳市交通攻坚大会战提出许多建设性的意见建议。

【幸福美丽新村建设情况视察】 2016年12月，市政协副主席胡安虎带领经济委部分委员到江油市新安镇黄土村、黑滩村，游仙区街子镇岳家村等地对绵阳建设幸福美丽新村工作情况进行专项视察，听取市委农委、市住建、农业、水务、交通等部门的相关工作汇报；召集游仙区政协、江油市政协、三台县政协、梓潼县政协、北川县政协以及部分乡镇、村和村民代表参加的座谈会，认真听取基层干部、群众的意见和建议。在此基础上，形成《关于绵阳建设幸福美丽新村的视察报告》。

图33　政协主席张锦明到平武调研精准扶贫工作

【全面创新改革试验推进情况视察】 2016年8月、9月、12月，市政协教科体卫委组织部分市政协委员和相关职能部门，先后到久信科技、市商业银行军民融合支行、国家军民融合两用技术交易中心等地现场视察，实地了解“全创”工作推进情况；召开座谈会议，专题听取“全创”工作推进情况汇报，围绕助推“全创”工作提出意见和建议，视察成果被转化为市政协七届二次会议大会发言材料。

【宗教场所依法管理工作开展情况视察】 2016年5~6月，市政协副主席陈敏带领联谊委部分委员，会同市级有关部门，深入北川佛教国恩寺、梓梁寺、游仙区柏林天主教堂、三台县基督教堂、云台观道教观进行视察，并召开专题座谈会，委员们围绕全市宗教场所依法管理工作提出意见建议。

【绵阳市博物馆建设情况视察】 2016年4月13日，市政协副主席艾尚林带领学习文史委、民盟、文化艺术等界别的部分市政协委员对市博物馆后期建设情况进行专项视察，提出坚持物质文化展示与非物质文化展示相结合、静态实物展示与公众互动参与相结合、馆藏实物展示与民间藏品展示相结合、工程的质量进度与建设规范相结合、时间服从质量、立足当下和着眼未来、尊重事实和依法调解合同纠纷的原则等七条建议。（汤　鹏）

西南科技大学

2000 年

8 月 23 日，经教育部批准，西南工学院与绵阳经济技术高等专科学校合并组建西南科技大学，绵阳市人民政府、中国工程物理研究院、四川长虹电子集团公司、中国空气动力研究与发展中心参与组建和共建。同年 12 月 21 日，西南科技大学正式成立，吴坚、林祥棣分别担任校党委书记、校长。

8 月 28 日，绵阳市经济技术开发区成立大会在绵阳南郊机场举行。开发区位于绵阳城南，规划区总面积 22.7 平方千米，以科技含量较高的汽车、新型建材等产业为发展重点。

9 月 18 日，绵阳市三江水电综合工程拦河闸正式下闸蓄水，标志总投资 8.7 亿元的三江水利水电枢纽工程主体建设基本完工。

9 月 26 日，绵阳市商业银行正式开业。该行是绵阳市首家具有独立法人资格的股份制地方银行，注册资本 1.64 亿元人民币。

纪律检查与行政监察

Discipline Inspection and Administrative Supervision

概 述

【概况】 2016年，绵阳市纪委、监察局贯彻落实中央纪委、省纪委全会和市第七次党代会精神，自觉担当全面从严治党政治责任，聚焦监督执纪问责，严明党的纪律规矩，持之以恒改进作风，旗帜鲜明惩治腐败，巩固深化风清气正的良好政治生态。绵阳市党风廉政建设社会评价满意度测评位居全省第2位。落实党风廉政建设主体责任，印发《2016年全市党风廉政建设和反腐败工作任务分工》，健全主体责任落实体系。召开中共绵阳市纪委第七届一次全体会议，选举产生新一届市纪委领导班子；成立全市换届风气监督工作领导小组，保证市县乡三级换届工作完成。配合省委第十巡视组对绵阳市7个县市区的巡视工作，启动绵阳市首轮巡察工作，推进市县党委巡察。严肃查处腐败和违法违纪行为，全市谈话函询和做出说明1093人，党纪轻处分和组织处理431人，党纪重处分和重大职务调整187人，严重违纪涉嫌违法立案审查27人。

【纪检组织建设】 2016年，市委出台《县级纪委内设机构调整指导意见》，指导县级纪委完成内设机构改革，县级纪委监督执纪问责机构数量占比达到65%、人员占比达到57%。建立纪检监察机关上挂下派制度，健全优化市纪委机关科级领导职数序列，新增副科级领导职数6名。完善“审述考谈”机制，按照四个提名考察办法提拔任用市管纪检干部39人，70名纪检组组长向市纪委述责述廉并接受统一考核。结合市县乡换届，选优配强各级纪委领导班子，市县乡三级纪委班子提拔重用比例分别达到89%、50%、60%，全市纪检系统提拔重用县级及以上干部18人，46个乡镇实现纪委书记单设。选送参加中央纪委“一院两中心”业务培训174人，对市县两级巡察干部、县市区纪委领导班子新进成员、全市乡镇纪委书记进行全覆盖培训。

【纪检监察干部监督】 2016年，全市落实纪检、监察系统内两个责任，严格执行重大事项报告、回避、保密制度和工作程序，从严监督管理干部。结合南充拉票贿选案、冉涛等严重违纪案开展警示教育，组织剖析反思。健全纪检监察干部监督管理工作机制，为9个县市区纪委分别增加1名干部监督编制，市纪委监察局领导约谈提醒纪检监察干部289人次。全市查处违纪违法纪检监察干部7件7人，其中1人移送司法。

【市纪委六届六次全体会议】 2016年2月2日召开。全会的主要任务是深入贯彻十八届中央纪委六次全会、省纪委十届五次全会精神，回顾总结2015年全市党风廉政建设和反腐败工作，研究部署2016年工作任务。市委书记彭宇行出席会议并作重要讲话。市委常委，市人大常委会、市政府、市政协主要负责人出席会议，有关方面负责人参加会议，全会由中共绵阳市纪律检查委员会常务委员会主持。全会审议通过杨娟代表市纪委常委会所做的《坚定不移推进全面从严治党，巩固深化风清气正的良好政治生态》工作报告。全会强调，2016年工作的总体要求是：深入贯彻党的十八大、十八届历次中央全会和习近平总书记系列重要讲话精神，按照十八届中央纪委六次全会、省纪委十届五次全会以及市委六届十次全会部署，保持坚强政治定力，坚定不移推进全面从严治党、依规治党、以德治党，忠诚履行党章赋予的职责，聚焦监督执纪问责，加强纪律建设，深化纪检体制改革，持续推进作风建设，转变纪律审查方式，深化教育监督和预防，锤炼纪检监察队伍，不断取得党风廉政建设和反腐败斗争新成效。

【市纪委七届一次全体会议】 2016年10月12日，中共绵阳市纪委举行七届一次全体会议，选举产生新一届市纪委领导班子。全会选举产生新一届市纪委常委、书记和副书记。马骏当选为市纪委书记，任斌、王友富、魏坤当选为市纪委副书记，杨国斌、韩忠明、徐娜、温亚彬、姜坤当选为市纪委常委。全会选举结果获中共绵阳市委七届一次全体会议通过。

新一届纪委委员名单：马骏、任斌、王友富、魏坤、杨国斌、韩忠明、徐娜、温亚彬、姜坤、马建光、王刚、王军、王兵、王晓刚、邓勇、冯科敏、刘宁、苏杰、李文、李正勇、李建国、何凯、何家松、张治冬、陈平、陈伟、陈兴刚、罗泽刚、钟思亮、姚华宗、骆军、唐扬、黄晓军、蒋玉平、谭明献。

（刘登鳌）

重要会议

【概况】 2016年2月2日，市纪委六届六次全体会议召开。会议回顾总结2015年全市党风廉政建设和反腐败工作，研究部署2016年工作任务；6月17日，市纪委全委（扩大）会召开，会议对现任市纪委领导班子及成员进行民主测评和民主评议，全额定向民主推荐新一届市纪委领导班子成员人选；10月12日，中共绵阳市纪委举行七届一次全体会议召开，会议选举产生新一届市纪委领导班子。并先后召开领导干部见面会、市县两级党委巡察工作动员部署会等重要会议，研究部署相关工作。

【市纪委全委（扩大）会】 2016年6月17日召开。会议按照省纪委对全省市州纪委领导班子换届工作的整体安排和部署，对现任市纪委领导班子及成员进行民主测评和民主评议，全额定向民主推荐新一届市纪委领导班子成员人选。省纪委考察组到会指导并组织开展民主测评、民主评议和民主推荐工作，市委常委、纪委书记杨娟主持会议。市纪委委员，市监察局副局长，不是市纪委委员的县市区纪委书记、园区纪工委书记，各县市区纪委副书记、园区监察局局长，市级部门派驻（出）纪检监察机构负责人，市属企业、高校、医院纪检组织负责人，市纪委机关副县级以上干部和各单位主要负责人参会。

【领导干部见面会】 2016年9月9日，全市领导干部见面会召开，宣布省委决定。省纪委副书记邓顺贵出席并讲话。市委书记彭宇行主持会议并讲话。市委副书记、市长刘超，市人大常委会党组书记马华、市政协主席张锦明出席会议。见面会上，彭宇行宣读省委干部任免决定。省委同意马骏任中共绵阳市委委员、常委和市纪委书记；免去杨娟中共绵阳市纪委书记职务。见面会后，邓顺贵、彭宇行还出席市纪委机关干部大会，并对全市纪检监察工作提出明确要求。杨娟、马骏在会上作表态发言。市委常委、组织部部长岳勇主持会议并宣读任职决定。

【“推进全面从严治党、巩固发展良好政治生态”宣讲会】 2016年9月28日，绵阳市“推进全面从严治党、巩固发展良好政治生态”宣讲会举行，省纪委常委张冬云带领省纪委第九宣讲组到绵阳开展宣讲授课，市委书记彭宇行出席宣讲会并作表态发言，市委常委、市纪委书记马骏主持会议。宣讲中，张冬云结合现实案例，讲述党的十八大以来全面从严治党取得的重大成效，科学研判党风廉政建设和反腐败斗争依然严峻复杂的形势，深刻阐明监督执纪“四种形态”的本质内涵，明确指出当前党风廉政建设和反腐败斗争繁重艰巨的任务。市领导李亚莲、黄正良、雷百灵、江陵、罗宗志、宋明、陈敏，市中级人民法院院长马泽波，高新区管委会主任董泓，市人大常委会秘书长王昭洪，市政协党组成员、机关党组书记赵黎，市纪委监察局领导班子成员、各县市区委书记、县市区长，市级部门党组（党委）主要负责人，各园区党工委书记、管委会主任，离退休干部代表在主会场出席会议。各县市区纪委书记，市纪委监察局派驻（出）纪检监察机构主要负责人在分会场参加会议。

【市县两级党委巡察工作动员部署会议】 2016年9月29日，绵阳市市县两级党委巡察工作动员部署会议召开。会议深入贯彻落实中央、省委关于从严治党、实现监督全覆盖的政治要求，为扎实开展好市县两级党委巡察工作，推动党风廉政建设和反腐败工作再上新台阶提供了坚强保障。市委书记、市委巡察工作领导小组组长彭宇行出席会议并作重要讲话。市委常委、市纪委书记、市巡察工作领导小组副组长马骏安排部署全市市县巡察工作。市委常委、组织部部长、市委巡察工作领导小组副组长岳勇宣读市委巡察机构成立和干部任职文件。市委巡察工作领导小组成员、市委秘书长，市级相关部门（单位）党委（党组）主要负责人，市委巡察办、巡察组全体人员，各县市区党委主要负责人、纪委书记、组织部长，园区党工委主要负责人、纪工委书记，部分高等院校、重点企业党委（党组）主要负责人参加会议。

【全市党风廉政述责述廉大会】 2016年12月14日召开，市委常委、市纪委书记马骏出席会议并讲话。市纪委副书记、监察局局长任斌主持会议。安州区、经开区、市投资促进局、市中心医院党组织主要负责人向市纪委全会述责述廉，并接受现场问询。会议对2016年度党风廉政建设责任制考核单位进行现场测评。市纪委委员，县市区委书记、园区党工委书记，市监察局副局长，市纪委（监察局）机关党委书记，县市区纪委书记、监察局局长，园区纪工委书记、监察局局长，市级各部门（单位）纪检监察机构负责人，特邀监察员代表等参加会议。

（刘登鳌）

党风廉政建设

【概况】 2016年，市委常委会25次专题研究党风廉政建设和反腐败工作，市委组织部、宣传部、政法委、统战部等部门参与，市人大常委会、市政府、市政协和市法院、市检察院等各级党组织把党风廉政建设融入各自工作。市纪委坚持每季度对县市区、园区和市级牵头部门履责情况进行督查。创新述责述廉形式，探索会前专题调研、会上现场询问、会后追踪落实等制度，抽取部分县级党组织主要负责人向市纪委全会现场述责述廉。完善责任考核办法，市委书记带头，市委常委分别带队检查考核责任制落实情况。建立健全党风廉政建设体系，主体责任落实。

【主体责任体系建设】 2016年，市纪委印发《2016年全市党风廉政建设和反腐败工作任务分工》，细化成7个大项、46个小项。按照县市区（园区）、部门、国企、学校、医院等5类单位，以及党（纪检）组织、主要负责人、班子成员等3类履责主体，分类制作责任清单书和履责承诺书。市委书记带头与责任对象签订主体责任书，实行签字备案，形成了任务明晰、责任到人的主体责任落实体系。

【问责追究】 2016年，全市抓好《问责条例》学习和贯彻，用好责任追究这个“撒手锏”。对责任制考核位居末位的县市区、园区和部门，约谈诫勉其党委（组）书记。对发生“四风”典型问题的单位在全市通报批评，对单位主要负责人进行警示谈话。修订完善《“一案双查”实施办法》，使失责必问、问责必严成为常态。全市追究主体责任23件60人，监督责任9件16人，通报6件12人。

【严肃市县乡三级换届纪律】 2016年，市县乡三级换届期间，全市把严肃换届纪律作为全年党风廉政建设的重大政治任务。成立全市换届风气监督工作领导小组，按照“四必谈”要求，市委书记、市纪委书记带头，全市集体约谈29137人次、个别约谈12275人次。全市14898名党员干部做出书面承诺。组织观看“一片一书”39402人次，集中开展衡阳案、南充案、辽宁案警示教育670余场次。对全市拟调整的810名市管干部、260余名拟提名的“两代表”“一委员”、39名市纪委委员候选人，开展廉政审查并出具党风廉政意见。根据审查结果，不提拔和暂缓提拔7人。落实“六个坚决查处”，畅通信访举报投诉渠道，对涉及换届纪律的问题线索，集中力量调查、查清了结，确保处置事不过夜。换届期间，纪检监察机关收到涉及换届纪律的投诉举报42件，逐一进行核查，其中立案3件。

（刘登鏊）

惩治与预防

【概况】 2016年，全市惩治与预防坚持有腐必反、有贪必肃，以最坚决的态度减少腐败存量，以最果断的措施遏制腐败增量，继续巩固惩治腐败的压倒性态势。发挥反腐败协调小组的作用，集中排查、规范处置反映市管干部问题线索253条。出台查办党员和国家公职人员涉嫌违纪违法犯罪案件中加强协作配合的《意见》，整合纪检监察和检察、公安、审计等反腐败力量。探索提级办案、挂牌督办、蹲点督导、指定异地交叉办案等新模式，推行县市区纪委全员办案和县纪委书记一线办案等新机制，提高纪律审查的突破能力。

2016年，全市各级纪检监察机关受理信访举报1806件次，其中检举控告类1600件次，同比增长12.6%；初核问题线索1850件，同比增长69.2%；立案847件；党纪政纪处分728人。先后查处县级干部24人，各级“一把手”84人。为国家挽回直接经济损失1.3亿元。在市级媒体曝光典型案件181件。

【“四风”违纪查处】 2016年，全市持续开展落实中央八项规定精神监督检查。市本级开展集中监督检查8次，发现整改问题190余个，处分违反中央八项规定精神49人，给予党政纪处分39人。制定《正风肃纪常态化监督检查实施办法》，坚决防止“四风”反弹回潮。严肃公务用车改革纪律，深化为官不为、滥发津补贴、收受红包礼金等专项整治，全市6.4万余名党员干部做出拒收不送红包礼金承诺。撤销市县两级廉政账户13个，账户余额3929万元上交国库。开办“阳光问廉”全媒体直播节目，首期曝光问题6个、问责37人。

▲“四风”：指形式主义、官僚主义、享乐主义、奢靡主义。

【整治群众身边不正之风和腐败问题】 2016年，全市巩固深化各类专项整治成果，坚持哪个方面问题突出就重点整治那个方面。制订《市扶贫领域监督执纪问责实施方案》《脱贫攻坚专项督导方案》，配套建立脱贫攻坚“检查台账”“问题台账”“整改台账”3套台账，市委书记带头，21位市级领导带队，对“六个精准”“四个一批”等落实情况开展专项督导，发现并督促整改问题210个。全市查处侵害群众利益的不正之风和腐败问题案件649件，给予党纪处分438人、政纪处分53人，其中扶贫领域立案36人、处分25人，问责追究7人，发出监察建议书4份。

【实施谈话函询办法】 2016年，全市坚持“惩前毖后、治病救人”，采取批评教育、诫勉谈话、组织处理、纪律处分等方式，实现“严管就是厚爱”的政治效果和社会效果。全市谈话函询和做出说明1093人，澄清是非691人，党纪轻处分和组织处理431人，党纪重处分和重大职务调整187人，严重违纪涉嫌违法立案审查27人，“四种形态”的比例分别为62.9%、24.8%、10.8%、1.5%。。

【廉政教育宣传】 2016年，全市坚持各级党委书记带头讲党课，开展市县两级“纪委书记大宣讲”。组织《廉洁自律准则》《党员纪律处分条例》辅导培训20期。市委书记、市纪委书记对9个县市区新一届领导班子集体廉政谈话。市委书记带队，组织全体市级干部到锦江监狱，全市县级干部到川北监狱，接受现场警示教育。运用身边违纪典型案例，制作《迟来的忏悔（二）--陈进案警示录》等警示教育片，全市党员干部写出廉政心得8800多份。在市级媒体开设《警示台》等4个常设专栏，“绵阳清风”政务微博点击率超400万次，廉政手机报覆盖全市3000多名副县级及以上干部，运用新华社手机客户端“清廉绵阳”窗口推送反腐败重要信息，形成有节奏、有规模、有影响的宣传声势。利用城区楼宇电视、LED显示屏、大型户外广告牌、公交车载视屏、车身广告开展反腐倡廉宣传，推动廉洁理念和廉洁价值向全社会辐射。

【预防防腐监督创新】 2016年，全市坚持法治思维和法治方式，对接《廉洁自律准则》《党员纪律处分条例》同步推进反腐败制度建设，立明规矩，破潜规则。项目化推进惩治和预防腐败体系建设，集中开展惩防体系落实情况专项检查2次。实施预防腐败创新项目28项。在国土、交通系统开展系统化防治腐败工作。完善行权平台及电子监察平台，全市行权事项设置监察点1058330个、风险点315462个。强化对行政权力运行的实时监控、全程监督、预警纠错和效能评估，行权事项办结184159件，按时办结率达99.98%。

【传统文化和优良家风教育】 2016年，全市坚持崇德尚礼和遵纪守法相结合，注重发掘绵阳历史文化、红色文化、“两弹一星”文化、抗震救灾精神中的廉洁基因，拍摄制作《“两弹”元勋邓稼先》《寻廉记——苏易简家风》等专题片，在县市区分别开展“晒家风、亮家训”“家风家训征集”系列活动，推动党风政风和社风民风有机结合，弘扬正能量。 （刘登鳌）

市县党委巡察工作

【概况】 2016年，绵阳市全力配合省委第十巡视组对全市7个县市区的巡视工作。启动市县党委巡察工作，成立以市纪委书记、市委组织部长为组长的市委巡视联络工作领导小组，抓好巡视动员、干部约谈、资料调阅、考察调研及后勤保障等工作。全年办理转交办的402件信访举报件，办结397件，其中立案查处112人。

【市县党委巡察机构成立】 2016年，市委成立巡察工作领导小组，构建“一办四组”的工作模式，督导9个县市区设立巡察办、巡察组47个。从纪检、审计、财政等单位抽调业务骨干32名补充到巡察组，组织市县94名巡察干部进行岗前培训，组织开展巡察业务专题学习60余次。

【首轮市级巡察】 2016年，市委决定选取科创、仙海2个开发园区，市水务局、市旅游局2个市级部门，进驻开展首轮市级巡察。巡察期间，发放调查问卷243份，开展个别谈话457人次，调阅相关工作资料2200余卷份，受理信访举报88件次。通过巡察，发现4个被巡察单位党组织问题59个，反馈意见建议40条，移交问题线索128条。 （刘登鳌）

2001 年 4 月 28 日，绵阳机场建成通航

2001 年

4 月 28 日，绵阳南郊机场正式建成通航，首日开通绵阳至北京、绵阳至广州两条航线。年内先后开通绵阳至上海、绵阳至深圳、绵阳至昆明、绵阳至武汉（经停重庆）等航线。

7 月 3 日，国务院以国函〔2001〕76 号文批复《绵阳科技城发展纲要》，原则上同意《纲要》中关于绵阳科技城发展的指导思想、功能定位、发展重点及总体规划等意见。

8 月 15 日，绵阳科技城科教创业园区、西南科技大学国家大学科技园建设开工暨授牌仪式在绵阳举行。

8 月，绵阳科技城现代农业科技示范区成立。示范区位于绵阳城市东南，距主城区 10 千米，面积 27.56 平方千米，与松垭镇实行区镇合一体制。

民革绵阳市委

【概况】 2016年，民革绵阳市委辖总支3个、直属支部6个，有党员301人。郭兴林同志任民革绵阳市委主委。担任省人大代表1人，省政协委员1人，市人大代表6人，市政协委员14人，县市区人大代表9人，县市区政协委员30人，特约监督员22人。《关于军民融合发展的对策建议》，获全国政协副秘书长刘家强批示。至年底，民革绵阳市委获民革四川省委"2016年度自身建设先进集体"等13项荣誉表彰，民革绵阳市委机关工作人员陈兵获民革中央"全国机关建设工作先进个人"。

【坚持和发展中国特色社会主义学习实践活动】 2016年，民革市委首次在四川省社会主义学院单独开班对党员进行集体培训，主委郭兴林等56位民革党员参加，民革四川省委副主委何一立、省社院袁鸿教授等行政领导、专家学者授课。组织50余人赴重庆民主党派历史陈列馆学习。组织市委委员、基层组织负责人赴云南腾冲进行爱国主义教育培训。组织游仙总支、科技支部、西科大支部等基层组织开展"重走红军路、走进'两弹城'"、川陕革命老区行、李庄抗战文化行等主题教育活动。指派、安排主要领导、机关干部赴北大、中央社院、浙大、市委党校、西南财大等学习培训。

【基层组织建设】 2016年，全市民革全体党员学习中共中央两个"五号文件"、民革党史知识。参与市委会集体学习的党员300余人次，参与总支、支部集体学习的党员460余人次，参加集体学习的民革党员突破年700人次。民革游仙支部调整为游仙总支。完成民革经济支部、涪城总支、科技支部、卫生支部、文教体支部的换届工作。推选涂龙、王魏龙等年轻党员进入基层组织领导班子。规范新党员六步发展程序，发展新党员17人。公推优秀党员陈洪芳等出任政府及部门职务，票选优秀党员钱建萍等出任市人大代表、政协委员。完善市委会领导班子议事决策规则等4项制度。细化办公室、议政调研科科室分工和人员岗位职责。规范专委会调研经费报销标准。推行一人多岗，安排机关6名工作人员担任6个专委会的主任或副主任。继续开展民革女党员三八节庆活动和老党员九九重阳节庆活动。市委会主要负责人与70多名党员进行多次的沟通谈心。向总支、支部赠阅《中国民主党派史丛书》等200余册。为党员订阅《团结报》。在各级各类媒体网站上发表信息、文章343条（篇）

【参政议政】 2016年，市民革8个专委会成员总数由64人增至100名。确立、实施以专委会为主体开展调研工作的总体思路。印发《民革绵阳市委2016年参政议政调研参考课题》。修订、完善《参政议政先进集体、先进个人评选办法》。组织开展各类调研8次，撰写调研报告，全年提交省人大建议2件、省政协提案11件、市人大建议6件、市政协大会及联组发言2件、集体提案11件。个人提案35件、县市区政协提案58件。2件提案列为市政协主席督办案。向民革省委、绵阳市政协报送社情民意11篇。

【社会服务】 2016年，民革市委开展"民主党派走进江油"活动，协助六合锻造转型升级。资助三合小学贫困学生6万元。参与建设平武龙安镇莫鱼沟村"多党合作同心脱贫示范产业园"，捐赠首期产业资金1万元。慰问4名抗战老兵并派发慰问金3.2万元。组织党员捐赠公益事业102万元。组织开展盐亭县云溪镇三清村、江油市铜星乡伍佛村、丰谷镇廻龙沟村精准脱贫，开展扶贫项目10余项，协调资金20万元，捐款4万元。 （陈　兵）

民盟绵阳市委

【概况】 2016年，民盟绵阳市委下辖县委1个、基层委员会2个、总支部4个、支部340个（其中市直属支部11个），盟员1012人，其中省政协委员2人（其中常委1人）、省人大代

表1人、市政协委员26人（其中副主席1人、常委5人）、市人大代表8人（常委1人）、县市区政协委员46人（其中副主席2人、常委13人）、县市区人大代表9人（其中副主任1人、常委5人），盟员担任各级政府行风评议员、特约监督员、检查员等共63人次。全年发展新盟员44人，其中女性23人，高级职称11人。举行中国民主同盟绵阳市委成立30周年、三台民盟组织成立70周年活动，承办四川民盟川东北片区盟务工作研讨会议暨绵阳市企业家联谊会。

【民盟绵阳市委成立30周年暨三台地方组织成立70周年纪念大会】 2016年12月23日，民盟绵阳市委成立30周年暨三台地方组织成立70周年纪念大会召开。省政协副主席、民盟四川省委主委、省社会主义学院院长赵振铣，市委副书记付康，市政协副主席、致公党绵阳市工委主委田荣华出席会议并致辞。李敦双、朱家缘、易敏利、姚其清、艾尚林及民盟四川省委、相关地市州民盟市委负责人出席会议。大会上，民盟绵阳市委主委勾永阶作主题报告。晚上，与会人员一起观看“庆祝民盟绵阳市委成立30周年暨三台地方组织成立70周年纪念”文艺演出。

【四川民盟川东北片区盟务工作研讨会议】 2016年12月22~23日，四川民盟川东北片区盟务工作研讨会在三台召开。民盟省委各处室负责人以及来自川东北片区绵阳、遂宁、南充、达州、德阳、广元、广安、巴中等地的民盟负责人出席会议。研讨会上，川东北片区8个市级民盟组织，围绕加强参政议政能力建设所取得的成效与进一步完善工作举措的思路进行交流发言。会议期间，与会人员到三台县芦溪镇盛世樱花悠乐谷、梓州有机藤椒产业园、大地飞歌田园文旅综合体项目等地参观。 （魏　东）

民建绵阳市委

【概况】 2016年，民建绵阳市委有会员594人，基层组织14个，成立民建西南科技大学支部、民建经开区支部，全年发展新会员30名，发展率为5.3%；创新构建宣传思想工作“321”工作体系，实现网站改版，会刊《绵阳民讯》正式发行，微信公众号上线运行；向各级提交意见建议63件，《关于进一步推动我市全面创新改革试验的建议》《关于促进我市农村电子商务发展的建议》被采用为市政协会大会发言；社会服务工作持续推进，“扶贫日”期间，会员捐款130万元助力本市决胜脱贫攻坚，“金秋助学”活动，共募集助学捐款19.3万元，捐物价值1.3万元，资助87名困难学生和13名困难留守儿童继续开展学业。社会服务工作荣获民建中央表彰，会务工作、组织工作、宣传工作、外宣工作、参政议政工作、社会服务工作、机关工作均荣获民建四川省委表彰。

【《关于进一步推动全面创新改革试验的建议》】 2016年，民建绵阳市委在市政协会上作题为《关于进一步推动全面创新改革试验的建议》的大会发言，建议：一是加快完善有利于激发创新活力的体制。在落实科研人员创新创业激励政策、《科技成果转化法》先行先试等关键环节进行重点突破，使绵阳成为军民融合的政策洼地。二是加快建立有利丁激发人才动力的机制。将知识产权创造、运用和科技成果转化作为对机构及技术人员评价的依据，充分发挥利益导向作用。三是加快构建有利于资源共享合作的平台。建立市场化议价和有偿服务的机制，形成重点实验室、技术中心、大型仪器等军地双向开放的完整的资源共享平台。四是加快营造有利于全面创新改革的环境。探索建立符合创新规律和改革要求的政府治理制度，优化政务环境，规范政务审批事项，优化行政审批环节，切实提高行政效率和服务质量。

【《关于促进农村电子商务发展的建议》】 2016年，民建绵阳市委在市政协会上作题为《关于促进农村电子商务发展的建议》的大会发言，建议：一是尽快制定关于电子商务发展的规范性文件，增强农村网商的法制意识，促进守法经营，推动我市农村电子商务的健康可持续发展。二是加快实施品牌培育战略，尽快制定我市特色网销品牌培育计划，加快形成“创建一批、提升一批、储备一批”的绵阳特色网销品牌和网络营销滚动发展的良好局面。三是完善物流配送服务体系，推进农村电子商务县乡级服务站和村级服务点的建设，切实解决由乡镇到村“最后一公里”物流“瓶颈”问题。

【构建思想宣传“321”工作体系】 2016年，民盟市委把宣传思想平台

图 34　民盟绵阳市委成立 30 周年暨三台地方组织成立 70 周年纪念大会

建设工作作为强化会员思想教育，凝聚思想共识的重要基础性工作，推进“321”宣传思想工作体系建设。“构建三个平台”，把会刊《绵阳民讯》、网站和微信公众号作为加强思想教育的前沿阵地，搭建“全媒体”宣传平台，全面完成会刊《绵阳民讯》的发行、官方网站的改版和“金菊街37号”微信公众号的发布。组建两支队伍（通讯员队伍、文艺宣传骨干队伍）。打造一个基地，在1716创投孵化器挂牌民建绵阳市委社会服务基地，为入驻企业在法律咨询、管理咨询、创业咨询等方面提供服务和帮助，助力绵阳科技城建设和“双创”工作。

（雍定鸿）

民进绵阳市委

【概况】 2016年，民进绵阳市委有会员997人，基层组织72个（其中基层委员会4个，总支4个，支部64个），成立盐亭支部，组建科创区、建工四支部筹备组，吸收新会员47名。有省政协常委1名，市人大代表11名（其中常委1名），市政协委员29名（其中市政协副主席1人，常委6名），县市区人大代表13名（其中常委6名）、政协委员68名（其中市政协副主席1人，常委22名）。49名会员在行政单位担任副科级以上职务，其中，副科级干部26人、正科级干部12人、县处级以上干部9人。参与全市重大事项的协商30余人次，参加市委、市政府、市政协和市委统战部召开的民主协商会、情况通报会、建言献策座谈会等50余人次，参加省、市、县市区参政议政调研、视察等活动120余人次。提出意见和建议80余条，提交市政协《关于加强我市科技创新发展的建议》《关于我市加快“众创示范区”建设的建议》《推行公交成本规制　推动公交健康发展》等集体提案13件，2件被列为主席督办案。全年报送信息、社情民意、调研报告等21篇（条）。获“民进全国参政议政先进集体”，民进省委“综合工作先进单位”等表彰12项。

【民进绵阳市委成立30周年大会】 2016年3月31日，民进绵阳市委成立30周年大会在绵阳举行，民进省委副主委赵川荣、秘书长张宏，市政协党组副书记、副主席丁山，市政协副主席、统战部部长苗平，市人大常委会原副主任、民进绵阳市委会原主委蒋安中等领导和市级各民主党派、工商联，市级有关部门和县市区委统战部、绵阳高校有关负责人以及会员代表200人出席大会，市政协副主席、民进市委主委李京平主持大会并带领与会人员回顾绵阳民进30周年风雨历程；蒋安中、何朝先、晋朝、汪楠作为老领导和老中青会员代表作交流发言，向入会30周年的51名会员赠送纪念品。

【《关于我市加快“众创示范区”建设的建议》】 2016年，民进市委在市政协七届一次全会提交的《关于我市加快“众创示范区”建设的建议》的集体提案被列为主席督办案，提案建议：一要明确深入实施创新驱动发展战略和军民融合深度发展战略，推进大众创新创业与国家全面创新改革试验区建设、高新技术和战略性新兴产业、电子商务和“互联网+”两个“一号工程”有机结合的总体思路；二要实施创新平台升级专项工程，增强大众创业创新的平台承载功能；三要实施科技成果转化专项工程，完善大众创业创新的科技成果转化服务体系；四要实施创新主体培育专项工程，发挥大众创业创新的企业主体作用。建议内容得到市委、市政府高度重视并采纳。

【社会服务】 2016年，民进绵阳市委参与脱贫攻坚工作，到江油市战旗镇白沙村和平武县龙安镇莫鱼沟村，开展走访贫困村24次，看望慰问84户，协调资金220余万元、项目逾20个，帮助江油市战旗镇白沙村、平武县莫鱼沟村、游仙区魏城镇铁炉村、沈家坝东街社区等地发展产业和解决实际困难，江油市战旗镇白沙村2016年完成整村脱贫任务；组织大型投资考察活动2次，先后邀请17家国内外大型企业到绵阳考察投资，推动和促成6个项目落地；牵头并参与共建中国科技城国际企业孵化器，成立民进绵阳市委同心国际孵化器项目推进办公室；召开“绵阳民进2016年创富论坛”；发动捐赠物资200余万元，参与“同心·彩虹行动”，为江油市战旗镇等学校捐赠图书1000余册，联系会员结对帮扶贫困学生50余名；组织会员赴安州区、西昌、广安等地送教或支教100余人次；赴绵阳监狱开展“爱

图35　5月27日，民进绵阳市委开展“六一”国际儿童节“传递爱心、温情汇聚”活动

心奉献、情系高墙”帮教活动，赠送物资合计逾3万元；深化与高校合作，与西南科技大学经济管理学院正式签订战略合作协议。

（赵　波）

农工党绵阳市委

【概况】　2016年，农工绵阳市委承办农工党四川省委首场“培育和践行社会主义核心价值观”百场宣讲报告会；参加农工党省委成立60周年征文活动，编写《农工党省委纪念画册》和《地方简史（绵阳部分）》材料；参加省委会成立60周年纪念大会。开展理论课题研究，报送理论文章4篇，1篇被农工党中央评为“好文章”奖。市委会网站登载稿件144篇，在省级以上公开媒体发表稿件179篇次。订阅《前进论坛》453份，订阅率达到70%，编印《绵阳农工》1期。新发展党员34名，发展比例5.3%，平均年龄36.2岁，党员总数达到675名。成立梓潼县支部，增设医药卫计等4个专委会，筹建党员企业家联谊会。推荐2名党员担任副县级实职领导；推荐市政协委员、市人大代表33名，各县市区人大代表、政协委员61名。推荐骨干党员18人次参加中央社院等各级培训班学习，组织专题培训党员180余人次，完善基层组织考评办法和支部工作手册。

截至年底，农工市委有70余人次受各级单位和部门表彰，其中获省医学科技进步一等奖、二等奖各1次，省科技进步三等奖1次。农工党绵阳市委被省委会评为综合先进集体，并获机关建设、思想建设、组织建设、参政议政等8个单项先进集体，5个基层组织被省委会评为先进基层组织，27名党员被省委会评为优秀党员。

【参政议政】　2016年，市委会在市委、市政府、市政协等召开的各类重要会议建言献策，28名党员受聘担任各级特约员履行政治协商和民主监督职责。开展专题调研10次，形成调研报告8篇，5篇被农工党省委采用。提交省政协提案5件，市政协集体提案14件、个人提案69件，人大建议5件，其中2件集体提案被列为主席督办重点提案。调研报告《发挥资源优势，努力把绵阳建设成为中医药强市》被列为六届六次政协会议大会发言和市政协年度重点专题协商议题，《脱贫奔小康，关键在健康》被列为七届一次政协会议联组发言。编报社情民意信息71篇，省委统战部采用1篇，省政协采用1篇，农工党省委采用12篇，市政协采用5篇。

【服务社会】　2016年，市委会到乡镇社区开展“三下乡”“环境健康宣传周”“国际科学与和平周”等社会服务活动，参与党员专家80余名，服务群众3000余人次；持续定点帮扶江油市八一镇前进卫生院；配合市委统战部开展“同心”孵化器招引工作。为扶贫联系点平武县土城藏族乡独木村贫困户送去生活用品、慰问金，与市政协提案委等单位捐赠4.5万元修路资金；参与统战部及民主党派定点帮扶平武县龙安镇莫鱼沟村活动；“扶贫日”捐赠活动捐款2.5万元。

图36　“农工党培育和践行社会主义核心价值观百场宣讲”四川首场报告会在绵阳举行

【“农工党培育和践行社会主义核心价值观百场宣讲”四川首场报告会】　3月3日，农工党四川省委、农工党绵阳市委联合主办的“农工党培育和践行社会主义核心价值观百场宣讲”四川首场报告会在绵阳举行。农工党四川省委驻会副主委张庆文，农工党绵阳市委主委、绵阳市政协副主席沈其霖、中共绵阳市委党校常务副校长党海燕、中共绵阳市委统战部副部长杨守贵等出席报告会。农工党四川省委会宣传处长荆小庆主持报告会；德阳、达州、广元、遂宁、巴中市委会机关人员和南充基层工作委员会成员等130余人参加报告会。报告会上，农工党员、四川省绿色江河环境保护促进会会长杨欣和农工党员、省委党史资料编纂工作组副组长钟华分别作《守护长江源头三十年》《学党史，继承传统，践行核心价值观》专题报告。

（王　隽）

致公党绵阳市工作委员会

【概况】　2016年，致公党绵阳市工委有2个基层委员会、11个支部、5个专委会，党员165名。工委有省人大代表2名，省政协委员1名，市人大代表4名，市政协委员13名。现有机关事业单位厅级干部1人，实职副处级以上干部6人，其中市级部门正职1人。有科级干部17人。具有高级职称的党员45人。具有侨海关系的党员125人，占75.75%。

2016年，成立致公党涪城区基层委员会、致公党游仙区基层委员会、江油支部；完成机关支部、高新支部、西科大支部和绵职院支部的换届工作，分别选举产生新一届支部领导班子。党员滕华荣获致公党中央"宣传思想先进个人"，党员宋汶祥获"四川省十大最美志愿者""四川省优秀志愿者"。

【参政议政】 2016年，工委在省、市"两会"中，提供参政议政信息70余条，提交集体提案11件，提案、建议、议案41件，社情民意3件。其中《建议美丽绵阳让所有路灯都亮起来》被列为人大常委会主任重点督办建议案；《关于竭力发挥第一书记在脱贫攻坚工作中作用的建议》被列为市政协主席重点督办提案。通过直通车制度上报中共绵阳市委的《关于加快我市公务用车处置的建议》，助推全市公务用车处置工作。向致公党四川省委申报课题7件，7件全部立项，其中重点课题1件，一般课题1件。《基于西部大开发政策背景下推动高新技术企业发展的建议》被全国政协采纳。上报社情民意9篇，其中《关于统一儿童票优惠标准的建议》和《关于推进政府购买公共法律服务的建议》被省政协采用。

【社会服务】 2016年，工委向致公党中央申请10万元的社区发展基金在平武县高村乡民主村设立社区发展基金。明确平武县高村乡小学为工委爱心助学平台的长期援助学校。争取美国健华社资金资助涪城区金峰镇博爱小学、游仙区观太镇北京致公爱心小学12名品学兼优的贫困学生。募集6万余元资金，资助涪城杨家小学残疾儿童刘佳怡。看望慰问涪城区金峰、丰谷、关帝，游仙区小枧和安州区花荄敬老院的数百名老人。

【调研交流】 2016年，工委与致公党珠海市委会、致公党惠州市委会、致公党深圳市委会、致公党重庆市江北区委会就自身建设、参政议政、社会服务、海外联谊等工作进行深入的座谈交流。对接致公党安徽省委和致公党厦门市委赴绵阳市分别就"高端成长型产业"发展情况和"双创"基地建设情况的调研工作。协助省委法制专委会、经济专委会做好在绵阳市召开民营企业刑事法律风险防范研讨会工作。（章文超）

九三学社绵阳市委

【概况】 2016年，九三学社绵阳市委有19个支社、2个基层委员会，449名社员。发展新社员33人，其中博士研究生1人，硕士研究生7人，平均年龄35.3岁，涵盖医药卫生、政府机关、工程技术及新社会阶层等多个行业和领域。

社市委主委尚丽平当选政协绵阳市七届委员会副主席、西南科技大学副校长。在市、县、乡换届工作中，推荐市政协委员16人（其中常委4人），市人大代表4人（其中常委1人），县级政协委员和人大代表21人，以及后备干部数名。指导基层组织换届工作顺利进行，完成1个基层委、17个支社的换届工作。

全年编印《九三学社绵阳市委成立三十周年纪念专刊》1期、《绵阳九三》社讯1期，社市委网站全年上载信息140多条，被省级以上媒体采用41条，其中人民网等中央级媒体采用8条，多篇工作动态被人民政协网刊载。四川新闻网等省级媒体采用3条，社中央网站16条、社省委网站采用14条。

截至年底，社市委被九三学社四川省委评为"2016年新闻宣传工作先进集体""2016年机关工作先进集体""2016年社会服务工作先进集体""2016年组织工作先进集体"，社市委副主委凌云被九三学社中央评为"2016年度九三学社先进组工干部"。

【参政议政】 2016年，社市委向市政协提交提案40件，其中：集体提案10件，大会发言和联组发言4篇，2件提案被确定为重点提案。创新开展参政议政重点调研课题征集，征集《科技支撑绵阳农业发展战略研究》《关于绵阳市产业扶贫的对策研究》等7个课题，其中《关于对我市科技企业孵化器建设发展的建议》《"关于加快绵阳市"互联网+农业"的建议》在市政协七届一次会议上发言。

【九绵科技合作】 2016年，九绵科技合作创新试验基地入驻科技企业63家，其中拥有独立知识产权和发明专利11个，涉及科技服务、电子信息、生物化工、新能源新材料等领域。九绵科技合作项目进展顺利，麦迪克电子、朝育机械有等企业发展迅速。北京昆吾九鼎投资管理有限公司在第四届科博会上与市政府

图37 九三学社绵阳市委成立三十周年纪念大会召开

签订战略合作协议，推动九洲光电、四川矿机等项目发展。

【九三学社绵阳市委成立30周年纪念大会】 2016年9月2日，九三学社绵阳市委成立30年纪念大会召开。全国政协委员、九三学社中央委员、九三学社中央社史研究中心、思想建设研究中心研究员，九三学社主要创始人许德珩之孙许进出席会议并致辞。九三学社四川省委副主委、市人民政府副市长王瑜、九三学社四川省委专职副主委沈光明等出席会议。大会总结30年来九三学社绵阳市委成长、发展的经验，宣传老一辈九三社员无私奉献的精神，邀请九三学社中央坚持和发展中国特色社会主义学习实践活动宣讲团成员许进作题为《我对九三学社的几点认识》的宣讲报告。与会人员观看九三学社绵阳市委成立30周年宣传片，向入社30周年的社员代表赠送纪念品；晚上举行纪念晚会。绵阳市各民主党派、工商联负责人，九三学社四川省委办公室、宣传处，九三学社绵阳市委对口联系单位，支社所在县（市区）、企业、高校党委或统战部门有关负责人，九三学社市委班子成员、在绵社员240余人参加大会。 （杨　凤）

2002 年

4 月 16 日，安县人民政府驻地由安昌镇迁至花荄镇。

7 月 2 日，王朗自然保护区晋升为国家级自然保护区。王朗自然保护区建于 1965 年，位于平武县境内，面积 325 平方千米，属野生动物类型自然保护区，是中国建立最早的 4 个以保护大熊猫等珍稀野生动物及其栖息地为主的自然保护区之一。

9 月 2 日，全国唯一的国家级军转民科技园——绵阳国家军转民科技园在绵阳科技城科教创业园区正式建立。以中国工程物理研究院、中国空气动力发展与研究中心、西南自动化研究所、西南应用磁学研究所为主体的国防科研院所，负责组织本院（所）科技人员及所属军工企业到园区创新创业，促进科技成果转化和高新技术产业化。

12 月 20 日，绵阳科技城科技型中小企业技术创新资金和高新技术风险投资资金管理中心与四川恒泰环境技术有限责任公司签订合作协议，标志绵阳科技城高新技术风险资金正式启动。

12 月 28 日，绵阳科技城现代农业科技示范区成立大会暨区党工委、管委会授牌仪式在园区举行，区内一批基础设施项目同日开工建设。市委、市政府发布于同年 8 月 7 日印发《关于建立绵阳科技城现代农业科技示范区的决定》（绵委发〔2001〕24 号），力争用 5~10 年时间，把示范区建设成为农业新品种新技术科研和推广基地、农业科技成果转化和辐射基地、现代农业培育和示范基地、农业科技体制创新和农业科技人才培养基地。

市总工会

【概况】 2016年，全市工会工作围绕国家科技城和幸福美丽绵阳建设，先后举办"成德绵创新改革试验区第二届高技能人才交流赛""绵阳市职工电子商务技能大赛"等活动。主动为长虹集团、燃气集团、攀长钢集团等涉及供给侧改革的企业、职工服务，通过专场招聘会、转岗培训、困难帮扶，帮助职工实现再就业和创业，确保家庭生活困难职工基本生活有保障。全市统筹、市县联动、全面覆盖，先后举办"春送岗位"专场招聘求职洽谈会，高校毕业生就业专场招聘会暨职工创新创业成果展示推介会30余场，提供就业岗位5万余个次，有9万余人进场求职，有2万余人与用工单位达成意向性用工协议。

截至年底，全市有基层工会组织15209个，涵盖单位25565家，职工137.6万人（农民工75.4万人），会员135.9万人（农民工会员74.9万人），职工入会率达到98.76%。

【职工合法权益维护】 2016年，市总工会推进企业依法签订工资集体合同8284份，覆盖企业16691家，覆盖职工760457人，签订率为99.09%。市委办、市政府办印发《绵阳市创新企事业单位民主管理制度改革方案》，在全省首家对二级职代会做出明确要求。联合人社局等部门开展农民工工资支付情况专项检查，掌握并跟踪欠薪隐患，妥善处理欠薪案件。截至年底，市总工会受理并调解农民工欠薪案件1224件，为4918名农民工追回欠薪6281.6万元。

【困难职工帮扶】 2016年，市总工会在春节期间走访困难企业419家，慰问困难职工11754人，发放慰问金及物资591.88万元；为11824名符合条件的建档困难职工提供生活和医疗救助；开展大病医疗救助行动，为1137名患癌症、残疾等重大疾病的特困职工发放医疗救助金236.9万元。开展"金秋助学"活动，筹措资金1050万元，资助学生5320人，资助资金和人数继续排在全省首位。筹集送清凉慰问金409.07万元，走访企业484家，慰问职工（农民工）86236人。为1582名困难职工及环卫职工提供免费健康体检。市惠民帮扶中心发放城乡困难群众应急救助金161万元，救助困难群众1756人。

【贫困村帮扶】 2016年，市总工会为定点帮扶的星致村协调争取各级财政资金、社会资金634万余元。完成修建村社道路5.2千米，完成全村电网改造工程，改造或重建危房46户，新建及加固改造住房6750平方米，新建整修山坪塘4口，在全村推行"合作社+贫困户"组团脱贫模式，全村蔬菜种植面积13余公顷。在市县两级贫困村退出验收工作中，星致村各项工作指标均达到退出贫困村要求，实现脱贫。

【绵阳市工会第七次代表大会召开】 2016年4月5~7日，绵阳市工会第七次代表大会召开。此次代表大会有正式代表400名，特邀代表30名，其中先进模范人物、一线职工（农民工）、专业技术人员达到160名，占到代表总数的40%以上。市委书记彭宇行、省总工会副主席彭闯出席大会开幕式并讲话。市委常委、市总工会主席李亚莲主持大会并作工作报告。大会总结过去五年绵阳市工会工作，明确今后五年主要任务，选举产生绵阳市总工会新一届领导班子。大会选举产生市总工会第七届委员会委员和经费审查委员会委员。有2名一线先进模范人物和专业技术人员当选为七届委员，1人当选为七届常委，李亚莲当选为市总工会主席，彭时荣、梁山、田秀辉、胡覃当选为市总工会副主席，胡覃当选为市总工会经费审查委员会主任。

【职工创新创业中心建立】 2016年，市总工会在市创业促进会的协助下，与绵阳思迈创投、同创科技企业孵化管理股份有限公司合作，在科创区创新中心建立绵阳市职工创新创业中心。中心凸显军民融合，为企业创新创造，职工创新创业提供专业、全方位、全要素、一站式的创业扶持、创业指导、创业孵化和创业投资服务。全年为793个创业

图38　绵阳市职工电子商务技能大赛

项目申报创业补助资金、贴息补助，为150个贫困农民工创业项目申报创业补助金，共发放贴息补助、创业补助金387.9万元。

【绵阳市职工电子商务技能大赛】 2016年4月5日，绵阳市职工电子商务技能大赛启动。大赛由绵阳市总工会、市电商办主办，以“技能成就梦想，电商创造未来”为主题。大赛设最佳美工设计奖、最美客服奖、最佳策划推广奖三项个人奖和一等奖、二等奖、三等奖三项团体奖。对在大赛中获奖的职工和团队，由大赛组委会颁发证书和奖金，并作为申报上级工会评选五一劳动奖章、五一劳动奖状、工人先锋号的候选提名。

4月22日，绵阳市职工电子商务技能大赛总决赛在西南财经大学天府学院开赛，大赛为积分淘汰赛。19个代表队57名选手参加了个人和团体总决赛。经过一天激烈角逐，九洲集团张镇川、绵阳职业技术学院王雪娇、高新区代表队任平梅分别获得美工设计、客服服务、策划推广第一名，游仙区代表队获得团体总决赛一等奖，高新区代表队、绵阳职业技术学校代表队获得团体总决赛二等奖，长虹集团代表队、涪城区代表队、科创区代表队获得团体总决赛三等奖。

大赛初赛阶段吸引全市电商平台企业48家，电商应用企业2900余家关注，400余名职工报名，活动期间，大赛官方网站累计访问11144人次。

（肖　江）

市妇女联合会

【概况】 2016年，全市妇联工作实施“四大工程”（妇女再就业工程、幸福美丽家庭工程、巾帼扶弱济困工程、强基固本工程）。召开绵阳市妇女第七次代表大会，选举产生以刘春涛为主席的市妇联新一届领导班子。完成县市区、乡镇换届工作，全面开展村（居）妇代会改建妇联工作。组织200名女干部参加省妇联浙大班培训、16名女干部参加全省妇联系统干部岗位培训、3名少数民族女干部参加省委党校培训；组织全市65名女干部参加科级干部培训；举办网络及新媒体专题培训10场次，引导妇联干部适应“互联网+”新趋势。对46名全国“三八红旗手”进行免费体检。在市级媒体开辟“爱岗位爱家庭”“幸福家庭感言”专栏；对妇女进行家禽养殖、蔬菜种植、移动互联网及电子商务知识培训，全年举办各类培训67期次，培训妇女5610人；指导全市建立居家灵活就业基地64个，其中省级3个、市级36个；争取省发改项目资金100万元打造李白诗意绣妇女居家灵活就业基地；指导各级妇联参与招聘会18场，组织招聘企业400余家，提供就业岗位24670余个，成功介绍女性就业10637人。全年，授予40人为“三八红旗手”，40个集体为“三八红旗集体”，100户家庭为“文明家庭”。

【绵阳市妇女第七次代表大会召开】 2016年3月14日，绵阳市妇女第七次代表大会召开。省妇联党组书记、主席吴旭，市委书记彭宇行出席会议并讲话；市委副书记、市长刘超，市人大党组书记马华，市政协主席张锦明；市委、市人大、市政府、市政协部分负责人出席大会。来自全市各行各业、各条战线的妇女正式代表440名。代表中，专职妇女工作者代表150名，占33.9%；工业、金融、交通、城建、通讯、农业、

图 39　绵阳市妇女第七次代表大会

科技、教育、卫生、文化、非公有制经济、政法、党政、军队等各界妇女代表290名，占66.1%；少数民族代表占12.7%；代表的知识、年龄结构合理，大专以上文化程度的代表占93.4%，45岁以下代表占70.5%。会上，市妇联第六届主席刘春涛作《凝心聚力，开拓创新，团结带领全市妇女为加快建设国家科技城和幸福美丽绵阳而努力奋斗》的工作报告，全面总结过去五年绵阳妇女事业取得的成绩，提出未来五年绵阳妇女事业发展的目标要求。市总工会常务副主席彭时荣代表群团部门致贺词。选举产生以刘春涛为主席的市妇联新一届领导班子。

【首个“天府妹子”示范店开建】 2016年11月，四川省妇联主办、绵阳市妇联和绵阳市红枫职业技能培训学校承办的四川省巾帼家政标准化示范点——“天府妹子”家政服务示范（绵阳）店建设项目在绵阳市红枫职业技能培训学校开建。项目建成后，是绵阳首个省级巾帼家政示范店，并免费培训50名优秀家政从业人员。项目建设推动全市家政服务行业向标准化、规范化、品牌化发展，转移、吸纳农村富余劳动力和城市失业下岗妇女实现创业就业。

【巾帼扶弱济困工程】 2016年，全市妇联以“法治绵阳”为契机，开展法律宣传56场，发放资料35000余份，咨询2180人次；争取省妇联项目资金10万元，打造省级维权站点5个。指导市婚姻家庭教育促进会开展“社会主义核心价值观——感恩大课堂”“五失青少年精准教育扶贫”等工作，为100余名失足青少年开展心理疏导；接待并解决信访361件，实施中央专项彩票公益金法律援助项目27件；为31名安康家园震后孤儿争取到中国儿基会40.66万元助学金；为游仙玉河小学捐赠20个书架、20台电扇；争取到全国“两癌救助专项基金”263万元，救助263名患病妇女；募集“扶贫日”关爱资金122.5万元；为帮扶村争取到丘区产业发展、“计生三结合”等项目资金230余万元，为村支部捐赠活动经费2000元，为91户贫困户赠送价值2万余元的棉被和5000元帮扶金；为三台综改区提供3万元帮扶资金。（罗　芳）

绵阳市工商业联合会

【概况】 2016年，绵阳市工商业联合会（总商会）召开第六次会员代表大会，选举产生119名执委，59名常委，26名副主席，16名副会长。年内，新发展会员554个，截至年底，全市会员总数达13729个，其中企业会员3967个、个人会员9638个、团体会员124个。与中兴“新三板”学院绵阳分院签署战略合作协议，举办“新三板”培训辅导专题讲座，促进中小企业走向资本市场。推动民营企业走出去战略，组织境内外考察4次。举办全市十大新经济人物评选、企业故事演讲大赛等主题活动。市工商联引荐武汉凯迪生物发电项目到三台县实施，该项目预计投资5亿元；邀请杭州利宏化工设备有限公司在江油市六合乡开发“五道河农业观光旅游项目”，项目总投资约2.5亿元。

涪城区、江油市、三台县工商联通过全国“五好”县级工商联达标验收，游仙区、北川羌族自治县工商联通过全省“五好”县级工商联达标验收。

【参政议政工作】 2016年，全市工商联系统学习习总书记在民建、工商联联组会议上的讲话精神，开展“清”“亲”关系问卷调查；完成30家民营企业《促进民间投资开展第三方评估调查问卷》工作；组织20家企业开展《制造业民营企业发展状况调研》；完成第十二次全国私营企业调查任务，发放问卷160余份。全年完成综合调研4次，专题调研7次，起草7篇调研报告。围绕党政中心工作，在市政协全委会、各界人士建言献策会上发言，向党委、政府建言献策；引导全市非公有制经济人士提交议案、提案、社情民意达60余件。

【经济服务工作】 2016年，市工商联邀请全国工商联科技装备业商会会长会议暨军民融合民营企业座谈会在绵阳举行；推荐绵阳市6家民营企业参与全国工商联第六次民营企业军民两用高新技术及产品研发生产情况专项调查，帮助3家科技中小企业及产品入编2016年制的《军民两用高新技术民营企业及产品推荐目录》；组织100余家民营企业赴北京参观第二届军民融合发展高技术成果展览，推荐四川三阳永年增材制造技术有限公司入围参展；与科技城工研院联合举办“科技成果发布会”和“植入型光纤光栅（FBG）传感器学术报告会”；组织10余家科技型企业参加省国防科工办和省工商联联合举行的“军民融合发展政策宣讲会”；与中国银行绵阳分行等金融机构召开银企座谈会4次，签订战略合作协议，收集整理6家金融机构的29个融资产品，制作成《中小微企业融资产品推荐表》推荐给会员企业；与市人民检察院联合召开依法保障和促进非公有制经济健康发展座谈会；举办民营企业招聘周活动，组织企业提供就业岗位5283个。市工商联引荐武汉凯迪生物发电项目到三台县实施，该项目预计投资5亿元邀请杭州利宏化工设备有限公司在江油市六合乡开发“五道河农业观光旅游项目”，项目总投资约2.5亿元。

【“百企帮百村”精准扶贫行动】 2016年，全市推进新一轮“百企帮百村”精准扶贫行动。市县两级累计发动467家民营企业与445个贫困村对接帮扶，签订帮扶协议405份，市县两级工商联实现副主席、副会长企业全覆盖，对全市贫困村的覆盖率达到85%。年内，民营企业产业帮扶意向投入3.5亿元，到位资金8251.9万元，商贸扶贫采购额达1560.3万元，扶贫捐赠折合1189.6万元，投入252万元进行技能培训，吸纳贫困村24624人就近就业。市工商联为联系村江油市铜星乡菩提村捐款捐物40余万元。通过举行绵阳市‘班班通—助力教育信息化’捐赠仪式，获赠明日之星教育基金会630万元的助学物资，惠及绵阳80所中小学，并向铜星乡小学捐赠50套平板电脑等教学软件。　（吴秀娟）

绵阳市科学技术协会

【概况】　2016年，全市有县市区科协9个，市级自然科学、技术科学学会（协会、研究会）43个，会员3万余人，高校科协3个。农村专业技术协会463个，会员及带动农户达8.83万户。

2016年，市科协召开第七次代表大会，选举产生市科协第七届委员会。承办第八届四川省博士专家论坛，开展助力企业谋发展活动，实施全民科学素质行动计划，举办青少年科技教育活动，参与全市扶贫攻坚活动。截至年底，绵阳市受中国科协、财政部表彰为“国家科普惠农兴村先进单位”6个、“国家社区科普益民计划”2个，省科协、省财政厅联合表彰为“省级科普惠农兴村先进单位”7个、“社区科普益民计划”4个，省级科普带头人1人，获以奖代补科普经费272万元。北川羌族自治县坝底乡“科普中国通e站”建设、涪城区科普宣传网络建设工作等9个科普经费项目获省级科普经费100万元。

【市科协第七次代表大会召开】　2016年3月6~7日，绵阳市科学技术协会第七次代表大会召开。市委书记彭宇行，省科协党组成员、副主席黄竞跃出席开幕式并讲话。市委副书记、市长刘超出席开幕式，市委常委、市总工会主席李亚莲主持开幕大会。大会听取并审议通过市科协第六届委员会作的题为《发挥科协优势　服务创新驱动　为国家科技城和幸福美丽绵阳建设努力奋斗》的工作报告，选举产生市科协第七届委员会。范国滨当选为市科协第七届委员会主席，薛凯、魏敏、何仁毅、卢忠远、刘勇、江宾、王秀全、李海轮、于昆龙当选为副主席。

【第八届四川省博士专家论坛】　2016年9月12~13日，中国科协创新战略研究院、四川省科协和绵阳市人民政府联合主办，“以军民融合与创新创业”为主题的第八届四川省博士专家论坛在绵阳举行。中国工程院院士、中国工程物理研究院专家委员会成员傅依备，中国科协创新战略研究院副院长阮草、省科协党组书记吴群刚、省国防科工办机关党委书记唐毅、绵阳市委书记彭宇行，市委副书记、市长刘超出席会议，省级学会、市州科协、获奖论文作者、部分企业、军方代表，以及来自全省各地的中青年科技工作者400余名代表参加论坛。论坛特邀中国航天科技国际交流中心党委书记、中国宇航学会副理事长兼秘书长王一然，中国船舶信息中心首席研究员陈书海，分别作题为《军民融合，提供了无限机会》《军民融合发展的科技创新研究》的大会主题报告。来自清华大学等高校、电子科技集团研究所、省社科院等科研机构的20余名专家出席开幕式。大会设置四个分会场。第一分会场主题为“军民融合的协调发展机制”；第二分会场主题为“产业发展中的‘民参军’与‘军转民’”；第三分会场主题为“军民两用人才的培养与使用”；第四分会场主题为“军民融合发展改革试验区建设”。分别邀请行业内的知名专家学者开展深层次的交流互动。论坛收到138篇论文，经专家评审，共评出一等奖论文5篇，二等奖论文15篇，三等奖论文18篇，优秀论文35篇，编辑出版《第八届四川省博士专家论坛优秀论文集》1套。

【“助力企业谋发展”活动】　2016年，市科协组织科技人员帮企业解难题，组织全市科技专家300余人次，为全市的电子产业、环保产业、建筑产业、冶金产业等方面企业培训技术人员1000余人次，解决实际困难50余项，探索实际问题100余项，提出合理化建议200条。其中，市金属学会召集金属方面的科技人员，围绕当前的钢铁行业形势，结合国家供给侧改革以及本地区特钢中小企业生产经营、结构调整与转型升级面临的现实问题，先后组织3轮次300余名科技专家到企业调研需求，精心选题、科学立项，与攀长钢、六合锻造等七家单位签订9项科技攻关项目。9项科技项目全面完成攻关，有6个项目创效益2350余万元，1个项目降低生产成本900余万元，1个项目解决航天用高品质材料的技术难点，完成1项国家冶金标准化委员会编制行业标准的任务。推荐四川省绵阳西南自动化研究所、四川九洲电器集团有限责任公司、利尔化学股份有限公司3家院士（专家）工作站申报“2016年全国示范院士（专家）工作站”。

【科技支持脱贫攻坚】　2016年，全市遴选206名专家进入绵阳市科协专家库，在此基础上遴选43名专家组

图 40　绵阳市科学技术协会第七次代表大会

成市科协专家服务团，对全市的“土专家”“田秀才”提供技术指导。在各县市区组织开展“科技扶贫乡村行”系列农村实用技术培训活动40余次，培训农村科普带头人超过6000余人。开展以“科技服务农村发展”“创新创业、科技惠民”为主题的农民科技知识培训20余场次，累计培训3000余人次，带动3000余贫困户增收。全年举办“银会合作”推进会6次，发放银会合作贷款5566.9万元，帮助解决农技协、种养殖大户、合作社资金困难问题。

【全民科学素质行动计划实施】 2016年，全市各县市区政府及市纲要成员单位开展全民科学素质纲要工作。组织参与“三下乡”科普宣传活动、广场科普活动、“科技之春”科普月活动、科技周、“全国科普日”等科普宣传活动。与绵阳日报社共建“绵阳日报社、绵阳市科协科普智能平台”40余处，制作展板、展品300余块、发放宣传资料8万余份、发放反邪教基本知识手册1万余份、开展政策咨询2万余人次，现场技术指导50余次，义诊接待群众3000余人次；组织全市各级科协组织做好优秀农技协、农村科普示范基地、农村科普带头人和科普示范社区“基层科普行动计划”项目申报工作。

【青少年科技教育活动】 2016年，全市青少年在四川省青少年科技创新大赛上获得一等奖7项、二等奖22项、三等奖28项；联合市教体局开展全市青少年科技辅导员培训，先后在江油、涪城等地开展培训8场次，培训科技辅导员700余人；联合市关工委、市教体局、团市委举办绵阳科技城首届青少年机器人创新大赛，全市23个代表队的1200余名青少年学生参加比赛。《人民日报》、人民网、《四川日报》、四川在线等多家媒体对大赛相关情况进行报道；联合市教体局、团市委等单位在北川举办绵阳市2016航空航海车辆模型锦标赛，全市50余所学校代表队2000余名中小学生参加比赛。

【基层科协组织建设】 2016年，市科协实施“学会服务能力提升计划”，拓展学会社会化服务职能，提升市级学会综合能力，发挥学会等科技社团在推动全社会创新活动中的作用，建设一批社会信誉好、发展能力强、学术水平高、服务成效显著、内部管理规范的示范性学会。经申报、评审和集体讨论，评出11个优秀学会能力提升项目；组织召开学会科技工作者建言献策座谈会2次，全市学会撰写建言献策文章1000余篇，提出建议200多条。

（曹人之）

共青团绵阳市委

【概况】 2016年，团市委联合扶贫、农业等部门广泛发动青年企业家、青年科技工作者、农村青年致富带头人组成绵阳市青年脱贫攻坚志愿服务队，定期前往贫困地区开展项目对接、产业指导等活动。发挥优势众筹农资物料和脱贫资金4万余元，专项用于梓潼县基础设施建设。协调中国青年企业家协会、中航资本团委在绵阳开展精准扶贫活动，落实中青企协捐赠北川县脱贫资金20万元，中航资本将采用联合开发的形式支持平武县旅游产业发展。

【志愿者服务】 2016年，全市加强“志愿四川”平台的运用与推广，全市注册志愿者20余万人，累计发布志愿服务项目331次。市群团服务中心陆续投入公益资金140余万实施贫困助学、爱心助残、技能培训、就业科普等服务项目，覆盖空巢老人、留守学生、残疾人等弱势群体近5万人。

【“青春之约”婚恋交友网络和微信平台】 2016年，团市委开发建设的“青春之约”婚恋交友网络和微信平台注册会员2000余名，整合各界资源先后举办“情动军营·缘来是你”“星梦奇缘”等大型交友联谊，吸引1000余名单身青年参与。

【2016年“创青春”全国大学生创业大赛MBA专项赛和电子商务专项赛】 2016年4月大赛启动，历时5个月，开展校级初赛、省级选拔、网络评审、终审决赛等项目比赛近400场次，1万余件大学生创业项目参与其中，召开全国新闻发布会、“青春之邀”政策推介会、中国科技城创客大讲堂、全国大学生创业趴等活动12场。8月28日~31日大赛终审决赛在绵阳举办，进入决赛的160所高校206个项目618名参赛选手和48位评委、600名观摩团成员齐聚绵阳，团中央、全国学联、团省委负责人以及中科院院士贺贤土等嘉宾出席大赛。大赛评出20个金奖，44个银奖，116个铜奖，发放奖金17.5万元。科创区、涪城区与一元购大学生3+生活互助平台、索酷智慧养老信息化云平台等16个项目代表分别签署项目落地合作协议。

【四川省青年创业促进计划（SYE）】 2016年，绵阳市四川省青年创业促进计划（SYE）在全市建立SYE县级工作站13个、基层服务站133个，形成2158.27万元项目扶持资金，扶持创业项目364个，发放青年创业小额贴息贷款1200万元。

【“阳光成长驿站”预防青少年违法犯罪警示教育基地建立】 2016年，绵阳针对重点青少年行为矫正的实际需求，引导社会力量投资360万建设“阳光成长驿站”预防青少年违法犯罪警示教育基地，投入资金10万元拍摄公益微电影《成长》，全年基地接待近万名师生及家长参观。

（文华章）

市归国华侨侨眷联合会

【概况】 2016年，市侨联结合市委、市政府中心工作，团结动员归侨侨眷和海外侨胞，致力于幸福美丽绵阳建设。全年接待侨领、侨商、专家学者、社团等6批300余人次。9月14日，市侨联以“2016中国西部海外高新科技人才洽谈会”活动为契机，在成都举办“2016中国（绵阳）科技城专场活动”，邀请美国、英国、法国等20多个国家和地区的海外高端人才、海外华人华侨专业协会会长等近百名嘉宾参加绵阳专场活动，正式签约项目30个，签约金额35亿元，与6家海外华人华侨专业协会签订人才合作项目协议。

【绵阳市第七次归侨侨眷代表大会】 2016年3月7~8日，绵阳市第七次归侨侨眷代表大会在绵阳召开，大会审议通过绵阳市侨联第六届委员会工作报告，对今后五年全市侨联工作作出部署安排，选举产生绵阳市侨联第七届委员会和市侨联主席、副主席、秘书长，并聘请4名海内外顾问。省侨联专职副主席赵建中，市委常委、常务副市长付康，市委常委、总工会主席李亚莲，市人大副主任王黎，市政协副主席李京平到会祝贺。

【2016侨智精英科博行暨四川省侨联特聘专家委员会年会】 2016年9月20日，2016侨智精英科博行暨四川省侨联特聘专家委员会年会在绵阳科技城会展中心举行。中国侨联副主席李卓彬、四川省政协副主席陈放、绵阳市委书记彭宇行出席并致辞。省侨联主席刘以勤、省科技厅厅长刘东，以及来自美国、加拿大、英国、法国、奥地利、澳大利亚、德国、挪威、以色列、新西兰、韩国、柬埔寨、新加坡等20余个国家和地区的200余位省侨联特聘专家和新侨创客团队代表、创客人士参加。大会宣读《关于聘请四川省侨联特聘专家委员会主任委员和特聘专家的决定》，并向新聘专家颁发证书。在2016侨智精英科博行高峰对话环节，中物院科学家代表陈俊祥，中国侨联特聘专家、武汉华之鹰大学生投资管理公司董事长万颖，侠客岛联合办公室创始人王洪波，成都先导药物开发有限公司董事长李进，成都软智科技有限公司董事长王献昌等，围绕创新驱动、转型升级等话题，从人才、资金、项目、环境等多个角度展开交流。 (孙东兵)

市文学艺术界联合会

【概况】 2016年，全市文联系统贯彻落实总书记习近平在全国文艺工作座谈会上的讲话精神，坚定文化自信，用文艺振奋民族精神；坚持服务人民，用文艺歌颂人民；坚守艺术理想，用高尚的文艺引领社会风尚，勇于创新创造，用精湛的艺术推动文化创新发展。舞蹈《滚灯》荣获第11届全国桃李杯舞蹈优秀奖、第10届全国荷花奖三等奖。启动“绵阳好人”系列微电影拍摄，《信心》在第四届亚洲微电影艺术节获奖，《凉夏》等2部作品在第二届中国微电影艺术节上获奖。《中国葫芦遇上迪拜塔》入选四川省委宣传部《百部看四川——微视工程》。川戏小戏《骂鸡新编》获“中华诵”全国小戏、小品优秀剧目金奖。召开市文学艺术界联合会第六次代表大会，选举产生新的班子成员。

【绵阳市文学艺术界联合会第六次代表大会】 2016年3月2日，绵阳市文学艺术界联合会第六次代表大会开幕。绵阳市委书记彭宇行，四川省政协常委、文史委主任、省文联党组书记蒋东生出席会议并讲话。大会完成换届选举，产生新的班子成员。主席马培松，副主席杨荣宏、何骥，秘书长何焰梅。

主席团委员（以姓氏笔画为序）：马培松、王九江、王金勇、王德宝、冯小涓、石鉴明、任继红、任燚、陈凤春、邱兰、吴军、杨荣宏、吴映强、李健、何超、何焰梅、张黎、张德明、何骥、林海、罗斌、苟素远、贾宗强、秦晖、黄英、曹佳富、龚晓斌、曾佐志、蒋淑梅、蒲永见、雷华廷。

第六届委员会委员名单51人（以姓氏笔画为序）：马培松、王九江、王小明、邓云、王京、王金勇、毛晓红、王德宝、冯小涓、冯学全、石鉴明、刘海中、任继红、许梅芳、任燚、杜之平、陈凤春、邱兰、吴军、杨荣宏、吴映强、李健、张晓林、何超、张登军、何焰梅、张黎、张德明、张德溥、何骥、林山、郑剑平、林海、苟素远、罗斌、赵子立、贾宗强、秦晖、黄英、谌松林、曹佳富、龚珍旭、龚浩、龚晓斌、温芬、曾佐志、董艳、蒋淑梅、蒲三文、蒲永见、雷华廷。

【“深入生活、扎根人民——四川省百名文艺家文艺采风、创作、惠民”走进绵阳活动】 2016年5月26~30日，省文联、绵阳市委市政府共同举办“深入生活、扎根人民——四川省百名文艺家文艺采风、创作、惠民”走进绵阳活动。此次百名学者、专家、艺术家到北川、平武、江油等地，走近老百姓生活当中，真实感受绵阳的嫘祖文化、大禹文化、李白文化、文昌文化、蜀道文化等历史传统文化和国防科技、抗震救灾、红色文化、羌藏少数民族文化等特色文化，开展采风和文艺创作。28日，市委书记彭宇行在绵阳会见参加活动的四川省政协常委、文史学习委主任、省文联党组书记蒋东生等文学艺术家，就推动绵阳文化艺术事业大发展、大繁荣进行深入交谈。

【中国共产党成立95周年暨第三届舞蹈大赛颁奖晚会】 2016年6月20日晚，中国共产党成立95周年暨第三届舞蹈大赛颁奖晚会在绵州大剧院举行。绵阳市第三届舞蹈大赛历时半年，分专业组和业余组，来自各县市区以及各大高校的300余个舞蹈作品参加比拼，参加大赛的演员超过2000人次，其中年龄最小的选手只有4岁，年龄最大的选手年过花甲。经过初赛、复赛、决赛一路激烈的角逐，本届舞蹈大赛共评出特等奖和一二三等奖，设有优秀表演奖、优秀创作奖、优秀组织奖、创作奖等多个奖项。此次舞蹈大赛不仅为全市的舞蹈爱好者提供比拼技艺、交流学习的舞台，也是《绵州大舞台》惠民演出月的第24场演出。据不完全统计，本次舞蹈大赛的观众超过5万人次，网上观众超过10万人次。

【“文化绵阳，创客力量”第二届绵阳小品喜剧王大赛暨2016首届创客企业文化艺术活动】 2016年10月14日，“文化绵阳，创客力量”第二届绵阳小品喜剧王大赛暨2016首届创客企业文化艺术活动在三台梓锦广场正式拉开序幕。本项活动已列入绵阳市2016年文艺活动扶持项目。本届小品喜剧大赛海选在北川、江油、梓潼、盐亭、平武等地陆续开展，通过海选的选手参加复赛，总决赛暨颁奖仪式在绵阳铁牛广场进行。

【中国历史文化名楼第十三届论坛】 2016年10月27日，中国文物学会历史文化名楼保护专业委员会、绵阳市人民政府、四川省古迹遗址保护协会共同主办的中国历史文化名楼第十三届论坛在绵阳开幕，湖南岳阳楼、湖北黄鹤楼、江西滕王阁、山西鹳雀楼、山东蓬莱阁、云南大观楼、南京阅江楼、长沙天心阁、宁波天一阁、西安钟鼓楼、杭州城隍阁、泰州望海楼、温州望海楼、聊城光岳楼、济宁太白楼在内的16座中国名楼单位负责人、成都望江楼等22座省内名楼单位负责人，以及唐史专家、古建筑专家参加。论坛上，付清远、王立群、王双怀、魏明伦分别以《中国历史文化名楼的保护要素——价值与载体》《文化遗产的价值》《越王贞与越王楼》《中国历史文化名楼的诗文传统》为题目进行演讲，并与现场嘉宾进行互动交流。黄鹤楼、滕王阁管理处的相关负责人还围绕历史文化名楼的运营与管理进行发言。论坛期间，举行"中国名楼风采"摄影展，参会代表参观"美丽绵阳"夜景，登临越王楼感受其历史文化，观看川剧演出。省文物局常务副局长濮新，市领导张学民、黄正良，市委秘书长邹若力，市政府秘书长谭岗，中国历史文化名楼协会名誉会长、会长、副会长、秘书长参加开幕式。

（刘　瑜）

市红十字会

【概况】 2016年，绵阳红十字会第五次代表大会召开，完成换届选举。全市红十字会系统致力于改善易受损人群的生存境况，服务民生，传播人道精神，组织29名志愿者参加省红会救护师资培训，开展应急救护培训36场次，急救员培训1500余人、普及培训10000余人。新建1490余平方米的备灾仓库全面投入使用，争取财政资金3万元，采购货架，用于备灾物资的分类存储。

【第五次红十字会员代表大会召开】 2016年2月24日，绵阳市第五次会员代表大会在绵阳召开，严格按照组织程序和《中国红十字章程》进行换届选举，会议选举产生以市人民政府副市长经大忠为会长、林桦为常务副会长、易志红为副会长的新一届领导班子。继市红会换届选举后，各县市区红会先后开展换届选举工作，全市有8个区县红会分管领导相继变更，4个区县常务副会长发生变动。全市红会系统换届工作全面完成，组织构架建立完善。

▲"三献"：指无偿献血、造血干细胞捐献、人体器官捐献。

【红十字人道救助】 2016年，全市计70名患儿享受政策资助达154万余元，"天使阳光"和"小天使"基金救助资料的通过率达100%，开展"博爱送万家"活动，发放价值10.71万元慰问物资，慰问困难群众700户；发放慰问金近两万元，慰问贫困户84户，合计受益人数共计2400余人。全市红会系统积极整合企业、社会爱心人士力量，为403名困难群众资助16万余元。

【爱心器官捐献】 2016年，全市红会系统通过设立宣传展板、专栏、电视、报纸等形式向广大市民大力宣传"三献"知识，提高市民对"三献"的知晓率，市民捐献意识明显提高。至年末，全市采集造干血样2150份，比2015年增长48%，实现再动员成功8例，采集志愿者高分辨血样2例；组织遗体器官捐献，实现眼角膜捐献10例，遗体捐献4例，器官捐献3例。

【红十字项目建设】 2016年，完成游仙区玉河博爱学校红十字青少年项目、魏城镇桂花社区红十字志愿服务项目、盐亭县生命健康安全教育项目建设。完成香港红十字会援助盐亭县2个"博爱家园—社区为本"生计项目"、三台县6个"博爱家园——社区为本"减灾项目建设。4月、5月陆续启动香港红十字会援助游仙2个、盐亭8个"博爱家园—社区为本"减灾项目建设，援助资金达320万元。

（王　旭）

概 述

【概况】 2016年，全市深入贯彻落实全面依法治国方略，紧紧围绕中心大局，坚持把法治绵阳建设作为国家科技城和幸福美丽绵阳建设的重要内容和根本保障。在依法执政方面，市委健全落实党委领导和支持人大常委会依法行使职权、政府依法行政、政协依法履职、司法机关公正司法的工作制度。完善地方党委运行机制，完善重大决策法律咨询、法律支持和合法性审查机制，完善党委系统法律顾问制度。制订地方立法五年规划和2016年立法计划，通过地方《立法条例》，完成《城市市容和环境卫生管理条例（草案）》并上报省人大常委会批准。12月22日，江油市法学会成立大会暨第一届会员大会召开，标志着绵阳市第一个县级法学会成立。

【党内法规制度建设与合法合规性审查】 2016年，绵阳市制定出台《中共绵阳市委党内规范性文件合法性审查办法》《中共绵阳市委办公室关于建立健全规范性文件备案审查衔接联动机制的实施意见》，把合法性审查工作纳入市委、市政府年度目标绩效考核，明确落实具有绵阳特色的分工负责、双重备案联动、征求意见、会商协调、业务交流和信息共享、联合调研和备案审查“七大机制”。逗硬落实市委文件前置审核机制，完善党内文件起草以及制定、审查工作的目标绩效考核制度。加强党委、人大、政府系统备案审查协作，形成备案审查工作合力。探索建立党内法规和规范性文件执行情况以及实施效果评估制度。探索构建党务公开信息反馈机制和评估指标体系。

【法纪法规教育】 2016年，市委落实管党治党政治责任和换届选举各项法律法规学习培训。建立谈话提醒和谈话函询工作制度，出台《查办腐败案件以上级纪委为主的实施办法（试行）》。继续落实市委常委会议、市政府常委会议“会前讲纪学法”，开展市县两级“纪委书记大宣讲”，持续深入学习贯彻《党章》和“两准则四条例”，邀请省纪委领导到绵阳做专题辅导授课，市纪委常委带队，到各地各部门开展30余场次宣讲。组织全市厅级领导干部参观省法纪教育基地锦江监狱，组织全市2700余名党员领导干部参观川北监狱等警示教育基地，在市本级推行28项预防腐败创新项目。

【依法行政】 2016年，绵阳市公布《绵阳市行政事业性收费等目录清单（2016年）》，取消市级行政审批项目前置条件276项，对13项行政许可事项进行对应取消。4月，江油市行政审批局正式挂牌成立。8月，市政务服务管理局、市委编办、市监察局、市政府法制办联合印发《关于公布〈绵阳市市级单位行政权力责任清单〉的通知》，公布的行政权力责任清单5991项。工程建设项目招投标、土地矿权出让、政府采购、产权交易、经营权出让5大类109项交易项目统一纳入公共资源交易平台进行交易。

【国家科技城法治示范区创建】 2016年，全市以法治建设助力科技城人才开发体系建设，组建跨部门的人才创新创业资金支持平台，建设7个市级人才优先发展试验区，全面推广国家自主创新示范区先行先试政策和省政府10项特殊政策。完善市级政务服务标准化建设。在全市普遍建立法律顾问制度。把公众参与、专家论证、风险评估、合法性审查和集体讨论决定作为重大决策的必经程序。严格行政执法人员资格认证制度和持证执法制度，全市2740名换发申办行政执法证件的人员参加集中统一考试。

【公正司法】 2016年，全市政法机关全力推动司法人员分类管理。完成首批法官检察官入额遴选考试。逐步开展法院检察院人财物向省划转移交。市公安局确定警务运行机制、执法权力运行机制、人民警察管理和受立案管理等16项改革项目作为重点推进事项。律师制度改革已完成前期准备工作。以审判为中心的刑事庭审实质化改革已在全市法院推开。严格执行《领导干部干预司法活动、插手具体案件处理的记录、通报和责任追究规定》《司法机关内部人员过问案件的记录和责任追究规定》和《关于进一步规范司法人员与当事人、律师、特殊关系人、中介组织接触交往行为的若干规定》三个规定。全面推行司法活动实时监控和全程留痕。

【法治社会建设】 2016年，全市着眼基层治理需要，构建党委领导、政府负责、社会协同、公众参与、法治保障的治理体制，建立以党组织为领导核心的“一核多元、合作共治”治理体系。健全以村党组织为领导核心的村级治理体系。大力加强法治文化阵地建设，推动群众性法治文化活动制度化、常态化。积极开展“双报到+社区党建”试点，倡导建立民主议事会、居民公约、小区家规等民主治居制度。认真做好“七五”普法规划出台实施准备工作。推进社会治安防控体系建设，健全网格化服务管理工作体系，织牢社会治安防控“七张网”。完善矛盾多元化解机制和社会稳定风险评估办法。建立联合指挥和跨区域应急联动机制。

【监督保障机制建设】 2016年，坚持市委主要领导任组长，市人大、政府、政协主要领导履行主体责任，各方参与的依法治市领导体制。党内监督、人大监督、政协民主监督、行政监督、司法监督、审计监督、社会监督、舆论监督机制健全落实。积极推进决策公开、执行公开、管理公开、服务公开、结果公开“五公开”。坚持每年开展依法治理和普法骨干轮训。全面实行“4+5”工作推进机制。将民主法制专项改革任务纳入依法治市工作重要内容。建立疑难复杂案例库，并落实典型疑难案例跟踪报道机制。依托《绵阳新闻》《天天800》、电视法制栏目《案与法》、广播法制栏目《法在身边》等栏目，以强化依法治理理论、制度、实践成果的宣传报道，强化典型案例的解读分析和法律法规普及。

【“两年内基本解决执行难”工作推进会】 2016年7月6日上午，绵阳市贯彻落实“两年内基本解决执行难”工作推进会议在市委五楼多功能会议厅召开。市委常委、政法委书记陈兴春，市人大、市政协、市公安局、市中级人民法院、市检察院、市依法治市办负责人，全市各县市区政法委书记、法院院长及相关市级部门负责人等参加会议。会议由副市长、市公安局局长王明华主持。

会上，市中级人民法院院长马泽波通报全市两级法院近期推进解决执行难工作的相关情况，并分析绵阳市基本解决执行难面临的不利形势和需要解决的突出问题。全市法院将分两步实现基本解决执行难的目标：即到2017年6月，全市法院执行案件执结率不低于85%，其中有财产可供执行案件执结率不低于90%，标的到位率不低于80%，全市“基本解决执行难”工作取得实质性进展；到2018年6月，全市法院执行案件执结率不低于90%，其中有财产可供执行案件执结率不低于95%，标的到位率不低于85%，全市“执行难”得到基本解决，走在全省前列。同时，根据各地的不同基础和条件，全市法院划分为两个类别，提出不同要求。其中，一类法院力争在一年内基本解决执行难问题，二类法院在两年内基本解决执行难问题。市公安局、市银监分局、高新区法院、江油市法院在会上分别就如何推进“两年内基本解决执行难”工作作交流发言。

（范奕诚）

政法工作

【概况】 2016年，全市政法机关按照中央、省委和市委政法工作会议部署要求，推进平安绵阳、法治绵阳建设和过硬政法队伍建设，深化司法体制改革，创新社会治理方式，全力维护社会和谐稳定。抓好“七五”普法的规划制定和启动工作，推进中国（绵阳）科技城创建依法治省示范区创建工作，健全完善普法和法治创建工作经费使用管理、法律工作者以案说法、国家工作人员学法用法等制度。围绕能力建设，着力加强干警教育培训。围绕从严治警，着力抓好纪律作风建设。开展“三个规定”贯彻落实，市县两级组织专项督查23次，查处问题11个，全年集中监督巡察5次，暗访巡察11次，发现处理问题134个，谈话提醒12人。

绵阳市被省委、省政府表彰为2016年度全省社会治安综合治理工作目标优秀市（州）。

【平安绵阳建设】 2016年，全市政法机关扎实推进平安绵阳建设，以防范和抵御“颜色革命”为重点，开展国家安全教育，深化国家安全人民防线、“三百”工程建设，坚决打击各种敌对势力、持续开展反邪教专项整治、强化反恐斗争基础工作和涉恐情报收集工作。扎实推进维稳信息平台建设，妥善处置中高考学生家长请愿、出租车罢运、奥林春天二期业主堵路等群体性集访事件。开展稳定风险评估，施行稳定风险评估责任制，实现重大事项社会稳定风险评估全覆盖，摸索建立行业风险评估备案报告管理体系，率先在全省试行稳定风险评估备案报告和编号管理流程。做好敏感节点社会管控，强化值班备勤和武装巡逻防控，及时疏导稳控涉稳涉访重点群体，全市未发生突出不稳定事件，未发生重大刑事治安案件，未发生重大安全责任事故，社会秩序持续保持稳定。

【执法司法规范化建设】 2016年，全市法院系统健全“大审管”工作格局，建立审判管理“三个一”制度；检察机关着力办案模式向主动型、精确性、信息和技术密集型转变，实现检察技术与执法办案的深度融合和无缝衔接；公安机关深化“两统一”机制改革，加快案管中心、涉案财物管理中心和物证保管保全中心建设，执法权力运行机制改革被省公安厅全省推广；司法行政机关开展规范化司法所创建和争创“司法为民窗口单位”活动，完成72个司法所规范化建设。法院系统大力推动落实行政负责人出庭应诉制度，推进“两年基本解决执行难”工作，加快完善网络查控系统和失信联合惩戒体系。检察机关充分发挥监督职能，坚决防止发生冤假错案。

【司法体制改革】 2016年，全市司法责任制改革基本完成，法官检察官等级转换套改、员额制工资调整、办案组织搭建、人员配备、内设机构改革、法检两院院领导加入办案团队的方式、数量和具体办案类别等改革工作基本完成。全面推进庭审实质化建设，取得阶段性成效。涉案财物处置、涉案财物管理场所建设改造和信息平台建设基本完成。公安改革任务扎实开展，司法行政机关建立律师执业权利保障机制、规范法律援助，建立法律援助案件质量同行评估体系，省司法厅在全省进行推广。 （范奕诚）

法治政府建设

【概况】 2016年，市政府法治工作以贯彻落实《中共中央关于全面推进依法治国若干重大问题的决定》《法治政府建设实施纲要（2015~2020年）》为统领，以公布“三项”清单、创新执法模式、规范执法行为、畅通执法渠道为抓手，全面推进法治政府建设，编制市本级38个部门责任清单目录5991项，市本级保留行政许可项目218项，取消行政许可事项12项，取消前置条件276项，出台规范性文件7件。加强事中事后监管，建立市场主体名录库和检查人员名录库。进一步完善决策制度，规范决策行为，建立以政府法制机构工作人员为主体、吸收专家和律师参加的政府法律顾问团队，参与市政府重大行政决策审定。

【商事审批制度改革】 2016年，市政府印发《绵阳市人民政府关于落实“先照后证”改革决定加强事中事后监管工作的实施意见》，清理工商登记审批事项，保留工商登记前置审批事项56项、后置审批事项148项，市场主体许可经营事项监管清单212项；开展行业协会商会与行政机关脱钩试点，工商登记实行“三证合一、一照一码”登记。全市新增市场主体23377户，同比增长4.83%；全市市场主体共计246500户，同比增长4.18%。

【收费项目和职业资格许可清理】 2016年，市政府执行《国务院关于取消一批职业资格许可和认定事项的决定》，在全市开展清理职业资格许可和认定事项，印发《2016年绵阳市行政事业性收费目录清单》《2016年绵阳市涉企行政事业性收费目录清单》《2016年绵阳市政府性基金目录清单》《2016年绵阳市涉企经营服务收费目录清单》《2016年绵阳市涉企进出口环节经营服务收费目录清单》5个收费事项清单，取消行政事业性收费34项，暂停行政事业性收费4项，扩大免征行政事业性收费范围18项。

【综合行政执法体制改革】 2016年，市政府印发《绵阳市人民政府综合行政执法体制改革试点工作实施方案》（绵府〔2016〕21号），组织市级相关部门在安全生产、公共卫生、文化等领域开展综合行政执法改革试点，探索行政执法职能和机构整合方式，围绕“建立权责统一、权威高效行政执法体系”，探索行政执法职能和机构整合方式，理顺政府部门（单位）与综合执法机构职责关系，切实解决全市存在的多头执法、多层执法、重复执法和执法扯皮等问题。

【行政执法队伍建设与管理】 2016年，市政府落实《四川省行政执法监督条例》规定，加强行政执法队伍建设，提高行政执法队伍水平，印发《绵阳市人民政府法制办公室关于行政执法人员法律知训培训的通知》《绵阳市人民政府法制办公室关于行政执法人员通用法律知识考试的通知》《市级行政执法权限和行政执法程序的规定》等文件，规范行政执法权限、行政执法协调、行政执法程序、行政执法监督、行政执法人员培训考试等方面的内容；建立行政执法人员信息化管理系统，公示行政执法人员姓名、工作单位、执法类别、执法证件号码等信息；组织全市行政执法人员集中统一进行通用法律知识考试，2740名行政执法人员通过法律知识统一考试，并获行政执法资格；开展行政执法证件年审工作，取消年审不合格执法人员的执法资格。全年，市政府法制办办理行政执法证件4968个，年审行政执法证件11234个。

【行政复议应诉工作】 2016年，市政府行政复议工作始终坚持以“三注重”（即注重审理方式的改革完善、注重行政争议的实质性化解、注重行政复议指导监督）为原则，以复议为民为宗旨，以公平效率为准则，以促进社会和谐为目标，不断创新复议方式，建立行政复议案卷档案管理，建立行政复议案件评查制度、行政复议、应诉案件分析制度，不断拓宽行政复议渠道化解矛盾，切实维护行政相对人的合法权益。全年收到行政复议申请50件，受理案件43件；办理以市政府为被告的行政诉讼案件18件。

【政府法治信息工作】 2016年，市政府按照《国务院政府信息公开条例》，强化政府信息公开基础设施建设，投资专项资金开发和购买软硬件，对市政府网站进行统一升级，整合信息资源，强化信息公开监管，拓展信息公开内容。建立部门新闻发言人、行政效能办理问责等制度，完善层级监督机制，以提升政府信息公开质量。全年，主动公开、及时更新政府信息111208条（其中信息概况246条、计划总结类104条、工作动态49156条、法规公文类2009条、人事信息类310条、其他59913条），公开2016年度市级部门“三公”经费预决算和执行情况。

（安德志）

社会治安综合治理

【概况】 2016年，全市政法机关着力创新社会治理方式，深入推进平安绵阳建设。加强治安防控体系建设，构建以中物院、中国空动研发中心等国防科研单位安全为重点的国家安全人民防线防控网，推进社会面网格化立体巡防网络建设。全面落实单位业主自防责任和义务，推广涪城区“综治警务”模式对特殊群体建立分级分类动态管控制度，健全政府、家庭、社会三位一体关怀帮扶体系。深入推进精神卫生试点工作，探索实施有奖监护，奖补经费全部纳入市、县两级财政预算，原则上按每人每年不低于2000元的标准执行。全市成立乡镇（街道）精神卫生管理领导小组292个，村（社区）关爱帮扶领导小组3766个。组织开展严打刑事犯罪“春季攻势”和打击盗抢反诈骗、通信网络犯罪、盗抢汽车犯罪、毒品违法犯罪、“缉枪治爆”、网络淫秽色情违法犯罪等专项行动。加强交通安全管理，消防隐患排查整改，构建“大空防”安全体系，全市治安案件连续下降，平安建设群众满意度测评继续名列全省前列。

【治安防控体系建设】 2016年，全市社会治安综合治理工作狠抓立体化社会治安防控体系建设。6月，市委办、市政府办出台《关于进一步深化社会治安防控体系建设的实施意见》（绵委办发〔2016〕12号），在“六张网”的基础上，增加构建以中物院中国空动研发中心等国防科研单位安全为重点的国家安全人民防线防控网。创新建立“公安村居发现问题，综治部门通报问题、主管单位督办问题、责任单位整改问题、职能部门复查验收、综治目标管理考核”长效运行机制。组织召开全市“综治警务”工作推进会并在全市范围推广。

【“雪亮”工程建设】 2016年，市综治委会同市幸福美丽新村建设推进工作领导小组联合印发《关于在幸福美丽新村建设中推进“雪亮”工程的实施方案》（绵综治委〔2016〕10号），明确全市“雪亮”工程建设的工作原则、工作步骤、工作措施，成立市县两级“雪亮”工程建设领导小组，制订完成550个村的目标。11月，市委召开全市矛盾纠纷多元化解机制暨“雪亮”工程建设推进会。截至年底，全市“雪亮”工程建设任务超额完成。

【网格化服务管理】 2016年，各县市区（园区）派出所、司法所和卫生院全部接入网格化服务管理系统，网格员协助职能部门开展流动人口服务管理、特殊人群管理和发现治安隐患的工作不断加强；账户活跃度稳步提升，社区（或村）月、周活跃度达到45%以上。全年全市网格员为群众办理各类事项40万余件。

【危爆物品邮寄递物流清理专项整治行动】 2016年，全市开展危爆物品寄递物流清理整顿专项行动。市委办、市政府办印发《关于成立绵阳市危爆物品寄递物流清理整顿专项行动领导小组的通知》（绵委办字〔2016〕3号），成立以市委领导任组长，市政府分管领导任副组长的领导小组，下设办公室于市综治办负责日常工作，并设立绵阳市危爆物品清理整顿工作专班和绵阳市寄递物流清理整顿工作专班。组织召开深化寄递物流清理整顿工作会议，全年组织召开业务培训10次1180余人，组织安检机理论和操作培训1次70余人次，签订安全责任书60余份。全市快递企业分流中心均按要求配备X光机等安检设备。

【矛盾纠纷排查调处】 2016年，市大调解领导小组印发《2016年全市矛盾纠纷“大调解”工作要点》。游仙区“两所一中心”协调联动化解矛盾纠纷机制和江油市公安局“派出所（110接处警平台）矛盾纠纷分流联动化解机制”通过全省创新项目验收。11月，市委召开全市矛盾纠纷多元化解机制暨“雪亮”工程建设推进会。

（范奕诚）

司法行政

【概况】 2016年，全市司法行政系统认真贯彻中央、省、市政法工作会议精神，全面服务于“四个全面”，以法治为引领，发挥职能特点和资源优势，参与和推进法治绵阳、平安绵阳建设。启动2016~2018年绵阳市司法行政系统“基层基础工作年”，推进公共法律服务体系建设，行业性、专业性人民调解组织、队伍和规范化建设，多元化矛盾纠纷化解机制得到健全完善，司法所规范化建设有序推进，基层基础工作得到加强，人民调解第一道防线作用得到发挥，社区矫正刑事执法进一步规范。狠抓法律服务行业党建工作，以律师公证行业规范化建设，司法鉴定公信建设，基层法律服务行业服务基层能力建设为重点，全面提升法律服务行业服务经济社会发展能力水平。充分发挥外来企业投诉职能，加大外来企业投诉与服务力度，助力招商引资。围绕服务民生，法律援助工作取得新成就，《绵阳法律援助程序细则》《刑事法律援助案件质量评估标准》《民事行政法律援助案件质量评估标准》在全省推广实施。

至年底，绵阳市、涪城区被评为全国“六五”普法工作先进城市（县区），游仙、安州、平武评为全省普法先进县区，市司法局、盐亭

资料链接：

“雪亮工程”：是以县、乡、村三级综治中心为指挥平台，以综治信息化为支撑，以网络化管理为基础，以公共安全视频控联网应用为重点的“群众性治安防控工程”。它通过三级综治中心建设把治安防控延伸到群众身边，发动社会力量和广大群众共同监看视频监控，共同参与治安防范，从而真正实现治安防控“全覆盖、无死角”。因为“群众的眼睛是雪亮的”，所以称之为“雪亮工程”。

县司法局、北川县司法局、市人力资源和社会保障局、四川长虹电子控股集团有限公司评为全省普法先进集体。

【法治宣传】 2016年，全市“六五”普法终期考核验收工作收官，绵阳市、涪城区被评选为全国“六五”普法工作先进城市（县区），平武等四个县评为全省普法先进县区。出台《关于建立法官、检察官、行政执法人员、律师等“以案说法”制度的实施意见》《关于健全和完善国家工作人员学法用法制度的实施方案》《绵阳市国家公职人员学法用法考核制度（试行）》《绵阳2016年“法律七进”工作要点》等，发挥法制宣传教育在依法治市中的基础作用。组织130余个市级部门，深入开展“十大主题”活动，全年主题活动中发放资料134万余份，播演微电影38场次、文艺节目27场次，举办专题报告辅导等788场次；打造法治阵地454处，宣传专栏158个，“七进”活动共发放资料300万余份、普法读本18.8万余册、法治大礼包1.8万余套，覆盖率达98.74%；年内发布微信微博信息1万余条，点击量达600余万次，APP用户超1.8万人，分流化解涉法问题185件。全市38个部门单位被省依法治省领导小组命名为合格单位，市司法局被命名为“学法用法示范机关”。推进“民主法治示范村”和“民主法治示范社区”建设，对全市334个村、社区进行检查考核，命名89个市级“民主法治示范村（社区）”。“三微一端两网”新媒体法治宣传服务模式和“OTO”公共法律服务机制受到部厅充分肯定，上海市等8个省市相继到绵阳学习借鉴，并写入国家“七五”普法规划。

【人民调解工作】 2016年，全市贯彻落实《关于推进行业性专业性人民调解工作的指导意见》，加强行业性、专业性人民调解组织、队伍和规范化建设，进一步整顿、巩固、充实和加强基层人民调解组织，健全和完善多元化纠纷化解机制。新建专行业性调解委员会6个。全市人民调解组织达4729个，行业性专业性人民调解组织达92个，受理案件41160件，调解成功40172件，涉及当事人10万余人，受理率100%、调解成功率98%，防止民转刑事案件和群体性事件879件、5838人次。

【社区矫正和安置帮教】 2016年，全市做好重要时间节点排查走访。重大节日和重要活动前，对全市2880余名社区服刑人员逐一走访排查，集中统一查找，切实做好管控和教育改造，开展针对性集中警示教育学习630余次，接受教育8630余人次。圆满完成经开区心理教育疏导项目试点工作，在经开区司法所、高新区分6批12场次对经开区社区服刑人员进行心理教育疏导，对甄别出的46名（8名重度心理疾病、艾滋病）社区服刑人员制定干预方案，实施一对一疏导。开展走访帮扶和安置帮教，全市走访服刑人员亲属25522人次，走访强戒人员亲属2980人次，走访社区矫正人员亲属16185人次，回访假释、保外、刑释解教人员数4873人，亲属参与亲情帮教18085人次，群众参与社会帮教26130人次，帮教服刑、戒毒和社区矫正人员29167人次，技能培训1213人，指导就业就学1286人，解决实际问题1860多人次，确保重点人群有稳定。推动社区矫正中心建设，投资19.15万元建成市社区矫正监管指挥中心，争取省财政资金30万元建设北川矫正中心。

【律师工作】 2016年，全市探索律师管理制度创新，继续推进律师事务所规范化建设和分配制度改革，加大投诉案件查处，狠抓队伍的教育管理，行业管理发展水平得到整体提升，投诉大幅下降。抓好律师队伍的学习培训，组织各类政治、业务培训15轮次，3005人次参加学习培训，政治意识、大局意识、责任意识、业务水平得到提升。主动服务党委政府中心工作。律师担任三级政府及其部门法律顾问350余家，提出法律意见建议7500余条，120余名律师担任普法讲师团成员，开展法制宣讲和法律咨询480余场次，200名律师聘为人民调解员或担任矛盾纠纷调解志愿者，化解社会矛盾达7500余件，96名律师固定义务担任信访值班人员，参加接访510余人次，义务担任村（社区）法律顾问2730家，开展企业法律体检1755次，新建法律体检档案1500件。

【公证办理】 2016年，全市实施以组织建设、队伍建设、业务管理、质量监控、基础设施建设、诚信建设等为主要内容的公证机构规范化建设，公证服务整体实力和依法执业水平全面提高。以“质量为第一生命”为重点强化质量监管，减免办理土地（林地）流转、拆迁、移民、安置，安置房、廉住房、公租房等抽签等公证等重大公证活动，无一例引发上访投诉，树立了良好社会信誉。开辟发挥公证服务“绿色通道”，坚持开通24小时服务热线，主动为老弱病残等特殊群众提供上门预约服务，落实公证法律援助、节假日预约服务、免费咨询服务等便民利民措施。2016年，全市办理各类公证14689件，其中民事公证8326件，经济公证4737件，涉绵阳境外公证4049件，为特殊群众办理预约上门公证302件，减免费用16万余元。

【司法鉴定】 2016年，全市以建立、落实执业“八个公开”制度为载体，实施司法鉴定程序、司法鉴定许可、职业道德规范、业务范围、收费标准、鉴定流程、投诉举报等为主要内容的“阳光便民”服务，实现阳光作业。探索医疗纠纷处理机制，创新性准听证程序、双方共同送检机制、临床专家辅助鉴定机制、法医学委员会咨询机制引入医疗纠纷司法鉴定程序，并不断完善医疗过错司法鉴定程序，全市医疗过错司法鉴定受理案件范围扩大到宜宾、广元、南充、遂宁等地，采信率提高60%以上。结合绵阳司法鉴定行业实际，与绵阳市保险协会搭建、制定涉保司法鉴定监督平台和工作实施细则；与绵阳市中级人民法院联合出台《绵阳市司法鉴定人出庭管理规则（试行）》，建立快速结案、疑案“会诊”、投诉“监督”、责任追究、信访投诉首问责任制等机制，不断提高服务质量。2016年，全市8家司法鉴定机构办理各类司法鉴定案件7856件，办理法律援助案件515件，开展司法鉴定法律咨询1974人次；实现业务收费605万余元。

【基层法律服务】 2016年，市司法局参与辖区重大项目建设，先后为40余个交通枢纽、基础设施、项目融资、征地拆迁、宅基地置换、用地流转、重大合同签订等提供专项服务2259件。深化“合伙制”改制，制定印发《基层法律服务所规范化建设实施细则》，建立执业机构和执业人员的“信用评价台账”，作为日常监管、评先选优和年度考核的重要参考依据。成立44支基层法律服务“法律七进”小分队，深入学校、企业、乡村和基层群众开展法治宣讲、法律咨询6.87万人次。

【外来企业投诉与服务】 2016年，全市司法系统服务经济发展战略，组织法律服务专业人员进企业、进园区和走基层“一走两进”专项行动，提供针对性服务，排查化解矛盾纠纷，深入基层、深入企业调查研究，了解基层和企业需要什么，急需解决什么。全年，对接服务外来企业720家，收集汇总全市外来企业的涉法需求210件、投资发展困难和问题23件。充分调动社会各方力量和资源提升对外来企业服务质量和针对性，与绵阳市工商联、绵阳市政协社法委、律师事务所等合作，编印《企业家典型刑事案件解析及风险防范》共15部分53方面的实证案例解析，为企业家在法治化、市场化环境下规避法律风险，维护自身合法权益提供指导和借鉴。组织协调市县两级外来企业投诉工作委员会成员单位、市法律服务专家团成员会诊把脉，为外来企业提供政策法律咨询与服务，做到准确掌握、事前防范、快速反应、分析研判、主动介入、迅速查处，为外来企业解决涉法问题和投资诉求223件。提出书面意见建议7份。11月17日，市司法局、市政府外来企业投诉工作委员会办公室牵头组织，市依法治市办、市国税局、市地税局联合主办的“法治护商绵州行、情系企业心连心”外来企业专题法制讲座首期在绵阳东津酒店举行，绵阳城区90余家企业参加此次培训。全年，全市调处重大疑难涉企纠纷523件，共走访外来企业、商会960家，问卷调查外来企业、商会1698家，为外来及本地企业开展“法律体检”110次，开展服务工业和经济园区专项法律服务95件次，为外来企业挽回经济损失1463.5万元，企业知晓率和社会影响力逐步提升。投诉案件的受理率100%、办结率达到100%，企业知晓率和社会影响力逐步提升。

图41 “法治护商绵州行、情系企业心连心”外来企业专题法制讲座

【法律援助服务】 2016年，全市司法系统以“援调访”三衔接机制载体，实现重点涉访法律援助案件快捷办理，完成各级党政领导交办、部门请求协办涉及企业改制、拆迁、非法集资，农村失地农民安置、土地流转、假种子、假农药等重大群体案件200余件，实现件件有落实、有回音、有结果。开展农民工维权专项行动。与市人社局、市总工会、市住建局等7个部门联动，采取简化手续，扩大范围，缩短审批时限，开辟绿色通道，建立农民工讨薪维权法律援助律师团等措施，实现农民工讨薪维权案件及时快捷办理。在为期3个月的专项活动中，法律援助机构服务农民工11830余人次，受理案件1206件，为2495名农民工挽回或避免经济损失4480余万元。加强涉稳案件质量管理，《绵阳市法律援助程序细则》被省司法厅直接修改为《四川省法律援助程序细则》，并在全省实施。 （许 睿）

绵阳执业的税务师事务所名单

表20

序号	事务所名称	是否异地执业	备注	注册税务师名单
1	四川金普林税务师事务所有限公司	是	已备案（川税协〔2016〕14号）	陈恳、熊国军
2	自贡市鑫茂税务师事务所有限公司	是	已备案（川税协〔2016〕14号）	单俊英，殷德育，万李斌
3	四川税税通税务师事务所有限责任公司	是	已备案（川税协〔2016〕14号）	龚健、彭勇、许明新、吴军、原玉梅
4	四川隆中税务师事务所有限公司	是	已备案（川税协〔2016〕14号）	张玲、林血红、周莉、江明、王文春、卫喜珍

续表

序号	事务所名称	是否异地执业	备注	注册税务师名单
5	四川德维锦道税务师事务所有限公司	是	已备案（川税协〔2016〕14号）	张远华、赵青海、何钢
6	中汇（四川）税务师事务所有限公司	是	已备案（川税协〔2016〕14号）	杨波、庞永刚、费建平、弓利、彭静、胡旭义、杨旭东等
7	四川盛融税务师事务所有限责任公司	是	已备案（川税协〔2016〕14号）	宋恩祥
8	四川精财信税务师事务所有限公司	是	已备案（川税协〔2016〕14号）	廖课恒、魏龙杰、陈海舟
9	四川华衡税务师事务所有限公司	是	已备案（川税协〔2016〕14号)）	黎仁辉、路遇、龚亚敏、谭赞斌
10	成都众环海华税务师事务所有限公司	是	已备案（川税协〔2016〕14号）	雷鸣、李燕、唐志勇、陈燕、吴萍
11	四川兴瑞税务师事务所有限责任公司	否	川税协〔2016〕14号	杨建国、邓旭光、杨洪芳、杨清、伍艳、杨蓉、曹玲等
12	绵阳市绵城税务师事务所有限公司	否	川税协〔2016〕14号	邓敏、谢自安、黄丹、袁鹏、牟效、严峰
13	江油双维税务师事务所有限公司	否	川税协〔2016〕14号	李中慧、林俊芳、刘成明、王晓惠、郎小梅
14	四川同君税务师事务所有限责任公司	否	川税协〔2016〕14号	达曦、廖波、孟琼香、程曦、李建辉、魏东、张庆华
15	四川天禾税务师事务所有限公司	否	川税协〔2016〕14号	万天成、文艺、郭清、王小华、茆海云、王志红
16	四川力永税务师事务所有限责任公司	否	川税协〔2016〕14号	阎蓉、佘英、黄立、谯晓礼、张尚华、李世川、何涛
17	四川五岳税务师事务所有限责任公司	否	川税协〔2016〕14号	严波益、袁夏、马在敏、刘加贵、罗茂林、王奎、胡秦、吴东、杨莉
18	绵阳万方税务师事务所有限公司（为“四川京洲万方税务师事务所有限公司”下属子公司）	否	川税协〔2016〕14号	仲俐、尹寒秋、曾辉、文晋、刘雄、李洪、龙仕明、陈杰、雷加兴、廖丽娟、杨雪梅
19	绵阳市中汇税务师事务所有限公司（为“中汇（四川）税务师事务所有限公司”下属子公司）	否	川税协〔2016〕14号	苟尚斌、肖岚、汪萍、欧萍、李倩、吴娟、唐代翠、钟琳、王海燕
20	绵阳市益和税务师事务所有限公司	否	川税协〔2016〕14号	谭宝金、刘颖、张卉、庄彦、崔巍
21	四川万和润沣税务师事务所有限公司绵阳分公司	否	川税协〔2016〕14号	曾佳立、肖莉红、杨彬彬、李倚天、赖利军

绵阳市法律援助机构名录

表21

序号	机构	地址	办公电话	负责人	电话
1	绵阳市法律援助中心	绵阳市南河路28号	0816–2268104	胡小君	13890131786
2	涪城区法律援助中心	涪城区高平路5号	0816–2211148	李祖勇	18990100812
3	绵阳市游仙区法律援助中心	游仙经济开发区南区（五里梁）东山大道南段6号区政务服务中心二楼26–27号窗口	0816–5037063	王　婧	13618115706
4	梓潼县法律援助中心	梓潼县文昌镇城北新区四号办公楼一楼	0816–8218148	白林安	13881181188
5	三台县法律援助中心	三台县梓州干道政务服务中心八楼	0816–5225736	贾　烨	18990150425
6	盐亭县法律援助中心	盐亭县广电大楼一楼（县信访局和群工局旁边）	0816–7122148	李太平	13548417658
7	盐亭县法律援助中心	平武县龙安镇汇口新区21号	0816–8812348	聂　婧	13628082668
8	安州法律援助中心	安州文化广场惠民帮扶中心法律援助窗口	0816–4337906	翟明澜	13219989009
9	北川县法律援助中心	北川县永昌镇云盘北路26号	0816–4824348	张小红	13795762839
10	科学城法律援助中心	科学城办事处四楼	0816–2480148	张良飞	13086402252
11	高新区法律援助中心	高新区温州商贸广场	0816–2989585	王银芬	13508110696

绵阳市公证机构名录

表 22

序号	机构	地址	办公电话	负责人	电话
1	绵阳市绵州公证处	绵阳市涪城路 11 号	0816-2223555	游　英	13908111669
2	绵阳市国证公证处	涪城区临园路东段 41 号绵阳商场六楼	0816-2215457	张启贵	13909010063
3	绵阳市众信公证处	涪城区红星街 64 号	0816-2222410	蒲　英	13608112390
4	绵阳市科诚公证处	绵山路 64 号	0816-2480149	刘微涛	13340890510
5	三台县公证处	三台县梓州干道政务服务中心一楼	0816-5223447	陈翔智	13388116119
6	北川羌族自治县公证处	北川羌族自治县政务中心一楼	0816-4823512	李德安	13808111418
7	平武县公证处	平武县龙安镇汇口新区 21 号 一楼	0816-8823912	郑泽太	13981189977
8	梓潼县公证处	梓潼县司法局四楼	0816-8217941	安成松	18981131318
9	盐亭县公证处	四川省盐亭县云溪镇弥江路下段瑞达花园一楼 738 号	0816-7327518	任友龙	13035662588
10	江油市公证处	四川省江油市涪江二桥党政综合办公楼一楼	0816-3282260	王　艳	18990183020
11	绵阳市安州公证处	安州司法局一楼	0816-24369871	窦　勇	13808115656

绵阳市律师事务所机构名录

表 23

序号	机构	地址	办公电话	负责人	电话
1	四川道融民舟律师事务所	绵阳市临园路东段 54 号临园商务大厦十楼	0816-2225552	姚　建	13808111111
2	四川联衡律师事务所	绵阳市临园路东段 78 号	0816-2319903	冯　钢	13981115552
3	四川子云律师事务所	绵阳市安昌路 18 号 A 座 16 楼 13-15 号	0816-2240868	王　凯	13808116188
4	四川睿桥律师事务所	绵阳市临园路东段 68 号富临大都会一期 B 区七幢写字楼三单元十八楼	0816-2216165	任小军	13808119055
5	四川众城律师事务所	绵阳市警钟街二号滨江大厦十三楼 B 座	0816-2243913	罗太平	13908112878
6	四川春雷律师事务所	绵阳市临园路东段 49-51 号时代大厦 9 楼 909 室	0816-2229483	顾仕义	13808110673
7	四川真道律师事务所	绵阳市游仙区沈家坝上街 8 号天浩富乐银座 1 栋 1 单元 703 室	0816-2297266	梁普林	13320888011
8	四川科通律师事务所	绵阳市临园路 86 号三力大厦 11 楼	0816-2242666	段俊强	15308110666
9	四川科大律师事务所	绵阳市一环路南段 223 号	0816-2228039	颜世勇	13881137587
10	四川博思律师事务所	绵阳市一环路南段 212 号名仕苑	0816-2265109	胥　彬	13890123369
11	四川久太律师事务所	绵阳市涪城区健安街 3 号卫生局大楼 11 层	0816-2796718	陈　诚	13890198706
12	四川智禾田律师事务所	绵阳市涪城区万达广场 SOHO 一单元 11 楼 9-12 号	0816-2732200	李青松	18681658131
13	四川万法律师事务所	绵阳市临园路东段 54 号临园商务大厦 20 楼 A 座	0816-2242382	杨万华	13608117788
14	四川川飞律师事务所	绵阳市安昌路 18 号	0816-2244135	陈东恒	13981110158
15	四川天启律师事务所	绵阳市涪城区红星街 96 号	0816-2222610	张家红	13398491040

续表

序号	机构	地址	办公电话	负责人	电话
17	四川弘风律师事务所	绵阳市翠花街 58 号	0816- 2225389	王福礼	13808118568
18	四川临龙律师事务所	绵阳市绵兴路东段 167 号温州商贸广场 A4 幢 S2-3 号 2 楼	0816-6333148	母正平	13981138114
19	四川浩鼎律师事务所	绵阳市剑南路西段 336 号 28 幢 2-202 室	0816-5029489	龚　林	13408160001
20	四川锐泰律师事务所	绵阳市长虹大道南段 133 号金阳公寓 1 单元 2 楼 B 座	0816-2345335	蒋良云	13035668934
21	四川蜀兴律师事务所	绵阳市科创园区子云路北段 55 号	0816-2229656	梁　东	13350005488
22	四川法丛律师事务所	绵阳市游仙区游仙路 171-14-1 号	0816-2231287	杨仲先	18608099977
23	四川蜀仁律师事务所	绵阳市涪城区红星街 60 号	0816-2223826	王定伦	13320895032
24	四川仁聚律师事务所	绵阳市涪城区涪城路 64 号外贸大楼 5 楼	0816-2224729	敖　岗	18990112155
25	四川风行律师事务所	绵阳市涪城区红星街 82 号	0816- 2242200	唐　敏	13908110728
26	四川守信律师事务所	绵阳市涪城区勇拓洋楼一期四楼	0816-2245658	李嘉祥	15884693939
27	四川林志（绵阳）律师事务所	绵阳市长虹大道中段 128 号怡海明珠 B 幢 601	0816-2301599	李仕勇	13035686928
28	四川鼎天律师事务所	江油市纪念碑街中段 437 号中华御景苑一号楼 3 层	0816-3229178	张　勇	13908114500
29	四川太白律师事务所	江油市李白大道城馨印象商住楼四楼	0816-3260148	李远能	13890117005
30	四川张元律师事务所	江油市中坝镇涪江路 157 号	0816-3260168	张　元	13350007717
31	四川蜀华律师事务所	绵阳市三台县潼川镇梓州国际二期 A 座 14 楼	0816-5338923	王芝茂	13608115125
32	四川规则律师事务所	绵阳市三台县学涪路外滩花园酒店 11 楼	0816-5220200	高大勇	13350003777
33	四川擎剑律师事务所	绵阳市三台县明台路 20 号	0816-5337585	周天光	13608115121
34	四川西华律师事务所	绵阳市安县花荄司法局一楼	0816-4368782	唐德清	13696288896
35	四川升博律师事务所	绵阳市安县花荄文胜路帝豪金城 2 号楼 1-20、21 号	0816-4366658	程　蟒	13398357897
36	四川经义律师事务所	绵阳市梓潼县文昌镇中和街中段 196 号	0816-8212169	罗桂林	13378156068
37	四川翠云律师事务所	绵阳市梓潼县金牛路北段 125 号	0816-8220148	曹　桅	18009066262
38	四川川北律师事务所	绵阳市盐亭县云溪镇指南社区中国人民银行对面三楼	0816-722700	何竞东	13088272369
39	四川龙洲律师事务所	绵阳市平武县龙安镇红星路	0816-8827238	严　之	13508100158
40	四川石泉律师事务所	绵阳市北川羌族自治县永昌镇云盘北路 26 号	0816-4824545	代国章	13881107939

绵阳市司法鉴定机构名录

表 24

序号	机构	地址	办公电话	负责人	电话
1	四川西科大司法鉴定中心	绵阳市涪城区安昌路 33 号一期 5 楼 B 区	0816-2263103	陈洪明	0816-2263103
2	绵阳维益司法鉴定中心	绵阳市南河路 28 号	0816-2267040	王新利	0816-2267040
3	四川梓州司法鉴定所	绵阳市三台县梓州国际公寓 2 期 A 栋 14 楼 5 号	0816-5222142	林　春	0816-5222142
4	绵阳鼎立司法鉴定所	绵阳市江油市文风街 30 号	0816-3367251	钟世华	0816-3367251
5	四川三益法医学司法鉴定所	绵阳市剑南路东段 190 号	0816-2274393	黄国平	0816-2274393
6	四川民生法医学司法鉴定所	绵阳市红星路 96 号	0816-2216266	田志明	0816-2216266
7	四川顺洁机动车司法鉴定所	绵阳市涪城区文武中路 69 号	0816-2538790	郭晓斌	0816-2538790
8	四川兴瑞司法鉴定所	四川省绵阳市临园西路 31 号	0816-2365981	许心直	0816-2365981

公　安

【概况】 2016年，全市立案各类刑事案件20412件，同比下降9.4%；破获各类刑事案件4457件，其中破获公安部挂牌督办案件4件、省公安厅挂牌督办案件9件、市公安局挂牌督办案件58件，公安部和省公安厅挂牌督办案件破案率达到100%，市局挂牌督办案件破案率达到50%；抓获作案人员6521人，同比上升21.6%，逮捕1701人，移送起诉3791人，同比上升1.45%；全市破获毒品案件470件，缴获各类毒品31.4公斤；全市立经济犯罪案件247起，涉案金额10亿余元，破获经济案件188起，抓获犯罪嫌疑人381名，挽回经济损失3700余万元；全市抓获各类上网逃犯651人，其中抓获历年逃犯78人、故意杀人逃犯4人、外省逃犯181人、省内外地逃犯68人。绵阳市公安局获全省公安工作目标绩效考核一等奖，被省公安厅记集体二等功。

【重点区域与活动管控】 2016年，全市公安机关开展情报研判、重点管控、对敌斗争、反邪教斗争、矛盾化解和反恐怖工作，收集高质量情报信息4640条，侦破危害国家安全和影响社会稳定案件70件，打击处理违法犯罪人员186人，疏导化解不稳定隐患127起，教育转化重点人员47人，公安部在绵阳组织召开“邪教重点人教转工作”现场会，绵阳公安反邪教斗争工作经验在全国推广；妥善处置重大网络舆情21件，处置有害信息133条，发布预警性信息2358条，落地查控重点人员359人；加大反恐力度，对全市118名外籍人员落实日常管控措施，列管涉恐重点人员1名，建立反恐专案2件，核查涉恐线索32起。完成全国“两会”、G20成都财长会、G20杭州峰会、十八届六中全会等敏感节点和绵阳“科博会”、梓潼县文昌祭祀、安州区雎水踩桥、盐亭县嫘祖祭祀等大型活动的安全保卫。

【严惩严重暴力犯罪】 2016年，全市发生现行命案22起，破获21起，破案率为95.45%；破获放火案件6件、爆炸案件1件；破获非法制造枪支案件3件、非法持有枪支案件143件，起诉涉枪犯罪嫌疑人202人，核查“8·01”网络贩枪专案线索136条，打击涉枪犯罪工作名列全省第一名。北川县公安局破获“李小冬非法制造、储存枪支、弹药、爆炸物案”，查获枪支7支、爆炸装置1枚；游仙分局破获省公安厅挂牌督办的“罗瑞军网络制贩枪弹团伙案”，查明该团伙2015年以来通过互联网购买配件组装枪支、制作铅弹，通过网络联系、快递运输向绵阳周边

图42　乐山市民曾雄敬向市刑侦支队赠送锦旗

及全国各地贩卖枪支10余支、铅弹数千发的犯罪事实。

【侵财犯罪惩治】 2016年，全市公安机关按照公安部、省公安厅的统一部署，立足绵阳治安实际，先后集中组织开展打盗抢反诈骗、打击盗窃汽车、打击通信网络新型违法犯罪、打击“三盗”（高攀入室盗窃、盗窃电瓶车摩托车、盗窃车内物品）等专项行动。全市立案各类侵财案件18471件，占刑事案件总数的90.4%，同比下降9.9%；侦破各类侵财案件2770件，起诉盗窃、抢劫、抢夺、诈骗和掩饰隐瞒犯罪五类侵财犯罪嫌疑人1233人，重刑率达到7.09%。在打击盗抢骗汽车专项行动中，破获各类案件33件，抓获犯罪嫌疑人45人，打掉犯罪团伙5个，追缴赃物汽车111辆，为群众挽回经济损失达880余万元。破获“1·15”团伙系列诈骗汽车案，摧毁一个覆盖全国、依托网络社交平台和新通信手段相互勾连，集盗、抢、骗、走私、洗、改、销、伪造数据、伪造证件为一体的隐形犯罪集团，抓获犯罪嫌疑人331人，破案301起，缴获涉案车辆432辆。在打击通信网络新型违法犯罪专项行动中，破获通信诈骗、利用“伪基站”和“黑电台”扰乱无线电通信管理秩序等各类案件562件，打击处理犯罪嫌疑人127名，追回赃款286余万元，收缴“伪基站”设备6套、“黑电台”设备3套、无线屏蔽器9台。侦破省公安厅挂牌督办的“4·21”绵阳商拓公司、指南针公司代运营诈骗专案，抓获犯罪嫌疑人80人，冻结涉案资金170余万，扣押涉案电脑60余台、汽车2辆，串并破获涉及全国各地的案件200余件，涉案金额高达700余万元，中央电视台《新闻频道》及省、市主要媒体对“4·21”专案进行集中报道。

【开展打黑除恶斗争】 2016年，全市公安机关在打黑除恶斗争中，抓住“线索排查和专案侦查”两个环节。全市集中组织开展以打击城乡接合部和乡村黑恶势力为重点的“骄阳行动”，重点打击插手工程和染指砂石、基建、矿藏等项目，利用宗族、帮派势力和暴力手段操纵基层政权选举、把持基层政权组织、插手集体经济的黑恶势力团伙。全市查处江油巩灵胜等恶势力团伙22个，涉恶犯罪分子440人受到惩处。

【治安防控体系建设】 2016年，市委、市政府出台《关于进一步深化社会治安防控体系建设实施意见》，推进治安防控体系建设，开展“一标三实”（标准地址、实有房屋、实有人口、实有单位）及户籍和实有人口信息清理登记专项行动，做到全市房屋、单位、户籍和实有人口信息应登尽登、应采尽采、数据准确；加强公安科技投入，全面完成公安扁平化指挥体系建设，全年全市升级改造高清监控点位898个，新建治安卡口32个，建设完成“雪亮工程”监控点位176个；加强WIFI管控系统建设，完成小场所管控系统建设3935家（5217台）；市委、市政府出台《关于进一步加强禁毒工作的实施意见》，全省社区戒毒社区康复工作现场会暨“8·31”工程推进会在绵阳召开。

【公安警务效能建设】 2016年，全市公安机关按照《四川省全面深化公安改革实施方案》和省公安厅重点改革任务，市公安局确定重点推进项目，其中9项公安改革任务列为市委改革重点任务和市人大常委会审议事项，市政府印发《绵阳市进一步推进户籍制度改革实施方案（试行）》《绵阳市全面深化公安改革实施方案》。在实战型指挥体系建设中，市公安局制定《实战型指挥体系建设实施方案》和《指挥中心指挥调度职责与岗位设置》《情报支队（中心）职责与岗位设置》《进一步加强和改进视频图像应用工作的实施意见》《实战指挥组织架构及工作流程树状图》《实战型指挥体系运行管理办法》等5个配套文件，整合指挥调度、110接处警和情报分析、视频应用“四部门”职能，确定“主动实战”“服务支撑”和“预警服务”三种实战指挥模式；在深化巡特警勤务运行机制改革中，以专业化、职业化和规范化为目标，做大街面专业巡逻防控、做强维稳处突、做精反恐防暴工作，有效规范巡警专业化巡逻勤务，街面“两抢一盗”发案同比下降6.8%；在加强派出所规范化建设中，突出勤务机制、执法执勤、基础工作、所容所貌“四个规范化”建设，推进派出所勤务机制改革，派出所在编在岗警力达到县级公安机关民警总数的45%以上。

【执法规范化建设】 2016年，全市升级改造执法办案场所127个，升级

图43 “打击整治盗抢汽车犯罪专项行动”返还车辆仪式

改造率达到85.2%，讯问犯罪嫌疑人全程录音录像率达到100%，刑事案件平均批捕率、平均起诉率和深挖余罪同比分别上升14%、6%和180%，全市案管中心建成率达到100%，涉案财物集中管理中心、物证保管保全中心建成率达92.3%，公安机关办案质量得到明显提升。

【警犬技术发展】 2016年，全市公安机关推行专业化的实战训练制度和“警犬技术大要案现场勘查同步联动机制”，在侦查破案、治安巡逻、防控处突、安检搜爆、搜索救护、警务演练、涉灾维稳、集中行动等警务工作中使用警犬1220头次，起作用数达到982头次，其中出勘刑事案件现场106件，协助破获刑事案件27件、毒品案件10件、治安案件5件，协助抓获犯罪嫌疑人10人、搜获毒品100余克，在高新区“10·26”持枪抢劫案中，警犬搜索直接抓获犯罪嫌疑人1名；在北川“12·31”自杀事件中通过追踪犬追踪和血迹搜索犬搜索协助排除死者被他杀的可能，为案件定性提供重要支撑。绵阳市警犬工作位列全省第一名，并通过公安部刑侦犬复核认证，获公安部昆明警犬基地颁发的个案奖励1件次、功勋犬奖励1头次。

【刑事技术实战效能建设】 2016年，全市公安机关把刑事技术实战能力建设摆在核心位置，制订实施《绵阳市公安局关于落实刑事案件现场勘查“一长四必”工作制度的意见》，建立“专兼结合，以专为主”的分级分类勘查制度，细化规范现场勘查工作流程，有效提高现场勘查率和痕迹物证作用率，全市刑事案件勘查率达到98.77%，入室盗窃勘查率达到100%，物证提取率达到61.42%，比中率达到12.11%。全年全市采集违法犯罪人员DNA样本14023人份，检验入库15000人份，DNA数据库信息总量达到117185条；现勘系统录入现勘信息22124条，信息总量达到108434条；指纹系统录入指纹信息7956人份，信息总量达到416752份；DNA数据库比中424份，现勘系统串并案件193件，指纹系统比对现场指纹197枚，比中案件26件，为侦查破案特别是打击跨区域团伙系列犯罪提供了强力支撑。

（唐宣柏）

检察

【概况】 2016年，全市检察机关共批准逮捕各类刑事案件1650人，提起公诉3710人。

立案查办职务犯罪案件104人。其中，贪污贿赂犯罪92人，渎职侵权犯罪12人；突出查办有影响、有震动的腐败犯罪，大案93件，要案7人，大要案率为96.15%。通过办案，为国家挽回直接经济损失5000万余元。

监督侦查机关不当刑事立案55件，监督立案案件判决有期徒刑及以上44人；纠正漏捕42人，纠正漏诉86人，纠正漏犯37起，书面提出纠正侦查活动违法数100件。

提出刑事抗诉19件，纠正刑事审判活动违法29件。办理不服法院生效民事、行政判决监督案件282件，提出再审检察建议20件，法院共计采纳13件；办理民事执行活动监督案件37件，法院采纳监督意见33件。提出行政违法行为监督意见46件，采纳42件。

纠正刑罚执行和监管活动违法181人，纠正减刑、假释、暂予监外执行不当125人，纠正监外执行和社区矫正违法273人，开展羁押必要性审查，提出释放或变更强制措施建议138人，办案机关（部门）采纳建议132人。清理审前未羁押判处实刑罪犯未执行刑罚19人，纠正17人。

共受理各类来信来访1585件次，探索推进律师参与化解涉法涉诉信访18件，刑事申诉案件息诉率100%；开展司法救助共计66人，发放救助资金42.6万元。

加强未成年人刑事检察工作，努力挽救涉罪未成年人，依法不批捕未成年犯罪嫌疑人46人，不捕率52.87%，同比上升24个百分点；不起诉70人，同比上升55个百分点。

通过检察门户网站、微信、微博、手机客户端等新媒体平台，公开案件程序性信息、重要案件信息3847条，公开法律文书1626份。

全市检察机关获市级以上表彰奖励先进集体50个、优秀个人51名。其中2名干警被最高人民检察院记个人一等功、4名干警被省检察院记个人二等功、1名干警被评选为“感动四川检察人物”。

【打击严重刑事犯罪】 2016年，全市检察机关依法打击刑事犯罪，不断提升公众安全感。批准、决定逮捕各类刑事犯罪嫌疑人1650人，提起公诉3710人。其中批捕危害公共安全犯罪49人，起诉87人；批捕故意杀人、绑架、抢劫等严重暴力犯罪140人，起诉196人；批捕毒品犯罪322人，起诉424人；成功办理侵犯公民信息、扰乱无线电管理秩序犯罪9件；批捕销售伪劣商品、合同诈骗、非法经营、传销等破坏社会主义市场经济秩序犯罪170人，起诉298人；突出打击非法吸收公众存款、集资诈骗等涉众型经济犯罪，批捕85人，起诉154人，努力挽回和减少受害群众经济损失。

【职务犯罪查办】 2016年，全市检察机关深入查办发生在重点领域、关键环节和领导干部中的职务犯罪案件，严肃惩治发生在群众身边的腐败，努力形成不敢腐的强大震慑效应。全年共立案查办征地拆迁、国有企业、司法机关等领域发生的职务犯罪104人，其中贪污贿赂犯罪92人、渎职侵权犯罪12人；突出查办有影响、有震动的腐败犯罪，大案93件，要案7人，大要案率为96.15%。集中开展整治和加强预防扶贫领域职务犯罪专项工作，共立案查办该领域职务犯罪47人，涉案金额2195万元。

【侦查审判监督】 2016年，全市检察机关加强刑事侦查和审判监督，确保罚当其罪。坚持罪刑法定和证据裁判原则，对不构成犯罪、证据不足和无逮捕必要的，依法决定不捕637人；坚决纠正有案不立、有罪不究等情形，监督侦查机关不当刑事立案55件，其中监督公安机关立案37件、监督检察机关自身立案3件、监督公安机关撤案15件，监督立案案件判决有期徒刑及以上刑罚44人。纠正漏捕42人，纠正漏诉86人，纠正漏犯37起，书面提出纠正侦查活动违法100件；提出刑事抗诉19件，有审判结果案件的改判率达87.5%；加大非抗诉监督方式的力度，书面纠正刑事审判活动违法29件。加强民事行政检察监督，维护合法权益。办理不服法院生效民事、行政判决监督案件282件，提请省检察院抗诉案件14件，省检察院采纳13件；提出再审检察建议20件，法院采纳13件；提出执行监督意见37件，采纳33件；提出行政违法行为监督意见46件，采纳42件；办理支持弱势群体起诉案件23件，采纳23件。

【刑罚执行监督】 2016年，全市检察机关加强刑罚执行监督，强化人权司法保障。纠正监管场所违法181人，纠正减刑、假释、暂予监外执行不当125人；探索在司法行政机关设立社区矫正检察室，拓展监督载体，纠正监外执行和社区矫正违法273人；开展羁押必要性审查，向办案机关提出释放或变更强制措施建议138人，办案机关采纳建议132人；开展集中清理判处实刑罪犯未执行刑罚专项活动，清理审前未羁押判处实刑罪犯未执行刑罚19人，纠正17人。

【社会监督机制健全】 2016年，全市检察机关自觉接受人大及其常委会监督，自觉接受政协民主监督，专题报告相关工作27次，邀请人大代表、政协委员视察工作35次，确保检察工作健康发展。邀请人民监督员、特约检察员、社区群众代表参与执法检查、案件评查、公开听证、庭审考评等活动。以公开执法办案信息为核心，以检察门户网站、微信、微博、手机客户端等新媒体为平台，公开案件程序性信息、重要案件信息3847条，公开法律文书1626份，有效拓宽公众参与和监督司法的现实途径。

【检察机关体制改革】 2016年，全市检察机关贯彻落实司法改革和检察改革部署，制订全市检察改革实施意见，全面统筹推进以完善司法责任制为核心的四项检察改革工作。遴选首批入额检察官260名，并对员额检察官、司法辅助人员和司法行政人员进行岗位适配。落实司法责任制实施意见及检察官办案权力清单，健全办案流程监控、质量评查、业绩考评、错案责任认定、责任追究机制，加强检察官履职监督，确保权责明晰、权责相当；推进以审判为中心的庭审实质化改革和认罪认罚从宽处理、刑事诉讼涉案财物管理处置等诉讼制度改革，优化司法资源配置，与法院、公安、司法行政机关等联合制定多份规范性文件，着力构建新型诉审、诉侦、诉辩关系和检察监督关系，努力实现公正与效率的统一。

【检察机关科技与信息化建设】 2016年，全市检察机关加快推进科技强检步伐。探索检察信息技术跨区域服务和一体化联动机制，完成电子数据云平台川西北区域分中心建设，实现调取电子数据、话单分析、数据恢复等侦查功能。发挥现代化侦查装备和专业技术人员对侦查工作的引导和支撑作用，积极整合辖区内区域资源，推行侦查装备与专业技术人员在全市检察机关整体布局布点工作模式，探索跨区域技术协作机制；切实运用移动通讯信息技术的便捷优势，建设全市检察机关移动办公云平台，消除市县两级院信息壁垒，实现共享互通。

（石婷婷）

法 院

【概况】 2016年，全市法院系统完成审判权运行机制、民商事案件繁简分流改革，做好“两年基本解决执行难”机制建设，利用互联网建立起在线纠纷调解平台。根据司法责任制改革要求，通过严格的资格审查、遴选考试、测评、综合考察、公示、全省法官遴选委员会遴选等程序，全市法院完成首批入额法官遴选362名。12月5日，市中级人民法院首批入额法官举行集体宣誓仪式。

2016年，全市法院受理各类案件65961件，办结60947件，结案率92.4%，其中市中院受理8243件，办结7813件。审结刑事案件3430件，判处犯罪分子4109人。审结民商事案件33415件，涉案标的额112亿元。审结行政案件611件，审查非诉行政执行案件47件。执结案件18146件，执行到位标的额17.1亿元。

【审判权运行机制改革】 2016年，全市法院系统严格落实司法责任制，

图44 12月5日，市中级人民法院首批入额法官举行集体宣誓仪式

优化办案组织结构，推行由法官、法官助理、书记员组成审判团队的新型办案模式，市中级人民法院15个专业化审判团队组建完毕并开始运行。实现院庭长办案常态化，将院、庭长编入审判团队办理重大、疑难案件。坚持权责并重，科学界定办案职责权限，完善审判权和审判管理权运行机制，建立办案权责清单、错案防止、纠正和责任追究机制，努力实现“由审理者裁判、由裁判者负责”。

【民商事案件繁简分流改革】 2016年，市法院印发《关于推进民事案件繁简分流机制改革的指导意见》《关于一审简单民商事案件速裁的工作规程》《关于二审简单民商事案件速裁的工作规程》《民事案件繁简分流试点方案》等文件，选配业务精通和年富力强的员额法官组成速裁组或团队，构建诉前分流、立案分流、类型化分流相结合的多层级分流体系，通过发挥庭前会议作用、推进“要素式”庭审、简化裁判文书、改进送达方式等办法努力优化庭审模式，推动实现小部分速裁法官办理大部分简案、大部分法官办理少量繁案，从而有效缓解案多人少矛盾，提高办案质量和效率，更好满足群众多元化司法需求。

【“两年基本解决执行难”机制建设】 2016年，全市法院系统按照省高院统一部署，把“两年基本解决执行难”列为重点工作之一，成立“两年内基本解决执行难”工作领导小组及办公室，明确提出“要走在全省前列”的目标。围绕“两年基本解决执行难”，大力推进执行信息化建设，全市两级法院执行指挥中心全面建成，形成信息共享、运转高效、统一指挥、统一行动的执行工作模式。强化执行联动，网络执行查控体系基本建成，实现对被执行人车辆、存款等财产的实时查控，在全省法院率先实现对房产的控制。突出失信联合惩戒，开展“反规避执行”“集中打击拒不执行判决、裁定犯罪”等专项行动，对2034人限制高消费，对49人限制出境，6744名自然人、法人纳入“黑名单”，实施罚款23人，司法拘留188人，追究刑事责任2人，促使432人主动履行法律义务。江油市、平武县等地依托联合惩戒平台，限制失信被执行人参选党代表、人大代表、政协委员和村（社区）“两委”干部。

【网上诉讼服务中心建设】 2016年，全市法院系统建立预约立案、案件查询等网上服务功能，形成包括实体诉讼服务中心、网上诉讼服务中心、“12368”诉讼服务热线、自助诉讼服务区和手机APP“五位一体”的诉讼服务体系，方便群众对诉讼维权服务的需求。

【在线纠纷调解试点】 2016年，全市法院系统按照最高院统一部署，利用新浪网提供的技术支持，在网上建立互联网调解室，着力构建调解员遴选、案件选择、引导、调解、确认、调解员评价、案例指导七大机制，引入社会力量对事实清楚、案情简单、争议不大、证据较少的民事纠纷进行调解，引导群众根据自愿申请有管辖权的法院赋予调解协议强制执行力。10月，在市中级人民法院、安州区法院、江油市法院开展试点，年内有25家特邀调解组织、30名特邀调解员入驻平台，在线调解案件11件。

【“小记者俱乐部社会实践基地”建设】 2016年，市中级人民法院立足少年审判工作，与《绵阳晚报》联合打造“小记者俱乐部社会实践基地”，邀请小记者进院参观、旁听庭审，为小记者举办法治专题讲座，发挥小记者对青少年的宣传带动作用，增强青少年学法、守法，用法意识。该基地成立后，先后接待来自市内中小学校的小记者4批300余人次。市中院少年审判庭被团中央命名为“全国青少年维权岗”

【绵阳农资批发市场知识产权巡回法庭设立】 2016年在农资批发市场设立知识产权巡回法庭，是市中院服务大局、服务经济、服务“三农”建设的重要举措，旨在进一步畅通诉讼渠道、促进纠纷及时解决，使群众就近享受到更加便捷高效的司法服务，同时结合现场办案推动法制宣传教育，促进各类市场主体进一步增强依法经营意识，自觉维护市场交易秩序。

【网络司法拍卖平台建设】 2016年，市中院和各基层法院均在淘宝网开通司法拍卖平台，10月份开始线上拍卖活动。年内全市法院共计开展线上拍卖活动88场次，其中市中级人民法院20场次。拍卖标的物既包括汽车、煤炭等动产，也包括房屋、土地等不动产。市中级人民法院的淘宝拍卖活动除因撤回导致拍卖终止的以外，其余拍品全部成交，实际成交率100%，成交总价244万余元，总溢价率22.6%。

【《绵阳审判》创刊】 2016年，市中级人民法院以为全市法院干警提供学术交流平台为目标，正式推出内部刊物《绵阳审判》，刊物共设院长论坛、理论研究、调查研究、审判实务、案例分析、法苑文艺、图片新闻等多个版块，分别刊登领导讲话、学术调研文章、干警创作的文学艺术作品、新闻作品等。全年共刊出两期。

【“强纪律、转作风、保廉洁”专项教育活动】 2016年2月23日至3月31日，全市法院系统围绕省法院“作风规范建设年”要求，立足“规范与提升”总基调，开展“强纪律、转作风、保廉洁”为专项教育活动。活动期间共向党政机关、企事业单位、服务对象等发出征求意见书600余份，征集到各方面意见建议300余条，针对问题清单列出160余项整改措施，逐一明确整改目标、落实整改责任。通过整改有效解决全市法院队伍在纪律作风、司法作风、司法廉洁方面的突出问题，促使文明、规范、高效的形象进一步树立，为争取各方面对法院工作的理解和支持创造有利条件。

【全省首例客车超员刑案审结】 2015年12月3日，被告人龙某驾驶川

B45141号中型普通客车装载乘客，从三台县八洞镇客运站往三台县西平镇客运站行驶，行驶至县道三中路30千米+900米处时，被路面执勤交警当场挡获。经查，该车核载19人，实载37人，超载18人。12月，三台县人民法院公开开庭审理此案，认为被告人龙某违反交通运输管理法规，严重超过额定乘员载客，其行为已构成危险驾驶罪，遂依法判处龙某拘役3个月，并处罚金3000元。而后，龙某认为原判量刑过重，遂向绵阳市中级人民法院提起上诉。2016年1月28日，市中级人民法院公开开庭审理此案，经过一个多小时的庭审后做出判决，驳回上诉，维持原判。该案系《刑法修正案(九)》颁布后全省首例超员入刑案，市交警部门代表、客运公司代表、司机代表、媒体记者100余人现场旁听庭审。 （金 博）

违法犯罪行为惩治与矫正

【概况】 2016年，川北监狱坚持“法教明纪、文教树人、心教治本、技教立身、情教暖心、社教固效”服刑人员教育改造工作理念，着力提高教育改造质量。落实“1+5+1”教育改造规定，规范和细化“教育日”工作内容。加强师资队伍建设，组织专兼职民警教师开展服刑人员课堂教学经验交流，组织50名监区一线管理教育民警开展个别教育经验交流，外送13名民警到专业机构开展心理技能培训。完善监区个别谈话室、图书阅览室、文体活动室、亲情帮教室等教育改造功能用房配套建设。应用“专业+团队”个别教育模式，增强个别教育工作针对性、实效性。开展短信平台试点工作，配备专职工作人员25人，安装专用设备50余台。服刑人员开展社会参与、民警走访等服刑人员帮扶活动。开展亲情帮教活动3场，服刑人员接受亲情帮教54人次；服刑人员接受社会帮教8000余人次；开展警示教育77批次，服刑人员现身说法220人次，服刑人员接受警示教育6825人次；举办法律讲座和集体法律援助活动10批次，开展个体法律援助2人次。

▲“1+5+1”教育改造规定：指每周5天劳动教育、1天课堂教育、1天休息的规定。

【服刑人员职业技能教育】 2016年，川北监狱以品牌建设促进教育改造工作，以品牌化建设提升教育改造工作整体水平，规划临释人员再社会化教育体系，完善教育场地和配套设施。探索出监监区运行模式，对即将刑满释放服刑人员开展针对性出监教育和社会适应性训练。依托社会专门部门、专门机构和专门力量，对250余名即将刑满释放人员开展初级电子设备装接工、初级家用电器产品维修工及管乐等职业技能培训，提升服刑人员回归社会就业谋生技能。监狱被省监狱管理局确定为出监教育品牌示范单位。

【监区文化建设】 2016年，川北监狱坚持“环境改造人、环境塑造人”理念，打造教室文化、楼梯文化、监舍文化、监墙文化、广场文化，使服刑人员在潜移默化中接受教育和影响。举办“第四届体育活动月”“送文化进高墙”等活动，丰富服刑人员改造生活。按照“一监区一特色”的文化建设思路，在各监区分别组建70余人的腰鼓队、秧歌队、太极扇队、健身操队、管乐队、书画队、棋艺队等兴趣团队，邀请高校专业教师和社会专业团队到监狱开展专业培训。

【服刑人员心理矫治】 2016年，川北监狱成立监狱评估矫治中心，强化服刑人员评估和教育矫正工作。针对服刑人员心理问题突出的情况，开展心理健康教育，普及心理健康知识；开展心理咨询，努力化解服刑人员的心理症结；开展心理巡诊，排查影响服刑人员改造的心理疾患。规范监区心理辅导站工作内容和流程，明确监区心理辅导站工作职能、心理辅导员工作任务，制定监区心理互助员选拔及管理办法，开展服刑人员心理互助员培训三期400余人次。新入监服刑人员危险度评估和服刑人员刑满释放、假释前改造质量评估面达100%。举办服刑人员心理健康教育讲座11期，参听服刑人员3600余人次；开展服刑人员个体心理咨询319人次，团体辅导4期80余人次，开展狱内服刑人员心理危机干预60余人次。

【服刑人员危险度评估研究】 2016年，川北监狱开展“MCD”服刑人员危险度评估模式理论基础研究，“MCD”评估模式被司法部列入向全国监狱系统推广项目，监狱被省监狱管理局确定为服刑人员危险度评估全省试点工作带头单位，协助省

图45 法律服务进监区

监狱管理局制定服刑人员危险度评估办法，开发具有自主知识产权专业量表。邀请司法部、中央警官学院及地方院校专家28人次来狱开展研讨，与省内外24所监狱200余人次开展危评工作交流活动，监狱先后为省内外多所监狱培训业务骨干152人次。在中国监狱工作协会、香港善导会和陕西省监狱管理局共同举办的“预防犯罪、更生康复与矫正--经验、策略与前瞻”国际研讨会上，川北监狱被指定为服刑人员评估技术发言单位；在全国危评试点省份培训学习上作重点交流发言。川北监狱被司法部预防犯罪研究所列为全国“四省五所”内视观想复制项目试点监狱之一，设立“服刑人员内视观想研修中心”，培训内观导引师，完成内观场地改造建设，开展三期内观体验28人。

【监区法治规范化管理】 2016年，川北监狱坚持将监狱各项工作纳入法制轨道，提高各级领导干部和广大民警运用法治思维和法治方式开展刑罚执行的能力。开展“法治进高墙”、法律咨询、以案说法等活动，强化服刑人员的守法意识和法纪观念。落实服刑人员减假暂证据听证制度、服刑人员改造表现考核责任制和刑事奖励审核责任制等制度。推行狱务公开，发挥好执法监督员作用，主动接受社会监督。全年办理服刑人员减刑假释暂予监外执行案件无一例差错。在全省率先建成使用新犯收押中心，开展法律援助活动，落实劳动保护措施，加强医院建设，联合地方开展重大食品安全应急演练。在全系统首批通过“三精食堂”及规范化管理示范单位创建达标，被省食药局授予年度餐饮服务食品安全监督量化分级管理A级单位称号。川北监狱作为绵阳市廉政和预防职务犯罪警示教育基地，全年协助地方党政机关和企事业单位开展警示教育76批次6745人次。 （王　波）

仲　裁

【概况】 2016年，市仲裁委修订《绵阳仲裁委员会仲裁案件过错责任追究办法》《绵阳仲裁委员会仲裁员手册》等管理规范，为仲裁员依法办案，独立、公正、高效审理案件提供制度保障。推进仲裁发展机制市场化、工作体制社会化、机构建设规范化进程。全年受理各类民商事仲裁案件483件，比2015年减少7件，减少率为1.42%；涉案标的额12.48亿元，比2015年增长6.97亿元，增长率为126.50%。全年共审结案件517件，其中裁决结案195件，占结案总数的37.72%，调解结案275件，占结案总数的53.19%，当事人撤回仲裁申请47件，占结案总数的9.09%。

【仲裁制度建设】 2016年，市仲裁委为规范仲裁庭办案，庭审程序，提升庭审质量，维护仲裁员形象，修订《绵阳仲裁委员会仲裁庭办案指南》，引导仲裁庭规范办案；修改制定裁决书制作规范，严格执行裁决书核阅制度，坚决维护裁决书的严肃性，提高仲裁的公信力；坚持实行案件、卷宗评查制度与裁决书四级核阅制度，以事实为依据、以法律为准绳，找出问题及解决问题的方法；严格责任，对仲裁案件的各项环节、程序进行监督与审查，实现对案件全方位、全流程的监督评查，不断提高对仲裁案件的质量管理。

【造价鉴定机构名册库建立】 2016年，绵阳仲裁委员会受理的建设工程施工合同纠纷案件中，涉及工程造价鉴定的案件日渐增多。通过规范、提高委托鉴定工作的效率和质量，保护当事人合法权益、更好地为案件审理工作服务，年底，向社会发送绵阳仲裁委员会关于建立造价鉴定机构名册的公告，符合资质要求的造价机构均可报名，通过审核资料、现场查实等方式选择6家造价机构入围造价鉴定机构库。造价鉴定机构名册的建立，规范建设工程纠纷类案件的委托鉴定工作、维护当事人的合法权益。

【仲裁品牌建设】 2016年，市仲裁委重点研究仲裁文化，从仲裁的核心价值出发，确立品牌观念、品牌符号。确立“持心如衡，以理为平”品牌观念，对绵阳仲裁委员会LOGO整体进行去简存精处理。从外部的改变适应VI系统建设的要求，通过印发《绵阳仲裁委员会秘书处工作人员公务礼仪规范》，对在从事公务活动中必须遵守的形象礼仪、办公礼仪、交往礼仪和其他礼仪作规定。

【理论与实务研究】 2016年，市仲裁委完成涉及仲裁程序、民商法理解与适用的研究文章30余篇，包括《试论商品房交易纠纷中的诉讼时效问题》《论无效建设工程施工合同的价款结算——以范某与A公司建设工程施工合同纠纷案为例》《转载微信公众号作品的合法性问题分析》《浅析商场的安全保障义务》《论债务加入制度——从一起民间借贷案件谈起》《浅议律师代理仲裁案件应注意的问题》《第三人代为履行债务的约定无法排除债务人的违约责任》《实际施工人与发包人争议纠纷管辖问题分析》等。同时，研究成果和典型案件裁决方法运用于案件审理，提高裁决的准确性和可预见性，引导当事人及代理人合理合法仲裁。

【金融纠纷仲裁】 2016年，市仲裁委基于金融纠纷的特点以及仲裁优势，仲裁成为解决金融纠纷的必然趋势，绵阳仲裁委员会从内部完善与外部拓展两个方面，全面开展金融仲裁业务工作。内部完善工作主要从加强工作人员对金融仲裁的业务学习；降低金融类案件的收费标准制定《绵阳仲裁委员会金融案件收费试行办法》，对金融案件收费做出按照正常收费标准的一定比例进行减收的特别规定；扩充金融行业仲裁员队伍，为全面推行金融仲裁业务工作奠定良好的内部工作基础。外部拓展工作主要着力于对金融机构前期走访情况的梳理，进而有针对性的回访、通过律师仲裁员宣传推广仲裁、提升金融行业高层领导和行业协会的仲裁理念以及对金融仲裁的关注和认可，争取政府对仲裁工作的重视与支持，将仲裁理念深入到金融行业中，提升仲裁的公信力。

【首例劳动人事争议仲裁异地开庭案件开庭】 2016年3月25日，绵阳市首例劳动人事争议仲裁异地开庭案件在江油市人民法院开庭。市民雷某等三人就绵阳市一家信息工程有限公司拖欠其2015年全年工资20余万元申请劳动仲裁。由于该公司的法定代表人因为涉嫌经济犯罪已经被羁押在江油看守所，为尽快帮助雷某等三人维权，通过协调，经报请市劳动人事争议仲裁委员会同意后，市仲裁院决定在江油组庭审理。

（杨　娇）

北川羌族自治县成立庆典

2003 年

4 月 18 日，绵阳师范学院正式挂牌成立。2002 年 3 月 21 日，教育部正式批准绵阳师范专科学校与绵阳教育学院合并组建绵阳师范学院。绵阳师范学院共有教职工 1100 余人，全日制在校学生 1 万余人，设 41 个全日制本专科专业，43 个成人教育本专科专业，17 个系，3 个二级学院，各类科研机构 10 余个。

7 月 28 日，绵阳市仙海水利经济开发区挂牌成立。同年 10 月 8 日，经中共绵阳市委、绵阳市人民政府批准，正式更名为绵阳市仙海水利风景区。

10 月 25 日，北川羌族自治县成立大会举行。北川是羌族世代聚居的地方，全县有羌族人口 9.5 万人，占总人口的 56.9%。2003 年 7 月 6 日，国务院国函〔2003〕75 号批复：同意撤销四川省北川县，设立四川省北川羌族自治县，以原北川县的行政区域为北川羌族自治县的行政区域，县人民政府驻曲山镇。该县是全国第 156 个少数民族自治县，也是全国唯一的羌族自治县。

绵阳军分区

【概况】 2016年，分区开展改革强军主题教育、“两学一做”学习教育讨论、“坚决服从改革大局、忠实履行职能使命”专题教育，开展“新体制、新职能、新使命”和“政治工作发挥生命线作用”大讨论活动。广泛开展纪念中国共产党成立95周年、红军长征胜利80周年纪念活动，重温入党誓词，观看党史宣教片，参观爱国主义教育基地，编印应知应会应做手册，组织党员承诺践诺和民主评议，各级党组织和全体官兵职工不断强化政治意识、大局意识、核心意识、看齐意识。落实党委主体责任、纪委监督责任、主官领导责任，自下而上开展执纪监督检查。以“三严三实”为主题，召开团以上党委民主生活会。全面彻底肃清郭伯雄徐才厚流毒影响，专题分析党风廉政建设形势，召开党支部（党小组）组织生活会，团以上干部人人写出自查报告。坚持不懈纠治“四风”，强化元旦、春节、五一、端午廉洁文明过节明察暗访和监督检查。2月25日，组织全区官兵、职工和民兵共计1000余人、车辆48辆，徒步行军30千米，提升部队拉得出、走得动、联得通等方面能力。4月14日，军分区组织召开“新形势下国防后备力量建设对策与研究”务虚会，系统梳理出影响和制约绵阳市后备力量建设发展的13类32个突出问题，形成调研报告和研究成果21篇。7月21日，军分区在涪城区人武部组织全体政治干部开展“政治工作发挥生命线作用”大讨论活动，学习党章党规和习近平总书记系列重要讲话，人人作交流发言。

【应急应战能力建设】 2016年，分区落实战备教育制度，组织市县两级信息化升级改造工程建设，战备值班体系高效运行。首长机关完成训练40天520小时，完成基干民兵3353人、专武干部195名训练任务，组织冬季野营拉练，接受省军区半年军事考核，3个科目合格率100%。开展国防后备力量建设务虚会，完成2016年度征兵和直招士官征集任务；完成绵阳片区1530人报考军校和国防生军检面试，录取221人。持续推进民兵转型建设，清理整顿3个企业民兵组织建设，组织25名现役预编人员到部队复训。高标准完成国防大学第16期战略班到绵阳现地教学协调保障工作。

【部队管理】 2016年，分区制订落实领导机关联系帮建基层方案，党委常委联系1至2个团级单位，机关各部帮带小散远直单位，组织干部代职、调研和当兵蹲连等活动。认真学习贯彻军委国防动员部安全管理系列规范性文件，系统推进安全教育、训练、组织、制度、环境、设施、活动、责任“8个规范”。全年分区常委带队对团级单位进行安全检查5次，部队保持了安全稳定。

【综合保障能力】 2016年，分区开展三项清理整治工作，收回绵阳市人民政府灾后在军用土地上投资建设的国防教育训练基地产权；协调办理红星苑土地权证；稳妥抓好全面停止有偿服务工作，分区本级36个项目退租关停31个，人武部46个项目退租关停15个、移交政府2个；规范财经运行秩序，无违规违纪问题发生。改建体能训练场和警备车库。组织武器仓库专项整治，人武部武器弹药移交军分区集中管理。

【军民共建工作】 2016年，分区召开驻绵部队城市警备暨文明城市建设联席会议，参与“全国双拥模范城”连创检查考评和第四届中国（绵阳）科技城国际科技博览会协调保障工作。参与扶贫攻坚，联系帮扶村社清退贫困户171户、重新识别75户，为平武县虎牙乡虎丰村栽种14公顷果树，养种土鸡3000余羽，为三台县鲁班镇三合村修建水泥路3千米、桥梁1座，改造村委会，慰问大米5吨，提供种子400千克，拨付20万元扶贫基金。召开全市退役军人座谈会，表彰先进退役军人28名。组织民兵1085人次参与党委政府赋予的各项任务，参与抢险救灾，解救受困群众29人。（杨　刚）

武警绵阳市支队

【概况】 2016年，武警绵阳支队围绕强军目标，贯彻总部总队党委扩大会议精神，坚持强化政治意识抓看齐、干好维稳大事抓中心、突出干部能力抓关键、盯住基层基础抓经常、扭住底基底线抓安全。全年，支队出动兵力8700余人次，完成各类重大临时勤务139起；培养教练员125名、反恐骨干267名，完善各类训练场81个，17个中队训练场基本达标；完成6个单位的“三化”改造和支队军械库、基层兵器室隐患整治；十中队完成搬迁入驻新营区，慰问69名家庭困难官兵28万元，帮助7名官兵解决子女入学入托、家庭涉法纠纷等问题；有13人考入部队院校，一中队作为总队主题教育联系点的经验做法被总队转发，1人被中央军委、58人被总队表彰为先进个人；有2人被总队记三等功，4个单位、36名分别被支队记功。四大队和一中队、五中队、北川中队、江油中队、梓潼中队、三中队、十一中队被总队评为2016年度基层建设先进单位；梓潼中队被总队表彰为十大标兵执勤中队。

【调研检查】 2016年4月27日，武警省总队政委高凯率工作组到支队进行检查调研并听取汇报；6月12日，武警指挥学院院长肖凤合率2016级部分中培学员到支队参观见学；6月14~17日，总队副司令员李俊国率工作组到支队检查正规化执勤工作；6月23日，绵阳市副市长兼公安局局长王明华一行到支队机关检查调研；7月23日，总队政治部主任顾鹏率工作组到支队进行考察帮建；7月28日，绵阳市委书记彭宇行率慰问团一行到支队看望慰问官兵，向官兵们送上亲切的问候和诚挚的祝福；8月14日，总队司令员朱文祥率工作组到支队机关、基层检查调研；8月17日，团中央书记处书记汪鸿雁一行到支队北川县中队检查调研；8月30~31日，总队政治部副主任范波率工作组到支队检查指导；11月14~16日，总队政治部副主任范波工作组到支队对党委机关进行年终检查考核；12月19~21日，总队后勤部副部长张光明率工作组到支队开展装备大点验工作；12月23日，中国工程物理研究院副院长王洋一行到支队机关参观调研并与参加协调会；12月28日，总队参谋长郭小列率工作组到支队检查调研。

【冲锋舟水上试行和操作手集训】 2016年，支队紧密结合汛期任务实际，坚持以“防大汛、救大险、抗大灾”为前提，严密组织冲锋舟操作手集训，全方位做好抗洪抢险准备工作。此次集训重点是对冲锋舟快速装卸、离岸靠岸、编队行进、水上救援、通过水上障碍等课目进行训练，并对冲锋舟日常维护及保养、常见故障排除等内容进行系统学习，确保部队能够随时拉得出、打得赢、跟得上。

【士官队伍集中教育整训】 2016年9月10~25日，支队开展士官队伍“强素质、尽职责、严纪律、树形象”专题教育整训活动，围绕遵纪守法、增智强能、履职尽责、安全管理和个人形象等方面，通过学习教育、集中整训、辅导授课、定岗定位、表彰奖励等办法，为建设一支政治坚定、技能精湛、作风顽强、纪律严明、骨干作用突出的士官队伍奠定坚实基础。

【第二届最美强军典型】 2016年，支队为表彰先进，弘扬时代精神和中华民族的传统美德，激发官兵立足本职建功立业的政治热情和广大军属爱家庭、爱部队，促和谐、树新风的光荣感和责任感。3月5日，支队举行官兵家属座谈暨表彰会。表彰支持部队建设做出重大贡献的军嫂典型，并号召全支队官兵及家属向他们学习。11月4日，支队在教导队举行第二届最美强军典型颁奖典礼，全体官兵分别在主会场和21个分会场参加，表彰十名强军典型，并号召全体官兵学习他们用自己的实际行动，诠释立足本职岗位、投身强军实践的时代精神。

武警绵阳市消防支队

【概况】 2016年，武警绵阳市消防支队紧紧围绕“队伍一流、业绩一流、形象一流”的总体目标，凝心聚力，务实求进，开拓创新，奋发有为，确保部队坚定不移听党指挥、高效履职能打胜仗、务实清廉作风优良，全市消防工作和部队建设实现跨越发展。全年，先后承办省级以上各类现场会5次，出色完成科博会、电子商务峰会等21次国家、省级重大消防安保任务。先后被表彰为“好领导班子”“安全工作标兵单位”“执法质量考评先进单位”“全省专职消防队伍比武竞赛先进支队”和“财务会审先进单位”，55人次立功受奖。

【正规化建设】 2016年，支队坚持以正规化为突破口，从严从实管理队伍，连续5年实现“八无”目标。在全省率先完成正规化“标杆中队”创建，承办正规化管理川北片区推进会，树立起“绵阳标准”。支队正规化建设经验在“公安消防部队依法治警从严治警集训班”上做交流发言。所有执法单位全部建成“三星级”执法档案室，研发的消防执法档案管理系统在全省推广应用，连续4年被评为全省执法质量先进单位，法制宣传科被公安部消防局表彰为优秀法制部门。政府消防工作考核连续3年被评为优秀，市政府夏季消防检查考评连续两年取得优秀。全市实现连续23年未发生重特大火灾事故，保持火灾形势的高度稳定。坚持走“实战化、基地化、全员化”的练兵道路，在全省率先建成融合11项训练功能和45个操法的综合实战训练塔，并高质量承办全省军事训练誓师动员会。训练塔改造经验被确定为全省模板，公安部消防局简报予以推广。成功处置金柱园地下商场火灾、汉鑫软木加工厂火灾、京昆高速多车相撞交通事故等急难险重灾害事故抢险，救援工作受到刘超市长批示肯定。

【装备保障建设】 2016年，支队新增一批高性能的供水、供液和城市主战消防车投入实战，灭火机器人、TFT等高精尖装备列装部队，装备建设提档升级。市、县两级全部建立社会化战勤保障体系。装备技师队伍实现梯次化、专业化发展，勇夺全省“战保使命2016”实战会操团体亚军，战勤保障体系趋于完善。探索研发“消防移动指挥综合平台”“我们的e网”综合信息一点通等系统，在全省均属首创。配备“动中通”、无人机，所有中队配齐4G图传设备，构建“固移一体”的应急通信网络，科技保障优化提质。

【“3·25”金柱园地下商场扑救】 2016年3月25日23时30分，绵阳市涪城区长虹大道中段金柱园地下商场发生火灾。支队指挥中心23时30分接警后快速反应、全力以赴，先后调集5个中队、13辆消防车、61名消防官兵赶赴现场扑救。经过全体官兵的艰苦奋战，26日凌晨2时，火灾被完全扑灭，未造成人员伤亡。

【“10·4”京昆高速多车相撞交通事故处置】 2016年10月4日12时39分，京昆高速成都往广元方向过绵阳北收费站约4千米处发生一起连环车祸，1辆大货车、7辆小汽车连环相撞，造成5辆汽车起火（1辆油箱发生泄漏），火势不断蔓延，严重威胁前方有8名人员被困的面包车。支队指挥中心立即调派长虹大道中队、火炬街特勤中队7辆消防车、31名官兵紧急赶赴现场处置。参战官兵经过1个小时持续奋战，将被困于面包车的8名人员全部救出，完成救援任务。

（王 飞）

人民防空

【概况】 2016年，绵阳市人防系统注重创新改革，坚持融合发展，大力推进人防（民防）“六个一”项目建设，全面提升履行“战时防空、平时服务、应急支援”使命任务能力，推进人民防空改革发展，进一步完善人民防空组织指挥体系建设，提升应急处置能力。开展帮村、支教扶贫工作，筹措专项经费4万元支持江油市含增镇长春村道路设施建设，43户贫困户全部实现脱贫，人均年收入达5000元以上；研究制定三台县方井小学“柴改汽”等专项帮扶实施计划。绵阳市被表彰为“四川省人民防空先进城市”，市人防办被省人社厅、省人防办联合表彰为“四川省人防系统先进集体”。绵阳市连膺“全国人民防空先进城市”。5月13日，市委副书记、市长刘超在第七次全国人民防空会议上受到习近平、李克强、刘云山、张高丽等中央领导的接见。

▲人防（民防）“六个一”项目：指一个基本指挥所、一个机动指挥所、一个核心疏散基地、一个民防宣教中心、一个以上规模化人防工程、万人以上的乡镇建一套预警报知系统。

【人防工程项目建设】 2016年，市人防部门配合完成跃进路历史文化保护人防工程开发利用规划工作；全年新增防空地下室面积13.4万平方米，竣工2.3万平方米，征收人防易地建设费5203万元；社会投资1.2亿元（一期）的江油市纪念碑路人防平战结合项目，于9月开始试运营；依法处理违规建设项目2个，完成市长热线、信访案件6件，群众满意率达100%。

【人防组织指挥系统建设】 2016年，市人防部门加强人防组织指挥体系建设，对市人防基本指挥所电源系统、排风排水系统、墙体等设施维修加固；三台人防基本指挥所主体工程全部完工，梓潼县人防应急指挥中心完成配套设施建设。完善县市基层人防组织建设，督促落实基层人武部组建人防工作站，覆盖乡镇的人防组织指挥体系基本形成。

【民防应急能力演练】 2016年，市人防部门先后组织3批次机动指挥所操作人员的业务培训和县市区互联互通组网训练，对仙海水库等风景区、人员密集区、地质灾害频发区补充安装电子警报设备，完成全市“9·18”防空警报试鸣放演练；参与西南科技大学万名师生防空疏散应急演练、高川防灾等演练中的警报通信保障工作，与广元市等友邻单位人防机动通信分队开展跨区应急通信保障演练。

（王发平）

图 46 “全国人民防空先进城市”光荣牌

农　业

Agricultural

概　述

【概况】　2016年，全市围绕脱贫攻坚和全面小康目标，以创新发展引领农业转型升级、以协调发展促进幸福美丽新村建设、以绿色发展推进生态文明建设、以开放发展提升农业质量效益、以共享发展实现贫困群众脱贫致富，全市农业农村工作实现持续健康发展。加大“三农”工作力度，全面推进项目建设，强化农业科技支撑，提升综合生产能力，探索农业供给侧结构性改革，夯实农业农村发展基础，促进农村经济的持续发展和农民收入的大幅增长。

2016年，全市农民人均可支配收入达到13520元，比2015年增长9.7%。全市粮食总产224.81万吨，比2015年增加3.91万吨、增长1.77%，实现粮食总产“八连增”。生猪出栏361.54万头，比2015年下降4.1%；肉类总产42.03万吨，比2015年增长1.1%；禽蛋产量14.68万吨，比2015年增长3.2%；规模化养殖率达到72%。全年水产品总产量10.76万吨，渔业经济总产值27.5亿元，分别比2015年增长3.2%和13%。全市林业产业总产值170.9亿元，完成营造林面积2.19万公顷（人工造林0.66万公顷、封山育林0.17万公顷、中幼林抚育总面积1.31万公顷）。

▲“三农”：指农村、农业和农民。

【农业产业化发展】　2016年，全市新建成现代农业特色产业基地1.04万公顷，总面积达到13.68万公顷；新建成部、省、市三级标准化养殖场23个，总数达到230个；新认证“三品一标”农产品174个，总数达到502个；夏粮总产量比2015年增长2%；新增市级以上龙头企业20家，总数达到441家；新增农民合作组织538个，总数达到2960个；新登记注册家庭农场860个，总数达到1960个；新发展休闲、康养、农旅结合等新型农业经营主体115家，总数达到1427家，营业收入达到21.48亿元，全市新型农村经营主体对农户带动面达到69%，比2015年提高2个百分点。

【农村体制改革】　2016年，全市农村承包耕地流转面积新增0.55万公顷，总面积达到7.22万公顷；林地流转面积新增1.24万公顷，总面积达到15.73万公顷，流转收入突破10亿元；全市林权抵押新增面积0.62万公顷，总面积达到4.17万公顷；抵押贷款新增3.5亿元，总贷款达到13.9亿元，；农村承包土地保证收益贷款突破亿元大关，农村居民储蓄存款余额同比增长10.9%。

【农业基础设施建设】　2016年，武引二期灌区、开茂水库、沉抗水库等重大水利工程建设加快推进，完成水利投资20.2亿元，新增蓄水能力480万立方米，新增有效灌面0.72万公顷，解决21.8万人饮水安全问题。高标准农田建成2.5万公顷。开建九（寨沟）绵（阳）、绵（阳）西（充）高速公路，改建国省干线道路111千米，建成县乡道路893千米、村组道路973千米，投入资金85.3亿元。

【新村示范建设】　2016年，全市幸福美丽新村建设改善道路1842千米，实现县乡公路全面建成等级公路，建制村公路通畅率100%；新建高标准农田1.73万公顷；建设43个乡镇污水处理设施，规范运行40个，建成投运52个；全年整合建设资金10.2亿元，完成“建改保”611个村；新建、改造农房1.4万户；解决无房户、危房户、住房困难户住房7157户；建成农村廉租房2318户；保护传统村落20个、民居4791户；建成“1+6”村级公共服务活动中心378个。平武、北川、梓潼3个县共投入资金3.96亿元，建设新村聚居点5个，实施旧村落民居改造提升30个村；传统村落保护修缮3个村；连片发展优势特色产业0.09万公顷；硬化农村道路198千米；建成“1+6”村级公共服务活动中心38个。全年建成幸福美丽新村961个，累计建成1546个；建设扶贫新村106个。109个村被命名为2016年度省级“四好村”。

【首家农村产权流转交易中心成立】　2016年3月30日，绵阳市首家农村产权流转交易中心绵阳市涪城区农村产权流转交易中心挂牌成立。中心主要提供流转交易信息发布、受理咨询和申请、协助产权查询，组织交易并出具产权交易证书等服务。中心位于涪城区天泰·剑南国际食品城9号楼，占地1500平方米。这也是全省首家运用政府主导，农委牵头、供销社主抓、政府购买服务、企业化运作模式建立起来的农村产权流转交易平台。（包雪梅）

农业综合改革试验区

【概况】 绵阳市农村综合改革发展试验区（简称“综改区”）位于三台县南部地区，覆盖16个镇乡，区域面积533平方千米，45万人，其中核心区有7个乡镇36个村，面积约100平方千米。2016年，按照“市上主导、三台主体”工作思路，落实主体责任，调整领导结构，由三台县委书记马辉，县委副书记、县人民政府县长任指挥长，涉及综改区建设44个县级部门（单位）为成员单位。下设综合协调、基础设施、产业发展和社会党建4个办公室，县委农办、发改局、农业局、组织部党建办负责人任各办公室主任，确立常驻指挥部专职副主任和工作人员。根据各单位工作职能，印发《前线指挥部各办人员职责分工的通知》，工作职责落实到单位和人头，形成工作合力。以“一轴一环、三镇乡、六个重点村”为重点，整合资源力量，统筹推进基础设施、产业发展、新村建设，深化农村改革，加强基层组织建设，完成各项年度目标任务。全年启动实施项目42个，实际完成总投资3.24亿元，其中基础设施投入1.71亿元（道路交通1.13亿元、农田水利1000万元、要素配套4800万元）、产业发展投入7300万元（业主自筹6900万元）、土坯房改造项目资金6800万元（群众自筹5100万元）、社会事业投入1200万元；引进各类企业5家，培育新型经营主体27个，规模流转土地400公顷。

【基础设施建设】 2016年，综改区根据建设重点和发展需求，提前谋划、统筹布局，整合“一事一议、小农水、千亿斤粮食、产粮油大县等涉农项目”等1.13亿元，全面展开道路交通、农田水利等基础设施建设，并首次采用“多个项目、统一设计”原则，确保项目安排的科学性。全年启动中涪路、双乐-协和=建中2条县乡道路建设（正在进行路基施工），完成46.58千米村社道路建设，修建产业道路11.7千米。并以中涪路、观射路等公路沿线为重点，集中连片实施山、水、田、林、路等农田水利综合治理，完成渠道整治36.8千米，新建山坪塘37口，蓄水池29口，整治石河堰7道，整治提灌站5座。农网升级改造项目、宽带乡村项目、通信基站建设整体推进。

【现代农业特色产业发展】 2016年，综改区将特色产业发展作为农民增收致富的抓手，大力推进产业扩面升级，全年包装镇村项目182个，参加深圳、太原、香港等地举办的项目推荐会和省农博会，与铁骑力士集团、浙江商会、绵竹泉地农业有限公司、广汉蒲金鹅业等20余家企业进行项目洽谈，引进龙头企业5家。完成油用牡丹扩面66.67公顷，甜橙林地膜花生种植66.67公顷、大豆套种33.34公顷；新建成莲藕基地73.33公顷、蔬菜基地80公顷，无公害大米基地800公顷；稻鸭、稻鳅、藕鱼共育基地266.67公顷，新培育专业合作社11个、家庭农场16个；2400头川藏黑猪养殖基地建成投产；铁骑力士（1+4）品牌土鸡代养启动建设，协和乡红灯桥村1万平方米土鸡集中养殖小区主体完工。启动综改区丘区旅游脱贫攻坚规划，红花园村旅游发展规划编制在创新经营机制、完善群众利益联结上进行有益尝试。探索形成甜橙产业“入社农户、专合社、集体经济、公司‘7111’的代建代管四方分成模式”，水产养殖“扶贫产业周转金、社会帮扶资金作为贫困户集体股本的股权量化精准扶贫模式”，土鸡养殖采取“政府+金融、企业、合作社、贫困户”（“1+4”产业扶贫）模式，以及红花园村“政府投入资金股份量化分成”模式，切实保障群众收益。

【农村供给侧改革】 2016年，综改区将农村改革作为推动综改区建设出发点，年初结合区域实际，拟定农村产权融资、土地股份合作、金融支持创新等10项改革重点，明确牵头领导、责任部门和时间节点，制定改革事项实施方案。注重农村土地权益的确定和利用，推进农村产权确权颁证，全面完成农村集体土地所有权，集体建设用地使用权、宅基地使用权、林权和小型水利工程产权颁证工作及农村土地承包经营权和房屋所有权颁证基础工作，并创新开展定向颁发经营权证，实现农村土地“三权分置”。创新农村金融产品和服务方式，与县农商银行合作创建综改区“扶贫产业贷”，落实100万元分险基金，放大10倍放贷支持产业合作社发展。创新财政投入方式，首次在千亿斤粮食项目建设上采取“民办公助、以奖代补”形式，将项目的决定权、实施权和监督权还权于民。强化农村电商发展，加快红花园村电商基地建设，打造以“郪府”“景福豆豉”“宝舒一号”等为代表的农产品品牌上网销售，初步形成网销农产品供应体系。综改区2000公顷水稻加入社会化服务。指统一供种、统一存秧、统一机耕、统一机播、统一生态防控、统一机收、统一产品收购。综改区实施社会化服务，解决农村劳动力不足问题，达到助农增收目的。

【广惠山桐子专业合作社成立】 2016年7月，三台县广惠山桐子专业合作社成立，县工商联授印授牌。来自云同、新鲁、金石和黎曙四镇乡的社员参加成立大会。广惠山桐子专业合作社以种植山桐子为基础，配套林下养鸡、种植药材、立体生态种植和乡村旅游等产业，走专业化经济发展道路，合作社四镇乡58村规划种植山桐子1333.33余公顷，实行“统一种苗、统一规划、统一标准、统一技术、统一收购和统一销售”和“公司+农户”的运作模式，走产业化、专业化的经济发展道路。

【农户土坯房改造】 2016年，综改区按照贫困村退出“一低五有”和贫困户退出“两不愁、三保障、三个有”目标要求，层层传导压力、逐级落实责任，扎实推进脱贫攻坚，针对区域内土坯房（危旧房）分散、量大、种类多现状，对区域内土坯房进行全面清理核实，对5061户土坯房，逐一建立台账，其中唯一土坯房户3336户、享受政策应拆除土坯房281户，一屋二基685户，外出闲置土坯房759户。通过C、D级危房改造和易地搬迁政策改造农村土坯房451户，年底基本改造完成。加强核心区脱贫村和主要公路沿线一屋二基、享受政策未拆除土坯房和闲置土坯房等应拆除土坯房拆除工作，组织拆除土坯房200余户。

（李国强　冉进财）

种植业

【概况】 2016年，全市种植业以稳粮产、压玉米、扩土豆、强特色农作物为目标，推进农业种植结构调整。玉米种植面积适度调减，种植面积11.59万公顷，较2015年减少433.3公顷；土豆种植面积适度增加，较2015年增加413.3公顷。核实耕地地力保护补贴面积25。88万公顷，通过农户“一折通”兑现资金44312.94万元。

全市种植业以农作物和经济作物为主，农作物有稻谷、小麦、玉米、红薯、土豆、花生、黄豆等，经济作物有油菜籽、蔬菜、花卉、水果、中药材、茶叶等。农作物种植面积66.46万公顷，较2015年增加1000公顷，增长0.15%。粮油作物播种面积56.14万公顷，较2015年增加0.06万公顷，增长0.11%。其中粮食作物种植面积42.04万公顷，较2015年增加600公顷，增长0.14%；总产量223.75万吨，较2015年增加2.85万吨，增长1.29%。主要粮食作物有稻谷100.48万吨、小麦43.05万吨、玉米54.43万吨、薯类（红薯、马铃薯）17.37万吨。油料作物种植面积14.1万公顷，较2015年持平；总产量36.39万吨，较2015年增加0.23万吨，增长0.64%。其中油菜籽面积11.26万公顷，较2015年增加100公顷，增长0.09%；总产量27.11万吨，较2015年增加2300吨，增长0.86%。花生2.81万公顷，较2015年减少200公顷，下降0.71%；总产量9.25万吨，较2015年持平。蔬菜（食用菌）种植面积7.51万公顷、总产207.00万吨。园林水果种植面积2.81万公顷、总产25.27万吨。花卉种植面积329公顷，年产鲜切花3.51亿枝，盆栽花卉32.51万盆。茶叶3400吨，中药材3万吨。

【产业产品基地建设】 2016年，平武县6500余公顷全国绿色食品原料（茶叶）标准化生产基地顺利通过省级验收，平武县成为绵阳市第一个绿色食品原料标准化生产基地县。梓潼县建成6500公顷优质蜜柚生产基地。游仙区街子镇的绵阳国际兰花主题公园开园。建成一批中药材种植基地，探索出“龙头企业+基地+大户”中药材生产组织模式；培育一大批中药材科技示范大户和种植能手；培植一大批中药材专业合作社、家庭农场、加工型龙头企业等新型农业经营主体。“文昌添宝”天宝蜜柚荣获第十四届中国国际农产品交易会参展产品“金奖”。平武“草原”茯砖茶、“羌乡绿”龙州青丝、“九寨红”九寨红3个茶叶产品获第五届中国·四川国际茶业博览会参展产品金奖，北川“羌笛”牌羌芝灵芽分别获得第二届亚太茶茗大奖赛、“蒙顶山杯”中国黄茶斗茶大赛绿茶类金奖。

【中药材种植产业】 2016年，全市中药材种植面积8407公顷。种植面积较大的品种有麦冬、黄连、鱼腥草、木香、附子、桔梗、葛根、鱼腥草、重楼、马蹄大黄等；总产量3万吨，位居全省第7位；总产值42.6亿元。27家市级农业产业化重点龙头企业，销售收入突破20亿元，销售过1亿元的龙头企业有太极集团四川绵阳制药有限公司、四川绵阳一康制药有限公司、太极集团四川天诚制药有限公司、四川恒源药业集团有限公司（省级）、四川省天雄中药饮片有限公司。

【中药材种植标准化】 2016年，全市以推行中药材标准化种植为重点，健全中药材产业生产标准体系。建立麦冬、附子、黄连等道地大宗中药材种子种苗生产基地。在平武县、北川县等重点区域建立完善中药材种植过程化学投入品市场监督、使用登记、生产经营等管理制度。推广中药材绿色种植技术、保障中药材质量安全和生态环境安全。与北京大学药学院等院校建立农业科技示范基地，开展中中药材新品种选

图 47　获绿博会金奖的“蜀好湃”牌香米

图 48　平武的厚朴、黄连种植

育、标准化生产技术规程、复合种植模式等研究，就地转化应用成果。利用麦冬耐荫的特性，研究出“麦冬/玉米/大蒜”“麦冬/玉米/玉米（秋）”“麦冬/玉米/蔬菜（露地）”“麦冬/蔬菜（高架）”四种高效复合型种植模式，为当地药农每亩平均增收3000元以上。　（谢贵强）

蚕桑业

【概况】　2016年，市农业局举办全市蚕桑新技术培训班和蚕种质量安全培训班，提高蚕农养蚕技术水平，提升蚕种检疫检验能力，促进蚕业规模经营。示范推广“无核大十”“嘉陵30号”“强桑1号”“秋华×平30”“川山×蜀水”等桑蚕新品种，提高蚕茧质量、蚕桑综合效益。对绵阳市、遂宁市及省属三台蚕种场生产的桑蚕一代杂交种进行全面检验检疫合格率100%。争取到第四批省级蚕桑项目资金500万元，用于涪城区建设标准化桑园，完善大蚕饲养设施。

2016年，全市桑园面积1.52万公顷。养蚕发种20.95万张，与2015年持平；生产蚕茧761.3万千克，比2015年减少13.1万千克，下降1.7%。栽桑养蚕主要区域是绵阳市游仙区、绵阳市涪城区、三台县、梓潼县、盐亭县；蚕农茧款收入2.83亿元，比2015年增加0.31亿元，同比增长12.3%。通过蚕桑综合利用，蚕桑综合产值3.73亿元。绵阳市养蚕数量和蚕茧产量居四川省第三位，被四川省蚕业管理总站评为2016年度蚕业工作一等奖。

【“双认证”复查换证通过现场评审】　2016年6月25~26日，四川省农业厅和省质监局联合组织评审组，对绵阳市蚕业管理站进行农产品质量安全检测机构考核和检验检测机构资质认定复查换证现场评审。评审组采用考察实验室现场、查阅检验报告、原始记录、人员培训档案、仪器设备档案、内审及管理评审记录等文件资料、跟踪现场试验、召开座谈会、考核授权签字人，人员提问等方式，对绵阳市蚕业管理站管理体系的建立、运行以及运行中的情况进行核实、查证。通过“双认证”复查换证现场评审并获得证书。标志着绵阳市蚕业管理站具有桑蚕一代杂交种检验检疫资格，出具的检验报告具有法律效力。

（谢贵强）

林　业

【概况】　2016年，全市依法对121.47万公顷森林资源开展有效保护，落实30.65万公顷国有林管护和22.53万公顷集体公益林生态效益补偿政策。集中开展林业执法，严厉打击涉林犯罪。开展国土绿化，全市完成营造林面积2.19万公顷，占目标任务的109.8%。持续推进退耕还林。推进大熊猫国家公园申建工作，加快自然保护区建设步伐，提升保护管理水平，绵阳三江湖国家湿地公园人工智能观测平台建设和湿地生态修复得到各界好评。推进现代林业重点县建设，林业产业联盟打造逐步展开，林业产业基地规模壮大，循环林业试点工作起步。林业深化改革及扶贫攻坚工作，推进集体林权制度改革。

2016年，绵阳市森林公安局被评为“全国打击非法占用林地等涉林违法犯罪专项行动先进单位”；江油市森林公安局被评为“全国公安机关执法示范单位”；北川羌族自治县林业局被评为“全国造林绿化先进集体”；绵阳市荣获“国家森林城市”。

【森林资源管护】　2016年，全市新增森林面积1.23万公顷，新增森林蓄积106.1万立方米，林地保有量维持在121.63万公顷，森林覆盖率达到53.62%，全面完成省林业厅下达的“双增”目标任务。2016年省林业厅下达全市采伐限额127万立方米，实际采伐23.9万立方米（其中占限额采伐20.5万立方米）。通过全国建设项目使用林地审核审批管理平台办理审核长期使用林地51件、100.67公顷，临时使用林地34件、44.11公顷，林业生产服务设施使用林地59件、47.14公顷。顺利通过国家林业局驻成都专员办对江油市政府保护发展森林资源目标责任制检查、国家林业局昆明勘察设计院对江油市林地检查、省林业厅对梓潼县林地和林木采伐检查。

紧紧围绕“打、防、控”一体化建设，先后开展“林地行动”、“打击非法狩猎违法犯罪”、“森林火灾案件侦破查处”、“打击破坏野生动物资源违法犯罪”等专项行动，有力维护了森林资源安全。全年共发现和受理各类森林和野生动植物涉林案件942件、破获刑事案件82件（市级立案8件）、查处行政案件860

件，对1108名林业行政执法人员进行培训。

全年发生森林火灾23起（一般21起、较大2起），无发生重大、特大森林火灾，连续28年无重特大森林火灾。森林火灾损失率为0.0094‰，低于全省森林火灾控制率。防火宣传和火源管控到位，通过手机短信、气象预警平台发布信息20万条，新增宣传碑（牌）3200余块，培训县、乡、村三级应急队伍3382支、64524人，配备护林员3225人，落实3043个村35万余户村民轮流挂牌值班和巡山护林制度，设置森林防火检查站117个（处），临时检查站130个，储备各类防火机具9322台（套）。查出火灾隐患216起，全部限期整改到位。市森林防火指挥部被评为“森林防火工作大检查隐患大排查工作先进单位”，市森林防火指挥部办公室、江油市林业局被评为“全省森林防火信息化指挥演练任务先进单位”，梓潼县被评为“全国森林防火先进单位”。

成立绵阳市林业有害生物防治检疫站，配备专职人员和专业设备，具备松材线虫病分子生物学鉴定等技术能力。全年投入防治经费147.5万元，购买苦烟粉剂等林药65吨，购置和维修防治机械75台。建立4个测报点、200余个报警点，加强种子苗木检疫，全市林业有害生物成灾面积为53.33公顷，成灾率0.04‰，种苗产地检疫率99%。

【国家森林城市创建】 2016年，绵阳市围绕创建国家森林城市，实施城区森林建设、水系堤岸林网建设、城郊森林建设、绿色家园及新农村建设、城乡道路林网绿化、城市周边集镇绿化、特色精品亮点、生态文化建设“八大工程”。城市森林建设与城市发展有机结合，把城区块状、团状绿化及城市水网、路网绿化建设作为森林城市的中心和重点，同时向近郊和远郊拓展，打造符合绵阳城市发展规划和功能分区的城市森林。完成人工造林6500余公顷，封山育林1700余公顷，中幼林抚育总面积1.31万公顷。完成容器育苗6.8公顷；完成义务植树594.6万株，参加植树193.7万人次；完成低效林改造任务340余公顷；完成森林抚育2666.7公顷（集体林抚育1666.7公顷，天保区国有中幼林抚育1000公顷）。完成容器育苗6.61公顷；完成义务植树594.6万株，参加植树193.7万人次；完成低效林改造任务333.33公顷；完成森林抚育2700余公顷（集体林抚育700公顷，天保区国有中幼林抚育1000公顷）。

全市对第一轮退耕还林4.12万公顷进行完善政策补助5852万元，兑现率100%。做好全市新一轮退耕还林建设任务，完成2016年度退耕还林0.09万公顷。

按照《绵阳森林城市建设总体规划（2012~2020年）》目标任务，对照《国家森林城市评价指标》收集各方面相关资料及佐证材料，开展各项迎检准备工作。8月，绵阳市国家森林城市创建工作通过国家林业局专家组验收，9月19日，国家林业局授予绵阳市“国家森林城市”。

【大熊猫国家公园建设】 2016年，市林业局编制《中国岷山大熊猫国家公园总体规划》《中国岷山大熊猫国家公园申报专题片》。根据省政府5月9日召开的大熊猫国家公园体制试点方案编制推进会要求，平武、北川等县成立调查小组，组织专业技术人员，对拟建范围内乡镇、保护区、森林公园、国有林场开展实地核查，全面摸清情况；市申建办对上报数据进行分析汇总，及时上报、汇报，推动大熊猫国家公园体制试点工作顺利开展，力争大熊猫国家公园岷山片区管理机构设在绵阳。

【生态自然保护区和湿地保护】 2016年，绵阳市按照“建设标准化、管理信息化、经营规范化、社区现代化”的发展思路，积极试点、大胆探索、系统布局、有序推进自然保护区建设管理工作。利用政策支持完善保护管理设施，改善保护区工作和生活条件，组织开展保护区总体规划、生态旅游规划的编制和更新，进行资源调查、科学考察和科研监测及保护区专项执法检查，全面提升自然保护区保护管理水平。全年完成6个自然保护区基本建设工程项目约1500万元的投资。推进湿地保护工作，加快三江湖区国家湿地公园建设。开展湿地植被恢复和生态环境公众智能观测平台建设，为广大市民提供一个生态体验和休闲场所，实现保护、科普、宣教的有机结合。江油市人民政府申报的四川江油让水河国家湿地公园，其《总体规划》通过国家湿地公园大评委专家评审通过。

【林业产业转型发展】 2016年，全市完成第二轮现代林业重点县的各项建设任务，三台县、梓潼县被正式认定为第二轮现代林业重点县并授牌。指导三台县成功申报第三轮现代林业产业示范县、盐亭县成功申报第三轮现代林业重点县。完成第三轮现代林业重点县的《总体规划（2016~2018年）》和年度方案编制、审查工作。按照市委、市政府建设产业联盟的要求，启动绵阳市森林康养协会、绵阳市花卉林木产业协会、绵阳市木本及林下中药材产业协会等社团组织的筹建工作。5月13日，成立全国首家地市级森林康养协会。成功举办首届森林康养推介会。

全年，全市6家企业成功申报第三批省级龙头企业，全市省级林业龙头企业总数达17家。全市规模以上龙头企业36家，年产值达35亿元。成功申报林业专业合作社3个（国家级1个、省级2个），国家级示范社2个。全年培育、规范专合组织344家（国家级6家、省级17家），带动农户7.8万户，争取省级资金180万元。全市林业产业总产值170.9亿元，较2015年增长13.2%；农民人均林业收入1880元；生态旅游收入36.4亿元；

全市发展工业原料林、木本粮油、木本药材、森林康养、林下种养殖、森林食品等林业产业基地40.73万公顷（工业原料林基地23万公顷、特色经济林基地17.73万公顷）。成功建成“SCFF”森林食品基地5个，市级森林康养示范基地8个。向上申报省级森林康养基地5个，国家级森林康养基地3家。通过合理规划、整体布局，积极探索生态循环林业模式，带动种植业、林下养殖业和生态旅游业的发展。在北川曲山镇郭牛村，进行生态循环林业模型试点，邀请西科大专家编制《北川羌族自治县擂鼓镇郭牛村生态循环农业发展规划（2016~2020）》。

【林权改革】 2016年，全市深化集体林权制度改革，开展林权纠错，完善林权档案，调处林权纠纷，妥善处理林权遗留问题，维护林权权利人合法利益；规范林权流转程序，5个县市区初步建成集体林权交易平台。开展经济林（果）抵押贷款改革试点，推动金融资本向林业积聚，增强林业发展活力。完成纠错林权证2938本，纠错面积933.33公顷；化解林权纠纷27件，依法确权4000公顷；流转林地110宗、7800公顷、3184万元；林地抵押58宗、1.52万公顷、贷款35521万元。颁发经济林木（果）权证36本，确权213.8公顷，林地经营权流转证1本，确权20公顷。

2016年，市林业局编制完成《绵阳市国有林场改革实施方案》，对林场布局、林场属性界定、编制岗位核定、富余人员安置、经营管理机制、职工社保体系和森林资源监管都做出详细部署，统筹解决。12月13日，市委深改领导小组第十四次会议审议并通过《绵阳市国有林场改革实施方案》；12月15日，市政府七届第五次常务会议审议并通过《绵阳市国有林场改革实施方案》。

【林业扶贫攻坚】 2016年，绵阳市在平武、北川贫困地区开展扶贫攻坚，支持集中连片发展经果林基地和林下种养殖产业，各级投入建设资金1410万元。全市林业招商引资5.2亿元，完成生态旅游收入35亿元。聘请1045名贫困人员担任护林员，聘请161名贫困人员参与管护国家级自然保护区、森林公园和国有林场。在北川县整合资金297.8万元，用于都坝乡等4乡镇588户贫困农户发展林下种养殖及经果林等产业。同时，市林业局选派年轻干部到三台县景福镇鲜家嘴村担任第一书记，指导连片种植油用牡丹、藤椒等林经作物，覆盖贫困户55户，惠及800余户、1900余人。协同市总工会对盐亭县黑坪镇星致村脱贫攻坚开展帮扶，帮助发展杜仲产业，22户贫困户通过“一对一”帮扶全部脱贫。

图 49　古翼龙化石对比图

【绵阳境内首次发现翼龙化石】 2016年2月29日，三台县收藏爱好者吴功斌和蒲姓奇石爱好者到乡下寻找奇石，在三台县金鼓乡共和村山路上发现一块石头，呈长方体，长约90厘米，宽45厘米，厚约15厘米，为黄色沙砾石材，清楚的显现出一些凸起的骨骼状物，中部可以清晰辨别一个爪状凸起，四指分明的飞行类动物，右下方呈羽毛状。经专家确认，这是远古翼龙化石，属于史前文物。该文物被吴功斌捐献给三台县博物馆。

【国家一级濒危保护鸟类斑尾榛鸡】 2016年7月5日，绵阳市境内首次拍摄到国家一级濒危保护鸟类斑尾榛鸡。斑尾榛鸡是由绵阳爱鸟人士王昌大、邹兴贵、李继3人在平武王朗自然保护区白沙沟原始森林拍到的，这也是王朗成立保护区以来首次拍到这种罕见濒危鸟类。据《中国鸟类志》记载，斑尾榛鸡是中国特有

图 50　斑尾榛鸡

品种，主要生长在甘肃、青海、四川等地，以柳、榛的鳞芽、叶和云杉种子等植物的花、叶为食，属《国家重点保护野生动物名录》一级濒危保护鸟类。他们还在保护区内拍到国家二级保护鸟类松雀鹰，这在绵阳同样是首次。

（罗 舒 刘 刚）

水 利

【概况】 2016年，绵阳结合《绵阳市国民经济和社会发展第十三个五年规划纲要》和“再造一个都江堰灌区”目标，制定并审核通过《绵阳市“十三五”水利发展规划》，各项水利建设规划总投资466.65亿元，其中续建项目52.29亿元、拟建项目95.76亿元、储备项目318.59亿元。全年完成水利投资20.15亿元，占年度投资计划的100.77%。其中，重点水利工程完成投资10.33亿元、农田水利建设投入资金2.35亿元、堤防建设及河道治理1.85亿元、水土保持0.23亿元、中小河流监测及省级节水型重点县等完成0.37亿元。全市在建水电站建设完成投资4.1亿元，地方电力完成发电量18.5亿千瓦时，完成产值4.95亿元。全市新增蓄水能力480万立方米，新增有效灌面0.72万公顷，新增节水灌面0.94万公顷。恢复改善灌溉面积1.57万公顷，治理水土流失面积99.1平方千米，解决21.8万人的饮水安全。

2016年，江油市、安州区2个全国重点县以及涪城区、游仙区、三台县、梓潼县、盐亭县、北川羌族自治县6个省级小农水重点县分别被列为省级和市级民生项目，均超额完成民生工程各项任务指标，累计完成投资1.64亿元，新增有效灌面0.13万公顷。

【水资源管理】 2016年，绵阳市落实水资源管理制度，实现水资源管理“三条红线”控制指标全覆盖，对照51项考核指标完成对县市区实行最严格水资源管理制度考核；完成三台县、江油市、盐亭县全省第一批节水重点县建设项目投资2500万元；梓潼县、涪城区、游仙区、安州区被列为全省第二批节水重点县，争取省级资金每年每个县1200万元；全年征收水资源费3000余万元；审核办理红岩电站、南坝电站等9个单位取水许可证；协调相关单位调度水资源，保证主城区生活生产用水及向芙蓉溪补水100余万立方米。中小河流水文站点建设一期工程全面完工，完成投资300万元；二期水文站建设土建基本完工，设备进入安装阶段，完成投资1500万元。

【水生态文明建设】 2016年，全市以水生态文明建设为目标，组织河湖连通项目申报，沉抗水库至芙蓉溪连通工程、通口河至安昌河连通工程等五个项目列入省项目库。根据《绵阳市三江六岸滨水地区综合性规划》，参与涪江、安昌江、芙蓉溪三江六岸和南山、西山、龟山等区域规划，配合完成三江六岸主体景观带项目建设规划、设计、报批等工作，集中打造一批滨水区亮点工程；着力“美丽绵阳”建设目标，以全市水利风景区建设发展为抓手，落实中央、省生态文明建设重大部署，完成市、县两级水利风景区建设发展规划，并通过省级审查论证，成功申报梓潼县东方红水利风景区和梓江风景区。

【重点水利工程建设】 2016年，绵阳武引二期灌区、北川开茂水库、江油沉水水库等3处大中型工程加速推进，完成投资9.26亿元；梓潼凤凰水库完成投资1300万元；草溪河水库、祠堂湾水库、新华水库等中型工程前期工作有序推进；安昌河石桥铺闸坝工程项目通过可研技术审查并开工实施。

【农田水利基础建设】 2016年，全市完成游仙区、安州区等6个县市区中央和省级财政农田水利维修养护项目建设工作，累计投资2308万元。完成水库、水闸、堤防、供水工程等农田水利基础设施的维修养护任务。全市抗旱应急水源工程建设整体走在全省前列，游仙区、梓潼县、三台县、盐亭县2016年度完成主体工程建设，累计完成投资5682万元，解决在特大干旱时期18.3万人的应急供水和0.11万公顷农田的基本灌溉用水。绵阳市获得全省“李冰杯”水利项目二等奖，综合项目三等奖。

【水利脱贫攻坚】 2016年，绵阳市在贫困地区实施小农水重点县建设工程、水利工程维修养护、高效节水灌溉、抗旱规划补助等项目，累计完成投资2.05亿元。新建整治渠道679千米，实现新增有效灌面0.18万公顷，恢复改善灌面0.34万公顷，新增节水灌面0.343万公顷。全市农村饮水安全巩固提升项目完成投资3982.69万元，涉及集中饮水工程333处，分散饮水工程213处，受益人口16.84万人，其中贫困人口26584人，占年计划解决建卡贫困人口的109%。在抓好小型水利体制改革的同时，重点加强贫困地区基层水利技术服务队伍建设。支持农民用水户协会的建立，改善水利设施“最后一公里”管理薄弱的弊端。

（王二来）

武都引水工程

【概况】 2016年，武引二期灌区工程骨干工程完成招标16个（总额17.6亿元），为计划的94.11%；中小配套工程完成招标7个（总额1.7亿元），为计划的12.9%。工程累计完成投资28.31亿元，占初设批准总投资49.13亿元的57.62%。全年，到位资金10.35亿元，其中，中央资金到位4亿元、省级资金到位0.14亿元、绵阳市3.65亿元（市本级2.62亿元以及盐亭县1.01亿元和江油市0.02亿元）、南充市南部县1.84亿元、广元市剑阁县0.7亿元、武引一期石龙嘴电厂增效扩容改造项目到位资金0.18亿元；西梓干渠14个标段全线开工建设，累计完成明渠开挖25.7千米，隧洞开挖41.57千米，渡槽建设4.68千米，倒虹管建设3.18千米金峰水库大坝上游临时挡水断面填筑至425米高程，坝基段475米高程以下及右岸灌浆平洞

图 51　建设中的武引二期工程渡槽项目建设

的帷幕灌浆完成，沥青混凝土心墙填筑至414.6米高程，完成征地788.85公顷，达规划的59.36%；拆迁房屋12.83万平方米，占规划的59%。协调国家水规总院、省水利厅在绵阳召开两次金峰水库大坝稳定咨询会，推进武引二期灌区工程建设，利用国家支持172个重大水利项目的契机，全年通过申请农发行过桥贷款4.54亿元，其中绵阳1.5亿元、盐亭1亿元、南部1.34亿元、剑阁0.7亿元。省水利厅、省财政厅、世界银行和绵阳市委、市人大等领导及部门先后视察工程，接受世行第七次检查、审计署成都特派办进度审计和审计厅外资审计。

【灌区管理】　2016年，武都水库竣工验收档案室投资70万元建成并投入运行，完成档案编制两万余卷，水土保持工程顺利实施；投资3074万元的石龙嘴电厂增效扩容项目改造完成，正式运行发电；一期灌区全年供水27.2亿立方米，其中，农业供水2.43亿立方米（武都三堰），实现全灌区的满栽满插；完成末级渠系建设，其中投资300余万元建设末级渠系64.8余千米，投入56余万元完成渠道管理平台整治和各级渠道清淤；完成武都引水一期灌区总干渠灾后重建项目、沉抗水库震损除险加固工程和沉抗水库灌区灾后重建项目；武引一期灌区新建规范化的用水户协会10个，累计注册用水户协会200个，协会管理灌面达60%。　（王泽淋）

水产业

【概况】　2016年，全市有渔业村38个，渔业从业人员65086人；水产养殖面积24194公顷，稻田养鱼面积3085公顷；生产各类鱼苗133555万尾；水产品总产量达到107596吨，同比增长3.40%；实现渔业经济总产值275434万元，同比增长13.22%；全市人均占有水产品19.85千克。主要养殖品种及产量是：鲢鱼25443吨、草鱼25082吨、鳙鱼16287吨、鲫鱼11982吨、鲤鱼10067吨、鲶鱼3200吨、叉尾鮰3064吨、鳊鲂2616吨、鲈鱼2687吨。鲢、鳙鱼主要产自水库和池塘，其他品种主要产自池塘。

【全省现代水产业发展现场会召开】　2016年8月2日，全省现代水产业发展现场会在绵阳市长虹大酒店举行。各市（州）政府分管负责人、农业（农牧、畜牧水产）局（委）主要负责人；省农业厅、省水产局主要负责同志和分管负责人，省发改委、科技厅、财政厅、水利厅等单位分管负责人；20个水产大县市区政府分管负责人参加会议。副省长王铭晖出席会议并讲话。省政府副秘书长杨新元主持会议。市委书记彭宇行致辞，省农业厅厅长祝春秀作工作安排。与会代表参观盐亭县西部水产、安州区时新水产公司。

【渔政执法船亮相武都水库】　2016年，市农业部门为打击涪江上游的非法捕鱼、电鱼、炸鱼等违法行为，国家农业部配置绵阳市武都水库50吨级渔政执法船一艘。7月23日，该船通过省渔业船舶检验局专家验收并投入使用。该船的投入使用，为涪江上游渔业水域生态安全和渔业资源保护提供保障。

【农业部调研督查组调研督查水产工作】　2016年11月16~17日，全国水产技术推广总站站长肖放率农业部调研督查组到绵阳调研督查全国渔业渔政工作会议精神和《农业部关于渔业转方式调结构的指导意见》（农渔发〔2016〕1号）的贯彻落实情况。省农业厅党组成员、省水产局局长卿足平，绵阳市农业局局长贾友忠，盐亭县、江油市、安州区政府分管负责人及市、县市区农业部门相关负责人陪同调研督查。调研督查组先后到盐亭县西部水产园区、天路科技有限公司，江油市贯山镇清平村、三齐公司以及安州区时新水产公司实地调研，召开座谈会，听取省水产局及绵阳市的工作汇报。

【安州区创建农业部渔业健康养殖示范县】　2016年11月10日，农业部组织在安州区召开“安州区创建农业部渔业健康养殖示范县”验收会。经农业部、全国水产技术推广总站验收组和来自广东、湖南、湖北等七省九名专家对该区在创建中的行政监管、社会服务、健康养殖设施装备与技术等方面的工作进行现场查看、听取汇报、评审和打分等程序后，一致通过创建验收。12月29日，农业部印发“农渔发〔2016〕42号”文件，绵阳市安州区被评定为“农业部渔业健康养殖示范县”。

（谢贵强）

畜牧业

【概况】 2016年，全市通过标准化生产和生态建设有机融合，推进畜牧业逐步走向规模化、标准化、现代化发展。编制《绵阳市现代农业产业发展“十三五”规划》《绵阳市“十三五”农业农村经济发展规划》和《绵阳市现代农业重点产业及主导品种空间布局方案》，基本确定梓潼、盐亭、三台、江油为畜牧业核心区域，游仙、涪城、安州为畜牧业限养区域，平武、北川为畜牧业特色区域，明确主导产业及空间布局。

2016年，全市出栏生猪361.54万头，家禽6302.27万羽，肉牛15.64万头；肉羊130.94万只，兔918.09万只，肉类总产41.01万吨，禽蛋14.36万吨，奶产量2.12万吨。畜牧产值198.96亿元，同比增加3.92%。畜牧增加值90.05亿元，同比增加3.72%。

生猪出栏同比下降4.1%，肉牛出栏同比增长3.5%，肉羊出栏同比增长3.4%，蛋禽存栏同比增长1.4%。非猪产值增长2.9%。

【畜牧业产业模式化发展】 2016年，全市在畜牧业全面升级转型中，创新产业模式，完善利益联结机制，推广正大550模式、1100模式、铁骑力士1211模式、金华养猪专业合作社5432模式，形成“龙头企业+标准化养殖场”“龙头企业+家庭农场”“龙头企业+贫困户”多种形式、多种层次的产业扶贫模式。《人民日报》对梓潼“1+5”模进行专题报道。以铁骑力士、羌山农牧、明兴公司、勇辉公司为代表的本土农牧企业在核心育种、种养循环、产品开发、一二三产业融合方面的投资加大，社会资本总投资10亿元以上。至年底，圣迪乐、小寨子、勇辉、天龙4家公司在“新三板”上市。

【畜禽养殖标准化建设】 2016年，全市继续坚持以标准化示范创建，推行部、省、市“三级联创”机制。制订印发2016年《畜禽标准化养殖示范创建工作方案》。通过宣传发动，政策引导，最大范围、最大限度地调动养殖场（户）的积极性，让参与创建活动的养殖场（户）知晓创建活动目的、意义、内容及要求。经层层筛选和评比，创建1个部级标准化示范场，7个省级标准化示范场。截至年底，全市标准化示范场累计达204个，其中部级示范场17个、省级示范场52个、市级示范场135个。

按照动态化管理要求，全市2010年挂牌的6个部级标准化示范场、2013年挂牌的2个部级标准化示范场接受农业部复核；2013年挂牌的11个省级标准化示范场接受省级复核，除3个养殖场因转产（停产）外，其余16个部省级标准化示范场全部通过复核。通过标准化创建管理，畜禽产品的标准化生产覆盖率达40%。 （谢贵强）

农机管理

【概况】 2016年，全市农机化工作以提高农业综合生产能力、增加农民收入中心，抓好重点作物、关键环节机械化发展，发展农机社会化服务组织，农业机械化事业进入持续、协调发展的新阶段，完成各项工作目标。年末总动力达到323.7万千瓦、增长7.5%。主要农作物耕种收综合机械化水平达到47%、较2015年增长2.1个百分点。组织参加四川省农田水利基本建设竞赛，获农业厅绩效考核农机项目第2名。

2016年，全市农机投入总量达到38638万元。其中一般行政事业支出1392万元、基础建设19399万元、农业机械购置17528万元。全市兑付农机购置补贴资金4185.519万元，补贴机具19030台，直接受益农户达17600户。

【农机装备结构优化】 2016年，全市通过实施农业机械购置补贴等强农惠农政策拉动，全市新增各类机具2万余台套，带动全市农机装备的优化升级。全市拖拉机保有量达到23599台，增长3.5%；联合收获机械保有量5289台，较2015年增长11.3%；耕整机拥有量达到156348台，较2015年增长6.8%；水稻插秧机达到678台，较2015年增长4.8%；油菜收割机达到713台；玉米收割机达到87台，较2015年增长35.9%；秸秆粉碎还田机达到130台，增长30%。

【农机作业水平提升】 2016年，全市完成机耕作业面积30.9万公顷，机械播种面积7.59万公顷，较2015年增长7.5%；机械收获面积21.47万公顷，较2015年增长1.3%。农机作业水平的大幅提升，提高农业综合生产能力，促进农村劳动力转移和农民增收致富。围绕提高主要作物关键环节机械化水平，着力加强农机农艺融合，推广机械化育插秧、油菜机收等先进适用的新机具新技术。水稻机械化插秧技术推广取得新进展，机械化种植面积达到3.52万公顷，较2015年增长7.3%。

【农机社会化服务组织发展】 2016年，全市通过对农机大户培育和引导，年内新增农机专业合作社12个，年末达到96个，其中7个合作社被省农业厅命名为省级示范社，安州区永福农机专业合作社被农业部命名为“全国农机合作社示范社”，国家级示范社达到2个。在岁末年初由农民日报社、牛轰轰网举办的“2016中国农机社会化服务模范组织”评选中，安州区永福农机专业合作社、安州区龙腾农机专业合作社两个农机专业合作社，荣获“2016中国农机社会化服务模范组织金口碑奖”。 （谢贵强）

农业监测

【概况】 2016年，全市发展“三品一标”，强化农产品质量安全的示范基础。全年新申报（复查换证、续展、再认证）无公害农产品128个，绿色食品26个，有机食品20个。全市获证“三品一标”农产品达502个。平武十万亩茶叶基地成为全国绿色食品原料（茶叶）标准化生产基地。完成92个绿色食品的年检。以“三品一标”生产基地为重点，逐步建立完善具有标识管理可追溯的产地准出制度。组织完成《北川白山羊养殖技术规范》等三项农业地方标准的编写工作。全市建成现代农业万亩示范区76个，部省市畜禽标准化养殖示范场265个，水产健康养殖示范场25个，安州区成功创建全国水产健康养殖示范县，三台被省政府命名为农产品质量安全监管示范县。

【农产品质量安全专项整治】 2016年，全市重点开展滥用乱用投入品专项整治、非法添加违禁物质、生鲜乳违禁物质、生猪屠宰等专项整治.化肥使用量年度增长率小于0.8%，通过控、替、精、统等方式减少农药的使用，全市农药使用量增长率仅为0.73%。为“十三五”末全市实现化肥农药使用量零增长目标奠定基础；渔业风险隐患专项整治出动执法人员305人次，现场监查重点区域128处。全市送样检测350个样，快速筛查117个样，合格率达100%；定期或不定开展对生鲜乳收购站和生鲜乳运输车辆的现场检查，进行生鲜乳三聚氰胺、黄曲霉毒素监测。检测三聚氰胺332个、黄曲霉素M1样品332个，磺胺类68个、喹诺酮类68个，合格率为100%；开展生猪屠宰“扫雷行动,”打击屠宰违法行为，全市查办案件9件，处罚金额7.196万元。

【农产品监管监测】 2016年，全市以定量检测和定性检测相结合，省级畜禽产品质量安全例行监测抽样215个，合格率100%；省级农产品例行检测抽样360个。农产品质量安全监测合格率达100%，水产品质量安全监测抽样38个，合格率100%。开展农产品质量安全监测、专项监测和地环境监测5次，监测样品505个。开展县乡速测，农产品抽样1.02万个，速测合格率达99.9%。

【养殖环节“瘦肉精”监管】 2016年，全市继续开展养殖环节“瘦肉精”专项监测，做好日常监管的基础上，4月和9月全市在养殖环节集中开展“瘦肉精”拉网式排查，落实屠宰企业“瘦肉精”自检制度。全年对1.09万余个次规模养殖场、定点屠宰场、饲料企业抽样24.51万余份，均未检出“瘦肉精”肉品。

【种子质量监督检验】 2016年，全市农作物种子良繁基地面积达2.07万公顷。其中杂交水稻种子生产面积达1.01万公顷（占全省50%），小麦良繁面积6666.67公顷（占全省70%），蔬菜良繁面积1933.3公顷，油菜良繁面积1600公顷，玉米良繁面积386.67公顷。获得国家制种奖励项目资金占全省三分之一。梓潼获农业部、财政部杂交水稻制种大县2015~2017年奖励项目资金3000万元；安州区获农业部、财政部杂交水稻制种大县2016~2018年奖励项目资金3000万元。全市组织检查次数324次出动执法车辆500辆次，人员2500余人次。抽查全市辖区内经销门市2387个，监督抽查企业20家，抽查率100%。经检查，经营网点建档案占95.5%，经营品种备案466个，其中玉米品种214个，水稻品种142个，油菜品种110个，标签标识合格率达99%，全市吊、注销证照2个，查处种子违法行为96起，查处假劣种子2.1万千克，罚款8.2万元，解决种子田间种植纠纷20余起，为农民挽回经济损失100万元以上。

【动物疫病防控】 2016年，全市动物疫病防控系统围绕“努力确保不发生区域性重大动物疫情和重大动物产品质量安全事件”的目标任务，扎实做好全市动物疫病预防控制工作。在游仙、盐亭、梓潼和平武等地对业务骨干、技术人员和养殖户（场）开展专题培训5期879人。全市6个血防县市区全部达到国家血吸虫病传播阻断标准，重点加强对动物血吸虫病的监测和查治力度，全市监测耕牛9208头次，羊2591头次；全市监测奶牛结核病3084头，家畜布病8268头，其中结核病阳性牛24头，布病阳性牛9头，分别按照要求补杀并无害化处理；全市免疫犬296550只，免疫率达94.36%。对高致病性禽流感、口蹄疫等8种动物疫病进行监测，检测样品14257份，为省级疫情预警提供科学的指导数据；并协助农业部完成定点监测流调采样915份。全年调运疫苗12172.6万毫升（万头份、万羽份），累计免疫畜禽12196.65万（头、只、羽），应免率和消毒面均达100%，省级检查全市春防抗体合格率为98.34%，秋防抗体合格率为93.13%，均高于农业部70%的要求，确保全市无区域性重大动物疫情。

【农产品质量检测】 2016年，全市实际完成检测样品3055个，其中，完成省、市下达的各类检验检测样品2025个，农业部农、畜产品风险监测（省农科院农产品、农业部畜产品样品）245个，完成市农业局增加的畜产品硝基呋喃快速检测620个，市食安办重点检测样品165个。实际检测超任务1030个，增加50%。

7月15~17日，四川省农业厅和省质监局联合组织专家组，按照《农产品质量安全检测机构考核评审细则》和《检验检测机构资质认定评审准则》，对绵阳市农畜产品质量安全检验检测中心进行机构考核和资质认定复查换证、扩项现场评审。通过现场评审确定，检测中心具备农产品（种植业产品、畜禽产品和水产品）、农业环境（土壤、水质、大气）和农业投入品（肥料、农药）344个参数的检测能力。检测能力比扩项前的123项增加221项，增加179%。10月26~27日，农业部投资1000万元的绵阳市检测中心建设项目通过省农业厅、省发改委的竣工验收。

【农业综合执法】 2016年，绵阳市农业综合执法支队严格按照法律法规要求，强化农业执法监督检查，组织开展农资打假专项治理行动，组织实施动物检疫，开展“产地监管年”专项活动，创新执法监管长效机制，做到工作法制化、执法主体化、执法行为规范化、执法责任具体化；确保产地检疫开展面及定点屠宰检疫率达到100%，上市产品持证率达100%。经全省动监目标考核，荣获一等奖。（谢贵强）

农村能源建设

【概况】 2016年，全市农村能源建设聚焦“沃野绵州”建设，以提高农民生活质量、建设美丽幸福美丽绵阳为目标，推进现代农业建设、发展循环生态农业。全市户用沼气建设59.17万户，占适宜建池农户的72.84%；沼气工程规模达到106处；城镇生活污水净化沼气工程规模达到2176处，总容积达18.6万立方米；乡村沼气服务网点建设规模达931个，基本覆盖全市沼气用户；“三沼”综合利用推广3.4万公顷，建成应用“三沼”综合利用技术生产优质特色农产品示范基地12个。

2016年，农村能源建设的转型升级，农业部取消户用沼气项目的中央投资，全市结合农户对户用沼气的需求，与扶贫、住建等部门协调，把户用沼气池的建设与危房改造、异地搬迁等扶贫项目有机结合起来，全市新建户用沼气池1811户。完成CCER项目第三方对游仙区13户项目农户的入户核查工作。

年底，绵阳市被省政府认定为“四川省沼气化市”，6个县市区被认定为“四川省沼气化县”，绵阳市获2016年度四川省农村能源建设一等奖。

▲“三沼”：指沼气、沼渣、沼液。

【农作物秸秆资源与综合利用】 2016年，绵阳市秸秆产生量为353.27万吨（其中可收集量294.84万吨），年综合利用秸秆281.65万吨，利用率95.53%（按可收集量计算）。其中：肥料化利用200.36万吨，占利用率的71.14%；饲料化利用28.68万吨，占利用率的10.18%；基料化利用11.35万吨，占利用率的4.03%；能源化利用30.34万吨，占利用率的10.77%；原料化利用10.58万吨，占利用率的3.76%。

【新村集中供气项目】 2016年，全市累计建成新村集中供气项目57处，其中省级新村集中供气项目53处，市级新村集中供气项目4处。全市新建新村集中供气14处，供气农户1034户，总投资739.06万元，其中，省财政投入537.68万元；地方财政配套76.21万元；业主自筹资金125.17万元。

【规模化沼气工程建设项目】 2016年，全市建设中央预算内投资规模化沼气工程项目3处，总投资1170万元。绵阳市涪城区西谷养殖有限公司养殖场大型沼气工程，项目总投资450万元，其中，中央预算内投资180万元、项目业主投资270万元；游仙区鑫庆农业开发有限公司养殖场大型沼气工程，项目总投资450万元，其中，中央预算内投资180万元、项目业主投资270万元；三台俊涛牧业有限公司养殖场大型沼气工程，项目总投资270万元，其中，中央预算内投资108万元、项目业主投资162万元。

【沼气服务网点建设】 2016年，全市在“两个确保”（即确保服务能力、确保服务半径）的基础上，对服务网点的管理体制、运行机制开展多种形式探索，对全市建成的918个沼气服务网点、7个沼气协会和21个沼气物管站进行资源整合，优化人力、设施设备配置，创新“县—乡—村”三级服务模式，在一个乡（镇）统一设置中心服务网点，集中人力、财力，充分保障乡（镇）级服务网点建设，确保全市户用沼气使用率达到45%。

【“三沼”综合利用示范推广】 2016年11月，全省沼渣沼液综合利用现场会在绵阳召开。市财政安排农村能源建设专项资金50万元，用于建设三处“三沼”综合利用示范点建设项目。截至年底，涪城、梓潼县、游仙区各1处“三沼”综合利用示范点完成建设，投入运行。

【农村光伏项目推广】 2016年，全市在抓好以沼气项目建设的同时，拓展“多能互补、综合利用”的新领域和新途径。全年推广太阳能热水器9000台、太阳能光伏发电65千瓦时；并将太阳能综合利用纳入政务服务事项，对资质、证照齐全、拥有固定场所的，有推广能力，有国家合格产品资料及时纳入备案，给予推广服务。5月9~10日，农业部新时期农村能源调研第三小组到绵阳对太对阳能光伏项目的推广建设和使用进行调研。

【“全省沼渣沼液综合利用与循环农业”重点县培训班】 2016年10月31日至11月2日，省农业厅贯彻落实农业部部长韩长赋在陕西延川调研生态循环农业发展和农村能源工作时提出的“以果定沼、以沼定畜、以畜促果”和“以肥为先、创新机制”的指示精神，加强全省沼渣沼液综合利用，保障农村能源建设项目有序推进，促进循环农业发展。

图52 全省沼渣沼液综合利用与循环农业培训班在绵阳举办

在绵阳举办“沼渣沼液综合利用与循环农业”重点县培训班。省农业厅副厅长张强，厅畜牧业处、土肥处、农村能源办负责人，21个市（州）农业局和70个县（市、区）农村能源办负责人共计180余人参加培训班。副市长经大忠出席开班仪式并致辞，市农业局党组书记、局长贾友忠在培训班上代表绵阳作典型经验交流发言。会议期间，与会人员实地观摩梓潼县三泉乡泉源家庭农场、许州镇栏杆生态循环农业示范区，涪城区关帝镇沪川牧场种养循环农业示范点。（谢贵强）

千佛山

2005 年

4 月 24 日，九洲国际软件园奠基仪式在绵阳科创园区举行。该软件园依托绵阳科技城良好的科研、人才、市场及外部环境资源，以软件开发与服务、数字视听产品研发与生产为核心产业，内设科技部授予的绵阳 863 软件专业孵化器、数字产业园、国家级企业技术中心、博士后工作站、商务培训中心、软件技术培训基地以及为园区产业发展提供配套的专家住宅和其它设施。

9 月 30 日，千佛山风景区正式开山营业。千佛山海拔 3033 米，面积约 220 平方千米，2002 年被批准为国家森林公园，2003 年被评为四川省风景名胜区。该风景区由四川兴力达集团投资开发，此次开业的一期工程投资约 4 亿元。

10 月 6 日，国务院正式批复《绵阳科技城 2005~2010 年发展规划》（以下简称《规划》），原则同意《规划》中关于绵阳科技城发展的指导思想、产业发展重点及布局、重点工作任务和主要保障措施等意见。《规划》提出：到 2010 年，绵阳科技城 GDP 达到 600 亿元，科技型中小企业达到 2000 家以上，高新技术企业发展到 500 家，高新技术产业增加值占工业增加值比重达到 60%，科技进步贡献率达到 55%，全社会研发投入占 GDP 比重超过 5%，成为以产业为支撑、以工业为核心、以创新为灵魂的科技产业城。

概 述

【概况】 2016年，全市实现工业增加值763.1亿元，工业化率41.70%。规模以上工业增加值增长9.9%，高于全省2个百分点，完成省下达绵阳市的规模以上工业增加值增速工作目标8.5%、奋斗目标9%的年度目标任务；规模以上工业增加值增速稳居全省第6位，比2015年上升2位。完成工业投资389.72亿元、增长10%，技改投资358.62亿元、增长9.5%，单位工业增加值能耗下降16.56%。

2016年，全市规模以上工业中，六大“两新”产业和两大传统优势产业也得到较好发展，规模工业企业达到382家，占规模工业企业家数的45%；完成工业总产值2074亿元，占全市规模工业总产值的74.8%，比2015年增加168亿元、同比增长9.5%。其中，高端装备产业增长26.1%、节能环保产业增长22.2%、汽车产业增长18.9%、生物医药产业增长14.3%、新材料产业增长11.8%。纳入重点监测的33种工业产品中，24个主要产业产品实现正向增长，增长面73%。其中：电子元件累计增长52.5%、房间空气调节器累计增长42.4%、锂离子电池累计增长25%、发动机累计增长20.4%。全市规模工业产成品库存同比下降11.0%；实现产销率98.1%，同比提高1.1个百分点。截至2016年12月末，共结算直购电电量113300.85万千瓦时，优惠电费7566.57万元；设立规模3亿元的应急转贷资金为88家工业企业办理应急转贷资金114笔，转贷总金额8.1399亿元，降低企业融资成本近5000万元。

【规模工业企业发展】 2016年，全市新增规模工业企业92家，规模工业企业个数达到842家，比2015年净增59家。截至年底，全市规模以上工业企业中年产值4亿元以上企业98家、比2015年增加13家，完成工业总产值2032亿元，占全市规模工业企业年产值的73.3%、比重比2015年增加0.6个百分点，同比增长8.8%；10亿元企业30家、增加2家，完成工业总产值1617亿元，占全市规模工业企业年产值的58.3%、比重比2015年减少0.7个百分点，同比增长8.1%。在省经信委大企业办公布的2016年全省大企业大集团100强培育名单中，绵阳占7家，比2015年多3家。四川长虹电子控股集团有限公司2016年产值突破千亿元大关，达到1000.22亿元，增长6%（在绵阳的产值743.6亿元，增长7%）跃居全省第1位（比2015年度上升2位），居全国第88位（比2015年度上升17位）。全市规模工业实现主营业务收入2540.7亿元，同比增长8.6%；工业企业盈亏相抵后利润总额123亿元、增长26.6%，比2015年同期高21.8个百分点。规模以上工业企业产销率98.6%，同比提升1.2个百分点，高于全省(96.9%) 1.7个百分点。

【企业技改投资】 2016年，绵阳市列为省56个重大产业项目之中的四川野马汽车绵阳制造有限公司新能源及传统能源乘用车生产基地、四川神华天明发电有限责任公司煤电一体化循环经济产业园等5个项目完成投资34.4亿元，占年度计划投资的108.13%；列为省政府139个重点项目之中的绵阳华晨瑞安汽车零部件有限公司凸轮轴生产基地、绵阳纳川管材有限公司新型管材生产项目等20个项目完成投资50.01亿元，占年度投资计划的102.99%；列为省经信委500个1亿元以上重点项目之中的绵阳永贵电器有限公司新能源电动汽车连接器建设项目、四川好医生药业集团有限公司中药前处理及配套工程建设项目等39个项目完成投资62.23亿元，占年度投资计划的98.42%。全市7家大型水泥企业分别实施错峰生产，合计压减产量373万吨；淘汰西南钢铁公司（炼铁8.4万吨）、江油三丰公司（炼钢0.32万吨）等钢铁过剩产能8.72万吨，完成全年目标任务（省下达全年计划目标8.4万吨）。

【军民融合工业企业发展】 2016年，全市落实《中国（绵阳）科技城“十大军民融合产业园”建设方案》，加快长虹科技产业园等十大军民融合产业园区建设，推进科学新城、空气动力新城、航空新城“三新城”建设，军民融合航空发动机产业基地、军民融合绵阳科技城创新驱动核心示范基地成功入围四川省军民融合产业基地建设。加快培育军民融合骨干企业，研究出台《〈绵阳市军民融合企业认定管理办法（试行）〉实施细则》，长虹集团等9家企业被列入四川省军民融合创新成长型企业培育名单，九洲集团等9家企业被列入四川省军民融合大企业大集团培育名单，首批238家获军民融合企业认定。

【《绵阳市工业大企业大集团培育“领航计划”》出台】 2016年5月6日，《绵阳市工业大企业大集团培育“领航计划”》（简称《计划》）在市政府第90次常务会议上审议通过；9月8日，市政府印发《绵阳市工业大企业大集团培育“领航计划”》的通知（绵府发〔2016〕20号）。《计划》明确到2020年全市主营业务收入4亿元以上企业达到150家，10亿元以上企业达到50家，其中50亿元~100亿元企业8家，100亿元~200亿元企业5家，200~500亿元企业3家，500亿元~1000亿元企业2家，1000亿元~2000亿元以上企业1家。培育对象是：本市行政区域内注册并依法纳税，具有独立法人资格，年度内工业及生产性服务业收入占企业主营业务收入70%以上，属于全市八大重点产业范畴，按时足额缴税，征信良好的企业。

【智·造2016中国（绵阳）科技城机器人高端峰会】 2016年3月30日，四川省经信委、绵阳市政府、中科院微电子研究所主办，绵阳市经信委、游仙区人民政府承办的以“创新融合，智造未来”为主题的智·造2016中国（绵阳）科技城机器人高端峰会在绵阳游仙区举行。汉堡大学教授、多模式系统技术研究所所长张建伟，Kuka全球工业销售总监ThomasAngerbauer，中国旅美科创协会硅谷分会会长范姜等国内外机器人产业领域的专家学者和企业家参加会议，交流全球机器人技术和应用趋势，探讨加速智能机器人创新的相关议题，参会嘉宾代表针对机器人及智能装备领域内的热点话题、高端技术，以及人工智能时代绵阳的现状和发展前景作主题论坛演讲。会议现场进行4轮集中签约，绵阳市政府和德国库卡机器人有限公司，游仙区政府和中国工程物理研究院军转民发展部、九次方大数据公司、中科院物联网研究中心等签署合作协议。 （李文华）

电子信息产业

【概况】 2016年，绵阳依托国家数字家庭应用示范（绵阳）基地建设，以项目为载体，从应用示范、产业发展、支撑体系等方面着手，形成“云+关+端+控”的整体化解决方案和对应产品；以卫星导航产业链上游和中游为主，集中于九洲、长虹、久远银海等企业。拥有精密测量、高动态卫星导航等高端技术和卫星导航接收机板卡、整机及设备、天线、软件和应用系统集成等五大类的成熟产品。在城市交通、旅游、汽车电子、个人位置服务、市政精细管理等领域推动应用示范；在信息安全产品和服务方面，形成数字家庭安全产品、信息安全移动终端、具有自主知识产权的高安全性射频识别芯片等产品体系，以及基于北斗的安全位置服务、信息安全评测咨询服务等服务体系。在信息系统安全应用方面，取得包括数字认证、安全存储、网络感知、网络攻击及网络防护等共性成果。软件产业作为全市经济提质升位的新支柱、城市转型发展的新名片和科技城建设的新引擎重点培育发展。出台加快软件产业发展的政策、加快科技城软件产业园建设，科技城软件园现入驻150多家中小型软件企业，实现产业集聚发展。建成西部第一个“政务云”，云产业链聚集200多家应用和服务企业。有物联网相关企业50余家，长虹、九洲、凯路威等公司物联网产品实现规模化生产和应用。

2016年，全市电子信息产业规模以上企业实现工业总产值956.6亿元、增长6.9%，位居全省第二，电子信息行业规模以上企业76家；全市软件企业主营业务收入134亿元，同比增长15.5%。大数据产业业务收入突破5000万元。

2016年产值超1亿元电子信息企业一览

表25

序号	单位名称	2016年产值（千元）	增长或下降
1	四川九洲电器集团有限责任公司	11774113	1.00%
2	绵阳四联电子科技有限公司	122810	76.17%
3	四川海格承联通信技术有限公司	306186	119.70%
4	四川旭虹光电科技有限公司	329590	20.03%
5	绵阳捷智光电科技有限公司	149950	36.54%
6	四川华拓光通信股份有限公司	170000	11.84%
7	绵阳华正电子科技有限公司	434122	33.44%

续表

序号	单位名称	2016 年产值（千元）	增长或下降
8	中视迪威激光显示技术有限公司	105468	5.14%
9	四川长虹电子部品有限公司	828578.1	29.98%
10	四川省川西电缆有限责任公司	130703	8.92%
11	四川虹锐电工有限责任公司	435170	-8.41%
12	绵阳得润电子有限公司	258812	21.51%
13	艾默生网络能源（绵阳）有限公司	1285113	11.35%
14	四川超声印制板有限公司	338137	17.97%
15	四川江虹线缆制造有限公司	225346	6.43%
16	四川长虹电子控股集团有限公司	74359920	7.02%
17	绵阳高新区经纬达科技有限公司	308000	38.68%
18	绵阳新洋电子科技有限公司	100613	86.35%
19	四川维德通信技术有限公司	226829	-10.57%
20	绵阳虹润电子有限公司	140445	12.72%
21	绵阳高新区恒奥电子科技有限公司	408818	3.22%
22	绵阳高新区鸿强科技有限公司	177453	2.99%
23	绵阳灵通电讯设备有限公司	150002	-29.33%
24	绵阳普思电子有限公司	308768	-38.54%
25	绵阳市建诚电子有限公司	436604	10.51%

【科技城软件产业园认定为国家级科技企业孵化器】 2016年12月16日，科技部火炬中心公布《关于对2016年度国家级科技企业孵化器公示的通知》，中国（绵阳）科技城软件产业园被认定为国家级科技企业孵化器。

中国（绵阳）科技城软件产业园2013年3月成立，以发展应用软件、军民融合、数字家庭、移动互联、电子商务等产业的软件企业为重点。园区入驻软件企业142家，集聚软件人才1000余人，搭建三大孵化培训中心、六大服务平台。园区先后获“四川省信息安全产业示范园区”“省级大学生创新创业园区”“省级大学生创客俱乐部”。

【工业设计作品荣获2016“太阳神鸟杯”天府·宝岛工业设计大赛多项奖项】 2016年11月18日，台湾工业总会和四川省工业经济联合会联合主办的2016“太阳神鸟杯”天府·宝岛工业设计大赛颁奖典礼暨作品展示交易会在成都新会展中心举行。大赛自3月启动以来，征集作品4085件，最终评出特等奖1个，金奖12个、银奖24个、铜奖39个，未来之星奖20个，96个奖项。绵阳市参赛的作品中获2金2银3铜的佳绩，其中四川长虹电子控股有限公司的“长虹CHiQ激光电视柜”和绵阳新能源汽车产业研究院的“A级SUV国民智能电动车”荣获金奖，四川科瑞达电子技术有限公司的“制冷剂专用液位传感器”、四川长虹电器股份有限公司的“67°蛋机”获银奖，四川九洲电器集团有限责任公司的“可进行容置和充电的机顶盒”“带蓝牙北斗手持终端”、四川长虹电子控股有限公司的“CHIQ智能粥煲”获铜奖，绵阳职业技术学院和西科大城市学院作品分别获得未来之星奖项。

【长虹获“最佳智能解决方案”奖】 2016年1月6~9日，国际消费电子产品展（CES）在美国拉斯维加斯举行。长虹以“智慧社区下的智慧家庭”为载体，首次向海外公众展示中国第一个面向物联网的IPP运营平台成果，获“最佳智能解决方案”大奖，成为唯一获此类奖项的企业。

长虹“智慧社区下的智慧家庭”是整合线上线下资源，运用先进的云计算、大数据、传感器等技术，为用户提供全新的生活方式。它以智慧社区为切入，横向跨界连接物业服务、健康医疗、日用百货等多个产业服务进行整合，为社区用户提供整套智能服务解决方案，以实现便捷、高效、超值、舒适的家居、生活环境。IPP是一个基于互联网，面向物联网，以人为中心的连接技术框架，拥有30余项核心技术专利，可以实现泛虹系设备与同行友商设备的互联互通互控，最终成为一个设备、内容、用户的超级聚合中心。

（李文华）

汽车产业

【概况】 2016年，绵阳市有中国重汽绵阳公司、华瑞汽车、野马汽车绵阳公司三家整车企业；新晨动力、三力股份、富临精工等多家重点零部件企业。建成轻卡、皮卡、SUV、微型面包车、重卡及新能源汽车等整车生产基地。汽车零部件主要产品涵盖发动机总成、转向器总成、传动轴总成、凸轮轴、齿轮及飞轮、气门构件、液压挺柱、汽车支架、空气滤清器、动力电池及材料、电机、充电设备等产品，逐步进入欧美汽车零配件配套体系。新能源汽车产业方面，野马汽车绵阳公司纯电动乘用车E70取得工信部公告并生产；华晨南方基地在新能源电动汽车方面形成规划，样车试制成功；长虹电源、豪特集团、赛恩科技、英志新能源等新能源汽车零部件及配套设施企业发展势头良好，全市汽车产业规模以上企业65家，其中1亿元以上企业25家。全年全市汽车产业规模以上企业实现总产值184.0亿元，增长18.9%；整车产量10.56万辆，较2015年同比增长14.05%，产值68.37亿元，较2015年增长30.01%；发动机产量26.83万台（其中N20产3.46万台），同比增长25.43%，发动机产值35.02亿元，同比增长10.12%；新能源汽车生产382辆，产值1亿元。有国家级企业技术中心1个，省级企业技术中心7个，市级企业技术中心8个，具备一定的技术研发能力和创新能力，部分企业通过ISO9000、ISO9001、TS16949等相关质量体系认证。

绵阳市汽车及零部件亿元以上企业名单

表 26

序号	名称	区域	产值划分
1	绵阳华祥机械制造有限公司	安州	10 亿元以上
2	绵阳市万欣汽车配件有限公司	安州	1 亿元以上
3	绵阳市阳晨汽车零部件有限公司	安州	1 亿元以上
4	四川绵阳瑞晨汽车零部件有限公司	安州	1 亿元以上
5	绵阳秦川恒远汽车电器有限公司	安州	1 亿元以上
6	绵阳富临精工机械股份有限公司	涪城	10 亿元以上
7	四川绵阳三力股份有限公司	涪城	4 亿元以上
8	绵阳华瑞汽车有限公司	高新	10 亿元以上
9	绵阳新华内燃机股份有限公司	高新	10 亿元以上
10	四川汽车工业集团绵阳汽车制造有限公司	高新	10 亿元以上
11	中国重汽集团济南卡车股份有限公司绵阳分公司	高新	4 亿元以上
12	中国重汽集团绵阳专用汽车有限公司	高新	1 亿元以上
13	绵阳好圣汽车零部件制造有限公司	经开	4 亿元以上
14	绵阳华晨瑞安汽车零部件有限公司	经开	1 亿元以上
15	绵阳野马动力总成有限公司	经开	1 亿元以上
16	绵阳市宏发机械制造有限责任公司	游仙	1 亿元以上
17	绵阳市川金机械制造有限公司	游仙	1 亿元以上
18	绵阳市万欣测控技术有限公司	游仙	1 亿元以上
19	绵阳宇兴机械制造有限责任公司	游仙	1 亿元以上
20	绵阳市游仙区宏盛金属配件厂	游仙	1 亿元以上
21	绵阳市游仙区鑫辉机械厂	游仙	1 亿元以上

续表

序号	名称	区域	产值划分
22	绵阳市燊达机械加工有限公司	游仙	1亿元以上
23	绵阳市鑫盛机械制造有限公司	游仙	1亿元以上
24	四川天利科技有限责任公司	江油	4亿元上
25	四川江油中恒特钢有限公司	江油	1亿元以上

【汽车整车生产实现10万辆】 2016年12月22日，市政府新闻办公室举行2016年第10万辆整车下线发布会，在绵阳华瑞汽车第67797辆整车下线同时，标志着绵阳市汽车整车生产实现10万辆。截至22日上午10时，野马绵阳分公司生产整车26875辆，中国重汽绵阳分公司生产整车5328辆，全市3家整车企业年产量实现10万辆。 （李文华）

图53 绵阳市2016年第10万辆整车暨华晨蒂阿鹅下线

新材料产业

【概况】 2016年，绵阳市有国家绝缘材料工程技术研究中心、国家磁性产品质量监督检验中心和中国工程物理研究院、中国电子科技集团公司第九研究所、西南科技大学等新材料领域研发机构；有攀钢集团四川长城特殊钢有限责任公司、四川东材科技集团股份有限公司、绵阳开元磁性材料有限公司等新材料产业企业；产品涵盖电工绝缘材料、功能高分子材料、改性塑料、聚碳酸酯（PC）薄膜、高性能烧结钕铁硼永磁材料、高性能铁氧体软滋材料、软体功能膜材料、新型环保水性涂料、高品质不锈钢、高温合金、高合金工模具钢、取向硅钢、双（多）金属复合材料等方面。2016年，全市有新材料产业规模以上企业43家，实现产值187亿元，同比增长11.8%。

2016年产值超1亿元新材料企业名单

1. 攀钢集团四川长城特殊钢有限责任公司
2. 四川东材科技集团股份有限公司
3. 江油炳辉改性沥青有限公司
4. 四川六合锻造股份有限公司
5. 江油市长祥特殊钢制造有限公司
6. 绵阳开元磁性材料有限公司
7. 四川金发科技发展有限公司
8. 绵阳高新区三阳塑胶有限责任公司
9. 江油市丰威新材料有限责任公司
10. 四川龙华光电薄膜股份有限公司
11. 江油市鸿翔特殊钢有限公司
12. 绵阳西磁磁电有限公司
13. 四川鑫鼎新材料有限公司
14. 北川天讯新材料有限公司
15. 江油市重鑫特种金属材料有限公司

【攀钢集团江油长城特殊钢有限公司】 2016年，攀长钢公司产品有12大类、350余个牌号、5000余个规格的优质特殊钢和金属制品，其中34个产品先后荣获国家、部、省级优质产品称号。主导产品是高温及耐蚀合金、金属钛及钛合金等高端金属材料，不锈钢，模具钢，轴承钢、低合金高强度等中高端合金钢。产品广泛用于国防军工、航空、航天、家电、工程机械、石化、医药器械、模具、核电等领域。2015年，公司产品结构调整，关停一区普通建材用钢生产，启动三区搬迁改造工程，重点发展高温合金、耐蚀合金等特种合金钢，钛及钛合金、特种合金薄板等高端金属材料。2016年，公司实现产值96.1亿元。

【四川东材科技集团股份有限公司】 全国最大的综合性电工绝缘材料制造企业，连续22年在全国同行业综合经济指标名列前茅。公司主要产品有B-C级耐热等级的电工绝缘材料产品、特种高分子材料和精细化工产品。公司根据自身设备和技术优势，开发新技术新产品，开发应用于背光源、液晶显示器等电子及光伏光电行业的PET保护膜、PET散射膜、PET离型膜等产品。2016年，公司实现产值20亿元。

【四川六合锻造股份有限公司】 公司专业生产超临界、超超临界和核电汽轮机组叶片、转子、加强环、螺栓等主要部件用耐热耐腐蚀高品质不锈钢材料和高温合金及其锻材、锻件和高端工模具钢，产品规模达到每年2万吨。在国内汽轮机材料市场中，公司市场份额达到14%，其中在动叶片锻材锻件方面市场份额达到30%；公司生产的超临界机组动叶片用钢替代国外进口产品，市场占有率超过50%。2016年，公司实现产值17.3亿元。（李文华）

化工产业

【概况】 2016年，全市化工产业结构不断优化，基本形成以无机盐化工、天然气化工和精细化工为主的三大板块，以四川美丰绵阳工业园为代表的天然气化工产业集群；以利尔化学股份有限公司为代表的农用化学品产业集群；以四川银河化学股份公司、绵阳市启明星磷化工为代表的无机盐化工集群。以雅化集团绵阳公司为代表的特种化工企业。全市化工行业产值增速7.8%。规模以上企业达34家，1亿元以上企业增加至18家，占规模以上企业总数的52.9%。产值4亿元以上重点企业6家、10亿元以上企业2家。利尔化学股份有限公司产值达到13亿元，同比增长25.2%；利尔公司“草铵膦”2600吨项目建设许可审核完成，生产许可完成现场评审。绵阳市建诚化工增长14.5%、雅化绵阳实业有限公司增长7.2%、安县启明星磷化增长5.9%、银河化学股份增长5.7%。

2016年，全市有2家企业获国家技术中心认定，2家企业获得省级技术中心认定，4家企业获得市级技术中心认定。利尔化学、银河化学等重点企业每年投入的研发资金占公司销售收入的3%~5%，“安剑”“雅化牌”（国家定点民用起爆器材）获中国驰名商标；铬盐清洁技术、草胺磷项目被列入2016年四川省新兴产业项目；高效自循环湿法氧化连续制备红矾钠技术获得四川省科技进步一等奖，拥有8项专利。

【化工产业重点项目建设】 2016年，全市化工产业重点项目整体推进。四川鑫达新能源科技有限公司5万吨/年聚甲氧基二甲醚生产线项目引进中科院兰化所研发的离子液催化剂技术。四川省银河化学股份有限公司10万吨/年双自返富氧液相氧化与碳化法制备红矾钠产业化技改项目，采用公司自主研发的“高效自循环湿法连续氧化制备红矾钠”清洁化生产技术，对现有红矾钠生产线进行技术改造升级实现清洁环保、节能高效、循环利用的现代化铬盐生产目标，其项目“生产许可”取得，一期投资完成。三台启明星磷化“监控化学品生产许可证”工信部基本完成审核。

【国家禁化武专家组到绵阳检查】 2016年10月31日~11月1日，国家工业和信息化部安全生产司肖春泉司长一行4人，在省经信委翟刚副主任，省禁化武办有关负责人的陪同下，到绵阳对利尔化学股份有限公司开展监控化学品的监督检查和指导。检查利尔公司新产品草铵膦在生产过程中有无国际禁化武组织监控化合物产生。检查组一行按照国际相关组织检查的程序要求，检查利尔公司的生产现场和主要设施设备、查看和审阅企业相关的原始记录和台账等资料，检查中发现的不足和问题给予明确提示，并就需要企业补充完善的资料和整改的内容提出要求。市政府市长刘超，副市长罗宗志与工信部专家组交流意见。（李文华）

节能环保产业

【概况】 2016年，全市节能环保产业规模以上企业33家，实现工业总产值176.7亿元，同比增长22.2%。其中，产值过50亿元企业1家、产值过1亿元的企业21家。主要产业企业集中在游仙区、江油市、经开区，3个区市的节能环保产业总产值占全市总产值中近94%。游仙区以四川保和富山再生资源产业园（国家“城市矿产”示范基地）为基础，园区内建成“三大”产业链、“六大中心”，依托铜鑫铜业、保和泰越、金循环、锐洋新材料等一批“城市矿产”资源回收、加工和利用企业，初步构建起再生铜、废旧轮胎再制造两条较为完整的循环型产业链，形成年再生铜15万吨、生产改性胶粉3万吨的能力。2016年，游仙区节能环保产业实现产值113.6亿元，占全产业比重为64%。江油市集聚矿山机器、皇龙破碎等一批龙头企业，带领新川矿机、国鼎机械等中型企业集群发展，2016年，实现产值27.5亿元。经开区依托九州环保、鑫科源、雄晖化工等企业实施的危险废物综合处置项目，处理化工及其他企业产生的高危固（液）废弃物，实现对危险废物的减量化、无害化和资源化的同时，着力打造川西北危险废弃物处置中心。

▲“三大”产业链：即以废旧铜为主的铜加工产业链，以废轮胎为主的改性胶粉、翻新轮胎产业链，以废旧汽车拆解为主的拆解及零部件修复加工产业链。

▲“六大”中心：即再生资源集散交易中心、电子交易结算中心、废钢铁加工配送中心、废铝加工配送中心、废塑料加工配送中心、商务配套服务中心。

【高效节能制造】 2016年，绵阳市高效节能设备制造的皇龙智能破碎、矿山机器等一批企业已在江油节能型专用破碎、矿山设备制造方面起到牵头效应；海立电器作为国内唯一获得国家认可实验室证书的压缩机企业，自主研发的数字直流变频高效家用空调器实现产业化；九洲光电、新亚科技、维奇电子等企业的LED、无极灯等照明产品生产形成一定规模。其中九洲光电承担的照明工程项目获得全球半导体照明示范工程100佳。翠微新材料、天丰节能板材等企业均从事轻质建筑材料制造并形成一定产能；中杨玻璃、中邦玻璃发展成为较具实力的low-E中空建筑玻璃深加工企业。

【环保企业培育】 2016年，绵阳聚集绵阳美能、中科城环保、科勤环保等一批城市污水处理和水净化企业。其中绵阳美能形成年产500万平方米各类中空纤维膜的生产能力；中科城环保致力于工业、城市污水处理技术与设备开发，在多个领域建立示范工程，2016年，产值达16.5亿元。恒泰环境作为“国家烟气脱硫工程技术研究中心”的实施主体，致力于开展燃煤烟气脱硫脱硝技术的研究、设备生产、工程建设与运营服务，并先后承担多项国家、省级高新技术产业化示范项目；瑞晨公司在汽车尾气治理研究及设备生产方面达到年产50万套汽柴油车用排气后处理装置的生产能力。九州环保、鑫科源、雄晖化工等企业的建成，形成危废处理产业集群；久远化工将自主研发的分子蒸馏工艺技术装备用于废机油再生；振华科技、神工环保等一批企业在生活垃圾处理技术及设备方面形成一定规模。

【节能环保科技研发】 2016年，绵阳市依托以中物院、中国气动中心等多家大型国防军工科研单位及西南科技大学、绵阳师范学院为代表的多所高等院校的科研实力。建成“国家烟气脱硫工程技术研究中心”“国家城市污水处理及资源化工程技术研究中心”“国家非动力核技术工业化应用工程技术研究中心”等3个与节能环保产业紧密相关的国家级工程技术研究中心；依托中国气动中心组建的“四川省风能工程技术研究中心”投入运行。经过多年攻关研发，全市获百余项具有较大开发利用价值、成熟度较高的科技成果和国内发明专利。

【绵阳铜鑫铜业有限公司】 香港上市的中国金属资源利用有限公司下属全资公司，是中金资源集团在绵阳实施再生铜产业集群发展中的重要骨干企业，公司总投资4亿元，占地10.4公顷，有生产厂房4万平方米、科技研发楼1万平方米；拥有拉法特熔炼竖炉1台、平板式节能精炼炉3台、再生铜杆生产线2条、铜拉丝生产线10条；年生产再生铜杆10万吨，产品用于电线电缆、通信线缆行业。2016年，公司实现工业产值57亿元，同比增长7.3%。 （李文华）

高端装备产业

【概况】 2016年，全市高端装备企业主要集中在航空装备、卫星应用、轨道交通装备、智能制造装备领域。经过多年的积累，绵阳高端装备制造业已经具备一定基础，部分产业技术水平国内领先，形成具有一定规模和技术水平的产业体系，为全市高端装备制造业的发展奠定基础。至年底，绵阳市高端装备工业规模以上企业8家，实现规上工业总产值20.3亿元（不含空管和卫星应用），实现规模以上工业增加值同比增长32.7%。

【智能装备制造】 2016年，绵阳市智能装备制造代表企业是四川福德机器人股份有限公司、绵阳市维博电子有限公司。四川福德机器人股份有限公司是四川省制造、研发机器人控制系统等核心零部件以及机器人本体的上中游产品的企业之一，企业研发生产的燃气表机器人智能装配生产线，获得省内首台套认证。绵阳市维博电子有限公司是一家主要从事电量隔离传感器、变送器、各种检测仪表等产品的研发、生产与销售的国家级高新技术企业，公司现拥有专利36项，其中发明专利就达16项。

【四川九洲空管科技有限责任公司】绵阳市航空装备研发企业，科技部批准建立的国内唯一的“国家空管监视与通信系统工程技术研究中心”的实施载体。2016年，公司拥有发明专利28项、实用新型专利29项、外观设计专利34项。企业研发经费内部支出占主营业务收入比重为7.6%，军航市场占有率第一，多个民航产品已经获得准入许可。

【四川九洲北斗导航与位置服务有限公司】 绵阳市卫星及应用企业。2016年，四川九洲北斗导航与位置服务有限公司牵头承担国家发改委绵阳市北斗区域示范项目、四川省经信委羲和系统项目和GNSS等项目，重点提供北斗应用终端和应用解决方案。全年，公司实现营业收入1.5亿元。

【绵阳永贵科技有限公司】 绵阳轨道交通装备制造代表企业，公司研发和谐号机车连接器系列产品、和谐号直通车组车间电连接器及控制系统电连接器、城市轨道交通用电连接器。轨道交通用连接器位居国内轨道交通用连接器市场第一，新能源电动汽车连接器位居国内新能源电动汽车连接器市场第三。企业研发经费内部支出占主营业务收入比6%，拥有专利105个。2016年，公司营业收入4.37亿元。

【四川科莱电梯】 2016年，四川科莱电梯年产量、销售额、利润总额、纳税额和市场占有率等各项主要经济指标居四川省内电梯行业排名第一，拥有国家专利62项（其中10项为发明专利）。2016年，公司营业收入7.2亿元。

【北斗开放实验室·中国（绵阳）科技城分实验室通过授牌评估】2016年8月22日，北斗二号应用系统总设计师吴光辉、北斗卫星导航全球系统应用验证系统副总师何海波、中国导航定位协会首席专家曹冲等专家率领的北斗开放实验室专家团队一行9人到绵阳，对北斗开放实验室·中国（绵阳）科技城分实验室的建设情况进行实地考察与评估，经评估与审核，评估组专家一致同意通过北斗（中国绵阳科技城）开放实验室建设评估，北斗开放实验室办公室将择日举行授牌开通仪式。北斗开放实验室·中国（绵阳）科技城分实验室是西南地区的首个分实验室。实验室定位“智慧城市应用”，依托承建单位“基于北斗的多模式智慧信息技术研究与应用国家地方联合工程实验室”“四川省高精度导航与位置服务平台”数据和客服中心、“国家军民两用技术交易中心”“军民融合创客空间”

图 54　北斗开放实验室·中国（绵阳）科技城分实验室通过授牌评估

“现代导航技术实验室”等既有资源与平台，建设“一中心、四基地”（对外交流、管理服务、科研试验及产品测试中心；四基地：数据与服务共享基地、科研与教学培养基地、广汉测试服务基地、成果转化及创投孵化基地），合作构建服务中国（绵阳）科技城及西南地区且辐射全国的北斗应用与军民融合相结合的北斗资源开放共享基地。（李文华）

生物产业

【概况】　2016年，全市列入生物产业规模以上企业30家，产值同比增长14.3%，其中，1亿元以上企业15家、4亿元以上企业2家（四川好医生药业集团有限公司和四川台沃农业科技股份有限公司）。好医生集团全年累计产值达到37亿元，同比增长12%；台沃农业累计产值达到4.48亿元，同比增长3.3%。形成生物医药（包括以太极、天雄等为代表的中药饮片加工、以好医生、太极绵药等为代表的成药制造）；生物农业（包括以台沃科技、三台永生农业为代表的复混肥、有机肥、以华西动物药业、陇海洋制药为代表的兽药制造、以国豪种业为代表的育种等）。在生物医学工程等方面有和润电子等企业新项目形成新的增长点。全市生物产业拥有好医生药业1个国家级企业技术中心、以太极绵药为代表的3个省级企业技术中心和以四川台沃为代表的2个市级企业技术中心。争取把麦冬纳入四川省大健康重点产品培育名录库。

【绵阳市生物医药产业医企对接会】2016年5月19日，市经信委、市卫计委、市食药监局共同主办的2016年绵阳市生物医药产业医企对接会在梓潼召开。会上市卫计委、市食药监局解读绵阳市医改和行业管理新政策动态；市中心医院、四〇四医院、市中医医院、第三人民医院介绍医院经营情况和中西药临床应用技术评价；梓潼经开区介绍生物医药产业特色园区情况；太极药业、好医生、一康制药等企业代表在会上发言。绵阳市主要医院、医药企业、部分县市区主管部门负责人30余人参加会议。（李文华）

食品产业

【概况】　食品产业是绵阳市传统优势产业。2016年，全市立足于本地农副产品资源优势和产业基础，形成一批有较强竞争力的规模企业，培育出一批优势行业知名品牌。截至年底，全市食品产业企业建有国家级技术中心1个（铁骑力士），省级技术中心6个（丰谷、光友、圣迪乐、新希望、雪宝、清香园），市级技术中心7个；中国驰名商标6件（光友、铁骑力士、圣迪乐、中坝、丰谷、金太阳荣强），四川省名牌产品32个，四川省著名商标30件，绵阳市知名商标90余件。

全市有规模以上食品企业125家，累计实现工业总产值362.9亿元，较2015年同比增长4.5%，占八大产业总产值的17%，占工业总产值的13%；产业规模在八个重点产业中优势明显，仅次于电子信息产业。从细分领域看，全市食品产业各子行业大致分为四大类：农副食品加工业、食品制造业、酒及饮料制造业、烟草制品业，基本满足市场对烟酒肉、米面油、饲料、调味品、饮料等多种产品的需求。

【食品骨干企业发展】　2016年，全市食品行业龙头企业发展良好，其中前5家企业全年完成工业总产值177亿元，占食品产业规模以上企业总产值的49%。其中，绵阳烟厂是全市规模最大的食品企业，全年实现产值75.4亿元，同比下降7.3%；绵阳双汇和四川长林是全市最大的两家屠宰及肉制品加工企业，绵阳双汇全年实现产值40.4亿元，同比增长2.0%，四川长林全年实现产值42.2亿元，同比增长20.5%；四川铁骑力士作为绵阳市饲料行业的重点龙头企业，全年实现产值9.8亿元，累计同比下降1.0%；丰谷酒业仍是全市白酒行业的领军企业，受管理、市场、资金等多方面因素制约，生产经营仍处于下滑状态，全年实现产值9.5亿元、同比下降9.6%。（李文华）

粮油工业

【概况】　2016年，全市纳入统计的粮油工业企业65家。其中，大米加工业企业27家、小麦加工企业5家、食用植物油加工企业14家、饲料生产企业12家、养殖企业1家、食品及副食品酿造企业2家、制酒企业4家。全市粮油加工企业实现工业总产值711385万元，较2015年增加5098万元；销售收入694888万元，较2015年增加8371万元；实现利润总额7915万元，较2015年增加4746万元；

2016年全市加工企业固定资产投资7003万元，较2015年增加2394万元；研究开发投入14178万元，较2015年增加8006万元。绵阳市粮油加工企业设计生产能力方面，日处理小麦925吨，较2015年减少22吨；日处理稻谷3103吨，较2015年增加200吨；日处理油料2898吨，较2015年增加857吨；日处理油菜籽2596吨，较2015年增加555吨；日精炼油脂675吨，较2015年增加159吨；日精炼菜籽油675吨，较2015年增加241吨；日灌装小包装油脂1274吨，较2015年增加597吨。专利获得数32件，其中，发明专利13件。

【粮食系统混合所有制经济试点】 2016年，绵阳市在游仙区、涪城区开展混合所有制经济试点工作。游仙粮油购销公司利用闲置的东林粮管所入股本地民营粮油龙头企业，新成立混合所有制企业四川浩东科技有限公司。公司在东林粮管所投资500多万元建设年处理油菜籽3万吨生产线1条、灌装6万吨食用油灌装线1条，项目投产运行。项目建设既盘活国有资产，带动当地就业，实现合作多赢。涪城粮油购销公司与当地民营龙头企业潮丰粮油发展混合所有制，注册1000万元资金成立的四川巴蜀粮仓科技有限公司正式运营。

【粮食企业经营】 2016年，全市组织7家粮油龙头企业参加西博会、西部金穗粮油展销会、贵州省第三届精品粮油展销会、鄂川粮油产品对接会等展销活动，现场销售100余万元，达成购销协议8700万元。截至年底，全市国有粮食购销企业33家，比2015年同期减少2家，实现销售收入6.86亿元，比2015年同期减少0.7亿元，减少9.1%，利润676万元，比2015年同期大幅增加678万元，利润296万元，减少19万元，减少6%。市本级国有粮食企业实现利润达128万元，比2015年同期增加2万元。

2016年，全市总购进粮食45万吨，占年度目标的102%；总销售粮食67万吨，占年度目标的110%。其中：国有粮食企业购进18万吨，国有粮食企业销售20万吨，总购进油菜籽13.7万吨，占年度目标的180%；总销售食用油脂（籽折油）8万吨，占年度目标的216%。其中：国有粮食企业购进油菜籽1.8万吨；国有粮食企业销售食用油（籽折油）1.5万吨。

【“放心粮油”工程】 2016年，游仙购销公司“放心粮油”工程项目市级配送中心装修完成，质量检测中心、可追溯体系进入试运行。总投资822万元的2016年仙特米业放心粮油工程项目完成。游仙区全省粮食流通产业示范县放心粮油工程项目（获得省300万元）完成90%左右工程量。《粮油市场报》专题报道游仙区构建“放心粮油”工程全产业链的模式。超额完成省下达6000家小粮仓任务。 （石全萍）

2006 年

3 月 23 日，江油附子成为绵阳市首个国家地理标志产品。

3 月 29 日，长虹捷克家电生产基地远程开工典礼仪式在中国绵阳、捷克同时举行。

5 月 29 日，四川省中医药高等专科学校在绵阳挂牌成立。该校在绵阳医科学校基础上组建，是全省唯一一所面向广大农村和基层社区培养高技能应用型中医药人才的专科学校。

9 月 8 日，西南财经大学天府学院在绵阳揭牌。该校是经教育部批准，将西南财经大学涪江校区进行整体置换，并完整继承原西南财经大学电子商务学院的全部师资和管理队伍、办学理念、图书资料、教学仪器设备、校园建筑及生活设施等而设立的独立学校。

11 月 27 日，中共绵阳市委机关、绵阳市人民政府机关分别从红星街 61 号、临园路东段 74 号迁至绵阳高新区火炬大厦办公。

12 月 16 日，西南科技大学国防科技学院揭牌。该学院由四川省人民政府与国防科工委共建，是国防科工委在西南地区唯一一所共建高校。

交通运输·邮政

Transportation, Postal Service

概 述

【概况】 2016年，全市公路通车里程19918.19千米，其中高速公路318.6千米，一级公路441.11千米，二级公路650.81千米，三级公路1125.24千米，四级公路11911.34千米，等外级公路5471.27千米；公路密度，按国土面积计算是98.56千米/百平方千米；按人口计算是36.33千米/万人。客运站1051个，其中一级客运站5个，二级客运站7个，三级客运站3个，四级及以下客运站1036个（五级和简易站、招呼站）。营运汽车30353辆（出租车1777辆），其中客车3308辆、货车27045辆。公路客运量5348.76万人次，周转量295352万人千米；公路货运量5929万吨，周转量710671万吨千米。

2016年，全市分别在3月23日（游仙）、5月17日（涪城）举行交通集中开工仪式，二期项目70余个，投资100亿余元。《绵阳市交通运输“十三五”发展规划》出台。“物联网物流信息交易应用平台”日均组织货物运输6318宗，成功交易3985宗。

2016年，市公路管理处张绍明获“全国敬老爱老助老模范人物”；市交通运输局被省政府表彰为第三届中国（绵阳）科技城国际科技博览会先进集体，李兵表彰为先进个人；市公交集团20路队被省总工会授予“四川省工人先锋号”。

【公路建设投资】 2016年，全市交通运输完成投资104亿元，同比增长118%。其中高速公路投资27.62亿元，涉及项目2个，建设里程281千米；干线公路投资25.96亿元，涉及项目33个，建设里程697千米；农村公路投资44.85亿元，建设里程1866千米；客运投资2.94亿元；水运投资2.73亿元。

【高速公路建设】 2016年9月30日，国家发改委批复九（寨沟）绵（阳）高速项目可行性研究报告。截至年底，九（寨沟）绵（阳）高速项目控制性工程白马隧道进洞施工300余米，基本完成全线征地拆迁的埋桩放线工作。绵（阳）西（充）高速完成路基工程62%、桥梁下部工程42%、隧道掘进及初支53%。成（都）绵（阳）广（元）高速扩容、绵（阳）苍（溪）高速、广（元）平（武）高速、中（江）遂（宁）高速等高速公路前期和招商工作有序推进。完成国道5号线（G5京昆）高速绵阳（金家林）、绵阳南（磨家）收费站改造提升工程。

【干线公路建设】 2016年，市境内的省道205线黄土梁隧道路面、房建、机电工程基本完工；省道205线绵阳绕城改线游仙区完成约1.5千米建设；省道416线绵阳至中江改造提升进行路基和桥涵基础施工；省道418线安县至睢水快速通道进行工程设计；国道108线绵阳城区过境段工程完成优化方案和可研报告修编及审批，正开展勘察设计；完成2015年及以前省下达国省干线大中修计划，完成2016年省下达国省干线大中修计划1个，其余5个正加快实施。

【农村公路建设】 2016年，全市围绕补齐“空白点”，实现“全覆盖”目标，农村公路建设从“延伸”向“联网”转变。全年，全市完成县乡道建设893千米，通村公路973千米。建成渡改公路桥2座、在建7座。

【专项工程维修】 2016年，市交通部门提前完成涪江二桥加固维修工程，完成三江码头提升改造，启动涪江三桥维修加固工程。83座普通国省干线公路病危桥专项整治工程完工81座，省计划11个汽车客运站提升改造项目完工10个，三台城北客运站进入工程收尾。建成渡改人行桥8座。

【重点交通项目集中开工仪式】 2016年2月23日，绵阳市11个交通基础设施项目在省道205线绵阳绕城段改线工程（游仙区段）项目所在地举行集中开工仪式。集中开工的交通基础设施项目包括九（寨沟）绵（阳）高速黄土梁隧道控制性工程、省道205线游仙区段一期工程等11个，总投资约47亿元，占全市集中开工项目投资额的40%。5月17日，省道416线涪城区段暨绵阳市2016年二季度62个重点项目集中开工仪式在省道416

线涪城区段开工现场举行，集中开工项目62个。（张　霜）

公　路

公路建设

【概况】　2016年9月9日，市政府与省交通运输厅签署《交通发展战略合作协议书》。全市9个县市区全面纳入交通运输部划定的贫困县范围，农村公路的补助标准大幅提升。全年开工建设70余个项目，投资100亿余元。全市争取到部、省普通公路建设补助资金11.4亿元，是2015年的1.56倍。九（寨沟）绵（阳）高速落实交通运输部补助资金120亿元。开展专项建设基金和抵押补充贷款（PSL）申报工作，绵（阳）西（充）高速、九（寨沟）绵（阳）高速到位国家专项建设基金21亿元。实践PPP、BLT等模式，广泛引导社会资本参与全市交通基础设施建设。绵（阳）苍（溪）高速招商工作在省交通运输厅召开项目招商推介会后，与50余家企业进行项目对接。省道205线游仙段按BLT模式与中国五冶合作建设。

▲PPP模式：又称公私合营模式，是Public—Private—Partnership的字母缩写。是指政府与私人组织之间，为了合作建设城市基础设施项目。或是为了提供某种公共物品和服务，以特许权协议为基础，彼此之间形成一种伙伴式的合作关系，并通过签署合同来明确双方的权利和义务，以确保合作的顺利完成，最终使合作各方达到比预期单独行动更为有利的结果。

▲BLT模式：即建设—租赁—移交，是建设项目采购的一种模式。

【九绵高速控制性工程黄土梁隧道开工建设】　2016年2月23日，九（寨沟）绵（阳）高速公路控制性工程黄土梁隧道开工建设，标志着九（寨沟）绵（阳）高速公路建设拉开帷幕。九（寨沟）绵（阳）高速公路设计时速80千米，双向四车道，全长260千米，起止于川甘两省交界青龙桥和绵阳市张家坪，途经九寨沟县、平武县、北川县、江油市、游仙区。九（寨沟）绵（阳）高速桥隧比高，预计总投资430亿元，平均每千米造价超过1亿元。其控制性工程黄土梁隧道全长13千米，为分离式隧道，进出口分别位于九寨沟县浦南村和平武县亚者造祖村，是九（寨沟）绵（阳）高速海拔最高、施工工期最长、建设最为复杂的工程。九绵高速公路建成后将成为四川省西北方向出川重要新通道，连接着长江经济带和丝绸之路经济带，为改变绵阳区位条件做出重要支撑。

【涪江二桥维修加固工程】　2016年1月，市交通部门启动涪江二桥维修加固工程建设。涪江二桥（科学城大桥）位于东方红大桥上游1.9千米，连接涪城区城郊乡平政村和游仙区游仙镇六里村之间的涪江大桥，该桥于1995年2月建成通车。桥面为双向四车道，两边设置人行道，大桥全长1106米，该桥西桥头与西山立交连接，东桥头与科学城隧道连接。2015年8月至9月，中交国通公路工程技术有限公司对涪江二桥进行检测。检测结果显示：桥梁桥面铺装、腹拱、拱上横墙出现不同程度病害，技术状况评定等级为三类，需要进行加固维修。该工程维修加固内容主要为桥下11~14号桥墩四面体抛填防护，15号桥墩围桩防护，腹拱圈裂缝处治，桥面系水泥混凝土拆除重新浇筑钢筋混凝土，桥面摊铺SMA沥青混凝土、栏杆翻新，人行道表面彩色画处理等。市交通运输局责成市重点办负责具体实施维修加固工程，经公开招标，监理单位为四川省亚通公路工程监理所，施工单位为安徽省路港工程有限责任公司，中标价为2477万元。为确保涪江二桥维修加固工程在施工过程中的安全工作，通过招标方式确定四川交大工程检测咨询有限公司为监控单位，在涪江二桥施工过程中，对全桥应力、应变及位移等进行监控。2016年1月，该桥维修加固工程开工建设，6月25日竣工并通车。（张　霜）

公路运输

【概况】　2016年，全市公路运输围绕民生和经济繁荣，引导运输企业转型升级，利用互联网+交通运输模式，搭建“天府任我行”APP平台，通过微信联网售票和微信支付方式，提升运输服务能力。全市客货周转量增长5.81%。12月29日，开通火车客站至安州花荄镇的91路公交车，全年城区运输乘客1.17亿人次，公交营运里程3076万千米。

2016年，全面推行电子运单制度，开发具有自主知识产权的“物联网物流信息交易应用平台”和“多功能车辆智能管理系统”。两项科研成果获得国家专利，取得15项软件著作权，“物联网物流信息交易应用平台”获得中国科技进步一等奖。截至年底，“物联网物流信息交易应用平台”日均组织货物运输6318起，成功交易3985起。

【运输市场专项整治】　2016年，全市交通运输部门开展道路运输经营行为专项整治，全年检查道路运输车辆51400余辆，查处违法案件945起。严厉打击非法营运，出动运政执法人员25580人次，检查车辆26938辆次，查扣“黑车”600余辆。积极配合公安机关对火车客站广场等区域的喊客揽客现象加强整治，查处喊客揽客行为128起，给予警告56起，治安处罚72起。接听96515投诉电话1598起，受理有效投诉1332起，投诉处理率达到100%。

【“春运”水陆运输】　2016年“春运”期间，全市水路交通投入客渡船舶234艘、3930客位，累计完成客渡运量40.8万人次。全市日均投放客车7950辆（客车3630辆、出租汽车2581辆、公交车1739辆），货车27775辆，开行客运班车440970班（加班5095班），比2015年下降7.43%；运送旅客646.87万人次，比

2015年下降0.92%。出租汽车累计运送旅客约1650万人次，公交车运输旅客约3480万人次。

▲“春运”：春运以春节为中心，40天左右，国家发改委统一发布，国家铁路局、交通部、民航总局按此进行专门运输安排的全国性交通运输高峰——春运。一般意义上的春运，是指大陆的城际交通，不包括大陆与香港和澳门之间的交通。2016年春运从1月24日（农历腊月十五）启动，3月3日（农历丙申（猴）年正月廿五）结束，历时38天。

【“绵阳道路运输安全”微信公众服务平台开通】 2016年11月1日，“绵阳道路运输安全”微信公众服务平台正式开通启用。平台由市交通运输局主办，设置运输安全、从业资格、道路客运三个主栏目。平台是以“互联网+安全”的工作思路创新行业安全监管模式的重要尝试，对于切实提升全市道路运输安全生产管理和行业服务水平，逐步建立“部门依法监管、企业全面负责、群众参与监督”的安全生产工作格局，在预防和减少道路运输生产行车事故中发挥积极的作用。平台已在全市道路运输行业推广试用，每周推送信息2~3次。

【科博会交通保障】 2016年，市交通运输局在第四届中国（绵阳）科技城国际科技博览会期间，投入各类车辆752辆（其中公交车300辆、出租车300辆、大巴车60辆、考斯特中巴车20辆、小车60辆、执法车12辆），交通服务工作人员850人（其中驾驶员753人、管理人员28人、维持秩序执法人员42人，服务保障人员28人），发车18000余趟次，运送来宾、群众33万人次。保障参会来宾和参观群众的交通运输需求。展会期间未发生一起交通安全事故。

【营运车辆联网联控系统建设】 2016年，全市7059辆重点营运车辆全部安装使用具有行驶记录功能的卫星定位装置，全部按要求接入统一的监管平台，安装率和接入率均为100%。其中，接入四川省重点营运车辆联网联控系统监管平台的旅游客车146辆、包车客运车辆36辆、三类以上班线客车987辆、危险货物运输车辆345辆，接入全国道路货运车辆公共监管与服务平台的重型载货汽车和半挂牵引车5545辆。（张　霜）

公路交通管理

【概况】 2016，全市交通管理围绕群众关心的重点领域加大管理力度，出台《绵阳市交通运输“十三五”发展规划》，通过《绵阳市农村公路路网融资工作方案》。以建养并重的方法，提升公路管理服务水平，全市国、省级干线公路路面使用性能指数PQI83.6；严格执法，专项整治行业乱象，规范运输行业市场，全年检查道路运输车辆51400辆，查处违法案件945宗；全年投入执法人员2175人次，检查车辆2.4万余辆，新增公路警示牌360余块；全年对省道416线绵阳至中江段进行改造，开展交通工程建设质量检查，对涪江二桥维修加固工程等24个重大项目进行质量鉴定。

【《绵阳市交通运输“十三五”发展规划》出台】 2016年12月7日，市政府第4次常务会议审议通过《绵阳市交通运输“十三五”发展规划》（简称《规划》）。《规划》明确绵阳市“十三五”期间交通运输发展“兜底线、提品质、促衔接、强服务”的总体思路，对公路、水路、交通运输“十三五”期间面临形势、发展目标、建设任务等进行全面谋划，坚持“挂图作战”，着力“储备一批、开工一批、建设一批、竣工一批”交通重点项目，形成均衡摆布、压茬推进的良好建设格局，努力实现“高速公路到县、油路到乡、水泥路到村、硬化路到组”的总体目标。

《规划》涵盖基础设施、运输服务、科技与信息化、绿色交通等重点建设任务，估算总投资830.73亿元。

【《绵阳市农村公路路网融资工作方案》出台】 2016年，绵阳市为缓解全市“十三五”农村公路建设资金压力，用好用足抵押补充贷款资金（PSL）政策。5月24日，市交通建设攻坚大会战指挥部第3次会议审议通过《绵阳市农村公路路网融资工作方案》（简称《方案》）。《方案》对项目申报、承接主体、贷款担保、前期工作、贷款申请材料、贷款审批、项目建设、贷款偿还等内容做出明确规定。

【《工程建设领域补助资金拨付管理规定》实施】 2016年，市交通运输局加强由市交通运输局拨付的国省干线、农村公路的部省补助资金、市本级财政资金、债券资金及其他交通专项资金的管理，制定《工程建设领域补助资金拨付管理规定》（简称《规定》）。《规定》对工程建设领域补助金拨付方式、拨付流程、公示、监督及检查等进行明确规定。

【公路标志标牌清理管理】 2016年，市交通运输局针对公路安保设施完好程度、公路安全警示标志的规范设置等进行全面排查梳理，强制拆除非交通标志348块，清除路障1456处。加大巡查力度，及时清排障碍，加强大中型桥梁、隧道、危桥险路、临水临崖路段及冰雪路段的步检步查，发放整改通知书170余份，提出整改意见120余条，完成整改158条，新增公路安全警示标志360余块。加强堆物作业、污染公路等影响公路畅通美观行为的专项整治工作。制止占道施工、堆放物资等影响公路畅通的行为，清理公路两侧占道堆放建筑材料2200余处，清理占道摆摊设点400余处，拆除违章建筑16处。.着力规范交通建设施工安全警示牌、施工公告、安全标语的设置工作，规范涉路施工工地乱象126起，发整改通知86份，整改完成124起，整改率99%以上。

【造价质量监督】 2016年，市交通运输局对省道416线绵阳至中江改造提升等17个项目进行造价审查，审减1.46亿元，平均审减率为6%。制作“全市交通材料价格料源分布图”，为全市交通工程造价管理提供参考。按照专项检查、综合检查、日常检查相结合的原则，全年共组织交通工程建设质量监督检查112次，发出整改通知46份，整改到位率100%。对涪江二桥维修加固工程等24个项目组织开展交竣工验收质量鉴定（检测）。

【路政执法】 2016年，交通运输市级执法部门实施行政处罚635件。其中，重大行政处罚案件备案562件（强制案件561件），全年投入路政执法人员2175人次狠抓“双超”治理，检测车辆2.4余万辆，查处超限车辆944辆，卸载超限车辆215辆，卸载货物816吨，超限率控制在3.9%，达到省定控制标准。

【交通安全专项整治】 2016年，全市交通运输部门深入推进交通安全“百日攻坚”活动，出台《道路运输重点驾驶人“黑名单”管理暂行办法》，发放警示宣传资料6万余份，全面清理959家道路普通货运企业、6家道路运输从业资格培训机构资格。推进“平安交通”建设，结合系统实际分别开展公路水运工程落实施工方案专项行动、道路危险货物运输专项整治、道路普货运输专项整治、水上交通安全知识进校园活动和采砂船舶、船舶配员等专项整治，有效夯实交通安全生产基础。

开展汛前安全排查。对全市3630辆客运班车、4333辆城市公交车（出租车）、347辆危货运输车、648艘船舶进行全覆盖的排查。落实313座国省干线公路桥梁和12座隧道逐桥逐隧养护安全工作责任。

配合工商等部门，组织开展机动车非法维修环节的源头专项整治行动共检查机动车维修企业3085家次。加强重点营运车辆动态监控系统联网联控工作，在全市范围内对接入省级卫星定位监控平台的“两客一危”车辆数据进行清理，确保应装全装并接入省级卫星定位监控平台。全市7059辆重点营运车辆全部安装使用具有行驶记录功能的卫星定位装置，全部按要求接入统一的监管平台，安装率和接入率均为100%。落实重点驾驶人“黑名单”管理和重点车辆及驾驶人信息共享平台使用管理有关规定，平台正式启用以来，2名违法驾驶员录入平台。

（张　霜）

铁　路

铁路客运

【概况】 2016年，绵阳铁路客站加强安全管理，提升服务质量，为旅客营造一个轻松、舒适的购票、候车环境，完成春运、暑运、国庆等重大节假日期间的运输任务，完成年度主要任务目标。全年发送旅客5792192人，比2015年4950744人增加841448人，增长17.0%。直通人数895927人，比2015年955004人减少59077人，下降6.2%。管内人数4896265人，比2015年3995740人增加900525人，增长22.5%。

【“春运”客运情况】 2016年，“春运”自1月24日起至3月3日止，为期40天。“春运”期间，绵阳车站为努力实现“安全出行、方便出行、温馨出行”常态化的春运目标，坚持“以服务为宗旨，待旅客如亲人”的理念，扎实抓好春运各项工作的落实，完成“春运”任务。绵阳客站“春运”收入完成4276.35万元，与2015年同期4978.14相比减少701.8万元，下降14.1%。发送旅客63.37万人，较2015年同期57.62万人增加5.75万人，增长10.0%，其中直通旅客发送13.43万人，较2015年同期14.24万人减少0.81万人，减少5.7%，管内旅客发送49.93万人，较2015年同期43.38万人增加6.56万人，增长15.1%。

【“十一”黄金周客运情况】 2016年，绵阳客站“十一”黄金周自9月30日（节前一天）起至10月7日止，为期8天。发送旅客209775人，较2015年同期157292人增加52483人，增长33.4%。其中直通旅客发送20062人，较2015年同期23144人减少3082人，下降13.3%。管内旅客发送189713人，较2015年同期134148人增加55565人，增长41.4%。

【《反恐怖主义法》学习宣传】 2016年12月20日，绵阳站联合路内外多家单位组织开展《反恐怖主义法》集中宣传活动。绵阳市武警支队防暴突击队、成都铁路局公安处绵阳派出所、绵阳市检察院、段保卫科及市新闻媒体等单位的100余名干部民警、职工在站前广场参加宣传活动。宣传活动通过设置宣传展板、咨询台、发放宣传资料、防暴、执法执勤装备展示等多种形式，在广大旅客群众间开展《反恐怖主义法》普法教育。宣传工作小组分别在车站广场、进站口、候车室等场所向旅客发放宣传单和普法手册。当天，共设置宣传展板9块，发放《反恐怖主义法》宣传单2000余张，普法宣传手册1000余本，接受群众咨询50多次。

（李红梅）

绵阳站旅客列车时刻一览

表 27

车次	始发-终到	类别	始发	绵阳			终到
				到	停	开	
K389	福州—成都	快速	13:48	2:57	4	3:01	4:39（第三天）
K1363	北京西—成都	快速	22:15	3:24	4	3:28	5:03（第三天）
K257	天津—成都	快速	16:23	4:22	8	4:30	5:58（第三天）
K205	青岛—成都	快速	16:29	6:55	7	7:02	8:40（第三天）
C6242	成都东—江油	预备	6:17	7:06	2	7:08	7:27

续表

车次	始发-终到	类别	始发	绵阳			终到
				到	停	开	
C6202	成都东—绵阳	动车	6:27	7:16	–	–	7:16
C6301	绵阳—峨眉山	动车	7:34	–	–	7:34	10:23
K2057	乌鲁木齐–成都	快速	21:43	7:40	4	7:44	9:20（第三天）
C6206	成都东—绵阳	动车	7:00	7:55	–	–	7:55
C6203	绵阳—成都东	动车	8:15	–	–	8:15	9:16
C6208	成都东—江油	动车	7:37	8:26	2	8:28	8:53
C6351	江油—峨眉山	预备	8:01	8:26	3	8:29	11:26
K2631	西宁—成都	快速	19:40	8:27	4	8:31	10:10（第二天）
K855	兰州—成都	快速	12:36	8:40	4	8:44	10:30（第二天）
C6244	成都东—绵阳	预备	8:00	8:49	–	–	8:49
K546	成都— 佳木斯	快速	7:36	9:06	8	9:14	15:47（第三天）
C6241	绵阳—成都东	预备	9:08	–	–	9:08	10:10
K451	库尔勒–成都	快速	21:35	9:19	4	9:23	11:05（第三天）
C6303	江油—峨眉山	动车	9:13	9:32	2	9:34	12:03
K283	上海—成都	快速	20:46	9:37	5	9:42	11:18（第三天）
K879	西安—成都	临客	19:45	10:11	5	10:16	11:55（第二天）
C6302	乐山—江油	动车	7:50	10:15	2	10:17	10:36
C6212	成都东—绵阳	动车	9:37	10:33	–	–	10:33
T8	成都—北京西	特快	9:00	10:35	5	10:40	12:31（第二天）
K1057	西宁—成都	快速	21:40	10:39	8	10:47	12:20（第二天）
K390	成都—福州	快速	8:19	10:44	17	11:01	5:28（第三天）
C6209	绵阳—成都东	动车	10:52	–	–	10:52	11:42
C6304	峨眉山—江油	动车	8:43	11:14	8	11:22	11:41
C6305	江油—乐山	动车	10:55	11:21	3	11:24	13:49
C6246	成都东—绵阳	预备	10:38	11:27	–	–	11:27
C6243	绵阳—成都东	预备	11:45	–	–	11:45	12:34
K869	郑州—成都	临客	13:34	11:40	4	11:44	13:37（第二天）
C6352	峨眉山—江油	预备	9:48	12:18	3	12:21	12:46
C6307	江油—峨眉山	动车	12:01	12:20	2	12:22	14:59
K1615	银川—成都	快速	12:27	12:45	7	12:52	14:25（第二天）
C6218	成都东—绵阳	动车	12:01	13:03	–	–	13:03

续表

车次	始发-终到	类别	始发	绵阳			终到
				到	停	开	
K195	呼和浩特东—成都	快速	8:50	13:06	4	13:10	14:38（第二天）
C6213	绵阳—成都东	动车	13:21	–	–	13:21	14:23
C6306	峨眉山—江油	动车	10:41	13:32	2	13:34	13:53
C6353	江油—峨眉山	预备	13:07	13:34	4	13:38	16:26
K985	西宁—昆明	快速	22:30	13:42	14	13:56	10:32（第三天）
C6248	成都东—江油	预备	13:01	13:50	3	13:53	14:12
C6354	峨眉山—江油	预备	11:46	14:19	4	14:23	14:42
K880	成都—西安	临客	12:55	14:30	5	14:35	5:45
C6309	江油—峨眉山	动车	14:14	14:33	2	14:35	17:20
C6245	江油—成都东	预备	14:31	14:56	3	14:59	16:01
K166	昆明—西安	快速	19:40	15:01	4	15:05	6:28（第三天）
C6308	峨眉山—江油	动车	12:23	15:01	2	15:03	15:22
T8869	江油-攀枝花	快速	14:08	15:15	5	15:20	7:53（第二天）
K258	成都—天津	快速	13:53	15:28	4	15:32	5:50（第三天）
G8653	江油—重庆北	预备	15:13	15:31	2	15:33	18:34
C6222	成都东—绵阳	动车	14:51	15:52	–	–	15:52
C6311	江油—乐山	动车	15:41	16:06	2	16:08	18:33
K986	昆明—西宁	快速	19:05	16:16	7	16:23	6:59（第三天）
C6219	绵阳—成都东	动车	16:22	–	–	16:22	17:11
1485	太原—成都	普快	15:05	16:28	7	16:35	18:18（第二天）
K870	成都—郑州	临客	14:40	16:33	5	16:38	16:20（第二天）
C6310	乐山—江油	动车	14:07	16:35	2	16:37	16:56
K1616	成都-银川	快速	15:31	16:57	5	17:02	20:48（第二天）
C6250	成都东—江油	预备	16:25	17:14	2	17:16	17:41
C6313	江油—峨眉山	动车	17:14	17:33	2	17:35	20:18
K2615	兰州-成都	快速	8:10	17:34	6	17:40	19:15
K452	成都-库尔勒	快速	15:55	17:46	5	17:51	7:00（第三天）
C6312	峨眉山—江油	动车	15:20	17:56	2	17:58	18:17
K206	成都—青岛	快速	16:20	18:02	6	18:08	8:13（第三天）
C6247	江油—成都东	预备	17:59	18:24	2	18:26	19:28
C6228	成都东—绵阳	动车	17:43	18:47	–	–	18:47

续表

车次	始发-终到	类别	始发	绵阳			终到
				到	停	开	
C6315	江油—峨眉山	动车	18:35	18:54	2	18:56	21:30
T7	北京西—成都	特快	16:40	19:04	4	19:08	20:36（第二天）
C6223	绵阳—成都东	动车	19:12	–	–	19:12	20:15
K292	成都—上海	快速	17:47	19:21	4	19:25	5:34（第三天）
C6356	峨眉山—江油	预备	16:45	19:22	2	19:24	19:43
K284	成都—上海	快速	18:22	19:46	4	19:50	7:02（第三天）
K291	上海—成都	快速	8:51	19:51	3	19:54	21:35（第二天）
C6314	峨眉山—江油	动车	17:41	20:10	2	20:12	20:39
C6249	江油—成都东	预备	20:02	20:21	2	20:23	21:13
K2632	成都—西宁	快速	18:40	20:24	4	20:28	10:25（第二天）
K545	佳木斯—成都	快速	13:13	20:53	4	20:57	22:25（第三天）
1486	成都—太原	普快	19:25	21:02	4	21:06	22:43（第二天）
C6316	乐山—江油	动车	18:51	21:08	2	21:10	21:29
C6225	江油—成都东	动车	20:57	21:16	2	21:18	22:07
K245	扬州—成都	快速	10:33	21:28	5	21:33	23:15（第二天）
C6230	成都东—绵阳	动车	20:51	21:40	–	–	21:40
K2058	成都–乌鲁木齐	快速	20:05	21:42	5	21:47	10:40（第三天）
C6227	绵阳—成都东	动车	21:58	–	–	21:58	22:47
C6229	江油—成都东	动车	21:47	22:06	2	22:08	22:57
K2616	成都–兰州	快速	20:26	22:06	3	22:09	8:21（第二天）
K6	成都—西安	临客	21:05	22:39	6	22:45	12:20（第二天）
K1058	成都—西宁	快速	21:47	23:14	5	23:19	13:00（第二天）
K1364	成都—北京西	快速	22:00	23:40	6	23:46	5:42（第三天）

铁路建设

【概况】 2016年，绵阳市境内建成的铁路有宝（鸡）成（都）铁路、成（都）绵（阳）乐（山）城际铁路客运专线，通车里程达201千米。在建的铁路有：成（都）兰（州）铁路安州段、西（安）成（都）客运专线江油段。规划建设的铁路有绵（阳）遂（宁）内（江）铁路、成（都）金（堂）三（台）铁路，宝成线皂角铺铁路货场扩建工程。拟规划的铁路有绵阳至巴中铁路等。绵遂内自宜铁路列入国家《中长期铁路网规划》和国家发改委批复的成渝地区城际铁路网规划。3月，绵遂内铁路预可研编制完成。7月，省政府在成都召开绵遂内铁路项目推介会。皂角铺铁路物流基地项目10月正式获得中国铁路总公司的可研批复。城市轨道交通项目1、2号线建设规划基本完成。完成成绵乐客运专线绵阳城区段各项文书、产权证、土地证、拆迁补偿协议等档案资料的整理和移交。

【成兰铁路绵阳段建设】 项目业主为成兰铁路有限责任公司，该铁路线路全长463千米，总投资616.9亿元。其中，绵阳安州境内33.2千米，总投资45亿元，速度目标值为每小时200千米，建设工期6年，2012年12月开工建设。2016年，完成投资5.6亿元，完成全部征地拆迁工作，累计完成投资22.33亿元，完成总投资目标任务41%。境内白溪河三线大桥、睢水河双线大桥下部工程、高川站四线大桥全部完工，开展隧道、睢水车站站前广场建设。

【西成铁路客运专线绵阳段建设】 项目业主为西成铁路客运专线四川有限公司，该铁路线路全长509.5千米，匡算总投资667.7亿元。其中，绵阳江油境内62.8千米，总投资90亿元，速度目标值为每小时250千米，建设工期5年，2013年3月开工建设。2016年，计划投资15亿元，实际完成20.7亿元。截至年底，西成客专江油段开工累计完成投资55.7亿元，境内桥梁、隧道等工程基本完成。

（杨　辉）

民用航空

【概况】 2016年，绵阳民航管理局按照国企改革发展方案，民航局向市国资委上报《绵阳市民航管理局深化改革总体方案》，制订出台《子公司全面实行工资总额管理相关事项的意见》，推进子公司分配制度改革。全年实现机场年旅客吞吐量200万人次，累计实现航班（专机、包机）起降19214架次，较2015年增长35.8%；运输货邮量16920吨，较2015年增长33.9%；运输旅客217.29万人次，较2015年增长40.4%；机场辅业非航收入占机场营业收入的60%以上。起降架次在全国排名第9位；旅客吞吐量在四川省排名第2位，西南地区排名第8位，全国排名第49位。有18家航空公司执飞绵阳机场，开通国内30个城市航线，全年新增航点5个，加密航点6个，恢复航点2个，包机航点1个。为此，绵阳机场获“四川区域经济影响力十大事件”之一，获西南地区机场统计工作先进单位。

【航空安全管理】 2016年，绵阳机场落实安全生产责任，健全运行保障机制，加强安全生产监督，实现连续15年安全无事故。修订《机场使用手册》《机场安保方案》《安保管理手册》并与各部门签订年度安全生产责任书。开展“安全生产月”“安康杯”“安全大检查”“安全大讲堂”“机场安全运行整治”等活动。机场候机楼实现WIFI上网实名认证，严格执行危险品、违禁物品检查规定，全年查获旅客携带的各类违禁物品1000余起；严格飞机例行检查，发现并处理飞机故障96起。开展危险源排查，累计新增危险源42条，更新危险源17条并采取管控纠正措施。与4个协会和机场附近的村镇签订净空管理责任书，办理净空审核意见项目35个，查处2起电磁干扰源，缴获5台GPS信息干扰器。

【民航服务质量管理】 2016年，机场围绕“民航服务质量提升”专项活动，提升航班正点率，加大机场改扩建项目建设，提高杨志保障能力。制定《航班正常管理办法（试

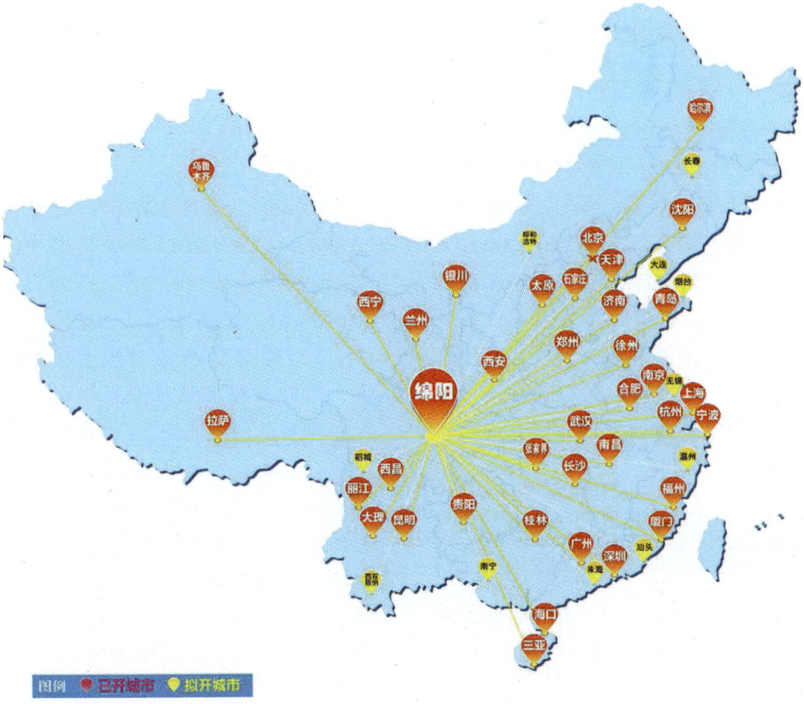

图 55　绵阳机场航线图

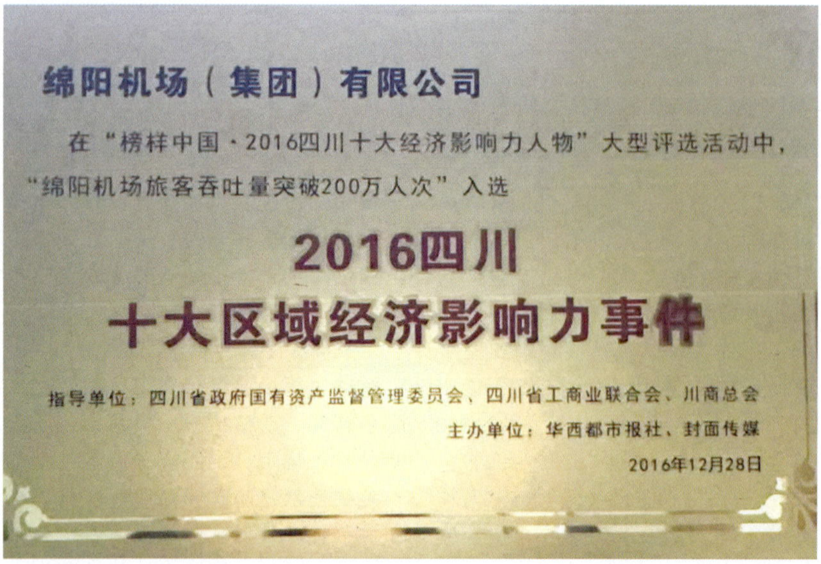

图 56　绵阳机场（集团）有限公司入选“2016四川十大区域经济影响力事件”

行）》和《航班运行保障量化考核细则（试行）》。年底，候机楼增设3个安检通道、4个值机柜台、1部升降电梯，改造弱电系统，新增隔离区座椅200个、自动值机3台等设施，投资446.8万元。

【绵阳机场获“2016四川十大区域经济影响力事件”】　2016年12月，四川省国资委、四川工商业联合会、川商总会指导，华西都市报社、封面传媒主办的“榜样中国·2016四川十大经济影响力人物”评选活动中，绵阳机场年旅客吞吐量突破200万人次，获“2016四川十大区域经济影响力事件”。12月1日11点40分，随着由上海飞抵绵阳的FM9411航班降落，标志着绵阳南郊机场年旅客吞吐量突破200万人次。成为第一个突破200万人次的市州机场，四川第二大空港，跨入全国中型民用机场行列。1997年开建之初，绵阳机场提出到2030年突破200万人次吞吐量的目标，提前14年完成目标。　（吴　滨）

航务海事管理

【概况】　2016年末，全市通航里程645.79千米，通航河流7条（涪江、梓江、凯江、湔江、弥江、安昌江、渭河）；公益性渡口61道；按海事统计口径有各类登记船舶607艘、16798总吨、3545客位，其中客、渡船147艘；有渡口61处；有船乡镇68个、专兼职管船员79人；船员792人（机动船舶船员325人、非机动船舶船员467人）；8家水路运输企业。全市水上交通全年未发生水上交通事故，连续14年无水上交通事故。全市完成水运建设投资1422万元，建设渡改人行桥8座，6座完工、2座正在建设当中，完成投资1131万元；海事工作码头建设3处，1处基本完工、2处正在建设中，完成投资268万元；投入海巡艇1艘，完成投资23万元。全年检验各类船舶、艇筏1691艘次。

2016年，全市水路客运量完成22.998万人，比2015年增长47.5%，旅客周转量完成174.22万人千米，比2015年增长37.5%。

【水路运输经营资质管理】　2016年，市海事局加强水路运输市场准入和监督管理，全年组织核查水路运输企业8家、营业性运输船舶56艘、1255总吨、1469客位、2975.56千瓦（其中有水路运输企业2家，营业性运输船舶9艘、93总吨、208客位、659.6千瓦因三江湖码头改造未通过年度核查，正在整改中），建立健全相关档案和管理台账。按照《中华人民共和国航道管理条例》及其实施细则，加强对跨河、临河、拦河建筑物的通航标准和技术要求进行审批。编制完成三江湖水路交通专项规划，经市政府采购中心公开招标，甘肃兰州华麟航务船舶有限责任公司以229.15万元报价中标并于11月份开始建造。12月31日完成船体主体工程。确定船舶建造监理单位，签订《船舶建造监理合同》。

【水上交通应急演练】　2016年6月29日，市地方海事局主办，三台县地方海事处承办，在三台县刘营上渡口举办水上交通应急救援演练。演练设置海事冲锋舟搜救表演、船舶消防、船舶乘客落水自救互救与搜救三个科目。通过演练，进一步提高了绵阳市航务海事系统及所属乡镇对水上交通应急救援的快速反应能力、应急处置能力和综合协调能力。11月22日，市地方海事局出动2艘海事冲锋舟，配合省地方海事局参加“2016年度全国公路交通军地联合应急演练”。演练中完成武警交通和公路先遣组、勘测组人员的护送和水上安全警戒工作。

【安全生产月活动】　2016年6月1~30日，全市开展水上安全生产月活动。活动围绕“强化安全发展观念，提升全民安全素质”的主题，全方位开展安全宣传教育活动，水上交通从业人员安全生产意识普遍增强，广大人民群众的水上交通安全意识进一步提高。活动期间，全市航务海事系统出动检查组90个次，出动执法人员345人次，检查船舶860艘次；印发宣传资料10000余份，张贴宣传画485张，悬挂宣传标语96幅，受教育群众9.7万余人次。

【船员安全培训】　2016年4月，市海事局结合全市技术船员的分布情况，分别在三台县和游仙区各开展2期（4期）持证技术船员安全教育培训，207名船员参加培训。培训内容有船员职业道德、相关法律法规和安全操作技能、船舶事故案例分析等。6月，分别在北川县、平武县各开展一期船员基本安全培训，参训90余人。

【水上交通安全知识进校园活动】 2016年5月至10月，绵阳市航务海事机构与当地教育部门联合，以“水上平安交通，安全伴我成长”为主题，在全市开展了水上交通安全知识进校园活动。通过互动演示、现场模拟、视频动画等趣味性强的教学方式，讲授水上交通知识、水上救生救助常识、航行知识、船舶知识和防溺水知识等安全知识，让广大师生了解水上交通安全常识，掌握水上事故防范和求生自救基本技能教育，在广大小学生中普及水上交通安全知识，增强小学生的交通安全意识，提高应急求生技能，取得良好的社会反响，在全市学生中形成“关爱生命、文明出行”的良好氛围。

【漂流安全管理】 2016年，市海事局加强漂流河道、漂流艇筏的认证，漂流工、安全员的培训、漂流经营过程中的安全保障的设施和制度的建立及实施等方面的监督指导。专项督查境内漂流安全工作，专门组织人员开展漂流专项调研，并将在调研中发现的问题及建议形成专题调研报告送省局。市内6家漂流公司申请的漂流河道段均通过评估。

（吴晓春）

邮　政

【概况】 2016年，全市邮政管理围绕《推进电子商务进农村实施方案》《绵阳市邮政业“十三五”及中长期发展规划》，落实市委“两个一号工程”目标，加强产业融合，构建电子商务和“互联网+”的重要支撑。绵阳市被国家邮政局确定为全国六个快递业和制造业融合试点城市。截至年底，有邮政营业网点448个（其中电子化支局259处），邮箱（邮筒）808个，报刊亭（点）183个，智能快件箱392组，村邮站628个，便民服务站2440个，信报箱7.5万个，全市开通邮路339条；登记在册的快递品牌35个，法人企业36家，分支机构311家，从业人员4000余人，行业车辆1430余辆（小中大型货车440余辆、三轮车990余辆），安检机33台。全市邮政业增长速度高于地区生产总值（GDP）增长，快递业继续保持高增长态势。全市邮政业累计完成业务收入7.65亿元，同比增长34.5%；累计完成业务总量8.04亿元，同比增长40.01%。全市快递企业累计完成快递业务量7503.5万件（其中：完成快递业务收件量2001.63万件，同比增长68.28%；快递业务投递量5501.87万件，同比增长38.88%），累计完成快递业务收入3.11亿元，同比增长45.11%，快递业务量和业务收入位居全省第二。邮政便民服务站和智能快件箱纳入全市十项民生工程市级目标任务，全市建成邮政便民服务站500个，在社区、学校、单位投放智能快件箱220处。

【邮政市场监管】 2016年，全市创新监管方式，建设绵阳市邮政行业远程视频监控系统（一期），实现对主要快递品牌快件分拨处理中心的实时监控。寄递物流安全专项整顿活动中，印发寄递安全专题文件7份，召开寄递渠道安全培训会12次计1200余人（其中三台、北川、安县、平武、江油、盐亭、梓潼各1次，实现县区全覆盖）。组织安检机理论和操作培训70余人次；组织710余人次，检查快递法人企业36家，分支机构和末端网点310余家，发出责令整改通知书26份，约谈寄递企业负责人25人次，下达处罚告知书和决定书8份，处罚金额6.9万元。对全市邮政普遍服务营业网点（重点针对乡镇网点）进行合格检查，出动300余人次，检查网点98个，下发责令整改21次；对全市9处邮政机要室进行安全隐患排查，下发责令整改通知书5份；出动340人次对全市范围内邮政、快递企业营业网点以及邮政报刊亭进行“扫黄打非”专项检查，获全市“扫黄打非”工作先进集体。

【产业融合试点】 2016年，绵阳市被国家邮政局列为全国六个快递业和制造业融合试点城市。三台、北川两个国家级电子商务进农村综合示范县建成电商进农村示范点514个，其中55个叠加村邮站；三台、梓潼等县16个乡镇和55个村入围2015年度四川省“环境优美示范城镇乡村”；落实市政府《推进电子商务进农村实施方案》，推进“快递下乡”工程，各主要快递品牌在全市各县市区城区覆盖率达到100%，全市快递业与制造业的融合度达40%。

图 57　邮政工作人员到乡镇快递网点检查

【邮政业人才培养】 2016年4月，绵阳市邮政管理局、绵阳市快递协会以及西南科技大学共同签署《邮政业人才培养三方合作协议》，通过三方“共赢”模式，促进全市邮政业快速发展。根据协议，绵阳市邮政管理局将西南科技大学作为绵阳市邮政行业人才培养基地，利用学校科研资源，就行业发展与学校开展研究协作、成果转化等合作；绵阳市快递协会企业将为西南科技大学学生提供更多实习工作岗位，并走进课堂做交流，有针对性地提升学生能力；学校通过专家讲座、专题培训等方式，对快递企业负责人以及员工业务水平进行提升。签约仪式上授牌西南科技大学“邮政行业人才培养实践基地”。

【《推进电子商务进农村实施方案》出台】 2016年5月，市政府印发《推进电子商务进农村实施方案》（简称《方案》）。《方案》提出以建设国家、省级电子商务进农村综合示范县为抓手，促进农村电商平台及制度建设，极大地利好绵阳市农村邮政公共服务的发展。《方案》指出，到2017年全市现代农村流通基本形成应用电子商务更加广泛、保障体系更加健全、配套服务更加完善、产业发展集聚集约的农村电子商务新格局，农村电子商务发展水平继续走在全省前列。《方案》计划在2017年发展10000家农村电商经营主体、建立1000个村级电商服务点。还提出了9项重点工作，其中涉及物流邮政业的就有3项，包括建立市级农业电商产业园、建立农村电商服务站、加强农村物流配送体系建设。

【《绵阳市邮政业“十三五”及中长期发展规划》出台】 2016年6月8日，市长刘超主持召开市政府第92次常务会议，审议并原则通过《绵阳市邮政业“十三五”及中长期发展规划》（简称《规划》）。8月，《规划》由市政府印发执行。《规划》围绕邮政业“创新、协调、绿色、开放、共享”五大发展理念和“抓改革、促发展、惠民生”这条主线，因地制宜地提出“继续深化邮政改革，推动建立现代企业制度”“提高快递经营水平，促进快递转型升级”等十大主要任务，打造“邮政服务网点与网络建设”“邮政信息化建设”等5大重点工程，落实国家产业政策、完善邮政体制改革、促进邮政多元发展、加快转型升级等方面提出政策保障和措施。

（赵　欢）

2007 年

3 月 28 日，长虹欧洲电器有限公司在捷克中部城市宁布尔克开业。这是长虹在欧洲的最大投资项目，也是中国家电企业在欧洲自主投资的第一个海外生产基地。

7 月，中共四川省委、四川省人民政府批准设立中国（绵阳）科技城党工委、管委会，科技城党工委、管委会承接并行使省政府下放的省级经济管理权限。

9 月 20 日，国务院原则同意筹建绵阳科技城产业投资基金，募集规模为 60 亿元。这是中国西部第一支产业投资基金。

△ 四川省人民政府通过《关于加快推进中国（绵阳）科技城建设的意见》。

11 月 1 日，绵阳出口加工区通过海关总署、国家发展改革委等九部委联合验收组的验收，正式挂牌成立。绵阳出口加工区的建成，对提高科技城的对外开放度、承接国际国内产业转移、调整产业结构、发展外向型经济将起到重要的推动作用。

贸 易

Trade

国内贸易

概 述

【概况】 2016年，全市国内贸易稳步增长，实现社会消费品零售总额988.48亿元，居全省第二，同比增长12.4%，分别高于全省平均增速和地区生产总值（GDP）增速0.7、4.1个百分点。其中城镇市场实现消费品零售总额660.36亿元，同比增长12.6%，占全市社消零总额70.3%，在消费品市场占主导地位；乡村市场实现消费品零售额328.12亿元，同比增长12.1%。

2016年，全市批发、零售等行业实现商品零售额830.83亿元，占社消零总额84.05%，同比增长12%；餐饮业实现收入157.65亿元，占社消零总额15.95%，同比增长14.6%，商品零售依然占消费市场的主导地位。

2016年，全市有限上企业单位1153家，限上企业单位实现社会消费品零售总额498.44亿元，占全市社消零总额50.42%，同比增长11.7%，成为消费品市场的主力军。其中限上单位实现餐饮收入34.07亿元，同比增长11.5%；限上单位实现商品零售464.36亿元，同比增长11.7%。16类商品中家具类、化妆品类、体育娱乐用品类和粮油、食品、饮料、烟酒类增幅均超过20%；日化品类、家用电器和音像器材类、中西药品类、文化办公用品类、建筑及装潢材料类增幅达10%以上。

2016年，全市“互联网+”消费发展速度迅猛，住宿餐饮业限上单位通过互联网实现餐饮收入0.72亿元，同比增长12.5%；批发零售业限上单位实现互联网商品零售额31.64亿元，同比增长23.7%，高出社消零增速11.3个百分点。

【现代服务业系列方案出台】 2016年，绵阳市出台《绵阳市服务业重点产业及空间布局方案（2016~2020年）》，推动电子商务、科技服务、物流、金融、会展、旅游、文化创意、健康养老八大重点产业率先发展，集中建设石塘（商贸物流）、金家林（信息软件）、科创区（科技）、安州区罗浮山（旅游休闲）等4个省级服务业集聚区。

2016年，市商务局制订《绵阳市服务业发展“513”实施方案（2016~2020年）》。全市有服务业重点品牌39件，涪城区千亿电商产业集聚区、绵阳万达城南中央商务区、甲骨文人才创新中心等11个重点项目，绵阳市西部现代物流城开发有限公司、绵阳富临百盛广场有限公司、四川森林雨餐饮管理有限公司等13家重点企业，松花岭、七曲山、宜家美等6个重点品牌入围四川服务业“三百工程”。制订《绵阳市“百强”企业培育方案（2016~2020年）》，建立“百强”企业库，培育一批服务业示范企业。

【县域服务业发展规模】 2016年，涪城区、江油市服务业增加值超过百亿元，三台县、游仙区超过50亿元，高新区、科创区、安州区、盐亭县、梓潼县超过25亿元。建立健全服务业工作责任、统计、运行监测、部门会商、重点项目投资及建设、目标督查考核等六大体制，作为服务业重点工作开展的依据。定期召开月度运行分析会、季度部门联席会议，会同目督办对全市9个县市区、4个市属园区分季节进行专项督查。截至年底，全市实现服务业增加值654.1亿元，总量居全省第二位；增长9.5%，居全省第4位，比2015年提升9位；占地区生产总值比

资料链接：

限上企业：是限额以上贸易企业的简称。限下企业是限额以下贸易企业的简称。限额上具体为是批发业（包括外贸企业）。商商品销售总额在2000万元以上（金属制造2000万元，下同），同时年末从业人员在20人以上；二是零售业。年商品多方位叫额在500万元以上，同时年末从业人员在60人以上；三是住宿业。星级饭店或旅游饭店；四是餐饮业。年营业收入200万元以上，同时年末从业人员40人以上。反之，低于这些标准，为限下企业。

重35.7%，比2015年提高1.5个百分点，服务业对经济增长贡献率达39.2%，拉动经济增长3.3个百分点；服务业完成投资820亿元，占全社会固定资产投资的64.6%。

▲服务业发展“513”实施方案：指推动50个服务业重点项目建设，培育100家服务业重点企业，培育30个服务业重点品牌。

【市场促销活动活力增强】 2016年，全市结合“惠民购物全川行”“川货全国行”“万企出国门”三大活动，提高“绵阳造”商品知名度。开展迎春购物月、消费促进月、绵阳国际车展等活动，组织10000余家企业（品牌）开展各类促销活动500余场次，实现销售金额600余亿元；组织30余家企业参加苏州、广州等“川货全国行”6个站点活动，实现现场、意向、协议成交额1.1亿元。组织17家企业参加“2017川货新春大拜年”活动，实现现场合同、意向成交额700余万元，5家企业达成进驻“川名堂”意向协议，9家企业在新发地农产品批发市场对接会上实现合同、意向成交额近600万元；组织132家企业参加广交会、加博会、美国CES展、欧洲精细化工展等国内外展会，申请展会151个，达成意向成交额3.96亿美元，64家企业首次实现“走出去”。 （伍天坤）

绵阳市大型专业市场交易情况统计

表28

序号	市场名称	市场负责人	市场类别	成交额（万元）
1	绵阳市高水蔬菜水产批发市场	冯　林	农副产品专业批发市场	900000
2	绵阳市剑南食品批发市场	王　浩	副食品专业批发市场	1500
3	绵阳市同立国际汽车博览中心	唐帮宪	工业消费品专业市场	2450
4	绵阳卓信综合市场	周　辉	农副产品综合批发市场	20000
5	绵阳市花园批发市场	郑宝荣、马斌、赵杰等	工业消费品专业市场	300000
6	四川万向汽车商城	刘　勇	工业消费品专业市场	32000
7	绵阳市卓龙二手车市场	李德超	工业消费品专业市场	62000
8	三台县北门市场	罗清军	农副产品综合批发市场	46000
9	江油市华丰建筑装饰材料城	陈清平	工业消费品专业市场	8000
10	江油市新昌明市场	王　刚	农副产品综合市场	18500

粮油购销

【概况】 2016年，全市有国有粮食企业35家，其中国有粮食购销企业33家。全市粮油收购主体从当地和省内外市场购进粮食140.4万吨，其中国有粮食购销企业购进23.2万吨，占总购进的16.5%；收购油菜籽（油折籽）24.9万吨，其中国有粮食购销企业购进3.67万吨，占总购进的14.7%。累计销售粮食69万吨，其中国有粮食购销企业销售24.9万吨，占总销量的36%；销售食用油（籽折油）8.5万吨，其中国有粮食购销企业销售食用油（籽折油）1.5万吨，占总销量的17.6%。全市国有粮食企业实现销售收入7.52亿元，同比减少1.64亿元，减幅18%；实现利润352万元，同比增长22.6%。

【开展稻谷最低收购价收购】 2016年，全市在连续三年启动稻谷最低收购价收购的基础上，继续执行国务院关于稻谷实行最低收购价收购的有关规定，省发改委等6部门通过电视电话会和川粮函〔2016〕105号文向全省公布《四川省2016年中籼稻最低收购价执行预案》，提高入市收购的准入门槛，对国有粮食购销企业贷款在银行的“信用等级”、粮食收购“一卡通”系统，都作为必要条件写入“预案”。9月16日起，启动当年产新稻谷最低收购价收购（简称“托市收购”）工作，以国标三等中籼稻为标准品，继续按2015年的每500克1.38元执行，相邻等级价差0.02元，具体执行步骤和监管，按照有关制度规定和纪律执行。在最低收购价政策的拉动下，市场稻谷收购价格反弹回升。至12月底，市场稻谷由产新时的每500克1.29元左右，上涨到每500克1.32元到1.36元之间。

【粮食应急供给保障机制完善】 2016年，全市按照粮食安全省长责任制的要求，建立和完善市、县市区两级粮食应急供给保障机制，落实市、县市区两级粮食储备规模，建立市级小包装成品粮油储备，确保特殊情况下粮食公共危机处置的物质基础。全市落实市级粮食应急供给储运和加工企业各10家，29家国有和民营企业为粮食应急供应企业，全市省、市、县三级粮油应急供应网点293个，占乡镇总数的100%。加工重点企业中，产能在日加工成品50吨以上，米、面、油的日加工总量5000多吨，保证应急状态下的基本供应量。 （谢安忠）

烟草专营

【概况】　2016年，绵阳烟草商业系统按照“稳总量、提结构、育品牌、增税利”工作主线，在销售总量拉动作用大幅减弱的情况下，实现经济效益的稳步增长。全年卷烟总销13.6万箱、销售收入42.6亿元；单箱结构达到31366元、税利达到11.3亿元、税金实现8亿元，同比分别上升3.6%、2.5%和11%。在全省首家开创与邮政集团联合的协作模式，全年累计寄送33148条卷烟，居全省第二；全年共立案查获涉烟违法案件2544起，查扣涉案卷烟1132万支。获全省专项行动先进集体。

【卷烟营销】　2016年，绵阳烟草商业系统严格落实川烟“恢复性增长”试点工作有关要求，推动川烟培育实现突破。全年销售川烟5.7万箱，增幅8.8%；川烟销售收入10.8亿元，增幅18.2%，首次实现两位数增长；川烟份额41.9%，增幅5.9%。推动互联网+卷烟营销模式广泛应用，全年参与二维码扫码人均数量高出全省水平，持续深化电子商务模式，跨行结算覆盖率、活跃度分别提升21.3%和10.9%，日均客户使用率居全省第一。

【专卖管理】　2016年，绵阳烟草商业系统以打牢市场监管为基础，加大对“假私非”卷烟及无证经营、无证运输等违法行为的查处力度。全年立案查获涉烟违法案件2544起，查扣涉案卷烟1132万支，其中万元以上案件127起，同比增长25.7%，五万元以上案件37起，同比增长105.6%。坚持“堵源头、断网络、端窝点、惩首犯”，在打击制售假烟网络案件工作方面取得新突破，全年有4起案件被省烟草专卖局认定为重大涉烟网络案件，拘留7人，逮捕2人，判刑16人。开展“铁拳2016”整治利用铁路非法贩运烟草专卖品专项行动、全省烟草市场整治“天府金叶2016”专项行动等5次专项整治行动，全市烟草、公安部门出动执法人员20289人次，清查各类经营、存储重点场所15352户次。

（勾　婷）

餐饮业

【概况】　2016年，全市休闲餐饮与大众餐饮需求增强，特色经营发展壮大，节假日餐饮和旅游餐饮持续升温，餐饮行业规模与企业规模继续扩大。全年全市实现餐饮业营销额143亿元，同比增长14.6%，占社消零总额15%，上缴税金近10亿元，同比提高8%。全市餐饮经营户达2万余家，从业人员达20余万人。其中，大众餐饮企业1600余家，实现营业额114.4亿元，占全市餐饮业营销额的80%；新兴餐饮企业4000余家，营业额50亿元，就业人员近6万人。

【连锁餐饮业企业发展】　2016年，全市40余家餐饮企业通过直营、加盟等方式在全国开设新店，实现营销额近20亿元。森林雨火锅有各种加盟管理店130余家，是绵阳最具影响力餐饮品牌，年营业收入超过10亿元。杨肥肠作为绵阳大众小火锅的龙头企业并获省级著名商标。六月雪干锅在全国拥有直营和加盟店上百家。紫金印象餐饮公司拥有“紫金湾”“滋味工坊”“紫金印象”三个品牌。“四维餐饮”拥有80年的发展历史，有多家连锁门店，是四川老字号餐饮企业。四海香拥有“四海香”“仙龙潭”两个品牌，在省内外发展多家连锁加盟店。德华开元米粉、康富源老开元米粉、高水杨米粉、永华米粉、老牌胖米粉、通安巷胖米粉、佳鑫胖米粉、安县鲜米粉、四维壹家鲜米粉等绵阳米粉品牌均有多家连锁门店，部分米粉品牌在全国开展连锁经营。

【特色餐饮菜品】　2016年，绵阳市餐饮行业在传统品种开发新的特色品种，吸引众多食客和消费者。紫金湾酒楼有米粉、特色面、石锅三角蜂、翅汤桂鱼、蓉和开门红、石哼鲜圆鲍、木瓜炖雪蛤等；四海香餐饮有三姐鸡丝凉面、三姐泡海鲜系列、四海香排；蒋记实业有蒋豆花、酸辣豆花、炖鸡豆花、鲜果醉豆花；和记集美有玻璃耳叶；四维餐饮有南瓜肉松盅、长生果煨鲜蹄筋、红汤冒鸭肠；五郎庙豆汤店的凉拌剔骨肉；钟兔子风味店的麻辣兔头；安县焦鸭子酒楼的全鸭席；绵阳金诺瑞食品公司的老婆饼；绵阳聚龙砂锅居的砂锅鲫鱼水饺；疋二黄罐罐鸡的疋二黄饼、汽锅鸡；廖排骨卤菜店的五香卤排骨。特色餐饮主要集中在涪城区南河坝、马家巷、跃进路1958、新世界百货、凯德广场、万达广场；游仙区的沈家坝、芙蓉汉城等地和高新区的双华市场、铂金时代、永兴好吃一条街等。（鲜明芬）

供销合作商业

【概况】　2016年底，全市供销社系统资产总额175400万元，比2015年减少2721万元，其中流动资产88041万元，比2015年减少2898万元，固定资产65830万元，比2015年增加6413万元；负债总额91117万元，同比减少2588万元；所有者权益84282万元，同比减少134万元。全年经营服务总值136.6亿元，售给农民生产资料5.1亿元。全系统实现利润总额16348万元，比2015年增长3.85%。在全省供销社系统综合业绩考核中连续四年被评为特等奖。梓潼县被列为“全国供销合作总社电子商务示范县”、盐亭县被列为“全省供销社土地托管示范县”。绵阳市被列为全省供销社“三位一体”改革试点市。

【供销农村电子商务发展】　2016年，全市建成绵阳农村电子商务孵化园、食哈哈电商平台、京东·绵阳特色馆、绵阳造特色农产品展示展销中心、开展电商一体化经营。推动梓潼县全国供销合作总社示范县建设。截至年底，全系统发展电商企业7家，电商平台6个，电商协会有3个，电商服务及孵化中心3个，线下体验馆8个，物流公司2家，在淘宝、京东等三方平台开设网店30个，建成农村电商服务点120多个，实现电商销售1.2亿元。

图 58　2016 全国农资科技博览会暨第四届农民合作社与农资供应商、农产品采购商对接会在绵阳举行

【涪城区农村产权流转交易中心建成】　2016年，涪城区供销社、天泰集团共同投资300万元，建立涪城区农村产权流转交易中心，完成交易中心硬件投入，具备农村产权流转交易条件，交易中心面积1500平方米，为全省供销社系统第一家企业方式运营的农村产权交易市场。3月挂牌以来，发布流转信息32条，办理业务3笔，意向流转土地、林地2000公顷。

【2016全国农资科技博览会暨第四届农民合作社与农资供应商农产品采购商对接会】　2016年9月28~29日，“2016全国农资科技博览会暨第四届农民合作社与农资供应商农产品采购商对接会”在绵阳举行。本届博览会和产销对接会由中华全国供销合作总社指导，中华全国供销合作总社农业生产资料局、合作指导部，中国科学院科技促进发展局、四川省供销合作社、绵阳市人民政府联合主办，中国农业生产资料流通协会、中国东盟农资商会、中国科学院物联网研究发展中心、绵阳市供销合作社、中国供销电子商务股份有限公司共同承办。中华全国供销合作总社党组成员、理事会副主任骆琳在开幕式上讲话并宣布大会开幕。全国供销总社农业生产资料局局长、中国东盟农资商会会长、中国农资流通协会常务副会长李殿平主持开幕仪式。博览会和产销对接会以“搭建农商对接平台，促进现代农业发展”为主题，吸引来自全国各地的近600家农民专业合作社、100多家全国农资重点生产流通企业，以及30多家国内外知名农产品采购商参会，参展产品上万种。为促进产销对接，博览会组委会安排农资供应商农资产品、农资服务方案推介专场以及智慧农业和农产品采购商推介专场，推介内容包括农资行业新产品、新技术、新服务、农产品电商平台、智慧农业等内容。据统计，农资采购签约27亿多元，农产品采购签约24亿元。

博览会期间，中国农资流通协会召开行业发布会，发布《2015~2016中国农资流通行业年度发展报告》、“2015年中国农资流通企业综合竞争力排名（前100名）”“2015年中国农资行业知名品牌（服务类、产品类）”三项年度成果，为获“2015年中国农资流通企业综合竞争力排名（前100名）”、荣获“2015年中国农资行业知名品牌”的企业代表颁发奖状和奖牌。召开2016中国有机肥技术交流会暨抗生素残留检测标准培训会。

【全国供销合作社农资企业创新经营服务现场推进会】　2016年9月27日，中华全国供销合作社农资企业创新经营服务现场推进会在绵阳市召开。总社党组成员、理事会副主任骆琳出席会议并讲话。会前，四川省委副书记、省长尹力会见骆琳一行。会上，与会人员现场参观绵阳市盐亭县供销社为农服务中心、盐亭县供销社穗丰果树种植专业合作社土地托管园区和四川美丰绵阳循环经济产业工业园。四川省供销合作社、黑龙江倍丰农资集团、江苏苏农农资集团、浙农控股集团、安徽辉隆农资集团、广东天禾农资、新疆农资集团、烟台市农资总公司和中国农资集团等单位在会上做典型经验交流。全国总社合作指导部、农资局、四川省供销合作社主要负责人，各省（区、市）供销合作社农资业务负责人和农资企业主要负责人参加会议。　（李　平）

集市贸易

【概况】　2016年，全市工商系统以全国文明城市、国家卫生城市建设为抓手，有力推进现代商业市场体系建设，深入开展城乡集贸市场环境综合治理工作，切实与"讲卫生、除陋习、树新风"和治理"三乱"相结合，推进市场环境治理工作规范化、制度化、法制化、常态化，以巩固市场环境治理成果，促进城市整体水平的提升。截至12月底，全市有各类商品交易市场295个，其中消费品市场273个、生产资料市场22个。　（童晓红）

绵阳市大中型商业零售企业一览

表 29

序号	企业名称	法人代表	经营范围
1	绵阳大润发商贸有限公司	张宗翰	预包装食品兼散装食品销售。日用百货、服装鞋帽、针纺织品、化妆品、洗涤用品、照相器材、灯具、玩具、文体用品、皮革制品、办公用品、计算机及配件、通信器材（不含大功率发射器）、钟表眼镜、箱包、五金交电、化工产品（不含易燃易爆易制毒品）、珠宝首饰（不含钻石）、工艺品、家用电器、摩托车及配件、电动自行车及配件、自行车及配件、消防器材、建筑装饰材料、农机配件、汽车配件销售，盐、酒、一二类医疗器材、图书零售，场地和柜台租赁，仓储服务（不含危险、违禁物品），物业管理，停车场管理服务，为店内销售商品的厂家提供各类促销服务，家用电器维修（取得消防合格证后，方可从事上述经营活动）。依法须经批准的项目，经相关部门批准后方可开展经营活动。
2	绵阳万达百货有限公司	王志彬	企业依法自主选择经营项目，开展经营活动；依法须经批准的项目，经相关部门批准后方可开展经营活动。
3	绵阳富临百盛广场有限公司	钟珊珊	商业零售（包括代销、寄售）、批发经营：预包装食品、散装食品、乳制品（含婴幼儿配方乳粉）；摄影及照片冲洗，食品加工，场地设施租赁服务。（依法须经批准的项目，经相关部门批准后方可开展经营活动）
4	绵阳新世界百货有限公司	张辉热	商业零售经营，包括:综合百货、化妆品、家用电器、五金交电、针纺织品、服装鞋帽、皮革制品、日用杂品、办公用品、钟表眼镜、工艺美术品、金银饰品、珠宝、日化制品、通信器材、摄影器材、家具、保健用品、健身器材、酒、糖果、茶、饮料（取得消防合格意见书后，商场方可经营）；组织国内产品的出口业务；自营商品的进口业务；黄金制品、白银制品、贵金属制品、珠宝首饰回收；佣金代理（拍卖除外）（以上商品进出口不涉及国有贸易、进出口配额许可证、出口配额招标、出口许可证等专项管理的商品）。依法须经批准的项目，经相关部门批准后方可开展经营活动
5	成都人民商场（集团）绵阳有限公司	高宏彪	百货、农副产品、水果、粮油制品、预包装食品、冷冻饮品、冷冻食品、饮料、酒类、乳及乳制品、豆制品、糖及巧克力、调味品、禽肉鲜肉及制品、水产品及制品、蛋及蛋制品、卤制品及冷荤凉菜、保健食品、非直接入口散装食品、商务服务、一类医疗器械、计生用品、文化用品、摄影摄像器材、黄金珠宝、家电、通信设备、工艺美术品的销售；烟零售；糕点制售（裱花）；家电维修；停车场服务；国内广告设计、制作。(依法须经批准的项目，经相关部门批准后方可开展经营活动)
6	绵阳兴达好又多商贸有限公司	Elliot James Dickson	商业批发及零售（包括佣金代理）：粮油及其制品（包括糕点面包），果品，蔬菜，肉，禽，蛋、水产品，保健食品，茶叶及饮料（酒类产品仅限零售）；文具用品，体育用品，图书报刊（仅限零售），音像制品及电子出版物（仅限零售），工艺品，照相器材，其他文化用品；一类医疗器材、二类医疗器械（仅限零售）；汽车、摩托车零配件，家用电器，计算机软件及辅助设备，通信设备及其他电子产品；五金、家具、涂料，其他室内装修材料；花、草及观赏植物；组织国内商品的出口业务；自营商品的进出口业务；经营相关配套服务：餐饮（包括但不限于中西快餐），自营食品的加工，经营设施及场地的出租及转租；家用电器及其他日用品的售后维修服务；信息咨询服务（不包括中介服务）。以上经营范围涉及法律法规相关许可证的，以许可证核准的经营范围为准，依法须经批准的项目，经相关部门批准后方可开展经营活动。
7	绵阳富安百货有限公司	顾大宁	日用百货、摄像及照相器材、通信器材（不含国家禁令的器材）、黄金珠宝、钟表、眼镜、办公用品销售，自营商品的进口和国内商品采购出口（国家政策允许范围内的）。依法须经批准的项目，经相关部门批准后方可开展经营活动
8	成都人民商场（集团）绵阳有限公司茂业百货分公司	高宏彪	百货、农副产品、水果、粮油制品、饮料、糖及巧克力、水产品及制品、蛋及蛋制品、一类医疗器械、计生用品、文化用品、摄影摄像器材、黄金珠宝、家电、通信设备、工艺美术品的销售；烟零售；家电维修；国内广告的设计、制作。（依法须经批准的项目，经相关部门批准后方可开展经营活动）
9	绵阳摩尔玛梅西商贸有限公司	鲁志强	日用百货、五金交电、家用电器、珠宝首饰、副食品、预包装食品、酒销售；烟零售；停车场服务。
10	深圳沃尔玛百货零售有限公司绵阳临园路分店	吴　丛	在公司经营范围内从事经营活动（须取得前置审批的，待取得前置许可证后，方可经营）。依法须经批准的项目，经相关部门批准后方可开展经营活动
11	沃尔玛（四川）百货有限公司绵阳跃进路分店	吴　丛	在公司经营范围内从事经营活动（须取得前置审批的，待取得前置许可后，方可经营）。依法须经批准的项目，经相关部门批准后方可开展经营活动

续表

序号	企业名称	法人代表	经营范围
12	成都市人人乐百货有限公司绵阳崇尚国际购物中心	洪都喜	百货、日用杂品（不含烟花爆竹）、五金交电、化工原料及产品（不含危险品）、建筑装饰材料、电气机械、电子产品、通信器材（不含无线电发射设备）、工艺美术品（不含文物、古董）、医疗器械一类及二类中无须许可和审批的合法项目、蔬菜、果品、蛋的销售；农副产品收购（不含粮、棉、油、麻、蚕茧）；柜台、场地租赁。（以上经营范围，需许可、备案的取得许可、备案后经营，需资质的凭资质经营）。依法须经批准的项目，经相关部门批准后方可开展经营活动
13	四川永辉超市有限公司绵阳市花园路万达广场分公司	游达	企业依法自主选择经营项目，开展经营活动；依法须经批准的项目，经相关部门批准后方可开展经营活动。

（申　丽）

物流业

【概况】 2016年，绵阳市出台《绵阳市现代物流业发展规划（2016~2020年）》。新培育3家省级物流重点联系企业，全市省级物流重点联系企业27家。引导高校、研究机构加入绵阳市物流协会，实现学校、企业、地方物流业多方合作机制。截至年底，全市营业性货运车辆保有27045辆，总吨位14.42万吨。公路货运量7299.390万吨，公路货物周转量905778.991万吨千米。铁路货物到发量4889181吨、同比下降4.9%，其中发送量789841吨、同比下降10.23%，到达量4099340吨、同比下降3.8%；航空货运量16919.96吨、同比增长33.95%，旅客吞吐量2172922万人次、同比增长40.41%；邮政企业和快递企业累计完成业务收入7.65亿元、同比增长34.5%，累计完成业务总量8.04亿元、同比增长40.01%。江油市入选全省4个同城物流配送示范试点城市，绵阳市现代物流服务体系通过省物流办审核。全市综合交通枢纽，高速、干线和农村公路建设总计投资98.33亿元，实现对外出口四通八达，内外通道互联互通。

【物流信息化建设】 2016年，绵阳市全社会物流核算体系项目通过专家评审，12月正式上线运行。绵阳综合监管平台海关全域通关系统项目完成并投入使用，6月30日，实现“四川省通关第一票”。绵阳市东亨科技公司的物流信息化项目“无车承运人”入选全省13个示范试点项目之一。开发具有自主知识产权的“物联网物流信息交易应用平台”和“多功能车辆智能管理系统”。两项科研成果获国家专利，取得15项软件著作权，物联网物流信息交易应用平台获中国科技进步一等奖。截至年底，全市“物联网物流信息交易应用平台”日均组织货物运输6318起，成功交易3985起。

【科技城科技物流产业园】 位于涪城区新皂镇皂角社区、石梯子村，首期范围用地面积55公顷。北以二环路为界，东以规划的南北向快速通道为界，南至市域行政边界，西以铁路以西的规划道路为界。物流园规划主道路贯通整个园区，与城区飞云大道、二环路、绕城高速连接，形成对内贯通主城区，对外连接成绵广高速、绵遂高速等绵阳周边多条道路的高速路网。

2016年，市物流办继续推进科技城科技物流产业园项目建设。快递电商物流园项目完成控详规划、可行性研究报告、地灾编制等工作。绿色物流LNG综合利用项目完成控详规划。

【绵阳市物流协会成立】 2016年，经由市民政局批准，绵阳市物流协会正式成立。协会由绵阳天泰实业集团有限公司和绵阳市家福来电器有限公司共同发起，含会长单位1家、副会长单位5家、理事单位1家及成员单位28家。协会协助涪城区发改局调研涪城区物流产业发展状况，并拟制调研报告；协助市物流办开展对市级重点物流项目的初审、实地考察工作，并参加项目评审会；完成2017年省级重点物流项目申报的初审、实地察看及申报等相关工作。

【物流业发展主要问题】 2016年，市物流办对全市物流业发展情况进行调研发现，存在比较突出的三个方面的问题：

一是物流机制不健全，未能形成省市县三级联动发展。物流产业的发展涉及基础设施、物流技术设备、产业政策、投资融资、税收、海关、服务与运输标准等多个方面，而这些问题的管理分属于不同的政府职能部门，各职能部门缺乏统一协调。仅绵阳市政府设有物流办，各县市区均未设立相关机构，也未落实专职人员，各项工作难以有效形成省市县三级联动。二是物流企业相互间缺乏协作，资源整合度不高。物流企业总体呈现“散、小、弱、差”的局面仍未改变，产业集中度低，各物流企业因信息沟通不畅，物流资源效利用率低，导致了物流成本相对居高不下。三是全市物流企业整体上现代化水平较低，专业化程度不高。大部分物流企业是从原来的储运业转型而来，设施设备陈旧，企业的技术水平与管理水平不高，仓库以平房为主，现代化立体仓库比例很低；搬运设备主要是手推叉车，普通起重设备，可视频叉车等采用比例较小；运输工具以普通车辆为主。物流信息化总体水平低，条码技术、射频技术、人工智能技术没有很好普及，GPS、GIS、EOS、ADC、EDI、CAPS等技术应用不够。

绵阳市快递企业名录

表 30

序号	法人企业名称	序号	分支机构企业名称
1	绵阳申通快递服务有限公司	2	绵阳盛捷速递有限公司
3	绵阳市新韵达快递有限公司	4	绵阳新优速快递有限公司
5	绵阳海航天天快递服务有限责任公司	6	江油市金顺和商贸有限公司
7	四川星辰速递有限公司	8	绵阳市鸿泰快递有限公司
9	绵阳市隆兴快运有限公司	10	江油市中通商贸有限公司
11	绵阳景逸物流服务有限公司	12	绵阳市中诚快递有限责任公司
13	绵阳速之尔商务服务有限公司	14	江油申仕通快递服务有限公司
15	安县卡迅快递服务有限公司	16	三台县申速快递有限公司
17	江油市宇昂商贸有限公司	18	安州区旭辉商贸有限公司
19	绵阳市新快捷快递有限责任公司	20	梓潼金英商贸有限公司
21	安州区升科快运有限公司	22	绵阳市煜通商贸有限公司
23	北川羌族自治县永亨商贸有限公司	24	三台县建豪物流有限公司
25	北川君瑞物流有限公司	26	四川壹号递现代物流有限责任公司
27	安县中骏物流有限公司	28	北川禹龙商贸有限责任公司
29	梓潼县速达物流有限公司	30	绵阳市三人众物流有限责任公司
31	盐亭县峻博物流有限公司	32	绵阳市中盛物流服务有限公司
33	三台县梓腾商贸有限责任公司	34	平武县旭阳商贸有限公司
35	绵阳众合物流有限公司	36	平武龙兴电子商务有限公司
37	中国邮政速递物流股份有限公司绵阳市分公司	38	中外运空运发展股份有限公司绵阳分公司
39	四川星程宅配物流有限责任公司绵阳市营业部	40	四川苏宁云商销售有限公司绵阳物流处理中心
41	四川顺丰速运有限公司绵阳分公司	42	四川捷诚龙邦物流有限公司绵阳市营业部
43	嘉里大通物流有限公司绵阳分公司	44	成都宅急送快运有限公司绵阳分公司
45	成都全程德邦物流有限公司绵阳分公司	46	成都全峰快递有限公司绵阳经营部
47	成都东骏快捷物流有限公司绵阳分公司	48	中铁快运股份有限公司绵阳站营业部
49	四川品骏速递有限公司绵阳分公司	50	北京京邦达贸易有限公司第二分公司
51	安能聚创供应链管理（成都）有限公司绵阳分公司	52	四川远成运输有限公司绵阳花园路分公司
53	联邦快递（中国）有限公司绵阳分公司	54	民航快递有限责任公司绵阳营业部
55	成都喜来快递有限公司绵阳分公司		

会展业

【概况】 2016年，全市举办会展活动达到174场次，其中：展览40场次，会议40场次，节庆赛事94场次，总收入突破52.3亿元（直接收入8.1亿元，间接收入44.2亿元）。展览总面积达到77.65万平方米，较2015年增长41%；会展总面积达到5.42万平方米。举办第四届中国（绵阳）科技城国际科技博览会、2016中国（四川）电子商务发展峰会、2016第23届中国西部国际装备制造业博览会（中国欧亚国际工业博览会）等重点展览活动。组织全市企业、单位参加第十九届中国北京国际科技产业博览会、第十六届中国西部博览会、成都智博会、2016法兰克福汽配展、哈洽会、西博会等国内重大展会，促进绵阳市对外开放。科博会被中国会展经济研究会评为“中国十佳品牌会展项目”。

【第四届中国（绵阳）科技城国际科技博览会】 2016年9月21~24日，第四届中国（绵阳）科技城国际科技博览会在绵阳举行（简称“科博会”），科博会承办活动46项。全国政协副主席白立忱，省委书记王东明，省长尹力及17个国家部委负责人，28位省级负责人、8位两院院士、12位将军莅临盛会。包括世界500强、国家重点科研院所在内的887家单位参展，展陈项目2067项、展品9141件。此次展会邀请嘉宾近万人，吸纳观众60余万人次，其中专业观众近9万人次，较第三届增长13%；签约各类项目702个、金额1082亿元，集中发布科技成果需求103项、军民融合科技成果和专利技术205项，促成各方签订科技成果交易及合作意向协议444项，签约金额73亿元，比上届增长5%。

【2016中国（四川）电子商务发展峰会】 2016年10月13~15日，2016中国（四川）电子商务发展峰会（以下简称“峰会”）于在绵阳举办。峰会到场嘉宾包括相关部委、省直部门、全省21个市（州）、48个市级部门负责人，县市园区负责人，各领域龙头企业代表，京东、格力、奇虎等知名企业高管及专家学者代表、学生代表等近2万人次。峰会期间，签约项目51个，签约资金约185亿元；国内外400多家知名电商平台以及1500余家企业、数万类商品参展对接；网上展厅浏览量高达300多万次，交易额达1.2亿元。

【参加第十六届中国西部国际博览会】 第十六届中国西部国际博览会期间。绵阳市在成都世纪城会展中心5号馆（电子信息馆）、7号馆（航空馆）设置中国（绵阳）科技城形象展区和绵阳航空科技产业两大展区，展陈面积1156平方米，集中展示科技城及绵阳通航产业建设成果，市内各县市园区投资形象及辖区内特色企业。本次组织参会企业和院所114家，参展企业59家，展示近300件高新技术产品，达成签约项目31个，签约金额148.55亿元。

【2016第23届中国西部国际装备制造业博览会（中国欧亚国际工业博览会）】 2016年11月21~24日，第23届中国西部国际装备制造业博览会（中国欧亚国际工业博览会）在绵阳会展中心举行。展会面积1.3万平方米，吸引包括瑞士ABB等198家国际国内制造行业知名企业参展，参展展品实物率为91%；采购商37家、专业观众7981人，举办论坛活动4场。会上，长虹、东材科技等43家本土制造企业带来的“绵阳造”产品，展示绵阳科技创新、智慧之城的形象，在业内极大的提升“绵阳造”品牌知名度和影响力。

【2016全国农资科技博览会暨第四届农民合作社与农资供应商农产品采购商对接会】 2016年9月28~29日，“2016全国农资科技博览会暨第四届农民合作社与农资供应商农产品采购商对接会”在绵阳举行，吸引各地近600家农民专业合作社、100多家农资企业、30多家国内外知名农产品采购商参会，参展产品上万种，农资采购签约27亿多元，农产品采购签约24亿多元。博览会期间，发布《2015/2016中国农资流通行业年度发展报告》、“2015年中国农资流通企业综合竞争力排名（前100名）”、“2015年中国农资行业知名品牌（服务类、产品类）”三项年度重要成果。

【2016绵阳国际汽车展】 2016年4月20~24日，绵阳市举办第五届绵阳之春国际车展暨第二届绵德广国际汽车博览会，展陈面积8万平方米，参展品牌64个，其中展具参展31家，接待10万人次观展，现场成交汽车4158辆，营业收入同比增长10%。11月11~15日举办的第六届（2016）绵阳国际汽车展，展陈面积7万平方

图 59 科博会参展工业机器人

图 60 2016 绵阳（第二届）农资交易展示会

米，汇集80余个汽车品牌及40余家汽车用品及配套商参展，500余款车型参展，展出规模较上届增幅超20%。开展5天，接待观展市民16.5万人次，销售汽车5426台，成交金额8.13亿元。

【2016绵阳第二届农资交易展示会】 2016年3月18~20日，市委农办、涪城区人民政府、市农业局、市商务局、市供销合作联社主办，绵阳帝都实业有限公司、绵阳广播电视台、迈尚网承办的2016绵阳市第二届农资交易展示会在涪城区龙门镇绵阳农资批发市场举行。展示会期间举行农资交易展示会开幕式，农资交易展示、合作洽谈，新产品新技术推介会，诚信农资维权行动，农业科技大讲堂，农业科普宣传活动，农机农艺融合推进农业现代化论坛，涉农类投资项目对接洽谈等活动。展示内容有种子、农药、化肥、兽药、饲料、农机、农具、花卉、苗木、农业技术推广等。来自北京、吉林、内蒙古、山东、河南、浙江、福建、四川等省内外参展商316家、专业观众2600人、普通观众5万余人次，现场成交额1.03亿元。 （杨 玲）

电子商务

【概况】 2016年，绵阳市将电子商务和“互联网+”作为现代服务业发展一号工程，以倾力打造“中国西部电商城”为引领，以开展网销品牌、本土电商平台、电商集聚区培育为抓手，推进电子商务与一、二、三产业融合发展，电子商务呈现出强劲态势。2016年，全市实现网络交易额2549.66亿元，同比增长30.99%，稳居全省第二位，实现网络零售额75.78亿元，同比增长32.06%，新增电商企业856家。在2016年中国国际电子商务博览会上获“互联网+”中国网络零售百强城市。

【网销品牌培育】 2016年，绵阳市出台《绵阳市特色网销品牌培育方案》，梳理“绵阳造”特色名（品）牌300余个、特色品牌产品1000余个，“中坝”“诗乡”“崭山米枣”“八品”等十大网销品牌实现线上销售额3895万元。围绕扩大“绵阳造”产品销售规模，推进“绵阳特色馆”建设，京东、淘宝、苏宁“绵阳特色馆”先后上线运营，特色馆与县级电商运营服务中心形成线上线下相互融合的“绵阳造”网销品牌营销体系。

【本土电商平台】 2016年，绵阳市出台《绵阳市本土电商平台培育方案》，大力实施“旗舰平台”培育计划，重点在传统商贸、家居建材、生鲜食品、电子信息等领域培育壮大一批本土电子商务平台。2016年，全市有蜀农网、金循环、普网·药博园、智易家等本土重点电商平台企业54家。

【电子商务产业集聚培育】 2016年，绵阳市出台《绵阳电子商务集聚区培育方案》，引导各县市区、园区整合资源，建设要素集聚、各具特色的电商产业园区、产业基地。主城区建成科创区电商基地、涪城区千亿电商集聚区、游仙区电商谷、高新区跨境电商产业园4个各具特色发展的电商产业园区，建成9个县级电商运营服务中心、1003个村级电商服务网点。科创区电商基地打造众创空间及网销产品中心，入驻孵化器企业9个，孵化电商企业20余家，网销产品中心集聚绵阳特色产品100余个品牌，300余个产品；涪城区电商产业集聚区推动毅德、天泰传统商贸流通企业转型升级；高新区跨境电商产业园建设完成跨境电子商务O2O体验店及进口商品展示销售店，入驻跨境电商相关企业130余家，绵阳跨境电子商务通关平台建成并率先在全省实现跨境电商出口通关第一票业务。

【2016中国（四川）电子商务发展峰会】 2016年10月13~15日，以“创新、融合、共赢”为主题的2016中国（四川）电子商务发展峰会在绵阳市国际会展中心举行。发展峰会由省商务厅和绵阳市政府主办，省电子商务协会、省川商联合促进会、省跨境电子商务协会协办，省直部门和21个市州派团参会。有电商业界知名嘉宾、知名企业家、投资机构负责人、专家学者、新闻媒体等4000余人出席开幕式。峰会期间，举行“2016中国（四川）电子商务发展峰会”“互联网川籍精英圆桌会”“电子商务招商对接洽谈会”“电子商务高峰论坛”“电子商务创新论坛”“跨境电商竞争与机遇论坛”“2016四川电子商务青年创业大赛决赛暨颁奖盛典”“电子商务博览会”等活动，在电子商务招商对接洽谈会上，签约项目64个，签约资金约117亿元；在峰会签约仪式上，现场签约21个项目，签约金额

159亿元；在2016电子商务博览会上，有国内外300多家知名电商平台、1000余家生产、商贸流通企业、万类商品参展对接，参展观展超过15万人次。（李　锐）

外贸与交往

出口贸易

【概况】　2016年，全市受国际国内经济形势影响，外贸出口压力增加，外贸系统负重前行，全年实现外贸进出口总额17.68亿美元，首次超过德阳，居全省第二位。全年实现外贸出口总额10.3亿美元，同比下降46.1%，居全省第三。高新技术产品在出口产品中的占比稳步增长，全年高新技术产品出口4.6亿美元，较2015年提高20个百分点。全市新增进出口获权企业92家，外贸经营备案企业总数达949家，居全省第二位。

2016年，绵阳在全省首先实行出入境报检企业备案登记、原产地企业备案登记、对外贸易经营者备案登记实行“三证合一”备案管理模式。出台《关于促进加工贸易创新发展的实施意见》，推动加工贸易创新发展。全年实现加工贸易出口3.6亿美元，占全市出口总额35%。

【国际市场开拓】　2016年，全市在第四届科博会期间，承办采购商大会，组织500余家企业现场对接，包括100余家境外采购商，21家世界500强企业。截至年底，全市与亚洲、美洲、欧洲、非洲等135个国家和地区建立外贸关系，进出口产品涵盖电子信息、精细化工、新材料、机械制造和服装纺织等20个大类，1400多个品种。

【科技城跨境电商产业园建成】　2016年，中国（绵阳）科技城跨境电商产业园在高新区建成并投入运行，入驻重庆大龙网、光彩国际等130余家国内知名电商企业。跨境电商产业园建成跨境电商监管中心、O2O体验店、进口商品展示销售店、绵阳网贸馆。6月，率先在全省实现跨境电商出口通关第一票业务。年底，园区被评为全国“十佳电子商务园区”。（夏永强）

进口贸易

【概况】　2016年，绵阳市加大进口专项资金申请和支持力度，引导企业引进国外先进技术、重要装备等高端技术和产品。动员企业参加“万企出国门”活动及参观考察国际各种交易会，开拓新兴进口市场，拓宽采购渠道和采购面，降低采购成本。全市进口产品涉及亚洲、美洲、欧洲、非洲等50个国家和地区。

进口产品涵盖电子信息、精细化工、机械制造、服装纺织和矿产品等14个大类，490多个品种。截至年底，全市实现进口7.3亿美元，同比增长3.9%，居全省第二位。

【进口产品结构】　2016年，全市外贸企业在机电、高新产品、纺织服装原材料等产业的进口呈现增长态势，全年实现机电产品进口5.8亿美元，同比增长3.57%，占全市进口总额的79.4%；高新技术产品进口4.2亿美元，同比增长2.02%，占全市进口总额的57.5%；纺织服装原材料进口3000万美元，同比增长14.46%。（周　晓）

利用外资与对外合作

【概况】　2016年，全市外商投资实际到位1.23亿美元，居全省第二位。全市新增外商投资企业6家，实现合同外资4847.32万美元，增资企业3家。全市有外商投资企业107家，其中：外商独资企业60家，中外合资企业40家，中外合作企业3家，股份制企业4家，累计总投资突破24.12亿美元，注册资本13.53亿美元，合同外资11.29亿美元，实现营业收入292.72亿元，利润13.62亿元，上缴利税7.78亿元。沃尔玛、艾默生、丰田、华润等4家境外500强企业直接投资在绵阳设立5家外商投资企业，壳牌、西门子、日立、三菱等11家境外500强企业在绵阳设立分公司、办事处和分支机构。拉法基、梅塞尔、禾大、凯德等知名跨国公司在绵阳设立9家外商投资企业，9家外商投资企业进入“四川省外商投资企业百强榜”，数量位居全省第二。

2016年，绵阳市探索外商投资企业变更事项实行备案制，对外商投资企业名称、地址、投资者名称变更等事项由审批制改为备案制，并实行先照后证。建立外商投资备案会商机制，对新设和变更外商投资项目实行商务、工商联合预审，对于应当备案的企业建议先办理工商登记和变更，30天内网上递交外商投资备案。

全年推进中德（绵阳）创新产业合作平台（园区）建设，制定中德（绵阳）创新产业合作平台（园区）建设工作实施方案，成立“推进中德（绵阳）创新产业合作平台（园区）建设工作领导小组”。与德国工商大会（上海办事处）建立合作机制。截至年底全市有56家外商投资企业落户国家级、省级开发区。

【投资促进活动】　2016年，绵阳市组织企业参加四川省与俄罗斯基洛夫州经贸推介会、第十一届欧洽会等各类投资促进活动20余场次。举办中国（绵阳）科技城中德经济技术合作洽谈会，组织德国巴伐利亚州、西门子公司、德国工商大会等60多家德资企业、商协会参会，市政府与德国工商大会签订合作协议，对接德国、意大利项目10个。

【中美省州经贸促进活动】　2016年，第四届科博会首次邀请美国作为主宾国，设立3500平方米的美国馆。举办中美省州经贸合作座谈会、中美省州高科技合作研讨会、“选择美国”路演等系列活动。微软、特斯拉、谷歌等30多家美国企业，加利福尼亚州、纽约州、密歇根州等20余个州和城市代表参展参会。发布《加强四川省与美国各州及城市经贸合作中国（绵阳）科技城行动计划》。

【对外承包工程和劳务合作】　2016年，全市对外承包工程的企业主体队伍主要包括四川江油东超安装工程有限公司等数家企业。东超公司实现海外产值7848万元。在建海外项目主要包括埃塞俄比亚赫雷塔哈芭莎水泥有限公司的设备安装工程，全年外派劳工157人。3月，江油市对外劳务合作服务平台正式建成，通过平台向新加坡、科威特、阿联酋等国家输出驾驶员、木工等多个工种务工人员400余人，实现境外劳务经济产值4000余万元。（胡红娟）

国际商务活动

【概况】　2016年，全市组织本地企业参加美国CES消费电子展、德国柏林国际电子消费品展、荷兰广播电视设备展、荷兰IBC展会、卫星通信展（CABSAT2016）等国际展会活动，全面展示科技城军民融合企业和科技型企业优秀科技成果。全年，坚持履行24小时预约办证承诺，累计为出口企业办理一般原产地认证595份，商事认证95份，领事认证59份，发票认证20份。累计出口金额达到8518万美元。为企业办理优惠原产地证37份，FOB金额为1300万美元。

【经贸交流合作】　2016年，全市组织20余家相关企业参加“2016自贸协定项下优惠原产地政策及实务培训会”，通过典型案例培训，学习掌握贸易实践中如何主动运用好自贸区优惠原产地证的方法；通过参加“2016经贸摩擦应对工作座谈会”信息交流，了解开展经贸摩擦预警及应对工作的背景及开展情况，结合绵阳市贸易实际，研究措施，全面启动贸易摩擦应对工作；围绕“一带一路”主题，组织7家企业参加“一带一路”（中东）贸易投资政策及法律风险培训会、“一带一路”清真市场商机培训会，对接“一带一路”商机，推动企业创新发展培训；组织企业参加国际化经营与法律风险培训等活动，有效提高外贸业务人员的综合素质及企业的风险防范意识。

【国际经贸信息服务】　2016年，市贸促会通过贸促会总会、省会和外商机构的网络信息资源平台，推介绵阳市优势项目，收集整理国外境外优质项目，为绵阳出口企业提供最新国内外市场动态、国内国际投资趋势的各种经贸信息，及时为企业介绍国内外市场动态、行业变化、国内国际投资趋势等信息内容，把绵阳企业的经贸信息发布到贸促网络平台。（杨　玲）

2008 年 5 月 12 日，地震后北川老县城

2008 年

4 月 18 日，四川省绵阳高级技工学校挂牌成立。该校是经人力资源和社会保障部批准成立的一所培养高技能人才的国家级重点技校，毕业生享受国民教育大学专科待遇。

4 月 29 日，四川电子军工集团在绵阳成立。该集团为大型国有独资军工企业集团，由零八一电子集团公司、四川华丰企业集团和长虹集团下属的国营长虹机器厂、长虹电源公司及长虹欣锐科技公司 5 家企业组建。

5 月 12 日 14 时 28 分，四川省阿坝州汶川县（北纬 31 度，东经 103.4 度）发生里氏 8.0 级特大地震，烈度 11 度。地震波及绵阳市城区及各县（市、区），造成重大人员伤亡和财产损失，全市 9 个县（市、区）、286 个乡镇（街道）、521.7 万人受灾，因灾死亡 21963 人、失踪 7795 人、受伤 17.4 万人，直接经济损失高达 1689.09 亿元。

5 月 16 日，中共中央总书记、国家主席、中央军委主席胡锦涛抵达绵阳机场，同先期抵达灾区的国务院总理温家宝共同研究部署抗震救灾工作。随后，胡锦涛驱车赶赴北川县、绵阳南河体育中心安置点、绵阳市中心医院，看望慰问受灾群众，指导抗震救灾工作。

金融监管

中国人民银行绵阳市中心支行

【概况】 2016年，中国人民银行绵阳市中心支行（简称“人行绵阳中支行”）创新金融监管，实施重大事项报告管理，规范新设机构开业流程，开展银行业机构综合评价，加强反洗钱组织管理和培训宣传，提升公众防范洗钱意识。加强涉汇主体监管，助推外汇政策有效落实。建立金融宏观审慎评估体系，优化信贷结构，推动绵阳经济金融平稳健康发展。全年对辖内65家银行业机构开展综合评价，140余人参加反洗钱业务培训，实现跨境收支总额28.72亿美元，发放扶贫小额信贷4.24亿元，新增贷款98.29亿元。

【重大事项报告制度建立】 2016年，人行绵阳中支行加强重大事项报告管理，着力提高重大事项报告制度的执行力，严格规范金融机构重大事项报告制度要求和报送流程，落实重大事项报告问责制。截至12月末，全辖区收到金融机构报送重大事项报告168起，及时向成都分行报送重大事项专报12起。

【银行业机构综合评价和申报管理】 2016年，人行绵阳中支行开展银行业机构综合评价工作。全年对辖内65家银行业机构开展综合评价，对综合评价结果向被评价机构及其上级主管银行、市委、市政府及相关经济主管部门进行通报；对综合评价排名靠后3家金融机构的主要负责人进行约谈。支分别受理平安银行绵阳分行和乐山商业银行绵阳分行开业申报；做好辖内农信社改制农商行开业管理与服务工作。明确和规范中支各部门和县支行的工作职责以及工作流程，确保辖内农信社改制农商行开业管理和服务工作规范、有序、高效开展。

【反洗钱治理】 2016年，人行绵阳中支行以创新监管模式，增强反洗钱工作的有效性为目标，加强反洗钱组织管理工作，建立健全内部规章制度，堵塞工作漏洞。创新对金融机构的反洗钱监督检查模式，完善被监管机构监管档案，有针对性地对绵阳市商业银行开展金融机构风险评估工作和金融机构评级工作，建立健全对监管对象的动态风险管理工作机制，开展反洗钱巡查走访工作，全年走访督查15家金融机构。9月，通过全市的“金融知识普及月”活动，组织金融机构开展金融知识进农村、进社区、进校园等现场宣传；10月，在辖内举办以“预防洗钱犯罪，维护金融稳定”为主题的《反洗钱法》颁布实施十周年大型宣传活动，辖内20家金融机构和绵阳市公安局150余人参加该宣传活动；11月，举办以“可疑交易分析报告”为主要内容的反洗钱业务知识培训，邀请分行反洗钱处业务专家和绵阳市禁毒支队干警授课，有90家银行、保险、证券业金融机构的反洗钱分管领导和业务人员140余人参加培训学习。

【外汇管理】 2016年，人行绵阳中支行贯彻落实跨境资金流动监管新要求，支持真实合规跨境资金流动，加强外部监管，强化内部管理，防控风险，推进涉汇主体依法合规经营。全市全年实现跨境收支总额28.72亿美元，同比降低8.91%。其中，跨境收入13.89亿美元，同比增长10.94%；跨境支出14.83亿美元，同比降低21.97%；跨境收支逆差0.94亿美元，同比增长85.52%。

【金融宏观调控】 2016年，人行绵阳中支行继续贯彻实施稳健货币政策，按照总分行统一部署，将差别准备金动态调整和合意贷款管理机制“升级”为“宏观审慎评估体系”，确保稳健货币政策的要求落到实处。按照MPA的要求，绵阳中支切实周密安排，从熟悉政策、建立机制、加强指导、督促提高等方面入手，引导地方法人金融机构合理安排信贷投放节奏，优化信贷结构。截至12月末，辖内13家地方法人机构新增贷款98.29亿元。。全年全市累计发放扶贫小额信贷4.24亿元，惠及贫困户35290户，实现7个县市区“全覆盖”；12月末，辖内涉农法人金融机构涉农贷款占比达到84.76%，绵阳市商业银行小微企业贷款占比达64.26%。（彭 川）

绵阳银监分局

【概况】 2016年，绵阳银监分局紧扣全市经济社会发展大局，聚焦全创改革试验、两个“一号工程”、扶贫攻坚及其他领域的金融服务需求，引领全市银行业以服务实体经济为主基调，深化改革开放，强化内部管理，严守风险底线，实现持续稳健运行，为全市经济社会发展提供有力的金融支持。截至12月末，全市有各类银行业机构30家，网点数量1053个，各项存款余额3238.55亿元，比2015年末增长11.02%；贷款余额1713.96亿元，比2015年末增长8.62%。不良贷款率3.3%，比2015年末下降0.24个百分点。实现利润30.45亿元，比2015年增加2.1亿元。绵阳银监分局被四川银监局表彰为2016年党建及目标管理先进单位。

【银企对接服务】 2016年，绵阳银监分局聚焦军民融合改革试验，制定《绵阳银行业支持军民融合发展的九条措施》，绵阳工行成立3家军民融合金融服务中心，绵阳建行成立军民融合事业部，支持绵阳市商业银行探索设立军民融合专营支行，组织银行机构创新推出20多个契合军民融合企业需求的金融产品。承办四川省首届军民融合银企对接会，社会各界热烈点赞。科技金融结合继续深化，两家科技支行持续达到“3个50%”监管要求。推进供给侧改革金融支持，落地“三去一降一补”工作措施，全年加权平均贷款利率下降1.18个百分点，全市小微企业贷款完成“三个不低于”要求，涉农贷款实现持续增长。银行业机构重点对口、精准帮扶市内外贫困县，对口扶贫、产业扶贫、项目扶贫取得明显成效。银行业消费者权益保护工作得到进一步加强，理财与代销业务在全省率先实现“一专双录”，金融服务水平稳步提升。

【重点风险管控】 2016年，绵阳银监分局建立健全大额贷款风险管控责任制，推动成立8家债权人委员会，通过强化领导、建立机制、重点监测、及时会谈、督导引领等方式，全年有效化解3户重点企业2.55亿元信贷风险。辖内平台贷款持续保持“零”不良，房地产领域贷款风险总体可控。督导对贷款企业社会融资进行全口径监测，规范与担保公司、小贷公司、投（融）资理财公司的业务合作，加强银行员工行为管理和风险排查。积极参与防范和处置非法集资有关工作，有效隔离外部风险的传染。继续保持案件防控高压态势，深入开展多场次、多层次的金融知识宣传，持续做好流动性风险、交叉金融产品风险、信息科技风险和声誉风险等重点风险的管控，守住在绵阳不发生系统性区域性金融风险的底线。

【银行改革深化】 2016年，绵阳农村信用社改革发展“三步走”战略深入推进，转制农商行工作取得新突破，三台、平武、安州三家农商行在2016年底获开业批复。绵阳市商业银行顺利完成董事会、监事会换届，核心监管指标持续达标，其南充分行、成都分行完成筹建并开业。长虹财务公司完成董事会、监事会换届，资金归集度达56.7%，高于同行业平均值，监管评级达到创新类A2级。平安银行、乐山商行入驻绵阳并获准开业，支持绵阳经济发展的金融资源进一步集聚。两家村镇银行与平武贷款公司健康发展，金融服务覆盖3县79个乡镇。

【监管力度提升】 2016年，绵阳银监分局依法合规做好市场准入工作，强化监管力度，积极支持银行业机构到绵阳设立分支机构。持续引导发挥“大非现”监管体系作用，加大监测分析力度。全年开展现场检查项目14个，发现问题204个，涉及违规金额26.33亿元，提出监管意见58条，责成机构内部问责522人次，内部罚款18.54万元。对1家法人机构行政处罚25万元；对4家农村信用联社采取监管强制措施。

（赵利敏）

银行业

【概况】 2016年，全市有各类银行业机构30家，网点数量1053个，各项存款余额3238.55亿元，比2015年末增长11.02%；贷款余额1713.96亿元，比2015年末增长8.62%。不良贷款率3.3%，比2015年末下降0.24个百分点。实现利润30.45亿元，比2015年增加2.1亿元。

【军民融合金融服务中心成立】 2016年2月2日，中国工商银行绵阳分行军民融合金融服务中心成立，服务中心设立在工行绵阳剑南支行、科学城支行、高新支行，针对四川绵阳387家军民融合企业，设置专员专柜、建立信贷绿色通道、简化审批流程，让企业在最短时间获得贷款，保障企业正常生产经营。

【中国工商银行绵阳分行】 2016年，工商银行绵阳分行（简称“工行”）完成8个网点的布局微调整，新投产智能化网点25个，总量达到32个，覆盖率超过50%，新投产智能设备75台，网点服务承载能力和服务效率大幅提升。开展服务面貌专项整治，完成39家网点、57家自助银行“六洁”“两亮”靓化工程。

2016年，工行支持交通、城建、电力、房地产等重点建设项目18个，实现表内外新投放贷款32亿元。其中支持科技城集中发展区基础设施建设融资9.5亿元、绵（阳）西（充）高速贷款4亿元、剑南路改造贷款5亿元、二环路建设贷款5.5亿元、三江码头建设融资近2亿元。向长虹、九洲、富临、东辰、东材等150余户大中型企业办理存量贷款收回再贷48亿元、新增贷款31亿元。稳步拓展小微金融，全年向176户小企业提供融资支持30余亿元。以“绵阳市高新技术中小企业贷款风险补偿基金”为支撑，为

54户优质科技型中小企业投放贷款3.78亿元。工行成立资产处置中心，创新不良贷款清收处置途径，全年累计清收转化不良贷款88397万元。

2016年，工行在全市银行业金融机构中率先成立三个军民融合金融服务中心，全年向60余户军民融合企业提供融资支持近40亿元。其中针对中物院等军转民企业完成授信21.4亿元和贷款投放17亿元，针对金华洋等民参军企业完成授信4.8亿元和贷款投放4亿元，有效助推军民融合产业做大做强。（赵亚雄）

【中国农业银行绵阳分行】 2016年，分行参与科技城建设，中标绵阳科技城集中发展区产发展基金12.5亿元，获批科发创新三期、新增投控授信、富临授信、吉泰土地双挂钩、尚高电商工业园、宝睢路政府购买服务、三台明达棚改、绵阳商业银行授信、中医校灾后重建项目、江油罗汉堰等一大批项目。以备用信用证方式为四川长虹电器股份有限公司开立三年期涉外融资性保函2.5亿美元，用于四川长虹在美国市场发行总计2.5亿美元的商业票据；成功开办九洲集团票据池融资业务，以票据池银行承兑汇票作为质押，为集团分别开立12张银行承兑汇票，金额165万元，实现票据池融资产品落地。

全年，分行各项存款时点余额418.42亿元，较年初增加25.03亿元，同比增加13.83亿元，日均余额较年初增加27.09亿元，同比增加11.55亿元。各项贷款251.7亿元，较年初增加12.27亿元，同比增加24.34亿元。中间业务收入2.25亿元，同比增收2731万元。拨前、拨后利润分别实现7.69亿元和7.13亿元。

全年，县域法人贷款累计投放32.47亿元，余额118亿元，实现对武引二期、沉水水库、东方山水、罗汉堰、三台明台、游仙川味多等涉农重点项目投放。年末，农户贷款余额2.06亿元（不含地震灾区农民建房贷款）。面向农村中高端客户发放农村个人生产经营贷款1.59亿元，余额占农户贷款总额的77.03%；平武、北川县所在支行新增贷款3.29亿元。绵阳农行产业+项目扶贫贷款余额达到10.53亿元，直接带动服务1387户贫困户。

年末，小微企业贷款余额43.5亿元，较年初增加3.7亿元；小微企业贷款户数808户，较2015年增加192户；申贷获批率81.18%，上升1.35个百分点。其中科技型企业贷款占比72.7%、科技型企业贷款客户占比55.99%、存贷比62.75%。

【中国银行绵阳分行】 1984年12月成立。分行内设部门11个，辖属县支行4个，经营性营业网点39个，在岗员工613人。至2016年年末，本外币存款余额162.33亿元（表内理财），本外币贷款余额53.43亿元。新建自助银行5家，新建智能化网点4家。至年末，全行设立自助银行（自助服务点）88个、ATM142台。

2016年，分行为政府军民融合企业提供授信支持，授信品种包含流动资金贷款、债券业务、贸易融资、银承、资金业务等，总计已批复授信额度75.13亿元，实际叙做授信余额31.89亿元。通过在线供应链金融的全国首试，支持绵阳市军民融合大型企业集团供应链上中、小型企业的发展，解决长期以来中小微企业融资贵、融资难、融资慢的问题。该项目列入四川省全面创新改革试验2017年11项全省复制推广的经验清单。2016年累计发放应收账款融资（融易达）8623万元。配合海关做好全国通关一体化试点改革，实现绵阳市首笔公共事业类保函和首笔海关汇总征税保函的开立。

2016年为全市20余家企业办理跨境人民币结算业务18.52亿元，市场份额占比26.86%；实现“跨国企业外汇资金集中运营”与“跨境人民币双向资金池”国家新政调整后的重新备案。（苗卫铎）

【中国建设银行绵阳分行】 位于绵阳市临园路东段16号，是建设银行四川省地市州分行中规模最大、功能完善、产品齐全、服务领先和特色明显的二级分行之一。2016年，有员工676人，分行下设13个内设部门，对外营业网点44个，ATM存取款机274台。

4月，分行以原会计结算部为基础成立渠道与运营管理部，推动网点三综合化建设，年新增智慧柜员机147台，柜面业务迁移率达到80%以上。

分行兴达支行获建行四川省分行十大最美网点（市州行）和金融业千家示范网点；分行行长张德茂、涪城支行行长范筱钰获四川省金融五一劳动奖章。（卿烈海）

【中国农业发展银行绵阳市分行】 2016年，全市农发行有员工162人。全年累计投放各类贷款12.58亿元，贷款余额67亿元，较年初减少4.88亿元。实现农发重点建设基金投资10.61亿元，支持项目18个。年末存款余额23.17亿元，比年初增加4.7亿元。不良贷款余额6438.2万元，比年初下降399.81万元，不良贷款率0.95%。实现账面利润5397.8万元。

2016年，农发行履行农业政策性银行职能，始终把信贷支持政策性粮油收储作为全行业务工作的重中之重，累计投放粮油类贷款4亿元支持企业储备、轮换、调销粮食，其中发放3.39亿元贷款支持政策性购储；发放0.61亿元支持粮油企业市场化收购。结合绵阳市委“十三五”区域发展战略，支持推进城乡统筹发展、具有显著支农效果的农业基础设施及农业开发等中长期项目。全年上报项目8个，金额21.7亿元，累计投放中长期贷款9笔5.7亿元，重点支持武引二期灌区工程建设和江油工业园区整体城镇化建设。农发行7个县级机构全部被所在县市区政府明确为易地扶贫搬迁贷款主办行，并全部完成易地扶贫搬迁项目资金专户开。支持涉农中小企业发展，全年累计投放涉农小企业、产业化龙头企业和农业科技贷款等商业性贷款1.73亿元，支持铁骑力士、陈氏油脂、光友薯业等

企业发展经营。（李冰馨）

【绵阳市商业银行】 2016年，绵阳市商业银行（简称商行）认真履行企业社会责任，注重实现企业自身价值，服务地方经济发展，取得经营良好效益。2016年，全行资产总额648.36亿元，存款余额377.89亿元，比上年增长21.08%；贷款余额247.08亿元，比上年增长11.33%；资本充足率13.04%，实现净利润5.43亿元，上缴税金2.96亿元。根据董事会决议，资本公积转增股本6.22亿股，转增后全行总股本增至12.44亿股；年末资本净额45.54亿元，较年初增加3.46亿元。支持实体经济发展，把信贷资源向小微企业、县域经济、“三农”经济、民生领域倾斜。全年累计向6317户贷款户放贷款7906笔，236.75亿元。

2016年，商业银行召开董事会、监事会、股东大会，选举新一届监事会监事、董事会董事，董事会副董事长。党委书记珠峰，副董事长（主持董事会工作）何苗，行长孙伟。经四川银监局批准，绵阳市商业银行第三家异地分行--南充分行于6月30日正式开业，第四家异地分行-成都分行于12月获开业批复。

2016年，商行被四川省总工会授予“四川省五一劳动奖状”；在新华社半月谈杂志社主办的2016中国区域协调发展与投融资创新论坛暨“中国区域投资营商环境榜”发布会上，获评2016中国服务区域发展最佳金融机构。（宋 毅）

【交通银行绵阳分行】 2016年，交通银行绵阳分行深化改革创新，以优质服务和规范管理为抓手，强化基础管理和风险控制力度，应对转型发展，确立“不唯指标做指标，只唯持续发展做客户”的定位，制定“做实实在在的客户，做能持续发展的业务”的发展规划，通过贯彻执行正确的事业观、工作观和业绩观，各项业务得到健康发展，实现绵阳行稳定在“辖行前三”的发展目标。截至12月31日，分行资产规模达30亿，各项贷款余额18亿元。

【长城华西银行绵阳分行】 2016年12月16日，德阳银行绵阳分行更名为长城华西银行绵阳分行。有网点1个，员工23人。截至年底，分行存款余额6.5亿元，各项贷款余额4.96亿元。向绵阳当地企业融资23.5亿元，为军民融合企业授信5000余万元，为40家小微企业发改贷款1亿元。（陈 平）

证券业

【概况】 2016年，绵阳市有证券经营机构31家，其中证券营业部29家、分公司2家。证券营业部经营范围主要有：证券经纪、证券投资咨询、证券投资基金代销、融资融券、代销金融产品，为期货公司提供中间介绍业务、与证券交易、证券投资活动有关的财务顾问，证券资产管理、证券承销与保荐等业务。

全市证券从业人员有580人，客户合格主资金账户450715户。各证券经营机构坚持贯彻行业协会“自律、服务、传导”的宗旨，积极弘扬“心系大局、勇担重任、诚信敬业、和谐共赢”的行业精神，努力铸造行业“诚信、透明、责任、创新”的整体形象，构建和谐的证券市场，在自律协调、行业交流、投资者教育、行业文化建设和为绵阳市中小微企业实现多渠道融资提供全新的平台等方面取得良好成效。全年证券交易金额累计49972078万元，营业收入39261万元，客户资产达4472839万元。

绵阳市证券业机构名录

表31

序号	机构名称	机构地址	联系电话
1	安信证券绵阳涪城路营业部	绵阳市涪城路167中央美地商住楼4楼1号	0816-2236330
2	安信证券绵阳绵兴东路营业部	四川省绵阳市高新区绵兴东路97号	0816-2241565
3	光大证券绵阳飞云大道营业部	四川省绵阳市高新区飞云中街1号	0816-2829888
4	国都证券绵阳滨江路营业部	绵阳市涪城区滨江路10号（凯信·水韵滨江）	0816-2880338
5	国金证券绵阳警钟街营业部	绵阳市涪城区警钟街6号	0816-6855066
6	国盛证券绵阳泗水巷营业部	绵阳市涪城区泗水巷58号海赋外滩3幢2层10-11号	0816-2507789
7	国信证券绵阳兴达街营业部	四川省绵阳市兴达街11号长兴商厦五楼	0816-2243409
8	国信证券四川第二分公司	四川省绵阳市兴达街11号长兴商厦五楼	0816-2243409
9	海通证券绵阳游仙一环路东段营业部	绵阳市涪城区长虹大道北段21号未来城4幢2楼	0816-2288929
10	红塔证券绵阳临园路营业部	绵阳市涪城区临园路东段78号兴达国际大厦1幢16层D号	0816-8186817

续表

序号	机构名称	机构地址	联系电话
11	宏信证券江油金轮干道营业部	四川省江油市中坝镇金轮干道川信小区	0816-3263486
12	宏信证券绵阳跃进路营业部	绵阳市跃进路6号（长虹国际城一期26幢2-5-2号）	0816-6388277
13	华西证券川北分公司	四川省绵阳市安昌路33号	0816-2243027
14	华西证券绵阳安昌路营业部	四川省绵阳市安昌路33号	0816-2243027
15	华西证券绵阳安县恒源大道营业部	四川省绵阳市安州区花荄恒源大道花城广场1楼8号	0816-4367289
16	华西证券绵阳江油东大街营业部	江油市东大街152号	0816-3224682
17	华西证券绵阳三台恒昌路营业部	四川省三台县北坝镇恒昌路耀森花园B区二楼	0816-5330650
18	天风证券江油李白大道营业部	江油市李白大道东侧宏安中华御景1栋2楼1号	0816-6788886
19	万和证券绵阳临园路西段营业部	绵阳市涪城区临园路西段25号王子大酒店裙楼	0816-2332666
20	西南证券绵阳安昌路营业部	绵阳市涪城区安昌路6号	0816-2341808
21	新时代证券绵阳泗水巷铁牛广场营业部	四川省绵阳市涪城区泗水巷58号海赋外滩2栋3楼4号	0816-2222389
22	新时代证券三台北泉路营业部	四川省绵阳市三台县北坝镇北泉路百乐时代广场一幢1-1号	0816-5222233
23	银河证券绵阳跃进路营业部	四川省绵阳市涪城区跃进路6号长虹国际26幢3单元5楼1-4号	0816-2831253
24	长城国瑞证券绵阳临园路营业部	绵阳市涪城区临园路东段54号	0816-2311961
25	长江证券绵阳花园南街营业部	四川省绵阳市涪城区花园南街56-23	0816-2349565
26	招商证券绵阳临园路营业部	绵阳市临园路西段5号（花园文体中心综合楼8-5）	028-86319076
27	中投证券绵阳临园路营业部	绵阳市临园路东段50号	0816-2236437
28	中信证券绵阳临园路营业部	绵阳市涪城区临园路西段附5号1-1-4	0816-2373380
29	宏信证券江油金轮干道营业部	四川省江油市中坝镇金轮干道川信小区	0816-3263486
30	华西证券绵阳江油东大街营业部	江油市东大街152号	0816-3224682
31	天风证券江油李白大道营业部	江油市李白大道东侧宏安中华御景1栋2楼1号	0816-6788886

保险业

【概况】 2016年，全市保险业实现保费收入92.86亿元，同比增长36.09%。业务发展各项指标继续保持在全省除成都外市州中第一的位置，与全市经济发展规模相适应。保费收入中，财产险公司实现保费收入26.7亿元，同比增加2.68亿元，增长11.15%；人身险公司实现保费收入66.16亿元，同比增加21.95亿元，增长49.64%。保险密度1955元，同比增长37.57%；保险深度5%，同比增长25%。呈现出快速、稳定发展势头。截至年底，全市保险业三级机构50家，其中产险机构21家，寿险机构29家。四级机构135家。代理公司16家。

【军民融合保险创新】 2016年，全面创新军民融合是绵阳的一号工程，保险业作为全创工作五大体系中金融服务体系的重要板块，工作得到市委市政府、四川保监局、保险行业协会和各部门的大力推动和政策支持。市委书记彭宇行多次带队调研、考察，和四川保监局局长赵衍亮会谈，为绵阳军民融合创新产品及为军民融合企业提供保险服务给予大力支持。四川保监局办公室主任李弘受市政府邀请来绵在“金融服务体系创新改革专题培训班”上做题为《现代保险服务业的功能作用》的授课。10月21日，人保成立全国首家军民融合保险支公司，开创军民融合金融服务体系建设的先河，为全国探索提供可复制推广的经验。人保、平安等公司探索军民融合产品供给，推出涵盖企财险、责任险、信用保证保险、员工福利保险、综合金融服务等系列产品并向企业推广。

【住房地震保险试点】 2016年，市保险协会按照四川保监局要求协调、指导共保体做好承保、宣传和服务工作，在试点过程中分析情况、研究问题、总结经验，推动地震保险顺利开展。试点工作启动后，虽然受到地方财政制约、试点暂停等因素影响，但总体工作稳步有序推进，积累经验。巨灾保险为全市19.85万户居民提供住房风险保障达到54.36亿元，实现保费收入约1430.72万元，试点工作承保覆盖率达到12.43%。

【城乡居民大病保险】 2016年，全市推进商业保险机构受托承办城镇职工补充医疗保险和城乡居民大病保险，形成政府、个人和保险机构共同参与的大病风险分担机制。全年城镇职工补充医疗保险承保62.37万人，签单基金7484.52万元，理赔基金总支出3100.65万元。新农合大病保险：参保人数376.19万人，筹资标准22元/人，总保费8276.26万元，累计赔付5897.77万元。城镇居民大病保险：参保人数75万人，筹资标准32元/人，保费收入2401.6万元，累计赔付1666.59万元。

【老年人意外保险】 2016年，绵阳市围绕解决老龄群众不能投保农村小额人身保险的问题，中国人寿按照保本经营、风险可控的原则，开发出一款专门针对农村老年人意外保障的“老龄人身保险”产品，为农村老人提供意外住院津贴和意外身故等诸多保障。以此作为对农村小额保险的补充，填补全市60周岁以上老人商业意外风险保障的空白，受到老人群体普遍的关注和欢迎。4月，绵阳市民政局从福彩公益金中支出71.07万元，通过政府招标，购买保险服务，为全市60周岁以上城乡最低生活保障对象的老年人、老年优抚对象、特困供养对象23691人购买老龄保险。

【医疗责任保险】 2016年，全市保险行业发挥责任保险在防范风险、维护社会稳定和化解矛盾纠纷等方面的重要作用，推进责任保险在社会生产、生活各领域的广泛普及和覆盖。通过政府招标，已承办医疗责任保险。人保财险和国寿财险中标医疗责任险后，与大部分二级以上公立医院签订合同。全年收总保费999.33万元，决赔款金额335.54万元，未决赔款281.32万元

【全省首届军民融合保险业务对接会】 2016年10月21日，绵阳军民融合保险支公司开业暨全省首届军民融合保险业务对接会在绵阳举行。市委书记彭宇行出席并致辞，四川保监局局长赵衍亮出席会议并宣布同意设立中国人民财产保险股份有限公司绵阳军民融合支公司。标志着全国首家军民融合保险机构在绵阳成立。

会议期间，还发布“军融宝”系列产品，旨在满足军民融合企业多样化的风险管理需求，包括财产类、责任类、信用保证类及员工保障类保险，产品丰富、种类齐全。现绵阳500家军民融合企业中，有83家企业率先投保，累计获得风险保障金额600余亿元。人保财险绵阳军民融合支公司与军民融合代表企业长虹集团、九州集团现场签约战略合作协议，签约风险保障金额约450亿元。

省金融办、省全创办，市委、市政府主要负责人，长虹集团、九洲集团负责从，市级各相关部门、各县市区、园区主要负责人，35家军民融合代表企业负责人出席会议。

（李洪敏）

财政·税收

Financial, Tax

财政管理

【概况】 2016年，绵阳市财政系统贯彻市委、市政府决策部署，坚持依法理财，高效务实，加大对企业转型升级、科技城建设和民生事业的支持扶持力度，强化资金管理，确保全市财政经济平稳健康发展，财税收入呈现稳步增长，顺利完成全年各项任务。全市累计完成地方一般预算收入107.62亿元，同口径增长8.03%；累计完成地方一般预算支出335.04亿元，增长10.13%。

【财政收入】 2016年，全市地方一般公共预算收入实现107.62亿元，同口径增长8.03%，完成预算的103.08%。其税收收入63.84亿元，下降4.85%；非税收入43.78亿元，增长18.23%。其中：市级一般公共预算收入实现12.27亿元，下降14.7%，完成预算的100.18%（注：自2015年1月1日起，城区执行新的财政体制，市属企事业税收收入按照属地原则划归各区、园区，市级分享财力）。全市政府性基金预算收入实现59.96亿元，增长17.44%，完成预算的97.66%。其市级政府性基金预算收入实现18.77亿元，增长4.38%，完成预算的100.18%。全市国有资本经营预算收入实现1.06亿元，完成预算的100%；加上上级补助等收入后，可供安排的收入总量为1.46亿元。其市级国有资本经营预算收入实现0.82亿元，完成预算的100%；加上上级补助等收入后，可供安排的收入总量为0.84亿元。全市社会保险基金预算收入实现62.69亿元，完成预算的100%；加上上年滚存结余后，可供安排的收入总量为145.82亿元。全市累计净结余为赤字3.07亿元（为北川县因地震形成的历年赤字滚存结余）。其中：市级累计净结余为零亿元。

【财政支出】 2016年，全市一般公共预算支出实现335.04亿元，增长10.13%，完成预算的97.84%。其中：市级一般公共预算支出实现67.69亿元，增长10.55%，完成预算的87.98%。全市政府性基金预算支出实现78.44亿元，增长33.37%，完成预算的98.23%。其市级政府性基金预算支出实现19.98亿元，下降9.73%，完成预算的95.72%。全市国有资本经营预算支出实现1.44亿元，完成预算的98.8%。其市级国有资本经营预算支出实现0.82亿元，完成预算的97.9%。全市社会保险基金预算支出实现53.19亿元，完成预算的100%。其市级社会保险基金预算支出实现26.4亿元，完成预算的100%。

【重点项目支出】 2016年，市财政系统围绕工作大局，确保重点项目财力需求。据统计，全市农林水事务支出47.85亿元，增长10.15%；教育支出55.64亿元，增长3.83%；科技支出5.04亿元，增长7.94%；文体支出4.14亿元，下降8.76%。市本级农林水事务支出5.23亿元，增长51.47%；教育支出8.95亿元，增长7.17%；科技支出2.82亿元，增长38.03%；文体支出1.08亿元，下降26.73%。

【财政转移支付】 2016年，对县市区的财力性补助（包括返还性补助和一般性转移支付补助）、专项转移支付补助共190.3亿元。其中：均衡性转移支付35.8亿元，县级基本财力保障9.12亿元，下达各项专项拨款补助68.41亿元等，主要用于地区均衡性发展，提升民生保障，落实中央、省、市重大决策等（只包含公共财政方面）。

【地方政府债券管理】 2016年，市财政部门争取省政府转贷绵阳市置换债券99.42亿元，新增债券23.94亿元，在建项目后续融资1.56亿元（作为存量政府债务管理）。各级通过预算安排、审计核减、债务核销等方式化解14.65亿元，品迭后全市2016年底政府债务余额为321.91亿元（其中：市级121.92亿元，县级200.99亿元），低于省政府2016年核定绵阳市政府债务限额346.73亿元的指标。

【产业转型财政扶持】 2016年，市财政部门制定《绵阳市对上争取资金考核管理暂行办法》，强化各地对上争取资金的统筹管理。安排财政产业发展资金3.04亿元，服务业发展专项资金8733万元，全力支持高新技术和战略性新兴产业发展，努力推动服务业提档升级。安排财政支农资金19.8亿元，大力改善农业农村发展条件。安排财政资金23亿元，积极推动城建、交通、集中发展区三大攻坚行动，投入推进新型城镇化重点领域资金94.05亿元，其中筹措“美丽绵阳”建设资金8亿元。全市投入工业发展资金10.84亿元，支持传统企业产业转型升级。落实淘汰落后产能资金，综合利用实施契税补贴、购房补贴和农村居民进城购房补贴等三大政策推进房地产去库存；切实减轻企业负担，全面推开“营改增”试点，落实开发费用税前加计扣除、高新技术企业所得税优惠等政策，全年共按政策减免税收46.77亿元；清理各类收费项目23项，涉及金额2000余万元。全市节能环保支出6.03亿元，以污染治理、生态保护和地灾防治为重点，深入推进生态强市建设。

【科技城建设财政支持】　2016年，各级财政投入支持科技城建设资金4亿元，主要用于建立贷款风险池补助资金，鼓励金融机构开展科技金融试点，加大对科技型中小企业支持力度；建立人才发展资金，推动人才支撑体系建设；建立科技成果转化资金，提高科技成果转移转化、高新产品孵化；建立军转民产业资金，推动科技城军民融合产品发展，进一步形成军民融合高技术产业群体优势和局部优势；建立创业投资引导资金，通过股权投资等方式支持科技城重点产业和龙头企业发展，促进科技城产业发展。

【民生事业财力支持】　2016年，全市保民生方面支出207.48亿元，占一般公共支出62.14%；全市教育支出55.64亿元，主要用于全面落实免除义务教育阶段学校学生作业本费政策和家庭经济困难高中学生学费政策。促进城乡义务教育均衡发展，将城市和农村义务教育小学和初中生均公用经费统一标准。实施第二轮“学前教育三年行动计划”，支持城市、农村公办幼儿园新建、改扩建，加大民办幼儿园扶持力度。全市社会保障和医疗卫生支出85.86亿元，助推全面深化医药卫生体制改革，继续完善社会保障体系，着力提升保障能力，其中：投入23.43亿元医疗保障资金，用于城乡居民医保，完善城乡医疗救助制度，着力促进基本公共卫生服务均等化。投入17.15亿元资金提高城乡居民基础养老金和企业退休人员基本养老金水平，建立城乡居民最低生活保障标准底线制度，加大对残疾人、“五保”、孤儿等特殊群体的保障力度，提高工伤、失业保险待遇水平，提供更加安全的社会保障。投入就业创业资金2.23亿元。全市投入11.23亿元，着力改善城乡居民住房条件。投入城镇保障性安居工程资金6.15亿元，开工建设保障性住房，实施旧城危旧房和棚户区改造，让保障性安居工程惠及更多城市困难群众。

【财政扶贫攻坚】　2016年，全市财政系统安排扶贫攻坚资金34.68亿元，实现支出33.3亿元。建立四大扶贫基金，全面建成教育、卫生、产业和小额信贷风险等四项财政扶贫基金，总额达2.2亿元。推广资产收益扶贫，1500余户贫困户参与资产收益扶贫模式试点，实现优先持股816万元。深化财政金融互动，累计安排财政金融互动资金5000余万元，通过设立“住房建设贷款分险金”“返乡农民工创业就业贷款分险金”等方式，支持金融机构向建档立卡贫困户发放贷款。

【财政支持方式创新】　2016年，全市财政系统注重财政支持方式创新，充分发挥财政资金撬动作用。设立总规模3亿元的企业应急转贷资金，累计为98户工业企业办理应急转贷专项资金9.73亿元，降低企业财务成本4500万元。设立科技型中小企业贷款风险池和高新技术中小企业贷款风险池基金，规模分别达到7000万元和1亿元，累计发放贷款38.5亿元，资金放大14.5倍。稳步推进PPP模式，发布重大项目70个，启动实施项目32个，吸引社会资本40.25亿元。实施政府购买服务项目44个，总金额1.64亿。设立5支引导基金，总规模达54.5亿元。　（南武卫）

国家税务

【概况】　2016年，全市面对经济下行压力大、部分重点税源严重下滑、传统支柱税源增长不足、新增税源匮乏以及营改增结构性减税等多重因素叠加影响，市国税局围绕收入抓政策、抓风险、抓管理、抓检查，依法依规征税。全年入库税收收入82.48亿元，首次突破80亿元关口，同比增长20.87%。收入规模居全省第6位。市县两级地方公共财政收入18.86亿元，增长53.7%。办理减免税25.11亿元，增长1.31倍；出口退（免）税7.8亿元，增长8%，为企业减税降负，推动供给侧结构性改革。

【营改增试点】　2016年，全市国税系统加强部门协调、开展调查核实、盘活服务资源、搞好税负分析，四大行业32040户试点纳税人，6~12月入库税款10.76亿元，较2015年同期入库营业税减收3.96亿元，下降26.89%。推进国税地税征管体制改革，市委、市政府在印发绵阳具体实施方案，游仙区建成“全国百佳国税地税合作县级示范区”。推进智慧绵阳国税建设，“互联网+税务”在金三上线，拓展征管服务监控调度指挥中心、涉税经济信息共享平台、纳税服务综合平台以及电子发票推行等项目；推进大企业服务管理改革、商事制度改革以及实名办税等工作。

【税收征管】　2016年，全市以满意度“稳中有升”为导向，优化纳税服务。纳税评估方面，对房地产、金融、建材购销和中药材收购等行业956户纳税人实施评估，评估税款2.34亿元，收入占比2.83%，涉农行业风险应对在全省国税“十大优秀风险管理项目”评比中拔得头筹。所得税征税面较2015年提升11.93个百分点。税务稽查方面，围绕打虚打骗、重点税源企业随机抽查、专项整治以及大要案件的查处，检查

图 61　8月，市国税局编纂的《民间税票集萃》出版发行

企业156家，查补税款1.26亿元，移送涉嫌犯罪案件7件。纳税服务方面，构建“一厅N点”实体办税网络，建成14个国地税联合办税厅、45个办税延伸点，增添服务窗口89个，增开绿色通道47条；加快网上办税，推进电子办税厅、自助办税厅建设，建成“网络申领邮政配送”发票中心和“税e办”掌上办税平台，尽量让纳税人免进办税厅；继续大力推行全市通办、首席代表“一支笔”审批、“汇算通”软件免费使用、“科创·税e贷”等便民利民措施。市国税局以第2名的成绩获全省国税系统“便民办税春风行动”先进单位，2个单位获全省依法行政示范单位、依法治理示范创建合格单位。

【首个电子办税服务厅在涪城区落成】　2016年7月，全市首个电子办税服务厅在涪城区国税局正式投入使用。电子办税服务厅由“网上办税区”和“自助办税区”两大功能区域组成。网上办税区配备18台外网计算机，实现网上办理的纳税申报、抄报税、发票领购、发票查询、代开专票申请、审批备案等涉税业务均可在线办理。纳税人可免费使用互联网查询政策，下载资料。网上办税区计算机设备基于云桌面技术建设，采用“云桌面+终端”模式运行。自助办税区配备3台自助办税终端，纳税人可自助办理发票认证、专票代开、抄报税等涉税业务。

【《民间税票集萃》出版】　2016年8月，市国税局编纂的《民间税票集萃》出版发行。《民间税票集萃》是从国税局退休职工王昌明收藏的300多张税票中，经市局编纂组工作人员对其进行系统地梳理、筛选、甄别和鉴定后，精选出110张编纂而成。书中110张票证，其时间跨越始于清朝顺治元年（1644年）至新中国成立后改革开放之前，长达370年之久。其中有清代税票14张，民国时期53张，新中国成立后35张，贴花税票8张。其区域分布除本省外，有内蒙古、河南、河北、山西、安徽、云南、湖南、广东、福建、贵州等地税票。税票保存较完整，字迹清晰，为研究税制研究提供依据。

【国税系统“岗位大练兵·业务大比武”技能大赛】　2016年8月30~31日，市委宣传部、市国税局、市总工会、团市委、市妇联共同举办的全市国税系统“岗位大练兵·业务大比武”技能大赛成功举行。全市国税系统140名干部职工参赛。“岗位大练兵、业务大比武”活动是总局素质提升“115”工程（即用五年时间，培养1千名领军人才、1万名专业骨干、5万名岗位能手）的重要组成部分，是一年一部署、连续抓五年的系统工程。绵阳国税系统5月启动该项活动，经全员学习练兵、各单位选拔推荐，到此次技能大赛。此次比武岗位分为行政管理、征管评估、税务稽查、纳税服务和信息技术5个类别，比武人员由各县区局择优推荐，比武内容侧重岗位技能和实践能力，比武方式有笔试、实战演练、上机操作，比

图 62　绵阳市国税系统“岗位大练兵·业务大比武”技能大赛笔试考场

武场地按岗位类别和参考人数设置4个考场。

【绵阳国税·税e办掌上办税平台暨征管服务监控调度指挥中心上线】 2016年12月1日，绵阳国税·税e办掌上办税平台暨征管服务监控调度指挥中心上线启动仪式举行。全市各县市区国税局设立分会场，对启动仪式进行全程直播。《中国税务报》、中国新闻网、四川在线、《绵阳日报》、绵阳电视台等新闻媒体对活动进行报道。启动仪式上，市局征管服务监控调度指挥中心与各县市区区办税服务厅进行视频联通。该中心运用互联网、大数据、云计算、视频监控、视频对话等信息技术，可实现管理服务、重大会议、工作任务、征管状况、风险预警、资产状态的实时监控、及时指挥和科学调度。纳税人通过掌上办税平台可实现政策查询、投诉举报、预约办税、在线咨询、发票代开、发票申领等各类涉税事项的办理，该平台不仅自身具有办税功能，更可对其他网上和自助办税方式进行引导。

【绵阳市境外旅游购物离境退税工作启动】 2016年4月22日，绵阳市举行境外旅游购物离境退税工作启动仪式。绵阳成为全省第二批纳入境外旅客购物离境退税的5个市州之一，绵阳百盛富临店和大都会店成为全市首家境外旅客购物离境退税商店。离境退税政策规定，退税物品购买日距离境日未超过90天，且在中国境内连续居住不超过183天的外国人和港澳台同胞都可以享受离境退税政策。需要注意的是：在国税部门指定的退税商店买才能享受退税；同一境外旅客同一日、在同一退税商店内购买退税物品的金额达到500元人民币及以上可以享受离境退税；需要向退税商店索取增值税普通发票和《离境退税申请单》；退税代理机构退税，地点在双流国际机场T1航站楼102登机口旁，境外旅客须持本人有效身份证件信息+海关验核的《离境退税申请单》；退税率为11%，代理机构手续费为2%。

（吕　文）

绵阳市国税局2016年税收收入完成情况

表32　　单位：万元

下级单位 \ 指标	税收收入合计	国内增值税	国内消费税	企业所得税	个人所得税	车辆购置税	海关代征
合计	884584	539002	64716	148605	3	72473	59785
绵阳市国税局直属税务分局	113068	33968	0	19315	0	0	59785
科学城国税局	8339	7909	0	430	0	0	0
绵阳经开区国税局	37114	25801	1099	10214	0	0	0
绵阳高新区国税局	126430	97628	15497	13305	0	0	0
涪城区国税局	174192	118230	4476	51485	1	0	0
游仙区国税局	115901	57446	42818	15637	0	0	0
安县国家税务局	37184	32388	99	3110	0	1587	0
北川羌族自治县国税局	17713	13195	29	3884	0	605	0
江油市国税局	97888	79348	551	14100	1	3888	0
梓潼县国税局	12353	8183	45	3122	0	1003	0
平武县国税局	16511	13722	3	2431	0	355	0
三台县国税局	47502	35195	68	9483	1	2755	0
盐亭县国税局	19378	15989	31	2089	0	1269	0
绵阳市国税局车购税分局	61011	0	0	0	0	61011	0

2016 年绵阳市一般公共预算、政府性基金预算收入完成情况

表 33　　　　单位：万元

区域	2016 年绵阳市一般公共预算收入完成情况					2016 年绵阳市政府性基金收入完成情况				
	调整预算数	2016 年	2015 年	占预算的%	增长%	调整预算数	2016 年	2015 年	占预算的%	增长%
绵阳市	1044067	1076241	1041308	103.08%	3.35%	613982	599626	510583	97.66%	17.44%
市本级	122500	122717	143863	100.18%	-14.70%	187350	187678	179805	100.18%	4.38%
市区县合计	921567	953524	897445	103.47%	6.25%	426632	411948	330778	96.56%	24.54%
涪城区	208800	208933	204826	100.06%	2.01%	12733	11359	4032	89.21%	181.72%
游仙区	76774	77552	71087	101.01%	9.09%	14276	14276	200	100.00%	7038.00%
江油市	176200	176392	163116	100.11%	8.14%	163700	163715	155933	100.01%	4.99%
安州区	54622	56728	52021	103.86%	9.05%	38694	38529	19491	99.57%	97.68%
梓潼县	27000	27179	24990	100.66%	8.76%	15000	16535	11741	110.23%	40.83%
平武县	27800	28284	29902	101.74%	-5.41%	628	624	5155	99.36%	-87.90%
北川县	23468	40047	36879	170.65%	8.59%	5033	1324	8045	26.31%	-83.54%
三台县	84000	84715	79202	100.85%	6.96%	68800	56846	34057	82.63%	66.91%
盐亭县	32600	32627	30724	100.08%	6.19%	87320	87320	85700	100.00%	1.89%
高新区	95000	101497	94775	106.84%	7.09%	10448	11150	1383	106.72%	706.22%
科创区	57300	57443	54060	100.25%	6.26%	—	64	1029	—	-93.78%
经开区	42203	45271	42169	107.27%	7.36%	10000	9826	4012	98.26%	144.92%
仙海区	8000	8495	8000	106.19%	6.19%	—	380	—	—	—
科学城	7800	8361	5694	107.19%	46.84%	—	—	—	—	—

备注：收入调整预算数为各地区报人大数。其他数据为 2016 年绵阳市财政总决算报表数。

2016 年绵阳市一般公共预算、政府性基金支出完成情况

表 34

单位：万元

区域	2016 年绵阳一般公共预算支出完成情况					2016 年绵阳市政府性基金支出完成情况				
	调整预算数	2016 年	2015 年	占预算的%	增长%	调整预算数	2016 年	2015 年	占预算的%	增长%
绵阳市	3424452	3350412	3042238	97.84%	10.13%	798523	784350	588089	98.23%	33.37%
市本级	769431	676907	612320	87.98%	10.55%	208694	199763	221283	95.72%	-9.73%
市区县合计	2655021	2673505	2429918	100.70%	10.02%	589829	584587	366806	99.11%	59.37%
涪城区	252014	252014	232704	100.00%	8.30%	14001	13052	19025	93.22%	-31.40%
游仙区	222687	222687	194311	100.00%	14.60%	13545	13545	9677	100.00%	39.97%
江油市	384915	381884	368363	99.21%	3.67%	228236	227929	173225	99.87%	31.58%
安州区	201435	201408	210668	99.99%	-4.40%	62169	62081	13484	99.86%	360.40%
梓潼县	194144	193385	185093	99.61%	4.48%	31920	31848	13713	99.77%	132.25%
平武县	184526	183175	132987	99.27%	37.74%	5599	5465	2701	97.61%	102.33%
北川县	184156	214154	191193	116.29%	12.01%	15251	14582	19018	95.61%	-23.33%
三台县	524637	523853	474882	99.85%	10.31%	57504	57442	39932	99.89%	43.85%
盐亭县	286712	286621	262582	99.97%	9.15%	108516	105555	63948	97.27%	65.06%
高新区	84293	83933	78500	99.57%	6.92%	17602	17602	3149	100.00%	458.97%
科创区	58955	53844	39274	91.33%	37.10%	19872	19372	2846	100.00%	598.24%
经开区	55664	55664	39560	100.00%	40.71%	14162	14162	4817	100.00%	194.00%
仙海区	12984	12984	11267	100.00%	15.24%	1433	1433	1052	100.00%	36.22%
科学城	7899	7899	8534	100.00%	-7.44%	19	19	219	100.00%	-91.32%

备注：收入调整预算数为各地区报人大数。其他数据为 2016 年绵阳市财政总决算报表数。

地方税务

【概况】 2016年，全市地税系统推进依法行政工作，出台《四川省绵阳市地方税务局税收执法督察工作规程（试行）》。开展税收法律知识宣传和业务培训，坚持稽查强税，实现查补总额3.69亿元，同比增长50.41%。组织脱产培训15期，开展“岗位大练兵业务大比武”，3名人员入围省局58名专业骨干。金税三期正式运行，“营改增”全面实施，城区范围内跨区同城通办业务在8月15日正式开通。截至年底，全市地税系统组织入库各项地方收入84.26亿元，剔除“营改增”因素（下同），同比增收6.43亿元，增长8.27%。其中：税收收入74.85亿元，其他收入9.41亿元。入库地方级收入59.43亿元，同比增收2.46亿元，增长4.32%。依法落实税收优惠政策减免21.66亿元，有效推动全市经济社会可持续发展。收入分析、存量房信息采集、土地增值税清理管理三项工作被省局通报表扬。

绵阳市2016年地方税务收入情况统计
（剔除营改增因素）

表35　　单位：万元

项目	累计收入	累计同比±%
各项收入总计	842599	8.27
一、税收收入合计	748537	7.69
1. 增值税	4854	—
2. 营业税	179349	36.83
3. 企业所得税	99391	14.66
4. 个人所得税	146730	20.05
5. 资源税	5820	-12.28
6. 城市维护建设税	50381	3.72
7. 房产税	37397	7.51
8. 印花税	13823	-10.33
9. 土地使用税	28971	-4.00
10. 土地增值税	49490	7.84
11. 车船税	15923	13.76
12. 耕地占用税	45021	-32.94
13. 契税	71387	-22.83
二、基金附加收入	94062	13.10
1. 教育费附加	23868	7.89
2. 地方教育费附加	15958	8.85
3. 社会保险基金收入	32556	13.45
4. 其他收入	21680	22.56

【征管体制改革】 2016年，绵阳市地税部门实现“金税三期”系统按时上线，推进信息化建设工作发展。深化国地税合作项目40多个，其中创新项目9项。“营改增”全面改革在5月1日实施，与国税实现精准对接，税制有序转换。推进“三证合一、一照一码”登记制度改革。全市清缴欠税入库1.73亿元，其中全市范围中采取“欠税阻止出境”的户数达84家。开展绵阳与德阳、遂宁税收征管区域性合作机制；资源税从价计征改革工作在7月1日开始实施。

【纳税服务机制规范化】 2016年，市地税部门深化办税服务，简政放权、延伸和升级一站式服务，推出全市通办业务厅建设，与国税共建政务中心6个，共建办税服务厅2个，互相进驻办税服务厅5个；。减并纳税人申报次数、全面推进网上审批。以“互联网+”为驱动，推出网上办税服务厅、“天府e税”手机APP、自助办税终端缴税在财税库银适时扣款、银联在线缴税和银联在线刷卡缴税等便民办税服务措施。实施纳税人信用评估制度，纳税人信用等级分ABCD四级，A级为信用等级最好。2016年，纳税信用评价A级纳税人152户，A级纳税人累计505户；B级纳税人4680户。

【地税系统“12366”热线访问量创新高】 2016年，绵阳市随着金税三期运行，以及“营改增”全面实施，全市地税系统“12366”热线话务量较2015年大幅增加。据统计，截至年底，“12366”热线话务量达15830件，比2015年增加6908件，增长7.43%。2名热线人员平均每天接听电话140个/人。7月，在国家税务总局组织的全国“12366”纳税服务热线“营改增”服务专项监测评比中，绵阳市取得人工接通率、答复准确率、服务规范性三项指标满分100分成绩。

绵阳市地方税务局各项收入分县完成情况

表 36　　单位：万元

项　目	累计收入	上年同期	同比±%
合　计	842599	778257	8.27
二分局	58149	69960	-16.88
三分局	50559	35296	43.24
涪　城	255547	218106	17.17
梓　潼	16668	17239	-3.31
高新区	105173	104330	0.81
游　仙	75315	65332	15.28
安　县	48710	34072	42.96
北　川	26615	24136	10.27
平　武	12617	14950	-15.61
盐　亭	25074	23941	4.73
科学城	11870	5607	111.70
江　油	100986	108377	-6.82
三　台	55316	56911	-2.80

备注：2016年，全市组织入库各项地方收入842599万元，剔除营改增因素（下同），同比增收64342万元,增长8.27%。其中：税收收入748537万元，同比增收53448万元,增长7.69%；其他收入累计入库。2016年5月“营改增”的全面推开，占地税收入达三分之一的营业税税源移交到国税局，本表所反映上年同期数剧剔除了6-12月营业税。

【同城通办涉税事项】 2016年9月1日，绵阳市地方税务局实现首批5类27项涉税事项全市通办，纳税人可以在全市范围内自主选择地税部门办税服务厅办理税务登记、申报纳税、证明办理、优惠办理、宣传咨询等涉税业务。全市同城通办涉税事项：税务登记：变更登记（涉及税务登记证件内容变化）、变更登记（不涉及税务登记证件内容变化）、存款账户账号报告、财务会计制度及核算软件备案报告、补充信息采集、信息变更；电子申报纳税：居民企业所得税月（季）度预缴纳税申报（适用查账征收）、居民企业所得税月（季）度预缴纳税申报（适用核定征收）、居民企业所得税年度纳税申报（适用查账征收）、居民企业所得税年度纳税申报（适用核定征收）、自然人纳税人个人所得税自行纳税申报、生产.经营纳税人个人所得税自行纳税申报、印花税申报、车船税申报（单位纳税人）、城市维护建设税申报、教育费附加和地方教育费附加申报、定期定额个体工商户申报、扣缴义务人申报、扣缴个人所得税申报、财务会计报告报送；优惠办理：企业所得税优惠备案；证明办理：完税证明开具、完税凭证换开重开；宣传咨询：涉税信息咨询、表证单书领取、宣传资料发放、涉税违法信息查询。

办税服务厅办税地址及联系方式

表 37

办税服务厅名称	办税地点	联系电话
市地税局第二直属税务分局办税大厅	科创园区科园路 1 号孵化大楼 B 区 208 室	0816-6334556
市地税局第三直属税务分局办税大厅	经济技术开发区涪滨西路	0816-2824123
涪城区地税局办税大厅（第一税务所）	涪城区荷花东街 10 号	0816-2354433
高新区地税局办税大厅（第一税务所）	绵兴东路 167 号	0816-2532332
游仙区地税局办税大厅（第一税务所）	游仙区东津路 6 号	0816-2284545
科学城地税局办税大厅	游仙区绵山路 64 号科学城政务中心	0816-2480467
江油市国地税联合办税大厅（第一税务所）	江油市大鹏路党政综合办公楼东侧	0816-3320106
三台县国地税联合办税服务厅（第一税务所）	三台县北坝镇梓州干道政务中心大楼	0816-5222628
盐亭县地税局政务中心办税大厅 (第一税务所)	盐亭县云溪镇石龙大道 18 号	0816-7222132
安州区地税局办税大厅（第一税务所）	安州区花荄镇银河大道东段	0816-4337556
北川县地税局办税大厅（第一税务所）	北川县永昌镇永昌大道 64 号	0816-4825241
梓潼县地税局办税大厅（第一税务所）	梓潼县文昌镇金牛路北段城北政务中心一楼	0816-8219051
平武县地税局办税大厅（第一税务所）	平武县龙安镇建设街 56 号	0816-8822664

（刘 操）

自然科学

概　述

【概况】　2016年，全市科技工作按照“政府引导、市场主导、企业主体、协同创新”的原则，以科技创新支撑引领经济转型升级为主线，实施创新驱动、军民融合战略，推进“互联网+”创新创业，全力推动“大众创业、万众创新”。全市高新技术产业总产值实现1645亿元，科技型中小企业新增2406家，总数达到9282家，其中新增规模以上企业77家。专利申请量10168件、增长34.57%，专利授权量4890件、增长11.98%。实现技术合同成交总额8.31亿元。

【科技创新平台建设】　2016年，绵阳市协助做好“中德产业园”“中以国际孵化平台”“‘一带一路’国际人才培训基地”建设筹备工作，建立市农业科学研究院省级国际科技合作基地1家。争取建设中国（绵阳）科技城军民科技协同创新平台以及四川省军民融合大型科学仪器平台，推动军民融合深度发展。四川省新能源汽车产业技术研究院挂牌成立，“四川省精密超精密加工与工程装备工程技术研究中心”和“燃气轮机低排放多燃料燃烧工程技术研究中心”通过专家评审；指导九洲空管公司申报“通航空管系统技术四川省重点实验室”、西南科技大学申报“省部共建国家重点实验室”。加强孵化平台建设。组织成立绵阳市孵化器联盟，指导软件产业园申报国家级孵化器。全市新增孵化器7个、国家级众创空间7个，新增孵化面积20万平方米，累计达到100万平方米。

【高新技术企业培育】　2016年，全市按照两个“一号工程”，实施高新技术企业倍增计划，组织企业参加高企认定，引导和支持科技型企业按照高新技术企业标准推进企业建设。全市高新技术产业总产值实现1645亿元。市科技型中小企业领导小组加强对发展科技型中小企业工作的领导，多次召开科企发展工作调度会，研究发展推进措施。截至年底，全市新增科技型中小企业2406家，其中新增规模以上企业77家。（何　波）

科技工作

【概况】　2016年，全市以加快建设国家军民两用技术交易中心为重点，实现绵阳科技服务体系创新发展。5月26日，国家（四川）军民两用技术交易中心挂牌运营，入选“2016年四川十大改革转型发展候选案例”。交易中心构建1个线上平台（优科服）、7大核心数据库、7大军民融合服务平台，入驻知识产权服务机构17家、军民融合金融服务机构24家、军民融合创客团队27个。完成200余家军民融合企业、300余名专家、500余件成果展品、1000余台大型仪器设备、5000余项科技成果、6000余家科技型中小企业入库工作。承接民参军认证服务，与全军武器装备采购信息网链接，被陆军重庆军代局授予建立工作站点。

【科技成果转移转化】　2016年，全市开展科技成果精准对接行动，在全市范围内深入走访企业、收集企业需求、对接院所高校成果，促成多方达成合作意向。组织专家分别到涪城区等地召开启动会，走访企业500家，收集到企业需求200余份。创新科技成果转化机制，充分发挥科技中介服务机构作用，在西南科技大学国家大学科技园、四川中物技术有限责任公司、市农业科学研究院组建三个国家级技术转移示范机构，因地制宜地促进高校和科研院所技术转移转化，推动科技成果资本化和商品化。全年累计技术合同成交总额达到8.31亿元。

【科技交流合作创新】　2016年，全市依托国家“一带一路”战略，在电子信息、高端制造、现代农业、生态环保等领域，有效整合绵阳科技城设备、技术、产能，牵头优势企业或产业联盟“走出去”，招引大型企业“请进来”。组织参加第二届中国-南亚技术转移与创新合作大会、马来西亚雪州招商会、“创新升级—香港博览”、2016年第十二届重庆高交会暨第八届国际军博会、第二届军民融合发展高技术成果展、2016中国（成都）电子展等活动。举办第四届科博会，筹办2016中韩科技创新·创业合作研讨会、主办第五届全国创新创业大赛军转民大赛决赛、中国科技论坛·军民融合与创新创业等重大活动。利用科技创新政策优势招商引资3个项目，总投资1.5亿元。

【“双创”达标城市建设】 2016年，全市以大力申建“两创”达标城市为目标，营造良好的创新创业生态环境。坚持把对外交流活动作为深入推进“双创”工作的重要内容，先后对接加拿大西安大略大学、澳大利亚联邦贸易委员会、欧盟创新中心、摩米创新工场等创新机构，组织与浙江大学、贵州大学、吉林大学等高校开展系列人才引进和项目对接活动，“欧盟项目创新中心·科技城分中心”入驻，阿里巴巴LBS服务中心项目、剑桥大学科创孵化园项目完成签约。创新“双创”宣传方式，承办《双创风采》电视栏目、对外编发《中国科技城创新创业》等杂志，组织13个县市区（园区）举办55场“双创”活动，500余家企业、万余名创客参与。

▲“双创”：指大众创业，万众创新。

【科技创新示范试点】 2016年，绵阳市开展国家科技和金融结合试点，组织参加“第五届中国（西部）高新技术产业与金融资本对接推进会”，召开绵阳市军民融合银行机构座谈会、四川省首届军民融合银企对接会。建设科技金融创新服务大厅，建立“绵阳市中小企业信用信息数据库”，成立新三板俱乐部，筹设规模为20亿元的“绵阳科技城军民融合成果转化基金”工作，推出“高新技术企业贷”等40多种科技金融产品，全市科技保险险种达10个。全市17家公司在新三板成功挂牌。全市金融机构发放科技贷款余额241亿元，其中，累计发放专利权质押贷款2.83亿元。科技企业贷款户数1576家，科技型中小企业贷款户数1463家，新建信贷关系227家，利用银行间市场直接融资72亿元。

【科技创新体制改革】 2016年，全市围绕服务科技创新、增强创新活力，持续推进科技管理机制改革，统筹编制《绵阳市“十三五”科技创新发展规划》。制订出台《专利权质押融资贷款贴息实施细则》《科技服务业发展工作推进方案》《培育企业创新主体专项改革实施方案》等政策措施，推动东材科技、豪斯特电子等企业专项改革工作取得显著成绩。修订完善《绵阳市科技成果转化项目资金管理暂行办法》《绵阳市专利资助与奖励专项资金管理暂行办法》等制度。

【科技服务民生】 2016年，全市利用科技手段，加快推进“三农”工作、社会民生、科普工作、幸福美丽绵阳建设。编制《四川绵阳国家农业科技园区总体规划（2016~2018）》和《四川绵阳国家农业科技园区建设实施方案（2016~2018）》。推进园区重大产业建设，争取科技部将麦冬纳入国家中药“十三五”中医药创新发展规划，列入国家中药材大品种。推进科技扶贫工作。聚焦精准扶贫工作，实施“星创天地”创新创业扶贫行动，涪城国际香草园、北川普网·药博园等10家企业进入科技部第一批“星创天地”备案名单。指导北川、平武制订《科技扶贫专项行动实施方案》。帮助联系的梓潼县大新乡曙光村成功脱贫，并继续帮助北川县禹里镇三坪村的油牡丹和乌药产业发展。创新开展科普宣传工作。制订《绵阳市2016年科学技术普及工作要点》，举办绵阳市第二十一届“科技之春”科普活动月、绵阳市2016年科普活动周系列活动。 （何　波）

专业技术人才队伍

【概况】 2016年，经省政府批准，四川九洲技师学院于7月7日成立；经省人社厅批准，四川九洲技师学院增挂“四川省军民融合高技能人才培训基地”牌子，冷晓江技能大师工作室获建国家级技能大师工作室。举办第二届绵阳市职业技能大赛，参加成都经济区第二届职业技能大赛。

2016年，全市累计初定和确认职称1053人次，职称证书注册4918本，新办证书2000余本。受理审核中、高级专业技术职务申报材料3710份。组织全市工程、农技等12个中级职务评审，评审通过1495人。组织电子信息和机械材料化工工程高级职务评审，接受申报108人，评审通过96人。参与职称考试考务工作53场次。开展就业技能培训29819人，其中：青年劳动者14883人，技能脱贫专项培训（平武、北川）

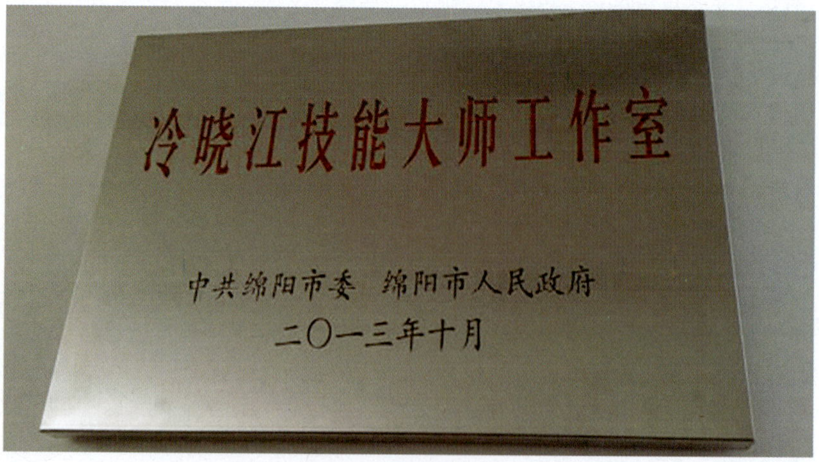

图63　冷晓江技能大师工作室牌匾

2024人。开展电子商务专项职业能力培训13941人。参加职业技能鉴定64029人，56688人鉴定合格获得职业资格证书。其中：初级工27476人、中级工17260人、高级工5323人、技师873人、高级技师94人、专项职业能力证书5662人。

【冷晓江技能大师工作室获国家级认定】 2016年，省人社厅根据人力资源社会保障部、财政部《关于深入推进国家高技能人才振兴计划的通知》（人社部发〔2016〕74号）和省人力资源社会保障厅、财政厅《关于印发〈四川省国家级省级高技能人才培训基地建设项目实施管理办法〉的通知》（川人社办发〔2016〕201号）文件精神，组织开展2016年国家级高技能人才培训基地和技能大师工作室建设项目推荐申报工作。经各地、各有关部门审核推荐、专家评审和公示，认定冷晓江（无线电调试工）技能大师工作室为国家技能大师工作室。冷晓江是九洲集团总装车间调试班一名技术工人，是无线电调试领域和军工生产战线的技能带头人，享受国务院特殊津贴的高技能人才，"感动绵阳十大人物"之一。2013年10月，被绵阳市委、市政府认定为首批市级技能大师工作室。

【第二届绵阳市职业技能大赛】 2016年7月2~4日，绵阳市人民政府主办，江油市人民政府等单位承办的第二届绵阳职业技能大赛在江油市攀长钢技工学校举行。106个参赛队433名选手参加，分职工组13个项目和院校组7个项目，大赛决出单项奖168个（一等奖20个、二等奖57个、三等奖91个），团体奖12个，优秀组织奖55个。156名单项奖获奖选手获得职业资格晋升。获奖的16名选手代表绵阳市参加成都经济区第二届职业技能大赛，分别参加在工具钳工、数控车工、汽车修理工、网站设计、中式烹饪、时装技术、手工制茶和发型技术8个比赛项目，获金奖4个、银奖7个、铜奖5个，金奖、银奖数量排名居首，并获优秀组织奖。（赵梓宇　何丽莎）

农业科技

【概况】 2016年，全市推进基层农业技术推广体系改革与建设，提升农业科技服务效能，组织实施部省下达的基层农技推广体系改革与建设补助项目。开展农业科研创新，《丘陵山地玉米"五改"密植高产高效技术及推广应用》项目获2014~2016年全国农牧渔业丰收奖成果奖一等奖。加强新型职业农民培训，完成新型职业农民培训1902人。参与绵阳市2016年文化、科技、卫生、法律"三下乡""科技之春"科普活动月、"科技活动周"启动仪式暨大型集中性科普宣传活动。免费赠送品牌电脑2台，打印机2台、移动硬盘1个，价值10000余元。现场发放农业宣传资料3000份、农产品质量安全资料400本，解答群众咨询100余次。全年，全市农业科技进步贡献率达58%。主要农作物良种覆盖率达96%。全市实现水稻机械栽植3.52万公顷，油菜机播8000公顷，油菜机收3.4万公顷，主要农作物耕种收综合机械化水平达到47%。

【农业科研创新成果】 2016年，绵阳市农业科学研究院等单位合作完成的《国审高产抗病优质弱筋小麦品种绵麦367和绵麦51选育及产业化》项目获2016年度绵阳市科技进步特等奖，《秸秆和鸡粪资源化利用技术集成与应用》项目获2015年绵阳市科技进步三等奖；绵阳市农业科学研究院等单位主研完成的《丘陵山地玉米"五改"密植高产高效技术及推广应用》项目获2014~2016年全国农牧渔业丰收奖成果奖一等奖，《优质专用甘薯绵薯系列品种的选育与推广》项目获2014~2016年全国农牧渔业丰收奖成果奖二等奖；三台县农业技术推广中心主研的《川油系列新品种丰产优质高效技术集成与推广》项目获2014~2016年全国农牧渔业丰收奖成果奖一等奖。

【农业科技示范推广项目】 2016年，全市推进基层农业技术推广体系改革与建设，提升农业科技服务效能，组织实施部省下达的基层农技推广体系改革与建设补助项目。全市基层农业技术推广体系改革与建设项目计划资金1335万元，主要用于健全管理体制，完善服务机制，提升队伍能力，加快农业科技成果转化推广，提升农业科技服务效能。对全市1334名基层农技人员进行知识更新培训。按照主导产业分布，依托现有科研教学推广单位试验示范基地、良种繁育场、种养大户、涉农企业、农民专业合作社、家庭农场等，认定41个农业科技试验示范基地，开展新品种、新技术、新机具、新机制引进、试验、示范、展示和技术培训等工作。全市遴选农业科技示范户8050个，技术指导员804人，示范带动周边农户产业发展致富。各县市区根据全省主要粮食作物和优势农产品推介的95个农业主导品种和48项技术。

【新型职业农民培育】 2016年，全市完成新型职业农民培训1902人：生产经营型1234人（其中青年农场主2015年21人、2016年28人），专业技能型250人，社会服务型418人。部省级补助资金455万元，重点用于培训生产经营型新型职业农民，资金比例不低于70%。安排市级财政资金50万元用于新型职业农民市级提升培训，通过招标采购，提升培训500人。通过对新型职业农民的培育，培训一批具有高素质、高技能、会管理、会经营的新型职业农民，对现代农业发展提供人力保障。

【开展技术扶贫行动】 2016年，全市农业系统继续组织实施技术扶贫行动，选派农业科技人员到520个贫困村结对开展"一对一"农业技术帮扶，实现贫困村农业技术扶贫全覆盖。定期组织驻村农技人员、村两委负责人参与技能提升、政策宣讲培训，培训达5275人次。鉴于全市520个贫困村地域分布广泛、农业产业发展不一、贫困户情况复杂，市农业局成立由首席专家和相关技术骨干组成的"农业产业综合技术指导专家服务团队”，各县市区根据自身情况组建专家服务团队，开展技术指导服务150余次。全年驻村农技人员推广主导品种32个，主推技术14项，开展技术培训4524场次，培训15.08万人次，发放各类宣传指导资料18.85万余份。 （谢贵国）

企业技改

【概况】 2016年，全市实施四川神华天明发电有限责任公司煤电一体化循环经济产业园、华晨瑞安汽车零部件有限公司凸轮轴生产基地等354个投资1000万元以上的重点工业项目，计划总投资536.99亿元。其中，竣工项目102个，完成投资30.4亿元；在建项目100个，完成投资79.6亿元；新开工项目152个，完成投资121.42亿元。全市完成工业投资389.72亿元，分别完成省、市下达全年目标任务（省、市年度目标任务分别为372亿元、375亿元）的104.76%、103.93%，总量居全省第8位，比2015年同期提升1位；同比增长10%，增速比2015年提高1个百分点，增速列全省第5位。完成技改投资358.62亿元，完成省、市下达全年目标任务（345亿）的103.95%，总量居全省第4位，同比增长9.5%，增速比2015年提高7个百分点，增速列全省第10位。

【产业园项目建设】 2016年，全市有四川龙华光电薄膜股份有限公司新材料产业园项目、雅化集团绵阳实业有限公司民爆器材生产技术及装备智能化改造项目等152个项目开工建设；四川神华天明发电有限责任公司煤电一体化循环经济产业园、华晨瑞安汽车零部件有限公司凸轮轴生产基地等100个项目在建；四川皇龙智能破碎技术股份有限公司年产276台套成套破碎设备技改扩能建设项目、四川九州岛光电子技术有限公司基于三网融合家庭数字终端核心光器件技术改造项目等102个项目竣工投产。

【技改重大项目投资】 2016年，绵阳市被列为省56个重大产业项目之中的四川野马汽车绵阳制造有限公司新能源及传统能源乘用车生产基地、四川神华天明发电有限责任公司煤电一体化循环经济产业园等5个项目完成投资34.4亿元。列为省政府139个重点项目之中的绵阳华晨瑞安汽车零部件有限公司凸轮轴生产基地、绵阳纳川管材有限公司新型管材生产项目等20个项目完成投资50.01亿元。列为省经信委500个亿元以上重点项目之中的绵阳永贵电器有限公司新能源电动汽车连接器建设项目、四川好医生药业集团有限公司中药前处理及配套工程建设项目等39个项目完成投资62.23亿元。

2016年，全市有24个项目获得国家工信部和省级技改专项资金支持5910万元，其中四川华丰企业集团有限公司56Gbps高速连接器实施方案项目获2016年工信部工业强基工程专项资金2775万元；江油神华天明发电有限公司50万吨国家煤炭应急储备基地工程及2×1000MW超超临界燃煤发电机组等41个项目获得省重点技术改造专项资金3135万元。 （李文华）

技术标准

【区域标准化试点】 2016年，市质监部门统筹协调行业组织、科研机构、学术团体及相关标准化专业组织推动行业主管加强标准实施管理。绵阳市农业局、绵阳市畜牧站“北川白山羊养殖技术规范”“平武中蜂蜜生产技术规范”“平武黄牛”，绵阳市经济和信息化委员会、四川昊伶节能科技有限公司“智能生活垃圾远程处理及回收工艺技术”制订推荐区域性地方标准4个。绵阳市质监局将2016年度市水务局修订的现代节水农业示范区考核细则、节水型生活小区考核细则、节水型企业（单位）考核细则等三项区域性地方标准增补计划向全市公示。2016年，企业产品采标认可21项。

【农业地标产品保护】 2016年，市质监部门成功申报7个第十二批省级农业标准化示范项目，在全省率先开展农业标准化示范项目效果评价工作。与绵阳市三台县人民政府达成共识，以合作备忘录形式明确为麦冬健康大产业发展提供服务。成功申报江油百合为地理标志产品，全市国家地理标志保护产品增至15个。

【服务标准化体系建设】 2016年，市质监部门指导绵阳市政务服务中心和公共资源交易服务中心建立健全由189个标准组成的公共资源交易服务标准化体系，其中自主制定绵阳市地方标准3个，内部保障和提供标准147个。以标准化促交易电子化，使电子交易有规可循，经第三方满意度测评结果为94.64%。由“绵阳市政务服务中心”和“公共资源交易服务中心”承担的公共资源交易服务省级标准化服务试点和“绵阳市红枫家政服务有限公司”承担的家政服务省级标准化试点工作通过四川省质监局评估，为绵阳市新增两家服务标准化单位。绵阳市红枫家政服务有限公司按照母婴生活护理、家庭育婴服务、家务料理服务、家庭保洁服务、养老护理服务和病患陪护服务等6种职业类型。

【“质量对标提升”行动】 2016年，市质监部门围绕推进企业产品和服务标准自我申明公开和监督制度试点工作，印发《绵阳市企业产品标准自我声明公开管理暂行办法》。124家企业在平台上声明公开402个产品标准。组织市质检所，联系省标院、九洲光电公司，开展“质量对标提升”行动，印发《绵阳市质量对标提升行动实施方案》。推动九洲光电公司、中国标准化研究院、市质检所达成三方合作意向。完成21批次LED灯产品抽样检验，联系四川省标准化研究院专家开展比对分析。市科技局将技术标准研制资助资金纳入预算，对2015年主导标准

制修订项目予以资助，预计资助总额50万元。 （胡德周）

气象工作

【概况】 2016年，市气象部门完成第四届中国（绵阳）科技城国际科技博览会、绵阳市旅游发展大会、第六届绵阳市运动会、第5届绵阳（仙海）端午文化旅游节暨首届绵阳（仙海）旅游集市活动等重大活动气象保障服务。参与北川陈家坝李家湾堰塞湖应急处置工作，组织开展加密气象监测和预警服务，为堰塞湖除险提供气象保障。全市气象部门围绕暴雨、寒潮、大风等灾害性天气过程，强化动态监测分析和会商联防，提高预报预警的时效性和准确性。从3月下旬起提前进入汛期气象服务工作状态，组织开展汛前检查和应急演练，更新预警短信平台数据库，加强内部联防和部门联动，为防汛减灾提供气象保障。全年启动3次重大气象灾害应急响应，共发布重要天气预报11期、灾害性天气预警22次、预警信号100次；发送决策服务短信421次、38.6万人次，公众服务短信22次、440万人次；通过官方微博发布气象信息1432条；报送《绵阳气象工作要情专报》32期，其他决策服务材料200余期。

【“三农”气象服务】 2016年，市气象部门围绕气象灾害和农业生产关键时节开展为农气象服务，开展气候趋势预测和灾害性天气影响评估。盐亭县、梓潼县、北川羌族自治县、安州区、游仙区被确定为“三农”服务专项建设县。市气象局成立“三农”服务专项领导小组，组织编制项目方案，有序推进项目建设，完成“三农”服务专项年度建设任务。全年市、县两级人民政府投入人工影响天气经费220余万元，市政府负责人与各县市区政府签订人影安全责任书。市、县两级配备8部全新自动化火箭发射系统，以提高人影作业的安全性和科技含量。全市组织开展抗旱增雨、消雾霾、水库蓄水以及重大活动保障等人影作业26次，发射火箭弹130余枚。全年抗旱增雨量达2000万立方米。

（谢开川）

地震监测预报

【概况】 2016年，绵阳市境内发生ML≥1.0级地震1006次，其中，1.0≤ML≤1.9级地震836次，2.0≤ML≤2.9级地震149次，3.0≤ML≤3.9级地震19次，4.0≤ML≤4.9级地震2次。其中：2016年5月29日10时14分，安州区（北纬31.49°，东经104.29°）发生ML4.3级地震，震源深度134米。2016年6月27日18时13分，北川羌族自治县（北纬31.89°，东经104.47°）发生ML4.6级地震，震源深度144米。

【监测数据处理】 2016年，市防震减灾局指定专人负责对网络、电脑、电台进行定期维护与检测，发现和遗漏的问题及时处理，确保信息、资料数据传输系统正常运转，资料连续可靠、通讯畅通。做到资料的及时收集、分析、处理和上报。全年分析处理地震事件22172个，分析预处理前兆数据735.84万个。测震台网数据记录连续率99.5%，前兆监测川10井地下水观测数据连续率99.5%，川41井地下水观测数据连续率99.5%，川43井地下水观测数据连续率99%。

【震情趋势会商】 2016年，市防震减灾局强化地震监测预报管理，建立《地震预测意见登记制度》《宏观异常事件核实制度》，制定震情跟踪方案，强化震情跟踪，及时分析研究核实、处理和上报宏微观异常信息，推进地震监测预报标准化、管理制度化。建立震情会商制度，开展震情会商研判工作。全年向省地震局和市政府提交周会商意见54份，月会商意见12份，临时会商意见6份，组织开展2016年上半年会商并形成书面报告。全年发布《绵阳市境内地震旬报》36期，突发震情信息3期，编写与发布信息7篇，发送《地震工作简报》7份。

【地震台监测设施建设】 2016年5~8月，绵阳市地震监测台网中心业务

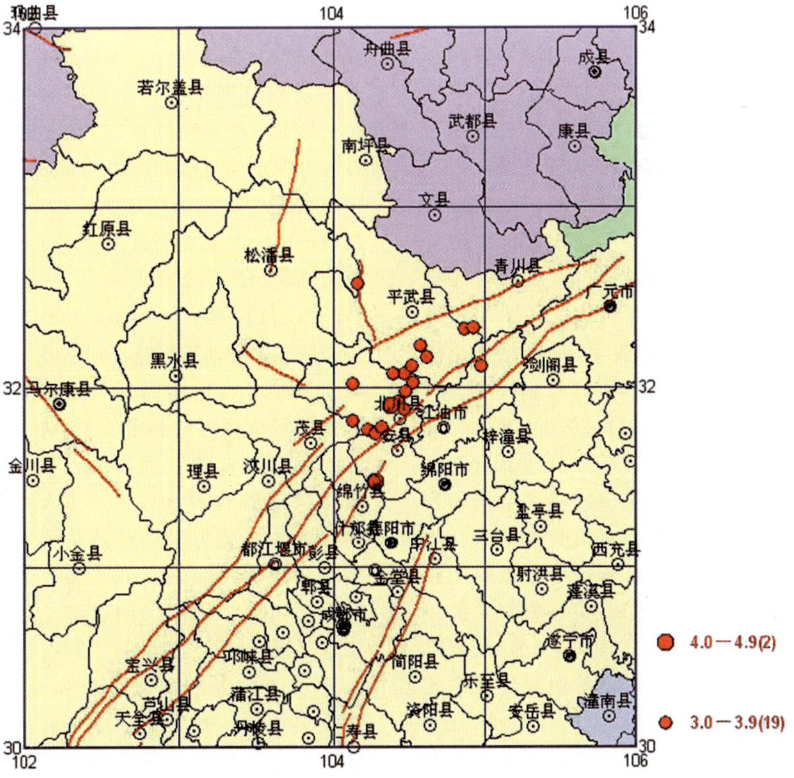

图64 2016年绵阳市境内3级以上地震活动分布

观测用房、地震前兆系统观测井建设完成；11月18日台网中心技术系统完成优化方案，12月调试安装。全市启动地震烈度速报与预警工程项目建设工作，按要求完成全市境内规划的104个台站的勘选任务。安州区、北川羌族自治县、平武县、江油市等地防震减灾局地震监测中心建立运行，形成一套集地震监测中心、数据传输中心、震情会商中心于一体，功能齐全、多层面的防震减灾技术系统，初步实现地震监测的"网络化"。地震监测台网实现全数字化，并与省地震局及县市区之间实现数据共享。

【震害防御】 2016年，绵阳市震害防御工作围绕建筑抗震设防管理要求、农村民居地震安全示范点和防震减灾科普、法治宣传等重点，，制订《2016年度防震减灾法制、科普宣传计划》；围绕法制宣传工作目标任务，开展法制宣传教育，推进法制工作群众化、社会化、经常化，营造和谐的普法环境。在"防灾减灾宣传周""防震减灾日""12·4"法制宣传日开展防震减灾科普、法治知识宣传，利用有效时段，以电台、电视、网络等多种形式，全方位地开展防震减灾知识宣传活动，增强广大群众防震减灾法治意识。

6月1日，国家标准《中国地震动参数区划图》（GB18306-2015）实施。市防震减灾局会同市住建局、市规划局联合发文《关于贯彻实施《中国地震动参数区划图》（GB18306-2015）、《建筑抗震设计规范》（GB50011-2010）2016局部修订的通知》（绵震发〔2016〕42号）。8月，市防震减灾局会同市发改委、市水务局、市交通局联合发文《关于贯彻实施〈中国地震动参数区划图〉（GB18306-2015）的通知》（绵震发〔2016〕61号）。要求各相关部门和单位按照文件要求切实执行最新国家标准，并做好社会广泛宣传。年底，市防震减灾局获得2016年度全国地市级防震减灾业务工作考核先进单位；安心灵获得全国市县防震减灾人员考核先进工作者。安州区成功创建为省级防震减灾示范区，"5·12"汶川特大地震纪念馆、北川地震遗址成功创建为2个省级防震减灾科普教育基地、仙海区创建成为全省首个市级防震减灾示范园区，安州区福临苑社区创建成为市级地震安全示范社区、仙海区徐家桥安置小区、北川县曲山镇海光安置点、游仙区观太镇罗家沟村居民点为市级农村民居地震安全示范点。

【防震减灾项目审批】 2016年，市防震减灾局切实把行政权力事项"危害地震监测设施和观测环境建设项目审查"和"建设工程抗震设防要求审查备案""建设工程专用地震监测台网建设方案审查""建设工程强震动设施设置方案审查""地震监测设施和观测环境保护范围的确定"5项权力事项纳入"一窗制"投资项目并联审批流程。全年完成"危害地震监测设施、观测环境的建设项目审查"事项办件32件，"建设工程抗震设防要求审查备案"事项办件32件。在项目规划阶段，市防震减灾局按照市政府重要工程建设项目的建设规划管理机制，全程列席规委会，参加三桥加固维修、三江码头建设等市重点项目规划方案的审议，为市规委会的决策提供震害防御咨询，加强市政府对重要项目工程遵守抗震设防要求的监督管理。

【行政执法监督】 2016年初，市防震减灾局新增3名通过市司法局、市政府法制办组织的四川省执法考试并取得行政执法资格证，3名参加11月绵阳市举办的行政执法人员资格考试，现有行政执法人员5人。年内，市防震减灾局行政执法小组先后对三江国际丽城、四川泰虹科技有限公司、绵阳四〇四医院、绵阳海地达实业有限公司的执行抗震设防要求情况进行实地查看和检查，并收集相关资料，对存在问题提出整改意见.。按照绵阳市地震小区划一期成果执行抗震设防要求；启动绵阳市地震小区划二期工程项目，立项后完成财评。 （罗冠森）

知识产权

【概况】 2016年，绵阳市工商局按照省工商局"三主双融合、两增一并重"工作格局，全面推进实施商标战略，进一步提高商标监管效能和水平，提升绵阳企业核心竞争力。截至12月底，全市有各类注册商标12500件。"平武大红公鸡""平武中蜂""平武黄牛"成功注册国家"地理标志"保护产品。全市国家"地理标志"保护产品累计达到17件。绵阳市经开区管委会对辖区企业注册商标实施补贴政策，每注册一件商标补贴企业1000元。科创园区管委会赠送九洲集团注册商标56件。盐亭县食药工质局继续赠送涉农企业注册商标28件。组织推荐安州区绵阳市森泰农业开发有限公司、北川羌族自治县羌山雀舌茶业有限公司2家企业参加2016中国国际商标·品牌节。对产品质量好、企业规模大、知名度高的产品商标进行评选，积极向上级部门推荐认定驰名、著名商标，指导绵阳26家企业申报四川省著名商标，13件商标被认定为四川省著名商标。全市现有中国驰名商标14件，四川省著名商标92件，绵阳市知名商标185件。专利申请量10168件、增长34.57%，专利授权量4890件、增长11.98%。

【商标奖励政策与专权保护】 2016年，市政府在供给侧改革方案中明确，对于争创知名品牌企业给予奖励，首次获得驰名商标奖励50万元，首次获得著名商标奖励20万元，成功注册地理标志商标奖励30万元，对成功注册国际商标的，按注册费的30%奖励企业。开展保护注册商标专用权行动，切实加大市场监管执法力度，切实保护消费者、生产者和经营者的合法权益。全市工商系统查处商标侵权案件74件，案值55万元。 （梁玉珍）

【知识产权示范城市建设】 2016年，绵阳市出台《绵阳市知识产权战略行动计划（2016~2020）》和《绵阳市建设知识产权示范城市实施方案》，明确当前和未来一段时期知识产权工作目标任务，切实促进知识产权创造运用与产业发展的紧密融合。2月，成立市长任组长，分管副市长任常务副组长，市发改委、市经信委、市目督办等16个相关部门和县市区为成员的市国家知识产权示范城市建设工作领导小组，统筹开展国家知识产权示范城市建设工作；5月，绵阳市获国家知识产权示范城市；6月22日，筹备召开建设国家知识产权示范城市推进会，国家知识产权贺化副局长为绵阳授牌并作重要讲话。继续加强知识产权质押融资试点工作，开展银企对接活动，全年实现知识产权质押融资贷款6500万元，累计达到2.8亿元；实现专利保险10件，保额40万元，支付保险补贴0.79万元。指导县区申报国家知识产权强县工程试点示范和企业知识产权运营试点工作。为全市27家企事业单位项目争取到四川省专利实施与促进专项资金支持，完成项目合同签订等工作。建立市知识产权专家库，入库专家达43个。对中物院2012年以来申请、授权的非国防专利进行初步的统计、分析，促进全市军民融合方面知识产权转化。组织企业申报国省专利奖项，四川长虹电器股份有限公司两项专利获第十七届中国专利优秀奖，全市7个专利分获省专利一、二、三等奖，市知识产权局获四川省专利奖评选工作最佳组织奖和第十五届中国专利奖评选工作优秀组织奖。

【知识产权保护】 2016年，市科知局制定《2016年绵阳市知识产权执法维权工作实施方案》，开展“双打”和知识产权执法维权“护航”专项行动，全年出动专利行政执法人员90人次，先后对全市60余家超市、商场、药店、专业市场等进行检查，检查各类商品3000余件，登记专利标识产品110余件，发放专利保护宣传资料1900余份，受理专利侵权纠纷154件（包括电子商务专利侵权纠纷149件）、结案152件（包括电子商务专利侵权纠纷149件）；立案查处假冒专利行为70件、结案70件。9月，在第四届科博会上设立知识产权保护站，开展展会执法活动和宣传咨询，发放资料2000余份，接受咨询200余人次。

【知识产权培训与交流】 2016年4月，市科知局组织开展知识产权宣传周系列活动；4月21日，举办绵阳市专利分析实战培训班，来自全市的40位国、省知识产权试点示范和优势培育企业的学员参加培训。4月26日，会同市人才服务中心举办2016年绵阳市知识产权人才招聘会，吸引来自省内外10家知识产权服务机构来绵延揽人才。在绵阳师范学院举行“2016绵阳市知识产权宣传周暨表彰大学生创新创业交流活动”，来自西南科技大学、绵阳师范学院、长虹集团、九洲集团的30位获奖代表与绵阳师范学院300余名师生参加活动；10月，“双创”周期间，举办绵阳市科技型中小企业及孵化器知识产权培训；11月，围绕“加强知识产权运营，开拓知识产权强企之路”先后组织开展“军民融合与国防知识产权战略”专题研讨交流会、知识产权试点示范企业和高新技术企业专利运用培训班等“专利周”系列活动。加强对科技型中小企业自主创新和知识产权保护，委派知识产权中介代理人员和知识产权特派员40余人次，分别到各个县市区、园区、孵化器开展科技型中小企业知识产权咨询服务和专题培训，咨询、培训人员超过2000人次，知识产权远程教育绵阳站注册学员超过2000人。实现科技城创新中心二期中国（绵阳）科技城知识产权服务平台建成使用，引进省内外知识产权服务机构26家，从业人员达84人，其中知识产权运营机构2家。 （何　波）

社会科学

概　述

【概况】 2016年，市社科界全面推动社科组织建设、社科规划、课题研究、学术交流、成果评奖、社科普及、咨政服务、阵地平台建设等重点工作，促进全市社科事业繁荣发展。市社科联召开第七次代表大会，审议通过第六届理事会工作报告和《绵阳市社科联章程》，选举产生第七届社科联理事会；参与党的十八届五中、六中全会专题宣讲；召开全市社科工作推进会、市社科研究与普及基地推进会、县市区社科联会议；组织社科学会分类开展活动；评比表扬一批先进社科组织、先进社科工作者。绵阳市社科联被省社科联表彰为“省先进市（州）社科联”“科普工作先进单位”“咨询服务先进单位”“信息工作先进单位”，江油市社科联、三台县社科联、梓潼县社科联被省社科联表彰为“先进县市区社科联”。

【社会科学规划项目立项与研究】 2016年，全市社科界获得国家社科基金项目立项11项，省社科规划项目立项21项。其中《三线建设与西南地区城市发展研究》《中国特色社会主义经济绿色治理的机制、路径与政策研究》等获国家社科基金“青年项目”立项；《四川军民深度融合发展的体制机制创新研究》等获省社科规划重大项目立项；《推动成德绵协同创新，加快一体化改革步伐》等获省社科规划重点理论专项课题。全年有2项国家社科基金项目、17项省社科规划项目顺利结项。市社科联组织开展全市社科研究课题规划工作，年度规划项目立项123项，有106项课题按期结项，其中有28项课题评为优秀等级；全年审批“未成年人心理成长”“青少年思想道德建设”“体育产业与公共服务”等150项专项课题立项，有38项通过鉴定结项。

绵阳市2016年四川省社科规划基地项目立项名录

表38

序号	课题名称	申报人	单位	成果形式	项目类别
1	军工核设施核废物环境安全评价机制研究	刘　樑	四川循环经济研究中心	研究报告	基地项目
2	四川电子废弃物回收与处理模式的实证研究	陈文君	四川循环经济研究中心	研究报告	基地项目
3	“互联网+”形势下电信诈骗犯罪防控研究——以在校大学生为例	顾　倩	四川犯罪防控研究中心	论文、研究报告	基地项目
4	网络食品安全犯罪研究	张　寒	四川犯罪防控研究中心	论文	基地项目
5	网络文学中的传统思想演变	李澜澜	四川网络文学发展研究中心	论文	基地项目
6	网络小说的中医文化研究	赵　荣	四川网络文学发展研究中心	论文	基地项目
7	李白文化的当代传承和美学重构	孔明玉	李白文化研究中心	论文	基地项目
8	羌族释比古唱经研究	伍宝娟	民间文化研究中心	论文、研究报告	基地项目
9	王石木民间讲述的文化现象研究	王德炎	民间文化研究中心	论文、研究报告	基地项目

绵阳市2016年获四川省社科规划项目立项名录

表39

序号	课题名称	申报人	单位	成果形式	项目类别
1	汉语、纳西语“动作类”核心词比较研究	武晓丽	西南科技大学	论文、研究报告	重点项目
2	中国当代电视连续剧艺术研究	冯学全	绵阳师范学院	专著	一般项目
3	农民合作社纵向一体化经营对农产品质量安全的影响机理与治理研究	魏　晋	西南科技大学	研究报告	一般项目
4	四川省军民融合创新效率评价研究	张　宇	西南科技大学	研究报告	一般项目
5	藏羌走廊民族关系研究:以近现代游访岷江上游的考察家的著述为中心	蔡文君	绵阳师范学院	论文	青年项目

【绵阳经济社会发展重大课题研究】 2016年，市社科界针对绵阳改革发展重点问题，开展系列应用性对策课题研究。全年完成重大的研究成果有《绵阳市重点企业与“一带一路”战略对接研究》《绵阳在成德绵协同创新试验区建设中的地位及实现路径研究》《“幸福绵阳”建设指标体系及路径研究》《挖掘欧阳修文化资源、打造绵阳城市新名片研究》《绵阳市化解涉法涉诉信访问题现状调查》《绵阳市中心商业集中区地下空间开发与利用研究》等。据统计，全市社科界组织完成市“十三五”规划和“绵阳全面深化改革重大调研课题”等重要课题50多个；市决咨委办公室编发《决策咨询参考》15期，其中6篇课题成果得到省市领导肯定、签批及运用转化。

【社会科学优秀成果评奖】 2016年，市社科联组织完成全市第十五次优秀社科成果评奖及四川省第十七次哲学社会科学优秀科研成果推荐工作。市评委会从全市申报的1017项（2014~2015年度）社科成果中，评出由市政府表彰的优秀成果198项，其中一等奖7项（《小额诉讼程序研究》《社会管理创新下的多元化纠纷解决机制研究——以西部民族地区为例的分析》《机制与对策——循环经济之中国探索》《加快绵阳科技城建设市场化进程对策研究》《中国共产党绵阳历史第三卷（1978~2012）》《农民教育思想研究（1921~1949）》《坚守与超越：高校英语专业本科教育演进的文化审视》），《社会风险不平等研究——关于马克思主义阶级理论的一种继承与发展》等32项成果获二等奖，《生态文明建设的理论与实践创新研究》等60项成果获三等奖，《绵阳市中小学社会主义核心价值观教育的现状及实现路径研究》等99项成果优秀奖。在四川省第十七次社科评奖中，绵阳初评推荐社科成果中有15项成果获四川省政府奖。

【社科知识普及】 2016年，市社科界继续深入贯彻《四川省科学技术普及条例》，开展4次集中性大型科普宣传活动，发送书籍报刊5万余册；以“中国科技城·绵州讲坛”统领全市人文社科专题报告、讲坛、讲座，开办历史、哲学、国学、军事、健康养生、民俗文化等社科普及讲坛35期360多场次，听众近10万余人次。市社科联承办的市委“感恩文化节”之“社会主义核心价值观讲堂——感恩大课堂”活动，组织社科专家和学者以专题讲座、学术报告、座谈会、政治理论课、思想品德课等方式举办40多场次。创建“革命传统文化普及基地”“梓州历史文化普及基地”“绵阳中医药文化传承及康养基地”3个市社会科学普及示范基地。截至2016年底，全市创建市级社科普及基地23个，省级基地9个。组织编印《国内意识形态动态汇编》《羌族知识简明读本》《49个法治故事选辑》《越王楼诗文精选》《少年苏易简》《走近李白》等社科普及读物20余种。全市社科界4项科普课题获省社科普及规划项目立项。江油市“李白文化社科普及基地”被表彰为全省优秀社科普及基地；市图书情报学会冯小平获“全国优秀社会科学普及工作者”。

【绵阳市社会科学界联合会第七次代表大会】 2016年3月3~4日，绵阳市社会科学界联合会第七次代表大会召开，参加会议代表218名。四川省社科联党组书记、副主席赵英，绵阳市委常委、宣传部部长张学民出席会议并讲话。大会审议并通过何季德代表绵阳市社科联第六届理事会所做的《继往开来积极作为——努力谱写绵阳市哲学社会科学繁荣发展新篇章》工作报告和《绵阳市社会科学界联合会章程》。会议选举何季德为主席，魏富祥、刘仲平为专职副主席，王晓刚、付强、李建国、朱章元、贾大雁（女）、罗盛军、王晓阳、朱云、曾贤贵、王辉、何礼果、王向东、商碧辉、李长贵、黄纯国为兼职副主席；选举胡熙为秘书长；任命12位兼职副秘书长。会议选举108名绵阳市社科联第七届理事会理事，49名常务理事。 （曹　智）

机构和团体

【概况】 2016年，绵阳市社科联机构有市级社科联1个、县级社科联9个；有市级决策咨询委员会1个；市级社科研究机构6个。市社科联所属的市级社科学会团体75个，其中哲社类15个，经济类28个，文化教育史学类32个；高校社科联7个；市内有省级社科团体和民办社科研究机构11个。

【市社会科学界联合会】 市社科联是中共绵阳市委和市人民政府领导下的社会科学群众性人民团体，由本会的团体会员组成。2016年，绵阳市社科联第七届理事会，有理事108人、常务理事49人、专职主席1人，专兼职副主席17人、纪检员1人、秘书长1人。市社科联机关有专职工作人员10人，设办公室和学会学术部两个中层机构。主管绵阳市社会科学促进会、绵阳市嫘祖文化促进会、《绵阳论坛》、“绵阳社科在线”网站等。

【市委市政府决策咨询委员会办公室】 市委、市政府决策咨询委员会（简称“决咨委”）是市委、市政府领导的智囊型决策咨询机构，履行对全市科技、经济、社会发展和全面深化改革等重大决策的咨询智囊和参谋机构职能。2016年，决咨委设主任1名、副主任若干名；秘书长1名、副秘书长若干名；委员30名。决咨委下设办公室，办公室设在市社科联，办公室主任由市社科联主席担任，专职副主任由市社科联专职副主席担任。

【市级社科团体】 2016年，市社科联吸纳市老年新闻文化工作者协会、市非物质文化遗产保护中心、市老科协工作者协会教师分会、市税务学会、市老科协工作者协会科技创新分会5个团体会员单位。至此，市社科联所属的市级社科学会团体75个，其中哲社类15个，经济类28个，文化教育史学类32个；有县市区社科联9个，高校社科联7个。此外，市内有省级社科团体和民办社科研究机构11个。

【市级社科研究机构】 2016年，市级社科研究机构6个：中共绵阳市委政策研究室，市人大研究室、市政府研究室，市政协研究室，市委党史研究室，市教育科学研究所。

【高等院校社科研究机构】 2016年，绵阳15所普通高校、高职高专和市委党校中同时具有教育和科研职能的社科类院、系、处、室，其中7所高校还设有专门研究机构。西南科技大学有“四川省军民融合研究院”“绵阳现代农业发展研究中心”等17个。绵阳师范学院有“纪念场馆教育与抗震救灾文化研究中心”“四川教师专业发展与学校效能建设研究中心”等18个。四川幼儿教育高等专科学校有“川西北民俗文化研究中心”等4个。西南财经大学天府学院有“物流管理研究所”等17个。四川文化艺术学院有“中国非物质文化遗产研究院”等2个。绵阳职业技术学院有“绵阳市职业教育研究中心”。四川中医药高等专科学校有“四川中医药文化传承与研究中心”。 （曹　智）

学术活动

【概况】 2016年，全市社科界围绕党委政府重大决策部署、经济社会发展形势任务、人民群众关心的热点难点，分方面、分系列举办各种学术研讨会、座谈会、报告会300余场次，其中“红色场馆社会教育理论与实践座谈会”“绵阳市固体废弃物循环利用产业发展对策研讨会”“幸福美丽绵阳的绿色发展之路理论研讨会”“江油市单元化联户共建共享工程理论研讨会”等系列高端学术活动20余次。市社科联依托“中国科技城·绵阳智库论坛”开办“社科学术年会”“法治绵阳论坛”“区域发展论坛”“校地协作论坛”“古镇文化发掘论坛”等学术座谈研讨活动，举办“全市社科界学习习近平总书记在哲学社会科学工作座谈会上的重要讲话精神座谈会”

"绵阳市第六届社会科学学术年会""红色文化和传统村落保护与利用研讨会""纪念红军长征胜利80周年座谈会""纪念朱德诞辰130周年座谈会"等；组织编印《纪念红军长征胜利80周年论文集》《智库文萃(2016年)》《绵阳简史新编》《四川长征路线文化资源研究（绵阳卷)》《家风家训简明读本》《观察与思考》等社科书籍；编辑出刊《绵阳论坛》6期；与全市22个市级社科研究基地形成有效联动机制。

【红色场馆社会教育理论与实践座谈会】 2016年5月7~8日，光明日报社、四川省社科联、四川省社科院、绵阳市委宣传部、市社科联、"5·12"汶川特大地震纪念馆管理中心等共同举办的全国红色场馆社会教育理论与实践座谈会在绵阳召开。来自中央党校、国防大学、中国人民大学等高校科研院所的30余位专家学者，以及嘉兴南湖革命纪念馆等全国30多家红色场馆的负责人，围绕红色场馆社会教育功能发挥、在建设社会主义核心价值体系中的重要作用等议题进行交流研讨。会议发布《红色场馆教育功能—绵阳共识》。

【仙海现代旅游产业发展研讨会】 2016年5月20日，市社科联主办，市国土资源学会、市档案学会、仙海区管委会承办的"仙海现代旅游产业发展研讨会"在仙海召开。全市部分社科学会（协会)，高校专家学者，仙海区党政干部和绵阳企业家代表60余人参会。

【社科界学习习近平总书记在哲学社会科学工作座谈会上重要讲话精神座谈会】 2016年6月16日，市委宣传部、市社科联在长虹酒店召开"全市社科界学习习近平总书记'5·17'重要讲话精神座谈会"。在绵阳高校、县市区社科联、市级社科学会、市级相关部门负责人等50余人参会。市委常委、宣传部部长张学民出席座谈会并讲话，强调习近平总书记的讲话，是新形势下繁荣发展哲学社会科学事业的纲领性文献，为推进哲学社会科学创新发展提供了根本遵循，对做好宣传思想工作、意识形态工作和社科工作有着极为重要的指导意义。

【纪念蚕业巨子陈宛溪暨绵阳对接一带一路发展座谈会】 2016年7月6日，绵阳市社科联主办，涪城区委宣传部、区社科联承办的"纪念蚕业巨子陈宛溪暨绵阳对接一带一路发展座谈会"在涪城区举行。涪城、游仙、三台、盐亭等区县社科联及部分乡镇领导、市级社科学会、在绵高校等社科专家代表及陈宛溪后人30余人参会。

【红色文化和传统村落保护与利用研讨会】 2016年7月21~22日，绵阳市社科联、江油市社科联举办的"红色文化和传统村落保护与利用研讨会"在江油市召开。在绵阳高校专家学者，江油市、游仙区、北川羌族自治县、梓潼县等社科联领导，以及基层文化工作者、镇村干部40余人与会。与会专家、学者纷纷发言，就红色文化的概念、保护利用的基本思路，地方文化挖掘、弘扬的路径等建言献策。

【幸福美丽绵阳建设的绿色发展之路研讨会】 2016年9月14日，市委宣传部、市社科联等联合举办"幸福美丽绵阳建设的绿色发展之路"研讨会。在绵阳高校，市规划局、环保局、林业局、住建局、发改委、市委党史研究室等部门和相关方面代表近30人参会。与会人员从绿色发展战略实施的意义、目标、任务、保障措施等多方面建言献策，致力助推加快幸福美丽绵阳建设。

【绵阳市第六届社科学术年会】 2016年12月22日，市社科联主办"绵阳市第六届社会科学学术年会"在市干培中心举行。各县市区社科联，高校社科联、人文社科院系、在绵大中院校，市级社科学会（协会、研究会)，市级有关部门，市级社科研究规划项目课题主研人130余人参加会议。市政协副主席田荣华到会作指导。会议展示和交流绵阳市2016年全市社科研究成果，成果涉及中国科技城建设、幸福美丽绵阳建设、党的建设、两个"一号工程"、现代服务业发展等多个方面。（曹　智）

学术成果

【概况】 2016年，全市社科工作者在市级以上报刊发表各类社科论文5000多篇，公开出版或内部出版各类社科学术专（编）著、论文集、教参书、工具书、科普读物、译著60多部。

【《展望中拉合作的新阶段》出版】 2016年1月，《展望中拉合作的新阶段》由中国社会科学出版社出版，西南科技大学刘捷和中国社科院刘维广共同主持编写。该书涵盖政治、经济、社会、国际关系、中拉关系等五大篇章，全方位、多角度、深层次地阐述拉丁美洲和加勒比地区当前的发展情况，分析该地区国家当前在政治、经济、社会转型中面临的问题和挑战，尤其重点突出新形势下中拉关系的研究成果，为中拉关系的不断深入和全面发展提供智力支持，具有重要的资政服务功能和实际应用价值。

【《现代产业创新战略》出版】 2016年3月，《现代产业创新战略》由科学出版社出版。西南科技大学邓金堂、李进兵、王德平著。该书38.5万字，十一章。全书在系统回顾产业创新研究成果基础上，以区域产业创新价值链为核心，吸纳、提炼创新区域的创新实践经验，系统深入全面地回答不同创新区域现代产业创新竞争优势和战略选择，最后以国家改革创新实验区的案例验证现代产业创新驱动战略理论，具有较高的理论价值和实践意义。该书可为政策制定者，以及技术经济学、创新经济学、产业经济学领域的读者提供参考。

【《强国之路》出版】 2016年3月，《强国之路》由中国人民大学出版社出版，绵阳职业技术学院何礼果、何琴英、魏树民著。全书26.8万字，除绪论外，十四章。该书选取葡萄牙、西班牙、荷兰、英国等十个国家，对其发展路径进行实证性的归纳与分析，得出强国之路的四要素；重点探讨中国改革发展的现状与问题，并提出中国发展改革的思路与建议。全书不仅具有较高的学术理论水平，还为国家治理提供特定的审视视角，具有重要的现实意义。该书系四川省哲学社会科学研究“十二五”规划项目成果。

【《物流金融风险控制、决策与评价》出版】 2016年4月，《物流金融风险控制、决策与评价》由经济科学出版社出版。西南科技大学闫英著。全书24万字，分为绪论、物流金融业务简介、文献综述、银行在物流金融业务中的风险策略分析、物流企业在物流金融业务中的决策分析、中小型企业在物流金融业务中的决策问题、物流金融业务风险定量分析、总结与展望八章。该书可为物流企业的物流金融服务的定价、银行对物流金融业务的风险控制、不确定市场条件下的融资企业融资决策等，提供理论支持与实践参考。该书受到“政府激励下再生回收物资物流金融创新模式研究”四川省科技厅和“基于D-S证据理论的物流金融业务贷前风险识别与评价”四川省教育厅的项目资助。

【《汶川特大地震北川抗震救灾志》出版】 2016年5月，北川县政府编纂的《汶川特大地震北川抗震救灾志》由方志出版社出版。该书186万字，由《概述》《灾情》《抢险救灾》《医疗防疫》《赈灾》《灾后重建》《劳模人物和英雄（先进）集体》《附录》和《大事记》等9个部分组成，采用述、记、志、传、图、表、录等体裁，客观、真实、全面地反映“5·12”特大地震极重灾区北川在抗震救灾和灾后恢复重建中可歌可泣的历史。

【《四川袍哥简史》出版】 2016年10月，《四川袍哥简史》由四川大学出版社出版。西南科技大学张嘉友著。全书25.7万字，除绪论外，分四川袍哥史概论、晚清时期的四川袍哥、辛亥革命时期的四川袍哥、军阀主政时期的四川袍哥、抗日战争时期的四川袍哥、解放战争时期的四川袍哥、袍哥人物七章。该书为学术界深入研究四川袍哥史提供参考，也为广大读者正确了解四川袍哥史提供便利，是2012年度教育部人文社会科学研究规划基金项目“四川袍哥史研究”成果。

【《果报观影响下的明清小说》出版】 2016年10月，《果报观影响下的明清小说》由四川大学出版社出版，四川幼儿师范高等专科学校廖悰著。全书28万字，以果报观这一视角整体分析明清小说、明清小说作者、明清小说创作文化心理，提出如何汲取优秀传统文化建设为当下社会道德建设服务的思路和建议。该学术成果对于今天民俗学视角研究明清小说这一领域有着纵深开拓，也是四川师大多元文化研究中心2015年度重点项目“明清小说中的民间果报信仰研究”的最终成果。　（曹　智）

绵阳市第十五次社科评奖中获市政府一、二等奖项目

表 40

授奖等级	获奖项目	作者
一等奖	《小额诉讼程序研究》	刘秀明　骆　军
	《社会管理创新下的多元化纠纷解决机制研究——以西部民族地区为例的分析》	刘永强　蒋志如
	《机制与对策——循环经济之中国探索》	王朝全　李仁方　胡树林　陈文君　陈瑾瑜
	《加快绵阳科技城建设市场化进程对策研究》	谭　岗　李建国　陈虹宇
	《中国共产党绵阳历史第三卷（1978~2012)》	中共绵阳市委党史研究室
	《农民教育思想研究（1921~1949)》	赵　诤　杨　睿　陶利江
	《坚守与超越：高校英语专业本科教育演进的文化审视》	郭凤鸣
二等奖	《社会风险不平等研究——关于马克思主义阶级理论的一种继承与发展》	姚　伟
	《中国当代农业思想的演变与实践——基于社会主义的视角》	许建文
	《税法理念问题研究》	王　冬
	《技术侦查规范化研究》	廖　斌　张　中　高同丽　梁燕臣　安晓东
	《“打倒孔家店”研究》	杨华丽
	《李大钊与马克思主义中国化研究》	潘祥超

续表

授奖等级	获奖项目	作者
二等奖	《我国社会科学组织建设运行状况与对策研究》	刘仲平
	《区域现代产业发展：一个创新驱动战略理论视角》	邓金堂　李进兵　陈文君　王德平
	《农业面源污染治理：教育引导与农户参与》	华春林
	《高校毕业生就业市场对接整合研究》	张　强
	《基于价值观重构的循环经济持续发展研究——三大反差引起的反思》	涂自力　胡树林　陈瑾瑜
	《低碳经济模式：钢铁企业战略联盟发展之路》	张　霜　叶大军　张红达　龚　明
	《中物院军民技术转移面临问题及其对策研究》	刘　彤　李建强　赵　莉　金　鑫　许世诚
	《绵阳土地资源--第二次全国土地调查成果专题研 究》	陈子明　石彦强　杨　娟　董廷旭　陈　浩
	《易经英译研究与探索》	任运忠
	《二王杂帖词汇研究》	张俊之
	《共和国初期现代文学史的生产与建构——以五月八日王瑶致“叔度同志”信件考释为中心》	袁洪权
	《底层叙事与地域书写：四川乡土文学研究》	何　英
	《刘克庄诗学思想研究》	何忠盛
	《四川袍哥史稿》	刘延刚　唐兴禄　米运刚
	《加拿大文学起源——汤普森开辟的贸易之路》	宋红英　王　霞　高建国　唐小红　杨建国
	《绵阳崖墓》	绵阳博物馆　成都文物考古研究所
	《梓潼史话》	梓潼县地方志办公室
	《汶川特大地震安县抗震救灾志》	安州区地方志办公室
	《绵阳地方文化简明读本》	绵阳市社会科学界联合会　绵阳市社会科学促进会
	《新媒体环境下大学生思想政治教育理论与实践》	吴安辉　孙　炜
	《模糊——冲突矩阵中的利益博弈：城乡义务教育一体化政策运行研究》	王正惠
	《理解与行动：高等教育质量建设研究》	侯小兵　张继华　谭　军　雷　忠　张　惠
	《新媒体视域下的现代英语教学》	郑　艳
	《民营幼儿园所有者权益与社会责任的平衡管理研究——基于平衡计分卡战略管理模式》	景　春　秦　莉　代晓静　郭属蓉　吴　鑫
	《绵阳市新型职业农民培育系统研究》	文启金　寇化勇　周遇春　王太斌　姜　莹
	《批判教育与教师成长》	代安荣

绵阳获四川省第十七次哲学社会科学优秀成果项目

表 41

授奖等级	获奖项目	作者
省政府二等奖	《社会风险不平等研究——关于马克思主义阶级理论的一种继承与发展》	姚　伟
	《机制与对策——循环经济之中国探索》	王朝全　李仁方　胡树林　陈文君　陈瑾瑜
省政府三等奖	《中国当代农业思想的演变与实践——基于社会主义的视角》	许建文
	《大卫·哈维城市空间思想研究》	唐旭昌
	《社会管理创新下的多元化纠纷解决机制研究——以西部民族地区为例的分析》	刘永强　蒋志如
	《灾后心理恢复与自我效能提升研究》	翟　瑞　曾贤贵　廖成中　冯　春　雷于佳
	《高校毕业生就业市场对接整合研究	张　强　廖成中　郑祥江　韩新明　陈奎儒
	《基于价值观重构的循环经济持续发展研究　二大反差引起的反思》	涂自力　胡树林　陈瑾瑜
	《农业面源污染治理：教育引导与农户参与》	华春林
	《绵阳崖墓》	绵阳博物院《绵阳崖墓》课题组
	《二王杂帖词汇研究》	张俊之
	《100 年汉语新词新语大辞典》	宋子然　杨小平　雷汉卿　杨文全　郑剑平
	《理解与行动：高等教育质量建设研究》	侯小兵　张继华　谭　军　雷　忠　张　惠
	《文化视域下的中国传统音乐改编钢琴作品研究》	陈　洁　唐　进
	《重读〈资本论〉（增订本）》	胡志国　陈清贵

信息化建设

Informatization Construction

概　述

【概况】　2016年，全市信息化建设按照工信部和住建部要求，加强城市通信基础设施建设，推动《“宽带绵阳”发展规划（2014~2020）》和《绵阳市“宽带中国”战略实施方案》落实，并将规划纳入绵阳市城乡发展规划和控制性详细规划，强化通信基础设施作为战略性公共基础设施的地位。截至年底，通过全面推广“三网融合”，广电、电信业务双向进入并全面覆盖。宽带通信网、下一代广播电视网（NGB）和下一代互联网建设加快推进，广电网络累计实现2235个行政村（覆盖57万户）和3380个小区（覆盖31万户）的双向改造，全市覆盖超80万户，逐步全面升级NGB；同时，“宽带绵阳”建设关键指标大幅提升，全市建成固定宽带接入端口超230万个，固定宽带实际绑定用户超过120万户，科技城主城区宽带平均接入能力提升至50兆以上，乡镇宽带平均接入能力提升至20兆以上，并可平滑过渡至100兆；全市规模以上企业、创投空间均具备专线千兆接入能力。优化互联网骨干网络结构，增加网间互联带宽和宽带网络承载能力，全市城域出口带宽超1250G，试点新建超过200个具备千兆接入能力小区。全市移动用户达到465万人，3G/4G用家超310万人，占移动用户总数的66.7%。

【“宽带乡村建设”提速】　2015年10月，绵阳市被工业与信息化部确定为国家“宽带中国”示范城市，中国电信提前于9月实现科技城主城区传统交换设备的关电退网，建成全省首批“全光网城市”。按照“宽带中国”要求，全市结合“国家宽带乡村试点工程”、国家“中西部地区中小城市基础网络完善工程”，缩小城乡数字鸿沟，推进农村宽带建设。8月，绵阳市成功申请国家电信普遍服务补偿试点项目，中国移动四川省公司承建。结合省民生办下达全市76个脱贫村通宽带建设任务。至年底，全市累计完成3130个行政村通宽带建设工作，所建设的通宽带行政村全部采用光纤接入方式，占全市3232个行政村的96.8%，3G/4G基站累计超13200个，实现各大高校、城镇、高速公路、高铁沿线全覆盖，全市县市区及乡（镇）以上地区4G网络覆盖达95%以上，继续扩大覆盖广大农村区域范围，鼓励移动用户向4G网络迁移，持续提升移动宽带速率。

【绵阳市智慧城市产业发展股份有限公司成立】　2016年3月3日，由绵阳市政府的引导，九洲集团主导，整合中兴通讯、神州数码、中科曙光等企业优势资源成立的绵阳市智慧城市产业发展股份有限公司挂牌成立。成立揭牌仪式在绵阳富乐山国际大酒店举行。智慧城市产业发展股份有限公司，是为推动绵阳智慧城市建设进程，提升绵阳智慧城市水平而组建的市场化运作、专业化经营的经济实体，负责智慧城市的建设、运营以及智慧城市相关产业发展。成立初期主要聚焦三大业务板块，提供智慧城市规划咨询、基础设施系统集成和解决方案设计与实施；通过大数据、物联网和北斗导航系统技术的应用，以城市发展需求为导向，建设城市数据中心；组建智慧城市大数据研究院，负责大数据的采集、分析、挖掘，并利用大数据研究成果，孵化新的产业，培育新产业成长。

【中国互联网协会与绵阳市签订战略合作协议】　2016年3月8日，中国互联网协会与绵阳市人民政府签订战略合作协议。按照协议，双方结合绵阳产业技术和资源特点，通过具体项目开展务实合作，进一步推动产业互联网升级、促进电子商务产业发展；中国互联网协会支持绵阳科技创新工作、推动军民融合技术评估与推介、开展信息产业规划咨询服务等。同日，游仙区“‘互联网+’双创基地”揭牌成立。

【数字城管建设】　2016年，绵阳市数字城管信息化建设围绕实现城市管理转型升级，建设智慧城管“绵

图65 绵阳数字城管中心

阳模式”的总体目标，坚持“科学规划作引领，制度完善作保障，科技手段作支撑”的发展理念，以提升服务能力和管理水平为抓手着力提升数字城管" 12319" 热线服务质量。做好语音接听，快速、准确转派案卷，不断对平台的优化升级，为二级平台单位服好务。制定限时办结制度，提升数字城管案卷办结时效和案卷满意率。

2016年，市城管部门通过公开招投标，对城管系统指挥调度平台进行升级改造，其中新更换智能对讲设备500台，确保巡查执法无死角，依托系统追踪定位功能，实现案卷处置全程可控，确保人员调度更加高效；升级原有设备，实现远程监控户外大屏，按照政府鼓励服务外包强化管理的指导思想，对绵阳城区户外电子屏近智能监控管理系统建设，确保信息发布、政令畅通无阻。 （李文华）

信息安全

【概况】 2016年，全市电子政务信息安全基础设施和工程建设进一步完善，开展信息安全等级保护工作；完善安全管理组织体系，提升网站运行管理水平和安全防范措施，保证市委、市政府门家网站和各县市区政府及市级部门网站及政务信息系统常年安全无事故运行。为各级政府推行网上政府信息公开、网上行政审批、网上办事、网上办公、网上信访、网上咨询服务、政民互动交流提供安全保障，持续促进政府职能转变和行政效能提升，优化绵阳科技城发展环境。

2016年，市委、市政府出台《关于加强市委市政府门家网站建设和管理工作的实施意见》《关于印发〈绵阳市网络与信息安全事件应急预案〉的通知》《关于加强部门网站信息内容安全保障工作的通知》《关于进一步加强信息上网保密管理的通知》《绵阳市电子政务绩效考核办法（试行）》《绵阳市电子政务外网接入规范（试行）》等系列文件，规范各地、各部门建设政府网站的行为、上网信息审核发布程序，从制度上明确全市政府网站安全管理工作目标、主要任务、保障措施。在全市范围内形成有效推进政府网站安全管理工作的工作机制和制度体系。

【网管制度建设】 2016年，全市建立健全政府网站安全工作机构，形成齐抓共管的政府网站安全工作体系，做到有机构办事，有专人负责。陆续出台系列安全管理制度和文件，实现制度上墙、认真执行、定期检查。其中内部安全管理制度主要有：政务网站维护管理制度、自助建站管理制度、政务信息采编规范、政务网应用系统管理制度、数据备份制度、虚拟主机建立制度、主机托管制度、域名申请管理制度、计算机设备管理制度、计算机机房安全管理制度、网络安全管理制度等，形成较为完善的政府网站安全工作制度保障体系。

【网络安全保障】 2016年，全市落实上级部门关于电子政务外网网络和信息安全相关措施；与国家计算机网络应急技术处理协调中心四川分中心签订合同，委托其监控、预警安全漏洞并处理安

图66 市公安局在全国（上海）推进会上作WIFI管控系统建设经验交流发言

图67 市公安局召开反通信网络诈骗中心建设座谈会

全威胁；按照信息系统等级保护三级要求对绵阳政务云进行备案；增设WEB应用防火墙，配置相关策略；原政务机房应用系统逐步向政务云迁移，完成30%；部门新增非涉密信息化应用全部部署到政务云，有20多个部门的60多个应用在线运行；对于网络设备、安全设备、主机系统进行安全巡检，及时修补系统中被发现的安全漏洞和隐患，并针对漏洞和隐患进行相关的安全加固和优化服务；采取多方面的措施防止网站瘫痪，网站系统提供备用系统，严格执行数据备份制度，网站有效恢复时间小于60分钟。还未发生过网站系统瘫痪的安全事件。

【WiFi管控系统建设】 2016年，绵阳市率先在全省建成全市统一的WiFi管控平台，布建重点场所特征采集点位1700个，建成小场所管控系统3935家，有序推进医院、银行网点、市政服务中心等场所的建设工作，建设策略得到省公安厅和公安部高度认可，绵阳公安经验在全省和全国得到推广。

【网站备案和违法信息处置】 2016年，全市公安网安部门大力加强对运营商的监管，认真落实网站安全管理责任制和网站信息先审后贴制度，有害信息在源头得到及时处置。全年处置违法有害信息3240条，关闭违法网站栏目120家；在“G20峰会”期间，检查全市政府重点网站97家，限期整改17家网站，通报存在突出问题的政府网站8家；对全市医疗卫生、教育、招生等单位发出整改决定12份；落实网吧实名管理制度，全年检查网吧实名制登记2570家次，查处违规网吧56家，全市在省公安厅实名制暗访检查中全部合格。

【信息安全监督管控】 2016年，全市公安网安部门及时发现和处置“安泰集资案受害人”上访、“东方红大桥巡警枪击嫌疑犯致死”“三台、游仙教师绩效工资上访”“中考学生家长维权”等涉众型、影响大的网上重大舆情21件；开展对网上重点群体、重点人员信息进行分析研判，全年及时发现上报涉稳、涉警、涉考、涉藏、涉蒙等重要情报信息3056条，公安部、省公安厅采用654条，及时发现和处置各类有害信息133条；开展网警公开巡查执法活动，在微博、微信、贴吧等开通的“绵阳网警公开巡查执法”账号，阻止“绵阳顺河街当街抢小孩”等谣言的传播，发布预警性信息2358条，增强网警执法账号的公信力；加强对敏感时间节点、重大节日、重大活动中企图赴省进京的涉及绵阳的集访、缠访重点人员的稳定控制工作，全年落地处置涉稳人员359人次。

【打击网络犯罪】 2016年，全市集中开展“网络扫黄”“打击侵犯公民个人信息”等专项行动，破获“刘文飞等传播淫秽物品牟利案”“赖江等人侵犯公民个人信息案”“5·26非法侵犯公民个人信息案”等公安部、省公安厅挂牌督办案件6件，起诉网络刑事犯罪人员89人，主侦案件数量位于全省第一名，侦破的“5·26非法侵犯公民个人信息案”得到国务委员、公安部部长郭声琨的批示；全年利用网络信息侦破江油“8·30入室盗窃案”、涪城“9·21故意杀人案”、科创园“3·6系列砸车窗盗窃案”等刑事案件31件，抓获CCIC（全国犯罪信息中心）逃犯130名。 （周纬全）

图68 中央电视台报道绵阳市公安局侦破“5·26”非法侵犯公民个人信息案

智慧绵阳建设

电子政务

【政府网站群建设管理】 2016年，绵阳市按照国家和省政府下发的2016网站绩效评估指标体系要求，结合第一次全国政府网站普查要求，对政务网进行全面梳理和整合升级，优化栏目、强化服务功能。梳理整合网站集群便民服务资源，按民生领域和重点服务（场景式）进行分类，提供多层次多角度的政府服务。推出“全面推行五公开”“政府数据”等栏目，梳理“重点信息公开”栏目，完善原有的互动栏目建设，畅通交流渠道，为公众参与互动交流创造条件。同时围绕社会热点，开展民意征集调查并及时将征集调查结果进行公开，正确舆论引导，提升政府网站公众参与质量。

2016年，全市政府网站管理部门贯彻落实《四川省人民政府办公厅关于加强政府网站信息内容建设的实施意见》（川办发〔2015〕53号）精神，进一步加强市委市政府门户网站安全管理工作，建立规范、高效、安全的信息采集、审核、发布、更新机制。6月，对原有的政府网站管理办法进行重新修订，印发《绵阳市经济和信息化委员会关于印发〈中共绵阳市委绵阳市人民政府门家网站信息发布管理办法（暂行）〉的通知》（绵经信电政〔2016〕260号），促进市委市政府门户网站建设工作再上新台阶。全年门户网站加载信息43143条，市级部门政府信息公开目录加载信息5011条，日均访问量达3万余次，最高访问量5万人次。

【政府网站普查】 2016年，全市落实省政府信息公开办关于解决政府网站“四不”问题的文件精神，市经信委印发《绵阳市经济和信息化委员会关于落实〈四川省办公厅关于切实解决政府网站“四不”问题的通知〉的函（绵经信函〔2016〕28号），组织对全市的政府网站进行日常巡查，发现问题及时通知各县市区和各部门，促进政府网站普查工作进入常态化。3月和8月，两次召开全市政府网站建设工作会议，总结工作，通报存在的问题，对网站建设工作进行安排部署，强调政府网站普查相关工作，要求各县市区加大县级部门和乡镇网站的关停力度。截至年底，全市关停270家政府网站，占全市纳入普查系统的政府网站的62%。开展督查工作，对二三季度国办和省办公厅抽查绵阳发现的不合格网站进行通报，并到现场督查整改和约谈。

【政府网站绩效评估】 2016年，全市根据国办和省政府办公厅对政府网站的要求，编制全市政府部门网站指标体系及各县市区指标体系。6月，市经信委制定印发《绵阳市经济和信息化委员会关于印发〈2016年绵阳市政府网站绩效评估指标体系〉的通知》（绵经信电政〔2016〕292号），细化各市级部门政府信息公开的重点工作和服务事项，指导全市各级政府网站的建设；11月，按照国办和省办公厅的网站建设标准对市级部门和县市区的网站进行抽查，随机抽查全市33家政府网站，对不合格网站进行通报。印发《绵阳市经济和信息化委员会关于对全市政府网站抽查情况的通报的函》（绵经信函〔2016〕111号）。要求存在突出问题的网站，针对问题分析原因，同时对照指标体系进行全面自查，采取有力措施进行整改。按照《2016年政府网站绩效评估指标体系》要求，开展全市政府网站的绩效评估。根据测评结果，印发《绵阳市信息化领导小组办公室关于表彰2016年度电子政务建设工作先进集体的通报》，对电子政务建设工作中表现突出的县市区和市级部门进行表扬。

【电子政务内网】 2016年，市委办印发《关于加快推进全市涉密电子政务内网建设的意见》（绵委办〔2016〕49号），制订《绵阳市涉密电子政务内网建设方案》，落实全市涉密电子政务内网建设经费，完成市涉密电子政务内网中心机房基础设施建设，并于9月完成全市涉密电子政务内网监理服务项目招标；重新规划市委办网站。加大每日巡网排查和维护力度，对网络运行状态实时监控，发现问题及时排除，杜绝有害信息上网。一批老旧设备进行更新，替换2台交换机，确保网络安全稳定运行。全市通过电子政务内网发文90000余份，报送信息9000余条，保障全市各级党政机关办公决策的需要。全年发布信息11000余条，被《四川政务内网信息》《四川图片信息》《网络建设动态》等信息栏目总计采用800余条。网络高清晰加密会议电视系统稳定运行，全年保障重要会议15次。（吴　夕）

金融信息化建设

【概况】 2016年，人行绵阳中支行执行适度宽松的货币政策，改进金融服务，加大对农村支付环境的优化力度，创建助农取款优质服务示范点，满足农村居民支付服务的需求；指导银行业金融机构开展金融IC卡多行业应用，拓展服务面；围绕和突出科技城特色，推动绵阳信用体系试验区建设，助力诚信中小微企业融资，促进地方经济转型发展。截至12月末，辖区内设置助农取款服务点7671个，发行金融IC卡902万张，实现企业融资金额93.3亿元。

【农村支付环境优化】 2016年，人行绵阳中支行立足服务“三农”，优化金融支付环境，扩大ATM乡镇覆盖率。在全市创建并通过省级验收22个助农取款优质服务示范点、2个农村金融综合服务示范站、2个省级刷卡无障碍示范区、1个支付惠农示范行。建立助农取款服务点7671个，全年累计发生助农取款交易26.26万笔、金额8405万元，累计发生代理缴费业务3144笔、金额114.8万元，累计发生转账汇款业务10.6万笔、金额3.46亿元，满足农村居民支付服务的需求。为县域农村地区累计办理银行卡1107.27万张，人均持卡量2.62张，ATM累计投放1328台，ATM乡镇覆盖率为83.6%，累计拓展特约商户9965户，布放POS机具10107台。发展农村地区网上银行客户94万户、手机银行客户82万户、电话银行客户40万户，全年银行卡交易6626万笔、金额3466亿元，票据交易75万笔、金额973亿元。

【金融IC卡应用拓展】 2016年，人行绵阳中支行加强辖区银行卡风险管理，督促收单机构加快金融IC卡受理环境改造，指导银行业金融机构开展金融IC卡多行业应用，为全市银行卡支付应用打下坚实基础。截至年末，全市累计发行金融IC卡902万张，占全部发卡量的51.6%，全市所有银行业金融机构（包括村镇银行）停发磁条卡。同时，在全市22734台传统POS中，有98.6%具备非接受理能力，有90.4%完成受理流程优化。全市有6个县市区推动金融IC卡公交应用；2个旅游景区实现金融IC卡快速通关；建成1个金融IC卡应用示范菜市场；四川中医高专学校、盐亭职业技术学院等2个校区在金融IC卡上集成门禁、停车、食堂就餐等特色服务。

【信用体系试验区建设】 2016年，人行绵阳中支行继续围绕和突出科技城特色，强化库网平台基础建设和成果运用，逐步建立信息共享长效机制，税务、科技与金融有机结合，着力推广“科创·税e贷”金融服务产品，精准助力诚信中小微企业快速融资。截至12月末，全市1353家中小微企业通过网上融资对接平台发布融资需求1301个，完成对接项目1008个，实现融资金额93.3亿元，其中“科创·税e贷”融资22亿余元。

（彭　川）

农业信息化

【概况】 2016年，全市开展新农村“百千万”信息惠农工程试点工作。全年新发展62个镇村、经营主体在“绵阳新农网”建立信息网络平台，累计总数达到1289个。利用“绵阳农业信息网”为现代农牧业服务，网站改版升级为政务版和服务版两个板块，完善和丰富网站功能和内容。全年网站累计更新各类信息和资料11791余篇，新建设《聚焦2016中央一号文件》《两学一做》《产业扶贫》《循环农业》等多个专题栏目。年内网站点击率达到24.7万人次。利用绵阳农业信息手机短信平台，面向市县乡三级农技、畜牧干部和全市重点专业大户、科技示范户、专业合作社，开展农业政策法规、气象预报、技术服务、病虫发生趋势及防治措施等农业短信服务，累计发送手机短信800余条；通过“绵阳农业”微信平台发送重要农业图文信息189条。完成《农情汇报》52期报表100余份。结合农情报送及时撰写大小春粮油产量趋势及增减产原因、大小春备耕及播栽特点等分析材料15篇。全省农情信息考核中被省农业厅考评为二等奖。

【农业宣传与信息报送】 2016年，全市农业系统加强与新闻媒体合作，全方位、多层次宣传报道绵阳农业发展。丰富信息服务渠道与新模式。与绵阳电视台联合制作《乡韵绵州》农业电视栏目，全年录播52期；《绵阳日报》报道绵阳现代农业、沃野绵州、技术扶贫、产业扶贫等专题新闻160多篇。全年各级各类媒体采用信息1700余条，其中国家级256条、省级457条。

【推进“互联网+”现代农业】 2016年，全市农业龙头企业、专业合作社、家庭农场等新型农业生产经营主体触网率达到95%。推进9个农业物联网技术示范应用试点，种植业大田作物“四情”远程监测、养殖业全产业链自动化控制、水产业“鱼儿乐心智慧水产系统”等农业物联网技术示范效果显著，有45家种养殖生产企业、专业合作社的102个“三品一标”农产品通过农产品质量安全追溯平台实施种养殖过程追溯。累计发展电商经营主体3270个、村级电商服务店1090个（贫困村370个），农产品销售网点达到4310个，全年实现农产品网上交易12.9亿元，电子商务交易额万元以上的新型农业经营主体788个，农业电商覆盖率达33.22%。

【直通式气象服务专项建设】 2016年，市气象局按照中国气象局和省气象局安排，在安州区、北川羌族自治县、梓潼县、盐亭县和游仙区5个县区开展“三农”气象服务专项建设，初步建立起为农气象服务长效机制，项目县气象防灾减灾能力得到明显增强，农业气象服务能力得到明显提升。各地首次将种养殖大户、专业合作社纳入重点服务对象，针对当地粮食作物、特色农作物、经济作物、水果等开展“直通式”服务。年内开展“知农时、懂农事、察农需、接地气”调研活动14次，发布农用天气预报、农业气象情报、作物病虫情趋势预报、气象灾害预报预警等24期，直通式气象服务手机短信800余人次。2016年，全市农村经济综合信息网信息服务站收集、整理、上报供求信息近400条，被四川农村信息网采用360条。绵阳市高水蔬菜批发市场等信息服务站每天采集市场内各类蔬菜批发价格信息，及时上传到四川农经网等网站，全年上传蔬菜批发价格信息4038条。

（谢贵国　夏雪林）

无线电管理

【概况】 2016年，全市落实国家、省安排布置的各项任务，制定无线电管理工作预案和应对措施，组成两个工作组前往北川、平武两县的7个藏族乡，开展无线电监测工作，值守17天，出动车辆12辆次。完成全国高考、中考等各类考试无线电安全保障40余天次，出动无线电监测车80多辆次，参加人员260余人次，无线电设备90多台次，监测时间达到180小时。

【无线电使用监测】 2016年，全市根据国家无线电办公室《关于开展全国无线电频谱使用评估专项活动的通知》和省经信委《关于开展无线电频谱使用评估专项活动的通知》要求，核查本地卫星地球站台站信息和数据填报工作（8个地球站数据）和实地人机见面、拍照存档工作，现场检查设台单位3家、地球站8处，相关数据和电子照片严格按照时间节点上交。加大无线电台站管理和干扰查出，全年处理无线电批复实验12件，批复无线电台单位更名1件，批复继续使用无线电频率5件，审查无线电台380台。行政执法9起，配合执法13次。查获伪基站设备5套，查获GPS干扰设备15套，查处黑广播24起（11起完成定位交广播电视局），出动监测车58辆次，运用监测设备90余台次，出动人员260余人次，工作时间280余小时。

【无线电管理宣传】 2016年，市经信委利用“世界电信日”等活动，联合中国电信、移动、联通、铁塔以及省广电绵阳分公司等基础通信企业在铁牛广场开展为期3天（5月15~17日）的主题宣传活动。各基础通信企业围绕企业发展情况，“促发展、惠民生”社会活动，各类便民惠民的服务项目和产品以及通信设施保护、电磁波知识普及等相关内容。活动期间，到场市民超过2万人次，发放各类宣传资料1.2万余份。

【电子商务应用】 2016年，全市着力提升全市信息化水平，加快“两化”融合推进速度，提升电子商务应用能力。推动由九洲集团主导，引入中兴通讯、神州数码、中科曙光等企业组建成立智慧城市产业发展股份有限公司。印发《关于加快智慧城市建设的实施意见》（绵府发〔2016〕6号）和《绵阳市建设智慧生态人文城市的工作方案（2016~2018）》。梳理并启动绵阳市智慧城市综合运营等3个智慧城市一期建设项目。开展云计算、大数据产业调研，大力推广实施“互联网+”，促进信息化与工业化、城镇化、农业现代化互动发展，深化信息技术在一、二、三产领域广泛应用，九洲军工电子装备共线柔性装配智能制造等项目获工信部支持并实施。培育壮大重点工业品网销品牌，指导企业自建平台或依托第三方平台开展电子商务。重点推进长虹、兴事发门窗等规模企业将内部购销电商平台转型升级为企业在线商城开展销售，着力培育一批电商交易骨干应用企业、挖掘和支持打造一批立足绵阳、领先全省、辐射全国的行业垂直电商平台，全市规模以上工业企业“触网”率达80%，电子商务应用率达90%。 （李文华）

通　信

【概况】 2016年，全市通信业务总量89.95亿元，增长46.2%。年末全市有固定电话机用户86.42万户；移动电话用户521.24万户。互联网宽带用户127.46万户，增长27.7%。

【科技城千兆网络建设项目启动】 2016年，中国电信绵阳分公司秉持“低碳电信、绿色发展”的理念，不断提升网络运营的效能水平。分公司在已建成全光网城市的基础上，一方面加大传统设备退网，另一方面持续升级核心网络设备及优化骨干网络。在全省率先启动千兆网络城市建设，建立“千兆小区”示范小区，城区大部分区域具备开通千兆网络能力，为全面建成千兆网络科技城市打下坚实基础。

【中国电信绵阳分公司】 中国电信股份有限公司绵阳分公司是四川电信第二大本地网，下辖6个县（市）分公司和9个营销中心，员工总数1040人。2016年，分公司推进企业转型升级（转型3.0），陆续推出翼支付、物联网、云和大数据等新兴业务，着重推进网络智能化、业务生态化、运营智慧化，引领数字生态，服务客户群和地方民生。截至年底，用户总数300余万人，占绵阳市常住人口55%，其中天翼手机用户130万人；电信电视（IPTV）用户超70万户，成为当地主导电视运营商；宽带用户超80万户。

1月22日，绵阳市人民政府与中国电信绵阳分公司联合召开全国首个政企合作手机支付生态圈——中国科技城手机支付（翼支付）生态圈建设暨涪城区试点工作启动会，标志着公司依托翼支付实现差异化发展之路进一步深化，融合政府两个“一号工程”加快投入互联网+和智慧城市建设。

4月12日，绵阳分公司推出“快装快修、承诺敢赔”服务举措。承诺对用户通过10000号、官方微信、网厅申告的障碍，在24小时内予以修复；对新办理电视宽带业务的用户，按客户预约的时间内上门完成安装；同时承诺：若故障超时修复赔付10元/单/天，上门安装失约将补偿30元/单。绵阳分公司成为行业内首家提供该项服务的企业。

4月20日，绵阳分公司召开“中国科技城·手机支付生态圈实现全市所有乡镇翼支付商超全覆盖新闻发布会暨2016年翼支付商户财富论坛”，宣布全市所有乡镇均实现翼支付商超覆盖。

10月14日，公司在2016中国（四川）电子商务发展峰会现场举行中国科技城手机支付（翼支付）资源共享平台发布仪式，升级成红包铺子被全省推广，实现对客户的线上与线下引流，吸引本地百盛、爱达乐、水电气等商家资源投入超千万元。截至年底，绵阳通过资源平台累计向翼支付生态圈投入资金3000万元。

（张治中）

【中国移动绵阳分公司】 2016年，绵阳移动有员工总数1125人，下设13个职能部门，10个县市区级分公司。分公司全年实现收入19亿元、纳税总额达9400万元；客户规模超过310万户，市场份额达75.7%，服务网点达3360个，绵阳移动支持“智慧绵阳”、“宽带绵阳”建设，全年投资4.7亿元，新建4G基站2200个、宽带端口24万线；全市基站总数超过1.2万个，其中4G基站6370个；宽带端口总数达79.4万线，传输总数达4.1万皮长千米，出口带宽达600G。为绵阳政治经济活动以及重大事件提供通信保障30余次，参加各类公益活动20余次。

2016年，绵阳移动围绕政府智慧城市和信息惠民国家试点城市建设的工作安排，创新推进项目落地实施。截至年末，累计投资近1亿元，建成智慧政务、智慧交通、智慧旅游、智慧医疗等项目50余个。其中游仙、梓潼电子政务网，以及江油、三台等地“天网”项目成为全省标杆；教体局电子学生证项目搭建起三方高效沟通平台，服务用户数超过2万户；市检察院的精准扶贫监控平台，实现监管的闭环管理和全面覆盖，公司在260个乡镇营业厅、620个村级服务站全力推广，并投入200万宽带补贴、300万手机补贴，开展“信息扶贫”专项行动。此外，绵阳移动将智慧城市建设延伸到县市一级，着力推动江油智慧城市建设，帮助江油市政府搭建的数字化政务办公平台，覆盖四大班子和乡镇政府120个单位、5000余名用户。绵阳移动携手中兴通讯，就江油数字城管、大数据中心等项目开展合作，助力打造高效政府，并带动相关信息产业发展。

2016年，绵阳移动投资支持“宽带绵阳”建设，宽带城市覆盖率达95%，农村覆盖率近70%，宽带用户总数超过50万户，带动全市宽带普及率提升近20个百分点。参与“宽带乡村”“扶贫攻坚”等重大国家基础网络工程，安州区成为全市首个100%行政村通宽带的区县。其中“宽带乡村”项目投资2.6亿元，完成1667个行政村的宽带覆盖；“扶贫攻坚”项目承担103个行政村通宽带任务（扶贫村73个、民生工程30个）。承担国家“中西部中小城市基础网络完善”和“普遍服务补偿试点”两个工程，争取国家补贴1.2亿元。其中“中小城市”工程全面完工，实现试点7个区县（北川、平武、盐亭、梓潼、安县、三台、江油）城镇100%全覆盖，单用户100M接入能力；“普遍服务”将对全市681个未通宽带行政村进行建设，建成后全市行政村光纤覆盖率将达到100%。

2016年，绵阳移动参与全市引进培育高新技术和战略性新兴产业，以及电子商务和“互联网+”两个“一号工程”，推动互联网与各领域深入融合。建立起“和小宝”等电商平台，实现对全市1300余家中小商户产品销售、客户服务的线上承载；以宽带建设与民生需求相结合，在三台、盐亭建成农村电商示范点，“赶场吧”注册用户超10万户，办理业务上万笔。结合全市中小企业网络金融应用工程，壮大“手机贷”业务，形成通信、金融互利运营模式，发布金融产品40余个、手机放贷总额149万元；推动绵阳市“绵州通”特色项目，以手机支付卡为载体，整合金融、政务、公共交通、公共事业等各类民生服务，销售发行“绵州通”特色卡万余张。

2月，绵阳市民政局公开招标“绵阳市‘12349’居家养老服务信息平台建设及运营”，公司成功中标并作为通信授权单位参与该平台建设运营，提供老人专用手机卡等专项服务。为确保该项工作快速落地，公司投入专项成本650万元，免除“12349”语音台外呼、系统专线、分中心互联网接入等费用19万元/年，在江油、北川、梓潼为服务分中心提供免费场地600平方米。截至年底，涪城、江油、北川、安州等地发卡1000余张。（高莺莺）

【中国联通绵阳市分公司】 2016年，绵阳联通以建设“宽带绵阳”为重点，参与绵阳科技城建设，加快各项业务建设。1月29日，市政府召开“宽带绵阳”建设情况专题会议。会上绵阳联通介绍公司在2016年度宽带投资、市场拓展方向、建设计划等情况，同时重点就“宽带提速降费”做会议报告。5月11日，绵阳联通与绵阳市建设银行举行“互联网+智慧金融”战略协议签约仪式。7~10月，绵阳联通顺利完成全市一、二期17700线光改退铜工作，“提速降费”实施进入新阶段。绵阳联通的“智慧仙海”项目列入市委、市府“两个一号工程”旅游电子名片系列。全年，完成第四届中国（绵阳）科技城国际科技博览会、2016中国（四川）电子商务发展峰会和盐亭县第一届嫘祖文化节、第五届绵阳（仙海）端午文化旅游节暨首届绵阳（仙海）旅游集市正式开幕等重大活动的通信保障任务。7月，绵阳地区普降大雨，绵阳联通多举措强化落实防汛保障工作，确保通信网络畅通。（庄蓉旭）

概 述

【概况】 2016年，全市有全国重点文物保护单位18处，省级文物保护单位65处，市级文物保护单位84处，省级历史文化名城3处，省级历史文化名镇2处，馆藏文物49113件（藏品实际数量）。列入国家级非物质文化遗产代表性项目7项（其中“羌年”列入联合国教科文组织急需保护非物质文化遗产名录），省级非物质文化遗产代表性项目36项，市级非物质文化遗产代表性项目171项。市广播电视台开办3个广播频率、4个电视频道。全市有线广播电视传输网络干线206253.15千米，网内传输节目206余套（其中高清节目60套、3D节目1套）。全市有线广播电视用户74.8万户（其中数字电视用户58.5万户），互联网用户1.52万户。全市城市影院22座、农村数字电影院线1家，9个农村公益电影工作站，163个农村电影放映队，电影放映单位21家。全市有网吧994家，歌舞娱乐343家，电子游戏（艺）291家，艺术品经营单位7家，印刷企业224家，出版物发行单位（网点）415家。

【文广新系统机构情况】 2016年，绵阳市文化广电新闻出版局，内设机构13个，机关行政编制50名，工勤人员事业编制5名。全市文广新系统有市级文化市场综合执法支队1个，县市区级文化市场综合执法大队9个，执法人员编制110人。市文化馆内设办公室、文艺部、创研部、美术（书法、摄影）部、产业指导与培训辅导部等5个中层机构，核定事业编制20名。县市区级文化馆9个，从业人员96人，乡（镇）文化站277个。市级公共图书馆1个，从业人员29人；县市区级公共图书馆8个，从业人员58人。专业艺术表演团体2个，从业人员98人。市级文物保护管理机构1个（绵阳博物院），从业人员80人（编制32人）。县市区级文物保护管理机构12个，从业人员105人；县市区级博物馆9个，从业人员246人。全市广播电视管理机构216个（市级1个、县级9个、园区4个、乡镇站203个）。

【文联机构情况】 2016年，市文联核定编制11人，其中行政编制3名，事业编制6名，机关工勤人员2名。市文联有剑南文学杂志社、市书画院2个直属全额拨款事业单位，分别核定编制10人、6人。市文联主办有民办非企业组织市文学艺术培训学校。

（戴大鹏）

文化遗存保护

【概况】 绵阳市历史悠久、文化遗存丰富。2016年，全市现有可移动文物7.7万余件套，其中一级文物71件套、二级文物332件套、三级文物4953件套；不可移动文保单位4765处，其中国保18处、省保65处、市保84处、县级文物保护单位484处。博物馆、纪念馆等11个，在编人员159人。可移动文物、文保单位总量均居全省前三。

【文物行政管理】 2016年，市文物管理部门利用博物馆日、文化遗产日等开展文保主题宣传，完成全市博物馆、纪念馆免费开放绩效考评。制订《跃进路工业遗产普查征集工作方案》，组织开展普查征集工作人员的业务培训。完成《绵阳市文物保护与管理工作手册》编印工作。组织参加在成都举办的中国博物馆博览会，协助完成绵（阳）西（充）、绵（阳）九（寨沟）高速等重点工程考古调查挖掘。落实文物安全巡查和隐患整治，确保文物安全。

【绵阳市传统文化保护协会成立】 2016年1月17日，绵阳市传统文化保护协会成立仪式在三台县永明镇举行，绵阳市传统文化产业基地启动运营。绵阳市传统文化保护协会旨在保护传统文化、聚焦文化发展、整合产业资源、推动产业融合，为保护传统文化搭平台、为文化传承人聚力量、为传统文化产业谋发展，深入挖掘绵阳传统文化瑰宝、凝聚民族精神、振奋绵阳科技城建设热情。绵阳市传统文化产业基地位于三台县永明镇紫玉上院，是集传统文化保护和传承、民俗文化展示和交流、国际儿童戏剧创作、观光文化旅游于一体的综合文化产业基地。

（戴大鹏）

绵阳市国家级文物保护单位名录

表 42

编号	名称	年代	地址	类别	备注
1	汉平阳府君阙	东汉	绵阳科技馆广场	古建筑	
2	云岩寺	宋至清	江油市窦团山	古建筑	
3	平武报恩寺	明	平武县龙安镇	古建筑	
4	七曲山大庙	元至清	梓潼县七曲山	古建筑	
5	郪江崖墓群	东汉	三台县郪江镇	古墓葬	
6	老君山古硝洞遗址	明、清	江油市重华镇	古遗址	
7	李业阙	汉	梓潼县长卿镇	古建筑	
8	卧龙山千佛崖造像	唐	梓潼县卧龙镇	石窟寺	
9	永平堡古城	明	北川羌族自治县	古遗址	
10	河边九龙山崖墓群	汉	涪城区	古墓葬	
11	开禧寺	明至清	安州区	古建筑	
12	鱼泉寺	明至清	游仙区	古建筑	
13	潼川古城墙	明至清	三台县	古建筑	
14	云台观	明至清	三台县	古建筑	
15	尊胜寺	明至清	三台县	古建筑	
16	马鞍寺	清	游仙区	古建筑	
17	青林口古建筑群	清	江油市	古建筑	
18	碧水寺摩崖造像	唐	游仙区	石窟寺及石刻	

非物质文化遗产保护

【概况】 2016年，市非遗中心建立官方网站、微信公众平台，向市民提供市非遗中心及市非遗项目、非遗传承人的最新动态。《绵阳晚报》开办《话说绵阳非遗》专版，绵阳广播电视台《文化绵州》把非遗作为重点播报内容，《绵阳文化报》建立非遗宣传专栏，实施非遗“四进”（进校园、进景区、进社区、进乡镇）文化宣传，拓展非遗保护发展的新路。组织绵阳代表性传承人参加“文化部中国非物质文化遗产传承人群研修培训计划”各类培训班，组织北川、平武的40名“羌绣”绣娘参加西南民族大学第二期普及羌族刺绣培训。传承人在国内、国外交流及参展64场次。

【非遗“四进”活动】 2016年，绵阳市文物管理部门在辖区范围内开展非遗“四进工程”文化宣传，进校园达35所，北川草编等16个项目成功进驻，授牌传习基地16所，此举得到社会广泛关注和好评，《光明日报》、市教育局、市关工委等给予宣传和报道。8月，中央电视台《焦点访谈》栏目播出绵阳“非遗进校园——乡村少年宫”专题报道。12月21日，举办“溢彩流金·非遗迎春”绵阳市“非遗进校园”成果展展演活动。同时，与市内高校合作，在高校内设立“非遗工作室”，搭建教、产、销的新桥梁。组织绵阳优秀的非遗项目走进川北樱博园等景区，到盐亭县黄溪乡、三台县潼川镇解放村进行送文化下乡活动，在顺河社区等地多次举办非遗展示、展销、展演活动，让广大基层群众近距离感受到传统文化的魅力。

【非遗项目建设】 2016年，绵阳有各类传习所及传习基地20余所。“绵阳博物馆·非遗陈列馆”、越王楼“绵阳市非物质文化遗产博览中心”作为绵阳非物质文化遗产传习所，向市民免费开放，成为绵阳非遗项目活态传承基地、民族文化教育基地、非遗文化旅游经典景区。

【第四批市级非遗传承人公布】 2016年1月，市文广新局依据《中华人民共和国非物质文化遗产法》规定，评审公布“第四批市级非物质文化遗产代表性传承人”22名。分资料链接：近年来，绵阳市大力推进非物质文化遗产保护工作，在摸清家底的基础上，设立市级非遗项目代表性传承人扶助资金、代表性传承人认定、开展非遗濒危项目的抢救与保护等非遗传承保护的科学模式。截至2016年，入选联合国教科文组织非物质文化遗产名录名单1项（北川“羌年”），国家级羌族文化生态保护区1个，列入国家级非物质文化遗产保护名录7项，列入省级非遗代表性项目名录40项。现有国家级代表性传承人1人，省级代表性传承人32人，市级代表性传承人134人。

别是北川羌族沙朗王川等传统舞蹈项目传承人3人，涪城区上方大篆书法唐平等传统美术非遗项目传承人4人，北川羌族水磨漆艺田清平等传统技艺非遗项目传承人8人，梓潼马鸣阳戏李云华等传统戏剧非遗项目传承人3人，安州区唱道筒传承人田开永等曲艺非遗传承人1人，盐亭岐伯行乡会传承人李炳举等传统民俗传承人1人，盐亭文同传说刘泰焰等民间文学非遗项目传承人1人，北川羌笛演奏与制作杨国峰等传统音乐非遗项目传承人1人。

【非遗保护发展】 2016年，绵阳市文物部门积极整合高校、非遗研究机构、非遗传承单位、非遗工作者的力量，编印出版《绵阳市羌族非遗口述史》《绵阳市非物质文化遗产项目名录图典》《非遗法律和规范性文件汇编》等一批研究成果。建立互联互通的绵阳非遗数据库，承办第二届四川省非物质文化遗产口述史学术研讨会，召开“2016绵阳市濒危非遗项目代表性传承人”座谈会，致力于探索非遗保护发展的新路子。

【非遗文化交流】 2016年，绵阳非遗传承人在国内、国外交流及参展64场次，其中羌族草编传承人具有典型代表。平武剪纸、玉龙化石、北川草编、羌族传统刺绣等优秀非遗项目在美国纽约、意大利米兰、伦敦中国设计中心、牛津大学、迪拜等展示中国传统手工技艺。

绵阳市国家级非物质文化遗产名录项目（7项）

表43

编号	项目名称	编号	项目名称
1	文昌洞经古乐	5	禹的传说
2	抬阁（芯子、铁枝、飘色）（青林口高抬戏）	6	口弦音乐
3	潼川豆豉制作技艺	7	跳曹盖
4	羌年		

绵阳市省级非物质文化遗产名录项目（40项，含国家级7项）

表44

编号	项目名称	编号	项目名称
1	蚕丝祖神传说	13	羌戈大战（羌族古典叙事长诗）
2	口弦	14	大禹的传说
3	文昌洞经古乐	15	江河号子（涪江号子）
4	盐亭桃子龙	16	耍蚕龙
5	白马跳曹盖	17	平武虎牙藏族斗牦牛
6	许家湾十二花灯戏	18	羌族沙朗
7	青林口高抬戏	19	建中高跷狮灯
8	雾山石刻	20	花灯（大新花灯）
9	重华烟火架制作工艺	21	马鸣阳戏
10	潼川豆豉制作技艺	22	羌族推杆
11	羌年	23	四川手工剪纸（平武剪纸、涪城剪纸）
12	文昌出巡	24	羌族水磨漆艺

续表

编号	项目名称	编号	项目名称
25	传统民居营造技艺（羌家石碉房与吊脚楼）	33	凄江镇城隍庙会
26	羌族碉楼营造技艺	34	羌族婚俗
27	大禹祭祀习俗	35	龙舞（盐亭水龙）
28	睢水春社踩桥会	36	羌笛演奏技艺
29	蚕姑庙会	37	龙舞（盐亭梓江龙）
30	灯舞（羌族麻龙马灯）	38	羌绣传统刺绣工艺
31	梓潼片粉制作技艺	39	毛笔制作技艺（柄林毛笔制作技艺）
32	梓潼酥饼制作技艺	40	玉米酒传统酿造技艺

文物·博物

【概况】 2016年，绵阳市文物管理部门突出抓好文物陈展特色，2个基本陈列和4个专题陈列吸引数万群众参观学习；编辑《摇钱树的传说》《绵阳记忆》等读物资料，增强市民的历史记忆和传承发展意识；强化文物保护考古工作力度，清理出土文物13件，完成绵阳市可移动文物普查，荣获“四川省第一次全国可移动文物普查工作先进集体”。

【博物馆（新馆）陈展】 2016年，绵阳市博物馆注重在文物陈展方式上突出特色和亮点，汇集绵阳历史文物精粹，突出文化与科技融合特色，让文物“说话”，让非遗“活”起来，充分展示绵阳源远流长的人文历史和自然历史。陈展内容主要由2个基本陈列和4个专题陈列构成。其中，基本陈列包括：千年回望古绵州——绵阳历史文化陈列、神奇自然美丽家园——绵阳自然生态陈列；专题陈列包括：富乐梦想——绵阳摇钱树陈列，国之大用——绵阳汉马陈列，山涧洞府——绵阳崖墓陈列，流淌的记忆——绵阳非物质文化遗产陈列。9月，引进“贞观遗珍、初唐气象”——唐·昭陵精品文物展，12月，在博物馆二楼环廊举办《绵阳老照片展览》。全年接待参观群众数万人次。

【文物读本编撰】 2016年，市文物部门组织力量编写小学生课外读本——《摇钱树的传说》和陈列展览宣传折页；成立绵阳市博物馆学术委员会，与成都文物考古研究所编著《绵阳崖墓》荣获四川省第十七次社会科学优秀成果三等奖和绵阳市第十五届社会科学优秀科研成果二等奖；编撰出版介绍绵阳文化遗产，兼具通俗性、趣味性和学术价值的公开出版物——《绵阳记忆》，社会反响较好；平阳府君阙入选中国文物志编纂委员会组织编写的《中国文物志·不可移动文物篇》。

【文物抢救保护】 2016年，实施的绵阳博物馆馆藏文物预防性保护一期项目，完成展厅文物无线监测平台安装调试，以及全网运行联调；全面完成绵阳市可移动文物普查，形成普查报告，绵阳市博物馆荣获四川省人力资源和社会保障厅、文化厅颁发的“四川省第一次全国可移动文物普查工作先进集体”称号（川人社发〔2016〕46号）；配合省考古院对绵（阳）西（充）高速公路盐亭段、绵（阳）九（寨沟）高速公路工程建设开展考古调查、勘探，参与四川省文物考古研究院德阳市考古所组织的石亭江鸭子河流域史前遗址专项调查。先后清理宋代、明代石椁墓13座，出土文物13件。 （戴大鹏）

文艺创作

【概况】 2016年，全市文化艺术创作工作在文艺创新、多出新品、服务大众、传播正能量等方面取得显著成效。完成《窝托泉·张仁诚文集》的编辑出版；弘扬川剧文化，培养川剧演员；创作多部文艺新品。全市有6个节目及演员获得中央和省的奖励。8月，绵阳市艺术剧院青年川剧演员蒋婷、仇小青以《挂画》《失子惊疯》两部作品分别获四川省第三届青年川剧演员比赛一、二等奖。9月21日，绵阳市艺术剧院有限责任公司选送的舞蹈《藏地路上》获四川省第二届青年舞蹈大赛创作二等奖（一等奖空缺）。11月11日，绵阳市文化馆、涪城区文化馆联合打造，宋雨田、夏熹老师编导，涪城区特殊教育学校表演的舞蹈《小戏迷》获“四川省第二届残疾人艺术节”舞蹈比赛二等奖。11月2日，绵阳市艺术学校男子群舞《滚灯》在中国文联、中国舞蹈家协会举办的中国舞蹈“荷花奖”终评比赛中，荣获第十届中国舞蹈“荷花奖”当代舞奖。《滚灯》于2016年列入国家艺术基金扶持项目。

【舞蹈《大红灯笼高高挂》入选全国乡村春晚】 2016年1月8日，盐亭县嫘祖文化艺术团编排的《大红灯笼高高挂》作为唯一一个代表四川的节目参加由农业部中国合作卫视联合主办的2016年全国乡村春晚节目（全国参录节目24个）录制活动，并得到现场评委和观众的一致好评。该节目于2月8日（正月初一）在中央电视台7频道播出。

【《窝托泉·张仁诚文集》出版】 2016年9月，《窝托泉·张仁诚文集》由绵阳市文化馆、绵阳市群众文化学会、涪城区教育与体育局、游仙区教育与体育局联合出品。该文集由绵阳市文化馆馆长、知名作家温芬担任主编，收录张仁诚先生多年来创作的关于教育文化、江河文化、地域文化和杂志文化等四个方面的作品60篇，20余万字，涉及文、论、诗、赋、联等各类体裁，展示一位心系家乡的绵阳教育文化人的心路历程与情怀担当。

【多媒体儿童剧《哪吒》获国家艺术基金支持】 2016年8月，绵阳首部多媒体儿童剧《哪吒》通过2016年度国家艺术基金舞台艺术创作资助项目的初评、复审并顺利立项。该剧的立项，开创绵阳舞台艺术成功申报国家艺术基金的先河，是绵阳近年来深化文艺院团改革取得的一项重要成果，对于绵阳进一步深化国有文艺院团改革、不断提升舞台艺术水平具有重要意义。《哪吒》是绵阳市艺术剧院有限责任公司深入挖掘江油哪吒文化资源而精心创作的一台多媒体儿童剧，取材于神话故事《封神演义》中“哪吒闹海”，以新编多媒体儿童剧的形式在舞台上呈现这一经典传说故事。该剧计划于2017年6月公演。

【文联文艺创作】 2016年，全市文联系统发表出版《白马部落》等43部文学作品，组织看稿会23次，小说《天衣》被《小说月报》选登，《日线》被《中短篇小说》选登，诗词《宴清都.阿里山》获华夏博学国际文化交流中心特等奖，《乡下的母亲》等2组诗歌获第二十五届全国鲁藜诗歌奖。《大手老母》等2幅水彩画亮相“墨西哥——亚洲水彩展”，国画《黑白分明》等5件作品入选“清廉四川文艺创作工程”美术作品展，版画《笛声》等4件作品获“深入生活、扎根人民”四川美术创作年作品展优秀奖，《转动的经轮》入选第十一届中国艺术节全国优秀美术作品展。组织多件书法作品参加大赛，其中4件作品入选清廉四川文艺创作工程书法优秀作品展览，17人在全省第八届新人新作展和省第三届临书临印展中获奖，在全省市州中位居第一。《江油武引水库》等3幅作品在省第17届摄影大会上获奖，作品《雾锁蜀道小城》获《中国摄影报》和四川省摄影家协会联合主办的影友擂台赛二等奖。歌曲《夜月明》《白马寨有我美丽的姑娘》《绣娘的心愿》等5首作品在“唱响四川——百姓喜爱的歌曲”中获奖，并于6月25日在省颁奖晚会上重头展演。舞蹈《滚灯》荣获第11届全国桃李杯舞蹈优秀奖、第10届全国荷花奖三等奖。启动“绵阳好人”系列微电影拍摄，《信心》在第四届亚洲微电影艺术节获奖，《凉夏》等2部作品在第二届中国微电影艺术节上获奖。《中国葫芦遇上迪拜塔》入选四川省委宣传部《百部看四川——微视工程》。川戏小戏《骂鸡新编》获“中华诵”全国小戏小品优秀剧目金奖，川剧《挂画》《惊风》获四川青年演员比赛一、二等奖，舞蹈《吆呼尔》获中国舞蹈家协会十周年展演“优秀才艺奖”，舞蹈《藏地路上》《假如爱有天意》获四川省青年舞蹈展演二等奖，优秀奖，《小戏迷》获第二届残疾人艺术节二等奖。粮艺作品《道德经》《金丝楠木》获中国徐州民间工艺博览会优秀奖。

（何小艺）

文艺行政审批

【概况】 2016年，市文广新局按照省市县三级权力清单，做好组织清理，对那些不符合改革发展要求和无法律依据的许可事项，坚决取缔或者取消，做好权力的下放和承接，方便基层群众办事和企业创业。全面落实“三集中、三到位”工作，制定完善《绵阳市文广新局“三集中、三到位”工作方案》，明确岗位责任，细化工作措施，按照“三集中、三到位”方案要求，市文广新局单独设立行政审批科，负责行政审批的工作人员全部进驻市政务服务中心，并设立市文广新局窗口，实现部门审批职能向一个科室集中、承担审批职能的科室向行政审批服务中心集中、行政审批事项向电子政务平台集中，确保审批事项进驻落实到位、授权到位、电子监察三到位。全市文化、广电、新闻出版在窗口承办事项涉及3大类26项，其中行政审批事项10项，省市县三级联审件8项，公共服务事项6项，均纳入政务服务窗口实行一站式承办。

【行政审批服务】 2016年，市文广新局按照“能进则进、应进全进”和“实事求是、方便办事”的原则，对文化、新闻和广电现行保留的行政审批及服务事项全面梳理，实施目录式台账式动态管理，围绕行政审批制度改革和法律、法规、规章的立、改、废，动态调整行政权力清单，对每一项行政权力事项的名称、实施主体、法律依据及运行流程逐一规范核实，进一步规范审批流程，最大限度减少审批环节、压缩审批时限，提高即办件和“一审一核”事项的比例，提升工作效率。全年窗口受理行政许可申请416件，按时办结率、群众评议满意率均达到100%，提速率保持在70%左右，有效投诉为零；受理窗口咨询2650余人次，受理电话咨询近4325人次；自行回访600多件，回访结果都为“非常满意”。

（何小艺）

文化市场

【概况】 2016年，全市文化市场监管部门创新文化市场监管机制，强化文化市场综合执法力度，在“安全生产月”中，对各类文化经营场所进行安全隐患排查和校园周边环境专项整治。开展禁毒防艾宣传和禁毒文艺调演活动，发放各种宣传教育资料1000多份。全年回复书记、市长、局长信箱等网络问政22次，处理市民有关文化市场信访信件18件，回答群众咨询143余人次。

【"双随机一公开"机制建设】 2016年，全市文化市场监管部门启动"双随机一公开"（随机抽取检查对象、随机选派检查人员，公开抽查内容）工作机制建设，市、县两级文化行政主管部门成立相应的领导小组，将"双随机"抽查工作纳入"文化市场平安建设"重要内容和文化市场综合执法考评体系；建立抽查工作机制，编制"一单两库"（文化市场随机抽查事项清单、市场主体名录库和执法检查人员名录库），将文化市场管理置社会和民众监督之下，以确保公正廉洁执法。

【文化市场监管】 2016年，市文广新局认真履行文化市场安全生产监督、检查责任。市文化市场综合执法支队、各执法大队与各经营场所签订规范经营安全生产责任书，督促各类文化经营场所制定突发事件应急处置方案；1~2月，开展元旦、春节期间文化市场安全生产专项检查工作；开展经营规范安全隐患排查的"安全生产月"专项整治，重点排查网吧、歌舞、游艺娱乐等公众聚集文化经营场所，查找服务场所在经营管理、消防安全等方面的死角和漏洞，防止发生重大安全责任事故；开展为期一个月的校园周边文化市场专项治理活动，为高考创造一个安静的文化市场环境。全市文化经营场所全年无安全责任事故发生。 （戴大鹏）

绵阳市文化市场基本情况一览（2016 年）

表 45

产业分类 \ 数量情况		经营单位数 量	从业人数	总资产额（万元）	年总收入（万元）
文化娱乐	歌舞娱乐	343	2182	20590.5	13256.8
	电子游戏	291	137	1430	400
	演出团队	50	599	1983	1908.4
网　吧		994	2774	31918.9	15084.1
艺术品		8	15	233	225

城市文化

【概况】 2016年，市文化宣传部门以抓城市文化基础设施改造为重点，以举办丰富多彩的文化活动为载体，以传承发展历史文化和扩大对外文化交流为根本任务，推动绵阳城市文化上档升级。全市年内举办大型城市文化演出活动5场次，完成市图书馆盲人阅览室升级改造，10个文化馆全部获评上等级，三台县成功举办四川省"欢跃四季·舞动天府"第二届百姓广场舞大赛。绵阳市人民政府办公室印发《关于支持戏曲传承发展的实施意见》。

【盲人阅览室升级改造】 2016年，市残联资助绵阳市图书馆对原有盲人阅览室进行改造升级，面积增加到50多平方米，新增盲文图书1300多册，有声读物8000种，视频资源总量5万分钟。盲人专用电脑一体机3台，盲人一键式智能阅读器一台，盲文键盘3套，一键式智能电子助视器一台，阅览桌5张，阅览椅12张，听书郎2台，盲人语音地图等设备。盲人有声视频资源7200分钟，新增150多米盲道直接与市政盲道相接。改造完成后的市图书馆，对盲人读者的接待服务能力提升，成为省内地市级面积最大、设备设施最完善的盲人阅览室。

【城市文化活动】 2016年1月15日，一年一度的"雅乐迎春"群众音乐会在绵州大剧院举行。

4月22日，绵阳本土音乐原创音乐会在绵州大剧院举行，来自绵阳本土流行音乐所属的"凡乐队""界限乐队""舒树东&乐队""萤火虫乐队""Line one"乐队共演奏十多首原创或改编的流行音乐曲目。

5月9日，由市委、市政府主办，市文广新局等承办的"绵阳市第五届感恩文化节启动仪式暨广场文艺演出"在铁牛广场举行，10个参演节目从全市众多优秀表演节目中筛选而来，充分表达绵阳人民感恩祖国、感恩政府、感恩援建者的情怀。

5月20日，绵阳市第十五届迎春诗会颁奖晚会在越王楼广场举行。本届迎春诗会以"中国乡土·绵阳乡愁"为主题，收集应征诗作近400首。经评委会隐名评审，评出一等奖1件，二等奖5件，三等奖10件，优秀奖20件。

6月29日，由中共绵阳市委、绵阳市人民政府主办的"颂歌献给党共筑中国梦"庆祝建党95周年暨红军长征胜利80周年歌咏晚会纪念活动在九洲体育馆举行，为党的95华诞献礼。

12月28日，"成都·绵阳——同城同乐音乐会"在绵州大剧院举行，音乐会由成都浣花爱乐乐团和由美籍华人刘江博士担任常任指挥的绵阳市文化馆管弦乐团一起演奏。首次以高雅音乐为内容进行文化联动，以中西合璧的艺术组合方式，用高雅的艺术形式演奏大家耳熟能详的曲目。

【第二届海峡两岸文昌文化交流活动】 2016年3月11日，梓潼县第二届海峡两岸文昌文化交流活动在梓潼七曲山风景区开幕，本次活动由四川省台办和绵阳市人民政府主办，绵阳市台办和梓潼县人民政府承办，是国台办批准的2016年对台交流重点项目，也是新春之际四川省大规模、高规格的川台交流盛会。此次活动包括文昌祭祀大典、文昌出巡、文昌文化研讨会、“两岸同源”文艺晚会等系列活动。据不完全统计，此次活动吸引海内外游客5万余人次，掀起两岸民众共祭共仰文昌、祈福中华复兴的高潮。

【2016嫘祖故里祭典暨盐亭嫘祖文化旅游周】 2016年3月17~18日，2016（丙申）年华夏母亲嫘祖故里祭祖大典暨盐亭嫘祖文化旅游活动周成功举行。本次活动被国台办列为2016年对台交流重点项目，由四川省台办、四川省文联、绵阳市人民政府和四川省嫘祖文化促进会共同主办，绵阳市委宣传部、市政府台办、市文联、市文广新局、市旅游局、市投促局、市妇联、盐亭县人民政府和绵阳市嫘祖文化促进会共同承办。活动期间，举办嫘祖文化研讨会、大型音乐情景歌舞史诗《嫘祖颂》展演、海峡两岸著名书画家采风笔会、华夏杰出女性峰会、招商推介会等系列活动，吸引来自海内外近4000名华夏儿女参加。《人民日报》、新华社、中央电视台、凤凰卫视、《香港大公报》《文汇报》《台湾联合报》《美国国际日报》等多家海内外媒体进行报道，各种报道230余篇（条），新闻社评达135篇，嫘祖文化在全球华人中的影响力、盐亭对外知名度和美誉度都得到极大提升，中华始母嫘祖文化品牌得到了海内华夏儿女的广泛认可。

【四川省“欢跃四季·舞动天府”第二届百姓广场舞大赛】 2016年4月26日，四川省“欢跃四季·舞动天府”第二届百姓广场舞大赛在三台县成功举行，来自全省的33支团队参加比赛。这次大赛是四川省继第一届百姓广场舞大赛成功举办之后，结合文化部公共文化司指导，文化部全国公共文化发展中心、中国文化馆协会主办的“欢跃四季”全国百姓广场舞活动举办的盛大赛事活动。为紧扣惠民主题，四川省文化馆联合华西都市报、三台县委县政府精心策划、周密组织，围绕百姓广场舞“大赛场”，配套举办“大讲台”——为广场舞培训量身定做的“巴蜀文艺讲堂”，“大展台”——广场舞主题摄影展览，“大数据”——面向全省调查百姓对广场舞的需求，形式多样，亮点突出，体现出活动的系列性、普及性、传播性和专业性。

【李白文化艺术团赴韩国交流】 2016年6月7~11日，江油李白文化艺术团赴韩国江陵参加2016国际端午祭文化交流活动，并举行旅游推介会。在为期5天的活动中，代表团通过推介会、文艺演出、宣传片、宣传品等多种方式积极展示中华文化、李白文化的独特魅力。江油市文化馆编排、组织、表演诗朗诵《将进酒》、武术《太白拳诗仙剑》、杂技《印象太极》、川剧绝活《变脸、吐火》、古典戏剧舞蹈《百花争妍》等独具中国特色及李白文化的节目，并先后进行两场文艺演出，得到韩国媒体和观众的高度肯定，场场观众爆棚。

【首届海峡两岸文昌洞经古乐音乐会在台举行】 2016年8月，受台湾中华大学及新竹县政府邀请，绵阳市文昌洞经古乐文化交流团一行9人到台湾，参加“海峡两岸首届文昌洞经古乐文化交流”活动。在中华大学，交流团举行“文昌文化与洞经古乐”专题学术讲座。绵阳市文化馆馆长温芬、创编部主任倪朝晖分别进行题为《文昌民俗与古今乡愁》《文昌洞经古乐的艺术价值及其传承与创新》的专题学术讲座。台湾中华大学董事会杨洪秋霞、校分管领导、各院系负责人及专家学者等30余人参加讲座交流。

【第二届绵阳市残疾人艺术节】 2016年8月24~26日，第二届绵阳市残疾人艺术节举办。全市10个代表团297名演职人员参赛，节目总数达到110个，观众超过3000余人。本次文化艺术节分为文艺展演和艺术成果展示两个大类活动。文艺展演设声乐、器乐、舞蹈、语言（戏剧小品、诗歌朗诵）4个类别，45个作品参赛；艺术成果展示设美术、书法、摄影、工艺品、微电影5个类别，65个作品参赛。

【文化馆等级获评】 2016年9月，文化部印发《关于命名一、二、三级文化馆的决定》（文公共发〔2016〕18号），公布第四次全国文化馆评估定级结果。绵阳市、县市区10个文化馆经改造提升，定级争创，全部通过等级评估。经严格验收评估，绵阳市文化馆、涪城区文化馆、三台县文化馆、安州区文化馆、梓潼县文化馆、江油市文化馆被评定为国家一级文化馆，盐亭县文化馆、北川羌族自治县文化馆、平武县文化馆等被评定为国家二级文化馆，游仙区文化馆被评定为国家三级文化馆。

【第四届中国（绵阳）科技城国际科技博览会开幕式文艺演出】 2016年9月21日，第四届中国（绵阳）科技城国际科技博览会开幕式举行。开幕式科技展演由绵阳市文广新局负责，绵阳市艺术剧院为执行单位，聘请中央电视台大型活动导演唐慧作为科技展演总导演，国家一级舞美设计师、中央电视台元宵晚会舞美设计赵海作为艺术总监。本届科博会开幕式科技展演的主题为“科技·共创·共享”，总时长约20分钟，由真实演员与全息虚拟演员影像进行互动表演，整场演出通过“创、合、享”三个层面，充分展现“科技进步由各地人民共同创造、科技成果由全球人类共同享用”的理念。

【绵阳市第六届运动会在北川开幕】 10月20日，以“共建幸福美丽绵阳，竞技大美羌城北川”为宗旨绵阳市第六届运动会在北川开幕。绵阳市第六届运动会由市委、市政府主办，市教育和体育局、北川羌族自治县政府承办，开幕式由市文广新局负责，绵阳市艺术剧院为执行单位。开幕式现场举行以“共建幸福美丽绵阳，竞技大美羌城北川”为主题的文体展示活动。文体表演部分涵盖《好客的尔玛人》《涪水羌山，源远流长》《运动健康，快乐激情》和《羌山梦想，绵阳腾飞》四个篇章。

农村文化

【概况】 2016年，绵阳创新农村文化发展方式，丰富村民文化生活，着力构建现代公共文化服务体系，促进公共文化服务均衡发展。通过弘扬盐亭嫘祖故里酬蚕节、平武土司文化节、乡村荷花节等农村民间文化，免费开放农村公共文化场所，使广大村民精神文化生活质量得到显著提高。全市各级采取政府购买公共服务的方式，开展送文化下乡活动累计近300场，包括舞蹈、小品、歌曲、戏曲等内容。

【绵阳市第五届“十里荷塘”荷花节开幕】 2016年7月9日，由绵阳市文广新局、绵阳市委群众工作局主办的送文化下乡暨2016年第五届十里荷塘荷花节在三台县潼川镇解放村开幕。八方游客蜂拥而至，一道独特的、主题为“以荷（和）为贵，以莲（廉）为美”的荷花文化盛宴展现人们眼前。以打造“十里荷塘”乡村文化旅游品牌、共建“文旅融合”脱贫示范基地为突破口，相继实施村文化广场建设、村入口牌坊建设、入村道路修缮、农房新建改建、贫困家庭定向扶持、送文化下乡等一批帮扶项目，推动解放村经济发展与生态保护取得新进展，迈出文化扶智与精准扶贫的新步伐。

【《关于加快构建现代公共文化服务体系的实施意见》出台】 2016年7月，市委办、市政府办印发《关于加快构建现代公共文化服务体系的实施意见》（简称《实施意见》）。《实施意见》提出到2020年，全市基本建成覆盖城乡、便捷高效、保基本、促公平的现代公共文化服务体系的目标。明确加强公共文化服务标准化建设、促进公共文化服务均衡发展、提升公共文化产品和服务供给水平、推动公共文化服务社会化发展、推进公共文化服务与科技融合发展、创新公共文化管理体制和运行机制等6项工作措施和加强组织领导、加大财税支持力度、加强基层文化队伍建设、建立健全公共文化服务地方法规体系等4项保障措施，同时从基本公共文化服务项目、基本公共文化硬件设施、经费和人员保障三个方面明确2015~2020年绵阳市基本公共文化服务43条具体实施标准，为绵阳“十三五”期间公共文化建设发展指明方向。

【2016盐亭嫘祖故里酬蚕节民间祭祖仪式举行】 2016年10月15日，由中国伦理学会，中国先秦史学会，中华嫘祖文化促进会，四川省嫘祖文化促进会主办，盐亭县嫘祖文化开发研究会承办的2016（丙申）年华夏母亲嫘祖故里酬蚕节民间祭祖仪式在盐亭县嫘祖陵祭祀广场举行。四川省嫘祖文化促进会和研究所相关领导；港澳台同胞、海外侨胞代表；中国知名电影人；著名企业家代表；当地群众及来自国内外的30余家新闻媒体一同参加本次祭祀大典。同场礼拜人文先祖嫘祖，祈福中华民族伟大复兴。本次酬蚕节期间还举办2016年中国（盐亭）国际女性微电影年度大展，微电影艺术高峰论坛，明星红毯秀及颁奖晚会等环节，旨在进一步提高嫘祖文化的包容性和多元性，提升民族文化凝聚力。弘扬以嫘祖为首的女性文化，更深层次的宣传嫘祖故里盐亭的地域文化。

【平武县第二届土司文化节巡演】 2016年11月23日，平武县第二届土司文化节在报恩寺广场开幕。此次土司文化节共分为启动仪式、土官出巡、文艺展演、五彩平武、舌尖平武、故事平武等6个篇章，分别在报恩寺广场、应急广场、白马王朗和虎牙大峡谷、龙安镇各农家乐、县城明代古城门和南坝镇蜀汉江油关举行，充分展示平武县土司700多年的传奇历史、文化遗产和民族风俗，为全国各地的游客带来一场独特的历史文化盛宴。

【农村公共文化服务】 2016年，绵阳持续推进农村公共文化阵地免费开放，强化农村公共文化服务，充分利用9个博物馆（纪念馆）、9个图书馆、10个文化馆、277个乡镇综合文化站、3265个农家书屋等文化阵地，提升农村公共文化服务水平，推进农村公共文化服务均等化，实现公共文化服务全覆盖。（戴大鹏）

新闻出版与版权

【概况】 2016年，市文化广电新闻出版局强化新闻出版管理职能，加强行业监管，强化弘扬主旋律和正能量，营造健康和谐的社会文化环境。全年组织四次报刊审读会，对全市印刷企业日常指导、巡查，强化对图书发行企业管理，严控违法出版物入市。全市完成版权作品登记246件，资助四批次版权登记的著作权人，发放资助资金10万元。

全市有印刷企业224家，其中出版物印刷企业26家，包装装潢印刷企业58家，其他印刷品印刷企业140家，完成印刷工业总产值19亿元，从业人员5094人；全市出版物发行单位（网点）415家，其中图书、音像制品批发企业5家，图书、音像制品零售单位388家，网上书店5家，读者俱乐部1家。全市有出版物发行单位总资产年内完成年销售总量10220.5万册（盘），销售总额3239.03万元，从业人员612人。印刷企业、出版物发行单位共实现利润总额11445万元。

全市完成3265个“农家书屋”、521个社区书屋补充更新任务。“全民阅读”活动持续深入，评选出17家第二届绵阳“书香之家”家庭。

完成4个中心书屋与71个阅报栏的项目建设任务。

【行业监管】 2016年，市文化广电新闻出版局强化新闻出版行业监管，营造健康和谐的社会文化环境。加强报刊审读，全年组织四次报刊审读会，印制《审读简报》12期。加强书刊、印刷业市场管理，加强对全市印刷企业的日常指导、巡查，严查印刷五项制度上墙、印刷委托书等相关承印手续，强化对图书发行企业的常规管理，严控违禁违法出版物进入市场。3~4月，对全市第三批软件正版化试点企业复核验收。

【软件正版化工作试点】 2016年，市国资委、市教体局、市卫计委、市经信委4家主管部门牵头，推荐科瑞集团、科莱电梯等12家企事业单位为第四批软件正版化工作试点单位。市推正办先后两次组织主管部门和试点单位人员集中学习国家相关法律法规和政策，进行软件版权知识、软件技术知识培训，确保软件正版化工作试点的有序推进。

（戴大鹏）

广播影视

【概况】 2016年，绵阳市电影业快速发展取得新成效。全市有22座城市影院运营，121张银幕，城市影院票房收入1.52亿元，较2015年增长69.6%。组织开展城市公益电影放映活动，为进城务工的群众和城市低收入群体免费放映城市社区公益电影500余场；开展2期送电影进敬老院社会福利院活动，为老年人放映公益电影58场。广播影视公众服务能力显著提升，新品节目创作增多。在2016年绵阳市第四届广播电视创作大赛和展播中，收到参赛作品67件，评选出一等奖12件，二等奖20件，三等奖21件。推荐16件作品参加全省广播电视公益广告创作大赛，其中6件作品获得奖项，位列各市州前列，市文广新局被评为全省优秀组织奖。

【广播电视节目创优评选】 2016年，市文化广电新闻出版局组织开展绵阳市2016年度广播电视节目（新闻类）政府奖比活动。全市58件作品，评出优秀作品12件，提名作品35件，入围作品11件。积极选送优秀作品参加四川省2016年度广播电视新闻类节目评比活动，绵阳市4件作品获优秀奖，9件作品获提名奖。

【广播影视公共服务】 2016年，全市新建成乡镇电影固定放映点6个，完成率100%，乡镇电影固定放映点累计达到121个，村级固定放映点126个。免费放映农村公益电影39180场，完成率100%。城市公益电影500场，完成率125%。

【卫星广播电视监管】 2016年，全市广电管理部门开展非法卫星地面接收设施专项治理行动，市县相关部门召开50余次工作协调会，开展60余次集中查处行动。全市累计出动执法人员1160人次，车辆220余辆次，发放宣传资料53100余份；拆除非法地卫设施41396座，置换地卫设施15361户；清理检查经销商551家，没收非法销售的卫星地面接收设施2221套，天线12面，高频头、遥控器等其他配件191个。

【高清数字电视】 2016年，绵阳全市有线高清数字电视机顶盒在网用户达到31.17万户，比2015年增涨33.3%；高清机顶盒渗透率达到近50%。完成四川省委、省政府办公厅“高清四川、智慧广电”方案中“2018年高清渗透率超过80%”的工作目标。广电绵阳分公司开展22场大中型活动，包括“超级女声绵阳赛区海选”“CCTV怀旧经典观影会”“达人秀”“中国新歌声绵阳赛区海选”“越舞越好看全民广场舞大赛”等。

（戴大鹏）

报 业

【概况】 2016年，绵阳日报社所辖绵阳日报编委会、绵阳晚报编委会、绵阳新闻网编委会，围绕全市中心工作、大事要事，组织实施系列重大活动报道、重大主题报道、先进典型报道、民生报道。据统计，《绵阳日报》《绵阳晚报》全年推出各类重大主题报道80组，典型报道290篇，民生报道300篇，评论言论106篇；在中央、省级报刊发表宣传绵阳稿件145件。4月，日报社在绵阳城区大型广场、重要路口、大型社区周围建成电子阅报屏42块，方便市民对阅读的需求。截至年底，绵阳日报社获省市及以上奖励稿件93篇；2016年“记者节”前夕，有4人被市委宣传部评为“十佳新闻工作者”。

【媒体融合发展】 2016年，绵阳日报社加速全媒体记者队伍建设，树立“先网后报”理念，形成全天候、全方位、全媒体宣传格局。市党代会、人代会、政协会、第四届科博会等重大活动期间，报社根据各个不同媒体的特性进行全平台立体式传播。报、网、屏各大产品平台通过快讯、深读、图解、图文、短视频、直播等各种宣传形式覆盖百万用户。科博会期间，绵阳日报社官方微信和新闻客户端连续推出两部新媒体作品《金秋绵阳，炫彩三江》《720度+VR，全景三江美如仙境》，点击量分别达35万次和10万次。完成户外多媒体阅报系统一期项目41个终端建设，5月份投入运营。6月，绵阳日报社以微信为试点开展项目制改革，激发员工活力，报社微信产品从1个增加到6个，用户总数达到约30万人，绵阳日报社官方微信的用户数从年初的不到6万增加到13万。形成以官方微信为龙头、自有平台与社会资源充分整合的社群化微信产品矩阵。

【《绵阳日报》】 2016年，《绵阳日报》围绕市委、市政府中心工作、全市大事要事，先后组织完成建设国家科技城和幸福美丽绵阳建设、两个一号工程、就业创业、脱贫攻坚、安全生产、供给侧结构性改革、纪念红军长征胜利80周年、创建国家森林城市、“两学一做”及全市“两会”、党代会、科博会、电商峰会、全国名楼会、安县撤县建区等专题、主题报道；先后开设“两学一做、凝心聚力、加快发展”“大力实施‘两个一号’工程、加快建设国家科技城和幸福美丽绵阳”“互联网+创新创业在一线”“全力保障改善民生、建设幸福美丽绵阳”“加快推进精准扶贫、全面建成小康社会”“防大汛、抢大险、救大灾、确保人民群众生命财产安全”“稳增长、看行动·确保全年目标任务完成”等120余个专栏，刊登文字报道1200余万字、图片6300余幅；全年出版报纸352期（从第8893期至9245期）；报纸总发行量1584万余份，日均发行量4.5万份。

【《绵阳晚报》】 2016年，《绵阳晚报》在报道好市委、市政重大决策部署、全市重大活动、重要事件的同时，根据都市报定位，强化民生报道和服务性报道，突出“本地、服务、互动、效益”四化，先后开设“美丽绵阳亮化美化绿化工程”“交通攻坚大会战”“十大电商‘村官’评选”“2016·我们的梦想·绵阳来成就”“道德的力量、榜样的风采”“我的父亲母亲婚纱秀”“寻找最美街坊”“桥见绵阳”“绵州工匠”等100余个专栏，刊登文字报道700余万字，图片6400余幅；全年出版报纸351期（从第5391期至5742期）；报纸总发行量1053万余份，日均发行量3万份。

【报业广告印刷与发行】 2016年，在全国报业经营呈现断崖式下滑的严峻形势下，绵阳日报社多措并举抓好经营创收工作，传统媒体广告经营下滑得到遏制。全年完成广告、发行、印刷经营收入5696万元，比2015年的5368万元增长6%。其中，广告经营完成3114万元，比2015年的2688万元增长15.8%。截至11月份，《绵阳日报》完成2017年征订工作，发行量4.616万份。为控制发行成本，绵阳日报社改革报纸发行体制，将《绵阳晚报》全部委托邮局发行。至12月底，2017年晚报征订3.003万份。 （高新友）

互联网与新媒体

【绵阳市互联网协会】 2014年12月22日，绵阳市互联网协会经市民政局批准成立，受绵阳市工商行政管理局的业务指导和监督管理，由绵阳市从事互联网产业和互联网有关的科研、教育、服务等企事业单位、个人组成的行业性、非营利性社会组织。协会由会长、秘书长、副会长、理事以及会员组成。协会每年至少召开一次会员大会。会员大会下设理事会，理事会由会长单位、副会长单位、理事单位、秘书长组成，是会员大会的执行机构，在会员大会闭会期间领导本协会开展日常工作，对会员大会负责。据统计，协会从成立至2016年，累计主办以“互联网+”“网络安全”“电子商务”“大学生创新创业”等主题培训活动35场次，受听人员达3000余人。组织会员参加出席各类经济交流、论坛讲座等行业活动89场。截至2016年底，互联网协会共有会员单位92个（企业会员78个，个人会员14个）,企业会员主要有电子商务、网络游戏、软件开发、文化传播等类型，以绵阳市科创电子商务服务有限公司、四川齐齐乐网络科技有限公司、绵阳环泰科技有限公司、绵阳乐居科技有限司为代表的互联网经营企业65个，已实现产值达3亿元以上。

互联网协会业务范围：团结绵阳市互联网企业及行业从业人员，引导会员遵守国家法律法规和相关政策，帮助会员企业提高管理技术水平，提升企业形象及知名度，推动绵阳互联网经济不断发展；充分发挥协会的桥梁纽带作用，向政府反映会员意见和要求，为会员排忧解难，维护会员的合法权益；积极宣传绵阳互联网事业发展和互联网投资环境，吸引更多互联网企事业单位和个人来绵阳创业；开展互联网行业发展状况、新技术应用以及行业发展领域其他重大问题研究，向政府有关部门提出政策建议；制定互联网行业自律公约，协调会员关系，调解会员纠纷，推进会员间的沟通与协作，加强行业自律；搭建绵阳市互联网创业交流平台，加强会员和社会各界人士之间的联系，为会员提供互联网技术指导、创业技术支撑等服务；整合互联网资源，促进会员与省内外互联网行业社会团体、工商企业以及个人专家的联系和合作；开展会员之间的联谊交流活动，联络感情，增进共识；开展互联网行业相关法规、管理、技术、人才等培训，提高会员企业管

图69　3月23日，绵阳市互联网年会在绵州酒店召开

理和服务能力，提升从业人员素质；提供行业信息、咨询、宣传、外包等方面的服务；经政府主管部门批准，开展行业技术、项目、创业模式、发展前景等评选和推荐。创办行业相关刊物；协助相关主管部门协调解决网络商品交易纠纷、知识产权侵权以及服务中发现的问题；对发现的行业领域涉及的违法违规行为，及时上报有关部门，促进互联网行业健康发展；开展互联网行业相关的公益活动，引导会员单位增强社会责任，维护行业良好风尚；承担政府有关部门委托的其他事项。

【服务两个“一号工程”】 2016年，协会依托绵阳市科创孵化器管理有限责任公司，围绕“电子商务”和“互联网+”主题，开展外引内联、招商引资工作，成功引进创业孵化企业达45家，招商入驻企业总数达68家。其中入驻的齐齐乐、亿趣、九度三家网页游戏开发运营公司，年产值突破千万元，提供就业岗位200余个，填补绵阳市页游开发和运营行业的空白；邀请省内外知名电商企业、行业组织等到绵阳参观考察、对接洽谈，组织会员赴德阳、自贡、广安、遂宁等地，与当地电商协会达成合作互助协议45条。由协会牵头打造占地2000平米的“绵阳市电商众创空间”，吸引更多电商经济人士到绵阳发展；建立电子商务实训基地，为大学生和个人创新创业提供就业、创业、实习基地。协会被涪城区人力资源和社会保障局、绵阳市大学生创业企业发展联合会授予“千企联校”战略合作单位。

【网络信息安全维护】 2016年，协会会同市委宣传部，联合市内西蜀网、大成网等8家门户网站开展净网行动，至今已拦截、删除的涉黄、涉暴、涉非网贴3.2万条次。引导会员中的网络名人、媒体大V积极发言出声遏止社会流言、避免社会恐慌蔓延。在轰动全国的“兰越峰事件”“山东问题疫苗出现绵阳人”等网络舆情中，通过会员中的大V、博主，及时推送事件真实情况和处理意见，让更多网民得以了解真相、理性对待，为党委政府开展相关工作赢得了理解和支持。日常中，通过会员随时在线监控网络舆情，及时向相关部门通报网络舆情26起，参与处理网络舆情42起。在今年多起网络舆情中，组织会员主动跟帖、发帖，做好宣传、解释工作，维护网络社会和谐。

【互联网+走进高校大学生创新创业峰会】 2015年6月，绵阳市互联网协会，绵阳电子商务协会，绵阳市科创孵化器管理有限责任公司联合举办两期“互联网+走进高校”为主题的大学生创新创业峰会活动，目的是为了提高高校人才对“互联网+”的认知度，增加企业与大学生人才接触机会，帮助大学生相互学习交流，培养大学生就业观念，提高就业能力。活动先后在绵阳职业技术学院、西南科技大学举行。活动为大学生创新创业政策解读，深刻剖析“互联网+”和电商创业优势和环境。活动上，15个创业项目进行路演，导师纷纷为学生们的创业项目给予鼓励并提出良好的建议和意见。绵阳市就业服务管理局局长贾智艳、共青团绵阳市委赵孟出席活动。绵阳市就业服务管理局局长贾智艳、共青团绵阳市委赵孟出席活动。两场活动吸引大学生近600余人参加。

【绵阳市新媒体联谊会】 绵阳市新媒体联谊会（简称“联谊会”）2015年7月成立，有会员71名，由全市电商经济、智能科技、门户网站、网络大V、知名博主等在新媒体界有影响力和代表性的新媒体人士组成。联谊会内设“经济联盟”“宣传联盟”以及“社会服务联盟”三个机构。搭建以绵阳市科创孵化器有限责任公司为主的“众创分享平台”、以“众学汇”讲堂为主的“理念资讯平台”、以腾讯大成网等门户网站为主的“舆论宣传平台”、以绵坛公益服务点为主的“公益服务平台”等。四大工作平台，在招商引资、联谊交友、传播社会正能量、组织开展公益活动等方面广泛作为，直接或间接联系有影响力的新媒体从业人员近千余人。截至2016年底，全市共有新媒体组织7个，从业人员近2600余人。

【新媒体人士走基层活动】 2016年11月23日，联谊会会长徐汝金带领部分新媒体人士走进平武并参加平武“第二届龙州土司文化节暨传统文化周”活动，了解平武本地民风民俗，学习土司文化。通过新媒体的力量宣传推广平武土司节，共发布各种宣传信息50余条，直接点击量35万次，二次传播约1800次，间接流量巨大，影响深远。

【重大网络服务活动】 2016年，协会推荐全市有影响力的新媒体人士参加科技博览会、特奥会、电商发展大会等市委市府重大活动。在第四届科博会中，直播网站吸引全球6.8万名网友同步收看大会盛况，由

2016年绵阳市新媒体组织统计

表 46

序号	组织名称	负责人
1	绵阳市新媒体联谊会	徐汝金
2	绵阳市涪城区新媒体联谊会	黄富敏
3	绵阳市游仙区新媒体联谊会	赵明树
4	江油市新媒体联谊会	唐　勇
5	三台县新媒体联谊会	肖　辉
6	梓潼县新媒体联谊会	黄仕伦
7	北川新媒体联谊会	蔡　凯

图70　2015年7月14日，绵阳市新媒体联谊会成立

互联网协会会员现场采编、发布科博会相关报道230余篇，转发相关报道逾千条，点击浏览量突破127万次。引导网络意见人士由“网络观察员”变为“网络宣传员”，组织100多名知名博主和新媒体人士，参观体验绵阳网络理政平台，主动参与网络热点引导，为党委、政府开展工作争取广泛支持。在围绕秸秆禁烧、小河流域水环境综合治理、城市美化亮化工程等工作，引导会员通过各种渠道积极发声，发帖、跟贴4000余篇，营造“政府主导、社会共治”的良好氛围。

【社会公益服务活动】　2016年，联谊会组织200余名新媒体从业人员，为80余名留守儿童送去学习用具以及日常用品，现场与35名家庭困难的留守儿童结对帮扶。组织开展的“衣旧爱，爱常在”、“关爱孤寡独”等社会公益活动，为32名福利院儿童、58名孤寡老人送去了价值5万余元的学习、生活用具。发起的“为文丹献爱心”公益活动，利用网络渠道全程在线直播，腾讯大成网、天府论坛绵阳社区、掌上绵阳、三台在线等一大批会员所在媒体跟进宣传，吸引千余人参与爱心捐赠，为文丹募捐所需手术费15万元。

（徐汝全）

教育·体育

Education, Sports

概　述

【概况】　2016年，绵阳教育事业围绕创新、协调、绿色、开放、共享发展理念，以“提升质量、促进公平”为重点。实施教育惠民工程，全市地方教育经费支出86.2亿元，资助各类贫困家庭学生7.5万余人。出台《乡村教师支持计划实施细则（2016~2020年）》，开展“师德师风宣传月”“爱岗敬业在校园”“美丽教育人”等教育宣传活动，本科录取人数首次突破3万人。

2016年，全市有各级各类学校1 377所（其中高等教育学校14所、普通高中35所、普通初中191所、小学404所、幼儿园701所、特殊教育学校7所），有在校学生827849人（其中高等教育132387人、普通高中111448人、普通初中129482人、小学260373人、幼儿园144766人、特殊教育学校688人、中等职业学校48705人），教职工62962人（高等教育11000人），其中专任教师43478人（普通高中10577人、普通初中12948人、小学14032人、幼儿园12287人、特殊教育学校109人、中等职业学校2009人）。

7月，教育部办公厅印发《关于公布全国学校体育工作示范校名单的通知》（教体艺厅函〔2016〕18号），公布认定2772所中小学校为全国学校体育工作示范校。绵阳市的绵阳中学、南山中学、绵阳中学实验学校、三台中学、富乐实验中学、游仙区慈济实验学校、高新区火炬实验小学、花园实验小学8所学校被认定为“全国学校体育工作示范学校”。

【教育惠民】　2016，全市优先将各学段建档立卡贫困家庭学生全部纳入学生资助政策范围，实现从学前教育到高等教育建档立卡贫困家庭学生资助全覆盖。全市资助家庭经济困难幼儿23492人、普通高中贫困学生33858人、中职贫困学生9842人、市属高校贫困学生6800人、普通高校优秀本科学生600人；建档立卡贫困家庭新入学的全日制本专科学生282人、建档立卡中职学生333人；免除非民族自治县建档立卡贫困家庭子女幼儿园保教费1152人、普通高中贫困学生学费29681人、中职学校学生学费36872人。

【教育经费收支】　2016年，全市地方教育经费总收入86.3亿元，比2015年增长11.1%（其中国家财政性教育经费收入64.3亿元，比2015年增长11.4%）。全市地方教育经费总支出86.2亿元，比2015年增长10.3%。教育经费投入增长的原因是：2016年统一城乡义教保障经费，且新增寄宿生公用经费每生每年200元；2016年开始全员缴纳养老保险和职业年金，此项经费投入较多；2016年工资调标；农村义务教育阶段学校在校学生全面实施“免费午餐”计划。

【义务教育经费保障机制改革】　2016年，全市完善城乡义务教育经费保障机制，统一城乡义教经费保障，按小学每生每年不低于600元、初中每生每年不低于800元的基础定额补助公用经费。在此基础上，对寄宿制学校按照寄宿生年生均200元标准增加公用经费补助，对农村地区不足100人的学校按100人核定公用经费，特殊教育学校和随班就读残疾学生按每生每年6000元标准补助公用经费。

【全国乡村学校少年宫项目建设工作推进会召开】　2016年7月8日，中央文明办、财政部、教育部在四川绵阳市召开全国乡村学校少年宫项目建设推进会。各省（自治区、直辖市）和新疆生产建设兵团文明办主任、教育厅（局、教委）或有关负责人参加会议。会议总结“十二五”期间中央专项彩票公益金支持乡村学校少年宫项目实施情况，四川绵阳市、陕西省、安徽合肥市、江苏常州市、吉林永吉县、山东淄博市以及贵州黔东南苗族侗族自治州7个单位的文明办或教育局代表，介绍创新方式、推动乡村学校少年宫健康发展的做法和经验。与会代表实地考察绵阳市乡村学校少年宫建设情况。

【2016年首届西部地区MBA培养院校案例师资培训会举办】　2016年3月26~27日，西科大经济管理学院、教

师发展中心、贵州大学管理学院、西南民族大学管理学院、重庆工商大学MBA教育中心联合主办的2016年首届西部地区MBA培养院校案例师资培训会在西南科技大学MBA报告厅举办。南开大学周建教授、北京航空航天大学欧阳桃花教授、北京大学周长辉教授应邀主讲，来自四川、重庆、贵州、甘肃等西部六省市十余所高校的教师120余人参加培训会。（杨进平）

教育管理

【概况】 2016年，全市教体系统以科技城依法治省示范区创建和"七五"普法为契机，在全市中小学范围内开展争创法治示范校活动，培育南山双语学校、游仙区青少年活动中心、安县沙汀实验学校、高新区永顺路小学等法治教育先进典型学校。安州区泸州老窖永盛小学和高新区永顺路小学创建"四川省依法治校示范学校"，全市累计有"四川省依法治校示范学校"11所，"绵阳市依法治校示范校"109所。开展"学宪法讲宪法""以案释法""法治宣讲第一课""12·4"国家宪法日宣传、全国法制宣传日暨"法治绵阳"建设宣传周系列活动、"法律七进—四川法治微电影""首届全国青少年学生法治知识网络大赛""第二届青少年学生法治教育优秀多媒体课件资源征集"等寓教于乐的法治宣传和法治实践教育活动，覆盖1200余所城区中小学、幼儿园近40余万人。对行政权力事项进行清理和下放，认领并公开运行行政权力事项27项，转学签章、教师资格证申领、高危项目审批等9项审批事项分散给职能科室，与群众密切联系的服务项目统一归口到市政务服务管理局综合窗口集中办理，并在法律和政策允许的范围内简化行政许可手续。

【教师队伍建设】 2016年，全市公开招聘教师812名、特岗教师295名（实际到岗255名）、部属免费师范生83名、省属免费师范生16人，重点补充农村学校紧缺学科教师。2016年全市义务教育学校校长教师交流轮岗322名，交流教师人数为应交流人数的11%，交流骨干教师数57名，占交流总数15%。三台县推进义务教育教师"县管校聘"管理体制改革，在核定的教职工编制内，采取互补余缺、有增有减的办法，统筹安排县域内校长教师交流轮岗200余人。认定高中（中职）教师资格2943人。申请定期注册复核合格教师26765人（其中县市区24828人、市直属公办中小学1937人），经省教育厅终审，26765人定期注册合格。6月24日，召开全市中小学教师职称改革和岗位设置及聘用工作会议，对全市的改革工作进行部署，推行新的职称制度，将中学和小学两个教师职务（职称）系列合一，最高职务等级设置到正高级，截至12月完成3536名教师职称过度。首次组织评审推荐中小学正高级职称，组织申报中小学正高级教师12人、后备人选2名。会同人社局，送评高级职务1341人，组织评审中级职务901人。9月27日，召开全市教师管理信息系统培训会议；10月12日，印发《绵阳市教育和体育局关于做好全市教师管理信息系统使用与管理工作的通知》（绵教体发〔2016〕363号）；截至12月，完成审核教师43700人，录入进度99.73%（其中直属学校7022人，录入进度99.89%）。

【乡村教师支持计划】 2016年10月，市人民政府办公室出台《乡村教师支持计划实施细则（2016~2020年）》（绵府办发〔2016〕58号），为乡村教师支持计划提供制度保障。梓潼县制定出台《梓潼县农村教师补充计划（2016~2020）》，梓潼县稳定农村教师队伍改革试点项目被列为四川省第三批省教育综合改革试点项目。全市享受农村教师生活补助政策的乡村教师26348名，人均每月452元。县市区按规定将符合条件的乡村教师住房纳入当地住房保障范围统筹解决，建成教师周转房120万余平方米。涪城区修订《涪城区教师绩效考核和奖励性绩效工资分配办法》，农村学校教师绩效工资每月高出城市学校200元；北川羌族自治县制定《北川羌族自治县乡村教师支持计划实施细则》，完成中央彩票公益金"励耕计划"15人、"润雨计划"2人家庭经济困难教师资助推荐工作。

【干部教师队伍培训】 2016年，全市有15938人参加国家级和省级培训。落实市级教师培训专项经费260万元、县级教师培训经费3177.9万元，8833名校（园）长和教师参加培训，其中：与西南大学合作，培养培训教育家型校长和专家型教学名师80人；与上海师范大学合作，培养第二批市级骨干教师2473人；与四川省陶研会幼儿园园长专家委员会合作，培养农村幼儿教师2655人，与中国继教网合作，对3415人开展信息技术应用能力提升培训；培训农村学科骨干教师2500名；对80名校长开展中小学校长任职资格培训；对100名校长开展信息技术应用能力提升校长领导力培训；对200名教师开展普通话水平提升培训。选派30名幼儿教师培训者到福建参加高级研修班培训。北川、平武成功申报2017~2018年度国培计划中西部项目县和幼师国培项目县。

【师德师风建设】 2016年，全市构建学校、教师、学生、家长和社会广泛参与的监督评价体系，加大对师德失范行为的督查和惩处力度，将师德建设作为学校工作考核、办学质量评估和教师综合考评的重要指标。开展"师德师风宣传月""爱岗敬业在校园""美丽教育人"等教育宣传活动，涪城区、安州区、梓潼县、盐亭县、平武县、北川羌族自治县开展"学校管理暨师德师风专题讲座"、"爱与责任"师德师风活动学习。市教体局与各直属中小学校、各县市区教育行政部门签订绵阳市严禁中小学校有偿补课责任书，与各中小学校教师签订绵阳市严禁中小学教师有偿补课承诺书，并将相关要求刊登在《绵阳晚报》，同时公布监督举报电话，接受社会监督。组织庆祝第32个教师节活动，表扬27个教育工作先进集体，197名优秀教师，48名优秀教育工作者，11名支教工作先进个人；完成乡村学校从教30年教师统计工作。推荐四川省优秀乡村教师20名。

【学校安全管理】 2016年，全市发生学校安全事故7起，死亡7人，全年未发生较大及以上安全事故和安全责任事故。在2016年第六届全省中小学生安全知识网络竞赛中，有395所学校的93724名学生、5966名教师、142839名家长，合计242529人参加。全市投入“三防”建设资金300余万元，城区和重点乡镇学校大门口等重要部位纳入公安“天网工程”，实行全天候、无缝隙监控。全市全年打击侵害师生合法权益、扰乱学校正常教学秩序的违法人员136人，破获各类涉校刑事案件6件、治安案件116件。对5200户校园周边各类经营户进行检查，查获过期、“三无”食品1万余件（袋），取缔无照经营食品摊点58户，依法规范校园周边文化娱乐场所24处，取缔违法书报摊点21个、收缴非法经营书刊3000余册，纠正“野的”“黑车”、摩托车、面包车等非法接送学生违法行为89起。

▲校园“三防”：指校园平安建设的人防、物防和技防三个方面。

▲“三无”食品：指无生产日期、无质量合格证、无生产厂家。

【教育督导评估】 2016年6月，北川羌族自治县、平武县通过义务教育发展基本均衡省级督导评估；9月，北川县、平武县通过义务教育发展基本均衡国家认定，绵阳所有县市区全部顺利通过义务教育发展基本均衡国家认定，成为四川省首批通过义务教育基本均衡国家认定的市州。4月、10月分两次组织开展县级素质教育督导评估优秀学校市级评估认定，对16所县级素质教育督导评估优秀学校和北川中学等4所高中进行督导评估，认定北川中学、江油外国语学校等18所学校为绵阳市素质教育督导评估优秀学校。11月下旬，市政府教育督导团组织督查组，对涪城区、游仙区、各园区、科学城学前教育工作进行专项督查，评估认定科学城学前教育工作达到优秀等次；涪城区、游仙区、经开区、科创园区、高新区、仙海区达到合格等次。连续4年（2013~2016）对全市533所中小学校开展素质教育督导评估（其中市级直接组织评估的普通高中和县上推荐的素质教育优秀学校80所），评估认定市级优秀学校70所、合格学校10所。

【德育工作】 2016年，全市广泛开展书香校园全民阅读活动，举办“五好小公民”主题教育读书活动交流、征文、演讲系列活动，被教育部关工委评为“全国五好小公民主题教育读书活动先进集体”。开展“少年传承中华传统美德”系列展示活动，市教体局选送的经典诵读节目代表绵阳参加“2016年全省中华经典诵读会”现场直播。开展“学习道德模范，争做美德少年”主题活动，评选出市级“十佳美德少年”10人、绵阳市美德少年30人，产生“全国最美孝心少年任芳芳”等一批学生道德模范。7月，游仙区代表绵阳市在全省德育工作会上进行德育体系建设经验交流发言。组织120余名学校德育干部开展心理健康教育专题跟进培训。推荐表彰50名省级三好学生、37名优秀学生干部、4名优秀学生、17个先进班集体，组织评选1815名市级三好学生、优秀学生干部，686个先进班集体。

【友好交流活动】 2016年，全市各级各类学校接待来自美国、俄罗斯等16个国家（地区）的42批次、326人次到绵阳交流合作，签署交流合作协议和友好合作备忘录20余份；先后向新西兰、德国等国家和地区派出教育交流团10批次、31人次，开展参访交流、职业教育培训和体育交流等活动。争取教育部专项经费39.8万元，用于支持“中德学校塑造未来伙伴项目示范学校”和“姊妹校交流平台”项目。与香港圣保禄培训中心联合举办“英语教师培训项目”，为三台县农村义务学校无偿培训基层英语教师200人。

【教育装备及信息化】 2016年，全市所有中小学接入教育城域网，实现宽带网络“校校通”，教育城域网互联网出口达到6.5G，80%的学校实现优质资源“班班通”，80%的教师、60%的初中以上学生和20%的小学生有学习空间，实现“人人通”。“全面改薄”教育装备类规划项目资金1984.04万元，完成1413.8万元。新建18个普通高考考点外语听力考试播放系统、改建2个考点高考外语听力考试播放系统。开通“绵阳教育资源中心”“高中选修课”“生学堂”“电子学生证”等APP，方便师生共建共享。与绵阳电视台联合开办绵阳教育资讯频道，利用广电数字电视开通“绵阳教育信息服务平台”VOD点播频道，开通电信数字电视ITV频道，优质教育资源通过数字电视进入千家万户。4月，首届西南地区高中教育改革与发展论坛在绵阳举行；6月，绵阳市关于加快推进信息化教学常态化应用工作文件，被省教育厅在全省推广；11月，绵阳市被教育部列入区域推进教育信息化典型案例，在全国基础教育信息化应用现场会上宣传推广。绵阳市被中国教育学会“中国青少年创客奥林匹克”全国组委会评定为“青少年创客奥林匹克”实验区，绵阳市电化教育馆和绵阳中学、南山中学、绵阳中学英才学校、南山中学双语学校、绵阳东辰国际学校、绵阳市成绵路小学、绵阳市富乐实验小学、绵阳市七一剑南路小学、绵阳市高新区火炬实验小学、绵阳市科创区博雅学校、安州区七一实验小学校、三台县七一小学校12所中小学校被评定为“青少年创客奥林匹克”实验基地。

【改善贫困地区义务教育薄弱学校项目】 2016年，全市规划改善贫困地区义务教育薄弱学校项目学校95所，规划项目109个，项目总投资

10098.2万元（其中：中央专项资金2771万元、省级专项资金4259.4万元、市级资金1060万元、县级配套资金2007.8万元），建设面积16万平方米，设施设备购置1535.7万元，惠及学生6.2万人。校舍建设类项目开工学校41所，占总规划18.74%；竣工学校33所，占总规划10.96%。开工项目50个，占总规划12.25%；竣工项目41个，占总规划10.05%。开工面积60746平方米，占总规划18.63%；竣工面积46598平方米，占总规划14.29%。设备采购类项目完成学校61所、项目79个，完成采购金额1413.8万元，设施设备采购完成率71.26%。

【清廉教育进课堂】 2016年秋季学期起，绵阳市纪委和绵阳市教体局组织编写的《清廉教育读本》（包括《小学生廉洁品德基础》《初中生廉洁素质例话》《高中生廉洁教育概要》）在绵阳外国语学校、南山中学双语学校、绵阳中学实验学校、南山中学实验学校、绵阳外国语实验学校、绵阳中学英才学校6所学校的小学四年级、初中一年级、高中一年级12350名中小学生中试用，开启中小学生“清廉教育进课堂”活动。各学校将“清廉教育”融入德育、思想品德、政治课中，安排专人授课，每周课时0.5~1节。按照绵阳市纪委和市教体局规划，通过6所学校的试用试行，逐步在全市推进“清廉教育进课堂”活动。

【援藏支教工作】 2016年，绵阳市落实援藏、援彝、“三区”人才支持计划教师专项计划工作，选派援藏、援彝干部20人、支教教师97人。援藏项目壤塘“绵阳班”得到阿坝藏族自治州、援藏指挥部、壤塘县委、县府的肯定，光明网、阿坝电视台、《绵阳日报》、微壤塘、壤塘电视台等各大媒体进行报道。组织、协调阿坝藏族自治州20名教师在绵阳完成为期一年的跟岗培训。7月，市教体局被省委组织部、省人社厅等部门表彰为“四川省对口援藏工作先进集体”。

【乡村（社区）学校少年宫建设】 2016年，全市持续推进学校少年宫“分类划档、晋位升级”活动，建成市级特色学校少年宫17所、市级示范性学校少年宫9所。7月8日，市教体局承办绵阳市第五届学校少年宫成果展，为参加全国乡村学校少年宫项目建设工作推进会的全国代表们提供优质示范。

【语言文字工作】 2016年，全市开展第十九届推普周宣传活动，各级各类学校师生和社会人士约65万余人参与，宣传国家《通用语言文字法》。全年开展中华经典诵读活动约300场次，8万余名师生和社会各界人士参与。开展“书法名家进校园”活动，组织书法家及各校专兼职书法教师，通过走教、走校技能培训和作品展等形式，对全市近千名师生进行书法名家作品鉴赏，对200名一线专兼职书法教师进行为期2天的专业技能培训。加强普通话水平培训测试管理，启用普通话水平计算机辅助测试系统，扩大普通话培训测试覆盖面，全年开展普通话水平培训987人（其中北川、平武送培200人）、等级测试5200人。 （杨进平）

基础教育

【概况】 2016年，全市有义务教育学校595所，在校学生389855人，教职工26980人；有高中学校35所，在校学生111448人，教职工10577人；有幼儿园701所（其中：普惠性民办幼儿园431所），在园幼儿144766人，教职工12287人。落实农村义务教育学生营养改善及“免费午餐”计划，多形式开展学校健康教育，做好学校后勤保障服务，着力为中小学生营造一个良好的学习生活环境。

【学前教育】 2016年，全市有幼儿园701所（其中普惠性民办幼儿园431所），在园幼儿144766人，教职工12287人，较2015年新增幼儿园40所、新增在园幼儿2305人。9月，市政府出台《关于进一步加快学前教育发展的实施意见》（绵府发〔2016〕19号）。督促各县市区制定《普惠性民办幼儿园认定管理实施办法》，不断提升普惠性民办幼儿园数量。继续开展绵阳市机关幼儿园等7所公办幼儿园帮扶民办幼儿园工作。完成第二轮学前教育三年行动计划，并全面完成各项目标任务。

【义务教育】 2016年，全市义务教育学校595所，在校学生389855人，教职工26980人。制定《绵阳市消除义务教育阶段大班额的专项规划》；继续做好义务教育免试就近入学工作。市、县两级联动，对进城务工随迁子女就学采取“四统一”办法，全年解决26635名进城务工随迁子女就读。制定《义务教育质量监测实施办法》，启动义务教育质量监测工作，对初中2014级学生5门学科进行第三方质量监测。

【普通高中教育】 2016年，全市高中学校35所，在校学生111448人，教职工10577人。2016年高考本科硬上线33752人，本科硬上线率68.67%，一本硬上线17183人，一本硬上线率34.96%；被北大清华录取人数达95人，占全省录取人数1/3；绵阳学子连续四年夺得全省高考桂冠；本科硬上线率、本科硬上线万人比连续16年全省“双第一”。绵阳东辰国际学校顺利通过省教育厅验收评估工作，晋升为“四川省一级示范性普通高中”。普通高中教育均衡战略成效显现，2016年高考北川中学绵中班取得了本科硬上线279人，上线率94.9%，一本硬上线167人，上线率56.8%，被北大、清华录取6人的优异成绩，成为全市高中快速发展的新亮点。

【民族教育】 2016年，全年使用《行动计划》省级专项资金600万元（其中：北川羌族自治县550万元，平武县50万元），主要投向校舍建设、设备配置、远程教育和师资培训等项目。3月，北川羌族自治县全面启动实施十五年免费教育计划，全面免除学前在园幼儿保教费，普通高中学生学杂费并免费提供教科书。在北川羌族自治县北川中学、西苑中学、永昌小学试点民族地区远程教育项目（其中：西苑中学辐射小坝初中、黄江义校、桂溪中学3所初中学校，永昌小学辐射禹里小学、开坪小学、桃龙小学、七一小坝小学、片口义校5所小学）。选派121名师德良好、业务过硬、作风扎实、身体健康的教师（干部）到阿坝州及凉山州少数民族地区开展支教和帮扶工作。7月，组织前往阿坝州就民族地区学生培养进行专题调研，形成《关于进一步办好绵阳民族初级中学的调研报告》。9月，省民宗委教科语文处副调研员卢从剑率领四川省《行动计划》交叉检查组对我市民族地区2016年《行动计划》实施情况进行专项检查。

【艺术教育】　2016年，全市补充配备艺术教师108人，新增美术专用教室达标学校30所、达标率80.98%，新增音乐专用教室达标学校36所、达标率83.043%；新增音乐器材及设施设备达标学校53所、达标率达92.71%，新增美术器材及设施设备达标学校50所、达标率达92.08%，艺术教育五年行动计划扎实推进。全面落实学校艺术教育工作自评报告及公示制度，全市70%以上中小学校开展了学生艺术素质测评工作。三台县圆满通过全国农村艺术教育实验县结题鉴定，并在四川省艺术教育改革与特色学校现场会上作交流发言。涪城区、游仙区“四川省学校艺术区域整体推进试点工作”成效显著。4月，在教育部举办的全国第五届中小学生艺术展演活动中，我市荣获艺术表演类和艺术作品类两项金奖，市教体局荣获全国优秀组织奖。12月，选送两支队伍参加四川省第二届中小学川剧展演活动，荣获最佳表演奖、最佳创作奖、二等奖各一项，市教体局获优秀组织奖。8月，游仙区“星期五”教师合唱团参加第十三届中国国际合唱节暨国际合唱联盟合唱教育大会，荣获铜奖；三台县教师合唱团参加“金水杯”第三届全国教师合唱节，获得中青年组混声合唱金奖金奖。组织开展三场“戏剧进校园”活动，成功举办第十二届四川省优秀艺术人才大赛绵阳分区赛、全市第九届校园十佳歌手赛、全市第二届“祖国颂”教师声乐大赛以及全市第五届中小学生合唱比赛，组织参加第四届香港紫荆杯海峡两岸及港澳青少年书画赛、邮政系统少儿绘画大赛。

【健康教育】　在春秋两季开学期间，市教体局联合市卫生计生委对全市78所中小学、托幼机构进行卫生安全工作检查和指导。3月和9月，分别组织开展全市中小学爱国卫生主题宣传月活动，提高师生的健康意识和校园疾病防控水平。5月11日、12月29日，分别举办学校预防艾滋病健康教育及学校心理健康教育专项培训。9月21日，市教体局联合市卫生计生委在绵阳南山中学开展急救知识进校园启动仪式，全市各县市区、直属学校400余名师生参加活动，预计到2018年，急救知识进校园活动将实现全市中小学全覆盖。12月1日，组织开展“携手抗艾，重在预防”第29个“世界艾滋病日”主题宣传活动。加强学校健康教育，市教体局与宝洁公司合作开展了全市初中女生青春期健康教育及小学生口腔和个人卫生健康教育，全市83000余名中小学生受益；12月6日，市教体局联合市卫生计生委、市计生协会开展绵阳市青春健康教育启动仪式暨主持人培训，在绵阳各高校、各中小学130余名教师参加培训。

【国防教育】　2016年，全市持续推进学生军训改革试点工作。积极配合做好征兵宣传、征集对象学历审查等工作。完成学生军事训练实施情况专项书面调研问卷调查及统计上报工作。推荐普明中学、富乐中学、北川七一职业中学、富临实验小学参选教育部“国防教育特色学校”。

【学校后勤服务工作】　2016年，全市学校新建、改扩建食堂2万余平方米，投入资金700余万元购置食堂厨房设施设备。1000余所学校完成“明厨亮灶”工程、85所学校完成“肉菜溯源系统”建设、12所直属学校完成快检系统建设。7月、11月分别举办学校后勤管理干部培训班，参训人员达500人次，全年实现食品安全“零事故”，被市食安委授予“食品安全工作先进单位”。新增教育绿化资金4003.8万元，新增绿化面积58.26公顷，义务教育阶段学校累计绿化总面积达211.68公顷，绿化率79.12%，绿化覆盖总面积243.5公顷。全市2016~2017学年度校方责任保险参保学生数70.44万人，参保学校1123所，做到“应保尽保”。

【实施农村义务教育学生营养改善及“免费午餐”计划】　2016年，全市农村义务教育学生营养改善计划及“免费午餐”深入推进，全市营养餐覆盖56所乡镇初中、200所乡镇小学，惠及近8万名学生。“免费午餐”计划实现全覆盖，惠及全市502所农村义务教育学校，190965名学生，占全市义务教育学生总数的49.9%，被老百姓誉为“距群众最近、最有温度”的民生工程。

高中教育收费

表 47　　　　单位：元/生·期

学校类别	学费			高中毕业会考费	住宿费	课本费	作业本费
	国家省级示范高中	市级示范高中	一般高中				
绵阳市	460	340	280	5元/生。只对高二学生一次性收取	按当地物价部门核定的标准执行	300（据实结算，多退少不补）	30（据实结算，多退少不补）

中小学、幼儿园概况

表 48　　　　单位：人/个·所

	校数	班数	毕业生	招生数	在校生	预计毕业生	教职工	
							计	其中：专任教师
合　计	1338	15891	174583	188306	646757	177110	49953	41838
幼儿园	701	4900	47160	62348	144766	54578	12287	6507
小　学	404	6149	39101	46350	260373	39142	14032	13487
初　中	191	2829	47012	43969	129482	43632	12948	11995
高　中	35	1945	41284	35577	111448	39648	10577	9744
特　教	7	68	26	62	688	110	109	105

【首届西南地区高中教育改革与发展论坛】　2016年4月19~20日，中国教育技术协会、绵阳市教育和体育局主办，绵阳市电化教育馆、绵阳市教育科学研究所、杭州铭师堂教育科技发展有限公司承办的“首届西南地区高中教育改革与发展论坛”在绵阳市举办。全国15个省市的教育界领导、教研部门和教育技术装备部门专家、高中学校校长等300余人围绕“互联网+如何与高中教育深度融合及服务新一轮高考改革”展开研讨。中国教育技术协会秘书长刘雍潜发表题为《教育信息化的思路与实践》的主旨演讲。

【绵阳中学】　创建于1957年，现为四川省一级示范性普通高中，荣获清华大学“2016年优质生源中学”称号。学校占地16.6万平方米，拥有科技艺术综合楼、国际标准运动场、室内恒温游泳馆、室内体育馆、数字化实验室等一流硬件设施设备。现有教学班156个，在校学生9561人，教职工619人。现有正高级教师4人，特级教师18人，高级教师193人；研究生学历教师158人；四川省有突出贡献的优秀教师4人，全国模范教师3人，国家、省、市学科带头人以及省市优秀教师、骨干教师、明星教师、优秀班主任435人（次）。学校着力培育学生的核心素养，构建起“四型”校本特色课程体系，搭建起“四节三周”活动平台。

【绵阳南山中学】　创办于1908年，现为四川省一级示范性普通高中。学校占地18.2万平方米，建筑面积10.8万平方米，教学班165个，在校学生1.1万余人，教职工567人。学校拥有先进的实验室、网络管理中心、国际标准运动场、网球场，图书馆藏书20余万册。南山中学坚持“让学生做成长的主人，为学生终身发展奠基”的办学指导思想，“爱国读书、勤勉诚朴、求实向上、民主创新”的核心价值取向，“开启多元启智、阶梯引领、自主发展之门，为每一个学生搭建成功的立交桥”的教育理念，以班级文化化育人，以人文环境熏陶人，以心理教育启迪人，以安全教育守护人，以特色活动锻炼人，积极构建南山德育系列教育的“五朵金花”和“四项工程”，着力培养“后劲足、潜力大、综合素质高”的阳光学子。

【绵阳实验高级中学】　创办于2000年，由原绵阳机电工业学校改制而成，现为四川省二级示范性普通高中。学校占地7.1万平方米，建筑面积4.8万平方米，教学班92个，在校学生5048人，教职工354人，其中中高级教师228人，全国优秀、省特级、省市学科带头人、省市优秀骨干教师、明星教师146名。学校拥有先进的理化生实验室、通用技术实验室、教育信息技术中心、国家标准跑道和塑胶运动场等硬件设施，图书馆藏书28万余册。学校始终坚持“唯实唯生，重德重能”的办学理念，努力创设适合学生发展的教育，实施分层教学，构建智慧课堂，实施仁爱教育，打造书香校园，开启多元办学，彰显办学特色。学校全面开发校本课程，全员参与校本研修，多个课题荣获国家、省市一等奖，被评为“全国科研先进单位”。此外，学校还获得“绵阳市委先进基层党组织”“四川省体育传统项目学校”“绵阳市德育工作先进单位”“绵阳市教育工作先进单位”“绵阳市特长生基地校”“中国青少年创客奥林匹克系列活动实验基地”等荣誉称号。

【绵阳第一中学】　原清绵州知府所改学堂、试院，后更名左绵书院。1950年改为县立中学，1984年更名绵阳市第一中学。现为四川省二级示范性普通高中。校园建筑面积4.1万平方米，教学班86个，在校学生4772人，教职工259人，其中正高级教师1人，特级、高级教师79人，中高级教师占专任教师82.9%。学校秉承“面向未来，和美育人”的办学理念、“传承创新，引领激励”的管理理念，坚持立德树人，以活动为载体，儒化学生人格，以“导学案为载体的小组合作”模式，深化课堂改革。2016年，教师论文获奖53人，全国“一师一优课一课一名师”获教育部表彰8人，汪红、张丽、冯琳茜等25位老师获得全国及省市赛课大奖，学校被评为“绵阳市义务教育质量先进单位”。

【绵阳普明中学】 创办于1906年，现为四川省二级示范性普通高中。校园面积10.7万平方米，建筑面积5.9万平方米，在校生5864人。特级教师5人，省级骨干教师10人，市级骨干教师46人，市级学科专家库教师31人，研究生52人。办学一百年来，学校始终秉承“发展青年身心，培养健全国民”的办学理念，办学成绩显著，先后被授予“中国西部名校”“国家级体育传统项目学校”“四川省校风示范学校”“四川省艺术特色学校”“四川省阳光体育示范校”“四川省现代教育技术示范学校”“西南交大高水平体育人才培训基地”“四川省青少年柔道训练基地”“四川省青少年田径优秀后备人才学校”等荣誉称号。

【科学城一中】 创办于1990年，现为四川省一级示范性普通高中。学校现有在校生2918人，教职工267人。学校始终坚持面向全体、面向人人，致力于“创造适合子弟发展的尊重的教育”，努力探求学生全面发展与应试升学之间的最佳平衡点。学校坚持为学生搭建成才立交桥，生动活泼的心理教育、科创教育、艺体教育，常年坚持的德育品牌活动“励志·科技”教育、艺术节、大课间等，构建多元学校课程，促进学生的全面发展。 （杨进平）

民办教育

【概况】 2016年，全市有民办学校940所（不含三所省属独立学院和两所高职专科学校），其中：中小学14所、中等职业学校11所、幼儿园663所、非学历教育学校252所。各级各类民办学校在校生224894人，其中：中等职业学校3415人、中小学71603人、幼儿园96465人、非学历教育学校53411人。各级各类民办学校专任教师17743人，其中：中等职业学校264人、中小学4866人、幼儿园11131人、非学历教育学校1482人。

【民办学校管理】 1月27日，市教体局批复三台外国语学校增设普通高中教育；5月11日，批复江油实验学校增设普通高中教育；5月30日，批复绵阳富乐国际学校增设普通高中教育；6月14日，批复新建三台中学实验学校。4月18日，下发《关于开展市级审批民办学校2015年检查初审的通知》。6月，完成全市民办教育学校及各类教育机构的年检工作。

【民办教育协会】 2016年11月17日，绵阳市民办教育协会组织召开绵阳市民办学校规范办学行为工作会，对民办学校招生工作进行全面部署并重申了招生工作纪律。11月，绵阳市民办教育协会组织开展2016年度“好老师”评选，收到申请材料120份，评定2016年度全市民办教育“好老师”20名；开展绵阳市民办教育首届教科研成果评选，收到教科研成果85项（其中：学前及幼儿园组教科研成果26项、中小学组59项），评定教科研成果奖10项（其中一等奖1项、、二等奖3项、三等奖6项）；开展全市民办学校优质课大赛。12月29日，绵阳市民办教育协会年会在绵阳外国语学校举行，全国民办教育协会副会长、原教育部基础教育司司长郑增仪应邀为全体会员单位解读新修订的《民办教育促进法》，全国民办教育首席专家、浙江大学民办教育研究所所长吴华教授做题为《我国民办教育的发展转型与未来走向》的报告，四川省民办教育协会副会长、绵阳市民办教育协会会长祝启程做《民办学校办学的三条铁律》专题培训。

【绵阳东辰国际学校】 创办于2000年，现为四川省一级示范性普通高中，是一所集学前、小学（一部、二部）、初中、高中、出国预备教育于一体的全日制寄宿制民办学校，现有教职员工1.7万余人。学校坚持“培养有中国灵魂有世界眼光的现代人”，秉承“崇尚科学、弘扬人文、发展个性、创造卓越”的核心理念，坚持“双高”质量标准，全面推行核心素养教育和以人为本素质教育为核心的“七位一体”的教育创新模式，即实行管理模式创新、学校德育模式创新、学校课程模式创新、课堂教学模式创新、高质量发展模式创新、学生学习模式创新、教师发展模式创新。学校在全国率先提出并实施“两课一育”大课改，大力推行小初高一体化创新教育模式，着力培养高素质人才、创新人才和拔尖人才，被《中国教育报》用三个整版报道，在编者按中指出：“东辰新教育从某种意义上代表了中国基础教育改革发展的走向”。

【绵阳外国语学校】 始建于1999年，是一所集小学、初中、高中教育于一体的全寄宿制民办学校。学校占地13.9万平方米，教学班167个，在校学生7852人，教职工543人。专任教师中，中高级教师和特级教师占60%以上。学校秉承“办心中有人的学校”的理念，大力践行“学汇中西、彰显个性、教融古今、以文化人”办学准则，致力于建设质量高地，搭建成功阶梯，通过教学改革，追求绿色质量，构筑生态课堂，培养学生学会生存、学会交流、学会发展、学会协作、学会学习的能力。 （杨建平）

职业教育·成人教育 特殊教育

【职业教育】 2016年，全市共有中等职业学校32所（其中：国家级示范中职学校1所，国家级重点中职学校3所，省级重点中职学校3所，技工校7所），开设有加工制造类、信息技术类、财经商贸类、旅游服务类、交通运输类等15个专业大类60余个专业，有在校生6万余人，在校教职工2600余人。全市中职学校累计招生24127人（灵活学制）。争取中央资金2380万元，支持绵阳财经学校、游仙职中等13所中职学校发展。财经学校学生扎西泽让被评为

2016年度“全国最美中职生”。市教体局成立绵阳市职业教育政策宣讲团，深入全市202所初中学校，对广大师生和家长进行为期15天的职业教育政策宣讲，授听学生39812人、家长8355人、初中学校教师2619人。

【成人教育】 2016年，全市有一所社区大学（校区在绵阳电大），一所社区学院（校区在三台电大），15个社区教育学习中心（其中：2016年，新成立社区教育学习中心10个），有社区教育专职人员3名，专兼职教师110名，志愿者550名。全年举办“全民终身学习活动周”等社区教育活动30余场次，参加社区活动和培训的各类居民多达350000人次。90余个社会培训机构年职业技能培训10万人次。2016年市财政拨付社区教育专项资金100万元。12月8日，四川电大、绵阳社区大学、四川省金诺瑞食品有限公司共建的全国首个i-烘焙实验室成立，教育部社区教育研究培训中心常务副主任周延军为实验室授牌“教育部社区教育研究中心——烘焙实验基地”。开展农民劳动力转移培训和实用技术培训达10万人次（其中：农村劳动力转移培训61830人次，农村实用技术培训38170人次）。

【特殊教育】 2016年，全市有特殊教育学校7所，在校学生688人，随班就读1730人，听力、智力残疾儿童少年义务教育入学率达92.5%，教职工109人。认真落实《绵阳市特殊教育提升计划》，对全市2614名适龄残疾儿童少年调查摸底、造册登记，实施“一人一案”，对894名不能到校就读的重度适龄残疾儿童少年实施“送教上门”；完善特殊教育体系，指导涪城、游仙特殊教育学校分别举办高中班和附设幼儿园。

【职业教师队伍建设】 2016年，全市选派62名专业教师参加省级教师培训，4名专业骨干教师赴新加坡培训，2名专业骨干教师赴德国培训。组织60余名中职教师参加绵阳市第二届职业技能大赛，市教体局被市政府表彰为“优秀组织奖”。选送16篇教师论文参加全省中职教育优秀论文评选，8篇获奖，市教体局荣获“优秀组织奖”。率先建立市级职业院校数字化教育教学资源共享平台，组织教师积极编制优质课件。

【职业技能大赛获奖】 2016年，全市700余名中职学生先后参加国家、省、市三级技能大赛，351名学生荣获一、二、三等奖。其中，81名学生参加四川省中职学生技能大赛，57人获奖。北川七一职中魏鲜涛代表绵阳市参加四川省第六届农民工技能大赛，荣获钳工项目第二名，被授予“四川省农民工技能明星”称号，并取得高级技师证书。

【职业教育发展试点】 2016年，绵阳财经学校、北川七一职中、绵阳职业技术学校、江油职中四所省级“现代学徒制”试点学校，大力开展机电技术与应用、化工机械与设备、汽车维修等5个“现代学徒制”试点项目。在绵阳市涪城区、绵阳市安州区、三台县、梓潼县试点普职融通实验班。12所中职学校的26个专业分别与5所高职院校进行2~3次对接。高职院校为结对帮扶学校捐赠教学设备10万余元，选派20余名专业教师上课，免费提供实训场所。举办第二届职业教育成果展，参展学校21所，参展作品3000余件。对全市近26000名中职学生10余门文化和专业理论课进行统一检测，对全市17所中职学校7个工种的336名中职学生进行技能水平抽测。

（杨进平）

教育园区

【概况】 2016年，教育园区完成园区市政道路基础设施投资约6亿元，建成道路7千米，水电气、排污、排洪、路灯、道路绿化初步配套，以1号、4号道路建成为主要标志的园区骨干路网基本形成。投资1600万元，完成“明日之星”“规划未来”“孕育新芽”“飞文染翰”四个大型雕塑。

2016年，园区已入驻四川医专、四川幼专、绵阳电大、绵中实验、南山实验、外国语实验、绵阳农校、民族初级中学8所学校，入驻学生约4万余人，教职工3344人（其中四川医专学生7349人，教职工681人；四川幼专学生2500人，教职工100人；绵阳电大学生1328人，教职工100人；绵中实验学生9429人，教职工750人；南山实验学生10137人，教职工849人；外国语实验学生5503人，教职工701人；绵阳农校学生2600人，教职工103人；绵阳民族中学学生360人，教职工60人）。绵阳中学实验学校、南山中学实验学校、绵阳外国语实验学校3所实验学校为教投集团所属。

【春晖花园项目】 2016年，绵阳科达置业有限责任公司投资开发，占地面积3.1余万平方米，开发面积7.8万平方米，投资约2亿元。项目2016年4月开工建设，1号、2号、3号楼主体工程完成封顶。截至12月31日，办理销售许可证，销售商品房74套，回款2590万元。 （杨进平）

招生考试

【概况】 2016年，全市普通高考报考人数52062人［其中：普通类50412名（文科17835名，理科32577名），对口职教高职类1650名）］，同比减少312人，设23个考点，1695个考场（其中：普通类考场1662个，对口高职类33个）。6月23日，“2016年四川省绵阳市普通高校招生咨询会”在绵阳市会展中心C馆举行，200余所（其中985、211高校39所）省内外高校、特色院校参加咨询会，1万多名考生及家长参加现场咨询。

【本科录取人数破3万人】 2016年，全市有46241名考生被省内外高校录取，总录取率为89.88%，同比增长2.79个百分点。本科录取人数达到31835人，首次突破3万人大关，同比增加2976人，增长10.31%。被录取为重点层次的人数达到14862人，同比增加3226人，增长27.7%。其中，全国“211”高校录取6869名、“985”高校录取2689名。

【高中阶段招生】 2016年，全市报名人数38097，设9个考区，20个考点，1279个考场。普通高中全年录取新生21830人，五年制高职专科学校录取新生1173名，三年制中专学校集中录取2234人（不含职业高中）。全市普通高中学校、中等职业教育学校、五年制高职专科学校招生全部实行网上填报志愿。

【成人高校招生】 2016年，全市成人高考报名人数8331人，同比增加2319人，设9个考区，12个考点，291个考场。全市成人高考录取7450人（其中：高起专5507人、高起本131人、专升本1812人）。

【自考及非学历证书考试】 2016年，全市组织高等教育自学报名考试3次，累计参考30948人，64543科次，办理社会型本专科自考毕业证书183人，应用型本专科自考毕业证7856人。组织非学历证书考试4次（其中全国计算机等级考试2次、全国大学英语四、六级考试2次），累计参考111513人次（其中全国计算机等级考试参考25488人次、全国大学英语四、六级考试86025人次）。

【“绵阳考试招生”微信公众号开通】 2016年5月18日，绵阳招生自考办官方微信公众号“绵阳考试招生”上线运行。主要功能：发布招考政策、推送招考资讯、提供考试成绩、座位号、录取情况查询等。“绵阳考试招生”微信公众号上线，快捷方便地为考生和家长提供信息查询和咨询。截至2016年12月30日，微信公众号订阅人数达7万多人次，发布信息691条，总阅读人数1006751人，总阅读次数2016928次，转发阅读177708次，晒朋友圈255018次。

（杨进平）

高等教育

【概况】 2016年，绵阳市内有高等院校14所。其中：全日制普通教育本科院校6所：西南科技大学、绵阳师范学院、四川文化艺术学院、中国民航飞行学院绵阳分院、西南财经大学天府学院、西南科技大学城市学院；市属全日制普通教育专科院校3所：绵阳职业技术学院、四川中医药高等专科学校、四川幼儿师范高等专科学校；全日制民办高等职业技术学院2所：四川汽车职业技术学院、四川电子机械职业技术学院；成人教育本科院校1所：中国工程物理研究院职工工学院；成人教育专科院校2所：绵阳广播电视大学、涪江机器厂职工大学。绵阳职业技术学院跻身2016年高职院校创新创业示范校50强。高校校园总面积1013.3公顷，校园内总建筑面积3961905平方米，图书馆藏书量（包含电子图书）31341701册，学校固定资产总值625140.7万元。有省部级重点实验室（实训基地）17个、博士点3个、硕士点（覆盖专业）72个、职业技能鉴定站（覆盖工种）147个。

2016年，全市高校中普通教育和成人教育各类在校（在册）大学生总数为148923人，其中全日制在校大学生132387人（其中研究生2797人、本科生72800人、专科生56790人），成教在册大学生16536人。有教职工11000人，其中正高级职称591人、副高级职称1834人、具有博士学位教师928人、具有硕士学位教师3173人。

2016年，绵阳市普教大学毕业生33806人，平均就业率达到89.1%。35000余名大学生参加大学生就业创业培训，1000余名大学师生参加全国双创活动周绵阳分会场创客高校行。西南科技大学国家大学科技园成功申报为省级大学生创新创业基地，绵阳职业技术学院富乐绵阳大学生创新创业园成功申报科技部高新技术孵化器。23所国内知名高校领导到绵阳参加第四届科博会，组织600名高校师生参加电子商务发展大会。西南科技大学、绵阳职业技术学院等高校和绵阳职业技术学校等中职学校累计开展电商人才培训5000余人次。商务部中国电子商务培训学院绵阳分中心在绵阳职业技术学院挂牌成立。

9月，制订《绵阳市军民融合人才培养方案》。西南科技大学新增国防特色学科4个。四川省军民融合研究院在西南科技大学挂牌成立。绵阳职业技术学院和绵阳财经学校等5所院校开展现代学徒制人才培养试点，绵阳职业技术学院软件学院在金家林软件产业园举办，开创政府与学校校、企业与园区深度合作的现代学徒制人才培养模式。西南科技大学获得省财政厅和省教育厅“双一流”建设经费支持（川财教〔2016〕141号），四川文化艺术学院和绵阳师范学院被省教育厅纳入第三批转型发展高校建设单位。

（杨进平）

【西南科技大学】 2016年，西南科技大学（简称“西科大”）招收各类研究生1084名，本科学生7605名，各类学历继续教育学生56667人。招收来自美国、澳大利亚、新西兰及“一带一路”沿线国家的留学生116名。2016届本科毕业生一次性就业率达到90.4%，研究生一次就业率达到92.87%。大学获批四川省“双一流”学科建设项目2个（材料与环境学科群、信息与控制学科群）。辐射防护与环境保护、军用关键材料、通信与信息系统、检测技术与自动化装置被国防科工局批准为国防特色学科方向。完成第四轮学科评估（23个一级学科）和专业学位水平评估（2个类别）工作，学科建设和布局调整机制更为完善。3个专业学位授权点（法律、工商管理、翻译硕士）顺利通过专项评估；7个工程硕士领域完成专家进校评估。奖励研究生高水平学术论文141篇，评选优秀硕士学位论文24篇。重点建设研究生精品课程17门，双语课程6门，博士生课程15门，专业学位教学案例库2门。完成硕士学位授权学科和专业学位授权类别（含工程硕士领域）的学位授予标准和培养方案的修订。新增研究生导师139名。

2016年，西科大修订并实施新的本科人才培养方案。建立学校课程中心建设平台，实施“翻转课堂”教学改革，引进第三方优质在线课程100门，学生修读达到3000余人次。省级及以上“卓越人才”“拔尖人才”等各类卓越计划专业学生受益人数达2000余人。组织各类大学生创新创业及科技竞赛项目50余项，获得省级以上表彰500余项。学校成为首批省级“深化创新创业教育改革示范校”。获得“中央财政支持地方高校发展专项资金2016年建设项目”经费支持3000余万元。

2016年，国防科工局与四川省人民政府续签“十三五”局省共建协议，教育部2016年省部共建高校工作研讨会在西科大学召开。中国科学技术大学与学校续签“十三五”对口支援协议。学校被确定为四川省高等教育领域全面创新改革定点联系高校。召开“学校董事单位科技工作联席会”，与中物院、九洲集团等单位签订合作协议43项，新聘校外专家12人，新增共建共享实验室4个，联合共建研究所（中心）4个，实习（实践）基地7个。

2016年，西科大“四川省非金属复合与功能材料重点实验室—省部共建国家重点实验室培育基地”和“特殊环境机器人技术四川省重点实验室”均在全省重点实验室考核评审中获得“优秀”；“环境友好新能源材料省部共建国家重点实验室”顺利通过四川省与科技部的“部省会商”；“工程结构冲击与振动四川省重点实验室”、“制造过程测试技术省部共建教育部重点实验室”通过验收。自然科学研究项目立项472项，以合作或协作方式获得国家重点研发计划项目5项。学校教师首次在IF=8.315的材料领域综合性权威期刊《Small》发表高水平学术论文。《强辐射环境强适应型机器人关键技术及其应用》获得2016年四川省科学技术进步奖一等奖。首次以牵头单位获批中央军委科技委重点科研项目和国防科技创新特区项目建议，学校被国防科工局授予“军工科研项目管理先进单位”荣誉称号。与军事科学院军民融合研究中心签订战略合作协议，牵头编制的《四川省“十三五”军民融合发展规划》和多项建议已被省、市相关部门采纳，并形成拟向全国推广复制的经验。人文社科研究项目立项390项，获得绵阳市第十五次社会科学优秀科研成果奖65项。“四川历史文化故事普及基地”获批第六批四川省社会科学普及基地。创办《四川军民融合对策研究》期刊。循环经济研究中心入选“中国智库索引”首批来源智库。学校与四川省社会科学院签订人文社会科学学科战略合作框架协议，与中国社科院拉美所、马克思主义研究院签订全面战略合作协议。全年主办、承办、协办大型学术会议45场。邀请国内外专家、学者来校做学术报告201场，其中院士及国际专家、学者48场。成功转化高层次科技成果43项。全面推进精准帮扶阿坝州松潘县、教育对口帮扶凉山州布拖县和主动帮扶广元苍溪县扶贫工作的开展，受四川省脱贫攻坚办委托，学校组织专家完成省内10个贫困县2016年度脱贫攻坚工作省级验收考核第三方评估工作。

2016年，西科大易班“学生工作平台”被评为全国十佳易班应用。首次开设“清华大学—西南科技大学辅导员职业能力提升高级研修班”。全年有7100余人次获得国家奖学金、研究生校长奖学金、涪璋奖学金等表彰奖励。在“创青春”全国大学生创业大赛、全国大学生测绘技能大赛、全国高校“校园好声音”大赛等科技文化体育竞赛中获得省级以上奖励640余项。全年资助贫困生85992人次，提供勤工助学岗位5000多个，落实资助金额6566.58万元。

2016年，西科大获批成为国家汉办汉语水平考试考点，举办首届国际文化节。聘请外籍教师和外国专家45名。先后接待来自20个国家和地区友好学校访问交流，与国外高校签署校际合作协议7项。19位教师获得国家留学基金委公派项目，24人次赴海外参加国际会议、学术交流、研修等。

（张丁杰）

【绵阳师范学院】 绵阳师范学院是四川省属全日制普通本科院校。2002年经国家教育部批准，由原绵阳师范高等专科学校和绵阳教育学院合并组建成立。2006年成为学士学位授予权单位；2007年通过国家教育部本科教学工作水平评估；2011年获准成为“服务国家特殊需求项目”试点单位，招收环境工程专业学位硕士研究生。2016年，学校获准成为四川省依法治校示范学校，游仙校区通过“园林式”校园创建验收。

学校校园占地面积104公顷，固定资产总值11.1亿元；学校图书馆藏书154余万册，电子文献360余万册，面向社会公众开放；建有体育馆、网球场、游泳池等各类现代化教育教学及服务设施。

学校形成研究生教育、全日制本专科高等教育、成人本专科高等教育及留学生教育等多种类型的人才培养体系，现有在校研究生、全日制本专科学生、留学生17570人。2016年，学校面向全国30个省（市、自治区）招收硕士研究生、全日制本、专科学生4680人，100%完成教育部下达的研究生招生指标。硕士研究生毕业就业率达100%，全日制本专科毕业生年终就业率达88.35%。学校全面拓展继续教育工作，累计培训学员19953人，比2015年增加近四倍，新增自考校外站点2个，新增校外成教教学点4个。

学校设立16个二级学院，涉及经济学、教育学、文学、历史学、理学、工学、农学、管理学、艺术学9大学科门类的71个全日制本专科专业。建有省级特色专业7个，省级精品课程21门。2016年，学校新增四川省卓越师范专业项目2个；获批省级应用型人才培养示范专业3个；建设完成人居环境实验教学中心、数字媒体艺术实验教学中心、化学虚拟仿真实验中心等多个校级实验平台，其中数字媒体艺术实验教学中心获批成为四川省省级实验中心。组织学生参加四川省师范生教学能力竞赛，获一等奖2个；组织学生参加各类创新大赛获奖30余项，其中，获第八届高校NOC决赛一等奖2项，全国大学生“创青春”创业大赛电子商务专项赛金奖1项。

学校有在职教职工1181人，专任教师919人（其中具有正、副高职称教师463人，硕、博士学位教师596人），硕士导师44人。具有正高级专业技术职务评议权学科5个，具有副高级专业技术职务评议权学科10个。截至2016年底，学校具有高级专业技术职务的人员占教职工总数的35%，具有硕士以上学位的人员占教职工总数50%；具有海外留学经历的教师70人，具有省级及以上称号的高层次人才9人。

2016年，学校建有四川省重点实验室1个，四川省社会科学研究重点基地3个，绵阳市社会科学研究重点基地6个。学校获准国家级项目3项，省部级项目19项，市厅级项目116项；获绵阳市哲学社会科学成果一等奖1项、二等奖9项、三等奖11项；发表科研论文630篇；出版学术著作32部，其中专著24部。

2016年，学校围绕区域经济社会发展和产业转型升级需求，不断提高服务区域经济社会发展和创新驱动发展能力。建立覆盖绵阳县市区及15个科技园区、孵化基地、产业园区的校地合作体系，先后与四川长虹、四川野马等21家企业开展校企服务项目50余项，共建GMP生物医药标准实验室，建立行业产业智库1个，组织开展中国科技城生物医药项目推广对接会，签订成果转化项目4项，承担并完成绵阳市文化产业、文化事业、文化创业产业、旅游产业、县域经济发展“十三五”规划编制工作；建立绵阳市文化与科技融合示范基地。（陈雪琴）

【绵阳职业技术学院】 2016年，学院围绕绵阳国家科技城建设和军民融合发展国家战略，以全面改革创新为引领，完成新一轮改革发展规划方案的设计，确立“打造特色鲜明的区域性一流职业大学”的奋斗目标，入选四川省全面创新改革试验创新改革试点高校和内部质量诊断与改进工作首批试点院校。

学院承接国家高职院校创新行动计划复合材料工程技术骨干专业、建筑材料工程技术专业“双师型”教师培养培训基地、建筑工程技术专业中外合作办学项目等3个行业项目，四川骨干职业教育集团等8个省建设项目及19项建设任务。发起并主持的建筑材料工程技术专业教学资源库纳入教育部全国职业教育专业教学资源库备选。

学院基于产业调整升级发展的专业动态调整机制，增设应用艺术类服装设计与工艺专业，停招6个专业。新增汽车检测与维修专业为四川省现代学徒制试点，完成材料工程技术、机械设计与制造、电子信息技术等3个省级重点建设专业验收。修订完成职业岗位和培养模式对接的专业人才培养方案38个，制订课程标准近500门。主编、参编省级规划教材39部、校本教材55部。

学院继续实施青年教师素质提升计划，选送教师攻读博士学位4人，选派教师培训进修238人次，其中赴国（境）外37人次，遴选表彰“教坛新秀”6人。引进教师14人，确认中级职称任职资格12人，推荐正高职称8人、副高职称9人。

全年本专科录取新生4234人，实际报到3737人，报到率为88.26%，比年初下达的任务超额147人。组织大型招聘会和专场招聘活动26场，落实招聘企业402家，提供就业岗位12260个，2016届毕业学生3606人，就业率达到96.56%。

2016年，学院完成市（厅）级及以上自然科学和人文社会科学课题立项49项，其中四川省科技计划项目1项。完成一批横向科研项目，在中小科技企业转化应用3项。获得四川省科技进步奖二等奖1项、绵阳市第十五次优秀社科成果奖8项。出版学术著作3部，公开发表学术论文201篇，其中EI/ISTP收录共4篇，北大核心期刊28篇。为绵阳安捷尔科技有限公司等46家科技型中小企业提供技术咨询、科技成果转化等帮扶支持。承接市委组织部干部递进培训等培训项目，累计培训8000余人次、技能鉴定4200余人次。承接四川省高等教育自学考试3次，参考学生达到18054人次。承接全国职业教育集团化办学调研活动、住建部建筑施工与建筑装饰专业指导委员会议、四川省高职高专思想政治理论课建设联盟年会及多项学生专业技能大赛项目。

2016年，学院与四川东材科技集团等4家企业建立校企战略合作关系。与金家林总部经济试验区多元共建中国（绵阳）科技城软件学院，开启了把产业学院建在产业园区的先河。推进与游仙区政府32项校地合作项目的对接，项目进入结题评审阶段。与广州、深圳、苏州等地人力资源机构和企业实施战略合作，签订多项战略合作、人才培养及就业合作协议，与四川长腾金属材料有限公司先后签订校企合作协议、产学研合作协议，与游仙区魏城镇签订农村电子商务培训战略框架协议，与西南自动化研究所、绵阳卷烟厂共建教师培训基地。

2016年，学院与马来西亚思特雅大学6所国外高校签署交流合作协议和友好合作备忘录。与加拿大北大西洋学院的建筑工程技术专业中外合作办学项目顺利推进。先后接待11批62人次国（境）外高校师生的来访交流，首次选派教师到泰国商会大学进行短期讲学。

2016年，学院组织学生参加全国省级以上专业技能大赛37项，参赛总人数391人次，获得各种奖励167项。其中，国家级特等奖1项、一等奖8项、二等奖26项、三等奖48项；省级特等奖4项、一等奖15项。此外，获得VR创作之星1项；获得市级奖励20项。组织参加绵阳市第二届职业教育成果展，获得奖励78项，其中一等奖18项。

2016年，学院先后承办和参与大型创新创业活动4次，完成“大学生创新创业训练计划项目”结题55个、立项46个，完成两门创新创业师示范课程申报。多元共建的“富乐绵阳大学生创新创业园”，集中服务区面积达到8000平方米，在孵创新创业项目达到62个，入驻创业企业达到93家（其中科技型企业75家），注册资本总规模突破1.6亿，年产总值超过5000万元，吸纳大学生就业500余人。2016年获科技部国家级众创空间，成功入选全国高职院校创新创业示范校50强。

（唐应平）

【四川幼儿师范高等专科学校】 2016年，学校重构16个专业人才培养方案，制定男幼儿教师培养方案；引入东西部高校课程共享联盟与“智慧树网”，开放40余门网络课程选修；对师范类学生增加科学技术、生活技术方面的教学内容，对非师范类学生增加美育、师范素养方面的教学内容；新增47个实训基地，有效开展第二课堂，全面提升学生综合素养。人才培养评估整改工作得到回访专家组的充分肯定和高度评价。修订完善《学术委员会章程》，完成第二届学术委员会换届选举。23项课题获得省、市科研项目立项。20项省、市级课题结题，5项校级课题结题，9项社科成果获绵阳市第十五次社会科学优秀科研成果奖。引进硕士研究生学历新教师22名；新增副高职称人员6名，讲师25名，转正定级18名；新增“双师”素质教师68人；选派190余人次专业负责人、学科带头人、骨干教师到国内著名高校进修学习。新进专职辅导员25人，辅导员队伍结构极大改善；组织参加四川省第四届高校辅导员能力大赛荣获三等奖。

2016年，学校新生报到3052人，报到率为81.9%。2016届毕业生2505人，就业2392人。举行2017届毕业生顶岗实习及就业双选会，为2000余名毕业生提供就业岗位3800个。成人大专7个专业录取新生333人，在籍学生达1500余人。开展职业技能鉴定工作1300余人，送培职业技能鉴定考评员20人。联合校外企业和校内系部开展培训，培训171人。学校与绵阳市教投公司合作组建四川幼专春晖学前教育管理有限责任公司，着力打造普惠性幼儿园。与威州民族师范等中职学校签订战略协议。与平武、北川教育行政部门就带编定向培养农村小学教师达成共识。牵头组建成立“绵阳市幼教联盟”，打造绵阳幼儿教育新品牌新名片和四川幼教高地。

（王啸飞）

图 71　绵阳电大新校区

【绵阳广播电视大学】 2016年，绵阳电大开办有大学本科、专科、中专层次的学历教育，涉及30多个专业；与省内外知名普通高校联办硕士研究生班；开展社区教育、岗位培训、教师继续教育等各种非学历教育。挂牌成立绵阳市中小学教师培训中心、绵阳社区大学、国家奥鹏远程教育绵阳学习中心、国家教育部教师继续教育网绵阳资源中心、绵阳市普通话培训与测试中心等教育基地。新校区一期工程投入使用，占地约5.6公顷，建筑面积33685平方米。

2016年，全校招收各类学历教育学生4495人，全校在籍学历教育学生12382人。学校全系统招生4976人。其中校本部招生2406人，包括开放教育829人、奥鹏教育906人，学历教育成人大专251人、中专学生420人。完成成人专科、中职毕业生572人就业，就业率达100%。4名老师申报的课题获省市课题立项，3人先后在核心期刊发表论文3篇，在普通刊物发表论文14篇。其中王义宝的论文《“开放大学”对教师职业素养要求之探讨》在绵阳市第十五次社会科学优秀科研成果评选中获优秀奖，王海啸的作品《紫气东来》获四川省文化馆第二届群星璀璨全省美术、书法、摄影优秀作品展优秀奖。社区大学制作的作品《华夏音乐活化石之文昌洞经古乐》获首届全国传统文化进社区微视频大赛优秀作品。

（刘小波）

体　育

【概况】 2016年，绵阳市承办国家级赛事训练活动3项、省级重要赛事8项，成功组织全市高中校园足球、篮球、排球联赛，举办青少年健美操暨幼儿体操、跳绳、棋类三项锦标赛。举办县级以上各级各类运动会98次，参加运动员227998人次。发展一级运动员49人、二级运动员191人。赖佳新入选国家乒乓球男子一队，康琪入选国家艺术体操队，全市有3名青少年被省政府选招进入省优秀运动队。江油一中女子足球队代表四川勇夺2016年全国校园足球总决赛第三名，11名队员入选中国中学生女足夏令营，马力、张宏燕2人入选中国中学生女足代表队。

绵阳市体育场馆一览

表 49

编号	场馆名称	占地面积（平方米）
1	绵阳市九洲体育馆	111322
2	绵阳市南河体育中心	99990
3	涪城区体育馆	46000
4	游仙区全民健身活动中心	1333
5	江油市体育中心	59096
6	三台县体育馆	13327
7	三台县全民健身中心	34500
8	三台县体育场	41958
9	安县体育馆	4000
10	盐亭县体育场	46667
11	盐亭县体育健身馆	2100
12	平武县文化体育中心	14300
13	北川羌族自治县体育中心	56000
14	科学城九龙运动休闲中心综合运动馆	45000

【学校体育】　2016年，全市完成来自201所学校（其中：市直属9所、县市区学校192所）的4.3万余名考生45万余人次的初中毕业生升学体育考试测试工作。有4万余名普通高中毕业生参加身体素质、运动技能、体育与健康理论知识等方面的测试。组织市本级小学毕业年级学生体质健康测试，测试率和上报率均达到100%。出台《绵阳市普通高中体育艺术教学质量考核评价办法（试行）》，建立体育优秀苗子直升优质初中和优质高中的制度，将招收体育特长生的学校范围扩大至市内所有普通高中。绵阳中学育才学校等10所学校被命名为第四批“绵阳市阳光体育示范学校”，普明中学等30所学校成功创建为第二批“全国校园足球特色学校”，绵阳中学等8所学校被命名为“全国学校体育工作示范学校”，三台中学被命名为“国家示范性青少年体育俱乐部”，绵阳实验高中被省体育局命名为“四川省体育传统项目（篮球）学校”。实验高中代表四川参加全国篮球传统项目学校比赛，取得中学组第13名。7月20~23日，全国体育传统项目学校田径联赛（南方赛区）在普明中学举行，绵阳参赛队伍取得5个冠军、男子甲组团体总分排名第一的优异成绩；8月18~23日，2016年中国中学生健美操锦标赛在南山中学举行，绵阳取得3个冠军，高中大众健美操团体总分排名第一。8月，富乐中学国家级青少年体育俱乐部代表四川参加国家级青少年体育俱乐部夏令营活动，取得集体一等奖；11月，富乐中学、南山中学国家级青少年体育俱乐部代表绵阳参加四川省国家级青少年体育俱乐部全民健身操舞比赛，分别取得初中组冠军、中学组冠军的成绩，全市体育俱乐部管理工作和体育传统项目学校管理工作均被省体育局评为一等奖。

【竞技体育】　2016年，全市承办全国体育传统项目学校田径联赛、全国中学生健美操锦标赛、全国青少年科学健身普及活动、四川省中学生排球锦标赛、四川省青少年排球锦标赛、四川省青少年沙滩排球锦标赛、四川省青少年网球锦标赛、四川省中学生网球比赛、四川省中学生足球锦标赛、四川省青少年足球后备人才基地赛等省级以上重要赛事，是全省承办赛事最多的市州。组建68支队伍参加四川省青少年锦标赛23个大项的比赛，获得奖牌146枚（其中：金牌39.5枚、银牌55.5枚、铜牌51枚），团体总分3616分，参赛成绩综合排名全省第二的优异成绩。遴选68所学校（单位）为新周期（2015~2018）“绵阳市青少年体育业余训练基地”，确定30所学校（单位）为四川省第十三届运动会参赛项目牵头单位，全市70%的省届运会项目均由优质中小学牵头负责。

截至年底，全市新增注册运动员人数1228人，全市具备四川省第十三届运动会参赛资格的运动员1118人。

【群众体育】 2016年，全市新建村级农民体育健身工程35个、全民健身路径25条、乡镇农民体育健身工程3个、社区多功能运动场2个。全市体育场馆对外开放吸引近90万人次前来锻炼。全市培训二级社会体育指导员200人。举办元旦、春节期间系列群体活动、迎新春绿道健身跑、8月8日“全民健身日”暨全民健身月等全民健身活动。9月，市教体局被四川省委、省政府表彰为“全国第九届残疾人运动会暨第六届特殊奥林匹克运动会先进集体”。12月，市人民政府出台《绵阳市全民健身实施计划（2016~2020年）》（绵府发〔2016〕28号）。

【体育产业】 2016年，全市按照“突出优势、整合资源、整体布局”的思路，构建“一极两带多点集聚”的体育产业发展总体布局：依托南河体育中心、九洲体育馆，构建绵阳城区体育产业，举办或承办各级各类大型赛事和商业会展；依托江油市、北川羌族自治县、三台县良好的体育人口和体育场馆，构建体育培训、赛事培育产业带，承办体育专业项目培训，举办专项体育赛事；依托安州区、平武县、仙海区良好的自然风光和独特的区位优势，构建户外运动产业带，发展水上运动、自行车骑游、野外露营、徒步、竞走等体育休闲旅游项目；依托涪城区三江半岛、南河体育中心、科技会展中心、仙海风景区、科教创业园区及在绵高校丰富体育资源，全力打造科技观光、群众健身、竞技比赛、体育用品销售等为主的体育休闲集聚园（街、校）区。四川王迪体育文化传媒集团投资5.5亿元，绵阳三江水上体育项目打造成为集水上游艇、皮划艇、快艇、水上空中飞人、水上冲浪、卡丁车、汽车漂移、露营等为一体的体育产业综合项目；投资1.7亿元的绵阳仙海环湖公路（山地）自行车骑游赛道，承办国家、省、市公路、山地自行车各类赛事10余次，年承接骑游游客80万人，承接步行游客超过150万人。

【绵阳市第六届运动会】 绵阳市第六届运动会由市人民政府主办，市教育和体育局、北川羌族自治县政府承办，本届运动会设老年组、成年组、青少年组三个组别，22个竞赛项目（其中：老年组设网球、门球、柔力球、健身气功、太极拳（剑）5个竞赛项目；成年组设足球、篮球、排球、乒乓球、羽毛球、网球、中国象棋、围棋、桥牌9个竞赛项目；青少年组为足球、篮球、排球、乒乓球、羽毛球、田径、游泳、武术8个竞赛项目），整个运动会历时半年，从5月开赛，10月闭幕，来自社会各界的63个代表团参加，参赛运动员和教练员总人数接近1万人。本届运动会除网球项目在九洲体育馆举行外，其余项目均在北川举行。经过角逐，涪城区、江油市、游仙区、三台县、北川羌族自治县排名县市区总分前五名，西科大、交通系统、住建系统、国资系统、绵阳师院获行业系统总分前五，绵阳中学、外国语学校、南山中学、普明中学、南山中学实验学校获直属学校总分前五，游仙区、江油市、三台县等32个代表团获得优秀组织奖，涪城区、安州区、北川羌族自治县等62个代表团获得体育道德风尚奖。

【2016年中国中学生健美操锦标赛】 2016年8月20~22日，中国中学生体育协会主办，中国中学生体育协会健美操分会执行，绵阳南山中学承办的2016年中国中学生健美操锦标赛在绵阳南山中举行。来自全国各地50余所知名学校的中学生健美操代表队参加，比赛设有竞技健美操、大众健美操等项目。绵阳市南山中学、富乐实验中学、实验中学3所学校组队参赛。绵阳南山中学代表队获高中中学生有氧踏板规定套路冠军、高中自选有氧踏板冠军、高中全民健身操6级徒手套路亚军等单项三个冠军、两个亚军和一个季军以及荣获高中大众健美操团体总分第一的成绩。并获“体育道德风尚奖”。

（杨进平）

概　述

【概况】　2016年，绵阳市境内有各级各类医疗卫生机构4371个，其中医院88家（公立医院50个，民营医院38个；三级医院16家，二级医院45家）、疾病预防控制机构11个、卫生监督机构11个、妇幼保健机构10个、基层医疗卫生机构3649个（社区卫生服务中心24个，乡镇卫生院275个，社区卫生服务站66个，村卫生室3284个），专业公共卫生机构168个，民营医疗机构1727家。全市以三级医院为中心、县级医院为龙头、乡镇卫生院（社区卫生服务中心）为枢纽、村卫生室（社区卫生服务站）为网底、非公立医疗机构为补充的医疗卫生服务体系进一步健全，城市15分钟、农村30分钟的医疗卫生服务圈基本建立。全市医疗卫生机构床位33708张，每千人实际拥有病床7.53张，病床使用率86.28%，医院出院者平均住院日9.22日。全市医疗卫生机构总诊疗量达3145.88万人次，出院107.41万人。全市卫生从业人员38265人，其中卫生技术人员29418人；执业（助理）医师11184人，注册护士12135人，平均每千人拥有卫生技术人员6.57人，平均每千人拥有执业（助理）医师2.5人，平均每千人拥有注册护士2.71人，平均每万人口拥有全科医生2.16人（含临床和中医转岗），每万人口拥有专兼职公共卫生人员6人。

【李斌到绵阳调研公立医疗改革】　2016年9月21日，国家卫生计生委主任李斌一行到绵阳调研公立医院改革，先后到游仙区经济试验区社区卫生服务中心、绵阳市中心医院对绵阳市分级诊疗、家庭医生签约服务、健康管理和健康教育融合、城乡对口支援、公立医院控费、改善医疗服务行动等情况进行调研。她在游仙调研时指出，游仙推广使用新农合和居民健康卡功能相整合的“一卡通”，为全国深化医改积累宝贵经验。　（顾兴兵）

【卫生计生职能整合】　2016年1月11日，市委编委印发《关于整合设立绵阳市妇幼保健计划生育服务中心的批复》和《关于整合设立绵阳市卫生计生信息与技术中心的批复》，将原绵阳市妇幼保健院（市儿童医院）、绵阳市计划生育指导所、绵阳市计划生育药品器械管理站3个事业单位整合，设立绵阳市妇幼保健计划生育服务中心，挂绵阳市妇幼保健院、绵阳市儿童医院牌子；将绵阳市计划生育干部培训中心（四川生殖卫生学院绵阳中专部）、绵阳市医学技术服务管理中心整合，设立绵阳市卫生计生信息与技术中心。

【“十佳绵州健康卫士”评选活动】　2016年6月24日，“大美医者·健

图72　国家卫生计生委主任李斌到绵阳调研公立医院改革

康绵阳”2016年健康中国行暨绵阳市首届“十佳绵州健康卫士”评选启动仪式在铁牛广场举行。活动由市委宣传部、市文明办、市卫生计生委指导，绵阳电视台主办，市健康教育所协办。评选活动历经3个多月，来自全市包括各县市区推荐和自荐的医务人员220多名参与角逐。经过网络投票和专家投票层层筛选，绵阳市第三人民医院精神大科主任、心身疾病一科主任杨昆，绵阳四〇四医院感染科主任医师、教授刘冰，绵阳市中心医院神经内科主任段劲峰，绵阳市中医医院副院长、主任医师赵平武，绵阳市游仙区皮肤病医院医生陆朝卫，北川羌族自治县卫生站乡村医生谢周荣，绵阳市肛肠病医院内科主任许小蕻，江油903医院护士马悦，绵阳市第三人民医院急诊科护士长沈雪梅，绵阳市疾病预防防控制中心消毒与媒介生物控制所所长刘平被评为绵阳市首届“十佳健康卫士”。

【《绵阳市养老与健康服务业发展规划（2016~2020年）》出台】 2016年10月9日，《绵阳市养老与健康服务业发展规划（2016~2020年）》（简称《规划》）经市政府99次常务会议审议通过，《规划》是市卫生计生委会同市民政局根据国家、省养老与健康服务业的相关要求，结合绵阳市实际制定。《规划》阐述背景，确定全市总体要求、保障措施，从空间布局、加快发展养老服务、构建多元办医格局、促进医养融合发展、大力推进中医药和民族医药发展、切实加强健康管理与促进、发展壮大支撑产业七个方面提出未来五年绵阳市养老与健康服务业的发展规划。

《规划》根据绵阳市地域特点，在“空间布局”中提出“一核、两带”的概念，即核心发展区、北部特色发展示范带、南部融合发展示范带。明确全市养老与健康服务业（2016~2020年）重点项目42个，总投资达170亿元，其中省重点项目9个，覆盖养老、卫生、医养结合、康养旅游等范围。并提出促进医养深度融合，在“促进养老机构和医疗机构双向合作”增加“支持有条件的社区卫生服务机构开办日间照料中心，有效开发、整合、利用辖区内养老服务资源，提供居家养老服务”，促进医养深度融合。

《规划》的出台有利于推动养老与健康服务业融合化、集聚化、社会化、信息化发展，促进转型升级，建立完善养老与健康服务业产业体系，进一步提升绵阳市养老与健康服务业水平。

【西部首家出租汽车职业驾驶员定点医院成立】 2016年1月9日，西部首家出租汽车职业驾驶员定点医院在绵阳市挂牌成立，该定点医院设在四川中医药高等专科学校附属医院。定点医院为绵阳市近4000名出租车司机提供价值680元/人的健康体检，并建立专项健康档案，不定期举办健康讲座。

【川西北地区友好协作医院双向数字病区成立】 2016年3月26日，川西北地区友好协作医院双向数字病区在绵阳市中心医院成立。来自广元、德阳、绵阳的12家友好协作医院成立专门病区。数字化医院是指医院与医院、医院与社区之间的卫生数字化体系连接构成的区域性数字化健康服务体系，其特征为全网络（多系统全面高性能网络化）、全方位（医教研诸方面）、全关联（医院、社会、银行、社区、家庭全面关联）。（张永兴　刘　刚）

医疗技术

【概况】 2016年，市卫计委围绕拓展医疗技术服务领域，组织签订医联体协议医院372家，辐射至甘肃省、德阳、遂宁和广元等周边市。全面推进城市公立医院改革，制定《绵阳城市公立医院取消药品加成经费补偿办法》，在19家城市公立医院中实行。完成对口支援阿坝州红原、壤塘等贫困、民族（待遇）县的县人民医院及8家中医医院技术帮扶。承担并完成第四届中国（绵阳）科博会、中高考、市人大、政协会议等医卫保障任务60余次，安排医务人员900余人次。开展贫困白内障患者免费手术，完成贫困白内障患者复明手术600例。

【医药改革】 2016年，绵阳市全面推进城市公立医院改革。市政府印发《城市公立医院综合改革试点工作实施方案》，19家城市公立医院于10月1日起，全面实施以取消药品加成为关键环节的综合改革。市卫生计生委等5部门联合制定《绵阳城市公立医院取消药品加成经费补偿办法》，建立“7：2：1”的补偿机制。患者住院次均费用同比下降0.44%、住院次均药费同比下降8.71%、住院日均药费同比下降3.06%、药占比同比下降2.83%。

图73　9月26日，绵阳市召开城市公立医院综合改革试点工作启动会

图 74　绵阳四〇四医院医联体成立大会参会人员合影

【基本药物制度】　2016 年，国家基本药物制度在全市基层医疗卫生机构及村卫生室全覆盖，全市非政府办基层医疗机构 100%实施基本药物制度，超过省定比例 20%。各级医疗机构严格按要求比例采购基本药物，中心卫生院、社区服务中心采购使用国家基本药物比例≥60%，一般乡镇卫生院、社区服务站采购使用国家基本药物比例≥65%；公立医院基本药物使用量和销售比例二、三级医院达 35%、50%以上。全市县级公立医院实施取消药品加成工作，全年财政补助 1838.32 万元，超出目标任务 5.48%。

【医疗联合体建设】　2016 年，全市建成 12 个医联体，包括由市中心医院、市第三人民医院、绵阳四〇四医院牵头的 3 个市级综合医联体。其中：市中心医院医疗联合体成员医院辐射至甘肃省，市第三人民医院医疗联合体辐射至遂宁和广元等周边市，绵阳四〇四医院医疗联合体成员医院辐射至德阳等周边市。12 个医联体还有由市中医医院牵头组建的中医医联体；由市中心医院、市第三人民医院、绵阳四〇四医院、市中医医院、市人民医院、绵阳富临医院牵头组建的 6 个城市社区医联体；由绵阳万江眼科医院、绵阳口腔医院牵头，分别组建眼科、口腔 2 个专科医联体。签订医联体协议医院 372 家，其中市中心医院作为四川省 11 个医疗作战区之一。

【医疗对口支援】　2016 年，绵阳市卫计委选派 10 家三级医院对口支援阿坝州红原、壤塘等 9 个贫困、民族（待遇）县的县人民医院及 8 家中医医院，安排 7 家二级以上医院、市县 9 家疾控中心和 9 家卫生执法机构对口支援 4 个贫困、民族（待遇）辖区内 19 家中心卫生院、疾控中心和卫生执法机构，安排市内 6 家妇幼保健机构对口支援 6 个贫困、民族（待遇）县妇幼保健机构，安排市内 50 家二级以上医院对口支援市内 130 家乡镇（中心）卫生院。共派出医务人员 300 余人，诊疗患者 18 万余人次、开展住院手术 4800 余台次、会诊 6000 余人次、培训医务人员 2 万余人次、接受县医院派出学习人员 300 余人次，帮扶受援医院新建临床专科 5 个、开展新适宜技术 638 个、开展新项目 389 项。

3 月 31 日，绵阳市卫生执法监督支队党总支派出相关人员一行前往红原县卫生执法监督所，与当地卫生执法监督机构就三年对口帮扶工作开展情况进行座谈，并现场查看部分基层医疗卫生机构以及生活饮用水供水单位。此次座谈也标志着绵阳市卫生执法监督支队对口帮扶红原县卫生执法监督所三年周期圆满结束。

【卫生应急救援】　2016 年，全市建成卫生应急综合示范县市区 2 个；调整突发公共事件卫生应急救援队伍人员，成立卫生应急队伍 8 支，应急队员 192 人；建立市级卫生应急物质储备库 4 个，主要储备卫生应急个人装备、消杀药品、后勤保障设备和中毒救治药品等；成立绵阳市突发事件卫生应急专家咨询委员会，出台《绵阳市突发事件卫生应急专家咨询委员会管理办法》《绵阳市卫生应急物资储备调用制度》，印发《绵阳市突发中毒事件卫生应急预案》；采集完成全市各级医疗机构卫生应急基础数据工作；开

图 75　绵阳市第三人民医院北川羌族自治县医疗联合体揭牌成立

图 76 绵阳市卫生执法监支队工作人员检测红原县饮水质量

展核和辐射事件卫生应急能力现场调查工作；组织各地和单位开展卫生应急演练和业务培训，全市卫生应急处置能力有效提升。（段兴兵）

卫生防疫

【概况】 2016年，市卫生防疫部门完成省级抽样县游仙区及盐亭县和各园区的接种率抽样调查，国家免疫规划疫苗报告接种率以乡镇为单位达到99.07%以上；完成全市范围内12岁以下儿童以麻疹及脊灰疫苗为主的国家免疫规划疫苗查漏补种活动，快速评估麻疹接种率为98.29%，脊灰疫苗接种率为98.37%；完成三价脊灰疫苗向二价脊灰疫苗的转换策略的调整，及时完成三价脊灰疫苗的回收、销毁以及在转换过程中的风险评估和舆情监测工作。

【儿童接种预防】 2016年，全市卫生防疫部门开展预防接种信息化和规范化门诊建设，各县市区均建成儿童预防接种信息化平台，所有接种门诊均建成规范化接种门诊，其中建成数字化门诊3个，AAA级门诊122个；主动应对“山东济南非法经营疫苗案件”和后续处置工作，加强宣传和解释，消除事件对预防接种工作的影响；组织开展“4.25预防接种日”宣传活动以及全市业务培训8期。开展AFP、麻疹、AEFI等免疫规划相关疾病监测，处置疑似预防接种异常反应，全市无疫苗针对传染病暴发疫情。

（段兴兵）

中医管理

【概况】 2016年，全市深化中医药人才培养制度改革，加强中医药人才培养基地建设，成功争取四川省护士规范化培训基地、全国第一批中医健康管理科研实践示范候选基地落户市中医医院。全国名老中医药专家传承、四川省第五批老中医药专家学术经验继承、四川省第二届十大名中医工作室建设及师承工作推进。推广中医药适宜技术在基层的运用，100%的乡镇卫生院、社区卫生服务中心设立中医科室，90%以上的村卫生室、社区卫生服务站可开展中医药诊疗服务。基层中医药服务量农村地区达到48%，社区达到46.05%，县级及以上中医（羌医）总诊疗量达145.3万人次。

【中医药交流】 2016年，绵阳市中医药机构持续加强与俄罗斯、英国、葡萄牙、新西兰、巴西、加拿大、泰国等国家的交流合作，先后接待加拿大中医科学院3名学员到市中医院进修学习、俄罗斯奥布宁斯克市康复中心院长尼古拉·耶里谢耶夫到绵阳开展内科疾病康复培训班等交流学习2批次5人。派出中医专家、学者到国外参加国际学术会议、国际医疗活动及参观访问活动，举办各种学术讲座4次。（段兴兵）

【名老中医座谈会】 2016年2月3日，市卫生计生委组织召开名老中医和学术带头人代表集中慰问座谈会，来自市、县、乡的各医疗卫生机构中享受国家级特殊津贴的专家及获得省卫生计生委学术技术带头

图 77 名老中医和学术带头人代表集中慰问座谈会

人、基层卫生拔尖人才、省市名老中医、市突出贡献拔尖人才称号的专家和省市重点医学学科项目负责人等代表汇聚一堂，对过去的工作进行回顾，对新的一年工作进行展望，对如何推动绵阳市中医药事业发展、医学学科建设、提升医疗服务水平等方面建言献策。并向全市146名名老中医和学术带头人发放春节慰问金，带去市委、市政府对名老中医和学术带头人的亲切关怀和慰问。（刘　明）

妇幼保健

【概况】　2016年，全市妇幼保健工作围绕卫生计生机构职能合并、优化整合妇幼保健计划生育服务体系、将妇幼健康服务机构建设列入“十三五”期间重点工作强力推进。开展市、县、乡三级危重孕产妇和儿童救治中心网络建设，健全会诊、转诊救治机制，形成以妇幼保健计划生育服务机构为中心，城乡基层医疗卫生机构为基础，综合医院为技术支撑具有较强服务能力的妇幼健康服务体系。开展妇幼保健计划生育服务机构标准化建设，实行规范管理。在县级以上医疗保健机构普遍开设“两孩生育”联合门诊及“优生咨询”门诊，建立分级管理的孕产妇安全管理机制，对高危孕产妇和新生儿进行专案管理，着力打造“婚、孕、产、保、育”一站式服务新模式。盐亭县创建为省级妇幼健康优质服务示范县，4家医疗机构创建为爱婴医院（爱婴乡镇卫生院）。全年全市婴幼儿死亡率、5岁以下儿童死亡率、孕产妇死亡率分别为3.79‰、5.78‰和14.94/10万。

【新生儿疾病筛查】　2016年7月，四川省新生儿听力障碍诊治绵阳分中心在市中心医院挂牌运行。全市136家助产技术服务机构全部开展新生儿遗传代谢疾病筛查血片采集，21家开展新生儿听力筛查。年内，全市完成筛查45091例，可疑阳性305例，确诊病例174例；全市新生儿遗传代谢病筛查覆盖面达100%（助产机构），筛查率为99.5%，新生儿听力筛查率79%。

【优生健康检查】　2016年，全市卫生计生系统加大自愿免费婚检和免费孕前优生健康检查的宣传力度，采取发放宣传册、利用《健康绵阳》专题宣传、播放LED、政务村务公开栏、计生例会等多种有效的宣传载体，使自愿免费婚检和免费孕前优生健康政策家喻户晓，提高婚前检查及孕前优检目标人群自觉参与的积极性、主动性，实行“一站式服务”的便民惠民举措。选派人员参加省孕优检验培训，组织机构参加全国第九次和省第四临床室间质评活动，持续提高项目服务质量。年内全市完成婚检34536对，婚检率90.26%，比2015年提高14.32%；为35765名城乡计划怀孕夫妇开展免费孕前优生健康检查，目标人群覆盖率达116.11%。（段兴兵）

基层卫生

【概况】　2016年，全市基层医疗卫生机构规范化建设达标率达65%，创建成国家“群众满意的乡镇卫生院”44个。建立起城区大型医疗机构与社区卫生服务中心医疗服务协作机制，协作医院在相应社区卫生服务中心定期开展专家坐诊、查房、讲座、义诊等活动，开展预约挂号、双向转诊等便民措施。全市社区卫生服务机构标准化率达到98.2%，社区卫生服务能力不断提高。

【乡村医生队伍建设】　2016年，市政府印发《关于进一步加强乡村医生队伍建设的实施意见》（绵府办发〔2016〕2号）文件，将建立乡村医生养老保障、引入和退出机制、乡村卫生服务一体化管理等工作纳入市级民生工程全力推进。至年底，实现每个村卫生室至少有1名具有从业资格的医疗人员，每千农村人口有1名乡村医生。实现全市100%劳动年龄内的在岗乡村医生有养老保险，100%超过劳动年龄的乡村医生退出乡村医生岗位时有生活补助。全市乡村卫生服务一体化管理率83.07%，乡聘村用村卫生室占比达到82.44%，乡聘村用乡村医生人数占比达到78.07%。

【家庭医生签约服务】　2016年，全市卫生医疗机构着力创新医疗服务模式，延伸医疗角触，实施由乡镇、社区医疗卫生机构牵头，联合上级医疗机构、村级医疗卫生机构共同参与组建签约服务团队，建立起多个维度的“1+1+1”（1名全科医生、1名注册护士、1名公共卫生医生，1家基层医疗机构、1家二级医院、1家三级医院等）家庭医生签约模式。截至年底，全市组建家庭医生签约团队1980个，签约家庭136万余户，签约率达86%，重点人群覆盖率达92.7%，群众签约服务满意率达到90%以上。

【公共卫生服务】　2016年，市卫生计生委组建全市基本公卫专家咨询组，成立市基本公卫指导中心，并将指导中心办公室由市疾控中心搬至市卫生计生委，充实人员力量。加强基本公卫信息化建设，以基层卫生平台为载体、居民健康卡为纽带，成功实现基本公卫与临床的连接互通，动态完善居民健康档案。2016年，全市累计建立规范化电子健康档案461.21万份，建档率达97.42%；开展健康教育讲座10914次，公众健康咨询68万人次，发放健康教育资料375.5万份；儿童预防接种建证率100%、建卡率100%，纳入国家免疫规划的疫苗接种率达99%以上；0~6岁儿童系统管理率91.07%和新生儿访视率达97.57%以上；孕产妇系统健康管理率达97.57%以上；65岁及以上老年人健康管理率93.79%；高血压、糖尿病患者规范化管理率分别为65.61%和60%；重性精神疾病患者在册患者管理率98.68%；中医药健康管理服务覆盖老人、儿童分别为89.39%、83.13%；全市结核病患者系统管理为99.54%。（段兴兵）

新型农村合作医疗

【概况】 2016年，全市新农合参合376.19万人，参合率达99.98%，居全省第一；累计补偿1270.15万人次、支出18.71亿元，参合群众住院政策范围内医疗费用报销比达79.59%，实际补偿比为66.91%。

【重大疾病医疗保障】 2016年，绵阳市扩大农村重大疾病医疗保障范围，发挥新农合的惠民功能。全年累计补偿22种重大疾病患者1.13万人次，赔付金额8039.62万元；农村大病保险全年补偿患者2.81万人次，赔付金额8076.85万元。在安州区等地试点开展区域内住院疾病排名、费用占前十位的病种纳入支付方式改革。扩大新农合异地就医结算范围，市中心医院等5家定点医院全面实现与省级新农合定点医疗机构的即时结算。 （段兴兵）

医学教育科研

【概况】 2016年，市卫生计生委推进市、县、乡卫生计生人才队伍素质提升三级联动新模式，规范实施“阳光天使”、全科特岗医师招聘等项目，全年新增考核招聘专业技术人员284人，引进专业科室权威专家、项目带头领军人等高端人才5人。建成市中心医院等全科（住院）医学规范化培训基地3个、国家级住院医师规范化培训基地2个，培训各级卫生计生从业人员1.8万余人次。

【重点学科建设】 2016年，全市医疗系统新增申报市中心医院骨科等省级重点学科5个，全市累计建成国家级重点学科专科3个、省级48个，建成省级重点实验室4个。组织开展应用研究和基础研究，全市在研省级立项课题37项，市级立项课题223项。加强医学继续教育，积极开展学术交流。加强院士指导团、院士工作站建设和管理，医疗科研创新能力提升。 （段兴兵）

卫生行政管理

【概况】 2016年，全市卫生行政部门继续深化行政审批制度改革，落实“放管服”政策，保留行政许可项目15项。按照“非禁即入”原则，全面清理、取消不合理的前置审批事项和互为前置等审批环节，在法定审批时限基础上，按照提速50%的要求压缩行政审批时限，提高审批效率。全年受理、办结行政许可336件，全市新设置医疗机构143家；接待来访、来电咨询2033人次，现场办结率、按时办结率、群众满意率、提前办结率均达到100%，实现行政审批事项无差错、无超时、无违纪、全面提质增效的目标。

【医疗质量管理】 2016年，市卫计委印发《绵阳市提升医疗质量工作方案（2016~2017年度）》，加强市、县两级医疗质量控制中心建设。截至年底，成立市级医疗质量控制中心48个、县级医疗质量控制分中心128个，有市级质量控制专家1201人、县级质量控制专家1769人。组织市、县级各质控中心对各级各类医疗机构进行督查，推进医疗质量的标准化、同质化。组织开展“进一步改善医疗服务行动计划”案例评选活动，评选出优秀案例125个，评选出绵阳市“十佳护士长”“十佳护士”；开展卫生计生系统第四届“生命之星”岗位练兵既技能大赛，共产生67个个人奖项和多个团体奖项。

【血液检测管理】 2016年，全市在全面开展血液核酸检测工作后，市红十字中心血站仍保留两遍酶免检测，有效强化两种检测方法的互补性。全年采集血液49357人次，其中，采集全血47803人次，比2015年同期增长5.66%，采集血量80583单位（16116600毫升），比2015年同期增长5.83%；机采血小板1554人；采集2183个治疗量，比2015年同期增长2.27%。临床供血145042.1单位，比2015年同期增长5.92%，较好地满足临床用血的供应。

【无偿献血活动】 2016年5月12日，市卫生计生委与市直机关工委、市红十字会、团市委、市文明办联合举办的“感恩社会·传递爱心·点燃生命希望”无偿献血活动在火炬广场启动。在活动现场，来自市委、市政府、市卫生计生委、市红会、市文明办、团市委、高新区等10余家机关单位的干部职工带头献血。现场的不少普通市民受到感染，主动加入到无偿献血的队伍中，通过“献热血”来回报社会、感恩社会。绵阳市被评为全国2014~2015年度无偿献血先进市。

图78 “感恩社会·传递爱心·点燃生命希望”无偿献血活动

【食品安全与卫生监督】 2016年，全市加强食品安全风险监测和风险评估，确定食源性疾病哨点医院40家，实现监测点县级行政区域全覆盖。全年监督各类管理单位11825家，监督覆盖率100%，合格率99.72%；办理各类行政处罚案件319件，比2015年同期增长117%，罚没款金额76.6万元，比2015年同期增长195%，有效保障全市人民的身体健康和生命安全。

【卫生信息化建设】 2016年，全市县级区域卫生信息平台全部建成投用，市级人口健康信息平台进入招标启动建设阶段。在游仙区、江油市等地实施居民健康卡与新农合功能整合，实现一般诊疗费直接减免、门诊补偿即时结算、住院补偿预缴及就诊信息跨机构查询。推进互联网+医疗建设，市三医院初步建立医联体内"影像、心电、检验、会诊"区域远程诊疗体系，18家基层卫生机构实现远程影像接入、16家基层卫生机构实现远程心电诊断接入、6家基层卫生机构实现网络门诊接入，实现医联体内医疗机构检验检查结果互认共享；市中心医院建成远程心电监护、共建临床检验平台、临床技能培训中心、影像集中会诊中心四个平台，累计完成远程心电监护服务6100余人次，成功处置危急心电事件约530例；"妥妥医""健康小屋""幸福云医疗"等项目扎实推进。全市29家医疗机构通过省级数字化医院评审，二级以上医疗机构和86家乡镇卫生院（社区卫生服务中心）实现与四川大学华西医院远程会诊。

【居民健康卡普及与推广】 2016年8月29~31日，中国卫生信息技术交流大会在南京召开。会议表彰普及应用居民健康卡改善卫生计生服务、实现健康服务"一卡通"等方面表现突出的单位，绵阳市卫生计生委被授予"居民健康卡普及应用先进单位"荣誉称号，是四川省唯一获此殊荣的地市级卫生计生单位。

绵阳市坚持"便民、利民、惠民"服务宗旨，全力推进居民健康卡与市民"一卡通"共建共享。建立农合中心—各医疗机构服务站点—各乡镇（街道）—各村组（社区居委会）的四级发卡网络，搭建基层医疗机构—县市医院—HIS供应商—卡管平台数据信息实时互通系统，实现居民健康卡与新农合证"卡证融合"、预约挂号、诊间支付、挂号缴费和住院预缴金缴费等一系列实用功能。

推进居民健康卡建设，在优化资源配置、节约社会成本、转变原有医疗卫生服务模式、提高服务质量与效率、改善就医感受等方面具有重要的现实意义，促进"看病难、看病贵"的缓解和医患关系的改善。截至年底，全市已发放绵州通居民健康卡404万张，占全市人口的74.13%。

图79 居民健康卡普及及推广

【健康扶贫】 2016年，市卫生计生委围绕职能推进健康扶贫工作，制定《绵阳市推进建卡贫困人口分级诊疗工作实施意见》，强化工作落实。全市实现贫困人口县域内就诊率达95%以上，贫困人口家庭医生签约服务率达100%。发挥医保支付主体作用，实施贫困人口购买新农合政府兜底政策，建档立卡贫困人口参合率达100%；率先在全省出台建档立卡贫困人口在市内定点医疗机构住院报销不设起付线政策，并适当提高补偿比例（市级65%、县级85%、县以下95%）；将25种重大疾病纳入贫困人口新农合大额门诊补偿范围，将康复综合评定等20种新增康复项目纳入城乡居民医保、新农合支付范围；联合市人社、财政等四部门制定《绵阳市建档立卡贫困人口医疗保障补充政策实施方案》，创新引入商业健康保险模式建立医疗扶贫附加保险，解决建档立卡贫困人口在绵阳市定点医疗机构住院治疗后，经城镇居民医保、新农合、大病保险及各类补充医疗保险报销后的个人负担费用兜底问题。发挥医药爱心基金的减负作用，在市级建立起525万元、7个有脱贫任务的县市各建立起300万元以上的医药爱心扶贫基金。贫困患者住院"先诊疗后结算""一站式"报销服务实现全覆盖，至年末，全市贫困人口累计住院38419人次，总费用1.04亿元，通过各类政策报销和减免0.99亿元，个人支付占比仅为4.7%，就医负担显著减轻。

（段兴兵）

爱国卫生运动

【概况】 2016年，全市爱国卫生运动坚持城乡统筹、乡村一体，开展爱国卫生月活动、落实病媒生物防治，"四害"密度得到有效控制。1

月 26 日，全国爱卫会印发《全国爱卫会关于 2015 年国家卫生城市（区）和国家卫生县城（乡镇）复审结果的通报》，绵阳市第三次蝉联“国家卫生城市”殊荣。

【卫生城乡创建】 2016 年，全市推进卫生城市、卫生乡镇、卫生村和卫生单位创建工作，先后建成国家卫生县城 1 个，省级卫生县城 5 个、省级卫生乡镇 67 个、省级以上卫生县城覆盖率达 100%，进一步巩固国家卫生城市创建成果。推进农村改厕工作，截至年底，全市农村卫生厕所累计达 108.35 万户，农村卫生厕所普及率达 81.04%。 （段兴兵）

图 80 绵阳市“十二五”重大传染病综合防治示范区项目工作总结大会

地方病与传染病防治

【概况】 2016 年，全市报告国家法定管理传染病 2 类 21 种，报告发病 18306 例，报告死亡 77 人。报告甲乙类传染病发病率为 206.42/10 万人，比 2015 年下降 2.37%。全年无甲类传染病报告发病。传染病网络直报系统覆盖全市所有乡镇，机构报告率达 100%，无重大传染病疫情发生。艾滋病检测网络实现全覆盖，国家艾滋病防治质量考核指标完成率达 100%。

2016 年，全市无重大突发公共卫生事件发生，主要传染病报告发病率持续下降。全市传染病报告网络覆盖面扩大，传染病网络直报单位增至 375 个，覆盖市、县、乡三级医疗机构和非公有制医疗机构。传染病网络直报质量综合率为 99.39%，高于全省平均水平。监测系统敏感性持续增强，建立国家级、省级传染病监测点 13 个（霍乱 1 个、流感 3 个、狂犬病 1 个、钩体病 1 个、包虫病 1 个、血吸虫病 6 个），监测传染病流行特征与规律，掌握急性传染病流行因素，规范处置流感、手足口病、霍乱、登革热等急性传染病暴发疫情，避免传染病传播流行，给卫生行政部门制定防控策略提供科学依据。

【重大传染病综合防治示范区项目】 2016 年，绵阳市“十二五”重大传染病综合防治示范区项目全面结束并进入结题和审计验收阶段。市县两级分别召开总结会，对“十二五”重传示范区项目进行工作总结和结题汇报，并就“十三五”项目工作实施方案进行讨论。“十二五”随访工作长期开展，全年完成乙肝感染者随访 2970 人次，乙肝患者随访 2348 次。

1 月 5 日，四川省重大传染病防治综合示范区项目工作领导小组在省卫生计生委会议室组织召开绵阳市“十二五”重大传染病综合防治示范区项目工作总结大会，省重大传染病综合防治示范区领导小组副组长、省卫生计生委主任沈骥，省卫生计生委巡视员陈文兴，省科技厅、财政厅领导及绵阳市政府副秘书长严俊、绵阳市卫生计生委主任何承平等出席会议，四川大学华西项目办、项目实施县市区、乡镇政府分管负责人、卫生计生局负责人和项目办负责人等 100 余人参会。

会上，四川大学对绵阳市“十二五”重传示范区项目进行工作总结，绵阳市重传项目办和涪城区、江油市和安县政府分别进行工作汇报，与会人员就“十三五”项目工作实施方案进行讨论。

【结核病防治】 2016 年，绵阳市结核病防治新型服务体系全面推行，结核病患者管理纳入基本公共卫生服务。绵阳市、江油市结核病志愿

图 81 绵阳市代表四川省迎接国家结核病防治工作现场核查

者微信公众号设专人维护更新，关注人数近4000人。学校结核病疫情监测进一步加强，做到发现1例规范处置1例，防止聚集性疫情发生。截至年末，全市登记活动性肺结核患者3647例，登记涂阳肺结核患者790例，筛查五类高危人群166例，筛查率为92.22%。绵阳市结核病防治志愿者团体获国家防痨协会表彰，自创的宣传画册获得国家级一等奖，

10月16~18日，绵阳市代表四川省迎接国家结核病防治工作现场核查，国家疾控中心耐药部主任李仁忠、重庆市卫计委副主任刘克佳一行6人核查组，分别听取四川省、绵阳市及江油市的工作汇报，现场考察市疾控中心、绵阳四〇四医院、江油疾控中心和江油传染病医院等机构，调查结核病防治服务体系建设、结核病转诊追踪和到位情况、信息专报系统、实验室质控、耐多药肺结核可疑者筛查，以及结核病防治保障措施落实等工作。

【艾滋病防控】 2016年，全市完成HIV抗体检测800793人次、艾滋病确证检测1292人、艾滋病感染者和病人CD4细胞检测2496人、病毒载量检测1507人；完成艾滋病自愿咨询检测3458人次，确证阳性41例；完成失足妇女、吸毒、男性行为、孕产妇、性病门诊男性就诊者5类人群艾滋病哨点监测2054人，HIV抗体确认阳性44人；完成监管场所被监管人员艾滋病检测3458人，确认阳性4例；对绵阳市中心血站和安州区、三台、江油、盐亭采浆站HIV、HCV、梅毒抗体检测质量进行抽检，共抽检900份，经检测HIV、HCV、梅毒抗体均为阴性；全市累计治疗海洛因成瘾者1668人，在治人数781人，日均治疗200人；全市新增艾滋病抗病毒治疗630人，在治2168人；艾滋病检测网络实现全覆盖，艾滋病防治质量考核指标完成率达100%。12月1日是第29个“世界艾滋病日”，宣传活动的主题是“携手抗艾，重在预防”，活动在四川中医药高等专科学校举行绵阳高校艾滋病防治联盟成立并启动。

【寄生虫病及地方病防控】 2016年，绵阳市建立血吸虫病监测点，顺利完成常规监测工作。在江油开展包虫病流行现状调查。组织各地开展碘盐和碘缺乏病监测项目和地方病健康教育项目。开展“5·15碘缺乏病宣传日”和“4·26全国疟疾日”宣传活动。指导北川县、平武县开展黑热病、大骨节病防治工作，举办寄生虫病和地方病防治技术培训班1期、培训专业技术人员80人次。 （段兴兵）

【传染病监测】 2016年，市疾病预防控制中心首次在绵阳市监测发现埃可病毒30型、诺如病毒GⅡ型等新病原体，及时采取有效措施管控和防治。通过开展血吸虫病监测与防治，全市实现传播阻断达标；首次发现包虫病本地感染病例，并进行规范治疗与随访，组织实施病区流行病学调查和防控医治。及时发现救治输入性疟疾病例，科学处置疫点，避免在本地传播。

【大骨节病和碘缺乏病防治】 2016年，全市疾病预防控制中心治疗大骨节病例200例；对病区7~12岁儿童进行X光病情监测，检查儿童967人。大骨节病健康教育项目干预3个病区乡学生174人、家庭主妇90人。检测1800份盐样，碘盐覆盖率为100%，合格碘盐率为97.50%，合格碘盐食用率为97.50%。监测孕妇尿样300例，儿童尿样600例，儿童B超甲状腺检查600例，采集碘盐900份；孕妇尿碘中位数为168.70微克/升，儿童尿碘中位数为187.20微克/升，甲状腺正常率为99.66%。合格碘盐食用率为97.50%。年末，全市碘缺乏病、大骨节病达到消除标准。

（市疾控中心）

图82 12月1日，“世界艾滋病日”宣传活动举行

人口与计划生育

【概况】 2016年，全市总人口545.18万人；死亡人口33667人，死亡率6.27‰；出生人口46547人，人口出生率8.67‰，人口自然增长率2.40‰，符合政策生育率99.82%，出生性别比108.78。

【全面两孩政策实施】 2016年1月29日，绵阳市组织召开实施全面两孩政策深化计生服务管理改革培训会，部署实施全面两孩政策。加强对群众两孩政策宣传和实施效果动态评估，完善各项政策机制，代市委、市政府拟定《关于实施全面两孩政策改革完善计划生育服务管理的意见》，推动生育政策全面落地，全面两孩政策群众知晓率达100%。简化办证程序，全面推行网上办理，实行承诺办证、委托办

图 83　全市组织收听收看全国计划生育工作电视电话会议

证和代办证制。取消二孩生育审批，实行生育服务登记制度。至年底，全市完成生育登记 47331 例，其中一孩 26206 例、二孩 21125 例，生育水平整体平稳，无生育堆积现象。

【全市组织收听收看全国计划生育工作电视电话会议】 1 月 7 日下午，国务院召开全国计划生育工作电视电话会议，深入贯彻党的十八届五中全会精神和党中央重要决策要求，传达李克强总理重要批示，部署实施全面两孩政策、计划生育服务管理改革工作。全市在市委五楼多功能会议厅设分会场组织市人口和计划生育领导小组成员单位负责人，各县市区人民政府、各园区管委会、科学城办事处分管负责人，各县市区卫生计生局、园区社发局、科学城卫生计生委主要负责人集中收听收看会议。会议要求，要深刻认识进一步调整完善生育政策的重大意义，充分认识促进人口长期均衡发展的艰巨性、复杂性，把计划生育工作抓紧抓好。要正确把握和处理全面实施两孩政策中的若干重大问题，切实增强责任感、紧迫感、使命感，认真学习领会贯彻中央各项决策精神，准确把握新形势、新特征。要周密部署安排，完善配套政策措施，依法实施全面两孩政策。要加强组织领导，改进工作作风，强化责任意识，确保各项任务落实。

【绵阳市召开实施全面两孩政策深化计生服务管理改革培训会】 1 月 29 日，绵阳市组织召开实施全面两孩政策深化计生服务管理改革培训会，会议解读《中共中央国务院关于实施全面两孩政策改革完善计划生育服务管理的决定》《四川省卫生和计划生育委员会关于实施全面两孩政策有关事项的通知》以及《四川省人口与计划生育条例》修改情况，统一政策口径，安排部署全面两孩相关工作，并解答基层在落实全面两孩政策工作中的问题。会议还就全面两孩政策实施后的计划生育奖励扶助政策衔接、流动人口卫生计生工作和妇幼健康服务工作提出要求。

【计划生育执法】 2016 年，全市坚持计划生育目标管理责任制，代市委、市政府拟定《关于坚持和完善计划生育目标管理责任制的实施意见》。加大违法生育治理力度，夯实基层计划生育服务网底，落实计生专干工资报酬，工作队伍继续保持稳定。全面落实社会抚养费征收管理“三公开”“两分离”规定，严格依法行政，规范执法行为。截至年末，全市违法生育立案 34 例，无行政侵权案件。加强社会抚养费征收，严格执行“收支两条线”，征收社会抚养费 809.13 万元。开展新一轮全国计划生育优质服务先进单位创建活动，指导三台县成功创建新国优县。

【国家督查组到绵督查两孩政策实施】 2016 年 12 月 19~21 日，由国家卫生计生委家庭发展司司长王海东带队的督察组到绵阳市妇幼保健院、市中心医院、三台县断石乡等地，督查绵阳市贯彻落实《中共中央国务院关于实施全面两孩政策改革完善计划生育服务管理的决定》情况，详细了解全面两孩政策实施、妇幼健康服务保障、计划生育特殊家庭扶助关怀、计划生育目标管理责任制完善和落实等工作开展情况，查阅市、县、乡三级计生工作相关资料，听取绵阳市贯彻落实中央《决定》情况汇报，并与村卫计干部

图 84　国家督查组到绵阳督查两孩政策等贯彻落实情况汇报会

和村民代表座谈交流，了解基层工作中面临的困难和问题。督查组对绵阳市全面两孩政策实施工作给予充分肯定，并提出进一步的要求，要深入贯彻落实中央《决定》精神，坚持计划生育基本国策不动摇，合理配置公共卫生资源，全方位宣传全面两孩政策，持续改革创新生育服务管理，加强出生人口监测，加大对失独、伤残家庭帮扶力度，提升妇幼服务能力水平，推动完善配套政策，促进人口长期均衡发展。

【计划生育困难家庭帮扶】 2016年，全市坚持抓服务惠民生，全面落实计划生育奖励、奖扶、特扶政策，发放扶助资金19167.49万元。实施计生“三结合”帮扶，建立帮扶基地290个，惠及6648户计生家庭。落实计生特殊家庭就医优先优惠政策和免费体检制度，在市以下公立医院开通就医绿色通道。建立计生特殊家庭“一对一”联系制度，每年开展不少于2次的慰问。严厉打击“两非”行为，全市出生人口性别比逐步趋于平衡。

【计生技术服务】 2016年，全市计划生育技术服务部门累计完成“三查”88万余人次，开展咨询、随访82万余人次，发放避孕药具91万余人次。免费计划生育技术服务落实率达100%。

【流动人口计生管理】 2016年，绵阳市开展省市流动人口公共卫生计生均等化服务示范区县建设，实施健康教育与促进，全面推进流动人口服务均等化，不断深化“一盘棋”机制建设，推进基层流动人口卫生计生工作融合、优势互补，提升流动人口服务管理水平。实现全市全员流动人口入库数120.7万人，入库率达90%；办理跨县流动人口生育服务登记22412户，电子《流动人口婚育证明》办证验证数达44.7万；县乡两级流动人口平台应用率达到100%，流动人口提交率、反馈率达99.5%，通报接收率达到91.6%以上，为二孩政策的全面实施提供有力的信息保障。（段兴兵　张永兴）

大型医院简介

【绵阳市中心医院】 绵阳市中心医院始建于1939年，占地面积7.67公顷，有职工2800余人，编制床位1500张，年门诊服务190万余人次，年住院服务8万余人次。设职能部门21个，各类专业学科46个。其中四川省乙级重点学科3个，省二级生物实验室1个，四川省甲级重点专科8个，有市级重点学科专科26个。有国务院授予的“有突出贡献专家”9人，省、市级“科技拔尖人才”及高科技人才100余人，博士、硕士近300人。装备有宝石CT、3.0T超导磁共振（MRI）、大型平板数字血管造影机（DSA）、图像引导容积调强放射治疗、飞秒激光等大型高精设备。医疗服务辐射包括川西北区域和甘肃、陕西、山西等省份，服务覆盖人口上千万，医院综合实力在四川省地市州同级医院中处于领先地位，在2016年艾力彼“中国地级城市医院竞争力排行榜”中居全国第48位。是国家卫计委直属北京医院远程会诊医院和国家卫计委国际紧急救援网络医院、国家脑卒中筛查与防治基地医院，医院综合介入诊疗技术项目培训基地；是国际慈善组织“微笑列车”定点医院，美国儿科协会“心连心”技术培训基地，中国西部健康快车眼科显微手术培训中心，四川省“孤残儿手术康复明天计划”定点医院。拥有30个绵阳市医疗质量控制中心。近年来，在微创、介入、肿瘤综合治疗等多领域技术居省内乃至国内先进水平。是重庆医科大学、西南医科大学、成都医学院非直管附属医院，是西南科技大学医学影像技术卓越人才技术培养中心，承担成都医学院本科班临床教学工作及西南医科大学、川北医学院、成都医学院研究生培养任务，年接纳大专院校实习生500余人。作为公立医院，主动担当社会责任，40余年医院派出100多名医疗专家赴非洲参加援外医疗工作；积极开展对川西北老、少、边地区技术支边及对口帮扶工作，并无偿赠送医疗设备。

【绵阳市第三人民医院】 绵阳市第三人民医院始建于1955年，系两所部队医院组建而成，医院本部占地8.67公顷，总资产6.5亿元，编制床位1200张，开放床位1823张，有高新分院、游仙分院、御营分院三个分院；设有业务科室60余个，其中省级重点学科（专科）6个，市级重点学科20个。全院在岗员工2590名，有硕士研究生导师10人、博士10人（其中博士后2人）、硕士157人；高级职称229人，中级职称353人；省卫计委学术技术带头人2人，省卫计委学术和技术后备人选7人，四川省学术和技术后备人选5人，四川省有突出贡献中青年专家1人，省卫计委有突出贡献中青年专家1人，市级拔尖人才2人。医院拥有3.0T超导磁共振、瓦里安医用直线加速器、四维彩超、64排128层螺旋CT、大型数字血管机、全自动生化仪、飞秒激光近视手术治疗系统、脑立体定向治疗系统、伽马刀等大型高精设备100余台件。承担省级科研课题立项80余项、市级科研课题120余项，获部、省、市级科技成果奖50余项。系西南医科大学、川北医学院非直管附属医院，成都中医药大学、成都医学院和西南科技大学等高等院校的教学医院。成为华西医院绵阳区域联盟中心医院，享有华西远程教学、会诊、查房、挂号等资源优势；与台湾马偕医院、中南大学湘雅二院、海军总医院等机构签订战略合作协议，与电子科技大学、西南科技大学、成都信息工程学院等单位进行良好的合作；与美国、德国、以色列和泰国的相关机构建立起友好合作关系。

【四川绵阳四〇四医院】 医院始建于1964年，占地4.67公顷，业务用建筑面积7万余平方米，除跃进路本部外，建有四〇四医院丰谷病区（绵阳市传染病医院）。开放床位1500张，在岗职工1400余人，其中：卫生技术人员1000余人，高级专业技术人员200余人，硕士研究生导师10人，博士、硕士百余人。四川省有突出贡献优秀专家3人；省级学术技术带头人5人，后备人选5人；市级有突出贡献中青年科技拔尖人才6人；省名中医2人，市级名中医2人。现有内、外、妇、儿、五官、传染等临床、医技科室42个，其中省级重点学（专）科6个，市重点学（专）科23个。医院内设功能齐全、设备先进、设施一流的内镜中心、介入中心、血液净化中心、ICU、CCU以及全净化手术间等，拥有西门子1.5T低温超导核磁共振、西门子64排128层CT、大型平板数字减影血管成像仪（DSA）、数字化X线摄像系统、心脏三维标测仪、超声纤维支气管镜和超声胃镜、食道超声、四维超声等先进诊疗设备。近年来，医院在科研、教学和新技术引进方面取得长足进步，获批为"国家自然基金依托单位"，承担或参与各级政府资助的医学科研项目177项，科研成果获奖57项。医院具备硕士研究生培养能力，承担多所医药院校本科、专科学生的理论教学与实习任务，并且与四川大学公共卫生学院、西南科技大学等多所知名高校建立战略合作关系。医院创立"呵护蓓蕾""消化疾病周""绵医爱心周"三大公益活动品牌，分别向全市、全省、全国的贫困先心病患儿、消化道疾病患者以及心、肺、血管疾病患者提供优质的医疗及健康惠民服务。先后成为中国红十字会"胡大一爱心工程"、中国红十字基金会"天使阳光基金"、中国民政部残疾孤儿康复手术"明天计划""爱心2008——走进绵阳""爱心希望"、民政部/李嘉诚基金"西部贫困家庭疝气儿童手术康复计划"等公益活动项目定点救助医院。

【绵阳市中医医院】　四川省绵阳市中医医院成立于1984年，是国家三级甲等中医综合医院，是成都中医药大学附属绵阳医院、成都中医药大学绵阳临床医学院，四川中医药高等专科学校附属医院。下辖南桥眼科分院、机关分院、惠民帮扶医院、中医药研究所、中药饮片厂等分支机构。现有在岗职工近千名，其中专业技术人员800余名，博士、硕士研究生学历120余名，高级职称140余名，中级职称近200名；有博士研究生导师1人，硕士研究生导师13人。医院编制床位700张，开设临床医技科室31个及专病专科45个，其中，脾胃病科、针灸科、眼科为国家重点专科，肺病科、骨伤科、心血管病科为省级重点专科，儿科、康复科、内分泌科、肛肠科、普外科、泌尿外科为市级重点专科。有中药院内制剂品种30余个。医院与俄罗斯、泰国等10多个国家和地区建立良好的交流与合作关系。长期对口支援平武县中医医院、北川羌族自治县中羌医医院、壤塘县藏医医院、红原县藏医医院、蓬安县中医医院、昭觉县中彝医医院。医院秉承"道贯古今，至精至诚"的院训精神，坚持"一切为了病人，为了一切病人"的办院宗旨，按照"中医领先，西医先进，服务一流"的发展方向，全面提升中医药传承创新能力，努力建成西部一流的现代化中医综合医院。

【绵阳市妇幼保健院】　绵阳市妇幼保健院成立于1976年，是集保健、预防、医疗、科研、教学于一体的全市唯一的三级妇女儿童专科医疗保健机构，是全市首家国家级爱婴医院及全省为数不多的中国妇产科医院联盟会员单位。医院坚持"以保健为中心，以保健生殖为目的，实行保健和临床相结合，面向基层和预防为主"的办院方针，切实履行公共卫生职能，承担全市9个县市区妇幼保健、儿童保健和计划生育指导及质量控制工作，接受全市妇产科及新生儿疑难危重症的转诊救治任务，完成的主要民生指标居中西部前列，在全省妇幼保健领域发挥代表性和示范性作用。医院紧紧围绕提升妇女儿童健康水平，形成完整的婚前保健、孕前保健、孕产期保健、产前诊断、高危妊娠、产后康复、妇女保健、儿童保健及生殖保健服务体系，并以精湛的技术和优质的服务吸引众多妇幼人群，年服务近30万人次。妇产科、儿童保健科为绵阳市重点专科，四川省新生儿疾病筛查中心绵阳分中心、绵阳市产后康复中心、四川省孕产妇健康教育培训基地、国家卫计委科学技术研究所手动负压吸引人工流产术（MVA）示范基地、中国妇女发展基金会伊爱基金及中华医学会计划生育学分会PAC优质服务医院、美国心连心新生儿复苏技术培训基地等均设在医院，并接受多所高校的实习教学任务。在医院建设发展新的征程上，绵阳市妇幼保健院正在成长为集科研教学、临床保健、信息管理、人才培养为一体的、中西部领先的区域性妇幼健康中心。

（段兴兵）

旅游·园林

Tourism, Garden

旅　游

概　述

【概况】　2016年，全市实施“517”战略，即围绕5大目标（旅游管理规范、旅游产品优质、旅游市场繁荣、旅游企业做强，以及将绵阳市打造成为国内知名旅游目的地和区域旅游集散地），推出旅游十大行动（创新旅游项目管理、统筹推进“旅游+”、旅游扶贫、创新旅游宣传营销、旅游厕所建设、旅游商品提升、旅游品牌创建、加强区域旅游合作、深化旅游行业改革、加强行业队伍建设），通过7大创新性手段（创新旅游发展理念、创新旅游产业布局、创新旅游招商举措、创新旅游经营业态、创新旅游区域合作、创新旅游营销方式、创新旅游管理模式）推进全市旅游产业发展。全市通过项目建设、产品开发、营销创新、服务提升、产业融合等重点工作，全面提升旅游的可进入性、可驻足性、可消费性和可回头性，逐步推动全市旅游业从“景点旅游”向“全域旅游”发展模式转变。截至年底，全市旅游总收入实现421.95亿元，同比增长22.80%。累计接待境内外游客4206万人次，同比增长20.17%。

“十一”国庆黄金周期间，全市接待游客297.4万人次、同比增长17.17%，其中过夜游客83.44万人次、同比增长18.1%；一日游游客213.96万人次、同比增长16.82%。实现旅游收入127755.46万元、同比增长20.11%。

2016年，北川羌族自治县获首批“国家全域旅游示范区”，安州区、平武县获第二批“国家全域旅游示范区”；江油市被评为2016年度四川省旅游强县。

【2016绵阳旅游发展大会】　2016年9月26日，2016绵阳旅游发展大会在北川羌族自治县举行。会议分析全市旅游业发展形势，交流旅游业发展经验，对下一步工作作出安排部署。市委书记彭宇行出席大会并讲话。市委副书记、市长刘超主持大会。四川省旅游发展委员会副巡视员苗玉砚代表省旅发委讲话。市委常委、宣传部部长张学民宣读《关于获得旅游品牌及称号的单位及个人名单的通报》，副市长王瑜通报全市旅游业发展情况，并对全市旅游工作做安排。开幕大会上，与会人员观看绵阳旅游产业发展宣传片和回顾短片，阿里旅业副总经理路坤做主旨演讲，北川县就全域旅游建设做经验交流发言。

大会期间，举行2016年重点旅游项目集中开工仪式、2016首届羌族沙朗节开幕式及“点亮北川”城市夜游汇、大美羌城晚会、大型沙朗篝火晚会等系列活动，参观体验九环线北川旅游服务区、北川名岛度假区、恩达羌寨、禹穴沟等景区。

【旅游产业发展领导小组工作会议】　2016年6月12日，全市旅游产业发展领导小组工作会议召开。市委书记彭宇行主持会议并讲话，强调要进一步完善全市旅游产业发展规划，突出重点、创新举措，推进旅游与三次产业融合发展，加快把绵阳建成国内知名旅游目的地和区域旅游集散地，让旅游业成为全市经济增长的新引擎。市委副书记、市长刘超出席会议。会上，市旅游产业发展领导小组办公室汇报全市旅游工作情况，北川羌族自治县、仙海区、绵投集团分别就旅发大会筹备情况、创建国家旅游度假区、越王楼创建国家AAAA级旅游景区等工作做汇报，与会市领导以及相关部门负责人就推动全市旅游产业持续健康发展先后发言。在认真听取大家发言后，彭宇行指出，当前，旅游业的全局性、带动性作用越来越强，中央、省上都把旅游业发展放在非常重要的战略地位。近年来，全市上下已形成抓旅游产业发展的共识，并取得显著的成效，但与先进地区相比仍有不小差距。要增强机遇意识和忧患意识，高水平完善旅游产业发展“十三五”整体规划和一系列专项规划，进一步创新思维、真抓实干、强势推进，巩固和提升绵阳旅游在全省应有的地位，加快把绵阳建设成国内知名旅游目的地和旅游集散中心城市。

【涪江印象美丽岛双鱼巨蛋科幻世界项目落户三台】 2016年9月21日，绵阳涪江印象美丽岛双鱼巨蛋科幻世界项目在第四届中国（绵阳）科技城国际科技博览会展览中心签订战略合作协议、召开启动新闻发布会，标志着绵阳涪江印象美丽岛双鱼巨蛋科幻世界项目落户三台。该项目是三台县人民政府和绵阳江心岛旅游开发有限公司携手亚太旅游联合会、HTC公司、协同创新基金管理有限公司等战略合作机构共同打造的中国科技旅游目的地。项目位于三台县永明镇江心洲，距离绵阳市中心9千米，二环路3.7千米，占地1666.67公顷，投资50亿元。

【2015中华旅游小姐环球大赛四川赛区暨首届绵阳城市形象大使选拔赛总决赛】 2016年1月10日，“2015中华旅游小姐环球大赛四川赛区暨首届绵阳城市形象大使选拔赛”总决赛在绵阳涪城万达广场举行。来自黑龙江的32号选手林昊夺得大赛冠军，就读绵阳师范学院大二的新疆籍学生、1号选手匡子譞获得亚军，就读于四川文化艺术学院的宁夏籍学生、5号选手杨洋获得季军。大赛由绵阳市委宣传部、市旅游局、市文广新局、市文联主办，华夏盛景国际传媒、绵阳三汇集团承办，于2015年12月7日启动，旨在推广绵阳旅游文化，展示绵阳广大青年女性的风采与活力，丰富美丽绵阳内涵，吸引广大青年女性通过参与赛事选拔活动，深入了解绵阳历史文化、风土人情、旅游特色，进而投身到“认知绵阳、热爱绵阳、代言绵阳、青春绵阳”的行列中来。大赛冠、亚、季军代表四川赛区参加2015中华旅游小姐环球大赛全国总决赛，前30强选手成为绵阳城市形象大使。

【华夏历史文化产业园一期项目开工】 2016年12月22日，深圳华强集团江油方特项目暨绵阳华夏历史文明科技产业园项目，在江油市太平镇河西合江村项目开工。项目计划投资100亿元，占地200公顷，分三期程度也没，开工的一期项目，投资29亿元，占地76公顷。开工建设的华夏历史文明传承主题园项目是华强在全国建设的第11座方特欢乐世界。主题园主要以华夏文明从诞生到1840年这段璀璨的历史岁月为背景，以华夏历史文明传承为主题，以“儒、释、道”文化为核心，覆盖华夏历史故事、华夏文明对外的交流与影响、中华传统文化艺术、中华民俗风情等内容。项目展示中国传统文化精华，重点突出地方特色文化、民族文化，结合新高科技形式，结合华强方特集团在国内成熟的文化科技主题园区的成功经验和模式，打造具备国际一流水平的新型文化科技主题园区。 （何　萍）

旅游饭店管理

【概况】 2016年，全市开展年度星级饭店复核工作。根据省标评委统一安排，协助省标评委完成全市1家五星级饭店、9家四星级饭店的年度复核工作，组织市级星评检查员分3组完成7家三星级饭店、9家二星级饭店、2家一星级饭店的年度复核工作。全市28家星级饭店通过2015年度复核。

【星级旅游饭店创新发展论坛】 2016年9月8日，绵阳市旅游局、绵阳市旅游协会在子云大酒店举办2016全市星级旅游饭店创新发展论坛，来自全市三星级以上星级旅游饭店的总经理、业务精英和市旅游局、旅游协会相关负责人参加，市旅游局局长谭莉就互联网时代旅游目的地产业体系重构进行专题辅导。论坛围绕互联网时代旅游目的地产业体系重构、星级旅游饭店转型发展，突出“创新、开放、合作、共赢”的主体进行深入交流研讨。全市旅游饭店行业进一步整合资源、利用满天星平台加大宣传营销力度，发挥星级旅游饭店在绵阳旅游产业发展、区域旅游目的地建设中的重要作用。

【旅游项目招商】 2016年，市旅游局与北京产权交易所合力策划包装中国大熊猫生态保护与文化旅游产品项目、中国南方（秦岭南麓）滑雪场群项目等旅游招商项目，分别到北京、广州、西安等地开展招商活动。与国内文旅著名企业对接，成立西安·绵阳旅游宣传推广服务中心。成功引进华强集团在江油青莲镇投资建设绵阳华夏历史文化科技产业园项目，梳理并策划包装中国南方（秦岭南麓）滑雪场群项目等10余个重点项目在北交所挂牌路演。全年签约旅游项目23个，签约金额79.43亿元。全市117个在建项目，完成投资93.06亿元。

【3家五星级乡村酒店（农家乐）通过省级评定】 2016年8月25~26日，四川旅游标准评定委员会专家评定

图85　四川旅游标准评定委员会专家评定小组在安州区巴蜀鱼都现场检查

小组，成员包括省旅游协会执行副会长谢海银、四川师范大学旅游与城乡规划研究院副院长兼总规划师李小波教授、成都银杏酒店管理学院校企（地）合作办公室主任魏佳副教授等4人，按照《四川省农家乐/乡村酒店旅游服务质量等级评定管理暂行办法》，依据四川省《农家乐（乡村酒店）旅游服务质量等级划分与评定》，对绵阳市涪城区鑫港湾休闲度假村五星级乡村酒店，安州区巴蜀鱼都、猫儿沟农家乐创建五星级农家乐进行评定。省标评委评定小组围绕环境、景观与建筑，住宿、餐饮、配套设施，服务质量，安全管理，管理绩效等7个方面，采取创建汇报、现场查看、查阅资料等方式，进行逐项评定。经评定，三家创建单位产业与旅游、乡村旅游与农业，按照旅游六要素融合发展，做到目标定位清晰化、产业发展规模化、种植养殖专业化、乡村旅游特色化、服务管理标准化，有特色、有亮点，达到标准要求。

【富乐山九洲国际酒店】　绵阳首家五星级国际酒店，金叶级绿色饭店，位于游仙区芙蓉路一段1号。酒店建筑依山势而建，建筑面积25217.18平方米，主楼高4层，主楼后方分别有5幢风格各异的独立别墅。有客房133间（套），床位数185个；酒店有富悦楼粤菜厅（设特色豪华包房20个）、锦芳园川菜厅、爱雅丽西餐厅、异域主题餐厅、如意堂宴会厅等，可供890人就餐；西川会议中心是绵阳市重要的会议接待基地，有大小会议室5间，最大的多功能厅面积556.35平方米；酒店健身中心拥有6片网球场（其中1片室内网球场）以及乒乓球、砂壶球、健身器械等服务和设施；康乐中心设有棋牌、足浴、SPA等服务；酒店内设有商场和美容美发场所。

【长虹国际酒店】　四星级的旅游商务酒店，金叶级绿色饭店，位于绵阳市高新区火炬西街北段89号。长虹电子集团公司投资兴建，属长虹集团公司下的子公司，酒店于1998年10月28日开业，2000年2月28日挂牌三星，2002年5月24日升四星。2011年11月通过新星级标准颁布后3年期评定性复核；2012年8月3日通过年度星级复核；2012年11月15日通过的评定。2014年10月31日通过四星级旅游饭店年度复核。2015年10月25日通过三年期评定性复核。酒店主体大楼地面六层，地下一层，总建筑面积3.2万平方米，设电梯四部，其中三部客用电梯、　部员工及服务专用电梯。房间总数216间·套，包括普通标准间86间、商务标准间24间、商务单间33间、标改单间46间、豪华单间13间、两开间套房11间、三开间套房2间、五开间套房1间。

【王子大酒店】　是绵阳燃气集团公司下属子公司，四星级酒店，金叶绿色饭店，位于绵阳市临园路西段25号。酒店拥有客房230间其中：套房39间，单间76间，标准间115间。楼层设置了5个各具特色的会议室。餐饮采用中西式风格，君悦大厅采用现代的设计风格，可同时容纳300余人就餐，12个雅间可同时接待150人就餐。

【绵州酒店】　是绵阳市人民政府投资兴建的四星级旅游饭店，金叶绿色饭店，属于绵阳市投资控股（集团）有限公司，酒店总投资2.3亿元（不含土地价），占地面积16000平方米，总建筑面积4.3万平方米。酒店于1997年11月28日竣工开业，1999年3月被评为三星级旅游饭店，2000年10月晋升为全省第三家、地、市（州）级首家四星级旅游饭店，位于绵阳市涪城区临园路东段62号。酒店设餐饮部、房务部、前厅部、营销部、工程部、安全部、行政部、计财部、质培部9个部门。有标准的客房298间/套，446个床位，并设有“西蜀宫”“西餐厅”“南涛宫”等三大餐厅及一个“山海多功能厅”和21间包房，可同时容纳1000人用餐。拥有各类大中小型会议室6个。

（何　萍）

旅行社管理

【概况】　2016年，全市旅行社56家(不含2家拟注销非正常营业旅行社)。全市办理旅行社业务经营许可证核发审批2项，注销1项、变更9项。

【旅行社分支机构备案登记属地管理】　2016年，全市逐步实行旅行社分支机构备公告属地管理。市旅游局按平均补助3000元的标准，对全市14个县级旅游主管部门发放旅行社分支机构备案登记打印设备资金补助42000元，用于购买备案打印设备，为备案工作的落实提供基础保障。为全市14个县级旅游主管部门发放《备案登记证明》330份。为县级旅游主管部门提供旅行社分支机构备案工作咨询指导20余人次，提供《备案登记证明》打印服务近40次。7月起，按照《旅行社公告暂行规定》改为由接受备案的县级旅游主管部门自行公告。

【旅行社责任保险监管】　2016年，市旅游局通过旅行社责任保险续（投）保提醒和催办，全市56家旅行社续（投）保2016年度旅行社责任保险，其中续（投）保2016年全国旅行社责任险统保示范项目旅行社49家，统保率达到84.5%。全年催办旅行社责任险续（投）保及团队系统投保信息填报旅行社18家次。

（何　萍）

2016 年度绵阳市旅行社名录

（2016 年 12 月 31 日）

表 50

序号	许可证号	旅行社名称	法人	投诉电话	注册地址	所在地区
1	L-SC-B00001	绵阳壹零叁叁旅行社有限公司	何淑华	13890153818	游仙区芙蓉溪路 1 号	游仙区
2	L-SC-B00002	绵阳市交发旅游集散中心管理有限责任公司	肖　扬	0816-2228499	临园路西段 29 号	涪城区
3	L-SC-B00003	绵阳青年旅行社有限责任公司	周　岩	0816-2239926	安昌路 18 号爱喜嘉年华 B 座 5 楼 5 号	涪城区
4	L-SC-B00004	绵阳东方旅行社有限公司	夏　英	0816-2233111	临园路西段 5 号	涪城区
5	L-SC-B00005	绵阳市康辉国际旅行社有限责任公司	范宗荣	0816-2339827	临园路中段 84 号三力大厦五楼	涪城区
6	L-SC-B00006	绵阳中旅西部旅行社有限公司	张敏娟	0816-2226488	安昌路 17 号（百盛富临花园 3 楼 5 号）	涪城区
7	L-SC-B00007	绵阳市天马旅行社有限责任公司	岳俊颖	13881136966	警钟街 72 号	涪城区
8	L-SC-B00008	四川天颂国际旅行社有限公司	杨挺彪	0816-2269723	涪城区御苑路 9 号 5 幢 1 楼	涪城区
9	L-SC-B00009	绵阳市仙海旅行社有限公司	王一平	0816-6620924	红星街 61 号	涪城区
10	L-SC-B00010	绵阳市虎跃旅行社有限公司	李成学	0816-7228376	盐亭县八角镇文卫街 136 号	盐亭县
11	L-SC-B00011	绵阳市中旅假日旅行社有限公司	王小丽	0816-2228499	临园路东段 72 号新益大厦（栋）公寓 12 层 4 号	涪城区
12	L-SC-B00012	绵阳市三国旅行社有限公司	郑　红	0816-2323710	富乐路 22 号	涪城区
13	L-SC-B00013	绵阳市金航旅行社有限公司	游　川	0816-2232208	临园路东段樊华商业城一楼 3-19	涪城区
14	L-SC-B00014	绵阳春秋旅行社有限公司	向小兰	0816-2317228	临园路东段 67 号	涪城区
15	L-SC-B00015	绵阳市友谊旅行社有限公司	杨志勇	0816-2344822	佳辉花园 B 幢 3-2-2 号	涪城区
16	L-SC-B00016	绵阳温馨国际旅行社有限公司	贾雪蕾	0816-2239993	涪城路盛鑫苑 2 幢 8 楼 C 号	涪城区
17	L-SC-B00017	四川同业国际旅行社有限公司	贾小平	0816-2250117	涪城区临园路西段 29 号绵阳汽车客运总站办公楼 3-19	涪城区
18	L-SC-B00018	绵阳高新国际旅行社有限公司	杨子贤	0816-2333653	涪城区顺河前街 7 号一楼	涪城区
19	L-SC-B00019	绵阳市光大旅行社有限责任公司	陈　雪	0816-2340928	临园路东段 68 号富临大都会 5 栋 1 单元 16 层 3 号	涪城区
20	L-SC-B00020	绵阳市启明星国际旅行社有限责任公司	宋钒嘉	0816-2301183	剑南路西段 73 号	涪城区
21	L-SC-B00021	四川亚晖国际旅行社有限责任公司	张　兵	17738426085	剑南路西段 26 号	涪城区
22	L-SC-B00022	绵阳市联合国际旅行社有限责任公司	安　俊	0816-2310288	临园路东段 67 号	涪城区
23	L-SC-B00023	绵阳骏辉旅行社有限公司	汪德俊	0816-2358412	花园路 9 号绵阳涪城万达广场 6 栋一单元 19 层 16 号	涪城区
24	L-SC-B00024	四川绵阳国际旅行社有限公司	贾小平	0816-2221331	警钟街 28 号商住楼三楼	涪城区
25	L-SC-B00025	绵阳众信国际旅行社有限公司	汪忠鹏	0816-2240686	安昌路 18 号 ESSE 爱喜嘉年华 1 幢 2-12-B14	涪城区
26	L-SC-B00026	绵阳市海天国际旅行社有限责任公司	王　臻	0816-2245631	富乐路 28 号（长兴江岸精典 1 栋 1-26-3 号）	涪城区

续表

序号	许可证号	旅行社名称	法人	投诉电话	注册地址	所在地区
27	L-SC-B00027	绵阳市云帆国际旅行社有限公司	周　洁	0816-2301899	剑南路西段 8 号（富临东方广场）2 幢 1 单元 34 层 4 号	涪城区
28	L-SC-B00028	绵阳七曲山旅行社有限公司	梁　勇	0816-8260987	梓潼县文昌镇崇文街东段北侧金柏林一幢一层 10 号	梓潼县
29	L-SC-B00029	绵阳绿地假日旅行社有限公司	黄　勇	0816-2351026	花园路 9 号（万达广场）	涪城区
30	L-SC-B00030	绵阳甲天下旅行社有限公司	张　勇	0816-2310308	长虹大道中段 129 号都市时尚 1-1-2106	涪城区
31	L-SC-B00031	江油印象旅行社有限责任公司	梁　敏	0816-3220878	江油市昌明东路一段一号	江油市
32	L-SC-B00032	绵阳绵之旅旅行社有限公司	申雪梅			涪城区
33	L-SC-B00033	绵阳五洲旅行社有限责任公司	程红梅	0816-2233737	区安昌路 18 号	涪城区
34	L-SC-B00035	江油市天添旅游有限责任公司	王淑艳	0816-7163299	江油市城区北大街西段南河花园 2 栋 1 楼 4 号	江油市
35	L-SC-B00036	江油阳光旅行社有限公司	陈秋华	0816-3271003	江油市顺辉购物广场一楼	江油市
36	L-SC-B00037	江油李白故里旅行社有限公司	唐安民	0816-3251567	江油市中坝东大街 87 号	江油市
37	L-SC-B00038	江油市龙行天下旅行社有限责任公司	龙　波	0816-3264331	江油市城区新华干道中路华泰小区 18 号	江油市
38	L-SC-B00039	江油畅游旅行社有限公司	张　琴	13340886799	江油市中坝镇东大街 1 号 1 楼	江油市
39	L-SC-B00040	江油青年旅行社有限公司	何　英	0816-3253473	江油市新华中路 279 号(诗城大酒店内一楼大厅)	江油市
40	L-SC-B00041	绵阳神州国际旅行社有限公司	秦　鸣	0816-2231882	临园路东段 68 号富临大都会 2 幢 2 单元 3 楼 4 号	涪城区
41	L-SC-B00044	北川羌族自治县民族旅行社有限公司	孙　莉	0816-4825082	北川羌族自治县永昌镇白沙街 22 号	北川羌族自治县
42	L-SC-B00045	绵阳市快乐生活国际旅行社有限公司	顾炯语	13881109016	安昌路 18 号（爱喜嘉年华 1 幢 2018 号）	涪城区
43	L-SC-B00046	绵阳新航线旅行社有限公司	赵　勇	0816-2269111	文庙街 2 号（广电局一楼）	涪城区
44	L-SC-B00052	绵阳中青国际旅行社有限责任公司	王　成	0816-2351141	临园路西段 5 号（花园景都一楼 47 号）	涪城区
45	L-SC-B00053	北川云朵旅行社有限公司	邓远海	0816-2244461	北川县安昌镇大北街 89 号	北川羌族自治县
46	L-SC-B00054	绵阳环球国际旅行社有限公司	王丽辉	13198666999	西大街 50 号	涪城区
47	L-SC-B00055	绵阳创亿国际旅行社有限责任公司	曾　勇	18681696888	长虹大道中段 120 号	涪城区
48	L-SC-B00056	绵阳华阅国际旅行社有限责任公司	刘红梅	13890173968	安州区花荄镇文苑路中段北侧 1 栋 2 单元 6 号	安州区
49	L-SC-B00058	四川金赐国际旅游有限责任公司	王洪伟	0816-6095888	平政一巷 28 号（五一名都）	涪城区
50	L-SC-B00059	绵阳环奥国际旅行社有限公司	杨　晋	0816-2245688	石塘路 18 号（东瑞公寓 1-1-4）	涪城区
51	L-SC-B00060	绵阳市百事通国际旅行社有限公司	陈宗雅	0816-2242816	安昌路 18 号 ESSE 爱喜嘉年华 1 栋 2 层 2029 号	涪城区
52	L-SC-CJ00019	四川绵阳假日国际旅行社有限公司	何淑华	0816-2222499	临园路东段 58 号	涪城区

续表

序号	许可证号	旅行社名称	法人	投诉电话	注册地址	所在地区
53	L-SC-CJ00036	四川省绵阳九龙国际旅行社有限公司	王 卓	0816-2496233	绵山路 64 号（科学城八区职工班车站）	科学城办事处
54	L-SC-CJ00045	四川长虹国际旅行社有限责任公司	袁冬梅	0816-2418499	高新区长虹国际酒店内	高新区
55	L-SC-CJ00074	四川中盛国际旅行社有限公司	李海清	0816-2310108	区临园路东段 67 号	涪城区
56	L-SC-CJ00091	绵阳市绵州国际旅行社有限公司	郑 红	0816-2233598	临园路东段 68 号（富临大都会七栋二单元六楼 8 号）	涪城区
57	L-SC-CJ00096	四川绵阳机场国际旅行社有限责任公司	党 红	0816-2334998	花园北街 6 号海关（副楼）	涪城区
58	L-SC-CJ00104	绵阳沪春秋旅行社有限公司	孙文霞	0816-2223727	区铁牛街 12 号樊华商业城	涪城区

旅游行业管理

【概况】 2016年，全市旅游行政管理部门坚持每天24小时值班制度，确保“96927”旅游投诉电话畅通，为游客提供旅游咨询和受理旅游投诉。截至10月下旬，全市受理有效旅游投诉46件，结案率为100%，协调企业理赔金额近30余万元。受理旅游咨询500余件，调解旅游纠纷124起。市旅游局通过整合现有基础数据，并对接四川省智慧旅游平台和绵阳市智慧城市相关平台接口。绵阳旅游应急救援指挥系统和绵阳旅游执法系统作为指挥平台的子系统，于5月2日上线运行，这标志着全市旅游行业运行监管及救援向数字化、网络化、自动化、标准化迈进。

【旅游执法及旅游安全培训】 2016年10月27日，市旅游局举办全市旅游执法、电子合同、行业消防安全专题学习培训讲座，邀请省旅游执法总队队长杨铭、科长唐骏、市消防支队工程师王继强、金中旅四川公司的专家进行现场培训，各县市区、园区旅游主管领导、旅游执法部门负责人以及全市国家A级景区、旅行社、分社、服务网点、星级饭店质监负责人350余人参加培训。

【旅游执法检查】 2016年，全市旅游行政管理部门检查旅行社166家次、分社60家次、服务网点200家次、旅游景区（点）66家次、星级农家乐45家次、星级酒店30家次、导游人员110人次。出动执法人员800余人次，执法车辆547台次，检查涉旅企业近千家次。（何 萍）

旅游市场推广

【概况】 2016年，全市旅游推广围绕春夏秋冬设置“繁花似锦·春满绵阳”“夏风清朗·醉夏绵州”“多彩金秋·欢乐绵州”“休闲养生·冬暖绵阳”等主题。分别在西安、义乌等地开展推介绵阳旅游产品，通过举办第五届绵阳（仙海）端午文化旅游节暨首届绵阳（仙海）旅游集市、2016乡村旅游暨2016春季旅游系列活动、中国药王谷2016辛夷花主题艺术暨形象创意大赛等活动吸引全国各地旅客到绵阳观光旅游。市旅游局与蚂蜂窝网站合作，上线绵阳旅游攻略，攻略围绕线路为游客呈现多角度、多层次的绵阳旅游地域文化特色、风土人情。

【“周末微度假·绵阳旅游进社区”活动在西安举行】 2016年3月27日，绵阳旅游专题推介暨“周末微度假·绵阳旅游进社区”活动启动仪式在西安大唐西市广场举行。市旅游局组织各县市区旅游局、主要旅游景区参加。

本次广场宣传活动中，市旅游局整合绵阳各景区旅游节庆活动，重点为西安市民推出“繁花似锦·春满绵阳”春季旅游产品、精品旅游线路、旅游优惠政策等。西安市民对绵阳市赏花、养生、休闲、科技、民俗等旅游产品表示出浓厚的兴趣，纷纷前来咨询。活动现场，发放宣传资料3000余份，接受咨询500余次。

【参加第八届中国国际旅游商品博览会】 2016年5月24日，第八届中国国际旅游商品博览会在义乌国际博览中心开幕。市旅游局率领三台、安州、游仙、江油、北川等县市区和鑫田粮艺、唐绣娘绣庄、西蜀绣

图86 第五届绵阳（仙海）端午文化旅游节龙舟比赛

院、天地九五葫芦等旅游商品企业参加展会。展览期间，绵阳市旅游商品得到参会客商的青睐。

【第五届绵阳（仙海）端午文化旅游节暨首届绵阳（仙海）旅游集市】 2016年6月10~12日，2016第五届绵阳（仙海）端午文化旅游节暨首届绵阳（仙海）旅游集市在仙海湖举办。本次文化旅游节的龙舟比赛有来自绵阳各大高校、企事业单位、农村村镇的45支代表队、800余名运动员参加，吸引10万余名各地旅客前来观看比赛。通过角逐，四川汽车职业技术学院获男子大龙舟组第一名，绵阳师范学院的两个龙舟队分别获男子小龙舟组第一名和女子小龙舟组第一名。（何　萍）

旅游景区

【概况】 2016年，全市成功创建国家AAAA级景区2个，国家AAA级景区3个，省级生态旅游示范区2个，省级旅游强县1个，省级乡村旅游强县1个，省级旅游扶贫示范区1个。平武、安州两地成功入围全国第二批国家全域旅游示范区名单。

【旅游扶贫示范】 2016年，市旅游行政管理部门全面系统的梳理全市建档立卡贫困村旅游资源情况，全市有123个村，5593户，16352人需要扶贫解困。全市按照景区带动型、乡村旅游型和开发旅游商品型三种旅游扶贫模式，因地制宜推进旅游扶贫工作。平武县白马王朗景区入选全国“景区带村”旅游扶贫示范项目，北川县石椅羌寨入选全国“能人带户”旅游扶贫示范项目，青片乡正河村民俗旅游专业合作社入选全国“合作社+农户”旅游扶贫示范项目。分四批四片实施乡村旅游千人培训工程、“旅游扶贫+互联网”行动计划、旅游商品品牌提升计划。重点打造熊猫系列、生态系列、母亲系列、民俗系列、农副产品系列的绵阳旅游商品。在2016年中国旅游商品大赛上，绵阳市获1金1银4铜。全年有27个村完成旅游脱贫，占五年总目标的22%。

【旅游项目建设】 2016年，全市113个旅游项目开工建设，投入建设资金77.039亿元，其中，推荐并入选省级旅游项目库16个，49个项目纳入市级在建旅游项目库重点推进，实现投资56.9244亿元，江油大康百合花国际博览园等6个项目被评为省级旅游重点项目。精心包装虎牙生态旅游区、梓潼七曲山旅游区等重点旅游招商项目，分别到北京、广州、深圳等地开展招商活动。积极与华强集团、东方园林集团、诚通集团、海航集团等企业深度对接，推介绵阳市重大旅游招商项目。全年34个旅游项目完成招商并签约，签约金额85.043亿元。此外，成功争取到国家旅游发展基金167万元，用于李白故居、药王谷和原香国际香草园停车场建设；争取到660万元省旅游发展专项资金，用于青莲自驾车营地、七曲山自驾车营地等6个项目基础设施建设。全市183个旅游厕所启动建设，优选113个纳入国家旅游厕所管理系统，全年完工154个，极大改善全市旅游配套设施状况。

【花城果乡和幸福七里景区接受现场评定验收】 2016年12月7日，绵阳市旅游标准评定委员会专家组一行到安州区对花荄花城果香乡景区和塔水幸福七里景区开展创建国家AAA级旅游景区现场评定工作。评定组严格按照国家等级景区质量划分与评定标准，对两个景区的旅游交通、游客中心、标识标牌、停车场、旅游厕所等旅游服务设施进行现场打分。并对两个景区的相关资料进行检查，召开创建工作汇报会。会上，评定组对安州区两个景区的创建工作给予肯定。同时指出两个景区暂时存在的不足，要求两个景区按照国家A级景区评定标准做好整改工作，为创建国家AAAA级级景区打下基础。

【寻龙山旅游区】 景区位于北川新县城1.5千米处，总面积3.14平方千米，距绵阳30千米，距成都130千米，属安州区生物礁国家地质公园中的砾岩岩溶景区。寻龙山景区拥有奇特的喀斯特地貌和砾石岩群，和奇秀的自然风光以及蜀汉人文风情。其中，卧龙洞、龙鳞坡石林、龙隐镇影视拍摄基地是景区最具核心竞争力的三大主要景点。景区主体建筑风格以汉代为主。在建筑上，汉代青石雕壁画以各时期龙的图腾为主要内容，展示、传承、弘扬博大精深的龙文化，讲述一个个龙的故事典故。寻龙山景区的目标在于让每一位游客体验到健康，感受到快乐。

【仙海风景区】 景区是依托沉抗水库建立起来的省级水利风景区，距绵阳城区10千米，108国道，绵（阳）梓（潼）公路及绵阳市二环路从区内通过，交通方便，兼有度假、休闲、观光、商住、会议等多种功能。风景区地处九寨沟、黄龙、峨眉山、剑南蜀道等黄金旅游环线的中心地带，规划面积36.8平方千米，首期开发面积13.8平方千米，水面近7平方千米。区内林木繁多，风光秀丽，有孤岛、半岛40余座，建有一幢幢现代欧式风格的建筑。还有秦始皇、三国等历史故事及古驿道、神仙树等著名景点。风景区分水源保护区、水上运动区、水上娱乐区、高级休闲区、别墅会议区、田园乡村度假区、静态水域、陆上风景林带和水产养殖区九大功能区，以水上运动、水上娱乐为特色。是目前国内较大的距城区很近的充分展现湖光山色、融人文自然景观为一体的城郊休闲胜地。（何　萍）

2016 年绵阳市国家 A 级景区一览

表 51

序号	景区	级别	评定时间	地址
1	北川羌城旅游区	AAAAA	2013.5.04	北川永昌镇
2	绵阳市西羌九皇山景区	AAAA	2006.10.23	北川桂溪乡
3	绵阳市北川药王谷旅游景区	AAAA	2013.09.13	北川桂溪乡林峰村二组
4	梓潼县七曲山风景区	AAAA	2006.10.23	梓潼县七曲山
5	绵阳市平武报恩寺	AAAA	2008.04.30	平武县龙安镇
6	绵阳市江油窦圌山风景区	AAAA	2005.12.22	江油市武都镇团山村
7	江油李白纪念馆景区	AAAA	2012.12.11	江油市文风街 1 号
8	绵阳市科技馆旅游景区	AAAA	2014.05.04	游仙区一环路东段 232 号
9	绵阳市江油李白故居景区	AAAA	2015.01.06	江油市青莲镇粉竹路
10	绵阳市北川维斯特农业休闲旅游区	AAAA	2015.01.06	北川新县城农业科技园
11	绵阳市仙海旅游景区	AAAA	2015.12.16	仙海区
12	绵阳寻龙山景区	AAAA	2007.04.29	北川安昌镇沙汀路
13	绵阳市江油佛爷洞景区	AAAA	2016.12.06	江油市大康镇因明村
14	绵阳匡山佛爷洞	AAA	2006.05.23	江油市大康镇因明村
15	三台梓州杜甫草堂	AAA	2009.10.12	三台县西外街
16	富乐山	AA	2002.12.11	游仙区芙蓉路 1 段 10#
17	碧水蓝天旅游景区	AA	2010.12.16	涪城区杨家镇团阳寺三社
18	涪城区小桥村	AA	2007.10.16	涪城区龙门镇小桥村
19	涪龙苑旅游景区	AA	2010.12.16	涪城区龙门镇香社村七社
20	绵阳市盐亭县玉龙山旅游景区	AA	2012.12.13	盐亭县
21	绵阳市涪城区晨曦森林度假村旅游景区	AA	2012.12.13	涪城区丰谷镇民杨村一组

传统村落保护

【概况】 2016年，绵阳市加大对境的传统村落保护，市县乡三级党委、政府及有关部门出台相关保护措施，加大传统村落的保存和修缮，成立保护机构、确定保护范围。江油二郎庙镇青林口村和北川马槽乡黑水村两个传统村落获得中央财政支持。11月，住房城乡建设部等7部门印发《关于公布第四批列入中国传统村落名录的村落名单的通知》，绵阳市有10个村落入围第四批中国传统村落保护名录的公示名单。分别是安州区桑枣镇红牌村、涪城区丰谷镇二社区、游仙区魏城镇铁炉村、游仙区刘家镇曾家垭村、游仙区玉河镇上方寺村、游仙区东宣乡鱼泉村、盐亭县林山乡青峰村、平武县虎牙藏族乡上游村、平武县白马藏族乡亚者造祖村、平武县木座藏族乡民族村。截至2016年底，全市的国家级传统村落有14个。

【桑枣镇红牌村】 红牌村，位于桑枣镇圆坝子，是桑枣镇人民政府驻地，面积6.16平方千米，辖13个村民小组，得名于当地一座已经毁弃的红色牌楼。据羌王城古墓出土的文物显示，先秦时期就有祖先在这片土地栖居。在元代以前，这个小村落就已经形成。村内资源丰富，有安州生物礁国家地质公园和罗浮山温泉旅游度假区；该村历史悠久，古迹人文资源深厚。村内有清代所建的飞鸣禅院古建筑和数百年的古

图 87　位于安州区桑枣镇红牌村的飞鸣禅院

楠木，有近千年的古军事城堡——羌王城，还有近代老建筑——何家大院。近年，区镇村三级通过对红牌村的古建筑、民间文化、民风习俗、自然环境、优美生态、天然景观等进行科学有序的开发利用，发展文化休闲旅游，保障传统村落的人文遗产、自然遗产和民俗遗产得到科学保护。2016年11月，红牌村被住房城乡建设部等7部门列入全国第四批传统村落保护名录。

【丰谷镇二社区】　位于涪城区丰谷镇，距离镇政府0.5千米。村落建于元代以前，坐落在涪江河畔，体现古人“择水而居”选址理念。该村历史悠久，保护较为完整的传统建筑较多，有华严寺、南垭庙、罗汉寺、陶家大院、隆昇号、党家大院、丰乐书院、川北民居、狮子龙门、天佑烧坊、皮袋井遗址。近年，涪城区、丰谷镇与社区加强对古建筑的保护。以“修旧如旧、留得住乡愁”思路，采取“特色文化元素添加、部分亮点风貌保留”方式，通过寻味、市井、院子、童谣四大主题特色亮点呈现，通过栩栩如生的丰谷影像墙、1943年丰谷镇原籍地图、二维半互动雕塑、老物件陈列、陶家院子局部修缮、爷爷童年墙体彩绘等板块，将丰谷的历史文化元素全方位展现于萝卜丝巷内，还原老丰谷生活原貌，形成不可多得的综合性古建筑文化艺术宝库和殿堂。打造“东街非遗”铸魂融合发展。引入四川省级非遗传承人罗松，在东街承建“炳林毛笔传习基地”，构建文创研究、传承生产、交流展演等多层面活动和交流平台。同时有侧重地对东街部分保存完好的古建筑、古盐井、古遗址、古院落及文物进行修缮维护打造，吸引剪纸、雕刻、面人、草编等具有观赏性和艺术性的非遗技艺留在街区，实现文化遗产保护与城镇化建设有机融合。2016年11月，丰谷镇二社区被住房城乡建设部等7部门列入全国第四批传统村落保护名录。

（张永兴）

图 88　涪城区丰谷镇二社区老建筑一角

园　林

公　园

【概况】　绵阳城区有人民公园、西山公园、南山公园、南湖公园、中华科学家公园、富乐山公园、滨河公园、圆通公园、小枧湿地公园9个公园。集休闲、文化、历史人文、科技、湿地、湖泊、自然景观、爱国主义教育基地为一体，供群众休闲、参观、学习等。2016年，完成富乐山公园、西山公园的改造。

【人民公园】　2016年，市住建局对被践踏的绿地进行补栽补植，全园补栽麦冬15吨；投入约5万元对全园道路两侧大小乔灌木进行整形修剪；投入2万余元对全园香樟、柳树、桂花等进行病虫害防治。结合公园植物景观改造提升，开展两次各具特色的春季百合花展和秋季月季花展，展出百合20余万株、月季30余万株、当季时令鲜花15余万株。新播草坪7000余平方米。加强基础设施维护，确保功能正常发挥。

2016年，投入近25万元，疏通道路系统地给排水井近百个，维修硬质铺装地面约600平方米，更新更换游览标识系统30余块、温馨提示牌400余个、维修翻新公共座椅600根、垃圾桶近300个，维修更新公厕设施设备百余件，维修更换塑钢护栏600余米；组织清理墙面、屋顶攀附物、杂物等约1000平方米，屋面防漏处理约5600平方米，确保配套服务用房的正常使用；对全园供配电设施设备及线路进行定期检查和维护，及时排查和整改供电安全隐患。

【2016年人民公园“幸福美丽绵阳”灯展】 为营造隆重喜庆、和谐稳定、团结奋进的节日氛围，市委、市政府决定于2016年春节在人民公园举办公益性大型迎春灯展。灯展由市委、市政府主办,市住建局具体承办，自2015年8月开始筹备方案，11月底确定施工中标单位，2016年2月3日晚亮灯展出。本届灯展的布局按“两个版块、三个廊道、两个系列”诠释主题。两个版块即时政文化版块和传统文化版块。时政文化版块按照三条轴线进行展示，一是沿文化广场涪城路大门至舞台轴线，以“中国梦、百姓梦”“放飞梦想”“践行价值观、传递正能量”等为主题的中国梦以及社会主义核心价值观灯组展示区；二是沿文化广场涪城路大门右侧草坪，以“山水绵阳、人杰地灵”“活力之城、幸福绵阳”“畅通绵阳”“美丽家园”等为主题的美丽绵阳建设灯组展示区；三是沿文化广场至邓稼先广场轴线，以科技为题材的灯组展示区。传统文化版块主要有以“猴”“灯笼”“花瓶”等年节文化为题材的灯组展示区；有以70后至00后年代变迁的记忆和近年来流行综艺节目为题材的灯组展示区；有围绕儿童乐园设置的娱乐互动灯组展示区。三个廊道分别是美丽绵阳廊道、科技廊道、灯谜廊道；二个系列为：《西游记》系列和十二生肖系列。另外，整个公园还悬挂有万余个灯笼、安装有近百株LED树灯、千余串满天星等，配合灯展营造更加美丽的节日氛围。灯展有大小灯组120余组，用电负荷达到2000千瓦（包括氛围灯）。展期从2月3日晚持续到3月8日。为配合灯展，主办方还举办有书画展销、美食展销以及文艺展出等文化活动。

【富乐山公园】 2016年，富乐山公园完成景区零星维修工程投资40万元，维修8处。分别是：月季茶楼六角亭维修；人和苑坝子修复；鱼水君臣至龙吐水道路新建；宝盖峰草坪排洪管安装；大草坪、滑道堡坎修复；菊花苗圃种植池新建；忠义园屋面补漏、更换亭屋面树脂瓦；汉皇园长廊屋面补漏、更换腐朽木作。完成富乐山春花展、荷花展、菊展。

【西山公园】 2016年，西山公园完成老园区玉女湖、老大门、桂花园等区域廊道维修约930平方米，主体景观建筑维修约475平方米，地坪铺装、游步道、排水系统改造提升约4850平方米，绿化植被改造提升约11500平方米，遇仙桥及半边桥等基础设施改造维修，完成芙蓉葵花展。

图89 西山公园一角

【南山公园】 2016年，南山公园完成清明节群众性祭扫英烈活动服务保障工作，接待绵阳社会各界祭扫群众1.5万余人，社会团队60余个，无安全事故发生；完成“9·30”烈士纪念日绵阳市烈士公祭活动；加强园林绿化工作，生产各类花卉8万余盆，灌溉40万余平方米，对杂乱无形的200余棵乔木、1000余平方米灌木、6000余平方米绿地进行整形修剪，修剪草坪3万余平方米，林下除杂草30万余平方米；加强全园公共设施维护管理，为游客提供方便舒适安全的游憩环境，消除安全隐患12次。 （胥英 刘刚）

广场

【概况】 绵阳城区有文化广场、青年广场、五一广场、滨江广场、铁牛广场、兴达广场、樊华广场、时代广场、火炬广场等城市广场，供群众休闲娱乐、锻炼。

【滨江广场】 滨江广场位于涪江西岸，始建于1998年8月，1999年10月竣工，占地面积7.835万平方米，是绵阳城市基础设施重点工程之一。北起东方红大桥300米处，南抵涪江三桥，总长1600余米，宽29~39米，分上下两层，上层为步行广场，下层为机动车道、停车场，是集防洪、休闲、停车等功能为一体的综合性大型广场。步行广场构思独特，布局精美，喷泉叮咚，铁牛、汉代铜车马、说唱俑等青铜雕塑与相邻的铁牛广场仿古亭台建筑相得益彰，尤以绿化见长。以大面积绿地为主，适当栽植乔、灌木组织绿化景观，上有乔木、中有灌木、下有植被花草。建有植物混播草坪10000余平方米，栽植5厘米胸径黄葛树178株、高山榕40株、蒲葵4株，杜鹃36株；在草坪中配置30~50厘米胸径黄葛树5株，进一步增强景观效果。同时根据季节变化，以数万盆四季花卉布置造型图案，设置玻璃钢装饰花钵26组（套），广场色彩更加丰富，处处生机盎然。

【铁牛广场】 铁牛广场位于绵阳市滨河路，绵阳市东方红大桥东侧，广场占地近2万平方米，绿地面积11886平方米，是城市居民密集居住地区，紧邻涪江，地势开阔，交通便利，四面均有道路到达城区交通干道。环境绿化以马蹄筋草坪建植为主，黄葛树、桂花、南天竹、芭蕉等植物为辅，罗汉松、棕竹、苏铁等树桩盆景点缀其间，7株胸径50厘米以上的黄葛树滴翠吐绿，是城区重要避难场所之一。

【青年广场】 青年广场位于绵阳市滨河北路东段，是城区主要绿地广场之一，面积41000平方米。种植有大规格香樟8株、银杏15株、朴树8株、菩提12株、栾树21株，中小乔木桂花13株、樱花28株、红叶李56株、白玉兰23株，栽植红继木、洒金珊瑚、红叶石楠等灌木71445株，分季节点缀不同品种花卉丰富景观效果，形成乔灌花草有机结合，精心配置，富有浓郁都市风情的绿化景观，是周围居民重要的休闲、健身场所。因其周围住宅小区众多，居民相对集中，交通便利，也是城区重要的避难场所之一。

【文化广场】 位于绵阳市人民公园内，兴建于1990年，占地37335平方米，广场绿化面积28374平方米，彩色音乐喷泉和观赏鸽是两处特色鲜明的主要景观，别具一格的灯饰和花卉成为绿树碧草的最佳点缀，是市民群众休闲、娱乐的首选场所。栽植有丰花月季3235平方米、树状月季70株、毛鹃536平方米、红花葱兰86平方米，现有草坪24517平方米。

【火炬广场】 坐落在绵阳国家高新技术开发区东、西街之间，东、西长600米，跨越德（阳）绵（阳）公路，南、北宽240米，总面积约6万平方米，是绵阳西大门上较大的一处公共绿地。广场呈中心对称式布局，中心硬地广场为正方形，面积1600平方米，是主要的群众性活动场所。东西两侧各有一放射状椭圆形硬地广场。广场中心是声控彩光喷泉，四周安放8组古今中外杰出科学家花岗石雕塑，是主要的休息、游戏和教科场所。栽植有红叶李、桂花、樱花等为主的乔木1420株，迎春、红继木、红叶石楠、春羽等大灌木175株，八角金盘、十大功劳等小灌木1189平方米，麦冬、扁竹根等地被4353平方米，各种时令花卉约400平方米。

【五一广场】 位于平政桥东侧，是绵阳市人民政府1999年为市民办的十件实事之一，由绵阳市总工会主持建设和管理。“五一广场”由清华大学建筑设计院设计，是集文化、娱乐、体育、休闲于一体的多功能广场，总投资4000万元，绿地建设经费260万元，占地面积100001平方米，其中：建筑面积16200平方米，绿地面积71000平方米，道路面积12801平方米。1999年1月破土动工，同年5月1日竣工并对外开放。五一广场在植物造景中运用生态学方法和生物多样性原则，以常绿植物为主，强调大乔木的比例，以速生乔木的即时效果和慢生树的持续发展进行空间组合，合理、有效地配置乔、灌、草、花卉。在绿化配置中根据广场的功能分区，除表现绿化四季季相景观外，重点突出春季绿化景观。在主题广场两侧的缓坡草坪中，大块面配置流线型灌木色带，犹如起伏的彩色水浪，流畅而奔放。在运动休闲区中，由红枫、银杏、香樟组成了深厚的背景林带，远远望去，简洁大气之中流露出自然植物群落的色彩变化特征。五一广场以其浓郁的文化气息、开阔的视野、大面积绿化成为歌颂勤劳、智慧的绵阳人民的无声赞歌。

【时代广场】 位于高新区普明大桥东侧，始建于20世纪90年代。2012年11月起开始对时代广场进行改造提升，采取边改造边开放的形式，2013年7月改造完成。改造提升后的时代广场占地4.2万平方米，新增照明、音响、绿化等基础设施，方便周边居民休闲健身。

（胥 英 刘 刚）

审 计

【概况】 2016年，绵阳市审计局编制92人，在编73人。设办公室、法规科、内部审计监督指导科、财政审计科、行政事业审计科、农业与资源环保审计科、固定资产投资与外资运用审计科、金融与社会保障审计科、企业审计科、人事科，直属工作机构市园区经济审计局、市经济责任审计局。管理事业单位市审计信息中心。

2016年，全市审计机关完成审计项目656项，查出主要问题金额1014836万元，其中违规金额12517万元，管理不规范金额1002319万元；审计发现非金额计量问题608个。核减投资额93581万元。审计上缴财政11673万元，减少财政拨款或补贴93581万元，归还原渠道资金6714万元，调账处理金额13909万元，挽回避免损失93688万元。移送司法、纪检监察机关和有关部门处理事件40件。

2016年，绵阳市审计局综合考核进入全省前七强。三台县人民医院院长任期经济责任审计项目、梓潼县委书记县长自然资源资产和环境责任试点审计项目，分别被评为四川省优秀审计项目、表彰审计项目。2016年度宏观政策措施落实情况跟踪审计和2016年度审计信息化运用工作，分别被评为全省审计机关单项业务考核优秀单位。

【重大项目资金审计】 2016年，根据省审计局统一部署，全市审计部门派出审计人员255人次，抽查全市155项省、市重点项目推进和完成情况进行审计，检查出违规资金3.88亿元。

【公务支出和公款消费审计】 2016年，全市审计机关结合预算执行审计、决算草案审签、经济责任审计等项目审计，对全市76个党政机关、事业单位的公务支出和公款消费情况进行审计检查。

【财政预算执行审计】 2016年，全市完成预算执行审计项目99个，延伸审计部门单位126个。审计查出管理不规范资金511423万元，审计发现的问题及时采取措施进行整改。

【保障性住房跟踪审计】 2016年，市审计部门对市本级和9个县市区2016年保障性安居工程进行跟踪审计，检查2012~2015年跟踪审计发现问题的整改情况。审计资金29.87亿元，调查33个项目、276居（村）委会和475户家庭。发现问题122个，涉及问题项目38个，违法违规金额11.05亿元，涉及保障对象7550户，涉及保障性住房22073套，提出审计建议37条。

【政府投资审计】 2016年，全市审计机关按照省审计厅对政府投资审计“转思路、转职能、转方式”要求，推动投资审计聚焦审计主业、回归监督本位。年内，全市完成政府投资审计项目472个，送审投资总额95.95亿元，核减工程造价9.36亿元，审减108327.61万元，审减率为11.29%。投资审计工作实现效益质量双提升。

同时，组织审计人员完成欧洲投资银行优惠紧急贷款灾后重建武引沉抗水库灌区配套工程1个外资项目的竣工决算审计，世行优惠紧急贷款游仙区城镇基础设施灾后恢复重建项目（第二批）松垭河堤工程和世界银行优惠紧急贷款涪城、游仙区城镇市政基础设施建设及卫生项目3个外资项目的财务公证审计。

【环保资金审计】 2016年，对市本级和9个县市区2011~2015年水污染治理项目资金进行审计，抽查水污染防治项目140个，对资金使用管理、项目建设进展、水环境污染存在的重大风险隐患、规划编制实施等方面存在的问题进行督促整改。

【民生资金审计】 2016年，全市完成对北川、平武2014~2015年异地扶贫搬迁和地质灾害避险搬迁安置专项资金进行审计，延伸调查13个乡镇87个村，走访调查农户413户。对涪城区、游仙区9家医院医疗保险基金进行审计，发现问题29个，发现违法违规金额1.15亿元，提出审计建议8条。

【经济责任审计】 2016年，全市加强领导干部权力运行监督，成立

图90　全市审计机关能力提升培训会

“经济责任审计平台领导小组”，建立经济责任审计工作联席会议制度，与市委组织部、市纪检监察、市财政、市委编办、国资等部门协作配合、信息共享，增强审计合力。全市审结领导干部61名，查出违规金额752万元，管理不规范金额97628万元，提出审计建议188条。

【审计机关能力提升培训会】　2016年8月22~24日，市审计局举办全市审计机关能力提升培训会，全市250余名审计干部参加培训。培训会邀请省审计厅党组成员、总审计师康东进做题为《推进政府投资审计“三转”，规范政府投资审计行为》的辅导报告。从政府投资审计“三转”工作的背景、目前政府投资审计“三转”工作存在的问题以及如何做好“三转”工作等方面进行讲解。经济责任审计处处长曾健，法规处处长周生安分别做《围绕领导干部履行职责开展经责审计工作》《审计报告的高层次提升》辅导报告，辅导报告通过大量审计案例，结合审计项目实际，详细分析和讲解高层次审计报告撰写的重点和难点。会议通过专题报告、分类讲解、分组讨论、现场观摩等形式，从审计理论到审计实践全方位、多层次的培训交流，着力提升全市审计干部服务大局能力、改革创新能力、审计业务能力、组织管理能力。

【审计机关“适应新常态、践行新理念、展示新风貌”演讲比赛】　4月15日，全市审计机关“适应新常态、践行新理念、展示新风貌”主题演讲比赛在市审计局举行。市审计局全体机关干部、县市区审计局参赛人员、特约专业评委100余人参加。各县市区审计机关全体干部在当地分会场收看演讲视频。参赛的13名选手经过层层选拔，围绕“适应新常态、践行新理念、展示新风貌”主题，诠释审计干部立足本职岗位、发挥党员干部先锋模范的理解感悟，表达营造立场坚定、求真务实、风清气正审计环境的信心和努力适应新常态、践行新理念、展示新风貌的决心。经过比赛和评委评比，产生出一等奖4名、二等奖4名、三等奖5名。　（杨馨晧）

工商行政管理

【概况】　2016年，全市各级工商、市场监管部门围绕简政放权、放管结合、优化服务工作重点，在改革发展全局中发挥服务经济和服务民生的积极作用。1~12月，全市新登记市场主体36219户，同比增长8.6%；注册资本（金）574.36亿元，同比增长56.45%。截至12月底，全市各类市场主体累计25.8万户，同比增长4.86%，注册资本（金）3424.3亿元，同比增长25.28%。全市完成抽查个体工商户4354户，抽查结果确认失联的个体工商户为54户。完成抽查的农民专业合作社为80户。全市商事制度改革、市场监管、打击传销、消费维权、法治工商建设等工作有序推进。全市工商工作受到市以上各级表彰38项次，其中涪城、江油、游仙三个县区局和科创园分局被省人社厅和省工商局表彰为四川省工商行政管理系统先进集；先进个人6人。

【商事制度改革】　2016年8月，市政府印发实施《绵阳市关于落实“先照后证”改革决定加强事中事后监管工作的实施意见》，推进市场监

图91　全市审计机关“适应新常态、践行新理念、展示新风豸”演讲比赛获奖选手合影

管法治化、制度化、规范化、程序化。市工商局制订出台《绵阳市企业经营范围登记改革试点工作实施方案》，放宽企业自主经营权利，逐步实现企业主体资格和经营资格的分离，推进工商注册制度便利化。在全面实施“三证合一”改革的基础上，9月25日先于全国全面实施“五证合一”改革，工商部门直接核发加载统一社会信用代码的营业执照。12月1日起，实施个体工商户营业执照和税务登记证、社保登记证“三证整合”改革。截至年底，全市发放“五证合一”执照10398份，“三证整合”营业执照2615份。

【企业年报公示】 2016年，全市参加《2015年度企业年报》应报43892户，实报43192户，年报率98.41%。全省企业平均年报率为96.99%，绵阳市企业年报率高出全省平均值1.42个百分点，顺利完成省工商局“企业年报率确保90%，力争98%”的工作目标。

【“三名”商标创建】 2016年，市工商局持续开展“助农送商标”活动，鼓励企业开展商标国际注册，指导推动企业争创“三名”商标。全市年内成功创建四川省著名商标13件。据统计，全市有各类注册商标12200件，居全省第二，其中驰名商标14件、省著名商标92件、市知名商标185件，国家“地理标志“保护产品17件，国际注册商标550件。

▲“三名”商标：指著名、驰名、知名商标。

【企业诚信建设】 2016年，市工商局利用“守合同重信用”企业评选平台，表彰诚信示范企业典型，着力引导在全社会形成重诺守信的诚信氛围。全市有国家级“守重”企业15家，省级“守重”企业91家，市级“守重”企业188家。全市8家民营企业被确定为2015年度四川省民营企业“诚信守法企业”示范创建候选企业。

【企业融资服务】 2016年，市工商局发挥动产抵押登记、股权出质登记等职能，帮助企业解决融资难问题。全市办理股权出质登记3410家，出质股权数额310.63亿元，被担保债权数额709亿元。全年办理拍卖备案登记338件，拍卖标的价值为6.89亿元，确认成交额为3.58亿元。

【非公有制党（团）组织建设】 2016年，市工商局结合在绵阳召开的全省工商系统非公党（团）建工作现场会要求，主动协调市委组织部、市非公有制企业工委等相关单位，成立非公有制党建工作指导小组，共同承担起非公经济组织党建工作的指导职责。开展“百日攻坚”行动等活动，全市非公有制经济组织建有党（团）组织1337个，其中新增党（团）组织649个。有2万余名个体工商户党员，5000余名小微企业党员。

【“红盾春雷”行动】 2016年，市工商局按照省工商局部署，在“红盾春雷2016”专项行动中，全市工商系统立案查处各类违法案件1124件，案值1455.95万元。市工商局“红盾春雷行动2016”被省工商局评为二等奖。绵阳某通信设备有限公司利用微信公众号组织策划网络传销案入选四川工商发布“红盾春雷行动2016”十大案例。

【传销专项打击行动】 2016年，市工商局根据市委、市政府和省工商局的工作部署要求，在全市开展两次打击传销专项行动。捣毁传销窝点300余个，查获传销组织团伙9个，挡获传销参与人1280余人，采取强制措施72人，移送审查起诉31人，行政处罚60余人次，劝返遣散传销人员1200余人次。通过打击传销势头，净化市场经济秩序、维护社会稳定。

【网络市场监管】 2016年，市工商局加强网络交易商品质量监管，抽检网络交易商品10个批次。累计查处涉网案件51件，移交网络案件线索2件。全市网络经营主体数据库建档1634户。发放网络经营者电子标识1550个，电子标识贴置率达95%。

【公用企业限制竞争和垄断行为突出问题专项执法行动】 2016年，市工商局按照国家工商总局和省工商局的要求，开展集中整治公用企业限制竞争和垄断行为突出问题专项执法行动。在专项行动中，全市查处典型案件5件，案值89.39万。查办知识产权案件101件，案值207万元。通过专项执法，以促进企业整改，达到查处一个案件，规范一个行业的作用。

【虚假广告监管】 2016年，市工商局与相关部门配合开展对非法集资、高息揽储虚假广告、普通商品类虚假违法广告、互联网金融违法广告专项整治工作。依法查处虚假违法广告案件60件，召开广告监管联席会议15次，组织开展新《广告法》学习培训和宣传20次，实施广告监测260276条次。

【流通领域商品质量监管】 2016年，市工商局对保暖设备、润滑油、羊毛羊绒服装、儿童服装玩具、皮鞋等824批次商品开展质量抽检，立案查处不合格商品案件138件，下架退市商品价值15.42万元。在全市范围内开展车用燃油专项整治，全年抽检汽、柴油样品100个批次，查处成品油案件8件。

【法治工商建设】 2016年，市工商局以案件评查交流、会前学法等多种形式，开展执法培训活动。推动落实法律顾问和法制宣传制度，市工商局全年接受法律顾问团提供法律服务48次。在国家工商总局行政处罚信息公示督查工作中，市工商

资料链接：

绵阳某通信设备有限公司通过该公司运营的“绿力通讯”APP手机软件发展“某通讯”会员，要求被发展会员以现金或支付宝转账的方式缴纳398元认购“某通讯”会员资格，形成上下线关系，并依据下线会员的业绩以所谓的提成、公司奖励等名义计算和给付报酬。2016年3月30日，绵阳市工商局依法对当事人做出停止并改正违法行为、罚款20万元的行政处罚。

局对外公示率达100%，受到国家工商总局肯定。绵阳法治工商创建工作顺利通过省工商局考察组考核，并被评为优秀等次。绵阳工商自助沙龙由省工商局推荐入选省依法治省领导小组“法律七进·四川百个法治教育示范基地”；市工商局被市司法局、市依法治理领导小组办公室推荐为省级“法制宣传示范单位”。

（姜海涛）

国土资源管理

【概况】 2016年，全市按照基本农田保护“总量不减少、用途不改变、质量不降低”的总要求，对基本农田实行特殊保护。全市耕地保有量达44.14万公顷，基本农田36.23万公顷，完成省政府下达目标。开展高标准基本农田建设工作，实施高标准基本农田建设项目14个，建设高产稳产基本农田面积0.84万公顷，圆满完成年度任务。严把用地审批关和农用地转用关。对各类建设用地，坚持预审制度，做好建设项目前期论证和选址工作，严格审核用地规模，合理引导用地布局，土地资源节约集约和合理利用水平持续提高。

全市投资1.617亿元，实施全面整治高标准基本农田项目14个，建设总规模0.93万公顷，建成高标准基本农田规模0.84万公顷，实现新增耕地0.08万公顷。

【重点工程用地保障】 2016年，绵阳市争取省下达用地指标0.07万公顷（市本级376.6公顷），报征土地0.13万公顷，供应建设用地0.21万公顷；另外，通过省批准调整规划土地面积达218.4公顷，单独安排189.6公顷指标专项保障科技城集中发展区基础设施、一环路、物流园横九路、消防训练基地、B11等重大项目建设用地需要。

【国土改革与不动产登记】 2016年，全市城乡建设用地增减挂钩试点获得周转用地指标57.97公顷；工矿废弃地复垦利用列入国家试点，获得省国土资源厅下达复垦计划安排200公顷；9月30日，全面实现市县两级不动产统一登记“全域颁证”，至年末办理不动产证书7500余本、不动产证明6600余个、生成房屋不动产单元号33万余个、不动产权证号2980个、不动产登记证明2087个。

【征地拆迁安置】 2016年，全市完成征地拆迁安置补偿方案公告917份，发布征收土地公告152份，现场抽查复核农房479户，拨付征地拆迁资金1.95亿元，完成人员社保安置2360人。

【项目扶贫攻坚】 2016年，全市投资3090.46万元重点开展北川、平武土地整治项目；争取地质灾害工程治理和排危除险生态扶贫项目上级补助资金1045万元，完成工程治理2处、避险搬迁安置144户；定点联系帮扶梓潼县宝石乡天生村，帮扶贫困户16户，投入帮扶资金10万余元，用于当地“1100”生猪代养场项目建设以及山坪塘清淤和村道等基础设施建设。

【保障性住房用地】 2016年，全市优先安排保障性住房用地需求，供应公租房、廉租房、经济适用住房用地13.74公顷，做到应保尽保，保障性安居工程和中小套型商品房用地占住宅用地计划70%。

【国土资源执法监察】 2016年，全市继续开展“清闲促建”工作，印发《全市国土资源系统严格执行土地利用动态巡查制度加强建设用地供后开发利用全程监管的实施意见（试行）》，强化用地监管，全面加强建设用地供后开发利用的全程监管，对已供土地的开工、竣工及开发建设进度等情况进行实地巡查，督促用地者严格按照土地出让合同或划拨决定书的约定或规定进行开发建设，遏制新增闲置土地。全年办理市长热线等转办信访件16件，办理“12366”热线信访件25件。完成2015年度卫片执法监督检查，核查处置卫片图斑2552个、1137.67公顷；核查处理疑似问题图斑642个、741.57公顷，疑似未经农转用审批面积675.46公顷；动态巡查发现违法用地98件，立案查处16件，非立案拆除3件，其余79件均有效制止；立案查处违法用地案件41件，罚款542.15余万元，没收违法建筑物面积44.51万平方米，拆除违法面积0.07万平方米；立案查处违法矿产案件4件，罚款0.0863万元，没收违法所得1.763万元，没收违法采出矿产品3600吨。

【地籍地政管理】 2016年，市辖区办理国有土地使用权登记28641宗，办理国有土地使用权抵押登记166宗，403公顷，抵押金额43.74亿元。完成23个城市批次、3个乡镇批次536.6公顷以及科技城大道连接线19.04公顷、二环路255.2公顷等两个单独选址项目勘测定界工作。完成划地测量40宗约223.8公顷，完成地籍测量179宗420.47公顷。全市农村集体土地所有权确权登记2.8万宗，确权登记率为100%，发证2.1万宗，发证率75%；集体建设用地使用权确权登记2.9万宗，确权登记率100%，发证1.5万宗，发证率52%；农村宅基地确权登记103.4万宗，确权登记率为100%，发证85万宗，发证率82%。

（蒋建波）

绵阳市2016年度土地闲置及处置情况统计

表 52

序号	闲置土地所在地	具体位置	闲置土地供应情况					闲置原因	截至2016年11月15日处置情况		
			供地项目名称（单位或公司名称）	供地日期	供地用途	供地面积（亩）	约定开工日期		尚未处置（是/否）	已进入处置程序（是/否）	已处置到位（是/否）
1	涪城区	新皂镇皂角铺社区5组	绵阳环阳科技有限公司	2013.5.14	工业用地	11.85	2014.5.14	政府原因	否	是	否
2	涪城区	青义镇龙溪村3社	绵阳市隆盛房地产开发有限公司	2013.10.23	其他普通商品房用地	88.69	2014.10.23	政府原因	否	是	否
3	涪城区	涪城区吴家镇广福村2社	绵阳市坤隆废旧物资回收有限责任公司	2014.5.22	仓储用地	15.25	2015.5.22	政府原因	否	是	否
4	经开区	塘汛镇洪恩村	绵阳市高兴置业有限公司	2013.3.28	工业用地	24.73	2014.4.10	政府原因	否	是	否
5	安州区	安县花荄镇D区一号路南侧	李　敏	2014.3.20	商住用地	49.25	2014.12.30	政府原因	否	否	是
6	安州区	安县花荄镇D区一号路南侧	陈文康	2014.1.27	商住用地	75.46	2014.10.8	政府原因	否	否	是
7	三台县	潼川镇佳桥村	三台县梓燕橄榄油经营有限公司	2013.10.28	工业用地	5.1	2013.12.28	政府原因	否	是	否
8	三台县	立新场镇	蒋中武	2013.10.9	其他普通商品住房用地	7.35	2013.12.10	政府原因	否	是	否
9	盐亭县	云溪镇凤池街	四川晟昊投资有限责任公司	2014.1.16	其他普通商品房用地	2.948	2014.3.30	政府原因	否	是	否
10	盐亭县	工业园区8号路旁	绵阳耀达投资有限公司	2012.6.6	其他普通商品房用地	100.9395	2012.12.13	自身原因	否	是	否
11	盐亭县	工业园区	绵阳市倍儿轿车服务有限公司	2012.12.30	其他普通商品房用地	103.5	2014.1.30	自身原因	否	是	否
合计			11宗			485.0675			0宗	9宗	2宗

统计工作

【概况】 2016年，市统计局加强对全市经济运行情况的监测、预警，坚持每月、每季度对经济运行进行跟踪监测分析，为领导掌握全市经济运行状况提供了及时、准确的信息资料。做好《绵阳统计月报》《绵阳统计年鉴》《四川省扩权试点县主要经济指标》以及《西部重点城市主要数据排位》等常规统计资料的数据收集及整理编撰工作。在现有统计月报基础上，增加统计单月报以及双月报，单月报选取与经济增长密切相关的6个指标、双月报主要选取与民生发展相关的8个指标，客观反映各县市区经济社会以及民生发展态势。在全省统计工作考评中市统计局获综合评比一等奖第一名，全省20个专业考核获一等奖8个、二等奖6个、三等奖4个。

【统计监测体系】 2016年，全市组织实施农业、工业、建筑业、批发和零售业、住宿和餐饮业、房地产开发业等行业，以及投资、居民收入、人口、社会、科技、能源环境和国民经济核算等各项常规统计调查工作。推进反映经济转型升级统计监测工作方案、指标体系和综合统计制度的建立；开展市县全面建成小康社会统计监测工作；加强和完善重点服务业统计监测，建立服务业企业质量效益监测体系；做好绵阳科技城统计指标体系设计和测算工作。

【统计改革】 2016年，全市继续深化核算制度改革，推进地区GDP统一核算改革，跟踪研究分季GDP核算，推进地方资产负债表编制。制定《2016年全面深化改革工作要点》，建立《统计改革任务台账》，跟踪全局统计改革动态。向省统计局、绵阳市委、市政府领导汇报绵阳统计改革工作动态和信息，全年上报市全面深化改革领导小组办公室统计改革专报9期，上报省统计改革台账7期。完成省级劳动工资试点，为全面推开劳动工资统计季报抽样调查及建立工资统计电子台账工作总结验。

【“三新”统计工作】 2016年，全市统计系统准确把握“三新”的基本特征，跟踪“三新”发展动态，结合推进现代统计体系建设，改进和完善“三新”统计工作。与电商办、经信委等部门密切协作，推进“三新”单位清理，加强对“三新”服务业企业的清理、培育、入库工作，清理电子商务平台22个，其中：规模以上交易平台15个、规模以下交易平台6个、重点网上交易零售平台1个；清理城市商业综合体9个；省级旅游园区4个。

▲“三新”统计工作：即新产业、新业态、新商业模式统计工作。

【统计基础保障建设】 2016年，全市做好名录库规范化建设工作，召开全市基本单位名录库规范化建设现场会，制定本地名录库规范化建设规划。继续做好调查单位管理工作，1~11月全市成功申报调查单位195家，其中：新增154家，变更17家，退出24家。做好联网直报后台服务，提供“一套表”技术支撑，做好用户管理，动态监控所有联网直报用户严守四条红线，不得修改企事业用户数据。实现乡镇网络畅通，推进街道与乡镇信息系统的推广运用，完成绵阳统计系统视频会议建设，并投入使用。

【部门统计工作规范】 2016年，全市强化部门统计管理，加强部门统计工作指导、监督，指导部门规范统计，督促部门执行国家统计标准，确保数据质量；严格部门统计项目审批，规范部门报表设计和可行性测试。加强与发改委、经信委、财政局、工商局、商务局、旅发委、交通局等部门和电信等单位的协调配合。强化基层单位统计标准化建设，履行《统计法》和《四川省统计管理条例》赋予的统计管理职责和权力，严格执行国家统计标准。

【重大国情国力调查】 2016年，全市开展第三次全国农业普查前期准备，做好“五落实”工作，成立机构、落实人员，制定工作措施，开展督查工作，启动普查宣传，完成普查试点和业务培训。推进1%人口抽样调查资料开发工作。按照省统计局关于1%人口抽样的统一安排部署，完成前期准备、数据采集以及数据汇总。

【统计法治化建设】 2016年，市委常委会会前专题学习《统计法》，市委书记彭宇行要求各地各部门认真贯彻执行《统计法》，依法依规开展统计工作。加强《统计法》宣传，印制并发放《统计法律法规及工作指南》5000册、统计法律法规宣传画3000张、《统计法》相关宣传资料1000余份。落实统计巡查、实时监控、网上巡查、实地核查工作，实地核查25家数据异常的企业，对62家企业进行执法检查。（谭 江）

调查工作

【概况】 2016年，全市调查工作围绕现代统计体系建设的总思路，着力“五个更加注重”促“五个转变”：注重业务管理由质量管控向质效并重转变、注重调查服务由“数库”职能向“智库”领域转变、注重思维模式由要素聚集向优势发挥转变、注重行政管理由制度约束向服务基层转变，强化基层基础，优化调查环境，提升数据质量。完善调查业务标准化建设；结合调查数据，定期分析经济形势，为市委、市政府决策提供数据支撑；结合精准扶贫，做好民生和“三农”调查工作。在全省年度业务考核评比中，获得13项优良嘉奖，比2015年增加5个奖项，全队综合评比获全省优秀等次。全年上报总队和地方政府调查快讯、调查报告104篇次，完成四川调查总队和市委、市政府约稿24篇。其中，被国家统计局、《中国信息报》《四川调查》等采用近10篇次，被市级有关领导批示8篇。

【调查业务标准化建设】 2016年，全市实施统一印制账表卡册、统一质量要求和工作流程、统一调查台账、统一数据评估方法等，规范各调查专业的标准化建设。修订完善目标考核、信息分析发布、数据巡查评审、专题调研调查等系列制度，建立制度化、精细化管理的工作机制。推行管控“痕迹化”，基层基础工作质量管理“痕迹化”，调查员日志由调查对象签字确认，调查台账手工登记。县级日常业务管理“痕迹化”，培训教案上报市队备案，数据审核、查询、修改情况留记录，分析信息、上报数据领导审核签字。调查督导管理“痕迹化”，完善调查样本动态信息库，对检查发现的问题按轻重程度分层次通报，定期反馈报表报送和分析信息完成详细情况。

【定期经济形势分析】 2016年，市调查队在全面摸清调查数据走势，及其反映的经济社会运行新特点、新问题和新趋势的基础上，每季度定期召开全队经济形势分析会，综合分析研判经济形势。开放研判，贯穿定期经济形势分析会前、会中、会后，将居民收支、农业、生猪、粮食等重大数据，以收入增长、工业发展、农业生产、企业经营为专题，分析数据相关性，判断数据间匹配度，相互印证、交叉验证、互相支撑。会商研判，建立市级部门数据会商制度，与发改、农业、气象、统计、农委、畜牧、商务等部门的合作，共同调研生产形势，定期会商评估数据，常态化互通业务信息，做到权威数据支撑。

【统计调查法治建设】 2016年，全市实施统计法治工作考核评价制度，依法调查工作纳入年度工作目标考核。建立队长办公会会前学法制度，会前学法是办公会的第一个主题，实行干部学法常态化。推进“七五”普法教育，保障“软件不软，硬件要硬”。开展“中国统计开放日”活动，推动法治宣传“走出去”。开展数据质量巡查和统计执法检查，全年查处统计违法案件3起，予以警告并通报批评处理1起。

【农作物遥感测量调查】 2016年，绵阳市成立“三”农普农作物面积遥感测量工作领导小组，8个县区（市）设立农普办公室，抽调工作人员24名，在乡镇、村配备调查人员，争取各县财政资金支持120万元。编制印发《绵阳市农作物面积遥感测量实地调查工作细则》《绵阳市农作物面积遥感测量PDA操作指南》等资料。分4期培训业务人员150人次，2次现场试点培训110人次。召开各县局队主要负责人、分管负责人、业务人员参加的全市遥感测量培训会。9月，组织各县市区业务骨干，对“三农”普夏播面积遥感测量实地调查结果集中交叉会审，检查PDA采集信息和纸质调查表填报数据的完整性、规范性、逻辑性、一致性。

【民生专项调查】 2016年，全市围绕民生需要，完成《绵阳市交通警察工作满意度调查》《绵阳市出租车情况调查》《绵阳市人力三轮车情况调查》《绵阳市政府绩效管理单位服务对象满意度测评》《2016年科博会参展情况调查》等专项调查。《绵阳猪肉价格已持续上涨13个月预计全年将在高位运行》《绵阳市快递业发展现状调查报告》《商铺租金高位企稳商户经营信心不足》等调查报告被市委、市政府和总队采用，《看餐饮业嬗变强增长信心》等多篇报告被国家统计局网站采用。完成国家局和四川调查总队组织的《党风廉政和国有企业反腐倡廉民意调查》、2016年《市（州）政府依法行政测评工作》等各项重大调查工作。6~7月，绵阳调查队在三台、江油、盐亭、北川4个县（市）随机抽取12个乡镇的24个贫困村，对74户建卡已脱贫户、381户建卡未脱贫户进行问卷调查。

（刘旭东）

图92 调查队工作人员到农户家中开展入户调查

物价管理

【概况】 2016年，全市物价管理工作围绕中心、突出重点，开展各项价格调控、监管、服务工作。贯彻落实国家和省出台的各项收费管理政策，继续清理行政事业性和涉企行政事业性收费工作，共取消13个部门34项、暂停3个部门4项行政事业性收费。继续经营服务性收费的清理，降低经营服务性收费标准2项。建立完善收费目录清单管理制度，先后向社会公布全市行政事业性收费、涉企行政事业性收费等5项目录清单。做好调价前期调研工作，针对绵阳城区民办学校、独立建制公办幼儿园拟调价工作制订调价方案。开展入驻市行政服务中心执收单位收费专项检查，抽查游仙区、安州区行政服务中心。加强机动车尾气排放检测、一般道路车辆救援、机动车停放服务、风景区门票价格等服务价格管理。

2016年，全市度居民消费价格总水平调控目标在3.0%左右。开展政府制定价格有关规章修订调研工作，研究四川省政府价格决策听证目录，向省发改委提出有关建议和意见。加强药品价格监管，受理各类药品咨询、投诉等45件。1~12月，全市CPI累计增长 1.6 %，分别低于全省和全国0.3和0.4个百分点；八大类商品“七涨一降”，其中食品烟酒类上涨4.5%、衣着类上涨1.9%、生活用品及服务类上涨1.7%、教育文化和娱乐类上涨0.1%、医疗保健类上涨1.4%、其他用品和服务类上涨3.2%，居住类上涨0.2%、交通和通信类下跌3%。

【重点领域价格改革】 2016年，全市贯彻落实国家、省一系列价格改革政策措施。配合城市公立医院综合改革试点工作，提出调高19项医疗服务价格方案，批复部分医疗服务价格，开展县级公立医院医药价格改革调研。做好电价管理工作，落实电价降价政策，按照省发改委有关文件精神及时调整有关电力价格或费用标准。推进绵阳市生活垃圾焚烧发电项目和神华天明项目，上报核定上网电价和给予电价优惠政策等请示。调整污水处理费标准，开展游仙区、安州区乡镇污水处理收费试点工作。开展实施居民生活用气阶梯价格制度、环保价格（收费）改革进展情况等调研工作。制订完善居民生活用水阶梯价格制度和建立城市供水终端销售价格联动办法方案，拟于年前完成完善居民生活用水阶梯价格制度工作。

【价格监督检查】 2016年，全市强化日常价格监管，加强节假日和重点行业检查和巡查力度，推进明码标价，规范和维护药品、餐饮、年货市场价格秩序。开展旅游收费专项检查，对全市10个国家AAA景区及以上重点景区的门票、商品和服务价格进行检查。推进价格诚信建设，设立价格守信者“红名单”和失信者“黑名单”，建立经营者价格信用信息记录，构建守信激励和失信惩戒机制。公开确认28家“价格诚信示范单位”和“明码标价示范单位”。“12358”热线价格举报信息平台受理办结各类价格咨询近1000件。全市价格监督检查系统累计组织出动检查组538余组，出动执法人员1847余人次，对316家药店进行明码标价和价格行为检查，查处价格违法案件31件，实行经济制裁金额412.93万元，监制商品标价签168批次，开展社保定点药店重点监督106家。

【价格监测】 2016年，市发改委以价格监测数据动态分析为基础，以网络和社会舆情搜集为补充，做好敏感时期、重点时段、重点商品（服务）价格预警工作，累计上报国家和省日常价格监测报表340余期。开展市场分析预测，先后完成《绵阳市2016年春耕期间农资价格走势及相关情况分析》《规范药品市场价格行为促进医药市场健康发展》等调研报告。强化药品价格监测，搭建绵阳市药品价格监测平台，制定药品价格监测报告制度，确定12个监测定点单位和200个药品报价品种，设定批发企业实际购进、零售价格等指标。建立全市劳动力市场价格监测体系，选择12个劳动力市场作为价格监测定点单位，与企业签定价格监测基本信息登记表，组织劳动力市场价格监测培训会。

【成本调查与监审】 2016年，全市完成主要农产品成本预测和农户种植意向、农户存售粮、农资购买等专项调查和全市小麦等主要农产品成本直报调查和年报。完成生猪、露地菜椒、茶叶等常规调查。会同有关县市区发改局从种养殖户、批发市场、零售市场各个环节对蔬菜、生猪流通环节进行跟踪调查。开展景区门票价格专项成本监审，完成对梓潼七曲山风景区、九皇山景区等10个国家A级景区的成本监审和成本调查。开展教育收费、住宿费成本监审，先后完成绵阳汽车职业技术学院教育培养费的定价成本审核和绵阳东辰国际学校等7所学校教育收费的定价成本监审。完成城区机动车临时占道停放收费的成本监审工作，污水、垃圾处理费和用水、用气、重要商品成本监审等工作。

（王　勤）

食品药品监督

【概况】 2016年，全市食品药品监督管理系统围绕加快建设国家科技城和幸福美丽绵阳的总目标，坚持“四个最严”要求，维护食品药品市场秩序，提高食品药品安全保障水平，全市无一起重大食品药品安全事故发生，食品安全总体状况满意度连续四年居全省第一。截止12月31日，全市有食品药品生产经营单位47948家。其中食品生产企业647家、食品流通企业26589家、餐饮单位15532家，药品生产企业28家、药品经营单位3156家，医疗器械生产企业15家、经营单位332家，化妆品经营单位1649家。

【四级网格监管体系完善】 2016年，市食药监管部门把食品药品安全工作纳入各县市区目标考核统筹。聘请食品药品监督协管员和信息员，完善市、县、乡、村四级网格监管体系。同时，在实地调研的基础上，市食药监局联合市工商局、市质监局出台《基层监管所规范化建设验收操作细则》，推进基层监管工作规范化、监管站所建设标准化。截止12月31日，全市有食品药品监督管理行政编制1193个，执法监管人员1066人，基层执法监管所88个，标准化建设率55%。

【食品药品安全风险管控】 2016年，全市食药监管部门在抓好日常监管的基础上，突出重点品种、重点区域、重点节点扎实开展肉及肉制品、学校食堂、药品流通、医疗器械等“十大专项整治”和“三大专项检查”，确保对食品药品从生产到终端的监管全覆盖。实行食品药品风险分级管理，提升风险隐患应急处置水平。制订《2016年绵阳市食品安全抽检实施计划》《2016年全市重点食品药品品种检测计划》，及时发现苗头性、系统性、区域性食品安全风险和问题。全年完成7397个批次的食品、药品、化妆品和医疗器械监督抽验，7412个批次的快速检测。

【协调执法机制建设】 2016年，市食药监管部门围绕“两法衔接”，推进依法行政工作，着力健全联席会议、联合执法、联合宣传、案件公开等工作机制，继续加强与各涉事部门的协调配合，实现监管执法信息共享、优势互补，增强案件查处合力。加强行刑衔接，深化与公、检、法等司法机关联合打击违法犯罪的协作机制，与市公安局签订《加强食品药品行政执法与刑事司法衔接合作协议》。年内全市立案查处食品药品违法案件828件，结案804件，处罚没款877.33万元，移送司法机关食品药品涉嫌违法案件8件，追究刑事责任7人。

【食品药品安全示范县创建】 2016年，市食药监管部门以全面推进食品药品领域深化改革为契机，加快争创“国家食品安全示范城市”和“食品药品安全放心市”建设，把创建工作融入日常监管工作中。三台县、安州区、北川羌族自治县成功创建省级食品安全示范县。推进油、肉、酒、奶等重点食品品种的追溯体系建设，在雪宝乳业等4家食品生产企业与保险公司建立保险合作机制试点，保障食品产品质量安全问题的处理力度。在学校食堂等餐饮环节打造“明厨亮灶”，接受消费者和社会公众的实时监督。创新开展“你点我检”活动，接受消费者在绵阳市食品药品监督管理局官方网站的食品抽检要求。

【医药产业扶持】 2016年，市食药监管局加强食品药品安全监管，注重支持和服务产业发展。邀请国家食药监总局分管司厅长2次到绵阳指导麦冬、附子等中药产业发展；5月，建设麦冬国家中药材大品种专家咨询会在绵阳召开，多名专家共商绵阳麦冬产业发展。借助中物院的技术优势，在绵阳启动核医学中心项目建设。中物院研发的牙科CT和放射性药品碘［131I］均获得国家食药监总局批准并上市销售，组织申报正电子回旋加速器和高锝［99mTc］酸钠注射液、89SrCl2注射液等放射性药品。 （周　强）

质量技术监督

【概况】 2016年，绵阳市质量技术监督局（以下简称：绵阳市质监局）实施市委市政府全面创新改革，贯彻落实“抓质量、保安全、促发展、强质检”工作方针，围绕创建“全国质量强市示范城市”和绵阳市供给侧结构性改革这一工作重点，确定“科技绵阳、品质领航”为绵阳城市质量精神，以质量引领促进城市发展，注重质量品牌建设，增强质量发展的针对性和有效性，推进质量安全和民生保障各项工作，全市产品质量整体水平持续向好，质量品牌建设、质量对标提升、民生计量、产品质量、特种设备安全监管、质监执法打假行动等各项工作取得成效。

【质监改革试验】 2016年，绵阳市委、市政府全面创新改革试验工作重点事项114项中，市质监局承担5项，其中牵头2项、配合3项。围绕构建推动军民融合的创新转化体系，着力加强区域特色产业、重点产业和高新技术检验检测平台建设，邀请磁材行业内具有领先地位和实力的企业、科研院所成立“四川军民融合磁性材料标准创新中心”，整合军工、科研院所等各方检验检测资源，推进组建“中国科技城军民融合质量发展联盟”，建立1个综合服务平台和5大专业服务子平台。

【全国质量强市示范城市创建】 2016年，绵阳市质量强市领导小组针对供给侧结构性改革任务中“提升质量竞争力、提高质量监管水平，加强本土品牌建设”纳入全市各部门实行任务分解。制定《考核细则》，逐项细化125项创建工作以任务书的形式下达给创建各成员单位，从11个方面，45项内容对各县市区（园区）创建工作开展年度考核，对产品质量、工程质量、环境质量、服务质量作为领导班子绩效考核内容。

【知名品牌示范区创建】 2016年，全市知名品牌示范区创建工作结合质量月活动，确定“科技绵阳，品质领航”为绵阳城市质量精神，印发质量月活动方案，举行质量月启动仪式，以举办“中国制造2025”高峰论坛等方式开展知名品牌示范区创建活动。市质监局联合市调查队，开展“四川造”消费品调查。组织23家企业报送企业品牌价值评价，19家企业申报省政府质量奖，17家企业参加第十六届西博会活动，14家企业的产品入驻四川名牌馆。在第十二届四川名牌公示名单中，绵阳有83家企业105个名牌。

【产品质量安全监督】 2016年，全市取得工业产品生产许可证企业涉及化肥、水泥、危险化学品、食品相关产品等29个行业，169家，获证企业100%建立《质量档案》。对化肥、水泥、冷轧带肋钢筋、人造板、燃气灶具、危险化学品、食品相关产品等85家生产许可证获证企业开展专项监督检查。指导帮助26家生产许可证到期换证企业取得生产许可证。对66起市级监督抽查不合格产品报告移送辖区质监局，责令企业限期实施整改，61起不合格产品生产企业完成整改，后处理工作完成率100%。

【特种设备专项检查整治】 2016年，全市特种设备注册登记数量24907台（其中锅炉1134台、压力容器7941台、电梯11870台、起重机械3296台、大型游乐设施177台、客运索道5条、场（厂）内专用机动车辆484台）。注册气瓶30万余只、压力管道3360.4千米。总量位居全省第二位。市质监部门围绕特种设备安全使用，开展电梯安全攻坚战、油气输送管道隐患攻坚战、燃煤锅炉节能减排攻坚战、烘缸（筒）专项检查、气瓶专项整治等21项专项整治活动，检查特种设备使用单位1600余家，特种设备3000余台（套），整改安全隐患200起。会同市环保局对绵阳市建城区使用不符合绵阳市环保规定的燃煤锅炉进现场核实，注销14台燃煤锅炉使用登记，检查承压类特种设备350余台（不含气瓶）、氧舱5台，发现安全隐患16处，发出安全监察指令书，完全消除隐患16处。

全年，全市安全现场检查重点单位和设备1300余家，发出安全监察指令书171份，立案查处特种设备违法违规案件27起，处罚款64万元，发现和消除安全隐患特种设备316处。北川、游仙、江油等县市区组织开展特种设备应急演练。

【特种设备互联网平台建设】 2016年，市质监部门借助“互联网+”技术，在全省率先推广液化石油气钢瓶“智能瓶阀”。绵阳市键阳液化气有限责任公司2000余只液化石油气瓶安装智能瓶阀，在绵阳城区、江油市、仙海区推广使用。加强电梯应急救援平台建设，制定和完善相关方案和管理制度，完成17台老旧电梯安全评估，整体推进更新改造工作，在全省率先推动电梯维保单位开展电梯维护保养规范。开展工业管道登记、公用管道排查摸底。完成国家、省登记在册44处特种设备隐患销号。

【诚信计量体系认证】 2016年，绵阳市获得3C认证企业98家，1274张证书；管理体系认证企业864家，1337张证书；食品农产品企业99家，169张证书，其中获得有机产品企业19家，证书27张。81家检验检测机构完成信息统计网上直报、认证认可平台信息统计工作，获得资质认定的88家检验检测机构完善数目统计。

【计量技术机构能力考核】 2016年，全市通过计量标准复查考核69项，其中法定机构43项，企业26项。对全市9个法定计量技术机构开展机构和计量标准考核，6家企业最高计量标准开展复查考核。江油市计量测试所、三台电能检测中心、平武县计量质量测试所等9个法定计量技术机构通过复查考核。全市7个压力实验室综合能力得到有效验证。对新建血液透析机检定装置、呼吸机/麻醉机检定装置、高频电刀检定装置、E2等级砝码标准装置等计量标准30项开展计量标准复查考核。对列入2016年度监督检查计划的21家检测机构，进行监督检查；全市70家机构、162人参加培训，完成体系文件的转版工作。

【节日市场计量检查】 2016年，全市质监系统在节假日期间，采取上下联动，与各县市区质监部门协作，对辖区内集贸市场、餐饮业、商场（超市）、加油站等重点领域开展监督检查。监督抽检各类强检计量器具6124台/件，抽查定量包装商品388批/次，其中监督抽查加油（气）机1688台，受检率、合格率均达100%；监督抽查超市电子秤700台，集贸市场公平秤213台/次，在用计量器具3015台；餐饮业在用计量器具481台，受检率99.5%，合格率99.6%；定量包装抽查合格率为100%。全年检定、校准计量器具10万余台（件）。

【重管计量器具监察】 2016年，在全市范围内开展强制检定工作计量器具专项监督检查工作，自查企业699家，自查计量器具167301台件，监督抽查474家企业，抽查计量器具20548台件，具有有效检定证书的20401台件，合格率97%，对全市开展计量检定/校准的机构39家开展专项监督检查。

【法定计量单位检查】 2016年，绵阳市质监局联合市文广新局在全市范围内组织组织开展新闻、出版、电视领域一年内使用法定计量单位情况的监督检查。检查、抽查全市电视新闻、广告、报纸等新闻媒体单位23家，抽查样品1041条（份），其中时政要闻、民生播报等电视节目575条，电视广告370条，报纸、书籍等96份（本），对质量的单位、土地面积单位、摄氏温度的单位、长度单位、功率单位等名称及符号等不符合规定有51处，出错率为4.92%。

【定量包装商品抽查】 2016年，全市完成定量包装商品净含量国家级和省级专项抽查工作，通过抽查包装饮用水、涂料、食用油、小食品、合成洗涤剂、冲饮类食品、化工、电线电缆、水泥等定量包装商品，其中，国家级专项共抽查10家企业20个批次，合格率100%；省级专项抽查50家企业100个批次，合格率100%。完成限制商品过度包装省级专项监督抽查，重点抽查食品生产企业43家，108个批次，合格率100%。

【强制性认证产品监管】 2016年，市质监部门检查儿童玩具719批/次，开展对绵阳辖区内27家3C认证企业的日常巡查。完成绵阳、德阳辖区内3家质量管理体系认证企业的监督检查，网上直报。对辖区内9家获得有机产品认证企业开展监督检查。

【法治质监建设】 2016年，市质监部门依照《依法治省示范区创建方案》，牵头开展《质量强市示范强市建设任务清单》编制、修改、完善，按照省、市“法律七进”的要求，筹拍法治微电影《人在囧梯》，报送省依法治省办展播。印发《绵阳市质量技术监督局规范性文件监督管理制度》，对市局2010~2015年的文件进行清理，对7个文件拟明确取消。对《绵阳市企业产品标准自我声明公开管理暂行办法》进行审查，报市政府法制办备案。

【质监执法打假】 2016年，全市质监系统开展以化肥、农药、农机、农膜为重点的农资打假下乡行动。出动执法人员600余人次，对化肥、农药、农机、农膜等全市农资生产企业进行专项检查。对不符合强制性国家标准或行业标准、虚假标识和无证生产等违法行为予以打击，对建筑用钢筋加工企业、电器产品专项执法打假行动开展专项执法检查。查办案件4件，立案查处4件，移送公安机关1起，受理12345网上投诉转办88件；12365电话咨询投诉15件；省局转办4件；处置率和回复率100%。未发生区域性、行业性的质量违法行为。

【全国第二届电梯维修工职业技能竞赛四川区决赛举行】 2016年4月23~24日，由四川省特检院主办、四川省特种设备检验检测协会承办、四川科莱电梯股份有限公司等8家单位协办的全国第二届电梯维修工职业技能竞赛四川区决赛在绵阳市举行。来自全省电梯制造、安装、改造、维保企业以及高校和相关机构的37支代表队150余人参赛。最终，通力电梯有限公司成都分公司、四川奥尔铂电梯有限公司、四川安达电梯设备有限公司、蒂森电梯有限公司成都分公司、华鑫宏达电梯5家电梯企业获得团体一等奖和个人优秀一等奖，并入围全国决赛。凉山州九信电梯有限公司等7家电梯企业获得团体二等奖、四川省景泰祥楼宇设备有限公司等8家电梯企业获得团体三等奖。 （胡德周）

绵阳市中国名牌产品名单

表 53

序号	产品名称	企业名称
1	长虹牌彩色电视机	四川长虹股份电器有限公司
2	长虹牌家用分体空调	四川长虹股份电器有限公司
3	长虹牌电池（一次碱性锌锰电池）	四川长虹股份电器有限公司
4	长虹牌激光视盘机	四川长虹股份电器有限公司
5	光友牌淀粉制品（粉丝）	四川光友实业集团有限公司
6	国豪牌水稻种子	四川国豪种业有限公司

第十一届四川名牌新企业名单（新名牌）企业 18 家，名牌数量 20 个（服务）

表 54

序号	产品名称	企业名称	证书编号
1	九洲牌光、电线缆	四川九洲线缆有限责任公司	110001
2	绵变牌变压器	绵阳启明星电力设备有限公司	110013
3	子云牌电线电缆	四川省川西电缆有限责任公司	110015
4	英志牌大功率磷酸铁锂离子电池	四川英志新能源股份有限公司	110016
5	际华 3536 牌服装	际华三五三六职业装有限公司	110034
6	寒思牌床上用品	四川省三台新川棉花有限责任公司	110039
7	国大基业牌 PO42.5R 水泥	四川国大水泥有限公司	110053
8	中杨牌特种玻璃	四川中杨特种玻璃有限公司	110054
9	禾本牌脂肪酶、过氧化氢酶	绵阳禾本生物工程有限公司	110086
10	台沃牌生态环保专用配方肥	四川台沃农业科技股份有限公司	110087
11	建丰牌中密度纤维板	绵阳建丰林产有限公司	110138
12	顺合园牌辣椒酱	绵阳市嫘祖酿造食品有限公司	110197
13	赢利来牌酿造酱油	四川园香园味业有限公司	110198
14	江虹牌线缆	四川江虹线缆制造有限公司	110224
15	好医生牌桑姜感冒胶囊	四川好医生药业集团有限公司	110251
16	弥江牌白酒	四川弥江酒业集团有限公司	110260
17	讴克牌聚乙烯管材	四川清川管业有限公司	110312
18	科学技术服务-科研设计服务	四川省绵阳西南自动化研究所	110339

第十一届四川名牌老企业名单企业 55 家，名牌数量（服务）87 个

表 55

序号	产品名称	企业名称
1	维博牌电量隔离传感器	绵阳市维博电子有限责任公司
2	长虹牌空调、长虹牌电池	四川长虹电器股份有限公司
3	格瑞普牌 LED 灯具、LED 显示屏、LED 发光二极管	四川九洲光电科技股份有限公司
4	久远牌、毅力牌起动用铅酸蓄电池	四川久远环通电源有限责任公司
5	科莱牌电梯	四川科莱电梯有限责任公司
6	圣维牌缝纫机智能化控制系统产品	四川省绵阳西南自动化研究所
7	兴事发牌太阳能热水器	四川兴事发能源科技有限公司
8	佳联牌工装面料	绵阳佳联印染有限责任公司
9	佳禧牌防红外迷彩面料	绵阳佳禧印染有限责任公司
10	双马牌普通硅酸盐水泥	四川双马水泥股份有限公司
11	三圈牌摩托车编条式轮辋	鸿凯双泰（四川）零部件有限公司
12	川字牌低压流体输送用焊接钢管、不锈钢棒材、汽轮机叶片用钢、高碳铬轴承钢、	攀钢集团江油长城特殊钢有限公司
13	利尔牌氯代吡啶类除草剂	利尔化学股份有限公司
14	子云牌锰锌铁氧体	绵阳开元磁性材料有限公司
15	安剑牌铬鞣剂	绵阳市安剑皮革化工有限公司
16	安剑牌工业重铬酸钠、工业铬酸酐、女娲牌普通硅酸盐水泥	四川省银河化学股份有限公司
17	万稼宜牌复混肥料	四川万稼宜化肥有限公司
18	雅化牌工业雷管、普通导爆索、塑料导爆管	雅化集团绵阳实业有限公司
19	豪庭世家牌实木门实木家具	四川豪庭世家建筑装饰装修工程有限公司
20	九虹牌钢、木家具制品	四川九红教学设备有限公司
21	富临精工牌 FLJ 系列气门挺柱	绵阳富临精工机械股份有限公司
22	宏江牌铸铁锅	四川绵阳宏江实业有限公司
23	兴事发牌防盗门、钢质防火门、钢质门	四川兴事发门窗有限责任公司
24	好农牌鸡蛋系列	绵阳市森泰农业开发有限公司
25	荣强牌复合预混饲料、金太阳牌浓缩饲料	四川金太阳畜牧饲料集团有限公司
26	梓香牌菜籽油	四川神龙粮油有限公司
27	圣迪乐村牌鸡蛋	四川圣迪乐村生态食品股份有限公司
28	铁骑力士牌饲料	四川铁骑力士实业集团
29	国豪牌杂交水稻种子、杂交油菜种子	四川国豪种业股份有限公司
30	川农牌杂交水稻种子	四川农大高科农业有限责任公司
31	豪茂牌魔芋纯化粉	绵阳豪茂魔芋食品有限公司

续表

序号	产品名称	企业名称
32	荣乙牌精炼猪油	绵阳荣乙油脂有限公司
33	仙特牌大米、富乐山牌小麦粉	绵阳仙特米业有限公司
34	光友牌光友粉丝	四川光友薯业有限公司
35	清香园牌中坝口蘑酱油、中坝牌酿造食醋	四川清香园调味品股份有限公司
36	金诺瑞牌糕点	四川省金诺瑞食品有限公司
37	雪宝牌牛奶、酸牛奶、饮料	四川雪宝乳业集团有限公司
38	长虹牌彩电、数字视频广播接收机	四川长虹电器股份有限公司?
39	湖山牌湖山音响	四川湖山电器有限责任公司
40	九洲牌有线电视宽带网络系列产品、九洲牌数字电视设备	四川九洲电器集团有限责任公司
41	剑门牌、独圣牌舒筋活血片，独圣牌板蓝根颗粒、独圣牌独圣活血片	太极集团四川绵阳制药有限公司
42	丰谷牌丰谷特曲酒、丰谷酒王酒、丰谷老窖	四川省绵阳市丰谷酒业有限责任公司
43	四心牌茶叶	四川省平武雪宝顶茶业（集团）有限责任公司
44	皇龙牌 HL 系列破碎机	四川皇龙智能破碎技术股份有限公司
45	川矿牌系列提升机	四川矿山机器（集团）有限责任公司
46	LH 牌汽轮机叶片锻材	四川六合锻造股份有限公司
47	龙华牌聚碳酸酯薄膜	绵阳龙华薄膜有限公司
48	东方牌电容器用聚丙烯薄膜、电工用聚酯薄膜、柔软复合材料、聚碳酸酯薄膜	四川东材科技集团股份有限公司
49	新丰泰牌瓦楞包装	四川丰泰包装股份有限公司
50	开元牌农、地膜	四川绵阳开元塑料有限责任公司
51	景区管理	绵阳七曲山旅游开发有限公司
52	物流业	四川长虹民生物流有限责任公司
53	秀湖牌干法静电复印纸、无碳复写纸原纸	安县纸业有限公司
54	剑门牌 PWA 泥浆泵	四川三台剑门泵业有限公司
55	诗仙阁牌白酒	江油市李白故里酒厂有限公司

进出口商品检验检疫

【概况】 2016年，绵阳市检验检疫局检验检疫进出口货物1395批、货值14060万美元，同比分别增长29.29%、15.31%，检出不合格品63批、货值631万美元，批次不合格率为4.52%，同比下降3.21%。其中，进口货物296批，货值6504万美元，同比分别增长53.37%、26.65%，检出不合格品42批、货值567万美元，同比分别增长55.56%、105.48%；出口货物1099批、货值7556万美元，同比分别增长24.04%、7.06%，检出不合格品21批、货值64万美元，同比分别减少12.5%、9.03%。对出口货物运输包装检验鉴定463批，同比增长8.18%，检出不合格19批，同比减少9.52%，其中经返工整理重新检验合格16批，最终检验不合格、不予装载出口货物运输包装3批。对112批、4113件进出境木质包装实施检疫监管，同比批次下降27.74%、件数增长21.43%；对85批、1901个进出境集装箱实施消杀灭等卫生除害检疫性处理，同比批次减少27.97%、数量增长48.4%。

【出口产品检验检疫监管】 2016年，绵阳主要出口商品种类为化工

图93　检验检疫工作人员对进口商品进行现场核对检查

产品、轻工品、食品、植物产品、动物产品、食品添加剂和饲料添加剂等，主要出口到日本、印度、韩国、俄罗斯、美国、孟加拉、波兰、朝鲜、澳大利亚、巴基斯坦等国家和地区。产品质量无国外通报。

检验化工产品244批、货值1050.6万美元，同比分别下降4.31%、16.85%，产品主要有：芥酸、壬酸、甘油、铬酸、重铬酸钠、重铬酸钾、赤磷、五氧化二磷、五硫化二磷、三聚磷酸钠、天然己醛、溴化碘等。检出不合格产品20批、货值193.6万美元，不合格产品为赤磷、重铬酸钠、重铬酸钾、天然纪醛、溴化碘，不合格原因为包装不合格、安全标识不合格以及货证不符。

检验轻工品1批、7.5万美元，产品主要有：其他银锌蓄电池。无不合格产品。

检验检疫食品279批次、货值2704.1万美元，同比批次增加46.8%、货值减少17.2%，产品主要有：午餐肉罐头、方便粉丝、重庆小面、火腿肠及魔芋制品等。检出不合格产品2批，不合格产品为出口方便粉丝，不合格原因为标签审核不合格。

检验检疫植物产品146批、货值999.9万美元，同比分别减少17.05%、23.03%，产品主要有：中药材、软木纸、苎麻纤维、种用籼米稻谷等。未检出不合格品。

检验检疫动物产品3批、货值85.5万美元，产品主要有冻猪肉等。

检验食品添加剂7批、货值11.6万美元，同比分别增加600%、792.3%，产品主要有：食品级烟酸、三聚磷酸钠等。未检出不合格品。

检验检疫饲料添加剂446批、货值1313.25万美元，同比分别增长44.34%、18.41%，产品主要有：饲料级磷酸氢钙、植酸酶、维生素K3、烟酸等。未检出不合格产品。

【进口产品检验检疫监管】　2016年，辖区主要进口产品为机电产品、化工产品、金属及制品、矿产品、轻工品、植物产品、动物产品等。其主要进口俄罗斯、日本、美国、英国、韩国、东南亚、南非等国家和地区。检验机电产品175批，货值2649.1万美元，同比分别减少17.06%、55.81%，产品主要有：组合机床、成套设备、X光机、电生理导航系统、压电纳米位移装置、X射线计算机体层摄影设备和核磁共振成像系统（医用）等。检出不合格产品31批、货值341.03万美元，不合格产品为光学CCD相机、科学级X光CCD相机、光潜切割机、多通道超高速相机、无心研磨机、高精度双端面研磨机、ICCD相机、金刚石压腔和X射线CMOS相机、精密位移台、近红外探测器、导联线等，不合格原因为无中文警告标志、电源插头不符合国家强制性标准要求和品质缺陷等。

检验化工产品42批、货值344.5万美元，产品主要有：油酸、芥酸、二氧化硅及其他化工原料等。检出不合格产品7批、货值14.2万美元，不合格产品为芥酸、黑色印字油，银粉、液氮杜瓦、防冻剂，无中文标识，无警告标识，无进口国际标识。

检验金属及制品4批、货值27.5万美元，同比分别降低60%、76.49%，产品为钢材及不锈钢管等，无不合格产品。

检验矿产品27批、货值660.4万美元，同比分别增长42.1%、20.6%，产品主要为铬精矿。检出不合格6批、184.48万美元，不合格产品为铬精矿，不合格原因为铬含量低于合同规定值。

检验轻工品12批、货值4.8万美元，同比分别增长1100%、55.84%，产品为纺织品、餐具、玻璃杯等。无不合格产品。

检验检疫植物产品1批、货值4万美元，同比分别减少96%、67.2%，产品为橄榄油。未检出不合格品。

检验检疫动物产品生水貂皮74批、货值4123.9万美元，同比分别增长3450%、7529%。未检出不合格品。

（赵璐君）

绵阳海关

【概况】　2016年，绵阳海关落实成都海关支持四川外贸发展20项措施，向绵阳市政府报送《绵阳海关关于支持绵阳外贸回稳向好相关措施的报告》，提出六个方面的具体措施；参与绵阳综合保税区申建工作，争取海关总署、成都海关支持，配合完成综保区用地“两规”规划、拟入区项目的初审等工作，向市政府报送《绵阳综合保税区海关功能区域规划建议》，参与综保区项目引进工作；推进绵阳跨境电商工作，协助完成跨境电商监管中心建设。6月30日，成都关区首票跨境电商出口货物顺利通关，标志着四川省跨境电商出口第一票在绵阳实现。主动对接服务绵阳重大项目招商引资工作，先后参与京东方、新晨动力宝马发动机等项目，接受企业咨询，宣讲海关政策及便捷通关措施。协助完成绵阳综合监管平台规范性整改并通过验收，配合绵阳出口加工区整改已取得实质性进展。完成第四届中国（绵阳）科技城国际科技博览会前期协调工作及海关总署加贸司和成都海关领导的对口接待任务。加大政策宣传力度，充分利用下厂调研、稽查、核查以及召开关企座谈会等方式，收集意见建议，开展“一对一”的针对性服务，提升工作质量和服务水平。

2016年，绵阳海关（7905现场）监管进出口货物5.9万吨，同比（下同）增加55.5%；货值27.3亿元，下降0.3%。其中进口5.7万吨、增加59.1%，货值26.3亿元、下降0.4%；出口2899吨、增加7.8%；货值1亿元、增加2.9%。“两税”入库6.9亿元，下降7%，其中关税9291万元，进口环节代征税6亿元。货物报关单8764份，其中进口8371份，出口393份。监管进出境集装箱2763标箱次，增加34.5%，其中进口2602标箱次，出口161标箱次。核销转关货物申报单115份，出口115份。办理减免税手续856批次，减免关税2450.2万元，下降35%，减免增值税1.1亿元，下降25%。绵阳出口加工区（7914现场）：监管进出口货物5459吨，同比减少14.3%；货值7.9亿元，下降25.3%。其中进口160吨、减少31.9%，货值6719.2万元、下降13.8%；出口5299吨、减少13.6%；货值7.2亿元、下降26.2%。货物报关单1.8万份，其中进口8883份，出口9019份；监管进出境集装箱764标箱次，减少11.4%，其中进口17标箱次，出口747标箱次。核销转关货物申报单1132份，其中进口14份，出口1118份。

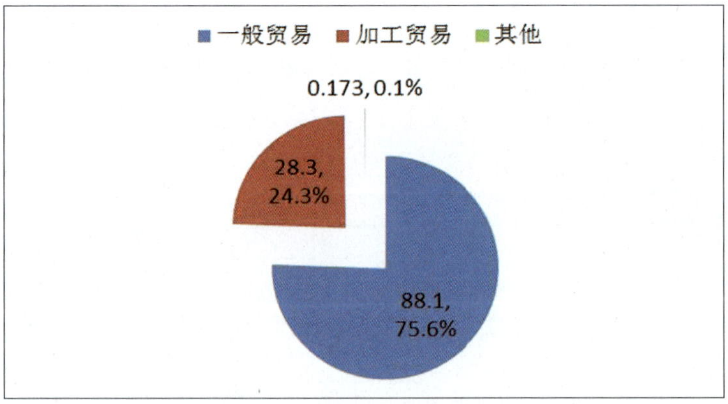

图 94　2016 年进出口贸易额（亿元）

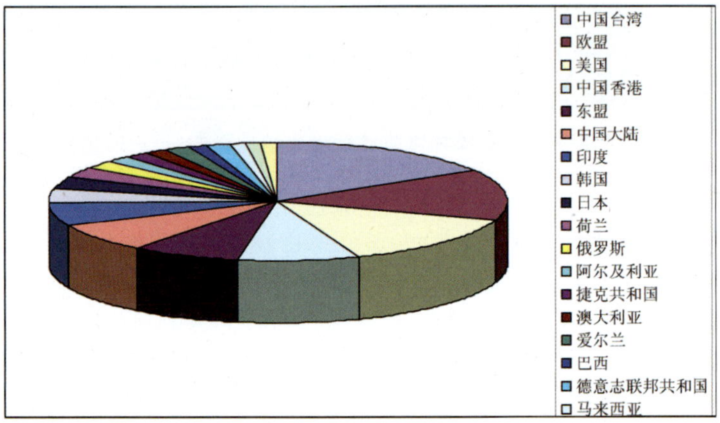

图 95　2016 年 1~12 月绵阳贸易国别及地区交易总值比例图

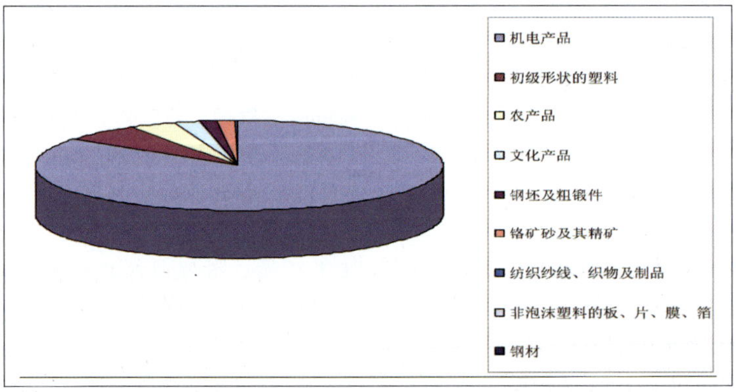

图 96　2016 年 1~12 月绵阳进口主要商品

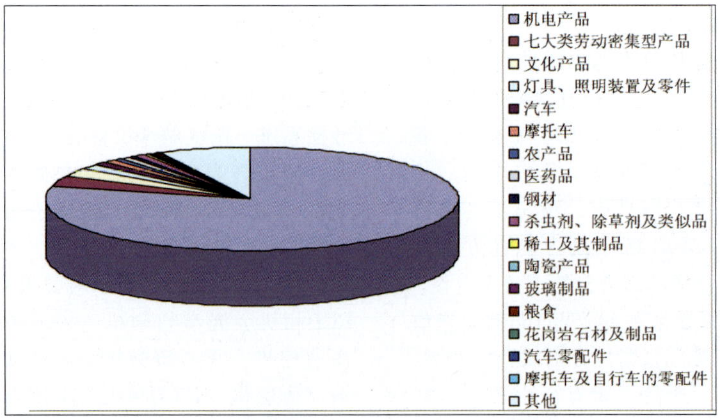

图 97　2016 年 1~12 月绵阳出口主要商品

2016 年绵阳进口值前 10 位企业

表 56

单位：万元人民币

序号	进口企业名称	2016 年	2015 年	同比
1	四川长虹电器股份有限公司	145449	134998	7.7%
2	四川长虹佳华信息产品有限责任	113615	96683	17.5%
3	四川长虹网络科技有限责任公司	37836	39139	-3.3%
4	四川长虹电子部品有限公司	30096	30908	-2.6%
5	四川九州电子科技股份有限公司	29957	19747	51.7%
6	四川迪佳通电子有限公司	21440	27538	-22.1%
7	四川德华皮革制造有限公司	18987	295	6336.3%
8	四川东方绝缘材料股份有限公司	12517	11350	10.3%
9	绵阳长鑫新材料发展有限公司	11771	8189	43.7%
10	四川九州光电子技术有限公司	11539	13311	-13.3%

2016 年全年绵阳出口值前 10 位企业

表 57

单位：万元人民币

序号	出口企业名称	2016 年	2015 年	同比
1	四川长虹电器股份有限公司	112859	130695	-13.6%
2	四川长虹网络科技有限责任公司	74112	79975	-7.3%
3	利尔化学股份有限公司	60614	44758	35.4%
4	艾默生网络能源（绵阳）有限公	54944	51466	6.8%
5	四川迪佳通电子有限公司	54029	48007	12.5%
6	四川九洲进出口贸易有限公司	50655	20773	143.9%
7	四川虹锐电工有限责任公司	43024	48051	-10.5%
8	四川长虹新能源科技有限公司	28869	24743	16.7%
9	绵阳普思电子有限公司	28163	47445	-40.6%
10	绵阳富临精工机械股份有限公司	11423	6209	84.0%

【综合监管平台规范化建设】 2016年，海关完成综合监管平台规范整改“全域通”改革措施开始实施，落实“双随机”改革措施，推进“一简一优”改革措施、“集中汇总征税”改革措施，开展关检合作“三个一”工作，累计发送18票《海关、检验检疫“一次查验”通知单》，关检双方对其中12票货物共同实施“一次查验”。通过推行改革措施，通关效率和本地报关率明显提升。1~12月平均通关时间：进口32.9小时，同比降低60.5%，出口1.34小时，同比降低7.6%。绵阳企业本地报关率为30.7%，持续保持上升趋势，较2015年同期提升9.4个百分点。

【打击反走私】 2016年，绵阳海关配合开展“国门利剑2016”联合专项行动，落实“两简案件”办案模式改革任务，全年办理“两简案件”7起；加强一线监管查验和后续稽查，移交一般程序案件线索6条，立案5起，案值184.06万元，补税7.8万元。落实“两个机制、两个办法”，全力支持配合参与缉私工作，对有可能出现违规走私行为的情况进行重点监管查验。2016年查获2起货物申报不实案件，案值合计53.48万元人民币，涉及漏缴税款6.39万元。

（谭　鹏）

安全生产管理

【概况】 2016年，全市安全生产管理工作贯彻落实市委、市政府决策部署，围绕中心，服务大局，切实履行监管监察职责，依法治安，深化改革，强化责任，注重预防，狠抓治本，实现全市安全生产形势持续稳定好转。全市全年发生各类事故1141起、死亡197人、受伤797人，按可比口径与2015年同比，分别下降14.11%、9.65%、13.33%。其中发生各类生产安全事故149起、死亡129人、受伤151人，按可比口径与2015年同比，分别下降25.52%、25.08%、20.21%。生产安全事故死亡人数控制率低于10%，比省下达的228人控制数少99人；发生较大道路交通事故7起（其中高速公路2起）；未发生重特大伤亡事故。

【安全生产监管机制体制建设】 2016年，市安全生产监督管理局组织签订各层面安全生产责任书，完善"一岗双责"工作推进和考核管理机制。出台《安全生产警示及约谈制度》《安全生产"黑名单"管理制度》《绵阳市安全生产应急救援体系建设意见》《一般生产安全事故提级调查处理及挂牌督办办法》等规章制度，明确相关部门单位等职责；建立《安全生产重大行政处罚备案办法》和《安全生产事故调查报告公开办法》等规范性文件，为依法治理提供制度保障。编制《安全生产年度监督检查和执法计划》并报市政府批准执行。

【安全隐患排查治理】 2016年，市安监部门构建安全风险分级管控和隐患排查治理双重预防机制。组织开展行业企业（单位）底数调查摸底工作，完善安全监管监察对象单位名录库和安全生产基础数据库，2199家企业纳入重点监管，实行分级管控、界定监管责任。组织完成市级挂牌整治的重大安全隐患5项，投入资金1350万元。全市安全监管监察部门监督检查生产经营单位1929家，查出一般事故隐患5300条，完成整改的隐患5281条，隐患整改率达99.6%。

【"打非治违"专项整治】 2016年，全市开展危化品、烟花爆竹、非煤矿山、道路交通、建设施工、油气管道、特种设备、消防、职业健康等行业领域专项整治行动。全市组织检查组1865个，检查企业6439家，排查隐患6054项，打击非法违法生产经营行为3524起，停产整顿16家，暂扣吊销证照6个，关闭取缔6家。安监系统对非煤矿山邀请专家会诊186矿次，发现隐患779处，整改739处，责令停产整顿13座，暂扣安全生产许可证4个。贯彻落实市人大常委会《关于绵阳城区禁止燃放销售烟花爆竹的决议》，完成城区二环路以内49家烟花爆竹零售经营网点的关停工作。国、省登记在册的44处油气管道安全隐患全部完成整改。

【安全社区创建】 2016年，全市建成全国安全社区2个、省级安全社区11个、市级安全社区27个、社区生命安全体验中心1个，安全社区创建超额完成年度任务。加快推进标准化建设，全市38家危化品生产企业、19家烟花爆竹批发经营企业、380多家加油加气站、108家非煤矿山、170余家工贸企业取得安全生产标准化三级以上达标证书。培训企业负责人、安全管理人员和特种作业操作人员5000余人。

【安全法治宣传培训】 2016年，全市举办《安全生产法》宣讲活动350多场，参与人数10余万人，发放新《安全生产法》宣传册等宣传资料20多万份。组织举办"安全生产月"宣传咨询日、"法律走基层"《职业病防治法》宣传周、第八个"防灾减灾日"、全国"安全生产月"等法治宣传咨询系列活动；组织开展安全生产知识宣讲46场次，有1500余名生产经营单位主要负责人和安管人员取得安全生产知识和管理能力考核合格证，4700人经过培训取得特种作业证。对240名乡镇（街道办）安监人员、700余名存在职业病危害因素的用人单位主要负责人和管理人员开展安全培训，4000余人参加法治专题培训。

【危险化学品重大危险源专项执法行动】 2016年8月15~25日，全市集中开展危险化学品重大危险源专项监察执法行动。执法检查由市支队组织，人员由县市区执法人员及专家组成两个检查组，以交叉检查、暗访暗查、专家诊断等多种方式对全市28处危险化学品重大危险源进行全覆盖，重点检查一、二级危险化学品重大危险源，对三级、四级危险化学品重大危险源进行抽查。期间，出动执法人员100余人次，分别对四川美丰化工科技有限责任公司、利尔化学股份有限公司、四川省银河化学股份有限公司、绵阳启明星磷化工有限公司等企业10家重大危险源进行执法监察，发现事故隐患63处，发出责令限期改正指令书10份，对其中的4家存在严重安全生产违法违规行为的企业进行立案查处。

【国务院安委会安全生产巡查组到绵阳开展巡查】 2016年11月4日上午，国务院安委会安全生产巡查组在巡查组副组长、国家安全生产应急救援指挥中心巡视员雷长群带领下对绵阳市安全生产工作开展延伸巡查，并召开巡查工作会。中共绵阳市委副书记、市长刘超主持会议并作表态性发言，副市长罗宗志汇报全市安全生产工作。4日下午，市政府召开国务院安委会安全生产巡查工作座谈会，巡查组副组长、国家安全生产应急救援指挥中心巡视员雷长群，省政府安办副主任、省安全监管局机关党委书记谭功元参加会议，副市长罗蒙主持会议。巡查组集中听取市公安局、市交通运输局、市住建局、市经信委、市质监局等部门工作汇报，进行座谈交流，询问相关问题。（王一琀）

卫生监督管理

【概况】 2016年，绵阳市卫生执法监督支队出动卫生监督人员5800余人次；执法车辆760余台次；发出卫生监督意见书近6000份；完成直管医疗机构放射诊疗日常监督检查40余户次；对全市25家医疗保健机构的临床用血情况进行监督检查，2家医疗卫生保健机构领取《四川省可感染人类病原微生物二级生物安全实验室备案登记书》，对4个单采血浆站和11家消毒产品生产企业进行监督检查；监督检查全市城乡集中式供水单位180家、公共场所监督检查共计3617家、检查各级各类学校1271所、托幼机构1597所；完成重大活动卫生保障10次；畅通投诉机制，加大案件查办力度，受理举报77件（省总队交办2件、市卫计委交办15件、电话投诉11件、网上投诉43件、到支队当面投诉6件）；移动执法手持终端试点工作取得实效，总体使用情况良好，使用率达95%以上；举办全市卫生计生执法人员和协管员培训班15期；撰写动态新闻1012篇，经验交流、典型案例19篇，其中被人民网采用1篇，四川在线采用6篇，《绵阳日报》采用23篇，《绵阳晚报》采用15篇，各级各类门户网站采用、转载100余篇；绵阳市荣获全省卫生监督信息宣传报道一等奖、优秀新闻奖、优秀图片奖。

【卫生计生综合监督执法机构改革】 截至2016年底，除市支队和涪城执法大队未进行卫生与计生职能整合外，其余8个区市县执法大队卫生与计生均进行职能整合（包括社区和乡镇）；省编委对绵阳市人民政府上报的卫生计生机构改革试点方案讨论通过，市卫计委按绵阳市编委试点改革方案上报“三定”方案。

▲“三定”方案：指定机构（单位的性质，如行政、事业等），定职能（单位有些什么权力和职责），定编制（单位各种编制的人数，内设机构数，领导职数等）。

【医疗服务市场监督】 2016年，全市卫生计生执法监督机构开展打击非法行医与非法采供血、整治“两非”、打击票贩子、网络医托、医疗美容、限制临床医疗技术、手术分级管理、抗菌药物临床应用等专项工作，严肃查处违法违规行为，整顿规范医疗服务市场秩序。全市出动卫生执法监督员5800余人次、执法车辆760余辆次，取缔无证行医场所20余户次，处罚违法违规开展诊疗活动20余户次，罚款6万余元。对全市放射诊疗机构和6家职业健康检查机构、3家放射职业技术服务机构进行全面依法监督检查，对发现的违法行为均下达卫生监督意见书责令改正，立案查处1家，处罚违法违规开展诊疗活动17家，罚款38.3万余元。

【传染病防治监督】 2016年，绵阳市卫生执法监督支队集中开展全市传染病防治专项整治行动，重点对各医疗卫生保健机构、疾病预防控制机构的消毒隔离措施落实、病原微生物实验室生物安全管理、传染病疫情报告、医院感染控制、医疗废物管理及药品废弃外包装集中处置管理等情况进行督导检查，检查80余户次，发出卫生监督意见书110余份。开展结核病和艾滋病专项监督检查，对全市结核病和艾滋病定点医疗机构及相关医疗卫生单位进行全面的督导检查，对404医院、丰谷传染病医院的艾滋病防治条例落实情况进行多次现场督导。对全市四大类公共场所安全套推广专项执法监督检查2568家，检查覆盖率100%；全年查处违法违规行为16家，罚款1.62万元。审查新办、换发消毒产品生产企业卫生许可证3家。

【饮用水卫生监督】 2016年，全市卫生执法监督系统抓住饮用水卫生安全保障，完成全市城乡集中式供水单位重点监督检查180家和涉水产品生产企业卫生监督检查8家（输配水管材3家，化学处理剂5家）。其中城市设计日供水千吨以上水厂19家、城市其他水厂1家，农村设计日供水千吨以上水厂28家、农村设计日供水百吨以上千吨以下水厂132家；城市集中式供水水厂合格率为100%，农村设计日供水千吨以上水厂合格率为89.29%，农村设计日供水百吨以上千吨以下水厂合格率仅为76.19%，对35家存在问题的农村供水单位责令限期整改。8家涉水产品生产企业均持有效卫生许可批件。完成全市二次供水单位国家监督抽检37家和饮用水卫生安全产品国家监督抽检任务20个。其中二次供水单位中储水设备定期清洗消毒37家，卫生防护合格37家，供管水人员经健康体检和卫生知识培训合格36家，周围环境无污染源36家，开展水质自检35家，合格34家，对3家存在卫生问题的单位责令限期整改。监督抽检10家集中式供水单位10个化学处理剂经检测合格6个，不合格4个，监督抽检5家经营单位销售的小型水质处理器10个，产品均持有效卫生许可批件。全年查处违法违规行为21家，罚款2.96万元。

【公共场所卫生监督】 2016年，全市各级卫生执法监督部门完成83家各类游泳场所监督检查和国家监督抽检，合格78家，抽检率100%、合格率93.98%，对5家存在卫生问题的责令限期整改。完成全市住宿场所、沐浴场所、美容美发场所顾客用品用具国家监督抽检576家，合格546家，合格率94.30%。完成住宿场所、沐浴场所、商场（超市）、体育场馆、影剧院、游艺厅、歌舞厅、音乐厅、候车室、候机室空气质量国家监督抽检196家，合格193家，合格率98.47%。完成公共场所集中空调通风系统国家监督抽检10家，合格10家，合格率100%。完成11类3617家公共场所卫生管理制度落实情况国家监督抽检，合格2645家，合格率为73.13%。组织检测公司对涪城区、游仙区、高新区、经开区16家商场（超市）、体育场馆、影剧院、游艺厅、歌舞厅、音乐厅、候机室、候车室和10家公共场所正常运行的集中空调通风系统进行卫生管理制度落实情况和卫生质量国家监督抽检，合格率100%。全年对932家存在卫生问题的公共场所经营单位责令限期整改，对155家存在违法行为进行立案查处，罚款12.8万元。

【学校卫生监督】 2016年，全市强化学校卫生监测工作。完成全市各级各类学校402所教学环境的监督抽检，责令限期改正82所；传染病与常见病防控的监督抽检学校487所，责令限期改正84所；对134所学校饮用水卫生监督抽检，其中学校自建设施集中式供水109所，二次供水15所，分散式供水10所，责令限期改39所。开展全市春秋季学校卫生专项监督检查。全年检查各级各类学校1271所、托幼机构1597所，排查卫生安全隐患98个，下达监督意见书1617份，责令限期整改正207所。对各县市区及园区春季开学学校卫生安全工作督导检查覆盖率达到100%。加强全市高中考期间卫生专项监督检查，对全市高考考点22个、中考考点27个、高考考生住宿地84个、中考考生住宿地74个、校供水单位22家、为学校提供餐饮具集中消毒服务单位3家进行专项督导检查，现场快速检测17家，下达监督意见书190份，排查卫生安全隐患11处，责令改正违法行为7家。完成全市各级各类学校卫生综合评价98所。

（王　斌）

羌年

2009 年

2 月 1 日，民政部批复同意北川羌族自治县、安县（现安州区）行政区划调整方案，将安县的安昌镇、永安镇，黄土镇的常乐、红岩、顺义、红旗、温泉、东鱼 6 个村划归北川县管辖；北川县人民政府驻地由曲山镇迁至安昌镇。4 月 3 日，北川县和安县行政区划调整交接工作正式启动。此次调整后，北川县新增土地 215 平方千米、人口 7.8 万余人。

5 月 11 日，中共中央总书记、国家主席、中央军委主席胡锦涛，中共中央政治局常委、国务院副总理李克强到绵阳视察灾后恢复重建工作，看望慰问抗震救灾英模、对口援建人员和灾区基层干部群众。

7 月 23 日，中国唯一国家级空气动力学重点实验室在绵阳建立，将为大飞机、新一代列车、风力发电机等国家重大专项研制提供技术支撑，并推动中国空气动力学基础研究，为国家经济社会发展和国家安全战略提供重要保障。

概　述

【概况】 2016年，绵阳市应急管理工作围绕中心服务大局，坚持健全体制机制、夯实基层基础、规范常态管理。全年先后成功应对处置“2·2”涪城青义镇废品收购站液氯泄漏事件、“4·15”安州干河子危废排放事件、“5·24”京昆高速江油段危化品槽罐车自燃事故、“7·18”大暴雨、“8·18”游仙观太镇天然气管道泄漏事故、“9·5”北川羌族自治县李家湾堰塞湖、“9·5”平武古城镇印度尼西亚籍游客猝死事件等27起较大和敏感突发事件。绵阳被评为全省应急管理工作7个先进市州之一。

全年自然灾害形势总体平稳，未发生重特大自然灾害，各类自然灾害造成27.34万人次受灾、直接经济损失2.67亿元，无人员死亡或失踪。全年发生各类事故1141起，死亡197人、受伤797人，按可比口径与去年同比分别下降14.11%、9.65%、13.33%；发生各类生产安全事故149起，死亡129人、受伤151人，按可比口径与2015年同比分别下降25.52%、25.08%、20.21%。发生较大事故7起（高速公路2起），造成24人死亡、11人受伤。全年未发生较大以上突发公共卫生事件和社会安全事件。

【应急管理组织体系】 2016年，川北、绵阳两所监狱和铁塔绵阳分公司等单位补充纳入市应急委成员单位，完善专项应急指挥机构建设。各县市区应急办普遍增配专兼职人员，平均达3人以上；各园区、市级有关部门和单位通过增设应急办或明确承担应急管理工作的业务处室。各县市区创新应急管理办事机构体制，推进政府应急指挥调度中心建设，继安州区之后，涪城、游仙新成立科级事业单位的政府应急调度中心。

【应急联动机制体系】 2016年，全市着力构建大应急工作格局，市级突发事件应对处置工作联席会议制度健全，与周边市州、驻绵阳军警、国省单位等跨区域、跨行业应急联动机制更加完善。汛期，市政府应急办协调武警交通第三支队驻训平武南坝、北川禹里、江油马角开展防洪抢险和爱民助民活动，投入兵力332人次，主战装备90台（套），参与防洪抢险11次，帮助驻训地新建、拓宽道路21.2千米，清理河道、填筑冲毁路段20余千米，联系帮扶贫困户群众516户2185人。

【应急预案建设体系建设】 2016年，全市编制（修订）出台《绵阳市防汛总体应急预案》《绵阳市自然灾害应急预案》《绵阳市安全生产事故灾害应急预案》《绵阳市地质灾害防治应急预案》《绵阳市重污染天气应急预案》《绵阳处置监狱突发事件应急预案》等18个市级专项应急预案。加强预案编制管理，持续做好在绵中央、省直管单位突发事件应急预案纳入地方应急预案体系统筹建设工作。各县市区（园区）重点加强分项预案和乡镇（街道）、学校、企业等基层单位预案建设，全市预案体系条块结合、横向到边、纵向到底，实现无缝链接、全域覆盖。

【安全风险隐患排查】 2016年，全市全面排查梳理岁末年初影响社会稳定的隐患和苗头性问题，开展年度气候及自然灾害发生趋势和雨情水情、城市内涝、地质灾害等形势研判会商，着力加强风险隐患排查和评估制度建设，建立健全突发事件监测预警防范机制和预警信息会商制度，依托市气象局预警信息发布中心，整合网络平台和发布载体，解决信息发布“最后一公里”瓶颈问题，全年发布预警信息60余次。开展重点寺庙和大型民俗活动节前安全检查，完成各类大型公共活动安保应急任务，确保社会平安稳定。

【突发事件信息报送】 2016年，全市强化市、县、乡、村信息报送机制，发挥“一热线三中心”（“12345”市长热线、110指挥中心、120急救中心、119指挥中心）功能作用，与相邻市州、境内5条高速公路管理部门建立突发事件信息共享机制，购买四川众志应急咨询服务有限公司舆情信息监测服务，实行信息倒查倒逼机制和突发事件网络舆情监测预警，建成完整高效的信息网络和公众信息接报平台。建立绵阳应急QQ群、微信群，实行突发事件信息“日报告、零报告”制度。6月1~3日，省政府应急办举办、市政府应急办承办的全省（片区）政府系统突发事件信息规范报送培训会在绵阳举行。

【应急演练】 2016年，全市先后举行“天府2016—A”恐怖袭击绵阳现场处置综合应急演练和山洪地质灾害避险、市县气象监测预警、汛期道路交通保障、解救洪水围困群众等10余次市级专项应急演练。各地各部门各企事业单位举行演练1800余次，参演人员近60万人次，参演车辆装备2500余辆（套）。11月22日，交通运输部、四川省政府主办，省交通运输厅、绵阳市政府承办的全国公路交通军地联合应急演练在平武南坝举行，演练充分检验绵阳应急救援军地协同能力和技战术水平。

【应急队伍建设】 2016年，全市整合专业队伍和社会救援力量，吸纳专业技术人才，充实专家队伍，不断壮大应急救援力量，实现规范管理，提高应急救援队伍专业化水平。依托绵阳市应急机械储备站，建立全市工程机械数据库和移动MAS系统，统筹调度各类工程机械参与应急抢险。整合基础电信运营企业、部门及行业协会通讯资源，建立军地联合通讯保障机制，救援技术装备水平不断提高。全年各类专业抢险队伍开展应急演练520余次，参演人数达5万人次。市综合应急救援支队有18个大队、46个分队、2500余人。

【应急指挥平台】 2016年，绵阳市按照四川省应急指挥平台建设要求和绵阳市智慧城市建设目标任务，推进市、县市区政府应急指挥平台建设，着力提升应急管理信息化水平。各县市区于2014年全面启动政府应急指挥平台建设，全市9个县市区建成5个（游仙、安州、盐亭、平武、北川）、在建2个（涪城、梓潼）、筹建2个（江油、三台），平武县政府将平台建设向乡镇延伸，全县25个乡镇有24个实现音视频通话和会议功能。

【应急物资储备】 2016年，全市完善全市防灾减灾救灾体系，有序推进生态环境灾害预警应急联动机制建设，制定出台《绵阳市应急物资储备规划（2016~2020)》。采取政府储备、以商代储、以企备储、信息储备、能力储备、技术储备等多元化储备模式，不断健全应急物资联合储备机制，确保应急救援物资、抢险机械及时到位，保障有力。市级部门、各县市区以及灾害多发地乡镇，均建立应急物资储备库（站、点），储备御寒衣物、棉被、油、米等生活用品和机械、发电机、汽柴油等应急抢险物资。现建成市级物资储备库10个、物资储备站32个、物资储备点106个。

【应急宣教培训】 2016年，全市推进应急宣传进学校、进社区、进农村、进企业、进家庭“五进”活动。“5·12”定期组织市级有关部门和各县市区开展防灾减灾应急知识宣传，通过在《绵阳日报》开设应急知识宣传专栏、与市广播电视台合作制作应急公益广告宣传片、建立应急门户网站、制作应急知识宣传电子书等途径，广泛开展应急知识宣传普及，提高社会公众防灾避险能力。组织应急管理专题培训，市委组织部、党校和市人社局把应急管理纳入干部培训的必设课程；实行市应急办主任集中授课和县市区应急办主任分区巡回讲课制度，市级部门每年至少开展一次集中培训。全年组织各类培训80余次，参训人员达1.8万人次。

【应急值班值守】 2016年，全市推进专业化、规范化值班，完善值班制度，严肃值班纪律，落实《绵阳市党政机关值班工作规范》。通过集中培训和以会代训等形式，对值班工作人员业务进行专题培训，提高值守应急专业水平。法定节假日、重大活动期间和重要敏感特殊时期，市政府应急办联合市目督、国土、水务等单位，采取明查、暗访和电话抽查等方式，到重点区域、重要场所等开展安全生产、值班值守和应急准备工作督促检查。全年开展专项检查7次、不定期抽查18次、暗访3次，印发督查通报3期，检查情况纳入年度目标绩效考核，确保值守应急到位。 （周乃军）

地震灾害处置

【概况】 2016年，全市境内发生ML≥1.0级地震1006次，其中较大地震两次，既为“5·29”安州区4.3级和“6·27”北川县4.6级地震。在地震发生时，市防震减灾局立即向市委、市政府分管领导报告，启动应急预案Ⅳ级响应，由局党组成员、副局长殷剑川率领的应急小组第一时间到达现场，察看灾情，了解处置情况。当地灾报员也通过PDA终端及时发回地震情况。局机关应急指挥部安排人员24小时应急值守，直到应急响应结束。落实年度地震应对工作机制，做好震前防范准备工作，开展应急演练，加强救援队伍和避难场所建设。3月底，制订并印发《绵阳市2016年地震应对工作方案》；9月10日，制订《第四届中国（绵阳）科技城国际科技博览会等大型活动地震应急预案》。

【地震应急演练】 2016年5月5日，市防震减灾局举行2016“平安中国”防灾宣导千城大行动绵阳站暨平安江油“‘5·12’防灾减灾宣传周”文化活动。5月10日，仙海区组织地震应急实战演练。于5月11日，三台、盐亭两县交界处开展模拟发生5.4级地震的应急演练活动，市防震减灾局快速启动Ⅲ级应急响应，局长到市抗震救灾指挥部参与全市抗震救灾工作，局机关各部门快速集结、协作配合，信息收集、应急处置，市局机关现场工作组赶赴现场开展工作等。5月27日，安州区千佛镇举行绵阳市2016年度地质灾害应急避险演练。市各县、市区（园区）政府部门累计组织20次防震减灾科普宣传和应急避险演练，全市有500余所学校、幼儿园进行防震减灾宣传和应急避险演练。

【地震灾害救援队伍建设】 2016年，全市地震灾害救援队伍建设按“专兼结合、一队多能、服务全市各类灾害应急救援”的原则，发挥人民解放军、公安、消防、武警、民兵预备役的骨干作用和国有大中型企业、大专院校人员集中的优势，健全完善市城区（800人）、县（2200）两级总规模达3000人以上的地震灾害紧急救援队；建立规模达6000人的市级应急救援兼职队伍；建立规模达10万人（其中市级1万人、县级9万人）的志愿者队伍。

【地震应急避难场所建设】 2016年，全市建立起四级应急避难场所体系，按照《地震应急避难场所场址及配套设施》国家标准建立紧急避难场所和固定避难场所建设3492个，其中，绵阳城区、县城和乡镇驻地建立大型避难场所67个，乡镇、村组建立小规模避难场所3425个，按人均避难场所1.5平方米的国家标准计算，达到满足市区95%的人员应急避难、各县、区80%的人员应急避难的要求。8月，修订完善《绵阳城区主要地震应急避难场所分布图》。 （罗冠森）

地质灾害处置

【概况】 2016年，全市国土系统组织业务部门和各级政府开展汛前、汛中、汛后三阶段以“社”为单位的拉网式巡排查、核查，及时掌握地质灾害隐患最新动态。组织编制年度地质灾害防治预案，落实地灾防治工作责任制，采取专业监测和地质灾害隐患调查评价，加强地质灾害治理，在重灾区组织开展以县为单位的地灾模拟应急演练211次，全市排查出地质灾害隐患点2134处，完成重大地质灾害治理2处。

市国土局结合“三下乡”活动，开展地灾宣传培训132场次，培训基层监测员、村组干部、隐患点受威胁群众21617人次；开展覆盖市县乡村的“四级”地灾防治知识宣传活动，发放宣传资料7324份、宣传画2419份、光碟160张、防灾明白卡3万余张、临灾避险卡3万余张。

【地质灾害防治处理机制建立】 2016年，市国土部门组织编制年度地质灾害防治预案。采取分片负责的方式督促指导各县市区地灾防治工作，将地灾防治工作责任落实到各级政府领导及相关部门，并纳入2016年度地质灾害防治预案，向社会公布。贯彻实施“雨前排查、雨中巡查、雨后核查”的汛期工作制度，采取“群专”结合的方式，组织涉事职能部门和各级政府开展汛前、汛中、汛后三阶段以“社”为单位的拉网式巡排查、核查，及时掌握地质灾害隐患最新动态。全市共排查出地质灾害隐患点2134处，其中新增63处，落实专职监测人员2051人。组织专业地勘单位开展地质灾害隐患调查评价工作，采取专业监测和落实监测员的方式，加强汛期地质灾害隐患监测，做好防范工作。组织极重灾区开展以县为单位的大规模演练，并将安州、江油、平武、北川等地灾高发易发区演练延伸到乡镇和村组，全市组织应急演练211次，参加演练人数达18537人次。全年实施避让搬迁973户（3405人），实施主动避险4起（其中成功避险1起），确保3000余人生命财产安全，再次实现“零伤亡”。

【地质灾害治理】 2016年，全市争取地质灾害防治资金13126万元，完成安州区高川乡黄洞子沟泥石流等省级民生项目工程重大地质灾害治理2处、应急排危20处、地灾避险搬迁923户。各地搬迁充分结合精准扶贫、易地扶贫、产业脱贫、土地双挂钩等政策，整合资金，采取集中与分散相结合的安置方式，确保受地灾威胁的老百姓搬得出、留得住、能致富，改善居住生活环境，减少因灾致贫的发生。基本完成地质灾害远程监测与预警指挥决策系统建设，协助完成主城区地下水动态监测省级项目。 （蒋建波）

气候灾害处置

【概况】 2016年，全市气象部门对气象预报预警信息接收人信息进行收集更新，气象防灾减灾短信预警发布平台覆盖市、县、乡镇、村社四级防灾减灾责任人6000余人；与广电、通讯等部门建立的预警信息发布传播“绿色通道”继续保持畅通；在北川县陈家坝乡“9·5”李家湾堰塞湖处置、重污染天气预警、森林火险警报和防汛抗旱等方面与应急、水务、国土、环保、林业等部门积极开展应急联动，把气候灾害造成损失降到最低。

2016年，市气象部门启动3次重大气象灾害应急响应和1次重大活动气象保障服务应急响应。分别在6月22~23日、7月22~24日启动暴雨Ⅳ级应急响应，在7月5~10日启动暴雨Ⅲ级应急响应，在北川羌族自治县陈家坝堰塞湖应急处置期间启动重大活动气象保障Ⅳ级应急响应，应急响应天数15天。

【预报预警信息发布】 2016年，全市发布重要天气预报11期；灾害性天气预警22次，预警信号110次（冰雹3次、大雾24次、雷电16次、霾5次、霜冻1次、暴雨25次、高温20次、大风16次）；短临预报49次；发送决策气象短信421次、38.6万人次，公众气象短信22次、440万人次，新浪微博1432条，腾讯微博1432条；报送高中考专题气象10期，节假日专题气象14期；报送《绵阳气象工作要情专报》32期，其他类决策服务材料200余期；发布地质灾害气象风险预警14期、中小河流洪水预警5期。

（王艺霖）

洪涝灾害处置

【概况】 2016年，全市降雨总体强度不大。5~9月，梓潼较常年同期偏多15%，其余地区偏少8%~38%；与去年同期相比，平武、江油、梓潼、北川偏多10%~38%，安州与去年同期相当，绵阳、三台、盐亭偏少27%~32%。汛期6次区域性暴雨天气降雨过程，覆盖全市9个县市区，降雨量超50毫米气象监测站点达230个，其中超过300毫米3站，平武县南坝镇1小时降雨113毫米。汛期强降雨造成全市9个县市区20.71万人受灾，紧急转移305人，无因灾死亡、失踪人员。全市直接经济总损失1.7806亿元，其中农业直接经济损失3062万元、工业交通业直接经济损失3044万元、水利工程水毁直接经济损失8754万亿元。

【防汛应急演练】 2016年，全市有针对性地开展防汛应急演练40余次，参加人员1万余人次。其中，7月20日，市防汛办与水务、应急、卫生、宣传等部门在涪城区丰谷镇赵家脊举行包括市县两级紧急会商、及时预警、组织转移和抢险救灾等内容的应急演练，以有效提高防汛抢险工作的指挥、组织、协调能力。

【应急队伍建设和物资储备】 2016年，全市各地加强以基层应急抢险队伍建设为主的防汛抗旱队伍建设。据汛前统计，全市有防汛抢险队伍1673支36155人；并加强同当地驻军的联系，做好军民联防，发挥部队抗洪抢险主力军作用。各地各有关部门加大投入，筹集防汛物资，增加储备总量，丰富物资种类，按照“分级管理、分级负担”的原则进行靠前配置。全市落实价值1617万元的防汛物资，其中铅丝189吨、编织袋麻袋111万条、各类抢险救援船只26艘。

【防汛预警机制建设】 2016年，根据汛前市气象、绵阳水文等部门对5月至9月全市总降水量大部分地区正常略偏多，涪江干流及支流洪水趋势以中高水为主，个别支流可能发生中水或高水的预判，在汛期每次强降雨前，市水务、气象、防办和绵阳水文等部门及时进行防汛工作会商，对可能出现的雨、水情势进行预判预报，并提前发布预警，为基层和重点部位采取措施留足时间。汛期发布灾害性天气预警16次、预警信号75次，发送决策气象短信404条，发布公众气象短信400万人次。全市汛期多次强降雨过程中，无一人因灾死亡失踪。

【防汛应急责任制建设】 2016年，市防汛部门先后印发文件并通过媒体向社会公布绵阳市2016年山洪灾害危险区防汛安全责任人和2016年防汛抗旱责任人信息，逐一明确重点江河、水库水电站、水利工程、堰塞湖、集中安置区、城市等重点区域、部位相关责任人和山洪灾害危险区（受威胁人口在2000人以下）的行政、监测巡查、预警转移责任人，主动接受社会监督，确保防汛工作职责和任务落实。

【“9·5”陈家坝乡李家湾堰塞湖排险】 2016年9月5日，绵阳北川、平武等地普降暴雨，凌晨2时许，北川羌族自治县陈家坝乡太洪村和金鼓村交界处李家湾因“5·12”地震形成的松散体发生滑坡，形成长约230米、宽约80米、高约40米、总方量约50万立方米的堰塞体，阻断都坝河；至9月7日23时泄流前，堰塞湖水深约16.7米、库容约62万立方米，严重威胁上下游群众生命安全。绵阳市委、市政府及时启动应急预案，派水利、国土等应急分队和武警交通三支队官兵赶赴现场进行排险。县乡村各级干部和公安干警根据专家划定的危险区域，进村入户宣传动员，采取登记造册、人头清查等方式，加强全面巡查和河道清理，确保群众有序转移、不遗漏一人，疏散转移并妥善安置群众228户、854人。省市国土部门出动无人机拍摄现场图像，并设立17个地质监测点，采取在滑坡体顶端安装监测桩和地灾监测员实地监测等方式，实行昼夜不间断监测（抢险期间共监测到滑坡200多次）。水务、水文部门对上下游水位、水量和堰塞体情况进行监测分析，重点计算溃坝流量、泄流淹进及高程等指标。在省气象局支持下，市县气象部门安装2套移动气象监测设备和8套区域自动监测站，24小时监测雨情。各部门实行1小时报告制度，紧急情况实时报告。国家防总、长江水利委员会防办及省国土、水利专家赶赴现场进行指导，提供技术支持。按照专家组现场查勘会商制定的泄流槽开挖方案，武警交通第三支队166名官兵、29台（套）主战装备、69台（套）保障装备和地方组织的18台（套）大型工程机械，实行三班倒不间断昼夜施工。成功开挖出长265米（底宽3米，平均深度18米）的泄流槽，开挖转运土石方量约12万立方米。9月7日23时58分，经各级各部门通力协作，堰塞湖险情成功排除。 （王二来）

农业灾害处置

【概况】 2016年，全市发生的农作物重大病虫害主要有小条条锈病、赤霉病、水稻稻瘟病、稻曲病、油菜菌核病、马铃薯晚疫病、小麦蚜虫、水稻螟虫、玉米螟等。农作物重大病虫害发生和防治面积分别为57.73万公顷和141.42万公顷，粮食实际损失2.59万吨，病虫危害总损失率0.9%，为农民挽回损失24.05万吨。全市建立40个病虫测报点，保障监测预警的准确性和时效性。全市主要农作物绿色防控覆盖率达27.8%，统防统治覆盖率达44.5%。通过绿色防控和专业化统防统治，实行精准施药，推广物理、生物防控技术，采用高效、低毒、低残留农药配方，杜绝高毒农药使用，减少农药用量，确保农产品质量安全和农业生态安全。全国检疫性有害生物稻水象甲、毒麦、柑橘溃疡病，经全力阻截防控，没有造成扩散，稻水象甲连续4

年仍控制在盐亭发生，面积2363.18公顷；毒麦只发生在安县1个乡镇1个村的1.93公顷。年初的低温冻灾，农业直接经济损失6073.63万元。

【低温冻灾】 2016年1月21~25日，全市大部地区出现近40年最强寒潮天气过程，并伴有6级以上大风，以及4天连续霜冻天气，全市平均气温累计下降5~8℃，大部地区日平均气温降至历史少有的-1~-2℃，北川、安州区和梓潼极端最低气温打破历史极值，达到-6~-7℃，低温寒潮为40年不遇，小麦、蔬菜、水果等小春作物遭受严重冻害，枇杷受冻害影响基本对无收。据统计，全市农作物受灾面积3833.33公顷、成灾面积980公顷、绝收面积346.67公顷，农业直接经济损失6073.63万元。

【涪城区春蚕中毒事件处置】 2016年春季，涪城区发生春蚕中毒事件。绵阳市农业局启动应急预案，召开两次局长办公会，专题研究涪城区春蚕中毒事件处置工作，向市委、市政府、省农业厅进行汇报；绵阳市蚕业管理站技术人员赶赴到农村各养蚕户家中，配合专家组做好调查，开展蚕病针对性检验，指导桑叶残毒试验，参与受灾减损生产技术方案制定等业务工作，为人民群众把损失降到最低。妥善处置涪城区春蚕中毒事件，其经验和做法在全省蚕种质量安全培训会上进行交流。

【全国小麦锈病和白粉病研究协作组会议】 2016年1月15~16日，“全国小麦锈病和白粉病研究协作组会议”在绵阳召开。会议由中国农业科学院植物保护研究所主办，西南科技大学、四川省农业厅、四川省农业科学院和绵阳市农业局承办，来自全国30多家从事小麦锈病和白粉病研究的科研教学单位、技术推广部门的120多位专家、学者参加会议，围绕“农药减量增效与小麦病害防治”主题，探讨交流小麦病害防治技术。

交通突发事件处置

【概况】 2016年，全市发生一般以上的交通事故636起，死亡144人，受伤760人，直接经损319.057万元，同比事故次数下降10.55%，死亡人数下降29.76%；发生一次死亡3人以上较大事故4起，死亡13人，受伤5人，直接经济损失12.55万元，没有发生特大恶性道路交通事故；全市公安交通管理部门全力做好交通突发事件处置工作，在路面巡逻盘查车辆25533辆，采集车辆照片24783辆，巡查盘查现场暂扣机动车39辆、非机动车8辆，向其他部门和警种移交机动车689辆。5月6日，在江油市启动汛期河西便道应急交通管制措施；5月27日，在安州区千佛镇举行“2016年度绵阳市山洪、泥石流地质灾害应急避险演练”；11月22日，在平武县南坝镇举行2016年度全国公路交通军地联合应急演练；10月14日，在市公安局交警支队建成应急仓库，为公安交警部门新配备应急处突装备；10月21日，市公安局交警支队直属一大队成功处置火车客站广场突发刺伤人员事件。

图98 公安交警开展交通突发事件处置

【大型活动交通应急管理】 2016年，全市完成除夕夜民俗活动、元宵节焰火展示活动、嫘祖文化旅游、睢水踩桥、海峡两岸文昌文化交流、全国乡村学校少年宫项目推进会议、中国（绵阳）科技城国际博览会、中国（四川）电子商务发展峰会等17次大型会议、活动交通安保任务，抽调警力总数10860人次，完成警卫开道21次、交通引道328次。公安交警部门加强社会治安风险点及警情研判评估，建立完善反恐防暴作战

图99 大型活动交通管制

单元和重要公共场所安保机制，运用智能交通系统，优化交通组织、完善交通设施，全市未发生恶性交通事故，重要国道、省道、旅游景区道路未发生严重交通拥堵，未发生涉及道路交通的群体性事件，确保大型活动期间的平安畅通。

（王　康）

交通运输应急事件处置

【概况】　2016年，市交通运输局完善应急预案体系，组织开展国省干线公路汛期突发事件应急演练、道路运输防汛抢险演练和水上交通应急演练等各类综合、专项应急演练近20次。全市全系统组建公路和水路应急抢险、道路运输应急保障、施工安全应急救援等20余支专（兼）职的应急队伍，落实人员400余人、客货车辆300余辆、船舶10余艘、机械设备100余台。

【全国公路交通军地联合应急演练】2016年11月22日，交通运输部、四川省人民政府、武警交通指挥部联合主办，交通运输厅、绵阳市政府、武警交通一总队承办的2016年度全国公路交通军地联合应急演练在绵阳市平武县南坝镇举行。交通运输部副部长戴东昌、武警部队副参谋长赵建军、省人民政府副省长杨洪波观摩演练并讲话。武警交通指挥部司令员傅凌宣布演练开始。省人民政府副秘书长黄小平主持演练。省交通运输厅党组副书记、副厅长周道平汇报演练基本情况。武警交通指挥部参谋长高强，交通运输部总工程师周伟、安全总监成平，厅领导张琪、寇小兵，国务院应急办、民政部、国家安全生产应急救援指挥中心有关司局负责人，部有关司局、有关省（区、市）交通运输厅（委）、四川省各地交通运输部门负责人观摩演练。演练以地震灾害应急处置为主题，分为3个阶段9个科目，采取现场短片演示和实兵实战演练相结合的方式进行。演练现场设置科目多、内容涵盖全，涉及人员参与面广、各单位配合密切，使用设备种类多、科技含量高，展现四川交通运输系统与武警交通部队面对大灾大难，军地协调配合、应急联动，开展公路应急抢险救援，保障公路安全畅通的应急处置能力。厅公路局等有关厅直单位、绵阳市交通运输部门、武警交通一总队、交投集团、路桥集团、华川集团等单位500余人、200余台套设备参加演练。

（张　霜）

社会治安突发事件处置

【概况】　2016年，全市公安机关成功处置“1·16”吸毒男子持刀袭击巡特警岗亭、“1·27”嫌疑人持刀抢劫中国建设银行、“4·12”东方红大桥持刀抢劫伤人拒捕等多起治安突发暴力案事件，妥善处置市交通局大厅内出现疑似军用手雷、沈家坝某小区出现疑似军用炮弹等6起涉爆警情，排除涉爆装置8件个。

【“1·16”吸毒男子持刀袭击巡特警岗亭案处置】　2016年1月16日凌晨6时9分许，嫌疑人杨某（男，25岁，德阳市中江县人，家住游仙区香榭里小区，有吸毒、抢劫、纵火等犯罪前科）在家中吸食毒品后，挥舞着1米左右的棍刀，冲进市公安局巡特警支队六大队治安岗亭，阻碍公安人员工作并危害到公安人员生命安全。公安民警迅即启动突发事件应急处置预案，安排一名民警与之对话，一名民警持枪戒备，其他民警使用盾牌、防暴棍、防暴叉与之对峙，公安民警在诱其打电话分散注意力的瞬间，顺势夺下棍刀，将杨某制服。

【“1·27”嫌疑人持刀抢劫中国建设银行案处置】　2016年1月27日上午11时15分，嫌疑人袁某某（男，31岁，绵阳市涪城区人）疑似吸食毒品，手持一把长约30厘米的尖刀冲入中国建设银行绵阳市分行兴力达广场分理处，情绪激动，不断用尖刀敲打银行柜台并喊道·“我要抢银行，拿钱!”银行保安与之对峙并报警。1分钟后，市公安局巡特警支队二大队反暴恐快反小组民警率先赶到现场并展开先期处置，随后特警大队长黄斌带领特警队员赶到现场。谈判中，黄斌大队长趁袁某某注意力分散的有利时机，果断下达抓捕指令，全体参战民警迅速用盾牌合力将袁某某撞击至银行柜台角落，夺下尖刀，将其制服。

【“4·12”东方红大桥持刀抢劫伤人拒捕案处置】　2016年4月12日22时53分，嫌疑人李某某（男，41岁，家住山东省滨州市）手持一把30余厘米长的剔骨刀，先后在越王楼路段、东方红大桥上分别对“野的”司机贾某某和骑电动车的卢某某实施抢劫，导致贾某某被嫌疑人连砍5刀，卢某某左手被刺伤。市公安局

图100　全国公路交通军地联合应急演练在平武举行

巡特警支队七大队两名民警赓即赶到现场勒令其放下尖刀，接受盘查。李某某不听民警指令，持刀对峙，并挥刀向民警步步逼近，数秒钟后，李某某突然挥刀向民警冲去，民警立即拔枪朝天鸣枪示警，但李某某反而更加疯狂地挥刀刺向民警。危急关头，公安民警向李某某腿部开枪，将其击伤并擒获，尔后立即协助120救护人员将李某某送市第三人民医院救治。

【“7·12”劫持人质案处置】 2016年7月12日零时15分，嫌疑人杨某（男，29岁，四川省射洪县人）在高新区“杰豹”网吧，因琐事持水果刀将蒋某刺伤，并将网吧老板罗某劫持。市公安局巡特警支队九大队处警民警经过长达1小时的劝解和谈判，终于让杨某放下水果刀，民警将杨某控制，安全救出人质。

【“9·7”自制爆炸装置案处置】 2016年9月7日凌晨4时10分，嫌疑人卿某因吸食毒品过量，产生“有人要谋害自己”的幻觉，遂携带数根用大型礼炮火药加入玻璃碴等物制成的自卫武器在城区流窜，并将部分爆炸筒遗弃在涪城区花园六队大门内。市公安局巡特警支队五大队巡逻民警发现后，立即上报警情并展开先期处置，特警大队排爆中队奉命立即赶到现场，立即对爆炸物品进行拆卸分离，及时解除涉爆警情，嫌疑人卿某被巡特警支队四大队控制并移送涪城公安分局处置。

（李　波）

工业企业安全突发事件处置

【概况】 2016年，全市工业企业共发生事故59起，死亡44人，受伤29人，均为一般事故。事故管理分类分属机械、建材、建筑、金属与非金属、贸易、轻工等六种行业，其中建筑、机械、建材行业事故最多，事故起数、死亡人数、受伤人数，分别占工矿商贸事故的86.4%、88.6%、81.8%。事故类型分属高处坠落、物体打击、坍塌、机械伤害、车辆伤害、起重伤害、火灾、中毒和窒息、淹溺等七种类型，其中高处坠落、起重伤害事、触电、物体打击等4类事故类型最多，事故起数、死亡人数、受伤人数分别占工亡事故的67.4%、69.8%、67.2%。

2016年，市安监部门组织编制危险化学品、非煤矿山、烟花爆竹、交通运输、建筑施工、工贸生产经营企业应急救援综合预案和专项预案。安监系统组织开展危化品泄露、非煤矿山施工作业、烟花爆竹库区管理等应急演练19次，交通、住建、消防、防汛、旅游等部门牵头开展各类应急演练200余次。

【工业企业突发事故责任追究】 2016年，全市工业企业事故发生的原因多为生产作业场所安全防护设施欠缺，设备质量缺陷，安全防护措施不到位，作业场所环境不良，违章操作，违反劳动纪律，安全常识缺乏或因处理不当等原因。农民工或外来务工人员占事故受害者的61.4%。安监、卫生等部门对企业生产事故组织力量投入救援工作、并对善后赔偿、安抚等事宜进行妥善处理。安监部门按照“四不放过”的原则，查明事故发生的直接和间接原因，对事故责任人进行严肃追责处理；对事故发生单位隐患进行排查，制订切实可行的整改措施；对事故责任人和周围群众进行教育，增强安全意识。按照相关法律规定，全市安监部门对发生事故的59家单位依法进行行政处罚，处罚金476.31万元。

【“8·4”危险化学品运输事故处置】 2016年8月4日16时左右，河南濮阳市某运输公司一辆满载23吨丙烷（够成重大危险源）的液化石油气挂车，在京昆高速绵阳境内段被重车追尾，车辆无法正常行驶，须将装载的23吨危化品重大危险源进行倒罐转移。市安监局接到高速交警通报后，迅速启动应急处置预案。经市危化品专家现场查看并审查同意后，高新区安办协调属地交警加强作业场所交通管制、公安消防作好现场防泄露应急措施，在确保安全条件下，实施倒罐转移作业，就近将装载重大危险源车辆拖离至高新区境内相对安全宽敞路面，并组织相关部门及危险化学品专家赴现场进行先期监管处置。8月8日16时，在相关部门和危险化学品专家协助下将23吨丙烷安全倒罐转移，消除重大危险源安全隐患。 （李佳溪）

概 述

【概况】 2016年，城市建成区面积达到139.1平方千米，常住人口132.8万。城市总体规划修编论证启动实施。地下综合管廊和海绵城市规划编制完成。城建攻坚行动推进有力，115个市政重点工程完成投资43.12亿元。二环路三期、涪江二桥和三汇高架桥维修加固等项目竣工投用。一环路北段东延线、剑南路综合改造二期、剑门雨水泵站等项目加快推进。三江湖码头、小枧生态湿地公园建成开放。城市绿地率达到36.2%。城区空气达标率76.2%，空气质量优良天数279天。国家生态文明先行示范区加快建设。成功申建省级海绵城市建设试点城市。常住人口城镇化率提高1.5个百分点，达到49.5%。乡镇场镇生活垃圾收运基本实现全覆盖，58个乡镇建成生活污水处理设施。新建成961个幸福美丽新村。平武县虎牙乡上游村等10个村列入第四批中国传统村落名录。大规模绿化绵州十大工程启动实施，生态环境持续改善，森林覆盖率提高1.22个百分点，达到53.62%。

【"美丽绵阳"亮化工程核心景区灯光秀启动】 2016年2月3日19时，"美丽绵阳"亮化工程核心景区灯光秀正式启动。本次核心区夜景灯光秀媒体立面的范围为涪江二桥至桃花岛，五一大厦至龙汇花园一线的西岸，三汇绿岛至桃花岛一线的东岸。灯光秀采用GPRS远程电源开关控制系统，40多栋楼宇的80余个立面安装近18万个定制点光源。各观景点设置音响系统，安装音响170余个。灯光秀每周一至周五每天按照"科技之城、美妙之城、历史之城、文化之城、幸福之城"的顺序进行为时4分钟的整点（19时、20时、21时）表演，周末整点表演为16分钟，非整点时段动画内容为城市山水秀。

【"美丽绵阳"二期工程建设专题会召开】 2016年2月29日，绵阳市召开"美丽绵阳"二期工程建设专题会，总结"美丽绵阳"一期工程建设情况，对二期工程建设进行安排部署。2015年8月，绵阳市出台《建设美丽绵阳绿化、亮化、美化实施方案》，计划按照"一核两带三轴"的布局结构，对城市绿化、亮化、美化进行全面提升建设，着力打造彰显绵阳历史文化名城风采，具有科技城特色的城市新名片，用城市"美丽指数"提升群众"幸福指数"。"一核"为涪江核心景观区，范围为涪江二桥至三江闸坝的涪江两岸，包括富乐山公园、三江半岛、南山公园等重点区域，建设内容为堤岸、绿植、山体以及滨水、内岸建筑亮化。"两带"则为安昌河和芙蓉溪滨水景观带，建设内容为沿岸绿化、辖区内宜绿空地整治，以及为桥梁、楼宇亮化，旨在为市民打造白日看景、夜间观灯的城市生态景点。"三轴"即金家林收费站经涪江二桥至芙蓉汉城、磨家收费站经绵兴路至人民公园、火车站经绵阳机场至涪滨路大平台三条轴线，建设内容包括更换三条轴线的路灯，对道路绿化带及沿线节点实施绿化、亮化、美化。2015年先期启动一期项目17个，对涪江两岸的堤岸、绿植、山体以及滨水、内岸建筑进行亮化，分别由市住建局、交发集团、绵投集团、市水务局、游仙区政府组织建设，主要建设内容为更换绵兴路、科技大道、九洲大道路灯，新建科技大道及绵兴路节点景观照明，建设涪江核心夜景景观区、安昌河和芙蓉溪夜景景观带、九洲大道及沿线节点景观照明、火车站经机场至涪滨路大平台路灯更换、临园干道节点景观照明，一期项目于2016年1月底前全面完工。2016年启动二期项目30个，包括提升城市入口门户、主干道沿线及重要节点绿化美化，提升城市大型公园和广场的自然生态和服务功能，提升建设城市沿江沿河滨水湿地生态景观带，整治宜绿空地、基础绿化等四个方面，分别由市住建局、绵投集团、交发集团，以及各（园）区承建，其中，绵阳市住建局承建绵州大道、富乐山、人民公园、南山公园等一批景观和基础设施提升工程，绵投集团承建绵阳港三江湖码头提升改造工程、小枧生态公园、三江流域综合整治（一期）工程，绵阳交发集团承建绵阳南（磨家）收费站门户改造提升工程。

【“美丽绵阳”城市亮化工程获全国双奖】 2016年8月，在由中国照明学会主办的第11届中照照明奖评选中，绵阳市城市管理行政执法局获中国照明学会第11届中照照明奖城市照明建设奖一等奖，“美丽绵阳”城市亮化项目获中国照明学会第11届中照照明奖照明工程设计一等奖。绵阳成为中照照明奖设立以来，唯一同时获得建设奖和设计奖两个奖项一等奖的城市，是整个国内照明行业的最高荣誉。

【《绵阳市城市市容和环境卫生管理条例》颁布】 2016年9月29日，绵阳市第六届人民代表大会常务委员会第43次会议通过，11月30日四川省第十二届人民代表大会常务委员会第29次会议批准，自2017年3月1日起施行。《条例》有总则、市容和环境卫生责任制度、市容管理、环境卫生管理、执法保障和监督、附则6章70条。适用范围为本市行政区域内城市建成区以及建成区以外其他实行城市化管理的区域。《条例》对群众投诉较多的公共场所散发经营性广告、临街店面占道经营、闲置用地或者待建设用地容貌管理、临街经营场所环境卫生、建筑垃圾处置等问题进行明确规定，并在不违反上位法规定的情况下，设置行政罚款等方式。此《条例》是绵阳成为全省首批行使地方立法权后的首部地方法规。

【生活垃圾焚烧发电工程入选国家第三批政府与社会资本合作（PPP）示范项目】 2016年10月，经国家财政部等相关部门联合评选，绵阳市生活垃圾焚烧发电工程入选国家第三批政府与社会资本合作（PPP）示范项目，属绵阳市2016年唯一入选项目。绵阳市生活垃圾焚烧发电厂位于涪城区玉皇镇坚堡梁村八社，一期工程概算投资5.27亿元，日焚烧处理生活垃圾1000吨，由绵阳市城市管理行政执法局按PPP模式组织实施。项目公司股本按本项目总投资的40%设置，其中：绵阳市水务（集团）有限公司代表绵阳市政府以本项目所需土地等实物资产出资，出资额为项目公司股本的35%，中科实业集团（控股）有限公司作为社会资本合作方以现金出资，出资额为项目公司股本的65%。截至2016年10月14日，土建工程封顶、汽轮发电机组安装就位、焚烧系统完成80%工程量，累计完成投资4亿元，完成总投资的75%。 （黄　龙）

城乡规划管理

【概况】 2016年，全市城乡规管理围绕全市重点工作，坚持用科学规划引领城乡发展。全年完成县市总规报批3个，县市总规编制2个，风景名胜区规划编制3个，乡镇总规编制成果30余个，第三批省级试点镇规划编制5个，推动完成10个国家传统村落申报工作。中心城区推进科技城集中发展区核心区城市设计等17项重点工作和6项亮点工作，依法按程序开展规划编制14个，地块规划调整13个，推进8个危旧房棚户区改造，为市区两级107个重大工业项目、36个重点市政基础设施项目提供规划服务，组织450余人参加城乡规划类学习培训。

2016年，市城乡规划局完成市城乡规划委员会专家、公众代表和列席单位增补工作，修订完善规划项目决策程序；年内组织召开规划委员会专家评审会20批次，评审方案51个；承办市规委会5次，审议绵阳市城市公共服务设施专项规划、朝阳厂片区国有工矿棚户区改造项目修建性详细规划等44项议题，规划决策更加科学透明

全年，全市规划系统获省市各级表彰的先进集体（单位）22项、个人17人次，市规划局被省委、省

图 101　涪江夜景

政府评为“四川省4·20芦山强烈地震灾后恢复重建先进集体”。

【绵阳市城市总体规划修编】 2016年，绵阳市城市总体规划修编的评估论证工作启动，以高起点、高质量编制新一轮城市总体规划。通过政府采购，确定由中国城市规划设计研究院承接绵阳市新版总规的修编工作。截至年底，完成合同签订并启动前期资料收集整理工作。

【科技城集中发展区规划】 2016年，市城乡规划局推进科技城集中发展区核心区城市设计和科技城集中发展区核心区控制性详细规划的编制工作。核心区城市设计通过专家评审和市政府组织的专家咨询，按专家及市级相关部门意见修改完善；核心区控规前期完成专家评审和市规委会审议，优化完善科技城集中发展区路网布局，明确集中发展区内道路规划选址、拆迁居民安置用地范围等，为集中发展区重大基础设施建设提供规划保障。

【专项规划编制】 2016年，市城乡规划局编制完成《绵阳市城市基础设施专项规划》《绵阳市城市公共服务设施专项规划》《小学、幼儿园、菜市场、体育设施公共服务设施专项规划近期建设计划》，并经市政府批准实施；编制完成《绵阳市城市地下综合管廊专项规划》《绵阳市海绵城市专项规划》，经上报市政府审批后实施。

【局部控制性详细规划修编】 2016年，市城乡规划局启动游仙区游仙镇中心片区控制性详细规划修编、经开区部分地区控制性详细规划修编。完成游仙镇中心片区控规修编；经开区控规修编已通过招投标程序确定中标单位启动规划修编。

【风景园林规划】 2016年，市城乡规划局开展《富乐山风景名胜区控制性详细规划》编制工作，为富乐山风景名胜区建设提供规划依据；配合推进元通公园、小枧生态湿地公园建设；组织完成富乐山公园、西山公园景观提升改造、三江六岸景观提升改造、三江闸坝桥头公园等一批项目的专家论证方案，增强生态保护建设规划的科学性和指导性。

【历史文化遗存保护】 2016年，市城乡规划局编制完成《跃进路历史文化街区整体策划、建筑改造及景观提升方案》，并经市政府批准实施；完成国家传统村落申报工作，推动全市10个村落成功申报为国家传统村落，争取到3000万元国家财政扶持建设资金。

【规划并联审批】 2016年，市城乡规划局通过实施并联审批、设置“绿色通道”等方式提高工作效率，全市办理“一书三证”265件次；审批房地产项目14个，建筑面积105.93万平方米；为市区两级107个工业项目、36个市政基础设施项目提供规划服务；批后跟踪管理项目111个，承办涉法涉诉和来人来访700人次。加快推进京东方、新能源汽车等107个工业项目落地实施，完成综合保税区选址，推动完成棚户区改造、核医学中心选址等一大批重大民生项目和公益项目；服务幸福美丽绵阳建设，牵头完成城区周边高速收费站、三江湖码头等城市重要节点和区域的景观提升方案。推动完成机场直通道和二环路重要节点景观打造，以及“美丽绵阳”城市亮化、三江流域综合整治、代家湾绿地等项目的规划设计；服务市“三大攻坚”行动，推进一环路北段东延线、一环路南段东延线、创业大道南延线等市政重大建设项目的研究论证；配合交通部门做好绵（阳）九（寨沟）高速、绵（阳）遂（宁）内（江）高铁、国道108线、省道205线绵阳绕城段改线、省道416线绵中路改造提升等工程的项目设计和方案论证，为全市交通攻坚加速推进提供坚实的规划保障。

【房地产规划管理】 2016年，市城乡规划局制定出台《绵阳市房地产去库存规划管理工作实施办法》，按照区域性、系统性、合理性原则，全面梳理中心城区涉及商住比例调整的土地，并依法定程序启动涉及地块所在片区的控规调整工作。

2016年，为全面掌握房地产开发项目容积率调整的情况，加强对容积率调整的管理，提高城市规划实施的科学化管理水平，防止房地产项目超容建设，促进全市房地产开发项目的规范化管理。按照《绵阳市房地产开发项目容积率调整通报核查制度》，市城乡规划局2016年度房地产开发项目容积率调整核查工作，并调查情况上报市纪委和市监察局。

【规划技术规范体系建设】 2016年，市城乡规划局修订完成《绵阳市城市规划管理技术规定（2016版）》，研究制定《绵阳市城市规划编制管理办法》《绵阳市城市控制性详细规划编制技术规定》《专家技术评审管理办法》；制定《绵阳市辖区乡村规划编制管理办法》《绵阳市市辖区乡村建设规划许可管理办法（试行）》，使行业管理更加规范，乡村建设规划管理有据可依。

【市城乡规划局安州分局成立】 2016年10月20日，市委编委同意设立市城乡规划局安州规划分局，为市城乡规划局管理的公益一类事业单位，核定事业编制7名，其中：局长1名（正科级）、副局长1名（副科级），主要职责为：市城乡规划局承担绵阳市安州区规划行政管理职责提供事务性、技术性工作；承办市城乡规划局交办的其他工作；协助辖区政府做好城乡规划方面的有关工作。12月19日，市城乡规划局安州规划分局挂牌成立。

【县市区规划】 2016年，盐亭、三台、江油、梓潼总规经省政府批复；完成平武、北川、梓潼县域乡村建设总体规划；完成科技城6个乡镇总规修编和魏城镇、丰谷镇总规编制与报批工作；组织编制《绵阳市农村居民建房通用设计图集》《绵阳市农村居民建房技术导则》，为建造经济、适用、安全、美观的农村居住建筑提供技术指导，为规范农房规划设计、施工建设等提供技术管理依据；开展市级城乡规划督察员试点工作，实施以业务抽件、乡镇规划编制、档案管理为主要内容的专项督察，完成县市区规划专题督察；继续推行乡村规划师试点工作，调整乡村规划师派驻工作，理顺职能职责，实现市辖区乡村规划师派驻工作全覆盖。

【地理基础测绘】 2016年，市城乡规划局推进县市测绘地理信息行政管理体制建设，江油和三台挂牌成立测绘地理信息局；加大2000坐标的推广应用，三台县、盐亭县、梓潼县全面使用2000国家大地坐标系，江油市采用与市本级统一的测绘基准，为同城化建设奠定基础。全市编制完成“十三五”基础测绘发展规划，完成2015年度测绘成果目录汇交、基础测绘成果清理工作；实施约11平方千米基础测绘数据采集，更新富乐山和庙儿梁片区总面积约19平方千米1：1000地形图测绘；维护修复2000绵阳坐标系约90个控制点，维护更新“数字绵阳”地理信息系统数据库，更新面积约100平方千米，保障“数字绵阳”地理信息公共服务平台数据库的现实性、准确性和完整性；强化基础测绘信息的应用，向市住建局提供约1847.2千米雨污水管线数据和约400平方千米瓦片地图数据作为“城市排水信息平台”基础数据；向市公安局提供约400平方千米1：1000基本比例尺地形图和约1000平方千米高分辨率卫星影像图作为“警用地理信息系统”底图使用。

【绵阳市城乡规划协会专家委员会成立】 2016年4月22日，绵阳市城乡规划协会召开专家委员会（简称“专委会”）成立大会，随后召开专委会第一次工作会议。市委常委、副市长刘少敏，市城乡规划局局长赵飚、机关党委书记罗诚，市民政局副局长朱章元，市城乡规划协会会长、副会长、秘书长、副秘书长，专家库专家、会员等参加会议。专委会成立大会由市城乡规划协会副会长姚勇主持，专委会发起人陈桦向大会报告筹备工作情况，副会长余海宣读成立专委会通知，大会选

图 102　绵阳市城乡规划协会专家委员会成立大会留景

举产生7名专委会委员。绵阳市城市规划设计院副院长陈平受聘担任第一届专委会主任委员，四川同轩建筑设计有限公司董事长吴碧云和四川上一建筑设计有限公司总建筑师陈桦受聘担任第一届专委会副主任委员，绵阳市城市规划设计院院长王宝林、四川省派驻乐山市规划督察员何俊其、四川省城市规划编研中心副总规划师彭代明、四川东升工程设计责任有限公司设备总工蒋辉受聘为第一届专委会委员。专委会第一次工作会议由专委会主任陈平主持，委员、专家库专家对《专委会管理办法（草案）》进行讨论修改，并对专委会工作提出意见和建议。

【《绵阳市城市规划管理技术规定（2016版）》出台】 2016年2月23日，《绵阳市城市规划管理技术规定（2016版）》经市政府第86次常务会议审议通过；2016年5月6日，市政府印发实施。新版技术规定在《绵阳市城市规划管理技术规定》（2013版）基础上修订完成的，适用于绵阳市城市规划区的城乡规划编制、设计和建设管理活动，共183条，主要包括建设用地规划管理、建设工程规划管理、公共配套设施规划管理、绿化环境及景观控制规划管理、城市交通规划管理、市政公用设施规划管理等内容。新版技术规定对商业建筑密度、公共服务设施用地控制指标、架空层设计、建筑退绿线距离、围墙退规划道路距离、车位配置比例、非特定地段的建筑高度控制等规划指标进行科学、合理的调整；强化城市设计的引导作用，着力提升城市空间环境品质。

【《绵阳市房地产去库存规划管理工作实施办法》出台】 2016年7月6日，市城乡规划局印发《绵阳市房地产去库存规划管理工作实施办法》，该实施办法鼓励开发企业在不改变其他规划条件的前提下，申请调整商业建筑使用功能，用于医疗、养老、体育、旅游、教育文化等用途；根据城市空间布局的不同区域，允许尚未开工建设的项目申请适当调整项目商业与居住建筑面积比例。该实施办法坚持以房地产业供给侧结构性改革为核心，以满足新市民的住房需求为主要出发点，促消费、优结构、调供应，因地制宜、分类施策，以期加快化解房地产库存，促进房地产市场平稳健康发展。

【绵阳市富乐山风景名胜区详细规划通过省级专家评审】 2016年10月11日，住房城乡建设厅组织召开绵阳富乐山风景名胜区详细规划评审会。会议由西南交通大学、四川省城乡规划设计院、四川同济京奥规划公司、成都市风景园林设计院等相关单位的知名专家组成评审委员会。评审委员会听取设计单位对绵阳市富乐山风景名胜区详细规划的情况介绍，进行评审。认为该规划内容较为全面，规划结构与用地布局基本合理，基本符合风景名胜区规划编制的相关要求，一致同意该

规划原则通过，规划文本修改完善后报省住建厅审核批准。参加会议的还有绵阳市游仙区政府、富乐山风景区管理中心等相关单位的领导以及驻绵阳规划督察员。

【“幸福美丽绵阳规划”专题培训班】 2016年11月30~12月2日，市城乡规划局与市委组织部联合举办“幸福美丽绵阳规划”专题培训班。培训邀请同济大学、省城乡规划设计研究院、省村镇中心、西南科技大学等的专家教授，重点对特色城镇规划建设、全市农村居民建房设计通用图集、技术导则和相关政策解读、“多规合一”引导城市建设等方面进行解读，通过典型案例与绵阳实际结合的方式，力求通过培训，使大家熟悉规划，懂得规划，提高科学规划意识，认识科学规划对于提升城镇建设质态发展的重要作用，增强科学决策能力。各县市区（园区）分管规划的领导，各县市区（园区）住建局主要领导、分管领导、规划、村镇管理人员，市辖区乡镇、各级试（重）点镇书记或镇长，市国土、旅游、农委等部门的相关领导，市城乡规划局机关及下属规划分局正科级以上干部190余人参加本期培训。 （胥 英）

城市重大基础设施建设

【概况】 2016年，市住建局做好辖区内71座桥梁的经常性检查、常规定期检测及日常维修工作。对南山大桥、南河大桥、飞来石大桥、平政高架桥、西山立交桥和科委立交桥等主要桥梁伸缩缝进行全面维修，投资3213万元完成三汇桥的桥梁病害治理工程。对菩提寺大桥、石桥铺大桥、南山大桥、南河大桥等14座桥梁护栏进行除锈维护，并涂刷绵阳城市家具主体色高光灰涂料和油漆1.5万平方米。

2016年，市政府投资50万元完成绵阳市城市排水设施信息平台建设（设备及安装工程），更换检查井、雨水箅3700个（其中井盖1000个，雨水箅2700个），疏通城市排水管网约2.2万米；修补河堤堤面1万余平方米。

2016年，市政府投资50万元完成道路渠化及过街安全设施建设项目，维修人行道、广场地面约13万平方米；维修车行道35万平方米；路面沥青灌缝50万余米。

【小枧城市生态湿地公园建成】 2016年9月，小枧城市生态湿地公园建成，面向市民开放。此公园项目位于绵阳市小枧片区绵（阳）盐（亭）路以西、涪江以东的滨水绿地，南起涪江三江大坝，北至一号桥，用地面积约80公顷，由绵投集团负责实施面积约46.7公顷，其中绿化面积约22.8万平方米、房屋建筑面积约1.33万平方米、水域面积约17.05万平方米、园区道路及广场铺装约9.15万平方米、配套市政道路滨江路约2.800千米，总建设费用约4.3亿。项目于2013年9月开工，2016年9月竣工并向社会开放。该项目建设单位为四川嘉来建筑工程有限公司，施工单位为四川嘉来建筑工程有限公司，监理单位为成都交大工程建设监理有限公司，设计单位为深圳市北林苑景观及建筑规划设计院有限公司，地勘单位为四川正基岩土工程有限公司。

【韩家脊休闲步道工程】 2016年6月，韩家脊涪江休闲步道工程开工建设，9月竣工投入使用。该项目起于东方红大桥桥头，止于芙蓉溪与涪江三桥交汇处，全长2.5千米，为全实木休闲步行走廊通道，总投资4500万元（包括游船码头）。该项目建设单位为四川嘉来建筑工程有限公司，施工单位为四川嘉来建筑工程有限公司，监理单位为四川康立项目管理有限公司，勘察单位为绵阳恒博岩土工程勘察设计有限公司，设计单位为深圳市市政设计研究院有限公司。

【绵阳港三江湖码头建设】 2016年3月，绵阳三江湖码头建设项目开工，12月竣工。该项目位于绵阳市涪城区青年广场前，起于富乐大桥，止于南山大桥，长约1.6千米，占地面积96304平方米，由市政工程（房建、绿化、铺装、亮化工程）和水运工程（游客码头、中央休闲广场、海事码头、餐饮码头）组成，立项总投资25900万元。该项目建设单位

图 103 韩家脊休闲步道工程

图 104　绵阳港三江湖码头鸟瞰

为绵阳市投资控股（集团）有限公司，施工单位为中晖建工集团有限公司、监理单位为重庆联盛建设项目管理有限公司，设计单位为四川省交通运输厅交通勘察设计研究院和四川宏吉建筑设计有限公司，地勘单位为四川省交通运输厅交通勘察设计研究院。

【安昌河石桥铺闸坝工程】　2016年11月，安昌河石桥铺闸坝工程开工建设。该工程闸坝坝址选择在双碑大桥下游约300米处，下距普明排洪沟口100米；闸坝设计洪水标准为50年一遇。闸坝采用钢坝设计方案，挡水高度4.5米，闸孔宽度为35米，5孔，中墩厚8米，总溢流宽度175米，两岸边坡墩外边线之间的总宽度为217米，工程室长18.3米，上游设砼防渗铺盖，下游设消力池，消力池后设防冲海漫。项目立项总投资为15385万元。建设单位为绵阳市投资控股（集团）有限公司，施工单位为绵阳佳成建设有限公司，监理单位为四川元丰建设项目管理有限公司，设计、地勘单位为绵阳市水利规划设计研究院。　（李　斌）

勘察设计

【概况】　2016年，绵阳市城市建设以幸福美丽绵阳为目标，推进美丽绵阳二期工程，加快推进国家新型城镇化试点，编制印发城建攻坚五年计划、《推进农民工融入城市（镇）工作实施方案（2016~2018年》等6个专项工作方案，住房和城乡建设事业全年获各种奖励50余项，在全省21个市州住建工作年度绩效综合考核中排名第二。

2016年，全市本级已注册勘察、设计单位41家，其中甲级13家、乙级12家、丙级16家。完成资质初审12家，其中新办6家、增项1家、延期5家。完成初步设计审批项目57个，其中房屋建筑项目约26个、市政项目约31个。完成施工图备案项目133个，建筑总面积约217万平方米。9月22日，中国建筑科学研究院建筑工程检测中心与绵阳市勘察设计协会签署合作框架协议。11月9日，绵阳市勘察设计协会党总支成立暨第一届委员会选举大会召开。

绵阳市勘察设计单位名录

表 58

序号	单位名称	资质等级	单位地址
1	四川正基岩土工程有限公司	勘察专业甲级地基与基础二级	绵阳市剑南路西段 55 号
2	四川省绵阳川西北地质工程勘察院	工程勘察甲级水文勘察乙级测量乙级地灾治理施工甲级	绵阳市剑门路西段 88
3	绵阳恒博岩土工程勘察设计有限公司	工程勘察专业类岩土工程（勘察、设计）甲级	绵阳市剑门路西段 7 号
4	四川九〇九工程勘察设计院	工程勘察专业类岩土工程（勘察、设计、咨询、监理）甲级工程勘察专业类水文地质、工程测量乙级	四川省绵阳市园艺街 39 号
5	四川省三台县科兴岩土工程咨询有限责任公司	工程勘察专业类（岩土工程、水文地质）乙级	四川省三台县北泉路 54 号
6	信息产业电子第十一设计研究院科技工程股份有限公司绵阳分公司	工程设计综合资质甲级	临园路东段 72 号
7	四川海辰工程设计研究有限公司	建筑行业甲级园林景观乙级	四川省绵阳市涪城区花园南街 66 号
8	四川同轩建筑有限公司	建筑行业（建筑工程）甲级	绵阳市跃进北路 35 号壹北栋 3 号楼 2F/3F
9	四川绵阳创艺建筑设计研究有限公司	建筑行业（建筑工程）甲级	绵阳市临园路西段碧云居 B 栋 3 楼
10	中国工程物理研究院建筑设计院	建筑工程设计甲级、核工业设计乙级	四川省绵阳市 919 信箱 865 分箱

续表

序号	单位名称	资质等级	单位地址
11	四川东升工程设计有限责任公司	建筑行业（建筑工程）专业甲级市政行业（给排水工程、道路工程）专业乙级电力行业（变电工程、送电工程）专业乙级	绵阳市西山东路 77 号 4 楼
12	绵阳市川交公路规划勘察设计有限公司	工程设计公路行业（公路）甲级公路工程（岩土工程、工程测量、水文地质）勘察乙级	迎宾路 70 号
13	绵阳市华恒建筑勘测设计有限公司	建筑行业（建筑工程）乙级工程勘察专业类（岩土工程）乙级	绵阳市富乐路 19 号
14	绵阳市朝阳建筑设计有限公司	建筑行业（建筑工程）乙级	绵阳市涪城路 64 号（外贸大楼八楼）
15	四川原境建筑设计有限公司	建筑工程乙级	临园路中段 84 号三力大厦 6 楼
16	绵阳东艺建筑设计有限公司	建筑工程乙级	涪城路 68 号
17	四川上一设计有限公司绵阳分公司	建筑行业工程设计专业乙级	临园路东段 12 号兴达国际大厦 14 楼
18	绵阳市城市规划设计院	建筑行业乙级市政行业（给水工程、排水工程、道路工程）专业乙级公路行业（公路）专业丙级	绵阳市游仙区沈家坝下街 8 号
19	绵阳市水利规划设计研究院	水力发电专业乙级送电、变电工程专业丙级建筑工程丙级水利行业乙级工程勘察岩土工程、工程测量乙级	绵阳市涪城区剑南路西段 55 号
20	绵阳奥瑞特电力设计咨询有限公司	电力行业乙级	绵阳市科创园九洲大道 186 号
21	绵阳市涪江建筑设计咨询有限责任公司	建筑行业（建筑工程）丙级	绵阳市解放街 46#
22	绵阳西科大建筑设计有限公司	丙级	临园路东段 12 号兴达国际大厦 10 楼 A 座
23	绵阳市政工程勘测设计院	市政行业（道路工程、排水工程、城镇燃气工程）专业丙级	绵阳市涪城区长虹大道中段 49 号
24	三台县工程勘测设计咨询有限责任公司	建筑行业丙级	三台县耀森路 2 号
25	绵阳宏图建筑设计有限公司	建筑行业丙级	盐亭县云溪镇凤池街 19 号
26	绵阳博源建筑设计有限公司	建筑工程设计丙级	安州区花荄镇建设局三楼
27	绵阳市北川建筑设计所	建筑工程设计丙级	安昌镇建设巷
28	四川涪圣工程设计咨询有限公司	工程设计、水利行业丙级	涪城区临园路中段 84 号佳辉花园 A 幢 23-24 号
29	江油市九〇三建筑设计有限公司	建筑行业建筑工程丙级	江油市华丰新村 9 号
30	四川华成辉宇建筑设计有限公司设计院	甲级	高新区绵兴东路 167 号
31	重庆精佳工程设计咨询有限公司绵阳分公司	建筑行业（建筑工程）甲级	绵阳市滨河北路东段 9 号金菊大厦 1 单元 606
32	广东名都设计有限公司四川分公司	建筑行业（建筑工程）甲级	涪城区临园路中段 74 号电子大厦 5 楼
33	四川中颐建筑设计院有限责任公司绵阳分公司	建筑行业（建筑工程）甲级	荷花东街 10 号
34	绵阳市中宁建筑设计院	建筑设计丙级	荷花东街 10 号
35	四川省有线广播电视网络股份有限公司绵阳分公司	广播电视传输乙级	绵阳市涪城路 121 号

绵阳市装饰设计与施工图审查单位名录

表 59

序号	类别	单位名称	资质等级	单位地址
1	装饰设计单位	四川亨帝建筑装饰有限公司	建筑装饰工程设计专项甲级	绵阳市长虹大道南段 46 号
2		四川富强装饰工程有限公司	建筑装饰、建筑幕墙工程设计专项甲级	绵阳市涪城路 117 号红宝石大厦 18 楼
3		四川省合田建筑装饰工程有限公司	建筑装饰设计专项丙级	四川省绵阳市安昌路 17 号
4		四川省名世建筑装饰装修工程有限公司	装饰装修工程设计专项丙级	绵阳市长虹大道南段 9 号
5		四川佳富美建设有限公司建筑装饰工	程设计专项丙级	绵阳市安昌西路 2 号
6	施工图审查单位	四川晟源建设工程咨询有限公司	房屋建筑一类市政公用二类	绵阳市西山东路 77 号 3 楼
7		四川新村建筑咨询服务有限公司	房屋建筑施工图审查一类	绵阳市红宝石大厦 8 楼

【中国建筑科学研究院建筑工程检测中心与绵阳市勘察设计协会签署合作框架协议】 2016年9月22日，中国建筑科学研究院建筑工程检测中心与绵阳市勘察设计协会在世纪巴登酒店举行合作框架协议签约仪式。中国建筑科学研究院建筑工程检测中心副主任陈凡与市勘协理事长余海代表双方签署合作框架协议。根据协议，双方合作在西部地区推动绿色建筑成套技术、装配式建筑集成技术、新能源应用技术、防灾减灾技术以及智能化集成技术、综合管廊、海绵城市、智慧城市等新型建筑技术的推广和应用，市勘协及会员单位依托中国建筑科学研究院在国内建筑行业领先的研究、开发、实验和检测技术以及众多高端科研技术人才，发挥协会会员企业在规划、勘察、设计、施工领域的各自优势和多年协同作战的良好合作经验，共同在绵阳开展新型建筑技术的研究、开发、推广、示范和应用，填补国内该领域空白。

【勘察设计企业网上招投标注册办事指南】 登陆绵阳市公共资源交易信息网（http://ggzy.my.gov.cn）点击“会员注册”后选择“其他投标企业注册”。注册会员并上传资料（未上传资料或资料上传不完整、不清晰的不予受理）。

新会员选择“新用户注册”端口注册并上传以下资料：基本资料，除上传指定的营业执照（副本）、资质等级证书（正本和副本），另需上传组织机构代码证（副本）、税务登记证（副本）、银行基本账户开户许可证、公司近三个月社保发票、四川省入川从事勘察设计活动验证登记证（省外企业），并按要求完善法定代表人电话、法定代表人身份证号、企业网上银行、基本账号等必填信息。资质，按要求填写资质编号、资质名称等级及对应承接工程范围等相关详细信息（信息必须和资质证书上的名称完全一致）。已注册用户选择“已提交资料，待审核用户”端口，正确输入企业名称登陆后，如涉及企业基本信息、人员信息等发生变更，上传更新资料。人员，勘察设计企业需上传单位技术负责人信息（身份证、近三个月社会保险证明，劳动合同及法人授权委托书）。

现场核实涉及工程质量和安全关键岗位人员信息后领取密钥或密钥延期网上填写及上传相关信息后，由单位技术负责人携带身份证、近三个月社会保险证明、劳动合同及法人授权委托书亲自提交至市住建局勘察设计科（706）核实并现场签署《勘察设计企业承诺书》。以上所有资料请准备两份提交市住建局勘察设计科。具体咨询电话：0816-2224250。办理时间：上午9~12时，下午13~17时（法定节假日除外）。

建筑业管理

【概况】 2016年，全市建筑业总产值达到427.05亿元，完成目标任务的108.11%，与2015年同期相比增长47亿元，增长率12.4%，市外施工完成产值56.5亿。全市散装水泥推广使用量约为705万吨，散装率达75.5%。全市在建工程质量监督覆盖面达100%，受监工程竣工验收合格率100%。“绵阳凯德广场涪城二期工程”获“国家优质工程奖”，全年创省结构优质工程8个，省级安全文明施工标化工地8个，市级安全文明施工标化工地24个，创“绵州杯”市优质工程奖6个。

【规范建筑市场秩序】 2016年，全市落实施工现场主要管理人员履职“两到位”制度，定期通报未到岗、履职不到位的主要管理人员，对连续两次以上未到岗、履职不到位的企业及主要管理人员列入黑名单，暂停企业承接工程项目投标资格；依法查处转包违法分包行为，打击各类违法发包行为；印发《关于简化建设工程网上招投标密匙办理手续的通知》，要求企业法定代表人签署不转包不违法分包承诺书以及对拟任项目负责人、专职安全员身份核实并签署相应的履职承诺书等措施，突出治理转包、违法分包行为和抓好落实建筑工程质量和安全责任；规范各方责任主体法律责任，开展安全生产月活动、安全生产专项整治活动、打非治危活动、质量治理两年行动，贯彻学习项目经理十项规定，五方责任主体责任公开承诺等，落实建设工程五方主体项目负责人的质量终身责任制，对新开工建筑施工项目全面实施远程视频监控，确保建设工程质量安全。

【从业资格管理】 2016年，全市按照住建部、住建厅要求，受理审批完成536家建筑业企业资质换证工作；受理审批246家建筑业企业资质申请（其中新申请119家、资质增项108家、资质升级19家），两家企业新取得建筑施工总承包一级资质；对建筑施工企业开展动态核查，对全市69家建筑施工企业资质标准和市场行为进行核查，其中核查结论为合格的20家、基本合格的2家、不合格的47家。依据相关规定，对不合格的47家企业做出相应的处理决定：撤回17家企业资质证书，30家企业资质证书失效。

【建造师考试资格审查和注册】 2016年，全市受理审核二级建造师注册3460人（其中初始654人、增项313人、延续927人、变更1566人），一级建造师注册41人（其中初始35人、增项6人）；配合人社部门受理审核通过一级建造师1503人、二级建造师4454人、监理工程师288人执业资格考试资格审查工作；做好（A、B、C）三类人员安全生产能力考核合格证审查工作，全年新办2470人、继续教育2720人、换证630人。

【建筑施工质量安全生产】 2016年，全市通过开展法律法规和施工技术、规范标准的知识讲座、举办质量安全知识竞赛、通过考试督促主要管理人员学习掌握质量安全规范及标准、对施工现场质量安全管理差的主要管理人员实施强制培训等措施，提高从业人员素质和质量安全守法意识；开展预拌商品混凝土质量专项检查、进场材料、建材、试件的取样、送检、检测及见证行为等专项治理；开展“安全生产月”活动、住建系统汛期安全生产、住建系统今冬明春安全生产工作等；开展重大危险点源排查，加强建筑施工现场重大危险点源监控管理；加强施工现场作业人员安全教育和管理。全年发生死亡1人事故12起。

【清理拖欠民工工资】 2016年，市住建局印发《关于构建和谐劳动关系工地开展拖欠建筑工人工资治理的通知》，明确施工单位、建设单位、监理单位以及建设行政主管部门的责任，要求施工企业必须开展相关法律知识宣传、依法签订劳动合同、全面推行实名制、企业和项目部必须设立协调机构、完善建筑工地告示牌等；开展治理专项检查，通过企业和项目部的自查整改、各县市区及市城建监察支队的督查，对有拖欠隐患的企业和项目部负责人进行约谈等，全市在建的建筑工地较好地构建劳动关系；牵头组织人社、公安部门开展建筑企业农民工工资支付信誉评级工作，对有拖欠农民工工资的企业坚决评为丙级；配合人社部门认真受理农民工工资拖欠投诉，全年受理拖欠农民工工资投诉19起，涉及拖欠工资530余万元。

住房建设

房地产开发

【概况】 2016年，全市完成房地产开发投资205.58亿元，同比增长3.6%；施工面积1983.76万平方米，同比增长0.9%，其中新开工面积379.22万平方米，同比增长0.8%；竣工面积379.22万平方米，同比增长68.7%。绵阳城区1~12月完成房地产投资145.62亿元，同比增长26.4%；施工面积1102.33万平方米，同比增长3.5%，其中新开工面积284.81万平方米，同比增长69.5%；竣工面积174.44万平方米，同比增长73.4%。

【商品房销售】 2016年，全市商品房销售面积394.15万平方米，同比增长16.2%；实现销售额174.36亿元，同比增长22.2%；其中商品住房销售37649套365.96万平方米，同比增长17.9%和18.6%。绵阳城区商品房销售面积192.87万平方米，同比增长3.9%，实现销售额97.04亿元，同比增长12%；其中商品住房销售18918套181.78万平方米，同比增长8.5%和6.2%。

【住房保障】 2016年，全市住房保障工作以实现住房困难群众“住有所居”为目标，提前超额完成省政府下达各项保障性安居工程目标任务。全市棚户区改造新开工10114套，完成年度目标任务的119.9%；基本建成13567套，完成年度目标任务的143.0%；竣工7879套，完成年度目标任务的247.4%；棚改货币化安置4820户，完成年度目标任务的150.0%；租赁补贴发放2170户，完成年度目标任务的108.6%；新增租赁补贴发放902户，完成年度目标任务的109.6%。

住房公积金管理

【概况】 2016年，绵阳市住房公积金系统根据《绵阳市人民政府关于印发绵阳市推进供给侧结构性改革5个专项工作方案的通知》（绵府办发〔2016〕35号）精神，制定印发《关于进一步完善住房公积金相关政策的通知》（绵住房公积金管委会〔2016〕1号）和《关于发挥住房公积金保障功能助推供给侧结构改革的通知》（绵住房公积金发〔2016〕39号）文件。确保住房公积金公平合理运用，扩大住房公积金制度的受益群体。截至年底，全市住房公积金实现业务收入3.65亿元，业务支出1.77亿元，增值收益1.88亿元，在人行调高公积金个人存款利率的基础上，实现的增值收益基本与2015年持平。

【公积金缴存】 2016年，绵阳市住房公积金系统围绕供给侧结构性改革的推进，挖潜扩面，以提高公积金覆盖率。全市缴存住房公积金人数25.72万人、金额36.5亿元，分别比2015年增长-1.52%、16.14%。截至年底，全市住房公积金缴存总额201.09亿元、增长22%，缴存余额107.10亿元，增长12.77%。按单位性质分：国家机关和事业单位占47%，国有企业占31.78%，城镇集体企业占0.89%，外商投资企业占1.25%，城镇私营企业及其他城镇企业占10.41%；民办非公企业和社会团体占0.83%，其他占7.84%。按收入水平分：低收入群体占53.11%，中等收入群体占44.64%，高收入群体占2.25%。

【公积金提取】 2016年，绵阳市住房公积金系统完善公积金提取使用相关措施，加大政策惠民便民力度。据统计，全市提取公积金人数7.94万人、金额24.38亿元，分别比2015年增长20.76%、6.5%。提取的金额中，住房消费提取占74.15%（购买、建造、翻建、大修自住住房占139.11%，偿还购房贷款本息占97.22%，租赁住房占9.24%）；非住房消费提取占34.86%（离休和退休提取占17.24%，完全丧失劳动能力并与单位终止劳动关系提取占6.96%，户口迁出本市或出境定居占4.45%，其他占6.4%）。

【公积金贷款与发放】 2016年，绵阳市住房公积金系统发挥住房保障作用，支持缴存职工解决基本住房需求，帮助搬迁居民减轻资金支付压力，做好弱势群体个性化服务，增强广大住房需求者对公积金制度的感受度。全市发放职工个人住房贷款0.8万户、23.1亿元，分别增长1%和16.72%。当年回收贷款个贷本金8.46亿元，增加1.87亿元、增长28.4%；截至年底，住房公积金个贷率为66.49%，同比上升6.95个百分点；全市累计发放职工个贷116.8亿元、贷款职工6.72万户，贷款余额71.21亿元、存量贷款户4万户。住房公积金贷款逾期124户，逾期金额119万元，逾期率为0.17‰，控制在省标3‰以下。全市累计提取住房公积金贷款风险准备金余额4.19亿元

【住房公积金增值收益】 2016年，全市住房公积金增值收益1875967万元，同比降低3.92%。提取管理费用3424.61万元，上缴财政管理费用3167.73万元，提取城市廉租房（公共租赁住房）建设补充资金8002.56万元，上缴财政的城市廉租房（公共租赁住房）建设补充资金5801.87万元。管理费用支出1881.95万元，同比增长31%。其中，人员经费995.22万元，公用经费238.99万元，专项经费647.74万元。

【省房协住房公积金管理分会工作会议】 2016年4月14~15日，省房协住房公积金管理分会工作会议在绵阳召开。公积金分会会长、副会长、理事单位的120多位代表参加会议。会议邀请住建部公积金监管司、工行四川省分行负责人和专家，《住房保障和住房公积金报》编辑部、燕山大学住房金融与住房公积金研究中心以及全国部分公积金中心负责人参会。会议总结公积金分会2015年工作、安排部署2016年工作；审议通过分会2015年财务报告和会员变更名单；表彰2015年度优秀管理部、优质服务窗口、先进个人、优秀学术论文获奖者；宣读四川省住房公积金专家库名单，并颁发奖牌、证书、奖金或聘书；6位先进代表作了交流发言。会议对《住房公积金发展指标评价体系》课题进行研讨交流，与会代表对《住房公积金发展指标评价体系》的修改完善提出意见建议。 （王　瑜）

城市综合管理

公用事业管理

【城市供水】 2016年，全市加强城镇供水、污水处理行业监管。在公示水质检测结果制度的基础上，适时抽查供水企业水质情况。10月，住建部对全市供水企业规范管理考核中，取得四川省第二名的较好成绩。各供排水企业全年无大小安全生产责任事故，完成安全生产的目标作任务。绵阳城区污水集中处理率较2015年提高0.11%达到92.85%。成功申建西南片区唯一的全国供水应急救援中心，市水务集团被确定为全国供水应急救援中心承建单位，具体承担西南片区应急供水保障和应急监测工作。组织开展“全国城市节约用水宣传周”活动。提高全民节约用水的意识。完成排水信息平台及数据库建设工作。争取到省厅专项资金300余万元，在全省范围内率先建起排水数据库及信息平台，并通过省厅指派专家评审。

【城市燃气】 2016年，全市建成高中压燃气管道2978千米，储配站8座，门站6座，LPG充装站4座，液化气销售换瓶站点300个，CNG加气站19座，LNG加注站2座。绵阳市区范围内有燃气居民用户67.95万户，其中液化石油气用户2.03万户；天然气用气量6.68亿立方米。

水务管理

【概况】 2016年，全市狠抓防汛责任体系完善和落实，加强防汛监测预警体系建设，注重部门协调联动，不断完善各级各类防汛应急预案，认真落实防汛物资储备、抢险队伍和防汛抗旱指挥机构建设，强化值班值守、隐患排查、应急演练、重点部位巡查及整改措施落实。应对汛期6次区域性强降雨天气过程，成功处置“9·5”北川县陈家坝乡李家湾堰塞湖险情。确保汛期无大灾、无人员伤亡，完成今年防汛减灾工作。

2016年，市水务局深化行政审批制度改革，继续简政放权，取消行政审批前置条件20个，保留25个前置条件，取消率44%。全年受理并办结各类审批事项308件，提供咨询服务540余次，群众满意率100%，办件速度提升80%，现场办结率全部为100%。

【水利安全生产监督管理】 2016年，市水务局结合全市开展“打非治违”“百日安全生产”等专项行动，对96个涉水管理部门（单位）、699处水利工程进行检查，并督促完成隐患整改，全年水利安全生产形

势持续稳定向好，无较大及以上水利安全生产事故。开展监督凤凰水库、燕儿河水库、中小河流水文站网建设等水利项目26个，全市无水利工程质量事故。

【"河长制"河湖管理模式施行】 2016年，全市完成河湖管理体制改革创新试点工作，全面推动落实"河长制"河湖管理模式，由江、河、湖所在辖区行政主官任河长的管理体制，对辖区江河湖实施直接管理模式。做好"两法衔接"，建立健全长效水务警务联络机制，完善河道巡查等相关制度，不断强化联合执法效能；全年出动警力585人次，处理各类矛盾纠纷83起，查处涉水案件4起，暂扣非法采砂装载车辆18辆次，行政罚款41万元，没收非法所得3万元。分别督导各县市区查处6起水事案件。有效遏制非法采砂的猖獗势头，推动河道管理规范有序。

【生态河道建设】 2016年，市水务局参与科技城集中发展区基础设施建设攻坚行动，配合完成安昌河、草溪河综合整治项目前期设计工作，全年新建生态堤防4.42千米，完成生态河道综合整治15.45千米；依托国家农发水保项目、国家水土保持重点建设工程和省级水土保持项目，推进水土流失综合治理进程，全市完成治理水土流失面积98平方千米，完成投资4850万元。维护城区河道秩序，坚持对主城区河道进行清漂和保洁，加强城区河道下河道口监管，杜绝倾倒垃圾等现象，确保城区河道的清洁和整洁。

【《绵阳市水利发展"十三五"规划》出台】 2016年,，市水务局结合全市水利工作的实际，制定《绵阳市水利发展"十三五"规划》（简称《规划》）。7月5日，市政府六届第95次常务会议审议通过，《规划》八章三十一节。内容包括：自然、资源及水利工程现状，水利发展面临的形势，水利发展的思路、发展目标、发展重点和预期目标，水利建设的主要任务，水利管理的主要任务，深化水利改革，投资测算和规划实施效果分析，保障措施。

《规划》的目标任务：以"节水优先、空间均衡、系统治理、两手发力"的水利工作方针，围绕实现"再造一个都江堰"的核心目标，实现较高水平保障城乡生产用水、生活用水、生态用水和优质供水。按照"三化同步"的要求，将水利作为全市基础设施的重要领域，把农田水利作为农村基础设施建设的重要任务，把发挥已建成工程效益，解决丘区干旱缺水作为当前的工作重点，把新水源建设作为中长期发展的战略重点。以《规划》为龙头，以项目为支撑，以投资为保障，以改革创新为动力，以改善民生为落脚点，按照大中小微结合、蓄引提节并举、兴利除害减灾并重的原则，抓紧建设一批既解决当前急需又关系长远发展的水利工程项目，着力强化农田水利基本建设。坚持科学治水、科学管水、科学用水，统筹枢纽建设与配套建设，统筹城乡水务发展，严格水资源管理，深入推进节水型社会建设。（王二来）

城市卫生管理

【概况】 2016年，绵阳城市卫生管理围绕幸福美丽绵阳建设，以道路清扫保洁、垃圾清运处理、城市公厕管理等为重点，开展净化空气，扬尘污染专项治理。绵阳城区市级道路清扫保洁作业、生活垃圾清运处理实现全域市场化作业，城区环卫机械化率达70%，日均清运垃圾880余吨、清运率100%。无害化处理生活垃圾36.12万吨，达标处理排放垃圾渗滤液5.42万立方米，医疗垃圾1506吨，城区生活垃圾无害化处理率达100%，医疗垃圾无害化处理率达100%。

【城区垃圾清扫与清运】 2016年，绵阳城区市级道路清扫保洁作业、市级管理范围内的生活垃圾清运服务实现市场化管理。城区95%街道实行双班作业，主要街道实行16小时全天候保洁，采用机械化冲洗除尘与人工清扫保洁相结合的作业模式，完成城区300多条街道950余万平方米的清扫保洁工作。增加扫地车、多功能清洗车清扫范围，提高机械化清扫率。全年新增道路、人行道、隔离栏、护栏42条（处），新增道路、人行道等作业面积54万平方米。日均清运垃圾880余吨，清运率达100%。加强垃圾清运和道路除尘作业，主要街道每天冲洗，清运车辆及机械化作业车辆严格实行错峰作业，确保垃圾日产日清。清运过程保持车容整洁，采取换箱操作，减少噪声扰民。

【垃圾无害化处理】 2016年，绵阳市通过吸引社会资本，完成市本级首个"政府与社会资本合作（PPP）"签约项目——中科循环经济产业园生活垃圾焚烧发电项目累计完成投资4.2亿元。继续做好玉皇镇垃圾填埋场的日常监管，入场垃圾称量计量工作，做好楼房村垃圾渗滤液处理厂、医疗处理中心的日常管理。截至年底，无害化处理生活垃圾36.12万吨，达标处理排放垃圾渗滤液5.42万立方米，医疗垃圾1506吨，城区生活垃圾无害化处理率达100%，医疗垃圾无害化处理率达100%。定期对场周边的大气、地下水、垃圾成分的变化进行检测，保证各项检查的验收合格。投资350余万元建设龙中社区垃圾压缩转运站，投资建设6座中小型生活垃圾转运站。向省住建厅争取到3个污水管理项目、50个落后村生活垃圾治理项目资金，项目建设全面完成并投入使用。

【城市公厕管理】 2016年，市环卫部门以开展争创"最美公厕"活动为契机，加大对城区280座公厕（环卫产权公厕90座，社会单位产权公厕190座）的监管力度。全年维修换件、清淘粪池、屋顶补漏1000余次，更换安装公厕户外指示牌23块、公厕卫生间灯箱3块。年内召开12次通报点评会，对当月守厕情况进行评比。火炬广场公厕在2016年"光大杯"系列"最美公厕"活动中被评为“最美公厕综合奖”。

【城区扬尘专项整治】 2016年，市区两级城管部门围绕净化空气，实施扬尘污染治理常态化。在扬尘专项整治执法过程中，坚持每季度联合交警、城建、路政及各园区城管局对城区在建工地和道路运输车辆抛、冒、滴、漏等行为进行专项治理。全年出动执法人员5000人次，办理一般案件1起，简易案件108起，处理“12319”热线及其他投诉案件30起，清理占道堆放装修材料及建渣40余处，整治违法运输车辆270余台次，当场教育违法运输车辆驾驶员360余人次，开展夜间扬尘污染治理230余天。

【污水处理】 2016年，绵阳城区建设污水处理厂7座，日污水处理能力约30万吨。在建污水处理厂一座（七星坝污水处理厂），主要处理青义、石马片区及江油化工产业园污水。设计污水处理规模为5.5万吨/日，分两期建设；一期日处理规模为2.5万吨，至年底完成设备安装。

城市交通管理

【概况】 2016年，市公安局先后组织交警支队、巡特警支队、治安支队和城区各公安分局集中开展不文明交通行为专项整治和全国文明城市复查迎检交通秩序集中整治，加大对车辆乱停乱放、行经人行横道线不减速行驶或停车让行、随意变更车道等10类不文明交通违法行为的整治力度，查处车辆乱停乱放129110起。1月25日至2月5日期间市公安局交警支队抽调警力10人参加城区扬尘污染专项整治。

图105 公安交警部门增设警示标志

【治理城市交通拥堵】 2016年，公安交通管理部门以智能交通一期建设为基础，建立健全“扁平指挥、全局管控、精确调度”的指挥体系，采取运用交通大数据分析优化红绿灯配时、建设“绿波带”、多渠道发布交通诱导信息等多种手段，科学及时统筹疏导城区交通；按照“优出缓进、统筹指挥、按需调控、区域循环”方针，优化改造城市道路，科学运用车道中心线偏移、定向渠化车道、调整标志标牌、优化调头左转车流组织等多种方式，确保城区道路高峰时段道路安全畅通。全年完成便民警银亭一期建设12处，建成行人闯红灯语音提示关爱系统44套。2月23日至6月26日涪江二桥封闭施工期间，全市公安机关抽调警力7440人次，首次在城区富乐大桥、东方红大桥、东原大桥、川交大桥、科学城隧道和申家坡路口实行机动车高峰尾号单双号限行管制措施；6月25日至10月10日三汇桥及御营大桥加固维修工程施工期间，全市公安机关抽调警力10020人次，全方位参与道路交通管理，确保城区安全畅通。

图106 细化后的城区道路交通标志

【智能交通管理模式】 2016年，公安交通管理部门与腾讯、百度、高德等互联网公司达成信息交换协议，拓展智能交通管理应用工作；市公安局交警支队被公安部交通管理局确定为“全国公安交通集成指挥平台”首批试点支队，全年完成平台搭建、核心软件部署调试、基础信息采集备案以及系统操作培训并初步开展平台应用工作；公安交通管理部门与社会单位合作，共同研究设计“行人过街关爱系统”，申请获得“外观设计”和“实用新型”两项国家专利，通过政府公开采购方式在城区推广设置“行人过街关爱系统”49处；市政府第98次常务会

议审议通过绵阳城市道路智能交通管理系统二期项目建设事宜，完成智能交通管理系统二期项目建设主体工程招标工作。（王　康）

【城市公交运营】 2016年，市公交管理部门实施星级线路102条，大力发展定制公交，推进部省公交一卡通试点工作。稳妥推进游仙、安州区城市公交扩大覆盖面工作，于12月29日开通运行火车站至安州花荄的91路公交车。为解决公交票价与公交营运成本脱节导致公交企业亏损问题，推动公交票价票制结构性调整工作，确保城市公交行业可持续发展。全年城区公交运输乘客1.17亿人次，营运里程3076万千米，免费服务“老、军、残”及1.2米以下儿童等特殊群体乘客1224.8万人次。

【城市“五大公交”体系建设】 2016年，市公交管理部门着力城市“五大公交”体系构建，优化便民惠民措施，解决市民出行难问题。推行便民公交。根据线路运营情况和乘客乘车需求，公交行业有序推进公交线网、站点优化拓展，提高远郊镇乡城市公交通达率，近3年新开线路11条、优化51条，开通企事业单位、学校、团体等商务定制公交40余家，公交线路数达121条，线网里程1897千米，日投放班次7600趟次，市民出行更加便捷。推行满意公交。实施城区公交候车站亭人性化改造600余座，加宽乘客集中的医院、商场、广场周边候车亭站棚，开展星级线路创建活动，完善以乘客满意度为核心的服务质量监督考核机制，考评结果与职工工资挂钩，创建星级线路103条，占线路总数的92.7%。推行安全公交。严格落实安全生产责任制和安全员制度，常态化组织安全应急培训和反恐防暴应急演练，开展安全检查和隐患排查，每年投入20余万元配置更新安全锤、灭火器、灭火弹等车载消防设施设备，从源头杜绝安全生产事故发生。推行智能公交。建立城市道路智能交通管理系统，开展北斗卫星导航系统公交车应用试点，依托57个城区高点监控和诱导屏，通过180座智能公交电子站牌和手机公交、绵阳公交网、车载多媒体信息系统，实时提供车辆运行状况、到站预报、线路查询、出行规划、定位导航等服务，营运线路智能调度应用达100%，城区道路整体畅通度提升25%。推行惠民公交。绵阳市率先在全省将儿童免费乘车身高标准由1.1米提高至1.2米，每年免费接送老年人、残疾人近2000万人次，年让利市民6000万元以上。实施公共自行车项目，建立网点105个、自行车保有量1890辆，车辆日均使用量达4200余人次，实现交通方式无缝衔接。

▲城市五大公交体系：是指便民公交、满意公交、安全公交、智能公交、惠民公交。

【出租车行业监管】 2016年，市交通运输部门开展全行业摸底调研活动，拟订《绵阳市深化出租汽车行业改革实施方案》《绵阳市城区网络预约出租汽车服务管理实施细则》《绵阳市城区巡游出租汽车经营服务管理办法》，组织第三方机构开展社会稳定风险评估和专家论证，完成面向社会公开征求意见。启动出租汽车信息化建设工作，完善出租汽车信息化功能，满足全市网约车政策出台后的业务许可及行业监管需求。继续推进城区出租汽车服务质量信誉考核，修订考核办法及实施细则、评分标准，引导和促进出租汽车经营者诚信经营、优质服务。

【出租汽车“爱心送考”活动】 2016年，市交通运输部门在出租车行业开展“爱心送考”活动。据统计，高考期间，全市投入出租汽车1000辆开展“爱心送考”活动，参与驾驶员1000余名。免费接送考生2699人次，其中预约接送117人次，在各服务点安排接送2552人次，运送量创历年新高，所运载考生均及时、安全送达考场。

【《绵阳市出租汽车服务质量信誉考核办法（试行）》修订】 2012年6月，《绵阳市出租汽车服务质量信誉考核办法（试行）》（简称“《考核办法》”）施行。为加强与《四川省出租汽车服务质量信誉考核考核办法（试行）》考核项目归类、具体考核指标的衔接，2015年7月，市交通运输局运管处以省考核办法为主线，结合绵阳城区实际，启动市考核办法及评分标准修订工作。新修订的《考核办法》增加出租汽车单车考核内容，经市交通运输局2016年3月4日研究同意，予以印发执行，原考核办法废止。新修订的《考核办法》广泛征求出租汽车企业、个体车主、驾驶员、市出租汽车行业协会的意见。该考核办法的实施，将促进城区出租汽车服务质量信誉考核工作的顺利开展，考核结果成为新增出租汽车经营权配置和经营权到期处置的重要依据。

【出租汽车企业定级考核】 2016年2月22~3月2日，市交通运输局运管处按照“公平、公正、公开”的原则，依照抽签顺序，通过审查企业提交资料、实地察看、现场抽查询问、日常监管数据汇总等方式，对2015年度绵阳城区在营的15家出租汽车企业和单车进行服务质量信誉考核。经初步评定，15家均达到AA级及以上评定条件，1777辆出租汽车单车考核均达到AA级以上。3月9~18日，考核结果通过绵阳运政网向社会公示，公示期内未接到举报、投诉。5月，经四川省交通运输厅道路运输管理局审核公布，全市（各县市区）出租汽车企业27家AA级出租汽车企业、2家A级出租汽车企业。（张　霜）

城市环境

【城市绿化】 2016年，市住建局制订《绿地、行道树施肥方案》《草坪、绿篱修剪方案》《乔木修剪方案》，拟定《病虫害预防治理方案》，完成建成区市级事权范围内近500万平方米公园绿地、道路绿化的松土、施肥、修剪、病虫害防治、除草、灌溉、洗尘、干枯枝清理和保洁等工作，提升绿地品质。适地适花进行花卉品种调整，围绕广场、步行街、主干道节点及标志性建筑区域、进、出口门户区域实施重点打造，改变花卉布置方式，取消盆花摆放，栽植特色花卉、宿根花卉、花灌木，累计用花376万株。完成2016年科博会花卉布置项目，采用一品红、凤仙、彩叶草、一串红、孔雀草、夏堇等，配合多种花立体造型，进行氛围营造，用花326.1万株。松垭基地自产四季花卉120万株，培育虞美人100万株，用于补充城区广场、干道、游园等装饰。

【"美丽绵阳"2016年城市绿化项目】 2016年6月30日开工建设，9月18日完工。"绵州大道宜绿空地景观提升项目"整理绿地面积约1.6万平方米，栽植朴树、日本晚樱、红叶李等乔木1160株，千层金球、海桐球、红叶石楠球等球形植物370株，洒金珊瑚、鸭脚木、红檵木、千层金、树状月季等灌木12500平方米，播撒混播、三叶草11000平方米。"绵阳市科技展馆周边绿化景观项目"整理绿地面积约10.8万平方米，栽植银杏、红叶李、天竺桂、桂花等乔木2400株，红叶石楠球、金森女贞球、红檵木球等球形植物1004株，藤本月季、油麻藤等藤本植物3059株，金丝桃、红花檵木、金边黄杨等灌木78694平方米，三叶草、混播草坪38840平方米。（黄　龙）

城市消防管理

【概况】 2016年，全市发生各类火灾事故448起，死亡2人，伤7人，直接财产损失456.3万元，火灾起数、直接财产损失同比下降2.6%和71.1%，死亡人数增加2人，受伤人数上升75%；成功处置灾害事故2018起，抢救和疏散被困人员1110人，抢救财产价值807万元，处置成功率达100%；组织开展社会福利机构、劳动密集型企业、易燃易爆危险品场所、村居民住宅、独居老人、超大城市综合体、超高层建筑、宾馆饭店、电气火灾防范等9类专项整治活动，圆满完成科博会、电子商务峰会等21次国家、省级重大消防安保任务。

【消防安全管理】 2016年，消防支队报请市政府将消防工作纳入目标绩效考核内容，每年牵头组织开展专项考核。坚持定期召开消防安全委员会联席会议，督促行业系统落实消防安全主体责任。市委书记彭宇行、市长刘超、副市长王明华等党政领导多次专题听取消防工作汇报，批示肯定消防工作成绩，带队开展检查，亲自督办消防训练基地建设事宜，高位推动消防工作发展。安监、文化、民宗、商务、旅游等部门分别制定消防专项检查工作方案。安监、民政牵头开展社会福利机构、劳动密集型企业专项治理。教体、卫计、民政相继出台中小学幼儿园、医疗和社会福利机构消防安全管理规定。推行消防安全"网格化"管理和区域联防建设，全市289个乡镇、街道办事处全部落实网格化管理，整合建立区域联防组织35个，覆盖241家单位，726家重点单位全部落实"六加一"措施，推动532家重点单位、309个街道社区建成微型消防站，形成社会齐抓共管局面。

【火灾隐患整治】 2016年，市消防支队提请政府加大重大火灾隐患挂牌督办力度，推动6区3县政府（管委会）挂牌9件重大火灾隐患，销案5件。围绕冬春火灾防控、夏季消防检查，开展社会福利机构、劳动密集型企业、易燃易爆危险品场所、村居民住宅、超大城市综合体、超高层建筑、宾馆饭店7类专项整治，在夏季消防检查考评中被评为优秀。全年，全市累计检查单位16660家，督促整改火灾隐患3779处，临时查封单位213家、责令"三停"170家，拘留68人，保持火灾隐患整治高压态势，全市火灾四项指数持续平稳，连续23年未发生重特大及群死群伤火灾事故。

【宣传教育培训】 2016年，市消防支队推动市委党校将消防安全知识纳入干部培训内容，教体部门连续三年开展"暑期消防安全宣传教育行动"。联合电视台、广播电台定期播发消防安全提示和公益广告，开展"红门有礼"消防科普教育基地，开放"微预约"计划，建立微博、微信、手机短信等信息服务平台，各级关注量突破19.5万人次。《城市与骄傲同行》《急难先锋》《一个人的消防》《绽放》等"三微"作品被新华网、人民网等主流媒体刊载。

【行政许可服务】 2016年，全市消防部门强化服务意识，主动为58个重点项目提供前期技术指导，在规定时限内办理公众聚集场所开业前检查403起，发出《公众聚集场所投入使用、营业前消防安全检查合格证》401份，审核建设工程消防设计237件，消防验收建设工程229件，抽查设计备案209件，抽查验收备案181件，赢得社会各界和人民群众的好评。（王　飞）

人口管理

【概况】 2016年，全市总人口为5451833人，总户数2096642户。其中男性人口2799288人，女性人口2652545人，非农业人口1786658人，农业人口3665175人，暂住人口656832人，出生人口53270人。

【常住人口】 全市总人口为5451833人，比2015年减少2955人，减少率为0.54‰；总户数2096642户，平均每户2.6人。其中，男性人口2799288人，占总人口的51.34%；女性人口2652545人，占总人口的48.65%。男女性别比为105：100。总人口中非农业人口1786658人，非农业人口占总人口数的32.77%；农业人口3665175人，农业人口占总人口数的67.23%。

全市出生人口53270人，比2015年增加1249人。其中男性27393人，占总出生人口的51.42%；女性25877人，占总出生人口的48.58%。出生男女性别比为106∶100；出生率为9.77‰。年死亡48094人，其中男性27301人，女性20793人，死亡率为8.82‰。出生与死亡相抵，自然增长5176人，自然增长率为0.949‰。迁入人口28564人，其中省内迁入22438人，省外迁入6126人；迁出人口36966人，其中迁往省内26717人，迁往省外10249人。迁入与迁出相抵，机械减少8402人，机械减少率为12.8‰。

城区（涪城区、游仙区、高新技术产业开发区、经开区、科教创业园区、科学城办事处）总人口1747550人，比2015年增加466208人，增加率为15.39‰。其中非农业人口999486人，比2015年增长212007人。城区出生20920人，死亡10641人，自然增长10279人。迁入17090人，其中省内迁入13959人，省外迁入3131人；迁出9868人，其中迁往省内6367人，迁往省外3501人，机械增长7222人。

【暂住人口】 全市暂住人口656832人，占总人口的12.05%，其中男性暂住人口432591人，女性暂住人口224241人；暂住1个月以下的62535人，暂住1个月以上、一年以下的356472人，暂住1年以上的237825人。暂住人口中，务工的457725人，务农的5124人，经商的85893人，服务的75194人，投靠亲友21543人，其他11353人。暂住人口中，来自省内的537236人，来自省外的114785人，来自港澳台及国外的4811人。暂住人口住居民家中的81782人，住在单位内部的100517人，住在工地现场的139514人，租赁房屋居住的327653人，其他方式居住的7366人。

【流动人口管理】 2016年，全市公安机关按照“以房管人、以业管人”的原则，利用“一标三实”信息采集系统，通过对出租房屋及实有单位的管理从而牢牢掌握管理流动人口的主动权。对全市出租房屋采集录入至“一标三实”（标准地址、实有房屋、实有人口、实有单位）系统，将管理等级调整为关注类，按照“三实”信息维护周期对该房屋及居住人员开展日常检查。对用实有单位实行“委托式”管理及“跟踪式”管理。“委托式”管理即实行“谁用工谁负责”制度，“跟踪式”管理是对在一地工作而在另一地暂住的流动人口实行分别登记双向管理，采集实有单位信息时将从业人员录入系统，并采集其实际居住地址，由实际居住地派出所将其采集录入为实有人口，最大限度地减少漏管失控现象。实施信息“数字化”管理，对外来暂住人口做到人来登记，人走注销，及时到“四川省流动人口登记管理平台”进行申报并录入警务综合平台，增强流动人口管控实效。对用工单位、中小旅店、娱乐场所、留宿洗浴、废旧物品收购、日租房、废弃厂房及仓库等流动人口落脚处所或是流动人口集中、治安秩序混乱、问题突出的重点地区，定期和不定期开展清理排查，严厉打击流动人口和出租房屋中的违法犯罪活动。

【户口清理整顿专项行动】 2016年，是全国公安机关开展为期3年的“户口清理整顿专项行动”的收官之年。全市公安机关继续做好户口清理整治工作，落实责任，明确任务，层层负责。全市清理重复户口人员3628人，解决无户口人员2875人，清理纠正户口登记项目差错16593人。

（王建昌）

户政管理

【概况】 2016年，全市公安机关落实国务院《关于进一步推进户籍制度改革的意见》（国发〔2014〕25号）和四川省《进一步推进户籍制度改革实施方案》（川府发〔2014〕70号）文件精神。12月29日，市委办、市政府办印发《关于进一步改革户籍管理有关制度的通知》（绵委办发〔2016〕22号）。全面放开落户限制。在全市城市、城镇有合法稳定住所的人员，本人及其共同居住生活的配偶、未成年子女、父母等，可以在当地申请登记常住户口。放宽租赁房屋落户政策。凡在涪城区、游仙区、科创区租赁房屋、连续居住满一年，且有稳定工作和在其他县市区租赁房屋，连续居住满半年的人员，本人及其共同居住生活的配偶、未成年子女、父母等，可以申请登记常住户口中，由辖区派出所在公共户口簿上落户，实际租赁房屋地址在常住人口信息系统进行备注，并参照集体户口管理；承租城区保障性住房的申请人和共同申请人，按照租赁房屋落户方式申请登记常住户口。取消城镇居民直系亲属投靠入户限制。在城市城镇范围内属夫妻投靠的，不受婚龄、年龄、职业、固定住所限制；属父母投靠子女的，不受父母年龄和身边有无子女限制；属子女投靠父母的，子女不受年龄限制，均可投靠入户。推行居住证入户制度。按照《居住证暂行条例》符合落户条件的居住证持有人员，可在居住的城市、城镇申请登记常住户口。

【居住证管理制度】 2016年，全市从11月1日开始全面实施流动人口居住证制度，公民离开常住户口所在地，到城区、县城、城镇居住半年以上，符合有合法稳定就业、合法稳定住所、连续就读条件之一的，可在市辖区内的实际居住地申领居住证。以居住证为载体，建立健全持有人在居住地依法享有劳动就业、参加社会保险、缴存和使用住房公积金、义务教育、文化体育、卫生和计划生育等基本公共服务以及享受办理出入境证件、机动车登记、申领机动车驾驶证、换领和补领居民身份证等其他相关便利提供机制。

（王建昌）

出入境管理

【概况】 2016年，全市办理中国公民因私出国（境）证件301867件，比2015年同期299744人次上升0.7%，其中护照105845件，赴港澳证照166105件次，赴台湾证照29917件次，群众办证窗口现场评价满意率

图107　游仙区公安分局出入境接待大厅自助服务区

100%。全市全年临时入住境外人员11409人次，同比下降6.3%，涉及90多个国家和地区，其中外国人6368人次，台湾居民3289人次，港澳居民1705人次，华侨47人次；常住境外人员845人，其中常住外国人667人，涉及50多个国家，常住台湾居民158人、港澳居民20人，同比增长21.9%。

【入境窗口建设】 2016年，全市新增出入境自助服务设备30台，总数达到48台，提高出入境自助化服务水平。涪城区、游仙区等公安机关建成自助区、受理区功能区域明确的现代、便民、高效、规范的接待大厅；盐亭县、安州区和平武县对出入境大厅进行升级改造；涪城区公安分局城北派出所安昌路社区警务室，建成全省首个出入境证件社区受理点；完成省公安厅赋予绵阳市的证件到达签收短信及时告知申请人试点工作任务。

【利民便民举措】 2016年，市公安局出入境管理部门推出4条便民举措：为网上预约市民提供选择，推行近办理和快速通道服务。全年网上办证预约总量为22056件，同比增长403%。对本市港澳证、大陆证再次签注取消县市区公安局、分局向市公安局寄证的环节，由市公安局直接制作签注页并寄至各县市区公安办证“窗口”，实现提速增效的目标。购置全省首台卡式往来港澳通行证签注一体机，6月在市公安局出入境接待大厅投入运行，做到自助申请签注“立等可取”。市公安局将电子港澳再次签注批量制证权下放到涪城区、游仙区公安服务“窗口”，方便市民快捷办理证件。2016年7月28~29日，全省公安出入境专题工作研讨会在绵阳召开，在全省推广绵阳市出入境窗口自助化、规范化、标准化建设工作经验。

【涉处案事件查处】 2016年，全市查处各类涉外案事件40起，其中外国人非法入境案2起，非法居留案13起，非法就业案8起，非法聘用外国人案4起，介绍外国人非法就业案1起，容留外国人非法居留案1起，违反住宿登记管理规定案2起，台湾居民非法居留案1起，处罚未按规定报送住宿登记信息宾馆工作人员4起，配合处置外国人死亡事件2起、外国人误入禁止进入区域事件2起。其中处警告12人，罚款25人，行政拘留2人，遣送出境7人，限期出境2人，处罚非法聘用外国人单位4家，收缴罚没款182660元。

【外籍人员管理】 2016年，全市集中开展为期4个月的“外国人基础信息摸底调研专项工作”和“清理整治‘三非’外国人专项行动”。全市151家外资企业、外资企业在绵分支机构及聘用外国人就业的单位纳入登记备案管理，清理走访各涉外单位、宾馆酒店、高校、教育培训机构、外国人聚集的场所等300余家，摸排各类涉外案件线索20余起，查处16起；建立市级单位外国人服务管理工作联席会议机制，形成“互通信息、齐抓共管、协调联动”的“大外管”工作格局；创新管理模式，涪城区公安出入境管理大队、辖区派出所和西南科技大学共同组建外国人服务管理站，全年为外籍教师和留学生办理临时住宿登记110人次，初审外国人居留许可申请80人次，开展法律法规宣传3次，做到服务与管理并举；结合江油有“越南新娘”43人的实际，在江油市二郎庙镇建立外国人管理服务站，越南新娘的增长速度明显放缓；创新建立举报“三非”外国人的常态化奖励机制，全年接到群众举报线索15条，其中查实的有效线索10条，对

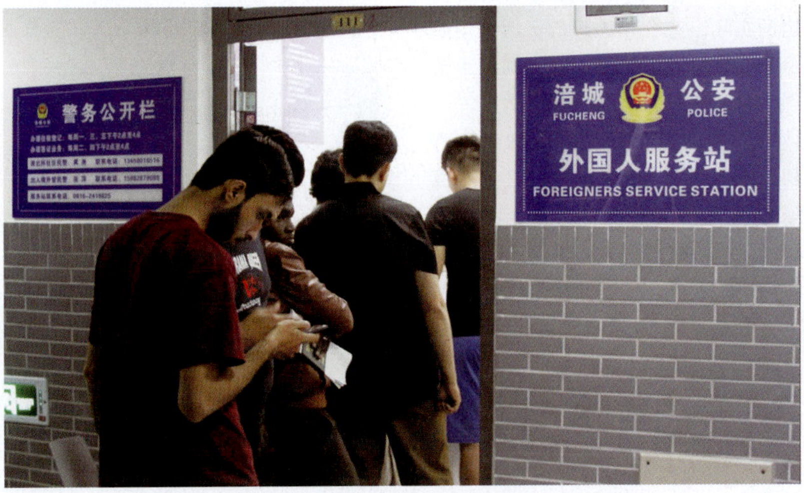

图108　西南科技大学外国人服务管理站

举报有效线索的9名社会群众兑现奖励金4000元，查获“三非”外国人17名，查处非法聘用外国人的教育机构3家。（邹镒光）

【四川省首个出入境证件社区受理点开通运行】 2016年1月11日，四川省首个出入境证件社区受理点——绵阳市涪城区公安分局城北派出所安昌路社区警务室出入境证件受理点正式开通运行。受理点配备民警2名、辅警2名，可受理户籍地为绵阳市的群众通过网上预约的因私出国（境）受理业务（包括中国公民因私出国护照、大陆居民前往港澳通行证、大陆居民前往台湾通行证三类）。市民登陆公安出入境网上预约办事平台预约7个工作日内（当天除外）的出入境证件办理均可在该受理点内完成。（张永兴　刘　刚）

城乡环境综合治理

概　述

【概况】 2016年全市城乡环境综合治理工作围绕提高“生态文明建设”水平和“美丽绵阳”建设为中心，以农村生活垃圾治理、农村污水治理、扬尘污染防治、环境优美创建等为主要工作内容，加大城乡环境治理力度，全面提升城乡环境和发展水平。全市自助申报示范县创建1个、示范镇8个、示范村20个。结合美丽乡村建设实际，整合相关部门资源，按照示范创建标准，严格要求，确保示范创建科学有序，高品质、高质量。

【《绵阳市城乡生活垃圾处理专项规划》编制】 2016年，市城乡环境综合治理部门通过招投标，由中国城市建设研究院对全市十个县市区的274个乡镇、3140个行政村进行调研，在综合各县市区及相关部门意见后，完成《绵阳市城乡垃圾处理专项规划（2016~2030）》的编制工作。5月18日，市规划局会同市城管执法局在绵州酒店召开《绵阳市城乡生活垃圾处理专项规划》（简称《规划》）专家评审会，会议邀请来自住建部、北京环卫科研所、清华大学、省规划院设计院、市城市规划院的5位专家组成专家评审组，省住建厅城建处、市城管执法局、市规划局及有关单位和部门负责人参加会议。会议听取《规划》编制单位中国城市建设研究院有限公司的介绍，经讨论和评议，专家组原则同意通过《规划》的评审。

【农村环境综合治理】 2016年，全市完善乡镇污水管网配套设施建设。争取到污水处理专项资金431万元，用于游仙区忠兴镇、三台县八洞镇、盐亭县高灯镇3个乡镇污水管网配套设施建设，提高场镇污水收集处理率；市财政以奖代补资金600万元，在涪城区、游仙区、安州区、梓潼县、三台县等地建设7个生活垃圾压缩转运站，全部投入使用。在年内省级民生工程中，通过争取补助资金400万元，完成50个村的农村生活垃圾治理民生工程任务。借鉴四川省治理办在丹棱县等地进行农村生活污水治理试点经验，派员到杭州、成都等地参观学习，制订绵阳地区农村生活污水治理的方案。

【城区扬尘污染专项整治活动】 2016年，全市开展两次城区扬尘污染专项集中整治，严查渣土运输车辆超载超限、抛撒滴漏、带泥上路等违章行为，查处违规运输车辆1000余次，工地污染10余件，处罚金额近10万元；开展近郊乡镇及“三线”沿线环境整治，暗访督查20余次，通报脏乱差问题300余处；开展市容秩序保障大型活动，加强城区机场路等干线公路及周边环境卫生持续治理，彻底清除机场路、入城区域建筑垃圾乱堆放、白色垃圾乱倾倒、广告布幅乱牵挂等环境问题。（黄　龙）

城乡环境集中整治

【概况】 2016年，市城管执法队伍以文明城市建设为抓手，结合辖区工作实际，围绕农贸市场、主要干道、车站广场、繁华商业区等重点区域和重要节点，狠抓辖区跨门经营、流动摊贩等问题的整治，市容管理问题有序可控，市容面貌得到改善，圆满完成全国乡村少年宫建设推进会暨全国公益宣传推进会、省委十届八次全委会、第四届科博会、2016年四川电子商务发展峰会和各类节假日（包括“圣诞节”）等一系列重要接待市容保障任务。全年累计出动城管执法队员4万余人次，劝导各类不文明行为11.12万余人次，查处市容秩序各类违章违法行为4036起，城市市容秩序得到持续有效改善。

市城管部门针对城区在建工地和城区道路运输车辆“抛、冒、滴、漏”和扬尘污染突出问题，坚持每季度进行一次联合对城区在建工地和城区道路运输车辆“抛、冒、滴、漏”和扬尘污染专项整治。截止12月31日，出动执法人员5120人次，办理一般案件1起，罚款4000元，简易案件118起，罚款1.27万元，处理

图 109　绵阳市市域生活垃圾收运处置体系专项规划编制工作会议

图 110　改建后的绵阳三江湖码头

"12319"热线及其他投诉案件40起，清理占道堆放装修材料及建渣50余处、整治违法运输车辆290余辆次，现场教育违法运输车辆410余辆次。开展夜间扬尘污染治理280余天。

【乱搭乱建专项整治】　2016年，市城管部门以推进"美丽绵阳·'四线'美化综合整治"工作为切入点，按照"坚决拆除一批、合理改造一批、精心美化一批"的违法建设整治要求，通过拆违治违、广告规范、绿化遮挡及垃圾处理等环境治理方式，开展辖区违法建设防治和查处工作，基本完成3年违建整治行动及美丽绵阳综合整治行动目标任务。按照"严格控制增量，逐步消除存量"的思路，加强与规划、住建、国土等部门协作，组织相关执法力量，推进违法建设执法和"四线"综合整治。全年拆除违法建设5931宗，拆除整改面积453732平方米。

【三江湖码头纳入市容管控】　2016年10月，三江湖码头建成并投入使用后，市城管执法局及时牵头制定《三江湖码头区域和韩家脊休闲步道环境秩序综合管理工作方案》及其《通告》，主动介入管理。根据三江湖码头实际情况，合理安排辖区执法人员和上岗时间，注重日常巡查，加大密度，延长时间，对该区域实行定点、定岗、定人、定责的工作模式，严格落实责任，确保各类影响市容秩序问题在第一时间发现、第一时间解决；提高动态巡查频率，对各出入口进行值守，禁止游商进入，对个别占道经营的游商进行严肃查处；对擅自在码头建筑物、市政设施和行道树上乱扯乱挂条幅和其他宣传品的，以及未经许可的占道宣传行为一律予以取缔或清理，并对相关责任人进行处罚；加强对出入三江湖码头犬只管理，督促犬主拴好狗链并及时清理犬只粪便，确保环境整洁卫生。　（黄　龙）

交通秩序集中整治

【概况】　2016年，全市公安机关组织开展春运、"平安绵阳·畅行交通"、多次交通安全违法未处理和逾期不履行行政处罚决定、公路货车违法超限超载、"强源头、严管控、保安全"、"战高温、斗酷暑，扎根路面保畅通"等14项专项整治行动，查处各类交通安全违法行为1510843起，其中现场查处各类交通安全违法行为482401起，利用交通技术监控设备查处各类交通违法行为1028442起，非现场执法比例为68.07%。

【道路交通违法行为查处】　2016年，全市查处各类交通违法行为1475715起，从重处罚无证驾驶1843起、酒驾5567起、超速263993起、客车超员417起、货车超载252起，行政拘留1124人，吊销驾驶证1344本；扣留机动车3677辆、非机动车13辆，收缴罚款145520104元，暂扣机动车驾驶证5023本，吊销机动车驾驶证553本；全市立交通肇事及危险驾驶刑事案件873件，立案和打击处理率均为100%；办理行政复议案件23件，没有发生因不服行政复议决定而提起的行政诉讼案件；办理行政拘留1124起，办理吊销机动车驾驶证1344件，没有发生违法办案行为和冤假错案。

【农村交通安全管理】　2016年，全市推进公路护栏"生命工程"建设，新建路侧护栏1089千米，全面落实491千米县乡道和215千米村道的路侧护栏建设计划；全年全市排查治理乡村道路隐患1451处，隐患桥梁18座、隐患隧道5座，治理事故黑点67处；全市更新施划交通标线37628平方米，新增固定式交通标志164块、移动式交通标志700余块、信号灯8处；全市建立农村交通安全管理办公室273个，设置农村交通安全管

图111　盐亭县超限超载治理联合执勤点

理员1065名，在3248个行政村建立交通安全劝导点1951个，设置农村交通安全劝导员4761名，192个乡镇公安派出所387名民警上路参与农村交通安全管理工作。

【货车超限超载行为整治】 2016年，全市完成高速公路计重设备“动改静”工作，在22个高速公路收费站点安装固定静态称重设备，在普通公路上新增设固定治超检测站4个、流动治超站点13个，联合交通运管派驻执法人员80名，开展货车超限超载治理工作，全年查获非法改拼装货车4200辆。在全省年度绩效考核中，绵阳市秩序基础工作位列全省第4名，专项治理工作位列全省第二名。

（王　康）

市场秩序集中整治

【概况】 2016年，全市工商部门以开展全国文明城市建设工作为抓手，以规范农资、成品油、机动车、旅游等市场秩序为重点，开展市场环境综合治理工作，推进市场环境治理工作规范化、制度化、法制化、常态化，巩固和提升市场环境治理成果。据统计，全市工商系统出动执法人员6100人次，出动执法车辆1200余辆次，检查集贸市场320个次，检查各类经营户125000余家次，查处取缔无照经营900余件，清理市场内的乱摆摊点8600余家次，规范乱停乱放车辆4500余辆次，整顿规范占道经营3800余家、不亮照经营700余家，清理、规范各类违规广告3200余幅（处），清除“牛皮癣”等小广告4800余处。

【农资市场监管】 2016年，全市工商系统按照省工商局“红盾春雷行动2016”工作部署，在全市范围内开展“春耕护农”专项行动，全力营造良好的农资市场消费环境。全市工商部门出动执法人员2121人/次，出动执法车辆530台/次，检查农资经营户784户。组织全市抽检化肥100批次，其中，合格73批次，不合格27批次。全共办结各类农资案件22件。

【成品油市场监管】 2016年，市工商局在全市范围内开展车用燃油专项整治，严厉查处销售质量不合格车用燃油和侵犯商标专用权的违法行为，加大对车用燃油的抽样检验力度，加强对加油网点，特别是城乡接合部、农村加油网点的油品质量监测，净化成品油市场环境。全市抽检车用燃油100个批次，合格率100%。全市查处成品油案件8件。

【机动车市场整治】 2016年，市工商局以准入监管和市场巡查为重点，协助相关部门，强化对机动车市场的监管执法，营造安全有序的市场环境。截至12月底，全市有汽车销售企业125家，生产企业7家，维修企业190余户家。全市出动执法人员1600人次，执法车辆610辆次，检查机动车销售企业510家次，发出《限期整改通知书》68份，立案查处案件3件。

【旅游市场监管】 2016年，市工商局在旅游市场监管中，采取巡查和定期检查相结合的方式，坚决打击销售假冒伪劣旅游商品、欺诈和诱骗游客购物消费的行为。先后检查旅行社40个，检查旅游景点230余个，查获假冒劣质商品120余件，规范经营行为250余次。 （童晓红）

文化秩序集中整治

【概况】 2016年，市文化执法部门围绕绵阳文明城市建设工作，强化文化市场秩序监管。在全市范围内开展网吧市场专项整治行动及2016年“清网”专项整治行动，市民反映投诉网吧接纳未成年人的举报大幅减少，市场回归良性发展。开展文物现状及执法工作调研，完善文化市场执法体系。规范歌舞娱乐场所经营行为，立案查处一起擅自从事娱乐场所经营活动案。全市年内办理各类文化执法案件43件，行政处罚金额14余万元。在文化部2016年文化市场交叉执法检查活动中，绵阳文化市场情况获检查组高度评价。

【版权市场秩序整治】 2016年，全市文化执法工作围绕“扫黄打非”五大专项行动，先后开展元旦春节期间、两会期间、春秋季校园周边出版物市场专项检查。开展印刷行业专项整治活动，将安全工作纳入印刷行业全面管理，与印刷企业签订安全责任书。对西南科技大学、绵阳师范学院、西南财大天府学院、四川中医药高等专科学校等高校周边复印店进行专项检查。举行“2016绵阳市侵权盗版及非法出版物集中销毁行动”。对收缴的4000余张淫秽色情及盗版光碟及2100多本（册）侵权盗版出版物进行化浆销毁。

【网吧市场整治】 2016年，全市有网吧994家。网络便民服务触角延伸到基层社区、农村，基层公共文化服务薄弱现状明显改善，联网上网服务行业转型升级达60%以上。全市文化执法部门利用节日期间安全检查、安全隐患“大排查大整治”、网吧市场专项整治、暑期网吧市场专项整治以及净化未成年人成长环境专项整治等行动，采取定期巡查和突击检查、错时检查和顺时检查相结合的方式，严厉打击网吧接纳未成年人等违法经营行为，及时消除存在的安全隐患，确保文化市场经营秩序实现根本性好转。

【非法设置电台查处】 2016年，市文化市场综合执法机构开展为期半年的打击治理“黑广播”专项活动。先后查获5起“黑广播”案件，有效打击“黑广播”“黑电台”的非法设置现象。对城区王子大酒店、顺辉·世纪巴登酒店涉嫌违规接收境外卫星电视节目进行检查，分别对擅自接收境外卫星电视节目的王子大酒店、顺辉·世纪巴登酒店做出没收违法设备，罚款15000元的行政处罚。

【文化市场执法改革】 2016年，全市文化市场综合执法改革相关工作有序推进。与编办、省厅等部门积极沟通、协调，起草《关于开展文化市场综合行政执法体制改革试点工作有关问题的建议》《关于市文化市场综合执法机构改革相关情况的报告》等材料。经调研获准，将文化执法工作移交市支队，将艺术考级市场纳入文化市场综合执法监管范围。这一改革为完善文化市场执法体系和营造良好文化市场秩序提供有力组织保障。 （何小艺）

民生工程

【概况】 2016年，全市实施省、市级民生工程项目169项，其中，省级民生工程（19件民生大事）10大类94个小项；市级民生工程10大类75个小项。截至年底，省、市级民生工程项目全面完成。全年，省、市级民生工程投入资金157.8亿元，完成计划的113.3%。其中，省级10项民生工程及19件民生大事投入资金98.71亿元，完成计划的105%；市级民生工程投入资金59.09亿元，完成计划的130.5%。、

【“美丽绵阳”城市品质提升工程】 “美丽绵阳”一期工程项目24个，2016年春节前全面完工，完成投资3.99亿元。二期工程项目32个，完成投资10.8亿元，三江湖码头、城市亮化提升、磨家门户改造提升、小枧湿地公园等12个项目建成投用；全市建成“幸福美丽新村”961个，新改建农村公路521千米，实现行政村通宽带384个，绵阳市被国家林业局评为“国家森林城市”，安州区桑枣镇、游仙区新桥镇玉泉村被住建部评为“美丽宜居小镇（村庄）”。

【“幸福绵阳”感动工程】 2016年，绵阳市在全省率先全面实施农村义务教育学校学生免费午餐计划，惠及农村义务教育阶段学生19余万人；开展危旧房棚户区改造工程，完成改造任务10114套，为进城务工人员、低收入群体筹集公租房476套，完成农村危房改造1609户；开展“金秋助学”，5320名家庭困难学生圆梦大学；加大农村饮水安全监管力度，实现农村供水水质监测覆盖全市所有行政村；继续实施校园体育比赛，免费开放博物馆、文化馆，绵州大舞台惠民演出，城市惠民电影放映等惠民项目。

【脱贫攻坚民生工程】 2016年，全市按照中央、省关于开展脱贫攻坚行动相关文件精神，实施五大脱贫工程，推进平武、北川秦巴山区和三台丘陵地区精准脱贫。全年76个易地扶贫搬迁项目开工率达100%，“生态循环”产业脱贫模式广泛推行，“专业扶贫组织”等9大产业促进会培育壮大。符合低保条件的32253名贫困群众纳入低保，农村最低生活保障标准提高为每年3120元。为在读建档立卡贫困户学生发放补助、减免学杂费、提供免费午餐，医疗救助贫困户1.6万人，取消贫困户报销起付线，贫困户新农合参合率达100%。

【大学生就业创业】 2016年，全市围绕“大众创业、万众创新”要求，突出科技城特色，出台30余项支持创新创业政策，主动吸引优秀科技企业到绵阳发展、优秀大学生人才到绵阳创业。组建国家级孵化器5个、省级孵化器9个、市级孵化器11个、众创空间18个，入驻企业和服务机构3200余家，建成高校毕业生就业见习基地111个，实现高校毕业生创业570人。开展政策、专家、典型、经验、招聘“五进”校园和职业技能鉴定校园行等活动，举办“创青春”全国大学生MBA/电子商务专项赛、首届在校大学生创业计划书大赛、第五届高校毕业生创业大赛等主题活动。营造支持大学生就业创业的良好环境。

【生态环境保护工程】 2016年，全市在四川省率先建立生态文明建设考核指标体系，开展县市区党政主要负责人生态环境离任审计评估工作。开展环保大督察，启动涪江流域水环境生态补偿和水质超标资金扣缴制度，实施“蓝天行动”和小流域水环境整治工程，建设乡镇污水处理设施，加强工业污染源治理、秸秆禁烧、芙蓉溪水环境综合整治等重点工作，累计淘汰燃煤小锅炉597台，占建成区燃煤锅炉总量76%。从源头上有效控制大气、土壤和水污染，实现“天蓝、地绿、水清、人和”的目标。 （陈胤科）

扶贫移民

【概况】 2016年，全市扶贫移民工作按照“人人参与、人人尽力、人人享有”和“六个精准”“四个一批”要求，着力解决住房建设、增

加收入、教育保障、医疗保障等问题，融合资源，构建专项扶贫、行业扶贫、社会扶贫的格局。全市安排市级财政专项扶贫资金1500万元，整合资金4500万元，投入直接帮扶贫困村、贫困户资金10.2亿元，扶贫小额信贷覆盖贫困户3.48万户、贷款4.15亿元。开展对口帮扶藏区彝区贫困县工作。创办“扶贫超市”，成立600余人的“扶贫志愿者服务队”，组建藤椒、獭兔等9家脱贫奔康产业促进会。开展“百企帮百村”精准扶贫行动，467家民营企业联系帮扶贫困村445个，到位产业帮扶资金7987万元。开展“扶贫日”系列活动，募集捐款2510万元，是2015年的3倍。对北川羌族自治县、平武县166个贫困村建成农民夜校166所。根据国家、省贫困对象退出标准和程序，经省、市、县三级验收考核和第三方评估，全市农村贫困人口实现脱贫36442人，占目标任务的100.11%，农村贫困人口减少至79941人，贫困发生率下降至2.07%。贫困村退出方面，全市实现贫困村退出73个，占目标任务的100%，贫困村减少至447个。

▲“六个精准”“四个一批”：指扶贫对象精准、项目安排精准、资金使用精准、措施到户精准、因村派人精准、脱贫成效精准；发展生产脱贫一批、易地扶贫搬迁脱贫一批、生态补偿脱贫一批、教育和社会保障兜底一批。

【脱贫帮扶督导制度落实】 2016年，全市各级强化脱贫攻坚组织领导和指挥体系建设，层层签订责任书、立下军令状，细化落实专项方案，做到责任到人、任务在肩。实行脱贫攻坚推进情况按月通报、按季督查、重点问题督查督办制度，建立完善县市区、市级部门考核、奖惩办法，真正建立起横向到边、纵向到底的脱贫攻坚责任体系。市委、市政府主要负责人5次带队开展脱贫攻坚专项督导，实现全市520个贫困村全覆盖，推动各项措施落地落实。

【产业就业扶贫】 2016年，全市产业就业扶贫按照“六个精准”“四个一批”要求探索实行土地流转租金保底、财政资金量化入股分红等投资收益扶贫模式。全市发展经济作物1666.67公顷，养殖畜禽45万头（万羽），教育培训2.28万人次，实现就业创业4678人，帮助5.54万人就业增收，基本实现有劳动力的贫困家庭有1人就业。绵阳生态循环产业扶贫模式作为全省扶贫、农业系统唯一案例入列“2016四川十大改革转型发展案例”，丘区脱贫攻坚示范区“公司+金融+合作社+建卡贫困户”模式被中央电视台宣传报道。

【住房建设安居扶贫】 2016年，全市通过强化政策、资金统筹整合和土地、技术要素保障，易地扶贫搬迁完成投资4752.8万元、完成率100%，建成住房434套、建成率100%，达到入住条件100%。2050户农村危房改造全部竣工，完成省下达目标任务。易地扶贫搬迁跟踪稽查做法受到省通报表扬。

【教育和医疗扶贫】 2016年，全市全面落实“9+3”免费教育和15年免费教育等政策。从秋季学期起，免除北川、平武两县高中生学杂费，全市在读贫困户本科生每年补助4000元。实施惠及近20万名农村义务教育阶段中小学生免费午餐计划。“十免四补助”医疗救助政策全面实行，贫困人口参加新农合、大病医疗保险参保率达到100%，市县镇级就诊的贫困群众新农合报销比例分别提高到65%、85%、95%，综合各类政策在县内就诊医疗费用支出基本控制10%以内，累计救助贫困群众1.77万人次。投资6231万元，加强贫困地区医疗卫生基础设施建设。开展数据复核认定，37391人符合低保条件的贫困群众纳入低保，农村最低生活保障标准提高到3120元/年人。

【脱贫帮扶机制建设】 2016年，市、县扶贫移民部门建立《贫困户识别负面清单》，定期组织比对、排查和核实，全市动态排除2498人。全市完成16.88万户建档立卡贫困对象数据全部按期录入。落实“五个一”帮扶机制，建立细化具体的职责、考核、奖惩办法，明确驻村帮扶各个主体的职责。组织实施服务支撑第一书记五项“110”制度，市级部门7000余名党员联系帮扶5960户贫困家庭，分级开展驻村干部、贫困村“两委”负责人培训4600余人次。按照财政涉农资金整合实施意见，北川、平武2个统筹整合使用财政涉农资金试点县整合资金近4.7亿元，非贫困县三台县、安州区、江油市统筹整合资金2.7亿元、1.5亿元和1.2亿元。结合省市出台的贫困对象退出、考核等系列办法，在全省首先实施“收入支出台账”监测法，精准脱贫实现有据可依。

【移民安置】 2016年，全市推进大中型水利水电工程移民搬迁安置工作。平武古城水电站、北川开茂水库、盐亭金峰水库、江油沉水水库移民安置任务按《移民安置规划报告》基本完成，进入移民安置阶段验收和竣工验收。全年累计发放移民直补资金3240.53万元，实施农田水利、交通、饮水、种植养殖等各类扶持项目，改善移民生活条件。

【《绵阳市“十三五”脱贫攻坚规划》出台】 2016年，市扶贫移民局完成《绵阳市“十三五”脱贫攻坚规划（2016~2020年）》（简称《规划》）编制。《规划》分十个部分。其主要内容包括指导思想、基本原则、基本要求、目标任务、投资概算和资金筹措、效益预测、保障措施，重点围绕基础设施建设、产业发展、新村建设、教育与就业、生态、医疗卫生、文化惠民、社会保障、社会扶贫等9个方面。《规划》明确到2019年，全市实现11.8989万农村贫困人口全部脱贫，520个贫困村和北川、平武2个秦巴山片区贫困县“摘帽”。

【2016年扶贫日主题活动暨社会扶贫推进会召开】 2016年10月17日，绵阳市2016年扶贫日主题活动暨社会扶贫推进会召开。活动以“扶贫

资料链接：

绵阳市扶贫志愿者服务队，下设各县市区扶贫志愿者服务队及首批医疗救助、农业技术、扶智助学等8个专业扶贫志愿者服务队，力争在全市形成“人人皆可为、人人皆愿为、人人皆能为”的扶贫氛围和参与机制。

绵阳太阳公社网的上线为全市志愿活动开展、社会扶贫提供平台，特别是引入“超市”理念，把贫困村、贫困户在产业项目、基础设施、生产技术、医疗教育、就业等方面的需求全部录入平台，社会爱心企业（人士）可以帮扶生产、认购农产品，也可以独自或众筹认捐项目。

济困，奉献爱心”为主题，旨在进一步搭建社会帮扶平台、调动社会力量参与扶贫济困活动，营造良好的社会扶贫工作氛围。省扶贫移民局副巡视员张海鹏，副市长、市脱贫攻坚领导小组副组长经大忠出席会议并讲话。各县市区党委或政府分管负责人，市脱贫攻坚领导小组成员单位负责人，各县市区总工会、团委、妇联、扶贫局（办）负责人，市扶贫开发协会、市扶贫基金会负责人，市内各高校相关负责人，部分新闻媒体代表、扶贫志愿者代表、扶贫龙头企业代表及贫困村第一书记代表300余人参加会议。

活动期间，进行扶贫志愿者服务队成立和绵阳太阳公社网上线等绵阳“扶贫日”特色品牌活动。命名第二批20家针对贫困村或贫困地区布局发展特色产业，带动贫困户参与产业发展的扶贫开发龙头企业。

（全　科）

社会保障

【概况】　2016年，全市民政系统以做好社会救助与扶贫开发两项制度衔接为重点，以完善社会救助体系为目标，开展城乡低保、医疗救助、临时救助、农村特困人员供养和农村区域性养老服务中心建设等社会保障工作，推进全国最低生活保障系统和绵阳市居民经济核对平台建设。全国最低生活保障系统实现每月对低保工作信息的录入、更正，做到可随时查询全市低保信息数据，基本实现网上数据报送和业务办理。绵阳市居民经济核对平台初步建成，落实机构和人员，完善数据接入和核对机制建设。截至12月底，全市有建档立卡贫困人口16.37万人，已纳入农村低保3.74万人，向8.4万农村低保对象发放特殊生活补贴601.13万元。全市累计保障城乡低保对象314.96万人次，支出6.46亿元，累计支出医疗救助金1.04亿元，救助困难群众33.05万人次。

【城乡低保标准提升与发放】　2016年，全市城乡低保的受理、审核、审批、民主评议、入户调查、张榜公示、发放等工作流程进一步规范。低保救助金实现社会化发放，直接发放到每一位救助对象手中。全面提高城乡低保补助水平，绵阳市人民政府出台《关于调整城乡居民最低生活保障标准的通知》（绵府发〔2016〕24号），农村低保保障标准由220元/月（2640元/年）调整为260元/月（3120元/年），从2016年7月1日起执行，超过2016年国家扶贫线（3100元）20元。全市向8.4万农村低保对象发放特殊生活补贴601.13万元，其中，符合条件的农村低保兜底对象2.5万人（残疾低保对象因发放残疾人生活补贴，不再发放特殊生活补贴）、发放金额253.36万元（2016年6339名低保兜底脱贫对象发放金额138.23万元）。对低保家庭中的老年人和重病、重残人员以及有义务教育阶段子女的低保家庭通过各项专项救助制度实施分类施救。全年累计保障城乡低保对象314.96万人次，支出6.46亿元，城乡月人均补助水平分别达278.81元、161.04元。

【城乡医疗救助】　2016年，按照省民政厅《关于进一步做好医疗救助工作的通知》精神，加大医疗救助力度，合理界定救助范围，着力提高救助水平。继续推进医疗救助与新农合一站式结算机制，方便农村困难群众及时快捷获得医疗救助。全年累计支出医疗救助金1.04亿元，救助困难群众33.05万人次。医疗救助重点对象政策范围内住院自付费用救助比例达到72.5%。

全年，全市资助城乡低保对象、特困供养人员26.17万人参加基本医疗保险，支出资金3143.13万元。印发《绵阳市建档立卡贫困人口医疗保障补充政策实施方案》（绵卫发〔2016〕34号），对建档立卡贫困人口参加基本医保保险的个人缴费部分由财政给予全额资助，实现全员参保参合。符合条件的建档立卡贫困人口纳入重特大疾病医疗救助范围，对患重特大疾病需要长期门诊治疗，导致自付费用较高的，给予门诊救助。对在定点医疗机构发生的住院费用，其经基本医疗保险、城乡居民大病保险等报销后个人负担的合规医疗费用予以救助，全年支出医疗救助金700.83万元，累计救助1.247万人次。对患重特大疾病需要长期门诊治疗的救助比例达55%，全年不超过1000元。

【特困人员供养和临时救助】　2016年，全市通过开展特困人员摸底排查，符合农村特困供养条件的对象2.1万人全部纳入供养范围，集中供养农村特困对象1.39万人，集中供养率达65.7%。农村特困供养人员分散和集中供养标准分别达到每人每月不低于300元和400元。对遭遇火灾、交通事故等意外事件，家庭成员突发重大疾病的贫困家庭及时给予临时救助。全年累计临时救助1.9万户次，支出1935.24万元，户均救助水平1012.74元，充分发挥托底功能。

【区域性养老服务中心建设】　2016年，全市建成区域性养老服务中心26个，完成目标任务100%。改造床位1373张，入住社会老人251人，为农村老年人提供生活、医疗、文化、娱乐、精神慰藉、矛盾排解等服务2.53万余人次。　（陈振宇）

社会保险

【概况】 2016年，全市落实城乡养老保险制度转移衔接、待遇调整、断保补缴、降低养老保险企业缴费比例等各项养老保险政策，调动企业、城乡群众参保积极性，扩大参保覆盖面。全市社会保险参保559.98万人次（其中城乡居民养老保险参保221.63万人、城镇居民医疗保险参保83.56万人）；职工养老、医疗、失业、工伤、生育五大社会保险参保人数分别为69.28万人、68.78万人、36.61万人、41.47万人、38.65万人。全市机关事业单位养老保险制度征收、退休待遇支付实施，全市养老保险的覆盖范围从最初的企业职工扩大到城乡居民和机关事业单位职工，基本实现各类人员参保全覆盖。

【养老保险转移】 2016年，全市落实养老保险关系跨地区转移接续、居保与职保互相转移接续、职工养老保险应保未保的补缴政策。全市办理省、内外养老保险关系转移接续2.36万人次，企业职工养老保险与城乡居民养老保险制度相互转移衔接6921人，为应保未保、下岗职工补缴养老保险费1021人。

【退休人员养老金调整】 2016年，全市477061人享受2016年退休人员基本养老金调整政策，月调整总金额6511.41万元，补发2016年1~9月调整总金额5.86亿元，每人每月平均增加136.49元，人平月养老金由1742.89元增加到1879.38元。

【推动企业养老供给侧改革】 2016年，全市贯彻供给侧结构性改革关于“降成本”的相关要求，帮助企业发展、减轻企业压力。允许经营困难企业阶段性缓缴养老保险费，为2家企业办理缓缴养老保险费118.35万元。缓解困难企业和个体参保人员缴费压力，下调企业职工基本养老保险缴费基数下限，惠及4184家企业、8.6万参保群众；企业职工基本养老保险的单位缴费比例由20%下调为19%，惠及全市18448家参保单位，减征养老保险费1.4亿元。

【城乡扶贫攻坚】 2016年，全市建立建档立卡贫困人员城乡居民养老保险参保台账，落实重度残疾、独生子女伤残死亡家庭100元/年·人参保补贴政策，引导贫困人员参加城乡居民养老保险。截至12月，全市建档立卡贫困人员参加城乡居民养老保险共11.57万人，其中10055人享受参保缴费补贴政策。

【社保基金管理】 2016年，全市城镇职工基本养老保险征缴57.06亿元；机关事业基本养老保险征缴收入33.9亿元；工伤保险基金征缴1.14亿元；生育保险基金征缴0.9亿元；医疗保险基金征缴23.08亿元；失业保险基金征缴2.48亿元。城乡居民养老保险共征收2.8亿元。全市企业养老保险清欠2.79亿元。企业离退休人员45.37万名，支付基本养老金90.14亿元，全市机关事业单位退休人员49192名，发放养老金5.18亿元。调整43万企业退休人员待遇，补发金额48325.1万元，人均月增资124.87元。调整4.8万机关事业单位退休人员待遇，补发金额10584万元，人均月增资245元。拨付工伤保险待遇7321.56万元，拨付生育保险待遇7911.96万元。全年发放城乡居民养老保险养老金7.11亿元。

【医疗保险现状及改革】 2016年，全市城镇基本医疗保险参保152.34万人。调整提高职工基本医保、居民基本医保最高支付限额至30万、16.5万。按照省政府要求，牵头做好整合城乡居民基本医保有关调研及方案拟订工作，并以市政府办公室名义印发《绵阳市整合城乡居民基本医疗保险整合方案》，启动整合工作。7月1日起，全市（除江油）实现医保基金市级统收统支，参保人员可在全市（除江油）实现就医购药一卡通。出台《绵阳市定点医药机构协议管理办法》，明确医药机构定点由医保经办机构负责进行资格准入，协议管理，全市定点医药机构互认。配合省审计厅对市本级医疗保险基金的审计工作，并按要求做好审计指出问题的整改。将27个康复项目纳入医保报销范围。出台《关于规范特殊重症疾病门诊治疗报销的通知》，规定门诊特殊重症管理、报销目录、报销方式、结算端口和基金上解等办法。与承办保险公司协商确定提高职工补充医保2个百分点的净赔付率并签订补充协议。落实好公立医院改革和国家精神卫生试点有关配套文件拟订出台。

【生育与工伤保险】 2016年，全市生育参保人数38.65万人，全市生育保险基金征缴9016.69万元，支出生育保险待遇7911.96万元。全市工伤保险参保41.47万人，基金征缴11425.19万元，全年支出7321.56万元，上解省级调剂金381万元；当期结余3722.44万元。全市认定工伤1838件，劳动能力鉴定1026人次。

（赵梓宇　何丽莎）

社会福利

【概况】 2016年，市民政部门以助老扶残，增添社会福祉，弘扬慈善美德，建设幸福美丽绵阳为着力点，在做好民生实事项目和民生服务上下功夫。通过争取省民政厅福彩资金支持，完成对涪城区杨家敬老院等机构消防设施改造。以9月5日首个“中华慈善日”为契机，市民政局联合涪城、游仙两区民政局，在城区文化广场开展《慈善法》集中宣传活动，扩大《慈善法》的社会知晓度。完成绵阳市“12349”居家养老服务信息平台建设，并顺利通过验收。

2016年，全市新增民办床位2200张，完成率100%；全市总床位数达到3.8万张，每千名老人平均床位数32张。维修改造公办养老机构床位2150张，完成目标任务的100%。

新建城乡社区日间照料中心298个，完成目标任务的100%，日间照料中心总数达754个。为困难家庭中的失能老人和80岁以上高龄老人提供居家养老服务103950人，完成目标任务的100%。全市为46557名困难残疾人累计发放生活补贴资金3165.918万元。选取游仙区慈善爱心超市作为爱心超市运营示范点以及邮善促民生工作重点区，拨付补助资金50万元支持试点活动。在绵阳市“阳光西雅图”“三汇卫生巷”等楼盘先期启动无障碍适老化改造项目。

【困难残疾人生活补贴制度建立】 2016年3月，市民政局、市财政局、市残联联合出台《关于建立困难残疾人生活补贴和重度残疾人护理补贴的通知》（绵民发〔2016〕19号），建立起向持有第二代残疾证的低保对象发放困难残疾人生活补贴的制度，明确补贴标准是：2016年按每人每月60元执行，2017~2020年每年提高10元，到2020年达到每人每月100元生活补贴标准。市财政按10%的比例对非扩权县给予补助，2016年配套补助资金46.58万元。

【孤儿生活供养】 2016年，绵阳市根据四川省民政厅、四川省财政厅《关于提高全省孤儿基本生活最低养育标准的通知》（川民发〔2015〕198号），从2016年1月1日起，机构养育孤儿最低养育标准提高至1246元每人每月，社会散居孤儿最低养育标准提高至748元每人每月。截至年底，全市孤儿人数650人，其中集中供养97人，分散供养553人。市本级从福彩资金中列支80万元，用于解决市儿童福利院孤儿生活费不足部分。

【居家养老服务平台建设】 2016年，根据国务院、省政府文件精神，结合PPP项目适用范围，绵阳市通过政府与社会资本合作模式（PPP）引入绵阳市居家安养老服务有限公司建设并运营绵阳市“12349”居家养老服务平台，创新地市级建设养老服务信息平台的模式。该平台已经投入运营，促进全市信息化养老工作，是“互联网+”在养老领域的具体体现。平台2016年将通过“线上+线下”的服务模式，为政府购买服务的10.395万老人提供养老服务。

【福利慈善捐赠】 2016年，全市实施废旧纺织品捐赠利用项目。通过大力宣传、广泛发动，号召绵阳市茂业百货，实验小学、中学，九州、长虹等单位捐赠废旧衣物，通过公开招投标的方式产生一家社会组织，负责运送、分拣、清洗、消毒、包装，委托涪城区疾控中心对每批次衣物进行有害病菌检测，将经检测合格的2.9万件捐赠衣物送往阿坝州小金、理县等贫困地区，保障困难群众温暖过冬。9月29日，市民政局在省慈善管理人员培训班上作《绵阳市民政局关于捐赠废旧纺织品综合利用项目相关情况的汇报》经验交流发言。

【《绵阳市养老与健康服务业发展规划（2016~2020）》出台】 2016年，市民政部门通过多次调研论证，广泛征求意见，起草完成《绵阳市养老与健康服务业发展规划(2016~2020)》（简称《规划》），经绵阳市人民政府第99次常务会议审议通过；10月9日，市政府办公室印发《绵阳市养老与健康服务业发展规划（2016~2020)》（绵府办发〔2016〕59号）至各地执行。《规划》包括规划背景、总体要求、空间布局、加快发展养老服务、着力提升医疗卫生服务、促进医养融合发展、大力推进中医药和民族医药发展、切实加强健康管理与促进发展壮大支撑产业、保障措施十个方面内容，其发展目标是：到2020年，基本建立与经济社会发展水平相适应、与居民养老健康需求相匹配、覆盖城乡、功能健全、结构合理的养老与健康服务业体系，养老服务设施覆盖所有城市社区、90%以上的乡镇和60%以上的农村社区，养老床位4.6万张以上，每千名老年人拥有养老床位35~40张，社区体育设施覆盖率超过80%。建设一批特色突出、优势显著的养老与健康服务业基地，培育发展一批技术领先、服务优质的骨干企业（机构）和知名品牌，养老与健康服务业规模不断壮大，成为推动全市经济社会转型发展的重要力量，为建设“幸福美丽绵阳”奠定坚实基础。 （陈振宇）

婚姻与家庭

【概况】 2016年，全市以“最美家庭”为主题，在全市3859个妇女儿童之家开展“家风力量幸福守望”寻找最美家庭活动，举办家庭故事会841次、评选市级最美家庭60户；围绕“谈家风，议家训”，开展城乡家庭“小手拉大手，好家风我来传”“好爸好妈好家风”等主题活动；举办“缘来是你”青年联谊活动，为市直机关、企事业单位、科研单位、部队的单身青年寻找真爱。“幸福使者·母亲课堂”首期讲师培训班开班；继续开展“女童保护项目”，关爱女童人数4万余人。

【幸福美丽家庭工程】 2016年，全市以“最美家庭”为主题，在全市3859个妇女儿童之家开展“家风力量　幸福守望”寻找最美家庭活动，举办家庭故事会841次、选树市级最美家庭60户，覆盖群众189万人次；围绕“谈家风　议家训”，开展城乡家庭“小手拉大手　好家风我来传”“好爸好妈好家风”等主题活动；参与举办“好人好梦·爱聚金秋”大型公益晚会；开展以“孝爱亲和廉”为主题的母亲课堂讲座500余场；命名和授予40个示范家长学校和50名家庭教育先进个人；承接省妇联“科学家教进万家——同心共育”大型公益巡回讲座，家教知识惠及安州区和阿坝藏族自治州2600余名家长；参与“全民阅读”，为会仙路社区、花实幼和市直机关幼儿园捐赠价值2.2万元书籍。

【“幸福使者·母亲课堂”首期讲师培训班开班】 2016年10月20~21日，绵阳市妇联、市教体局、市家庭教育促进会联合举办“母亲课堂、幸福使者”家庭教育骨干讲师培训。培训内容涵盖家庭教育指导师必备能力、儿童早期家庭教育的常见误区及指导、儿童权利保护、心理危

图 112 “女童保护”项目

机干预、家长学校操作实务以及学员实操演练等。来自幼儿园、小学、中学和社区家长学校负责人、基层妇联干部、社会组织家庭教育工作骨干和巾帼志愿者110余人参加。

【“女童保护”项目】 项目2013年启动，以关注乡村女童生理心理，关爱乡村女童健康成长为宗旨，由市妇联与福建恒安集团联合开展。成立由家庭教育指导师、婚姻家庭咨询师、心理咨询师和巾帼志愿者组成的“女童保护”讲师团；在8所小学针对2000余名儿童开展儿童权利保护基线调查，举办2期市级儿童论坛；分级分类的开展成人骨干培训320余人次、儿童骨干培训50余人次，到72所乡镇小学针对14000余名女童开展青春期自我保护公益讲座72场；在安州区千佛镇土桥社区和沸水镇白驹泉社区开展基于社区的儿童保护网络体系建设试点工作。2016年，“女童保护”项目在全市200所乡村小学开讲，关爱女童人数4万余人。 （罗 欢）

物 价

【概况】 2016年，全市居民消费价格总水平（CPI）呈低位温和上涨的运行态势。据绵阳调查队调查数据显示：1~12月全市居民消费价格总水平同比上涨1.6%，比全国、全省分别低0.4、0.3个百分点，在省下达的3.0%调控目标内。基础农产品方面：小麦价格先抑后扬，稻谷价格窄幅波动，经济作物价格涨跌不一，仔猪、生猪价格先扬后抑；生活必需品价格方面：成品粮、食用油价格基本稳定，副食品价格以涨为主，日用工业消费品价格涨跌互现。

【小麦稻谷价格】 2016年前期，全市小麦国内库存量较大，1~8月份价格缓慢下跌，9月份平稳，10~12月份回升。12月份小麦（三等）收购均价1.12元/500克，较6月份上涨7.69%，同比持平；1~9月份稻谷走势较平稳，10月份全市启动稻谷托市收购政策，稻谷价格小幅上涨。12月份稻谷（三等）收购均价1.36元/500克，较6月份小涨2.26%，同比小涨3.80%。

【经济作物价格】 2016年，全省未实施托市收购政策，加之受寒潮天气影响，新上市油菜籽（中等）含油率较低，价格较2015年同期下跌较大。6月份全市新油菜籽（中等）收购均价2.25元/500克，同比下跌7.02%；受国际市场生丝价格上涨对国内的传导影响，6~10月份，蚕茧（混等）收购均价34.88元/千克，同比上涨7.06%。

【仔猪、生猪价格】 2016年初，全市受能繁母猪较正常年份减少，生猪价格居高不下的影响，仔猪价格一路上扬，6月份创年内新高后随着仔猪供应量增加，7~12月份仔猪价格缓慢下跌。12月份仔猪收购均价15.69元/500克，较6月份下跌28.45%，同比上涨40.34%。

1月中旬，生猪价格延续上行走势，全市猪粮比价由绿色区域升至蓝色预警区域（8.0：1以上）运行。春节后，受生猪供应偏紧、仔猪价格上涨以及养殖户惜售等因素影响，生猪价格快速攀升，3月上旬猪粮比价进入黄色预警区域（8.5：1以上），下旬跨入红色预警区域（9.0：1以上），6月上旬生猪价格创近几年新高（10.49元/500克）后回落。12月份全市生猪收购均价9.03元/500克，较6月份下跌11.56%，同比上涨6.99%，猪粮比价（8.28：1）。

【成品粮、食用油价格】 2016年12月，根据调查显示，绵阳市城区粳米（东北珍珠米）2.74元/500克、面粉（本地、特一粉）2.03元/500克，零售均价同比分别微涨0.37%、1.00%；中籼米（本地、二级）2.18元/500克、面粉（外地、特一粉）2.30元/500克，零售均价同比持平。

12月份，全市城区菜籽油（桶装、金龙鱼AE纯香）69.90元/5升、食用调和油（桶装、金龙鱼二代、转基因）56.90元/5升，零售均价同比持平。

【副食品价格】 2016年，全市猪肉价格前升后降，年中创新高：年初以来，猪肉价格在2015年高位基础上又继续上涨，直到6月下旬猪肉价格创新高（15.69元/500克）回落，但幅度不大。12月份全市城区鲜猪肉（去骨一级）零售均价14.24元/500克，较6月份下跌8.42%，同比上涨10.05%。

牛肉价格：12月份全市城区鲜牛肉（牛腩）零售均价28.25元/500克，同比微跌0.46%。

鸡蛋、家禽价格平稳：12月份绵阳市城区鸡蛋零售均价4.92元/500克，同比下跌5.57%；白条鸡和鸭价格基本稳定。

水产品价格：12月份绵阳市城区鲫鱼、草鱼价格同比分别上涨14.48%、1.24%；花鲢、白鲢价格同比分别下跌2.05%、6.00%。

蔬菜价格呈现季节性波动：年初受极端寒冷天气影响，蔬菜减产，加之春节期间部分零售菜商停业，市场需求集中，价格上涨较多，创近年来新高。3月下旬以来，气温回升，本地蔬菜陆续上市，价格逐步回落，7月下旬到9月中旬全市持续高温，本地蔬菜产出量下降，外地蔬菜调入量增加，价格再次上升。12月份，绵阳城区26个蔬菜品种批发均价2.52元/500克，较6月份上涨26.63%，同比小幅上涨2.44%；零售均价3.93元/500克，较6月份上涨18.02%，同比略涨1.03%。

【日用工业消费品价格】 2016年，全市衣着类价格受产能过剩、出口外销不畅以及电商冲击，低档服饰价格下跌，中高端品牌、时令服饰价格在上行通道运行，价格总水平小幅上涨；家庭日化用品类6个品种价格同比5降1平，零售均价小幅下跌2.48%；家用电器类14个品种价格同比8升4降2平，零售均价小涨3.35%；烟、酒类价格中高端白酒价格触底回升，高档烟需求减少，价格小幅下跌，其他中低档烟、酒类产品价格相对稳定。

（熊小蓉　李诗梅）

消费者权益保护

【概况】 2016年，市工商局以“3·15国际消费者权益保护日”纪念活动为契机，开展新闻通报会、举办“电商3·15”等系列活动。加强与行业协会的协作配合，达成消费维权工作共识，建立消费维权工作常态化沟通机制。全市建立网络消费维权服务站4个。消委组织接待消费者来电来访咨询13334人次，受理消费者投诉2630件，解决2608件，投诉解决率达99.2%，为消费者挽回经济损失453.5万元。办理中央电视台“3·15”晚会消费者投诉10件，群众满意率100%。

【绵阳市首个网络消费维权服务站在北川成立】 2016年8月，北川羌族自治县食品药品和工商质监管理局针对推进县电商产业健康发展，确保网购消费者足不出户就能在家门口开展消费维权服务，互联网+“网络消费维权服务站”并及培训会，全县23个乡镇网商平台代表以及8个片区食药工质所负责人参加培训。县消委会对《消费者权益保护法》《互联网广告管理暂行办法》等法律法规进行讲解，对消法保护的范围、网购消费者7日无理由退货、网络交易第三方平台的主体责任等做解读，对网络消费维权服务站的运行制度、工作流程及对消费者投诉的受理、调解、反馈、归档，维权电话值守等日常运行做工作安排。（姜海涛）

城镇居民生活

【概况】 根据绵阳调查队调查显示，2016年，全市城镇居民人均可支配收入29407元，比2015年增长8.2%。收入水平比全国低4209元，比全省高1072元，在全省排名第3；增速比全国高0.4个百分点，比全省高0.1个百分点，在全省排名第12。全市城镇居民家庭恩格尔系数为35.9，比2015年降低1.2。家庭就业者负担系数比2015年每个就业者负担人数减少0.02人。全市每百户城镇居民家庭家用汽车拥有量为30辆，比2015年增加5.8辆，增长23.9%。全市城镇居民家庭现住房人均建筑面积52.4平方米，比2015年增加3.8平方米，增长7.8%。

2016年四川省各市州城镇居民人均可支配收入情况

表60　　单位：元、%

市州名称	2016年	2015年	增速	水平排位	增速排位
成都市	35902	33202	8.1	1	15
自贡市	28455	26267	8.3	9	10
攀枝花	32860	30362	8.2	2	12
泸州市	28959	26656	8.6	5	5
德阳市	29159	27049	7.8	4	19
绵阳市	**29407**	**27170**	**8.2**	**3**	**12**
广元市	25762	23628	9.0	21	1
遂宁市	26962	25012	7.8	16	19
内江市	27986	25787	8.5	13	6
乐山市	28583	26361	8.4	7	9
南充市	25993	23950	8.5	18	6

续表

市州名称	2016 年	2015 年	增速	水平排位	增速排位
眉山市	28691	26395	8.7	6	4
宜宾市	28390	26207	8.3	10	10
广安市	28218	26072	8.2	11	12
达州市	26016	23884	8.9	17	2
雅安市	27352	25318	8.0	14	18
巴中市	25950	23846	8.8	20	3
资阳市	28501	26358	8.1	8	15
阿坝州	28048	25939	8.1	12	15
甘孜州	27101	24978	8.5	15	6
凉山州	25963	24084	7.8	19	19

【居民人均可支配收入】 2016年，全市城镇居民可支配收入从收入构成看，城镇居民人均转移净收入增速最快，达到13.6%；人均工资净收入增长放缓，同比增长6.4%，在收入来源中居于末位。

【县市区城镇居民人均可支配收入】 2016年，全市山区地区城镇居民人均可支配收入增长较快，丘陵地区次之，平原地区增长最慢。分区县看，全市除涪城区和游仙区以外，其余7个县市区增速均高于全市平均水平，其中，北川增速在所有县市区中最高，为9.0%。

【居民人均生活消费支出】 根据绵阳调查队调查显示，2016年，全市城镇居民人均生活消费支出10684元，比2015年增长9.2%。

2016 年绵阳城镇居民人均可支配收入情况

表 61　　单位：元、%

指标名称	2016 年	2015 年	增速
可支配收入	29407	27170	8.2
一、工资性收入	18151	17054	6.4
二、经营净收入	3160	2893	9.2
三、财产净收入	2444	2250	8.6
四、转移净收入	5652	4974	13.6

2016 年绵阳各县市区城镇居民人均可支配收入情况

表 62　　单位：元、%

区县名称	2016 年	2015 年	增速
涪城区	31351	29017	8.0
游仙区	34598	32021	8.0
三台县	27307	25204	8.3
盐亭县	26979	24860	8.5
安州区	27620	25500	8.3
梓潼县	26675	24553	8.6
北川羌族自治县	24888	22824	9.0
平武县	25989	23858	8.9
江油市	28503	26340	8.2

2016 年绵阳城镇居民人均生活消费支出情况

表 63　　单位：元、%

指标名称	2016 年	2015 年	增速	比重
一、消费支出	19561	18133	7.9	100.0
（一）食品烟酒	7016	6731	4.2	35.9
（二）衣着	1679	1624	3.4	8.6
（三）居住	3253	2917	11.5	16.6
（四）生活用品及服务	1299	1216	6.8	6.6
（五）交通通信	2402	2143	12.1	12.3
（六）教育文化娱乐	1954	1720	13.6	10.0
（七）医疗保健	1326	1230	7.9	6.8
（八）其他用品和服务	632	552	14.4	3.2

【居民家庭就业者负担系数】 2016年，全市城镇居民家庭户均人口为2.98人，与2015年持平。户平均就业人口为2.36人，比2015年户平均就业人口增加0.04人。每个就业者负担1.26人，比2015年每个就业者负担人数减少0.02人。 （陈　俐）

农村居民生活

【概况】 根据绵阳调查队调查显示，2016年，全市农村居民人均可支配收入13504元，比2015年增长9.3%。收入水平比全国高1141元，比全省高2301元，在全省排名第5位；增速比全国高1.1个百分点，与全省持平，在全省排名第13位。全市农村居民家庭恩格尔系数为39.2，比2015年提高1.7。家族就业负担系数与2015年持平。

2016 年四川省各市州农村居民人均可支配收入情况

表 64　　单位：元、%

市州名称	2016 年	2015 年	增速	水平排位	增速排位
成都市	18605	17000	9.4	1	10
自贡市	13192	12088	9.1	7	20
攀枝花	14057	12861	9.3	2	13
泸州市	12450	11359	9.6	12	7
德阳市	13951	12787	9.1	3	20
绵阳市	**13504**	**12350**	**9.3**	**5**	**13**
广元市	9819	8939	9.8	20	4
遂宁市	12423	11376	9.2	13	17
内江市	12491	11428	9.3	10	13
乐山市	12749	11649	9.4	9	10
南充市	11273	10292	9.5	15	9
眉山市	13935	12756	9.2	4	17
宜宾市	12843	11746	9.3	8	13

续表

市州名称	2016 年	2015 年	增速	水平排位	增速排位
广安市	12479	11371	9.7	11	6
达州市	11718	10688	9.6	14	7
雅安市	11138	10195	9.2	16	17
巴中市	9969	9084	9.7	19	5
资阳市	13422	12268	9.4	6	10
阿坝州	10702	9711	10.2	17	2
甘孜州	9367	8408	11.4	21	1
凉山州	10368	9422	10.0	18	3

【农村居民收入来源】 2016年，全市农村居民收入来源从收入构成看，人均工资性收入和经营净收入是农村家庭的主要收入，分别占人均可支配收入的比重为40.7%和38.2%。人均财产净收入和转移净收入虽然占比不高，但仍保持较快速度的增长，同比分别增长24.6%和15.5%。

【县市区农村居民人均可支配收入】 2016年，全市山区地区农村居民人均可支配收入增长较快，丘陵和平原地区增长较慢。分区县看，全市有3个区县的增速在平均水平之下，分别是涪城区、游仙区和三台县；5个区县的增速在平均水平之上，分别是盐亭县、梓潼县、北川羌族自治县、平武县和江油市；安州区增速与平均水平持平。

【生活消费支出】 根据绵阳调查队调查显示，2016年，全市农村居民人均生活消费支出10684元，比2015年增长9.2%。

2016 年绵阳农村居民人均可支配收入情况

表 65　　单位：元、%

指标名称	2016 年	2015 年	增速	比重
可支配收入	13504	12350	9.3	100.0
一、工资性收入	5499	5144	6.9	40.7
二、经营净收入	5160	4773	8.1	38.2
三、财产净收入	472	379	24.6	3.5
四、转移净收入	2373	2054	15.5	17.6

2016 年绵阳各县（市、区）农村居民人均可支配收入情况

表 66　　单位：元、%

指标名称	2016 年	2015 年	增速
涪城区	16568	15192	9.1
游仙区	14435	13214	9.2
三台县	13107	12016	9.1
盐亭县	12913	11809	9.4
安州区	14152	12945	9.3
梓潼县	13029	11914	9.4
北川翔族自治县	10677	9644	10.7
平武县	10202	9216	10.7
江油市	14304	13078	9.4

2016 年绵阳农村居民人均生活消费支出情况

表 67 单位：元、%

指标名称	2016 年	2015 年	增速	比重
一、消费支出	10684	9787	9.2	100.0
（一）食品烟酒	4191	3672	14.1	39.2
（二）衣着	767	703	9.1	7.1
（三）居住	1919	1818	5.6	18.0
（四）生活用品及服务	852	821	3.8	8.0
（五）交通通信	1168	1064	9.8	10.9
（六）教育文化娱乐	748	723	3.4	7.0
（七）医疗保健	796	762	4.5	7.5
（八）其他用品和服务	244	225	8.4	2.3

【农村居民家庭就业者负担系数】 2016年，全市农村居民家庭户均人口为3.4人，比2015年户均人口多0.1人。户平均就业人口为2.74人，比2015年户平均就业人口增加0.08人。每个就业者负担1.24人，与2015年持平。（陈 俐）

创业就业

【概况】 2016年，根据调研显示，绵阳市部分山区县的一些企业处于停产与半停产状态，企业出现大量裁员；还有一些企业倒闭，工人失业；一些企业进行技改，先进技术的投入，减少劳动力人员。针对这些问题，制订出台《市属国有企业负责人薪酬制度改革实施意见》开展全市国有企业负责人薪酬制度改革工作；通过搭建就业信息平台、提升劳动力技能、开展跨区域劳务协作、统筹城乡就业、开展就业援助、落实企业稳岗政策、扶持创业等措施促进劳动者创业就业。

2016年，全市城镇新增就业55115人，其中城镇失业人员再就业12944人、困难对象就业4676人，全市平均城镇登记失业率控制在3.83%以内，实现动态消除零就业家庭目标。部分军队退役人员实现就业2805人，其中公益性岗位就业589人；藏区“9+3”毕业生初次就业率98.9%，开展劳务品牌培训2110人。征缴失业保险费2.46亿元，参保人数36.61万人，失业保险待遇发放率达100%，失业人员基本生活得到保障。失业保险稽核面达参保职工人数30%以上，失业保险基金无违规违纪、挤占挪用问题。

【企业工资管理】 2016年，全市开展国有企业负责人薪酬制度改革工作，对市属国有企业负责人薪酬进行了模拟测算和对比，制订出台《市属国有企业负责人薪酬制度改革实施意见》，并报请省国企负责人薪改领导小组审议通过；制定发布2016年全市企业工资增长指导线，调整基准线为8%，上线为13%，下线为3%；调整最低工资标准，由1~2年调整一次改为2~3年调整一次。2016年，全市最低工资标准为每月1380元，非全日制用工工资标准每小时最低为14.4元。

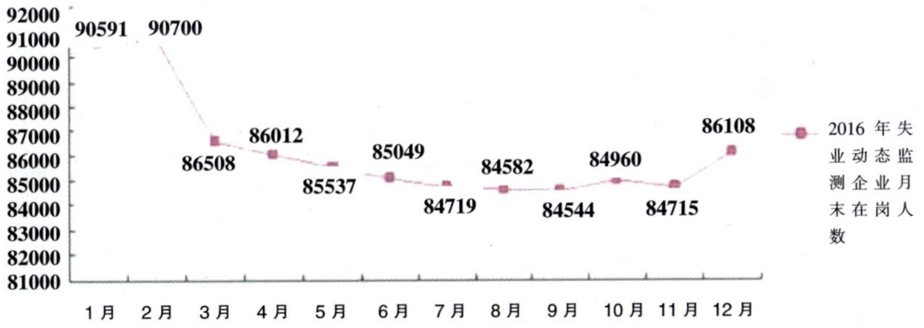

图 113 2016 年失业动态监测企业岗位变化

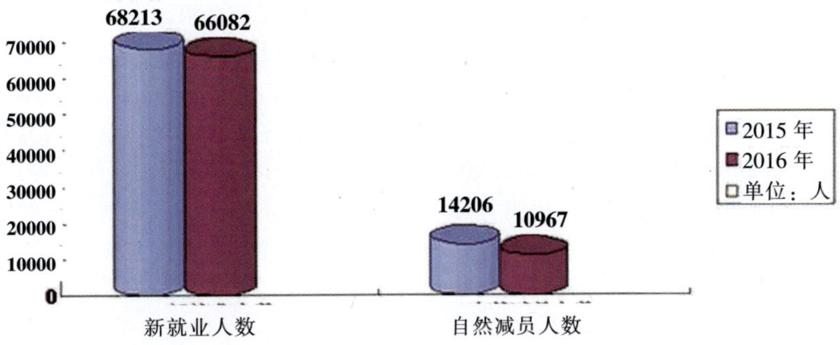

图 114 新就业和自然减员人数对比

【劳动关系管理】 2016年，全市推进企业劳动合同制度，签订工资专项集体合同8284份，覆盖企业16691家、职工416775人，签订率达到96.5%。全市企业（包括规模以下企业）劳动合同签订率96.3%，农民工劳动合同签订率达93.5%。加强劳动监察，开展清理整顿人力资源市场秩序、农民工工资支付、用人单位遵守劳动用工和社会保险法律法规、农民工工资季度排查等多项专项检查行动，为劳动者追回工资、抵押金等经济损失1.44亿元，补缴社会保险费93.65万元。取缔非法职业介绍机构1个。做好劳动争议调解仲裁工作，全年市本级开庭审理劳动争议案件2146件，涉案金额1.85亿元，结案1973件，结案率92%，通过调解方式处理各类劳动争议753件。

【创业平台建设】 2016年，全市建立高校毕业生创业孵化基地、创业示范园区，开展创业培训，鼓励有创业条件、意愿和能力的大学生创业扶持高校毕业生创业641名，为641名成功创业的高校毕业生发放一次性创业补贴664.4万元。开展在绵阳普通高校在校大学生创业培训8125人，建成省级大学生创业园（创业基地）16家，设立大学生创业服务窗口25个。建立市、县、乡（街道）创业就业指导服务中心263个，社区（村）创业就业服务工作站183个。

【“大众创业万众创新绵阳市首届‘农信杯’创业大赛”决赛举行】 2016年4月16日，“大众创业万众创新绵阳市首届‘农信杯’创业大赛”决赛在铁牛广场举行。本次大赛由中共绵阳市委宣传部、绵阳市人力资源和社会保障局、绵阳市科学技术局、绵阳市经济和信息化委员会、中国（绵阳）科技城工业技术研究院、绵阳市人民政府金融办公室、共青团绵阳市委、中国人民银行绵阳市中心支行、绵阳市银监分局、四川省农村信用社联合社绵阳办事处、绵阳市广播电视台共同主办，面向全市中小微实体经济企业家、科技型企业家、农民工返乡创业者及高校创业者，旨在为他们提供就业支持，同时提升农民工返乡创业激情。有300多家中小微企业报名参加比赛，报名项目包含科技创新类、“互联网+”类、军民融合类等方向。最终羌山中华土蜜蜂的保护和利用、高速永磁同步电机智能控制系统试验平台、壹原草中药养生文化产业园、英宏体育产业平台、E回收、特种智能无人机、虚拟现实、低血清细胞培养基的研发和产业化、智能穿戴设备、城乡生活垃圾“sy”创新技术体系项目获得“十佳优质项目”称号。大赛还评选有“导师推荐项目”。

【中国科技城第五届高校毕业生创新创业大赛】 2016年5~8月，绵阳市市人社局、科创区管委会主办的中国科技城第五届高校毕业生创新创业大赛举行。大赛以“创业科技城，成就我未来”为主题，经县市区初赛和报送单位初审，有97个项目入围。7月21日进行复赛，对互联网、软硬件开发、电子商务、研究制造、食品化工制药、文化传媒、科技服务、生态农业、种养殖业等9大行业在内的60个项目进行项目现场陈述、展示和评比，最终选出20个项目进入决赛。8月26日，中国科技城第五届高校毕业生创新创业大赛决赛在科创园区创新中心二期举行。四川九渊医药科技有限公司“古羌文化传承”、四川平强电子商务有限公司“电商平台+农产品”、绵阳市壮源生态农业科技开发有限公司“互联网+生态农业”3个项目获一等奖；绵阳微码信息技术有限公司（科创区在孵企业）以及四川省科瑞特佳成科技有限公司“VR产品研发”等4个项目获二等奖；四川华信智创科技有限公司的“环保检测系统”等4个项目获三等奖；绵阳天羽航科技有限公司等9个项目获优秀奖。

（赵梓宇　何丽莎）

社区建设

【概况】 2016年，全市有社区549个，其中涪城区有社区77个、游仙区55个、安州区27个、江油市96个、三台县110个、梓潼县20个、盐亭县67个、平武县16个、北川县32个、高新区19个、经开区12个、科创区9个、仙海区2个、科学城7个。全市农村社区建设加快推进，市委办、市政府办印发《绵阳市关于开展农村社区建设试点工作的实施意见》（绵委办发〔2016〕16号），指导各县市区（园区）选择5%的村开展试点工作。涪城区被省人社厅、省民政厅评为四川省和谐社区示范区，游仙区涪江街道、北川县永昌镇被评为四川省和谐社区示范街道（镇），江油市太平镇涪滨社区、三台县潼川镇解放街社区、安州区河清镇富乐社区、平武县水晶镇水晶社区被评为四川省和谐社区示范社区。

【城乡社区服务体系完善】 2016年，全市继续深化城乡社区工作用房和居民公益性服务设施建设，推行国有闲置资产“零租金”移交、新建楼盘无偿提供社区办公场所政策，妥善解决部分社区借房租房办公、办公设备老旧与办公手段落后等问题。认真开展社区标准化建设，全面建立起城乡社区台账。贯彻落实省委组织部、省民政厅《关于进一步开展社区减负工作的通知》（川民发〔2015〕140号）精神，开展社区减负工作，各县市区均出台减负文件并全面建立社区依法履行职责和协助党委政府工作事项两项清单。搭建社区综合信息平台，年内完成项目招投标工作。落实社区布点规划，按照市政府2015年通过的《绵阳市中心城区社区布点规划》要求，市民政局印发通知，要求各县市区（园区）要按照规划逐步进行社区的拆分和新增。年内，高新区新建1个社区；游仙区撤销1个社区，拆分1个社区为2个社区，新成立4个社区，村改居1个；盐亭县村改居3个。加强社区协商，印发《关于进一步加强城乡社区协商工作的通知》（绵社建〔2016〕3号），以健全基层党组织领导的充满活力的基层群众自治机制为目标，拓宽协商范围和渠道，丰富社区协商内容和形式。深化“三社联动”，市民政局印发《关于转发〈四川省民政厅关于大力推进“三社联动”工作的意见〉的通知》（绵民基〔2016〕3号），推动“三社联动”工作，加快社区社会组织培育发展、社区工作者队伍建设。

【基层民主自治建设】 2016年，全市依法有序推进第十届村（居）民委员会换届选举工作。市民政局印发《关于认真学习贯彻〈四川省村民委员会选举条例〉〈四川省中华人民共和国村民委员会组织法实施办法〉文件精神的通知》》（绵民基〔2016〕1号），指导各地学习新修订的法律法规。联合市委组织部、市审计局、市财政局、市农业局印发《关于在村（居）“两委”换届前开展“三资”审计的通知》（绵民办〔2016〕35号），各乡镇和街道办事处按照有关法律规定，对第九届村（居）民委员会成员实行任期和离任经济责任审计。市委、市政府于11月29日召开全市村（社区）“两委”换届工作会议，印发《关于做好全市第十届村（居）民委员会换届选举工作的通知》（绵委办〔2016〕72号），启动全市村（居）委员会换届选举工作。统一制作《选举工作指南》5512册、印发选举流程图5321张，加强换届选举指导培训宣传力度。实行“四议两公开一监督”“一事一议”等工作制度，修订完善村民自治章程和居民公约，加大对居务公开的督查力度，完善居民代表会议制度、健全民主议事制度、民主理财制度，推进基层组织科学化和规范化建设。

【社区治理模式创新】 2016年，全市民政管理部门探索创新“三治协同，共创和谐”社区治理新模式，并在全市40个基础条件好的社区完成试点工作。迎宾路社区的先进经验被《中国社会报》《中国社区杂志》刊登推广。继续健全完善村（居）民公约、议事制度、评议工作制度、院落自治制度等10项村（居）民自治制度。鼓励志愿服务，发展各类志愿者队伍，各社区广泛成立诸如护绿、环保、联防、宣传、助老助幼等不同服务内容的志愿者队伍。截至年底，全市培育各类社区社会组织3500余个，涌现出“绵阳市雷锋志愿者服务中心”“绵阳市涪城区启创社工服务中心”等一批作用发挥明显的志愿服务组织、专业社工组织。开展法治创建，社区治理依法开展，涪城区城厢街道体运村路社区等37个社区命名为“绵阳市市级法治示范社区”。

（陈振宇）

社团管理

【概况】 2016年，全市社团组织管理部门深化社会组织管理制度改革，社会组织参与基层扶贫工作，组织6500余名志愿者提供各类志愿服务2.8万小时，服务困难群众3.7万人次。创新推广“三治协同、共创和谐”社区治理模式，此项工作经验获得国务院副总理汪洋“宣传推广，完善提高”的批示。全市依法登记社会组织2907个（社会团体1607个、民办非企业单位1300个），每万人拥有法人社会组织5.4个，社会组织总资产达到49.6亿元，从业人员4.7万余人，志愿参与社会组织公益活动的近10万人。

【社会组织管理制度改革】 2016年，全市社团组织管理部门深化社会组织管理制度改革，围绕贯彻落实《关于推进社会组织改革和发展的意见》（绵委办发〔2015〕32号）精神，出台《关于加快社区社会组织培育发展促进社会组织参与社区治理工作的意见（试行）》，放宽公益类民办非企业单位和城乡社区社会组织登记条件，公益慈善类民办非企业单位开办资金降为3万元；社区社会团体会员数量放宽至20个以上，注册资金降至3000元，民办非企业单位注册资金降至1万元。对暂不具备登记条件的社区社会组织、农村专业经济技术协会、老年人协会等城乡基层社会组织，实行乡镇、街道备案制。对符合条件的行业协会商会、公益慈善类、科技类和社区服务类社会组织，取消职能部门的前置审批，直接向民政部门登记。年内，全市各级民政部门直接登记四类社会组织117个（社会团体69个、民办非企业单位48个）。取消社会团体分支（代表）机构的登记审批、社会团体筹备事项审批以及社会团体会费标准备案，全面推行“一业多会”，允许同一地域同一行业成立多个行业协会，允许不同行业协会（商会）间服务领域有所交叉，实现适度竞争。

【社会组织监管】 2016年，全市社团组织管理部门引导社会组织完善以章程为核心的法人治理机制，完善落实社会组织重大事项报告制度，随机抽检制度和信息披露制度。全市有2377家社会组织完善法人治理机制，占总数的86%。开展社会组织自律与诚信建设活动，落实行为失信惩戒机制，推动建立行业自律体系，指导社会组织制定行业自律公约，建立会员企业诚信档案，推进信息公开和诚信服务，增强社会组织公信力。结合社会组织年检工作和日常巡查工作，开展社会组织执法监察，严格审核社会组织会费票据，规范会费收取行为。协同市财政局，对市中医药协会、市钓鱼协会运营情况进行抽查，并就发现问题勒令整改。

【社会组织培育】 2016年，全市社团组织管理部门加大对重点领域社会组织的培育和发展。立足科技城建设和市委“两个一号”工程，培育市互联网协会、科技城新能源汽车产业联盟、电子商务协会等一批科技类社会组织；立足“三治协同、共创和谐”创新社区治理，发展一批公益慈善组织、社区社会组织；立足经济建设和农业产业化发展，培育包括农业在内的一批行业协会商会。全市依法登记行业协会商会487个、公益慈善类133个、科技类157个、社区服务类102个，培育各类社区社会组织3500余个。

【社会组织孵化中心建设】 2016年，市委市、政府将社会组织孵化中心建设列入重点工作项目。市民政局在组织考察学习长江三角洲地区和成都、遂宁等地社会组织孵化经验的基础上，结合市情实际推动市本级社会组织服务平台建设。6月，总面积1573平方米的绵阳市社会组织孵化中心建成并投入使用；9月，通过购买服务的形式，引入四川光华社会工作服务中心承担孵化中心日常运营管理工作。至年底有12家公益组织及25家农业社会组织入驻孵化中心。

【行业协会商会与行政机关脱钩试点】 2016年，全市社团组织管理部门按照市委、市政府的工作部署和要求，在全市启动行业协会商会与行政机关脱钩试点工作，成立绵阳市行业协会商会和行政机关脱钩联合工作组，市政府副市长经大忠任组长，市委组织部、市委编办、市财政局等为成员单位，会同市发改委印发《绵阳市行业协会商会与行政机关脱钩实施方案》，出台《关于做好全市性行业协会商会与行政机关脱钩试点工作的通知》（绵民民〔2016〕11号），明确全市性行业协会商会第一批脱钩试点任务，制订“时间表”和“路线图”，为全市脱钩改革提供政策性指导。12月9日，召开全市行业协会商业与行政机关脱钩工作会，统一部署脱钩改革工作，并对参与第一批脱钩试点的21家市行业协会、商会及主管部门责任科室进行业务培训。

（陈振宇）

民族宗教事业

【概况】 2016年，绵阳市贯彻落实中央、省委关于民族工作决策部署，市委、市人民政府出台《关于加强新形势下民族工作的实施意见》（绵委发〔2016〕8号）。《实施意见》重点强调支持民族地区发展差别化政策，提出6条创新性措施。配合相关部门防范和坚决抵御一切破坏民族团结、社会稳定的行为，促进民族宗教领域安定。新制定宗教方面应急预案2个，全年化解和妥善处置涉及民族宗教因素的重大矛盾纠纷23起。9月，市民宗局会同市委组织部在市委党校举办全市第12期少数民族干部进修班，来自北川、平武、盐亭等地少数民族干部39人参加培训学习。年内新批准设立宗教活动场所11处。其中，佛教5处、道教3处、天主教2处、基督教1处。全市经批准开放宗教活动场所148处。值守绵阳市《阳光政务》政风行风热线，现场答复市民关注的民族宗教相关问题，接听热线4个，回复网上留言4个，涉及问题9个，其中咨询类3个，投诉意见类6个。承办人大建议3件、政协提案5件。办结率、走访率、满意率为100%。

2016年，北川羌族自治县被列为创建省民族团结进步示范试点县。高新区党群工作部、北川县万豪旅游开发有限公司、北川县羌山雀舌茶叶有限公司、游仙区沈家坝东街社区、平武县虎牙藏族乡上游村、北川县民族中学、平武县龙安清真寺，分别被命名为第三批全省民族团结进步创建活动示范机关（企业、社区、村寨、学校、宗教活动场所）。全市被命名为全省民族团结进步创建活动示范单位（教育基地）15处。游仙区柏林镇王家湾天主教堂获第三届全国创建和谐寺观教堂先进集体，三台县基督教铜川教堂牧师饶建华获第三届全国创建和谐寺观教堂先进个人。市委统战部、市民宗局联合命名挂牌全市首批创建“和谐寺观教堂”活动达标宗教活动场所20处。

【民族地区精准扶贫】 2016年，全市实施民族地区帮扶工程，筛选上报民族地区民生项目，全年实施49个民族地区帮扶工程项目，投入各类资金1285万元。安排60%的市级少数民族发展资金支持民族乡贫困村（户）的脱贫攻坚项目。组织市级爱国宗教团体开展“五教同力·助困脱贫”宗教慈善行动，助推民族地区脱贫攻坚。北川作为四川唯一代表，在国家民委主办的“全国民族自治县打赢脱贫攻坚战、全面建成小康社会经验交流会”上发言。北川、平武的26个贫困村通过省级验收。

2016年，省民委、省民开办下达绵阳市三州开发资金300万元，支援不发达地区发展资金210万元，民族事业发展专项资金110万元，少数民族发展资金365万元。市级两项配套资金300万元。项目资金主要投向北川、平武等民族地区“四小”工程项目、特色种养殖业发展等方面。

【国家民委工作组到绵阳调研】 2016年11月30日至12月1日，国家民委党组副书记、副主任刘慧（正部长级）率国家民委委员单位联合调研组到绵阳，调研民族工作并考察科技城建设，市委书记彭宇行陪同考察并汇报相关工作。11月27~29日，国家民委文宣司副巡视员任乌晶一行到平武县和北川羌族自治县，考察调研少数民族文化创意产业和特色村寨建设发展工作。

【市级爱国宗教团体换届】 2016年，全市爱国宗教团体完成换届工作。市伊斯兰教协会、市基督教三自爱国会、市天主教爱国会相继召开代表会议，选举产生新一届领导班子。白荣其当选市伊斯兰教协会第四届会长，穆忠荣被推选为荣誉会长。曹约翰当选市基督教三自爱国会第三届委员会主席。钟诚当选市天主教爱国会第三届委员会主席。

【宗教领域专项治理】 2016年，全市全面摸排涉及宗教因素场所宗教塑像，对城区非宗教活动场所进行治理规范，专项整治违法违规设立功德箱等借教敛财问题。全市拆除未经批准宗教场所3处，就地封闭或关闭5处，改作他用8处，取缔功德箱20个，打击假僧假道8人。按照省民宗委要求，督促北川在规定时间内完成药王谷景区2处露天宗教造像整改。制止3起非法传教活动，取缔6处基督教地下传教场所。

【民宗工作机构调整】 2016年，市编办印发〔2016〕85号文件批复，同意市民宗局增加民间信仰工作行政监管职责，市民宗局宗教科（行政审批科）更名为宗教与民间信仰管理科（行政审批科），增加行政编制1名，市民宗局有行政编制11名。绵编发〔2016〕69号文件批复，《四川政报》绵阳工作站原1名在编人员划入绵阳市爱国宗教团体管理处，市爱国宗教团体管理处事业编制增加至6名。省委编办、省委统战部、省民族宗教委联合印发《关于加强市县两级民族宗教工作力量的通知》（川编办发〔2016〕134号），绵阳9个县市区都列入全省宗教工作重点县。（吴　东）

残疾人事业

【概况】 2016年，绵阳市残联出台《绵阳市残疾人联合会残疾人居家灵活就业（创业）直接补贴项目实施办法》《绵阳市盲人保健按摩机构星级评定管理办法》《绵阳市扶持农村贫困残疾人扶贫基地建设实施方案》等特惠政策，鼓励、扶持残疾人实现创业就业。出台《做好困难重度成年最低生活保障工作的通知》《0~6岁残疾儿童抢救性康复救助》等政策。全市全年残保金征收10645.77万元，增长31%，首次突破亿元大关，成为全省3个过亿元市州之一；向中央、省争取财政投入5232万元，剔除不可比因素，增长49%；市、县财政投入9560.15万元，增长22.13%。

2016年，盐亭县政府残工委、平武县古城镇残联专干赵元奎被国务院残工委表彰为“十二五”先进，11个单位、6人受到省政府残工委表彰，市精神文明委和市政府残工委表彰“十二五”残疾人工作先进单位51个、先进个人69名。全市受省委、省政府及省筹委会表彰全国第九届残运会暨第六届特奥会筹备工作先进单位11个、先进个人80名。1人获评“四川省五一劳动奖章”，1人入围“2016年感动绵阳十大人物”评选。

【残疾人民生工程】 2016年，全市残疾人养老、医保参保率分别达98.92%、99.72%。残疾人享受低保52827人，危房改造156户，元旦、春节“温暖万家行”慰问9127人。发放重度残疾人护理补贴55798人、2381.5万元，困难残疾人生活补贴42395人、1678万元，机动三轮燃油和C5驾照补贴1162人，“阳光家园”托养补助3474人，无障碍改造1013户。

【残疾人社会保障】 2016年，全市残疾人社会保险落实351592人，其中居民养老保险170072人、居民医疗保险5116人、新型农村合作医疗保险157964人、职工社会保险15498人、其他保险2942人。社会救助和福利补贴118252人，其中最低生活保障54829人、特困人员供养6543人、医疗救助51027人、其他救助5853人。托养服务3648人，其中居家托养3369人、日间照料61人、寄宿托养218人。

【残疾人康复救助】 2016年，市残疾人康复中心配套建设启动，三台县残疾人托养中心开工建设。适配辅具10617件，组织筛查确诊和疑似0~6岁残疾儿童323人，脑瘫、听障、智障儿童康复救助472人，白内障手术复明555人，精神病患者手术和服药1888人。完成全国精神卫生综合管理试点部门任务，三台、涪城列入全省基本辅具适配全覆盖试点。

【残疾人教育服务】 2016年，全市适龄残疾儿童（少年）义务教育入学率达93.77%，各级资助残疾人学生480名、33.9万元，资助在校残疾人家庭子女484人、50.8万元，“金秋助学”残疾人大学生和贫困残疾人家庭大学生130人。新办涪城特校高中、游仙特校学前教育招生，新建盲人阅览室、有声读物室在市图书馆开放。

【残疾人就业】 2016年，全市残联系统组织电商、盲人按摩、农村种养殖业技能培训2378人，发放就业创业直接补贴3796人、226万元，5个基地（组织）获省级“双创”资助45万元，评定星级盲人按摩机构60个，举办第二届残疾人就业专场招聘会，帮助65258名残疾人居家灵活就业。

【残疾人扶贫工作】 2016年，市残疾人联合会对11739名残疾人纳入农村扶贫对象建档立卡，做到精准识别、应纳尽纳。新建困难残疾人生活补贴、贫困残疾人生活费补贴制度，发放残疾人扶贫对象生活费补贴3926人、335万元，巩固、新建扶贫示范基地9个。

【残疾人文化体育】 2016年，全市新建省级残疾人文化基地1个，创建“绵阳残联”微信公众号，各级各类媒体宣传394篇次。成功举办市第二届残疾人文化艺术节，9类作品展演展示、297人参赛，组织参加省第二届残疾人文化艺术节，荣获组织一等奖和作品金、银、铜奖7个。实施以送器材、送方法、送服务为主要内容的康复体育进家庭项目，配送器材6047件。

【残疾人信访维权】 2016年，全市残疾人信访662件次，其中来信42件次、来访620人次。办理省残联交办件5件次，完成率100%；书记市长批示件1件次，完成率100%；理事长信箱来信3件次，市长书记信箱来信3件次，完成率100%。

【残疾人服务体系创新服务】 2016年，全市残联系统实施“互联网+残疾人事务”迈上新台阶，推动“量服”向精准、开放方向发展，深化“精准需求”“精准服务”“精准监督”“精准管理”四大机制，“智慧量服”入库193656人，需求和落实覆盖率、手机录入率等达到省残联要求，44家助残机构进入“机构量服”，安州“开放量服”可自助申请办理3类业务，残疾人工作信息化水平显著提高。

【残联组织建设】 2016年，市残联完成换届工作，部分县市区调整优化领导班子，各级残疾人组织服务功能增强，残疾人工作者精神面貌、能力水平发生可喜变化。专门协会和社会组织更加活跃，创建企业残协1个、助残社会组织4个，市肢协、盲协依法进行社团法人登记。市肢协创建辅具维修中心和截瘫患者生活能力重建训练营，走进农村院落送种养殖技术书籍、辅具设备，走进大专院校、企业开展励志演讲。市盲协参与盲人保健按摩机构星级评定。市聋协开展“听无声、梦启航”系列活动，争取爱心企业捐赠140万元人工耳蜗手术补助金。市盲协、精亲协、智亲协主席参加中国残联远程教育培训。市肢协主席韩玉平荣获世界工业设计最高奖“红点设计大奖”和“2016年度十大最美绵阳人”称号。

【《绵阳市残疾人居家灵活就业（创业）直接补贴项目实施办法》出台】 2016年，市残疾人联合会出台《绵阳市残疾人居家灵活就业（创业）直接补贴项目实施办法》，明确残疾人居家灵活就业（创业）直接补贴项目是指各级财政和残联为鼓励、扶持、带动残疾人实现居家灵活就业（创业），使用残疾人就业保障金给予残疾人一定资金补助的项目。项目实施坚持“公开、公平、公正”，“直补到人、一人一策”的基本原则，切实改善残疾人的就业（创业）状况。规定补贴对象必须同时符合以下条件：一是具有本市户籍，持有第二代《中华人民共和国残疾人证》，年满16周岁以上，具备一定劳动能力；二是本人正在实施除国家明令禁止和限制发展以外的具体就业（创业）项目；三是3年以内已享受各级残联就业（创业）直接补贴的不予纳入，省、市、县三级就业（创业）补贴互不重复。补贴标准：养殖业：5000元/人，种植业、加工制造业4000元/人，乡村旅游、零售业等3500元/人，盲人按摩行业3000元/人。残联（园区社发局）各推选一户能充分发挥示范带头作用的残疾人，补助1万元。

【《绵阳市盲人保健按摩机构星级评定管理办法》出台】 2016年，市残疾人联合会出台《绵阳市盲人保健按摩机构星级评定管理办法》，以规范对盲人按摩协会会员及会员单位，在本市辖区内有固定经营场所的盲人保健按摩机构（以视力残疾人为主要从业人员，以保健按摩为主营项目的经济组织，以下简称机构）的服务星级评定和管理。确定机构星级划分为四个星级，从低到高依次为二星级、三星级、四星级、五星级，依次使用二至五个五角星进行标示。星级划分标准以机构的基本条件、服务与管理、社会信誉为依据，按照本办法规定标准进行星级评定。每个机构申请评定一个星级。如该机构由若干分店、附属店或连锁店组成，各店应单独申请进行星级评定。

【农村贫困残疾人扶贫基地建设】 2016年，全市残联系统认真落实绵阳市扶持农村贫困残疾人扶贫基地建设实施方案，通过建设扶贫基地以促进残疾人灵活居家就业和扶持困难残疾人发展生产、增收致富为目的，发挥基地的引领、示范、带动作用，其扶贫基地申报条件是取得正式登记注册的合法组织，并经济效益好，持续盈利一年以上，安置残疾人就业2名以上（签订一年及以上的劳动合同或从业协议），安排的残疾人年均收入超过国家贫困线标准。经过申报和审核，补助标准是对安置2名（含）以上残疾人就业的扶贫基地，按照7000元/名给予补助。

（舒　瑞）

老龄工作

【概况】 2016年，绵阳市以开展全国“敬老文明号”和“敬老模范县（市、区）”创建活动为契机，实施关爱老年人活动，关注老年事业。在全省创新开展基层老年协会建设星级评比活动，创造条件鼓励支持老年协会参与日间照料中心运行、农村敬老院管理服务、农村空巢老人居家养老服务、困难家庭中的失能老人和80岁以上高龄老人政府购买服务等工作。市级财政支出66万元为市辖区内2.3万余名60岁以上低保老人、特困供养老人、重点优抚对象购买老年人意外伤害保险。举办“绵阳市首届老年文化艺术节暨养老服务业推介展示会”等老年文体活动达80余场次。涪城区、三台县被四川省人民政府命名表彰为“四川省敬老模范县（区）”，市老年大学等4家单位被评为“全国敬老文明号”，北川县老年活动中心等11家单位被评为“全省敬老文明号”，涪城区杨金凤等7人被评为2016年度全国“敬老爱老助老模范人物”。

2016年，绵阳市有60周岁以上老年人口113.83万人，65周岁以上老年75.54万人，80周岁以上老年人12.36万人，老年人口比为10.8%，100岁及以上老年人279人（老龄系统统计）。全市各级老年大学116所，在校人数2.02万人；各级老年活动中心（室）1898个，参加人数32.48万人；各级登记备案的老年协会3677个，参加人数45.28万人。

【高龄老人补贴制度】 2016年，全市建立实施80周岁老年人高龄津贴制度，对80周岁及以上老年人发放25元至400元的高龄津贴。全年全市各级财政支出5000余万元，惠及全市12万余名老年人。

【老年大学建设】 2016年，全市各级党委、政府重视老年教育事业，投入大量资金、人力、物力兴办覆盖城乡的116所老年大学。市财政投资8700万余元建成全省一流的绵阳市老年大学，建筑面积12000余平方米，设置22个教室，开设文学、美术、声乐、器乐、舞蹈、健身6大系，32个专业，85个教学班，并设有九州分校，基本满足不同层次学员的学习需求，搭建学员展示自我、服务社会的大平台，成为全市民生工程的重要标志。

【“绵阳市首届老年文化艺术节暨养老服务业展示推介会”活动】 2016年10月12日，为弘扬中华民族尊老、敬老、爱老的传统美德，搭建老年群体才艺展示平台，展现当代老年人热爱生活、蓬勃向上的精神风貌。绵阳市老龄工作委员会主办，市民政局、市委老干局、市文明办、市老龄办、国寿绵阳分公司承办的2016年“绵阳市首届老年文化艺术节暨养老服务业展示推介会”活动启动仪式在涪城区铁牛广场举行。此次活动在全市各县市区、驻绵阳各单位征集书画作品120余幅、摄影作品160余幅、文艺节目14个。作品和节目从不同视角、不同侧面反映绵阳市各级党委、政府对老龄事业、老年工作、老年群体的高度重视和亲切关怀、反映社会各界尊老爱老敬老的良好风尚、更反映广大老年群众“老有所乐”的精神风貌和参与“幸福绵阳”“美丽绵阳”建设的高昂热情。

活动期间，市内各公办福利院、民办颐养园、养老服务社会组织、居家养老服务中心、养老信息化服务平台等18家单位参加养老服务行业推介展示；市中心医院、市中医院在现场为老年人进行免费体检、健康咨询、健康养生常识宣传；市法律援助中心为前来的老年人提供法律咨询，登记法律援助业务，发放各类法律宣传册、宣传资料500余份；市民政局为群众宣传绵阳市加快发展养老服务业的一系列政策和鼓励、扶持措施，为老年群众详细讲解养老、优抚、社会救助等惠民政策，发放1000千余份（册）宣传资料和宣传卡。 （陈振宇）

彩票业

【福利彩票】 2016年，绵阳福利彩票分中心设有综合科、市场一科（即开票）、市场二科（电脑票）、营销宣传科四个业务部门；下设江油市、三台县、安北片区（含安州区和北川县）片区工作站；中福在线绵阳五金机电城销售厅、绵阳市花园路销售厅、绵阳市长虹大道销售厅和江油市滨江华城销售厅4个，管理460个电脑票投注站。

2016年，全市福利彩票销量实现5.25亿元，总销量全省地级市州第一，即开票销量破亿、全国排名第28名。全市级社会福利彩票公益金上年结转493.52万元，省下达绵阳市2314.2万元，实际支出2453.42万元，年末滚存结余354.3万元。福利彩票公益金主要用于扶老、助残、救孤、济困、赈灾等各项社会福利事业。全市养老体系建设资助819万元，市老龄办举办敬老月活动资助13.3万元，市民政局临时救助10万元，灾害信息员培训资助20万元，市防灾减灾中心维护费30万元，万江眼科医院开展“2015年晚晴行动白内障补助”活动10.5万元，社会组织孵化中心工作经费资助39.8万元，救灾物资储备仓库土地耕占费资助40.8万元，市中心社会福利院设施设备改造资助30万元，市级养老护理员培训资助20万元，儿童福利院孤儿基本生活费资助80万元、设施设备改造资助41.1万元，市救助管理站维修资助18万元，“金秋助学”活动资助57.6万元，废旧纺织品综合回收利用资助8.3万元，各县市区养老服务体系建设资助315.5万元。根据四川省财政厅《关于盘活存量资金有关事项的通知》（川财预〔2015〕21号）调出福彩公益金899.52万元。

【体育彩票】 2016年，绵阳管理站在售网点数460个，增加19个。全年体彩销售总量25400万元，基础目标完成率112.2%；同比增长3200万元，增长14.1%，全年投资70余万元通过网点、报纸、公交站台牌、网络等平台加强体彩宣传，参加体育公益活动5次以上，提高体彩的知晓度及销售额。“乐透型”“竞彩型”“即开型”三大游戏类彩票完成率82%、151%、101%，市体馆站荣获省体育局2016度“年度销量增长奖”“年度销量贡献率奖”。

【福利彩票资金使用情况】 2016年，绵阳市市级福利彩票公益金筹集情况按省财政厅留成彩票公益多比例分成。全年省财政厅下达绵阳市福利彩票公益金2314.2万元。根据《四川省人民政府办公厅关于调整彩票公益金分配政策的通知》（川办发〔2006〕53号）和省堸政厅、省民政厅、省体育局文件精神，2016年度市级社会福利彩票公益金上年结转493.52万元，省民政厅下达绵阳市2314.2万元，实际支出2453.42万元，年末滚存结余354.3万元。支出分配情况：：安排用于全市养老体系建设819万元，市老龄办举办敬老月活动13.3万元，市民政局临时救助10万元，灾害信息培训20万元，市防灾减灾中心维护费30万元，万江眼科医院开展“2015年昨睛行动白内障补助”活动10.5万元，社会组织孵化中心工作经费39.8万元，救灾物资储备仓库土地耕占费40.8万元，市中心社会福利院设施设备履行30万元，市级养老护理员培训20万元，儿童福利院孤儿基本生活费80万元、设施设备改造41.1万元，市救助管理站维修18万元，“金秋助学”活动57.6万元，废旧纺织品综合回收利用8.3万元，各县市区养老服务体系建设315.5万元。另根据四川省财政厅《关于盘活存量资金有关事项的通知》（川财预〔2015〕21号）调出福彩公益金899.52万元。 （陈振宇）

殡　葬

【概况】 2016年，全市建有1个市级殡仪馆（绵阳市殡仪馆）和5个县级殡仪馆（安州区、盐亭县、梓潼县、三台县、江油市殡仪馆）。

绵阳市殡仪馆有火化炉7台，全年火化遗体7952具。

安州区殡仪馆有火化炉3台，全年火化遗体3517具。

盐亭县殡仪馆有火化炉4台，全年火化遗体1851具。

梓潼县殡仪馆有火化炉3台，全年火化遗体459具。

三台县殡仪馆有火化炉4台，全年火化遗体2703具。

江油市殡仪馆有火化炉5台，全年火化遗体5960具。

【殡葬管理】 2016年，全市贯彻《殡葬管理条例》《公墓管理条例》等殡葬法律法规，落实民政部等9部委联合印发的《关于推行节地生态安葬的指导意见》，印发《绵阳市关于推行节地生态安葬的实施意见》，推进节地生态安葬、绿色殡葬；深化惠民殡葬工作，全年有4098人享受惠民殡葬政策，减免费用421.77万元；春节、清明节期间群众祭扫安全、文明、有序；继续巩固殡葬管理服务专项整治活动成果，落实民政部部署的“殡葬服务提升年”和省民政厅“全省殡葬行风建设年”的活动要求，努力促进殡葬行业规范化建设。（陈振宇）

武引二期工程武都水库下闸蓄水

2010 年

1月30日，成都、绵阳、德阳、遂宁、乐山、雅安、眉山、资阳等8个城市在成都签订区域合作框架协议。成都经济区是全省五大经济区和成渝经济区的重要部分，8个城市签署的《成都经济区区域合作框架协议》，标志成都经济区一体化发展开始起步。

1月31日，北川县永昌镇挂牌成立。永昌镇是汶川特大地震后唯一整体异地迁建的县城驻地，为北川县新县城所在地，辖常乐、红岩、顺义、红旗、温泉、东鱼6村，面积25平方千米。2008年12月，胡锦涛总书记在四川慰问灾区群众时，为北川新县城亲自取名为“永昌”，意为永远繁荣昌盛。

5月1日，全国首个非物质文化遗产研究院在四川音乐学院绵阳艺术学院成立。

12月29日，全国重点水利工程武引二期武都水库正式下闸蓄水。武都水库2004年11月开工，总库容5.72亿立方米，实际建成总投资为33.39亿元。

概　述

【概况】　2016年，全市县域经济总体平稳、稳中向好，实现“十三五”决胜全面小康、加快发展的良好开局。县域实现地区生产总值1434.75亿元，占全市的78.38%，同比增长8.08%，其中涪城区、游仙区、安州区和江油市地区生产总值（GDP）增速高于全市平均水平；县域地区实现地方财政一般预算收入73.25亿元，占全市的68.06%，同比增长5.77%。，各县市区实现民营经济增加值876亿元，占全市的78.51%，实现民营工业增加值350.65亿元，占全市的69.74%。

县级经济综合评价排名情况

表 68

名称	全省排名	全市排名
涪城区	3	1
游仙区	48	3
安州区	68	4
江油市	22	2
三台县	79	5
盐亭县	108	7
梓潼县	92	6
平武县	135	9
北川羌族自治县	118	8

【农业产业】　2016年，各县市区大力发展生态循环、绿色生态的优质农业，推进农业供给侧结构性改革，着力提高农业供给质量，不断增强农业综合效益和竞争力。全市实现农林牧渔业增加值280.30亿元、增长5.75%。新建成现代农业产业基地17个、高标准农田2.5万公顷。新申报“三品一标”农产品174个。培育新型农业经营主体3152户。全年粮食总产量223.75万吨，增产1.3%，单产增长1.1%。三台县挖掘农业资源优势，强力推进优质粮油、生猪、蔬菜三大主导产业基地建设，大力发展米枣、麦冬等五大特色产业，逐步实现传统低效农业向特色高效农业转变。梓潼县推进“沃野绵州”现代生态循环农业工程，建立许州、三泉、长卿生态循环农业示范基地，不断增加绿色优质农产品供给。

【工业生产】　2016年，游仙、安州、江油、三台规模以上工业增加值增速均超过10%，涪城、游仙、安州、江油、三台增速高于全省平均水平。县域完成工业投资288.12亿元，占全市工业投资的73.93%；完成技改投资260.01亿元，占全市技改投资的72.5%。累计实现工业利润总额76.67亿元，占全市的62.35%。

【城乡居民生活】　2016年，涪城、游仙、江油城镇居民人均可支配收入超过全省平均水平，安州、江油、三台、盐亭、梓潼、平武、北川增速均超过全省平均水平。农村居民人均可支配收入方面，涪城、游仙、安州、三台、盐亭、梓潼、江油超过全省平均水平，江油、盐亭、梓潼、北川、平武的增速超过全省平均水平。县域实现社会消费品零售总额776.2亿元，占全市的78.52%。

【新型城镇化建设】　2016年，全市常住人口城镇化率提高1.5个百分点，达到49.5%。江油、三台中等城市建设初具规模，梓潼、盐亭、平武精品县城加快建设，北川新县城人气商气不断提升。梓潼、北川、平武《县域新村建设总体规划》完成修编。三台县西平镇、涪城区龙门镇等国家、省重点小城镇加快建设。乡镇场镇生活垃圾收运基本实现全覆盖，58个乡镇建成生活污水处理设施。新建成961个幸福美丽新村。平武县虎牙乡上游村等10个村列入第四批中国传统村落名录。大规模绿化绵州十大工程启动实施，生态环境持续改善。

【基础设施建设】 2016年，全年完成交通投资125亿元、增长80%。九（寨沟）绵（阳）高速开工建设。成（都）兰（州）铁路安州段、西（充）成（都）客专江油段、绵（阳）西（充）高速、省道205线绕城改线、省道101线三台段大中修等项目加快建设。建成县乡公路893千米、通村公路973千米、通组道路2460千米。完成81座国省干线公路病危桥整治、11个汽车客运站改造提升。南郊机场新增通航城市4个、总数达到30个，旅客年吞吐量217万人次、增长40.4%。农田水利建设加快推进，完成水利建设投资20.15亿元。草溪河水库全面开工。武引二期灌区工程、开茂水库、沉水水库加快建设。农村饮水安全工程受益群众达到21.8万人。完成城乡电网建设改造投资11.75亿元，9个35千伏及以上输变电项目建成投用。“宽带绵阳”建设加快推进，新改建通信基站2462个，全市无线宽带覆盖率达到91%。 （陈 港）

涪城区

【概况】 2016年，涪城区辖区面积597.7平方千米，其中绵阳国家高新技术产业开发区、绵阳国家经济技术开发区、绵阳科教创业园区3个市直管园区面积175.7平方千米。辖14个镇、2个乡、9个街道办事处，138个村、1070个村民小组，122个社区居民委员会、999个居民小组，其中区本级所辖10个镇、2个乡、6个街道办事处，106个村民委员会、818个村民小组，77个社区居民委员会、711个居民小组。耕地面积11936公顷。有非金属矿藏5种，主要河流2条，旅游景点16个。森林面积14473公顷，森林覆盖率26.1%。年降水量545.5毫米，年平均气温17.9℃，年日照时数1294.2小时。

2016年，全区常住人口90.69万人，城镇化率为76.85%。户籍总人口73.01万人，增加1.06万人，增长1.5%。其中农业人口15.27万人，非农业人口57.74万人。男性36.28万人，女性36.73万人，男女性别比为1∶1.012。人口出生率12.4‰，人口死亡率6.34‰，人口自然增长率6.06‰。

2016年，全区地区生产总值672.71亿元，增长9.0%。实现地方公共财政预算收入55.277亿元，其中税收收入32.91亿元。年末市辖区金融机构各项存款余额3181.7亿元，增长10.4%；各项贷款余额1667.4亿元，增长8.8%。全年实现各类保险、保费收入52.79亿元。

2016年，全区民营经济实现增加值408.06亿元，增长9.2%，占GDP的59.7%，对GDP的贡献率达到60.8%。辖区经济连续5年名列全省县域经济综合评价第三名，被省委、省政府命名为全省首批县域经济发展模范县。

2016年，全区实现农林牧渔业总产值38.95亿元，增长3.7%，有耕地面积11936公顷。粮食作物种植面积14080公顷，减少164公顷；经济作物种植面积18630公顷，减少167公顷。粮食产量84026吨，造林面积达300公顷，森林面积14474.6公顷。全年有效灌溉面积达到10506公顷；排灌动力机械1639台，化肥施用量（折纯）16488吨；农村用电量20477万千瓦小时。新增高标准农田720公顷，万亩亿元现代农业示范基地8个。市级以上农业产业化龙头企业达到44家，新增专合组织6家、家庭农场8家，新认证涪城蚕茧等“三品一标”农产品27个。

2016年，全区工业增加值实现360.7亿元，其中：规模以上工业增加值增长10.1%。年末规模以上工业企业216家，实现主营业务收入1251.2亿元，产销率达99.2%。规模以上工业企业实现总产值1177.1亿元。工业企业实现利润52.34亿元。完成建筑业总产值168.5亿元。新培育国家高新技术企业7家、战略性新兴企业17家，“两新”产业实现产值36.2亿元、增长19.7%。新认定军民融合企业27家，实现军民融合产业产值5.2亿元。实现社会消费品零售额406.97亿元，增长12.3%。进出口总额157143万美元，其中进口总额61688万美元，出口总额95455万美元；外商直接投资合同项目6个83167万美元，实际使用外资金额786.03万美元。完成固定资产投资总额471.5亿元，增长9.9%，新增固定资产投资42.6亿元。商品房竣工面积169.1万平方米；商品房销售面积163.7万平方米；商品房销售额82.8亿元。全区接待游客543.67万人次，增长23.09%。实现旅游总收入82.92亿元，有星级饭店7个，国家A级景区4个。

2016年，全区公路总里程1226千米，等级公路1081.5千米。全年公路货运周转量246587.9万吨千米；公路客运周转量75144.5万人千米。绵阳机场实现旅客吞吐量217.3万人次，实现民用航空货邮行运量16920吨。民用汽车拥有量174700辆，其中私人汽车拥有量174581辆。全年实现邮政主营业务收入1.22亿元。年末本地固定电话用户43.02万户，移动电话用户198.05万户，互联网上网用户55.45万户。

2016年，全区有各类学校102所，在校学生279964人；教师6039人。全区有设施比较完备的大型体育场馆3个，学校体育达标率98.6%。有公共图书馆2所，藏书66.8万册；剧场、影剧院14个；艺术馆、文化馆（站）26个。年末全区广播覆盖率为100%、电视覆盖率为100%，拥有数字电视用户5.4万户；通光纤有线电视信号村通率100%。

2016年，全区有各类卫生机构（诊所）68个，其中医院、卫生院57个，疾病预防控制机构2个（血吸虫病防治站1个），妇幼保健机构2个；年末卫生机构人员8318人，执业医师及执业助理医师2131人，注册护士3659人；卫生防疫人员162人；各类卫生机构实有6540张床位。

2016年，全区城镇居民人均可支配收入31351元，增加2334元，增长8.0%。城镇单位从业人员214830人，从业人员劳动报酬131.57亿元，增长12.87%；城镇从业人员年平均工资61244元，人均增加5376元，增长9.62%。农村居民人均可支配收入16568元，增加1376元，增长9.1%。

2016年，城镇居民消费支出20986元，增长18.1%，城镇居民恩格尔系数为35.7%。农村居民人均生活消费支出13226元，增长9.1%，农村居民恩格尔系数为34.3%；农村居民人均住房面积达48平方米。城镇单位从业人员21.48万人，年末城镇登记失业人数11827人，城镇登记失业率3.83%。城乡居民社会养老保险参保人数9.69万人，企业职工基本养老保险参保人数43.4万人。城镇基本医疗保险参保70.0万人，失业保险参保人数19.42万人；城镇居民最低生活保障9515人；农村居民最低生活保障7566人。

【"涪城区农村产权流转交易中心"成立】 2016年3月30日，"涪城区农村产权流转交易中心"在天泰剑南国际食品城落成。中心是全省首家以企业化模式营运的农村产权流转交易机构，可提供发布流转交易信息、组织交易、抵押、融资、保险等一条龙配套式服务。列入交易的产品主要有农村集体经营性资产、农村土地承包经营权、农村生产设施设备、农业类知识产权和集体林权。

【境外旅客购物离境退税】 2016年4月22日，绵阳市境外旅客购物离境退税工作启动仪式在富临大都会百盛广场举行，绵阳百盛成为全市首家境外旅客购物离境退税商店。凡是在中国境内居住不超过183天的境外旅客，在绵阳百盛任一商场单日购物满500元，离境时均可享受11%的商品退税。

【石塘·商贸物流城党工委、管委会撤销】 2016年6月21日，根据五届区委96次常委会会议精神，区编委印发《关于撤销石塘·商贸物流城党工委、管委会的通知》（绵涪编委发〔2016〕52号），决定撤销中共石塘·商贸物流城工作委员会、石塘·商贸物流城管理委员会。按照属地管理原则，将其负责的商贸物流城经济建设和社会事业发展职责划转到石塘镇党委、镇政府，高端装备制造产业园经济建设发展职责划转到吴家镇党委、镇政府。

【绵阳市23个重大产业项目集中开工】 2016年9月22日，四川省2016年9月重大产业项目集中开工仪式（绵阳分会场）在涪城区龙华光电薄膜新材料产业园项目建设现场举行。此次集中开工的重大产业项目23个，总投资41.38亿元，其中1亿元以上项目10个，项目涵盖电子信息、节能环保、化工、生物医药和新材料等产业。市政府党组成员罗宗志出席仪式并宣布项目开工。市政府副秘书长郑文京主持开工仪式。市经信委副主任王欣介绍全市集中开工项目情况。项目业主代表龙华光电薄膜负责人发言。（郑　刚）

图115　四川省2016年9月重大产业项目集中开工仪式（绵阳分会场）在涪城区举行

游仙区

【概况】 2016年，游仙区面积1000平方千米，辖1个经济开发区（省级开发区，内含省级循环经济示范园区），1个经济试验区，2个街道办事处，16镇、6乡。全年农作物总播面达56735公顷，森林管护面积达6231公顷，森林覆盖率为28.0%，区内有自然保护区1个，自然保护区面积110.73平方千米。

年末，辖区总人口为56.83万人，其中男性人口28.88万人、女性人口27.95万人；农业人口27.32万人，非农业人口29.51万人。全区人口出生率为7.27‰，人口死亡率为5.36‰，人口自然增长率为1.91‰，政策生育率为99.4%。常住人口51.72万人，城镇化率达51.6%，同比提高1.5个百分点。

2016年，全区实现地区生产总值（GDP）202.23亿元，同比增长8.3%。区属实现地区生产总值(GDP)181.88亿元，同比增长8.5%。一产业完成增加值23.92亿元、增长3.7%，二产业完成增加值100.03亿元、增长9.0%，三产业完成增加值57.93亿元、增长9.6%。实现人均地区生产总值38809元。辖区实现社会消费品零售总额85.02亿元、增长12.5%；旅游收入44.63亿元、增长23.9%，接待旅游人数505.84万人次、增长33.7%；电子商务交易额628.1亿元。招商引资到位资金72.06亿元，直接利用外资2000万美元。货物进出口4049万美元、下降77.5%。

2016年，全区实现财政总收入21.43亿元、增长20.8%，其中公共财政收入实现7.76亿元、增长9.1%。全区金融机构各项存款余额为242.18亿元、增长17.2%；金融机构各项贷款余额为198.49亿元、增长4.1%。全区非公有制经济增加值122.61亿元、增长8.6%，非公有制经济占GDP的比重为60.6%，全区非公有制工商企业登记户数16534户，注册资金2120156万元。2016年，全区实现农林牧渔业总产值48.92亿元、增长3.8%。粮食总产量达到224213吨、增长1.3%，肉类总产量达37103吨、下降2.0%，牛奶产量4041吨、下降31.0%，禽蛋产量10254吨，蚕茧产量6784吨，水产品产量为11680吨。新增市级以上农业产业化龙头企业4家，全区市级以上龙头企业达到50家。市级以上农业产业化重点龙头企业实现销售收入53亿元，增长8.0%。

2016年，区属规模以上工业实现总产值364.38亿元、增长13.2%。区属规模以上工业实现增加值增速10.6%，区属规模工业实现主营业务收入304.57亿元、增长8.2%。规模以上工业综合能源消耗量110179吨标煤，规模工业万元增加值综合能耗同比下降8.6%。

全区完成建筑业总产值80.57亿元、增长12.3%，建成保障性住房370套，实施棚户区改造货币化安置2294户。小枧生态湿地公园、韩家脊亲水栈道、游仙绿道等项目投入使用。区内公路总里程为2225.04千米，公路客运周转量19053.63万人千米，公路货运周转量60032.81万吨千米。

2016年，全区有各类学校（幼儿园）141所（不包括辖区内高校），在校生83562人。全区广播覆盖率达到100%，电视覆盖率达到100%。全区有卫生机构388个，共有床位数2169张，全区新型农村合作医疗农民参合率达100%。有敬老院22个，供养人数1567人，床位数1720张；全区城镇基本养老保险参保人数达82896人城镇居民基本医疗保险人数61556人；城镇低保对象10809人，农村低保对象9436人，城镇登记失业人员5998人，城镇登记失业率为3.5%。辖区城镇居民人均可支配收入达到34598元，比2015年增加2578元，增长8.0%；农村居民人均可支配收入达到14435元，比2015年增加1222元，同比增长9.2%。全区发生各类事故30起，死亡15人，受伤25人，经济损失736万元。民生支出15.3亿元，占公共财政总支出的68.7%。

截至年底，全区获2016年全国红十字防灾避险知识竞赛最佳组织一等奖、2014~2015年全国青少年维权岗、2016~2020年度全国科普示范县市区、四川平安建设先进县市区、全国百佳地税合作县级示范区、全国综合减灾示范社区、全国科普示范社区、第五届全国法律援助先进集体，2011~2015年全省法治宣传先进县市区等全国、省、市荣誉近30项。

【固定资产投资】 2016年，游仙区完成全社会固定资产投资173.01亿元，同比增长8.1%。区属完成全社会固定资产投资143.71亿元，同比增长15.2%。在区属投资中：工业性投资52.72亿元，增长13.3%；技改投资43.20亿元，增长8.5%；房地产开发投资15.27亿元，同比增长45.2%，农户投资3.5亿元，同比增长94.4%。全年完成房屋施工面积122.13万平方米，房屋竣工面积5.37万平方米，商品房销售面积28.55万平方米，商品房销售额13.74亿元。

【军民融合产业发展十条扶持政策出台】 2016年11月18日，区委、区政府《绵阳市游区加快推进军民融合产业发展十条扶持政策（试行）》。十条扶持政策内容是：设立军民融合企业落户奖励资金1000万元，支持企业落户游仙；设立军工资质认证奖励资金500万元，支持军工资质认证；设立重大项目建设奖励资金2000万元，支持重大项目开工建设；设立企业做大做强奖励资金1500万元，支持企业发展壮大；设立科研自主创新奖励资金1000万元，支持科技成果研发；设立科技成果转化奖励资金1000万元，支持科技成果实施转化；设立人才引进发展奖励资金1000万元，支持产业人才引育；设立军工企业和院所改制补贴资金1000万元，支持军工企业和院所改制；设立企业融资奖励资金1000万元，支持拓宽融资渠道；畅通机制提供便捷快速高效服务，为企业建立绿色通道。该十条政策自发布生效，试行期为一年。

【国际兰花主题公园】 绵阳国际兰花主题公园位于绵阳游仙区街子镇九洞村，距绵阳城区16千米。公园以兰花为主题、以休闲为核心的国内兰花主题公园。公园有大花蕙兰生产区、世界名贵兰花博览区、花海及多彩蔬菜体验区、湿地滨水养生度假区5大功能区。另有服务管理区、兰花销售区、花田道路栈道、花田景观设施、生态河堤景观等配套设施。该项目计划总投资2亿元，分两期建成，一期投资6600万元、占地33.33公顷，二期计划投资1.34亿元、占地33.33公顷，项目采取

图116　位于游仙区的国际兰花主题公园

图117　安州区雎水镇姊妹桥

"市场化运营、业主主体、政府补贴"的方式实施，绵阳佳旺实业有限公司规划修建。12月30日，公园建成对外开放。（刘　刚）

安州区

【概况】　2016年，全区总面积1189平方千米，辖15镇3乡、234个行政村、27个社区。全区地区生产总值达到117.95亿元，比2015年增长8.4%。人均地区生产总值（GDP）达到30478元，增长7.5%。农业总产值48.82亿元，增长3.87%。农作物播种面积6.24万公顷，粮食总产量25.53万吨，增长1.2%。肉类总产量3.59万吨。有规模以上工业企业102家，实现规模以上工业总产值219.66亿元，同比增长12.42%；规模以上工业销售产值217.83亿元，增长13.56%。完成社会固定资产投资114.32亿元，增长13.2%。实现社会消费品零售总额65.08亿元，增长12.3%。招商引资到位资金42.97亿元，进出口总额达到6997万美元。实现财政总收入13.26亿元，增长26.3%。金融机构各项存款余额161.17亿元，增长9.8%。实现保费收入3.96亿元，增长1%。有旅游者人数654.7万人次，增长30.93%。旅游总收入47.98亿元，增长25.5%。各类学校37所，教职工2538人，在校学生43066人。医疗卫生机构308个，床位1872张，各类卫生技术人员1743人。全区总人口449172人，人口出生率为10.04‰，人口自然增长率为3.56‰。城镇居民人均可支配收入27620.4元，增长8.3%，农民人均可支配收入14152.7元，增长9.3%。企业养老保险参保3.73万人，城乡居民养老保险参保23.9万人；城镇职工医疗保险参保职工2.85万人，城镇居民医疗保险参保人数3.17万人；城镇登记失业率为3.88%，失业保险参保人数1.5万人；新农合参保农民达36.32万人。

【绵阳市安州区成立】　2016年3月20日、4月23日、4月29日，国务院、省政府和市政府分别以国函〔2016〕57号、川府函〔2016〕78号、绵府函〔2016〕105号文件形式做出批复，同意撤销安县，设立绵阳市安州区，保持行政区域不变，以原安县的行政区域为安州区的行政区域，区人民政府驻地为原安县人民政府驻地。保持"县级事权不变"，即经济管理权限不变、人事任免权不变、行政审批权不变；保留"扩权强县体制"2年不变，并给予3~5年的过渡期。同时，不增加人员编制，不增加各级财政负担，实行区管乡镇的行政体制，机构设置根据"精简、效能、统一"的原则不变。

5月20日，经绵阳市委、市政府同意，绵阳市安州区挂牌成立大会在工人文化宫举行，原安县各级机构整体更名为绵阳市安州区的工作机构，并启用新机构印章、标牌、文件版头。标志着安县从此结束1600多年"县"治历史，成为绵阳市国家科技城的重要组成部分。大会上，市委书记彭宇行向中共安州区委授牌授印，廖雪梅代表安州区委接牌接印；市委副书记、市人民政府

图118　5月20日，安州区成立大会召开，市委书记彭宇行向安州区委授牌

市长刘超向绵阳市安州区政府授牌授印，李昊天代表安州区人民政府接牌接印。

随着绵阳城区不断扩展和绵阳国家级高新区、金家林总部经济试验区、安县工业园区加快建设，安州城与绵阳城区基本融为一体，基本实现与科技城同城化发展。

安县撤县设区工作于2014年1月启动，12月11日，十七届县人民政府34次常务会审议确定“安州区”为新区拟命名名称，12月26日至2015年1月6日，县委、县人大、县政协分别召开常委会议进行研究，同时各乡镇党委、政府、人大主席团以及各村（社区）在广泛征求广大党员、干部、群众、人大代表、政协委员和社会各界人士意见的基础上分别召开相关会议进行研究，一致同意“安州区”为新区拟命名名称。2015年1月，安县县委、县政府将《安县撤县设区申报资料》呈报市政府，2月呈报省政府，9月呈报国务院。

【桑枣镇入选全国第四批美丽宜居小镇示范镇】 桑枣镇坚持科学规划“一山一带”旅游综合体，对（2008~2020）总体规划进行修编，结合全国重点镇、全省百镇建设试点镇、全市小城镇建设新要求，编制桑枣镇（2014~2030）总体规划、控制性详细规划和桑枣镇桑河路观光农业产业带“温泉花海”规划。按照“一山一带”发展战略空间布局，建设以高品质温泉、养生养老、乡村旅游为主的全国知名的低山风景型温泉度假旅游小镇。2016年12月，根据《住房城乡建设部办公厅关于开展2016年美丽宜居小镇示范工作的通知》（建办村函〔2016〕827号），在各地自愿申报、省级住房城乡建设部门（农委）择优推荐的基础上，经组织专家审查，桑枣镇被住建部评选为全国第四批美丽宜居小镇示范镇。

【桑枣镇红牌村被列入第四批中国传统村落名录】 2016年12月，桑枣镇红牌村被列入第四批中国传统村落名录。红牌村，位于桑枣镇圆坝子，是桑枣镇人民政府驻地，区域面积6.16平方千米，辖13个村民小组。据羌王城古墓出土的文物显示，先秦时期就有祖先在这片土地栖居。红牌村地形多样，平坝、山林均有，从古至今，这里就是一个商人云集、店铺林立的繁华地方。红牌村历史建筑包括飞鸣禅院、羌王城、何家大院，其中飞鸣禅院被评为四川省第三批省级文物保护单位，是绵阳市范围内规模最大、级别最高的佛教禅宗寺院，羌王城和何家大院是市级文物保护单位。通过对红牌村的建筑、民间文化、民风习俗、自然环境、优美生态、天然景观等进行科学有序的开发利用，发展文化休闲旅游，保障传统村落的人文遗产、自然遗产和民俗遗产得到科学保护，有效传承，稳步发展。

【安州区被列入“国家全域旅游示范区”创建单位】 2016年，全区接待国内外游客654.7万人次，同比增长30.93%；实现旅游收入47.98亿元，同比增长25.5%。2015年，安州区在全市率先提出发展“全域旅游”思路，从“景点旅游模式”向“全域旅游模式”发展思路的转变；2016年10月，安州区被国家旅游局列为第二批国家全域旅游示范区创建单位，成为安州区探索全域旅游发展的“先行兵”。安州区成立“全域旅游示范区”创建工作领导小组，编制完成《安州区全域旅游目的地体系规划》。

12月8日，安州区国家全域旅游示范区创建工作动员会召开，区委提出发展全域旅游的指导思想和定位：“突出‘全域四季康养、乡村休闲度假’主题，进一步做强温泉旅游、做精乡村旅游、做优康养服务、做好要素配套，加快建设国内知名、西部一流的全域旅游目的地。”特色旅游是引领经济转型发展的新引擎，项目落地才能真正助推全域旅游发展。安州区先后引进乐乐世界、上海福盟“菩提花开”、千佛山生态旅游风景区、壹森国际等重点旅游项目。年底，占地46.6公顷、总投资10亿元的“菩提花开”康养旅游项目开工；推进罗浮山景区、花城果乡、幸福七里及猕猴桃走廊、环湖碧荷园、温泉花海、枣皮走廊·蝴蝶谷等乡村旅游项目的提升打造；重点推进花荄旅游综合服务中心、罗浮山温泉旅游度假区等全域旅游规划的13个重点旅游景区、重大旅游项目以及自驾车营地等的策划包装、招商、建设。

【第四届“罗浮山温泉杯”环山环湖自行车公开赛】 2016年3月13日，安州区人民政府主办，安州区国家地质公园管理处、安州区教育和体育局承办的绵阳市安州区第四届“罗浮山温泉杯”环山环湖自行车公开赛在罗浮山下游客接待中心拉开序幕。绵阳市委常委、宣传部长张学民，安州区区长李昊天等区市领导出席活动。赛事吸引包括台湾、香港在内的31个省，125个地市州，143个车队，679名车手报名参赛。国内知名的青海ZGL车队、UCC中国车队、银贝斯中国车队等车队和俱乐部悉数派出选手参赛。此次比赛执行中国自行车最新《竞赛规则》标准，比赛线路集中在安州区，赛道全长50.4千米，首发于罗浮山下国家地质公园管理处，途经乐兴镇、辽安路（桑乐路口）、秀水成青路口、睢水镇、沸水镇，最终到达晓坝中国院子，涵盖安县乡村旅游最美的路段。经过半天的激烈比赛，外地组75人获奖，本地组有61人获奖。

【2016中国舟钓公开赛（四川安县站）】 2016年4月23日至24日，国家体育总局社会体育指导中心、中国钓鱼运动协会、安州区人民政府主办的国家一级赛事2016年中国舟钓公开赛（四川安州区站）在白水湖举行。此次公开赛设立4个赛事站，安县白水湖是揭幕站。比赛从上午7时开始到11点结束，下午1点开始到5点结束，大赛组委会根据选手两天赛程的累计重量进行排名。来自全国各地85名选手经过两天的激烈角逐，成都钓手李阜东以合计重5.21千克的成绩夺得安县分站赛冠军。

【《汶川特大地震安县抗震救灾志》获省地方志优秀成果一等奖】 2016年12月1日，省地方志编纂委员会、省地方志学会联合主办的四川省第十七次地方志优秀成果评奖揭晓，全省有298项成果获奖。安州区选送的《汶川特大地震安县抗震救灾志》获得志书类一等奖，是全市所有奖项中唯一的一等奖获得者。

《汶川特大地震安县抗震救灾志》是绵阳市第一部公开出版的极重灾县的抗震救灾志书。全书字数134.1万字，文前彩图42页，随文配图100余幅，设7篇、60章。《汶川特大地震安县抗震救灾志》详细记述2008年汶川特大地震灾害和无与伦比的抗震救灾事迹，分别从灾情、抢险救灾、医疗防疫、赈灾、灾后重建、辽宁对口援建、英模人物和英雄（先进）集体以及大事记、附录等方面进行记述。该志书为国家、省政府规定的必修专志，安州区7个牵头单位，百余个部门的工作人员合作，记载了这一段难忘的历史。

该书于2009年9月启动至2015年5月出版，历经五年。第一阶段：动员培训，启动搜集资料，确定分志编写人员。从2009年9月至2011年9月，在县内外访、抄、收、录各种史料万余件，近千万字。编写分篇6篇，近200万字。第二阶段：分志编撰和总纂。2012年2月开始总纂工作，并报绵阳市方志办同意，按总纂方案规定的质量标准进行增、删、并、调和第一次、第二次改写，总纂补写每篇无题小序。于2012年6月完成130万余字的送审稿，报县委、县政府和《汶川特大地震安县抗震救灾志》编委会审查验收。第三阶段：报市政府审批前的精加工和深加工。2012年12月，根据县委、县政府领导和编委会以及市人民政府的意见，再次进行修改完善。2013年10月，安州区人民政府报请绵阳市人民政府审批同意出版。2015年5月，《汶川特大地震安县抗震救灾志》由国家方志出版社出版。（杨晓灵）

江油市

【概况】 2016年，江油市面积2719平方千米，有耕地38041公顷，矿藏20余种，旅游景区30多个，其中国家级AAAA级景区5个。窦圌山云岩寺、重华老君山古硝洞遗址、青林口古镇为全国重点文物保护单位。全市森林覆盖率为48.4%。辖29个镇，11个乡，1个省级工业园区，2个街道办事处，96个社区居民委员会，365个村民委员会。人口87.86万人，其中农业人口54.28万人，非农业人口33.58万人；男性人口44.68万人，女性人口43.18万人。年末全市常住人口79.41万人，城镇化率为55.85%，人口出生率9‰，死亡率10.4‰，人口自然增长率2.86‰。

2016年，全市地区生产总值（GDP）实现347.09亿元，可比增长8.4%；人均GDP达43726元，比2015年增加3079元，增长8.4%。非公有制经济实现增加值213.65亿元，增长8.7%，占GDP比重61.6%；非公有制工业实现增加值87亿元，增长9.3%。新增规模企业18家，达到212家，其中“两新”企业36家。规模工业完成总产值538.46亿元，增长10.9%；“两新”产业总产值155.6亿元，增长39%。全市工业总产值过亿元的企业123家，完成产值489.72亿元。

2016年，全年农林牧渔业实现总产值76.42亿元，增长4%。粮食作物播种面积5.11公顷，增长0.2%。全年粮食总产量30.48万吨，增产1.4%。建成幸福美丽新村195个，新村聚居点883个；帮助10个贫困村、5012人（1864户）贫困人口摆脱贫困，完成贫困户易地新建、原址改建107户，C级房屋维修加固21户。

2016年，全市全社会固定资产投资完成183.10亿元，增长12.6%；国内省外项目到位资金70.35亿元。社会消费品零售总额实现163.88亿元，增长13.1%。全市接待国内外游客606.5万人次，增长20.1%；实现旅游总收入80.08亿元，增长20.1%。

2016年，全市境内公路通车里程2934.08千米，其中等级公路2076.03千米（其中高速公路80千米）。全年完成公路客运量955万人次，客运周转量52694万人千米；公路货运量1324万吨，货运周转量179727万吨千米。行政村客运班车通达率为93%。全年实现邮电业务总收入5.46亿元，下降6%。全市固定电话用户15.79万户，增长10.1%。移动电话用户83.71万户，增长17.6%。国际互联网用户22.72万户，增长28.2%。

2016年，全市实现财政总收入44.71元，增长7.5%；地方一般公共预算收入17.64亿元，增长8.1%。财政总支出61.29亿元，增长13.1%。地方公共财政预算支出38.09亿元，增长3.4%；其中财政八项支出26.06亿元，下降2.3%。全市金融机构人民币各项存款余额456.48亿元，增长

图 119　江油市青莲镇李白故居太白碑林

18.1%。金融机构人民币各项贷款余额195.1亿元，增长12.4%。各类保险保费收入4.64亿元，增长25.1%。

2016年，全市新建楼友会颐高电子众创空间、四川省军民两用技术转移和产业孵化中心孵化器2个、总数达到7个，新增面积1.5万平方米、总数达到5.5万平方米，入孵企业149家。新培育国家高新技术企业10家，新增科技型中小企业255家，新增规模以上科技型中小企业8家，全市专利申请600件，授权专利350件，专利技术项目实施转化产值增幅增长13.8%，技术合同成交额4748万元。

2016年，全市有各类学校170所，在校学生9万人，教职工6997人，专任教师5707人。有剧场1个，公园4个，省级风景名胜区3个，图书馆1个，藏书22万册，博物馆2个，文物保护单位37个，电影院4个，乡镇广播电视站14个，广播综合覆盖率100%，电视综合覆盖率100%。全市体育场馆119个，全年免费开放体育场馆20万人次。有医疗卫生机构646个，有医院病床位7329张，卫生机构从业人员6998人。全市参合农民61.94万人（失地农民），参合率达100%。

2016年，江油市城镇居民人均可支配收入28503元，增加2163元，增长8.2%；城镇居民恩格尔系数为35.4%。农村居民人均可支配收入14304元，增加1225元，增长9.4%，农村居民恩格尔系数为39.3%。江油市城镇职工基本养老保险覆盖21.61万人，城镇职工基本医疗保险覆盖12.22万人，城镇居民基本医疗保险覆盖13.43万人，城镇新增就业8452人，城镇登记失业率4.19%。全市拥有各种社会福利收养性机构32家，床位4295张。累计发放低保金3935万元，城乡低保人均月标准分别为420元和260元。

至年底，江油市连续8年获得全省“三农”工作先进市，成功创建全国现代农业示范区，全国休闲农业与乡村旅游示范县，“江油百合”获国家“地理标志”产品，“新安农业主题公园”和“百年好合爱情谷”被认定为省级示范农业主题公园。

图120　2016年国家登山健身步道联赛总决赛

【江油市乾元山风景名胜区项目开工】　2016年5月26日，江油市乾元山风景名胜区项目开工仪式在含增镇乾元山举行。香港路劲地产集团、深圳劲惠基金管理有限公司携手四川乾元山哪吒旅游有限公司，整体开发乾元山省级风景名胜区。该项目总投资30亿元，分三期滚动开发，其中一期项目投入5亿元，建设周期从2016年到2018年。届时，将全面提升金光洞、银光洞、辛夷花观光区等景点景观。

【2016年国家登山健身步道联赛总决赛】　2016年12月11日，国家体育总局登山运动管理中心、中国登山协会主办，绵阳市教育体育局和江油市人民政府承办的2016年国家登山健身步道联赛总决赛在江油市举行。比赛分竞速组、接力组、达人组、亲子组、徒步健身组5个大组，有1800余名选手参赛。

【绵阳华夏历史文化科技产业园项目启动】　2016年12月22日，绵阳市政府与深圳华强集团共同打造，华强集团投资29亿元、占地约70公顷的“绵阳华夏历史文化科技产业园”项目在江油市太平镇合江村启动。绵阳华夏历史文明传承主题园项目以华夏文明从诞生到1840年这段历史岁月为背景，以华夏历史文明传承为主题，以“儒、释、道”文化为核心，着力打造一批标志性的文化项目，主要包括九州神韵、飞跃中华、魅力戏曲、千古风华、禅的智慧、女娲补天、牛郎织女、孟姜女、哪吒、李白文化、道教文化11个主题。设七个区域：文化小镇区、上古之源区、智慧信仰区、民间艺术区、传统文化区、历史风云区和文化科技综合体验区。　（谢小东）

三台县

【概况】　2016年，三台县面积2659.38平方千米，其中耕地面积79324公顷，占总面积29.8%。辖63个镇乡，其中41个镇、22个乡。总户数55.57万户、总人口145.17万人，其中农业人口125.54万人、非农业人口19.63万人，人口出生率9.2‰，人口自然增长率-2‰。

2016年，全县围绕“加快建设四川丘区经济文化生态强县和幸福美丽三台”总目标，把握“四川联动、三产融合、创新驱动、加快发展”主路径，加快构建“现代产业、现代治理、民生福祉”三大体系，推进“脱贫攻坚、产业发展、城乡提升”三大会战。全年实现地区生产总值223.36亿元、增长7.4%，规模以上工业增加值增长10.2%，实现社会消费品零售总额141.52亿元、增长12.3%，全社会固定资产投资102.39亿元、增长11.4%，地方公共财政预算收入8.47亿元、增长7%，城镇居民人均可支配收入27307元、增长

8.3%，农村居民人均可支配收入13107元、增长9.1%。

2016年，全县实现农业总产值129.86亿元，比2015年增长4.1%粮食总产74.27万吨，比2015年增加0.95万吨、增长1.3%，出栏生猪122.93万头，出栏家禽1388.1万羽，肉类总产量12.42万吨，水产品产量1.86万吨。全县水利工程21050处，蓄水提水能力67135万立方米，排灌动力机械6272台，耕地有效灌溉面积7.26万公顷，机收面积4051公顷，农村用电量19943万千瓦小时。

2016年，全县规模以上工业企业76家，实现工业总产值71.81亿元，同比增长14.5%，实现工业企业入库税金2.9亿元，增长10%。全县有科技型中小企业429家，实现高新技术企业产值21亿元，同比增长22.8%。全县16种主要工业产品中，泵、机制纸、纸板和电子元件产量增幅较大，分别增长67%、65.9%、34.8%。实现建筑业产值60.37亿元，同比2015年增长13.5%。年内，三台工业园区实现工业总产值55.7亿元，占全县工业总产值77.57%。工业园区纺织服装、能源化工、食品医药等主导产业实现产值39.16亿元，固定资产投资13.17亿元，其中工业投资10.55亿元。实现电商交易额86.2亿元、增长64.8%。开展第三批8个县级重点镇建设，全县城镇化率达37.2%。新建3个省级生态镇、6个省级卫生镇。固定资产投资到位资金29.95亿元，实现进出口总额2600万美元。投资28亿元的151个民生项目全面完成。18个贫困村、4505户、12038人脱贫。新型农村合作医疗基本实现全覆盖，参保率达99.98%。芦溪镇荣获全国第三批美丽宜居小镇，郪江镇入选全省“十三五”特色小城镇，全年建成省级幸福美丽新村252个。全县城镇化率37.2%。

2016年，全县实现社会消费品总额141.52亿元，比2015年增长12.3%。电商交易86.2亿元，增长64.8%。全年旅游接待游客464.88万人次，比2015年增长8.1%，实现旅游收入45.16亿元。全县全年服务业增加值增长95%。

截至年底，全县获得全国“计划生育优质服务先进单位”“妇幼健康优质服务示范县”，全省“县域经济发展先进县”“县域经济发展模范县”“现代农业林业畜牧业建设重点县”“农产品质量安全监管示范县”“第四轮敬老模范县”。

【五里梁产城新区建设】 五里梁产城新区位于马望路以北、绵（阳）三（台）路以西，与北坝及柳林坝紧密相连，是三台主要的城市拓展区和产业承载地，功能定位以调养制造、电子信息等一类工业及休闲、娱乐、体育、居住、教育园区为主，总面积约8平方千米。2016年，全县集中资源支持建设五里梁产城融合体，五里梁产城新区完成土地征收66.67公顷，上报年度指标53.33公顷，拆迁280户；完成五里梁招商中心的选址及概念性方案设计，南北干道一号路一标段完成工程量的70%，完成投资9100万元，南北干道一号路二标段开工建设。建成3万平方米安置房，完成投资1980万元；完善标准厂房、安置房等项目相关建设手续，做好项目收尾工作。

【涪江美丽岛综合开发项目签约】 2016年8月9日，三台县政府与四川发展天府新区投资有限责任公司举行签约仪式，签约涪江美丽岛旅游康养综合开发项目。四川发展天府新区投资有限责任公司在三台县永明镇、芦溪镇梁家河片区投资康养旅游综合开发项目，包括奇幻乐园、涪江渔港、花田水乡和科技康养社区等建设项目，建设面积约100公顷，总投资20亿元人民币。

【“绵阳市丘区农村扶贫攻坚示范区”建设】 2016年，三台县成立脱贫攻坚指挥部，县委书记马辉、县长吴明禹任总指挥，县委副书记刘玉华任指挥长，实施脱贫攻坚大会战，大力推进脱贫攻坚工作。着力难点突破、区域攻坚，倾斜支持示范区建设，全年开工项目36个，总投资7.3亿元，启动71.4千米县乡道路建设，完成350千米村社道路建设，基本实现农村硬化到村到户；完成土地整理300公顷，新建、整治渠道216千米，渠系建筑物435座，整治山坪塘65口；农村电网改造、宽带乡村工程全面实施；建成133.33公顷甜橙基地、66.67公顷油用牡丹基地、73.33公顷莲藕基地、13.33公顷水产基地、40公顷蔬菜基地、666.67公顷电商基地（红花园村）、5万平方米土鸡养殖场（全区）、2400头川藏黑猪祖代养猪场，新培育各类新型经营主体115家，发展“1211”模式养殖户15户。实施创新示范引领行动，探索形成“四方分成”“股权量化”“公司+金融+建卡贫困户”等扶贫模式，落实小额信贷扶贫分险基金1050万元，制定扶贫小额信贷分险基金管理细则和扶贫小额信贷实施意见，实现贷款余额7324.8万元，完成下达任务的103.23%。开展“扶贫日”活动，全县各级各部门募集款物130.2万元。开展“百企帮百村”行动，103家企业单位结对帮扶99个贫困村，商贸扶贫采购额达110万元。扶贫捐赠折资106.12万元，投入56万元技能培训经费，培训2970人，吸纳63人就近就业。依托“四川爱心扶贫网”“绵阳市太阳公社网”，帮助爱心企业、爱心人士与贫困户对接，捐赠帮扶资金2.27万元。探索“公司+贫困户+电商平台+市场”的扶贫模式，培训建档立卡贫困户660户，38户参与电商实现收入23.4万元。三台县农户自立服务社年内为596户困难群众提供生产发展借款3095.77万元。实现4505户、12038名脱贫人口安全住房、义务教育、基本医疗保障、家家有安全饮水、安全用电和电视收看，18个退出贫困村“1+6”公共服务中心设施配套，硬化道路、通信宽带、计生卫生室、文化室、集体经济积累全面达标，通过市验收、省抽查和第三方评估。

（李国强　刁光辉）

盐亭县

【概况】 盐亭古称"潺亭""秦亭"，因境内多盐井，盐卤出产丰富得名盐亭。位于绵阳以东，北纬30°58′~31°39′，东经105°12′~105°43′，行政区域面积1645.45平方千米。

2016年，全县辖1个省级经济开发区、14个镇、22个乡（1个民族乡），下设332个行政村、64个社区居委会。全县总户数24.86万户，户籍人口57.01万人，常住人口45.44万人。当年出生人口4923人，死亡人口4087人。人口自然增长率1.44‰。实现地区生产总值（GDP）94.19亿元，同比增长7.4%；非公有制经济增加值56.20亿元，增长8.1%。全县工业化率15.7%，城镇化率36.9%。

2016年，全县完成全社会固定资产投资67.30亿元，增长11.4%。实现农林牧渔业增加值36.36亿元，增长4.1%；农业适度经营比例达62%。新增"三品一标"认证品牌8个。全年农作物总播种面积8.27万公顷，增长0.2%。全年生猪出栏43.15万头，出栏小家禽760万羽。肉类总产量5.57万吨，增长0.2%。森林面积达到9.37万公顷，森林覆盖率56.93%。

2016年，全县工业实现增加值14.82亿元，增长9.8%。规模以上工业企业实现增加值增长9.5%。规模以上工业企业17家，完成工业总产值10.99亿元，增长12.6%；实现工业销售产值10.30亿元，增长16.1%；工业生产综合能耗8320吨标准煤，下降6.1%。新增规模以上工业企业3户。全县资质以上建筑企业13家，完成建筑业总产值17.55亿元，商品房销售面积29.81万平方米。零售业实现零售额28.35亿元，实现服务业增加值32.4亿元。新增农村淘宝等电商企业45家，电商交易额7.3亿元。旅游总收入7.17亿元，接待游客总人数156.78万人次。签约资金69.8亿元，实际到位资金40.8亿元、增长5.7%。

2016年，全县公路通车里程2405千米，发送旅客546万人，发送货物141万吨；公路客运周转量30116万人千米，下降16.6%；公路货运周转量15371万吨千米，增长11.8%。完成邮电业务总量14514万元。其中邮政业务总量5223万元、电信业务总量9290万元。有邮政局（所）66处；固定电话机用户3.26万户。实现财政总收入13.98亿元，地方公共财政收入3.26亿元，财政总支出52.4亿元。金融机构人民币各项存款余额151.35亿元，人民币各项贷款余额59.13亿元，各类保险保费收入1.64亿元。

2016年，全县有各级各类学校130所，在校学生45039人，专任教师3639人。组织申报国家级科技计划项目1项，落实无偿资金50万元。组织申报省级科技计划项目10项，落实无偿资金40万元。全年申请专利50件，专利授权40件。有公共图书馆1个，公共图书馆藏书量16.3万册。文化馆1个，影剧院1个，大型体育场馆1个。乡广播电视站36个，广播覆盖率100%，电视覆盖率90%，通有线电视的村430个。

全县有卫生机构593个，从业人员2026人。医院、卫生院技术人员1720人，其中执业医师490人。卫生机构床位数2692张。投入民生资金21亿元，实施民生项目142个，新增城镇就业3684人，失业登记率控制在4%以内。全县城镇居民人均可支配收入26979元，城镇居民人均消费支出17940元；农村居民人均可支配收入12913元，农村居民人均消费支出10284元。城镇职工基本养老保险参保人数66940人；城乡居民社会养老保险参保人数261024人；城镇职工基本医疗保险参保人数26411人；城镇居民医疗保险参保人数74051人；失业保险参保人数10017人，城镇登记失业率3.92%；新型农村合作医疗参保人数479983人。全县城镇享受最低生活保障人数27848人，农村享受最低生活保障人数42125人。

【林山乡青峰村】 林山乡青峰村属于山地地形，三面临山，南高北低，中间呈狭长Y字形山沟状。沟底汇聚之水名美溪，向北流经龙泉村和冯河乡尖子村，在冯河新房村入弥江（东灵，古称灵江）。全村面积3.15平方千米。该村有保存完好的古院落4处，高灵古道观1处，回族清真寺1处，敬氏祠堂1处。

古村落民居建筑群海拔在430~510米之间，整个村落传统风貌破坏较小，古建筑类型多样，工艺及传统民居式样独特丰富，农耕文化符号齐全，民俗面貌颇具特色。现存穿斗木结构（由青石、柏木、青瓦、竹篾泥墙构成）。院落118套，依山弯而建，错落有致，掩映于丛林绿树之中，多套为清代所建，年久失修的有23套。位于洞孔湾的王家大院、正方湾的王氏民居、王家坝老屋、王家坝二房头，正堂屋雕梁画栋、有中国易学和道家文化的太极图案、青龙白虎祥云图案，门窗木雕栩栩如生，房顶有福禄寿喜造型，大院内多处建构天井，形成各具风格的小院落至今保存完好，整个院落背靠尖子山面向高灵古道观呈五岳朝天之势，王家老屋有三道朝门，木雕人物花草活灵活现，石雕砖画线条优美。2016年11月，青峰村入选"第四批中国传统村落保护名录"。

【绵阳天鸿、润祥生物科技有限公司投产】 2016年3月16日上午，经开区新入驻的生物医药企业——绵阳天鸿、润祥生物科技有限公司投产。绵阳天鸿、润祥生物科技有限公司是由甘肃新天马制药有限责任公司投资设立，占地7公顷，总投资约1.2亿元。主要从事生物技术开发、水环境处理；兽药散剂、粉剂、预混剂、片剂、颗粒剂、口服溶液、消毒剂等生产销售。年内完成农业部GMP验收的粉散剂、水针剂、消毒剂、预混剂等生产线16条，农业部批准生产的产品种类138种。5月，在"新三板"挂牌上市。

【2016（丙申）年华夏母亲嫘祖故里祭祖大典】 2016年3月18日，2016（丙申）年华夏母亲嫘祖故里祭祖大典在盐亭县金鸡镇青龙山嫘祖陵举

行。港澳台同胞、海外侨胞代表、海内外知名历史文化人士代表、海内外杰出女代表、著名企业家等各界代表3600余人齐聚嫘祖陵祭祀广场，参加祭祖大典，共拜人文女祖。在祭祖大典上，中华炎黄文化研究会为盐亭授牌“嫘祖文化圣地”。中华全国归国华侨联合会原主席庄炎林，中共中央宣传部原副部长龚心瀚，中华炎黄文化研究会常务副会长赵德润；省政府原副省长韩邦彦、李进，省台办、省妇联、市委宣传部、市人大常委会、市政协、市委统战部等负责人出席祭祀大典。典礼分九项议程，即：击鼓鸣炮、敬献花篮、净手上香、敬献贡品、恭读祭文、行施拜礼、乐舞告祭、高唱颂歌、祈福中华。

【《谁不说咱家乡好——盐亭》城市专题纪录片在盐拍摄】 2016年10月14日，《谁不说咱家乡好——盐亭》城市专题纪录片在盐亭县开拍。该纪录片由香港凤凰卫视栏目剧组拍摄，香港凤凰卫视栏目剧组通过实地走访、摄影记录等方式，收录县城核心景点、酬蚕节、嫘祖古迹、养蚕种植、字库文化、文同墓等历史文化遗产题材。拍摄内容为华夏母亲之都，世界丝绸之源，走访嫘祖古迹、养蚕种桑、字库文化、文同墓、岐伯行医、盐亭美食等。该专题片纪录每集8分钟，凤凰卫视欧洲台和美洲台在黄金时段同步播出。

【2016年中国（盐亭）国际女性微电影年度大展】 2016年10月16日，2016年中国（盐亭）国际女性微电影年度大展在盐亭举行。展会期间举行中国微电影艺术高峰论坛、明星红毯秀、颁奖晚会等活动，吸引著名导演、演员、企业家代表及当地群众一万余人参与。中国电影家协会党组副书记许柏林致辞，市委常委、宣传部部长张学民出席并颁奖，县委书记袁明致辞，县委副书记、县长向赟，县人大常委会主任何光明，县委副书记蒲雪刚等市县相关部门负责人出席活动。

本届女性微电影年度大展评出入围影片50部，年度最佳影片、最佳导演、最佳编剧等奖项一一揭晓。最终，最佳影片为《爱在满山红叶时》《草原母亲》《荔枝的作业》等10部，最佳导演奖由《担米》导演万立林、刘溆文摘得，最佳编剧奖由《塑料金鱼》编剧吴辰理摘得。

（董晶晶）

梓潼县

【概况】 2016年，全县面积1443.92平方千米，辖13个镇，19个乡，1个经济开发区、1个风景区。年末总人口38.39万人。其中女性人口18.63万人；乡村人口31.54万人。少数民族27个。全县有耕地1037.1公顷，森林覆盖率为42.1%。年平均气温17.2℃，年极端最高气温37.7℃，年极端最低气温-6.8℃。年总降水量968.2毫米，年日照时数1255小时。

2016年，全年实现地区生产总值91.78亿元，增长7.6%；规模以上工业总产值109.01亿元，增长11.5%；农业总产值46.77亿元，增长4.16%；服务业增加值25.06亿元，增长9%；社会消费品零售总额38.41亿元，增长12.2%；地方一般公共预算收入2.72亿元，增长8.8%；固定资产投资79.76亿元，增长12.8%；城乡居民人均可支配收入26675元、13029元，分别增长8.6%、9.4%；金融机构存款余额98.99亿元，增长12.7%；贷款余额58.84亿元，增长8.8%；万元GDP综合能耗下降3.5%。全年接待游客492.07万人次、增长24.2%，旅游综合收入48.77亿元、增长28.01%。完成工业投资17.36亿元、技改投资13.43亿元。新增科技型中小企业和高新技术企业28家、规模以上企业2家、专利申请82件、授权30件。建成电子商务县级服务中心3个，农村电商服务中心（站点）85个，实现电子商务交易额9.5亿元。

2016年，全县粮食播种面积6.79万公顷、总产量21.6万吨，出栏生猪46万头、小家禽610万羽，肉类总产量4.3万吨，禽蛋总产量2.2万吨，新增蜜柚基地2000公顷。建成生态循环示范基地4个，新增家庭农场137个、农民专业合作社58个，许州供销社被评为全国基层社标杆社。认证无公害农产品29个、绿色食品10个、有机食品4个、地理标志产品3个，“天宝蜜柚”荣获第十四届中国国际农产品交易会金奖。新增绿化面积4000平方米，县城绿地率达到35.8%，人均公共绿地达到9.36平方米。建成区面积达到8平方千米，常住人口达到7.9万人。城镇化率达到35.75%。森林覆盖率达到43.38%。新建长岭村、东风村等幸福美丽新村90个。双板镇通过国家卫生乡镇技术评估，许州镇入选全省“十三五”特色小城镇。

2016年，全县完成交通投资5.9亿元，新建改建通乡通村道路139.6千米，全县公路里程达到2041千米。投入3.1亿元新建改建各类水利工程2522处。综合治理水土流失面积20平方千米。

2016年，全县新签约医养结合、天然胡椒基丁醚生产线等重点招商引资项目12个，投资总额22.45亿元、增长38.32%。国内省外到位资金24.06亿元、增长32.05%，引进外资680万美元、增长113%。完成5个贫困村摘帽，1003户、3113人脱贫目标任务。设立“五项扶贫基金”，发放扶贫专项贷款4200万元。新建、改造和保护农房67户，完成易地扶贫搬迁96户、274人。农村最低生活保障标准提高到人均260元/月。

全年累计投入民生工程资金7.06亿元，120项省市民生工程、19件民生大事全面完成。新增城镇就业2575人，城镇登记失业率3.91%。城乡居民医疗保险覆盖率分别达到97.1%、99.9%，养老保险覆盖率达到98%。农村义务教育学校学生免费午餐惠及1.17万人。实施文化惠民工程，博物馆、图书馆、文化馆接待群众22.6万人次，举办各类文化活动23场。县文化馆获评国家一级文化馆，县档案馆获

图121 第二届海峡两岸文昌文化交流活动祭祀大典

评国家二级档案馆。

至年底，梓潼县获全国森林防火工作先进县、全省法治宣传教育先进县和现代畜牧业重点县、小型农田水利建设重点县、节水型社会建设重县。

【第二届海峡两岸文昌文化交流活动】 2016年3月11日，国台办批准的2016年海峡两岸重点交流项目，四川省台办和绵阳市人民政府主办，绵阳市台办和梓潼县人民政府承办的第二届海峡两岸文昌文化交流活动在梓潼举行。11日上午举行丙申年海峡两岸文昌祭祀大典；下午在梓潼县七曲山大酒店召开第二届海峡两岸文昌文化研讨会，56位海峡两岸文昌文化研究的专家学者以“中国梓潼·中华文昌·两岸情缘”为主题，围绕文昌文化在当代的思想价值进行深入探讨。活动期间，绵阳市和梓潼县举行投资推介会、绵阳台商产业园挂牌及项目签约仪式、“同宗同文颂文昌”大型文艺晚会。海内外嘉宾480余人应邀参加活动，5万余人旅客参加。

【“1+5”生态循环产业扶贫】 2016年，全县实施“1+5”生态循环产业扶贫，即“政府+企业、金融、合作社、农场主、贫困户”。县委、县政府是负责制定规划、搭建平台、整合项目、落实政策；龙头企业制定生猪养殖标准，全程提供生产原材料和技术服务，回收产品；金融部门为贫困户提供产业扶贫贷款，政府提供担保；扶贫专业合作社是产业扶贫的主体，负责构建利益分配机制，选择经理人经营管理；农场主连片种植果园，消纳生猪粪污；贫困户用扶贫贷款和政府补助折股入社，按股分红。按每30户左右贫困户成立一个扶贫合作社，修建一栋正大“1100”生猪扶贫代养场，场内建设成本价格控制在113万元，其中农业局项目补助资金为20万元，扶贫局借予产业扶持周转金为20万元，合作社向农商银行申请政府贴息的扶贫贷款73万元，三通一平、围墙、水井、净水设备、入场道路、排污管网、高压电接入等基础设施建设费用由县级相关部门配套解决。通过实施扶贫项目，县扶贫专项资金倾斜于扶贫代养场基础设施建设和产业发展，整合各类项目资金5000万元，改善基础设施条件，保障贫困户及扶贫代养场正常生产生活；全县配套发展果园1333.34公顷、其他种植产业200公顷实现生态循环产业发展。

该生态循环产业扶贫模式入选省委改革办、省创新办2016年全省50大改革创新典型候选案例，成为全省十大改革创新案例之一。《人民日报内参》11月第44期以“依靠生态循环农业 推动农业转型发展”为题进行总结、推广；省委政研室省委改革办在《调查决策内参》5月第4期发表专题调研报告《向创新改革要动力 探索产业扶贫新路径—梓潼县“1+5”生态循环产业扶贫的调查与思考》；省委农工委在农村工作3月第6期发表专报《践行发展新理念 创新扶贫新模式—梓潼县探索出“1+5”生态循环产业扶贫模式》，向全省推介。 （颜 友）

平武县

【概况】 2016年，平武县面积5974平方千米，年均气温14.8℃，年降雨量866.5毫米，年均日照时间1376小时，年均无霜期252天。辖9镇16乡、248个村、16个社区居委会、1478个村民小组，有20个民族，总人口18.6万人。县境内有国家级自然保护区2个、省级自然保护区1个，保护区面积1250平方千米，森林覆盖率74.14%。全县有野生植物4100多种，国家保护野生植物55种，国家重点保护野生动物88种，产茶叶、核桃、蚕桑、木耳、香菇、天麻、蜂蜜等，拥有省著名商标1个，国家地理标志产品2个。矿产资源估算储量在12亿吨以上，黄金、锰等矿种储量居全省首位。县境有耕地31.9万公顷，林地48.6万公顷；河流17条，水能蕴藏量为156.77万千瓦，经济可开发量为144万千瓦。

2016年，全县实现地区生产总值37.23亿元，同比增长5.8%；一般公共预算收入2.83亿元，同比下降5.4%；社会消费品零售总额14.81亿元，同比增长11.6%；服务业增加值增速5.2%；规模以上工业增加值增速6.2%；农业增加值增速3.6%。全年新签约招商引资项目8个，协议引资12.6亿元，国内省外到位资金18.39亿元。城镇居民人均可支配收入达25989元，同比增长8.9%；农村居民人均可支配收入达10202元，同比增长10.7%。

全年实现旅游总收入24.52亿元，同比增长29.67%。新建中药材基地870公顷，新改扩建畜禽标准化养殖小区5个，新增“三品一标”认证产品23个、市级以上农业龙头企业2家、专合组织58个。绿野科技完成

图122　平武县报恩寺

上交所Q版挂牌。新建幸福美丽新村65个，虎牙上游村、白马亚者造祖村、木座民族村国家传统村落正式获批，豆叩银岭村入选省级历史文化名村。投入资金5.3亿元，实施民生工程138项。整合涉农资金1.75亿元，推进17个扶贫专项计划，完成扶贫项目32个，4081名贫困人口纳入低保，实施易地扶贫搬迁18户55人，建卡贫困人口县内住院医疗费用实现零支出。全年贫困人口减贫1299户3768人。

【九（寨沟）绵（阳）高速黄土梁隧道破土开工】　2016年2月23日下午，平武县白马藏族乡亚者造祖村海拔2380米的黄土梁山坡一侧，四川路桥集团承建的九绵高速控制性工程——全长13千米的黄土梁隧道破土开工建设，标志着省重点交通工程九绵高速建设拉开帷幕。九寨沟（川甘界）至绵阳段九绵高速公路建设工期为6年，建成后，绵阳到九寨沟约3个小时，缩短到约1个小时。九绵高速公路是《国家高速公路网规划》中第11条纵线银川—昆明（G85）联络线平凉—绵阳的重要组成部分，也是《四川省高速公路网布局规划》中第16条成都放射线成都—九寨沟—甘肃的重要路段，并纳入国家《长江经济带综合立体交通走廊规划》。九绵高速公路路线起于川甘交界的青龙桥，经九寨沟、平武、北川、江油，止于游仙区张家坪，与国道5号线京昆高速相交，绵阳至平武桥隧比约70%，平武至九寨沟桥隧比约90%，九绵高速公路主线沿线将设青龙桥、回龙、双河等17个收费站，设计速度80千米/小时，路基宽25.5米。

【全国公路交通军地联合应急演练】
2016年11月22日，交通运输部、四川省政府、武警交通指挥部联合主办的2016年度全国公路交通军地联合应急演练在四川省绵阳市平武县南坝镇举行。交通运输部副部长戴东昌担任演练总指挥。四川省副省长杨洪波，武警部队副参谋长赵建军，武警交通指挥部司令员傅凌、参谋长高强等出席演练活动。

演练模拟平武县发生6.5级地震，引发山体滑坡、塌方、桥梁垮塌、河道淤塞等次生灾害。四川省政府紧急启动Ⅱ级应急响应，命令四川省交通运输厅报请交通运输部，组织武警交通部队、四川省公路交通应急抢险救援队伍等迅速开展救援。

演练设置应急响应、灾情侦察判断、桥梁架设、巨石爆破清障、塌方体清除、滑坡清理、生命搜救与河道疏浚、堰塞湖排险、救灾物资运输等9个科目，使用单兵图传设备、蟒式全地形两栖运输车、坦克底盘救援突击车、雷达生命探测仪、装甲防护挖掘机、远程遥控挖掘机、“龙吸水”大功率排水车等多种先进设备，架设应急机械化桥、应急动力舟桥等长跨度应急运输桥梁，采用无人机遥感侦察、“二氧化碳爆破”等先进技术。来自交通运输部、武警交通部队、公路建设企业等约500余人参加演练。

【全省乡村旅游与旅游扶贫工作推进大会】　2016年11月23~24日，全省乡村旅游与旅游扶贫工作推进大会在平武县召开。会议学习传达第二届全国乡村旅游与旅游扶贫工作推进大会精神，总结交流全省旅游扶贫工作先进经验和做法，对下一阶段全省乡村旅游和旅游扶贫工作进行安排部署。

省旅游发展委、省扶贫移民局、省农业厅等部门的负责人以及帮扶

图123　黄土梁隧道破土开工

参与单位代表，各市（州）旅游委（局）主要负责人，88个贫困县政府分管领导、旅游局长，22个市（县）挂职分管旅游副市（县）长，四大片区旅游扶贫促进中心负责人，省旅游发展委相关处室负责人参加会议。

（顾　林）

北川羌族自治县

【概况】　北川，古名“石泉”，位于绵阳西部。地理坐标，北纬31°33′17"～32°13′17"，东经103°45′02"～104°43′12"，辖区面积3084平方千米，总人口23.85万人，辖10镇13乡。311个行政村。2016年，全县居民总户数87198户，总人口23.85万人，其中：女性11.62万人。年末常住人口22.08万人。当年出生人口2150人，死亡人口1450人，人口自然增长率1.88‰。

全年实现财政收入5.32亿元（包括上划中央两税和上划中央所得税），比2015年下降6.0%。地方公共财政收入4亿元，比2015年增长8.6%。实现地区生产总值（GDP）43.89亿元，比2015年增长8.3%。人均地区生产总值20243元，比2015年增长6.5%。民营经济实现增加值27.41亿元，比2015年增长8.6%。完成固定资产投资43.00亿元，比2015年增长10.7%。年末工业化率为21.0%，比2015年下降0.4个百分点；城镇化率37.97%，比2015年提高1.2个百分点。

2016年，全县实现农林牧渔业增加值10.59亿元，比2015年增长3.9%。农作物总播种面积2.98万公顷，森林资源覆盖率63.22%。有自然保护区3个，保护区面积65835公顷。有耕地面积11595公顷，实有农田水利工程3246处，有效灌溉面积2080公顷。

2016年，全县实现工业增加值9.23亿元，增长9.1%。实现规模以上工业总产值25.11亿元，增长12.8%；规模以上工业增加值增速9.5%。规模以上工业企业实现主营业务收入22.94亿元，比2015年增长12.8%。年内争取科技项目补助资金333万元，新增高新技术企业1家，高新技术产业产值3.15亿元；新增科技型中小企业23家，累计169家，新增规模以上科技型中小企业4家；新建科技型企业孵化器面积（加速器面积）1.03万平方米。

2016年，北川羌族自治县获评四川省旅游强县，寻龙山景区创建AAAA景区。正河旅游合作社、石椅羌寨被评为全国旅游扶贫示范单位。举办全国桥牌锦标赛、第二届民族风筝节、全市旅发大会、市六运会等21场大型赛事活动。全年接待游客500.57万人次，比2015年增长24.7%，实现旅游收入40.71亿元，比2015年增长25.0%。

2016年，全县公路网总里程2723.99千米，全年公路客运周转量18745.2万人千米，增长0.7%；公路货运周转量31167.5万吨千米，比2015年减少9.3%；水运客运量6.11万人次，比2015年减少50.5%。全县邮政网点12处，通信企业3家，实现通讯业务收入1.34亿元。固定电话机用户2.9万户，移动电话用户18.8万户，互联网用户5.33万户。

2016年，全县有公办、民办幼儿园16所，在园幼儿6016人。小学25所、在校学生10893人；普通初中10所，在校学生5221人；普通高中1所，在校学生3590人；职业中学1所，全日制在校生1660人。普通高中1261人参加高考，本科硬上线873人。全县有体育场馆数1个。

2016年，全县有公共图书馆1个，藏书18万册。文化馆1个，美术馆1个，非物质文化遗产中心1个，剧场1个，影剧院1个，博物馆1个。乡广播电视站23个，广播覆盖率80.75%，电视覆盖率99%，城区数字电视转换率100%。

全县有卫生机构359个（村卫生室），卫生机构人员数1340人，卫生技术人员数1071人，执业（助理）医师297人，注册护士436人。卫生机构实有床位数1338张。

全年环境空气有效监测天数357天，其中优良314天、轻度污染34天、中度污染8天、重度污染1天。规模以上工业企业综合能耗为19.67万吨标煤，比2015年下降4.64%。

2016年，居民人均可支配收入15627.7元，人均生活消费支出11446.3元。城镇常住居民可支配收入24887.9元，人均消费支出16521.4元；农村常住居民人均可支配收入10676.5元，人均消费支出8732.8元。城镇常住居民恩格尔系数为36%；农村常住居民恩格尔系数为42%。城镇登记失业人员442人，城镇登记失业率为3.93%.全新增城镇就业人员2506人。职工基本养老保险参保人数81145人，城乡居民社会养老保险参保人数66756人，城镇职工基本医疗保险参保人数17586人，城镇居民基本医疗保险参保人数44786人，新农保参保人数65756人。城镇最低生活保障标准为420元/月，农村最低生活保障标准为260元/月。

【新县城被评为“国家园林县城”】北川新县城国家园林县城创建工作2012年启动，县委、县政府成立创建国家园林县城工作领导小组，县住建局牵头，县财政局、环保局、林业局等17个部门主体责任，印发《北川羌族自治县创建国家园林县城实施方案》，创建工作任务分解落实到各责任部门和单位。创建工作历时5年，财政累计拨款3000万元用于园林绿化养护管理和县城亮化、美化。先后投资2亿元，新建湿地公园、珍稀植物园，提升公园、广场和重要节点的绿化景观质量，新增园林绿化面积30余万平方米，新县城建成区绿地率44.4%、绿化覆盖率54.8%、人均公园绿地面积13.78平方米、人均绿地面积76.9平方米。2016年1月，北川新县城被住建部等国家部委确定为2015年度“国家园林县城”，成为绵阳市首个国家级园林县城。

【绵阳市旅游发展大会暨首届北川沙朗节】　2016年9月26~27日，绵阳市旅游产业发展领导小组主办，绵阳市旅游局、北川羌族自治县人民政府、仙海区管委会承办的绵阳市旅游发展大会暨首届北川沙朗节在北川举行。省内外的旅游投资商、涉旅企业、自驾游俱乐部、主要媒体代表，以及区域合作市州代表300余人出席会议。大会以“互联互通·打造全域旅游生态环”为主题，分为论坛、节庆文化、展览展示三部分。其中论坛包括主题大会、低空旅游发展高峰论坛、羌禹文化与旅游融合发展论坛和旅游投资促进大会；节庆文化由首届北川沙朗节、阿哥阿妹唱羌山、无人机现场飞行表演、点亮北川夜游汇、大美羌城晚会、大型沙朗篝火晚会和后续节庆延展活动组成；展览展示由民族旅游产品博览会、绵阳旅游风情图片展、绵阳旅游成果展、科技旅游体验区、羌族服饰展演、书画展、旅游商品博览会等组成。大会期间，各类媒体刊发新闻报道150余篇条，川报观察等新媒体单条点击量突破20万人次，“大爱北川”等微信公众号吸引2.5万余人动态关注。

【绵阳市第六届运动会举行】 2016年10月20~28日，市委、市政府主办，市教育和体育局、北川羌族自治县政府承办的绵阳市第六届运动会（简称“市六运会”）在北川举行。市六运会以“共建幸福美丽绵阳，竞技大美羌城北川”为宗旨，除网球项目在九洲体育馆举行外，其余项目均在北川举行。本届运动会有63个代表团参加，运动员和教练员约1万余人，设老年组、成年组、青少年组三个组别，22个竞赛项目。其中，老年组为网球、门球、柔力球、健身气功、太极拳（剑）5项；成年组为足球、篮球、排球、乒乓球、羽毛球、网球、中国象棋、围棋、桥牌9项；青少年组为足球、篮球、排球、乒乓球、羽毛球、田径、游泳、武术8项。涪城、江油、游仙、三台、北川获县市区总分前五名；西南科大、交通、住建、国资、绵阳师院获行业系统总分前五名。绵阳中学、绵阳外国语学校、南山中学、普明中学、南山中学实验学校获直属学校总分前五名。 （谢雁萍）

科学城办事处

【概况】 科学城坐落于绵阳城区北侧，占地面积约6平方千米，城区人口约5万人，是中国工程物理研究院的科研、生产和生活基地。2016年，科学城办事处围绕保障中物院科研生产生活需要，以做好“两个服务”为宗旨，召开中共四川省科学城办事处第七次代表大会，选举产生新一届领导班子。完善民生项目库建设，保障民生资金投入，重点改善教育医疗环境、加强市政基础设施建设、完善职工住房保障体系，完成科办职能局委办权力清单梳理发布，编制科学城非科研区建设总体规划、中物院“七五”普法规划，批准基础教育、道路交通、人防等专项规划。办事处荣获“四川省人防系统先进集体”“2016年度全市维护社会稳定工作目标先进单位”。

【中共四川省人民政府科学城办事处第七次代表大会】 2016年6月27~29日，中国共产党四川省人民政府科学城办事处第七次代表大会召开，科学城办事处27个选举单位选举产生的143名党员代表参加大会。中国工程物理研究院院长助理王黔闽、四川省人民政府副秘书长曹代学、四川省委组织部党建秘书处副处长先一、绵阳市人民政府秘书长谭岗及院政治部、党委组织部、财审部、人教部、计划部等部门负责人、特邀代表出席大会。大会总结中国共产党四川省人民政府科学城办事处第六届委员会的工作，选举产生侯志辉、陈广平、张进位、何虎、班开洪、黎晓冬6人为科学城办事处第七届党委委员，黎晓冬、欧阳春、胡文强、梁凌、薛培丽5人为新一届纪委委员。

【重点民生】 2016年，中物院公租房项目A地块完成工程建设，B地块实现主体封顶，C地块建设按计划推进。科学城一中校安工程、游仙区中心医院医疗业务用房项目进展推进，科学城疾控中心综合楼、老年日间照料中心、科学城门球场、148体育公园等一批惠民工程建成投用。实施中物院职工住房贷款商转公业务，完成具备条件的职工房改房产权证办理及发证工作，启动中物院房改房土地证办理工作。推进科学城小区物业规范化专项工作，各小区新选聘物业服务企业全部入驻，科学城住宅小区物业管理规范。

【城市建设与管理】 2016年，办事处优化市政设施管理，组织实施科学城公共区域防洪系统整治维修和河道清淤项目。改善辖区交通状况，优化花园、科技馆路段交通组织，完成主干道中央加装隔离栏，制定并实施涪江二桥封闭施工期间科学城辖区机动车限号通行方案，加强辖区道路交通组织、指挥和疏导力度，最大限度减少交通拥堵。推进联合执法常态化，持续开展市容环境和秩序治理，重点治理占道经营、乱摆乱放、沿路抛洒等“城市顽症”成效显著，城区面貌有效改善。

【社会事业】 2016年，办事处强化办学宗旨，学前教育延长幼儿在园时间，开展小学生午托服务。实施素质教育，推进特色建设。科学城教文体旅局获2016年绵阳市普通高中教育质量综合评估特等奖。科学城医疗卫生机构共建共管取得实质成效，职工医院、九〇三医院、华丰社区卫生服务中心、松林社区卫生服务中心纳入地方机构编制管理，增挂地方牌子，取得地方事业法人资格，同步参与国家城市公立医院改革、取消药品加成，辖区居民享受到更多医改政策红利。落实居民社保业务下延工作，精准实施困难帮扶，拓展辖区就业帮扶工作。

【市场监管】 2016年，办事处全面实施“营改增”工作，全年税收突破2亿元。整合市场监管力量，加强市场监管力度，规范市场行为和秩序，依法保护好消费者合法权益。制定并实施科学城食品安全监管常态化制度，加大中物院属各单位食堂及学校食堂食品安全专项整治，全面推进药械阳光采购，全年无食品药品安全事故发生。

【平安科学城建设】 2016年，办事处健全社会治安立体防控体系建设，严厉打击各类违法犯罪，加强对网络犯罪案件的研究和侦破力度，全年刑事案件发案同比大幅下降。推进平安社区建设，松林街道、春雷街道成功创建绵阳市安全社区，华丰街道市级安全社区巩固深化。完成中物院“七五”普法规划，中物院被中宣部、国家司法部授予2011~2015年度“全国法治教育先进单位”。出台《关于加强科学城军事设施保护管理工作的意见》，辖区军事设施管理规范。开展“打非治违”、“百安”活动，完成辖区450多家企业安全生产状况调查和重点行业领域危险源普查。 （张晓波）

灾后异地重建的北川新县城全景

2011 年

2月1日，北川羌族自治县新县城开城仪式举行，标志中国首个震后异地重建县城重获新生。北川新县城由中国城市规划设计研究院担纲总规划，山东省对口援建，从开工建设到整体建成移交，仅用时15个月。新县城分为南部产业园区、中部平坝综合生活区、北部丘陵休闲旅游度假区三个主要部分，面积4平方千米。根据规划，到2020年，北川新县城用地规模将达到7平方千米，人口将增至7万。

5月29日~6月1日，四川省首届残疾人文化艺术节在绵阳举行。本届艺术节以“共享阳光、绽放生命”为主题，共设文艺类4个项目（声乐、器乐、舞蹈、诗歌朗诵和喜剧小品）比赛、艺术类4个项目（美术、摄影、书法、工艺品）集中评比展示。共有23个代表团参加艺术节，参演节目160个、参展作品180件。

6月19日，绵阳科技城建设部际协调小组第十次会议在绵阳召开。会议宣布《国务院关于<绵阳科技城发展规划（2011~2015年）>的批复》和增加解放军总装备部为部际协调小组成员单位的通知。

11月18日，市委六届第11次常委会议决定将经开区和农科区整合为新的经开区，实行两块牌子一套班子的运行机制。2012年2月14日，市委办、市政府印发《中共绵阳市经济开发区工作委员会绵阳市经济开发区管理委员会主要职责内设机构和人员编制规定》（绵委办发〔2012〕8号），标志经开区和农科区正式整合，至3月底，两区完成整合。

中共绵阳市第七届委员会书记、副书记、常委
（中共绵阳市第七届委员会第一次全体会议选举产生）

【彭宇行】 男，汉族，1962年11月生，四川乐山人，1982年9月四川大学化学专业大学毕业、理学学士，1985年7月四川大学高分子化学专业硕士研究生毕业、理学硕士，1992年7月法国居里大学（巴黎第六大学）高分子材料专业博士研究生毕业、理学博士，1985年7月参加工作，1995年6月加入中国共产党，研究员。

1978.09~1982.09 四川大学化学系化学专业大学学习，获理学学士学位

1982.09~1985.07 四川大学化学系高分子化学专业研究生学习，获理学硕士学位

1985.07~1990.03 中科院成都有机化学所研究实习员、助理研究员

1990.03~1992.07 法国居里大学（巴黎第六大学）高分子材料专业研究生学习，获理学博士学位

1992.07~1993.12 法国埃克森化学公司博士后

1993.12~1997.02 中科院成都有机化学所副研究员、研究员、博士生导师、研究室副主任

1997.02~1997.11 中科院成都有机化学所副所长

1997.11~1999.06 中科院成都有机化学所常务副所长、法人代表

1999.06~2001.04 中科院成都有机化学所所长

2001.04~2002.02 中科院成都分院副院长、成都有机化学所所长

2002.02~2002.12 中科院成都分院副院长、成都有机化学所所长、成都有机化学有限公司董事长、党委书记

2002.12~2009.12 中科院成都分院院长、党组成员（2001.03—2003.02挂职任乐山市副市长）

2009.12~2010.01 四川省科技厅党组书记

2010.01~2013.11 四川省科技厅厅长、党组书记

2013.11~2015.06 中共四川省内江市委书记

2015.06~2015.07 中共四川省绵阳市委书记

2015.07~ 中共四川省绵阳市委书记、中国（绵阳）科技城党工委书记

十届省委委员、十二届省人大代表

2016年10月12日在中共绵阳市第七届委员会第一次全体会议上当选为中共绵阳市委书记。

【刘 超】 男，汉族，1971年11月生，辽宁阜新人，1993年7月中国人民公安大学法律系法律专业大学毕业、法学学士，2001年7月北京大学法学院法律硕士专业在职研究生毕

业、法律硕士，2009年6月中国政法大学刑事司法学院刑法学专业在职研究生毕业、法学博士，1993年7月参加工作，1990年12月加入中国共产党。

1989.09~1993.07　中国人民公安大学法律系法律专业大学学习，获法学学士学位

1993.07~1994.07　公安部干部（其间：1993.09~1994.07在天津市公安局河东分局实习锻炼）

1994.07~2000.10　公安部户政管理局、治安管理局科员、副主任科员、主任科员、助理调研员（其间：2000.01~2000.10借调国务院办公厅秘书三局四处工作）

2000.10~2002.12　国务院办公厅副处级干部（1998.09~2001.07北京大学法学院法律硕士专业在职研究生学习，获法律硕士学位）

2002.12~2005.12　国务院办公厅正处级干部

2005.12~2007.08　国务院办公厅副局级干部

2007.08~2009.07　中央办公厅副局级干部（2006.09~2009.06中国政法大学刑事司法学院刑法学专业在职研究生学习，获法学博士学位）

2009.07~2009.07　中央办公厅正局级干部

2009.07~2011.09　四川省成都市委常委（挂职）

2011.09~2012.03　四川省成都市委常委

2012.03~2012.11　四川省成都市委常委、统战部长

2012.11~2013.03　四川省成都市委常委、成都天府新区筹备组组长

2013.03~2015.03　四川省成都市委常委、成都高新区党工委书记

2015.03~2015.07　四川省绵阳市委副书记、市人民政府党组书记、代市长

2015.07~　四川省绵阳市委副书记、市人民政府党组书记、市长，中国（绵阳）科技城党工委副书记、管委会主任

全国青年联合会第十届委员会委员

2016年10月12日在中共绵阳市第七届委员会第一次全体会议上当选为中共绵阳市委副书记。

【付　康】　男，汉族，1962年4月生，四川犍为人，1983年7月四川工业学院铸造工艺及设备专业大学毕业，2002年7月中央党校经济管理专业在职研究生毕业，1983年7月参加工作，1985年5月加入中国共产党。

1979.09~1983.07　四川工业学院铸造工艺及设备专业大学学习

1983.07~1985.08　四川建南机械厂车间技术员、团委副书记（其间：1984.09~1984.12四川省委第二党校选调生培训班学习）

1985.08~1986.01　乐山市沙湾区团委书记

1986.01~1990.03　乐山市沙湾区劳动人事局局长

1990.03~1993.01　乐山市委组织部组织处副处长（正科级）

1993.01~1993.11　乐山市委组织部办公室主任

1993.11~1994.03　乐山市委组织部组织处长

1994.03~1997.08　乐山市委组织部部务委员、组织处长（其间：1994.04~1995.04下派任彭山县委常委；1995.04~1995.05四川省委第二党校青年干部培训班学习）

1997.08~2001.01　眉山地委组织部副部长、地委党建办副主任（其间：1998.05~1998.06四川行政学院县处级选调生培训班学习）

2001.01~2005.05　眉山市委组织部副部长、市委党建办主任（1999.09~2002.07中央党校经济管理专业在职研究生学习）

2005.05~2006.01　青神县委书记

2006.01~2006.11　青神县委书记、县人大主任

2006.11~2007.01　眉山市东坡区委书记

2007.01~2007.09　眉山市东坡区委书记、区人大常委会主任

2007.09~2007.11　眉山市人民政府副市长、东坡区委书记、区人大常委会主任

2007.11~2009.10　眉山市人民政府副市长(其间：2008.04~2008.09抽调省委藏区基层工作组任省委驻甘孜州基层工作组副组长)

2009.10~2010.05　眉山市委常委、市人民政府副市长

2010.05~2012.10　内江市委常委、组织部长、市委党校校长、市行政学院（市社会主义学院）院长

2012.10~2012.11　绵阳市委常委、组织部长

2012.11~2015.04　绵阳市委常委、组织部长、市委党校校长、市行政学院（市社会主义学院）院长

2015.04~2015.06　绵阳市委常委、市政府党组副书记、副市长(分管政府常务工作)、组织部长、市委党校校长、市行政学院（市社会主义学院）院长

2015.06~　绵阳市委常委、市政府党组副书记、副市长（分管政府常务工作）

省十次党代会代表,十二届省人大代表

2016年10月12日在中共绵阳市第七届委员会第一次全体会议上当选为中共绵阳市委副书记。

【李亚莲】 女，汉族，1963年8月生，山西原平人，1982年8月四川绵阳无线电技术学校无线电装调专业中专毕业，1988年7月四川广播电视大学新闻学专业在职大专毕业，1997年12月四川省委党校法律专业在职大学毕业，2002年1月四川省委党校经济学专业在职研究生毕业，1982年8月参加工作，1988年1月加入中国共产党。

1980.08~1982.08 四川绵阳无线电技术学校无线电装调专业学习

1982.08~1985.07 长虹厂十二车间调试工、技术指导员

1985.07~1988.07 四川广播电视大学新闻学专业在职大专学习

1988.07~1993.02 长虹厂宣传部《长虹报》编辑室主任、总编辑

1993.02~1996.04 长虹公司宣传部副部长、外宣处副处长（其间：1995.01主持工作）

1996.04~2000.04 绵阳市委宣传部副部长（其间：1998.03~1998.07四川省委党校第五期中青班学习）（1995.09~1997.12四川省委第二党校函授学院法律专业在职大学学习；1996.01~1997.12西南师范大学思想教育专业在职研究生课程班学习）

2000.04~2001.01 绵阳市委宣传部副部长、市精神文明办主任(其间：2000.09~2001.01四川大学出国人员培训部参加外训）

2001.01~2004.04 绵阳市妇联党组书记、主席（其间：2002.03~2002.07美国俄亥俄州泽维尔大学学习）（2000.01~2002.01四川省委党校经济学专业在职研究生学习）

2004.04~2004.05 绵阳市委常委、市妇联党组书记、主席

2004.05~2005.08 绵阳市委常委、市总工会主席

2005.08~2007.09 绵阳市人民政府副市长

2007.09~2009.06 绵阳市人民政府副市长、科技城党工委副书记、管委会副主任（其间：2008.03~2008.09挂任国家工商总局个体私营经济监管司副司长）

2009.06~2013.05 绵阳市人民政府副市长

2013.05~2015.03 绵阳市委常委、市国资委党委书记

2015.03~2015.11 绵阳市委常委、市国资委党委书记、市总工会主席（其间：2015.03~2015.07四川省优秀干部和人才递进培养计划第四期党政综合一班学习）

2015.11~ 绵阳市委常委、市总工会主席

全国总工会第十六届执行委员会委员，省总工会第十三届委员会委员、常委，全国九届妇女代表大会代表，省八次党代会代表，省九届、十一届政协委员

2016年10月12日在中共绵阳市第七届委员会第一次全体会议上当选为中共绵阳市委常委。

【马 骏】 男，汉族，1968年2月生，四川夹江人，1990年7月西南师范大学政治系政治教育专业大学毕业、法学学士，2004年7月中央党校经济管理专业在职研究生毕业，1990年7月参加工作，1988年10月加入中国共产党。

1986.09—1990.07 西南师范大学政治系政治教育专业大学学习，获法学学士学位

1990.07—1992.02 四川省纪委检查二室工作干事、科员（其间：1991.02—1992.02下派简阳东溪镇任党委副书记）

1992.02—1994.07 四川省纪委、省监察厅第四纪检监察室科员

1994.07—1997.02 四川省纪委、省监察厅第四纪检监察室副主任科员

1997.02—2000.11 四川省纪委、省监察厅第四纪检监察室主任科员

2000.11—2004.06 四川省纪委、省监察厅第四纪检监察室副主任（其间：2002.09~2002.11四川省委党校第七期纪检干部培训班学习）

2004.06~2005.07 四川省纪委、省监察厅第四纪检监察室正处级副主任（2001.09~2004.07中央党校经济管理专业在职研究生学习）

2005.07~2007.12 四川省纪委、省监察厅第二纪检监察室正处级副主任（主持工作）

2007.12~2011.06 四川省纪委、省监察厅第二纪检监察室主任

2011.06~2016.08 达州市委常委、纪委书记

2016.08~ 绵阳市委常委、纪委书记

十届省纪委委员

2016年10月12日在中共绵阳市第七届委员会第一次全体会议上当选为中共绵阳市委常委，在中共绵阳市第七届纪律检查委员会第一次全体会议上当选为中共绵阳市纪委书记。

【颜　超】　男，汉族，1962年10月生，四川蓬溪人，1984年7月绵阳师范专科学校中文系大专毕业，1997年12月四川省委党校法律专业在职大学毕业，2001年12月四川省委党校经济管理专业在职研究生毕业，2009年1月获西南财经大学高级管理人员工商管理硕士学位，1984年7月参加工作，1983年6月加入中国共产党。

1981.09~1984.07　绵阳师范专科学校中文系大专学习

1984.07~1987.07　绵阳师专行政办秘书

1987.07~1989.09　绵阳师专行政办副主任（主持工作）

1989.09~1990.05　绵阳师专音乐系党支部副书记

1990.05~1993.01　绵阳师专音乐系党支部书记

1993.01~1993.03　绵阳市游仙区委办公室秘书

1993.03~1994.04　绵阳市游仙区政研体改委副主任

1994.04~1995.06　绵阳市游仙区政研体改委主任

1995.06~1998.02　绵阳市游仙区沈家坝开发建设办常务副主任（保留正科级）（其间：1995.12~1998.02兼任绵阳市游仙经济试验区党委副书记，1995.09~1997.12四川省委第二党校函授法律专业在职大学学习）

1998.02~1998.11　绵阳市游仙经济试验区党工委书记、管委会主任

1998.11~1999.04　绵阳市游仙经济试验区党工委副书记、管委会主任，游仙镇党委副书记、镇长

1999.04~2000.04　绵阳市游仙经济试验区党工委副书记、管委会主任（副县级），游仙镇党委副书记、镇长

2000.04~2001.07　绵阳市游仙经济试验区党工委书记、游仙镇党委书记

2001.07~2001.07　绵阳市经开区党工委副书记、管委会副主任

2001.07~2005.09　绵阳市农科区党工委书记、管委会主任（其间：2001.07~2004.02兼任游仙区委常委）

（2000.03~2002.01四川省委党校函授经济学在职研究生学习）

2005.09~2006.12　江油市委副书记、市长

2006.12~2010.05　绵阳市游仙区委书记（其间：2007.01~2010.03兼任人大常委会主任，2007.09起任中国（绵阳）科技城党工委委员，

2006.12~2009.01　西南财经大学高级管理人员工商管理专业在职学习，获工商管理硕士学位）

2010.05~2010.08　中国（绵阳）科技城党工委委员、绵阳市游仙区委书记、江油市委副书记

2010.08~2011.08　中国（绵阳）科技城党工委委员、江油市委书记

2011.08~2013.05　绵阳市委常委，中国（绵阳）科技城党工委副书记、管委会常务副主任，市国资委党委书记

2013.05~2015.11　绵阳市委常委，中国（绵阳）科技城党工委副书记、管委会常务副主任

2015.11~　绵阳市委常委，中国（绵阳）科技城党工委副书记、管委会常务副主任，市国资委党委书记

省九次党代会代表

2016年10月12日在中共绵阳市第七届委员会第一次全体会议上当选为中共绵阳市委常委。

【张学民】　男，汉族，1964年1月生，四川剑阁人，1984年7月西南农学院蚕桑专业大学毕业，2006年6月四川省委党校法学专业在职研究生毕业，1984年7月参加工作，1985年6月加入中国共产党。

1980.09~1984.07　西南农学院蚕桑专业大学学习

1984.07~1985.05　盐亭县高灯乡人民政府工作

1985.05~1986.10　盐亭县八角区人民政府副区长（其间：1986.03~1986.06四川省委第二党校青年干部培训班学习）

1986.10~1995.10　绵阳市人事局工作（其间：1989.04任市人才交流咨询服务中心副主任，1991.03任市人事局办公室副主任，1992.02任市人才交流服务咨询中心主任，1995.08任市人事局办公室主任）

1995.10~1997.01　绵阳市人事局纪检组长、办公室主任

1997.01~1998.04　绵阳市政府办公室副主任

1998.04~2000.01　绵阳市委办公室副主任

2000.01~2001.07　绵阳市委办公室副主任、市行政服务中心党工委副书记

2001.07~2001.08　绵阳市委副秘书长、市行政服务中心党工委副书记

2001.08~2004.05　绵阳市委副秘书长、市行政服务中心党工委副书记、管委会副主任（其间：

2002.03~2002.07 四川省委党校中青班学习）

2004.05~2004.07　安县县委副书记、县政府党组书记

2004.07~2006.06　安县县委副书记、县长（2003.09~2006.06 四川省委党校法学专业在职研究生学习）

2006.06~2008.07　平武县委书记

2008.07~2010.10　绵阳市民政局党组书记、局长，市社团工委书记

2010.10~2011.08　绵阳市农业局党组书记、局长、市畜牧兽医局局长、市农业机械化管理局局长

2011.08~2011.09　绵阳市委常委

2011.09~　绵阳市委常委、宣传部长

省九次党代会代表

2016年10月12日在中共绵阳市第七届委员会第一次全体会议上当选为中共绵阳市委常委。

【岳　勇】　男，汉族，1968年11月生，四川阆中人，1992年7月四川师范学院外语系英语专业大学毕业、文学学士，2010年4月获电子科技大学工商管理硕士学位，1992年7月参加工作，1991年12月加入中国共产党。

1988.09~1992.07　四川师范学院外语系英语专业大学学习，获文学学士学位

1992.07~1992.11　四川省德阳市绵竹县兴隆乡团委书记

1992.11~1994.07　四川省德阳市绵竹县兴隆乡剑南节能厂副厂长（其间：1993.04~1993.06 四川省委第二党校青干班学习）

1994.07~1996.07　四川省德阳市绵竹县兴隆镇镇长助理、剑南节能厂副厂长（其间：1995.07~1996.07 在德阳市委组织部上挂锻炼）

1996.07~1997.05　四川省德阳市委组织部组织处干部

1997.05~1998.12　四川省委组织部党员管理处科员

1998.12~2001.12　四川省委组织部党员管理处副主任科员

2001.12~2003.11　四川省委组织部党员管理处主任科员

2003.11~2004.06　四川省委组织部组织一处主任科员

2004.06~2005.09　四川省委组织部组织一处副处长

2005.09~2008.04　四川省委组织部组织二处副处长

2008.04~2010.03　四川省委组织部研究室主任

2010.03~2013.05　四川省委组织部干部一处处长（2006.03~2010.04 电子科技大学工商管理专业学习，获工商管理硕士学位）

2013.05~2015.06　四川省委组织部秘书长、干部一处处长

2015.06~　绵阳市委常委、组织部长，市委党校校长、市行政学院（市社会主义学院）院长

2016年10月12日在中共绵阳市第七届委员会第一次全体会议上当选为中共绵阳市委常委。

【元　方】　男，汉族，1974年9月生，陕西白水人，1995年7月西北大学经济管理学院经济学专业大学毕业、经济学学士，2004年7月获西北工业大学管理学院工商管理硕士学位，2010年12月西北工业大学管理科学与工程专业在职研究生毕业、管理学博士，1995年7月参加工作，2000年11月加入中国共产党。

1991.09~1995.07　西北大学经济管理学院经济学系经济学专业大学学习，获经济学学士学位

1995.07~2002.11　西安军城集团科员、子公司经理

2002.11~2005.03　中国新时代国际工程公司（原机械工业部第七设计研究院）工程师、子公司综合管理部主任（2001.09~2004.07 西北工业大学管理学院在职学习，获工商管理硕士学位）

2005.03~2006.03　中国新时代国际工程公司办公室副主任（副处级）

2006.03~2006.08　中国新时代国际工程公司办公室副主任（主持工作）

2006.08~2007.03　中国新时代国际工程公司办公室副主任（主持工作）兼外事办公室主任（正处级）

2007.03~2007.06　中国新时代国际工程公司办公室主任兼外事办公室主任

2007.06~2007.12　西安航天科技产业基地管委会经济商务发展局负责人

2007.12~2008.06　西安国家民用航天产业基地管委会经济商务发展局负责人

2008.06~2010.05　西安国家民用航天产业基地管委会经济商务发展局局长（其间：2009.12~2010.04 挂任中共西安市灞桥区狄寨街道办事处委员会副书记兼金星村党支部副书记）

2010.05~2015.08　广元市副市长（其间：2014.03~2015.02 挂任国家科学技术部发展计划司副司长）（2003.09~2010.12 在西北工业大学管理科学与工程专业在职研究生学习，获管理学博士学位）

2015.08~　绵阳市副市长

2016年10月12日在中共绵阳市

第七届委员会第一次全体会议上当选为中共绵阳市委常委。

【夏凤俭】 男，汉族，1971年12月生，黑龙江讷河人，1997年8月西南政法大学侦查学系侦查专业大学毕业、法学学士，2009年1月获西南财经大学法律硕士学位，1997年8月参加工作，1994年12月加入中国共产党。

1993.09~1997.08 西南政法大学侦查学系侦查专业大学学习，获法学学士学位

1997.08~1998.08 宜宾市公安局刑警队干部

1998.08~2000.12 宜宾市公安局刑警支队科员

2000.12~2002.08 宜宾市公安局刑警支队一大队副大队长（2000.09~2002.07四川大学法学院诉讼法专业研究生课程进修班学习）

2002.08~2005.04 宜宾市公安局刑警支队一大队大队长（其间：2002.09~2002.12宜宾市委党校第十二期中青班学习）

2005.04~2005.09 四川省江安县公安局党委副书记、副局长（主持工作）

2005.09~2006.06 四川省江安县公安局党委书记、局长，县委政法委副书记

2006.06~2008.07 四川省公安厅刑事侦查总队（刑事侦查局）侦查一处副处长

2008.07~2008.12 四川省公安厅政治部人事处副处长（主持工作）

2008.12~2011.08 四川省公安厅政治部人事处处长（2006.09~2009.01西南财经大学法律专业在职学习，获法律硕士学位）

2011.08~2011.12 四川省公安厅政治部副主任兼人事处处长

2011.12~2013.07 四川省公安厅政治部副主任

2013.07~2016.08 四川省公安厅刑事侦查总队（刑事侦查局）总队长（局长）（其间：2014.05~2014.08四川省优秀干部和人才递进培养计划第二期政法系统班学习）

2016.08~ 绵阳市委常委、政法委书记

四川省直机关青年联合会第三届委员会委员、副主席

2016年10月12日在中共绵阳市第七届委员会第一次全体会议上当选为中共绵阳市委常委。

绵阳市第七届人民代表大会常务委员会主任、副主任、秘书长

（绵阳市第七届人民代表大会第三次全体会议选举产生）

【马　华】 男，藏族，1957年3月生，四川平武人，2000年7月四川省委党校经济学专业在职研究生毕业，1975年3月参加工作，1976年7月加入中国共产党。

1975.03~1978.04 平武藏区区公所工作（其间：1976.08~1978.04中央民族学院学习）

1978.04~1982.03 共青团平武县委副书记、书记

1982.03~1983.08 平武县古城区区委书记

1983.08~1985.08 四川省委党校政治专业学习

1985.08~1987.03 平武县委宣传部部长

1987.03~1990.03 平武县委常委、宣传部部长

1990.03~1991.11 平武县委副书记

1991.11~1994.06 平武县委副书记、县长

1994.06~1995.04 平武县委书记

1995.04~2000.03 绵阳市副市长（其间：1997.05~1997.12挂任中国石油天然气总公司规划计划局副局长）

2000.03~2005.07 绵阳市委副书记（其间：1997.09~2000.07四川省委党校经济学专业在职研究生学习）

2005.07~2007.06 德阳市委副书记

2007.06~2007.07 广元市委副书记

2007.07~2007.12 广元市委副书记、副市长、代市长

2007.12~2012.07 广元市委副书记、市长

2012.07~2012.10 广元市委书记、市长

2012.10~2016.02 广元市委书记

2016.02~2016.10 绵阳市人大

常委会党组书记

2016.10~　　绵阳市人大常委会党组书记、主任

十一届全国人大代表，十届省委委员，十一、十二届省人大代表

【陈兴春】　男，汉族，1962年7月生，四川绵阳人，1996年6月四川省委党校经济管理专业在职大学毕业，2006年3月中央党校经济学（经济管理）专业在职研究生毕业，1983年1月参加工作，1985年4月加入中国共产党。

1983.01~1984.01　绵阳市塘汛乡团委书记

1984.01~1988.01　绵阳市丰谷丝绸厂厂长

1988.01~1988.06　绵阳市中区丰谷区企业办主任

1988.06~1988.12　共青团绵阳市中区委副书记

1988.12~1990.04　绵阳市中区丰谷区公所副区长

1990.04~1991.11　绵阳市中区青义区公所区长

1991.11~1992.12　绵阳市中区青义区委书记（1991.10~1992.01市委党校轮训班学习）

1992.12~1995.07　绵阳市涪城区人民政府副区长

1995.07~1997.11　绵阳市涪城区委常委、区人民政府副区长（1993.09~1996.06四川省委党校经济管理专业在职大学学习）

1997.11~1998.03　绵阳市涪城区委副书记、区人民政府代区长

1998.03~2002.04　绵阳市涪城区委副书记、区人民政府区长（其间：2000.03西南交大管理科学与工程专业在职研究生课程班结业；2001.02~2001.07四川省委党校中青班学习）

2002.04~2003.02　绵阳市涪城区委书记

2003.02~2004.05　绵阳市涪城区委书记、区人大常委会主任（其间：2003.02~2003.06中央党校进修部进修班学习；2003.09完成澳门科技大学MBA在职硕士课程班学习）

2004.05~2006.06　江油市委书记（其间：2006.03中央党校经济学〈经济管理〉专业在职研究生毕业）

2006.06~2006.08　绵阳市人民政府办公室党组书记

2006.08~2007.10　绵阳市人民政府秘书长、办公室党组书记

2007.10~2008.07　绵阳市委秘书长

2008.07~2008.08　北川羌族自治县委书记

2008.08~2009.08　绵阳市委常委、北川羌族自治县委书记

2009.08~2010.02　绵阳市委常委、北川羌族自治县委书记、县人大常委会主任

2010.02~2011.08　绵阳市委常委、北川羌族自治县委书记（其间：2010.07兼任四川北川经济开发区〈北川山东产业园〉党工委书记）

2011.08~2011.09　绵阳市委常委、政法委书记、北川羌族自治县委书记、四川北川经济开发区（北川山东产业园）党工委书记

2011.09~2011.10　绵阳市委常委、政法委书记、北川羌族自治县委书记

2011.10~2016.08　绵阳市委常委、政法委书记

2016.08~2016.10　绵阳市委常委

2016.10~　绵阳市人大常委会党组副书记、副主任

省十次党代会代表，九届省人大代表

【黄正良】　男，汉族，1962年12月生，湖南益阳人，1982年8月武汉建材工业学院数学专业大学毕业、理学学士，1988年1月东北大学自动控制理论与应用专业在职研究生毕业、工学硕士，1992年7月西安交通大学系统工程研究所系统工程专业在职研究生毕业、工学博士，1982年8月参加工作，无党派，教授。

1978.09~1982.08　武汉建材工业学院数学专业大学学习，获理学学士学位

1982.08~1985.09　四川建材工业学院基础科学系教师

1985.09~1988.01　东北工学院自动控制专业在职研究生学习，获工学硕士学位

1988.01~1989.09　西南工学院信息控制系任教、讲师

1989.09~1992.07　西安交通大学系统工程研究所系统工程专业在职研究生学习，获工学博士学位

1992.07~1993.07　四川建材工业学院讲师、副教授

1993.07~1995.05　西南工学院科研所副处长（主持工作）

1995.05~1995.06　西南工学院科研处处长

1995.06~1998.03　西南工学院院长助理兼成人教育学院院长

1998.03~1999.06　江油市人民政府科技副市长

1999.06~2000.04　绵阳市人民政府市长助理

2000.04~2011.09　绵阳市人民

政府副市长（其间：2003.08~2003.12挂职任中国建设银行总行风险管理部副总经理；2010.11起兼任市工商联主席）

2011.09~ 绵阳市人大常委会副主任、市工商联主席

十届省人大代表

【董晓彬】 男，汉族，1963年2月生，四川盐亭人，1982年8月绵阳财贸学校中专毕业，1988年12月四川省委党校秘书专业在职大专毕业，1982年8月参加工作，1986年12月加入中国共产党。

1980.09~1982.08 绵阳财贸学校供销物价专业中专学习

1982.08~1989.04 绵阳地（市）委办公室工作（其间：

1987.02~1988.12四川省委党校秘书专业在职大专学习）

1989.04~1990.08 绵阳市委办公室副主任干事

1990.08~1992.10 绵阳市委办公室一秘书处副处长（其间：1991.11~1992.04下派市中区普明乡“社教”工作队任副队长）

1992.10~1993.11 绵阳市委办公室一秘书处处长

1993.11~1994.12 平武县人民政府县长助理

1994.12~1997.01 平武县委常委、县人民政府副县长

1997.01~1998.06 绵阳市人民政府办公室副主任

1998.06~1998.07 绵阳市人民政府副秘书长

1998.07~2000.01 绵阳市人民政府副秘书长、市人民政府办公室党组成员（1997.09~1999.07四川大学工商管理学院企业管理专业研究生课程进修班学习）

2000.01~2002.10 平武县委副书记、县人民政府县长（其间：2002.04兼任四川华能涪江水电有限责任公司副董事长）

2002.10~2005.09 平武县委书记（其间：2003.09完成澳门科技大学工商管理硕士学位课程班学习，2004.03~2004.07中央党校县〈市〉书记进修班学习）

2005.09~2010.10 绵阳市交通局党委书记、局长（其间：2009.08兼任市交通局公路管理处处长）

2010.10~2012.10 绵阳市交通运输局党委书记、局长（其间：2010.10~2012.02兼任市交通运输局公路管理处处长）

2012.10~2013.12 绵阳市人民政府党组成员、秘书长，市人民政府办公室党组书记

2013.12~2016.02 绵阳市委秘书长

2016.02~ 绵阳市人大常委会党组成员、副主任

【代顺兴】 男，汉族，1964年4月生，四川三台人，1983年7月绵阳农专兽医专业大专毕业，1996年12月四川省委党校法律专业大学毕业，2005年6月四川大学法学专业在职大学毕业，1983年7月参加工作，1982年6月加入中国共产党。

1980.09~1983.07 绵阳农业专科学校兽医专业大专学习

1983.07~1985.08 共青团四川省委工作

1985.08~1987.03 共青团三台县委书记

1987.03~1993.08 绵阳市委正区级组织员（其间：1991.01~1991.08任市委社会主义教育活动八一试点工作组副组长，

1991.02~1992.03下派任江油市彰明镇党委副书记）

1993.08~1995.09 绵阳市委组织部组织处副处长

1995.09~1998.07 绵阳市委组织部组织处处长（1994.09~1996.12四川省委第二党校法律专业大学学习）

1998.07~1998.11 绵阳市委党建办副主任、市委组织部组织处处长

1998.11~2000.04 绵阳市委党建办副主任

2000.04~2003.01 涪城区委常委、组织部长（其间：2000.05~2000.12任区委“三讲”教育领导小组副组长、办公室主任）（1998.09~2000.07四川师范学院政治学理论研究生课程进修班学习）

2003.01~2004.05 涪城区委副书记

2004.05~2005.09 绵阳市委组织部副部长（2003.06~2005.06四川大学法学专业在职大学学习）

2005.09~2011.10 绵阳市委组织部副部长、市委党建办主任（其间：2009.03~2010.02任市委深入学习实践科学发展观活动领导小组成员、办公室副主任，2009.09~2011.06四川大学行政管理专业研究生课程进修班学习）

2011.10~2015.12 绵阳市委组织部常务副部长（其间：2014.01任市委党的群众路线教育实践活动领导小组成员、办公室副主任）

2015.12~2016.10 绵阳市委组织部常务副部长、四川预高师第三团副政委

2016.10~ 绵阳市人大常委会党

组成员、四川预高师第三团副政委

【李川萍】 女，汉族，1964年10月生，江西玉山人，1983年7月绵阳农业专科学校农业经济管理专业大专毕业，1996年6月四川师范大学经济管理专业在职大学毕业，2001年6月四川省委党校经济学专业在职研究生毕业，1983年7月参加工作，1983年3月加入中国共产党。

1980.09~1983.07 绵阳农业专科学校农业经济管理专业大专学习

1983.07~1983.11 绵阳农业专科学校工作

1983.11~1985.03 共青团绵阳市委（原团地委）工作

1985.03~1986.03 共青团绵阳市委办公室副主任（其间：1985.12任团市委常委）

1986.03~1988.07 共青团绵阳市委组织部宣传部部长、市青联秘书长

1988.07~1994.12 共青团绵阳市委组织部部长（其间：1993.09~1993.12市委党校中青班学习）

1994.12~1996.05 共青团绵阳市委副书记（其间：1995.03主持工作）

1996.05~2000.01 共青团绵阳市委书记、市青联主席、团省委常委（1993.09~1996.06四川师范大学经济管理专业在职大学学习）

2000.01~2001.07 江油市委副书记（保留正县级待遇）（1998.09~2001.06四川省委党校经济学专业在职研究生学习）

2001.07~2002.11 绵阳市涪城区委副书记

2002.11~2003.05 绵阳市委组织部副部长、绵阳市直机关工委副书记（保留正县级待遇）

2003.05~2005.09 绵阳市直机关工委常务副书记

2005.09~2012.09 绵阳市直机关工委书记

2012.09~2016.09 绵阳市委组织部副部长，市人力资源和社会保障局党组书记、局长，市公务员局局长

2016.09~2016.10 绵阳市人力资源和社会保障局局长，市公务员局局长

2016.10~ 绵阳市人大常委会党组成员、副主任

省七次、九次、十次党代会代表

【李作虎】 男，汉族，1964年3月生，四川盐亭人，1987年7月四川青年干部管理学院政治理论专业在职大专毕业，2003年7月四川省委党校经济学专业在职研究生毕业，1982年12月参加工作，1988年1月加入中国共产党。

1982.12~1984.06 盐亭县雄关乡团委书记

1984.06~1988.09 盐亭县富驿区团委书记（其间：1985.07~1987.07四川省团校政治理论专业在职大专学习）

1988.09~1994.12 共青团绵阳市委干事、工农青年部副部长、部长

1994.12~1997.11 共青团绵阳市委副书记，市青联副主席，市少工委副主任（1994.07~1996.06西南师范大学政治理论研究生课程班学习）

1997.11~2003.01 安县县委副书记、政法委书记、党校校长（其间：1998.07~2000.07电子科技大学MBA研究生课程班学习）

2003.01~2006.03 绵阳市游仙区委副书记、党校校长（2001.07~2003.07四川省委党校经济管理学专业在职研究生学习）

2006.03~2006.10 绵阳市游仙区委副书记、纪委书记

2006.10~2008.09 绵阳市人民政府副秘书长

2008.09~2009.06 北川羌族自治县县委副书记，北川羌族自治县新县城规划建设副指挥长，征地拆迁指挥长

2009.06~2011.09 绵阳市人民政府副秘书长，办公室主任、党组副书记

2011.09~2016.09 绵阳市环境保护局党组书记、局长

2016.09~2016.10 绵阳市环境保护局局长

2016.10~ 绵阳市人大常委会党组成员、副主任

【王昭洪】 男，汉族，1964年11月生，四川盐亭人，1984年7月绵阳师专中文系大专毕业，1999年12月四川省委党校法律专业在职大学毕业，2004年6月四川省委党校经济学专业在职研究生毕业，1984年7月参加工作，1992年11月加入中国共产党。

1981.09~1984.07 绵阳师专中文系大专学习

1984.07~1991.07 北川县擂鼓中学、北川中学任教

1991.07~1997.02 北川县人大常委会办公室主任科员、秘书（其间：1995.01任办公室副主任）

1997.02~1998.03 绵阳市人大常委会办公室一秘书处工作

1998.03~2002.05 绵阳市人大常委会办公室秘书处处长

2002.05~2006.03 绵阳市人大常委会办公室副主任（2001.09~2004.06四川省委党校经济学专业在职研究生学习）

2006.03~2007.04 绵阳市人大常委会副秘书长

2007.04~2010.04 绵阳市人大常委会研究室主任

2010.04~2013.09 绵阳市人大常委会副秘书长、研究室主任

2013.09~2015.12 绵阳市人大常委会副秘书长（正县级）

2015.12~2016.01 绵阳市人大常委会党组成员、副秘书长（正县级）

2016.01~2016.02 绵阳市人大常委会党组成员、办公室主任、代理秘书长

2016.02~2016.09 绵阳市人大常委会党组成员、秘书长、办公室主任

2016.09~ 绵阳市人大常委会党组成员、秘书长、机关党组书记

绵阳市人民政府市长、副市长

（绵阳市第七届人民代表大会第三次全体会议选举产生）

【刘　超】 男，汉族，1971年11月生，辽宁阜新人，1993年7月中国人民公安大学法律系法律专业大学毕业、法学学士，2001年7月北京大学法学院法律硕士专业在职研究生毕业、法律硕士，2009年6月中国政法大学刑事司法学院刑法学专业在职研究生毕业、法学博士，1993年7月参加工作，1990年12月加入中国共产党。（参见389页“刘超”）

【颜　超】 男，汉族，1962年10月生，四川蓬溪人，1984年7月绵阳师范专科学校中文系大专毕业，1997年12月四川省委党校法律专业在职大学毕业，2001年12月四川省委党校经济管理专业在职研究生毕业，2009年1月获西南财经大学高级管理人员工商管理硕士学位，1984年7月参加工作，1983年6月加入中国共产党。（参见392页“颜超”）

【王明华】 男，彝族，1961年11月生，四川昭觉人，1983年8月中央民族学院法律专业大学毕业，1983年8月参加工作，1986年8月加入中国共产党。

1979.09~1983.08 中央民族学院法律专业大学学习

1983.08~1989.02 四川省公安厅研究室民警

1989.02~1992.06 四川省公安厅研究室统计科副科长

1992.06~1996.11 四川省公安厅办公室统计科科长、调研科科长、正科级协理员

1996.11~1998.07 四川省公安厅办公室副主任

1998.07~1999.06 四川省公安厅政治部人事处副处长

1999.06~2003.06　四川省公安厅出入境管理处处长（其间：2002.03~2002.07四川省委党校第9期中青班学习）

2003.06~2006.12　四川省公安厅出入境管理局局长（其间：2005.09~2005.11四川省委党校第12期中青班学习，2006.04兼任四川省出入境中介行业协会会长）

2006.12~2007.01　遂宁市公安局党委书记、副局长

2007.01~2007.12　遂宁市公安局党委书记、局长

2007.12~2011.03　遂宁市人民政府副市长，市公安局党委书记、局长

2011.03~2016.05　内江市人民政府党组成员、副市长，市公安局党委书记、局长

2016.05~　绵阳市人民政府党组成员、副市长，市公安局党委书记、局长、督察长（兼）

【经大忠】　男，羌族，1964年4月生，四川北川人，1991年6月中央党校经管专业在职大专毕业，2003年6月四川省委党校经济学专业在职研究生毕业，1984年7月参加工作，1985年7月加入中国共产党，经济师。

1984.07~1988.02　北川县南华乡人武部部长

1988.02~1990.02　北川县治城区武装部副部长（主持工作）、团工委书记

1990.02~1995.12　北川县漩坪羌族乡人民政府乡长（1989.01~1991.06中央党校经管专业在职大专学习）

1995.12~1997.06　北川县漩坪羌族乡党委书记

1997.06~1998.01　北川县乡镇企业局局长

1998.01~2000.05　北川县委常委、县人民政府副县长

2000.05~2003.01　北川县委副书记（其间：2001.05~2002.01四川省农业厅计财处挂职任副处长；2000.06四川省委党校县长培训班学习；2000.09~2003.06四川省委党校经济学专业在职研究生学习）

2003.01~2005.09　北川羌族自治县委副书记

2005.09~2006.02　北川羌族自治县委副书记、县人民政府代县长

2006.02~2010.04　北川羌族自治县委副书记、县人民政府县长

2010.04~2011.11　绵阳市人民政府党组成员、副市长，北川羌族自治县委副书记、县人民政府县长（其间：2010.07~2011.10兼任四川北川经济开发区〈北川山东产业园〉党工委副书记、管委会主任）

2011.11~2012.01　绵阳市人民政府党组成员、副市长，北川羌族自治县人民政府县长（其间：2011.12兼任市红十字会会长）（2011.03~2012.01挂任国家水利部水土保持司副司长）

2012.01~　绵阳市人民政府党组成员、副市长，市红十字会会长

十一届省人大代表

【蒋丽英】　女，汉族，1970年4月生，四川仁寿人，1992年7月上海对外贸易学院国际贸易系大学毕业，2001年7月四川省工商管理学院工商管理专业在职研究生毕业，2012年6月获清华大学公共管理学院公共管理硕士学位，1992年7月参加工作，民建会员。

1988.09~1992.07　上海对外贸易学院国际贸易系大学学习

1992.07~1995.04　四川省商业外贸公司工作

1995.04~1996.05　四川省商业总公司工作

1996.05~2002.10　四川省商业集团有限进出口公司工作（其间：1997.12任进出口分公司副经理，2000.03任公司副部级职务，1999.09~2001.07四川工商管理学院工商管理专业在职研究生学习）

2002.10~2007.07　绵阳市涪城区人民政府副区长

2007.07~2008.02　民建绵阳市委副主委、绵阳市涪城区人民政府副区长

2008.02~2011.09　民建绵阳市委主委、绵阳市涪城区人民政府副区长（其间：2008.03明确为正县级）

2011.09~2011.10　绵阳市政协副主席、民建绵阳市委主委、绵阳市涪城区人民政府副区长

2011.10~2013.12　绵阳市政协副主席、民建绵阳市委主委（2010.03~2012.06清华大学公共管理学院公共管理专业在职学习，获公共管理硕士学位）

2013.12~2015.03绵阳市政协副主席、民建绵阳市委主委、市科技局局长

2015.03~2016.04　绵阳市政协副主席、民建市委主委、市科知局局长（2015.01~2015.12挂职任北京市经信委副主任）

2016.04~　绵阳市政协副主席、民建市委主委

十一届省人大代表，十一届省政协常委

【罗宗志】 男，汉族，1964年1月生，四川双流人，1983年8月南京机器制造学校金属热处理专业中专毕业，1992年7月西安交通大学金属材料及热处理专业在职研究生毕业、工学硕士，1983年8月参加工作，1991年4月加入中国共产党，高级工程师。

1980.09~1983.08　南京机械制造学校金属热处理专业中专学习

1983.08~1989.09　东方汽轮机厂锻热分厂见习生、技术员、助工

1989.09~1992.07　西安交通大学金属材料及热处理专业在职研究生学习，获工学硕士学位

1992.07~1993.01　东方汽轮机厂材料锻冶处材试室主任助理、工程师

1993.01~1994.02　东方汽轮机厂材料锻冶处材试室副主任、工程师

1994.02~1996.02　东方汽轮机厂材料锻冶处材试室主任、工程师

1996.02~1998.02　东方汽轮机厂材料锻冶处副处长兼材试室主任

1998.02~1998.03　东方汽轮机厂副总锻冶师兼材料锻冶处副处长

1998.03~2001.10　德阳市经济委员会副主任（其间：1998.12~1999.03借调国家经济贸易委员会企业改革司工作，1999.09~1999.12参加“四川省管理干部”英语强化培训班学习）

2001.10~2001.12　德阳市体改办主任

（2001.05~2001.11参加由中央组织部、中央统战部、国家民委组织的“西部及少数民族地区党政干部赴沿海发达地区挂职锻炼”，任广州市花都区人民政府区长助理）

2001.12~2005.03　德阳市体改办主任、党组书记（其间：2002.07~2003.06由国家外专局派往香港工商专联及香港中华煤气公司“高级企业管理”研修班学习）

2005.03~2005.04　德阳市国资委党委副书记、市政府体改办主任、党组书记

2005.04~2006.04　德阳市国资委副主任、党委副书记（正县级）

2006.04~2011.10　德阳市国资委主任、党委书记

2011.10~2013.06　四川省罗江县委书记

2013.06~2016.08　德阳市旌阳区委书记

2016.08~2016.09　绵阳市政府副市长提名人选

2016.09~　绵阳市政府党组成员、副市长，市国资委党委副书记、主任

省第十次党代会代表

【赵迎春】 男，汉族，1970年6月生，四川大竹人，1992年7月电子科技大学电子工程系图像传输与处理专业大学毕业、工学学士，2004年12月获电子科技大学电子与信息工程专业工学硕士学位，1992年7月参加工作，1996年7月加入中国共产党。

1988.09~1992.07　电子科技大学电子工程系图像传输与处理专业大学学习，获工学学士学位

1992.07~1995.06　九洲电器股份有限公司第三设计所助理工程师

1995.06~1997.03　共青团绵阳市委工农青年部工作

1997.03~1998.03　共青团绵阳市委工农青年部副部长

1998.03~1998.09　共青团绵阳市委工农青年部部长

1998.09~2001.07　共青团绵阳市委办公室主任

2001.07~2003.05　绵阳市信息产业局（国防工办）党组成员、副局长（副主任）、绵阳市信息化领导小组副主任（其间：2002.05~2002.12国家信息产业部综合规划司挂职锻炼）

2003.05~2006.04　绵阳市高新区党工委委员、管委会副主任（其间：2004.02~2006.04绵阳市出口加工区筹建办主任）

（1999.10~2004.12电子科技大学电子与信息工程专业在职学习，获工学硕士学位）

2006.04~2006.05　安县县委常委

2006.05~2006.12　安县县委常委、县人民政府副县长（主持县政府常务工作）

2006.12~2007.01　安县县委副书记、县人民政府党组书记、副县长（主持县政府工作）

2007.01~2010.05　安县县委副书记、县人民政府党组书记、县长（其间：2007.09~2007.11四川省委党校县处一班学习）

2010.05~2010.08　安县县委副书记、县人民政府党组书记、县长（主持县委工作）、四川安县工业园区党工委书记

2010.08~2011.01　安县县委书记、县人民政府党组书记、县长、四川安县工业园区党工委书记

2011.01~2013.12　安县县委书记、四川安县工业园区党工委书记（其间：2012.02~2012.04四川省委党校中青一班学习）

2013.12~2016.09　三台县委书记、四川三台工业园区党工委书记

2016.09~　绵阳市政府党组成员

省十次党代会代表，十一届省人大代表

【罗　蒙】　男，汉族，1964年10月生，四川绵阳人，1994年12月四川省委党校经管专业在职大学毕业，2002年6月四川省委党校经济学专业在职研究生毕业，1981年12月参加工作，1984年4月加入中国共产党。

1981.12~1985.09　地辖绵阳市关帝乡工作，先后任会计辅导员、乡团委书记

1985.09~1987.08　绵阳市委党校大专班学习

1987.08~1989.11　绵阳市中区团委工作

1989.11~1992.03　绵阳市中区科协工作（其间：1990.09任办公室主任）

1992.03~1992.09　绵阳市中区园艺乡党委书记、乡人大主席

1992.09~1995.11　绵阳市涪城区杨家镇党委书记（其间：1993.03兼任镇人大主席）

1995.11~1996.10　绵阳市涪城区委组织部副部长

1996.10~1998.03　绵阳市涪城区石塘镇党委书记

1998.03~2006.03　绵阳市涪城区人民政府副区长（其间：1999.09~2002.06四川省委党校经济学专业在职研究生学习）

2006.03~2006.08　绵阳市游仙区委常委、区人民政府副区长

2006.08~2006.11　绵阳市涪城区委常委，经开区党工委副书记、管委会副主任（主持管委会工作）

2006.11~2009.06　绵阳市涪城区委常委，经开区党工委副书记、管委会主任

2009.06~2009.07　中国（绵阳）科技城党工委委员、绵阳市涪城区委常委，经开区党工委副书记、管委会主任

2009.07~2009.10　梓潼县委副书记（保留正县级领导职务待遇）

2009.10~2010.01　梓潼县委副书记、县人民政府代县长

2010.01~2010.07　梓潼县委副书记、县人民政府县长

2010.07~2011.10　梓潼县委副书记、县人民政府县长、四川梓潼经济开发区党工委副书记、管委会主任

2011.10~2012.01　梓潼县人民政府县长，游仙区委副书记、区人民政府党组书记（主持政府工作）、绵阳游仙经济开发区党工委副书记、管委会主任

2012.01~2015.02　绵阳市游仙区委副书记、区人民政府区长、绵阳游仙经济开发区党工委副书记、管委会主任（其间：2014.11主持区委工作）

2015.02~2015.03　绵阳市游仙区委书记、区人民政府区长、绵阳游仙经济开发区党工委副书记、管委会主任

2015.03~2016.03　绵阳市游仙区委书记、绵阳游仙经济开发区党工委副书记、管委会主任

2016.03~2016.04　绵阳市委秘书长、游仙区委书记

2016.04~2016.09　绵阳市委秘书长

2016.09~　绵阳市政府党组成员

十二届省人大代表

政协绵阳市第七届委员会主席、副主席、秘书长

（政协绵阳市第七届委员会第一次会议选举产生）

【张锦明】 女，汉族，1957年3月生，四川蓬溪人，1986年7月四川广播电视大学党政管理专业大专毕业，2004年7月四川广播电视大学法学专业在职大学毕业，1974年12月参加工作，1982年11月加入中国共产党。

1974.12~1976.12 四川省蓬溪县大石公社五大队五队知青

1976.12~1978.06 四川省蓬溪县委路线教育工作团驻农兴、黄泥工作队工作

1978.06~1981.02 四川省蓬溪县供销社物价员

1981.02~1986.02 共青团四川省蓬溪县委干部、副书记

1986.02~1990.08 共青团四川省遂宁市委副书记（其间：1989.02~1990.02任遂宁市中区桂花工委副书记、办事处主任）（1984.09~1986.07四川广播电视大学党政管理专业脱产大专学习）

1990.08~1993.03 共青团四川省遂宁市委书记（其间：1992.05~1992.11参加四川省委党校女干部理论培训班学习）

1993.03~1995.06 共青团四川省遂宁市委书记，遂宁市中区区委副书记（兼）（其间：1993.05~1993.08挂职任江苏省高邮市人民政府市长助理兼高邮镇党委副书记）

1995.06~1998.02 四川省遂宁市中区区委副书记、区人民政府区长

1998.02~2000.02 四川省遂宁市中区区委书记

2000.02~2002.08 四川省遂宁市人民政府副市长（其间：2000.05~2000.11挂职任国家经贸委技术进步与装备司副司长）

2002.08~2004.02 四川省雅安市委常委、组织部长

2004.02~2009.10 四川省雅安市委副书记（其间：2007.02~2007.04国家行政学院第四期西部地区领导干部培训班学习）（2001.09~2004.07四川广播电视大学法学专业在职大学学习）

2009.10~2016.01 四川省绵阳市委副书记

2016.01~2016.02 四川省绵阳市政协党组书记

2016.02~ 四川省绵阳市政协党组书记、主席

省九、十次党代会代表，十、十一届省人大代表，十一届省政协委员、常委

【李敦双】 男，汉族，1959年7月生，四川射洪人，1983年8月四川省人民警察学校中专毕业，1990年7月公安部管理干部学院公安管理专业在职大专毕业，2000年12月四川省委党校法律专业在职大学毕业，1979年1月参加工作，1986年9月加入中国共产党。

1979.01~1981.03 辽宁00417部队服役

1981.03~1981.09 四川射洪中学文科补习

1981.09~1983.08 四川省人民警察学校中专学习

1983.08~1988.09 四川省绵阳市公安局一处侦察员

1988.09~1990.07 公安部管理干部学院公安管理专业在职大专学习

1990.07~1992.05 四川省绵阳市公安局侦察员、局团总支书记

1992.05~1995.09 四川省绵阳市公安局一处副处长

1995.09~1999.05 四川省绵阳市公安局一处处长、党支部书记

1999.05~2001.05 四川省绵阳国家安全局副局长、党组成员（1998.09~2000.12四川省委党校法律专业在职大学学习）

2001.05~2011.04 四川省绵阳国家安全局局长、党组书记（其间：2006.02高配为副厅级）（2000.07~2002.07中国政法大学经济法系研修班学习）

2011.04~2016.08 四川省广元市副市长、公安局长

2016.08~2016.10 四川省绵阳市政协党组成员

2016.10~ 四川省绵阳市政协党组副书记

【沈其霖】 男，汉族，1962年6月生，四川江油人，1982年7月绵阳中医学校中医士专业中专毕业，1987年10月成都中医学院中医专业在职大专毕业，1999年12月四川省委党校函授学院经济管理专业在职大学毕业，2002年1月四川省委党校函授学院经济学专业在职研究生毕业，1982年7月参加工作，农工党党员。

1979.09~1982.07 绵阳中医学校中医士专业学习

1982.07~1982.12 江油市西屏乡计生专干

1982.12~1985.05 江油市九岭乡卫生院医士

1985.05~1986.11 江油市中医院医士

1986.11~1992.09 绵阳市中医院医师（其间：1983.10~1987.10成都中医学院中医专业大专班在职学习）

1992.09~1995.04 绵阳市中医院机关门诊部主任

1995.04~1997.04 绵阳市中医院机关分院院长

1997.04~2003.02 绵阳市中医院副院长（其间：1997.09~1999.12四川省委党校函授学院经济管理专业在职大学学习；1999.12~2002.01四川省委党校函授学院经济学专业在职研究生学习）

2003.02~2004.09 绵阳市中医院副院长、成都中医药大学附属绵阳医院副院长（2001.07~2003.07成都中医药大学中西医结合专业在职研究生班学习）

2004.09~2007.05 绵阳市中医院副院长、成都中医药大学附属绵阳医院副院长，农工民主党绵阳市委主委（其间：2007.04明确为正县级）

2007.05~2008.03 农工民主党四川省委常委、农工民主党绵阳市委主委，绵阳市中医院副院长、成都中医药大学附属绵阳医院副院长

2008.03~ 绵阳市政协副主席，农工民主党省委常委、农工民主党绵阳市委主委，绵阳市中医院副院长、成都中医药大学附属绵阳医院副院长

十、十一届省政协委员

【李京平】 男，土家族，1963年5月生，重庆忠县人，1990年12月四川电大政史专业大专毕业，1996年6月四川省委党校经济学专业在职研究生毕业，2004年6月西南科技大学网络教育工商管理专业在职大学毕业，2006年12月获电子科技大学高级管理人员工商管理硕士学位，1983年8月参加工作，民进会员，高级经济师。

1983.08~1987.08 四川建材学院服务公司工作

1987.08~1990.12 四川电大政史专业大专班学习

1990.12~1991.12 绵阳市电子教育学校校长

1991.12~1998.11 四川成都轻型汽车总厂绵阳修理分厂职工、绵阳市电子教育学校校长（其间：1992.02被录用为国家干部；1993.09~1996.06四川省委党校经济学专业在职研究生学习）

1998.11~1999.09 民进绵阳市委秘书长、绵阳市电子教育学校校长

1999.09~2001.01 民进绵阳市委副主委、绵阳市电子教育学校校长

2001.01~2004.10 民进绵阳市委专职副主委（其间：2002.09~2004.06西南科技大学网络教育工商管理专业在职学习）

2004.10~2008.02 民进绵阳市委副主委、市司法局副局长（其间：2004.07~2006.12电子科技大学高级管理人员工商管理专业在职学习，获工商管理硕士学位）

2008.02~2009.05 民进绵阳市委主委、市司法局副局长（其间：2008.03明确为正县级）

2009.05~2012.11 绵阳市政协副主席、民进绵阳市委主委、市司法局副局长

2012.11~ 绵阳市政协副主席、民进绵阳市委主委

九、十届省政协委员，十一届省政协常委

【尚丽平】 女，汉族，1968年12月生，山东龙口人，1990年9月哈尔滨工业大学精密仪器系精密仪器专业大学毕业、工学学士，1993年4月哈尔滨工业大学精密仪器系精密仪器专业研究生毕业、工学硕士，2002年6月燕山大学电气工程学院仪器科学系测试计量技术及仪器专业在职研究生毕业、工学博士，1993年4月参加工作，2002年5月加入九三学社。

1986.09~1990.09 哈尔滨工业大学精密仪器系精密仪器专业大学学习，获工学学士学位

1990.09~1993.04 哈尔滨工业

大学精密仪器系精密仪器专业硕士研究生学习，获工学硕士学位

1993.04~2005.08　燕山大学电气工程学院教师（其间：1998.09~2002.06燕山大学电气工程学院仪器科学系测试计量技术及仪器专业在职研究生学习，获工学博士学位；2001.12评为副教授；2002.05加入九三学社；2002.11~2004.12南开大学物理科学学院物理学博士后流动站从事博士后研究）

2005.08~2006.12　西南科技大学信息工程学院教师（其间：2006.01评为教授）

2006.12~2012.06　西南科技大学信息工程学院副院长　（其间：2010.07当选九三学社绵阳市委员会副主任委员；2011.09当选绵阳市第六届人大常委会委员；2012.03~2012.05四川省高校第14期中青年干部培训班学习）

2012.06~2012.10　西南科技大学教务处副处长（主持工作）

2012.10~2015.12　西南科技大学教务处处长（其间：2013.07被评为第十批四川省学术和技术带头人；2013.11被评为西南科技大学博士研究生指导教师；2014.05~2014.08四川省优秀干部和人才厅级递进培养计划第二期培训班学习）

2015.12~2016.02　西南科技大学教务处处长、九三学社绵阳市委员会主任委员

2016.02~　西南科技大学副校长、九三学社绵阳市委员会主任委员

【钟正军】　男，汉族，1964年11月生，四川盐亭人，1986年7月绵阳工业学校经济管理专业中专毕业，1996年6月四川省委党校函授学院经济管理专业在职大专毕业，1998年12月四川省委党校函授学院经济管理专业在职大学毕业，1986年8月参加工作，1986年5月加入中国共产党。

1984.10~1986.07　绵阳工业学校经济管理专业中专学习

1986.07~1986.08　毕业待入职

1986.08~1990.05　绵阳市委办公室干部

1990.05~1995.05　绵阳市人大常委会办公室秘书处副处长（其间：1994.06任主任科员）

1995.05~1997.11　绵阳市人大常委会办公室一秘书处处长（1993.09~1996.06四川省委党校函授学院经济管理专业在职大专学习）

1997.11~1998.01　北川县委常委

1998.01~2000.04　北川县委常委、组织部长（1996.09~1998.12四川省委党校函授学院经济管理专业在职大学学习）

2000.04~2003.01　北川县委副书记（其间：2001.04兼任北川行政学校校长）

2003.01~2004.07　北川县委副书记、纪委书记，北川行政学校校长

2004.07~2004.10　绵阳市纪委副书记、北川行政学校校长

2004.10~2010.07　绵阳市纪委副书记

2010.07~2016.10　绵阳市纪委副书记、市监察局局长

2016.10~　绵阳市政协党组成员，市监察局局长

【胡安虎】　男，汉族，1963年4月生，四川中江人，1982年7月剑阁师范学校教育专业中专毕业，1995年6月四川省委党校函授学院行管专业在职大专毕业，1996年12月四川省委党校函授学院经管专业在职大学毕业，2001年1月四川省委党校经济管理专业在职研究生毕业，1982年8月参加工作，1985年1月加入中国共产党。

1980.09~1982.07　剑阁师范学校教育专业中专学习

1982.07~1982.08　毕业待入职

1982.08~1983.09　江油市西屏乡小学教师

1983.09~1988.04　江油市青莲中学教师、校团委书记

1988.04~1991.04　江油市委组织部组织科工作（其间：1988.11任干事，1990.05任副科长）

1991.04~1992.11　绵阳市委组织部工作（其间：1991.12任副主任干事）

1992.11~1994.06　绵阳市计经委组干处副处长（其间：1993.10被聘为中国历史唯物主义学会党风科学专业委员会特约研究员）

1994.06~1994.12　绵阳市丝绸总公司总经理助理

1994.12~1996.11　绵阳市丝绸总公司党组成员、副总经理（1992.09~1995.06四川省委党校函授学院行管专业在职大专学习）

1996.11~1998.07　绵阳市蚕业管理局党组成员、副局长（其间：1997.01~1997.07北京大学继续教育学院现代企业经营与管理班学习）

(1994.08~1996.12四川省委党校函授学院经管专业在职大学学习)

1998.07~2001.07　绵阳市劳动局党组成员、副局长(其间:2000.03~2001.01四川省委党校经济管理专业在职研究生学习)(1997.09~1999.09四川大学工商管理学院企业管理专业研究生课程进修班学习)

2001.07~2001.09　三台县委常委、组织部长

2001.09~2004.06　三台县委副书记(其间:2003.01兼任三台县委党校校长)

2004.06~2005.09　绵阳市委副秘书长(其间:2004.09兼任市行政服务中心党工委副书记、管委会副主任)

2005.09~2006.01　盐亭县委副书记、代理县长

2006.01~2006.07　盐亭县委副书记、县长(其间:2006.03~2006.06四川省委党校中青班学习)

2006.07~2007.01　盐亭县委书记

2007.01~2010.07　盐亭县委书记、县人大常委会主任

2010.07~2010.11　盐亭县委书记、县人大常委会主任、盐亭县工业园区党工委书记

2010.11~2011.01　盐亭县委书记,绵阳市人大常委会党组成员、副秘书长

2011.01~2011.08　绵阳市人大常委会党组成员、副秘书长(其间:2011.02保留正县级领导职务待遇)

2011.08~2011.09　绵阳市人口和计划生育委员会党组书记

2011.09~2014.01　绵阳市人口和计划生育委员会党组书记、主任(其间:2011.12兼任市计生协会常务副会长)

2014.01~2016.09　绵阳市民政局党组书记、局长(其间:2014.02任市社团工委书记)

2016.09~2016.10　绵阳市民政局局长,市社团工委书记

2016.10~　绵阳市政协党组成员,市民政局局长

省九次党代表

【郭兴林】　男,汉族,1958年12月生,四川绵阳人,1982年8月绵阳财贸校中专毕业,1986年7月四川广播电视大学工业会计专业在职大专毕业,1998年12月四川省委党校经济管理专业在职大学毕业,1982年8月参加工作,2007年11月加入民革。

1980.09~1982.08　绵阳财贸校中专学习

1982.08~1986.06　绵阳市市中区财政局会计(1984.09~1986.07四川广播电视大学工业会计专业在职大专学习)

1986.06~1991.11　绵阳市涪城区财政局行财科科长

1991.11~1996.02　绵阳市涪城区财政局预算科科长

1996.02~2001.02　绵阳市涪城区财政局副局长(其间:1996.09~1998.12四川省委党校经济管理专业在职大学学习)(1998.12~2001.06西南交通大学工商管理专业研究生课程进修班学习)

2001.02~2002.09　绵阳市审计局副局长

2002.09~2005.11　绵阳市政府采购中心主任

2005.11~2010.08　绵阳市审计局副局长(其间:2007.11加入民革)

2010.08~2010.10　民革绵阳市委主委、市审计局副局长

2010.10~　民革绵阳市委主委、市审计局副局长(明确为正县级)(其间:2015.12当选民革绵阳市第七届委员会主委)

十、十一、十二届省人大代表

【田荣华】　男,汉族,1963年12月生,四川蓬溪人,1985年7月吉林大学化学系生物化学专业大学毕业、理学学士,1990年9月中国科学院上海生物化学研究所生物化学专业研究生毕业、理学硕士,1985年7月参加工作,2005年7月加入致公党。

1980.09~1985.07　吉林大学化学系生物化学专业大学学习,获理学学士学位

1985.07~1987.08　华西医科大学附属第一医院检验科检验师

1987.08~1990.09　中国科学院上海生物化学研究所生物化学专业研究生学习,获理学硕士学位

1990.09~1994.11　四川四达生物工程产业开发公司工作,历任副厂长、厂长、副总工程师

1994.11~2000.07　绵阳生物工程研究中心工作(其间:2000.02评为副研究员)

2000.07~2001.04　绵阳高新区创业服务中心工作

2001.04~2002.07　绵阳高新区创业服务中心副主任

2002.07~2006.09　绵阳市涪城区招商局局长(其间:2005.07加入致公党)

2006.09~2006.12　绵阳游仙区人民政府副区长

2006.12~2012.01　绵阳游仙区人民政府副区长、致公党绵阳市总支委主委

2012.01~2012.05　绵阳市游仙区人大常委会副主任、致公党绵阳市总支委主委

2012.05~ 致公党绵阳市工委主委、绵阳市游仙区人大常委会副主任 （其间：2013.02明确为正县级领导干部，2015.12当选致公党绵阳市第二届工委主委）

十一、十二届省人大代表

【赵　黎】 女，汉族，1963年4月生，四川西充人，1983年7月绵阳农业专科学校农经专业大专毕业，1997年12月四川省委党校函授学院法律专业在职大学毕业，1983年7月参加工作，1989年2月加入中国共产党。

1980.09~1983.07 绵阳农业专科学校农经专业大专学习

1983.07~1985.08 绵阳市中区农业局农经股工作

1985.08~1992.03 绵阳市委政研室干事、副主任干事

1992.03~1995.07 绵阳市委政研室主任干事、农村处副处长（其间：1995.03~1995.07市委党校中青年干部培训班学习）

1995.07~1998.03 绵阳市委政研室农村处处长（其间：1995.07~1997.12省委党校函授学院法律专业在职大学学习）

1998.03~2000.04 绵阳市委政研室助理调研员（1996.04~1998.04下派涪城区塘汛镇挂任党委副书记）

2000.04~2005.09 绵阳市委政研室副主任（其间：2002.09~2002.12省委党校第四期县处级妇女干部培训班学习）

2005.09~2008.09 绵阳市委政研室主任

2008.09~2014.09 绵阳日报社党组副书记、绵阳晚报社社长

2014.09~2016.09 绵阳市广播电视台党委书记、台长

2016.09~ 绵阳市政协党组成员、机关党组书记

全国与四川省五一劳动奖章获得者

【胡俊祥】 男，四川东材科技集团股份有限公司薄膜材料首席专家、工程师。2016年全国五一劳动奖章获得者。

【谢卫平】 男，中国工程物理研究院流体物理研究所副总工程师。2016年全国五一劳动奖章获得者。

【田　浩】 男，四川知仁医药有限责任公司职工。2016年四川省五一劳动奖章获得者。

【申　泽】 男，绵阳市城市管理行政执法局党组书记、局长。2016年四川省五一劳动奖章获得者。

【胥明道】 男，绵阳市盐亭县残联量服办主任。2016年四川省五一劳动奖章获得者。

全国与四川省好人

【任昌会】 女，北川县坝底乡三溪村村民。入选孝老爱亲类“2016年中国好人榜”“2016年四川好人榜”。

【崔荫森】 男，江油市含增镇长城新村居。入选孝老爱亲类“2016年中国好人榜”“2016年四川好人榜”。

【文建中】 男，涪城区成绵路73号居民。入选“2016年四川好人榜”。

【罗安芬】 女，江油市新安镇古道村村民。入选“2016年四川好人榜”。

【谭昌志】 男，高新区市政有限责任公司环卫部清掏组工人。入选“2016年四川好人榜”。

【王秀如】 女，三台县里程乡回龙村村民。入选“2016年四川好人榜”。

【贾菊莲】 女，江油市中坝镇岳家桥小区居民。入选“2016年四川好人榜”。

【龙明玉】 男，涪城区石洞乡天池山村党支部书记。入选“2016年四川好人榜”。

【谢玉伟】 男，安州区花荄镇柏杨村村民。入选“2016年四川好人榜”。

【霞新民】 男，江油市王右木纪念馆退休干部。入选“2016年四川好

人榜”。

【陆朝卫】 男，游仙区皮肤病院医生。入选“2016年四川好人榜”。

【曹 强】 男，高新区公安分局普明派出所民警。入选“2016年四川好人榜”。

【袁斌龙】 男，绵阳市沙汀实验中学教师。入选“2016年四川好人榜”。

【舒明英】 女，涪城区工区街道迎宾社区党总支书记。入选“2016年四川好人榜”。

【敬长松】 男，三台县菊河乡中心小学校教师。先后被评为“四川省数学骨干教师”“四川省优秀乡村教师”。入选“2016年四川好人榜”。

【夏桂琼】 女，三台县西平镇狮王村居民。入选“2016年四川好人榜”。

感动绵阳十大人物

【崔荫森】 男，江油攀长钢公司退休人员。2016年崔荫森家庭获全国最美家庭、第一届全国文明家庭。被评为“2016年度感动绵阳十大人物”。

【朱雨玲】 女，中国女子乒乓球队运动员。获得女单总决赛冠军，成为中国女乒第11位总决赛女单冠军，世界排名第4。被评为“2016年度感动绵阳十大人物”。

【田 茵】 女，原绵阳市少年宫副主任。她编排的现代芭蕾舞《朝圣》，首次让四川芭蕾登上国际舞台。作品《祈福》获第八届全国“桃李杯”三等奖。2016年7月因病去世。被评为“2016年度感动绵阳十大人物”。

【黄伊琳】 女，中南林业科技大学学生。2016年8月8日，在阆中旅游时，跳入江中勇救嘉陵江落水少年。获2016年度“湖南好人”，被评为“2016年度感动绵阳十大人物”。

【冷晓江】 男，九洲集团总装车间调试班班长。四川省有突出贡献的优秀专家、四川省技术能手、四川省高技能人才领军人物之一，享受国务院特殊津贴。被评为“2016年度感动绵阳十大人物”。

【罗文富】 男，国网绵阳供电公司输电运维一班班长。被评为“2016年度感动绵阳十大人物”。

【刘沛卓】 男，绵阳卓讯科技孵化器管理有限公司CEO。被评为“2016年度感动绵阳十大人物”。

【宋汶祥】 男，绵阳市一凡助学促进会志愿者。被评为“2016年度感动绵阳十大人物”。

【林 海】 男，绵阳市文化馆副研究馆员。文化部援外专家，绵阳市突出贡献的中青年科技拔尖人才。被评为“2016年度感动绵阳十大人物”。

【姜周立】 男，高新区公安分局永兴派出所民警。先后被授予省、市和系统内“优秀共产党员”“优秀公务员”“先进工作者”“优秀案侦民警”。被评为“2016年度感动绵阳十大人物”。

十大最美绵阳人

【曾永川】 男，绵阳市青年志愿者义务反扒队队长。被评为2016年度十大最美绵阳人。

【肖 晴】 男，三台县平强专业合作社创始人。2016年5月，肖晴被评为三台县“十佳创业青年”。被评为2016年度十大最美绵阳人。

【蒲 超】 男，绵阳市骨科医院上肢手显微外科主任。被评为2016年度十大最美绵阳人。

【张丽琼】 女，游仙区梓棉乡湖广村7社居民。被评为2016年度十大最美绵阳人。

【汪国金】 男，游仙区魏城镇莲池寺村3社社长。被评为2016年度十大最美绵阳人。

【雷明芬】 女，盐亭县富驿镇民主村8社居民。被评为2016年度十大最美绵阳人。

【韩玉平】 男，绵阳市肢残人协会主席，四川省自强模范荣。被评为2016年度十大最美绵阳人。

【王仁刚】 男，梓潼华鑫家电有限公司董事长。被评为2016年度十大最美绵阳人。

【王向英】 女，江油市长山实业总公司副总经理。被评为2016年度十大最美绵阳人。

【李道友】 男，安州区爱心协会志愿者。被评为2016年度十大最美绵阳人。

绵阳市十大工匠

【黄才文】 男，绵阳佳联印染有限责任公司仿样工程师。2016年，被绵阳市总工会评为绵阳市十大工匠。

【朱红志】 男，北川羌族自治县古羌水磨漆有限公司总经理。2016年，被绵阳市总工会评为绵阳市十大工匠。

【刘晓刚】 男，绵阳高新区恒奥电子科技有限公司焊接工段主管。2016年，被绵阳市总工会产评为绵阳市十大工匠。

【徐　军】 男，绵阳华晨瑞安汽车零部件有限公司数控车工。2016年，被绵阳市总工会评为绵阳市十大工匠。

【胥　敏】 男，四川长虹电子控股集团公司CNC操作工。2016年，被绵阳市总工会评为绵阳市十大工匠。

【翟信杰】 男，攀长钢特材厂钛材作业区首席操作手。2016年，被绵阳市总工会评为绵阳市十大工匠。

【刘　勇】 男，四川长虹电子控股集团华丰公司工模具厂加工中心班组长。2016年，被绵阳市总工会评为绵阳市十大工匠。

【刘　彬】 男，绵阳新晨动力机械有限公司IT市级系统分析与开发工程师。2016年，被绵阳市总工会评为绵阳市十大工匠。

【蒋　科】 男，绵阳六合锻造股份有限公司锻钢车间作业长。2016年，被绵阳市总工会评为绵阳市十大工匠。

【王　双】 男，绵阳市水务（集团）有限公司管网巡检组组长。2016年，被绵阳市总工会评为绵阳市十大工匠。

绵阳市十大创业先锋

【胡玉蓉】 女，绵阳燕景堂涪城电商产业园总经理。2016年，被绵阳市总工会评为绵阳市十大创业先锋。

【刘沛卓】 男，绵阳卓讯科技孵化器管理有限公司董事长。2016年，被绵阳市总工会评为绵阳市十大创业先锋。

【邢　春】 男，江油市新华泰实业有限责任公司总经理。2016年，被绵阳市总工会评为绵阳市十大创业先锋。

【秦　龙】 男，三台县龙轩家园老年公寓党支部书记、院长。2016年，被绵阳市总工会评为绵阳市十大创业先锋。

【魏　己】 男，绵阳南苑机械有限责任公司经理。2016年，被绵阳市总工会评为绵阳市十大创业先锋。

【柳长学】 男，平武县好兄弟菌业科技开发有限公司总经理。2016年，被绵阳市总工会评为绵阳市十大创业先锋。

【王健鹏】 男，北川安特天然药业有限公司董事长。2016年，被绵阳市总工会评为绵阳市十大创业先锋。

【吴福文】 男，四川百诺吉科技有限公司董事长。2016年，被绵阳市总工会评为绵阳市十大创业先锋。

【全　胜】 女，绵阳市耐特电子实业有限责任公司总经理。2016年，被绵阳市总工会评为绵阳市十大创业先锋。

【何　艳】 男，绵阳金草农业科技有限公司总经理。2016年，被绵阳市总工会评为绵阳市十大创业先锋。

绵阳市十大创新能手

【康　杰】 男，绵阳开元磁性材料有限公司副总工程师。2016年，被绵阳市总工会评为绵阳市十大创新能手。

【王金江】 男，三台县农业局畜牧站站长。2016年，被绵阳市总工会评为绵阳市十大创新能手。

【罗　刚】 男，安县供电公司运维检修部主任。2016年，被绵阳市总工会评为绵阳市十大创新能手。

【王　宽】 男，四川野马汽车绵阳制造有限公司工艺技术部部长。2016年，被绵阳市总工会评为绵阳市十大创新能手。

【彭　飞】 男，四川昊伶节能科技有限公司党支部书记、执行董事。2016年，被绵阳市总工会评为绵阳市十大创新能手。

【丁　凡】 绵阳农业科学研究院薯类研究所副所长。2016年，被绵阳市总工会评为绵阳市十大创新能手。

【唐　杰】 男，雅化集团绵阳实业有限公司装备自动化部部长。2016年，被绵阳市总工会评为绵阳市十大创新能手。

【杜礼泉】 男，绵阳市丰谷酒业有限责任公司技术中心副主任。2016年，被绵阳市总工会评为绵阳市十大创新能手。

【王正伟】 男，四川九洲电器集团有限责任公司副总设计师。2016年，被绵阳市总工会评为绵阳市十大创新能手。

【李质平】 男，四川东材科技集团股份有限公司技术经理。2016年，被绵阳市总工会评为绵阳市十大创新能手。

绵阳市十大服务明星

【杨 虎】 男，绵阳市公安局出入境管理支队办证窗口民警。2016年，被绵阳市总工会评为绵阳市十大服务明星。

【李文军】 男，绵阳市第三人民医院呼吸科副主任。2016年，被绵阳市总工会评为绵阳市十大服务明星。

【罗建敏】 女，盐亭县地方税务局助征员。2016年，被绵阳市总工会评为绵阳市十大服务明星。

【周雪妍】 女，绵阳市燃气集团天然气公司红星楼营业厅组长。2016年，被绵阳市总工会评为绵阳市十大服务明星。

【夏琳琳】 女，国网绵阳供电公司营销部副主任。2016年，被绵阳市总工会评为绵阳市十大服务明星。

【彭 涛】 女，绵阳电信公司客服服务部投诉处理专员。2016年，被绵阳市总工会评为绵阳市十大服务明星。

【王捍华】 男，绵阳市公共交通集团有限责任公司2路1316号车驾驶员。2016年，被绵阳市总工会评为绵阳市十大服务明星。

【景媛媛】 女，工商银行绵阳市分行营业室大堂经理。2016年，被绵阳市总工会评为绵阳市十大服务明星。

【邓爱民】 女，绵阳市邮政公司直属分公司营业员。2016年，被绵阳市总工会评为绵阳市十大服务明星。

【朱卫民】 男，平安保险绵阳中心支公司客服理赔部车物查勘组组长。2016年，被绵阳市总工会评为绵阳市十大服务明星。

2012 年

6 月 5 日，四川省人民政府正式批复，同意设立四川北川经济开发区，为省级经济开发区。

6 月 6 日，华晨汽车南方基地首款全新乘用车产品——金杯智尚 S30 正式在绵阳上市，标志第一款具备完全知识产权的“绵阳造”汽车正式诞生。华晨汽车南方基地是华晨集团在绵阳投资建设的集整车、发动机、零部件为一体的生产基地。

6 月 19 日，四川汽车职业技术学院挂牌成立。该校由绵阳力源教育投资有限公司在绵阳交通学校基础上投资组建，为全日制民办普通高等职业技术学院，也是四川省唯一一所汽车类高职院校。学院位于涪城区新皂镇，建有 30 余个试验实训室，开设汽车运用与维修、汽车制造与装配技术、新能源汽车技术、光伏应用技术等 15 个专业。

10 月 13 日，国务院办公厅发文批准四川绵阳经济开发区升级为国家级经济技术开发区，实行现行国家级经济技术开发区的政策。绵阳经开区成为继成都、德阳、广安、遂宁经开区之后四川省第 5 个国家级经济技术开发区。

10 月 31 日，绵阳职业教育集团成立。该集团是由绵阳职业技术学院牵头，联合绵阳市职业院校、企业、科研院所、行业企业等，以多元开放型联合体形式成立的区域型、综合性非法人组织，旨在推进区域内教育和经济优势互补、资源共享，推动绵阳职业教育走向市场化、标准化、集群化和现代化。

位于绵阳高新区的金杯汽车生产线

11 月 5 日，绵阳科技城工业技术研究院挂牌成立。该院是市委、市政府为推进科技成果产品化、商品化和产业化而专门成立的全额拨款事业单位，担负科技资源、科研技术和科技成果的整合、组织、促进、中介、孵化等职能，是中国科技城科技创新公共服务平台的重要组成部分。

12 月 9 日，绵阳国家科技城创新中心第一期启动运行。该项目位于科技城核心区域、科教创新区园艺次中心。项目用地 17.66 公顷，总投资 15 亿元，总建筑面积约 34 万平方米，包括军民融合孵化中心、军民融合技术转移中心、军民融合技术交易中心，以及其他生活服务配套设施。

绵阳市在全省的地位

(2016 年)

表 69

指标名称	计量单位	四川省	绵阳市	比重（%）
土地面积	(万平方公里)	48.61	2.02	4.2
年末常住人口	(万人)	8262	481.09	5.8
地区生产总值	(亿元)	32680.5	1830.42	5.6
第一产业	(亿元)	3924.08	280.29	7.1
第二产业	(亿元)	13924.73	876.04	6.3
第三产业	(亿元)	14831.69	674.09	4.5
规模以上工业企业个数	(个)	13803	894	6.5
规模以上工业增加值增速	(%)	7.9	9.9	-
全社会固定资产投资	(亿元)	29126.03	1269.97	4.4
社会消费品零售总额	(亿元)	15601.87	988.48	6.3
地方公共财政收入	(亿元)	3388.85	107.62	3.2
地方公共财政支出	(亿元)	8008.89	335.04	4.2
金融机构人民币各项存款余额	(亿元)	65638.43	3181.69	4.8
金融机构人民币各项贷款余额	(亿元)	42828.13	1667.43	3.9
白酒	(万千升)	402.7	5.3	1.3
彩色电视机	(万台)	1111.0	762.8	68.7
粗钢	(万吨)	2007.7	18.1	0.9
成品钢材	(万吨)	2837.2	82.0	2.9
水泥	(万吨)	14584.2	1079.4	7.4
农用氮磷钾化学肥料	(万吨)	508.6	19.8	3.9
卷烟	(亿支)	668.2	159.4	23.9
汽车	(万辆)	131.1	10.2	7.8

绵阳市国民经济主要指标

表 70

指标名称	计量单位	2012年	2013 年	2014 年	2015 年	2016 年
一、综合						
1. 自然资源	*					
行政区域土地面积	平方公里	20248.4	20248.4	20248.4	20248.4	20248.4
年平均气温	度（℃）	16.4	17.8	17.3	18.0	17.9
年降水量	毫米	723.4	938.4	841.9	691.5	545.5
年平均日照时数	小时	1071.1	1490.0	1021.5	1233.4	1294.2
2. 年末总人口	万人	545.40	547.38	548.78	545.48	545.18
# 男	万人	281.00	281.53	281.97	280.26	279.93
女	万人	264.40	265.85	266.81	265.22	265.25
当年出生人口	万人	4.44	4.45	4.36	4.77	4.65
当年死亡人口	万人	3.50	3.40	3.57	3.65	3.37
3. 年末从业人员	万人	293.33	299.88	300.71	301.74	303.80
# 第一产业	万人	112.67	108.62	106.09	94.35	90.82
第二产业	万人	81.22	89.37	94.46	100.76	101.65
第三产业	万人	99.44	101.90	100.16	106.63	111.33
城镇登记失业人员数	人	31433	33208	33915	35097	34791
4. 地区生产总值（现价）	亿元	1346.42	1455.12	1579.89	1700.33	1830.42
# 第一产业	亿元	219.19	238.96	247.64	260.05	280.29
第二产业	亿元	706.22	747.61	805.33	858.93	876.04
# 工业	亿元	607.42	637.65	680.11	728.03	743.09
第三产业	亿元	421.01	468.55	526.92	581.35	674.06
5. 地区生产总值增长速度	%	13.3	10.0	9.1	8.6	8.3
# 第一产业	%	4.0	3.5	3.9	3.8	3.9
第二产业	%	17.9	12.2	10.0	9.3	8.9
# 工业	%	17.9	12.0	9.4	9.7	9.3
第三产业	%	10.4	9.1	9.7	9.4	9.5
6. 人均地区生产总值	元	29080	31237	33558	35754	38202
二、农村经济	*					
有效灌溉面积	公顷	217700	212680	215660	217300	218680
农业机械总动力	万千瓦	268.43	281.44	292.09	301.07	323.71
三、规模以上工业						
企业单位数	个	825	731	781	839	894
# 大型企业	个	21	22	22	22	22
中型企业	个	115	89	95	97	91
小型企业	个	669	619	648	720	781

续表

指标名称	计量单位	2012年	2013 年	2014 年	2015 年	2016 年
工业总产值（当年价）	万元	18211277	20630240	23290466	25252803	26035066
# 轻工业	万元	9681800	9702732	11629776	12728602	12886613
重工业	万元	8529477	10304736	11660691	12524201	13148452
# 内资企业	万元	17354730	19803777	22238828	23608104	24270417
# 国有企业	万元	758645	856461	915610	905092	43480
集体企业	万元	84915	32369	39099	46320	58061
股份合作企业	万元	97092	39790	31998	41029	48357
联营企业	万元	25212	3975			
有限责任公司	万元	9604391	12067684	13457053	14710122	15144234
股份有限公司	万元	1804101	2472750	2622852	1934998	2157457
私营企业	万元	4474479	4298890	5145986	5928232	6796386
其他企业	万元	505896	29857	26230	42311	22440
港澳台商投资企业	万元	310535	292325	401801	1062109	1119848
外商投资企业	万元	546013	534138	649837	582590	644801
工业增加值增速	%	17.4	10.7	10.1	10.7	9.9
资产总计	万元	18272900	21740897	23314924	23768679	24340043
负债合计	万元	11781580	14397996	15514123	15177319	15090848
主营业务收入	万元	18285502	20248047	21685192	23720007	24217117
主营业务税金及附加	万元	256408	270312	283094	276231	168197
利润总额	万元	1097096	1029705	1074070	1065956	1222658
所得税费用	万元	151791	150364	149859	155548	141430
利税总额	万元	2248737	2247597	2044985	2092780	2288543
本年应交增值税	万元	891752	946091	686216	749260	895463
全部从业人员年平均人数	万人	24.15	23.00	22.78	21.51	19.91
四、交通运输、邮电通讯						
境内公路总里程	公里	19308	19573	19888	19910	19919
# 等级公路	公里	12356	13152	13821	13964	14448
等级外公路	公里	6952	6421	6067	5946	5471
境内铁路营运里程	公里	121	121	160	167	167
公路客运周转量	万人公里	516302	326130	336848	339193	295352
公路货运周转量	万吨公里	609244	544728	674954	664241	710671
民用汽车拥有量	辆	292909	334700	374310	427518	472407
# 私人汽车拥有量	辆	257929	306250	341000	390713	469316
邮电主营业务收入	万元	322213	368994	358178	356514	376757
# 电信主营业务收入	万元	291035	335678	323284	318084	332260
年末本地固定电话用户	户	748927	759630	734033	781363	864180

续表

指标名称	计量单位	2012年	2013 年	2014 年	2015 年	2016 年
年末移动电话用户数	户	4396174	3734921	4074056	4241542	5212355
互联网接入户数	户	535361	653348	794466	997732	1274556
五、固定资产投资						
全社会固定资产投资完成额	万元	9322190	10010035	10803708	11540858	12699722
#国有	万元	3329948	3458552	3281131	3520063	4142424
集体	万元	26038	78877	39579	10448	8942
房地产开发投资完成额	万元	1456901	1699379	2107355	1983475	2055775
#住宅	万元	1018075	1198884	1362998	1272491	1282195
商品房施工面积	万平方米	1706.31	1658.72	1888.96	1965.64	1983.76
商品房竣工面积	万平方米	434.49	229.50	353.37	224.86	379.22
商品房销售面积	万平方米	309.38	329.00	302.84	339.33	394.15
六、国内贸易						
社会消费品零售总额	万元	6047567	6885157	7782856	8791555	9884783
#城镇的零售额	万元	3991323	4542112	5182550	5864477	6603633
乡村的零售额	万元	2056244	2343045	2600306	2927079	3281151
七、对外经济与贸易						
进出口总额	万美元	221316	280985	291779	262710	176832
#进口总额	万美元	83984	100657	84545	70628	73350
#出口总额	万美元	137332	180328	207234	192082	103482
直接利用外资	万美元	21020	24134	22982	23221	18240
星级饭店个数	个	33	33	30	28	26
旅游人数	万人次	1921.61	2463.5	2821.86	3386.42	4206.11
#国际旅游者旅游人数	万人次	2.07	1.02	0.74	0.72	0.51
国内旅游者旅游人数	万人次	1919.54	2462.48	2821.12	3385.70	4205.60
旅游外汇收入总额	万美元	591.78	315.02	212.25	189.66	171.57
八、财政、金融、保险						
财政总收入	亿元	184.60	217.71	227.39	186.68	204.18
#地方公共财政收入	亿元	80.40	90.48	101.75	104.13	107.62
#税收收入	亿元	55.39	63.03	69.67	67.10	63.84
财政总支出	亿元	337.51	394.14	396.05	363.03	413.48
#公共财政支出	亿元	250.56	290.64	294.64	304.22	335.04
年末金融机构人民币存款余额	亿元	2126.34	2410.28	2621.72	2882.91	3181.69
#企业存款	亿元	451.22	491.74	546.26	586.43	631.64
储蓄存款	亿元	1125.55	1311.91	1464.46	1640.86	1838.25
#定期	亿元	768.80	923.12	1047.63	1186.34	1320.55
年末金融机构人民币贷款余额	亿元	1086.78	1252.78	1398.96	1532.85	1667.43

续表

指标名称	计量单位	2012年	2013 年	2014 年	2015 年	2016 年
短期贷款	亿元	450.03	563.13	601.76	616.37	649.86
中长期贷款	亿元	616.12	671.94	768.96	827.33	917.19
保费收入	万元	468286	500410	614597	682316	928710
赔款及给付	万元	138406	184796	198398	245498	381112
九、文化、教育						
广播覆盖率	%	98.46	98.84	99.08	99.19	99.37
电视覆盖率	%	98.85	99.15	99.37	99.44	99.56
公共图书馆	个	9	9	9	10	10
公共图书馆藏书量	千册	1995	1802	1855	1933	1985
学校总数						
# 幼儿园数	所	546	582	603	661	701
小学	所	438	436	414	412	404
普通中学	所	236	234	235	226	226
普通高等学校	所	13	14	14	14	14
在校学生总数						
# 小学	人	231590	233767	240629	250247	260373
普通中等学校	人	352895	336568	321335	310426	296835
# 普通中学	人	275809	269908	260085	250882	240930
普通高等学校	人	126617	136722	147240	149421	150122
专任教师总数						
# 小学	人	14765	14625	14037	13949	13487
普通中学	人	21323	21552	21528	21484	21739
普通高等学校	人	6629	7136	7543	7768	7955
十、卫生						
卫生机构数	个	4325	4436	4494	4417	4371
# 医院、卫生院	个	354	357	357	358	363
卫生机构床位数	张	25913	28755	30756	32110	33708
# 医院、卫生院床位数	张	25069	27880	29821	31106	32634
卫生机构人员数	人	32803	35932	37303	37180	38265
# 卫生技术人员	人	24242	26610	27620	28157	24375
# 医生	人	10172	10788	11055	10945	11184
十一、人民生活						
城镇在岗职工人数	万人	37.40	45.06	48.21	47.07	45.99
# 国有经济单位	万人	18.35	18.58	19.21	18.83	18.69
城镇集体经济单位	万人	1.22	1.07	1.23	1.16	1.25
# 机关行政职工	万人	4.71	4.30	4.35	4.77	4.89
事业单位职工	万人	10.79	12.43	13.09	12.47	12.32

续表

指标名称	计量单位	2012年	2013年	2014年	2015年	2016年
在岗职工年平均人数	万人	37.70	44.92	47.47	46.43	45.47
城镇单位在岗职工工资总额	亿元	159.76	217.50	247.62	274.36	289.26
城镇在岗职工年平均货币工资	元	42422	48417	52163	59093	63618
#国有经济	元	49714	57790	60861	71054	75945
集体经济	元	46268	55476	59207	65552	70058
城镇居民人均可支配收入	元	20755	23100	25341	27170	29407
城镇居民人均消费性支出	元	15717	16714	17973	18133	19561
#食品（烟酒）支出	元	6150	6452	7065	6731	7016
农村居民人均可支配（纯）收入	元	8213	9257	10326	12349	13504
农村居民人均生活消费支出	元	5772	6162	7492	9787	10684
#食品（烟酒）支出	元	2511	2661	3153	3672	4191
参加基本养老保险的企业在职职工数	人	572358	600779	652926	684024	694416
参加基本医疗保险的城镇职工数	人	606119	628379	648291	676210	687760

注：1. 2013年起公路客运数据剔除了出租车客运和周转量，公路货运通过月度货运样本车抽样和月度公路计重收费情况进行推算，经交通运输部认定，由省运管局推算返还。

2. 2013年以后移动电话用户剔除了移动公司停机保号用户。

3. 小学专任教师不含九年制和十二年制义务教育，九年制和十二年制义务教育专任教师计入普通中学。

4. 农村居民人均可支配（纯）收入2014年及以前为纯收入，2015年及以后为可支配收入。

（谭　江　钱　慧）

绵阳市国民经济主要比例关系

表71

指标名称	计量单位	2012年	2013年	2014年	2015年	2016年
一、农业总产值中农林牧渔业比例						
农业	%	46.5	50.5	51.0	50.7	49.7
林业	%	2.7	3.5	3.6	3.6	3.6
牧业	%	46.3	40.8	40.0	40.4	41.2
渔业	%	3.1	3.5	3.6	3.5	3.5
农林牧渔业服务业	%	1.4	1.7	1.8	1.9	2.0
二、工业总产值中轻重工业比例						
轻工业	%	52.1	51.4	50.1	50.4	49.5
重工业	%	47.9	48.6	49.9	49.6	50.5
三、地区生产总值中产业比例						
第一产业	%	16.3	16.4	15.7	15.3	15.3
第二产业	%	52.4	51.4	51.0	50.5	47.9
第三产业	%	31.3	32.2	33.3	34.2	36.8
四、财政收支占地区生产总值比例						
地方公共财政预算收入相当于地区生产总值比例	%	6.0	6.2	6.4	6.1	5.9
地方公共财政预算支出相当于地区生产总值比例	%	18.6	19.9	18.6	17.9	18.1

平均每天主要社会经济活动

(2012~2016)

表 72

指标名称	计量单位	2012年	2013 年	2014 年	2015 年	2016 年
每天创造的财富						
地区生产总值	(万元)	36888	39866	43285	46584	50149
第一产业	(万元)	6005	6547	6785	7125	7679
第二产业	(万元)	19348	20483	22064	23532	24001
工业	(万元)	16642	17470	18633	19946	20359
建筑业	(万元)	2707	3013	3431	3586	3654
第三产业	(万元)	11535	12837	14436	15928	18468
粮食	(吨)	5897	5929	5916	6052	6130
油料	(吨)	911	927	959	991	997
肉类总产量	(吨)	1081	1106	1146	1139	1124
粗钢	(吨)	460	579	624	463	496
成品钢材	(吨)	2830	2738	2441	2268	2247
水泥	(吨)	27197	28012	30164	29838	29573
彩色电视机	(台)	20778	20411	18970	20027	20899
每天消费量						
最终消费	(万元)	18537	20544	22821	24807	27198
居民消费	(万元)	14242	15386	17639	19563	21534
农村居民	(万元)	4843	5050	5935	7446	8144
城镇居民	(万元)	9399	10336	11705	12117	13390
政府消费	(万元)	4295	5158	5182	5244	5663
社会消费品零售总额	(万元)	16569	18863	21323	24086	27082
每天其他经济活动						
资本形成总额	(万元)	18020	18970	20115	21421	22807
固定资本形成	(万元)	15605	16455	17552	18649	20180
存货增加	(万元)	2415	2515	2563	2772	2626
全社会固定资产投资	(万元)	25540	27425	29599	31619	34794
每天人口和婚姻变动						
出生	(人)	144.9	132.8	119.5	130.8	127.5
死亡	(人)	93.1	73.1	97.8	110.1	92.2
居民登记结婚	(对)	123.2	128.8	124.7	118.9	114.4
居民离婚数	(对)	41.4	40.2	41.1	43.6	45.1

(钱　慧)

四川省各市地州国民经济主要指标

(2016 年)

表 73

地　区	年末常住人口（万人）		城镇化率（%）		地区生产总值（亿元）			
	绝对量	位次	绝对量	位次	绝对量	位次	增长%	位次
全　省	8262.00		49.2		32680.50		7.7	
成　都	1591.76	1	70.6	1	12170.23	1	7.7	16
自　贡	278.08	15	49.1	5	1234.56	11	7.7	16
攀枝花	123.56	19	65.3	2	1014.68	14	8.0	9
泸　州	430.64	7	47.5	7	1481.91	6	9.5	1
德　阳	351.97	9	49.6	3	1752.45	3	8.4	3
绵　阳	481.09	5	49.5	4	1830.42	2	8.3	5
广　元	263.50	16	42.4	15	660.01	17	8.0	9
遂　宁	329.80	11	47.0	8	1008.45	15	9.1	2
内　江	374.66	8	46.7	9	1297.67	10	7.8	12
乐　山	326.50	12	48.7	6	1406.58	8	8.2	7
南　充	640.22	2	45.1	11	1651.40	5	7.8	12
眉　山	300.09	14	43.4	13	1117.23	12	8.4	3
宜　宾	451.00	6	46.6	10	1653.05	4	8.3	5
广　安	326.47	13	38.8	18	1078.62	13	7.9	11
达　州	559.77	3	42.4	14	1447.08	7	7.5	18
雅　安	153.97	18	44.0	12	545.33	18	8.1	8
巴　中	331.14	10	39.1	17	544.66	19	7.8	12
资　阳	254.05	17	40.1	16	943.44	16	7.8	12
阿　坝	93.46	21	37.9	19	281.32	20	6.2	20
甘　孜	118.05	20	29.3	21	229.80	21	7.0	19
凉　山	482.22	4	33.0	20	1403.92	9	6.0	21

续表

地区	第一产业（亿元）				第二产业（亿元）			
	绝对量	位次	增长%	位次	绝对量	位次	增长%	位次
全省	3924.08		3.8		13924.73		7.5	
成都	474.94	1	4.0	6	5232.02	1	6.7	19
自贡	136.13	15	4.0	6	710.37	10	8.1	16
攀枝花	34.25	21	4.4	2	715.35	9	8.1	16
泸州	178.07	9	3.9	10	875.77	5	10.4	1
德阳	219.52	7	3.6	19	976.41	2	9.2	5
绵阳	280.29	5	3.9	10	896.04	4	8.9	9
广元	106.44	16	3.9	10	307.41	17	8.9	9
遂宁	153.62	13	3.7	15	561.68	14	9.7	3
内江	204.52	8	4.0	6	765.52	8	8.6	12
乐山	153.27	14	3.8	14	809.42	6	8.6	12
南充	354.98	2	3.7	15	797.13	7	8.5	15
眉山	169.45	11	4.0	6	620.45	12	9.2	5
宜宾	231.99	6	3.6	19	952.47	3	9.0	8
广安	170.23	10	2.9	21	557.01	15	8.6	12
达州	310.02	3	4.1	4	606.20	13	7.6	18
雅安	76.58	18	3.7	15	301.99	18	9.1	7
巴中	89.92	17	3.7	15	253.94	19	9.7	3
资阳	155.34	12	3.9	10	511.46	16	8.7	11
阿坝	44.05	20	4.5	1	132.90	20	6.1	21
甘孜	59.27	19	4.1	4	82.71	21	10.3	2
凉山	280.71	4	4.2	3	684.15	11	6.6	20

续表

地区	第三产业（亿元）				人均GDP（元）			
	绝对量	位次	增长%	位次	绝对量	位次	增长%	位次
全省	14831.69		9.1		39695		7	
成都	6463.27	1	9.0	10	76960	2	6.2	18
自贡	388.06	10	8.3	14	44481	4	7	14
攀枝花	265.08	16	8.0	17	82221	1	7.8	8
泸州	428.07	9	10.0	2	34497	12	8.8	2
德阳	556.52	3	9.0	10	49835	3	8.3	3
绵阳	654.09	2	9.5	4	38202	6	7.5	11
广元	246.16	17	8.7	12	25072	19	6.7	17
遂宁	293.15	14	11.0	1	30615	14	8.9	1
内江	327.63	12	8.3	14	34667	11	7.6	10
乐山	443.89	7	9.1	7	43110	5	8	6
南充	499.29	5	9.6	3	25871	18	7.2	13
眉山	327.33	13	9.3	5	37227	8	8.2	4
宜宾	468.59	6	9.1	7	36735	9	7.8	8
广安	351.38	11	9.1	7	33130	13	7.3	12
达州	530.86	4	9.3	5	25921	17	6.8	16
雅安	166.76	19	8.3	14	35335	10	8.2	4
巴中	200.80	18	7.3	18	16405	21	8	6
资阳	276.64	15	8.5	13	37308	7	7	14
阿坝	104.37	20	7.0	19	30171	15	5.4	20
甘孜	87.82	21	5.8	21	19596	20	5.5	19
凉山	439.06	8	6.1	20	29549	16	3.7	21

续表

地区	规模以上工业增加值		全社会固定资产投资（亿元）				社会消费品零售总额（亿元）			
	增长%	位次	绝对量	位次	增长%	位次	绝对量	位次	增长%	位次
全　省	7.9		29126.03		12.1		15501.87		11.7	
成　都	7.4	19	8370.50	1	14.3	5	5647.37	1	10.4	19
自　贡	8.5	16	709.84	16	11.1	13	555.81	9	10.8	16
攀枝花	9.0	15	696.31	17	8.0	15	316.90	17	10.7	17
泸　州	11.7	1	1730.38	2	18.2	1	637.15	7	13.8	1
德　阳	9.7	9	1125.08	11	14.7	3	698.81	6	13.5	2
绵　阳	9.9	6	1269.97	7	10.0	14	988.48	2	12.4	11
广　元	9.7	9	618.35	18	6.0	16	331.07	15	11.6	13
遂　宁	11.2	3	1125.82	10	11.3	12	470.39	11	13.2	5
内　江	9.4	13	905.52	14	12.7	7	460.54	13	12.7	9
乐　山	9.8	8	1109.79	13	12.3	11	624.26	8	13.1	6
南　充	9.9	6	1561.31	3	12.4	10	785.62	3	12.4	11
眉　山	10.0	5	1163.55	9	12.7	7	438.07	14	12.7	9
宜　宾	9.7	9	1464.52	5	13.0	6	763.40	4	12.9	8
广　安	8.4	17	1298.85	6	14.7	3	468.79	12	13.4	3
达　州	7.6	18	1500.12	4	12.6	9	761.72	5	13.3	4
雅　安	9.6	12	550.83	19	3.7	19	223.18	19	11.5	14
巴　中	11.0	4	1194.57	8	15.9	2	287.42	18	13.0	7
资　阳	9.2	14	765.25	15	5.1	17	326.04	16	10.5	18
阿　坝	7.3	20	393.68	21	-1.6	21	83.88	20	10.3	20
甘　孜	11.6	2	438.28	20	3.9	18	81.59	21	10.0	21
凉　山	2.4	21	1111.52	12	3.6	20	551.38	10	10.9	15

续表

地　区	地方一般公共预算收入（亿元）				一般公共预算支出（亿元）			
	绝对量	位次	增长%	位次	绝对量	位次	增长%	位次
全　省	3389.43		8.3		8011.90		9.8	
成　都	1175.39	1	6.6	20	1597.24	1	4.8	14
自　贡	48.76	15	8.1	14	179.81	19	3.7	18
攀枝花	56.76	12	6.9	17	121.72	21	8.1	13
泸　州	138.66	2	10.2	6	336.86	6	10.8	4
德　阳	100.07	6	8.1	14	228.64	12	4.1	15
绵　阳	107.61	5	7.0	16	331.34	7	8.9	11
广　元	40.57	18	4.1	21	228.48	13	9.0	10
遂　宁	54.56	13	13.8	4	199.57	17	9.2	9
内　江	53.68	14	11.4	5	200.26	16	4.1	15
乐　山	93.11	8	9.0	11	257.38	10	10.9	3
南　充	94.99	7	17.2	3	429.50	3	16.2	2
眉　山	90.30	9	10.0	8	215.72	15	4.1	15
宜　宾	125.68	3	8.3	13	338.53	5	10.0	7
广　安	64.22	11	17.7	2	243.64	11	9.4	8
达　州	84.66	10	8.5	12	359.12	4	10.7	5
雅　安	32.18	21	6.8	18	151.91	20	-31.6	21
巴　中	44.29	17	20.5	1	267.19	9	8.6	12
资　阳	46.83	16	9.3	9	188.34	18	17.3	1
阿　坝	32.60	19	6.7	19	219.63	14	2.0	19
甘　孜	32.26	20	10.1	7	300.14	8	-5.1	20
凉　山	121.04	4	9.3	9	460.09	2	10.2	6

续表

地 区	城镇居民人均可支配收入（元）				农村居民人均可支配收入（元）			
	绝对量	位次	增长%	位次	绝对量	位次	增长%	位次
全 省	28335		8.1		11203		9.3	
成 都	35902	1	8.1	15	18605	1	9.4	10
自 贡	28455	9	8.3	10	13192	7	9.1	20
攀枝花	32860	2	8.2	12	14057	2	9.3	13
泸 州	28959	5	8.6	5	12450	12	9.6	7
德 阳	29159	4	7.8	19	13951	3	9.1	20
绵 阳	29407	3	8.2	12	13504	5	9.3	13
广 元	25762	21	9.0	1	9819	20	9.8	4
遂 宁	26962	16	7.8	19	12423	13	9.2	17
内 江	27986	13	8.5	6	12491	10	9.3	13
乐 山	28583	7	8.4	9	12749	9	9.4	10
南 充	25993	18	8.5	6	11273	15	9.5	9
眉 山	28691	6	8.7	4	13935	4	9.2	17
宜 宾	28390	10	8.3	10	12843	8	9.3	13
广 安	28218	11	8.2	12	12479	11	9.7	5
达 州	26016	17	8.9	2	11718	14	9.6	7
雅 安	27352	14	8.0	18	11138	16	9.2	17
巴 中	25950	20	8.8	3	9969	19	9.7	5
资 阳	28501	8	8.1	15	13422	6	9.4	10
阿 坝	28048	12	8.1	15	10702	17	10.2	2
甘 孜	27101	15	8.5	8	9367	21	11.4	1
凉 山	25963	19	7.8	19	10368	18	10.0	3

西部主要城市经济指标

(2016 年)

表 74

城市名称	地区生产总值（亿元）				第一产业（亿元）			
	绝对量	位次	±%	位次	绝对量	位次	±%	位次
成　都	12170.20	1	7.7	30	474.90	1	4.0	26
自　贡	1234.56	32	7.7	30	136.13	31	4.0	26
攀枝花	1014.68	36	8.0	26	34.25	50	4.4	19
泸　州	1481.91	27	9.1	9	178.07	22	3.9	31
德　阳	1752.45	20	8.4	18	219.52	17		
遂　宁	1008.45	37	9.1	9	153.62	27	3.7	37
绵　阳	1830.42	18	8.3	19	280.29	9	3.9	31
宜　宾	1653.05	21	8.3	19	231.99	14	3.6	41
内　江	1297.67	30	7.8	29	204.52	18	4.0	26
贵　阳	3157.70	8	11.7	5	137.14	30	5.9	8
遵　义	2403.94	11	12.4	1	370.48	3	5.7	10
六盘水	1313.70	28	12.0	4	125.49	35	6.3	2
安　顺	701.35	42	12.4	1	124.07	36	6.3	2
昆　明	4300.43	4	8.5	16	200.51	19	6.0	5
曲　靖	1775.11	19	9.2	8	335.57	7	5.6	11
玉　溪	1311.88	29	7.6	34	135.00	32	6.1	4
拉　萨								
西　安	6257.18	2	8.5	16	232.01	13	3.8	35
宝　鸡	1932.14	17	9.3	7	171.46	24	3.7	37
延　安	1082.91	35	1.3	56	117.62	37	4.8	16
咸　阳	2396.07	12	7.7	30	345.32	5	3.8	35
榆　林	2773.05	9	6.5	51	162.44	26	4.8	16
渭　南	1488.62	26	7.5	38	224.81	15	4.4	19
兰　州	2264.23	13	8.3	19	60.36	45	6.0	5
天　水	590.51	45	8.6	14	100.39	41	5.9	8
金　昌	207.82	55	6.4	52	20.72	52	5.3	12
白　银	442.21	52	7.4	39	61.98	44	5.2	13
银　川	1617.28	24	8.1	23	58.61	46	4.3	22

续表

城市名称	地区生产总值（亿元）				第一产业（亿元）			
	绝对量	位次	±%	位次	绝对量	位次	±%	位次
石嘴山	513.37	50	6.6	50	26.07	51	4.1	23
中　卫	339.01	53	6.8	47	52.47	48	4.4	19
吴　忠	442.40	51	9.0	12	55.40	47	5.0	15
西　宁	1248.46	31	9.8	6	39.15	49	5.2	14
格尔木	298.50	54	8.1	23	4.48	55	13.1	1
乌鲁木齐			7.6	34				
克拉玛依	576.80	47	2.3	55	5.30	53	0.2	54
呼和浩特	3173.59	7	7.7	30	113.49	38	3.0	51
包　头	3867.63	5	7.6	34	95.04	42	3.6	41
乌　海	572.23	48	6.8	47	4.88	54	3.7	37
赤　峰	1933.28	16	7.3	41	292.41	8	3.7	37
通　辽	1949.38	15	7.4	39	262.64	11	3.6	41
鄂尔多斯	4417.90	3	7.3	41	107.60	40	3.2	49
乌兰察布	938.90	40	6.8	47	127.92	34	3.3	47
呼伦贝尔	1620.86	23	7.0	44	248.43	12	3.5	44
南　宁	3703.39	6	7.0	44	400.67	2	3.9	31
柳　州	2476.94	10	7.3	41	180.15	21	3.5	44
桂　林	2075.89	14	7.0	44	356.18	4	4.5	18
梧　州	1175.65	33	7.6	34	131.30	33	3.3	47
玉　林	1553.91	25	8.0	26	278.07	10	2.1	53
钦　州	1102.05	34	9.0	12	221.12	16	4.0	26
北　海	1007.28	38	8.6	14	175.09	23	4.1	23
贵　港	958.76	39	7.9	28	190.21	20	3.9	31
来　宾	589.11	46	3.9	54	147.51	29	3.0	51
防城港	676.12	43	9.1	9	80.88	43	4.0	26
贺　州	518.22	49	8.1	23	111.77	39	4.1	23
崇　左	766.20	41	8.2	22	167.69	25	3.4	46
河　池	657.18	44	4.9	53	150.83	28	3.2	49

续表

城市名称	第二产业（亿元）				第三产业（亿元）			
	绝对量	位次	±%	位次	绝对量	位次	±%	位次
成　都	5232.00	1	6.7	36	6463.30	1	9.0	29
自　贡	710.37	26	8.1	28	388.06	33	8.3	41
攀枝花	715.35	25	8.1	28	265.08	44	8.0	44
泸　州	875.77	20	10.4	9	428.08	30	10.0	15
德　阳	976.41	14	9.2	18	556.53	25	9.0	29
遂　宁	561.68	36	9.7	14	293.15	42	11.0	10
绵　阳	896.04	18	8.9	20	654.09	20	9.5	21
宜　宾	952.47	15	9.0	19	468.59	29	9.1	27
内　江	765.52	23	8.6	24	327.63	38	8.3	41
贵　阳	1218.79	11	12.1	3	1801.77	8	11.9	7
遵　义	1063.00	12	12.8	1	970.46	10	14.5	3
六盘水	660.00	32	10.9	7	528.21	27	14.7	2
安　顺	227.12	47	12.5	2	350.16	37	14.5	3
昆　明	1660.46	6	7.6	32	2439.56	3	9.3	23
曲　靖	681.91	29	9.7	14	757.63	14	10.3	13
玉　溪	685.30	28	4.4	50	491.50	28	12.9	5
拉　萨								
西　安	2197.81	3	8.6	24	3827.36	2	8.8	34
宝　鸡	1227.06	10	10.1	11	533.62	26	9.1	27
延　安	574.20	35	-2.1	55	391.09	32	7.0	53
咸　阳	1396.24	8	8.3	27	654.52	19	8.4	40
榆　林	1680.70	5	4.1	52	929.91	12	11.1	9
渭　南	690.18	27	7.5	33	573.63	24	8.7	36
兰　州	790.09	22	4.3	51	1413.78	9	10.9	11
天　水	189.98	52	8.8	21	300.14	41	9.3	23
金　昌	104.14	55	5.8	42	82.96	55	7.8	45
白　银	178.11	53	5.9	40	202.12	48	9.7	19
银　川	825.46	21	6.6	37	733.21	15	10.3	13

续表

城市名称	第二产业（亿元）				第三产业（亿元）			
	绝对量	位次	±%	位次	绝对量	位次	±%	位次
石嘴山	323.38	44	5.8	42	163.91	51	8.9	32
中　卫	149.15	54	4.9	48	137.39	52	10.0	15
吴　忠	250.50	46	10.2	10	136.50	53	8.6	37
西　宁	595.64	34	10.6	8	613.37	22	9.3	23
格尔木	203.30	50	6.4	39	90.70	54	12.0	6
乌鲁木齐								
克拉玛依	387.50	41	5.0	47	184.00	50	-3.2	55
呼和浩特	884.43	19	8.7	22	2175.67	4	7.7	46
包　头	1822.15	4	8.1	28	1950.44	5	7.4	50
乌　海	323.76	43	4.5	49	243.58	45	9.9	17
赤　峰	908.57	17	7.1	35	732.30	16	8.9	32
通　辽	977.68	13	8.4	26	709.06	17	7.7	46
鄂尔多斯	2461.40	2	7.5	33	1848.90	7	7.5	49
乌兰察布	460.28	39	5.9	40	350.67	36	9.2	26
呼伦贝尔	724.02	24	5.7	45	648.40	21	9.9	17
南　宁	1427.16	7	5.8	42	1875.57	6	8.5	38
柳　州	1361.80	9	5.7	45	934.99	11	10.4	12
桂　林	939.48	16	6.5	38	780.23	13	8.8	34
梧　州	681.52	30	8.7	22	362.82	35	7.2	51
玉　林	665.11	31	9.6	17	610.73	23	9.0	29
钦　州	481.89	38	11.4	6	399.04	31	9.4	22
北　海	516.14	37	9.7	14	316.05	39	9.7	19
贵　港	393.20	40	10.1	11	375.34	34	7.6	48
来　宾	219.95	48	1.5	53	221.66	46	7.1	52
防城港	386.26	42	11.6	5	208.98	47	6.6	54
贺　州	211.55	49	10.0	13	194.89	49	8.3	41
崇　左	310.69	45	7.9	31	287.82	43	11.5	8
河　池	199.82	51	1.2	54	306.53	40	8.5	38

续表

城市名称	规模以上工业增加值		规模以上工业主营业务收入（亿元）			
	±%	位次	绝对量	位次	±%	位次
成　都	7.4	34	10976.00	1	7.8	28
自　贡	8.5	30	1764.57	18	6.3	31
攀枝花	9.0	24	1559.67	22	8.3	23
泸　州	11.7	3	1109.72	32	10.8	16
德　阳	9.7	15	3254.62	4	12.8	8
遂　宁	11.2	7	1292.97	26	10.7	17
绵　阳	9.9	11	2540.73	10	8.6	22
宜　宾	9.7	15	2255.59	12	11.6	13
内　江	9.4	18	1773.63	17	9.7	20
贵　阳	9.9	11	2733.52	8	8.0	26
遵　义	11.9	2	2085.78	15	18.4	4
六盘水	10.0	10				
安　顺	11.5	6	569.00	41	12.8	8
昆　明	4.5	46				
曲　靖	7.9	33	1486.09	23	3.4	38
玉　溪	2.6	51	1210.60	28	4.0	36
拉　萨						
西　安	9.9	11	221.90	47	41.6	1
宝　鸡	9.4	18	1715.10	19	12.5	10
延　安	–3.2	55				
咸　阳	8.0	32	2966.10	6	11.0	15
榆　林	3.8	49	2322.70	11	19.0	3
渭　南	6.4	39	1363.86	25	0.2	42
兰　州	2.6	51	1583.30	21	–7.2	46
天　水	9.8	14	178.00	49	14.6	5
金　昌	5.2	45	2094.13	14	–13.8	48
白　银	5.3	44	786.27	37	–4.6	44
银　川	8.5	30	1693.16	20	4.3	35

续表

城市名称	规模以上工业增加值		规模以上工业主营业务收入（亿元）			
	±%	位次	绝对量	位次	±%	位次
石嘴山	9.0	24	741.60	38	10.7	17
中　卫	4.5	46	395.28	44	0.8	40
吴　忠	9.4	18	569.70	40	8.1	24
西　宁	9.3	21	1079.39	33	4.9	34
格尔木	7.2	35	205.68	48		
乌鲁木齐						
克拉玛依	2.4	53	1117.40	31	–5.1	45
呼和浩特	9.1	23				
包　头	8.9	26	3248.91	5	12.5	10
乌　海	4.5	46	332.12	45	3.5	37
赤　峰	7.0	37				
通　辽	9.3	21	2634.81	9	7.9	27
鄂尔多斯	8.9	26	4653.90	2	11.3	14
乌兰察布	6.5	38	887.70	34	10.5	19
呼伦贝尔	5.5	43	1197.77	29	0.3	41
南　宁	5.7	42	2859.49	7	8.1	24
柳　州	6.0	41	4405.59	3	6.8	29
桂　林	6.3	40	1914.01	16	5.3	33
梧　州	9.5	17	2095.30	13	6.5	30
玉　林	8.8	29	1464.40	24	–0.3	43
钦　州	10.4	8	1243.00	27	12.0	12
北　海	10.3	9				
贵　港	8.8	28	887.60	35	13.1	6
来　宾	3.6	50	465.50	42	2.9	39
防城港	12.4	1	1135.48	30	9.1	21
贺　州	11.6	4	429.60	43	13.0	7
崇　左	7.1	36	617.12	39	5.7	32
河　池	1.1	54	301.00	46	–10.5	47

续表

城市名称	固定资产投资（不含农户）（亿元）				社会消费品零售总额（亿元）			
	绝对量	位次	±%	位次	绝对量	位次	±%	位次
成　都	8370.05	1	14.3	18	5647.40	1	10.4	27
自　贡	709.84	39	11.1	35	555.81	24	10.8	22
攀枝花	663.31	41	8.5	43	316.90	37	10.7	25
泸　州	1705.38	18	18.5	12	637.15	20	13.8	4
德　阳	973.30	33	15.9	14	698.80	17	13.5	5
遂　宁	1125.82	30	11.3	34	470.39	28	13.2	7
绵　阳	1229.97	27	10.4	37	988.48	10	12.4	15
宜　宾	1464.52	23	13.0	24	763.40	12	12.9	10
内　江	905.52	34	12.7	26	460.54	29	12.7	11
贵　阳	3380.73	6	20.5	8	1195.34	8	12.7	11
遵　义	2068.88	13	22.1	4	723.43	14	13.0	9
六盘水	1357.77	25	22.0	5	331.79	34	13.3	6
安　顺	652.95	43	21.9	7	176.31	43	13.1	8
昆　明	3920.07	3	12.1	27	2310.09	3	12.1	17
曲　靖	1794.00	16	30.1	2	564.97	23	12.5	14
玉　溪	893.70	35	33.9	1	326.80	35	12.2	16
拉　萨								
西　安	5191.36	2	2.0	51	3730.70	2	9.6	40
宝　鸡	3116.18	7	23.6	3	702.16	15	14.6	1
延　安	1203.94	28	-13.5	53	256.45	40	6.4	53
咸　阳	3643.74	5	19.1	10	688.55	18	14.5	2
榆　林	1257.98	26	11.0	36	420.05	31	6.0	54
渭　南	2233.56	11	12.9	25	574.01	22	14.1	3
兰　州	1990.95	14	10.4	37	1263.33	7	9.7	37
天　水	671.18	40	11.4	32	288.66	38	10.0	31
金　昌	229.11	52	-7.8	52	82.92	51	7.8	48
白　银	528.38	46	11.4	32	193.64	42	9.0	45
银　川	1723.31	17	11.8	30	514.19	26	7.7	50

续表

城市名称	固定资产投资（不含农户）（亿元）				社会消费品零售总额（亿元）			
	绝对量	位次	±%	位次	绝对量	位次	±%	位次
石嘴山	510.10	47	2.2	49	102.32	50	6.5	52
中　卫	362.24	51	3.0	48	65.85	52	8.7	46
吴　忠	783.50	38	14.2	19	102.80	49	7.8	48
西　宁	1399.30	24	10.0	41	513.07	27	11.1	19
格尔木	210.98	53	10.1	39	60.20	54	10.3	28
乌鲁木齐								
克拉玛依	196.10	54	-35.8	55	62.70	53	6.6	51
呼和浩特	1849.17	15	14.2	19	1481.46	5	9.5	42
包　头	2955.82	9	14.4	17	1400.22	6	9.7	37
乌　海	165.12	55	5.2	46	151.93	46	9.3	43
赤　峰	1469.28	21	15.5	15	700.25	16	9.9	35
通　辽	1475.51	20	14.5	16	515.30	25	9.8	36
鄂尔多斯	3050.10	8	12.0	28	726.80	13	10.1	29
乌兰察布	661.40	42	5.4	45	317.10	36	9.2	44
呼伦贝尔	982.33	32	6.1	44	600.27	21	10.0	31
南　宁	3824.73	4	13.6	23	1980.36	4	10.8	22
柳　州	2338.61	10	14.0	22	1045.13	9	10.7	25
桂　林	2131.62	12	16.0	13	836.45	11	11.2	18
梧　州	1168.51	29	11.8	30	395.95	32	8.5	47
玉　林	1467.10	22	10.1	39	660.43	19	10.0	31
钦　州	373.63	49	12.0	28	49.50	55	-1.7	55
北　海	1011.10	31	9.9	42	225.34	41	11.0	20
贵　港	841.69	36	22.0	5	431.89	30	11.0	20
来　宾	370.91	50	-17.4	54	159.11	45	9.7	37
防城港	600.14	45	14.1	21	111.89	48	10.8	22
贺　州	650.83	44	4.0	47	160.98	44	9.6	40
崇　左	831.41	37	20.2	9	131.34	47	10.0	31
河　池	404.02	48	2.1	50	267.96	39	10.1	29

续表

城市名称	进出口总额（亿美元）				#出口总额（亿美元）			
	绝对量	位次	±%	位次	绝对量	位次	±%	位次
成　都	408.50	1	11.0	16	218.37	1	-2.0	23
自　贡	3.93	35	-19.7	38	2.25	31	-15.5	35
攀枝花	2.10	41	-18.1	35	1.38	37	-37.0	42
泸　州	3.13	36			2.79	27	-1.9	22
德　阳	17.61	16	-42.3	48	13.44	13	-42.8	46
遂　宁	4.10	33	-34.9	46	2.53	29	-41.7	44
绵　阳	17.68	15	-32.7	44	0.00			
宜　宾	9.31	24	-2.2	26	5.52	22	-13.2	31
内　江	1.32	45	-6.3	30	1.02	38	-13.6	32
贵　阳	39.04	9	-57.0	50	32.61	6	-58.5	50
遵　义	12.02	21	-19.1	37	9.68	15	10.6	14
六盘水	2.69	40	-29.9	43	0.87	41	-42.7	45
安　顺	1.73	43	27.6	8	1.63	33	28.4	5
昆　明	66.81	5	-45.8	49	41.33	5	-56.2	49
曲　靖	6.30	27	12.6	14	6.27	21	15.3	12
玉　溪	20.19	14	6.5	19	19.92	8	7.5	17
拉　萨	0.00				0.00			
西　安	275.28	2	3.8	22	142.53	2	15.5	11
宝　鸡	9.56	23	18.6	9	6.86	19	11.6	13
延　安	0.00				0.00			
咸　阳	4.53	30	5.0	20	2.43	30	5.8	19
榆　林	1.46	44	386.9	1	0.62	44	124.0	1
渭　南	1.83	42	15.0	10	1.61	34	23.0	8
兰　州								
天　水	4.81	29	34.0	7	2.66	28	27.0	6
金　昌	11.57	22	13.4	13	0.53	48	-8.8	26
白　银	4.52	31	89.1	3	0.65	42	4.3	20
银　川	24.90	12	-18.0	34	19.87	9	-20.6	38

续表

城市名称	进出口总额（亿美元）				#出口总额（亿美元）			
	绝对量	位次	±%	位次	绝对量	位次	±%	位次
石嘴山	0.00				0.00			
中　卫	2.89	37	14.8	11	1.50	36	20.7	9
吴　忠	0.14	52	-34.1	45	0.56	47	-11.9	30
西　宁	12.81	19	-25.4	41				
格尔木								
乌鲁木齐	48.74	7	-10.6	31	41.81	4	-6.9	25
克拉玛依	1.32	46	38.4	6	0.63	43	7.0	18
呼和浩特	13.09	18	-36.7	47	6.82	20	-45.2	47
包　头	17.21	17	10.9	17	12.31	14	38.7	4
乌　海	0.89	48	95.8	2	0.89	40	97.1	2
赤　峰	8.56	26	11.3	15	2.11	32	16.1	10
通　辽	4.13	32	-5.2	29	2.95	26	-14.4	33
鄂尔多斯	12.77	20	79.4	4	4.42	23	-24.3	39
乌兰察布	0.77	51	3.6	23	0.32	50	-9.1	28
呼伦贝尔	26.52	11	-11.3	32	7.43	17	-39.4	43
南　宁	62.66	6	14.2	12	31.79	7	9.8	15
柳　州	20.38	13	-2.4	27	6.91	18	-5.0	24
桂　林	8.89	25	3.9	21	7.82	16	4.3	21
梧　州	6.11	28	-28.5	42	3.91	24	-9.0	27
玉　林	4.02	34	-4.1	28	3.34	25	8.8	16
钦　州	44.28	8	-23.5	39	16.15	12	-34.8	41
北　海	31.02	10	-18.2	36	16.70	11	-11.7	29
贵　港	2.85	38	-11.6	33	1.58	35	-16.7	36
来　宾	0.89	49	41.5	5	0.61	45	63.5	3
防城港	87.58	4	2.7	24	16.93	10	-25.7	40
贺　州	0.78	50	8.3	18	0.58	46	-14.8	34
崇　左	185.29	3	-0.6	25	108.28	3	-17.0	37
河　池	2.73	39	-24.6	40	0.37	49	23.4	7

续表

城市名称	公共财政预算收入（亿元）				公共财政预算支出（亿元）			
	绝对量	位次	±%	位次	绝对量	位次	±%	位次
成　都	1175.40	1	7.0	25				
自　贡	48.76	46	8.8	15	179.81	42	3.7	45
攀枝花	56.76	39	6.4	30	121.72	51	8.1	35
泸　州	138.67	17	10.2	12	336.86	23	10.8	21
德　阳	100.07	29	12.9	4	227.01	36	3.4	47
遂　宁	54.56	42	13.8	2	199.57	41	9.2	32
绵　阳	107.61	26	3.4	46	332.26	24	9.2	32
宜　宾	125.68	23	8.3	19	338.50	22	10.0	28
内　江	53.68	43	11.4	7	200.23	40	4.0	44
贵　阳	366.32	6	4.4	43	525.61	6	4.4	43
遵　义	187.49	13	8.0	20	522.71	7	10.4	25
六盘水	133.69	18	3.7	44	286.50	31	11.4	18
安　顺	70.32	37	5.6	33	222.84	37	12.8	12
昆　明	530.00	3	5.5	34	689.14	2	9.1	34
曲　靖	126.31	22	7.0	25	400.15	16	10.2	26
玉　溪	131.10	19	5.0	38	233.40	34	4.5	42
拉　萨								
西　安	641.07	2	11.1	8	942.52	1	2.8	48
宝　鸡	75.16	36	11.0	9	283.06	32	7.2	36
延　安	130.55	20	-19.0	55	327.34	26	3.7	45
咸　阳	81.54	32	10.8	10	338.92	21	12.9	11
榆　林	232.69	10	4.5	42	471.13	8	1.2	51
渭　南	65.69	38	10.6	11	352.52	19	4.9	41
兰　州	215.50	11	16.4	1	422.63	11	22.9	3
天　水					277.91	33	12.7	13
金　昌	20.75	54	7.2	24	57.46	54	10.1	27
白　银	28.72	51	12.7	5	161.04	45	23.1	2
银　川	173.13	14	13.0	3	329.49	25	14.4	8

续表

城市名称	公共财政预算收入（亿元）				公共财政预算支出（亿元）			
	绝对量	位次	±%	位次	绝对量	位次	±%	位次
石嘴山	24.71	52	4.9	39	87.77	53	9.5	31
中　卫	23.15	53	8.7	16	143.07	48	19.6	4
吴　忠	32.60	49	1.9	49	177.30	43	13.0	10
西　宁	75.22	35	9.7	13	287.81	30	2.8	48
格尔木	18.06	55	6.4	30	36.30	55	11.7	17
乌鲁木齐	369.70	5	0.3	52	417.60	13	−6.5	55
克拉玛依	79.10	33	5.5	34	99.50	52	11.0	19
呼和浩特	269.70	9	9.0	14	420.86	12	16.7	5
包　头	271.21	8	7.5	23	415.19	14	5.6	40
乌　海	81.56	31	1.3	50	133.32	49	25.4	1
赤　峰	111.78	25	6.9	27	439.49	10	5.9	39
通　辽	128.34	21	6.5	29	358.08	18	2.4	50
鄂尔多斯	451.00	4	1.1	51	563.40	5	−1.7	52
乌兰察布	56.70	40	2.8	47	303.10	28	−4.7	54
呼伦贝尔	106.03	27	2.6	48	414.69	15	10.7	23
南　宁	312.76	7	5.3	36	587.07	3	10.9	20
柳　州	159.16	15	8.5	17	339.62	20	10.0	28
桂　林	145.33	16	8.0	20	399.70	17	12.3	14
梧　州	95.61	30	3.5	45	228.26	35	6.3	37
玉　林	104.81	28	7.9	22	318.09	27	11.9	16
钦　州	200.08	12	4.8	40	586.01	4	10.8	21
北　海	50.07	44	5.2	37	150.06	47	15.3	6
贵　港	78.96	34	8.5	17	212.12	38	13.8	9
来　宾	49.60	45	−0.9	53	159.61	46	14.6	7
防城港	55.65	41	6.9	27	127.07	50	−3.5	53
贺　州	32.42	50	11.9	6	163.88	44	6.3	37
崇　左	40.76	47	−18.7	54	204.88	39	10.7	23
河　池	33.36	48	6.1	32	290.68	29	12.0	15

续表

城市名称	城镇常住居民人均可支配收入（元）				农村常住居民人均可支配收入（元）			
	绝对量	位次	±%	位次	绝对量	位次	±%	位次
成　都	35902	6	8.1	23	18605	2	9.4	13
自　贡	28454	33	8.3	13	13192	13	9.1	27
攀枝花	32860	10	8.2	18	14057	10	9.3	16
泸　州	28959	31	8.6	7	12450	20	9.6	10
德　阳	29159	29	7.8	30	13951	11	9.1	27
遂　宁	26962	43	7.8	30	12423	21	9.2	23
绵　阳	29407	27	8.2	18	13504	12	9.3	16
宜　宾	28390	34	8.3	13	12843	15	9.3	16
内　江	27986	35	8.5	9	12491	19	9.3	16
贵　阳	29502	24	8.3	13	12967	14	8.8	30
遵　义	27097	42	8.4	12	10109	41	9.3	16
六盘水	25473	49	9.2	2	8230	51	9.4	13
安　顺	24885	52	8.5	9	8120	52	9.7	7
昆　明	36739	4	8.2	18	12555	17	9.7	7
曲　靖	29485	25	8.8	6	10380	38	9.8	5
玉　溪	32177	11	8.6	7	11968	26	9.0	29
拉　萨								
西　安	35630	8	7.4	43	15191	7	8.0	40
宝　鸡	31730	13	7.7	33	10287	39	8.2	35
延　安	30693	16	7.4	43	10568	35	8.0	40
咸　阳	31662	14	7.6	37	10481	36	8.2	35
榆　林	29781	21	7.3	47	10582	34	8.0	40
渭　南	27485	38	7.9	28	9415	48	8.2	35
兰　州	29661	23	9.5	1	10391	37	8.0	40
天　水	22684	56	9.0	4	6499	56	8.2	35
金　昌	32074	12	8.1	23	12284	22	7.2	56
白　银	25313	50	8.0	25	7623	54	7.9	46
银　川	30478	17	7.8	30	12037	25	8.0	40

续表

城市名称	城镇常住居民人均可支配收入（元）				农村常住居民人均可支配收入（元）			
	绝对量	位次	±%	位次	绝对量	位次	±%	位次
石嘴山	25970	48	7.5	40	11829	27	7.6	51
中　卫	23277	55	7.7	33	8626	50	7.8	47
吴　忠	23352	54	8.3	13	9938	42	8.6	32
西　宁	27539	37	9.1	3	9678	45	9.2	23
格尔木	27921	36	9.0	4	15455	6	8.1	39
乌鲁木齐	34200	9	8.2	18	16400	3	9.2	23
克拉玛依	35770	7	7.0	51	20800	1	9.3	16
呼和浩特	40220	3	7.7	33	14517	9	7.6	51
包　头	40955	1	7.5	40	14692	8	7.5	53
乌　海	36515	5	7.5	40	15475	5	7.5	53
赤　峰	27336	40	8.5	9	9517	47	8.0	40
通　辽	27444	39	8.2	18	11585	29	7.7	50
鄂尔多斯	40221	2	7.4	43	15480	4	7.3	55
乌兰察布	26565	47	8.0	25	9085	49	7.8	47
呼伦贝尔	28885	32	7.6	37	12540	18	7.8	47
南　宁	30728	15	7.7	33	11398	31	9.5	12
柳　州	30270	18	7.4	43	11107	32	9.7	7
桂　林	30124	19	7.2	49	12176	23	9.8	5
梧　州	27260	41	6.7	54	10142	40	8.8	30
玉　林	30083	20	7.1	50	12590	16	10.4	2
钦　州	29360	28	7.3	47	10947	33	9.3	16
北　海	29412	26	6.9	53	11622	28	9.4	13
贵　港	26771	45	7.6	37	11572	30	9.6	10
来　宾	28962	30	7.0	51	9820	43	9.2	23
防城港	29758	22	7.9	28	12113	24	10.2	3
贺　州	26883	44	6.6	55	9552	46	8.3	34
崇　左	26605	46	8.0	25	9801	44	9.9	4
河　池	23660	53	6.4	56	7509	55	8.4	33

2016年绵阳市国民经济和社会发展统计公报

2016年，面对复杂多变的宏观形势，市委、市政府认真落实中央和省委、省政府决策部署，适应把握引领经济发展新常态，坚持稳中求进工作总基调，保持专注发展战略定力，积极推进供给侧结构性改革，突出科学发展、加快发展工作取向，着力抓好全面创新改革试验，扎实推进“两个一号工程”，狠抓项目投资工作，全年经济总体平稳、稳中向好，实现了“十三五”决胜全面小康、加快发展的良好开局。

一、综合

国民经济。全年实现地区生产总值1830.42亿元，按可比价格计算，比上年增长8.3%，其中：第一产业增加值280.29亿元，增长3.9%；第二产业增加值896.04亿元，增长8.9%；第三产业增加值654.09亿元，增长9.5%。人均地区生产总值38202元，增长7.5%。三次产业结构由上年的15.3：50.5：34.2调整为15.3：49.0：35.7。民营经济全年实现增加值1115.75亿元，增长8.6%，占全市经济总量的比重为61.0%，比上年提高0.9个百分点。

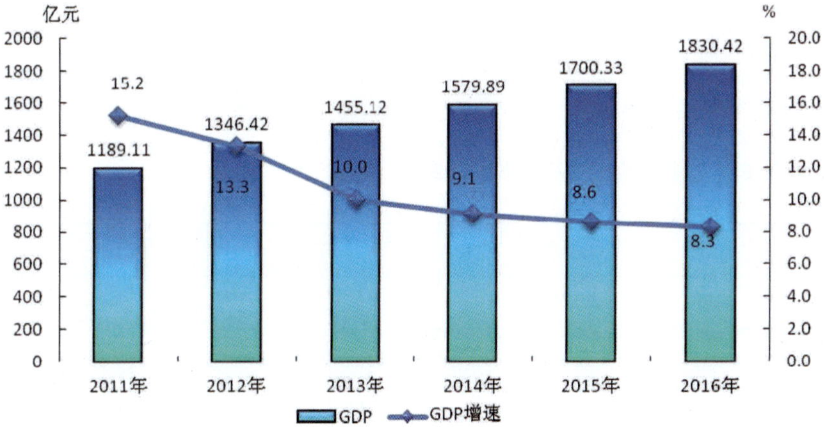

图 124　2011-2016 年地区生产总值及增长速度

基本单位。年末全市共有基本单位45531个，比上年增加6198个，增长15.8%。其中，法人单位38698个。

居民消费价格。全年居民消费价格上涨1.6%。其中：食品、烟酒上涨4.5%、衣着上涨1.9%、居住上涨0.2%、生活用品及服务上涨1.7%、交通和通信下降3.0%、教育文化和娱乐上涨0.1%、医疗保健上涨1.4%、其它用品和服务上涨3.2%。工业生产出厂价格指数（PPI）下降4.7%，工业生产购进价格指数（IPI）下降2.9%。

科技城。按照“一核三区多园”新口径，全年科技城实现二三产业增加值1288.95亿元，增长9.2%。其中：第二产业增加值807.49亿元，增长9.0%；第三产业增加值481.45亿元，增长9.6%。规模以上工业增加值同比增长9.9%；全社会固定资产投资完成1003.18亿元，增长13.6%；实现社会消费品零售总额740.10亿元，增长12.5%。

二、农业

农业。全年实现农林牧渔业增加值286.10亿元，增长4.0%。其中：农业增加值161.52亿元，增长4.1%；林业增加值10.18亿元，增长3.0%；牧业增加值98.05亿元，增长3.7%；渔业增加值10.54亿元，增长3.4%；农林牧渔服务业增加值5.80亿元，增长9.4%。

农产品产量。全年农作物总播种面积66.46万公顷，增长0.1%。其中：粮食播种面积42.04万公顷，增长0.1%；油料作物播种面积14.10万公顷，与上年持平。全年粮食总产量223.75万吨，增产1.3%，单产增长1.1%，其中：大春粮食产量171.71万吨，增产1.7%；小春粮食产量52.04万吨，减产0.1%。稻谷产量100.48万吨，增产1.6%；小麦产量43.05万吨，下降1.2%；油料作物产量36.39万吨，增产0.6%；蔬菜及食用菌产量207.00万吨，增产0.8%。

畜牧业。全年生猪出栏361.54万头，下降4.1%。年末生猪存栏235.25万头，下降2.4%。肉类总产量41.02

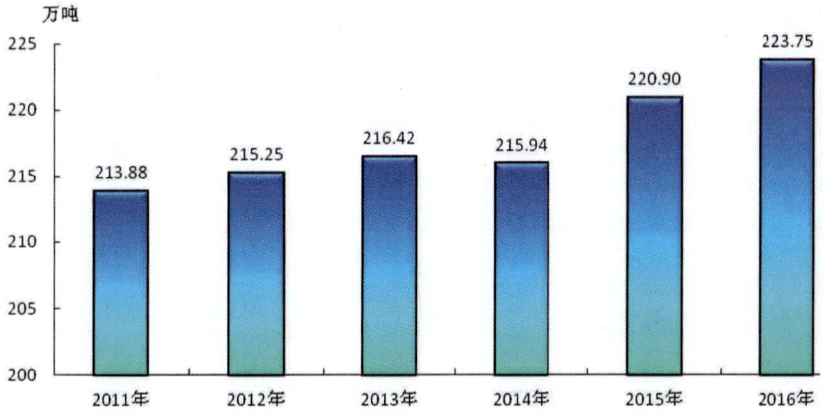

图 125　2011-2016 年粮食总产量

注：为与第二次农业普查数据对接，2011-2012年粮食总产量有所调整

万吨，下降1.3%，其中，猪肉产量25.95万吨，下降3.3%；禽蛋产量14.36万吨，增长1.0%；牛奶产量2.12万吨，下降11.6%。

林业。全年利用国家到位资金2.61亿元，完成造林面积21967公顷。年末有自然保护区11个，自然保护区面积32.82万公顷。成功荣获“国家森林城市”称号，绵阳三江湖国家湿地公园人工智能观测平台建设和湿地生态修复得到各界好评，年末全市森林覆盖率53.0%，比上年提高0.3个百分点。

农田水利。年末实有水利工程7.30万处，水利工程蓄引能力26.02亿立方米，实际供水15.01亿立方米。年末耕地有效灌溉面积21.87万公顷。

三、工业和建筑业

工业生产。全年全部工业实现增加值763.09亿元，增长9.3%。其中：规模以上工业企业增加值增长9.9%，分轻重工业看，轻工业增长7.0%、重工业增长11.2%，分经济类型看，国有及国有控股企业增长7.4%、集体企业增长21.9%、股份制企业增长10.3%、外商及港澳台商投资企业增长3.9%、私营企业增长12.5%。

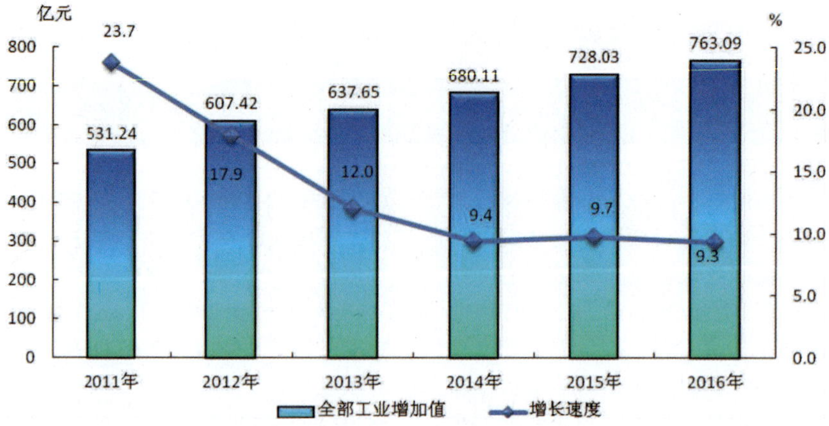

图 126　2011-2016 年全部工业增加值及增长速度

重点产业。8个重点产业产值增长9.5%，其中：电子信息产业增长6.9%，汽车产业增长18.9%，新材料产业增长11.8%，节能环保产业增长22.2%，高端装备制造产业增长26.1%，生物产业增长14.3%，食品产业增长4.4%，化工产业增长7.8%。

主要工业产品。全市重点监测的143种工业产品中，有80种工业产品增长，增长面为55.9%。主要产品中：空调增长42.4%、发动机增长20.4%、汽车增长12.1%、彩色电视机增长4.4%；卷烟下降12.9%、饮料酒下降8.1%、钢材下降1.0%、水泥下降0.3%。

2016 年主要工业产品产量及其增长速度

表 75

名　称	计量单位	绝对数	增长%
饲料	万吨	129.8	5.6
饮料酒	万千升	28.5	-8.1
白酒（折 65 度，商品量）	万千升	5.3	-28.4
啤酒	万千升	23.2	-1.7
卷烟	亿支	159.4	-12.9
纱	万吨	2.5	-7.4
布	亿米	0.9	
服装	万件	854.1	-12.1
农用氮、磷、钾化学肥料（折纯）	万吨	19.8	-12.4
水泥	万吨	1079.4	-0.3
商品混凝土	万立方米	938.3	6.4
粗钢	万吨	18.1	7.1
钢材	万吨	82.0	-1.0
发动机	万千瓦	2339.8	20.4
矿山专用设备	万吨	3.9	14.7

续表

名　称	计量单位	绝对数	增长%
汽车	万辆	10.2	12.1
运动型多用途乘用车（SUV）	万辆	7.0	14.8
载货汽车	万辆	3.2	14.3
改装汽车	万辆	0.2	
房间空气调节器	万台	203.4	42.4
移动通信手持机（手机）	万台	177.1	
智能手机	万台	65.5	
彩色电视机	万台	762.8	4.4
液晶（LCD）电视机	万台	762.8	5.4
电视接收机顶盒	万台	1231.4	-4.7

工业经济效益。全年规模以上工业企业实现主营业务收入2540.73亿元，增长8.6%。盈亏相抵后的利润总额122.97亿元，增长26.6%，其中：国有及国有控股企业39.24亿元，增长103.6%；股份制企业102.83亿元，增长39.9%；外商及港澳台投资企业13.76亿元，下降0.2%。

建筑业。全市资质以上总承包和专业承包建筑企业355个，其中：有工作量的346个，完成建筑业总产值427.05亿元，增长12.4%。其中：建筑工程产值379.89亿元，增长13.3%；安装工程产值35.53亿元，增长5.9%；其他产值11.63亿元，增长4.3%。分控股类型看：国有及国有控股企业完成77.16亿元，增长15.8%；其他企业完成349.89亿元，增长11.7%。

四、固定资产投资

固定资产投资。全年全社会固定资产投资完成1269.97亿元，增长10.0%。其中：建筑工程完成投资830.41亿元，增长4.6%；安装工程完成投资124.21亿元，增长17.5%；设备工器具购置完成投资202.27亿元，增长23.5%；其他费用完成投资113.08亿元，增长24.7%。分产业看：第一产业完成投资58.32亿元，增长6.1%；第二产业完成投资392.12亿元，增长9.9%；第三产业完成投资819.53亿元，增长10.4%。

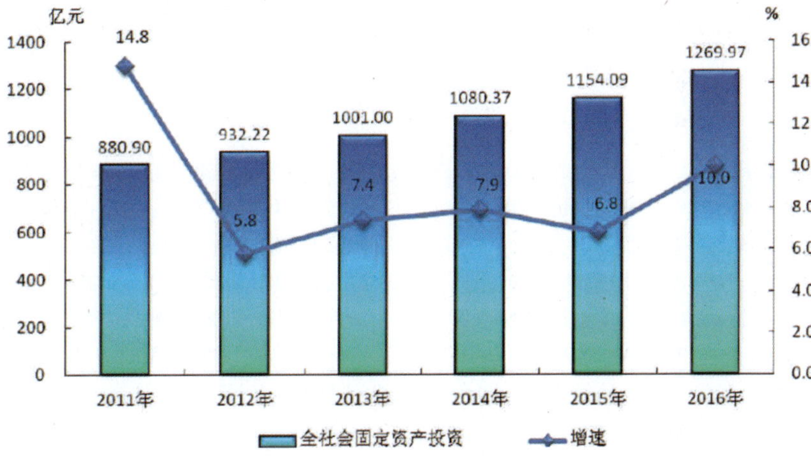

图 127　2011-2016 年全社会固定资产投资及增速

注：2011年项目投资起报点从50万调整到500万，增速为可比增速。

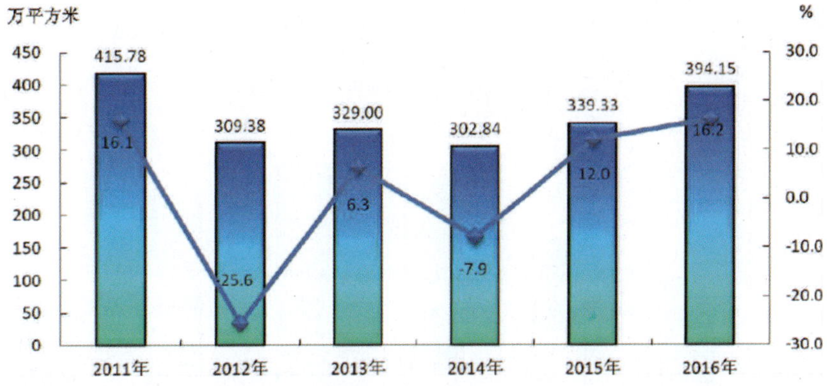

图 128　2011-2016 年商品房销售面积及增速

房地产。全年房地产开发投资完成205.58亿元，增长3.6%。商品房施工面积1983.76万平方米，增长0.9%；商品房竣工面积379.22万平方米，增长68.7%；商品房销售面积394.15万平方米，增长16.2%。

五、国内贸易和旅游

消费品市场。全年社会消费品零售总额988.48亿元，增长12.4%。其中：批发业实现零售额181.69亿元，增长14.3%；零售业实现零售额644.78亿元，增长11.4%；住宿业实现零售额18.98亿元，增长15.5%；餐饮业实现零售额143.03亿元，增长14.6%。按经营地分：城镇市场实现零售额660.36亿元，增长12.6%；乡村市场实现零售额328.12亿元，增长12.1%。

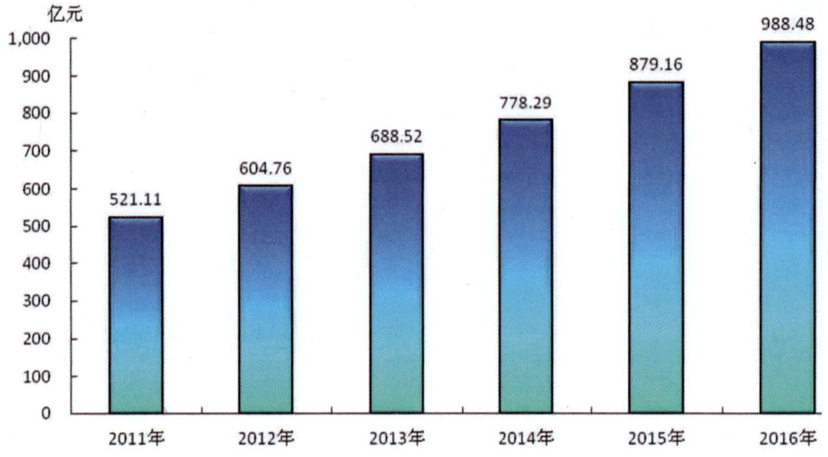

图 129　2011-2016 年社会销售品零售总额

注：2011-2014年数据依据第三次全国经济普查数据进行了修订。

在限额以上企业（单位）主要商品零售额中，粮油、食品、饮料、烟酒类实现零售额106.58亿元，增长21.7%；汽车类实现零售额90.20亿元，增长8.3%；家用电器和音像器材类实现零售额70.09亿元，增长12.1%；文化办公用品类实现零售额29.31亿元，增长10.5%。

旅游。全年实现旅游总收入421.95亿元，增长22.8%，其中：国内旅游收入421.84亿元，增长22.8%；旅游外汇收入171.57万美元，下降10.7%。接待游客总人数4206.11万人次，增长24.2%，其中：国内旅游人数4205.60万人次，增长24.2%；入境旅游人数5083人次，下降29.7%。

六、招商引资和对外贸易

招商引资。全年合同引进内资项目589个，国内省外到位资金546.93亿元。

对外贸易。全年外贸进出口总额17.68亿美元，下降32.7%。其中：进口总额7.34亿美元，增长3.9%；出口总额10.35亿美元，下降46.1%。

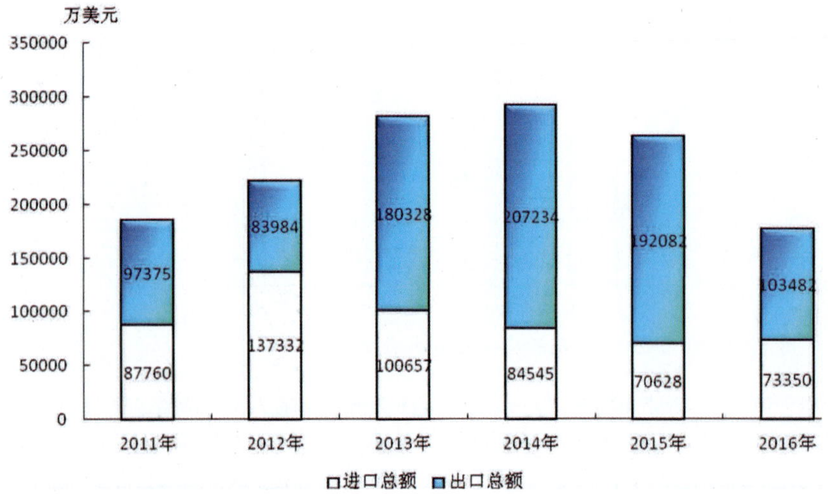

图 130　2011-2016 年进出口总额

七、交通和邮电

交通。年末全市公路通车里程19919公里，铁路营业里程167公里，民航营运航线32条。全年公路客运周转量29.54亿人公里，下降12.9%；公路货运周转量71.07亿吨公里，增长7.0%；水运客运周转量182.79万人公里，增长40.1%；铁路旅客发送量725.68万人，增长11.2%；铁路货运发送量81.77万吨，下降10.0%；民用航空客运量217.29万人次，增长40.4%，仅用两年时间实现了从100万到200万的跨越；民用航空货邮行运量16920吨，增长33.9%。

邮电。全年完成邮电业务总量94.22亿元，比上年增长44.6%。其中，邮政业务总量4.28亿元，增长17.4%；电信业务总量89.95亿元，增长46.2%。年末全市共有邮政局（所）447处；固定电话机用户86.42万户；移动电话用户521.24万户。互联网宽带用户127.46万户，增长27.7%。

八、财政、金融和保险业

财政。全年完成地方一般公共预算收入107.62亿元，其中：税收收入完成63.84亿元，非税收入43.78亿元。一般公共预算支出332.26亿元。

金融。年末金融机构人民币各项存款余额3181.69亿元，比上年末增长10.4%，比年初增加298.79亿元，其中：住户存款1838.25亿元，比年初增加197.39亿元。人民币各项贷款余额1667.43亿元，比上年末增长8.8%，比年初增加134.58亿元，其中：住户贷款536.50亿元，比年初增加20.44亿元。

保险。年末全市共有保险公司50家，其中：产险公司21家，寿险公司29家。全年各类保险保费收入92.87亿元，增长36.1%，其中：财产险26.71亿元，增长11.2%；人身险66.16亿元，增长49.7%。各类保险赔款及期满给付支出38.11亿元，增长55.2%。

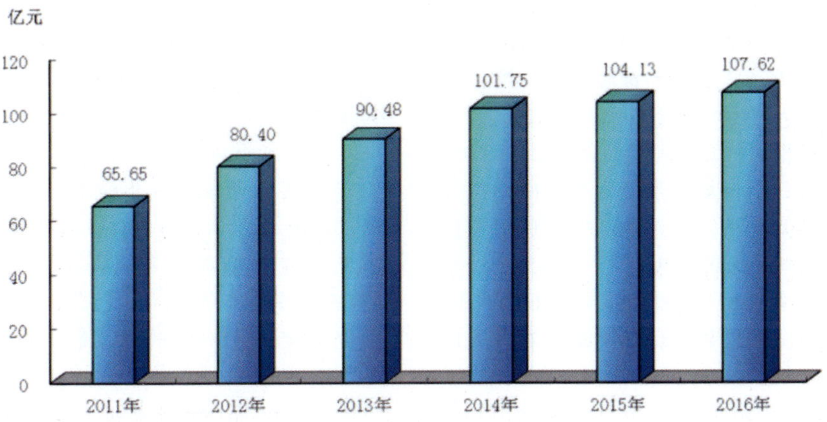

图 131　2011-2016 年地方财政一般预算收入

注：图中2011年至2015年数据为决算数，2016年为执行数。

九、教育和科学技术

教育。年末全市共有各级各类学校1363所（不含高校、技工学校及职业培训机构），在校学生69.55万人，教职工5.20万人，其中：专任教师4.35万人。

全市有小学404所，招生4.64万人，在校学生26.04万人，小学学龄儿童入学率100%；普通中学226所，招生7.95万人，在校学生24.09万人；中等职业教育学校25所，招生2.20万人，在校学生4.87万人；学前教育在园幼儿14.48万人。

全市有高校14所。招生（含成教全日制生）4.59万人，下降1.6%；在校生15.01万人，增长0.5%；毕业生4.29万人，增长0.9%；专任教师7955人，增长2.4%。

科学技术。全年申报国家级科技项目落实无偿资金5597万元，申报省级科技项目落实无偿资金8991万元。全市已通过高新技术企业认定204家，有国家级工程技术研究中心5家，省级工程技术研究中心16家。全年共申请专利10168件，首次突破万件大关，专利授权4890件，其中：发明专利申请量3914件，授权927件。年底拥有科技企业孵化器50个，其中：国家级6个，省级11个。全年新增科技型中小企业2406个，累计认定9282个。被确定为国家知识产权示范城市，国家军民两用技术交易中心正式揭牌运营。

十、文化、卫生和体育

文化事业。年末全市有公共图书馆10个，剧场、影剧院22个，博物馆、展览馆13个，省级文化产业示范基地5个。乡广播电视站264个，广播覆盖率99.37%，电视覆盖率99.56%，城区数字电视转换率100%。全市公开发行报纸5种，公开发行杂志16种。

卫生。年末全市有卫生机构4371个（含社区卫生服务中心、村卫生室），其中：等级医院43个，卫生机构人员数3.83万人，医院、卫生院技术人员2.44万人，执业（助理）医师1.12万人，注册护士1.21万人，卫生机构床位数3.37万张。

体育事业。全市共有体育场馆数16个，全年共举办各种运动会503次，参加人次361万。在参加省以上比赛中获奖牌213枚，其中：金牌69枚、银牌75枚。

十一、环境保护和安全生产

打响大气、水、土壤环境污染防治“三大战役”，持续开展党政领导干部自然资源资产和环境责任审计，深化涪江流域断面水质超标扣缴生态补偿制度，积极推进国家、省级生态保护红线划定。

水资源质量。涪江干流、安昌河年均水质与上年持平，未发生明显变化，各断面年均水质均达到或优于相应水质类别标准；芙蓉溪仙鱼桥断面水质有所好转；凯江、通口河、梓江水质有所下降；鲁班水库年均水质类别为Ⅲ类，年均水质呈中营养状态，与上年相比，鲁班水库水质无明显变化；城市集中饮用水源地水质所有评价指标全部达标，饮用水水源地水质未发生明显改变。

空气质量。全年有效监测365天，参照《环境空气质量标准》(GB3095-2012)，优88天，良191天，轻度污染65天，中度污染19天，重度污染3天，绵阳市达标天数比例为76.2%，与上年相比，全市空气质量有所下降。全市降水酸雨频率1.2%，降水pH均值为6.38，属非酸雨区，与上年相比，降水质量有所好转。

声环境质量。全年区域环境噪声昼间平均值54.6dB（A），质量状况等级为二级（较好），与上年相比，区域环境噪声平均值上升了0.2dB（A），总体水平等级无变化；道路交通噪声昼间平均声级69.8dB（A），质量状况等级为二级（较好），与上年相比，道路交通噪声平均值上升了1.0dB（A），质量等级无变化；城区1、2、3类功能区昼间、夜间达标率均为100%，4a类功能区昼间达标率为37.5%，与上年相比，1-3类功能区声环境质量无明显变化，4a类功能区声环境质量有所下降。

节能减排。单位GDP能耗下降8.42%。规上工业企业综合能源消费量279.69万吨标准煤，下降8.3%。单位工业增加值能耗下降16.56%。

安全生产。全年发生各类生产安全事故共死亡129人，亿元地区生产总值生产安全事故死亡人数0.070人。其中：工矿商贸事故死亡44人；道路交通事故死亡78人；农业机械事故死亡3人；其他事故死亡4人。

十二、人口、人民生活和社会保障

人口。年末全市总户数209.66万户，户籍人口545.18万人。年末常住人口481.09万人，常住人口城镇化率49.5%，比上年末提高1.5个百分点。当年出生人口46547人，死亡人口33667人，人口自然增长率2.40‰。

城乡居民收支。全市城镇居民

人均可支配收入为29407元，增长8.2%；城镇居民人均生活消费支出19561元，增长7.9%，其中：食品烟酒支出7016元。全年农村居民人均可支配收入13504元，增长9.3%；农村居民人均生活消费支出10684元，增长9.2%，其中：食品烟酒支出4191元。

就业和再就业。全市新增城镇就业人员5.51万人，失业保险参保职工累计36.61万人。年末城镇登记失业人员3.48万人，城镇登记失业率为3.83%。全市有1.29万失业人员实现再就业。

社会保障。企业养老保险参保人数114.81万人；城乡居民社会养老保险参保人数221.63万人；城镇职工基本医疗保险参保人数68.78万人，城镇居民基本医疗保险参保人数83.56万人；工伤保险参保人数41.47万人，生育保险参保人数38.99万人；新型农村合作医疗参合人数376.19万人；全市城镇最低生活保障标准为420元/月，享受最低生活保障补助的城镇居民9.59万人，下降5.5%；农村最低生活保障标准为260元/月，享受最低生活保障补助的农村居民16.59万人，下降1.1%。失业保险金标准966元/月，最低工资标准1380元/月。年末全市有社会福利收养性单位268个，床位数3.53万张。

注：

1.《公报》中使用数据为统计快报数据，正式数据以《绵阳统计年鉴2017》为准。部分数据因四舍五入的原因，存在着与分项合计不等的情况。

2.公报中地区生产总值、各产业增加值绝对数按当年价格计算，增长速度按可比价格计算。地区生产总值核算执行国家统计局新的《国民经济行业分类》和《三次产业划分规定》，即第一产业是指农、林、牧、渔业（不含农、林、牧、渔服务业）；第二产业是指工业（不含开采辅助活动，金属制品、机械和设备修理业）和建筑业；第三产业即服务业，是指除第一产业、第二产业以外的其他行业。

3.行业数据由相关部门提供。

越王楼

2013 年

1月8日，北川开茂水库枢纽工程正式开工。该水库是北川新县城重要的基础设施配套项目，由取引水工程、水库工程、灌区工程组成，设计最大坝高56米，总库容2453万立方米，年供水总量7457万立方米，总投资8.87亿元。

2月2日，越王楼开楼仪式隆重举行。越王楼始建于唐高宗显庆年间（公元656~661年），与黄鹤楼、岳阳楼、滕王阁并称为唐代四大名楼，历史上几度兴废。1989年绵阳市人民政府提出重建规划，2001年10月24日破土动工，2011年第一期主体工程全面竣工。重建的越王楼位于龟山遗址，占地面积84.2亩，建筑面积22207平方米，呈唐式昂斗飞檐歇山式，集阁、楼、亭、殿、廊、塔于一体。主楼共15层，高99米，高度为全国仿古建筑之最。

4月17日，绵阳市出台《关于加快科技型中小企业发展的决定》《绵阳市科技型中小企业发展计划及考核办法》《关于大力扶持小微企业发展的实施意见》。

6月25日，四川省人民政府印发《关于加快推进绵阳科技城建设的指导意见》（川府发〔2013〕29号）。《指导意见》明确绵阳科技城发展目标：努力建设成为四川省创新驱动发展示范区、国家以军民融合为特色的自主创新示范区。

△四川省人民政府印发《支持绵阳科技城加快建设政策措施》（川府发〔2013〕30号）：确定重点区域实现突破发展；支持事业单位科技成果转移转化；开展土地政策创新试点；实行科研经费分配管理改革；设立科技人才发展专项资金；自主确立土地类适用税额标准；开展股权激励和科技成果转化奖励试点；加大对鼓励类产业企业的政策支持；加大对科技城设立金融机构的支持；优先支持科技城及其企业多渠道融资。

党政军群团机关及其工作部门主要领导名录

■ 绵阳市领导机关

中国共产党绵阳市委员会

书 记 彭宇行

副书记 刘 超

张锦明（女）（2016.01前）

付 康（2016.10后）

常 委 陈兴春（2016.10前）

杨 娟（女）（2016.08前）

付 康（2016.10前）

李亚莲（女）

马 骏（2016.08后）

颜 超

张学民

刘少敏（2016.08前）

李 江（2016.03前）

唐 炼（2016.10前）

岳 勇

夏凤俭（2016.08后）

元 方（2016.10后）

吴显仁（挂职，2016.05前）

绵阳市人民代表大会常务委员会

主 任 蒋仁富（2016.10前）

马 华（2016.10后）

副主任 陈兴春（2016.10后）

黄正良

董晓彬（2016.02后）

雷百灵（女）（2016.10前）

刘文榜 （2016.10前）

王 黎（2016.10后）

江 陵（2016.10前）

代顺兴（2016.10后）

李川萍（女）（2016.10后）

李作虎（2016.10后）

绵阳市人民政府

市 长 刘 超

副市长 付 康（2016.10前）

颜 超（2016.10后）

刘少敏（2016.09前）

王 瑜（2016.10前）

任建民（2016.05前）

王明华（彝族）（2016.05后）

经大忠（羌族）

孙福全（挂职）

韩圣健（挂职）

元 方（2016.10前）

谢晓东（2016.01前）

蒋丽英（女）（2016.10后）

罗宗志（2016.09后）

赵迎春（2016.10后）

罗 蒙（2016.10后）

中国人民政治协商会议绵阳市委员会

主 席 张世虎（2016.01前）

张锦明（2016.02后）

副主席 丁 山（2016.10前）

艾尚林（2016.10前）

宋 明（2016.10前）

蒋丽英（女）（2016.10前）

苗 平（2016.10前）

陈 敏（2016.10前）

李敦双（2016.10后）

沈其霖

李京平（土家族）

尚丽平（女）（2016.10后）

钟正军（2016.10后）

胡安虎（2016.10后）

郭兴林（2016.10后）

田荣华（2016.10后）

■ 纪检、法院、检察院

中共绵阳市纪律检查委员会

书 记 杨 娟（女）（2016.08前）

马 骏（2016.08后）

市中级人民法院

院 长 马泽波

市人民检察院

检察长 吴长福

■ 党群系统工作部门

市 委

秘书长 董晓彬（2016.02前）

罗 蒙

（2016.03后，2016.09前）

邹若力（2016.09后）

副秘书长 谷 雨

胡 精（2016.08前）

左明严（2016.08前）

田丛荣

市人大内务司法委员会
主　任　罗晓泉（2016.09前）
　　　　刘　伟（2016.09后）
法制委员会
主　任　白　勇（2016.09前）
　　　　高维志（2016.09后）
法制工作委员会
主　任　高维志（2016.09前）
　　　　何国洪（2016.09后）
财政经济工作委员会
主　任　黄兴华（2016.09前）
　　　　刘加勇（2016.10后）
农业工作委员会
主　任　王　春（2016.09前）
　　　　肖清华（2016.09后）
城乡建环境资源保护工作委员会
主　任　覃天国
人事代表工作委员会
主　任　王　涛
民族宗教外事侨务工作委员会
主　任　胡　蓉（女）（2016.09前）
　　　　何　力（2016.09后）
教科文卫工作委员会
主　任　赵　健（2016.02前）
　　　　郭　平（女）（2016.09后）

市人民政府工作部门

市人民政府
秘书长　谭　岗
副秘书长　刘　强（2016.11后）
　　　　严　俊
　　　　魏　勇
　　　　姚光华（2016.08前）
　　　　元承军（2016.09前）
　　　　赵开年
　　　　贺　旺（2016.09前）
　　　　周志强　郑文京
　　　　银登春（2016.07前）
　　　　陶　筠（女）（2016.11后）
　　　　邓　辉（2016.11后）
　　　　冯中兵（2016.11后）
　　　　陈松柏（2016.12后）
　　　　龙佳林（2016.08后）
　　　　杨朝晖（2016.11后）
　　　　谭周亮（挂职）
　　　　邹士勇（挂职）（2016.02前）
市人民政府办公室
主　任　刘　强

市民政局
局　长　胡安虎（2016.10前）
　　　　周福兰（羌族，女）
　　　　（2016.10后）
市监察局
局　长　钟正军（2016.10前）
　　　　任　斌（2016.10后）
市公安局
局　长　任建民（2016.05前）
　　　　王明华（彝族）（2016.05后）
市国家安全局
局　长　白秉元
政　委　李成刚
市法制办公室
主　任　赵开年
市司法局
局　长　刘　伟（2016.09前）
　　　　苏　杰（2016.10后）
市档案局
局　长　陈　波
市民族宗教事务局
局　长　王久华（女，羌族）
市外事侨务办公室
主　任　方　敏（女）
市卫生和计划生育委员会（挂市中医药管理局牌子）
主　任　何承平（2015.03以后）
市文化广播影视新闻出版局
局　长　马宗舜（2016.09前）
　　　　胡　科（2016.11后）
市广播电视台
台　长　赵　黎（女，2016.09前）
　　　　何晓涛（2016.09后）
市发展和改革委员会（挂市粮食局市物价局牌子）
主　任　董　泓（女，2016.04前）
　　　　兰　劲（2016.04后）
书　记　刘青川（2016.09前）
　　　　兰　劲（2016.09后）
市经济和信息化委员会（挂市国防学技术工业办公室牌子）
主　任　赵明君（2016.09前）
　　　　韩晓清（2016.09后）
市政府金融办公室
主　任　程　斌（2016.08前）
　　　　王　健（2016.08后）
市政府国有资产监督管理委员会
党委书记　颜　超（兼，2016.10前）
　　　　元　方（兼：2016.10后）

主　任　谢国繁（2016.09前）
　　　　罗宗志（兼，2016.09后）
市住房和城乡建设局
局　长　郑志恒（2016.09前）
　　　　申　泽（2016.09后）
市城市规划局
局　长　赵　飚（2016.09前）
　　　　张洪宇（2016.09后）
市科学技术和知识产权局
局　长　蒋丽英（兼，2017.04前）
　　　　周　钰（2017.04–2017.09）
　　　　刘青川（2016.09后）
书　记　周　钰（兼，2016.09前）
　　　　刘青川（2016.09后）
市教育和体育局
局　长　吴明禹（2016.05前）
　　　　胡　东（2016.07后）
市人力资源和社会保障局（挂市公务员局牌子）
局　长　李川萍（女）（2016.10前）
　　　　张斯恩（2016.11后）
市交通运输局
局　长　兰　劲（2016.04前）
　　　　寇子胜（2016.04后）
市公路管理处
处　长　张　迅
市统计局
局　长　张贵刚
市投资促进局
局　长　邓　辉
市经济社会调查队
队　长　杨　彬
市财政局
局　长　侍玉蓉（女）
市国家税务局
局　长　杨光荣
市地方税务局
局　长　陈　彬
市审计局
局　长　王　刚
市商务局
局　长　潘大钦
市工商行政管理局
局　长　杨纯忠
市食品药品监督管理局
局　长　李　勇
市农业局（挂市畜牧局、市农业机械管理局牌子）
局　长　贾友忠

陈兴刚
冯俊锋（2016.07前）
王 刚（2016.01前）
刘林建（2016.08后）
张廷伟（2016.08后）

市委办公室
主 任 钟思亮（2015.03前）
谷 雨

市委政策研究室
主 任 付 强

市委组织部
部 长 岳 勇
常务副部长 代顺兴（2016.10前）
文 刚（2016.10后）

市委宣传部
部 长 张学民
常务副部长 胡 科（2016.09前）
何长鹰（2016.09后）

市委统战部
部 长 苗 平（2016.10前）
李亚莲(女)(2016.10后)
常务副部长 杨国山（2016.08前）
袁 蓉(女)(2016.08后)

市委政法委员会
书 记 陈兴春（2016.08前）
夏凤俭（2016.08后）

市直机关工委
书 记 冯雪莲（女）

市委农工委
主 任 陈 伟

市委非公有制经济组织和社会组织工委
书 记 卿官亮（2016.09后）

市委机构编制委员会办公室
主 任 许建康（2016.09前）
淳道怀（2016.09后）

市委保密委员会办公室（市国家保密局）
局 长 安 瑛（女）

市委台湾工作领导小组办公室
（市政府台湾事务办公室）
主 任 陈福林

市精神文明办公室
主 任 赵方嵩（2016.08前）
韩贵钧（2016.09后）

市委党建办
主 任 余洪泉（2016.08前）
范付忠（2016.09后）

市人才办
主 任 文 刚（2016.10前）
黄晓军（2016.10后）

市委老干部局
局 长 周茂龙（女）

市委党校
校 长 岳 勇
常务副校长 党海燕（女）

市委党史研究室
主 任 谭洪明（2016.08前）
敬东阳（2016.09后）

市委机要局
局 长 杜章福

市委群工局（市政府信访局）
局 长 陈兴刚

市委对外宣传办公室、市政府新闻办公室
主 任 李 涛

市互联网信息办公室
主 任 张 杰

市委防范和处理邪教问题领导小组办公室
主 任 王忠雪

市委、市政府目标督查办（民生工委办）
主 任 蒲方方

市委、市政府接待办
主 任 季代双 （2016.09前）
潘 凌（女） （2016.09后）

市总工会
主 席 李亚莲（女）
党组书记、副主席 彭时荣

共青团绵阳市委员会
书 记 刘雨果（女） （2016.02后）

市妇女联合会
主 席 刘春涛（女）

市科学技术协会
主 席 汪小琳（2016.03前）
范国滨（2016.03后）
党组书记、副主席 薛 凯

市文学艺术界联合会
主 席 左代富（2016.03前）
马培松（2016.03后）

市工商业联合会
主 席 黄正良
党组书记、常务副主席 易显云

市总商会
会 长 黄正良（无党派）
副会长 易显云

市社会科学界联合会
主 席 何季德

市红十字会
会 长 经大忠（羌族）
常务副会长 林 桦（女）

市归国华侨侨眷联合会
主 席 蒋 蓓（女）

市人民对外友好协会
会 长 方 敏（女）

中国国际贸易促进委员会绵阳支会
（绵阳商会）
会 长 王 刚（2016.01前）
邹士勇（2016.02后）

绵阳博览事务局
局 长 王 刚（2016.01前）
邹士勇（2016.02后）

市残疾人联合会
理事长 谭荣达

绵阳日报社
社 长 周 华

■ 民主党派

中国国民党革命委员会绵阳市委员会
主任委员 郭兴林

中国民主同盟绵阳市委员会
主任委员 勾永阶

中国民主促进会绵阳市委员会
主任委员 李京平（土家族）

中国民主建国会绵阳市委员会
主任委员 蒋丽英（女）

中国农工民主党绵阳市委员会
主任委员 沈其霖

九三学社绵阳市委员会
主任委员 尚丽萍（女）

中国致公党绵阳市工作委员会
主任委员 田荣华

■ 市人大委、室

市人大常委会
秘 书 长 王昭洪（2016.02后）
副秘书长 倪 波（2016.08前）
李 激 （2016.08前）
王昭洪（2016.02前）
肖先强（2016.08前）
王 毅 （2016.08前）
何国洪（2016.10前）
朱 林（2016.09后）
季代双（2016.09后）
胡 蓉(女)(2016.09后)

办公室
主 任 王昭洪（2016.09前）
朱 林（2016.09后）

市林业局
局　长　王理效
市水务局
局　长　向地平（2016.04前）
　　　　敬永杰（2016.04后）
市国土资源局
局　长　陈　立（2016.01前）
　　　　瞿永安（2016.01–2016.09）
　　　　赵　飚（2016.09后）
市环保局
局　长　李作虎（2016.09前）
　　　　钟思亮（2016.09后）
市质量技术监督局
局　长　任晓平（女）
绵阳民航管理局
局　长　冯建华
市武都引水工程管理局
局　长　勾承建
书　记　敬永杰（2016.04前）
　　　　勾承建（2016.04后）
市供销合作社联合社
主　任　岳正宴
市旅游发展委员会（原市旅游局）
主　任（局长）　谭　莉（女）
市地方志办公室
主　任　余正道（2016.02后）
市防震减灾局
局　长　周时光
市大学中专招生委员会办公室、高等教育自学考试委员会办公室
主　任　黄阔仲
市人民防空办公室（挂市民防局牌子）
主　任　梁海洲（2016.09前）
　　　　张　军（2016.09后）
市老龄委员会办公室
主　任　空缺
市安全生产监督局（挂市政府安全生产委员会牌子）
局长（主任）　雷建新（2016.07前）
　　　　　　　银登春（2016.07后）
市建设绵阳科技城协调小组办公室
主　任　胡国洪
市住房公积金管理中心
主　任　蒋静瞻（女）
市社会保险事业管理局
局　长　张道斌（2016.02前）
　　　　王　岚（女）（2016.02后）
市就业服务管理局
局　长　贾智艳（女）

市政府政务服务管理局
局　长　魏　勇（2016.05前）
　　　　蒋玉平（2016.05后）
市扶贫和移民局
局　长　冯中兵
市财政监督检查局
局　长　张建中（2016.08前）
　　　　宋文勇（2016.08后）
北川地震纪念馆管理中心（唐家山堰塞湖管理局）
主任（局长）　韩贵钧（2016.09前）
　　　　　　　冯正碧（女）（2016.09后）
市反贪污贿赂局
局　长　杨德辉
政治委员　张　俊
市反渎职侵权局
局　长　李　跃（2016.08前）
　　　　申　勇（2016.08后）
市政府驻京办
主　任　张　军（2016.09前）
市公共资源交易服务中心
主　任　杨邦琼（女）

■ 市政协委、室

市政协
秘书长　刘联山（2016.10前）
　　　　赵　黎（女）（2016.10后）
副秘书长　吴志宏（2016.09前）
　　　　　陈开平（羌族）（2016.08前）
　　　　　黄宗甫
　　　　　元承军（2016.09后）
　　　　　陈　刚（2016.09后）
办公室
主　任　吴志宏（2016.09前）
　　　　元承军（2016.09后）
提案委员会
主任委员　贺继勇（2016.09后）
　　　　　唐建华（2016.09后）
经济委员会
主任委员　蒋世尧（2016.09后）
　　　　　何中先（2016.09后）
学习文史委员会
主任委员　张有贵
社会法制委员会（2016.09前）
主任委员　肖永富（2016.09前）
农业委员会
主任委员　张庆荣

人口资源环境委员会
主任委员　孙炳华
联谊委员会
主任委员　宋跃辉
社会法制委员会（2016.09前）
主任委员　肖永富（2016.09前）
科教文卫体委员会（2016.09前）
主任委员　夏　骏（2016.09前）
学习文史委员会（2016.09前）
主任委员　张友贵（2016.09前）
委员工作和地方政协联络委员会（2016.09后）
主任委员　文　实（2016.09后）
城乡建设和资源环境委员会（2016.09后）
主任委员　汤云春（2016.09后）
社会法制和台侨民宗委员会（2016.09后）
主任委员　肖永富（2016.09后）
文化和文史资料委员会（2016.09后）
主任委员　吴　坤（2016.09后）
教科体卫委员会（2016.09后）
主任委员　张有贵（2016.09后）

■ 高新区、经济技术开发区、科技城科教创业园区、科技城现代农业科技示范区、科学城办事处

中共绵阳高新技术产业开发区工作委员会
绵阳高新技术开发区管理委员会（副厅级）
书　记　夏　明
主　任　董　泓（女）（2016.02后）
中共绵阳市经济技术开发区工作委员会
绵阳市经济技术开发区管委会（中共绵阳科技城现代农业科技示范区工作委员会、绵阳科技城现代农业科技示范区管委会）
书　记　毛一兵
主　任　代　宏（2016.09前）
　　　　赵明君（2016.10后）
中共绵阳科技城科教创业园区工作委员会
绵阳科技城科教创业园区管委会
书　记　柳　江（2016.09前）
　　　　周　钰（2016.09后）
主　任　李　哲

中共绵阳市仙海水利风景区工作委员会
绵阳市仙海水利风景区管委会
书　记　姚永红（2016.09前）
　　　　代　宏（2016.09后）
主　任　魏　魁
科学城办事处
党委书记　候志辉
主　　任　陈广平

■ 军队系统

绵阳军分区
司 令 员　孙克勇（2016.04前）
政治委员　唐　炼
武警绵阳支队
支队长　李敦锋
第一政治委员　任建民（2016.05前）
　　　　　　　王明华（彝族）（2016.05后）
政治委员　何大鹏
武警绵阳消防支队
支队长　潘　京（2016.03前）
　　　　李志全（2016.06后）
政治委员　刘俊锋

■ 其他正县级机构

绵阳气象局
局　长　蒲　明
绵阳海关
关　长　肖　平（2016.04前）
　　　　梁　陶（2016.04后）
绵阳出入境检验检疫局
局　长　杨　昊
中国人民银行绵阳市中心支行
行　长　张　健
中国工商银行绵阳分行
行　长　周　玥
中国农业银行绵阳分行
行　长　魏元和（2015.07前）
　　　　曾振华（2015.07后）
绵阳市商业银行
董事长　周一平（2016.01前）
副董事长（主持董事会工作）
　　　　何　苗（2016.01后）
行　长　何　苗（2016.01前）
　　　　孙　伟（2016.01后）
监事长　张文华（2016.01）
　　　　陈　立（2016.01–2016.12）

中国银行绵阳分行
行　长　朱桂龙
中国建设银行绵阳分行
行　长　于　戈
中国农业发展银行绵阳分行
行　长　吴　陈
绵阳市邮政公司
总经理　黄全明
四川电信公司绵阳分公司
总经理　周雪峰
四川移动通信公司绵阳分公司
总经理　丁洪荣
中国联合通信有限公司绵阳分公司
总经理　张　兵
绵阳市烟草专卖局、四川省烟草公司绵阳分公司
局长（经理）　王广生
党组书记　　　王　斌
四川中烟绵阳分厂
厂　长　刘　林
国家电网绵阳供电公司
经　　理　严光升
党委书记　刘　冰

■ 2016年绵阳市各县（市、区）主要领导人名录

涪城区
区委书记　廖　凯（2016.09前）
　　　　　郑志恒（2016.09后）
人大常委会主任　高　峰
区　长　江　彬（2016.04前）
　　　　姚永红（2016.09后）
政协主席　张晓丰
游仙区
区委书记　罗　蒙（2015.03前）
　　　　　江　彬（2016.04后）
人大常委会主任
　　　　　车朝宁（2016.02前）
　　　　　袁玉国（2016.02后）
区　　长　陈华斌
政协主席　袁玉国（2016.02前）
　　　　　姜　曦（2016.02后）
江油市
市委书记　李　江（2016.03前）
　　　　　周　涛（2016.04后）
人大常委会主任　冯　钢
市　长　马　辉（2016.09前）
　　　　柳　江（2016.09后）
政协主席　范来山（2016.09前）
　　　　　李　平（2016.09后）

三台县
县委书记　赵迎春（2016.09前）
　　　　　马　辉（2016.09后）
人大常委会主任　李蜀光（2016.09前）
　　　　　杨增辉（2016.09后）
县　　长　谭　岗（2016.04前）
　　　　　吴明禹　（2016.04后）
政协主席　苏才华（2016.09前）
　　　　　贺强华（女）（2016.09后）
安　县
县委书记　廖雪梅（女）
人大常委会主任　梁　建
县　　长　李昊天
政协主席　张忠贵（2016.09前）
　　　　　赵　奎（2016.09后）
梓潼县
县委书记　邹若力（2016.09前）
　　　　　周　琳（2016.09后）
人大常委会主任
　　　　　赵红钊（2016.09前）
　　　　　杜林平（2016.09后）
县　　长　周　琳（2016.09前）
　　　　　贺　旺（2016.09后）
政协主席　胡登科（2016.09前）
　　　　　敬友忠（2016.09后）
盐亭县
县委书记　陈朝先（2016.02前）
　　　　　袁　明（2016.04后）
人大常委会主任
　　　　　李周全（2016.09前）
　　　　　何光明（2016.09后）
县　　长　袁　明（2016.04前）
　　　　　向　赟（2016.09后）
政协主席　黄加伦
北川羌族自治县
县委书记　赖　俊
人大常委会主任
　　　　　李春寿（回族）（2016.09前）
　　　　　张周凯（2016.09后）
县　　长　瞿永安（羌族）
政协主席　张周凯（2016.09前）
　　　　　刘平安（2016.09后）
平武县
县委书记　周　涛（2016.04前）
　　　　　李治平　（2016.04后）
人大常委会主任　何　充
县　　长　李治平（2016.08前）
　　　　　黄　骏（2016.09后）
政协主席　廖玉平

市委重要文件目录

表 76

序号	发文字号	发文机关	文件名称
1	绵委发〔2016〕1 号	中共绵阳市委	中共绵阳市委关于印发《市委党内规范性文件合法性审查办法》和《建立健全规范性文件备案审查衔接联动机制的实施意见》的通知
2	绵委发〔2016〕3 号	中共绵阳市委 绵阳市人民政府	中共绵阳市委　绵阳市人民政府关于践行发展新理念做好“三农”工作在全省率先实现全面小康目标的意见
3	绵委发〔2016〕5 号	中共绵阳市委	中共绵阳市委关于印发《市委常委会 2016 年工作要点》的通知
4	绵委发〔2016〕9 号	中共绵阳市委	中共绵阳市委关于进一步加强人民政协协商民主工作的意见
5	绵委发〔2016〕10 号	中共绵阳市委 绵阳市人民政府	中共绵阳市委　绵阳市人民政府关于印发《绵阳市推进侧结构性改革总体方案》的通知
6	绵委发〔2016〕11 号	中共绵阳市委	中共绵阳市委关于繁荣发展社会主义文艺的实施意见
7	绵委发〔2016〕12 号	中共绵阳市委 绵阳市人民政府	中共绵阳市委　绵阳市人民政府关于加强产业园区党的建设推动产业园区科学发展加快发展的实施意见（试行）
8	绵委发〔2016〕13 号	中共绵阳市委	中共绵阳市委关于推进农村基层党的建设全面进步全面过硬的意见
9	绵委发〔2016〕14 号	中共绵阳市委	中共绵阳市委关于印发《中共绵阳市委工作规则》的通知
10	绵委发〔2016〕15 号	中共绵阳市委	中共绵阳市委关于印发《中共绵阳市委常委会议事决策规则》的通知
11	绵委发〔2016〕16 号	中共绵阳市委 绵阳市人民政府	中共绵阳市委　绵阳市人民政府印发《关于推动招商引资实现新突破的意见》的通知
12	绵委发〔2016〕17 号	中共绵阳市委	中共绵阳市委关于推进绿色发展建设美丽绵阳的决定
13	绵委发〔2016〕18 号	中共绵阳市委	中共绵阳市委关于进一步加强改革落实工作的意见
14	绵委发〔2016〕19 号	中共绵阳市委	中共绵阳市委关于加强和规范党内政治生活严格党内监督进一步推进全面从严治党的决定
15	绵委发〔2016〕21 号	中共绵阳市委 绵阳市人民政府	中共绵阳市委　绵阳市人民政府关于印发《绵阳市生态文明体制改革实施方案》的通知
16	绵委发〔2016〕22 号	中共绵阳市委 绵阳市人民政府	中共绵阳市委　绵阳市人民政府关于印发《绵阳市国有林场改革实施方案》的通知
17	绵委发〔2016〕23 号	中共绵阳市委 绵阳市人民政府	中共绵阳市委　绵阳市人民政府关于深化供销合作社综合改革的实施意见
18	绵委发〔2016〕24 号	中共绵阳市委	中共绵阳市委关于加强调查研究工作的意见

绵阳市人民政府重要文件目录

表 77

发文时间	发文字号	文件名称
1.5	绵府〔2016〕1 号	广元市人民政府关于绵阳市江油市与广元市青川县县级行政区域界线联检情况的报告
1.6	绵府〔2016〕2 号	关于筹办 2016 首届盐亭嫘祖旅游文化艺术节的请示
1.11	绵府〔2016〕3 号	关于筹办 2016 首届盐亭嫘祖旅游文化艺术节的补充报告
	绵府〔2016〕4 号	关于报送第三届中国（绵阳）科技城国际科技博览会举办情况的请示
1.13	绵府〔2016〕5 号	关于报送会议会展活动的报告
1.19	绵府〔2016〕8 号	关于审批《梓潼县城市总体规划（2014–2030）》的请示
1.25	绵府〔2016〕9 号	关于审批《李白故里风景名胜区总体规划（2014–2030）》的请示
	绵府〔2016〕10 号	关于审批《四川省江油市城市总体规划（2014–2030）》的请示
1.27	绵府〔2016〕11 号	关于贯彻落实王东明书记对群众安全温暖过冬有关重要指示精神情况的报告
2.2	绵府〔2016〕12 号	关于 2015 年度耕地保护暨国土资源管理目标完成情况的自查报告
	绵府〔2016〕13 号	关于商请军方核准北川通用机场场址的请示
2.24	绵府〔2016〕14 号	关于支持九洲集团牵头组建四川省军民融合产业联盟的请示
2.26	绵府〔2016〕15 号	关于调整三台县二水厂饮用水水源保护区划定的请示
3.16	绵府〔2016〕16 号	关于审定《第四届中国（绵阳）科技城国际科技博览会总体方案》的请示
3.22	绵府〔2016〕17 号	关于扩大新一轮退耕还林规模的请示
3.25	绵府〔2016〕19 号	关于恳请省政府向交通运输部争取提高 G8513 线九寨沟（川甘界）至绵阳高速公路建设补助标准的请示
3.29	绵府〔2016〕20 号	关于我市开展国家知识产权示范城市建设整改工作的情况报告
4.1	绵府〔2016〕21 号	关于审批绵阳市人民政府综合行政执法体制改革试点工作实施方案的请示
	绵府〔2016〕22 号	关于 G8513 九寨沟（川甘界）至绵阳段高速公路工程（绵阳境内）基本农田补划情况的报告
4.12	绵府〔2016〕23 号	关于核查涉嫌“山东济南非法经营疫苗系列案件”医疗卫生机构的情况报告
4.13	绵府〔2016〕24 号	关于成立四川军民融合高技术产业联盟相关事宜的请示
4.14	绵府〔2016〕25 号	关于审批安县城市总体规划（2013–2030）综合保税区片区局部调整方案的请示
4.15	绵府〔2016〕26 号	关于请求以省政府名义报送 2016 年小微企业创业创新基地城市示范申请文件和实施方案的请示
4.19	绵府〔2016〕27 号	关于审定《第四届中国（绵阳）科技城国际科技博览会总体方案（送审稿）》的请示
4.21	绵府〔2016〕28 号	关于转报将北川老县城地震遗址核定为全国重点文物保护单位的请示
4.28	绵府〔2016〕29 号	关于邀请美国作为第四届中国科技城（绵阳）国际科技博览会主宾国参会的请示
5.4	绵府〔2016〕30 号	关于梓潼县双板乡和金龙场乡撤乡设镇的请示
	绵府〔2016〕31 号	关于盐亭县云溪镇等五个乡镇行政区划调整的请示
	绵府〔2016〕32 号	关于江油市部分乡镇行政区划调整的请示
	绵府〔2016〕33 号	关于游仙区部分乡镇行政区划调整的请示

续表

发文时间	发文字号	文件名称
	绵府〔2016〕34号	关于北川羌族自治县小坝乡和陈家坝乡撤乡设镇的请示
	绵府〔2016〕35号	关于绵阳市涪城区部分乡镇行政区划调整的请示
5.5	绵府〔2016〕36号	关于申报第四批公立医院改革国家联系试点城市的请示
5.20	绵府〔2016〕37号	关于我市涪城区部分乡镇春蚕大面积中毒导致蚕农受损有关情况的报告
	绵府〔2016〕38号	关于我市开发区审核目录修订情况的报告
5.23	绵府〔2016〕39号	关于协调处置绵阳市涪城区部分乡镇春蚕大面积中毒事件的请示
	绵府〔2016〕40号	关于继续举办第四届中国（绵阳）科技城国际科技博览会的请示
	绵府〔2016〕41号	关于恳请省政府商请国家相关单位作为第四届中国（绵阳）科技城国际科技博览会支持单位的请示
5.24	绵府〔2016〕42号	关于协调推进波鸿-好圣系资产债务重组工作的请示
	绵府〔2016〕43号	关于协调九绵高速平通河裂腹鱼类水产种质资源保护区专项论证工作的请示
	绵府〔2016〕44号	关于全省互联网金融风险专项整治工作部署动员会议精神贯彻落实情况的报告
6.2	绵府〔2016〕45号	关于邀请省政府主要领导出席深圳华强方特主题园绵阳项目签约仪式的请示
6.3	绵府〔2016〕46号	关于对科发集团银行账户查封造成重大影响的紧急请示
	绵府〔2016〕47号	关于开展2016年工程建设领域防灾措施落实情况督导检查工作的报告
	绵府〔2016〕48号	关于促进经济稳定增长和提质增效推进供给侧结构性改革政策措施贯彻落实情况的报告
6.6	绵府〔2016〕49号	关于审批“2016中国（四川）电子商务发展峰会”的请示
6.13	绵府〔2016〕50号	关于四川江油工业园区、四川三台工业园区申请园区类别更名的请示
	绵府〔2016〕51号	关于局部调整绵阳市土地利用总体规划（2006~2020年）的请示
	绵府〔2016〕52号	关于整合资源设立绵阳综合保税区的请示
6.22	绵府〔2016〕54号	关于我市2016年第4批城市建设用地的请示
6.28	绵府〔2016〕55号	关于恳请省政府主要领导出席绵阳华夏历史文明传承主题园项目签约仪式的请示
7.14	绵府〔2016〕56号	关于杨军举报事项调查情况的报告
7.18	绵府〔2016〕57号	关于我市2016年第1批乡镇建设用地的请示
	绵府〔2016〕58号	关于我市2016年第2批城市建设用地（挂钩项目土地征收）的请示
	绵府〔2016〕59号	关于邀请国家部委出席第四届中国（绵阳）科技城国际科技博览会的请示
7.20	绵府〔2016〕60号	关于恳请省政府领导参加中国（绵阳）科技城建设新闻发布会的请示
7.21	绵府〔2016〕61号	关于我市2015年度实行最严格水资源管理制度考核工作的自查报告
7.26	绵府〔2016〕62号	关于恳请以省政府主要领导领导名义邀请美国相关机构负责人来绵参加科博会相关活动的请示
7.28	绵府〔2016〕63号	关于我市环保违法违规建设项目清理整顿情况的报告
7.29	绵府〔2016〕64号	关于绵阳出口加工区整改工作的请示
8.12	绵府〔2016〕65号	关于2016年上半年省级十项民生工程及19件民生大事资金拨付情况的自查报告

续表

发文时间	发文字号	文件名称
8.15	绵府〔2016〕66 号	关于四川长虹电子控股集团有限公司下属四川长虹电器股份有限公司公开转让商业房产有关事项的报告
8.19	绵府〔2016〕67 号	关于依托绵阳市第三人民医院建设四川省精神卫生中心的请示
8.21	绵府〔2016〕68 号	关于协调解决绵阳科技城发展投资（集团）有限公司银行账户再次被查封有关问题的请示
8.26	绵府〔2016〕70 号	关于恳请省政府致函中国驻美国大使馆的请示
8.30	绵府〔2016〕71 号	关于审计署跟踪审计情况有关问题的整改报告
9.1	绵府〔2016〕72 号	关于申建四川自贸区绵阳科技城园区的请示
9.6	绵府〔2016〕73 号	关于举办“2016 四川电子商务博览会”的请示
9.7	绵府〔2016〕74 号	关于在绵阳设立大熊猫国家公园岷山片区管理机构的请示
9.8	绵府〔2016〕76 号	关于“9.5”北川羌族自治县李家湾堰塞湖成功泄流的报告
	绵府〔2016〕77 号	关于三台县冯勇军“送不作为锦旗被刑拘”事件处置情况的报告
9.13	绵府〔2016〕78 号	关于国务院第三次大督查重点内容自查情况的报告
10.11	绵府〔2016〕79 号	关于举办“2016 四川电子商务博览会”的请示
10.12	绵府〔2016〕80 号	关于绵阳出口加工区整改工作的请示
	绵府〔2016〕81 号	关于审计署成都特派办跟踪审计情况有关问题的补充报告
10.14	绵府〔2016〕82 号	关于邀请省政府领导出席绵阳市第六届运动会开幕式的请示
10.18	绵府〔2016〕83 号	关于安全生产工作自查情况的报告
	绵府〔2016〕84 号	关于协调省政府领导出席第十六届西博会绵阳中德产业园投资合作洽谈会的请示
	绵府〔2016〕85 号	关于局部调整绵阳市中心城区土地利用总体规划（2006~2020 年）的请示
10.19	绵府〔2016〕86 号	关于绵阳市 2016 年公开发行两批置换债券专项检查整改情况的报告
10.21	绵府〔2016〕87 号	关于营造良好市场环境进一步促进消费的报告
10.24	绵府〔2016〕88 号	关于 2015 年保障性安居工程跟踪审计问题整改情况的报告
	绵府〔2016〕89 号	关于医疗保险审计报告中指出问题整改措施的报告
11.8	绵府〔2016〕90 号	关于贯彻落实加快发展体育产业促进体育消费情况的报告
11.10	绵府〔2016〕91 号	关于发展麦冬大健康产业的请示
11.16	绵府〔2016〕92 号	关于省国资委与绵阳市项目对接洽谈会暨签约仪式有关事项的请示
11.18	绵府〔2016〕93 号	关于申请绵阳市交通一卡通商用密码的请示
11.21	绵府〔2016〕94 号	关于报送《2016 年公共资源交易服务平台整合工作总结和 2017 年工作的考虑》的报告
11.30	绵府〔2016〕95 号	关于报送《四川省人民政府关于绵阳出口加工区整改情况补充说明的函》（代拟稿）的请示
	绵府〔2016〕96 号	关于绵阳市产业园区 2016 年工作总结和 2017 年工作思路的报告
12.1	绵府〔2016〕97 号	关于 2016 年减轻企业负担工作的报告
	绵府〔2016〕98 号	关于核定新增、返贫贫困人口的请示

续表

发文时间	发文字号	文件名称
12.6	绵府〔2016〕99 号	关于我市 2016 年第 2 批乡镇建设用地的请示
	绵府〔2016〕100 号	关于我市 2016 年第 5 批城市建设用地的请示
	绵府〔2016〕101 号	关于我市 2016 年第 7 批城市建设用地的请示
	绵府〔2016〕102 号	关于我市 2016 年第 1 批城市建设用地的请示
	绵府〔2016〕103 号	关于我市 2016 年第 3 批乡镇建设用地的请示
	绵府〔2016〕104 号	关于请求给予中国（绵阳）科技城国际科技博览会专项资金支持的请示
12.7	绵府〔2016〕105 号	关于我市 2016 年第 6 批乡镇建设用地的请示
	绵府〔2016〕106 号	关于我市 2016 年第 7 批乡镇建设用地的请示
	绵府〔2016〕107 号	关于我市 2016 年第 9 批城市建设用地的请示
	绵府〔2016〕108 号	关于我市 2016 年第 20 批城市（挂钩项目土地征收）建设用地的请示
	绵府〔2016〕109 号	关于我市 2016 年第 21 批城市建设用地的请示
12.12	绵府〔2016〕110 号	关于核实蓬船灌区工程有关情况的报告
12.13	绵府〔2016〕111 号	关于将《绵阳市水污染防治条例》纳入 2017 年市人大常委会立法计划的报告
	绵府〔2016〕112 号	关于恳请帮助妥善处置绵阳科发集团有关问题的请示
12.14	绵府〔2016〕113 号	关于启动《北川羌族自治县县城城市总体规划（2011–2030 年）》修编的请示
12.16	绵府〔2016〕114 号	关于协调省政府领导出席绵阳华夏历史文化科技产业园项目启动仪式的请示
12.20	绵府〔2016〕115 号	关于我市 2016 年第 3 批城市建设用地的请示
	绵府〔2016〕116 号	关于我市 2016 年第 6 批城市建设用地的请示
	绵府〔2016〕117 号	关于我市 2016 年第 8 批城市建设用地的请示
	绵府〔2016〕118 号	关于我市 2016 年第 14 批城市建设用地的请示
	绵府〔2016〕119 号	关于我市 2016 年第 16 批城市建设用地的请示
	绵府〔2016〕120 号	关于我市 2016 年第 18 批城市建设用地的请示
	绵府〔2016〕121 号	关于我市 2016 年第 19 批城市建设用地的请示
	绵府〔2016〕122 号	关于我市 2016 年第 22 批城市建设用地的请示
	绵府〔2016〕123 号	关于我市 2016 年第 23 批城市建设用地的请示
	绵府〔2016〕124 号	关于二环路项目建设用地的请示
	绵府〔2016〕125 号	关于我市 2016 年第 2 批城市建设用地（挂钩项目土地征收）的请示
	绵府〔2016〕126 号	关于我市 2016 年第 5 批乡镇建设用地的请示
	绵府〔2016〕127 号	关于我市 2016 年第 13 批城市建设用地的请示
	绵府〔2016〕128 号	关于我市 2016 年第 17 批城市建设用地的请示
	绵府〔2016〕129 号	关于报送《2016 年绵阳市省级民生工程及民生大事完成情况总结》的报告
12.22	绵府〔2016〕130 号	关于协调省政府领导出席绵阳京东方第 6 代 AMOLED（柔性）生产线项目开工仪式有关活动的请示

续表

发文时间	发文字号	文件名称
12.23	绵府〔2016〕131 号	关于北川维斯特商品交易市场有限公司调查情况的报告
12.28	绵府〔2016〕133 号	关于申请创建“国家食品安全示范城市”的请示
12.29	绵府〔2016〕134 号	关于落实保护发展森林资源目标责任制情况（2012–2016 年）的报告
	绵府〔2016〕135 号	关于三台县与盐亭县县级行政区域界线联合检查情况的报告
	绵府〔2016〕136 号	关于梓潼县与三台县县级行政区域界线联合检查情况的报告
	绵府〔2016〕137 号	关于江油市与梓潼县县级行政区域界线联合检查情况的报告
12.30	绵府〔2016〕138 号	关于 2016 年大众创业万众创新工作情况和 2017 年工作要点的报告
1.6	绵府发〔2016〕1 号	印发《关于在公共服务领域推广政府和社会资本合作模式的实施意见》的通知
2.3	绵府发〔2016〕2 号	关于加快转变农业发展方式的实施意见
2.19	绵府发〔2016〕4 号	关于印发《绵阳市社会信用体系建设规划（2015~2020 年）》的通知
3.3	绵府发〔2016〕5 号	关于加快推进“沃野绵州”现代生态循环农业工程建设的意见
3.7	绵府发〔2016〕6 号	关于加快智慧城市建设的实施意见
3.15	绵府发〔2016〕7 号	关于授予 2015 年度绵阳市科学技术进步奖的决定
3.21	绵府发〔2016〕8 号	关于绵阳城区部分道路、桥梁、隧道命名的通知
4.7	绵府发〔2016〕9 号	关于印发水污染防治行动计划绵阳市工作方案的通知
5.6	绵府发〔2016〕10 号	关于印发《绵阳城市规划管理技术规定（2016 版）》的通知
5.17	绵府发〔2016〕11 号	关于做好全面推开营改增试点工作的通知
5.25	绵府发〔2016〕12 号	关于印发《绵阳市进一步加强矿产资源开发管理办法》的通知
6.1	绵府发〔2016〕13 号	印发《关于促进全市工业稳增长调结构增效益的若干措施》的通知
	绵府发〔2016〕14 号	关于进一步加强全市土地管理工作的通知
7.6	绵府发〔2016〕15 号	关于印发《绵阳市建设国家知识产权示范城市工作方案》的通知
7.11	绵府发〔2016〕16 号	关于进一步加强新时期爱国卫生工作的实施意见
8.5	绵府发〔2016〕17 号	关于印发绵阳市邮政业“十三五”及中长期发展规划的通知
8.19	绵府发〔2016〕18 号	关于印发《绵阳市关于落实“先照后证”改革决定加强事中事后监管工作的实施意见》的通知
9.7	绵府发〔2016〕19 号	关于进一步加快学前教育发展的实施意见
9.9	绵府发〔2016〕20 号	印发《绵阳市工业大企业大集团培育“领航计划”》的通知
9.22	绵府发〔2016〕22 号	关于印发安州区过渡期部分管理事权划分的实施方案的通知
	绵府发〔2016〕23 号	关于印发绵阳市市辖区征地拆迁补偿安置办法的通知
9.28	绵府发〔2016〕24 号	关于调整城乡居民最低生活保障标准的通知
10.11	绵府发〔2016〕25 号	关于印发调整全市住房公积金管理机构管理体制实施方案的通知
11.4	绵府发〔2016〕26 号	关于印发《绵阳市国民经济和社会发展第十三个五年规划纲要》的通知
12.19	绵府发〔2016〕27 号	关于促进加工贸易创新发展的实施意见

续表

发文时间	发文字号	文件名称
12.26	绵府发〔2016〕28 号	关于印发绵阳市全民健身实施计划（2016–2020 年）的通知
12.27	绵府发〔2016〕29 号	关于印发绵阳市十大军民融合产业园培育“梧桐计划”的通知
12.29	绵府发〔2016〕30 号	关于印发《绵阳市基本公共服务体系“十三五”规划》的通知
1.7	绵府办发〔2016〕1 号	关于进一步完善服务业发展工作机制的通知
1.11	绵府办发〔2016〕2 号	关于进一步加强乡村医生队伍建设的实施意见
1.13	绵府办发〔2016〕3 号	关于印发《绵阳市市属出资企业融资和担保管理办法》的通知
	绵府办发〔2016〕4 号	关于印发《绵阳市安全生产事故灾难应急预案》的通知
1.14	绵府办发〔2016〕5 号	转发市食品办等六部门（单位）《关于支持烟草产业发展的实施意见》的通知
1.15	绵府办发〔2016〕6 号	关于转发《四川省突发事件预警信息发布系统运行管理办法（试行)》的通知
1.19	绵府办发〔2016〕7 号	关于印发绵阳市食品安全违法案件线索举报奖励办法的通知
1.21	绵府办发〔2016〕8 号	关于成立绵阳市土地管理委员会的通知
	绵府办发〔2016〕9 号	关于印发《绵阳市推广随机抽查规范事中事后监管实施方案》的通知
2.2	绵府办发〔2016〕10 号	关于印发《绵阳市现代服务业重点产业及空间布局方案（2016–2020 年)》的通知
	绵府办发〔2016〕11 号	关于印发《绵阳市市属国有企业投资监督管理办法》的通知
2.5	绵府办发〔2016〕12 号	关于做好 2016 年工业稳步良好开局工作的意见
2.16	绵府办发〔2016〕13 号	关于印发《绵阳市人大及其常委会决议、决定及审议意见办理暂行办法》的通知
2.22	绵府办发〔2016〕14 号	关于印发《绵阳市整合建立统一的公共资源交易平台实施方案》的通知
3.4	绵府办发〔2016〕15 号	关于印发《绵阳市人民政府办公室部分处室职能职责》的通知
4.1	绵府办发〔2016〕16 号	关于印发《绵阳市地下综合管廊建设运营管理办法》的通知
	绵府办发〔2016〕18 号	关于印发《绵阳市就业和失业登记办法》的通知
	绵府办发〔2016〕19 号	关于印发绵阳市简化优化公共服务流程方便基层群众办事创业工作方案的通知
4.21	绵府办发〔2016〕20 号	关于印发《绵阳市市级政府和社会资本合作项目推进实施办法》的通知
4.26	绵府办发〔2016〕21 号	关于扩充绵阳市人才发展专项资金资助项目的通知
5.3	绵府办发〔2016〕22 号	关于印发《绵阳市固定资产投资项目信息管理办法》的通知
5.5	绵府办发〔2016〕23 号	关于进一步做好闲置土地清理处置和开发利用工作的通知
	绵府办发〔2016〕24 号	印发《关于进一步完善城乡义务教育经费保障机制的实施方案》的通知
	绵府办发〔2016〕25 号	关于印发《绵阳市集中开展户籍和实有人口信息清理登记专项行动实施方案》的通知
5.12	绵府办发〔2016〕26 号	关于 2016 年绵阳房地产交易会购房鼓励政策有关事项的通知
5.20	绵府办发〔2016〕27 号	关于印发互联网金融风险专项整治工作实施方案的通知
5.26	绵府办发〔2016〕28 号	关于转发《绵阳市开展科技保险工作的实施意见》的通知
6.6	绵府办发〔2016〕29 号	关于规范会议管理提高会议质量的通知
6.8	绵府办发〔2016〕30 号	关于推进海绵城市建设的实施意见

续表

发文时间	发文字号	文件名称
6.12	绵府办发〔2016〕31 号	关于进一步加强长江流域绵阳境内化工矿山企业安全监管工作的实施意见
6.13	绵府办发〔2016〕32 号	关于印发《绵阳市生态原产地产品保护工作实施方案》的通知
6.20	绵府办发〔2016〕34 号	关于印发《绵阳市“十三五”医疗机构设置规划》的通知
6.24	绵府办发〔2016〕35 号	关于印发绵阳市推进供给侧结构性改革 5 个专项工作方案的通知
6.29	绵府办发〔2016〕36 号	关于印发绵阳市贯彻落实粮食安全省长责任制考核办法的通知
	绵府办发〔2016〕37 号	关于加强全市涉税经济信息共享工作的通知
7.1	绵府办发〔2016〕38 号	关于实施财政金融互动和支持企业直接融资财政政策的通知
	绵府办发〔2016〕39 号	关于印发《小学、幼儿园、菜市场、体育设施公共服务设施专项规划近期建设计划》的通知
7.4	绵府办发〔2016〕40 号	关于鼓励社会资本投资重大项目计划的通知
	绵府办发〔2016〕41 号	关于印发《绵阳城区防洪应急预案》的通知
	绵府办发〔2016〕42 号	关于印发《绵阳城区城建攻坚行动重点项目计划（2016–2020）》的通知
	绵府办发〔2016〕43 号	关于印发《绵阳市防汛总体预案》的通知
	绵府办发〔2016〕44 号	关于做好江油市行政审批制度改革有关事项的通知
7.5	绵府办发〔2016〕45 号	关于印发绵阳市非法集资风险专项整治工作实施方案的通知
7.7	绵府办发〔2016〕46 号	关于印发《2016 年绵阳市安全生产工作重点任务分解表》的通知
	绵府办发〔2016〕47 号	关于印发《绵阳市人民政府宪法宣誓制度实施细则》的通知
7.11	绵府办发〔2016〕48 号	关于印发《绵阳市工业项目招商引资奖励办法》的通知
7.22	绵府办发〔2016〕49 号	关于印发《绵阳市地方志事业十三五发展规划》的通知
8.8	绵府办发〔2016〕50 号	关于印发标本兼治遏制重特大事故工作实施方案的通知
	绵府办发〔2016〕51 号	关于建立绵阳市打击传销工作联席会议制度的通知
8.9	绵府办发〔2016〕52 号	关于印发绵阳市贯彻实施质量发展纲要暨建设质量强市 2016 年行动计划的通知
8.12	绵府办发〔2016〕53 号	关于加快推进全市不动产统一登记工作的通知
9.18	绵府办发〔2016〕54 号	关于印发城市公立医院综合改革试点工作实施方案的通知
9.19	绵府办发〔2016〕55 号	关于印发绵阳市市级部门实行“一个窗口”受理办理的政务事项办事指南和办理流程图的通知
9.20	绵府办发〔2016〕56 号	关于印发《绵阳市应急物资储备规划（2016–2020）》的通知
	绵府办发〔2016〕57 号	关于支持贫困县开展统筹整合使用财政涉农资金试点的实施意见
10.9	绵府办发〔2016〕58 号	关于印发《绵阳市乡村教师支持实施细则（2016–2020 年）》的通知
	绵府办发〔2016〕59 号	关于印发《绵阳市养老与健康服务业发展规划（2016–2021 年）》的通知
10.14	绵府办发〔2016〕60 号	关于促进绵阳影视业繁荣发展的实施意见
10.24	绵府办发〔2016〕61 号	关于印发《绵阳市对上争取项目考核管理暂行办法》和《绵阳市对上争取资金考核管理暂行办法》的通知
10.26	绵府办发〔2016〕62 号	关于进一步加强值班工作的通知

续表

发文时间	发文字号	文件名称
11.2	绵府办发〔2016〕63 号	关于印发《绵阳市城市规划编制管理暂行办法》的通知
11.10	绵府办发〔2016〕64 号	关于印发《绵阳市加快发展生活性服务业促进消费结构升级实施方案》的通知
11.11	绵府办发〔2016〕65 号	关于印发《绵阳市“十三五”综合交通发展规划》的通知
11.21	绵府办发〔2016〕66 号	关于印发《绵阳市促进区域协调发展工作机制的指导意见》的通知
11.30	绵府办发〔2016〕67 号	关于在县（市、区）全面开展相对集中行政许可权改革试点工作的通知
12.9	绵府办发〔2016〕68 号	转发《省政府办公厅〈关于印发促进民营企业建立现代企业制度实施方案〉的通知》
12.14	绵府办发〔2016〕69 号	关于议事协调机构清理有关事项的通知
	绵府办发〔2016〕70 号	关于深化多种形式消防队伍建设发展的实施意见
12.19	绵府办发〔2016〕71 号	关于印发《绵阳市属国有重要骨干企业董事会专职外部董事选任管理实施办法（试行）》的通知
12.27	绵府办发〔2016〕72 号	关于印发《绵阳市人民政府规章制定程序规定》的通知
12.30	绵府办发〔2016〕73 号	关于印发绵阳市现代物流业发展规划（2016–2020 年）的通知
	绵府办发〔2016〕74 号	转发市人力资源社会保障局市财政局《关于调整机关工作人员基本工资标准的实施意见》等三个实施意见的通知

绵阳市获省（部）级及以上表彰的先进集体名录

（2016 年）

表 78

获奖单位	获奖名称	授奖单位
绵阳市	全国人民防空先进城市	国家国防动员委员会
绵阳市	国家森林城市	国家林业局
绵阳市	国家卫生城市	全国爱国卫生运动委员会
绵阳市	国家产城融合示范区	国家发改委
绵阳市	2016 年度全国地市级防震减灾业务工作考核先进单位	国家防震减灾局
绵阳市	国家电子商务示范城市	国家发改委、商务部、人民银行、海关总署、国家税务总局、国家工商总局、国家质检总局
绵阳纺织有限公司织布车间运转甲班	全国工人先锋号	中华总工会
铁骑力士实业有限公司电子商务运营组	全国工人先锋号	中华总工会
华光通信服从有限公司研发部	全国工人先锋号	中华总工会
涪城区为尔志愿服务研究中心	优秀志愿服务组织	中宣部、中央文明办
涪城区铁牛街社区	优秀志愿服务组织	中宣部、中央文明办
市博览事务管理局	第十届中国（武汉）国际园林博览会先进单位	住建部
市委宣传部	2016 年度党建杂志学刊用刊先进集体	中宣部
市农业技术推广中心	全国农牧渔业丰收奖一等奖	农业部

续表

获奖单位	获奖名称	授奖单位
游仙区地税局	全国百佳国税地税合作县级示范区	国家税务总局
市森林公安局	严厉打击非法占用林地等涉林违法犯罪专项行动基层先进集体	国家林业局
农工党绵阳市委	2016年度前进论坛发行先进集体	农工党中央
市残联	全国第九届残疾人运动会四川省筹备先进集体	省委、省政府
市城乡规划局	四川省4.20芦山强烈地震灾后恢复重建先进集体	省委、省政府
市安监局	2016年安全生产月活动先进单位	省政府
安州区人武部	2016年度安全稳定工作先进单位	四川省军区
梓潼县人武部	2016年度基层建设先进旅团单位	四川省军区
平武县人武部	2016年度军事训练先进单位	四川省军区

（何星怡）

绵阳市市级非物质文化遗产名录项目共计150项

（国家级、省级40项）

表79

序号	项目名称	序号	项目名称
1	大禹传说	21	羌族沙朗
2	李白民间故事	22	白马跳曹盖、猫猫舞、圆圆舞
3	文昌神话传说	23	许家湾十二花灯
4	蚕丝祖神传说	24	马鸣阳戏
5	白马人口头民间文学	25	被单戏
6	哪吒故事及民俗	26	唱道筒
7	文昌洞经古乐	27	打 岔
8	安县茶坪民歌	28	道 情
9	口弦子	29	金钱板
10	川北薅草锣鼓	30	竹 琴
11	虎牙山歌	31	高抬戏
12	白马民歌	32	耍蚕龙
13	涪江号子	33	皮 影
14	大兴花灯	34	独角木偶
15	长卿彩船	35	梓潼木刻、年画
16	先锋莲宵	36	民间灶台画
17	火 龙	37	画坛罐
18	腰 梆	38	雾山石刻
19	羊皮鼓舞	39	曹盖面具
20	马马灯	40	白马人花腰带制作技艺

续表

序号	项目名称	序号	项目名称
41	潼川豆豉制作技艺	75	板凳龙马马灯
42	草纸制作技艺	76	高脚狮舞板
43	羌　绣	77	羌族丧舞
44	中坝附子栽培及炮制工艺	78	平武虎牙斗牦牛
45	炼硝工艺	79	高跷狮灯
46	重华烟火架制作工艺	80	彩莲船
47	中坝口蘑酱油酿造工艺	81	评书
48	梓潼片粉制作工艺	82	金钱板
49	梓潼酥饼制作工艺	83	推杆
50	平武套枣制作工艺	84	民间棋艺
51	白马擀毡帽	85	梓潼木雕、泥塑
52	杨氏驱蛇术	86	剪纸艺术
53	文昌出巡	87	白马藏人剪纸
54	睢水春社踩桥	88	木刻、木雕·书版
55	正河羌族文化村	89	建筑石雕
56	羌族婚俗	90	鑫田粮艺
57	白马风俗	91	民间工艺云登
58	白马十八寨文化村	92	金龙场折席制作技艺
59	揪揪会	93	梓潼“十大碗”与梓潼镶碗
60	龙抬头	94	玉米酒传统酿造技艺
61	蚕姑庙会	95	白马藏人咂酒制作工艺
62	圌山庙会	96	白马藏人蜂蜜酒制作工艺
63	云台观庙会	97	平武传统食品制作工艺（洋芋糍粑、陈年梅线制作工艺）
64	荞麦的传说	98	盔头制作工艺
65	鲁班的传说	99	纸扎技艺
66	文昌古籍	100	特色饮食制作工艺（红酥、焦鸭子、谷花糖、鲜米粉）
67	羌族山歌	101	民间验方
68	羌族吹吹	102	民间祭祀大禹
69	羌笛	103	羌族转山会
70	平武羌族民歌	104	羌年
71	平武山歌	105	千佛山佛祖庙会
72	平武薅草锣鼓	106	跳端公
73	三台民歌	107	道家丧葬习俗
74	青岭狮灯	108	婚嫁习俗

续表

序号	项目名称	序号	项目名称
109	土建习俗	130	玉龙化石雕刻
110	磨刀会	131	天地九五堂葫芦雕绘
111	城隍庙会	132	唐绣娘刺绣
112	灵峰寺庙会	133	糖画
113	回龙传说	134	炳林毛笔制作技艺
114	文同传说	135	肖氏漆艺
115	杜甫的梓州传说	136	桂华斋米花糖制作工艺
116	大佛寺的传说	137	麦冬酒酿制技艺
117	石柱盘龙的传说	138	许州凉粉
118	藏丝洞的传说	139	古羌茶艺
119	郪城故事	140	羌族婚俗
120	花花锣鼓	141	吴氏宗族祭祖仪式
121	石工号子	142	马祖寺庙会
122	羌笛演奏与制作技艺	143	虎牙藏人婚俗
123	原始器乐（吹号、吹树叶）	144	泗耳藏人婚俗（坐斗）
124	龙潭鼓乐	145	文昌祭祀
125	龙舞（盐亭桃子龙、盐亭水龙、梓江龙、石牛火龙）	146	高跷狮灯（黎雅高跷狮灯）
126	虎牙藏族锅庄	147	皮影戏
127	金峰雄狮	148	评书
128	铁牛街川剧坐唱	149	金钱板
129	清音	150	羌绣

2016年省级十项民生工程及19件民生大事目标任务完成情况统计

表 80

地区	就业促进工程														
	促进城乡劳动者就业创业														
	城镇新增就业（万人）			城镇失业人员再就业（万人）			就业困难人员就业（人）			城镇登记失业率低于（%）			2013级藏区“9+3”毕业生初次就业率（%）		
市级责任牵头单位	市人社局			市人社局			市人社局			市人社局			市人社局		
	目标数	完成数	完成百分比	目标数	完成数	完成百分比	目标数	完成数	完成百分比	目标数	完成数	完成百分比	目标数	完成数	完成百分比
绵　阳	4.37	5.5115	126.12%	0.9	1.2944	143.82%	3000	4676	155.87%	4	3.83	—	95	99	104.21%
涪城区	0.755	1.0459	138.53%	0.164	0.2193	133.72%	550	915	166.36%	3.95	3.81	—	95	98.6	103.79%
游仙区	0.575	0.7935	138.00%	0.108	0.1465	135.65%	320	550	171.88%	3.95	3.50	—	95	100	105.26%
安州区	0.386	0.5326	137.98%	0.096	0.0971	101.15%	290	337	116.21%	3.95	3.81	—	—	—	—
江油市	0.65	0.8452	130.03%	0.18	0.4028	223.78%	600	662	110.33%	4.2	4.19	—	—	—	—
三台县	0.51	0.6661	130.61%	0.124	0.1752	141.29%	400	839	209.75%	3.95	3.94	—	—	—	—
梓潼县	0.25	0.2744	109.76%	0.036	0.0371	103.06%	115	118	102.61%	3.95	3.91	—	—	—	—
盐亭县	0.363	0.3691	101.68%	0.062	0.0642	103.55%	300	638	212.67%	3.95	3.92	—	95	100	105.26%
平武县	0.1	0.1007	100.70%	0.018	0.0182	101.11%	80	126	157.50%	3.95	3.94	—	—	—	—
北川县	0.22	0.2506	113.91%	0.031	0.0332	107.10%	125	138	110.40%	3.95	3.93	—	—	—	—
高新区	0.4	0.52	130.00%	0.04	0.0424	106.00%	105	132	125.71%	3.95	3.95	—	—	—	—
科创区	0.036	0.048	133.33%	0.006	0.0088	146.67%	10	39	390.00%	3.95	2.07	—	—	—	—
经开区	0.092	0.0951	103.37%	0.03	0.0359	119.67%	90	95	105.56%	3.95	3.93	—	—	—	—
仙海区	0.016	0.0201	125.63%	0.005	0.0076	152.00%	10	29	290.00%	3.95	1.93	—	—	—	—
科学城	0.017	0.0372	218.82%	—	0.0061	—	5	58	1160.00%	3.95	3.14	—	—	—	—
市本级	—	—	—	—	—	—	—	—	—	—	—	—	—	—	—
绵投集团	—	—	—	—	—	—	—	—	—	—	—	—	—	—	—
科发集团	—	—	—	—	—	—	—	—	—	—	—	—	—	—	—

续表

地区	就业促进工程																
	促进城乡劳动者就业创业							下岗失业人员再就业（人）			城乡残疾人居家灵活就业（人）			促进高校毕业生就业（%）			
	品牌培训（人）			青年劳动者技能培训（万人）			对创业的在校大学生和毕业5年内的高校毕业生给予创业补贴创业担保贷款等政策扶持										
市级责任牵头单位	市人社局			市人社局			市人社局、市教体局、团市委	市总工会			市残联			市教体局			
	目标数	完成数	完成百分比	目标数	完成数	完成百分比	完成情况	目标数	完成数	完成百分比	目标数	完成数	完成百分比	目标数	完成数	完成百分比	
绵 阳	2090	2110	100.96%	1.15	1.4883	129.42%	对创业的在校大学生和毕业5年内的高校毕业生给予创业补贴创业担保贷款等政策扶持，应补尽补。	1300	5385	414.23%	32890	63721	193.74%	76	89.1	117.24%	
涪城区	—	—	—	0.11	0.1648	149.82%		100	139	139.00%	3276	5712	174.36%	—	—	—	
游仙区	—	—	—	0.1	0.165	165.00%		100	100	100.00%	3173	4436	139.81%	—	—	—	
安州区	110	110	100.00%	0.1	0.1299	129.90%		100	159	159.00%	3080	8926	289.81%	—	—	—	
江油市	150	150	100.00%	0.2	0.2476	123.80%		150	150	100.00%	4840	7723	159.57%	—	—	—	
三台县	250	250	100.00%	0.2	0.2368	118.40%		150	240	160.00%	8030	22074	274.89%	—	—	—	
梓潼县	110	110	100.00%	0.05	0.056	112.00%		100	180	180.00%	2970	3200	107.74%	—	—	—	
盐亭县	130	130	100.00%	0.05	0.0588	117.60%		100	110	110.00%	3520	5383	167.13%	—	—	—	
平武县	270	270	100.00%	0.03	0.0395	131.67%		80	90	112.50%	1650	2505	151.82%	—	—	—	
北川县	280	280	100.00%	0.06	0.0801	133.50%		80	120	150.00%	1980	2750	138.89%	—	—	—	
高新区	—	—	—	0.17	0.2152	126.59%		100	120	120.00%	140	140	100.00%	—	—	—	
科创区	—	—	—	0.03	0.0376	125.33%		20	20	100.00%	18	25	138.89%	—	—	—	
经开区	—	—	—	0.04	0.045	112.50%		50	75	150.00%	126	239	189.68%	—	—	—	
仙海区	—	—	—	0.01	0.012	120.00%		20	26	130.00%	37	37	100.00%	—	—	—	
科学城	—	—	—	—	—	—		—	—	—	50	71	142.00%	—	—	—	
市本级	790	810	102.53%	—	—	—		150	3856	2570.67%	—	—	—	76	89.1	117.24%	
绵投集团	—	—	—	—	—	—		—	—	—	—	—	—	—	—	—	
科发集团	—	—	—	—	—	—		—	—	—	—	—	—	—	—	—	

续表

地区	扶贫解困工程														
	扶持农村扶贫对象脱贫（人）			符合医疗救助条件的重点救助对象在政策范围内住院自负费用救助比例（%）			法律援助								
							法律援助（万人次）			法律援助案件（件）			其他法律援助事项（万件）		
市级责任牵头单位	市扶贫移民局			市民政局			市司法局			市司法局			市司法局		
	目标数	完成数	完成百分比	目标数	完成数	完成百分比	目标数	完成数	完成百分比	目标数	完成数	完成百分比	目标数	完成数	完成百分比
绵　阳	36401	36401	100.00%	70	73%	104.00%	3.5	5.6192	160.55%	2800	5602	200.07%	2.94	4.4988	153.02%
涪城区	—	—	—	70	70%	100.00%	0.38	0.5663	149.03%	300	564	188.00%	0.32	0.4535	141.72%
游仙区	—	—	—	70	70%	100.00%	0.38	0.8694	228.79%	300	403	134.33%	0.32	0.7888	246.50%
安州区	3507	3507	100.00%	70	70%	100.00%	0.33	0.5652	171.27%	300	450	150.00%	0.27	0.4752	176.00%
江油市	5011	5011	100.00%	70	71%	101.00%	0.5	0.9349	186.98%	380	778	204.74%	0.424	0.7793	183.80%
三台县	12028	12028	100.00%	70	70%	100.00%	0.43	0.6542	152.14%	380	865	227.63%	0.354	0.4812	135.93%
梓潼县	2959	2959	100.00%	70	72%	101.00%	0.33	0.3753	113.73%	210	266	126.67%	0.288	0.3221	111.84%
盐亭县	4176	4176	100.00%	70	75%	107.00%	0.33	0.4642	140.67%	210	746	355.24%	0.288	0.315	109.38%
平武县	3758	3758	100.00%	70	70%	100.00%	0.18	0.2309	128.28%	100	292	292.00%	0.16	0.1725	107.81%
北川县	4962	4962	100.00%	70	70%	100.00%	0.18	0.2807	155.94%	100	304	304.00%	0.16	0.2199	137.44%
高新区	—	—	—	70	100%	143.00%	0.1	0.1757	175.70%	80	323	403.75%	0.084	0.1111	132.26%
科创区	—	—	—	70	70%	100.00%	0.01	0.0143	143.00%	—	—	—	0.01	0.0143	143.00%
经开区	—	—	—	70	71%	101.00%	0.05	0.0542	108.40%	—	—	—	0.05	0.0542	108.40%
仙海区	—	—	—	70	73%	104.00%	0.04	0.044	110.00%	—	—	—	0.04	0.044	110.00%
科学城	—	—	—	70	70%	100.00%	0.01	0.0126	119.00%	—	4	—	0.01	0.0118	118.00%
市本级	—	—	—	—	—	—	0.25	0.3773	150.92%	440	607	138.00%	0.162	0.2559	157.96%
绵投集团	—	—	—	—	—	—	—	—	—	—	—	—	—	—	—
科发集团	—	—	—	—	—	—	—	—	—	—	—	—	—	—	—

续表

地区	扶贫解困工程															
	法律援助						计划生育奖励扶助（人）		困难职工救助（人）		贫困残疾人扶贫解困					
	新建县级规范化法律援助接待受理厅（个）			新建乡镇（街道）规范化法律援助工作站（个）							扶持农村贫困残疾人发展生产（人）			为贫困残疾人适配亟需的基本辅助器具（人）		
市级责任牵头单位	市司法局			市司法局			市卫计委		市总工会		市残联			市残联		
	目标数	完成数	完成百分比	目标数	完成数	完成百分比	目标数	完成情况	目标数	完成情况	目标数	完成数	完成百分比	目标数	完成数	完成百分比
绵　阳	1	1	100.00%	20	23	115.00%	确保“计划生育奖励扶助”(包括农村计划生育家庭奖励扶助、计划生育家庭特别扶助）对象资格确认无误，发放到位率100%	共确认奖励扶助对象129952人、特别扶助对象7464人	为符合条件的建档困难职工每人每年提供300元至1000元生活和医疗救助	截止12月，已为12283名符合条件的建档困难职工提供了生活和医疗救助	6200	9337	150.60%	3000	13517	450.57%
涪城区	—	—	—	1	1	100.00%					623	1308	208.28%	290	1517	523.10%
游仙区	—	—	—	2	2	100.00%					655	831	126.68%	280	871	311.07%
安州区	1	1	100.00%	2	2	100.00%					665	1150	172.67%	260	520	200.00%
江油市	—	—	—	3	3	100.00%					713	1702	237.05%	510	1200	235.29%
三台县	—	—	—	3	3	100.00%					1643	2222	134.83%	860	7369	856.86%
梓潼县	—	—	—	2	3	150.00%					665	680	102.10%	220	423	192.27%
盐亭县	—	—	—	2	2	100.00%					663	725	108.53%	340	1300	382.35%
平武县	—	—	—	2	2	100.00%					249	416	167.07%	110	121	110.00%
北川县	—	—	—	2	2	100.00%					249	250	100.40%	130	196	150.77%
高新区	—	—	—	1	1	100.00%					22	22	100.00%	—	—	—
科创区	—	—	—	—	—	—					—	—	—	—	—	—
经开区	—	—	—	—	—	—					20	21	105.00%	—	—	—
仙海区	—	—	—	—	—	—					10	10	100.00%	—	—	—
科学城	—	—	—	—	—	—					—	—	—	—	—	—
市本级	—	—	—	—	2	—					—	—	—	—	—	—
绵投集团	—	—	—	—	—	—					—	—	—	—	—	—
科发集团	—	—	—	—	—	—					—	—	—	—	—	—

续表

地区	扶贫解困工程															教育助学工程		
	贫困残疾人扶贫解困			贫困家庭残疾人健康救助												学前教育		
	对残疾人扶贫对象实行生活费补贴（人）			对贫困白内障患者实施复明手术（例）			救助贫困家庭脑瘫儿童（人）			救助贫困家庭听力残疾儿童（名）			为边远贫困地区和民族地区农村教师建设周转房（套）			免除民族自治县3年公办幼儿园在园幼儿3年保教费和公办普通高中在校学生3年学费并免费提供教科书（个县）		
市级责任牵头单位	市残联、市扶贫移民局			市卫计委			市残联			市残联			市教体局			市教体局		
	目标数	完成数	完成百分比	目标数	完成数	完成百分比	目标数	完成数	完成百分比	目标数	完成数	完成百分比	目标数	完成数	完成百分比	目标数	完成数	完成百分比
绵阳	待省扶贫移民局确定资助扶贫对象后据实发放	3992	100.00%	600	600	100.00%	300	322	107.33%	60	71	118.33%	28	28	100.00%	1	1	100.00%
涪城区		—	—	75	75	100.00%	40	46	115.00%	6	6	100.00%	—	—	—	—	—	—
游仙区		—	—	60	60	100.00%	30	37	123.33%	6	7	116.67%	—	—	—	—	—	—
安州区		561	100.00%	60	60	100.00%	25	28	112.00%	5	6	120.00%	—	—	—	—	—	—
江油市		512	100.00%	90	90	100.00%	47	47	100.00%	10	10	100.00%	—	—	—	—	—	—
三台县		1344	100.00%	90	90	100.00%	75	78	104.00%	17	26	152.94%	—	—	—	—	—	—
梓潼县		419	100.00%	60	60	100.00%	26	27	103.85%	4	4	100.00%	28	28	100.00%	—	—	—
盐亭县		552	100.00%	60	60	100.00%	32	32	100.00%	6	6	100.00%	—	—	—	—	—	—
平武县		334	100.00%	40	40	100.00%	10	12	120.00%	3	3	100.00%	—	—	—	—	—	—
北川县		270	100.00%	30	30	100.00%	15	15	100.00%	3	3	100.00%	—	—	—	1	1	100.00%
高新区		—	—	20	20	100.00%	园区做好相关宣传工作	—	—	园区做好相关宣传工作	—	—	—	—	—	—	—	—
科创区		—	—	—	—	—		—	—		—	—	—	—	—	—	—	—
经开区		—	—	—	—	—		—	—		—	—	—	—	—	—	—	—
仙海区		—	—	—	—	—		—	—		—	—	—	—	—	—	—	—
科学城		—	—	—	—	—	—	—	—	—	—	—	—	—	—	—	—	—
市本级		—	—	15	15	100.00%	—	—	—	—	—	—	—	—	—	—	—	—
绵投集团		—	—	—	—	—	—	—	—	—	—	—	—	—	—	—	—	—
科发集团		—	—	—	—	—	—	—	—	—	—	—	—	—	—	—	—	—

续表

地区	教育助学工程																	
	学前教育									义务教育全免费						职业教育		
	开工建设城乡公办幼儿园（所）			减免全省16个民族待遇县（市、区）在园幼儿保教费（万名）			减免其他非民族地区家庭经济困难在园幼儿保教费（万名）			对义务教育阶段学生全部免除学杂费、免费提供教科书和作业本（万人）			对家庭经济困难寄宿学生发放生活补助（万人）			中职学校招生（万人）		
市级责任牵头单位	市教体局			市教体局			市教体局			市教体局			市教体局			市教体局		
	目标数	完成数	完成百分比	目标数	完成数	完成百分比	目标数	完成数	完成百分比	目标数	完成数	完成百分比	目标数	完成数	完成百分比	目标数	完成数	完成百分比
绵　阳	13	13	100.00%	0.32	0.32	100.00%	1.29	1.3154	101.97%	38	38.051	100.13%	7.97	8.0082	100.48%	2.35	2.4288	103.35%
涪城区	2	2	100.00%	—	—	—	0.195	0.1965	100.77%	5.43	5.43	100.00%	0 204	0.234	114.71%	0.18	0.1837	102.06%
游仙区	1	1	100.00%	—	—	—	0.149	0.151	101.34%	3.44	3.46	100.58%	0.5958	0.5958	100.00%	0.285	0.3016	105.82%
安州区	—	—	—	—	—	—	0.12	0.1217	101.42%	2.97	2.97	100.00%	0.9335	0.9335	100.00%	0.07	0.0706	100.86%
江油市	2	2	100.00%	—	—	—	0.2	0.2006	100.30%	4.9	4.9	100.00%	0.8773	0.8773	100.00%	0.215	0.215	100.00%
三台县	1	1	100.00%	—	—	—	0.309	0.309	100.00%	8.51	8.51	100.00%	1.7993	1.7993	100.00%	0.32	0.32	100.00%
梓潼县	4	4	100.00%	—	—	—	0.081	0.081	100.00%	1.89	1.89	100.00%	0.7067	0.7067	100.00%	0.07	0.0985	140.71%
盐亭县	1	1	100.00%	—	—	—	0.095	0.0958	100.84%	2.75	2.75	100.00%	1.0262	1.0262	100.00%	0.12	0.1363	113.58%
平武县	—	—	—	0.32	0.32	100.00%	—	—	—	1.03	1.03	100.00%	0.4901	0.4901	100.00%	0.05	0.0575	115.00%
北川县	1	1	100.00%	—	—	—	—	—	—	1.59	1.6029	100.81%	0.9665	0.9665	100.00%	0.095	0.0959	100.95%
高新区	—	—	—	—	—	—	0.08	0.0857	107.13%	1.41	1.41	100.00%	0.0287	0.0287	100.00%	0.03	0.03	100.00%
科创区	1	1	100.00%	—	—	—	0.01	0.015	150.00%	0.13	0.1381	106.23%	—	—	—	—	—	—
经开区	—	—	—	—	—	—	0.035	0.0421	120.29%	0.64	0.64	100.00%	0.004	0.0121	302.50%	—	—	—
仙海区	—	—	—	—	—	—	0.004	0.005	125.00%	0.1	0.11	110.00%	0 0363	0.0364	100.28%	—	—	—
科学城	—	—	—	—	—	—	0.012	0.012	100.00%	0.41	0.41	100.00%	0.0098	0.0098	100.00%	—	—	—
市本级	—	—	—	—	—	—	—	—	—	2.8	2.8	100.00%	0.2918	0.2918	100.00%	0.915	0.9197	100.51%
绵投集团	—	—	—	—	—	—	—	—	—	—	—	—	—	—	—	—	—	—
科发集团	—	—	—	—	—	—	—	—	—	—	—	—	—	—	—	—	—	—

续表

地区	教育助学工程														
	职业教育			资助家庭经济困难学生											
	免除除艺术类相关表演专业外的中职学生学费（万名）			资助普通高中学生（万人）			免除家庭经济困难高中学生学费（万人）			资助中职学校学生（万名）			资助地方属普通高校学生（万名）		
市级责任牵头单位	市教体局			市教体局			市教体局			市教体局			市教体局		
	目标数	完成数	完成百分比	目标数	完成数	完成百分比	目标数	完成数	完成百分比	目标数	完成数	完成百分比	目标数	完成数	完成百分比
绵　阳	3.62	3.6873	101.86%	3.36	3.3858	100.77%	2.79	2.9681	106.38%	0.98	0.9842	100.43%	0.68	0.73	107.35%
涪城区	0.269	0.2764	102.75%	0.146	0.15	102.74%	0.1585	0.1632	102.97%	0.078	0.0781	100.13%	—	—	—
游仙区	0.483	0.5409	111.99%	0.098	0.1014	103.47%	0.0769	0.0769	100.00%	0.129	0.1325	102.71%	—	—	—
安州区	0.098	0.0989	100.92%	0.17	0.1735	102.06%	0.1125	0.1125	100.00%	0.016	0.0165	103.13%	—	—	—
江油市	0.507	0.507	100.00%	0.418	0.418	100.00%	0.5104	0.5104	100.00%	0.082	0.082	100.00%	—	—	—
三台县	0.229	0.229	100.00%	0.603	0.603	100.00%	0.3704	0.3704	100.00%	0.031	0.031	100.00%	—	—	—
梓潼县	0.074	0.0741	100.14%	0.107	0.107	100.00%	0.1333	0.1333	100.00%	0.013	0.0135	103.85%	—	—	—
盐亭县	0.156	0.156	100.00%	0.158	0.158	100.00%	0.1955	0.1955	100.00%	0.023	0.023	100.00%	—	—	—
平武县	0.054	0.054	100.00%	0.061	0.061	100.00%	0.0965	0.0965	100.00%	0.042	0.042	100.00%	—	—	—
北川县	0.186	0.186	100.00%	0.123	0.1379	112.11%	0.2097	0.3831	182.69%	0.141	0.141	100.00%	—	—	—
高新区	0.014	0.014	100.00%	0.05	0.05	100.00%	0.0546	0.0546	100.00%	0.008	0.008	100.00%	—	—	—
科创区	—	—	—	—	—	—	—	—	—	—	—	—	—	—	—
经开区	—	—	—	—	—	—	—	—	—	—	—	—	—	—	—
仙海区	—	—	—	—	—	—	—	—	—	—	—	—	—	—	—
科学城	—	—	—	0.052	0.052	100.00%	0.057	0.057	100.00%	—	—	—	—	—	—
市本级	1.551	1.551	100.00%	1.374	1.374	100.00%	0.8147	0.8147	100.00%	0.417	0.417	100.00%	0.68	0.73	107.35%
绵投集团	—	—	—	—	—	—	—	—	—	—	—	—	—	—	—
科发集团	—	—	—	—	—	—	—	—	—	—	—	—	—	—	—

续表

地区	教育助学工程																	
	资助家庭经济困难学生											农村义务教育学生营养改善计划（万名）			“三区”人才支持计划教师（名）			
	国家奖学金等资助普通高校学生（万人）			资助家庭困难职工子女上学（人）			资助业余训练贫困学生运动员（人）			资助贫困学生（人）								
市级责任牵头单位	市教体局			市总工会			市教体局			团市委		市教体局			市教体局			
	目标数	完成数	完成百分比	目标数	完成数	完成百分比	目标数	完成数	完成百分比	目标数	完成情况	目标数	完成数	完成百分比	目标数	完成数	完成百分比	
绵　阳	0.06	0.06	100.00%	2000	2665	133.25%	130	157	120.77%	团省委依据捐方意愿选择资助对象	共资助贫困学生 102 人	7.23	7.8746	108.92%	80	101	126.25%	
涪城区	—	—	—	210	284	135.24%	18	20	111.11%			—	—	—	8	8	100.00%	
游仙区	—	—	—	180	268	148.89%	8	10	125.00%			—	—	—	6	6	100.00%	
安州区	—	—	—	130	196	150.77%	4	4	100.00%			—	—	—	5	5	100.00%	
江油市	—	—	—	220	245	111.36%	16	16	100.00%			2.1	2.2427	106.80%	5	5	100.00%	
三台县	—	—	—	220	305	138.64%	18	18	100.00%			—	—	—	7	7	100.00%	
梓潼县	—	—	—	120	152	126.67%	2	2	100.00%			1	1.162	116.20%	4	4	100.00%	
盐亭县	—	—	—	140	158	112.86%	6	6	100.00%			1.75	1.8453	105.45%	4	4	100.00%	
平武县	—	—	—	120	191	159.17%	2	2	100.00%			0.93	1.0438	112.24%	—	—	—	
北川县	—	—	—	160	178	111.25%	6	6	100.00%			1.45	1.5808	109.02%	—	—	—	
高新区	—	—	—	75	78	104.00%	2	2	100.00%			—	—	—	3	4	133.33%	
科创区	—	—	—	50	114	228.00%	2	2	100.00%			—	—	—	—	—	—	
经开区	—	—	—	75	90	120.00%	2	2	100.00%			—	—	—	1	1	100.00%	
仙海区	—	—	—	50	99	198.00%	2	2	100.00%			—	—	—	1	1	100.00%	
科学城	—	—	—	—	—	—	2	2	100.00%			—	—	—	2	2	100.00%	
市本级	0.06	0.06	100.00%	250	307	122.80%	40	63	157.50%			—	—	—	34	54	158.82%	
绵投集团	—	—	—	—	—	—	—	—	—			—	—	—	—	—	—	
科发集团	—	—	—	—	—	—	—	—	—			—	—	—	—	—		

续表

地区	教育助学工程			社会保障工程											
	免费师范生定向培养（名）			城乡困难群众最低生活保障						城乡居民基本养老保险					
				城市低保对象累计月人均补助（元）			农村低保对象累计月人均补助（元）			覆盖人数（万人）			参保缴费人数（万人）		
市级责任牵头单位	市教体局			市民政局			市民政局			市人社局			市人社局		
	目标数	完成数	完成百分比	目标数	完成数	完成百分比	目标数	完成数	完成百分比	目标数	完成数	完成百分比	目标数	完成数	完成百分比
绵　阳	62	62	100.00%	265	278.81	105.21%	150	161.04	107.36%	221	221.6303	100.29%	124	125.3437	101.08%
涪城区	—	—	—	265	326.37	123.16%	150	175.36	116.91%	7.84	7.8464	100.08%	3.745	3.9784	106.23%
游仙区	—	—	—	265	265.06	100.02%	150	152.00	101.33%	19.224	19.2309	100.04%	10.975	11.3325	103.26%
安州区	—	—	—	265	298.60	112.68%	150	168.00	112.00%	23.9	23.9026	100.01%	14.175	14.2741	100.70%
江油市	16	16	100.00%	265	336.00	126.80%	150	190.13	126.75%	35.245	35.5978	101.00%	18.995	19.1371	100.75%
三台县	—	—	—	265	267.76	101.04%	150	151.41	100.94%	68.315	68.5064	100.28%	37.465	37.6687	100.54%
梓潼县	20	20	100.00%	265	279.11	105.32%	150	151.73	101.15%	22.04	22.4012	101.64%	14.126	14.1464	100.14%
盐亭县	—	—	—	265	265.00	100.00%	150	150.00	100.00%	26.097	26.1024	100.02%	14.88	15.0563	101.18%
平武县	10	10	100.00%	265	326.72	123.30%	150	183.65	122.43%	8.67	8.6737	100.04%	5.214	5.2913	101.48%
北川县	16	16	100.00%	265	292.36	110.32%	150	190.55	127.03%	6.64	6.6757	100.54%	3.155	3.1581	100.10%
高新区	—	—	—	265	276.00	104.15%	150	153.00	102.00%	0.507	0.5207	102.70%	0.12	0.1207	100.58%
科创区	—	—	—	265	298.99	112.83%	—	—	—	—	—	—	—	—	—
经开区	—	—	—	265	273.59	103.24%	150	181.25	120.83%	1.316	1.3256	100.73%	0.57	0.5831	102.30%
仙海区	—	—	—	265	275.20	103.88%	150	159.10	106.07%	1.206	1.2069	100.07%	0.58	0.597	102.93%
科学城	—	—	—	265	270.44	102.05%	—	—	—	—	—	—	—	—	—
市本级	—	—	—	—	—	—	—	—	—	—	—	—	—	—	—
绵投集团	—	—	—	—	—	—	—	—	—	—	—	—	—	—	—
科发集团	—	—	—	—	—	—	—	—	—	—	—	—	—	—	

续表

地区	社会保障工程														
	社会养老服务体系建设												城乡居民基本医疗保险		
	民办公办机构新增养老床位（张）			维修改造公办养老机构床位（张）			建设城乡社区日间照料中心（个）			为困难家庭中的失能老人和80岁以上高龄老人提供居家养老服务（名）			新农合农村居民参合率（%）		
市级责任牵头单位	市民政局			市民政局			市民政局			市民政局			市卫计委、市人社局		
	目标数	完成数	完成百分比	目标数	完成数	完成百分比	目标数	完成数	完成百分比	目标数	完成数	完成百分比	目标数	完成数	完成百分比
绵　阳	2200	2200	100.00%	2150	2150	100.00%	298	298	100.00%	103950	103950	100.00%	97	99.99	103.08%
涪城区	410	410	100.00%	100	100	100.00%	37	37	100.00%	13000	13000	100.00%	97	99.98	103.07%
游仙区	180	180	100.00%	100	100	100.00%	48	48	100.00%	11000	11000	100.00%	97	99.9	102.98%
安州区	200	200	100.00%	250	250	100.00%	24	24	100.00%	6440	6440	100.00%	97	100	103.09%
江油市	100	100	100.00%	400	400	100.00%	45	45	100.00%	11400	11400	100.00%	97	100	103.00%
三台县	200	200	100.00%	450	450	100.00%	60	60	100.00%	19910	19910	100.00%	97	99.98	103.07%
梓潼县	100	100	100.00%	200	200	100.00%	17	17	100.00%	10780	10780	100.00%	97	99.99	103.08%
盐亭县	350	350	100.00%	450	450	100.00%	27	27	100.00%	21640	21640	100.00%	97	99.96	103.05%
平武县	200	200	100.00%	100	100	100.00%	9	9	100.00%	3630	3630	100.00%	97	99.96	103.05%
北川县	200	200	100.00%	100	100	100.00%	16	16	100.00%	4900	4900	100.00%	97	99.9	103.00%
高新区	—	—	—	—	—	—	5	5	100.00%	150	150	100.00%	—	—	—
科创区	—	—	—	—	—	—	3	3	100.00%	—	—	—	—	—	—
经开区	200	200	100.00%	—	—	—	4	4	100.00%	350	350	100.00%	—	—	—
仙海区	60	60	100.00%	—	—	—	1	1	100.00%	400	400	100.00%	—	—	—
科学城	—	—	—	—	—	—	2	2	100.00%	350	350	100.00%	—	—	—
市本级	—	—	—	—	—	—	—	—	—	—	—	—	—	—	—
绵投集团	—	—	—	—	—	—	—	—	—	—	—	—	—	—	—
科发集团	—	—	—	—	—	—	—	—	—	—	—	—	—	—	—

续表

地区	社会保障工程														
	城乡居民基本医疗保险						招募西部计划志愿者（人）			为重度残疾人发放护理补贴（名）			残疾人家庭无障碍改造（户）		
	参合农民住院政策范围内医疗费用报销比例（%）			提高城乡居民基本医疗保障水平（元）											
市级责任牵头单位	市卫计委、市人社局			市人社局、市卫计委			团市委			市残联			市残联		
	目标数	完成数	完成百分比	目标数	完成数	完成百分比	目标数	完成数	完成百分比	目标数	完成数	完成百分比	目标数	完成数	完成百分比
绵　阳	75	77.09	102.37%	2016 年全市城乡居民基本医疗保险财政补助标准达到380 元	426.16	112.15%	20	39	195.00%	48212	55338	114.78%	620	978	157.74%
涪城区	75	77.04	102.79%		414.43	109.06%	—	—	—	3279	3799	115.86%	60	110	183.33%
游仙区	75	77.56	103.41%		410	107.89%	—	—	—	3874	4070	105.06%	60	80	133.33%
安州区	75	77	102.67%		420	110.53%	—	—	—	4569	5856	128.17%	60	110	183.33%
江油市	75	77.04	102.72%		422.75	111.25%	—	—	—	5946	7356	123.71%	50	71	142.00%
三台县	75	77.53	103.37%		434.72	114.40%	—	—	—	10378	12209	117.63%	120	153	127.50%
梓潼县	75	77.1	102.80%		430.76	113.36%	—	—	—	4407	4947	112.25%	120	161	134.17%
盐亭县	75	77.04	102.72%		420	110.53%	—	—	—	10772	11588	107.58%	100	243	243.00%
平武县	75	77.6	103.47%		434.4	114.32%	—	—	—	1642	1852	112.79%	50	50	100.00%
北川县	75	76.92	102.56%		420	110.53%	—	—	—	1888	2056	108.90%	—	—	—
高新区	—	—	—		—	—	—	—	—	700	700	100.00%	—	—	—
科创区	—	—	—		—	—	—	—	—	43	69	160.47%	—	—	—
经开区	—	—	—		—	—	—	—	—	388	439	113.14%	—	—	—
仙海区	—	—	—		—	—	—	—	—	143	183	127.97%	—	—	—
科学城	—	—	—		—	—	—	—	—	183	214	116.94%	—	—	—
市本级	—	—	—		—	—	20	39	195.00%	—	—	—	—	—	—
绵投集团	—	—	—		—	—	—	—	—	—	—	—	—	—	—
科发集团	—	—	—		—	—	—	—	—	—	—	—	—	—	—

续表

地区	社会保障工程			医疗卫生工程											
	农村区域性养老服务中心建设（个）			城乡居民健康档案规范化电子建档率（%）			取消县级公立医院药品加成财政补助比例（%）			实行免费婚前医学检查（%）			免费孕前优生健康检查覆盖率（%）		
市级责任牵头单位	市民政局			市卫计委			市卫计委			市卫计委			市卫计委		
	目标数	完成数	完成百分比	目标数	完成数	完成百分比	目标数	完成数	完成百分比	目标数	完成数	完成百分比	目标数	完成数	完成百分比
绵　阳	26	26	100.00%	93	96.75	104.03%	20	21.1	105.48%	83	90.31	109.65%	80	116.23	145.29%
涪城区	3	3	100.00%	93	98.08	100.08%	20	20	100.00%	83	83.84	101.01%	80	119.09	148.86%
游仙区	5	5	100.00%	93	98.2	105.59%	20	20	100.00%	不低于2015年婚检水平	94.06	106.27%	80	119.28	147.81%
安州区	2	2	100.00%	93	95.24	102.41%	20	20	100.00%		93.37	119.71%	80	101.08	126.35%
江油市	3	3	100.00%	93	98.82	106.25%	20	20	100.00%		95.42	100.01%	80	103.45	129.31%
三台县	3	3	100.00%	93	99.08	106.53%	20	20.4	102.02%		100	101.87%	80	140.00	175.00%
梓潼县	4	4	100.00%	93	96.04	103.27%	20	20	100.00%	78	80.51	103.22%	80	112.53	140.66%
盐亭县	3	3	100.00%	93	98.21	105.60%	20	20.08	100.42%	80	80.08	100.10%	80	100.31	125.39%
平武县	2	2	100.00%	93	99	106.45%	20	20	112.67%	78	79.66	102.13%	80	105.46	131.83%
北川县	1	1	100.00%	93	98.25	105.65%	20	20	100.00%	78	78.34	100.44%	80	104.27	130.34%
高新区	—	—	—	93	96.11	103.34%	—	—	—	园区将做好宣传、组织参检工作纳入考核	—	—	园区将做好宣传、组织参检工作纳入考核	—	—
科创区	—	—	—	93	98.2	105.59%	—	—	—		—	—		—	—
经开区	—	—	—	93	100	107.53%	—	—	—		—	—		—	—
仙海区	—	—	—	93	98.31	105.71%	—	—	—		—	—		—	—
科学城	—	—	—	—	—	—	—	—	—	—	—	—	—	—	—
市本级	—	—	—	—	—	—	—	—	—	—	—	—	—	—	—
绵投集团	—	—	—	—	—	—	—	—	—	—	—	—	—	—	—
科发集团	—	—	—	—	—	—	—	—	—	—	—	—	—	—	—

续表

地区	医疗卫生工程			百姓安居工程											
				新村建设						缓解城镇居民住房困难					
	抽检大宗食品样品（批次）			新村基础设施和公共服务设施建设（个村）			农村危房改造（户）			筹集公共租赁住房（套）			改造城镇危旧房棚户区（户）		
市级责任牵头单位	市食药监局			市委农工委			市住建局			市住建局			市住建局		
	目标数	完成数	完成百分比	目标数	完成数	完成百分比	目标数	完成数	完成百分比	目标数	完成数	完成百分比	目标数	完成数	完成百分比
绵　阳	878	1351	153.87%	550	961	174.73%	1609	1609	100.00%	390	476	122.05%	9436	10114	107.19%
涪城区	151	228	150.99%	30	60	200.00%	15	15	100.00%	—	—	—	300	312	104.00%
游仙区	82	92	112.20%	45	90	200.00%	—	—	—	—	—	—	350	370	105.71%
安州区	85	120	141.18%	40	75	187.50%	2	2	100.00%	100	184	184.00%	320	354	110.63%
江油市	110	160	145.45%	60	104	173.33%	85	85	100.00%	—	—	—	2717	2890	106.37%
三台县	95	125	131.58%	150	252	168.00%	871	871	100.00%	150	152	101.33%	3462	3870	111.79%
梓潼县	33	63	190.91%	50	90	180.00%	133	133	100.00%	—	—	—	150	158	105.33%
盐亭县	50	50	100.00%	75	145	193.33%	485	485	100.00%	—	—	—	358	358	100.00%
平武县	63	70	110.00%	50	65	130.00%	14	14	100.00%	—	—	—	—	—	—
北川县	62	221	356.45%	50	80	160.00%	4	4	100.00%	—	—	—	283	285	100.71%
高新区	33	33	100.00%	—	—	—	—	—	—	—	—	—	200	211	105.50%
科创区	1	15	1500.00%	—	—	—	—	—	—	—	—	—	—	—	—
经开区	29	29	100.00%	—	—	—	—	—	—	—	—	—	300	300	100.00%
仙海区	3	3	100.00%	—	—	—	—	—	—	140	140	100.00%	—	—	—
科学城	5	10	200.00%	—	—	—	—	—	—	—	—	—	—	—	—
市本级	76	132	173.68%	—	—	—	—	—	—	—	—	—	—	—	—
绵投集团	—	—	—	—	—	—	—	—	—	—	—	—	716	716	100.00%
科发集团	—	—	—	—	—	—	—	—	—	—	—	—	280	290	103.57%

续表

地区	百姓安居工程						民生基础设施工程					
	安全社区建设						新改建农村公路（公里）			国省干线公路路面使用性能指数		
	国家级安全社区（个）			省级安全社区（个）								
市级责任　牵头单位	市安监局			市安监局			市交通运输局			市交通运输局		
	目标数	完成数	完成百分比	目标数	完成数	完成百分比	目标数	完成数	完成百分比	目标数	完成数	完成百分比
绵　阳	1	1	100.00%	5	5	100.00%	390	521.65	133.76%	83.5	83.5	100.00%
涪城区	—	—	—	—	—	—	20	36.5	182.50%	—	—	—
游仙区	—	—	—	—	—	—	58	111	191.38%	—	—	—
安州区	—	—	—	1	1	100.00%	36	36.1	100.28%	—	—	—
江油市	—	—	—	1	1	100.00%	35	35.2	100.57%	—	—	—
三台县	—	—	—	1	1	100.00%	67	85.5	127.61%	—	—	—
梓潼县	—	—	—	1	1	100.00%	22	46.25	210.23%	—	—	—
盐亭县	—	—	—	—	—	—	43	62.1	144.42%	—	—	—
平武县	—	—	—	1	1	100.00%	35	35	100.00%	—	—	—
北川县	1	1	100.00%	—	—	—	74	74	100.00%	—	—	—
高新区	—	—	—	—	—	—	—	—	—	—	—	—
科创区	—	—	—	—	—	—	—	—	—	—	—	—
经开区	—	—	—	—	—	—	—	—	—	—	—	—
仙海区	—	—	—	—	—	—	—	—	—	—	—	—
科学城	—	—	—	—	—	—	—	—	—	—	—	—
市本级	—	—	—	—	—	—	—	—	—	—	—	—
绵投集团	—	—	—	—	—	—	—	—	—	—	—	—
科发集团	—	—	—	—	—	—	—	—	—	—	—	—

续表

地区	民生基础设施工程												生态环境工程					
	小农水重点县新增有效灌面（万亩）			实现行政村通宽带（个）			建成渡改桥（座）			建成渡改桥（座）			天然林保护及退耕还林（万亩）					
							渡改公路桥			渡改人行桥			管护国有林			巩固退耕还林成果		
市级责任牵头单位	市水务局			市经信委			市交通运输局			市交通运输局			市林业局			市林业局		
	目标数	完成数	完成百分比	目标数	完成数	完成百分比	目标数	完成数	完成百分比	目标数	完成数	完成百分比	目标数	完成数	完成百分比	目标数	完成数	完成百分比
绵　阳	1.5	2.49	166.00%	130	384	295.39%	1	1	100.00%	5	5	100.00%	459.65	459.65	100.00%	61.75	61.75	100.00%
涪城区	0.2	0.26	130.00%	—	—	—	—	—	—	—	—	—	0.07	0.07	100.00%	1.80	1.80	100.00%
游仙区	0.25	0.32	128.00%	—	—	—	—	—	—	—	—	—	1.23	1.23	100.00%	2.58	2.58	100.00%
安州区	0.2	0.52	260.00%	—	—	—	—	—	—	—	—	—	12.34	12.34	100.00%	9.27	9.27	100.00%
江油市	0.25	0.41	164.00%	—	—	—	—	—	—	—	—	—	8.40	8.40	100.00%	8.00	8.00	100.00%
三台县	0.15	0.16	106.67%	—	—	—	1	1	100.00%	—	—	—	0.46	0.46	100.00%	5.50	5.50	100.00%
梓潼县	0.2	0.22	110.00%	—	—	—	—	—	—	—	—	—	1.98	1.98	100.00%	4.20	4.20	100.00%
盐亭县	0.15	0.49	326.67%	—	—	—	—	—	—	4	4	100.00%	0.60	0.60	100.00%	4.40	4.40	100.00%
平武县	—	—	—	—	—	—	—	—	—	—	—	—	321.61	321.61	100.00%	12.30	12.30	100.00%
北川县	0.1	0.11	110.00%	—	—	—	—	—	—	1	1	100.00%	112.96	112.96	100.00%	13.38	13.38	100.00%
高新区	—	—	—	—	—	—	—	—	—	—	—	—	—	—	—	—	—	—
科创区	—	—	—	—	—	—	—	—	—	—	—	—	—	—	—	—	—	—
经开区	—	—	—	—	—	—	—	—	—	—	—	—	—	—	—	0.15	0.15	100.00%
仙海区	—	—	—	—	—	—	—	—	—	—	—	—	—	—	—	0.17	0.17	100.00%
科学城	—	—	—	—	—	—	—	—	—	—	—	—	—	—	—	—	—	—
市本级	—	—	—	—	—	—	—	—	—	—	—	—	—	—	—	—	—	—
绵投集团	—	—	—	—	—	—	—	—	—	—	—	—	—	—	—	—	—	—
科发集团	—	—	—	—	—	—	—	—	—	—	—	—	—	—	—	—	—	—

续表

地区	生态环境工程									文化体育工程								
	天然林保护及退耕还林（万亩）			耕地质量建设（万亩）						文化设施免费开放								
	补偿集体和个人所有公益林			建成高标准农田			“三网”建设建成高标准农田			图书馆（个）			文化馆（个）			乡镇文化站（个）		
市级责任牵头单位	市林业局			市国土资源局			市农业局			市文广新局			市文广新局			市文广新局		
	目标数	完成数	完成百分比	目标数	完成数	完成百分比	目标数	完成数	完成百分比	目标数	完成数	完成百分比	目标数	完成数	完成百分比	目标数	完成数	完成百分比
绵　阳	338.03	338.03	100.00%	12.58	12.58	100.00%	16	20.42	127.63%	9	9	100.00%	10	10	100.00%	277	277	100.00%
涪城区	0.90	0.90	100.00%	0.3624	0.3624	100.00%	0.6	1.08	180.00%	1	1	100.00%	1	1	100.00%	12	12	100.00%
游仙区	8.11	8.11	100.00%	—	—	—	2.6	2.91	111.93%	—	—	—	1	1	100.00%	22	22	100.00%
安州区	5.74	5.74	100.00%	0.8915	0.8915	100.00%	2.2	3.67	166.82%	1	1	100.00%	1	1	100.00%	18	18	100.00%
江油市	46.08	46.08	100.00%	1.7908	1.7908	100.00%	1.4	1.62	115.71%	1	1	100.00%	1	1	100.00%	40	40	100.00%
三台县	30.30	30.30	100.00%	5.5401	5.5401	100.00%	3	3.50	116.67%	1	1	100.00%	1	1	100.00%	63	63	100.00%
梓潼县	7.55	7.55	100.00%	—	—	—	2.5	3.84	153.60%	1	1	100.00%	1	1	100.00%	32	32	100.00%
盐亭县	46.17	46.17	100.00%	3.6921	3.6921	100.00%	2.7	2.73	101.11%	1	1	100.00%	1	1	100.00%	36	36	100.00%
平武县	156.42	156.42	100.00%	—	—	—	0.4	0.40	100.00%	1	1	100.00%	1	1	100.00%	25	25	100.00%
北川县	36.76	36.76	100.00%	0.3094	0.3094	100.00%	0.6	0.67	111.67%	1	1	100.00%	1	1	100.00%	23	23	100.00%
高新区	—	—	—	—	—	—	—	—	—	—	—	—	—	—	—	3	3	100.00%
科创区	—	—	—	—	—	—	—	—	—	—	—	—	—	—	—	—	—	—
经开区	—	—	—	—	—	—	—	—	—	—	—	—	—	—	—	2	2	100.00%
仙海区	—	—	—	—	—	—	—	—	—	—	—	—	—	—	—	1	1	100.00%
科学城	—	—	—	—	—	—	—	—	—	—	—	—	—	—	—	—	—	—
市本级	—	—	—	—	—	—	—	—	—	1	1	100.00%	1	1	100.00%	—	—	—
绵投集团	—	—	—	—	—	—	—	—	—	—	—	—	—	—	—	—	—	—
科发集团	—	—	—	—	—	—	—	—	—	—	—	—	—	—	—	—	—	—

续表

地区	文化体育工程																	
	文化设施免费开放						免费开放体育场馆体育锻炼(万人次) 文化设施免费开放			免费放映农村公益电影(场次)			完成电视户户通工程建设(户)			完成行政村广播村村响工程建设（个村）		
	博物馆纪念馆（个）			美术馆（个）														
市级责任牵头单位	市文广新局			市文广新局			市教体局			市文广新局			市文广新局			市文广新局		
	目标数	完成数	完成百分比	目标数	完成数	完成百分比	目标数	完成数	完成百分比	目标数	完成数	完成百分比	目标数	完成数	完成百分比	目标数	完成数	完成百分比
绵　阳	9	9	100.00%	2	2	100.00%	79	92.21	116.72%	39180	39464.05	100.72%	1900	2469	129.95%	27	27	100.00%
涪城区	1	1	100.00%	1	1	100.00%	8	9.33	116.63%	1272	1296	101.89%	—	—	—	—	—	—
游仙区	—	—	—	—	—	—	5	5.5	110.00%	2760	2822.1	102.25%	—	—	—	—	—	—
安州区	1	1	100.00%	—	—	—	4.5	5.2	115.56%	2808	2808	100.00%	—	—	—	—	—	—
江油市	1	1	100.00%	—	—	—	14	15.31	109.36%	4380	4495.4	102.63%	—	—	—	—	—	—
三台县	1	1	100.00%	—	—	—	13	13.5	103.85%	11184	11184	100.00%	—	—	—	—	—	—
梓潼县	1	1	100.00%	—	—	—	4.5	4.67	103.78%	3948	3960	100.30%	—	—	—	—	—	—
盐亭县	1	1	100.00%	—	—	—	4	4.5	112.50%	5472	5472	100.00%	—	—	—	—	—	—
平武县	1	1	100.00%	—	—	—	2	3.5	175.00%	2976	2976	100.00%	1158	1299	112.18%	—	—	—
北川县	1	1	100.00%	1	1	100.00%	5	6	120.00%	3732	3741	100.24%	742	1170	157.68%	27	27	100.00%
高新区	—	—	—	—	—	—	2	2.2	110.00%	300	307.75	102.58%	—	—	—	—	—	—
科创区	—	—	—	—	—	—	1.5	1.5	100.00%	—	—	—	—	—	—	—	—	—
经开区	—	—	—	—	—	—	1.5	1.7	113.33%	156	209.8	134.49%	—	—	—	—	—	—
仙海区	—	—	—	—	—	—	4	5	125.00%	192	192	100.00%	—	—	—	—	—	—
科学城	—	—	—	—	—	—	—	—	—	—	—	—	—	—	—	—	—	—
市本级	1	1	100.00%	—	—	—	10	14.3	143.00%	—	—	—	—	—	—	—	—	—
绵投集团	—	—	—	—	—	—	—	—	—	—	—	—	—	—	—	—	—	—
科发集团	—	—	—	—	—	—	—	—	—	—	—	—	—	—	—	—	—	—

续表

地区	文化体育工程						19件民生大事											
	完成应急广播平台建设（个县）			农家书屋出版物补充更新（个）			新改建农村公路（公里）			新改建农村公路（公里）			建成渡口改桥（座）					
							完成县乡道改造（公里）			建成通村硬化路（公里）			渡改公路桥			渡改人行桥		
市级责任牵头单位	市文广新局			市文广新局			市交通运输局			市交通运输局			市交通运输局			市交通运输局		
	目标数	完成数	完成百分比	目标数	完成数	完成百分比	目标数	完成数	完成百分比	目标数	完成数	完成百分比	目标数	完成数	完成百分比	目标数	完成数	完成百分比
绵 阳	1	1	100.00%	3265	3265	100.00%	180	213.35	118.53%	210	308.3	146.81%	1	1	100.00%	5	5	100.00%
涪城区	—	—	—	106	106	100.00%	7	13.00	185.71%	13	23.50	180.77%	—	—	—	—	—	—
游仙区	—	—	—	230	230	100.00%	24	28.00	116.67%	34	83.00	244.12%	—	—	—	—	—	—
安州区	—	—	—	234	234	100.00%	10	10.00	100.00%	26	26.10	100.38%	—	—	—	—	—	—
江油市	—	—	—	365	365	100.00%	32	32.20	100.63%	3	3.00	100.00%	—	—	—	—	—	—
三台县	—	—	—	932	932	100.00%	35	40.10	114.57%	32	45.40	141.88%	1	1	100.00%	—	—	—
梓潼县	—	—	—	329	329	100.00%	12	22.95	191.25%	10	23.30	233.00%	—	—	—	—	—	—
盐亭县	—	—	—	456	456	100.00%	30	37.1	123.67%	13	25	192.31%	—	—	—	4	4	100.00%
平武县	—	—	—	248	248	100.00%	14	14.0	100.00%	21	21.0	100.00%	—	—	—	—	—	—
北川县	1	1	100.00%	311	311	100.00%	16	16	100.00%	58	58	100.00%	—	—	—	1	1	100.00%
高新区	—	—	—	25	25	100.00%	—	—	—	—	—	—	—	—	—	—	—	—
科创区	—	—	—	—	—	—	—	—	—	—	—	—	—	—	—	—	—	—
经开区	—	—	—	13	13	100.00%	—	—	—	—	—	—	—	—	—	—	—	—
仙海区	—	—	—	16	16	100.00%	—	—	—	—	—	—	—	—	—	—	—	—
科学城	—	—	—	—	—	—	—	—	—	—	—	—	—	—	—	—	—	—
市本级	—	—	—	—	—	—	—	—	—	—	—	—	—	—	—	—	—	—
绵投集团	—	—	—	—	—	—	—	—	—	—	—	—	—	—	—	—	—	—
科发集团	—	—	—	—	—	—	—	—	—	—	—	—	—	—	—	—	—	—

续表

地区	19件民生大事														
	改造农村危房 农村危房改造（户）			改造城镇危旧房棚户区（户）			筹集公共租赁住房房源（套）			提高城乡居民基本医疗保障水平（元）			艾滋病、包虫病、血吸虫病、结核病等重大传染病和地方病病人免费治疗在治人数（人）		
市级责任牵头单位	市住建局			市住建局			市住建局			市卫计委、市人社局			市卫计委		
	目标数	完成数	完成百分比	目标数	完成数	完成百分比	目标数	完成数	完成百分比	目标数	完成数	完成百分比	目标数	完成数	完成百分比
绵　阳	1609	1609	100.00%	9436	10114	107.19%	390	476	122.05%	按照中央医改部署，进一步提高城乡居民医疗保险财政补助标准，提高医疗保障水平，缓解城乡居民“看病贵问题”，城乡居民基本医疗保险财政补助标准达380元。	426.16	112.15%	5100	5894	115.57%
涪城区	15	15	100.00%	300	312	104.00%	—	—	—		414.43	109.06%	597	693	116.08%
游仙区	—	—	—	350	370	105.71%	—	—	—		410	107.89%	477	533	111.74%
安州区	2	2	100.00%	320	354	110.63%	100	184	184.00%		420	110.53%	377	436	115.65%
江油市	85	85	100.00%	2717	2890	106.37%	—	—	—		422.75	111.25%	868	1075	123.85%
三台县	871	871	100.00%	3462	3870	111.79%	150	152	101.33%		434.72	114.40%	1161	1327	114.30%
梓潼县	133	133	100.00%	150	158	105.33%	—	—	—		430.76	113.36%	330	357	108.18%
盐亭县	485	485	100.00%	358	358	100.00%	—	—	—		420	110.53%	460	511	111.09%
平武县	14	14	100.00%	—	—	—	—	—	—		434.4	114.32%	248	260	104.84%
北川县	4	4	100.00%	283	285	100.71%	—	—	—		420	110.53%	315	352	111.75%
高新区	—	—	—	200	211	105.50%	—	—	—		—	—	157	174	110.83%
科创区	—	—	—	—	—	—	—	—	—		—	—	11	59	536.36%
经开区	—	—	—	300	300	100.00%	—	—	—		—	—	80	98	122.50%
仙海区	—	—	—	—	—	—	140	140	100.00%		—	—	19	19	100.00%
科学城	—	—	—	—	—	—	—	—	—		—	—	—	—	—
市本级	—	—	—	—	—	—	—	—	—		—	—	—	—	—
绵投集团	—	—	—	716	716	100.00%	—	—	—		—	—	—	—	—
科发集团	—	—	—	280	290	103.57%	—	—	—		—	—	—	—	—

续表

地区	19件民生大事													
	向年收入低于扶贫标准的农村低保对象发放特殊生活补贴	向持有第二代《残疾人证》的低保对象发放困难残疾人生活补贴（人/元）	提高全省公办普通高中生均公用经费保障水平（所）			民族自治地区全面实施十五年免费教育						免除非民族自治自治县建档立卡贫困家庭子女幼儿园保教费（人）		
						免除民族自治县幼儿园3年保教费（人）			免除民族自治县普通高中3年学费（人）					
市级责任牵头单位	市民政局、市扶贫移民局、市残联	市民政局、市残联	市住建局			市住建局			市卫计委、市人社局			市卫计委		
	完成情况	发放人数	目标数	完成数	完成百分比	目标数	完成数	完成百分比	目标数	完成数	完成百分比	目标数	完成数	完成百分比
绵阳	我市农村低保标准从7月1日起调整为3120元/年，超过国定贫困标准3100元/年，故农村特殊生活补贴只发放到6月底，7月起不再进行发放	46514	25	25	100.00%	6466	7195	111.27%	3506	3831	109.27%	1149	1152	100.26%
涪城区		2847	2	2	100.00%	—	—	—	—	—	—	—	—	—
游仙区		2712	1	1	100.00%	—	—	—	—	—	—	—	—	—
安州区		3025	2	2	100.00%	—	—	—	—	—	—	185	185	100.00%
江油市		6042	3	3	100.00%	—	—	—	—	—	—	118	121	102.54%
三台县		13303	6	6	100.00%	—	—	—	—	—	—	434	434	100.00%
梓潼县		6042	1	1	100.00%	—	—	—	—	—	—	148	148	100.00%
盐亭县		13303	1	1	100.00%	—	—	—	—	—	—	173	173	100.00%
平武县		4610	1	1	100.00%	—	—	—	—	—	—	91	91	100.00%
北川县		8222	1	1	100.00%	6466	7195	111.27%	3506	3831	109.27%	—	—	—
高新区		2851	1	1	100.00%	—	—	—	—	—	—	—	—	—
科创区		1893	—	—	—	—	—	—	—	—	—	—	—	—
经开区		429	—	—	—	—	—	—	—	—	—	—	—	—
仙海区		25	—	—	—	—	—	—	—	—	—	—	—	—
科学城		308	1	1	100.00%	—	—	—	—	—	—	—	—	—
市本级		181	5	5	100.00%	—	—	—	—	—	—	—	—	—
绵投集团		66	—	—	—	—	—	—	—	—	—	—	—	—
科发集团		—	—	—	—	—	—	—	—	—	—	—	—	—

续表

地区	19件民生大事														
	建档立卡贫困家庭学生特别资助						将“9+3”免费职业教育扩展到集中连片特困地区（人）			实现贫困村脱贫					
	建档立卡资助贫困家庭新入学的全日制本专科学生（人）			建档立卡资助中职学生（人）						实现贫困村脱贫（个）			贫困人口减贫（人）		
市级责任牵头单位	市教体局、市人社局			市教体局、市人社局			市教体局、市人社局			市扶贫移民局			市扶贫移民局		
	目标数	完成数	完成百分比	目标数	完成数	完成百分比	目标数	完成数	完成百分比	目标数	完成数	完成百分比	目标数	完成数	完成百分比
绵　阳	282	282	100.00%	332	333	100.30%	640	640	100.00%	73	73	100.00%	36401	36401	100.00%
涪城区	—	—	—	—	—	—	—	—	—	—	—	—	—	—	—
游仙区	—	—	—	—	—	—	—	—	—	—	—	—	—	—	—
安州区	41	41	100.00%	46	46	100.00%	—	—	—	5	5	100.00%	3507	3507	100.00%
江油市	40	40	100.00%	68	68	100.00%	—	—	—	10	10	100.00%	5011	5011	100.00%
三台县	100	100	100.00%	47	47	100.00%	—	—	—	18	18	100.00%	12028	12028	100.00%
梓潼县	14	14	100.00%	18	18	100.00%	—	—	—	5	5	100.00%	2959	2959	100.00%
盐亭县	17	17	100.00%	39	39	100.00%	—	—	—	9	9	100.00%	4176	4176	100.00%
平武县	22	22	100.00%	28	28	100.00%	124	124	100.00%	8	8	100.00%	3758	3758	100.00%
北川县	48	48	100.00%	86	87	101.16%	516	516	100.00%	18	18	100.00%	4962	4962	100.00%
高新区	—	—	—	—	—	—	—	—	—	—	—	—	—	—	—
科创区	—	—	—	—	—	—	—	—	—	—	—	—	—	—	—
经开区	—	—	—	—	—	—	—	—	—	—	—	—	—	—	—
仙海区	—	—	—	—	—	—	—	—	—	—	—	—	—	—	—
科学城	—	—	—	—	—	—	—	—	—	—	—	—	—	—	—
市本级	—	—	—	—	—	—	—	—	—	—	—	—	—	—	—
绵投集团	—	—	—	—	—	—	—	—	—	—	—	—	—	—	—
科发集团	—	—	—	—	—	—	—	—	—	—	—	—	—	—	

续表

地区	19件民生大事																	
	治理地质灾害隐患点，避险搬迁安置农户						实现村庄生活垃圾有效治理（个村）			推进小农水重点县项目建设						建设贫困村文化室（个）		
	治理地质灾害（处）			防灾避险搬迁安置（户）						推进小农水重点县（个）			新增灌溉面积（万亩）					
市级责任牵头单位	市国土资源局			市国土资源局			市城管执法局			市水务局			市水务局			市文广新局		
	目标数	完成数	完成百分比	目标数	完成数	完成百分比	目标数	完成数	完成百分比	目标数	完成数	完成百分比	目标数	完成数	完成百分比	目标数	完成数	完成百分比
绵 阳	2	1	100.00%	923	923	100.00%	50	76	152.00%	8	8	100.00%	1.5	2.49	166.00%	38	38	100.00%
涪城区	—	—	—	779	779	100.00%	4	6	150.00%	1	1	100.00%	0.2	0.26	130.00%	—	—	—
游仙区	—	—	—	—	—	—	5	8	160.00%	1	1	100.00%	0.25	0.32	128.00%	—	—	—
安州区	—	—	—	—	—	—	6	10	166.67%	1	1	100.00%	0.2	0.52	260.00%	3	3	100.00%
江油市	—	—	—	50	50	100.00%	6	8	133.33%	1	1	100.00%	0.25	0.41	164.00%	5	5	100.00%
三台县	—	—	—	41	41	100.00%	7	10	142.86%	1	1	100.00%	0.15	0.16	106.67%	10	10	100.00%
梓潼县	—	—	—	50	50	100.00%	6	8	133.33%	1	1	100.00%	0.2	0.22	110.00%	3	3	100.00%
盐亭县	1	1	100.00%	3	3	100.00%	7	12	171.43%	1	1	100.00%	0.15	0.49	326.67%	6	6	100.00%
平武县	—	—	—	—	—	—	4	4	100.00%			—	—	—	—	5	5	100.00%
北川县	1	1	100.00%	—	—	—	5	10	200.00%	1	1	100.00%	0.1	0.11	110.00%	6	6	100.00%
高新区	—	—	—	—	—	—	—	—	—	—	—	—	—	—	—	—	—	—
科创区	—	—	—	—	—	—	—	—	—	—	—	—	—	—	—	—	—	—
经开区	—	—	—	—	—	—	—	—	—	—	—	—	—	—	—	—	—	—
仙海区	—	—	—	—	—	—	—	—	—	—	—	—	—	—	—	—	—	—
科学城	—	—	—	—	—	—	—	—	—	—	—	—	—	—	—	—	—	—
市本级	—	—	—	—	—	—	—	—	—	—	—	—	—	—	—	—	—	—
绵投集团	—	—	—	—	—	—	—	—	—	—	—	—	—	—	—	—	—	—
科发集团	—	—	—	—	—	—	—	—	—	—	—	—	—	—	—	—	—	—

2016年市级民生工程目标任务完成情况统计表

表81

地区	就业促进工程														
	创业就业培训												青年创业贴息小额贷款（万元）		
	农民工技能培训（人）			青年创新创业培训（人）			返乡农民工创业园（个）			技能大师工作室（个）					
责任牵头单位	市总工会			团市委			市人社局			市人社局			团市委		
	目标数	完成数	完成百分比（%）	目标数	完成数	完成百分比（%）	目标数	完成数	完成百分比（%）	目标数	完成数	完成百分比（%）	目标数	完成数	完成百分比（%）
绵阳	1150	1782	154.96%	1500	1761	117.40%	10	14	140.00%	26	37	142.31%	1200	1200	100.00%
涪城区	100	100	100.00%	300	403	134.33%	1	1	100.00%	2	3	150.00%	150	150	100.00%
游仙区	200	500	250.00%	200	200	100.00%	1	2	200.00%	2	2	100.00%	150	150	100.00%
安州区	100	170	170.00%	150	180	120.00%	1	1	100.00%	2	2	100.00%	80	80	100.00%
江油市	200	300	150.00%	200	210	105.00%	1	3	300.00%	2	4	200.00%	110	110	100.00%
三台县	200	200	100.00%	200	200	100.00%	1	2	200.00%	2	3	150.00%	100	100	100.00%
梓潼县	50	132	264.00%	100	110	110.00%	1	1	100.00%	2	2	100.00%	300	300	100.00%
盐亭县	50	50	100.00%	100	200	200.00%	1	1	100.00%	2	2	100.00%	210	210	100.00%
平武县	50	100	200.00%	100	100	100.00%	—	—	—	2	2	100.00%	50	50	100.00%
北川县	50	50	100.00%	150	158	105.33%	—	—	—	2	3	150.00%	50	50	100.00%
高新区	50	50	100.00%	—	—	—	1	1	100.00%	2	3	150.00%	—	—	—
科创区	—	—	—	—	—	—	1	1	100.00%	2	2	100.00%	—	—	—
经开区	—	—	—	—	—	—	1	1	100.00%	2	2	100.00%	—	—	—
仙海区	—	—	—	—	—	—	—	—	—	2	2	100.00%	—	—	—
科学城	—	—	—	—	—	—	—	—	—	—	—	—	—	—	—
市本级	100	130	130.00%	—	—	—	—	—	—	—	5	—	—	—	—

续表

地区	扶贫解困工程						民族地区帮扶工程						教育助学工程		
	城乡特殊困难群众应急救助（人次）			绵阳市丘区农村扶贫攻坚示范区建设			建设四小工程（个）			选派市级优秀教师支持北川教育发展（人）			农村义务教育学校学生免费午餐（人）		
市级责任牵头单位	市惠民帮扶中心			三台综改区指挥部			市民宗局			市教体局			市教体局		
	目标数	完成数	完成百分比（%）	目标数	完成数	完成百分比（%）	目标数	完成数	完成百分比（%）	目标数	完成数	完成百分比（%）	目标数	完成数	完成百分比（%）
绵　阳	5500	6823	124.00%	完成	完成	100.00%	6	10	166.67%	20	33	165.00%	190487	190965	100.25%
涪城区	400	652	163.00%	—	—	—	—	—	—	3	3	100.00%	10018	10091	100.73%
游仙区	350	381	108.80%	—	—	—	—	—	—	—	—	—	15439	15439	100.00%
安州区	450	1295	162.00%	—	—	—	—	—	—	—	—	—	20664	20664	100.00%
江油市	500	612	136.00%	—	—	—	—	—	—	—	—	—	22159	22501	101.54%
三台县	800	560	112.00%	—	—	—	—	—	—	—	—	—	69227	69227	100.00%
梓潼县	450	628	139.56%	—	—	—	—	—	—	—	—	—	11630	11630	100.00%
盐亭县	450	452	100.40%	—	—	—	—	—	—	—	—	—	18622	18622	100.00%
平武县	350	368	105.14%	—	—	—	2	5	250.00%	—	—	—	7519	7519	100.00%
北川县	300	400	133.30%	—	—	—	4	5	125.00%	—	—	—	12858	12858	100.00%
高新区	—	—	—	—	—	—	—	—	—	—	—	—	415	478	115.18%
科创区	—	—	—	—	—	—	—	—	—	—	—	—	—	—	—
经开区	—	—	—	—	—	—	—	—	—	—	—	—	839	839	100.00%
仙海区	—	—	—	—	—	—	—	—	—	—	—	—	1097	1097	100.00%
科学城	—	—	—	—	—	—	—	—	—	—	—	—	—	—	—
市本级	1450	1475	101.72%	—	—	—	—	—	—	17	30	176.47%	—	—	—

续表

地区	教育助学工程															社会保障工程		
	金秋助学（人）			资助贫困学生（人）			打造市级示范或特色学校少年宫（所）			培训中小学教师和德育干部（人）			建设留守学生之家（家）			新增社会保障卡持卡人数（万人）		
市级责任牵头单位	市惠民帮扶中心			团市委			市教体局			市教体局			团市委			市人社局		
	目标数	完成数	完成百分比（%）	目标数	完成数	完成百分比（%）	目标数	完成数	完成百分比（%）	目标数	完成数	完成百分比（%）	目标数	完成数	完成百分比（%）	目标数	完成数	完成百分比（%）
绵　阳	4000	5320	133.00%	20	102	510.00%	15	26	173.33%	2580	2869	111.20%	18	27	150.00%	30	30.436	101.00%
涪城区	110	113	100.00%	—	—	—	2	4	200.00%	187	208	111.23%	2	3	150.00%	1	1.01	101.00%
游仙区	100	220	220.00%	—	—	—	1	2	200.00%	183	203	110.93%	2	2	100.00%	0.8	0.81	101.00%
安州区	90	580	276.00%	—	—	—	1	2	200.00%	196	217	110.71%	2	2	100.00%	4	4.02	101.00%
江油市	100	137	152.22%	—	—	—	2	3	150.00%	372	412	110.75%	2	2	100.00%	4	4.02	101.00%
三台县	210	175	175.00%	—	—	—	2	3	150.00%	704	777	110.37%	2	10	500.00%	13	13.3	102.00%
梓潼县	90	150	166.67%	—	—	—	1	2	200.00%	120	134	111.67%	2	2	100.00%	1.5	1.51	101.00%
盐亭县	90	90	100.00%	—	—	—	1	3	300.00%	267	295	110.49%	2	2	100.00%	2.5	2.52	101.00%
平武县	90	109	121.00%	—	—	—	1	1	100.00%	130	145	111.54%	2	2	100.00%	0.5	0.51	102.00%
北川县	80	301	376.00%	—	—	—	1	2	200.00%	118	131	111.02%	2	2	100.00%	1	1.02	102.00%
高新区	10	21	210.00%	—	—	—	1	2	200.00%	18	21	116.67%	—	—	—	0.2	0.201	101.00%
科创区	10	20	200.00%	—	—	—	—	—	—	4	5	125.00%	—	—	—	0.05	0.05	100.00%
经开区	10	90	900.00%	—	—	—	1	1	100.00%	8	9	112.50%	—	—	—	0.4	0.405	101.00%
仙海区	10	42	420.00%	—	—	—	—	—	—	6	7	116.67%	—	—	—	0.05	0.05	100.00%
科学城	—	—	—	—	—	—	1	1	100.00%	16	18	112.50%	—	—	—	—	—	—
市本级	3000	3272	110.00%	20	102	510.00%	—	—	—	251	287	114.34%	—	—	—	1	1.01	101.00%

续表

地区	社会保障工程																	
	解决老失地农民参保历史遗留问题（人）			智慧城市建设												应急志愿服务队建设（家）		
				智慧人社Ⅰ期建设（项）			“五险”统一征收（项）			医疗保险市级统筹（项）			“12349”居家养老服务信息平台（项）					
市级责任牵头单位	市人社局			市人社局			市人社局			市人社局			市民政局			团市委		
	目标数	完成数	完成百分比（%）	目标数	完成数	完成百分比（%）	目标数	完成数	完成百分比（%）	目标数	完成数	完成百分比（%）	目标数	完成数	完成百分比（%）	目标数	完成数	完成百分比（%）
绵 阳	17899	实现愿保尽保		1	1	100.00%	1	1	100.00%	1	1	100.00%	1	1	100.00%	48	48	100.00%
涪城区		—	—	—	—	—	—	—	—	—	—	—	—	—	—	3	3	100.00%
游仙区		—	—	—	—	—	—	—	—	—	—	—	—	—	—	3	3	100.00%
安州区	2946	实现愿保尽保		—	—	—	—	—	—	—	—	—	—	—	—	2	2	100.00%
江油市	950	实现愿保尽保		—	—	—	—	—	—	—	—	—	—	—	—	3	3	100.00%
三台县		—	—	—	—	—	—	—	—	—	—	—	—	—	—	2	2	100.00%
梓潼县	7515	实现愿保尽保		—	—	—	—	—	—	—	—	—	—	—	—	2	2	100.00%
盐亭县	870	实现愿保尽保		—	—	—	—	—	—	—	—	—	—	—	—	2	2	100.00%
平武县	481	实现愿保尽保		—	—	—	—	—	—	—	—	—	—	—	—	2	2	100.00%
北川县		—	—	—	—	—	—	—	—	—	—	—	—	—	—	2	2	100.00%
高新区	336	实现愿保尽保		—	—	—	—	—	—	—	—	—	—	—	—	—	—	—
科创区	82	实现愿保尽保		—	—	—	—	—	—	—	—	—	—	—	—	—	—	—
经开区	4429	实现愿保尽保		—	—	—	—	—	—	—	—	—	—	—	—	—	—	—
仙海区	290	实现愿保尽保		—	—	—	—	—	—	—	—	—	—	—	—	—	—	—
科学城	—	—	—	—	—	—	—	—	—	—	—	—	—	—	—	—	—	—
市本级	—	—	—	1	1	100.00%	1	1	100.00%	1	1	100.00%	1	1	100.00%	27	27	100.00%

续表

地区	社会保障工程			医疗卫生工程														
	青少年权益维护基地运行（场）			食品、药品、化妆品安全						智慧城市建设						乡村医生队伍建设		
				食品、药品、化妆品监督抽检（批次）			食品、药品、化妆品快速检测（批次）			市级卫生计生信息平台1期			居民健康卡发放（万张）			为乡村医生购买基本养老保险（%）		
市级责任牵头单位	团市委			市食药监局			市食药监局			市卫计委			市卫计委			市卫计委		
	目标数	完成数	完成百分比（%）	目标数	完成数	完成百分比（%）	目标数	完成数	完成百分比（%）	目标数	完成数	完成百分比（%）	目标数	完成数	完成百分比（%）	目标数	完成数	完成百分比（%）
绵阳	100	179	179.00%	2350	3333	141.83%	5100	7485	146.76%	一期建成	完成	100.00%	141	141	100.00%	100%	100%	100.00%
涪城区	—	—	—	70	128	182.86%	300	355	118.33%	—	—	—	—	—	—	100%	100%	100.00%
游仙区	—	—	—	41	42	102.44%	260	270	103.85%	—	—	—	—	—	—	100%	100%	100.00%
安州区	—	—	—	60	175	291.67%	290	460	158.62%	—	—	—	38	38	100.00%	100%	100%	100.00%
江油市	—	—	—	80	363	453.75%	280	300	107.14%	—	—	—	—	—	—	100%	100%	100.00%
三台县	—	—	—	60	98	163.33%	300	683	227.67%	—	—	—	12	12	100.00%	100%	100%	100.00%
梓潼县	—	—	—	40	53	132.50%	260	380	146.15%	—	—	—	34	34	100.00%	100%	100%	100.00%
盐亭县	—	—	—	40	40	100.00%	260	260	100.00%	—	—	—	57	57	100.00%	100%	100%	100.00%
平武县	—	—	—	23	23	100.00%	220	220	100.00%	—	—	—	—	—	—	100%	100%	100.00%
北川县	—	—	—	41	93	226.83%	250	1456	582.40%	—	—	—	—	—	—	100%	100%	100.00%
高新区	—	—	—	15	18	120.00%	250	300	120.00%	—	—	—	—	—	—	100%	100%	100.00%
科创区	—	—	—	15	55	366.67%	220	230	104.55%	—	—	—	—	—	—	100%	100%	100.00%
经开区	—	—	—	15	50	333.33%	200	321	160.50%	—	—	—	—	—	—	100%	100%	100.00%
仙海区	—	—	—	10	10	100.00%	180	240	133.33%	—	—	—	—	—	—	100%	100%	100.00%
科学城	—	—	—	80	385	481.25%	240	360	150.00%	—	—	—	—	—	—	100%	100%	100.00%
市本级	100	179	179.00%	1760	1800	102.27%	1590	1650	103.77%	一期建成	完成	100.00%	—	—	—	—	—	—

续表

地区	医疗卫生工程																	
	乡村医生队伍建						乡镇卫生院建设（个）			艾滋病防治（人）			困难职工健康体检（名）			四川省科学城医院建设（项）		
	乡村（社区）医生签约服务(%)			给符合条件的退出乡村医生发放生活补助(%)														
市级责任牵头单位	市卫计委			市卫计委			市卫计委			市卫计委			市总工会			科学城		
	目标数	完成数	完成百分比(%)	目标数	完成数	完成百分比(%)	目标数	完成数	完成百分比(%)	目标数	完成数	完成百分比(%)	目标数	完成数	完成百分比(%)	目标数	完成数	完成百分比(%)
绵 阳	80%	86%	107.50%	100%	100%	100.00%	2	2	100.00%	1430	2110	147.55%	1200	1582	131.83%	2	主体完工	
涪城区	80%	88.90%	111.13%	100%	100%	100.00%	—	—	—	299	409	136.79%	—	—	—	—	—	—
游仙区	80%	95%	118.75%	100%	100%	100.00%	—	—	—	145	194	133.79%	—	—	—	—	—	—
安州区	80%	90.20%	112.75%	100%	100%	100.00%	—	—	—	77	134	174.03%	—	—	—	—	—	—
江油市	80%	81.23%	101.54%	100%	100%	100.00%	—	—	—	304	444	146.05%	—	—	—	—	—	—
三台县	80%	83.10%	103.88%	100%	100%	100.00%	1	1	100.00%	211	353	167.30%	—	—	—	—	—	—
梓潼县	80%	83.90%	104.88%	100%	100%	100.00%	1	1	100.00%	74	94	127.03%	—	—	—	—	—	—
盐亭县	80%	85%	106.25%	100%	100%	100.00%	—	—	—	97	140	144.33%	—	—	—	—	—	—
平武县	80%	82.10%	102.63%	100%	100%	100.00%	—	—	—	24	32	133.33%	—	—	—	—	—	—
北川县	80%	91.04%	113.80%	100%	100%	100.00%	—	—	—	55	88	160.00%	—	—	—	—	—	—
高新区	80%	94.34%	117.93%	100%	100%	100.00%	—	—	—	100	123	123.00%	—	—	—	—	—	—
科创区	80%	80%	100.00%	100%	100%	100.00%	—	—	—		41	—	—	—	—	—	—	—
经开区	80%	87.87%	109.84%	100%	100%	100.00%	—	—	—	40	54	135.00%	—	—	—	—	—	—
仙海区	80%	100%	125.00%	100%	100%	100.00%	—	—	—	4	4	100.00%	—	—	—	—	—	—
科学城	—	—	—	100%	100%	100.00%	—	—	—	—	—	—	—	—	—	2	主体完工	
市本级	—	—	—	—	—	—	—	—	—	—	—	—	1200	1582	131.83%	—	—	—

续表

地区	百姓安居工程																	
	地质灾害治理（应急排危）（处）			推进绵阳城区公交一体化建设，扩大公交覆盖面			老旧小区治理（个）			邮政便民服务站建设（个）			安全社区建设（个）			农村饮水安全 农村供水水质监测覆盖全市所有行政村		
市级责任牵头单位	市国土资源局			市交通运输局、财政局、公交公司			市住建局			市邮政公司			市安监局			市水务局、环保局、卫计委		
	目标数	完成数	完成百分比（%）	目标数	完成数	完成百分比（%）	目标数	完成数	完成百分比（%）	目标数	完成数	完成百分比（%）	目标数	完成数	完成百分比（%）	目标数	完成数	完成百分比（%）
绵　阳	3	6	200.00%	完成			300	310	103.33%	500	500	100.00%	19	27	142.00%	完成	完成	100.00%
涪城区	—	—	—	—			110	110	100.00%	50	50	100.00%	—	—	—	—	—	—
游仙区	—	—	—	—			24	24	100.00%	30	30	100.00%	3	4	133.33%	—	—	—
安州区	—	—	—	—			—	—	—	40	40	100.00%	—	—	—	—	—	—
江油市	2	4	200.00%				70	70	100.00%	50	50	100.00%	—	—	—	—	—	—
三台县	—	—	—	—			55	55	100.00%	50	50	100.00%	4	4	100.00%	—	—	—
梓潼县	—	—	—	—			15	17	113.00%	40	40	100.00%	3	3	100.00%	—	—	—
盐亭县	1	2	200.00%	—	已完成开通游仙片区公交线路的前期准备工作		11	15	136.36%	40	40	100.00%	3	5	166.67%	—	—	—
平武县	—	—	—	—			5	6	120.00%	20	20	100.00%	3	6	200.00%	—	—	—
北川县	—	—	—	—			3	6	200.00%	120	120	100.00%	3	3	100.00%	—	—	—
高新区	—	—	—	—			4	4	100.00%	20	20	100.00%	—	—	—	—	—	—
科创区	—	—	—	—			—	—	—	10	10	100.00%	—	—	—	—	—	—
经开区	—	—	—	—			3	3	100.00%	10	10	100.00%	—	—	—	—	—	—
仙海区	—	—	—	—			—	—	—	10	10	100.00%	—	—	—	—	—	—
科学城	—	—	—	—			—	—	—	10	10	100.00%	—	—	—	—	—	—
市本级	—	—	—	—			—	—	—	—	—	—	—	—	—	—	—	—

续表

地区	百姓安居工程									民生基础设施工程					
	智慧城市建设			公共交通财政补贴						市政基础设施重点工程项目（个）			幸福美丽绵阳建设二期工程		城区路灯照明节能改造
	智能快件箱“进社区”、“进学校”、“进单位”（处）			老幼军残免费乘坐公交车财政补贴（万元）			公交车运行财政补贴（万元）								
市级责任牵头单位	市邮政管理局			市财政局			市财政局			市住建局、市重点办			市住建局、城管执法局、绵投集团			市城管执法局		
	目标数	完成数	完成百分比（%）	目标数	完成数	完成百分比（%）	目标数	完成数	完成百分比（%）	目标数	完成数	完成百分比（%）	目标数	完成数	完成百分比（%）	目标数	完成数	完成百分比（%）
绵 阳	200	220	110.00%	1200	1200	100.00%	1000	1000	100.00%	51	52	101.96%	完成	2016年已开工项目25个（其中完工项目12个，在建项目13个），完成投资10.8亿元，占确保目标任务的127%		完成	完成	100.00%
涪城区	45	45	100.00%	—	—	—	—	—	—	市住建局15个、公安交警支队1个、水务集团2个、绵投9个、科发集团4个、科管委2个、交发集团1个、教投集团1个、涪城区2个、游仙区5个、高新区1个、经开区5个、科创园区2个、仙海1个	—	—	—			完成滨河北路、园艺街、久远路、高水中路南段等11条道路和34处十字路口的照明设施节能改造，安装单挑灯、庭院灯683柱，灯具683套，增设中杆灯53柱（套），敷设电缆1.1万米；在飞云大桥、绵兴路3536厂、经开区贾家店和加气站等处新设照明专用箱变11台。共完成投资800万元	—	
游仙区	30	30	100.00%	—	—	—	—	—	—		—	—	—					
安州区	15	15	100.00%	—	—	—	—	—	—		—	—	—					
江油市	25	25	100.00%	—	—	—	—	—	—		—	—	—					
三台县	20	22	110.00%	—	—	—	—	—	—		—	—	—					
梓潼县	10	13	130.00%	—	—	—	—	—	—		—	—	—					
盐亭县	10	18	180.00%	—	—	—	—	—	—		—	—	—					
平武县	5	5	100.00%	—	—	—	—	—	—		—	—	—					
北川县	10	10	100.00%	—	—	—	—	—	—		—	—	—					
高新区	10	17	170.00%	—	—	—	—	—	—		—	—	—					
科创区	10	10	100.00%	—	—	—	—	—	—		—	—	—					
经开区	10	10	100.00%	—	—	—	—	—	—		—	—	—					
仙海区	—	—	—	—	—	—	—	—	—		—	—	—					
科学城	—	—	—	—	—	—	—	—	—		—	—	—					
市本级	—	—	—	1200	1200	100.00%	1000	1000	100.00%		—	—	完成景观照明二期工程					

续表

地区	民生基础设施工程																	
	城区公厕建设（座）			生活垃圾压缩转运站和生活垃圾收集系统建设（个）			绵阳市生活垃圾焚烧发电PPP项目			中心区城市家俱			涪江二桥维修加固工程			武引二期灌区工程		
市级责任牵头单位	市城管执法局			市城管执法局			市城管执法局			市城管执法局			市交通运输局			市武引局		
	目标数	完成数	完成百分比（%）	目标数	完成数	完成百分比（%）	目标数	完成数	完成百分比（%）	目标数	完成数	完成百分比（%）	目标数	完成数	完成百分比（%）	目标数	完成数	完成百分比（%）
绵　阳	8	10	125.00%	6	7	116.67%	完成投资3.5亿元	完成投资4.2亿	120.00%	完成	完成	100.00%	完成	完成	100.00%	完成投资4亿元	8亿元	200.00%
涪城区	—	—	—	—	—	—	—	—	—	共新建道路增设U型杆1500米，非机动车存车杆1000米，维护、提升、改造道路指示牌212块。另外新建公共座椅80套，新建防翻爬护栏200米，人行道隔离护栏1626米	—		—	—	—	—	—	—
游仙区	—	—	—	—	—	—	—	—	—				—	—	—	—	—	—
安州区	—	—	—	—	—	—	—	—	—				—	—	—	—	—	—
江油市	—	—	—	—	—	—	—	—	—				—	—	—	—	—	—
三台县	—	—	—	—	—	—	—	—	—				—	—	—	—	—	—
梓潼县	—	—	—	—	—	—	—	—	—				—	—	—	—	—	—
盐亭县	—	—	—	—	—	—	—	—	—				—	—	—	—	—	—
平武县	—	—	—	—	—	—	—	—	—				—	—	—	—	—	—
北川县	—	—	—	—	—	—	—	—	—				—	—	—	—	—	—
高新区	—	—	—	—	—	—	—	—	—				—	—	—	—	—	—
科创区	—	—	—	—	—	—	—	—	—				—	—	—	—	—	—
经开区	—	—	—	—	—	—	—	—	—				—	—	—	—	—	—
仙海区	—	—	—	—	—	—	—	—	—				—	—	—	—	—	—
科学城	—	—	—	—	—	—	—	—	—				—	—	—	—	—	—
市本级	8	10	125.00%	6	7	116.67%	完成投资3.5亿元	完成投资4.2亿	120.00%				完成	完成	100.00%	完成投资4亿元	8亿元	200.00%

续表

地区	生态环境工程																	
	小流域水环境整治（条）			芙蓉溪水环境综合整治（项）			乡镇污水处理设施建设（个）			涪江城市饮用水水源地水质自动监测站（个）			农村集中式饮用水源地环境整治			噪声污染源自动监控系统建设（项）		
市级责任牵头单位	市环保局			市环保局			市环保局			市环保局			市环保局			市环保局		
	目标数	完成数	完成百分比（%）	目标数	完成数	完成百分比（%）	目标数	完成数	完成百分比（%）	目标数	完成数	完成百分比（%）	目标数	完成数	完成百分比（%）	目标数	完成数	完成百分比（%）
绵 阳	11	11	100.00%	1	1	100.00%	135	135	100.00%	1	1	100.00%	3	3	100.00%	1	1	100.00%
涪城区	1	1	100.00%	—	—	—	7	7	100.00%	—	—	—	2	2	100.00%	—	—	—
游仙区	1	1	100.00%	1	1	100.00%	18	18	100.00%	—	—	—	—	—	—	—	—	—
安州区	1	1	100.00%	—	—	—	9	9	100.00%	—	—	—	—	—	—	—	—	—
江油市	1	1	100.00%	—	—	—	21	21	100.00%	—	—	—	1	1	100.00%	—	—	—
三台县	1	1	100.00%	—	—	—	24	24	100.00%	—	—	—	—	—	—	—	—	—
梓潼县	1	1	100.00%	—	—	—	14	14	100.00%	—	—	—	—	—	—	—	—	—
盐亭县	1	1	100.00%	—	—	—	15	15	100.00%	—	—	—	—	—	—	—	—	—
平武县	1	1	100.00%	—	—	—	9	9	100.00%	—	—	—	—	—	—	—	—	—
北川县	1	1	100.00%	—	—	—	14	14	100.00%	—	—	—	—	—	—	—	—	—
高新区	1	1	100.00%	—	—	—	—	—	—	—	—	—	—	—	—	—	—	—
科创区	—	—	—	—	—	—	—	—	—	—	—	—	—	—	—	—	—	—
经开区	1	1	100.00%	—	—	—	1	1	100.00%	—	—	—	—	—	—	—	—	—
仙海区	—	—	—	—	—	—	3	3	100.00%	—	—	—	—	—	—	—	—	—
科学城	—	—	—	—	—	—	—	—	—	—	—	—	—	—	—	—	—	—
市本级	—	—	—	—	—	—	—	—	—	1	1	100.00%	—	—	—	1	1	100.00%

续表

地区	生态环境工程						文化体育工程											
	全市秸秆禁烧覆盖率（%）			农村建制乡镇集中式饮用水源保护区规范化建设（个）			送文艺、戏曲演出到乡镇、社区基层（场）			举办群众文艺培训班（次）			建设全民健身路径（条）			群众性体育比赛 举办市级以上青少年体育比赛（次）		
市级责任牵头单位	市环保局			市环保局			市文广新局			市文广新局			市教体局			市教体局		
	目标数	完成数	完成百分比（%）	目标数	完成数	完成百分比（%）	目标数	完成数	完成百分比（%）	目标数	完成数	完成百分比（%）	目标数	完成数	完成百分比（%）	目标数	完成数	完成百分比（%）
绵　阳	100%	100%	100.00%	21	22	104.76%	60	95	158.33%	12	16	133.33%	20	21	105.00%	10	15	150.00%
涪城区	100%	100%	100.00%				5	5	100.00%	—	—	—	3	3	100.00%	1	2	200.00%
游仙区	100%	100%	100.00%	5	5	100.00%	5	5	100.00%	—	—	—	2	2	100.00%	—	1	—
安州区	100%	100%	100.00%				5	15	300.00%	—	—	—	1	1	100.00%	—	—	—
江油市	100%	100%	100.00%	1	1	100.00%	5	15	300.00%	—	—	—	2	3	150.00%	—	—	—
三台县	100%	100%	100.00%	3	3	100.00%	5	5	100.00%	—	—	—	2	2	100.00%	—	1	—
梓潼县	100%	100%	100.00%	5	5	100.00%	5	5	100.00%	—	—	—	1	1	100.00%	—	—	—
盐亭县	100%	100%	100.00%	4	5	125.00%	5	5	100.00%	—	—	—	1	1	100.00%	—	—	—
平武县	100%	100%	100.00%	3	3	100.00%	5	5	100.00%	—	—	—	1	1	100.00%	—	—	—
北川县	100%	100%	100.00%	—	—	—	5	6	120.00%	—	—	—	2	2	100.00%	8	8	100.00%
高新区	100%	100%	100.00%	—	—	—	—	—	—	—	—	—	2	2	100.00%	—	—	—
科创区	100%	100%	100.00%	—	—	—	—	—	—	—	—	—	1	1	100.00%	—	—	—
经开区	100%	100%	100.00%	—	—	—	—	—	—	—	—	—	1	1	100.00%	—	1	—
仙海区	100%	100%	100.00%	—	—	—	—	—	—	—	—	—	1	1	100.00%	—	—	—
科学城	100%	100%	100.00%	—	—	—	—	—	—	—	—	—	—	—	—	—	—	—
市本级	100%	100%	100.00%	—	—	—	15	29	193.33%	12	16	133.33%	—	—	—	1	2	200.00%

续表

地区	文化体育工程																	
	群众性体育比赛 开展校园“三大球”县级以上比赛（场）			学校体育设施对外开放（所）			未成年人公益电影展播（场）			绵州大舞台惠民演出季（场）			乡镇室内固定放映点建设（个）			城市惠民电影放映（场）		
市级责任牵头单位	市教体局			市教体局			团市委			市文广新局			市文广新局			市文广新局		
	目标数	完成数	完成百分比（%）	目标数	完成数	完成百分比（%）	目标数	完成数	完成百分比（%）	目标数	完成数	完成百分比（%）	目标数	完成数	完成百分比（%）	目标数	完成数	完成百分比（%）
绵　阳	2000	3392	169.60%	80	125	156.25%	200	223	111.50%	80	103	128.75%	6	6	100.00%	400	500	125.00%
涪城区	400	973	243.25%	25	47	188.00%	30	36	120.00%	—	—	—	—	—	—	—	—	—
游仙区	200	417	208.50%	10	12	120.00%	30	30	100.00%	—	—	—	—	—	—	—	—	—
安州区	100	240	240.00%	3	3	100.00%	—	—	—	—	—	—	—	—	—	—	—	—
江油市	280	300	107.14%	3	3	100.00%	—	—	—	—	—	—	—	—	—	—	—	—
三台县	500	750	150.00%	5	20	400.00%	—	—	—	—	—	—	—	—	—	—	—	—
梓潼县	100	206	206.00%	2	2	100.00%	—	—	—	—	—	—	—	—	—	—	—	—
盐亭县	150	180	120.00%	2	2	100.00%	—	—	—	—	—	—	—	—	—	—	—	—
平武县	100	110	110.00%	2	2	100.00%	—	—	—	—	—	—	3	3	100.00%	—	—	—
北川县	100	100	100.00%	2	2	100.00%	—	—	—	—	—	—	3	3	100.00%	—	—	—
高新区	30	60	200.00%	8	8	100.00%	—	—	—	—	—	—	—	—	—	—	—	—
科创区	5	5	100.00%	1	1	100.00%	—	—	—	—	—	—	—	—	—	—	—	—
经开区	20	30	150.00%	1	4	400.00%	—	—	—	—	—	—	—	—	—	—	—	—
仙海区	5	5	100.00%	1	1	100.00%	—	—	—	—	—	—	—	—	—	—	—	—
科学城	10	16	160.00%	3	3	100.00%	—	—	—	—	—	—	—	—	—	—	—	—
市本级	—	—	—	12	15	125.00%	140	157	112.14%	80	103	128.75%	—	—	—	400	500	125.00%

续表

地区	文化体育工程											
	法治绵阳宣传阵地建设			乡镇、村（街道）妇女儿童之家示范点建设（个）			148 体育公园建设项目			多媒体阅报栏建设（处）		
市级责任牵头单位	市依法治市办			市妇联			科学城			市邮政公司		
	目标数	完成数	完成百分比(%)	目标数	完成数	完成百分比(%)	目标数	完成数	完成百分比(%)	目标数	完成数	完成百分比(%)
绵　阳	完成	完成	100.00%	70	86	122.86%	完成	完成	100.00%	60	60	100.00%
涪城区	—	—	—	4	10	205.00%	—	—	—	—	—	—
游仙区	—	—	—	6	7	116.67%	—	—	—	—	—	—
安州区	—	—	—	4	5	125.00%	—	—	—	—	—	—
江油市	—	—	—	9	10	111.11%	—	—	—	15	15	100.00%
三台县	—	—	—	15	22	146.67%	—	—	—	15	15	100.00%
梓潼县	—	—	—	7	7	100.00%	—	—	—	5	5	100.00%
盐亭县	—	—	—	8	8	100.00%	—	—	—	7	7	100.00%
平武县	—	—	—	6	6	100.00%	—	—	—	5	5	100.00%
北川县	—	—	—	7	7	100.00%	—	—	—	5	5	100.00%
高新区	—	—	—	1	1	100.00%	—	—	—	—	—	—
科创区	—	—	—	1	1	100.00%	—	—	—	—	—	—
经开区	—	—	—	1	1	100.00%	—	—	—	—	—	—
仙海区	—	—	—	1	1	100.00%	—	—	—	—	—	—
科学城	—	—	—	—	—	—	完成	完成	100.00%	—	—	—
市本级	完成	完成	100.00%	—	—	—	—	—	—	—	—	—

索引说明

一、本索引是《绵阳年鉴（2017）》的主题词、内容分析索引，分主题关键词索引和图表索引；正文中凡具有独立检索意义的完整资料，都可以通过本索引进行检索；正文中的概述述与概况不作检索内容；统计资料与附录以类目进行检索。

二、索引按汉字拼音字母（同音字按声调）顺序排列。类目、分目作为索引款目用黑体字排印，其余款目用宋体字排印。

三、索引款目后的数字表示内容所在的页码，数字后的拉丁字母（a、b、c）表示栏别（即版面的1.2.3栏）。表、图（示意图）索引以页码序号排列。

四、内容有交叉、重复的款目，为方便读者检索，在本索引词条后有页码出现。

主题词索引

D

E

M

P

Q

R

S

Y

图表索引